TRAITÉ DE
DROIT CIVIL

TRAITÉ DE

DROIT CIVIL

Ouvrage couronné par l'Académie des Sciences morales et politiques
(Prix DUPIN Aîné, 1980)

INTRODUCTION GÉNÉRALE

3e édition

Jacques GHESTIN

Professeur à l'Université de Paris I (Panthéon-Sorbonne)
Avocat à la Cour

Gilles GOUBEAUX

Professeur à la Faculté de droit, sciences économiques
et gestion de Nancy II

Librairie Générale de Droit et de Jurisprudence
26, rue Vercingétorix, 75014 Paris

1990

TRAITÉ DE DROIT CIVIL

sous la direction de J. GHESTIN

Introduction générale :

3ᵉ éd. 1990, par J. GHESTIN et G. GOUBEAUX.

Les obligations :

Le contrat : formation, 2ᵉ édition 1988, par J. GHESTIN.
Le contrat : effets, par J. GHESTIN à paraître.
La responsabilité : conditions, 1982, par G. VINEY.
La responsabilité : effets, 1988, par G. VINEY.
Le rapport d'obligation, par J. GHESTIN, à paraître.

Les personnes :

par G. GOUBEAUX, 1989.

La famille :

1ᵉʳ volume : Fondation et vie de la famille, par J. HAUSER et
D. HUET-WEILLER, 1989.
2ᵉ volume : La dissolution, à paraître.

© Librairie Générale de Droit et de Jurisprudence, E. J. A., Paris, 1990.

ISBN 2.275.00740.7

AVANT-PROPOS

L'évolution du droit positif et l'importance des publications nouvelles imposaient la refonte de la deuxième édition de cet ouvrage qui constitue le premier volume du traité de droit civil entrepris en 1977. Celui-ci comporte aujourd'hui six volumes traitant, outre le présent d'introduction générale, de la formation du contrat (2ᵉ édition 1988) par Jacques GHESTIN, des conditions (1982) et des effets de la responsabilité civile (1988) par Geneviève VINEY, des personnes (1989) par Gilles GOUBEAUX et de la famille (1989) par Jean HAUSER et Danielle HUET-WEILLER. L'entreprise progresse ainsi, beaucoup plus lentement certes que ses initiateurs l'avaient espéré, mais avec ce qu'il est permis d'appeler une sage lenteur.

Comme dans les deux premières éditions de cette introduction générale l'exposé du droit positif est le point de départ. Les textes et la jurisprudence sont présentés de façon aussi complète que possible. On s'est efforcé d'aller au-delà du droit positif, afin d'alimenter la réflexion du lecteur, qu'il soit d'ailleurs étudiant, chercheur ou praticien.

Dans cette optique les constructions et controverses doctrinales, en principe écartées des répertoires pratiques, ont leur place à côté du droit positif. Il en est de même de l'histoire et du droit comparé dans la mesure où ils permettent de mieux comprendre et surtout de porter un jugement sur le droit positif et de s'interroger sur la loi à faire. Cette orientation vers la recherche explique l'importance relative donnée aux références bibliographiques, sans d'ailleurs que le format de l'ouvrage, même augmenté de plus de 10 % depuis la précédente édition, et l'abondance de la documentation aient permis des indications exhaustives.

Quant à la forme c'est un plan volontairement classique qui a été gardé afin de ne pas déconcerter le lecteur. La présentation de l'ouvrage garde la distinction classique entre petits et grands caractères. Il s'agit de faciliter la consultation des divers utilisateurs et non de traduire une importance relative qui dépend toujours de ce que cherche le lecteur. Schématiquement les caractères normaux correspondent à une utilisation « commune » de l'ouvrage. Les petits caractères répondent à des utilités diverses, mais plus marginales. Ils servent parfois à exposer des notions élémentaires, ou, à l'inverse, des controverses doctrinales complexes, des développements historiques ou de droit comparé, ou encore des applications particulières ou des exemples. *Par rapport à la première édition de nombreuses analyses d'arrêts récents de la Cour de cassation, provenant notamment d'un dépouillement systématique des bulletins des arrêts civils, ont été ajoutées en petits caractères, afin de servir d'illustrations, de précisions et de justifications aux solutions présentées.*

Je tiens à remercier très vivement M. Marc BILLIAU, qui, après avoir soutenu une thèse remarquée sur la délégation de créance, Essai d'une théorie juridique de la délégation en droit des obligations, publiée en 1989 dans la « Bibliothèque de droit privé », est devenu Maître de conférences à l'Université de Lille II. Il m'a donné une aide précieuse pour la mise à jour du présent ouvrage en apportant le fruit de ses recherches personnelles en plusieurs domaines, spécialement quant au rôle nouveau du Conseil constitutionnel et aux développements les plus récents du droit communautaire.

Il me reste, en invoquant la difficulté liée à l'ambition, peut-être excessive, de la tâche, à solliciter de nouveau l'indulgence des lecteurs, et à remercier l'éditeur qui permet la poursuite de cette entreprise.

le 22 juillet 1990
Jacques GHESTIN

OUVRAGES CITÉS
PAR LE SEUL NOM DE L'AUTEUR OU DES AUTEURS

ATIAS, *Le droit civil*, PUF, 1984.

AUBERT, *Introduction au droit et thèmes fondamentaux du droit civil*, 3e édition, 1988.

AUBRY et RAU, *Droit civil français*, 12 vol. dont t. 1, 7e édition, 1984 par A. PONSARD.

BERGEL, *Théorie générale du droit*, 2e édition, 1989.

BEUDANT et LEREBOURGS-PIGEONNIÈRE, *Cours de droit civil français*, 2e édition, 14 vol.

CARBONNIER, *Droit civil*, t. 1, Introduction, 18e édition, 1988.

CORNU, *Droit civil*, t. 1, Introduction. Les personnes. Les biens, 4e édition, 1990.

DE GEOUFFRE DE LA PRADELLE, *Essai d'introduction au droit français*, I. Les normes, Erasme, 1990.

GUIHO, *Cours de droit civil*, t. 1, Introduction générale, 1re édition, 1978.

LAMBERT, *Cours de droit civil*, t. 1, 1re édition, 1970.

LARROUMET, *Droit civil*, t. I, Introduction à l'étude du droit privé, Economica, 1984.

LEGEAIS, *Droit civil*, t. 1, Introduction générale. Personnes. Famille, 1re édition, 1971.

MARTY, RAYNAUD et JESTAZ, *Droit civil*, t. 1, Introduction générale à l'étude du droit, 3e édition, 1988.

MAZEAUD (H. L. et J.), *Leçons de droit civil*, t. 1, 1er vol., Introduction à l'étude du droit, 9e édition, par F. CHABAS, 1990.

MIAILLE, *Une introduction critique au droit*, 1976.

PIEDELIÈVRE, *Introduction à l'étude du droit*, 1re édition, 1981.

PLANIOL et RIPERT, *Traité pratique de droit civil français*, 2e édition, 13 vol.

RIPERT et BOULANGER, *Traité de droit civil d'après le traité de Planiol*, t. 1, Introduction générale. Les personnes, 1956.

SOURIOUX, *Introduction au droit*, 1987.

STARCK, *Droit civil*. Introduction générale, 1972.

STARCK, *Introduction générale*, 2e édition, par ROLAND et BOYER, 1988.

WEILL et TERRÉ, *Droit civil*, Introduction générale, 4e édition, 1979.

PLAN GÉNÉRAL

Une table analytique détaillée figure, selon l'usage, à la fin du volume. Ce plan a pour seul but de faire apparaître la construction générale de l'ouvrage.

Première partie

LE DROIT ET LES DROITS

Titre I. — Le droit objectif.

Chapitre I. — *Le droit en général.*

Section 1. — La philosophie du droit.
Section 2. — La logique juridique.
Section 3. — L'informatique juridique.

Chapitre II. — *Le droit civil.*

Section 1. — La place du droit civil dans les disciplines juridiques.
Section 2. — L'évolution du droit civil.

Titre II. — Les droits subjectifs.

Chapitre I. — *La notion de droit subjectif.*

Section 1. — Existence des droits subjectifs.
Section 2. — Définition des droits subjectifs.

Chapitre II. — *Classification des droits subjectifs.*

Section 1. — Classification des droits subjectifs en fonction du patrimoine.
Section 2. — Classification des droits subjectifs en fonction de leur objet.
Section 3. — Énumération de quelques autres classifications des droits subjectifs.

Deuxième partie

LES SOURCES DU DROIT

Titre I. — La loi.

Chapitre I. — *Les sources législatives.*

Section 1. — Les sources nationales.
Section 2. — Les sources internationales.

Chapitre II. — *L'application de la loi.*

Section 1. — L'application de la loi dans l'espace.
Section 2. — La force obligatoire de la loi.
Section 3. — L'interprétation de la loi.

Chapitre III. — *Le droit transitoire.*

Section 1. — Les principes de solution.
Section 2. — La mise en œuvre des principes.

TITRE II. — LA JURISPRUDENCE.

Chapitre I. — *L'organisation judiciaire.*

Section 1. — La hiérarchie des juridictions.
Section 2. — L'unification de la jurisprudence.

Chapitre II. — *Les règles jurisprudentielles.*

Section 1. — Le pouvoir créateur du juge.
Section 2. — Le pouvoir du juge de créer des règles générales.
Section 3. — Les limites du pouvoir créateur du juge.

TITRE III. — LA COUTUME.

Chapitre I. — *La place actuelle de la coutume.*

Section 1. — Les usages, règles de droit par délégation de la loi.
Section 2. — Les usages, règles de droit autonomes.

Chapitre II. — *L'application de la coutume par les tribunaux.*

Section 1. — La preuve des usages et coutumes.
Section 2. — Le contrôle de la Cour de cassation.

TROISIÈME PARTIE

LA MISE EN ŒUVRE DES DROITS

TITRE I. — LA SANCTION JUDICIAIRE.

Chapitre I. — *Le procès.*

Section 1. — L'action en justice.
Section 2. — L'instance.
Section 3. — La décision judiciaire.

Chapitre II. — *La preuve.*

Section 1. — Le droit de la preuve (règles générales du système probatoire
            en droit civil).
Section 2. — Le droit des preuves (règles propres aux différents procédés
            de preuve).

Chapitre III. — *Les obligations naturelles.*

Section 1. — Controverses sur la nature des obligations naturelles.
Section 2. — Les obligations naturelles en droit positif.

TITRE II. — LE RESPECT DES FINALITÉS DU SYSTÈME JURIDIQUE.

Chapitre I. — *L'abus de droit.*

Section 1. — Domaine de l'abus de droit.
Section 2. — Critère de l'abus de droit.
Section 3. — Sanction de l'abus de droit.

Chapitre II. — *La fraude.*

Section 1. — Analyse de la fraude.
Section 2. — La sanction de la fraude.
Section 3. — Place de la théorie de la fraude parmi d'autres moyens de
            contrôle des agissements blâmables.

Chapitre III. — *L'apparence.*

Section 1. — Notion d'apparence.
Section 2. — Mise en œuvre de la théorie de l'apparence.

1. — Conformément à l'usage cette introduction au droit civil français (1) comporte des développements qui peuvent valoir, de surcroît, comme introduction au droit privé, et même au droit en général (2). Cet usage se justifie par l'importance du droit civil. Sur le plan pratique il n'a plus, peut-être, la première place qui fut longtemps la sienne. Mais, sur le plan théorique, son ancienneté en fait la branche du droit la mieux élaborée. C'est principalement le droit civil qui a forgé le vocabulaire et les concepts juridiques (3). C'est dans son application que se sont affinées les méthodes de raisonnement propres aux juristes.

---

(1) Cet ouvrage est le fruit d'une amicale collaboration entre les auteurs qui se sont réparti les matières de la façon suivante : le premier titre de la première partie, portant sur le droit objectif, et la deuxième partie sur les sources du droit ont été rédigés par Jacques Ghestin. Le second titre de la première partie, portant sur les droits subjectifs, et la troisième partie sur la mise en œuvre des droits ont été rédigés par Gilles Goubeaux.

L'ouvrage n'a trait en principe qu'au droit civil français. Il ne comporte qu'exceptionnellement des vues de droit étranger (notamment *infra*, nos 29 et 225) pour lesquelles les auteurs remercient M. André Tunc qui a bien voulu en donner la matière. Pour une vue générale, v. R. David, *Les grands systèmes de droit contemporains*, 8e éd., 1982, par C. Jauffret-Spinosi.

(2) V. les introductions générales des ouvrages consacrés au droit civil : Mazeaud et Chabas. — J. Carbonnier. — A. Weill et F. Terré. — Marty et Raynaud. — B. Starck. — B. Starck par H. Roland et L. Boyer. — Ripert et Boulanger. — Ch. Larroumet, *Droit civil*, t. I, Introduction à l'étude du droit pirvé, Economica, 1984. — R. Legeais, *Droit civil*, t. I, 1971. — G. Lambert, *Cours de droit civil*, t. I, 1970. — G. Cornu, *Droit civil*, t. I, 1988. — A. Piedelièvre, t. I, 1981. — Malinvaud, *Introduction à l'étude du droit*, 1984. — J.-L. Sourioux, *Introduction au droit*, P. U. F., 1987. — *Adde* : E. S. de la Marnierre, *Éléments de méthodologie juridique*, préface de G. Vedel, 1976. V. aussi, parmi les ouvrages étrangers publiés ou traduits en français, Jean Dabin, *Théorie générale du droit*, 2e éd., 1969. — Friedman, *Théorie générale du droit*, trad. française, 1965. — Hans Kelsen, *Théorie pure du droit*, trad. Eisenmann, 1962. — Cl. du Pasquier, *Introduction à la théorie générale et à la philosophie du droit*, 4e éd., 1972. — P. Pescatore, *Introduction à la science du droit*, 1960. — K. Stoyanovitch, *Le domaine du droit*, 1969. — F. Rigaux, *Introduction à la science du droit*, 1974.

(3) V. P. Dauchy, *L'influence du droit civil sur le droit bancaire*, Rev. trim. dr. com., 1986, p. 1 et s.

2. — Dans cette optique il conviendra de présenter d'abord le double sens du mot droit, en distinguant dans une première partie *le droit objectif et les droits subjectifs ;* puis d'étudier dans une seconde partie *les sources du droit ;* et enfin, dans une troisième partie, comment se réalise l'application du droit par *la mise en œuvre des droits.*

PREMIÈRE PARTIE

LE DROIT ET LES DROITS

3. — On distingue traditionnellement le droit, conçu comme un mode d'organisation de la vie en société, et les droits, entendus comme les prérogatives individuelles qui en résultent. Le premier, défini par son objet, l'organisation de la vie sociale, est qualifié de *droit objectif.* Les seconds, envisagés par rapport à leurs sujets, sont appelés *droits subjectifs* (4).

---

(4) La distinction typographique d'autrefois qui faisait écrire le « Droit » objectif avec une majuscule est en voie de disparition, « grand droit et petit droit » s'alignant sur la minuscule. Cf. J. Carbonnier, *Flexible droit*, 3e éd., 1976, p. 59. — *Adde :* Mazeaud et Chabas, *Introduction*, no 1, qui observent que c'est « au mépris des règles strictes » que l'on est tenté d'orthographier le droit objectif avec une majuscule.

TITRE I

LE DROIT OBJECTIF

4. — L'étude du droit civil exige une présentation préalable du *droit en général* dont il est une partie. Celui-ci sera envisagé de façon assez générale et abstraite. Le *droit civil* en revanche sera situé de façon concrète dans son contexte actuel et français.

CHAPITRE I

LE DROIT EN GÉNÉRAL

5. — L'existence de règles de droit dans un pays déterminé à un moment donné est un fait incontestable. Ce droit positif est objet d'étude. Exposer les règles applicables aux particuliers, envisager leurs résultats pratiques, est la tâche principale de la doctrine civiliste. C'est l'objet essentiel du présent ouvrage. Néanmoins, cette vision du droit est un peu courte. L'explication en profondeur des règles juridiques requiert d'autres recherches. Faute d'une compétence suffisante en ce domaine, nous ne nous engagerons pas très loin dans cette voie, mais il nous paraît indispensable de signaler au moins les principales directions vers lesquelles doit être menée la réflexion.

6. — La première question, capitale, est celle du fondement et du but du droit, c'est-à-dire du choix idéologique qui commande l'attitude du juriste. Une conception globale du droit, une *philosophie*, est nécessaire pour orienter l'étude et l'élaboration des normes juridiques.

Pour réaliser ses fins le droit met en œuvre des méthodes qui lui sont propres. Ce qui le caractérise essentiellement c'est une manière de raisonner qui distingue la *logique juridique* des autres sciences, mathématiques ou expérimentales.

Enfin, il faut tenir compte de ce que le droit ne pourra rester bien longtemps à l'écart des transformations profondes résultant des apports de l'informatique. Il faut aujourd'hui s'interroger sur les possibilités, les limites et aussi les dangers de *l'informatique juridique*.

SECTION 1

LA PHILOSOPHIE DU DROIT

7. — Dès que l'on dépasse le point de vue formel, le droit soulève des questions d'ordre idéologique. Les normes imposées par le pouvoir politique sont-elles tout le droit ? Le législateur est-il entièrement libre de créer les règles juridiques selon son bon plaisir ? C'est soulever le délicat problème du fondement théorique du droit et de l'origine profonde de son autorité.

Rechercher l'explication ultime de la norme juridique conduit à choisir une philosophie du droit, de son rôle, de sa nature, de ses origines. Choix essentiel, mais dont il est très difficile d'exposer les éléments. Il faudrait, en effet, réunir la double compétence du juriste et du philosophe ; les auteurs de ce livre ne sauraient y prétendre. Il ne s'agit donc pas ici d'entrer dans le détail des nuances, ni de discuter sérieusement des théories mettant en jeu l'ensemble des rapports sociaux et la place de l'homme dans l'univers, avec toutes les implications religieuses et politiques qu'elles comportent (1). Plus modestement, on se contentera de situer approximativement quelques courants de pensée dominants, sans chercher à dissimuler le caractère sommaire et quelque peu caricatural à force de simplification de cette « philosophie des manuels de droit civil » (2). C'est ainsi que, loin de tenter de dresser une nomen-

---

(1) V. pour un exposé complet des doctrines, H. BATIFFOL, *La philosophie du droit*, Que sais-je ?, 5ᵉ éd., 1975. — *Problèmes de base de philosophie du droit*, 1979, et analyse par J. GHESTIN, *Rev. trim. dr. civ.*, 1980, p. 291 à 296. *La Revue interdisciplinaire d'études juridiques*, présentée par H. BATIFFOL, in *Rev. intern. dr. comp.*, 1979, nᵒ 4, p. 824. — M. VILLEY, *Philosophie du droit*, *Précis Dalloz*, 1975 ; *Leçons d'histoire de la philosophie du droit*, 1962 ; *La formation de la pensée juridique moderne*, 1980. — P. ROUBIER, *Théorie générale du droit : histoire des doctrines juridiques et philosophie des valeurs sociales*, 2ᵉ éd., 1951. — *Adde* : les divers volumes d'*Archives de philosophie du droit*, publiés depuis 1952 et faisant suite aux *Archives de philosophie du droit et de sociologie juridique*, publiées de 1931 à 1940. — V. également, HÉRAUD, *Regards sur la philosophie du droit française contemporaine*, extrait de *Le droit français contemporain*, publié sous la direction de M. René DAVID, 1960, t. II, p. 517 à 554. — Cf. M. VIRALLY, *La pensée juridique*, 1960. — M. VILLEY, *Seize essais de philosophie du droit*, 1969 ; *Critique de la pensée juridique moderne*, 1976 ; *Signification philosophique du droit romain*, *Arch. philosophie du droit*, t. 26, 1981, p. 381. — A. BRIMO, *Les grands courants de la philosophie du droit et de l'État*, 2ᵉ éd., 1968 ; *Réflexions sur le temps dans la théorie générale du droit et de l'État*, *Mélanges Hébraud*, p. 145. — Th. GIVANOVITCH, *Système de philosophie juridique synthétique*, 1970. — Chaïm PERELMAN, *Droit, morale et philosophie*, préface de M. VILLEY, 1968. — J. MIEDZIANAGORA, *Philosophies positivistes du droit et droit positif*, Paris, 1970. — KALINOWSKI, *Théorie, métathéorie ou philosophie du droit*, et, *Une théorie de la dogmatique juridique*, extraits des *Archives de philosophie du droit*, *Philosophies du droit anglaises et américaines et divers essais*, p. 179 à 195 et p. 405 à 413. — ALVARO D'ORS, *Principes pour une théorie réaliste du droit*, *Rev. Recherches juridiques*, 1981, 3, p. 369. — V. KNAPP et autres, *Tendances principales de la recherche dans les sciences sociales et humaines*, Part. 2, t. 2, *La science juridique : Les grands courants contemporains théoriques*. — J. SERRE, *Les grands courants contemporains de la philosophie du droit aux États-Unis d'Amérique*, th. Paris II, 1980. — *Adde : La philosophie à l'épreuve du phénomène juridique : Droit et loi*, Vᵉ colloque de l'association française de philosophie du droit, Aix-en-Provence, 22-23 mai 1985, P. U. Aix-Marseille, 1987. — M. T. CALAIS-AULOY, *Le droit à l'occidentale*, D. 1989, chron. VIII, p. 55 et s. — Chr. ATIAS, *Droit, législation et épistémologie* (notes d'une lecture partielle de F.-A. HAYEK), *Rev. trim. dr. civ.*, 1986, p. 524 et s.

(2) M. VILLEY, in *Arch. philosophie du droit*, t. XII, 1967, p. 214.

clature complète des grandes théories qui se sont développées au cours de l'histoire à ce sujet, seront seulement évoquées succinctement les doctrines idéalistes, spiritualistes ou de droit naturel d'une part, les doctrines positivistes ou matérialistes d'autre part (3). Il sera possible ensuite de montrer l'influence de ces doctrines philosophiques sur les définitions du droit généralement admises.

§ 1. — LES DOCTRINES IDÉALISTES OU DU DROIT NATUREL

8. — Après avoir brièvement *exposé* ces théories, il conviendra d'énoncer les principaux *griefs* qui leur ont été adressés.

I. — *L'exposé des doctrines du droit naturel.*

9. — L'idée fondamentale est qu'il n'existe pas seulement le droit positif, c'est-à-dire le droit appliqué effectivement à un moment donné dans un pays donné, mais aussi un droit idéal, d'essence supérieure. Le droit positif devrait tendre à se calquer sur le droit idéal, qui serait pour les uns révélé par Dieu en tout ou en partie, pour les autres découvert par la raison humaine naturellement avide de justice, du moins lorsque les passions ne l'aveuglent pas.

De la sorte, la valeur du droit positif pourrait être appréciée au regard du droit naturel. Toute disposition contraire au droit idéal serait injuste. De là dérivent des conséquences logiques : le législateur ne doit pas enfreindre le droit idéal ; s'il le faisait, les individus pourraient refuser de s'y soumettre, car la règle n'aurait du droit que les apparences (4).

Ainsi, la justice, précisée par le droit naturel, s'imposerait même à ceux qui détiennent l'autorité et la force. La loi ne serait pas toute-puissante,

---

(3) Cet exposé sommaire s'efforcera d'être « neutre ». Non que les auteurs du présent ouvrage redoutent d'affirmer l'état actuel de leurs convictions et de leurs doutes sur un sujet à propos duquel nul ne peut éviter de prendre parti. Mais ils pensent que leurs opinions se manifesteront assez à l'occasion de l'examen des différentes institutions du droit positif, au fur et à mesure qu'elles seront abordées. Du reste, l'expression d'un rattachement idéologique global nécessiterait des développements trop étendus, tant pour l'exposé d'inévitables nuances que pour la critique des thèses rejetées.

(4) Ce problème de la résistance aux lois injustes a trouvé son expression littéraire la plus connue chez Sophocle. Antigone qui, malgré l'édit de son oncle, a donné une sépulture à son frère, s'écrie : « Non, non, je n'ai pas dû croire que tes ordres eussent assez de forces contre les lois non écrites des dieux... elles ne sont pas d'aujourd'hui ni d'hier, ces lois-là. Elles ont été et elles seront toujours, et personne ne peut dire quand elles ont commencé... ».

mais dominée par des principes supérieurs, sans doute parfois malaisés à découvrir, mais dont la recherche constitue précisément une des tâches essentielles de l'humanité.

Cette conception a reçu au cours de l'histoire de la pensée juridique des traductions différentes qui peuvent être schématiquement groupées en deux écoles principales.

A. — Le droit naturel dans l'antiquité grecque et selon Saint Thomas d'Aquin.

10. — Le droit vise, par l'observation de la nature, à réaliser la justice ; c'est-à-dire à attribuer à chacun ce qui lui revient.

La doctrine de Platon (429-347 av. J.-C.) et surtout d'Aristote (384-322 av. J.-C.), transmise au monde romain par Cicéron (106-43 av. J.-C.), « fait du juste résolument l'âme et l'essence même du droit » (5). Les deux termes sont d'ailleurs étymologiquement liés. La justice consiste à attribuer à chacun ce qui lui revient (6). Le droit est science et art d'atteindre la justice. Comment donc déterminer ce qui est juste ? Par l'observation de la nature. Il existe en effet un ordre de l'univers. Les êtres et les choses ont une finalité. Leur existence, leurs mouvements, leur évolution ne s'expliquent pas seulement par une série de causes efficientes, mais aussi par des causes finales. Il faut que l'homme s'intègre harmonieusement dans cet ordre universel, car c'est ainsi qu'il réalise son essence. Est juste ce qui est conforme à ce plan de la nature. Le droit est donc à base d'observation des choses, des êtres, des sociétés humaines. De cette réalité, il convient d'extraire ce qui correspond aux fins naturelles. Ainsi, de ce qui est, on tire l'essence des choses et des institutions ; on discerne ce qui doit être.

La méthode aristotélicienne est donc réaliste. Le juste idéal s'incarne plus ou moins parfaitement dans la vie et dans la matière. La recherche du droit naturel implique l'ouverture la plus large sur le monde. Elle est une quête permanente, car elle progresse en même temps que l'objet de l'observation évolue. Elle se veut aussi très souple, tenant compte de la diversité des situations dans l'espace et dans le temps.

---

(5) M. VILLEY, *Leçons d'histoire de la philosophie du Droit*, p. 116. — BATIFFOL, *Problèmes de base de philosophie du droit*, p. 419. — J. CHANTEUR, *La loi chez Platon*, in *Arch. philosophie du droit*, t. 25, 1980, p. 137. — P. AUBENQUE, *La loi selon Aristote, ibid.*, p. 147.

(6) On doit aux philosophes grecs la distinction entre la justice distributive et la justice commutative. La première consiste à attribuer à chacun ce qu'il mérite en tenant compte de la place qu'il occupe dans la société et des mérites de ceux avec qui il est en relation. La seconde a un rôle subsidiaire et concerne surtout les échanges ; elle maintient l'équilibre précédemment obtenu ; elle est fondée sur l'idée d'une égalité simple entre les biens et non plus sur celle d'un rapport entre les personnes.

11. — Il est à remarquer que, dans cette conception, il n'y a pas de véritable opposition entre le droit positif et le droit naturel. Sans doute, une distinction est-elle faite entre les lois particulières à certains peuples et les principes universels. Mais le droit positif est lui-même un essai de traduction de l'ordre naturel. Il précise les règles et transforme en préceptes fermes les indications vagues résultant de l'observation scientifique.

Avec l'école stoïcienne (7), qui d'ailleurs s'intéresse plus à la morale qu'au droit, l'opposition entre droit positif et droit idéal s'accuse. Alors qu'Aristote avait intégré le droit naturel dans la vie quotidienne, les stoïciens s'en font, semble-t-il, une conception plus abstraite. C'est un droit rationnel, commun à toutes les sociétés humaines, supérieur aux lois positives.

Il faut probablement voir dans ce courant de pensée l'origine d'une distinction tripartite faite par des juristes romains : le *jus civile* est le droit positif d'une cité déterminée ; le *jus gentium* est le droit admis par tous les peuples à une époque donnée, qui doit donc être appliqué par chaque cité aux étrangers ; le *jus naturale*, enfin, est le droit idéal, immuable et intemporel.

12. — **Saint Thomas d'Aquin et l'assimilation de la philosophie d'Aristote par la pensée chrétienne.**

Le christianisme amena une autre conception : le juste est donné par la Révélation (8). Mais il s'agit plus de morale que de droit. Néanmoins, cet apport peut enrichir la théorie hellénique du droit naturel. Telle est la doctrine de Saint Thomas d'Aquin (1225-1274) (9).

Il existe une loi éternelle, qui est le plan de Dieu sur la création, la raison divine ordonnant le monde. Cette loi est immuable, complète et parfaite, car elle participe à tous les attributs de son auteur.

Pour accéder à sa connaissance, deux voies sont ouvertes aux hommes. L'une avait déjà été indiquée par Aristote. La création porte en elle la marque de la loi éternelle. En dépit de la faute originelle qui a obscurci la raison humaine, celle-ci n'est pas assez infirme pour être impuissante à saisir la vérité inscrite dans la nature. Ainsi peut-on découvrir la loi naturelle qui traduit le reflet de l'ordre divin perceptible par des voies profanes. Mais une autre source de connaissance de certains aspects

---

(7) Fondée par Zénon de Citium à la fin du IVe siècle avant J.-C. — *Adde* : GOLD-SCHMIDT, *La doctrine d'Épicure et le droit*, 1977 ; *Le fondement naturel du droit selon Épicure*, in Arch. philosophie du droit, t. 21, 1976, p. 183 ; *La théorie épicurienne du droit*, in Arch. philosophie du droit, t. 26, 1981, p. 73.

(8) Ainsi, Saint Augustin (354-430), oppose la Cité terrestre, dominée par la force, à la Cité de Dieu, fondée sur la Grâce. En la seconde seule est la justice ; c'est vers elle que doivent s'élever les institutions. — V. notamment : GILSON, *Les métamorphoses de la Cité de Dieu*, 1952. — MARROU, *Saint Augustin et l'augustinisme*, 1956. — M. VILLEY, *La formation de la pensée juridique moderne*, 1968, p. 69 et s.

(9) LOTTIN, *Le droit naturel chez Saint Thomas et ses prédécesseurs*, 1931. — LACHANCE, *Le concept de droit selon Aristote et Saint Thomas*, 1948. — CHENU, *Introduction à l'étude de Saint Thomas d'Aquin*, 1954. — VILLEY, *op. cit.*, p. 116 et s. — BATIFFOL, *Problèmes de base de philosophie du droit*, p. 14, 146 et s., 419 et s. — G. COURTOIS, *La loi chez Spinoza et Saint Thomas d'Aquin.* — Arch. philosophie du droit, t. 18, 1973 : *Dimensions religieuses du droit*, notamment sur l'apport de Saint Thomas d'Aquin.

de la loi éternelle est donnée aux hommes par la Révélation. C'est la loi divine exprimée dans l'Écriture sainte. L'étude des textes sacrés permet donc de redresser les égarements de la raison humaine.

La loi divine et la loi naturelle sont toutefois d'accès difficile. De plus elles ne fournissent que des principes assez généraux. Or, les hommes, naturellement sociables et poussés vers l'ordre politique, ont besoin de préceptes suffisamment précis. Il appartient aux lois humaines d'apporter ces directives. L'autorité de ces lois procède de celle des pouvoirs politiques, dont la mission entre dans le plan divin d'organisation du monde. Spécialement adaptée aux circonstances de temps et de lieu, la loi humaine doit être juste, c'est-à-dire orientée vers le bien commun du peuple auquel elle est destinée (10). De la sorte elle participe à la construction du droit selon les impératifs naturels. Elle peut sans doute s'écarter de son rôle et cesser d'être juste. En ce cas, si elle n'atteint que des intérêts humains, elle doit encore être obéie par respect pour l'autorité dont elle émane. Mais si elle est en opposition flagrante avec la raison, si elle s'oppose aux intérêts de Dieu, elle ne doit plus être suivie.

La doctrine thomiste réalise une assimilation de la philosophie d'Aristote par la pensée chrétienne. Elle implique la confiance en la sagesse humaine, mais aussi l'humilité en présence d'un univers dont l'homme n'est pas le tout. Cette ouverture au monde a disparu dans l'expression dite « moderne » (11) du droit naturel.

B. — L'école du droit naturel et la philosophie du xviiie siècle.

13. — Laïcisation d'un droit naturel déduit rationnellement de la nature humaine.

Bien qu'il soit possible de lui trouver des prédécesseurs, Hugo de Groot, dit Grotius (1583-1645) est traditionnellement considéré comme le fondateur d'une nouvelle conception du droit naturel (12). C'est d'abord une doctrine laïque. Sans doute, Grotius fait-il encore référence à la Révélation. Mais il s'agit d'une sorte de confirmation de principes découverts par la seule raison : les hommes étant créés par Dieu, ce qui est rationnel correspond aussi à la volonté divine. Le droit naturel ne serait donc pas différent s'il n'y avait pas Dieu ou s'il se désintéressait des affaires humaines.

---

(10) V. pour une présentation actuelle du bien commun, BATIFFOL, *Problèmes de base de philosophie du droit*, p. 418 et s.

(11) Au sens historique, la période « moderne » s'étend du xvie au xviiie siècle.

(12) VILLEY, *op. cit.*, p. 597 et s. ; *Les fondateurs de l'école du droit naturel moderne au XVIIe siècle*, Arch. philosophie du droit, 1970, p. 94 et s.

Plus que cette laïcité, c'est la méthode de connaissance du droit naturel qui est originale. Alors que les théories inspirées d'Aristote cherchaient à découvrir le juste par l'observation des choses, des êtres, des institutions, Grotius et ses successeurs, tels que Pufendorf (1622-1694) et Thomasius (1655-1728), s'attachent à l'examen de la seule nature humaine d'où, par une suite de déductions rationnelles, sont tirées les règles du droit naturel. Ainsi, par exemple, l'homme étant un être sociable, l'obligation de respecter les conventions en découle... D'un certain nombre d'impératifs inscrits dans la conscience de l'homme, dérivent des principes généraux d'où résultent à leur tour d'autres règles plus détaillées.

La conséquence de cette méthode est la rigidité absolue des normes naturelles. Celles-ci ont une certitude analogue à celle des mathématiques (13). Fondées sur la nature de l'homme et la raison, elles ont valeur universelle. Rejoignant la doctrine stoïcienne, l'école du droit naturel fixe des règles intemporelles, indépendantes du contexte historique des civilisations.

14. — La volonté humaine, source du pouvoir politique et des lois (14).

Grotius admettait cependant, à côté de ce droit rationnel, un droit volontaire tirant sa force du consentement des peuples. Puisqu'il est de droit naturel de tenir ses engagements, il est justifié de donner effet aux règles reposant sur la volonté concordante des individus. On reconnaît là, quoique peu développée, la célèbre thèse du contrat social, déjà présentée par Althusius (1556-1617), à laquelle un peu plus tard Locke (1632-1704) puis Rousseau (1712-1778) devaient attacher leurs noms. Pour ces auteurs, l'importance relative des facteurs est inversée. On accorde moins à la raison et à ses axiomes qu'à la volonté individuelle, source du pouvoir politique et des lois. Mais il reste qu'en prenant pour point de départ l'homme à l'état de nature, qui est une abstraction, il n'est plus du tout question d'observer le monde : les lois naturelles dérivent uniquement de la constitution de l'être humain, de sa liberté et de sa volonté.

15. — Les droits subjectifs naturels de l'homme.

Qu'il s'agisse du courant rationaliste ou du courant plus volontariste, la philosophie triomphante au xviii⁰ siècle concentre ses regards sur la nature humaine. Le contenu du droit naturel n'est plus conçu comme des principes apportant des solutions à des questions juridiques concrètes. Il ne s'agit plus de normes objectives, mais des droits de l'individu.

---

(13) V. sur les mathématiciens-juristes, *infra*, n⁰ 37.
(14) V. A. Dufour, *La notion de loi dans l'École du Droit naturel moderne*, in *Arch. philosophie du droit*, t. 25, 1980, p. 211.

Les valeurs éternelles sont celles qui sont relatives à l'être humain, indépendamment de son environnement matériel, économique et social. La conséquence est l'essor de la notion de droit subjectif. Les pouvoirs de l'individu ne lui sont pas donnés par la règle objective comme un moyen d'atteindre une solution juste ; ils sont déduits immédiatement de l'essence de l'homme ; ce sont des droits naturels.

Tel est bien le sens de la Déclaration des droits de l'homme adoptée par l'Assemblée constituante française en 1789, précédée par les proclamations similaires faites lors de l'indépendance américaine : inaliénables et sacrés, certains droits subjectifs sont inhérents à la nature de l'homme (15).

Cette conception idéaliste du droit a été reçue, au moins en France, comme doctrine officielle au XIXe siècle (16). C'est cependant à cette époque que les critiques les plus sévères devaient lui être adressées.

II. — *La critique des doctrines idéalistes.*

16. — **Les principaux reproches adressés au droit naturel visent moins la conception originaire de celui-ci que la doctrine développée à partir du XVIe siècle.** En effet, pour la plupart, ces critiques ont été formulées au XIXe siècle, contre la théorie alors dominante. Les leçons de l'antiquité grecque et du Moyen Age n'étaient plus guère reçues à cette époque, alors qu'elles semblent susciter aujourd'hui un regain d'intérêt.

Les griefs dirigés contre l'idéalisme sont de deux ordres. On lui a reproché d'être à la fois *inexact* et *inutile.*

A. — Les doctrines idéalistes seraient inexactes.

17. — Si le droit naturel était éternel, commun à tous les hommes, il ne devrait exister entre les diverses législations que des différences de détail. Or la réalité est toute différente. Pascal écrivait déjà, dans

---

(15) V. E. P. Haba, *Droits de l'homme, libertés individuelles et rationalité juridique*, in *Arch. philosophie du droit*, t. 25, 1980, p. 325. — L. Husson, *Droits de l'homme et droits subjectifs*, in *Arch. philosophie du droit*, t. 26, 1981, p. 345. — P. Delvaux, *L'utile et le juste dans les droits de l'homme révolutionnaires*, Arch. philosophie du droit, t. 26, 1981, p. 223.

(16) Le titre préliminaire du Code civil contenait un article premier ainsi conçu : « il existe un Droit universel et immuable, source de toutes les lois positives; il n'est que la raison naturelle en tant qu'elle gouverne tous les hommes ». Ce texte a été supprimé dans la rédaction définitive, mais non par suite d'un désaccord doctrinal : simplement, une telle affirmation philosophique a été jugée inutile dans un recueil de droit positif.

une formule célèbre : « Plaisante justice qu'une rivière borne : vérité en deçà des Pyrénées, erreur au-delà... Un degré d'élévation au pôle renverse toute la jurisprudence ».

Cette critique a été développée au XIXe siècle avec une force particulière par l'école historique allemande, pour laquelle, loin d'être universel et immuable, le droit est propre à chaque nation et évolue avec son développement historique (17).

18. — Afin d'échapper à cette objection, certains auteurs plus récents ont tenté de présenter des **définitions renouvelées du droit naturel.**

Pour certains, en particulier l'Allemand Stammler dont les idées ont été reprises en France par Saleilles, le droit naturel aurait un contenu variable selon les civilisations. Il trouverait cependant une certaine unité dans le besoin de justice commun à tous les hommes.

Pour d'autres, comme Gény, Planiol, Colin et Capitant, le droit naturel devrait être réduit à quelques directives générales. Alors que l'école du droit naturel, qui s'est développée à partir du XVIe siècle, avait de celui-ci une vue très précise, y faisant entrer des institutions entières tenues pour éternelles, telles que l'obligation alimentaire entre proches parents, le mariage, la puissance paternelle ou la propriété, il faudrait réduire le contenu du droit naturel à quelques principes reconnus de tout temps par les hommes : l'idée de justice, ou, de façon un peu plus précise, le respect de la personnalité humaine, de la parole donnée ou du bien commun...

Enfin, à partir de la doctrine philosophique de l'intuition développée par Bergson, a été affirmée la possibilité d'une connaissance intuitive, irrationnelle du droit naturel.

Mais ces diverses tentatives de renouvellement aboutissent à un droit naturel si vague qu'il semble bien perdre toute signification propre et toute utilité. On rejoint ici la seconde critique dont les doctrines idéalistes ont été l'objet.

B. — Les doctrines idéalistes seraient inutiles.

19. — Les théories du droit naturel impliquent deux conséquences pratiques : l'interdiction pour le législateur d'enfreindre le droit naturel et la possibilité pour les individus de résister aux lois injustes (18).

---

(17) V. *infra*, n° 24. V. pour une critique actuelle de l'École du Droit naturel classique, BATIFFOL, *Problèmes de base de philosophie du droit*, p. 136 et s.

(18) V. BATIFFOL, *Problèmes de base de philosophie du droit*, p. 275. — MAZEAUD et CHABAS, n° 13-2, les auteurs cités : Encyclique *Mit brennender Sorge* (1937) du Pape Pie XI et Encyclique *Pacem in terris* (1963) du Pape Jean **XXIII.**— DABIN, *La philosophie de l'ordre juridique positif*, n°s 44 et 200 à 237, p. 668-769.

Les partisans du droit naturel ont le plus souvent fait preuve en ce domaine d'une grande prudence. En particulier, Saint Thomas d'Aquin n'admet la résistance aux lois injustes que si elles vont à l'encontre de la loi divine, mais non lorsqu'elles enfreignent seulement la loi naturelle.

La résistance à l'oppression est cependant un des droits inscrits dans la déclaration des droits de l'homme de 1789, reprise dans les constitutions de 1791, 1946 et 1958. Mais en fait il est contradictoire que le législateur admette qu'une loi édictée par lui ne soit pas exécutée sous le prétexte qu'elle serait injuste et qu'y désobéir serait un droit.

Il peut arriver sans doute que certaines règles de droit naturel se trouvent incluses dans la constitution, comme par exemple le droit à la liberté, à la sécurité individuelle. Si une loi vient alors à contredire ces principes, son application pourra être écartée, à condition d'ailleurs qu'existe un contrôle de la constitutionnalité des lois. Mais une règle ne sera pas écartée en tant qu'elle est contraire au droit naturel ; c'est seulement parce qu'elle est en contradiction avec la constitution, élément du droit positif supérieur aux lois ordinaires.

Quant à la résistance individuelle aux lois injustes, elle ne jouera en fait que si le pouvoir dont émanait la loi a été renversé par la force, à la suite d'une révolution par exemple. Alors, au nom du droit naturel, on affectera de considérer que la loi injuste n'a jamais eu d'effet, même pour le passé. C'est ainsi qu'après la libération on a annulé les lois racistes du Gouvernement de Vichy...

En définitive, de nombreux juristes contemporains considèrent le recours au droit naturel comme un élément de complication inutile. Ils ont rallié le camp des partisans d'une conception positiviste du droit.

§ 2. — LES DOCTRINES POSITIVISTES

20. — Comme on l'a fait pour les doctrines idéalistes, on fera succéder à la *présentation* rapide des thèses positivistes l'énoncé des principales *critiques* dont elles sont l'objet.

I. — *L'exposé des doctrines positivistes.*

21. — Toutes les thèses qualifiées de positivistes ont un point commun, **il est inutile, d'après elles, de rechercher la justification de la loi ; celle-ci s'impose par le fait même qu'elle est la loi.** Peu importe qu'elle soit juste (19). Il n'est pas d'autre droit que le droit positif.

_____

(19) Cette position était déjà celle de Socrate (470-399 av. J.-C.) qui préféra accepter la mort plutôt que de désobéir à une loi injuste, car les bons citoyens doivent se soumettre aux lois, fussent-elles contraires à la justice, de peur que les mauvais n'enfreignent les lois justes.

Cependant, pour aboutir à cette conclusion, les démarches sont très différentes selon les théories. Les positivismes sont en effet multiples (20). Ils peuvent être répartis en deux groupes principaux : *le positivisme juridique ou étatique* d'une part, *le positivisme scientifique* d'autre part.

A. — Le positivisme juridique ou étatique.

22. — L'expression de cette doctrine se trouve déjà chez tous les théoriciens du pouvoir absolu du Prince, qu'ils soient inspirés par la pensée chrétienne, comme Bodin (1530-1596) ou Bossuet (1627-1704), ou qu'ils partent d'une conception pessimiste de l'homme, comme Machiavel (1469-1527) ou Hobbes (1588-1679). La volonté ou du moins, pour les coutumes, la tolérance du souverain est la seule source du droit positif qui est le seul droit, la loi divine ou naturelle ayant un caractère exclusivement moral et ne faisant pas partie du droit (21).

Le xviiie siècle avait vu le triomphe du droit naturel. Le xixe siècle voit se développer des doctrines affirmant avec force le positivisme étatique. C'est le cas de la philosophie de Hegel (1770-1831) : le rationnel et le réel se confondent ; cette réalité évolue au rythme de la dialectique, toute thèse suscitant une antithèse jusqu'à ce que se dégage la synthèse. Cette position conduit Hegel, dans l'un de ses principaux ouvrages « Fondements de la philosophie du droit » à expliquer le droit par le fait accompli et la force. Il « se révèle par la puissance qui réussit

_____

(20) Il n'est d'ailleurs pas toujours aisé de déterminer si une doctrine est ou non franchement positiviste. Ainsi, la thèse du contrat social peut-elle être déjà considérée comme tendant au positivisme, dans la mesure où elle admet que le droit est « posé » par la volonté humaine.

(21) KANT (1724-1804) conclut à ce sujet d'une façon assez voisine. Sans doute s'exprime-t-il en termes de droit naturel lorsqu'il admet que la raison permet de découvrir la solution juste. Cependant, ce droit tiré de la raison pure est à la fois théorique et vague. Il peut inspirer le législateur, mais le seul droit applicable est celui qui résulte des lois de l'État. « Selon cette philosophie, notre devoir d'obéissance n'est point diminué parce que l'État n'est pas encore l'expression d'une volonté intégralement rationnelle ; que le contrat social n'est pas intégralement réalisé » (VILLEY, *Leçons d'histoire de la philosophie du Droit*, p. 258). Par conséquent, le juriste n'a pas à se préoccuper de chercher les lois issues de la raison mais doit seulement étudier les règles existantes, qu'il n'a pas à justifier. C'est pourquoi on a pu dire de cette philosophie qu' « en dépit de ses étiquettes, et peut-être de ses intentions, elle signifiait la victoire totale, effrénée du positivisme juridique » (*Ibid.*, p. 259). — BATIFFOL, précité, p. 17. — S. GOYARD-FABRE, *Kant et l'idée pure du droit*, *Arch. philosophie du droit*, t. 26, 1981, p. 133.

à le réaliser ». C'est donc l'État qui est la source unique du droit (22).
Dans ses ouvrages « La lutte pour le droit » et « Le but dans le droit »,
le grand juriste allemand Ihering (1818-1892) insiste sur la contrainte
qui s'attache à la règle de droit (23). Seul existe le droit positif dont
l'État peut imposer le respect. Mais le droit ne s'identifie pas à la force
brute. Il est la « politique de la force » : le plus fort a l'habileté d'établir
des règles générales auxquelles il se soumet lui-même, par une sorte
d'auto-limitation (24) ; le plus faible a l'intelligence de se soumettre
à ces règles en attendant d'avoir, à son tour, la force pour instaurer
un ordre juridique nouveau. Loin de naître spontanément de la lente
évolution d'un peuple, le droit résulte d'une véritable lutte, d'un combat
dans lequel chaque individu, chaque groupe s'efforce de faire triompher
ses intérêts. « Le droit n'est qu'une arme dans les conflits de la
force » (25).

23. — Au xxe siècle, l'Autrichien **Kelsen,** fondateur de l'école de Vienne,
a présenté une construction nouvelle du positivisme étatique : le
système normativiste (26). Pour lui, il convient d'avoir une conception
du droit qui soit pure de tout mélange, dégagée de toute considération
de sociologie, de politique, de morale ou de droit naturel (le titre de son
principal ouvrage, « théorie pure du droit » est révélateur). Dans une
construction monumentale, il décrit un enchaînement de normes, de
règles hiérarchisées, dont l'ensemble constitue l'ordonnancement
juridique. A partir de la constitution, viennent les lois ordinaires, puis

---

(22) BATIFFOL, *Problèmes de base de philosophie du droit*, p. 16 à 19. — M. VILLEY,
Préface au *De cive : Hobbes en notre temps*, in *Arch. philosophie du droit*, t. 25, 1980,
p. 285. — A. CLAIR, *Aliénation de droits et institution de l'État selon Hobbes, ibid.*,
p. 305.

(23) COULOMBEL, *Force et but dans le droit selon la pensée juridique de Ihering,*
Rev. trim. dr. civ., 1957, p. 609 et s. — BATIFFOL, précité, p. 43.

(24) JELLINEK, disciple de IHERING, a développé la théorie de l'auto-limitation
de l'État.

(25) COULOMBEL, *Introduction à l'étude du droit et du droit civil*, 1969, p. 81.

(26) V. *Théorie pure du droit*, trad. par H. THÉVENAZ, 1953 ; *Positivisme juridique*
et doctrine du droit naturel, *Mélanges Jean Dabin*, 1963, t. I, p. 140 et s. — *Adde :*
sur Kelsen, MIEDZIANAGORA, *Philosophies positivistes du droit et droit positif*, 1970,
p. 57 et s. — *Jean Dabin et Hans Kelsen*, par J. KUNZ, in *Mélanges Dabin*, t. I,
p. 149 et s. — Cf. Ch. EISENMANN, *Science du droit et sociologie dans la pensée de Kelsen,*
in *Méthode sociologique et droit*, colloque de Strasbourg, 1956, p. 59 et s. — J. CAR-
BONNIER, *Sociologie juridique*, Thémis, 1972, p. 297. Ces deux auteurs présentent
une analyse plus nuancée de l'œuvre de Kelsen. — MARTY et RAYNAUD, *Introduction*,
nº 22 et la bibliographie citée. — HÉRAUD, *L'influence de Kelsen dans la doctrine*
française contemporaine. Annales Faculté droit Toulouse, 1958, t. VI, fasc. I, p. 171. —
BATIFFOL, *Problèmes de base de philosophie du droit*, p. 31, 50 et s., 186, 223. —
P. AMSELEK, *Réflexions critiques autour de la conception kelsénienne de l'ordre juri-*
dique, Rev. dr. publ., 1978, p. 5-19 ; et la réponse de M. TROPER, *La pyramide est*
toujours debout, Rev. dr. publ., 1978, p. 1523-1536. — *Adde :* P. DUBOUCHET, *La*
science normative et le droit, Rev rech. jur., dr. prospectif, 1986, p. 229 et s.

les règlements administratifs, enfin les contrats et les actes individuels. Chaque norme tire sa force obligatoire de sa seule conformité à la norme qui est au-dessus d'elle. C'est ainsi que les lois ordinaires s'imposent par le seul fait qu'elles sont conformes à la constitution. Dans un tel système, il n'est plus question de droits subjectifs. Ceux-ci ne sont plus que les prolongements particuliers de l'ordonnancement juridique en règles individuelles, dans la mesure des compétences que donnent les règles supérieures. C'est ainsi, par exemple, que les contrats produisent des effets individuels en vertu de la permission de la loi, norme supérieure. Il n'est plus question non plus de création du droit par l'État. Celui-ci cesse d'être personnalisé pour se dissoudre dans l'ordonnancement juridique lui-même. L'État, selon Kelsen, n'est plus qu'un mot commode pour exprimer l'unité de cet ordonnancement juridique.

Cette construction rigoureusement logique fait apparaître en pleine lumière la structure du système juridique. Mais l'ensemble de ce système reste suspendu à une « norme d'origine » dont le moins qu'on puisse dire est qu'elle est passablement mystérieuse.

Le positivisme juridique, quelles qu'en soient les variantes, fait du droit une discipline autonome. Ce n'est plus le cas dans les doctrines pour lesquelles le droit n'est qu'une branche ou un produit d'autres sciences sociales ou humaines.

B. — Le positivisme scientifique.

24. — Selon les théories, le droit a pu être présenté comme issu de l'économie, de l'histoire ou de la sociologie.

Le courant « économiste » est surtout illustré par les thèses de la philosophie utilitariste anglaise du XVIIIe siècle. Ainsi, pour Bentham (1748-1832) (27), l'ordre social a pour source et pour but la recherche du plaisir. Le droit est un produit de cette recherche : il détermine les règles de conduite permettant d'obtenir le plus grand bonheur pour le plus grand nombre avec le moins de peine possible. De la sorte, « l'art juridique est annexé dans l'économie politique, sous la dictature de l'utile » (28).

— H. R. PALLARD, *La règle et le droit : La subjectivité et la genèse de la normativité dans l'ordre juridique,* Rev. rech. jur., dr. prospectif, 1988, p. 211 et s.

(27) EL SHAKANKIRI, *La philosophie juridique de Jérémy Bentham.* — BATIFFOL, *op. cit.,* p. 27-28. — *Arch. philosophie du droit,* t. 26, 1981, *L'utile et le juste,* spécialement M. VILLEY, *Préface historique.* — J. DE SOUSA E BRITO, *Droits et utilité chez Bentham,* p. 93. — M. A. CATTANEO, *Austin et l'utilitarisme,* p. 121. — R. SÈVE, *La métaphysique et l'utilitarisme,* p. 155. — H. Ph. VISSER'T HOOFT, *John Rawls et l'utilitarisme,* p. 175. — J. GHESTIN, *L'utile et le juste dans les contrats,* p. 35. — P. ARNAUD, *Juste et utile,* p. 167. — E. GRIFFIN-COLLART, *Égalité et Justice dans l'Utilitarisme, Bentham, J. S. Mill, M. Sidgwick,* in Trav. *Centre de philosophie du droit de l'Université libre de Bruxelles, L'égalité,* vol. II, 1974.

(28) VILLEY, *Leçon d'histoire de la philosophie du droit,* p. 73.

Placer le droit dans l'orbite de l'histoire est une idée relativement ancienne. Elle a été érigée en un véritable système avec *l'école historique allemande* du XIXᵉ siècle, dont Savigny (1779-1861) (29) a été le chef de file. Selon cette doctrine, le droit est mûri lentement par le peuple lui-même. La loi ne peut avoir d'autre rôle que de recueillir et consacrer les résultats de cette création historique. Produit spontané de l'évolution des peuples, le droit exprime, selon une formule romantique, l'âme des nations, le Volksgeist. C'est pourquoi il faut laisser jouer les forces venues des profondeurs de chaque société. Savigny, dans une controverse célèbre, s'est opposé à Thibaut, lui aussi professeur à l'Université de Heidelberg, qui avait affirmé la nécessité d'une codification donnant à l'Allemagne un droit uniforme, à l'imitation du Code civil français : pour l'école historique, une codification est une entrave à l'évolution normale du droit.

Pour beaucoup, les lois de l'histoire sont d'une certitude scientifique douteuse. Il n'en serait pas de même de l'observation des faits sociaux. *L'école sociologique* s'est développée, particulièrement en France, avec le courant scientiste du XIXᵉ siècle (30). Pour Auguste Comte (1798-1857) et ses disciples, le droit a lui aussi dépassé les stades théologique et métaphysique pour atteindre la phase positive, scientifique. Il faut dégager les lois de la vie en société de façon expérimentale. Les lois (31) du développement de l'espèce humaine sont aussi déterminées qu'en physique. Par la sociologie, appuyée sur l'histoire, l'ethnologie, la statistique, l'économie politique, il faut découvrir ces lois. Les institutions juridiques en découleront nécessairement. Ainsi, la règle de droit ne dépend pas de la volonté des gouvernants. La réalité sociologique s'impose à l'État lui-même. Le droit relève de la conscience collective, selon Durkheim (1858-1917), ou de la masse des consciences individuelles, dans la théorie de Duguit (1859-1928)...

25. — Positiviste assurément, mais difficile à classer, **la conception marxiste du droit** occupe une place à part, ne serait-ce qu'en raison de sa réception comme doctrine officielle dans les pays socialistes (32). Le matérialisme historique fournit une explication globale, dans laquelle le droit ne peut être détaché d'un ensemble dominé par l'économie. Conception historique, donc, mais bien éloignée des vues roman-

---

(29) MARTY et RAYNAUD, *op. cit.*, nº 15 et la bibliographie citée. — VILLEY, *op. cit.*, p. 75 et s. — V. A. DUFOUR, *De l'école du droit naturel à l'école du droit historique*, Arch. philosophie du droit, t. 26, 1981, p. 303.

(30) BATIFFOL, *op. cit.*, p. 66 et s. — A. J. ARNAUD, *Critique de la raison juridique*, t. I, *Où va la sociologie du droit*, 1981.

(31) V. P. ARNAUD, *La loi selon Auguste Comte*, in Arch. philosophie du droit, t. 25, 1980, p. 225.

(32) STOYANOVITCH, *La philosophie du droit en U. R. S. S.*, 1965.

tiques de l'école de Savigny. Marx (1818-1883) ne se borne pas à expliquer le droit par des rapports de force, il en prophétise l'évolution inéluctable, qui doit s'achever par sa disparition.

« Exposer la philosophie du droit de Marx et d'Engels (1820-1895) est une tâche aléatoire, car il en existe encore aujourd'hui des interprétations diverses, opposées autant que multiples » (33). On peut néanmoins se risquer à en donner un aperçu schématique (34).

1º Le droit n'a pas une existence idéale permanente. Il s'insère dans l'histoire de l'économie. Apparu avec les échanges de marchandises, il constitue une « superstructure » de la réalité économique. Le matérialisme conduit, en effet, à expliquer toutes les composantes de la structure sociale à partir de la production des moyens d'existence et l'évolution par la dialectique, ou lutte des contraires. *Dans les sociétés bourgeoises, le droit est donc un instrument de contrainte de la classe dirigeante contre la classe dominée.* Il reflète le combat de ceux qui ont les moyens de production contre ceux qui ne les ont pas ; il est un moyen pour la classe possédante de s'assurer le profit de la force de travail de ses adversaires et de contenir les affrontements qui pourraient mettre en péril sa suprématie.

2º *Lorsque la collectivité s'est approprié les moyens de production,* s'ouvre la phase du socialisme. Il n'y a plus de véritable lutte de classes, mais *la contrainte demeure pour assurer la dictature du prolétariat et extirper les dernières racines de la société bourgeoise.* Le droit, outre une mission éducatrice, a pour fonction, alors, d'organiser la distribution des revenus qui doivent encore être répartis en proportion du travail, avant de pouvoir l'être selon les besoins. En disciplinant la société

---

(33) M. VILLEY, in *Arch. philosophie du droit,* t. XII, *Marx et le droit moderne,* 1967, p. 216.

(34) Pour une étude moins sommaire, v. notamment : PASUKANIS, *La théorie générale du droit et le marxisme,* 1926, trad. BROHM, présentation J. M. VINCENT, 1970. — STOYANOVITCH, *Marxisme et droit,* 1964 ; *La pensée marxiste et le droit,* 1974. — *Marx et le droit, Arch. philosophie du droit,* t. XII, 1967, précité. — M. et R. WEYL, *La part du droit dans la réalité et dans l'action,* 1968 ; *Révolution et perspectives du droit,* 1974. — POULANTZAS, *Le pouvoir politique et les classes sociales,* 1972. — EDELMAN, *Le droit saisi par la photographie, éléments pour une théorie marxiste du droit,* 1973. — MILIBAND, *L'État dans la société capitaliste,* 1973. — SZABO, *Les fondements de la théorie du droit,* 1973. — André VINCENT, *Les révolutions et le droit,* 1974. — M. VILLEY, *Panorama des philosophies juridiques modernes occidentales et marxistes du monde socialiste,* in *Critique de la pensée juridique moderne,* 1976. — *Adde :* S. DALLIGNY, *Essai sur les principes d'un droit civil socialiste,* préface J. CARBONNIER, L. G. D. J., 1976. — M. MIAILLE, *Critique marxiste de la loi dans l'État bourgeois,* in *Arch. philosophie du droit,* t. 25, 1980, p. 263.

socialiste, il permet à celle-ci de se fortifier en face des régimes capitalistes hostiles (35).

3° Le socialisme n'est qu'une phase transitoire. Avec l'achèvement du communisme, l'abondance et la transformation des mentalités aboliront toute opposition d'intérêts. Chacun, recevant selon ses besoins, exécutera spontanément ses devoirs sociaux. L'appareil de contrainte spécialisé n'aura plus de raison d'être. Le *dépérissement du droit* sera consommé.

Le marxisme, comme les autres formes de positivisme, nie que le droit puisse être recherche de la justice. Aussi, ces théories encourent les critiques de ceux qui ne se résolvent pas à abandonner cet idéal.

II. — *La critique du positivisme.*

26. — Plus récentes que les doctrines idéalistes, les thèses positivistes n'ont pas fait l'objet d'autant d'attaques en règle que les premières (36). Il existe en effet un décalage entre la philosophie et la réflexion sur le droit : « le juriste assez audacieux pour exploiter une doctrine philosophique vieille d'un siècle est à la pointe de la nouveauté » (37).

Sans doute, toutes les thèses qui viennent d'être signalées ont-elles fait l'objet de critiques. Mais le principe même du positivisme est-il sérieusement combattu ? En fait, il est incontestable qu'à l'heure actuelle les civilistes français se comportent en positivistes. Ils se consacrent à l'étude de la loi et de la jurisprudence, des mécanismes techniques et des solutions concrètes. C'est une conséquence normale de la façon dont est traditionnellement conçu l'objet de leur discipline. Pourtant, l'œuvre législative est au moins préparée par des juristes ; ce sont des juristes qui font évoluer la jurisprudence... A ce stade, il n'est pas sûr que le positivisme fasse encore l'unanimité. Il lui est, en effet, reproché d'être non seulement insuffisant, mais dangereux.

---

(35) Ce droit transformé dans sa nature, sinon dans certains de ses aspects techniques, est-il une survivance du passé, une conséquence de la difficulté à sortir de « l'horizon bourgeois », ou constitue-t-il un instrument de progrès, un facteur important d'évolution vers le communisme ? En d'autres termes, le droit des sociétés socialistes doit-il tendre à disparaître ou, au contraire, connaître une phase de renforcement et de développement ? La question est controversée sur le plan théorique entre les auteurs marxistes.

(36) V. pour une critique actuelle des thèses positivistes, BATIFFOL, *Problèmes de base de philosophie du droit*, p. 35 et 148.

(37) VILLEY, *Leçons d'histoire de la philosophie du droit*, p. 84.

A. — Le positivisme serait insuffisant.

27. — Peut-on se passer de métaphysique ? C'est, semble-t-il, se condamner à répondre seulement « comment » lorsqu'il faudrait dire « pourquoi ». Identifier le droit à la loi de l'État fournit une explication au caractère contraignant de la règle juridique, mais n'éclaire pas sur le contenu de celle-ci : d'où vient que la contrainte s'exerce dans tel sens plutôt que dans tel autre ? Répondre en invoquant les lois de l'histoire est un acte de foi en l'existence de celles-ci qui vaut bien le postulat d'une finalité et d'un ordre de l'univers proposé par les tenants du droit naturel. Quant à faire du droit une branche de l'économie ou de la sociologie, c'est rendre presque insoluble le difficile problème du critère de la règle juridique. Le droit, par définition, est normatif. Comment tirer exclusivement des faits ce qui, au moins pour partie, s'exprime en devoir-être (38) ? La conscience collective est une notion bien vague. Sans doute, une certaine acceptation des normes par le corps social est-elle nécessaire, mais il est difficile de nier que le droit courbe parfois les résistances et impose la solution voulue par quelques-uns. Surtout, s'en tenir à l'examen de la réalité sociale en elle-même (et non pour en tirer ce qui est juste) est se tourner entièrement vers le passé et renoncer à voir dans le droit un possible facteur de progrès.

Même sur le plan technique où, pourtant, ils invitent à se tenir, les différents positivismes révèlent leurs insuffisances. Voir tout le droit dans les règles posées par l'État conduit au culte de la loi et à la méthode étroite de l'exégèse (39). Le sociologisme, au contraire, amène à scruter avec attention les expressions les plus souples de la volonté collective : les pratiques, les usages, les coutumes, aux contours fuyants et incertains. Dans un cas comme dans l'autre, il n'est guère de place pour la « libre recherche scientifique » du juriste, dont Gény a montré cependant toute l'importance (40). La soumission intégrale aux faits, sans jugement de valeur, risque de stériliser les initiatives en ce domaine. C'est là, disent les adversaires du positivisme, une démission dangereuse.

B. — Le positivisme serait dangereux.

28. — Tous les systèmes positivistes commandent aux juristes de se

---

(38) « Pour nous juristes, qui cherchons à des procès encore actuels la solution la meilleure, la norme qui les conclura n'est pas encore faite ; le droit du juriste n'est pas fait » (*ibid.*, p. 95).
(39) VILLEY, *François Gény et la renaissance du droit naturel*, in *Seize essais de philosophie du droit*, 1969, p. 124 et s. — Sur la méthode de l'exégèse, v. *infra*, nᵒˢ 42 et s.
(40) GÉNY, *Méthodes d'interprétation et sources en droit privé positif*.

laisser emporter par des forces qu'ils contemplent passivement, à accepter comme étant le droit les règles, même les plus brutales et les plus despotiques, dès lors qu'elles existent. Se décharger sur la politique et la morale du soin de juger les orientations du système juridique est faire montre d'un pessimisme sans doute excessif à l'égard du rôle du droit. La preuve en est l'appel empressé fait par les régimes totalitaires aux thèses du positivisme étatique ou de l'école historique. Au nom de l'autorité de l'État ou du sens de l'histoire, les lois les plus inhumaines peuvent être justifiées. L'expérience douloureuse en a été faite. Est-ce par hasard que les doctrines idéalistes ont connu de nouveau tant de faveur en Allemagne après la seconde guerre mondiale ?

29. — Autres doctrines ; rejet du droit.

Les choix idéologiques fondamentaux ne peuvent évidemment se limiter à une opposition entre doctrines idéalistes et positivistes. D'importantes études ont été consacrées notamment aux relations entre le droit et l'existentialisme (41) ou la phénoménologie (42). Mais, malgré leur intérêt, elles ne semblent pas avoir exercé une influence notable sur les conceptions du fondement et du but du droit généralement admises par les juristes français, ni, a fortiori, sur sa définition.

---

(41) V. Brimo, *L'existentialisme et le fondement du droit*, Mélanges Gidel, 1961, p. 78 ; *Réflexions sur la conception existentialiste de l'État*, Arch. philosophie du droit, 1965, p. 147 ; *Les Grands courants de la philosophie du droit et de l'État*, 1967. — Donius, *L'analyse existentiale du droit*, essai sur les fondements du phénomène juridique, Mémoire D. E. S., Strasbourg, 1955 ; *Existentialisme, phénoménologie et philosophie du droit*, Arch. philosophie du droit, 1957, p. 221. — N. A. Poulantzas, *Notes sur la phénoménologie et l'existentialisme juridiques*, Arch. philosophie du droit, 1963, p. 213 ; *La critique de la raison dialectique de J. P. Sartre et le droit*, Arch. philosophie du droit, 1965, p. 83. — W. Maihofer, *Le droit naturel comme dépassement du droit positif*, traduit par M. M. Poulantzas et Mavrakis, Arch. philosophie du droit, 1963, p. 177. — G. Kalinowski, *Contribution à la critique de la philosophie existentialiste du droit*, Arch. philosophie du droit, 1964, p. 257. — J. Parain Vial, *L'être dans la philosophie de Gabriel Marcel et le fondement du droit*, Arch. philosophie du droit, 1965, p. 1. — Villey, *Phénoménologie et existentialo-marxisme à la Faculté de droit de Paris*, ibid., p. 157.

(42) V. surtout l'importante thèse de M. Amselek, *Méthode phénoménologique et théorie du droit*, L. G. D. J., 1964, avec la préface de M. Eisenmann, et la critique faite par M. Villey, Arch. philosophie du droit, 1965, p. 157. — Adde : outre les études citées supra, note 41, qui traitent également de la phénoménologie, Cossio, *Théorie de la vérité juridique*, 1954 ; et *La norme et l'impératif chez Husserl*, Mélanges Roubier, 1961. — J. L. Gardies, *La philosophie du droit d'A. Reinach*, Arch. philosophie du droit, 1965, p. 17. — *Méthode logique et méthode phénoménologique, en face du droit*, in *La logique juridique*, Ann. Fac. droit et sc. éco. Toulouse, 1967, t. XV, fasc. 1, p. 183 et s. — G. Kalinowski, *La logique des normes d'Edmund Husserl. Permissions et négations en logique déontique*, ibid., p. 107. — R. Ducos-Ader, *La philosophie, maîtresse et servante du droit*, Mélanges Brèthe de la Gressaye, p. 223, spécialement p. 227 et s.

Si, pour un Français, le droit, notamment sous sa forme de loi, semble un élément essentiel et omniprésent de la vie sociale, il n'en est pas de même partout. Le droit n'a traditionnellement joué qu'un rôle négligeable dans la vie chinoise ou japonaise. La doctrine marxiste, d'autre part, vise au dépérissement de l'État et du droit. Le monde chinois traditionnel se fonde sur l'idée d'un ordre cosmique dont l'équilibre requiert l'harmonie entre les hommes et la nature et l'harmonie entre les hommes (43). Le droit, avec les éléments d'abstraction et de contrainte qu'il comporte, est contraire à l'harmonie désirable. Il doit s'effacer devant des rapports de vertu et de pitié, devant l'esprit de modération et de conciliation, éventuellement devant des techniques de médiation. Le droit est un phénomène barbare. La légende veut même que le droit ait été inventé (xxiiie siècle avant J.-C.) par un peuple barbare ensuite détruit par Dieu. Le confucianisme n'a pu que renforcer la défiance traditionnelle à l'égard du droit. L'école dite des légistes, au iiie siècle avant notre ère, n'a eu qu'une influence très passagère. Il est aisé de voir ce que le maoïsme, dans sa technique révolutionnaire, doit à une vue multiséculaire du monde et de la société. Les années à venir peuvent cependant voir le droit prendre une place accrue.

Le droit japonais traditionnel s'inspire d'une philosophie comparable, quelque peu durcie par la hiérarchie de la société et la rigueur des devoirs (44). Le professeur Yosiyuki Noda, dans sa remarquable Introduction au droit japonais, intitule un de ses chapitres : « On n'aime pas le droit au Japon » (45). Ailleurs, il dit quel est pour ses compatriotes le type du « bon juge » : c'est un juge qui, il y a 300 ans, devant deux plaideurs qui voulaient chacun attribuer à l'autre la propriété de trois sous d'or perdus et retrouvés, loua leur vertu, puis ajouta un sou de ses deniers afin d'en remettre deux à chacun (46). Il est vulgaire d'invoquer son droit. Entre Nippons, comme à l'intérieur d'une famille ou entre membres d'un club, ce n'est pas ainsi que se résolvent les difficultés. Actuellement, une législation souvent avancée se superpose aux habitudes sans les effacer. Si admirables à certains égards, on devine tous les abus que celles-ci peuvent couvrir. Les conséquences tragiques de la pollution récemment encore tolérée ont suscité la levée d'une nouvelle génération de juristes qui entend utiliser le droit au service de l'homme (47).

Le rejet du droit n'est pas simplement le fait de conceptions aujourd'hui menacées. Il est un élément important de la doctrine marxiste-léniniste (48). Si l'État et le droit ne naissent que de l'existence de classes et s'ils sont des instruments d'oppression, ils sont essentiellement temporaires. Le prolétariat doit saisir l'État et le droit pour détruire la bourgeoisie et les classes. Mais, par là même, il prépare la disparition de l'État et du droit. « Le peuple lui-même, écrit Lénine, sera armé pour réprimer

---

(43) V. R. David, Les grands systèmes de droit contemporains, 7e éd., 1978, nos 481 et s. — Tche-Hao Tsien, Le concept de « loi » en Chine, in Arch. philosophie du droit, t. 25, 1980, p. 231.

(44) Cf. R. David, op. cit., nos 494 et s. — Y. Noda, Introduction au droit japonais, 1966, t. IV, La conception du droit des Japonais, p. 173 et s.

(45) Op. cit., p. 175 et s.

(46) Le droit japonais, in Encyclopaedia Universalis, vol. 9, 1971, p. 348 et s.

(47) Cf. T. Awaji, Les Japonais et le droit, Rev. intern. dr. comp., 1976, p. 235 et s.

(48) Cf. R. David, op. cit., nos 133, 134, 140 et s. — M. Lesage, Le droit soviétique, 1975, p. 9 et s. — K. Stoyanovitch, Marxisme et droit, 1964, et La pensée marxiste et le droit, 1974. — F. Chatelet, E. Pisier-Kouchner, J.-M. Vincent, Les marxistes et la politique, 1975, p. 63 et s. ; Le dépassement du droit, vol. VIII, des Archives de philosophie du droit (1963). — Pour une contestation sociologique d'une société où les pressions seraient purement horizontales, v. J.-W. Lapierre, Vivre sans État ? essai sur le pouvoir politique et l'innovation sociale, 1977.

les excès aussi naturellement, aussi simplement qu'un groupe de citoyens règle un litige ou défend une femme offensée. » Une loi soviétique de 1919 disposait : « Le prolétariat détruira l'État en tant qu'organe de coercition et le droit comme fonction de l'État. » Un grand juriste, Pachoukanis, s'est fait le théoricien du dépérissement du droit. Sans avoir jamais été répudiée, la doctrine a été fortement discutée, au moins quant au rythme et au mode de dépérissement du droit. Celui-ci est aujourd'hui reporté à un avenir lointain. Ce n'est guère qu'en Yougoslavie et en Chine qu'est accompli un effort de préparation à un État moins centralement gouverné. Ailleurs, l'accent est placé sur une idée qui, sans y être absolument opposée, est temporairement du moins fort différente : celle de la « légalité socialiste » (49).

Ajoutons que de nombreux phénomènes de rejet du droit peuvent être observés dans nos sociétés « occidentales » (50). L'arbitrage, dans certaines de ses modalités et assez largement dans la psychologie des parties, en est un (51). Plus radicalement, aux États-Unis, les grandes entreprises, fuyant les frais et les lenteurs du droit, s'efforcent actuellement de régler leurs litiges de direction à direction, tenant compte de leurs relations commerciales passées et à venir plus que des situations juridiques.

§ 3. — L'INFLUENCE DES DOCTRINES PHILOSOPHIQUES SUR LES DÉFINITIONS DU DROIT GÉNÉRALEMENT ADMISES

30. — La doctrine civiliste définit le droit comme l'ensemble des règles destinées à régir les hommes vivant en société.

Cette influence peut être recherchée dans les ouvrages de droit civil qui énoncent ce qu'on a pu appeler avec quelque dédain, la « philosophie des manuels » (52), dont le principal mérite est de traduire les idées couramment admises en la matière.

Le droit y est défini comme un ensemble de règles destinées à régir les hommes vivant en société. On caractérise ces règles par leur généralité. Elles visent, tant qu'elles sont en vigueur, tous les individus ou tous les actes qui entrent dans une certaine catégorie définie de façon abstraite, par exemple, tous les commerçants et non tels commerçants désignés. Pour les distinguer des autres règles de conduite qui régissent

---

(49) V. l'article 4 de la Constitution soviétique du 7 octobre 1977 : « L'État soviétique et l'ensemble de ses organes fonctionnent sur le fondement de la légalité socialiste ; ils assurent la protection de l'ordre juridique, des intérêts de la société et des droits et libertés des citoyens. — Les organisations d'État et les organisations sociales ainsi que les fonctionnaires sont tenus de respecter la Constitution de l'U. R. S. S. et les lois soviétiques. » R. DAVID, op. cit., nos 165 et s. — M. LESAGE, op. cit., p. 36 et s.

(50) Cf. J. CARBONNIER, L'hypothèse du non-droit, in Flexible droit, 4e éd., p. 3 et s. — Faculté de Droit de l'Université de Liège, L'hypothèse du non-droit, 1978.

(51) Cf. E. LOQUIN, L'amiable composition en droit comparé et international. Contribution à l'étude du non-droit dans l'arbitrage international, thèse ronéo., Dijon, 1978.

(52) V. supra, no 7, note 2.

également la vie des hommes en société, règles religieuses (53), morales, mondaines ou d'usage, on ajoute que les règles de droit émanent de l'État, ou, qu'en tout cas, elles sont sanctionnées par lui. Le caractère obligatoire de la règle de droit est garanti par des sanctions qui sont appliquées par les autorités étatiques ou sous leur contrôle (53-1). On observe, en outre, quant à la morale, que celle-ci a une fin individuelle, la perfection personnelle de l'homme, ce qui l'oppose au droit, qui a pour fin l'organisation de la vie en société. Mais on admet que la morale est un facteur important dans l'élaboration des règles de droit (54).

31. — C'est finalement le positivisme étatique qui, de façon générale, inspire cette définition du droit. Tout au plus est-elle tempérée ou complétée par référence à la justice (55) ou à l'équité (56) qui doivent

---

(53) Sur le droit et la religion, v. COULOMBEL, *Le droit privé français devant le fait religieux*, Rev. trim. dr. civ., 1956, p. 1 et s. — *Dimensions religieuses du droit*, notamment sur l'apport de Saint THOMAS D'AQUIN, Arch. philosophie du droit, t. 18, 1973. — *La révélation chrétienne et le droit*, Annales Faculté de droit de Strasbourg, 1961. — J. ROBERT, *La liberté religieuse et le régime des cultes*, 1977.

(53-1) V. sur la notion de sanction, Ph. JESTAZ, *La sanction ou l'inconnue du droit*, D., 1986, chron. XXXII, p. 196 et s.

(54) V. RIPERT et BOULANGER, t. I, n⁰ 1. — MARTY et RAYNAUD, *Introduction*, n⁰ˢ 2 et s., et n⁰ˢ 30 et s. Ces auteurs cependant précisent qu'il s'agit des « caractéristiques les plus ordinaires des règles juridiques dans les sociétés actuelles » (n⁰ 4) et admettent « que la sanction de l'autorité publique si elle est normale pour le droit ne lui est pas essentielle » (n⁰ 34). — MAZEAUD et CHABAS, *Introduction*, n⁰ˢ 1 et s., spécialement n⁰ 14. — B. STARCK, *Introduction*, n⁰ˢ 11 et s. Selon cet auteur (n⁰ 43) « la règle de droit ne fait le plus souvent qu'assortir de sanctions les autres règles de vie sociale ». — WEILL et TERRÉ, *Introduction*, n⁰ˢ 4 et s. — G. CORNU, *Introduction*, n⁰ 11 et s. — J.-L. AUBERT, *Introduction au droit*. Que sais-je, 1979, p. 7 et s. — J. CARBONNIER, *Introduction*, p. 14, qui fait état cependant, à côté de la règle de droit, d'un autre phénomène exprimant essentiellement le droit, à savoir le jugement, et qui précise que la distinction entre les règles juridiques et les autres règles de conduite est le produit d'une certaine civilisation. Ce même auteur, in *Sociologie juridique*, 1972, p. 129 et s., semble faire de l'éventualité d'un jugement le critère fondamental du domaine juridique, spécialement p. 135-136. Cf. G. WIEDERKEHR, *Éléments de philosophie du droit dans les manuels contemporains de droit civil*, Mémoire D. E. S., Strasbourg, 1961, Arch. philosophie du droit, 1965, p. 243 et s., spécialement p. 246. — *Adde :* sur la morale et le droit, G. RIPERT, *La règle morale dans les obligations civiles*. — Choucri CARDAHI, *Droit et morale*, 1961. — J. CARBONNIER, *Sociologie juridique*, 1972, p. 122 et p. 127 et s. — Ch. PERELMAN, *Droit, morale et philosophie*, 1968, préface M. VILLEY. — M. VILLEY, *Morale et droit*, in *Seize essais de philosophie du droit*, 1969, p. 107 et s. — H. BATIFFOL, *La philosophie du droit*, 5ᵉ éd., 1975, p. 122 et s. ; *Problèmes de base de philosophie du droit*, 1979.

(55) V., par exemple, MARTY et RAYNAUD, *Introduction*, n⁰ˢ 56 et s. — WEILL et TERRÉ, *Introduction*, n⁰ 8.

(56) V. DESSENS, *Essai sur la notion d'équité*, thèse Toulouse, 1934. — B. JEANNEAU, *Le traitement de l'équité en droit français*, Trav. et recherches de l'hist. de droit comparé de Paris, t. 33, 1970, p. 21 et s. — E. AGOSTINI, *L'équité*, D. 1978, chron. p. 7. — G. BOYER, *La notion d'équité et son rôle dans la jurisprudence des Parlements*, Mélange Maury, t. II, p. 257 et s. — *Adde : infra*, n⁰ 229.

se combiner avec la sécurité nécessaire à l'ordre social (57). Le droit
naturel, lorsqu'il est proposé comme « orientation à observer », est lui-
même conçu comme un ensemble de règles idéales et rationnelles (58).

Une telle définition, indépendamment de tout choix idéologique,
peut sembler nécessaire pour introduire à une étude qui portera effectivement sur l'ensemble des règles juridiques régissant les relations entre
particuliers (59). Il est permis de penser cependant qu'elle n'exprime
que de façon partielle, et par là inexacte, la nature réelle du droit et
le rôle des règles juridiques.

**32. — Un important courant doctrinal voit aussi dans le droit la recherche
concrète de la solution conforme à la justice.**

Pour un certain nombre d'auteurs contemporains, il ne suffit pas
d'admettre la coutume et la jurisprudence, à côté de la loi, comme
source des règles de droit (60). Il faut encore élargir la définition du droit
au-delà des règles elles-mêmes.

Cet élargissement apparaît déjà dans la distinction faite par M. Carbonnier entre la règle de droit et le jugement, opposés comme « deux
phénomènes primaires » du droit, « irréductibles l'un à l'autre » (61).
Le jugement est défini comme un « acte de volonté par lequel un per-
sonnage, investi de cette fonction par l'État, dit le droit pour un cas
particulier ». Ce jugement peut être rendu selon les règles de droit,
mais il existe des jugements innombrables « qui ne se fondent nullement
sur une règle ni ne prétendent aucunement s'ériger en règles » (62).

Même dans un système juridique fondé comme le nôtre sur la prééminence de la loi, le juge, et l'ensemble des juristes, utilisent la marge
de liberté que leur donnent l'interprétation des textes, et, plus largement, toutes les ressources de la logique juridique (63) pour rechercher
la solution concrètement conforme à la justice (64).

---

(57) V., par exemple, MAZEAUD et CHABAS, *Introduction*, 6ᵉ éd., nº 12. — WEILL
et TERRÉ, *Introduction*, nᵒˢ 8 et 9. — Cf. B. STARCK, *Introduction*, nᵒˢ 30 et s.

(58) V., par exemple, WEILL et TERRÉ, *Introduction*, nº 25. — J. BRÈTHE DE LA
GRESSAYE et M. LABORDE-LACOSTE, *Introduction générale à l'étude du droit*, 1947, nº 73,
qui affirment également « que le droit naturel et la justice se confondent » (nº 78).

(59) V. G. WIEDERKEHR, précité, p. 244, qui qualifie cette attitude de « positivisme
didactique » et lui reproche de présenter une pensée juridique qui « paraît figée ».

(60) V. *infra*, nᵒˢ 225 et s.

(61) *Introduction*, § 4.

(62) J. CARBONNIER, *Introduction*, § 7 ; v., du même auteur, *Sociologie juridique*, 1972, p. 112 et s. et p. 135-136.

(63) V. *infra*, nᵒˢ 35 et s.

(64) V., en ce sens, BATIFFOL, *Problèmes de base de philosophie du droit*, 1979,
p. 401 et s. — J. CARBONNIER, *Introduction*, § 9. — MAZEAUD et DE JUGLART, *Introduction*, nº 12. — *Le dépassement du droit et les systèmes de droit contemporains*,
Arch. philosophie du droit, 1963, p. 3 et s., spécialement p. 14 : « Le mot d'inter-

On rejoint alors la définition du droit naturel dégagée par M. Villey à partir d'Aristote et de Saint Thomas (65). Le droit, c'est ce qui est juste. Il « demeure à chaque fois et dans chaque procès une inconnue que l'on recherche et non pas la solution qui découlerait intégralement de règles données à l'avance » (66).

33. — En réaction contre l'assimilation du droit à un ensemble de règles l'école dite du « droit libre » a proposé de libérer le juge, non seulement de la loi, mais de la jurisprudence (67). Mais dans la recherche concrète du juste l'utilisation des règles juridiques est indispensable. Intellectuellement les règles juridiques apportent trois éléments essentiels (68). D'abord, elles assurent la transmission d'une recherche collective, d'une expérience antérieure. Ensuite elles répondent au besoin de prévision des individus. Elles assurent une sécurité, une stabilité qui est nécessaire à l'ordre social. Enfin, par leur généralité et leur abstraction, elles donnent une certaine garantie d'impartialité. Elles répondent en tout cas au besoin d'égalité de traitement qui est la forme la plus évidente, sinon la meilleure, de la justice (69).

L'utilisation des règles dans la recherche de la solution juste conduit ainsi à des résultats très voisins de ceux du positivisme juridique (70). « La justice n'est pas arbitraire... ; elle exige des... règles pour que règne la sécurité, spécialement nécessaire à l'époque moderne. » Mais il reste que « les lois et les décisions de justice ne doivent pas être prises pour

---

prétation dissimule une activité des auteurs, des juges et des praticiens qui est dans la réalité très largement créatrice. Comme par le passé le droit demeure en France, dans une conception pluraliste de ses sources, l'objet d'une recherche, faite en commun par tous les juristes, législateurs, juges et praticiens du droit, professeurs, des solutions qui permettront d'assurer la justice dans notre société... ». — Ch. PERELMAN, *Droit, morale et philosophie*, 1968, préface M. VILLEY, p. 92. — Cf. dans le même esprit, A. TUNC, *La philosophie du droit dans l'enseignement des Facultés de droit aux États-Unis d'Amérique*, Arch. philosophie du droit, 1961, p. 199, qui observe que « le fait que le droit soit un instrument d'ordre social et non une « chose » qu'on accepte d'un législateur mort et inaccessible et sur laquelle on se livrera à un travail essentiellement intellectuel, est pour le juriste américain une vérité à la foi évidente et fondamentale ».

(65) V. *supra*, n° 10.

(66) *Droits et Règles*, in *Seize essais de philosophie du droit*, 1969, p. 221 et s., spécialement p. 222.

(67) V. J. CARBONNIER, *Introduction*, § 30. — ROUBIER, *Théorie générale du droit*, 2e éd., 1951, n° 9, qui présente une analyse critique de cette position.

(68) V. M. VILLEY, précité, p. 225.

(69) V. Ch. PERELMAN, *Droit, morale et philosophie*, préface M. VILLEY, 1968, spécialement p. 22 et s.

(70) VILLEY, précité, p. 225.

ce qu'elles ne sont pas. Elles servent à découvrir le droit, elles ne sont pas elles-mêmes le droit, tout le droit » (71).

34. — Finalement la conception commune du droit, dans la doctrine civiliste française, est dominée par deux idées. Le principe officiellement affirmé, en héritage du positivisme étatique, est celui de l'obéissance aux règles, et plus spécialement à la loi. Mais il est admis que les juristes, et spécialement le juge, dans ses jugements, doivent rechercher concrètement la solution juste. La conciliation entre ces deux impératifs est l'objet d'une démarche intellectuelle qui caractérise la logique juridique.

SECTION 2

LA LOGIQUE JURIDIQUE

35. — L'influence du positivisme a habitué les esprits à caractériser la logique juridique par la mise en œuvre d'un raisonnement déductif. Qu'il soit le produit de la raison ou de la volonté humaine le droit serait constitué d'un ensemble de règles posées dont il suffirait de faire application par simple déduction. Les règles de droit seraient déduites de principes généraux constituant des systèmes juridiques. Les décisions judiciaires seraient déduites des règles de droit par une série de syllogismes successifs (1).

Les abus et les limites de la logique formelle ont été dénoncés avec une force particulière, au début de ce siècle, par Gény (2).

Il subsiste cependant un courant de pensées important qui tend à soumettre, au moins partiellement, le droit à la *logique formelle* de type déductif. La tendance dominante est toutefois aujourd'hui de voir dans le raisonnement juridique la mise en œuvre d'une *logique de l'argumentation*.

---

(71) R. DAVID, précité, p. 14.

(1) V. not. VILLEY, *Histoire de la logique juridique*, in *Annales Fac. droit et Sc. éco. Toulouse*, 1967, t. XV, fasc. 1, p. 65, spécialement p. 66 à 70.

(2) *Méthode d'interprétation et sources en droit privé positif*, 2e éd. 1919, ayant fait l'objet d'un nouveau tirage en 1954 ; *Science et technique en droit privé positif*, 1914-1924.

§ 1. — LE DROIT ET LA LOGIQUE FORMELLE

36. — La logique est née de la critique par Aristote (384-322 av. J.-C.) de la dialectique de Platon (428-348 av. J.-C.) dérivée elle-même de la méthode mise au point par Socrate (470-399 av. J.-C.) pour échapper aux arguties des sophistes. Elle est donc initialement un art de la discussion ayant évolué vers un art de raisonner et de démontrer, devenant ainsi une méthode scientifique (3).

La logique juridique peut être rapprochée successivement de la *logique formelle mathématique*, de celle des *sciences naturelles ou expérimentales*, et enfin de la *logique déontique*, c'est-à-dire de la logique applicable aux règles de conduite.

I. — *La logique formelle mathématique.*

37. — Domat (1625-1696) dont les Lois civiles ont, à travers Pothier (1699-1772), largement inspiré les rédacteurs du Code civil, s'était efforcé de reconstruire le droit romain en se fondant sur la logique de Port-Royal qui dérivait, elle-même, de la pensée de Descartes (1596-1650). Celui-ci entendait appliquer à toutes les sciences le raisonnement mathématique. Le xviie siècle a connu une classe de mathématiciens-juristes, dont le plus célèbre est Leibniz (1646-1716) qui s'est efforcé de démontrer le droit à partir de définitions, d'axiomes et d'une suite de théorèmes (4).

Le prestige actuel des mathématiques incite aujourd'hui encore les juristes à s'interroger sur leur utilisation dans le raisonnement juridique, afin de donner à celui-ci plus de force, de commodité, de sûreté. *Est-il possible et opportun d'introduire dans le droit la symbolisation de l'algèbre moderne ?* (5).

38. — **Les trois étapes de la logique mathématique : mise en forme déductive, présentation axiomatique et formalisation.**

De façon très simplifiée on peut analyser en trois étapes successives l'évolution de la logique mathématique.

La première a consisté en une « *mise en forme déductive* » consistant à « organiser un ensemble de connaissances plus ou moins dispersées en un système, où, à partir de quelques propositions de base, toutes les autres se laissent démontrer comme

---

(3) V. L. HUSSON, *Les Apories de la logique juridique*, in *Annales Fac. droit et Sc. éco. Toulouse*, 1967, t. XV, fasc. 1, p. 29, spécialement p. 34.

(4) V. VILLEY, précité, p. 69.

(5) V. P. HÉBRAUD, *Rapport introductif du Colloque sur la logique judiciaire*, in *Trav. et Rech. Fac. droit et Sc. éco. Paris*, 1969, p. 23, spécialement p. 23, 25 et 35.

théorèmes » (6). Cette mise en forme par Euclide (IIIe siècle av. J.-C.) des éléments de géométrie a constitué pendant plus de vingt siècles le modèle exemplaire d'une organisation logique.

La deuxième étape a consisté dans une « *présentation axiomatique* » qui exige une définition explicite et rigoureuse de toutes les notions et propositions utilisées pour appuyer les démonstrations. Il s'agit en particulier d'éliminer le recours à de prétendues évidences qui sont trop souvent sources d'erreurs. En outre les termes premiers qui constituent le point de départ des démonstrations ne sont définis que « par l'usage qui en est fait dans les propositions premières ; un peu comme lorsque, pour prendre une comparaison sur un plan plus modeste, on explique à un enfant le sens d'un mot nouveau en l'employant dans une phrase dont il connaît les autres mots » (7).

Enfin, la troisième étape, se caractérise par la *symbolisation* et surtout la *formalisation*. La symbolisation substitue le calcul sur des signes au raisonnement sur des idées. Elle raccourcit la notation. Mais elle n'intervient qu'en tant que moyen indispensable de la formalisation qui est le but essentiel. La formalisation consistera à expliciter, non plus seulement les propositions premières, comme dans l'étape précédente, mais à expliciter complètement les règles logiques utilisées pour la démonstration. « Une démonstration ne fera plus appel à notre sentiment spontané de l'évidence de certains enchaînements logiques, sentiment dont l'expérience a montré qu'il peut varier d'individu à individu. Elle consistera seulement à transformer, pas à pas et sans brûler une étape, une ou plusieurs formules antérieurement posées (comme axiomes ou comme théorèmes) en mentionnant expressément, pour chacune de ces transformations élémentaires, le numéro de la règle qui l'autorise, jusqu'à ce qu'on arrive enfin, ligne après ligne, à la formule qu'on voulait démontrer » (8).

39. — Le principal enseignement à tirer de l'exemple de la logique mathématique est l'ordre irréversible de ces trois étapes à parcourir : « systématisation déductive, puis axiomatisation de ces systèmes, puis symbolisation et formalisation de ces axiomatiques » (9). *La réduction du raisonnement juridique à un calcul sur des signes qui caractérise la symbolisation, passe ainsi nécessairement par une définition préalable, d'une rigoureuse précision, de toutes les notions destinées à être symbolisées et des règles du calcul opérationnel.* « C'est l'expression complète et rigoureuse de tous ces éléments du raisonnement qui caractérise une science axiomatisée » (10).

40. — **Les concepts et les constructions juridiques.**

Les juristes utilisent des concepts dont ils donnent des définitions. On dira, par exemple, que l'on est responsable des dommages causés par les choses dont on a la garde, et l'on définira cette dernière comme

---

(6) R. BLANCHÉ, *L'évolution de la logique mathématique contemporaine*, in *Ann. Fac. droit et Sc. éco. Toulouse*, 1967, t. XV, fasc. 1, p. 13 et s., spécialement p. 18.

(7) V. R. BLANCHÉ, précité, p. 20.

(8) R. BLANCHÉ, précité, p. 25.

(9) R. BLANCHÉ, précité, p. 27.

(10) P. HÉBRAUD, précité, p. 35.

l'usage, le contrôle et la direction de la chose. Même si l'on élimine une obscurité et un ésotérisme inutile, les juristes utilisent nécessairement un vocabulaire qui est propre à leur technique. S'ils emploient le plus souvent les mots du vocabulaire courant, ils s'efforcent, sans y réussir toujours d'ailleurs, de leur donner la précision nécessaire (12). Les concepts jouent un rôle essentiel dans la « construction du droit ». Celle-ci a pu être présentée comme « le règne du concept, isolé des intérêts qu'il représente, s'organisant selon sa nature propre et se combinant avec d'autres concepts de même sorte, pour former une pure construction juridique, bâtie toute en abstraction et par les seuls efforts de la pensée » (13).

41. — **Les concepts juridiques, partiellement imposés par les règles du droit positif, ne peuvent constituer un système logique.**

Dans la logique mathématique « l'axiomatisation repose sur le choix, librement fait, d'un nombre déterminé de définitions et d'axiomes, posés comme hypothèses indépendamment de leur relation avec la réalité et d'où tout le système est ensuite logiquement déduit » (14). La difficulté pour le juriste vient de ce qu'il n'est pas libre de choisir

---

(12) V., sur le langage juridique, Gény, *Science et technique en droit privé positif*, t. III, nᵒˢ 254 et s. ; *Arch. philosophie du droit*, t. XVIII. — G. Cornu, *L'apport des réformes récentes du Code civil à la théorie du droit civil*, Cours D. E. S. droit privé, 1970-1971, p. 34 et s. qui dénonce la fausse querelle du langage technique et du langage courant, et montre (p. 65) qu'une certaine imprécision des termes juridiques peut avoir son utilité. — R. Houin, *De Lege Ferenda, Mélanges Roubier*, p. 286. — E. S. de la Marnierre, *Éléments de méthodologie juridique*, 1976, p. 44 et s., nᵒˢ 19 et s. — Schwarz-Liebermann von Wahlendorf, *Langage et droit, Études en l'honneur de J. Vincent*, p. 399. — F. M. Schroeder, *Le nouveau style judiciaire*, 1978. — Cornu, *Introduction*, nᵒˢ 232 et s. ; *Le langage du législateur, Annales 1977-1978 de l'Université de Neuchâtel*. — Sourioux et Lerat, *Le langage du droit*, 1975. — Raymondis et Le Guern, *Le langage de la justice pénale*, 1976. — *Adde* : H. Capitant, *Vocabulaire juridique*, 1931. — Becquart, *Les mots à sens multiple dans le droit civil français*, thèse Lille, 1928. — Cf. *infra*, nᵒˢ 72 et s., l'analyse du langage juridique qu'impose l'informatique.

(13) Gény, précité, nᵒ 40, qui dénonce d'ailleurs les excès de cette abstraction, t. III, nᵒˢ 218 et s. — *Adde* : E. S. de la Marnierre, précité, p. 123 et s. — L. Husson, *L'infrastructure du raisonnement juridique*, in *Étude de logique juridique*, publiée par Ch. Perelman, travaux du Centre national de recherche de logique, vol. 5, Bruxelles, 1973, p. 14 et s. — V. sur les catégories juridiques et les concepts, et sur les définitions, Cornu, *Introduction*, nᵒˢ 186-188 et 212-213 ; et les définitions dans la loi, in *Études en l'honneur de J. Vincent*, p. 77. — Sur les présomptions et fictions, Cornu, *ibid.*, nᵒˢ 200 et s. — Perelman, *Les présomptions et les fictions en droit*, Centre national de recherches de logique, 1974. — Tr. R. Ionasco et E.-A. Barasch, *La conception de la nullité des actes juridiques dans le droit civil socialiste roumain*, spécialement 3ᵉ partie, *Les constantes du droit*, p. 267 à 302.

(14) P. Hébraud, précité, p. 36.

les concepts qu'il utilise. Il est tenu par les règles qui constituent le droit positif (15).

A priori ces règles résultant des lois, des coutumes, voire des précédents judiciaires, peuvent être considérées comme les hypothèses d'un système déductif dont il ne resterait plus qu'à développer les conséquences sans avoir à se préoccuper de leur valeur intrinsèque. « Le parallélisme semble frappant. Il n'est pourtant qu'illusoire. Car il implique une condition... qui est en fait loin d'être réalisée. Il faudrait que les hypothèses formulées dans les règles du droit positif ou induites de ces règles satisfassent, comme celles des mathématiciens, aux exigences fondamentales d'un système axiomatique, c'est-à-dire qu'elles fussent non seulement exemptes de toute contradiction interne mais encore compatibles entre elles, et qu'elles formassent un ensemble complet » (16).

Or les règles de droit ne s'inscrivent pas dans un système logique. Elles sont apparues dans des contextes historiques divers, à travers une succession de décisions fragmentaires et provisoires, nées de compromis qui gardent la trace des conflits d'opinions ou d'intérêts arbitrés par l'autorité sociale. La coordination et la simplification du droit, réalisée notamment par les grandes codifications, telle la codification napoléonienne, reste toujours imparfaite et provisoire. L'évolution des circonstances fait apparaître la nécessité de règles nouvelles qui s'ajouteront par sédimentations successives, et non parfois sans contradictions, aux règles antérieures. D'une façon générale quels que soient la source de ces règles et leur mode d'élaboration, des facteurs extérieurs à la raison logique jouent un rôle important, et souvent décisif (17). Or le juriste ne peut éliminer les contradictions, les antinomies des règles juridiques en faisant choix d'une autre structure. Même le législateur ne peut pratiquement faire table rase des règles existantes (18).

Aucune systématisation rigoureuse du droit n'est ainsi possible ; ce qui interdit pratiquement sa mise en formules symbolisées de type algébrique. Un rapprochement peut alors paraître plus facile avec la logique des sciences naturelles ou expérimentales.

---

(15) V. Ch. EISENMANN, *Quelques problèmes de méthodologie des définitions et des classifications en science juridique*, in *La logique du droit*, Arch. philosophie du droit, t. XI, 1966, p. 25 et s. — R. GASSIN, *Système et droit*, Rev. Recherche juridique, 1981, 3, p. 353-365.

(16) L. HUSSON, précité, p. 42.

(17) V. L. HUSSON, précité, p. 43. — Cf. J. PARAIN-VIAL, *La nature du concept juridique et la logique*, in Arch. philosophie du droit, 1966, p. 45 et s.

(18) V., par exemple, en Pologne et en Tchécoslovaquie l'interprétation socialiste des règles de droit antérieures à la seconde guerre mondiale qui ont largement survécu à la révolution sociale. Cf. K. STOYANOVITCH, *L'interprétation du droit dans les pays socialistes*, in Arch. philosophie du droit, t. XVII, 1972, p. 149 et s.

II. — La logique des sciences naturelles ou expérimentales.

42. — L'utilisation du raisonnement inductif afin de vérifier l'adéquation des règles juridiques. Les sciences de la nature ne pouvaient se satisfaire de la seule logique formelle mathématique. A la suite de Francis Bacon (1561-1626) et Claude Bernard (1813-1878) s'est développée une logique expérimentale. Très schématiquement celle-ci part d'hypothèses provisoires dont elle déduit des conséquences, utilisant ainsi la méthode déductive. Mais elle vérifie ensuite par l'expérience ces déductions, ce qui lui permet d'écarter ou de retenir les hypothèses de départ, sous réserve d'ailleurs de vérifications ultérieures.

Le raisonnement juridique peut être rapproché de la méthode expérimentale, en particulier dans la qualification des faits nécessaire à l'application de la règle de droit. On choisira en effet la règle a priori applicable et l'on constatera ensuite si les faits de l'espèce peuvent ou non entrer dans la situation qu'elle régit. Ce n'est que dans l'affirmative que l'on retiendra la règle. Il s'agit bien d'une forme de raisonnement inductif utilisé par les sciences expérimentales (19).

Cependant, à la différence des sciences de la nature, le droit n'a pas pour objet de constater et d'expliquer des faits, mais de déterminer une action, un comportement. Cela suppose à la fois un jugement de valeur et la poursuite d'un objectif. En outre valeurs et objectifs ne sont pas abandonnés à la recherche scientifique du juriste. Il s'agit des valeurs reçues par une société et ceux qui y exercent le pouvoir (20).

43. — L'utilisation des catégories juridiques permet un autre rapprochement avec les sciences naturelles. Les juristes définissent des catégories juridiques soumises à un régime déterminé. Par exemple le contrat de vente possède une réglementation spécifique. Il suffit ensuite de qualifier vente une opération pour que ce régime lui soit appliqué (21).

---

(19) Cf. MOTULSKY, *Principes d'une réalisation méthodique du droit privé* (la théorie des éléments générateurs des droits subjectifs), thèse Lyon, 1948. — Ph. SOULEAU, *La logique du juge*, in *La logique judiciaire*, Trav. et Rech. Fac. Droit et sc. éco. Paris, 1969, p. 57.

(20) V. L. HUSSON, précité, p. 38-39. — *Adde : infra*, nos 63 et s.

(21) V. GÉNY, précité, nos 207 et s. — RIVERO, *Apologie pour les faiseurs de systèmes*, D. 1951, chron. p. 99 et s. — M. WALINE, *Empirisme et conceptualisme dans la méthode juridique : Faut-il tuer les catégories juridiques ? Mélanges Dabin*, t. I, p. 359 et s. — ROLLAND, *Essai sur les classifications juridiques, spécialement en droit privé*, thèse Lyon, 1952, dact. — CORNU, *Introduction*, nos 186-188. — Cf. F. TERRÉ, *L'influence de la volonté individuelle sur les qualifications*, préface de R. LE BALLE, thèse Paris, 1957.

Ces catégories peuvent être comparées aux types biologiques qui reposent eux aussi sur de simples ressemblances et s'analysent comme des ensembles organisés de traits complémentaires articulés entre eux. Mais à la différence des types biologiques dont le nombre est défini, les catégories juridiques paraissent susceptibles d'un renouvellement constant. En outre la difficulté de faire rentrer la diversité des situations particulières dans des catégories générales suffisamment précises est considérable (22). Enfin les hybrides, exceptionnels dans la nature, sont un phénomène courant dans l'ordre juridique. La chauve-souris est, malgré certaines apparences, un mammifère et non un oiseau. La location-vente n'est ni une vente, ni une location (23).

Ne peut-on alors appliquer au droit une logique formelle plus adaptée, qui serait la logique déontique ?

III. — La logique déontique.

44. — La logique, instrument de recherche de la vérité, doit être adaptée à l'établissement de propositions normatives.

Le juriste utilise des règles qui déterminent ce qui est interdit, autorisé ou imposé dans des circonstances données. *A priori* ces règles ne sont, par elles-même, ni vraies, ni fausses. Elles se distinguent en cela des propositions mathématiques ou expérimentales. Or la logique est traditionnellement l'instrument de recherche de la vérité.

A partir de cette observation on s'est demandé s'il fallait refuser le nom de raisonnement logique aux enchaînements de propositions juridiques, ou modifier la conception traditionnelle de la logique. C'est le dilemme dit de Jörgensen, du nom de celui qui l'a énoncé (24).

Cependant les raisonnements juridiques peuvent être corrects ou incorrects. Il faut donc rechercher les lois qui les régissent. D'où la nécessité de modifier les règles de la logique ordinaire et de faire apparaître une logique déontique propre aux propositions normatives. Cette tâche a été entreprise par le Finlandais Von Wright et, en France, a fait l'objet de plusieurs études de M. Kalinowski (25).

---

(22) V. GÉNY, *Science et technique*, t. IV, n° 213. — Ch. EISENMANN, *Quelques problèmes de méthodologie des définitions et des classifications en science juridique*, in *La logique du droit*, Arch. philosophie du droit, t. XI, 1966, p. 29 et s.

(23) V. L. HUSSON, précité, p. 52 et s.

(24) V. L. HUSSON, précité, p. 41. — P. HÉBRAUD, précité, p. 34.

(25) V., notamment, *Introduction à la logique juridique*, thèse Paris, 1965 ; *De la spécificité de la logique juridique*, Arch. philosophie du droit, 1966, p. 7 ; *Logique formelle et droit*, Ann. Fac. Droit et Sc. éco. Toulouse, 1967, fasc. I, p. 197 ; *Le problème de la vérité en morale et en droit ; La logique des normes d'Edmund Husserl*, Arch. philosophie du droit, 1965, p. 107-116 ; *Le syllogisme d'application du droit*, Arch. philosophie du droit, 1964, p. 263-285.

Cette recherche est intéressante ; mais « les juristes se sentent malgré tout plus proches d'un autre courant de pensée, qui, lui, s'efforce de rechercher la spécificité du raisonnement juridique en marge de la logique déductive dans l'existence d'une logique non formelle consacrée à l'argumentation » (26).

§ 2. — LA LOGIQUE DE L'ARGUMENTATION

45. — On a montré que les juristes de la Grèce et de la Rome antique, ainsi que le droit savant du Moyen Age ne procédaient pas par déduction contraignante à partir de règles préétablies, mais sous forme de controverse, mettant en jeu toutes les ressources de la rhétorique et de la dialectique, au sens aristotélicien du terme, afin d'aboutir à des vérités probables par un accord aussi large que possible des opinions confrontées (27).

Les travaux du Centre National de Recherches de Logique de Bruxelles, animé par M. Perelman, ont montré que c'était encore cette logique qui inspirait le raisonnement juridique (28) spécialement dans son aspect le plus spécifique, le raisonnement judiciaire (29).

Les études les plus récentes ont remis en cause le classique *syllogisme judiciaire* et précisé le *rôle de la logique dans la décision judiciaire* (30).

---

(26) A. PERROT, *Rapport de synthèse du Colloque sur la logique judiciaire*, *Trav. et Rech. Fac. Droit et Sc. éco. Paris*, 1969, p. 139. — Cf. J. CARBONNIER, *Sociologie juridique*, Thémis, 1972, p. 298 et s.

(27) Cf. VILLEY, *Histoire de la logique juridique*, précité, p. 72-79 ; et *Données historiques*, in *La logique du droit*, Arch. philosophie du droit, t. XI, 1966, p. VII à XVI.

(28) V. PERELMAN et OLBRECHTS-TYTECA, *La nouvelle rhétorique. Traité de l'argumentation*, Paris, 2ᵉ éd., 1970. — Ch. PERELMAN, *Logique juridique. Nouvelle rhétorique*, 2ᵉ éd., 1979, et les auteurs cités. — Cf. l'analyse de cet ouvrage par SOURIOUX et LERAT, *Rev. intern. dr. comp.*, 1978, p. 916 ; et par R. LEGROS, *A propos de « Logique juridique » de Ch. Perelman*, *Trav. Centre national de Recherches de logique*, vol. VI, 1976, p. 33 et s. — Les publications du Centre national de recherches de logique (Section juridique) de Bruxelles. — *Le raisonnement juridique*, Actes du congrès mondial de philosophie du droit et de philosophie sociale, Bruxelles, 1971, publiés par H. HUBIEN. — Cf. R. LEGEAIS, *Clefs pour le droit*, 1973, p. 114 et s. — ABDEL-RAHMAN, *La logique des raisonnements juridiques*, th. lettres Paris IV, 1975. — P. DEGADT, *Littératures contemporaines sur la « topique juridique »*, *Trav. Rech. Université de droit de Paris II*, préface M. VILLEY.

(29) V. J. CARBONNIER, *Sociologie juridique*, 1972, p. 135 : « Procès et jugement sont des phénomènes psycho-sociologiques si irréductibles à tous autres et si spéciaux au droit qu'il paraît rationnel d'en faire l'indicatif de la juridicité. » C'est la contestation potentielle à laquelle donne lieu l'application de la règle aux cas concrets qui caractérise le domaine juridique. — Cf. SCHWARZ-LIEBERMANN VON WAHLENDORF, *Idéalité et réalité du droit. Les dimensions du raisonnement judiciaire*, 1980. — *Adde :* sur le syllogisme judiciaire, CORNU, *Introduction*, nᵒˢ 190 et s. — WEILL et TERRÉ, *Introduction générale*, nᵒ 39. — F.-M. SCHROEDER, *Le nouveau style judiciaire*, 1978.

(30) V. *La logique judiciaire*, Trav. et Rech. Fac. Droit et Sc. éco. Paris, 1969.

I. — *Le syllogisme judiciaire.*

46. — Si les *manifestations* du syllogisme judiciaire sont évidentes, il ne peut avoir dans le raisonnement juridique qu'une *portée relative.*

A. — Les manifestations du syllogisme judiciaire.

47. — La description du syllogisme judiciaire.

Le jugement représente classiquement un syllogisme. La règle de droit en est la majeure ; la constatation des faits de l'espèce, la mineure ; la décision elle-même constitue la conclusion. Par exemple l'article 1382 C. civ. dispose que « tout fait quelconque de l'homme qui cause à autrui un dommage oblige celui par la faute duquel il est arrivé à le réparer ». C'est la *majeure.* Comme toute règle juridique elle comporte deux parties : la première présuppose une certaine conduite ; la seconde énonce l'effet juridique que le législateur fait découler de cette conduite présupposée. La mineure du syllogisme va consister dans la constatation de cette conduite présupposée. Un automobiliste qui, circulant sur le côté gauche de la chaussée, a blessé un cyclomotoriste qui arrivait en face de lui, a causé par sa faute un dommage ; c'est la *mineure.* Il doit réparer ce dommage, c'est la *conclusion*, qui se traduira par une condamnation à des dommages-intérêts.

En réalité le syllogisme se décompose le plus souvent en plusieurs syllogismes successifs. Dans l'exemple choisi, pour arriver à la conclusion que l'automobiliste a commis une faute, il faut partir de la règle selon laquelle la circulation s'effectue sur la partie droite de la chaussée (majeure), constater qu'il circulait sur la partie gauche (mineure) et en conclure qu'il a commis une faute (conclusion).

48. — Ce raisonnement déductif apparaît avec une netteté particulière dans la rédaction des arrêts de la Cour de cassation et des pourvois par lesquels les décisions des juges du fond sont soumises à la censure de celle-ci (31).

Par exemple, dans un arrêt du 22 juillet 1975 (32) la Cour de cassation pose la règle qui constitue la majeure du syllogisme : « Attendu que pour compléter un commencement de preuve par écrit, le juge doit se fonder sur un élément extrinsèque à ce document ». Elle constate ensuite que la cour d'appel, après avoir énoncé que l'arrêté de compte produit pour justifier d'une créance valait seulement, en raison de son irrégularité formelle, commencement de preuve par écrit, avait admis l'existence de la créance alléguée « au motif qu'il y avait en outre, une présomption résultant de ce que le texte de ce document mentionnait que son signataire approuvait expressément le compte ». C'est la mineure. Elle en déduit « qu'en tirant ainsi

---

(31) Cf. J. COPPER-ROYER, *La logique judiciaire et le pourvoi en cassation*, in *Logique judiciaire*, précité, p. 73 et s.

(32) *Bull. civ.*, I, n° 247, p. 208.

un complément de preuve du texte même du document retenu comme commencement de preuve par écrit » la cour d'appel a violé la règle (33).

49. — Le syllogisme judiciaire exprime la soumission du juge à la règle de droit.
On a pu présenter le syllogisme comme le support le plus général de toute application du droit (34).
Cette analyse trouve son fondement dans la soumission du juge à la loi, et, plus généralement aux règles du droit positif. Le rôle du juge se limiterait à l'application des règles posées par le législateur aux situations particulières qui lui sont soumises. L'obligation de motiver les décisions judiciaires et le contrôle exercé par la Cour de cassation visent à assurer cette application correcte de la loi.
On s'accorde cependant à admettre l'insuffisance d'une telle analyse (35).

B. — La relativité du syllogisme judiciaire.

50. — L'apparente rigueur du syllogisme judiciaire est souvent illusoire. Le *choix des prémisses* largement subordonné à l'intuition du juriste (36) rend la conclusion incertaine, à moins qu'une *inversion du raisonnement* ne réduise le syllogisme à la justification d'une solution préétablie (36-1).

1) *Le choix des prémisses.*

51. — L'expérience judiciaire montre qu'en fait le choix des prémisses est l'opération essentielle. Ce choix concerne la *mineure* et la *majeure* du syllogisme.

a) La mineure.

52. — L'établissement et la qualification des faits.
Celle-ci ne se réduit pas à la constatation des faits de la cause. Elle se compose de deux parties distinctes :

---

(33) V. encore, par exemple, Cass. civ., 4 mars 1975, *Bull. civ.*, I, n° 94, p. 83.
(34) V. Motulsky, *Principes d'une réalisation méthodique du droit privé*, thèse Lyon, 1948.
(35) V. not. Hébraud, précité, p. 29. — Souleau, précité, p. 57.
(36) V. Perrot, précité, p. 140, n° 8.
(36-1) Selon une enquête menée par Mme Saluden dans sa thèse (*Le phénomène de la jurisprudence : étude sociologique*, Paris II, 1983) il semble qu'en première instance l'application de la règle de droit à partir du texte n'est pas mécanique p. 48 et 59. En revanche, en appel, les magistrats ont tendance à juger en fait et en droit « sans que l'on sache pour autant ce qui est premier dans le raisonnement », p. 49. Le raisonnement des juges dépend toutefois des matières à juger. Plus la question est technique plus le droit retient l'attention ; inversement, plus la question est humaine (divorce par ex.) plus le fait prend d'importance, p. 51 et s. Et, devant

1º Tel fait est ou non établi.

2º Ce fait peut recevoir une qualification correspondant à la présupposition qui figure dans la règle dont l'application est envisagée (37). Par exemple, il est établi que l'automobiliste circulait sur la partie gauche de la chaussée. Puis il est admis que ce fait constituait, dans les circonstances de l'espèce, une faute. Pour procéder à cette qualification il faut tenir compte de la règle qui prescrit de circuler sur la partie droite de la chaussée. Mais il faut également prendre en considération toutes les circonstances, par exemple une plaque de verglas qui a déporté la voiture vers la gauche. La qualification exige ainsi une appréciation qui combine des éléments de droit et de fait (38).

Les faits appartiennent par définition au passé. Dès l'instant qu'ils sont contestés ils doivent être prouvés. Pratiquement il ne peut guère y avoir de certitude, mais de simples vraisemblances dont la probabilité est plus ou moins forte (39).

Le juge dispose ainsi d'une grande liberté d'appréciation que viennent seulement restreindre les règles de procédure et de fond qui régissent la preuve en justice (40). « La loi l'oblige parfois à présumer, à tenir pour établis certains faits, à en rejeter d'autres, à ne pas s'estimer convaincu par certains modes de preuve, à ignorer systématiquement certains faits considérés comme inadmissibles » (41). Certains éléments rationnels sont ainsi introduits dans la recherche des faits. Mais la marge d'appréciation reste considérable (42). En fait le juge peut très souvent choisir parmi les faits ceux qui conduiront au résultat qu'il souhaite consacrer. En particulier il peut ne retenir que les faits qui correspondent à la qualification dont dépend l'application d'une règle déterminée (43). Cette liberté de choix s'élargit encore en raison de l'imprécision des concepts juridiques à partir desquels s'opère la qualification. Mais cette opération concerne également la majeure dont elle détermine l'application.

---

la Cour de cassation le raisonnement « en fait » ne disparaît pas. La conclusion de l'enquête est la suivante : Nulle part le raisonnement judiciaire ne consiste en un syllogisme dont la loi serait la majeure », p. 82.

(37) V. Ch. PERELMAN, *Le fait et le droit*, 1961, p. 271. — Cf. R. MARTIN, *Le fait et le droit, ou les parties et le juge*, J. C. P. 1974.I.2625, nᵒˢ 35 et s. — H. CROZE, *Recherche sur la qualification en droit processuel français*, thèse Lyon, 1981.

(38) V. HÉBRAUD, précité, p. 30.

(39) V. J. D. BREDIN, *La logique judiciaire et l'avocat*, in *La logique judiciaire*, précité, p. 93 et s., spécialement, p. 98 et s.

(40) V. *infra*, nᵒˢ 563 et s.

(41) PERROT, précité, p. 141.

(42) Cf. Ph. SOULEAU, *La logique du juge*, précité, p. 58.

(43) V. not. PERROT, précité, p. 149.

b) La majeure.

53. — **L'interprétation de la loi donne au juge une liberté que limite cependant le caractère normatif de l'interprétation des Cours souveraines.** La loi se borne parfois à de simples directives en prescrivant par exemple de tenir compte de l'intérêt d'une personne déterminée, par exemple de l'enfant dans l'adoption, ou d'un groupe comme la famille, dans les changements de régimes matrimoniaux, ou même, plus largement, des intérêts en présence (44).

Il arrive également que la loi soit muette ou obscure. Le juge doit alors l'interpréter, ce qui lui donne encore une liberté de choix souvent importante (45). L'un des moyens de provoquer cette interprétation est d'ailleurs de rendre obscure la règle par sa mise en discussion (46). Le rapprochement de plusieurs règles peut faire apparaître des contradictions qu'il faudra résoudre par un choix ou des distinctions, ou encore, plus subtilement, par la dialectique qui déduit les conséquences d'un principe et de son contraire posés simultanément, comme par exemple lorsque la pension allouée après divorce était (avant la réforme) qualifiée à la fois d'alimentaire et d'indemnitaire (47).

L'application pure et simple de la règle peut encore être écartée par l'introduction de limitations ou d'exceptions. La Cour de cassation fait ainsi parfois échapper à la règle générale, qu'elle mentionne expressément, un cas particulier qu'elle définit (48).

La liberté du juge se trouve cependant limitée par la création de règles jurisprudentielles qui, nées de l'interprétation de la loi par la

---

(44) V. Hébraud, précité, p. 44. — P. Bellet, *La logique judiciaire*, précité, p. 118. — G. Cornu, *L'apport des réformes récentes du Code civil à la théorie du droit civil*, Cours D. E. S. 1970-1971, p. 136 et 188. — Ch. Perelman, *Logique juridique. Nouvelle rhétorique*, p. 35, n° 24 ; p. 164 et s., n°s 89 et s. — R. Savatier, *Les pouvoirs du juge dans la nouvelle figure de l'attribution préférentielle en matière de partage.* — Patarin, *Le pouvoir des juges de statuer en fonction des intérêts en présence dans les règlements de succession, Mélanges Voirin*, p. 618 et s. — V. également en matière économique, la distinction entre les bonnes et les mauvaises ententes ; Loussouarn et Bredin, *La Commission des ententes et le recul du contrôle judiciaire*, D. 1963, chron. p. 33. — Touffait et Herzog, *Le problème de la répression pénale des ententes économiques en droit français*, J. C. P. 1967. I. 2047. — *Adde : infra*, n° 425.

(45) V. *infra*, n°s 423 et s.

(46) V. F. Foriers, *L'état des recherches de logique juridique en Belgique*, in *Ann. Fac. Droit Toulouse*, 1967, t. XV, fasc. 1, p. 112.

(47) V. *Les antinomies en droit*, Bruxelles, 1965. — Ch. Perelman, *Logique juridique. Nouvelle rhétorique*, 1979, n°s 27 et s. — P. Foriers, *L'état des recherches de logique juridique en Belgique*, in *Logique juridique, Ann. Fac. Droit et Sc. éco. Toulouse*, 1967, t. XV, fasc. 1, p. 105 et s. — Sur la dialectique : Bertrand, *Le rôle de la dialectique en droit privé positif*, D. 1951, chron. p. 151. — Cornu, *Introduction*, n° 197. — *Adde : infra*, n° 427.

(48) V. Les observations du Premier Président de la Cour de cassation Ch. Bornet, *La logique judiciaire devant la Cour de cassation*, p. 90.

Cour de cassation, seront ensuite assimilées aux règles légales (49). La règle applicable peut être infléchie par le jeu de notions à contenu variable ou indéterminé telles que l'ordre public, la bonne foi, la fraude, l'urgence, l'abus de droit ou même la faute (50). L'ambiguïté de ces notions les rend peu aptes à des raisonnements déductifs rigoureux. Le juriste s'en accommode car elle lui permet d'assouplir l'application normale des règles légales (51).

Enfin le juge exerce encore un choix quant à l'ordre dans lequel il fait application des règles, ce qui peut conduire à une conclusion toute différente. C'est ainsi que, par exemple, en droit international privé, selon que l'on aborde la nullité d'un mariage sous l'angle de la loi applicable à ce mariage ou, au contraire, sous l'angle de la loi applicable au jugement qui a consacré le divorce antérieur des époux, on arrive à des résultats diamétralement opposés (52).

54. — Le va-et-vient du fait au droit.

Ainsi la majeure et la mineure du syllogisme judiciaire n'apparaissent pas le plus souvent comme des éléments posés, mais doivent faire l'objet d'une véritable découverte. Dans cette recherche le juriste part des faits pour découvrir la règle adéquate et revient ensuite aux circonstances de l'espèce pour vérifier la correspondance. Dans ce va-et-vient, parfois très prolongé, le juriste approfondira successivement son analyse de la majeure et de la mineure sans jamais perdre de vue la correspondance à établir finalement. « L'hypothèse, intuitivement suggérée par l'aperçu originaire, se vérifie et se précise par un approfondissement poursuivi à la fois dans toutes les directions ; c'est la compréhension globale qui permet de situer chaque élément à sa place, et c'est à travers elle que, de retouche en retouche, l'image de la solution esquissée dès l'abord prend son dessin définitif. La nécessité de tenir ainsi en mains tous les fils à la fois est sans doute l'une des principales difficultés de la réflexion juridique et l'aptitude à y parvenir, mûrie par l'expérience et l'habitude, l'un des aspects les plus caractéristiques de ce qu'on peut appeler l'esprit juridique » (53).

Dans cette recherche il arrive d'ailleurs assez souvent que le juriste parte de la solution. Il y a inversion du raisonnement.

---

(49) V. *infra*, n°s 444 et s.

(50) V. P. Foriers, *L'état des recherches de logique juridique en Belgique*, précité, p. 112. — P. Bellet, *La logique judiciaire*, précité, p. 118.

(51) V., par exemple, pour l'infléchissement du jeu normal de la publicité foncière par la notion de faute, *infra*, n° 448, note 59.

(52) P. Bellet, précité, p. 117-118. — V. Hébraud, précité, p. 51. — P. Lagarde, *La théorie de la question préalable*, *Rev. crit. dr. int. priv.*, 1961, p. 220.

(53) P. Hébraud, précité, p. 47. — Gorphe, *Les décisions de justice*, 1952, spécialement p. 58-68 et préface Donnedieu de Vabres. — L. Husson, *Les transformations de la responsabilité*, *Études sur la pensée juridique*, thèse Lettres, 1947.

2) *L'inversion du raisonnement.*

55. — Le syllogisme « ascendant » ou « régressif ».

L'avocat qui défend une thèse part naturellement du résultat à atteindre. Le juge lui-même part des demandes dont il est saisi. Il doit seulement trancher, c'est-à-dire choisir entre les thèses qui lui sont soumises. Partant de prémisses qui n'offrent jamais une certitude totale il doit faire acte d'autorité pour affirmer l'exactitude de l'une des prétentions (54). Entre deux solutions qui peuvent être également raisonnables le juge ne va pas dire à proprement parler celle qui est vraie, mais il va décider celle qui doit être tenue pour la vérité (55).

C'est une controverse classique de se demander si le juge part d'un choix prédéterminé de la solution qu'il justifie ensuite, au stade de la rédaction du jugement, par un habillage logique sous forme de syllogisme, ou si la solution est réellement la conséquence de ce syllogisme.

Dans la pratique, une fois les faits établis, l'application de la règle de droit se réalise souvent de façon plus ou moins automatique (56). Le syllogisme judiciaire détermine alors la solution.

Lorsque les données de fait et de droit sont incertaines il arrive fréquemment que le juge parte de la solution qui lui apparaît plus ou moins intuitivement comme juste et qu'il n'utilise le raisonnement syllogistique qu'au stade de la rédaction formelle de la décision (57). On a pu parler d'un syllogisme inversé, « ascendant » (58) ou « régressif » (59). Le juge utilise alors la liberté dont il dispose dans le choix des prémisses afin de poser le syllogisme qui justifiera la solution prédéterminée.

56. — Le syllogisme garde l'utilité d'un contrôle et d'une justification. Il favorise la constitution de précédents.

Le syllogisme garde alors l'utilité d'un contrôle. Le juge renoncera normalement à la solution initialement retenue s'il lui apparaît impossible d'établir de façon satisfaisante les prémisses des syllogismes qui lui auraient permis de la justifier de façon rationnelle (60). Il arrive cepen-

---

(54) V. PERROT, précité, p. 146, n° 19.

(55) *Res judicata pro veritate habetur.* Cf. P. FORIERS, *L'état des recherches de logique juridique en Belgique, Ann. Fac. Droit et Sc. éco. Toulouse,* 1967, fasc. 1, p. 112.

(56) V. J. D. BREDIN, précité, p. 101.

(57) V. J. CARBONNIER, *Sociologie juridique,* Thémis, 1972, p. 201. — CORNU, *Introduction,* n° 198. — Cf. chez les Anglo-Saxons : HUTCHESON, *Le jugement intuitif ; la fonction du « Hunch » dans la décision judiciaire,* in *Études Gény,* t. II, p. 531 et s. — A. TUNC, note D. 1954, p. 10, sous Paris, 10 juin 1953.

(58) PERROT, précité, p. 148.

(59) P. FORIERS, précité, p. 111.

(60) V. Ph. SOULEAU, précité, p. 65. — PERROT, précité, p. 147.

dant que le syllogisme judiciaire se réduise à un « survêtement formel...
dans la mesure où, tenant la conclusion pour une donnée immuable
et prédéterminée en fonction d'un jugement *a priori*, pour des raisons
de politique juridique parfaitement respectables, le juge infléchit les
prémisses en conséquence pour parvenir à justifier une solution qui,
d'emblée, lui paraît souhaitable » (61).

Le syllogisme judiciaire garde encore cependant l'utilité d'une
justification au regard des justiciables, de l'opinion publique, et des
juges d'appel ou de cassation. Par le rattachement de la solution à une
règle de droit il facilite également l'insertion de la décision dans l'ordonnancement juridique général et la constitution de précédents judiciaires,
facteurs de sécurité et d'égalité pour les justiciables (62).

57. — Les choix essentiels ne sont pas réalisés de façon déductive.

Le syllogisme judiciaire et la logique déductive gardent ainsi une
place non négligeable dans le raisonnement juridique. Il reste cependant
que les choix essentiels qu'ils portent d'emblée sur la solution, ou sur
les prémisses du syllogisme qui la déterminera ou la justifiera, ne sont
pas réalisés de façon déductive. Ces choix sont-ils effectués de façon
rationnelle ? C'est la question du rôle de la logique dans la décision
judiciaire.

II. — *Le rôle de la logique dans la décision judiciaire.*

58. — Certains auteurs ont affirmé l'irrationalisme foncier du droit.
La solution serait trouvée de façon intuitive au seul vu de l'ambiance
des espèces. On a montré les dangers de cet « impressionnisme juridique » facteur d'insécurité et d'arbitraire (63).

En réalité la décision résulte de la combinaison de *facteurs rationnels,*
qu'exprime la logique de l'argumentation, et de *facteurs irrationnels.*

---

(61) PERROT, précité, p. 148.

(62) V. P. BELLET, précité, p. 116 : « la logique permet à la justice de se justifier...
Le syllogisme... sert en même temps de moyen de contrôle, de conviction et d'insertion dans la jurisprudence ». — P. HÉBRAUD, précité, p. 50. — L. HUSSON, précité,
p. 61.

(63) V. RIVERO, *Apologie des faiseurs de systèmes,* D. 1951, chron. p. 99.

A. — Les facteurs rationnels.

59. — La présentation d'arguments qui visent à convaincre.

Les recherches du Centre belge animé par M. Perelman (64) ont montré l'importance, pour écarter les dangers de l' « intuitivisme », d'une solide et consciente « procédure de la controverse » (65) que l'École de Bruxelles appelle la « nouvelle rhétorique » et qui se rattache à la dialectique au sens aristotélicien du terme (66).

La logique judiciaire est essentiellement orientée en vue de convaincre. L'avocat cherche à convaincre le juge. Celui-ci cherche à se convaincre lui-même, puis à expliquer sa décision à l'avocat et au plaideur, et enfin à la justifier éventuellement auprès du juge supérieur auquel elle sera déférée (67).

Bien plus qu'une logique contraignante conduisant à une certitude, le raisonnement juridique se présente comme un faisceau d'arguments dont le nombre, la qualité et l'agencement tendent à emporter la conviction et dont le destinataire pèsera la valeur, avant de décider (68).

Dans le débat judiciaire l'arbitraire est limité par les règles de procédure. Une certaine sécurité résulte « de l'organisation judiciaire, de la contradiction des débats, de la collégialité, de la motivation des décisions, du contrôle de la Cour suprême, de la publicité que l'on donne à l'audience, et surtout de celle qui résulte des critiques de la doctrine » (69). En particulier *la motivation exprime bien la nature du raisonnement*. Elle consiste en une réfutation des objections et une défense des thèses auxquelles le juge souscrit. Elle rejette les arguments que le juge a écarté comme insusceptibles de fonder sa conviction et désigne au contraire ceux qui l'ont conduit à la solution, non pas avec la force contraignante d'un raisonnement déductif, mais par leur force convaincante plus ou moins grande (70). L'importance de cette

---

(64) V. Bayart, *Le Centre international belge de Recherches de Logique*, Arch. *philosophie du droit*, 1966, p. 171. — Foriers, *L'état des recherches de logique juridique en Belgique*, précité.

(65) M. Villey, *Histoire de la logique juridique*, précité, p. 81.

(66) Par opposition au sens donné à ce terme dans la dialectique marxiste.

(67) V. P. Hébraud, précité, p. 33.

(68) V. P. Foriers, précité, p. 109-110. Cf. Ch. Perelman, *Le raisonnement juridique*, in *Études philosophiques*, n° 2, 1965, p. 133 ; *Raisonnement juridique et Logique juridique*, in Arch. *philosophie du droit*, 1966 ; *La logique du droit*, p. 1 ; *Logique juridique. Nouvelle rhétorique*, 1976, p. 105 et s., n°s 51 et s. ; *Le raisonnable et le déraisonnable en droit*, in Arch. *philosophie du droit*, t. 23, 1978, p. 35 et s.

(69) P. Bellet, précité, p. 120.

(70) Cf. P. Foriers, précité, p. 110. — Ch. Perelman et P. Foriers, *La motivation des décisions de justice*, Trav. *Centre national de Recherches de logique*, 1978.

motivation est attestée par le contrôle de la Cour de cassation qui censure en particulier les décisions dont les motifs ne répondent pas aux conclusions des parties, c'est-à-dire aux moyens invoqués par celles-ci au soutien de leur thèse.

60. — Les divers types d'arguments.

Parmi ces arguments figurent évidemment les textes de lois. Ceux-ci sont parfois décisifs. Mais l'interprète dispose, en fait, le plus souvent, on l'a vu, d'une marge importante d'appréciation. Celle-ci se trouve plus réduite, cependant, lorsque la Cour de cassation a précisé la règle par une interprétation dont l'organisation judiciaire lui permet d'imposer le respect (71). Sont également invoqués les arguments d'autorité déduits des précédents judiciaires (72), des opinions doctrinales, ou de l'interprétation administrative (73).

Les arguments classiques de la controverse, notamment le raisonnement par analogie (appelé aussi *a pari*), *a fortiori*, ou *a contrario* sont fréquemment utilisés (74). Pratiquement la valeur de ces arguments dépend de celle que l'on reconnaît à l'intention qu'ils permettent d'attribuer au législateur (75). Même sur ce terrain le choix du raisonnement reste assez arbitraire. On observe que très souvent le même texte peut être raisonnablement invoqué à l'appui de deux thèses contraires, soit par analogie, soit *a contrario* (76).

La recherche d'un principe général par induction à partir de règles particulières, puis la déduction d'applications nouvelles à partir de ce principe est également utilisée avec quelque efficacité (77).

---

(71) V. *infra*, nos 444 et s.

(72) V., sur leur autorité, *infra*, nos 435 et s.

(73) V. *infra*, nos 322 et s.

(74) V. pour une présentation complète de ces arguments, Ch. PERELMAN, *Logique juridique. Nouvelle rhétorique*, 1976, p. 54 et s., no 33, qui en distingue treize. Cf. M. DE COSTER, *L'analogie en sciences humaines*, coll. Sociologie d'aujourd'hui. — V. égal. Y. PACLOT, *Recherche sur l'interprétation juridique*, th. Paris II, dacty., nos 211 et s., p. 196 et s.

(75) V. sur l'évolution des idées en la matière, *infra*, nos 144, 149 et s.

(76) V. not. P. BELLET, précité, p. 118. — Ph. SOULEAU, précité, p. 59. — PERROT, précité, p. 138, no 3. — J. D. BREDIN, précité, p. 102. — WEILL et TERRÉ, *Introduction générale*, no 40. — E. AGOSTINI, *L'argument* a contrario, D. 1978, chron. p. 149 et s. — Cf. sur les réserves que suscite l'argument *a contrario* : J. VIDAL, *L'enfant adultérin... a contrario, Portée du principe de la liberté d'établissement de la filiation adultérine*, J. C. P. 1973. I. 2539.

(77) V. not. Ch. BORNET, *La logique judiciaire devant la Cour de cassation*, précité, p. 90, qui observe que celle-ci use facilement de ce raisonnement et cite l'exemple du droit de rétention. *Adde* : *infra*, no 449. V., par exemple, l'obligation précontractuelle de renseignement dont le principe et les conditions peuvent se déduire d'une série de lois particulières et de la jurisprudence sur l'erreur, la réticence dolosive et la garantie des vices cachés, J. GHESTIN, *Le contrat*, nos 478 et s. — *La responsabilité*

61. — Les arguments empruntés à la logique formelle.

Dans cette argumentation, des raisonnements empruntés à la logique formelle trouvent également leur place. Simplement ils ne sont pas ici contraignants comme dans le raisonnement mathématique. Ils concourent seulement à déterminer une conviction.

L'un des plus courants est *l'argument de contradiction* ou d'incompatibilité qui consiste à montrer que l'adversaire soutient à la fois une thèse et son contraire. Cette contradiction apparaît clairement dans un exemple d'école bien connu : Pierre réclame à Paul des dommages-intérêts pour avoir détérioré le chaudron qu'il lui avait prêté. Paul répond : 1º qu'il n'a jamais emprunté le chaudron ; 2º que d'ailleurs il l'a rendu en bon état ; 3º et qu'en tout état de cause, le chaudron était déjà troué lorsqu'il l'a emprunté (78).

On utilise *l'argument d'identification* et surtout l'argument *de transitivité* sur lequel est fondé le raisonnement syllogistique : si une même relation existe entre A et B d'une part, B et C d'autre part, cette relation existe nécessairement entre A et C (79).

Le *dilemme* consistera à montrer que quelle que soit la thèse retenue le résultat sera le même. *Le raisonnement par l'absurde* consistera à faire apparaître l'inexactitude d'une solution par les conséquences évidemment fausses qui résulteraient de son admission (80).

62. — Les arguments peuvent être ainsi multipliés. Mais les travaux du Centre National de Recherche de logique de Belgique ont montré que dans le raisonnement juridique ce qui compte essentiellement c'est la qualité de l'argument, c'est-à-dire sa force convaincante, qui est elle-même fonction de l'auditoire auquel il est destiné (81). La collégialité des juridictions et les recours par voie d'appel ou de cassation ont pour effet de réduire cet aspect subjectif, sans cependant l'éliminer de façon complète.

Il en est d'autant plus ainsi que la décision est également soumise à l'influence de facteurs irrationnels.

---

contractuelle du fait d'autrui, G. VINEY, La responsabilité : conditions, nos 814 et s., qui en déduit l'existence par une généralisation à tous les contrats de « textes disparates et fragmentaires » visant divers contrats particuliers.

(78) Cf. Ch. PERELMAN, *Traité de l'argumentation*, t. II, p. 639.

(79) V. J. D. BREDIN, précité, p. 99.

(80) V. sur ces diverses règles logiques et leur application, M. G. KALINOWSKI. *Logique formelle et droit*, Ann. Fac. Droit et Sc. éco. Toulouse, 1967, fasc. 1, p. 204 et s,

(81) V. P. FORIERS, précité, p. 113-114.

B. — L'influence de facteurs irrationnels.

63. — Un argument n'est efficace que s'il correspond aux valeurs admises par celui auquel il s'adresse.

Les avocats utilisent naturellement des procédés de persuasion qui n'ont rien à voir avec la logique, en particulier les arguments d'émotion, l'appel à la générosité, la pitié, la solidarité (82). Même dans les procès civils on a montré l'influence souvent décisive d'arguments du type « le pauvre locataire », ou « le pauvre consommateur » (83).

La psychologie individuelle du juge, tempérée par la collégialité, joue un rôle important. Sur un plan collectif l'origine sociale, le mode de vie et la formation des magistrats sont des facteurs non négligeables des décisions rendues (84). Il en est d'autant plus ainsi que le juge se donne un objectif « social, juridique et politique » (85). La Cour de cassation elle-même, « dans toute la mesure où la loi le permet... s'efforce de dégager la solution qui lui paraît la plus conforme aux nécessités sociales, à la raison, à l'équité, au bon sens... elle est plus sensible à la finalité du texte qu'à la rigueur du raisonnement » ; elle « ne peut se désintéresser de la réalité et de la moralité... ainsi que des conséquences... sur le plan social » (86).

Pratiquement l'efficacité d'une argumentation juridique est liée à sa correspondance avec les valeurs admises par celui auquel elle s'adresse. Elle suppose un accord tacite, mais nécessaire, sur les valeurs admises par la société au nom de laquelle le juge rend la justice. Cet accord doit même porter sur la hiérarchie établie entre ces valeurs. « Hiérarchies universelles : les valeurs relatives aux personnes sont supérieures aux valeurs relatives aux choses ; on n'écrase pas un homme pour éviter un chien ; la vie humaine vaut mieux que la propriété privée.

---

(82) V. J. D. BREDIN, précité, p. 94.

(83) V. P. FORIERS, précité, p. 102, qui fait état d'une analyse sur les droits respectifs du nu-propriétaire et de l'usufruitier montrant que le choix des prémisses échappait à toute appréhension logique et se fondait « essentiellement sur des sentiments et des valeurs : théorie du « pauvre usufruitier », du « pauvre nu-propriétaire », ou encore de l'égal intérêt ».

(84) La recherche de ces facteurs qui s'est développée aux États-Unis se heurterait en France à des difficultés tenant à l'organisation judiciaire (collégialité et secret du délibéré) mais surtout d'ordre psychologique. Cf. J. CARBONNIER, *Sociologie juridique*, 1978, p. 47 ; et « *Pour une sociologie du juge* », in *Flexible droit*, 3e éd., 1976, p. 307. — Cf. J.-P. ROYER, *La société judiciaire*.

(85) P. BELLET, précité, p. 119 ; Ph. SOULEAU, précité, p. 60.

(86) Ch. BORNET, précité, p. 88. — Cf. A. TUNC, *Logique et politique dans l'élaboration du droit, spécialement en matière de responsabilité civile*, Mélange Dabin, 1963, t. I, p. 317 et s. — D. TRUCHEL, *Les fonctions de la notion d'intérêt général dans la jurisprudence du Conseil d'État*. — *Adde* : sur la motivation des arrêts de la Cour de cassation au regard de ces préoccupations, *infra*, nº 476.

Hiérarchie souvent sociale : il vaut mieux, à l'appui d'une thèse, produire le témoignage d'un général en retraite, que celui d'un clochard en activité » (87).

En réalité la force de l'argumentation ne réside pas tellement dans sa forme, mais dans la cohérence de son contenu et le rattachement des prémisses du raisonnement à des idées plus profondes approuvées par l'auditoire auquel elle s'adresse.

64. — C'est dire qu'en définitive le juriste ne reste jamais sur le terrain de la logique et de la raison formelle. Il se détermine en fonction de préjugés personnels ou d'opinions morales et sociales, variables d'ailleurs d'une société à l'autre et même d'un groupe à l'autre à l'intérieur d'une même société (88).

On peut regretter cette situation. Il est en tout cas essentiel d'en avoir une claire représentation car il est permis de penser qu'une conscience réfléchie de l'influence des facteurs idéologiques présente moins de dangers que des opinions qui restent implicites et se donnent, de façon illusoire, comme purement objectives (89). Ainsi ce sont des choix idéologiques fondamentaux qui déterminent non seulement la législation, mais même son application aux situations particulières.

SECTION 3

L'INFORMATIQUE JURIDIQUE

65. — Les juristes ne peuvent rester indifférents aux développements contemporains de l'informatique (1). Si l'informatique juridique montre

---

(87) J. D. BREDIN, précité, p. 97. — V. *Légalité et références aux valeurs, contribution à l'étude du règlement juridique des conflits de valeurs, Xe journées d'études juridiques Jean Dabin*, 1980.

(88) V. P. HÉBRAUD, précité, p. 47.

(89) Cf. Mme PARAIN-VIAL, *Logique juridique et fondement du droit, Ann. Fac. Droit et Sc. éco. Toulouse*, 1967, fasc. 1, p. 162 et s., spécialement p. 182. *Adde :* du même auteur, *La nature du concept juridique et la logique, Arch. philosophie du droit*, 1966, p. 45 et s.

(1) Les auteurs sont heureux d'exprimer leur gratitude à M. Bernard DESCHÉ, ancien Rédacteur en chef de la *Gazette du Palais*, qui a bien voulu leur fournir la matière des développements des deux premières éditions de la présente section sur l'informatique juridique (à l'exception de la présentation sommaire des recueils juridiques).

Pour une bibliographie très complète, en langue française et en langue étrangère, V. A. CHOURAQUI, *L'informatique au service du droit*, P. U. F., collection S. U. P., 1974. — J. P. BUFFELAN, *Encycl. Dalloz, Rép. dr. civ.*, vo *Informatique juridique; Introduction à l'informatique juridique*, 1976 ; *Initiation à l'informatique juridique*,

actuellement plus de rechèrches et d'essais que de résultats vraiment spectaculaires, elle ne peut manquer, dans un avenir prochain, d'exercer une profonde influence sur l'activité des juristes.

L'informatique est tout d'abord susceptible de répondre, au moins partiellement, au besoin de *documentation* des juristes, grâce à l'automatisation documentaire. Elle peut aller au-delà, et se révéler un *facteur important d'évolution du droit.*

§ 1. — L'AUTOMATISATION DOCUMENTAIRE

66. — La documentation traditionnelle.

Les juristes ont évidemment besoin de connaître les dispositions légales et réglementaires, la jurisprudence, et d'une façon générale les diverses sources du droit positif ainsi que leurs commentaires officiels et doctrinaux. A côté des recueils officiels des lois et décrets (2), des arrêts de la Cour de cassation (3), ou des usages (4), diverses publications privées s'efforcent de répondre à ce besoin. On se bornera à mentionner les plus importantes pour le droit civil.

Un certain nombre de périodiques publient des articles de doctrine, des décisions judiciaires, généralement accompagnées d'un commentaire doctrinal, et les textes les plus importants. Les plus connus de ces

---

D. 1969, chron. p. 211. — P. LE MINOR, *Traitement et production des actes notariés par l'automation*, J. C. P. 1969. I. 2240. — A. DUNES, *L'abstrat : problème de l'informatique en droit, Gaz. Pal.*, 1969, I, doctr. p. 119. — *L'informatique juridique : du rêve à la réalité* (ouvrage collectif), Montréal, 1977. — P. CATALA, *L'informatique et la rationalité du droit, Arch. philosophie du droit*, t. 23, 1978, p. 296. — H. D. COSNARD, *Pour une informatique judiciaire, réflexions sur l'expérience aixoise*, D. 1978, chron. p. 22. — M. BIBENT, *L'informatique appliquée à la jurisprudence. Une méthode de traitement de la documentation juridique*, 1976. — X. LINANT DE BELLEFONDS, *L'informatique et le droit*, 1981, Que sais-je ? — M. MIGNOT, *La théorie et la pratique du droit dans les différents systèmes juridiques face à l'informatique, Gaz. Pal.*, 1974, 2, doctr. p. 857. — E. BERTRAND et P. JULIAN, *Logique et éthique judiciaire*, D. 1973, chron. p. 75 et s. — *Six pays face à l'informatisation. La Documentation française*, Coll. Informatisation et Société, 1979. — STEINAUER, *L'informatique et l'application du Droit*, Fribourg, 1975. — NIBLETT, *Computer science and law*, Cambridge, 1980. — M. VIVANT, *Quelques mots sur l'informatique juridique*, J. C. P., 1985.I.3211. — J.-L. MEUNIER, *Évolution et perspectives de l'informatique documentaire juridique, Gaz. Pal.*, 1985, doctr., II, p. 648 et s. — H. MANZANARES et Ph. NECTOUX, *L'informatique au service du juriste*, Litec, 1987. — *Adde :* J. HUET, *La modification du droit sous l'influence de l'informatique*, J. C. P., 1983.I.3095. — H. D. COSNARD, *De l'informatique juridique documentaire à la création du droit, Rev. jud. de l'Ouest*, 1985, p. 136 et s.

(2) V. *infra*, n° 247, spécialement, note 20.

(3) V. *infra*, n° 419. D'excellentes tables décennales ont été publiées pour les années soixante. — De même le service de documentation et d'études de la Cour de cassation a établi des tables analytiques quiquennales couvrant la période 1980-1984.

(4) V. *infra*, n°ˢ 497 et 514.

recueils généraux sont le *Recueil Dalloz* (5), le *Recueil Sirey* (6), la *Gazette du Palais* (7) et la *Semaine juridique* ou *Juris Classeur Périodique* (8). Il faut également mentionner la *Revue critique de législation et de jurisprudence*, disparue en 1940, et la *Revue trimestrielle de droit civil* qui publie des articles de doctrine et des chroniques régulières de jurisprudence de grande qualité.

De nombreuses publications spécialisées intéressent également le droit civil. On peut citer les revues notariales (9), celles qui concernent les baux à loyer (10) et la *Revue de droit immobilier*. Il faut également mentionner le Répertoire de droit civil de l'Encyclopédie Dalloz qui vient de faire l'objet d'une deuxième édition et le *Jurisclasseur civil* qui présente cette matière dans l'ordre des articles du Code.

67. — L'insuffisance de la documentation traditionnelle justifie la tendance à l'automatisation.

Malgré la multiplication de ces efforts l'information des juristes quant aux textes et surtout quant à la jurisprudence reste très incomplète. La dispersion des informations dans des recueils divers, qui ont chacun leur propre méthode de classement et d'exposition suppose des recherches compliquées, qui risquent toujours d'être incomplètes et entraînen

---

(5) Du nom de son fondateur. Sa présentation a varié. De 1845 à 1923 il s'intitule *Dalloz périodique;* de 1924 à 1940, il se divise en un *Dalloz périodique (D. P.)* et un *Dalloz hebdomadaire (D. H.);* de 1941 à 1945 la division devient *Dalloz critique (D. C.)* et *Dalloz analytique (D. A.).* Depuis 1945 il est hebdomadaire et comprend trois parties principales : chroniques doctrinales, jurisprudence et textes. Exemple de citation de jurisprudence : D. 1976, p. 37.

(6) Du nom de son fondateur. Il remonte à 1791. Les premières années jusqu'en 1840 ont été refondues avec un classement par ordre de date. C'est le *Sirey chronologique.* Depuis 1965 le *Recueil Sirey* s'est fondu dans le *Recueil Dalloz.* Exemple de citation : S. 1960. 2. 63.

(7) Elle publie un journal qui, plusieurs fois par semaine, donne des informations d'actualité sur la législation et la jurisprudence. Des fascicules regroupent le contenu des journaux par périodes de deux mois. Ces fascicules sont eux-mêmes regroupés en volumes semestriels accompagnés de tables très complètes. Des tables quinquennales, devenues récemment triennales, donnent sur l'ensemble des sources du droit et les publications juridiques une information très sérieuse. Ces tables sont aujourd'hui publiées en commun avec le *Recueil Dalloz.*

(8) Ce recueil, qui n'existe que depuis 1929, est devenu très important depuis 1945. Il comprend quatre éditions : « générale », « notariale », « avoués » (cette édition a été récemment supprimée), et « commerce et industrie ». L'édition « générale » comporte quatre parties principales : I. Études doctrinales ; II. Jurisprudence annotée ; III. Textes ; IV. Questions pratiques. On cite J. C. P. ou *Sem. jur.,* 1974. II. 17592, les documents étant affectés d'un numéro d'ordre. Des tables trimestrielles provisoires et annuelles facilitent la consultation.

(9) *Journal des Notaires; Répertoire pratique du notariat,* ou *Répertoire du notariat Defrénois.*

(10) *Revue des loyers; Revue des fermages.*

en tous cas de grosses pertes de temps. Malgré certains progrès récents (11) le foisonnement des sources du droit et, surtout, leur renouvellement incessant, par les règlements et la jurisprudence, rendent de plus en plus difficile le rassemblement d'une documentation suffisant à alimenter la réflexion des juristes.

Le besoin ainsi ressenti a été à l'origine, au cours des dernières années, d'un certain nombre d'expériences et de réalisations tendant à une automatisation plus ou moins poussée de la documentation juridique. Parallèlement aux efforts déployés dans d'autres domaines où les besoins en documentation sont tout aussi importants (sciences exactes, sciences humaines, médecine, etc.) est ainsi apparu un secteur nouveau du droit, celui de l'informatique juridique.

Qui pense informatique sous-entend souvent l'emploi d'un ordinateur ; mais le vocable est en réalité plus large et désigne tous les procédés de traitement mécanisé de l'information. L'ordinateur ne constitue qu'un de ces procédés parmi d'autres, de loin le plus perfectionné, il est vrai.

L'aspect « documentaire » de l'informatique juridique est le plus important à l'heure actuelle puisque c'est sur ce point qu'ont essentiellement porté jusqu'ici, du moins en France, les efforts conjugués des juristes et des informaticiens.

68. — Il conviendra tout d'abord d'essayer de dégager, de façon nécessairement schématique, car une étude exhaustive nécessiterait de longs développements, *les moyens et les méthodes de l'informatique documentaire;* puis d'en mentionner *les principales réalisations;* et de terminer par une appréciation de ses *avantages* et de ses *inconvénients.*

I. — *Les moyens et les méthodes*
de l'informatique documentaire.

69. — Il n'est pas possible d'entrer dans le détail des procédés employés par chacun des différents organismes qui s'occupent d'informatique juridique. Cependant, à travers la diversité des systèmes, on peut discerner un certain nombre de traits communs.

Il s'agit, dans un premier stade, appelé « input » par les Anglo-Saxons, de constituer un fichier en mettant « en mémoire », sous une forme appropriée, un certain nombre de données préalablement conditionnées au moyen d'une « analyse » des documents retenus. C'est *l'entrée des documents.*

---

(11) Par exemple, la publication commune par le *Recueil Dalloz* et la *Gazette du Palais* de tables triennales.

C'est sur ce stock documentaire que s'effectuera la recherche qui intéresse l'utilisateur, grâce à des procédés de sélection dont l'efficacité dépendra en premier lieu du matériel utilisé mais, surtout, du soin avec lequel la question aura été formulée. C'est *la sélection des documents*. Si la question a été posée correctement, tous les documents utiles sortiront, et eux seuls. C'est *la sortie des documents* (« output »), qui peut d'ailleurs revêtir des formes diverses.

A. — L'entrée des documents.

70. — Les méthodes du texte intégral ou des mots-clés exigent une analyse et un enrichissement du document.
Tous les systèmes ont pour caractéristique de faire appel aux mots comme instruments de classification et de recherche. Un document donné sera représenté par un certain nombre de mots, sur lesquels s'effectuera l'interrogation destinée à retrouver le ou les documents recherchés.

Il existe, pour cette représentation du document au moyen d'une suite de mots, deux méthodes principales apparemment opposées mais qui, dans la réalité, ne sont pas tellement différentes l'une de l'autre qu'on pourrait le supposer au premier abord.

La première, dite du texte intégral ou « full text », consiste à prendre en compte le document à l'état brut, tous les mots dits significatifs qu'il contient, c'est-à-dire présentant une valeur documentaire, étant en principe retenus tels quels, à l'exception des « mots vides », ainsi dénommés parce que n'exprimant pas à eux seuls un concept, tels que les articles, les pronoms, certains adverbes, les verbes auxiliaires, etc.

Avec le système des « mots-clés » au contraire, le document est reconditionné, l'analyste utilisant pour le caractériser un certain nombre de vocables préférentiels qui ne sont pas forcément ceux employés dans le texte original. L'ensemble de ces descripteurs constitue un abstract (12), assez proche en définitive des index utilisés dans les revues pour situer, en quelques mots juxtaposés particulièrement riches de sens, les documents législatifs, judiciaires ou doctrinaux publiés. D'où le nom d'indexation, généralement attribué à cette méthode.

Celle-ci fait appel, en théorie, à une analyse plus riche que celle impliquée par la méthode du full text. Cependant toute adaptation du document considéré n'est pas pour autant exclue dans cette dernière méthode. L'expérience montre en effet qu'un texte de loi, un jugement ou une étude de doctrine ont souvent besoin, dans une optique documentaire, d'être enrichis par l'adjonction de mots qu'ils ne comportent pas mais qu'ils sous-entendent. Les pronoms, par exemple, demanderont à être traduits par le substantif qu'ils représentent. Certaines relations syntaxiques à l'intérieur d'une phrase, marquées par des prépositions, des conjonctions ou des accords, devront être explicitées en ayant recours à des mots non inclus dans le texte. Ainsi, lorsqu'une loi ou un jugement vise les actions exercées par ou contre une personne déterminée, les vocables « demandeurs » ou « défendeurs » accolés à la personne concernée seront utilement substitués, pour éviter toute équivoque, aux prépositions « par » ou « contre » qui prises isolément, peuvent s'appliquer à tout autre chose que l'action en justice.

---

(12) V. André DUNES, *Esquisse d'une théorie des abstracts* (éd. Dalloz, 1969) et *L'abstract : problème de l'informatique en droit, Gaz. Pal.*, 1969. 1. Doctr. p. 119.

C'est surtout à l'étranger que la méthode du texte intégral est pratiquée à l'état pur, c'est-à-dire sans adjonction ou substitution aucune de mots nouveaux à ceux du texte analysé. En France, tout le monde s'accordait à considérer qu'une telle méthode offrait trop d'incertitudes pour pouvoir être utilisée sans correctifs. L'apparition récente sur le marché du système LEXIS, qui utilise la méthode du texte intégral pour tous les documents, lois et jurisprudences, semble remettre en question cette position.

B. — La sélection des documents.

71. — Les procédés automatiques de sélection font appel à des matériels divers, qu'on peut ramener à trois types (13).

1º Les procédés mécanographiques ont pour support les **cartes perforées**. Chaque perforation, dûment localisée, représente un numéro de code attribué à chacun des mots retenus pour caractériser le document. La sélection est opérée par une trieuse qui, explorant la totalité du stock de fiches, sort les cartes dont les perforations correspondent aux mots sur lesquels on interroge.

2º Les méthodes utilisant des procédés de sélection photographique font appel, pour l'enregistrement des données, aux **microfilms** ou aux **microfiches**. Lors de la prise de vue, les documents sont codifiés au moyen de « pavés » opaques ou transparents. Un procédé de lecture par cellule photoélectrique permet, par coïncidence entre les grilles réalisées lors de l'entrée des documents et la grille de codage de la question formulée par l'utilisateur, de détecter au cours du déroulement du film ou de l'exposition des microfiches les documents qui répondent aux critères demandés (14).

3º **L'ordinateur,** enfin, constitue tant par les possibilités de stockage qu'il offre que par la rapidité extraordinaire avec laquelle il est apte à traiter les informations, un instrument documentaire privilégié. Il permet une recherche beaucoup plus affinée, sur un fichier plus étendu.

L'équipement-type est constitué par une unité centrale qui reçoit, pendant le temps nécessaire à leur transformation, les données à traiter, stockées dans des mémoires auxiliaires, le plus souvent sous forme de disques magnétiques. C'est cette unité centrale qui reçoit les « programmes », traduction sous la forme technique appropriée des instructions tendant à la réalisation des opérations demandées à l'ordinateur. De l'ingéniosité et de la qualité de ces programmes dépend, pour beaucoup, l'efficacité de la recherche documentaire.

72. — Les difficultés de langage.

Quel que soit le matériel employé et si perfectionné soit-il, *la machine ne donnera une réponse pertinente que si les mots au moyen desquels la recherche s'effectue* (ou leur traduction codée) *coïncident avec ceux sous lesquels les documents ont été répertoriés*. Il faudrait donc, en théorie, qu'au même concept corresponde toujours un seul et même vocable.

---

(13) V. Jacques CHAUMIER, *Les techniques documentaires* (Coll. Que sais-je ? Presses universitaires de France), p. 48 et s.
(14) Pour une description plus complète de ce procédé, V. J. P. BUFFELAN, *Initiation à l'informatique juridique*, D. 1969. Chron. p. 211.

Or, même lorsqu'il s'agit de concepts spécifiquement juridiques, la langue est tout à la fois assez riche et assez pauvre pour que plusieurs mots recouvrent une même notion (rétribution et rémunération, employeur et chef d'entreprise, indexation et échelle mobile, etc.) ; ou qu'à l'inverse, un même mot ait des acceptions très différentes (le mot « tiers » en constitue l'exemple le plus significatif : il y a les tiers auxquels les contrats sont inopposables, les tiers aux droits desquels ne peut préjudicier l'octroi d'un permis de construire, les tiers en matière de dommages de travaux publics, les tiers admis à former tierce opposition à une décision et l'on pourrait multiplier ces exemples quasiment à l'infini).

Certains mots, associés les uns aux autres, ont une signification bien différente de celle qu'ils comportent pris séparément. Qu'on songe à « sécurité sociale », « accidents du travail », « marques de fabrique », etc. A supposer qu'on veuille poser une question sur le point de savoir si un intérêt d'ordre simplement économique rend un groupement recevable à intervenir dans une instance concernant un de ses membres, une interrogation portant sur les mots « groupement », « intérêt » et « économique » fera immanquablement sortir, bien que d'évidence non pertinente dans le cas considéré, tous les documents relatifs aux « groupements d'intérêt économique », catégorie particulière de personnes morales, si l'on n'a pas pris la précaution de faire de cette catégorie juridique un concept à part, dans lequel le groupe de mots est considéré et traité comme un ensemble indivisible.

On observera enfin que la réponse à une question pourra se trouver virtuellement, non dans le mot servant à la formuler, mais dans son contraire. L'achat n'est que l'aspect inverse de la vente, la créance celui de la dette ; la saisissabilité et l'insaisissabilité ne constituent qu'un même concept, envisagé sous sa forme positive ou négative. Il est donc nécessaire qu'une interrogation portant sur les mots « vente », « créance » ou « saisissabilité » puisse faire porter les investigations de la machine sur les antonymes que constituent les mots « achat », « dette » ou « insaisissabilité ».

73. — Le thésaurus.

Ces difficultés de langage (homonymies, synonymies, homographies, polysémies, antonymies, notions complexes) obligent à avoir recours à des palliatifs, dont le plus important à mentionner est la constitution d'un « thésaurus ». C'est un *document apparenté à un dictionnaire analogique* qui établit des relations entre les notions, de façon soit à restreindre, soit le plus souvent à augmenter le champ d'investigation de l'interrogateur. Il lui suggère l'emploi de tel ou tel mot, dans la formulation de sa question, de préférence à tel autre ou concurremment à tel ou tel mot. Par exemple, pour « autocar », les mots « car », « véhicule »,

« moyens de transports » pourront être suggérés ; le mot « vente » renverra non seulement à « cession », « aliénation » ou « transfert » mais aussi à son antonyme « achat ».

Le thésaurus peut se présenter sous la forme d'un document imprimé destiné à l'utilisation manuelle, que l'utilisateur consulte pour le choix des « mots-clés » à utiliser pour la formulation de sa question. Dans les systèmes les plus élaborés, faisant appel à l'ordinateur, il peut être intégré à la machine. Celle-ci, interrogée sur un mot déterminé, effectuera d'office les extensions nécessaires ou, dans les systèmes dits « conversationnels », où s'engage un véritable dialogue entre l'ordinateur et le consultant, invitera celui-ci à élargir ou à affiner sa question selon des directives très précises.

74. — Le « silence ».

Le thésaurus constitue l'une des armes les plus efficaces pour lutter contre ce qu'on dénomme le « silence », c'est-à-dire le risque de ne voir sortir aucun document au stade de l'interrogation, faute de concordance entre les descripteurs utilisés pour la mise en mémoire et ceux employés pour l'interrogation. Un effort systématique en vue de l'harmonisation du vocabulaire (15), la mise au point de structures préétablies inspirées des modes de classification traditionnels de la documentation juridique et faisant appel à la logique interne de la matière traitée (16) pourraient également contribuer à diminuer, dans de notables proportions, ce risque de silence.

75. — Le « bruit ».

Le risque de « bruit » est caractérisé par une sortie excessive de documents non pertinents. L'emploi judicieux, dans la formulation des interrogations, des opérateurs de l'algèbre de Boole « et », « ou » et « sauf » permet de remédier à ce risque par combinaison des mots-clés entre eux. La machine ne sélectionnera, en vertu des instructions reçues, que les documents qui comportent à la fois tel ou tel descripteur, ou l'un ou l'autre. Elle écartera ceux qui, ayant ces descripteurs, en comportent d'autres dont la présence constitue par avance un indice de non-pertinence, eu égard au champ de la recherche.

---

(15) Au mois d'avril 1967, un colloque organisé à Royaumont et groupant des juristes venus d'horizons très différents s'est penché sur ces questions de vocabulaire. En 1973 a été créée une Commission, qui siège à la Cour de cassation, chargée d'étudier les « conventions de langage ». Elle comprend des magistrats, de hauts fonctionnaires, des représentants des assemblées législatives et de certains éditeurs juridiques.

(16) V. A. DUNES et B. DESCHÉ, *De la logique à l'informatique : système des structures conceptuelles*, *Gaz. Pal.*, 1969. 2. Doctr. p. 606.

C. — La sortie des documents.

76. — La forme et le contenu de la réponse varient suivant les procédés mis en œuvre.

Certains systèmes se bornent à fournir des numéros de documents, stockés par ailleurs et auxquels il faut se reporter pour consultation, comme c'est également le cas lorsque seules sont données, à la « sortie », des références aux publications où se trouve le document considéré (*Journal Officiel, revue juridique*, etc.).

Dans d'autres systèmes, le document est mémorisé soit *in extenso*, soit sous forme de résumés analogues aux « sommaires » classiques de jurisprudence, soit encore sous forme de simples abstracts en langage naturel, ce qui permet un contrôle direct de la pertinence.

Dans le cas d'utilisation du microfilm comme support, les documents sélectionnés au moyen des codes de classification apparaissent successivement sur l'écran de l'appareil de lecture. Il est possible d'en obtenir une photocopie immédiate, restituée au format original du document, au moyen de l'appareil reproducteur adjoint. Les ordinateurs, de leur côté, permettent soit une lecture sur écran cathodique, soit la reproduction par imprimante extrêmement rapide des textes mis en machine. L'emploi de cartes perforées avec trieuse se prête mal, en revanche, à une restitution de l'information « en clair », du moins lorsqu'il s'agit d'un texte d'une certaine longueur, à moins d'utiliser des cartes « à fenêtre » dans lesquelles le texte est photographié sur une microfiche incorporée.

II. — *Les principales réalisations.*

77. — Née aux États-Unis, l'informatique juridique constitue désormais une réalité dans la plupart des pays européens, sous une forme plus ou moins avancée.

On se limitera à ce qui existe à l'heure actuelle en France, où le stade des simples expériences se trouve maintenant dépassé (17).

77-1. — Les réalisations jusqu'en 1983.

On peut signaler en premier lieu le C. E. D. I. J. (Centre de recherche et de développement en informatique juridique), organisme commun au Conseil d'État et à la Cour de cassation qui, pratiquant pour la législation la méthode du full text assortie d'importants correctifs et celle de l'indexation par abstracts pour la jurisprudence, a mis en mémoire sur ordinateur quelques-uns des principaux codes et les lois et décrets annexes, ainsi qu'une partie de la jurisprudence la plus récente des deux hautes juridictions (18).

---

(17) V. J. BEL, *Informatique et droit comparé, Rev. internat. dr. comparé*, 1970, p. 269 et s. — On a dénombré en France, en 1987, 300 systèmes documentaires, MANZANARES et NECTOUX, précités, p. 91.

(18) *L'automatisation de la recherche de l'information juridique par le procédé Docilis*, rapport du C. E. D. I. J., juin 1970. « Dès à présent cinq années de jurisprudence ont été mises en mémoire... Il est envisagé dans une perspective relativement prochaine d'installer des terminaux à l'Assemblée Nationale, au Sénat, à la Chancel-

Après avoir, au début, traité uniquement la jurisprudence des Chambres civiles de la Cour de cassation (19), l'I. R. E. T. I. J. (Institut de recherche et d'étude pour le traitement de l'information juridique), créé à l'Université de Montpellier par M. Catala, a étendu son fichier informatique aux Cours d'appel de Nîmes et de Montpellier. Son travail a aussi porté sur les brevets d'invention, avec recensement rétrospectif de toute la jurisprudence depuis 1914. L'Institut d'études judiciaires d'Aix-en-Provence, animé à l'origine par M. Bertrand, a traité depuis 1967 les arrêts rendus en matière civile par la Cour d'Aix (20). D'autres instituts d'études judiciaires ont suivi cet exemple, notamment à Rennes.

La jurisprudence de la Cour de Paris en matière civile, les articles de doctrine parus dans une quarantaine de revues et une partie des réponses ministérielles font l'objet d'un traitement par ordinateur de la part des Éditions techniques, qui offrent au public sous le nom de *Juris-data* un service de renseignements par abonnement (21). Les autres éditeurs ne sont pas en reste. La Maison Dalloz, la *Gazette du Palais*, les Éditions Francis Lefebvre avaient effectué en commun des études de méthodologie et de matériel qui avaient abouti à la création du C. E. D. A. D. (Centre de documentation automatisée du droit). Celui-ci a cependant disparu après quelques années de fonctionnement. La *Gazette du Palais* s'est alors rapprochée des Éditions techniques, tandis que la Maison Dalloz et les Éditions Francis Lefebvre conjuguaient leurs efforts avec les C. R. I. D. O. N. Parallèlement Télé-Consulte créait le système LEXIS, qui utilise la méthode du texte intégral (22). La *Gazette du Palais* met en place l'informatisation totale de ses tables triennales.

Au plan des professions, il existe des banques de données dans des secteurs tels que les assurances ou la banque. C'est en matière notariale que, dans les C. R. I. D. O. N. (Centres de recherche, d'information et de documentation notariales), dont le plus important est celui de Lyon, existe le système le plus élaboré. Toute la documentation intéressant les notaires est systématiquement sélectionnée depuis 1962 (23). Par la création du système S. Y. D. O. N. I. (Système de documentation nationale informatisée), en association avec la Maison

---

lerie et dans les principales juridictions. Un service limité de « questions réponses » va, à titre expérimental, être mis en place permettant l'interrogation de nos bases de données », A. TOUFFAIT, Procureur général près la Cour de cassation, Discours prononcé lors de l'audience solennelle du 3 janvier 1976 de rentrée de la Cour de cassation, *Gaz. Pal.*, 18 février 1976.

(19) P. CATALA et J. FALGUEIRETTES, *Le traitement de l'information juridique sur ordinateurs*, J. C. P. 1967. I. 2052.

(20) E. BERTRAND, *Une expérience aixoise : de la documentation et de l'information juridique à l'informatique*, J. C. P. 1968. I. 2195; E. BERTRAND et P. JULIAN, *Vers une informatique judiciaire : l'analyse des arrêts de la Cour d'appel d'Aix-en-Provence*, D. 1972. Chron. p. 123 ; *Logique et éthique judiciaire*, D. 1973. Chron. p. 75.

(21) J. M. M., *Juris-data*, J. C. P. 1974. I. 2629.

(22) V. J. M. GUTH, *LEXIS, l'aide à la recherche juridique*, Gaz. Pal., 17 décembre 1981. — *Adde* : E. ROHDE, *Bataille pour les banques de données juridiques*, Le Monde, 7 septembre 1980, et DURIEUX et FLAMAND, à propos de cet article, Gaz. Pal., 16 septembre 1980.

(23) H. MIGNOT, *La réalisation du Cridon de Lyon : recherche documentaire notariale*, Informatique et gestion, novembre 1970.

Dalloz, le champ des recherches de cette banque de données s'est élargi et porte maintenant sur les domaines les plus divers, notamment le droit de la consommation en liaison avec les services de répression des fraudes. Elle s'est ouverte en même temps au public.

On peut encore mentionner, sans prétendre épuiser la liste des réalisations, les travaux effectués à l'intérieur du C. N. R. S. par le Centre de Documentation des Sciences humaines (24), le système C. E. L. E. X. (Communitatis Europeae LEX) mis en place par la Commission des Communautés européennes pour le droit communautaire, et les banques de données de Matignon, de l'U. I. M. M. et du Crédit agricole.

Tous les organismes, publics ou privés, qui s'occupent d'informatique juridique, se tiennent mutuellement au courant de leurs travaux dans le cadre de l'A. D. I. J. (Association pour le développement de l'informatique juridique), qui a organisé de nombreux colloques. L'A. D. I. J. publie périodiquement un bulletin d'information.

Des services se sont également créés pour faciliter l'utilisation des banques de données. On peut citer le « S-TEL », créé par le C. N. P. F. et diverses associations professionnelles, le C. E. D. I. A. (Centre de Documentation et d'Information des Avocats de Paris), le S. E. D. A. C. créé par la Bibliothèque universitaire Cujas.

77-2. — Le rapport Leclercq et ses conséquences sur l'informatique juridique actuelle (24.1).

Vers 1980, en raison d'une forte concurrence, les principales banques de données subirent des pertes d'exploitation ; d'où la tentation répétée de s'adresser à l'État par assurer le financement (réflexe typiquement français). M. Pierre Leclercq, conseiller à la Cour d'appel de Paris, était, le 24 avril 1983, chargé d'établir un rapport sur l'informatique juridique par le premier ministre. Le rapport était déposé le 9 janvier 1984 (24-2) ; il conduisit à la promulgation du décret n° 84-940 du 24 octobre 1984 *relatif au service public des bases et banques de données juridiques* (24-3). Le paysage informatique français s'en est trouvé bouleversé par la constitution d'un véritable service public de la documentation automatisée.

Il faut distinguer l'activité de production, répartie entre le secteur public et le secteur privé, des activités commerciales et techniques.

S'agissant de la production de l'information, le secteur privé est

---

(24) V. le rapport établi par ce Centre : *Informatique et sciences juridiques* (1971).

(24-1) V. Manzanares et Nectoux, précités, p. 148 et s. — H. Manzanares, *La mise en place de la réforme des banques de données juridiques françaises, Gaz. Pal.*, 1986, doctr. I, p. 97 et s. — A. de la Presle, *La réorganisation de l'informatique juridique en France, Act. jur. dr. adm.*, 1986, p. 343 et s.

(24-2) V. H. Manzaneres, *Les banques de données juridiques après le rapport Leclercq, Gaz. Pal.*, I, doctr., p. 211 et s. — Le rapport n'a pas été publié.

(24-3) Complété par une circulaire du 7 février 1985, *J. O.*, 12 mars 1985 ; *Gaz. Pal.*, 1985, p. 257-258.

principalement représenté par les éditions techniques et la *Gazette du Palais* (*Edi-data* et *Juris-data*), et les anciens partenaires de S. Y. D. O. N. I. Le secteur public est représenté par le Centre national d'informatique juridique (C. N. I. J.), service à caractère industriel et commercial chargé de rassembler et de mettre sous forme de bases ou de banques de données informatisées le texte et la signalisation d'un certain nombre de documents énumérés par l'article premier du décret. Il est l'héritier du C. E. D. I. J. Il centralise toutes les banques de données juridiques déjà existantes dans le secteur public.

La circulaire du 7 février 1985 précise qu'une collaboration peut s'instaurer entre les producteurs privés et le C. N. I. J. Il s'agit de rationaliser l'activité de production afin d'éviter les redondances et de combler les lacunes. Le titre II du décret crée *la commission de coordination de l'informatique juridique*. Cette commission « est chargée d'étudier et de promouvoir toutes mesures propres à faciliter la mise en place et l'utilisation rationnelle des systèmes d'informations juridiques informatisées et notamment des banques et bases de données juridiques ». Elle est tout spécialement chargée « de veiller à la complémentarité des initiatives privées et publiques dans le domaine de la documentation juridique informatique, et notamment du développement des bases et banques de données juridiques » ; « d'élaborer et de publier des normes en matière d'informatique juridique, concernant la présentation des textes et documents ».

S'agissant des activités commerciales (distribution) et techniques (diffusion-serveur), le décret prévoit ce que l'on a appelé un « guichet unique » pour la C. N. I. J. La commercialisation est assurée par la société de distribution JURIDIAL, créée le 23 mai 1985, au capital de 18 millions détenu par la Caisse de dépôts et développements. Quant à la diffusion, elle est assurée par TÉLÉSYSTÈME-QUESTEL, centre serveur unique utilisant un seul logiciel de recherche documentaire : questel-plus.

Le secteur privé peut poursuivre une activité autonome. Mais, il peut aussi s'associer au C. N. I. J. afin de bénéficier du « guichet unique » à condition d'accepter de ne pas entrer en concurrence avec le service public. Les banques de données juridiques associées bénéfient alors de subventions. *Juris-data* s'est associé au C. N. I. J.

III. — *Les avantages et les inconvénients de l'automatisation documentaire.*

78. — Il est trop tôt pour porter un jugement de valeur sur une discipline qui n'en est encore qu'à ses premiers pas et risque d'évoluer très rapidement. Cependant on discerne d'ores et déjà, malgré tout, le très riche apport potentiel de l'informatique documentaire et, en même temps, ses limites.

Penser que le juriste, affronté à une difficulté, pourrait un jour, en appuyant sur un bouton, recevoir sans risque d'erreur ou d'omission toute la documentation adéquate d'un ordinateur, dans lequel l'ensemble des sources du droit serait incorporé, relève d'une pure vue de l'esprit.

Le coût de fonctionnement très élevé des ordinateurs et la capacité malgré tout limitée de leurs mémoires ne sont peut-être que des contraintes provisoires, appelées à s'atténuer grâce aux progrès techniques incessants. Un jour viendra peut-être où l'on pourra stocker, à bas prix, un nombre illimité de caractères et installer un « terminal » sans dépense excessive, chez tout demandeur en information.

79. — Ces progrès, cependant, ne feront pas disparaître le fait que, pour être pleinement efficace, *une documentation automatisée devrait être absolument exhaustive.* Or, on l'a vu, le stockage de l'information pour une exploitation automatisée suppose un conditionnement préalable des documents bruts sous la forme d'une analyse destinée à les ramener à certains éléments documentaires de base. Toutes les expériences d'analyse automatique ou de résumés automatiques qui ont été effectuées se sont révélées décevantes. On ne peut pas, en pratique, se passer de l'intervention humaine au stade de l'entrée des données, même lorsqu'on a pris le parti de travailler en « full text ».

On imagine quel travail demanderait dès lors une analyse, conduite selon les normes modernes, de tous les textes, de toute la doctrine et de toute la jurisprudence du passé, dont la connaissance est souvent aussi essentielle que celle de documents plus récents. Les organismes qui fonctionnent ont reculé devant cet effort rétrospectif et se bornent, sauf en des domaines très limités, à exploiter une documentation qui, le plus souvent, ne remonte pas à plus d'une dizaine d'années.

Il faut donc et il faudra longtemps encore, pour compléter cette documentation, recourir aux modes d'investigation traditionnels à travers la documentation imprimée.

80. — Les résultats obtenus jusqu'ici, s'ils ne doivent pas être minimisés, montrent d'autre part qu'il est assez utopique de penser que la machine offre, dans la recherche, une *sécurité* toujours supérieure à celle de la documentation classique. Nous avons évoqué plus haut les faiblesses du système tenant aux incertitudes du vocabulaire et la difficulté de réintroduire dans la machine, à moins que certains substituts ne le permettent, les relations syntaxiques du langage naturel. Un document, qu'une table ou un répertoire classique, en raison de leur organisation méthodique, permettraient de retrouver aisément, restera enfoui à jamais dans la mémoire de l'ordinateur s'il a été insuffisamment ou mal indexé, faute d'adéquation entre les termes qui viennent à l'esprit pour formuler la question et ceux sous lesquels il a été enregistré. Les mots de base conditionnent la « fiabilité » du système. Or le thésaurus, si perfectionné soit-il, ne constitue pas une assurance « tous risques » contre les pertes de matières dues à l'imperfection de l'analyse.

La mise à jour du fichier, soit par adjonction de nouvelles données sur un point déterminé, soit par modification des documents mémorisés (textes de lois par exemple), soit par suppression des documents ayant cessé de correspondre à l'état du droit en vigueur, pose d'autre part aux spécialistes de l'informatique juridique des problèmes ardus qui sont loin d'être tous résolus.

En outre, à l'heure actuelle, le temps qui s'écoule entre le jour où intervient le document nouveau et celui où il peut être entré en machine et devenir exploitable est de l'ordre de plusieurs mois, même dans les centres les plus compétitifs. De ce fait, on ne peut encore tout à fait considérer l'ordinateur comme une garantie, non seulement de la sécurité, mais même simplement de la rapidité de l'information.

Et, même si dans un avenir proche l'évolution des techniques permettait à tout juriste d'avoir en permanence à sa disposition un système lui permettant d'interroger à distance un ordinateur, cet outil privilégié pourrait se révéler décevant entre ses mains faute d'une formation suffisante aux techniques de l'informatique documentaire. L'enseignement dispensé en ce domaine dans certaines Universités ne s'adresse encore qu'à un petit nombre d'étudiants et la masse des praticiens risque d'être, pour longtemps encore, déconcertée par une approche de la documentation assez éloignée des modes de recherche traditionnels.

Il faut enfin signaler deux risques non négligeables d'inefficacité de l'informatique juridique. D'abord, une documentation automatisée exhausive procure à l'homme de loi une masse de documents toujours plus importante. Or l'analyse prend du temps, temps qui fait généralement défaut à l'avocat, au notaire ou au professeur de droit, déjà submergés par la documentation traditionnelle. La tentation est alors grande de se référer uniquement à des abstracts, mais ceux-ci sont parfois inintelligibles — il s'agit d'une suite de mots sans raisonnement juridique —, parfois encore ils déforment involontairement le sens du texte original auquel le lecteur ne se référera pas (texte introuvable ailleurs, manque de temps ou simple confiance légitime) (24-4). En outre, s'agissant de la jurisprudence de la Cour de cassation, il faut

---

(24-4) L'utilité des abstracts semble plutôt être statistique que documentaire.

savoir que de nombreux arrêts ne sont pas publiés au *Bulletin officiel* parce qu'il s'agit soit de décisions d'espèces soit de décisions justifiées par des motifs d'équité — la Cour de cassation se comporte comme un troisième degré de juridiction —. La diffusion informatique de ces décisions peut conduire à leur donner une autorité que la Cour régulatrice, en refusant leur publication, entendait leur dénier ; l'administration de la justice et l'unité du droit peuvent en souffrir. Ce risque est particulièrement sensible dans les pays de *common law* (24-5).

81. — Ces réserves ne doivent pas faire perdre de vue l'intérêt majeur de l'informatique. S'il est vraisemblable que les fichiers automatisés ne sont pas près de se substituer entièrement aux systèmes classiques, ils n'en représentent pas moins l'avenir. Le jour où les expériences ou réalisations qui se développent actuellement auront mis en lumière la supériorité de certains procédés ou de certain matériel par rapport à d'autres, on peut penser qu'à la faveur d'une normalisation des modes de collecte, d'analyse, de stockage et de traitement des sources du droit, l'informatique contribuera largement à satisfaire les besoins d'une information sûre, complète et rapide, mise à la disposition de tous.

L'apport de l'informatique à la documentation, si fécond qu'il puisse être, ne constitue pas cependant l'intérêt le plus important de cette science nouvelle appliquée au domaine juridique. Elle peut être aussi un facteur non négligeable d'évolution du droit.

§ 2. — L'INFORMATIQUE,
FACTEUR D'ÉVOLUTION DU DROIT

82. — Un ordinateur est apte non seulement à stocker des données mais aussi à les exploiter. Il peut effectuer, en vertu des programmes qui lui sont appliqués, le « traitement » de ces données en vue d'obtenir à partir des éléments de base, par une suite d'opérations logiques, de nouvelles données de nature à enrichir considérablement l'information primaire.

L'apport de cette technique nouvelle comme facteur d'évolution du droit peut être extrêmement important (25). Cela concerne aussi bien

---

(24-5) V. *infra*, n° 433.

(25) V. Alain Chouraqui, précité. Selon ses propres termes (p. 53), l'auteur s'est proposé de « rassembler, clarifier et prolonger les éléments divers permettant de tracer une première esquisse des perspectives de l'informatique juridique ». — Vasseur, *La lettre de change-relevé : de l'influence de l'informatique sur le droit*, Rev. trim. dr. com., 1975, p. 203 et s. ; et Sirey, 1976. — Colloque de Deauville de l'Association

l'*élaboration* que l'*application des règles de droit*, mais ne va pas sans susciter *certaines craintes*.

I. — L'élaboration de la règle de droit.

83. — **L'informatique pourrait améliorer le travail législatif.**
L'imperfection des lois et des décrets, sources fondamentales du droit, a été souvent dénoncée. Les causes en sont multiples et la mise en œuvre des moyens informatiques pourrait remédier à bon nombre d'entre elles (26).

Il est rare qu'une loi nouvelle innove totalement. Elle tend, la plupart du temps, à simplement modifier sur un point donné l'ordre juridique existant. Le législateur n'est pas toujours capable de discerner la portée réelle des innovations auxquelles il procède, ni d'apprécier toutes les difficultés que peut engendrer, eu égard aux situations acquises, l'application dans le temps de la règle nouvelle qu'il édicte. Qu'on songe, par exemple, aux multiples implications de l'abaissement de la majorité légale de vingt et un à dix-huit ans.

Un jour viendra sans doute où l'informatique permettra de recenser tous les secteurs susceptibles d'être affectés par une modification législative et d'élaborer ainsi des lois plus cohérentes, non seulement dans leur économie interne, mais dans leurs rapports avec les textes existants. Cela évitera notamment aux juristes d'avoir à se poser la question de l'abrogation implicite ou, au contraire, du maintien en vigueur de textes en apparence peu compatibles avec l'ordre juridique nouveau.

Dans cette même perspective, l'ordinateur peut favoriser les travaux législatifs de refonte et de codification, grâce à une meilleure connaissance du système juridique existant et des relations ou incompatibilités entre des textes édictés à des époques différentes avec des préoccupations et des objets différents.

84. — Les possibilités d'exploitation statistique des données mises en mémoire permettraient également au législateur de mieux discerner les besoins de telle ou telle réforme. Le volume du contentieux qu'il

---

Droit et commerce des 5-6 mai 1979 : l'adaptation du droit commercial à l'informatique. — *Adde* : L. MEHL, *Informatique juridique et droit comparé* (*Rev. intern. dr. comp.*, 1968, 622). — V. également la deuxième partie du rapport présenté par Mlle MIGNOT au Congrès International d'Informatique juridique de Strasbourg, publié dans la *Gazette du Palais* des 9-10 octobre 1974. — G. MAZET, *Les systèmes informatisés de documentation juridique : leur utilisation dans les recherches de droit étranger, comparé et international*, Rev. intern. dr. comp., 1986, p. 775 et s.

(26) J.-L. BERGEL, *Informatique et légistique*, D. 1987, chron., XXXII, p. 171 et s. — V. sur les difficultés de la création législative, R. HOUIN, *De lege ferenda*, : *Mélanges Roubier*, p. 273 et s. — *Adde* : D. LE NINIVIN, *Les discordances de la codification par décret*, J. C. P. 1980. I. 2982, n°s 30-33.

entraîne, les divergences de jurisprudence auxquelles il donne lieu sont autant d'indices qu'un texte est, soit inadapté au milieu économique ou social, soit mal rédigé. Une vue d'ensemble des difficultés rencontrées, que l'ordinateur est parfaitement à même de dégager (26-1), permettrait de localiser les points sur lesquels une réforme législative est souhaitable et ceux sur lesquels, au contraire, toute innovation serait sans doute inopportune.

On peut aller plus loin encore et, sur la base de « modèles », déterminer par avance toutes les répercussions d'ordre familial, économique, fiscal ou social des textes de lois envisagés (27). Le législateur, mieux éclairé, interviendrait ainsi plus efficacement.

Enfin, les servitudes de l'informatique et la rigueur qu'elle implique se traduiront sans doute un jour, au stade de la rédaction des lois et des décrets d'application, par une terminologie et un style plus stricts, évitant les équivoques que recèle trop souvent le droit écrit.

II. — *L'application de la règle de droit.*

85. — Contentons-nous, sur ce point, encore, de survoler quelques-uns, parmi d'autres, des apports possibles de l'informatique. On peut ici distinguer entre le *juridique* et le *judiciaire*.

A. — Sur le plan juridique.

86. — L'enseignement du droit peut bénéficier de l'informatique sur le plan pédagogique. C'est l'enseignement juridique assisté par ordinateur (E. J. A. O.). On a présenté cette méthode comme un sous-produit de l'aide à la décision juridique (27-1). Aux praticiens du droit, l'informatique peut apporter une aide précieuse, non seulement pour une meilleure connaissance des lois (28), de la jurisprudence (29) et de la doctrine, mais aussi pour la préparation et la gestion des dossiers.

(26-1) V. sur l'étude statistique, S. BORIES, *A la rencontre du droit vécu (L'étude des masses jurisprudentielles : une dimension nouvelle des phénomènes socio-judiciaires)*, J. C. P. 1985.I.3213. — V. M. BRU-FABRE, *La procédure collective à la lumière de l'informatique*, J. C. P. 1985.I.3215. L'auteur conclut son propos ainsi « L'étude qualitative globale, éclairée par l'étude quantitative, permet de dégager les points de force et de faiblesse d'une institution, à travers son application quotidienne ».

(27) V. J. CARBONNIER, *Sociologie juridique*, Coll. U. Armand COLIN, 1972, p. 308 et s. — *Adde* : E. S. DE LA MARNIERRE, *Éléments de méthodologie juridique*, 1976, préface G. VEDEL, p. 198, n° 92.

(27-1) V. MANZANARES et NECTOUX, précités, p. 47 et s.

(28) J. AUDIER, *Un exemple d'informatique juridique : la constitution d'un fichier des textes applicables aux départements et territoires d'outre-mer*, Rev. Recherche juridique, 1976, n° 2.

(29) V. M. BIBENT, *L'informatique appliquée à la jurisprudence, Une méthode de traitement de la documentation juridique*, 1976. — J.-F. PILLEBOUT, *Le contentieux*

Les actes dits « répétitifs », dans lesquels on retrouve un ensemble de mentions ou de clauses toujours identiques ou comportant un certain nombre de variantes connues à l'avance, se prêtent particulièrement à une rédaction automatisée. Le travail de bureau se trouve ainsi considérablement allégé. La machine sort et imprime automatiquement l'acte qui convient à la situation envisagée. Seuls les éléments spécifiques, tels que les indications d'état civil, les précisions de date ou les clauses particulières, demandent à être incorporés au moyen d'une frappe spéciale, dans le modèle mis en machine (30).

Un ordinateur, convenablement programmé, peut suivre du début jusqu'à la fin la marche d'une affaire et indiquer à l'opérateur tout ce qu'il doit faire pour la mener à bien. Il signalera chacune des formalités à accomplir, la date à laquelle elles devront être effectuées, attirera l'attention sur les pièces à réunir, calculera les frais et rédigera automatiquement la correspondance ou les actes de procédure correspondant à telle ou telle phase.

Un groupe d'avocats a même conçu, aux États-Unis, un système qui permet à tout particulier d'obtenir, sans intervention d'aucun conseil, la rédaction d'une requête en divorce adaptée à son cas, après avoir simplement coché les cases d'un certain nombre de questions préalables (31).

La sécurité des transactions juridiques serait enfin accrue par l'accès à des fichiers nationaux informatisés dont la consultation permettrait d'obtenir immédiatement des renseignements qu'il est, à l'heure actuelle, parfois difficile d'obtenir et dont la collecte demande, en tout cas, beaucoup de temps (état civil, lieu d'inscription sur les listes électorales, casier judiciaire, servitudes d'urbanisme, régime matrimonial, existence éventuelle d'incapacités, etc.).

B. — Sur le plan judiciaire.

87. — L'ordinateur ne peut se substituer au juge, mais il peut l'aider en le déchargeant de tâches matérielles et en élargissant son champ d'information et de réflexion (31-1).

Il ne saurait être évidemment question de substituer l'ordinateur au juge pour rendre des décisions (32), encore que l'utilisation de motifs établis d'avance sur un formulaire a été jugé licite au regard de l'article 455 du Nouveau code de procédure civile (32-1). Mais l'infor ma-

---

du droit d'usage et d'habitation (ou les révélations de *Juris-data*), J. C. P. 1981. I. 3049. — Colloque de Deauville de l'Association Droit et Commerce des 5-6 mai 1979 : l'informatique au service du droit commercial. — Cf. C. LOYER-LAHRER, *La Cour d'appel de Rennes et sa jurisprudence*, thèse ronéot., Rennes, 1978. — E. BERTRAND et P. JULIAN, *Vers une informatique judiciaire, L'analyse des arrêts de la Cour d'appel d'Aix-en-Provence*, D. 1972, chron. p. 123 et s. — *Adde : supra*, nº 65, note 1.

(30) Cf. P. LE MINOR, *Traitement et production des actes notariés par l'automation*, J. C. P. 1969. I. 2240. — E. S. DE LA MARNIERRE, précité, nº 92, p. 196 et note 337 *bis*.

(31) V. G. JUNOSZA, *Ordinateur au service de la justice ou bien la justice rendue par ι rdinateur*, Gaz. Pal., 1974. 1, doctr. p. 457.

(31-1) V. B. FAVREAU, *L'informatique judiciaire : pour quoi faire ?* Gaz. Pal., 1986, I. doctr., p. 208 et s.

(32) V. E. S. DE LA MARNIERRE, précité, nº 93, p. 199.

(32-1) Cass. civ. 2e, 14 février 1990, D. 1990, *Inf. rap.*, p. 60.

tique peut alléger la tâche quotidienne du juge et, parallèlement, enrichir son rôle, en déchargeant les magistrats d'un certain nombre de besognes matérielles, et, surtout, en facilitant l'élaboration de leurs jugements par une connaissance plus approfondie des éléments de décision.

Ce qui a été dit plus haut de l'aide que l'informatique peut apporter aux praticiens dans la gestion de leurs études ou de leurs cabinets vaut aussi pour le fonctionnement des tribunaux. L'ordinateur peut suivre de façon permanente l'état des affaires au sein d'une juridiction, établir des statistiques complètes et précises, distribuer les affaires entre les chambres en fonction de leur encombrement, faire gagner un temps considérable dans la rédaction matérielle des jugements et leur délivrance, au moins pour les affaires les plus simples rentrant dans un même moule qu'il suffit d'adapter aux cas particuliers à l'aide de variables.

Le tribunal de grande instance de Bobigny, récemment créé, a été équipé en moyens informatiques et une très intéressante initiative de dactylocodage des décisions, effectuée au tribunal d'Orléans, a montré les possibilités et les avantages du système (33). Les recherches ont surtout porté, jusqu'ici, sur la justice pénale ; mais on peut également attendre du progrès technique une amélioration appréciable du fonctionnement de la justice civile, les procès pouvant être rendus moins longs et moins coûteux.

Parmi les réalisations les plus significatives, il faut mentionner l'automatisation du casier judiciaire, facilitée par la loi n° 80-2 du 4 janvier 1980, pleinement opérationnelle depuis 1983 (33-1) ; l'automatisation des bureaux d'ordre pénal (B. O. P.) de la région parisienne (33-2) ; l'équipement en installations micro-informatiques, permettant l'édition des actes répétitifs de sept tribunaux de province en 1980 (Nevers, Orléans, Grenoble, Clermont-Ferrand, Saint-Nazaire, Mulhouse et Besançon) et la généralisation progressive de celui-ci en collaboration avec les professions judiciaires dans le cadre d'un contrat de programme national (33-3).

L'informatique peut d'autre part stimuler la réflexion du juge chargé d'appliquer le droit, au même titre que celle du législateur chargé de l'élaborer. Sans vouloir lui présenter des solutions « sur mesure », la machine pourrait du moins le guider, en attirant son attention sur les questions qui doivent se poser à lui dans tel type déterminé de procès (moyens susceptibles d'être soulevés d'office, constatations à effectuer pour éviter une cassation, par exemple). Les progrès de la sociologie juridique, favorisés par les techniques informatiques, peuvent également enrichir la réflexion du juge au moment où il est appelé à rendre sa décision.

88. — Les statistiques montrent enfin qu'une grande partie du contentieux judiciaire tourne autour de questions d'évaluation : fixation de

---

(33) V. P. Monzein, *Justice et informatique*, J. C. P. 1972. I. 2471. — X. Linant de Bellefonds, *L'informatique et le droit*, 1981, p. 94 et s.

(33-1) V. Manzanares et Nectoux, *L'informatique au service du juriste*, p. 40.

(33-2) V. Manzanares et Nectoux, précités, p. 41.

(33-3) V. Manzanares et Nectoux, précités, p. 42-43.

pensions alimentaires, de loyers, indemnités d'expropriation, dommages-intérêts à la suite d'accidents corporels, indemnités de rupture, etc. Or on constate, selon les juridictions et même, à l'intérieur de chaque juridiction selon la chambre saisie, des divergences d'appréciation considérables qui seraient heureusement atténuées si le juge pouvait savoir ce qui est en général alloué dans les mêmes circonstances. Dans ce domaine du droit dit « quantifiable », seule l'informatique est à même de fournir une documentation suffisamment exhaustive pour permettre une sorte de pratique jurisprudentielle qui, quoique sans valeur obligatoire pour le juge, éviterait du moins aux plaideurs d'être traités avec des différences trop marquées selon le juge auquel est soumis le litige. On peut penser d'ailleurs que les parties, étant elles-mêmes informées des évaluations habituelles, seraient plus portées à transiger et que les rôles se trouveraient ainsi notablement déchargés (34).

III. — Les craintes suscitées par l'informatique.

89. — L'ordinateur n'est qu'un outil dont l'apport bénéfique ou néfaste dépendra de son utilisation.

Aux facteurs de progrès que porte en elle l'informatique, de bons esprits opposent le risque de voir s'instituer une déshumanisation du droit, une standardisation de la justice sacrifiant le facteur humain à la logique pure. La crainte que chaque citoyen ne fasse un jour l'objet d'une fiche où seraient consignés tous les renseignements le concernant amène d'autre part les détracteurs de l'informatique à brandir la menace d'une atteinte intolérable aux libertés individuelles (35).

Ces dangers ne peuvent être méconnus, ni sous-estimés. Ils ne laissent d'ailleurs pas les pouvoirs publics indifférents. La loi n° 78-17 du 6 janvier 1978, relative à l'informatique, aux fichiers et aux libertés, vise à protéger le citoyen des abus possibles (36).

---

(34) V. Ph. SOULEAU, *La logique du juge*, in *La logique judiciaire. Trav. et recherches Fac. Droit et Sc. éco. Paris*, 1969, p. 57 et s.

(35) G. ELGOZY, *Le Désordinateur* (éd. Calmann-Lévy), p. 210 et s. — A. TOULEMON, *Les dangers de l'informatique*, Gaz. Pal., 1971. 2, chron. p. 394. — G. BRAIBANT, *La protection des droits individuels au regard du développement de l'informatique*, Rev. intern. dr. comp., 1972, 793. — P. MAON (sous la direction de), *Banques de données, Entreprises, Vie privée*, Bruxelles. — J.-P. CHAMOUX, *L'informatisation : trois défis aux libertés*, J. C. P. 1981. I. 3025.

(36) V. C. TCHANG-BENOIT, *Une nouvelle loi protège le citoyen des abus possibles de l'informatique*, Gaz. Pal., 27 mai 1978. — X. LINANT DE BELLEFONDS, *L'informatique et le droit*, 1981, p. 52 et s., et sur les législations étrangères, p. 60 et s. — H. MAISL, *La maîtrise d'une interdépendance ; Commentaire de la loi du 6 janvier 1978*, J. C. P. 1978. II. 2891.

Il est cependant trop tôt, alors que l'on n'en est qu'au tout début de l'ère informatique, pour apprécier si ces craintes sont ou non fondées. Le droit, pas plus que les autres disciplines, ne saurait échapper au progrès technique et c'est à l'homme qu'il appartiendra de maîtriser celui-ci pour le contenir dans des limites raisonnables.

L'ordinateur n'est qu'un outil, riche sans doute en finalités mais qui ne se substituera jamais au cerveau humain. Pour nous en tenir au domaine du droit, il peut et doit être, non un robot asservissant mais au contraire un instrument de liberté et de progrès, susceptible de décharger l'homme d'un certain nombre de contraintes et de lui permettre ainsi de se consacrer plus complètement et plus profondément, grâce à une meilleure information, à l'effort de réflexion au service de la justice dont tout juriste doit avoir le souci. La justice purement électronique est et restera longtemps un mythe (37). L'informatique, utilisée judicieusement, peut et doit aller dans le sens d'un enrichissement du droit (38).

---

(37) R. Homburg, *L'informatique et la justice, Gaz. Pal.*, 1970, 1, doctr., p. 159. — Cf. P. Hébraud, *Rapport introductif du colloque sur la logique judiciaire*, in *Trav. et recherches Fac. Droit et Sc. éco. Paris*, 1969, p. 38 et s.

(38) Dans le sens de cette vue optimiste, v. J. P. Gilli, *Le juriste et l'ordinateur*, D. 1967. Chron., p. 47.

CHAPITRE II

LE DROIT CIVIL

90. — Après avoir situé le droit civil dans les *diverses disciplines juridiques*, il conviendra de décrire de façon sommaire son *évolution historique*.

SECTION I

LA PLACE DU DROIT CIVIL DANS LES DISCIPLINES JURIDIQUES

91. — On peut distinguer entre les disciplines proprement *juridiques* et les disciplines *auxiliaires du droit*.

§ 1. — LES DISCIPLINES JURIDIQUES

92. — Le droit civil appartient au *droit privé*, que l'on oppose traditionnellement au *droit public*. Après avoir précisé cette distinction, il conviendra de présenter sommairement les *diverses branches du droit*.

I. — *Le droit public et le droit privé.*

93. — Selon la définition la plus classique le droit public régit les rapports de l'État avec les particuliers, le droit privé les rapports des particuliers entre eux (1).

La distinction, assez nette en droit romain, a perdu beaucoup de sa signification au Moyen Age. L'exercice des fonctions publiques est lié à la propriété privée, notam-

---

(1) V. Ch. EISENMANN, *Droit public, droit privé, Rev. dr. public*, 1952, p. 963 et 964. C'est au fond la distinction qui se trouvait déjà dans le texte du *Digeste* attribué à Ulpien (*Dig.* I, 1, *de justicia et jure*, t. 2) : *publicum jus est quod ad statum rei romanae spectat, privatum quod ad singulorum utilitatem.*

ment la justice (2). Le droit public va se développer avec la restauration de l'État. La souveraineté, notion essentielle du droit public, se distingue de la propriété privée. Cependant aux xviie et xviiie siècles, de nombreuses fonctions publiques sont encore objet d'appropriation privée avec le système de la patrimonialité des offices (3).

La Révolution de 1789 et l'État libéral du xixe siècle ont rendu la distinction beaucoup plus nette. L'expansion contemporaine du droit public et l'incertitude de ses frontières l'obscurcissent de nouveau (4).

La distinction reste fondamentale. Elle tend cependant à devenir moins évidente. Le droit public se caractérise d'abord par sa *finalité*. Il vise à satisfaire l'intérêt général de la Nation en organisant les pouvoirs et les services publics. Le droit privé vise à assurer « au maximum la satisfaction des intérêts individuels » (5). L'opposition est atténuée cependant par le contrôle exercé sur l'exercice des droits individuels, notamment grâce à la notion d'abus des droits, qui suppose la prise en considération de finalités communes (6).

Le droit public est essentiellement *impératif*. Les particuliers ne peuvent déroger à ses prescriptions. Le droit privé laisse une plus large part aux volontés individuelles. Ses règles seront souvent supplétives. Elles ne s'imposeront qu'à défaut de volonté contraire (7). Il faut bien voir cependant que l'État intervient de plus en plus souvent dans les relations contractuelles par des dispositions impératives. Le développement considérable de l'ordre public économique et social a réduit de façon sensible la liberté individuelle dans les relations entre particuliers. Il reste cependant que sur le terrain des sanctions, l'administration a la possibilité d'imposer directement sa volonté aux particuliers. Elle peut prendre des *décisions immédiatement exécutoires*, contre lesquelles il est vrai un recours juridictionnel sera possible. Les particuliers ne peuvent en principe se faire justice à eux-mêmes. Ils doivent s'adresser aux tribunaux pour faire respecter leurs droits (8).

La distinction se nuance encore si l'on tient compte de ce que l'État n'est pas la seule *personne de droit public*. A côté des collectivités locales, départements, communes, existent de nombreux établissements publics, dont certains aujourd'hui ont une activité industrielle et commerciale qui les distingue mal des entreprises privées. Cette activité est alors en principe soumise au droit privé. Mais le statut de ces établissements reste marqué de droit public. La frontière devient presque impossible à tracer lorsque, par exemple, de tels établissements participent, de concert avec des sociétés privées, à la constitution de filiales, sur lesquelles un contrôle interne des pouvoirs publics peut continuer de s'exercer. Réciproquement des entreprises privées assurent sous forme de concession, ou même de façon « vir-

---

(2) La succession des deux adages : « fief et justice c'est tout un » et « fief et justice n'ont rien de commun » traduit le retour à une séparation plus nette.

(3) V. P. Coulombel, *Introduction à l'étude du droit et du droit civil*, 1969, avant-propos D. Tallon, p. 127.

(4) V. R. Savatier, *Du droit civil au droit public*, 1945 ; *Droit privé et droit public*, D. 1946, p. 25. — H. Mazeaud, *Défense du droit privé*, D. 1946, chron. p. 17. — Rivero, *Droit public et droit privé : conquête ou statu quo ?* D. 1947, chron. p. 69. — G. Ripert, *Le déclin du droit*, 1949, p. 37 et s. — Brèthe de la Gressaye, *Droit administratif et droit privé*, Mélanges Ripert, p. 304 et s. — R. Guillien, *Droit public et droit privé*, Mélanges Brèthe de la Gressaye, 1967, p. 311 et s.

(5) A. Weill, *Introduction générale*, n° 35.

(6) V. *infra*, n°s 693 et s., spécialement n° 721.

(7) V. sur la distinction entre lois impératives et supplétives, *infra*, n° 314.

(8) V. *infra*, n°s 519 et s.

tuelle », la gestion de services publics et se trouvent ainsi partiellement soumises au droit public.

En fait l'opposition entre droit public et droit privé dans notre système juridique tient surtout à *l'incompétence des tribunaux de l'ordre judiciaire pour statuer sur les litiges intéressant l'administration.* Le principe a été posé dans la loi des 16-24 août 1790, par méfiance à l'égard des anciens parlements, de la séparation radicale des fonctions judiciaires et administratives. Il en est résulté la création d'un ordre juridictionnel administratif, ayant à sa tête le Conseil d'État, qui a créé progressivement, à côté du droit privé, un corps autonome de règles constituant le droit administratif (9).

L'existence de ces deux droits distincts n'est pas sans inconvénients pour l'unité de notre système juridique. Elle donne lieu à de graves conflits de compétence dont le Tribunal des conflits permet la solution, sans en empêcher le renouvellement

Bien qu'il arrive que la Cour de cassation fasse application du droit public (10) et que le Conseil d'État, de son côté, utilise assez souvent, des règles de droit privé (11), il reste que c'est la compétence de ces deux juridictions qui, de façon concrète et pratique, détermine le domaine du droit public et du droit privé (12). En l'absence d'un critère suffisamment général et précis qui définisse la compétence des deux ordres de juridiction les frontières du droit public et du droit privé restent nécessairement incertaines.

II. — Les diverses branches du droit.

94. — La distinction entre droit public et droit privé n'est pas suffisamment nette pour éliminer les difficultés de classement entre les disciplines. Si le droit civil appartient sans conteste au droit privé, et le droit constitutionnel ou le droit administratif au droit public, de nombreuses disciplines se rattachent en proportion variable à l'un ou à l'autre. Malgré son arbitraire incontestable la répartition la plus significative est celle qui est faite traditionnellement entre les « enseignements » de droit public et de droit privé. Encore faut-il tenir compte de ce que de nombreux enseignements spécialisés, tels le droit des transports ou de la construction et de l'urbanisme, par exemple, portent à la fois sur le droit public et le droit privé.

---

(9) V., sur la mise en place de cet ordre juridictionnel, *infra*, n° 387.

(10) V. dans la célèbre affaire *Giry*, Cass. civ., 23 novembre 1956, D. 1957, p. 34, concl. LEMOINE ; J. C. P. 1956. II. 9681, note ESMEIN ; *Rev. dr. public*, 1958, p. 298, note M. WALINE ; *Act. jur. dr. adm.*, 1957. II. 91, observ. FOURNIER et BRAIBANT, qui applique les règles du droit administratif à la demande en réparation d'un médecin qui avait été blessé au cours d'une visite qu'il faisait sur la réquisition de la police judiciaire. — *Adde :* sur l'application aux Caisses de la Sécurité sociale par la Chambre sociale de la Cour de cassation des principes du droit administratif concernant la restitution à l'administration de prestations ou pensions versées par erreur : J. GHESTIN, *La réparation du dommage résultant du reversement de prestations de sécurité sociale payées par erreur*, J. C. P. 1973. I. 2528.

(11) V. J. WALINE, *Recherches sur l'application du droit privé par le juge administratif*, thèse Paris, 1962, dacty. — R. GUILLIEN, précité, spécialement p. 318 et s.

(12) Cf. Ch. EISENMANN, *Le rapport entre la compétence juridictionnelle et le droit applicable en droit administratif Mélanges Maury*. t. II, p. 397. — P. LOUIS-LUCAS, D. 1965, chron. p. 228.

A. — Les disciplines rattachées au droit public.

95. — Selon qu'il s'agit des rapports de droit public à l'intérieur d'un même État ou entre États différents, on distingue entre le droit public *interne* et le droit public *international*.

1) *Le droit public interne.*

96. — Le **droit constitutionnel** tout d'abord, organise la structure de l'État avec ses trois pouvoirs : législatif, exécutif et judiciaire. Il règle également la participation des individus à l'exercice de ces pouvoirs, notamment par le droit de vote.

Au droit constitutionnel, on peut rattacher l'étude des libertés publiques : liberté d'opinion, liberté des cultes, liberté de la presse, liberté de réunion, d'association. Ces libertés sont en effet autant de limites aux pouvoirs de l'État.

Le **droit administratif** concerne les personnes morales administratives (divisions territoriales de l'État, telles que les départements et les communes, et établissements publics) ainsi que les autres organismes collaborant à l'administration, comme les entreprises nationalisées par exemple. Il règle également les modes et les moyens d'action de l'administration : police, contrats, domaine, ...

La **législation financière** étudie les règles générales de gestion des finances publi ques : théorie du budget, de l'impôt, de la dette publique.

2) *Le droit public international.*

97. — Le **droit international public** régit les relations des États ainsi que de certains organismes internationaux. On y retrouve sous une forme encore imparfaite, embryonnaire, une sorte de droit constitutionnel international : Charte des Nations Unies ; un droit administratif sous forme d'unions internationales pour les communications postales ou la protection de la propriété industrielle, par exemple ; ou encore l'organisation internationale du travail, de la circulation sur les fleuves internationaux, des organismes économiques ou financiers comme le fonds moné-taire international, l'O. C. E. On y retrouve également une organisation judiciaire représentée essentiellement par la Cour de justice internationale de La Haye.

L'étude des **organisations européennes** porte sur tout ce qui touche à la création de l'Europe économique et politique. Mais cette organisation intéresse également le droit privé.

B. — Les disciplines rattachées au droit privé.

98. — On retrouve ici la même distinction qu'en droit public entre le droit *interne* et le droit *international*.

1) *Le droit privé interne.*

99. — Le **droit civil** a longtemps régi de façon globale la vie privée des hommes et leurs relations particulières. Aujourd'hui, de nouvelles branches du droit se sont progressivement détachées de lui.

Appartient au droit civil l'étude des droits subjectifs, en particulier des droits réels et des droits de créance (13) et celle des titulaires de ces droits, les personnes physiques et morales (groupements d'intérêts collectifs que le droit considère comme des sujets de droit). L'état des personnes, les biens, les obligations et les sûretés qui les assortissent, font ainsi partie du droit civil, de même que l'étude des divers contrats spéciaux, tels que la vente, le mandat ou le louage. Le droit de la famille appartient aussi au droit civil, tant dans ses aspects extrapatrimoniaux, tels que le mariage et la filiation, que dans ses aspects patrimoniaux, régimes matrimoniaux et successions, auxquelles se rattachent les libéralités.

Le **droit commercial** est relatif aux opérations juridiques faites, dans l'exercice de leur commerce, par les commerçants, soit entre eux, soit avec leurs clients, ainsi qu'aux actes de commerce accomplis occasionnellement par les personnes non commerçantes (14).

Le droit commercial est ancien et son particularisme incontestable. « Il reste que le droit commercial est un droit dépendant du droit civil. Pour en comprendre les règles, il faut se référer aux principes généraux de ce droit et particulièrement des obligations et contrats » (15). Réciproquement le droit commercial enrichit constamment de ses apports la théorie générale des obligations (16).

Au droit commercial se rattachent le **droit maritime** et le **droit aérien** (17).

Le **droit du travail** régit toutes les formes privées du travail subordonné. C'est un droit récent qui se caractérise par l'intervention de l'État et l'existence de rela-

---

(13) V., sur la distinction, *infra*, nos 213 et s.

(14) V. G. RIPERT, *Traité élémentaire de droit commercial*, 13e éd., t. I, 1989, par R. ROBLOT, no 1.

(15) RIPERT et ROBLOT, précités, no 3.

(16) V. sur le particularisme du droit commercial, J. HAMEL et G. LAGARDE, *Traité de droit commercial*, t. I, 1954, p. 5 et s., qui élargissent le domaine du droit commercial au « droit des affaires » (no 3). — LYON-CAEN, *Livre du centenaire du Code civil*, 1904, t. I, p. 205. — G. RIPERT, *La commercialisation du droit civil français*, *Mélanges Maurovic*, 1934. — J. HAMEL, *Les rapports du droit civil et du droit commercial en France*, Ann. dr. com., 1933 p. 183 ; et *Droit civil et Droit commercial*, *Mélanges Ripert*, 1950, t. II, p. 261. — VAN RYN, *Autonomie nécessaire et permanence du droit commercial*. Rev. trim. dr. com , 1953, p 565. — P. BAUDRILLART, *L'autonomie du droit commercial*, thèse Paris, 1966. — D. TALLON, *Réflexions comparatives sur la distinction du droit civil et du droit commercial*, *Mélanges Jauffret*, p. 649. — Colloques internationaux du C. N. R. S., *Sciences humaines*, t. VI, *Unification interne du droit privé*, Paris 1954, p. 11. — Cf. H. BURIN DES ROZIERS, *La distinction du droit civil et du droit commercial et le droit anglais*, thèse Paris, 1959, préface R. DAVID. — R. DAVID, *La distinction du droit civil et du droit commercial en Angleterre*, in studi in memoria di Lorenzo Mozza, t. I, p. 401 et s., 1960. — A. FARNSWORTH, *Le droit commercial aux États-Unis*, Rev. intern. dr. comp., 1962, p. 309. — Pour les Pays-Bas, S. FREDERICQ, *L'unification du droit civil et du droit commercial, essai de solution pragmatique*, Rev. trim. dr. com., 1962, p. 203. — ROTONDI, *L'unification du droit des obligations civiles et commerciales en Italie*, Rev. trim. dr. civ., 1968, p. 1. — SECRETAN, *L'unité interne du droit privé en Suisse*, Bull. soc. lég. comp., 1947, p. 143. — G. BRULLIARD, *L'unification du droit privé en Italie et l'absorption du droit commercial*, *Mélanges Azard*, p. 33. — D. LEFEBVRE, *La spécificité du droit commercial*, Rev. trim. dr. com., 1976, p. 285. — J.-P. MARTY, *La distinction du droit civil et du droit commercial dans la législation contemporaine*, Rev. trim. dr. com., 1981, p. 681 et s., et les auteurs cités, p. 683, note 13.

(17) V. M. DE JUGLART, *Le particularisme du droit maritime*, D. 1959, chron. p. 183. On les regroupe parfois, pour les incorporer dans le droit des transports, avec le droit fluvial et les transports terrestres.

tions collectives. Comme le droit commercial il doit se référer aux principes généraux du droit civil et spécialement des contrats et obligations, et réciproquement, il enrichit ceux-ci de ses apports. Si cette optique est nécessaire à la cohérence interne du système juridique, elle ne doit pas faire oublier le particularisme du droit du travail et ses finalités propres (18). Le droit du travail peut d'ailleurs influencer lui-même le droit civil. C'est ainsi que c'est en s'inspirant des conventions collectives de travail que la loi du 22 juin 1982 avait institué pour la première fois des accords collectifs entre bailleurs et locataires. La loi du 23 décembre 1986 (abrogeant la loi de 1982) a maintenu des procédures de concertation. La loi du 6 juillet 1989 (abrogeant partiellement la loi de 1986) accentue la négociation collective entre bailleurs et locataires. L'utilisation de cette technique pourrait même être étendue aux relations entre consommateurs et professionnels. Du droit de travail s'est détaché le **droit de la sécurité sociale** qui n'est plus aujourd'hui limité aux travailleurs subordonnés et se rapproche beaucoup du droit administratif.

Le **droit pénal** fixe les sanctions des contraventions, des délits et des crimes dont la répression intéresse particulièrement l'ordre social. Dans la mesure où ces sanctions permettent à l'État d'affirmer son autorité le droit qui les régit peut être classé dans le droit public. Mais le droit pénal vise souvent des délits commis contre des particuliers qui disposent d'ailleurs, pour sa mise en œuvre, de prérogatives spéciales. Il est en outre appliqué par les juridictions de l'ordre judiciaire. Aussi, traditionnellement, est-il rattaché au droit privé (19).

La **procédure civile** ou **droit judiciaire privé** a été longtemps considérée comme une simple branche du droit civil. « La procédure civile n'est qu'un chapitre détaché du droit civil qui règle la manière de faire valoir et de défendre les droits devant la justice... » (20). De fait les règles de procédure sont parfois difficiles à dissocier des règles de fond, comme le montre l'étude des preuves (21) ou du divorce par exemple (22). Dans la mesure cependant où l'organisation judiciaire concerne le fonctionnement d'un service public elle se rattache aussi au droit public. En tous cas, la compréhension du droit civil exige une connaissance au moins sommaire de la procédure civile (23).

---

(18) V. J. Ghestin et Ph. Langlois, *Droit du travail*, 4e éd., 1981, nos 20 et s. Cf. sur le particularisme du droit du travail et ses rapports avec le droit civil G. H. Camerlynck et G. Lyon-Caen, *Droit du travail*, 6e éd., no 13. — J. Rivero et J. Savatier, *Droit du travail*, 5e éd., p. 15. — P. Durand, *Le particularisme du droit du travail*, Droit social, 1945, p. 298. — G. H. Camerlynck, *L'autonomie du droit du travail*, D. 1956, chron. p. 23. — G. Lyon-Caen, *Anomie, Autonomie et Hétéronomie en droit du travail*, in *Mélanges P. Horion*, 1972, p. 173 ; et *Du rôle des principes généraux du droit civil en droit du travail*, Rev. trim. dr. civ., 1974, p. 229, qui conteste l'application de ces principes aux relations de travail. — G. Couturier, *Les techniques civilistes et le droit du travail. Chronique d'humeur à partir de quelques idées reçues*, D. 1975, p. 151 et p. 221, qui montre que l'évolution contemporaine du droit civil rend non pertinentes les critiques formulées contre l'application de ses principes généraux au droit du travail. — J. Cl. Javillier, *Une illustration du conflit des logiques* (droit à la santé et droit des obligations) : *le contrôle « médical » patronal des absences en cas de maladie du salarié*, Droit social, 1976, p. 265. — Jambu-Merlin, note J. C. P. 1977. II. 18520.

(19) Sur la justification psychologique et politique de ce rattachement, V. R. Guillien, *Droit public et droit privé*, Mélanges Brèthe de la Gressaye, p. 323.

(20) Ripert et Boulanger, t. I, no 65.

(21) V. *infra*, nos 563 et s.

(22) V. Personnes et famille.

(23) V. *infra*, nos 519 et s. : le procès.

Le droit fiscal se rattache au droit public puisqu'il régit les rapports des particuliers avec l'administration. Il utilise cependant les techniques du droit privé, notamment pour la qualification des actes juridiques lors de leur enregistrement. Surtout, son incidence entraîne une véritable déformation du droit civil. De nombreux actes juridiques sont, en effet, rédigés de façon moins adéquate par rapport au but visé, à seule fin d'échapper aux charges fiscales qu'une rédaction mieux adaptée ferait encourir (24).

Le goût moderne de la spécialisation, qu'impose d'ailleurs la multiplication des sources, joint à l'autonomie des Universités, ont accentué l'éclatement des disciplines traditionnelles. Il suffira de mentionner des droits professionnels (25) tels que le droit rural (26), le droit bancaire, le droit médical, le droit notarial; des droits spécialisés tels que celui des assurances, de la propriété industrielle, de la propriété littéraire et artistique et de la construction et de l'urbanisme ; ainsi que divers regroupements nouveaux, tels que le droit des affaires, le droit de l'entreprise, le droit économique (27), le droit de la consommation (27-1) et le droit de l'architecture (27-2).

2) Le droit international privé.

100. — Il règle les relations entre particuliers appartenant à des nationalités différentes. Pour cela il fixe d'abord les principes qui régissent la *nationalité*, la distinction du national et de l'étranger étant en effet une question préalable. Il régit ensuite la *condition des étrangers* en déterminant les droits dont ils jouissent sur le territoire français. Enfin il règle les *conflits de lois et de juridictions*. Supposons qu'un Bolivien ait épousé en Italie une Cubaine et qu'ils aient ensuite résidé en France. Quel sera le tribunal compétent pour prononcer leur divorce et quelle loi devra-t-il appliquer ? Telles sont les questions auxquelles doit répondre le droit international privé (28).

---

(24) V. E. S. DE LA MARNIERRE, *Éléments de méthodologie juridique*, 1976, préface G. VEDEL, p. 156, n° 74, et les exemples cités. — V. sur l'autonomie du droit fiscal : M. COZIAN, *Propos désobligeants sur une « tarte à la crème »* : *l'autonomie et le réalisme du droit fiscal*, J. C. P. 1981. I. 3005. — J. GHESTIN, *L'étendue de la nullité prononcée en application de l'article 1840, C. gén. impôts*, note sous Cass. com., 8 mai et 6 novembre 1979, D. 1980, p. 283.

(25) Droit commercial et droit du travail peuvent être aussi considérés comme tels.

(26) V. R. SAVATIER, *Du particularisme du droit agraire et de la nécessité de son enseignement*, D. 1954, chron. p. 91.

(27) V. CHAMPAUD, *Contribution à la définition du droit économique*, D. 1967 chron. p. 215 et s. — R. SAUVY, *La notion de droit économique en droit français* Act. jur. dr. adm., 1971, p. 132. — A. JACQUEMIN, *Le droit économique, serviteur de l'économie*, Rev. trim. dr. com., 1972, p. 283. — F. Ch. JEANTET, *Grincements dans la mécanique du droit économique*, J. C. P. 1980. I. 2981. — CARREAU, JUILLARD et FLORY, *Droit international économique*, 1978. — DESPAX, *L'entreprise et le droit*, thèse Toulouse, 1957, éd. L. G. D. J. préf. MARTY. — LAMBERT-FAIVRE, *L'entreprise et ses formes juridiques*, Rev. trim. dr. com., 1968, p. 907 et s. — G. FARAT, *Le droit économique*, 1982.

(27-1) V. CALAIS-AULOY, *Droit de la consommation*.

(27-2) V. M. HUET, *Pour un droit de l'architecture*, Rev. dr. imm., 1989, p. 137 et s.

(28) V. H. BATIFFOL et P. LAGARDE, *Droit international privé*. — Y. LOUSSOUARN, *Les tendances récentes du droit international privé français*, Rev. intern. dr. comp., janvier 1979, numéro spécial, vol. I, p. 681.

§ 2. — Les disciplines auxiliaires du droit

101. — Le droit a pour objet d'organiser la vie de l'homme en société. Il suppose donc la connaissance de l'homme et de la société. Le juriste ne peut évidemment méconnaître la nature physique de l'homme. C'est ainsi par exemple que la différence des sexes, la procréation sont autant de faits qui marquent dans une large mesure le droit du mariage, de la filiation, de la famille en général (29). Par exemple lorsque le législateur a voulu fixer la date de la conception de l'enfant à compter du jour de sa naissance, il a dû faire appel aux médecins pour connaître les durées *maximum* et *minimum* de la grossesse. Les découvertes récentes sur les incompatibilités sanguines permettent dans une certaine mesure d'apporter la preuve de la non-paternité.

Le juriste doit également tenir compte de la nature spirituelle de l'homme. Les jugements de valeurs inséparables de la recherche du droit sont effectués en fonction de choix métaphysiques ou religieux (30). La morale, particulièrement la morale chrétienne traditionnelle (31), joue un rôle important dans l'élaboration du droit (32). La psychologie juridique permet notamment de mieux analyser le mécanisme judiciaire ou celui de l'échange des consentements (33).

Les sciences sociales permettent une meilleure connaissance de la société.

On a aussi soutenu que le juriste ne pouvait ignorer l'épistémologie juridique, c'est-à-dire l'étude des modes de connaissances du droit. Et on a proposé de consacrer un semestre universitaire à l'étude de cette matière (33-1).

Les sciences économiques qui visent à découvrir les conditions de la création et de la circulation des biens, des richesses, sont nécessaires à l'élaboration du droit. Particulièrement le droit des contrats, mode normal d'échange des biens, celui de la propriété et plus généralement des modes d'acquisition des biens ne peuvent négliger les facteurs économiques.

Les faits économiques s'imposent souvent au législateur. La naissance des grandes sociétés capitalistes, avec les actions et obligations qu'elles ont lancées dans le public a considérablement accru l'importance des valeurs mobilières. Le législateur a dû modifier le droit en conséquence. Il s'est efforcé en particulier d'assurer plus efficacement la protection du patrimoine mobilier des mineurs et autres incapables. De même la dépréciation de la monnaie nationale en perturbant tous les règlements, notamment dans les contrats et dans les partages, successoraux ou entre époux, a rendu nécessaire des règles nouvelles et particulièrement la réglementation des clauses d'échelle mobile.

De façon plus générale, un État où règne le principe du libéralisme économique aura une législation bien différente de celle d'un pays d'économie dirigée. Ici le choix d'une doctrine économique exerce une influence directe et considérable sur

---

(29) V. R. NERSON, *L'influence de la biologie et de la médecine modernes sur le droit civil*, Rev. trim. dr. civ., 1970, p. 661 et s.

(30) V. ELLUL, *Le fondement théologique du droit*, 1946. — *La révélation chrétienne et le droit*, ouvrage collectif, Ann. Fac. Droit, Strasbourg, 1961. — Cf. J. CARBONNIER, *Introduction*, § 54-55. — Adde : supra, n° 30.

(31) V. G. RIPERT, *La règle morale dans les obligations civiles*. — Adde : supra, n° 30.

(32) V. *supra*, n° 30.

(33) V. J. CARBONNIER, *Introduction*, 11e éd., p. 47 et les auteurs cités.

(33-1) Chr. ATIAS, *Pour l'enseignement fondamental en faculté de droit et pour l'épistémologie juridique*, Gaz. Pal., 1984, I. doctr., p. 73-74.

le droit positif. Réciproquement d'ailleurs celui-ci sera l'un des instruments essentiels de cette politique. Ainsi se marque le lien nécessaire entre les études juridiques et économiques.

Parmi les sciences sociales, trois disciplines sont tellement indispensables à la réflexion du juriste qu'elles sont aujourd'hui unanimement considérées comme les auxiliaires nécessaires du droit. Il s'agit de l'*histoire du droit*, du *droit comparé* et de la *sociologie juridique*.

I. — L'histoire du droit.

102. — La connaissance de l'histoire, et spécialement de l'histoire du droit est indispensable pour le juriste. On a pu écrire que « la science du droit est historique » (34).

Toutes les données historiques ne présentent pas cependant le même intérêt, dans la mesure où le but recherché est seulement d'élargir le champ de réflexion du juriste.

Au XIXe siècle l'étude du droit romain était inséparable de celle du droit positif (35). Mais l'essor des sciences historiques a de plus en plus orienté les historiens du droit vers l'étude des institutions, non seulement de Rome, mais aussi de l'Ancien Régime, et même de l'Antiquité Méditerranéenne en général. Le droit, et plus spécialement le droit privé, n'a plus occupé qu'une place de plus en plus réduite dans ces études essentiellement historiques.

Malgré leur valeur scientifique, leur utilité en tant que science auxiliaire du droit a été contestée (36). Cependant les juristes s'accordent aujourd'hui à reconnaître le rôle essentiel de l'histoire sur deux plans, d'ailleurs complémentaires : la compréhension de la *genèse de notre droit positif ;* la *comparaison dans le temps* (37).

A. — La genèse de notre droit positif.

103. — Le **droit romain** garde un intérêt évident pour la compréhension des techniques du droit des obligations. Même si les concepts qu'il nous a transmis à travers le Code civil ont besoin d'être reconstruits en fonction des besoins actuels, il est au moins nécessaire d'en connaître la formation historique. A la condition de ne pas axer son étude sur des « institutions disparues, des curiosités érudites » (38) le droit romain conserve en ce domaine une utilité incontestable.

---

(34) M. VILLEY, *Leçons d'histoire de la philosophie du droit*, p. 18. On pourrait dire également qu'elle est « comparative ».

(35) V. *infra*, la place du droit romain dans notre ancien droit (no 119) et parmi les matériaux à partir desquels fut rédigé le Code civil (no 136).

(36) V., la controverse ouverte en 1957 : A. TUNC, *Sortir du néolithique*, D. 1957, chron. p. 71. — BATIFFOL, OURLIAC et TIMBAL, *Histoire du droit et droit comparé dans les Facultés de Droit*, D. 1957, p. 205. — A. TUNC, *Les Facultés de Droit et les grands problèmes du monde contemporain*, D. 1958, p. 189. — *Adde :* Rapport OURLIAC au Colloque de Bordeaux, 1957, sur la Recherche, *Rev. juridique et économique du Sud-Ouest*, 1957, p. 191 et s.

(37) Par opposition avec la comparaison dans l'espace que permet le droit comparé,

(38) M. VILLEY, *Le droit naturel et l'histoire*, in *Seize essais de philosophie du droit*. 1969, p. 81 ; *Signification philosophique du droit romain*, Arch. philosophie du droit, 1981, t. 26, p. 381 ; *Questions sur l'ontologie d'Aristote et le langage du droit romain*, *Mélanges R. Besnier*. — R. VILLER, *Rome et le droit privé*, 1978.

L'ancien droit est également utile dans la mesure où nos institutions actuelles y trouvent leur origine. Il est difficile, par exemple, de comprendre les régimes matrimoniaux sans une introduction historique qui remonte à l'Ancien Régime. Cependant c'est naturellement la période postérieure au Code civil dont l'étude historique reste d'ailleurs largement à faire, qui présente le plus d'intérêt pour les juristes (39). Elle est ici liée à l'étude sociologique qui exige une certaine dimension historique.

B. — La comparaison dans le temps.

104. — L'apport de l'histoire est une initiation aux relations du droit avec la vie sociale. Elle permet de mieux percevoir la contingence des systèmes juridiques (40). En particulier il est intéressant de rechercher la cause politique, économique, sociale qui a provoqué la naissance ou le déclin de tel ou tel mécanisme juridique. L'histoire peut jouer ici un rôle comparable à celui des expériences dans les sciences expérimentales.

L'histoire est également indispensable pour une bonne utilisation des données du droit comparé. En particulier la comparaison avec les droits qui ont, avec le nôtre, une origine partiellement commune, tel que le droit romain, ou le Code Napoléon, ne prend tout son intérêt que dans une perspective historique (41). La comparaison se fait alors à la fois dans le temps et l'espace.

II. — Le droit comparé.

105. — Avant les grandes codifications napoléoniennes la science juridique, à la recherche du droit naturel et axée sur le droit romain et le droit canonique, avait vocation à l'universel. En s'appliquant à l'étude du droit positif, d'abord limité à la loi, puis élargi à la jurisprudence, la doctrine s'est enfermée dans une optique strictement nationale. Cependant, à compter du début du xxe siècle, sous l'impulsion de Saleilles et de Édouard Lambert, l'étude comparative des droits étrangers a pris de plus en plus d'importance dans les préoccupations des juristes (42).

Malgré les difficultés d'une connaissance suffisante des droits étrangers (43) leur

---

(39) V. en ce sens, notamment, R. Savatier, *Droit et histoire*, précité, p. 323, n° 332. — J. Brèthe de la Gressaye et M. Laborde-Lacoste, *Introduction générale à l'étude du droit*, p. 102, n° 127. — Cf. J. Gaudemet, *Études juridiques et culture historique*, in *Droit et histoire*, Arch. philosophie du droit, 1959, p. 18. — J. de Malafosse, *L'histoire du droit moderne*, Mélanges R. Besnier.

(40) V. J. Gaudemet, précité, p. 15 à 17.

(41) V., pour le droit privé franco-belge, J. Carbonnier, *L'apport du droit comparé à la sociologie juridique*, in *Livre du centenaire de la Société de législation comparée*, p. 81.

(42) V., sur cette évolution, in *Livre du centenaire de la Société de législation comparée*, 1969 ; M. Ancel, *Cent ans de droit comparé en France*, p. 3 et s. — R. David, *La place actuelle du droit comparé en France dans l'enseignement et la recherche*, p. 51 et s.

(43) V. in *Rev. intern. dr. comp.*, 1975, X. Blanc-Jouvan, *Le rôle international d'une revue de droit comparé*, p. 57 et s. — S. Trömholm, *Notion et objectifs d'une revue de droit comparé*, p. 103 et s. — B. Dutoit, *Quelques considérations sur les objectifs d'une revue de droit comparé*, p. 112 et s.

étude comparative est nécessaire en raison de ses *multiples intérêts* (44), que l'on peut regrouper autour de trois directions : meilleure compréhension du droit en général ; meilleure connaissance et perfectionnement du droit national ; meilleure coopération internationale.

A. — Une meilleure compréhension du droit.

106. — La philosophie du droit ne peut évidemment se limiter au droit national. Qu'il s'agisse d'apprécier la variété des institutions ou leurs points communs l'étude des droits étrangers a toujours constitué la matière principale des discussions en la matière (45).

De même l'histoire (46) et la sociologie juridique (47), dont la méthode comparative est un élément essentiel, ne peuvent s'arrêter aux frontières nationales.

B. — Une meilleure connaissance et un perfectionnement du droit national.

107. — La théorie générale du droit a beaucoup à gagner à l'étude comparative des droits étrangers. Il est utile de savoir que des distinctions traditionnelles, paraissant aller de soi, telles que l'opposition droit public et droit privé, droit commercial et droit civil, par exemple, n'existent pas dans divers pays ; que des concepts, comme celui de cause par exemple, ne se retrouvent guère à l'étranger ; que la hiérarchie des sources du droit n'est pas partout la même et qu'en particulier la primauté de la loi n'est pas une évidence universelle, ou que la codification n'est pas ressentie par tous comme un progrès du droit.

L'étude comparative peut aider à la prise de conscience de réformes législatives

---

(44) V. R. DAVID, *Les grands systèmes de droit contemporain*, 6e éd., 1974, nos 3 et s. ; *English law and French law. A comparison in substance*, et analyse par A. TUNC, *Rev. intern. dr. comp.*, 1980, p. 840. — SCHWARZ-LIEBERMANN, VON WAHLENDORF, *Droit comparé. Théorie générale et principes*, 1978 ; *Politique, Droit, Raison*, 1981. — H. C. GUTTERIDGE, *Le droit comparé*, 1953, traduit sous la direction de R. DAVID, p. 43 et s. — Léontin-Jean CONSTANTINESCO, *Traité de droit comparé*, t. I, *Introduction au droit comparé*, 1972, t. II, *La méthode comparative*, 1974, spécialement sur les buts et les fonctions de la méthode comparative, nos 111 et s. — A. TUNC, *Le juriste et la noosphère. La fonction possible des études comparatives dans le monde contemporain*, in *Problèmes contemporains de droit comparé*, Tokio, 1962, t. II, p. 489 et s. — E. LAMBERT, *Fonction du droit civil comparé*, I, 1903. — *Adde :* ARMINJON, NOLDE et WOLF, *Traité de droit comparé*. — BLAGOGEVIC, *Le droit comparé, méthode ou science, Rev. intern. dr. comp.*, 1953, p. 649. — Y. EMINESCU et T. POPESCU, *Les codes civils des pays socialistes. Étude comparative (analyse*, par J. GHESTIN, *Rev. intern. dr. comp.*, 1981, p. 710).

(45) V. R. DAVID, précité, n° 4. — L.-J. CONSTANTINESCO, *op. cit.*, t. II, n° 114, p. 293 et s. — J. BRÈTHE DE LA GRESSAYE, *L'apport du droit comparé à la philosophie du droit*, in *Livre du centenaire de la société de législation comparée*, t. I, p. 67 et s.

(46) V. H. C. GUTTERIDGE, *op. cit.*, p. 48. — L.-J. CONSTANTINESCO, *op. cit.*, t. II, p. 302. — *Adde : Méthode historique dans la science comparative, Journées franco-soviétiques*, 28 mai-5 juin 1979 ; *Rev. intern. dr. comp., Journées*, 1979, vol. I, p. 191.

(47) V. J. CARBONNIER, *L'apport du droit comparé à la sociologie juridique*, précité.

nécessaires et même parfois orienter celles-ci. On tend à admettre, en revanche, que l'adoption pure et simple d'une institution empruntée à un droit étranger et détachée de son contexte, risque d'être inopportune (48). Le particularisme national étant plus marqué dans le domaine du droit civil, l'influence du droit comparé y a été moins sensible qu'en droit commercial, par exemple, beaucoup plus ouvert aux échanges internationaux (49). On a observé que le droit comparé n'avait pas exercé d'influence directe sur la jurisprudence française (50).

C. — Une meilleure coopération internationale.

108. — La multiplication des échanges internationaux rend de plus en plus nécessaire la connaissance des droits étrangers. Qu'il s'agisse du droit international public ou du droit international privé, leur mise en œuvre est inséparable d'un minimum de compréhension des systèmes juridiques étrangers (51).

On s'interroge sur l'opportunité d'une unification du droit. On tend aujourd'hui à renoncer à l'édification d'un droit universel sous forme d'une sorte de codification internationale (52), pour se limiter à une harmonisation de la politique juridique des systèmes (53). Concrètement l'unification est recherchée soit dans des domaines où elle est particulièrement nécessaire, comme la propriété littéraire ou industrielle par exemple, ou dans des secteurs géographiquement et politiquement limités.

Récemment, pour favoriser le développement du commerce international, le gouvernement a publié, par décret n° 87-1034 du 22 décembre 1987 (53-1), la convention des Nations Unies sur les contrats de vente internationale, conclue à Vienne le 11 avril 1980. L'unification du droit de la vente n'est cependant que partielle car en dépit du fait que la convention régit exclusivement la formation du contrat de vente et les droits et obligations qu'un tel contrat fait naître entre le vendeur et l'acheteur, elle ne concerne pas, sauf dispositions expresses contraires, la validité du contrat ni celle d'aucune de ses clauses non plus que celle des usages (art. 4).

---

(48) V. sur le phénomène d'acculturation juridique, J. CARBONNIER, précité, p. 78 ; E. LAMBERT, précité, p. 893-894.

(49) Comp. in *Livre du centenaire de la société de législation*, précité, G. MARTY, *Les apports du droit comparé au droit civil*, p. 91 et s. ; et R. RODIÈRE, *Le renouvellement du droit commercial français par le droit comparé*, p. 109 et s. — *Adde :* R. DAVID, *Traité élémentaire de droit civil comparé*, 1950.

(50) MARTY, précité, p. 104.

(51) V. A. ANCEL, *Le droit comparé instrument de compréhension et de coopération internationale*, Mélanges Jauffret, p. 11 et s. — A. TUNC, *La contribution possible des études juridiques comparatives à une meilleure compréhension entre nations*, Rev. intern. dr. comp., 1964, p. 97 et s.

(52) V. L.-J. CONSTANTINESCO, t. II, p. 295 et s. — V. cependant, R. ROBLOT, *Une tentative d'unification mondiale du droit : le projet de la C. N. U. D. C. I. pour la création d'une lettre de change internationale*, Mélanges Vincent, p. 361. — Ph. KAHN, *La convention de Vienne du 11 avril 1980 sur les contrats de vente internationale de marchandises*, Rev. intern. dr. comp., 1981, p. 951.

(53) V. M. ANCEL, précité, p. 19 et s.

(53-1) V. le texte, J. C. P. 1988.IV.60936 ; D. 1988, lég., p. 30. — V. La convention de Vienne et les incoterms, Colloque organisé en décembre 1989 par le Centre des Droits des obligations de l'Université de Paris I, sous la direction de Jacques GHESTIN, L. G. D. J., 1990. — J. GHESTIN et Bernard DESCHÉ, *La vente*, L. G. D. J., 1990.

Ce besoin d'unification se fait moins sentir en droit civil. On peut cependant noter à titre d'exemple les travaux du Conseil de l'Europe sur la responsabilité des producteurs, la protection des consommateurs contre les clauses abusives des contrats, les clauses pénales, l'harmonisation des règles en matière de prescription extinctive dans les domaines civil et commercial, le statut juridique de la femme mariée dans la perspective de l'égalité complète des époux, l'harmonisation des concepts de base sur la responsabilité civile et la capacité juridique.

Le Traité de Rome instituant la Communauté économique européenne prévoit l'harmonisation du droit des États membres (54). L'effort essentiel a porté sur le droit fiscal, le droit commercial ou le droit social. Il n'avait guère concerné le droit civil jusqu'à une date récente (55). Il faut cependant signaler une importante directive du Conseil des communautés européennes du 25 juillet 1985 relative au rapprochement des dispositions législatives réglementaires et administratives des états membres en matière de responsabilité du fait des produits défectueux (55-1). Cependant, les mesures de mises en conformité du droit français interne n'ont pas encore été adoptées, de sorte que l'application directe de la directive ne peut être complète (55-2).

III. — *La sociologie juridique.*

109. — C'est une branche de la sociologie « qui a pour objet une variété de phénomènes sociaux : les phénomènes juridiques ou phénomènes de droit » (56). Elle a une importance particulière en droit public, avec la sociologie politique ; en droit pénal, avec la criminologie ; et en droit du travail, avec la sociologie du travail. Aujourd'hui cependant, tous les juristes reconnaissent la nécessité de compléter l'étude du droit positif par celle de la sociologie juridique (57). Il convient de préciser ses *fonctions* et les *moyens* dont elle dispose.

---

(54) V. *infra*, n° 300.

(55) V. G. Marty, précité, p. 95. — A. Limpens, *Harmonisation des législations dans le cadre du Marché commun, Rev. intern. dr. comp.*, 1967, p. 65, et s.

(55-1) V. J. Ghestin, *La directive communautaire et son introduction en droit français*, Colloque des 6-7 novembre 1986, *Sécurité des consommateurs et responsabilité du fait des produits défectueux*, L. G. D. J., 1987, p. 111 et s. — Y. Markovits, *La directive C. E. E. du 25 juillet 1985 sur la responsabilité du fait des produits défectueux*, th. Paris, I. L. G. D. J., 1990, préface J. Ghestin et B. Desché, *La vente L. G. D. J.*, 1990, n°s 873 et s.

(55-2) V. *infra*, n° 300.

(56) J. Carbonnier, *Sociologie juridique*, coll. U. 1972, p. 16.

(57) V. not. P. Durand, *La connaissance du phénomène juridique et les taches de la doctrine moderne du droit privé*, D. 1956, chron. p. 73. — A. Tunc, *Sortir du néolithique*, D. 1957, chron. p. 71. — R. Savatier, *Vers une collaboration des juristes et des sociologues*, in *Métamorphoses économiques et sociales du droit privé d'aujourd'hui*, 1re éd., t. II, 1959, p. 130. — J. Carbonnier, *Sociologie juridique*, Themis, 1978 ; *Flexible droit, Textes pour une sociologie du droit sans rigueur*, 4e éd., 1979 ; *Sociologie juridique*, coll. U. 1972, principalement axée sur le droit civil (p. 50) ; *L'esprit sociologique dans les facultés de droit*, Année sociologique, 1964, p. 466 ; *Méthode sociologique et droit*, Ann. Fac. droit Strasbourg, t. V, 1956. — Fr. Terré, *Un bilan de sociologie juridique*, J. C. P. 1966. I. 2015 ; *Cours Paris II, 1976-1977*, D. E. A. ; *Année sociologique*, vol. 27, 1976, *Sociologie du droit et de la justice*. — A. J. Arnaud, *Une enquête sur l'état actuel de la sociologie juridique en France* (Enseignements et recherches), *Rev. trim. dr. civ.*, 1972, p. 532 ; *Critique de la raison juridique*, t. I, *Où va la sociologie*

A. — Les fonctions de la sociologie juridique.

110. — Sur le *plan scientifique* la sociologie juridique permet de mieux comprendre la spécificité du droit et de mesurer son domaine effectif (58). Elle fait aussi apparaître le fonctionnement réel des modes de formation du droit positif. « Contre l'assertion dogmatique d'après laquelle la loi est l'expression de la volonté nationale ou de l'intérêt collectif, la sociologie juridique a montré les intrigues et les pressions particulières qui agissent aujourd'hui sur la législation, les lobbies, les bureaux, les capteurs de décrets subreptices et obreptices ; derrière le législateur juridique elle a démasqué le législateur sociologue et, du même coup, rappelé la règle de droit à une modestie salutaire » (59). Elle pourrait également apporter d'utiles enseignements sur les forces qui déterminent les juges et les « valeurs » qui les inspirent (60).

Sur un plan plus pratique la sociologie juridique peut apporter au législateur *d'utiles informations pour l'élaboration des lois nouvelles,* spécialement quant à l'opportunité des réformes et leur contenu (61). C'est ainsi que la réforme des régimes

---

du droit, 1981. — *Adde :* sur les apports de la sociologie juridique à la philosophie du droit, *Arch. philosophie du droit,* t. XIV, 1969. — Cf. G. GURVITCH, *Éléments de sociologie juridique,* 1940 ; et *Problèmes de sociologie du droit,* p. 173 et s. du tome II du *Traité de sociologie,* 1968. — A. CUVILLIER, *Sociologie et problèmes actuels.* — H. LÉVY-BRUHL, *Une enquête sur la pratique juridique en France, Rev. trim. dr. civ.,* 1946, p. 298 ; *Aspects sociologiques du droit,* 1955 ; *Sociologie du droit* (« Que sais-je » ?), 1967. — D'assez nombreuses études sociologiques se rapportant à des domaines particuliers du droit, notamment, pour le droit civil, à la famille, ont été publiées. Elles seront envisagées avec l'étude de ces institutions. V., cependant, le bilan de ces études publié par Fr. TERRÉ, précité.

(58) V. not. J. CARBONNIER, *Sociologie juridique,* p. 111 et s., spécialement p. 129 et s. ; *Droit et non-droit,* in *Flexible droit,* 4ᵉ éd., 1979, p. 3 et s. — E. LOQUIN, *L'amiable composition en droit comparé et international, Contribution à l'étude du non-droit dans l'arbitrage commercial,* préface Ph. FOUCHARD. — *L'hypothèse du non-droit, XXXᵉ Séminaire de la Commission droit et vie des affaires,* Liège, 1978, et analyse par M. VILLEY, *Rev. intern. dr. comp.,* 1980, p. 852. — *Adde :* comme exemple de non-droit, l'accord commercial entre American Telephone and Telegraph (A. T. T.) et International Telephone and Telegraph Corporation (I. T. T.) mettant fin au procès anti-trust engagé par cette dernière en 1977, *Le Monde,* 2-3 mars 1980.

(59) J. CARBONNIER, *Sociologie juridique,* p. 271, qui mentionne à côté des groupes de pression représentant des intérêts économiques dénoncés par les marxistes, des lobbies « de passion », tels celui de l'adoption ou les associations féministes. — *Adde* J.-G. BELLEY, *Conflit social et pluralisme juridique en sociologie du droit,* th. ronéot., Paris II, 1977.

(60) V. J. CARBONNIER, *Pour une sociologie du juge,* in *Flexible droit,* p. 307 et s. et les auteurs cités, not. GORPHE, *Les décisions de justice, Étude psychologique et judiciaire,* 1952. — *Adde :* J. CARBONNIER, *Cours de sociologie juridique,* 1961-1962, *Le procès et le jugement.* — G. BERGER, *Juges, avocats, plaideurs, accusés, Notes psychologiques,* in *La justice,* 1961, p. 229. — SOLUS, *Les préoccupations d'ordre psychologique du Code de procédure civile, Mélanges Julliot de la Morandière,* 1964, p. 511.

(61) V. *La sociologie juridique et son emploi en législation, Rec. Académie Sciences morales et pol.,* 1968, p. 91 et s. — VERSELE et autres, *Sociologie du droit et de la justice,* Bruxelles, 1971.

matrimoniaux par la loi du 13 juillet 1965 a été précédée d'une enquête auprès des notaires qui a permis de connaître la répartition des régimes choisis dans les contrats de mariage en 1962 (62). Une étude du même ordre a précédé la loi du 3 juillet 1971, sur les successions (63), et celle de 1975, portant réforme du divorce (64). Il ne s'agit pas cependant de la mise en œuvre des principes du positivisme sociologique (65). Le législateur ne peut se borner à l'observation des faits. Il doit choisir et décider (66). De ce fait les données sociologiques ne peuvent davantage servir à interpréter les textes (67). Elles ne constituent que des matériaux bruts, à partir desquels le législateur a « éliminé, modelé, modifié, construit autre chose » qui seul compte en définitive (68).

La sociologie juridique peut apporter également de précieuses informations sur *l'application du droit* et, plus particulièrement, sur les réactions du milieu social au droit positif. La valeur de celui-ci, en effet, dépend essentiellement de ses résultats. La sociologie juridique permet notamment de mieux mesurer le décalage entre le droit positif et son application concrète. Les études sur les phénomènes d'ineffectivité totale ou, plus souvent, partielle, des règles de droit, montrent que la volonté du législateur n'est pas toute puissante (69).

B. — Les moyens de la sociologie juridique.

111. — Les juristes se sont longtemps contentés des décisions publiées dans les recueils de jurisprudence. Mais celles-ci n'expriment que l'aspect contentieux des phénomènes juridiques. En outre les décisions publiées sont normalement choisies en fonction de leur apport à la constitution de la jurisprudence. Elles ne sont pas les plus significatives de la vie juridique concrète (70).

---

(62) V. J. CARBONNIER, *Un essai de statistique de la répartition des régimes matrimoniaux conventionnels à la veille de la réforme de 1965*, Année sociologique, 1964, p. 443. — *Adde* : SEBAG, *La méthode quantitative en droit civil et la réforme des régimes matrimoniaux*, D. 1963, chron. p. 203. — POISSON, *Étude sociologique du contrat de mariage*, in Arch. philosophie du droit, 1953-1954, p. 221. — Fr. TERRÉ, *La signification sociologique de la réforme des régimes matrimoniaux*, extrait de l'*Année sociologique*, 1965.

(63) V. *L'enquête sur les successions*, Revue Sondages, 1970, n° 4.

(64) V. *Le divorce et les Français*, 2 vol., 1974.

(65) V. *supra*, n° 24.

(66) V. J. CARBONNIER, *Introduction*, § 32.

(67) V. J. CARBONNIER, *Revue Sondages*, 1967, n° 1, *La réforme des régimes matrimoniaux*, Postface, p. 59 : « L'enquête de l'I. F. O. P. sur les régimes matrimoniaux fait partie de ce que les anglais appelleraient l'histoire législative de la loi du 13 juillet 1965 ; elle a été un moment, et un moment important dans la genèse de cette loi ; mais ce serait un contre-sens que d'essayer de s'en servir pour interpréter les textes, comme on le ferait d'une opinion du législateur (si l'on croit encore à ce mythe) Et la raison en est bien simple : l'enquête n'a pas légiféré ».

(68) G. CORNU, *L'apport des réformes récentes du Code civil à la théorie du droit civil*, Cours D. E. S. 1970-1971, p. 183.

(69) V. J. CARBONNIER, *Effectivité et ineffectivité de la règle de droit*, in Flexible droit, p. 99. — *Adde* : BRÈTHE DE LA GRESSAYE, *La connaissance pratique du droit et ses difficultés*, D. 1952, chron. p. 91. — P. DURAND, *La connaissance du phénomène juridique et les taches de la doctrine moderne du droit privé*, D. 1956, chron. p. 73. — J. CRUET, *La vie du droit et l'impuissance des lois*, 1908. — Cf. *infra*, n°s 519 et 667.

(70) V. P. DURAND, chronique précitée, p. 74.

Les sociologues procèdent à des *analyses de jurisprudence* en regroupant le plus grand nombre possible de décisions se rapportant à un phénomène déterminé (71). Les sociologues travaillent également sur d'autres documents, non juridiques, notamment littéraires (72), ou, le plus souvent, juridiques. Les *archives*, notamment celles des notaires, peuvent fournir d'utiles informations. Il en est de même des *statistiques*, en particulier celles qui résultent du compte général de l'administration de la justice civile ou criminelle. L'administration de l'enregistrement pourrait fournir de précieuses informations sur la réalité des relations contractuelles (73).

On a vu, enfin, le rôle que pouvaient jouer, dans l'élaboration des lois nouvelles, les *enquêtes*, en particulier lorsqu'elles sont réalisées par des instituts spécialisés dans les sondages d'opinion (74).

------

(71) V. J. CARBONNIER, *Sociologie juridique*, 1972, p. 195 et s. — Fr. TERRÉ, *Un bilan de sociologie juridique*, J. C. P. 1966. I. 2015. — J. P. CHARNAY, *Une méthode de sociologie juridique, l'exploitation de la jurisprudence*, Annales (Économies, Sociétés, Civilisations), 1965, p. 513 et s., 734 et s. — V. comme exemples d'application de la méthode, J. P. CHARNAY, *La vie musulmane en Algérie, d'après la jurisprudence de la première moitié du XXe siècle*, 1965. — SOURIOUX, *Le Charivari, Étude de sociologie criminelle*, Année sociologique, 1961, p. 400.

(72) V., par exemple, l'étude de J. P. GRIDEL sur *La famille* dans les romans de LA VARENDE, Mémoire D. E. S., Paris.

(73) V. J. CARBONNIER, *Sociologie juridique*, 1972, p. 222 et s.

(74) V., sur la difficulté de telles enquêtes, R. HOUIN, *Une enquête sur l'application du droit dans la pratique; la situation juridique de l'enfant*, Rev. trim. dr. civ., 1950, p. 18. — Fr. TERRÉ, précité; et sur leur intérêt, J. CARBONNIER, *Introduction*, § 32; et *Sociologie juridique*, 1972, p. 226 et s.

SECTION 2

L'ÉVOLUTION DU DROIT CIVIL

112. — Traditionnellement on distingue *deux périodes situées de part et d'autre de la promulgation du Code civil en 1804.* Celui-ci marque en effet l'unification du droit français et l'introduction dans ce droit des principes nouveaux affirmés au xviiie siècle et que la Révolution de 1789 avait fait triompher.

Il ne faudrait pas cependant exagérer l'importance de cette coupure. Le droit moderne plonge ses racines dans l'ancien droit. La connaissance de ce dernier est indispensable pour une bonne compréhension du droit positif actuel.

§ 1. — L'ÉVOLUTION DU DROIT CIVIL JUSQU'AU CODE CIVIL

113. — Les structures de l'ancien droit ont été bouleversées par la Révolution de 1789, qui a fait pénétrer dans le droit un esprit nouveau. Le Code civil, en unifiant le droit privé français, devait faire la synthèse de ces deux courants. Il conviendra d'envisager successivement *l'ancien droit, le droit intermédiaire,* ou droit de la période révolutionnaire, et *le Code civil.*

I. — *L'ancien droit.*

114. — **La diversité des règles locales.**

Après les invasions barbares, qui devaient entraîner la ruine de l'Empire romain, les habitants de la Gaule se sont trouvés soumis au système dit de « *la personnalité des lois* ». Les Gallo-romains restaient assujettis au droit romain du Code Théodosien ; les Wisigoths, les Burgondes, les Francs ripuaires et saliques à leurs lois propres.

Ce système de la personnalité des lois ne pouvait durer très longtemps les individus perdant le souvenir de leur origine au fur et à mesure que les diverses races se mélangeaient. Le système de la *territorialité* s'est alors substitué à celui-ci.

Avec la féodalité on assiste à un émiettement du pouvoir législatif et judiciaire ; ce qui conduit à une extrême *diversité* des règles juridiques selon les différents territoires. Au fur et à mesure que l'autorité du pouvoir royal s'affirme, se produit un regroupement progressif qui aboutira finalement, avec la Révolution de 1789, à l'unification du droit français.

Cette diversité qui caractérise ainsi l'ancien droit se rencontre aussi bien dans ses *sources* que dans son *contenu*.

A. — Les sources de l'ancien droit (1).

115. — La diversité des sources se marque d'abord par une distinc-tion essentielle entre les **pays de droit écrit** et les **pays de coutumes** (2). Les pays de droit écrit se situent au sud d'une ligne brisée allant de Gex, au nord du lac de Genève, jusqu'à l'embouchure de la Charente. Il faut y ajouter l'Alsace ; et en exclure l'Auvergne. Dans ces pays, c'est le droit romain, droit écrit, qui constitue le droit commun. Certes il existe entre les diverses provinces du Midi quelques divergences ; mais elles restent relativement minimes. Le droit romain appliqué a été d'abord essentiellement tiré du Code Théodosien, en vigueur dans l'empire avant que la Gaule en soit séparée. Ce n'est que vers le XIIe siècle que l'on a utilisé les recueils constitués par le grand empereur byzantin Justinien. A ces pays de droit écrit s'opposent les pays de coutumes.

Dans les pays de coutumes, le droit n'existe que sous une forme orale. Il est constitué de règles, nées spontanément par la répétition de précédents, et qui, acceptées dans le pays considéré, ont fini par être tenues pour obligatoires. Il existe environ 60 coutumes principales et entre 300 et 700 coutumes locales. Ces coutumes sont surtout d'inspiration germanique. Leur diversité est extrême. Comme l'a écrit Voltaire, en traversant la France, on changeait de loi plus souvent que de chevaux (3).

Si la diversité caractérise ainsi l'ancien droit, un certain nombre de facteurs devaient progressivement amener et déjà réaliser partiellement l'unité du droit. Certains de ces facteurs n'ont entraîné qu'une unification partielle, régionale ; d'autres une unification nationale.

1) *Les facteurs d'unification régionale.*

a) La jurisprudence des parlements.

116. — Les parlements, dans l'ancien droit, sont des cours judiciaires souveraines, correspondant approximativement à nos cours d'appel

---

(1) V. G. LEPOINTE, *Petit précis des sources de l'histoire du droit français*, 2e éd., 1949. — *Adde* : pour une bibliographie détaillée de l'ancien droit, CAMUS, *La profession d'avocat*, 5e éd., par DUPIN, 1832, t. II.

(2) V. RIPERT et BOULANGER, t. I, nos 71 et s.

(3) V. la répartition géographique dans PLANIOL, *Traité élémentaire*, t. I, no 40. — La carte des coutumes a été publiée par KLIMRATH, *Travaux sur l'histoire du droit français*, 1843, 2 vol.

d'aujourd'hui, sous la réserve de certaines prérogatives d'ordre politique qui leur étaient reconnues ou qu'elles entendaient s'octroyer. Le ressort d'un même parlement englobait un nombre assez important de coutumes. Tel était en particulier le cas du parlement de Paris, dont le ressort, extrêmement important, excédait de très loin celui de la coutume de Paris. Il tendait à imposer cette dernière dans son ressort, en tant que droit commun, c'est-à-dire de droit applicable lorsqu'aucune règle particulière n'était prévue dans la coutume envisagée (4).

La jurisprudence des parlements a donc été un facteur d'unification ; mais d'unification seulement régionale. Les parlements en effet se sont opposés à certaines tentatives d'unification sur le plan national, car leurs préoccupations politiques les rendaient très attachés aux particularismes locaux. C'est ainsi par exemple qu'ils ont refusé d'enregistrer, et donc d'appliquer, diverses ordonnances royales réglant certains points de droit privé pour tout le royaume (5).

b) La rédaction des coutumes.

117. — Le caractère purement oral des coutumes, à l'origine, rendait leur connaissance et leur preuve difficiles, malgré l'existence d'un certain nombre de recueils privés. La rédaction des coutumes avait été demandée à diverses reprises par les États généraux. Elle a été décidée par l'ordonnance de Montils-les-Tours en 1453. C'est ainsi que la coutume de Paris a été rédigée en 1510. Elle devait être ultérieurement « réformée » en 1580 (6).

Cette rédaction fut un facteur d'unification non négligeable. D'abord parce qu'elle fit mieux apercevoir la diversité des coutumes. Ensuite parce qu'elle permit d'utiles rapprochements entre coutumes voisines. Mais là encore il ne s'agissait que d'une unification partielle, régionale ; car leur rédaction même diminuait la plasticité des cou-

---

(4) Les arrêts sont rapportés dans des recueils, en particulier, LOUET, *Recueil d'arrêts du Parlement de Paris*, 2 vol., 1602. — DENISART, *Collection de décisions nouvelles*, 4 vol., 1766-1771. — CAMUS et BAYART, *Nouveau Denisart*, 9 vol., 1783-1790. — GUYOT, *Répertoire universel et raisonné de jurisprudence*, 1re éd., 1775-1786, 81 vol. ; 2e éd., 1784-1785, 17 vol. — *Adde* : FERRIÈRE, *Dictionnaire de droit et de pratique*, 1771. — GUY DU ROUSSEAUD DE LA COMBE, *Recueil de jurisprudence civile*, 1769. — BRILLON, *Dictionnaire des arrêts*, Paris, 1727, 6 vol.

(5) V. MEYNIAL, *Rôle de la doctrine et de la jurisprudence dans l'unification du droit en France*, Rev. gén. de droit, 1963. — CAILLEMER, *Des résistances que les parlements opposèrent à la fin du XVIe siècle à quelques essais d'unification du droit civil, Livre du centenaire*, t. II, p. 1077.

(6) V. Fr. OLIVIER-MARTIN, *Histoire du droit français des origines à la Révolution*, 1951, nos 317 et s.

tumes et rendait plus difficile leur évolution dans le sens de l'unité. D'autres facteurs, en revanche, ont agi dans le sens d'une unification nationale.

2) *Les facteurs d'unification nationale.*

118. — Certains de ces facteurs ont agi par leur autorité intellectuelle ; d'autres dans l'exercice d'un pouvoir.

a) Les facteurs intellectuels.

119. — Le droit romain.

Il a d'abord été un facteur d'unité partielle pour l'ensemble des pays de droit écrit, où il constituait le tronc commun de la législation, malgré quelques divergences locales. Mais ce fut aussi un facteur d'unification pour les pays de coutumes. Son influence a été particulièrement nette à partir du xiie siècle avec *la renaissance du droit romain*, auquel tous s'accordaient à reconnaître une grande valeur scientifique. Le droit romain a fait l'objet d'un enseignement dans les Universités. On a même envisagé d'en faire le droit commun du royaume. Mais il était devenu le droit commun du Saint-Empire romain-germanique ce qui justifia l'opposition des rois de France soucieux d'affirmer leur indépendance (7).

Le droit romain ne s'est imposé comme droit commun qu'à l'égard des contrats et des obligations en général. La supériorité de sa technique s'imposait en effet avec évidence en ce domaine. De plus les échanges commerciaux exigeaient un droit uniforme pour toute la France (8).

120. — La doctrine.

De nombreux auteurs ont étudié les diverses coutumes dont ils ont fait des commentaires souvent intéressants surtout lorsque les coutumes eurent été rédigées. Certains ont élargi le champ de leur étude et se sont efforcés d'élaborer un droit national. Il faut se borner à citer les plus importants (9).

Au xvie siècle, **Dumoulin** (1500-1566) avocat au parlement de Paris, s'est présenté comme un défenseur acharné d'un pouvoir royal absolu et centralisé. Il a joué un rôle important, notamment dans la réformation des coutumes. **D'Argentré** (1519-1590) professait des idées radicalement opposées. Noble breton, très attaché aux privilèges de son rang et au particularisme de sa province, il s'est cependant livré à une étude comparative des diverses coutumes. Comme Dumoulin, qu'il

---

(7) C'est seulement en mai 1679 qu'un édit de Louis XIV autorise définitivement l'enseignement public du droit romain à Paris.

(8) V. Ourliac, *Droit romain et pratique médiévale au XVe siècle*, thèse Paris, 1937.

(9) V. Fr. Olivier-Martin, *Les professeurs royaux de droit français*.

rejoint sur ce plan, il a, par ses critiques, provoqué la réformation des coutumes, en particulier de celle de Bretagne. **Guy Coquille** (1523-1607), a publié un commentaire de la Coutume du Nivernais et une Institution au Droit des français, qui lui ont donné place parmi les tenants de l'unification du droit civil français. **Cujas** (1522-1590) fut le plus illustre des romanistes.

Au xviie siècle, **Loysel** (1536-1617), est l'auteur de *Maximes et institutes coutumières* (10), qui sont une série de brocards, exprimant de façon souvent pittoresque l'essentiel du droit contemporain. On peut citer : « Pauvreté n'est point vice et ne désennoblit pas » ; ou encore « l'on disait : boire, manger, coucher ensemble, est mariage ce me semble. Mais il faut que l'Église y passe » ; ou enfin, « qui fait l'enfant, doit le nourrir ». Il faut surtout mentionner **Domat** (1625-1696), ami de Pascal, janséniste, restaurateur selon Boileau de la raison dans la jurisprudence. Domat, écrivain remarquable et juriste éminent, est peut-être l'auteur qui a exercé la plus profonde influence sur notre droit. Il a recherché derrière la diversité des règles le but des institutions. Il a présenté pour la première fois le droit dans un ordre logique, préoccupation que traduit le titre de son ouvrage *Les lois civiles dans leur ordre naturel* (11).

Au xviiie siècle, **Pothier** (1699-1772), professeur et magistrat à Orléans, esprit moins profond que Domat, mais d'une grande clarté, a été, par ses ouvrages, l'inspirateur direct de très nombreux textes du Code civil (12).

b) Les facteurs autoritaires.

121. — Le droit canonique.

C'est le droit de l'Église catholique (13), droit unitaire dont le domaine dépassait largement la France, puisqu'il couvrait l'ensemble de la chrétienté. Sa compétence était étendue. Elle s'était affirmée avec un éclat particulier lors de la décadence du pouvoir royal. Elle devait diminuer ensuite au fur et à mesure que la monarchie prenait un caractère absolu.

Il a régi la matière des contrats ; car ceux-ci s'accompagnaient de serments entraînant la compétence ecclésiastique. Cette compétence devait disparaître ensuite ; mais les légistes de l'Église, les *canonistes*, avaient exercé sur la matière une influence profonde. De même les testaments étaient de la compétence ecclésiastique, ne serait-ce qu'en raison des legs pieux qui y figuraient très souvent à cette époque de foi intense. Le défunt avait tenu, avant de mourir, à se mettre en règle tant sur le plan spirituel que matériel. Surtout, le mariage, considéré comme un sacrement, a été soumis au droit canonique jusqu'à

---

(10) V. Reulos, thèse Paris, 1935.

(11) V. les thèses de Voetzel, Nancy, 1936. — Baudelot, Paris, 1939. — P. Nourisson, 1939.

(12) V. pour ses œuvres, édition Bugnet, 11 vol., 1861-1862. — *Adde :* Dunoyer, *Blakstone et Pothier,* thèse Paris, 1927.

(13) V. P. Andrieu-Guittrancourt, *Introduction à l'étude du droit en général et du droit canonique en particulier,* 1963. — D'Espinay, *De l'influence du droit canonique sur la législation française,* Paris, 1857.

la Révolution, malgré une laïcisation progressive aux xviie et xviiie siècles, sous l'action des parlements (14).

122. — Les ordonnances royales (15).

Au début ce n'est que de façon très exceptionnelle que les rois ont légiféré en matière de droit privé ; car ils n'étaient pas bien sûrs d'en avoir le pouvoir. Cependant, les rois étaient saisis à diverses reprises, notamment par les États généraux de 1560, de 1579 et de 1614 de demandes d'une codification unitaire du droit privé.

Une tentative du *Chancelier Michel de Marillac* (1563-1632), en 1629, s'est heurtée à l'opposition des parlements, qui l'avaient baptisée par dérision Code Michau.

Sous Louis XIV, *Colbert* (1619-1683) a pu imposer plusieurs grandes ordonnances. Citons « l'ordonnance civile pour la réformation de la justice » de 1667, qui constituait un véritable code de procédure civile ; « le code criminel », de 1670, véritable code de procédure pénale ; les ordonnances de 1673 et 1681, ancêtres de notre code de commerce. Mais aucune de ces grandes ordonnances ne portait à proprement parler sur le droit civil.

Au xviie siècle, une nouvelle tentative était faite par le Premier président *de Lamoignon* (1617-1677). Elle ne devait pas aboutir. Le travail important effectué par cet excellent juriste et achevé en 1672 a été publié sous le nom d' « arrêtés » en 1702. Il constituait un intéressant effort doctrinal d'unification autour de la coutume de Paris.

Il faut attendre le xviiie siècle et les ordonnances du Chancelier *Daguesseau* (1668-1751) pour voir des textes réglementant le droit civil. Une première ordonnance de 1731 portait sur les donations ; une autre de 1735, sur les testaments ; une troisième, de 1747, sur les substitutions (16).

123. — Ordonnances royales et droit canonique assuraient l'unification du droit privé sur l'ensemble du royaume. Mais ne régissant que certaines matières limitées c'était aussi un élément de diversité sur ce plan. Une même personne se trouvait soumise au droit canonique pour son mariage, à la coutume pour son régime matrimonial, aux ordon-

---

(14) V. J. Ghestin, *L'action des parlements contre les mésalliances aux XVIIe et XVIIIe siècles*, Rev. hist. dr. fr. et étr., 1956.

(15) V. *Le Recueil général des Anciennes lois françaises* de Jourdan, Decrezy et Isambert, 29 vol. de 1822 à 1833.

(16) V. Regnault, *Les ordonnances civiles du Chancelier Daguesseau*, 2 vol., 1929 et 1937 ; *Les testaments et l'ordonnance de 1735*, 1965. — Marthe Follain Le Bras, *Étude du projet d'ordonnance sur les incapacités*, thèse Paris, 1940.

nances royales pour les donations figurant dans son contrat de mariage, voire au droit romain pour ses contrats. La combinaison des règles émanant de sources d'inspiration aussi différente n'était pas toujours facile, ce qui donnait au contenu de l'ancien droit une grande complexité. Pour résoudre les conflits résultant de cette diversité les auteurs avaient élaboré une *théorie des statuts* dont les solutions sont à l'origine du droit international privé et de l'actuelle théorie des conflits de lois.

B. — Le contenu de l'ancien droit.

124. — A la diversité des sources correspond la **diversité** du contenu (16-1). Les différents régimes matrimoniaux en fournissent un bon exemple. Tandis que les pays de droit écrit connaissent le régime dotal hérité du droit romain, avec d'ailleurs certaines variantes selon les provinces ; les pays de coutumes connaissent le régime de communauté venant des traditions germaniques. Encore dans les coutumes la composition de la communauté est-elle extrêmement variable.

Ainsi le **contenu** de l'ancien droit est très divers. A cette diversité qui caractérise l'ancien droit en raison de ses sources, il faut ajouter deux caractères essentiels tenant à l'esprit de l'ancien régime : *inégalité* et *contrainte*.

1) *L'inégalité.*

L'ancien droit est caractérisé par de multiples *privilèges*. On connaît l'organisation de la société en trois classes, noblesse et clergé, classes privilégiées, et tiers état. Cette organisation conduit notamment à des règles de succession propres aux familles nobles. Pour maintenir le patrimoine immobilier entre les mains d'un seul enfant, le plus apte à maintenir le rang de la famille, ces successions connaissent le droit d'aînesse. On y pratique également les substitutions. Les biens essentiels du patrimoine familial sont attribués à un héritier, qui devra les conserver intacts pour les attribuer à sa propre mort à un héritier déjà déterminé, par exemple son fils aîné, qui sera tenu de la même façon, et ainsi de suite.

Ces dispositions créent une profonde inégalité entre les enfants et visent à maintenir la situation prééminente de quelques familles.

(16-1) V. P. OURLIAC et J.-L. GAZZANIGA, *Histoire du droit privé français de l'An Mil au Code civil*, Albin Michel, Paris, 1985.

2) *La contrainte.*

a) L'individu est enfermé dans des communautés fortement organisées.

La famille est très fortement organisée. La femme est soumise à l'autorité du mari, qui se traduit en particulier par l'incapacité de la femme mariée. Celle-ci ne peut faire un acte juridique quelconque, un contrat par exemple, sans l'assistance et l'autorisation de son mari. Régimes matrimoniaux et successions sont organisés de telle façon que les biens, tout au moins les immeubles, ne puissent sortir du patrimoine familial. Ceci permet une forte cohésion de la famille. L'autorité du père s'étend sur les enfants, même au-delà de leur majorité, souvent fixée à vingt-cinq ou trente ans.

Les professions sont organisées en corporations fermées et strictement hiérarchisées. Elles réglementent les conditions du travail, du commerce, l'accès à la profession, les prix... Les individus sont enfermés dans une organisation économique rigide.

b) L'individu n'est pas maître absolu des biens dont il a la propriété.

C'est un héritage de la féodalité. Le seigneur cédait des terres à un vassal en échange des services nobles essentiellement militaires. Ce vassal à son tour concédait ces terres à un certain nombre de roturiers, qui les exploitaient moyennant le paiement d'une redevance. De ce système a subsisté une hiérarchie de droits de nature différente portant sur une même propriété. On distinguait entre le domaine éminent et le domaine utile.

La justification du système ayant disparu avec l'insécurité de l'époque féodale, il était devenu de plus en plus insupportable. La Révolution de 1789 sera une réaction contre cet état de choses. Elle conduira à l'émancipation de l'individu.

II. — *Le droit intermédiaire.*

125. — On donne ce nom à la période qui va du début de la Révolution, précisément du 17 juin 1789, jour où les États généraux se sont transformés en Assemblée nationale, jusqu'à la promulgation du Code civil, le 30 Ventose an XII (21 mars 1804). Trois assemblées ont alors détenu successivement le pouvoir législatif : l'Assemblée constituante, l'Assemblée législative, la Convention. Après les excès de la terreur, la chute de Robespierre a provoqué une réaction, qui s'est poursuivie avec le Directoire.

Cette période est plus mal connue que l'ancien droit, malgré son intérêt, en raison de sa situation à la charnière de l'histoire du droit et du droit moderne ; elle n'est pas assez ancienne pour les historiens, elle l'est trop pour les civilistes. C'est cependant une période très impor- tante, car notre droit s'est alors trouvé bouleversé sous l'influence des idées qu'avaient affirmées les philosophes du XVIIIe siècle et qu'ont reprises les révolutionnaires (17).

Le droit intermédiaire se caractérise par deux traits essentiels : quant au contenu de ce droit, par la *primauté de l'individu* ; quant à ses sources, par la *primauté de la loi*.

A. — La primauté de l'individu.

126. — L'inspiration générale est de libérer l'individu des contrain- tes tenant à un ordre établi familial ou économique, à un encadrement professionnel ou religieux. Il y a eu **traduction dans le droit civil des principes politiques contenus dans la célèbre Déclaration des droits de l'homme.** A une modification près il est donc possible de reprendre la formule républicaine : *liberté, égalité* et *laïcité.*

1) *Liberté.*

127. — La liberté de l'individu *à l'intérieur de la famille* est accrue par la diminution de l'autorité maritale, de la puissance paternelle, exclue dorénavant pour les majeurs, la majorité étant fixée à 21 ans. Libération de l'individu encore par l'institution du divorce et la sup- pression de la séparation de corps, tenue pour un état contre nature, puisqu'il excluait le remariage.

La liberté de l'individu est également poursuivie *dans la vie sociale.* La propriété individuelle est libérée des entraves que faisaient peser sur elle les séquelles de la féodalité et la solidarité familiale. La libé- ration économique de l'individu est assurée :

1º Par la suppression des corporations, assortie d'une interdiction des associations, en vertu de la *loi Le Chapelier* des 14-17 juin 1791. Pour les révolutionnaires l'individu ne peut rester libre dans une asso- ciation professionnelle. L'interdiction de ces dernières est donc une contrainte nécessaire pour garantir la liberté individuelle.

2º Par la *liberté contractuelle.* La volonté individuelle permet à cha-

---

(17) V. M. GARAUD, *Histoire générale du droit privé français de 1789 à 1804,* t. I, 1953 ; t. II, 1959. — A. ESMEIN, *Histoire du droit français de 1789 à 1814,* 1908. — J.-P. BRINCOURT, *La propriété face à la Révolution, Mélanges R. Besnier.* — J.-Ph. LÉVY, *Les flottements des législateurs révolutionnaires devant la situation patrimoniale du conjoint survivant.* — F. BOULANGER, *Le problème de la lésion dans le droit inter- médiaire, Études d'histoire économique et sociale du XVIIIe siècle, Trav. Fac. Droit Paris,* 1966, p. 53 et s. —*La révolution et l'ordre juridique privé. Rationalité ou scan- dale ?* Actes du colloque d'Orléans, 11-13 septembre 1986, P. U. F., 1988.

cun de s'engager comme il le désire dans les seules limites de l'ordre public, dont le contenu essentiellement politique et moral, et non économique ou social, est des plus restreints.

3º Par le principe de la *liberté du commerce et de l'industrie.*

2) *Égalité.*

128. — La nuit du 4 août, au cours de laquelle ont été supprimés tous les privilèges, n'a pas eu seulement une portée politique, mais aussi juridique. Les hommes et les terres sont maintenant égaux. Mais les révolutionnaires ne se sont pas bornés à cette *égalité en droit.* Ils ont voulu une égalité en fait, qu'ils se sont efforcés de réaliser par des procédés empiriques, essentiellement à l'intérieur de la famille.

Ils ont tout d'abord assimilé aux enfants légitimes les enfants naturels. Surtout ils ont affirmé le principe de l'*égalité successorale.* En application de ce principe ils ont supprimé droit d'aînesse et de masculinité, substitutions. Ils ont interdit d'avantager par un testament ou une donation l'un des enfants au détriment des autres.

3) *Laïcité.*

129. — Le droit de la famille a été entièrement sécularisé. Le mariage n'est plus considéré que comme un contrat civil. L'état civil échappe entièrement aux autorités ecclésiastiques.

Pour transformer ainsi l'ancien droit les législateurs révolutionnaires ont dû affirmer la primauté de la loi.

B. — La primauté de la loi.

130. — **Intense activité législative ; mais échec des tentatives de codification.**

Les révolutions ont naturellement tendance à unifier le droit. Cependant, l'instabilité politique ayant régné au cours de la période intermédiaire, n'a pas permis la codification du droit privé, aucun accord ne pouvant se faire sur les principes susceptibles de servir de guide. Si bien que l'ancien droit est resté applicable dans sa diversité.

Cette situation a toutefois été fortement modifiée par une intense activité législative (18). Pour les révolutionnaires la loi est l'expression de la volonté générale. On retrouve ici les idées de Rousseau. C'est aussi le moyen le plus efficace d'apporter de façon rapide d'importants changements dans l'organisation sociale et de faire prévaloir

---

(18) V. Ph. SAGNAC, *La législation civile de la Révolution,* 1898.

l'esprit révolutionnaire. De là un véritable *fétichisme à l'égard de la loi*. Il en est d'autant plus ainsi que les législateurs révolutionnaires se méfiaient du droit romain, des coutumes et des parlements, qui symbolisaient l'ancien état des choses et les privilèges de l'ancien régime. Leur défiance à l'égard du pouvoir judiciaire les a conduits à refuser toute valeur à la jurisprudence, tout pouvoir de création du droit par les tribunaux. Ceux-ci doivent se borner à appliquer la loi. Le Tribunal de cassation a été institué à l'origine pour être un gardien vigilant et empêcher tout empiétement du pouvoir judiciaire dans la fonction législative (19).

Si les législateurs de la période révolutionnaire ne sont pas parvenus à une codification, ce n'est pas faute d'avoir essayé.

L'Assemblée constituante avait déjà décidé la rédaction d'un code général, commun à tout le royaume, de lois simples et claires, adaptées à la Constitution. Plus tard la Convention a donné à son comité de législation l'ordre de présenter un projet de code. Un délai d'un mois lui était donné. Le plus extraordinaire, c'est qu'il a été respecté. Un mois plus tard Cambacérès présentait un projet de code contenant 695 articles d'un laconisme excessif. C'est ainsi par exemple qu'un seul article, très bref, régissait la matière de l'état civil. Mais ce projet a encore été jugé trop technique et insuffisamment révolutionnaire. La Convention a nommé une commission de philosophes. La suite des événements ne lui a pas permis d'aboutir à un résultat quelconque.

Après la chute de Robespierre, Cambacérès a déposé un deuxième projet. S'inspirant des critiques formulées contre son premier texte, il s'était limité à 297 articles seulement, tous très brefs. Quelques articles ont été votés. Puis il est tombé dans l'oubli.

Sous le Directoire un troisième projet était présenté par Cambacérès, qui ne se décourageait pas, au Conseil des Cinq cents. Il ne devait avoir aucune suite. Afin d'être complet, mentionnons un quatrième projet, qui fut déposé par Jacqueminot dans le court intervalle entre la disparition du Directoire et l'organisation du Consulat. Destiné seulement à satisfaire l'opinion publique, il n'a fait l'objet d'aucun examen.

Il appartenait au Consulat, avec Bonaparte, d'aboutir à la codification du droit privé.

III. — *Le Code civil.*

131. — Le Code civil et la codification napoléonienne.

Ce que ni les rois ni la Révolution n'avaient pu faire, la volonté tenace d'un homme, Napoléon, l'a réalisé en moins de 4 ans.

Le Code civil est une œuvre d'une importance capitale. D'abord parce que, malgré d'importantes modifications, il constitue encore l'essentiel de la législation civile française ; ensuite parce que le Code civil eut un rayonnement considérable dans le monde entier (20), au

---

(19) V. *infra*, nº 445.
(20) V. *infra*, nº 138.

moins pendant tout le xixe siècle. Ce fut le véhicule de l'esprit de la Révolution. Ce fut aussi la première codification de cette envergure et de cette qualité.

Le Code civil, promulgué le 21 mars 1804, est l'élément essentiel des codifications napoléonniennes. Il a été suivi d'un code de procédure civile, entré en vigueur le 1er janvier 1807 ; d'un code de commerce, en vigueur le 1er janvier 1808 ; d'un code d'instruction criminelle et d'un code pénal, en vigueur le 1er janvier 1811. Ils ont subsisté avec cependant d'importantes modifications, sauf le code d'instruction criminelle remplacé en 1958 par le code de procédure pénale, et le code de procédure civile, renouvelé par fractions, puis remplacé en 1976, par un nouveau code. Le Code civil était toutefois de beaucoup le plus original et celui dont la qualité était la meilleure.

Comment s'est élaboré le Code civil ? Quels étaient ses caractères ? (21).

A. — L'élaboration du Code civil.

On peut distinguer trois étapes (22).

1) *L'avant-projet de l'an VIII.*

132. — Aussitôt après le coup d'état de Brumaire, Bonaparte, Premier Consul, avait désigné une commission de quatre juristes chargée de préparer un projet de code civil.

Deux de ces juristes appartenaient aux pays de coutumes. C'étaient **Tronchet** (1726-1806), ancien avocat au parlement de Paris, qui avait été député sous la Constituante et défenseur de Louis XVI, avant de devenir Président du Tribunal de cassation ; et **Bigot du Préameneu** (1747-1825), ancien avocat au parlement de Paris, qui avait été député à l'Assemblée législative, et était devenu commissaire du gouvernement auprès du Tribunal de cassation.

Les deux autres appartenaient aux pays de droit écrit. C'étaient **Portalis** (1746-1807) (23), ancien avocat du parlement d'Aix, devenu

---

(21) V. M. Vanel, *Encycl. Dalloz, Rép. dr. civ.*, 2e éd., v^o Code civil.

(22) Sur les travaux préparatoires du Code civil v. : Fenet, *Recueil complet des travaux préparatoires du Code civil au Conseil d'État*, 15 vol., 1827-1828. — Locré, *Législation civile, criminelle et commerciale de la France*, 31 vol., 1827-1832 ; les 16 premiers volumes concernent le Code civil. — *Adde :* Maleville, *Analyse raisonnée de la discussion du Code civil au Conseil d'État*, 4 vol., 1820. — Portalis, *Discours, rapports et travaux inédits sur le Code civil*, 1845. — Thibaudeau, *Mémoires sur le Consulat.* — Favard de Langlade, 10 vol., 1804-1820, 4e éd., 1838. — V. également le *Livre du Centenaire du Code civil*, 2 vol., 1904.

(23) V. Capitant, *Portalis, le père du Code civil, Rev. crit. lég. et jurispr.*, 1936, p. 187. — Lydie Schimsewitsch-Adolphe, *Portalis l'Ancien*, thèse Paris, 1936.

commissaire du gouvernement au tribunal des prises. Portalis était un homme cultivé, ayant une tournure d'esprit philosophique. C'est le plus connu des quatre rédacteurs du Code civil, parce que c'est lui qui a présenté le projet dans le célèbre « discours préliminaire ». L'autre juriste des pays de droit écrit était **Maleville,** ancien avocat au parlement de Bordeaux, devenu juge au Tribunal de cassation (24).

Ce choix marquait déjà la volonté de Bonaparte d'arriver à une œuvre pratique, tous sont en effet des praticiens connaissant parfaitement l'ancien droit ; de tenir compte à la fois de l'esprit révolutionnaire, les rédacteurs choisis ont fait partie de l'une ou de l'autre assemblée révolutionnaire ; et des traditions des pays de coutumes et de droit écrit.

Leur projet fut prêt en quatre mois. Il est connu sous le nom de projet de l'an VIII. Il a été soumis pour observations aux tribunaux d'appel et au Tribunal de cassation, qui ont donné rapidement des avis techniques souvent très judicieux, dont le Conseil d'État allait tenir le plus grand compte pour l'élaboration définitive du projet.

2) *L'élaboration du projet par le Conseil d'État.*

133. — L'influence de Bonaparte.

L'exercice du pouvoir législatif donnait lieu dans la Constitution de l'an VIII à une procédure complexe. Le projet de code civil a été élaboré par le Conseil d'État présidé soit par Bonaparte lui-même, soit par Cambacérès, alors Deuxième Consul et qui avait une certaine expérience de la question puisqu'il avait lui-même préparé trois projets successifs.

Bonaparte attachait une grande importance à la rédaction du Code civil. Il y voyait un moyen de consolider la Révolution, ce qui était l'une de ses fins politiques essentielles. A Sainte-Hélène il avait dit : « Ma vraie gloire n'est pas d'avoir gagné quarante batailles ; Waterloo effacera le souvenir de tant de victoires ; ce que rien n'effacera, ce qui vivra éternellement, c'est mon Code civil » (25).

Il a joué un rôle important dans les discussions devant le Conseil d'État. Il se faisait expliquer les problèmes avant les séances par Tronchet, car il n'avait aucune formation juridique. Cela lui permettait d'intervenir à bon escient. En tout cas il a empêché les juristes du Conseil d'État de tourner en rond dans des discussions sans fin. Il a été incontestablement la volonté agissante qui a permis d'aboutir.

Sur certains points son influence a été plus précise et parfois critiquable, notamment dans l'organisation de la famille. Corse, il était partisan d'une famille cohérente avec une forte autorité du père sur les enfants, du mari sur la femme. Des préoccupations dynastiques l'ont conduit à favoriser l'adoption et peut-être aussi le divorce (26).

---

(24) V. Bressolles, *Étude sur les rédacteurs du Code civil, Rev. Wolowski,* 1852 t. 43, p. 357. *Adde :* sur Maleville, Latour, thèse Bordeaux, 1929.

(25) De Montholon, *Récit de la captivité de l'empereur Napoléon,* t. I, p. 401.

(26) V. R. Savatier, *Bonaparte et le Code civil,* 1927. — De Villeneuve de Janti, thèse Paris, 1934. — E. Jac, *Bonaparte et le Code civil,* 1898. — J. Bourdon, *Napoléon au Conseil d'État (Notes et procès-verbaux inédits de Jean-Guillaume Locré),* 1963. — Ch. Durand, *Études sur le Conseil d'État napoléonien ; et Le fonctionnement, du Conseil d'État napoléonien.* — Mazeaud et Chabas, n° 42.

3) Le vote par le Corps législatif.

134. — Le texte élaboré par le Conseil d'état devait être soumis par le Premier Consul, seul titulaire de l'initiative des lois, au Tribunat. Celui-ci, composé de cent membres, se bornait à émettre un avis favorable ou défavorable, sans pouvoir amender le texte. Le projet était alors soumis au Corps législatif, composé de trois cents membres. Il était présenté par trois rapporteurs du Conseil d'État, et trois autres du Tribunat. Après ces rapports, le Corps législatif, sans pouvoir délibérer, d'où son surnom de « corps des muets », approuvait ou désapprouvait le projet.

Le titre préliminaire soumis au Tribunat s'est heurté à une vive opposition des anciens révolutionnaires, majoritaires au sein de cette assemblée. Ils lui reprochaient d'avoir été élaboré sans consultation des élus du peuple et d'être d'esprit réactionnaire. Sur l'avis défavorable du Tribunat, le titre préliminaire a été rejeté par le Corps législatif.

Bonaparte a alors retiré l'ensemble du projet. Pour aboutir et vaincre l'opposition du Tribunat, il a épuré celui-ci en le réduisant de cent à cinquante membres et en éliminant ainsi ses adversaires. Il a ensuite imaginé une procédure de communication officieuse au Tribunat. Celui-ci était invité à donner ses observations, dont le Conseil d'État pouvait tenir compte afin de modifier son projet. De cette façon la communication officielle devenait une simple formalité.

C'est dans ces conditions que le projet a été voté en 36 lois successives, correspondant à chacun des 36 titres qui le composent. Toutes ces parties ont été réunies dans la loi de promulgation du 30 Ventose an XII (21 mars 1804) en un seul code de 2281 articles. Cette loi contient une disposition particulièrement importante. Son article 7 décide en effet *l'abrogation expresse de toutes les dispositions de l'ancien droit* dans toutes les matières traitées dans le Code civil. Il y a ainsi rupture avec l'ancien droit. Il est inutile de rechercher dans chaque cas s'il y a eu abrogation tacite des règles anciennes, c'est-à-dire si les dispositions du Code civil sont ou non inconciliables avec le droit ancien. Il y a abrogation expresse.

Cette rupture avec l'ancien droit ne doit pas cependant être exagérée ; comme le montrent les caractères du Code civil.

B. — Les caractères du Code civil.

135. — Par sa *technique* le Code civil se rattache à l'ancien droit dans lequel ses rédacteurs ont puisé la matière de leur œuvre. Cependant il s'en sépare par *l'esprit* révolutionnaire qui l'anime.

1) La technique du Code civil.

136. — Sur son *style* les hommes de lettres sont partagés. Stendhal conseillait d'en lire chaque soir quelques articles afin de perfectionner son style. Jules Romain, de son côté, dans *Knock*, conseille également d'en lire un peu chaque soir, mais à titre de remède contre l'insomnie. C'est en tout cas un excellent style juridique, dépouillé et précis (27).

---

(27) V. sur la terminologie qui manque parfois de rigueur, BECQUART, *Les mots à sens multiple dans le Code civil*, thèse Lille, 1928. — *Adde* : A. VIANDIER, *Observations sur le style de la loi*, Rev. rech. jur. dr. prospectif, 1987, p. 847 et s.

Quant à son *plan* tout le monde s'accorde à le trouver mauvais. Après un titre préliminaire qui ne concerne que la loi, ce qui n'est pas propre au droit civil, il est divisé en trois livres. Le premier traite des personnes, le second « des biens et des différentes modifications de la propriété » ; quant au troisième intitulé « des différentes manières dont on acquiert la propriété » c'est un véritable fourre-tout dans lequel se trouve toute une série de règles dans un ordre approximatif. Ce désordre serait très fâcheux dans un manuel ou dans un traité. Mais ce défaut n'a guère d'importance dans un code. Ce qui compte surtout c'est une cohérence logique que l'on trouve incontestablement dans le Code civil (28).

La technique du Code civil est très satisfaisante en fait car ses rédacteurs ont évité les deux écueils les plus graves.

Tout d'abord ils ont banni de leur œuvre l'énoncé de tout principe philosophique. C'est une œuvre pratique faite par des praticiens. L'avant-projet de l'an VIII, sous l'impulsion de Portalis contenait un titre préliminaire beaucoup plus étoffé affirmant les principes du droit naturel. A juste raison il a été éliminé par le Conseil d'État qui l'a estimé inutile dans un code de droit positif (29).

Les rédacteurs du Code civil ont su également éviter de descendre dans le détail de la réglementation. C'est le travers de nombreuses lois actuelles. Les rédacteurs du Code civil se sont bornés à poser des principes juridiques, laissant aux juges le soin de les appliquer à la diversité des cas d'espèces.

L'avant-projet de l'an VIII a été rédigé en moins de quatre mois. Ce délai n'a pas permis de faire une œuvre originale. Il a fallu choisir parmi les matériaux de l'ancien droit les meilleures solutions. On s'est inspiré essentiellement des œuvres de Domat et plus encore de Pothier (30).

La composition de la commission devait assurer une transaction entre le droit des pays de coutumes et celui des pays de droit écrit. Il semble cependant que Tronchet ait fait prévaloir le plus souvent le droit coutumier qui inspire essentiellement la réglementation de la

---

(28) V. J. RAY, *Essai sur la structure logique du Code civil français*, thèse lettres Paris, 1927.

(29) V. J. BOULANGER, *Trav. Ass. H. Capitant*, 1945, p. 73. — Cf. J. PRÉVAULT, *Les fondements philosophiques du Code Napoléon*, in *Studi urbinati, 1975-1976*, année 64, Milan, p. 143 et s.

(30) V. ARNAUD, *Les origines doctrinales du Code civil français*, 1969, préface M. VILLEY, *Essai d'analyse structurale du Code civil français. La règle du jeu dans la paix bourgeoise*, 1973. — A. CABANIS, *L'utilisation du temps par les rédacteurs du Code civil*, *Mélanges Hébraud*, p. 171. — J. BRISSET, *L'adoption de la communauté comme régime légal dans le Code civil*, *Travaux et Recherches Fac. Droit et Sc. éco. de Paris*, Section droit privé, n° 3, Préface P.-C. TIMBAL. — J. BONNECASE, *La philosophie du Code Napoléon appliquée au droit de la famille*, 2e éd., 1928.

famille. Ces matières comportent cependant de sérieuses concessions aux solutions admises dans les pays de droit écrit. Mais la commission a fait aussi appel à d'autres sources. Pour les contrats et les obligations elle s'est inspirée du droit romain ; pour les donations et les testaments des ordonnances de Daguesseau ; pour le mariage du droit canonique, malgré la sécularisation de cette institution (31). Les matériaux qui composent le Code civil ont donc été puisés dans l'ancien droit. Mais ce n'est pas pourtant une œuvre réactionnaire, car il est animé de l'esprit de la Révolution.

2) *L'esprit du Code civil.*

137. — Il traduit la consolidation des conquêtes de la Révolution ; avec cependant l'atténuation de certains excès. Mais l'esprit de la Révolution est maintenu dans son ensemble, avec ses principes de liberté, d'égalité et de laïcité. Le Code civil est *le triomphe de l'individualisme libéral.* C'est ainsi que l'article 544 affirme le caractère absolu du droit de propriété. Le principe de la liberté contractuelle est constamment affirmé, en particulier par l'article 1134, selon lequel les contrats font la loi des parties. Il doit cependant se concilier avec les principes de justice contractuelle, de loyauté, de bonne foi et la sécurité qui protège à la fois la confiance, notion morale, et le crédit, besoin social et économique. La laïcisation du mariage et de l'état civil est maintenue. L'égalité des droits est affirmée, et consacrée, en fait, dans le domaine successoral.

Le Code civil confirmait ainsi d'importantes conquêtes de la Révolution tout en répondant aux besoins essentiels de son époque.

Dans une optique actuelle on lui a reproché cependant d'avoir négligé les intérêts collectifs au profit d'un individualisme qui laissait les individus isolés en face de l'État. Le Code civil a ignoré les personnes morales, les associations, les groupements, et même la famille en tant que telle. Sur le plan économique et social il s'est surtout préoccupé des intérêts des propriétaires immobiliers. Les relations professionnelles sont passées sous silence, notamment les relations de travail (32). De même les droits de la personnalité sont ignorés. La souveraineté de la propriété individuelle fait bon marché des inté-

---

(31) V. DARD, *Conférence du Code civil avec les lois anciennes,* 4e éd., 1827. — DUFOUR, *Le Code civil avec toutes les sources où ses dispositions ont été prises,* 1806, 4 vol.

(32) Le Code civil ne consacre au « louage des domestiques et ouvriers » que les articles 1780 et 1781. Ce dernier texte, abrogé par la loi du 2 août 1868, est révélateur : « Le maître est cru sur son affirmation : pour la quotité des gages ; pour le paiement du salaire de l'année échue ; et pour les acomptes donnés pour l'année courante ». — V. J. CARBONNIER, *Le Code Napoléon en tant que phénomène sociologique, Rev. Recherche juridique,* 1981, 3, p. 327 à 336.

rêts généraux et la liberté contractuelle se révélera l'instrument efficace de l'exploitation des plus faibles par les plus forts.

Dans la famille, l'influence de Bonaparte et le souci de réagir contre un certain relâchement des mœurs ont conduit à donner au mari et au père une autorité excessive. En particulier la femme mariée est frappée d'incapacité et son rôle à l'égard des enfants n'est consacré par le droit qu'après divorce ou décès du père. Le régime successoral a sans doute favorisé l'égalité entre les enfants ; mais il a provoqué le morcellement excessif des exploitations.

138. — L'influence du Code civil en France et dans le monde.

Le Code civil a exercé une influence considérable sur le droit français, mais aussi hors de France. Introduit dans de nombreux pays à la suite des armées de Napoléon il est resté applicable en Belgique et au Luxembourg jusqu'à nos jours, et il s'est appliqué dans la Suisse romande jusqu'en 1907, et dans le Grand Duché de Bade et certains pays rhénans jusqu'en 1900. Il a inspiré de façon plus ou moins importante plusieurs codes européens, tels les codes néerlandais de 1865, roumain de 1865, italien de 1865, portugais de 1867 et espagnol de 1889, ainsi que les codes de la Louisiane de 1808, du Québec de 1866, et d'Haïti, de 1825. De façon directe ou indirecte il a également inspiré de nombreux codes d'Amérique latine et centrale (33). Son influence n'a diminué qu'à la fin du xixe siècle avec la publication du Code civil allemand, en 1896 (34), puis des Codes suisses (35). Elle s'est maintenue cependant à l'égard des pays qui ont été soumis à l'influence culturelle et politique de la France, tels le Liban ou les États francophones d'Afrique.

---

(33) V. sur cette influence du Code civil dans le monde : Arminjon, Nolde et Wolf, *Traité de droit comparé*, t. I, p. 136 et s. — Les rapports à la Semaine internationale de droit de 1950, spécialement ceux de M. M. H. Mazeaud, *Le Code français et son influence en Europe ;* R. David, *L'influence du droit civil français en Amérique ;* J. Maury, *Le Code civil français et son influence dans le bassin méditerranéen, l'Orient et l'Extrême-Orient.* — Cornu, *Introduction*, nos 306 et s. — P.-A. Crepeau, *La réforme du Code civil du Québec, Rev. intern. dr. comp.*, 1979, p. 269 et s. — V. également les articles publiés dans la *Revue internationale de droit comparé de 1954*, no 4. — Cf. B. Schwartz, *The code Napoléon and the common law world*, 1956. — *Adde :* Le livre du centenaire du Code civil, t. II, réimpression 1969. — On a observé que cette influence du code français dans des pays socialement très différents n'avait pas toujours été très heureuse, V. J. Carbonnier, *Introduction*, § 86, qui cite, pour la Roumanie, Dissescou, *Livre du centenaire du Code civil*, t. II, p. 860 ; et, pour Haïti, J. Despeignes, *Le droit informel à Haïti*, thèse Paris, 1973. — V. également, J. Carbonnier, *Le Code civil des Français a-t-il changé la société européenne ? Programme pour une recherche sociologique sur l'influence du Code de 1804*, D. 1975, chron. p. 171.

(34) Burgerliches Gesetzbuch, en abréviation B. G. B.

(35) Code des obligations du 30 mai 1911 et Code civil du 1er janvier 1912.

139. — Dans sa rédaction initiale le Code civil s'intitulait Code civil des français. Avec le premier Empire il est devenu Code Napoléon. Avec la Restauration il est redevenu Code civil des français. De plus les termes roi, royaume ont été substitués aux mots empereur et empire. Sous le deuxième Empire il est redevenu Code Napoléon, mais on n'a pas modifié de nouveau sa terminologie. Aucun changement n'est intervenu depuis, si bien qu'aujourd'hui le Code civil est officiellement Code Napoléon, et sa terminologie, inchangée depuis 1816, se réfère à la monarchie.

En fait les éditions courantes mettent d'office les textes en accord avec les institutions républicaines. Quant à l'appellation de Code Napoléon, elle est seulement utilisée pour évoquer l'état primitif du texte, par opposition à sa teneur actuelle, telle qu'elle résulte des nombreuses modifications qui lui ont été apportées par des lois ultérieures.

C'est que le droit français a encore subi une profonde évolution depuis la promulgation du Code civil.

§ 2. — L'ÉVOLUTION DU DROIT CIVIL APRÈS LE CODE CIVIL

140. — La codification n'a pas arrêté l'évolution du droit. Napoléon avait dit lui-même de ses codes qu'il faudrait les refaire dans trente ans.

On peut distinguer dans cette évolution trois périodes : *de 1804 à 1880 ; de 1880 à 1958 ; et de 1958 à nos jours.*

I. — *De 1804 à 1880.*

141. — **La rareté des lois nouvelles.**

Jusqu'en 1880 on peut parler d'une certaine stagnation. Le Code civil convient à la société de l'époque, ou, tout au moins, à la grande bourgeoisie libérale. La Restauration n'a pas porté atteinte au Code civil. Louis XVIII, dans la Charte, avait promis de le respecter. On s'est borné à supprimer le divorce en 1816 car il était incompatible avec le rétablissement de la religion catholique comme religion d'État.

Les lois nouvelles sont rares. L'ensemble des journaux officiels parus entre 1804 et 1850 contient moins de lois qu'il n'en est aujourd'hui publié en une seule année. Ces lois nouvelles sont essentiellement techniques, comme celle du 23 mars 1855 qui organise la publicité des mutations foncières et des hypothèques. On assiste cependant à un *développement considérable de la propriété mobilière*. Le développement des grandes sociétés capitalistes permis par la loi du 24 juillet 1867 sur les sociétés par actions a donné une grande importance aux valeurs mobilières, actions et obligations émises par ces sociétés. Cette importance des biens meubles, par opposition à la terre et aux immeubles bâtis qui constituaient l'essentiel des patrimoines au moment de la rédaction du Code civil, s'est encore augmentée par la reco naissance des diverses propriétés intellectuelles : rétablissement de la patrimonialité des offices ministériels par la loi du 28 juillet 1816 ; protection du nom commercial par celle du 28 juillet 1824 ; des brevets d'invention par celle du 28 juillet 1844 ; des marques de fabrique par celle du 23 juin 1857 ; amélioration de la propriété littéraire et artistique par celle du 14 juillet 1866. Il a fallu alors mieux assurer la protection du patrimoine mobilier, en particulier de celui des incapables ; ce qui fut l'objet de la loi du 27 février 1880. De même dans la pratique notariale des modifications ont été apportées aux nouveaux contrats de mariage afin de tenir compte de l'importance des valeurs mobilières.

142. — L'École de l'exégèse.

Cette stabilité juridique est accentuée par les principes qui inspirent l'application et l'interprétation de la loi. C'est le règne de ce qu'on a pu appeler l'École de l'exégèse (36).

Elle se caractérise par deux traits essentiels : *le droit est entièrement contenu dans la loi écrite ; le juriste doit seulement l'en extraire en recherchant la volonté du législateur.*

143. — Le postulat de la plénitude de la loi écrite.

Le droit se confond totalement avec la loi écrite. Particulièrement le droit civil est entièrement contenu dans le Code civil (37). Une fois les faits établis il suffit de formuler le syllogisme judiciaire dont la majeure est constituée par la règle écrite appropriée, et la mineure par la constatation que les conditions prévues dans cette règle sont réalisées (38).

Ce postulat de la plénitude de la loi écrite se justifie tout d'abord par la codification napoléonnienne. Toute codification impose une étude et un commentaire de la loi nouvelle. *A fortiori* en est-il ainsi lorsqu'il s'agit d'un code qui, comme le Code civil, réalisait en même temps l'unification du droit civil français et la consécration d'un ordre social nouveau. Psychologiquement l'admiration provoquée par une œuvre qui n'avait pas alors de précédent comparable favorisait un véritable culte de la loi. La plénitude de la loi écrite résulte également ment du principe de la souveraineté nationale et de celui de la séparation des pouvoirs que la Révolution française avait reçus de la philosophie politique du XVIIIe siècle (39). Institutionnellement le Tribunal, puis la Cour de cassation avaient été institués pour interdire toute

---

(36) V. J. BONNECASE, *L'école de l'exégèse en droit civil*, 2e éd., 1924. — E. GAUDEMET, *L'interprétation du Code civil en France depuis 1804*, Paris 1935. — L. HUSSON, *Analyse critique de la méthode de l'exégèse*, in *L'interprétation dans le droit*, Arch. philosophie du droit, t. XVII, 1972, p. 115. — A. J. ARNAUD, *Les juristes face à la société, du XIXe siècle à nos jours*, 1974. — *Adde* : CHARMONT et CHAUSSE, *Les interprètes du Code civil, Livre du centenaire*, t. I, p. 131.

(37) V. H. BATIFFOL, *Questions de l'interprétation juridique*, in *L'interprétation dans le droit*, Arch. de philosophie du droit, t. XVII, 1972, p. 23. — J. BRÈTHE DE LA GRESSAYE, *Souvenirs d'un civiliste*, Rev. trim. dr. civ., 1975, p. 661. — R. SAVATIER, *La science du droit au cours du dernier siècle : France*, in *La scienza del diritto nell'ultimo secolo*, publié sous la direction de M. ROTONDI, Padova, 1976, p. 317.

(38) Cf. Ch. PERELMAN, *Logique juridique. Nouvelle rhétorique*, 1976, p. 25, no 16. — *Adde* : *supra*, nos 46 et s.

(39) V. HUSSON, précité, p. 121 et s.

immixtion des juges dans l'exercice du pouvoir législatif (40). Le législateur est la seule expression de la souveraineté nationale, qui a seule le pouvoir de limiter la liberté des individus.

Cependant pour que l'application de la loi se réduise à un simple syllogisme il faudrait que celle-ci puisse toujours donner, par simple lecture, la règle applicable et ses conditions d'application. Or il est loin d'en être toujours ainsi. La loi peut être obscure ou ambiguë. Elle peut comporter des contradictions, des antinomies. Surtout, le principe de la plénitude de la loi écrite se heurte à une évidence que Portalis avait déjà énoncée (41). Le législateur ne peut viser expressément toutes les situations concrètes que la loi est appelée à régir. Pour reprendre un exemple cité par M. Perelman (42), si un texte interdit aux chiens l'accès des autobus, peut-on en déduire qu'il est également interdit d'y introduire un ours? Les dispositions légales, quelle que soit leur précision, comportent des « implicites », qu'il convient de dégager (43).

Cette recherche est d'autant plus nécessaire que *l'interprétation juridique* ne se borne pas à dire ce que le législateur a voulu dire. Elle vise aussi à l'application de règles générales à des cas particuliers (44). On a pu parler en ce sens d'interprétation « opérative » (45).

144. — Pour l'École de l'exégèse seule compte la volonté du législateur qu'il convient de découvrir.

L'École de l'exégèse n'a pas nié la nécessité d'interpréter la loi. Mais

---

(40) V. *infra*, nos 408 et 445.

(41) « L'office de la loi est de fixer par de grandes vues des maximes générales du droit, d'établir des principes féconds en conséquence, et non de descendre dans le détail des questions qui peuvent naître sur chaque matière. C'est aux magistrats et aux juristes, pénétrés de l'esprit général des lois, à en diriger l'application... Il y a une science pour les législateurs comme il y en a une pour les magistrats ; et l'une ne ressemble pas à l'autre. La science du législateur consiste à trouver dans chaque matière les principes les plus favorables au droit commun ; la science du magistrat est de mettre ces principes en action, de les ramifier, de les étendre par une application sage et raisonnée aux hypothèses prévues », FENET, *op. cit.*, p. 470 ; LOCRÉ, p. 258. — Cf. A. TUNC, *La méthode du droit civil : Analyse des conceptions françaises*, *Rev. intern. dr. comp.*, 1975, p. 821 et les auteurs cités, note 7.

(42) *Op. cit.*, no 32, p. 53.

(43) V. H. BATIFFOL, précité, p. 12.

(44) H. BATIFFOL, précité, p. 100. — Cf. G. KALINOWSKI, *Philosophie et logique de l'interprétation en droit*, in *L'interprétation dans le droit*, Arch. philosophie du droit, 1972, p. 42, pour qui l'interprétation comprendrait, outre le comblement des lacunes législatives, l'adaptation de la loi aux circonstances et aux exigences de la conscience de l'interprète. Bien que la pratique judiciaire puisse fournir des arguments en faveur de cette analyse (v. *infra*, nos 428 et s.), il est permis de penser cependant qu'elle n'a plus qu'un lien formel avec l'interprétation au sens propre du terme et qu'il s'agit plutôt de la recherche de la solution juste à partir des textes, mais au-delà de ces derniers.

(45) J. WROBLEWSKI, *L'interprétation en droit : théorie et idéologie*, in *L'interprétation dans le droit, op. cit.*, p. 54.

elle a entendu écarter toute intervention subjective de la volonté de l'interprète, notamment quant à l'appréciation des résultats auxquels conduisait l'application de la loi. Seule compte la volonté du législateur qu'il convient de découvrir. Peu importe que la règle soit sévère, injuste, inadaptée, dès l'instant qu'on peut la considérer comme voulue par le législateur (46), encore que l'on ait tempéré cette expression en faisant valoir que les auteurs du xixe siècle n'ignoraient pas la jurisprudence et n'hésitaient pas à écarter une disposition légale aux conséquences désas treuses (46-1).

Pour découvrir cette volonté, il faut d'abord interroger le texte lui-même. On doit élucider tous les termes utilisés par le législateur (47). *L'interprétation*, dite « grammaticale », « s'attache à déterminer le véritable sens d'un texte obscur ou incomplet en s'aidant des usages de la langue et des règles de la syntaxe » (48).

A cette interprétation grammaticale se joint une *analyse, dite* « *logique* », qui consiste essentiellement à replacer le texte dans son contexte, l'examen pouvant aller jusqu'à l'ensemble du Code civil. Il est ainsi possible, en analysant les textes et en les rapprochant les uns des autres de dégager d'une série de règles de portée plus ou moins limitée, un principe plus général, d'où se déduiront, par « induction-déduction », ou « induction amplifiante », de nouvelles applications (49).

La loi étant traitée comme une volonté raisonnable on fait appel aux ressources de la logique afin de déduire des règles explicites, les solutions implicites qu'elles doivent comporter. Pour cela on recherche *les motifs qui ont déterminé le législateur*, le but qu'il a poursuivi (50).

---

(46) V. GÉNY, *L'évolution contemporaine de la pensée juridique dans la doctrine française, Mélanges Ripert*, t. I, p. 3. — BRÈTHE DE LA GRESSAYE, précité, p. 661.

(46-1) Chr. ATIAS, *Réflexions sur les méthodes de la science du droit*, D. 1983, chron., XXVI, n° 5, p. 146.

(47) Cf. en Allemagne la célèbre Begriffsjurisprudenz, « la doctrine des concepts, fixant une fois pour toutes le sens des termes juridiques, de façon à permettre, à partir des textes légaux, un raisonnement aussi strict que dans un système mathématique » (Ch. PERELMAN, *Logique juridique. Nouvelle rhétorique*, p. 52, n° 31). Cf. aussi l'analytical school (H. BATIFFOL, précité, p. 11) anglo-américaine, dont la préoccupation première est la définition précise des termes légaux.

(48) C'est la définition même de AUBRY et RAU, *Cours de droit civil français*, 4e éd., t. I, p. 130, qui l'opposent à l'interprétation logique (Cf. BONNECASE, *L'école de l'exégèse*, 2e éd., p. 135 et HUSSON, précité, p. 118). — V. P. |DUBOUCHET, *L'école de l'exégèse et la science du droit, Rev. rech. jur. dr. prospectif*, 1986, p. 209 et s., spéc., p. 210 et s.

(49) V. *infra*, n° 449, les principes généraux du droit dégagés par cette méthode.

(50) Cette interprétation téléologique n'a pas été utilisée par tous les exégètes, ce qui conduit M. PERELMAN à la distinguer de l'École de l'exégèse (*Logique juridique*, précité, p. 23 et 51). Mais on s'accorde généralement à admettre que l'École de l'exégèse joignait à l'analyse grammaticale la recherche de l'intention du législateur, non seulement quant aux moyens à mettre en œuvre, mais aux fins poursuivies (v. not. HUSSON, précité, p. 118).

Les précédents historiques qu'il a voulu consacrer ou infirmer, et surtout les travaux préparatoires sont consultés à cette fin. Lorsque les raisons mêmes qui avaient déterminé le législateur (raisonnement *a pari*) ou des raisons plus fortes encore (raisonnement *a fortiori*) se retrouvent à l'égard d'une situation voisine de celle expressément visée par la loi, celle-ci lui est étendue. En revanche si ces raisons ne se retrouvent pas, on déduit du silence de la loi que celle-ci ne s'applique pas à la situation particulière qu'elle ne vise pas expressément (51). Cette recherche peut également conduire à l'introduction de distinctions permettant d'écarter l'application d'un texte apparemment de portée générale (52). Par exemple, selon l'article 451 du Code Napoléon, lors de l'ouverture de la tutelle, les meubles du mineur devaient être vendus. Pourquoi? Parce que, dans l'esprit du législateur, il s'agissait de biens improductifs qui risquaient de se détériorer. On écartera donc la règle pour les meubles productifs, en particulier pour les valeurs mobilières.

Appliquée avec rigueur la méthode était bonne dans la mesure où la volonté du législateur pouvait être dégagée et où cette volonté méritait d'être prise en considération, en elle-même (53). Mais, sous ces réserves mêmes, le postulat de la plénitude de la loi écrite conduisait nécessairement à des abus. Pour régler des situations que le législateur n'avait pu prévoir, on a raisonné sur de simples analogies ou à partir de constructions abstraites afin de lui prêter des intentions supposées qu'il n'avait évidemment pas eues (54).

145. — Les auteurs se rattachant à l'École de l'exégèse et la jurisprudence.
L'École de l'exégèse ne s'est pas imposée dès la publication du Code civil. Les premiers juristes qui eurent à enseigner et appliquer le droit nouveau, avaient été formés dans l'ancien droit (55). Cependant l'enseignement du droit

---

(51) C'est là, semble-t-il, la seule utilisation du raisonnement *a contrario* qui ait quelque signification.

(52) Deux principes d'interprétation sont alors en conflit : d'une part, la loi cesse là où cessent ses motifs *(cessante ratione legis, cessat ejus dispositio)*, et, d'autre part, l'interprète ne doit pas distinguer là où la loi ne distingue pas *(ubi lex non distinguit, nec nos distinguere debemus)*.

(53) V. *infra*, nº 150.

(54) V. Demolombe, *Cours de Code Napoléon*, t. I, nº 115 : « En théorie, l'interprétation, c'est l'explication de la loi ; interpréter c'est élucider le sens exact et véritable de la loi. Ce n'est pas changer, modifier, innover ; c'est déclarer, c'est reconnaître. L'interprétation peut être plus ou moins ingénieuse ou subtile ; elle peut même parfois prêter au législateur des intentions qu'il n'avait pas, ... meilleures ou moins bonnes, mais enfin il faut qu'elle n'ait pas la prétention d'avoir inventé ; autrement elle ne serait plus l'interprétation ».

(55) Merlin, avocat sous l'ancien régime au parlement de Flandre et collaborateur au répertoire de Guyot, après avoir été constituant, puis conventionnel, devint sous l'Empire procureur général près la Cour de cassation. Ses « réquisitoires » le font apparaître davantage comme « l'héritier des grands juristes de l'ancien droit, plutôt que l'initiateur de l'École de l'exégèse » : E. Gaudemet, *L'interprétation du Code civil en France*, Paris, 1935, p. 20. — *Adde* : Husson, précité, p. 121. — R. Sava-

civil (56) se transforme vite en un simple commentaire du Code Napoléon, article par article (57). Toutefois deux auteurs, **Aubry et Rau**, d'abord professeurs à Strasbourg, puis, après 1870, conseillers à la Cour de cassation, ont adopté un plan personnel (58). Après une première édition, en 1838, trois rééditions successives, dont la dernière de 1869 à 1879, en huit volumes, exprimaient un apport personnel de plus en plus important par sa sobriété et sa clarté. Son influence a été considérable et ses formules ont inspiré de nombreux arrêts de la Cour de cassation (59). Une 5e édition, par Bartin, une 6e par Paul Esmein, et une 7e commencée en 1964 par M. André Ponsard (60), ont assuré sa permanence.

La jurisprudence a naturellement subi l'influence de l'École de l'exégèse, surtout entre 1830-1840 et 1880, période qui marque l'apogée de celle-ci. Elle a fait preuve cependant d'une certaine indépendance à l'égard des textes, comme le montre, par exemple, son utilisation de la notion de cause ou des vices du consentement pour moraliser les relations contractuelles (61). Elle a, en tous cas, résolu, et souvent une fois pour toutes, les questions que les divers articles du Code civil laissaient en suspens (62).

TIER, précité, p. 316. — A la même époque, autour de la revue *La Thémis*, animée par Athanase JOURDAN, mort très jeune en 1826, s'étaient affirmées des méthodes proches des idées actuelles. V. J. BONNECASE, *La science du droit en France au début du XIXe siècle, La Thémis, 1819-1831, son fondateur Athanase JOURDAN*, 2e éd., 1914.

(56) DELVINCOURT, *Institutes de droit français*, Paris, 1808. — PROUDHON, *Cours de droit civil*, Paris, 1809.

(57) DELVINCOURT, *Cours de Code civil*, Paris, 1813. — TOULLIER, *Cours de droit français suivant l'ordre du code*, Paris, 1811, continué et développé par TROLONG, Premier Président de la Cour de cassation, dans un « Droit civil expliqué suivant l'ordre des articles du code », ouvrage porté à 27 volumes à partir de 1835. — DURANTON, *Cours de droit civil suivant le Code civil*, Paris, 1825 et s. — MARCADÉ, *Explication théorique et pratique du Code Napoléon*, 11 vol., Paris, à partir de 1848. — DEMOLOMBE, *Cours de Code Napoléon*, 31 vol. Paris, 1845-1882. — DEMANTE et COLMET DE SANTERRE, *Cours analytique du Code civil*, 1re éd., 1849-1873, 9 vol. — En Belgique, LAURENT, *Principe de droit civil*, 33 vol. Paris, 1869-1878. *Adde :* ACOLLAS, que l'on a pu présenter (J. CARBONNIER, *Introduction*, § 152) comme le seul juriste de « gauche » de l'école française du XIXe siècle.

(58) Ils ont cru devoir le justifier en présentant la première édition de leur ouvrage comme la traduction d'un auteur allemand, ZACHARIAE, professeur à Heidelberg, qui avait analysé le Code civil français applicable en Rhénanie jusqu'en 1900.

(59) V. A. TUNC, *La Méthode du droit civil : Analyse des conceptions françaises*, *Rev. intern. dr. comp.*, 1975, p. 829.

(60) Ancien professeur des Facultés de droit et aujourd'hui conseiller à la Cour de cassation.

(61) V. OBLIGATIONS.

(62) En lisant les éditions du Code civil Dalloz antérieures aux réformes récentes « on constate couramment que le texte laissait au juge quatre ou cinq questions à résoudre, mais que ces questions ont été tranchées, le plus souvent au XIXe siècle et parfois au milieu de celui-ci, une fois pour toutes » : A. TUNC, précité, p. 822.

146. — L'évolution en germe.

Malgré la stagnation législative une évolution est déjà en germe. Avec Louis-Philippe on assiste à l'essor du grand capitalisme. D'importantes concentrations ouvrières se forment, posant de graves problèmes sociaux et économiques que le Code civil n'avait pu prévoir ni régler. L'absence de réglementation du contrat de travail, jointe à l'interdiction des groupements professionnels et des coalitions par la loi Le Chapelier des 14-17 juin 1791, ont permis une véritable exploitation des ouvriers, dont la misère est extrême (63).

La révolution de 1848 marquait le début d'une évolution dans un sens plus favorable au progrès social. Elle faisait apparaître le suffrage universel. Celui-ci, sous le second Empire, régime autoritaire, n'avait guère de conséquences pratiques. Il ne devait faire sentir ses effets sur le droit privé qu'après 1880 lorsqu'il eut amené dans les deux assemblées, un personnel nouveau, marquant, suivant la formule de Daniel Halevy, la « fin des notables ».

II. — De 1880 à 1958.

147. — La société française s'est incontestablement transformée au cours de cette période. Les incidences de cette transformation sur nos institutions et notre droit sont également évidentes. La difficulté commence lorsqu'il s'agit d'apprécier l'importance relative de cette évolution par rapport aux époques antérieures (64) et de relier entre elles les diverses modifications constatées. En fait l'histoire du droit et la sociologie juridique de cette période restent à étudier (65).

Sur le plan politique le suffrage universel a permis la création de grands partis ouvriers dont l'influence s'est accrue constamment. Sur le plan économique et social la France essentiellement agricole et rurale est devenue industrielle et urbaine. La révolution industrielle a entraîné

---

(63) En 1840, l'enquête officielle du docteur VILLERMÉ devait révéler cette situation dans un ouvrage intitulé *Tableau physique et moral des ouvriers employés dans les manufactures de soie, coton et laine.*

(64) V. J. CARBONNIER, *Flexible droit*, 3ᵉ éd., p. 133-134.

(65) V. cependant, DUGUIT, *Les transformations générales du droit privé depuis le Code Napoléon*, 1912. — CHARMONT, *Les transformations du droit civil*, 1912. — H. CAPITANT, *Les transformations du droit civil français depuis cinquante ans*, 1922.— R. SAVATIER, *Métamorphoses économiques et sociales du droit civil d'aujourd'hui*, publiées en trois séries ; la première, en 1952, en est à sa troisième édition, Paris, 1964, alors que la seconde et la troisième ont été publiées en deux volumes en 1959.— *Adde : Le droit privé au milieu du XXᵉ siècle, Études Ripert*, 1950. — J. CARBONNIER, *Flexible droit*, 3ᵉ éd., 1976. — G. RIPERT, *Le régime démocratique et le droit civil moderne*, 1936, 2ᵉ éd., 1950 ; *Aspects juridiques du capitalisme moderne*, 1946 ; *Le déclin du droit*, 1949 ; *Les forces créatrices du droit*, 1955.

un regroupement des entreprises, donnant naissance au « grand capitalisme » et à des concentrations ouvrières si importantes que l'État ne pouvait plus s'en désintéresser. La loi du 21 mars 1884 autorisant la libre création d'associations professionnelles a permis la constitution de puissants syndicats ouvriers. Complétée par la liberté d'association résultant de la loi du 1er juillet 1901, elle a entraîné la réapparition des corps intermédiaires que les hommes de la Révolution de 1789 avaient entendus éliminer. Ces groupements ont fait pression sur l'État afin d'obtenir l'amélioration collective de la situation de leurs membres, voire le maintien de situations privilégiées.

Sur le plan des idées un recul des croyances traditionnelles s'est accompagné d'un développement de l'idéologie marxiste, et, plus largement, des préoccupations essentiellement matérialistes qui caractérisent notre société contemporaine. Le « bonheur » ainsi conçu est un droit qu'on entend exercer immédiatement sans attendre un autre monde que beaucoup tiennent pour hypothétique et, en tout cas, trop lointain. Il appartient à l'État d'y pourvoir, ou, à tout le moins, de veiller à ce que chacun dispose des mêmes chances de l'obtenir. Ce scuci de corriger les inégalités naturelles et acquises entre les hommes, d'empêcher aussi que les plus forts abusent de la faiblesse des autres, condamne l'individualisme libéral qui avait inspiré le Code civil et dominé le XIXe siècle. La complexité des mécanismes économiques, les guerres et les crises ont agi dans le même sens. La recherche de solutions collectives et l'intervention de l'État dans de très nombreux domaines sont ainsi d'autres traits caractéristiques de notre société.

Cette évolution n'a pas manqué d'agir sur les sources et le contenu du droit civil.

A. — L'évolution des sources du droit.

148. — Le vieillissement du Code civil et la multiplication des lois nouvelles.

Bien adapté aux relations sociales qu'il entendait régir, le Code civil l'est de moins en moins à une société qui se transforme. Les lois nouvelles vont se multiplier.

D'abord préparées de façon très satisfaisante, comme l'attestent, par exemple, les travaux préparatoires de la loi de 1912 qui autorisait la recherche de la paternité naturelle, elles seront de plus en plus élaborées dans une précipitation peu compatible avec un travail parlementaire sérieux (66).

---

(66) V. G. RIPERT, *Le déclin du droit*, 1948.

Formellement la plupart de ces lois nouvelles sont restées extérieures au Code civil. Leur intégration intellectuelle s'est révélée de plus en plus difficile au fur et à mesure que s'accusaient les différences d'inspiration. L'inadaptation des textes anciens, la moindre cohérence logique de l'ensemble législatif devaient affaiblir le prestige de la loi. Il en résultait une évolution des méthodes d'interprétation et un accroissement du rôle de la jurisprudence.

149. — Déclin et critique de l'École de l'exégèse.
On s'accorde à situer à compter de 1880 le déclin de l'École de l'exégèse. Celle-ci compte encore à la fin du siècle quelques représentants, notamment Baudry-Lacantinerie (67), « le dernier des exégètes » (68). Cependant les travaux de **Saleilles** sur le droit comparé, spécialement sur le projet de Code civil allemand, et sur la méthode historique, apportaient des éléments nouveaux (69) auxquels s'ajoutaient les études de sociologie menées par Durkheim et son école à partir de 1887.

La convergence de ces courants d'idées nouvelles s'exprimait dans l'œuvre magistrale de **Gény** (70). Celui-ci dénonçait le postulat de la plénitude de la loi écrite et démontrait le caractère artificiel des constructions logiques dont faisaient usage les exégètes pour en déduire les solutions que la loi ne fournissait pas directement. Le législateur ne peut prévoir et *a fortiori* résoudre toutes les difficultés susceptibles de naître, dans le présent et l'avenir, des relations sociales. Le droit ne peut être entièrement contenu dans la loi écrite.

150. — La « libre recherche scientifique ».
A la méthode exégétique Gény a opposé la « libre recherche scientifique ». Le juge doit appliquer la loi et respecter ainsi la volonté du législateur, lorsque les circonstances de l'espèce correspondent à l'hypo-

---

(67) Auteur d'un ouvrage en trois volumes en 1882, il devait diriger à compter de 1895 la publication d'un *Traité théorique et pratique de droit civil* en vingt-neuf volumes.

(68) J. Brèthe de la Gressaye, *Souvenirs d'un civiliste, Rev. trim. dr. civ.*, 1975, p. 661.

(69) V. *Le rôle de la méthode historique dans l'enseignement du droit, Rev. internat. de l'enseignement*, t. XIX, 1890, 1re sem., p. 482-503 ; *La déclaration de volonté*, Paris, 1901 ; *Introduction au Code civil allemand*, Paris, 1904 ; *L'obligation d'après le Code civil allemand*, 3e éd., Paris, 1919 ; *La possession des meubles*, Paris, 1907 ; *La personnalité juridique*, 2e éd., Paris, 1922. — Adde : *L'œuvre juridique de Raymond Saleilles*, ouvrage collectif, Paris, 1914.

(70) *Méthode d'interprétation et sources en droit privé positif*, 1899, dont une seconde édition en 1919 a fait l'objet d'un retirage en 1954 ; *Science et technique en droit privé positif*, Paris, 1924, 4 vol.

thèse envisagée par ce dernier. A défaut le juge doit rechercher librement la solution convenable. Cependant cette liberté n'est pas arbitraire. Le juge doit tenir compte des données sociales de son époque, tant sur le plan matériel que moral.

Gény a ainsi condamné la méthode exégétique qui dissimulait, de façon hypocrite, la volonté de l'interprète derrière une volonté supposée, mais parfaitement imaginaire, en fait, du législateur. Il a d'ailleurs montré que cette volonté n'avait de signification réelle qu'en fonction des rapports sociaux existant au moment où elle s'était exprimée (71).

151. — L'interprétation historique ou évolutive.

Cette dernière observation a été avancée pour justifier une autre méthode d'interprétation, elle aussi condamnée cependant par Gény, mais préconisée par Saleilles, l'interprétation historique ou évolutive. Selon cette méthode seul compte le texte de la loi et non la volonté du législateur, du moins lorsque cette volonté est ancienne et ne correspond plus aux exigences nouvelles du milieu social. *Il faut donc interpréter le texte en fonction des besoins de la société au moment de cette interprétation.* Un même texte peut ainsi changer de sens afin d'adapter la règle d'origine à des nécessités nouvelles.

La méthode historique a l'avantage incontestable de permettre l'adaptation des textes anciens en faisant l'économie d'une révision périodique, dont l'expérience montre qu'elle n'est guère pratiquée.

On lui a reproché de détacher artificiellement le texte légal de la volonté qu'il exprimait et de faire prévaloir ainsi la volonté du juge sur celle du législateur. On a ajouté que les justiciables seraient ainsi livrés à l'incertitude et à l'arbitraire des juges.

C'est cependant cette méthode qui a été utilisée par la jurisprudence à l'égard de textes anciens qui ne correspondaient plus aux besoins de la société. L'interprétation du premier alinéa de l'article 1384 du Code civil en est l'exemple le plus marquant (72). Ce choix semble lié au rôle de la Cour de cassation (73).

Celle-ci a été instituée à l'origine pour assurer une interprétation uniforme de la loi afin de préserver l'uniformité de cette dernière. L'accumulation des lois postérieures au Code civil a détruit cette uniformité. Des dispositions légales coexistent, qui sont nées à des époques

---

(71) V. outre les ouvrages de GÉNY, précités, Fr. TERRÉ, *En relisant Gény*, *Arch. philosophie du droit*, t. VI, 1961, p. 125 et s. — J. BRÈTHE DE LA GRESSAYE, *Souvenirs d'un civiliste*, *Rev. trim. dr. civ.*, 1975, p. 661 et s. — M. VILLEY, *F. Gény et la renaissance du droit naturel*, in *Seize essais de philosophie du droit*, 1969, p. 121 et s.

(72) V. *infra*, nᵒˢ 422 et s., l'interprétation créatrice de la jurisprudence.

(73) V. L. HUSSON, *Analyse critique de la méthode de l'exégèse*, précité, p. 130 et s. — Adde : F. TERRÉ, *En relisant Gény*, in *Arch. philosophie du droit*, 1961, p. 128.

différentes et relèvent d'inspirations diverses, parfois contradictoires. Les antinomies se trouvent ainsi multipliées. La Cour de cassation doit alors assurer par l'interprétation la cohérence de la législation. Elle ne peut évidemment le faire en se référant aux volontés diverses et contradictoires des législateurs successifs. Il lui faut faire appel à des principes qu'elle dégage de l'ensemble de la législation et qu'elle fait évoluer en même temps que celle-ci et en fonction des besoins sociaux du moment (74). La Cour de cassation exerce ainsi un véritable pouvoir que consacre notre organisation judiciaire. Mais sa subordination traditionnelle aux Pouvoirs législatif et exécutif a dissuadé la Cour de cassation de se présenter, au moins ouvertement, comme un substitut du législateur. C'est pratiquement toujours sous le couvert de l'interprétation des dispositions légales en vigueur qu'elle adapte la règle ou même crée une règle nouvelle (75). Il reste que malgré les limites que comporte nécessairement une telle méthode (76) la Cour de cassation n'hésite pas à utiliser la « recherche scientifique » préconisée par Gény ; mais afin de donner au texte, servant de support à son interprétation, le sens qu'imposent les donnée morales, économiques et sociales du moment.

La Cour de cassation reste ainsi, au moins formellement, attachée au postulat de la plénitude de la loi écrite. Mais elle en modifie très sensiblement la portée en interposant entre la règle résultant de celle-ci, et la solution de l'espèce, les aménagements, les additifs et les correctifs qui, en tant qu'interprétation obligatoire de la loi, sont devenus les compléments nécessaires de cette dernière (77). Elle ne refuse pas non plus de rechercher la volonté réelle du législateur, et de se référer pour cela aux travaux préparatoires de la loi (78). Mais une telle recher-

---

(74) V. *infra*, n°s 446 et s., les principes généraux du droit et leur utilisation par la Cour de cassation.

(75) V. *infra*, n° 444. — *Adde : L'interprétation par le juge des règles écrites, Trav. Ass. H. Capitant*, t. XXIX, 1978, spécialement A. RIEG, *Rapport français droit civil et commercial*, p. 70 et s.

(76) V. *infra*, n°s 453 et s.

(77) V. J. BOULANGER, *Notations sur le pouvoir créateur de la jurisprudence civile, Rev. trim. dr. civ.*, 1961, p. 417 et s., spécialement n°s 8 et 11.

(78) Encore faut-il que l'obscurité ou l'ambiguïté du texte exige une interprétation, v. en ce sens, Cass. crim., 24 décembre 1909, S. 1910. 1. 411. — Cass. civ., 22 novembre 1932, D. H. 1933, p. 2. — *Adde :* Cass. civ., 4 juin 1889, D. 1890. 1. 351. — Trib. civ. Strasbourg, 21 mars 1925, *Gaz. Pal.*, 1925. 1. 680. — Nancy, 12 janvier 1927, *Gaz. Pal.*, 1927. 1. 295. — Angers, 10 avril 1935, S. 1935. 2. 222. — Riom, 21 octobre 1946, D. 1947, p. 90, note J. CARBONNIER. — Cf. M. COUDERC, *Les travaux préparatoires de la loi ou la remontée des enfers*, D. 1975, chron. p. 249. — *Adde :* sur la « clarté » d'un texte, Ch. PERELMAN, *Logique juridique*, n° 25. — Pour des exemples de référence abusive aux travaux préparatoires, B. BOCCARA, *Le nouveau blocage des loyers ; l'irritante controverse du loyer en vigueur*, J. C. P. 1977. I. 2834. — VION, *Defrénois*, 1976, 1re part., p. 1083. — DAGOT, J. C. P. 1976. I. 2820, n° 8.

che n'a pour elle de véritable portée que s'il s'agit d'une loi relativement récente.

152. — La doctrine.

Ces idées nouvelles rendaient mieux perceptible le rôle essentiel de la jurisprudence en tant que source du droit. Dès 1899 le Traité élémentaire de Planiol présentait une synthèse du droit civil dans laquelle, après un bref exposé historique, chaque question était étudiée dans un ordre logique au regard de la loi et de la jurisprudence. La place de cette dernière allait devenir de plus en plus importante dans les travaux de la doctrine. Henri Capitant (1865-1937), notamment dans son célèbre livre traitant « de la cause des Obligations » (79), donnait la première place à l'analyse de la jurisprudence dont il dégageait les constructions logiques (80).

Georges Ripert (1880-1958) a repris le Traité élémentaire de Planiol, en s'associant plus tard, son élève Jean Boulanger. Parallèlement il a dirigé la rédaction du Traité pratique de droit civil, auquel il avait associé le nom de Planiol (81). Ripert, qui fut Doyen de la Faculté de Paris, a également joué un rôle essentiel dans la doctrine du droit commercial (82) et du droit maritime. Il eut également le souci de dégager les facteurs essentiels de l'évolution du droit, comme le montrent ses œuvres maîtresses : La règle morale dans les obligations civiles (83) ; Le régime démocratique et le droit civil moderne (84) ; Les aspects juridiques du capitalisme moderne (85) ; puis, après la seconde guerre mondiale, Le déclin du droit et Les forces créatrices du droit (86)

Le même esprit d'ouverture se retrouve chez des auteurs dont l'influence fut moindre tels que René Demogue (87) et Louis Josserand (88).

L'intérêt de la doctrine pour la jurisprudence se manifeste aussi à travers de nombreuses notes d'arrêts publiées dans les principales revues juridiques. Labbé (89)

---

(79) Paris, 1923.

(80) V. son Cours élémentaire de droit civil français, en collaboration avec A. Collin, en 3 volumes ; Les grands arrêts de la jurisprudence civile française, Paris, 1934, dont les rééditions successives ont été ensuite assurées par Julliot de la Morandière, puis M. M. Weill et Terré ; Le Vocabulaire du droit français, Paris, 1936, dont il dirigea la rédaction et dont une réédition est en cours. Il a créé en 1935 l'Association des juristes de langue française qui porte son nom depuis 1937 et qui réunit dans des journées annuelles les juristes des pays ayant reçu l'influence des méthodes françaises.

(81) Paris, 2e éd., 1952, 13 vol., qui reste un ouvrage fondamental. Il faut également citer le Cours de droit civil français de Beudant et Lerebours-Pigeonnière, 14 vol., 1932, ouvrage collectif.

(82) Traité élémentaire de droit commercial, 1re éd., Paris, 1947, en collaboration avec Paul Durand, qui l'a continué, remplacé par M. Roblot.

(83) 4e éd., Paris, 1949.

(84) Paris, 1936.

(85) 2e éd., Paris, 1951.

(86) Paris, 1949 et 1955. — A la même époque, le Doyen René Savatier, publiait, de 1952 à 1959, Les métamorphoses économiques et sociales du droit civil d'aujourd'hui.

(87) Notions fondamentales de droit privé, 1911 ; Traité des obligations en général, en 7 vol. de 1923 à 1933.

(88) Doyen de la Faculté de Lyon avant d'entrer à la Cour de cassation, il publia notamment, en 1927, De l'esprit des droits et de leur relativité ; en 1928, Les mobiles dans les actes juridiques ; et de 1929 à 1933, Un Cours de droit civil positif français, dont la 3e édition a été publiée de 1938 à 1940.

(89) V. Cohendy, La méthode d'un arrêtiste au XIXe siècle : Labbé, thèse Lyon, 1910. — Meynial, Les recueils d'arrêts et les arrêtistes, Livre du centenaire du Code civil, 1904, t. I, p. 173.

au XIXᵉ siècle, puis **Bartin**, Henri Capitant, Georges Ripert, et **Paul Esmein** pour ne citer que les disparus, ont été les principaux auteurs de ces commentaires (90).

153. — La révision du Code civil.
Le vieillissement du Code civil, la multiplication des lois nouvelles et les apports importants de la jurisprudence ont joué en faveur d'une révision du Code. En 1904, lors du Centenaire du Code civil, une commission a été chargée de faire un nouveau Code. Mais ses travaux n'ont pas abouti. Un projet de Code franco-italien, publié en 1926, n'a été adopté par aucun de ces deux pays. Un décret du 7 juin 1945, au lendemain de la Libération, a créé des commissions pour la refonte de nos codes Une commission de douze membres (91) a été désignée pour le Code civil. Si ses travaux n'ont pas abouti, leur publication constitue une source d'informations utiles qui a été utilisée pour la rédaction de diverses lois récentes (92).

B. — L'évolution du contenu du droit civil.

154. — On se bornera ici à quelques observations sommaires. Cette évolution est en effet inséparable de l'étude des institutions mêmes du droit civil.

1) *Les obligations* (93).

155. — La réduction de la liberté contractuelle.
Le contrat reste un pilier de notre droit (94). Cependant le principe d'autonomie de la volonté et la liberté contractuelle ont été très sérieusement remis en question par le développement considérable de *l'ordre public économique et social.* Ces restrictions ont été particuliè-

---

(90) Cf. sur leur contenu et leur méthode, J. CARBONNIER, *Notes sur des notes d'arrêt, chronique pour le cinquantième anniversaire de l'entrée du doyen René Savatier au Dalloz,* D. 1970, chron. p. 137.

(91) Trois professeurs des Facultés de droit, trois conseillers d'État, trois magistrats, un avocat au Conseil d'État et à la Cour de cassation, un avocat et un notaire.

(92) V. HOUIN, *Les travaux de la commission de réforme du Code civil,* Rev. trim. dr. civ., 1951, p. 34. — Cf. sur la question dans son ensemble, M. VANEL, *Encyclopédie Dalloz, Rép. dr. civ.,* 2ᵉ éd., vᵒ Code civil, spécialement nᵒˢ 161 et s. — *Adde :* G. CORNU *La lettre du code à l'épreuve du temps, Mélanges Savatier,* 1965, p. 157 et s. — Fr. TERRÉ, *Les problèmes de la codification à la lumière des expériences et des situations actuelles,* Tr. Inst. dr. comparé ; Université de Paris, t. XXIII, 1962, p. 175 et s. — Codification : valeurs et langage, Colloque Montréal 1981, spécialement G. CORNU, *Codification contemporaine : valeurs et langage.* — J. DUGAS, *Le role du juge.* — F. TERRÉ, *Insertion du droit nouveau.* — G. VINEY, *L'évolution de la responsabilité civile.* — Ph. RÉMY, *La famille, relations d'ordre patrimonial.* — J. GHESTIN, *La justice contractuelle.* — R. SACCO, *Codification, langage et interprétation.* — J.-L. BAUDOUIN, *Méthode législative.* — V. KNAPP, *La codification du droit civil dans les pays socialistes européens,* Rev. intern. dr. comp., 1979, p. 733. — D. LE NINIVIN, *Les discordances de la codification par décrets,* J. C. P. 1980. I. 2982.

(93) V. OBLIGATIONS.

(94) V. J. CARBONNIER, *Flexible droit,* 3ᵉ éd., 1976, p. 131.

rement graves en périodes de crises, comme par exemple, au cours des deux guerres mondiales. Elles ont subsisté sous l'influence conjuguée du dirigisme économique et des théories néo-libérales visant à garantir le jeu normal de la concurrence. L'intervention de l'État a eu également pour objet de limiter ou de corriger les abus résultant d'une inégalité de fait excessive entre les parties. Sous l'action des syndicats ouvriers, le contrat de travail a été de plus en plus réglementé, soit de façon directe par le législateur, soit indirectement par le jeu de négociations collectives entre employeurs et organisations syndicales. Le droit du travail, que les rédacteurs du Code civil avaient ignoré, s'est ainsi constitué (95).

L'intervention de l'État a porté également sur les contrats dans lesquels de puissantes sociétés étaient en mesure d'imposer leurs conditions aux particuliers qui traitaient avec elles. C'est ainsi que, par exemple, le contrat de transport et le contrat d'assurance ont été réglementés (96).

156. — La prise en charge collective des risques et le déclin de la responsabilité individuelle.

Pour la réparation des dommages, un principe général de responsabilité figurait dans le code civil (art. 1382). Mais selon la conception individualiste qui domine celui-ci, la victime d'un dommage devait prouver qu'une faute avait été commise par celui dont elle entendait obtenir réparation.

L'inégalité de fait existant entre l'employeur et les salariés rendait cette solution inéquitable pour les *accidents du travail*. La jurisprudence des tribunaux, puis le législateur y ont apporté remède par un système de réparation forfaitaire, n'exigeant plus qu'une faute de l'employeur soit prouvée (loi du 9 avril 1898). Aujourd'hui on est allé plus loin encore avec l'institution de la *sécurité sociale*, qui couvre les risques d'accident et de maladie, et tend à s'appliquer à tous, salariés ou non.

Le machinisme qui avait multiplié les accidents du travail, a multiplié de même un peu plus tard les accidents de la circulation. La jurisprudence de la Cour de cassation a créé un système de *responsabilité du fait des choses*. Celui qui a la garde de la chose en est responsable sauf à faire la preuve d'un cas de force majeure.

La réparation des accidents de la circulation est désormée réglementée par un texte spécial, la loi du 5 juillet 1985.

En conséquence de ce développement de la responsabilité, les individus susceptibles de se voir condamner à réparer des dommages souvent

---

(95) V. *supra*, n° 99.
(96) V. OBLIGATIONS. CONTRATS.

très lourds ont pris l'habitude de s'assurer contre ce risque. Une semblable *assurance* a même été imposée aux automobilistes. Finalement le risque se trouve réparti entre tous les assurés. Pratiquement, dans une large mesure, il pèse sur la collectivité tout entière (97).

2) *La propriété* (98).

157. — **La propriété individuelle,** définie comme un droit absolu par le Code civil, **a fait l'objet de sérieuses restrictions.** Celles-ci sont intervenues d'abord dans l'intérêt public avec le développement de l'expropriation, les servitudes d'utilité publique destinées, notamment, à faciliter la circulation, les communications et les transports d'énergie, et la réglementation en matière de construction et d'urbanisme.

D'autres restrictions sont nées des droits reconnus aux locataires (99). Les commerçants ont obtenu le bénéfice de la *propriété commerciale,* c'est-à-dire la possibilité d'exiger le renouvellement de leur bail à son expiration, à moins que le propriétaire ne préfère leur verser une indemnité d'éviction normalement au moins égale à la valeur de leur fonds de commerce (100). Plus tard les cultivateurs ont obtenu des avantages semblables, mais plus importants encore par le *statut du fermage* et du métayage résultant de l'ordonnance du 17 octobre 1945. En même temps une législation d'exception a permis aux locataires d'immeubles à usage d'habitation ou professionnel de se maintenir dans les lieux malgré la volonté du propriétaire (101).

La loi du 6 juillet 1989 restreint le droit de reprise du bailleur d'un immeuble à usage d'habitation à l'expiration du bail.

De façon plus radicale, à la fin de la seconde guerre mondiale, des *nationalisations* portant sur des secteurs d'activité, notamment la production du charbon, du gaz, de l'électricité, les transports ferroviaires, ou des entreprises, telle Renault, se sont traduites par une éviction totale des propriétaires. Les indemnités, lorsqu'elles ont été prévues, ont été calculées et payées, en fait, de façon à leur enlever toute valeur réelle.

Mais, s'agissant des nationalisations réalisées en 1982, le Conseil constitutionnel a contrôlé la méthode d'évaluation retenue pour apprécier sa conformité à l'article 17 de la déclaration des droits de l'homme et du citoyen (101-1).

---

(97) V. G. VINEY, *Le déclin de la responsabilité individuelle,* thèse Paris, 1965, préface A. TUNC. *Adde :* OBLIGATIONS. RESPONSABILITÉ CIVILE.

(98) V. BIENS.

(99) V. OBLIGATIONS (Ordre public).

(100) Loi du 30 juin 1936, puis décret-loi du 30 septembre 1953, fréquemment modifié par la suite.

(101) Loi du 1er septembre 1948.

(101-1) C. cont., 16 janvier 1982, D. 1983, p. 169, note L. HAMON.

Il faut relever aussi que les dénationalisations réalisées par le Gouvernement Chirac, en 1986, n'ont pas été remises en cause ultérieurement. Cela ne traduit cependant pas nécessairement une « libéralisation » de la propriété individuelle.

3) *La famille* (102).

158. — Le *divorce* qui avait été supprimé en 1816 a été rétabli en 1884. Ses progrès ont été continus malgré une tentative de réaction en 1941, dont certains éléments étaient d'ailleurs abrogés dès 1945, avec le retour à la « légalité républicaine ».

La situation des *enfants nés hors mariage* a été améliorée par la loi du 16 novembre 1912, autorisant la recherche en paternité naturelle, et celle du 15 juillet 1955, qui reconnaissait aux enfants adultérins une action alimentaire.

La *puissance paternelle* a été soumise au contrôle de l'État par la loi du 24 juillet 1884.

La *femme mariée* a été libérée de la tutelle de son mari. La loi du 18 février 1938, complétée par celle du 22 septembre 1942, lui a reconnu une pleine capacité juridique. La réforme des régimes matrimoniaux du 13 juillet 1965 laissait subsister une inégalité entre le mari et la femme ; celle-ci a été supprimée par la loi du 23 décembre 1985. Des pouvoirs nouveaux sont donnés à la femme dans la gestion du patrimoine familial et la direction de la famille.

Parallèlement les *lois successorales* de 1938 ont eu pour but d'éviter le morcellement des exploitations familiales. L'égalité en nature entre les héritiers, que les hommes de la Révolution avaient posée en principe et que le Code civil avait consacrée, a été écartée au profit d'une égalité en valeur que la dépréciation monétaire a rendu souvent illusoire.

Cette évolution devait déboucher, après 1958, sur une révision d'ensemble de ce domaine du droit.

III. — *De 1958 à nos jours.*

159. — Le passé est ici intimement confondu avec le présent. On se bornera donc à évoquer les faits qui traduisent une évolution des sources du droit, puisqu'aussi bien les réformes récentes constituent le contenu du droit positif actuel et seront étudiées avec celui-ci.

160. — **La réforme du droit de la famille et son influence sur l'ensemble du droit civil.**

---

(102) V. Personnes et Famille.

Le plus important pour le droit civil est sans doute la refonte par une série de lois successives des textes du Code civil régissant la famille et les incapacités. En une succession rapide la révision a porté sur la tutelle et l'émancipation (14 décembre 1964), les régimes matrimoniaux (13 juillet 1965 et 23 décembre 1985), l'adoption (11 juillet 1966 et 22 décembre 1976), le régime des incapables majeurs (3 janvier 1968), l'autorité parentale (4 juin 1970 et 22 juillet 1987), la filiation (3 janvier 1972), les rapports à succession et la réduction des libéralités (3 juillet 1971), l'age de la majorité (5 juillet 1974), le divorce (15 juillet 1975), l'absence (28 décembre 1977), l'indivision (10 juin 1978). Cette réforme d'ensemble a profondément modifié le droit existant (103).

Elle semble également de nature à exercer une influence importante sur la théorie du droit civil dans son ensemble (104). Sur le plan des sources du droit, ce véritable code de la famille replace en ce domaine l'interprète en face d'un ensemble législatif cohérent, animé par une inspiration commune (105). La recherche de la volonté du législateur par la méthode exégétique retrouve tout son intérêt. En particulier le recours aux travaux préparatoires, si sévèrement condamné auparavant (106), reprend une légitimité que la pratique ne lui avait d'ailleurs jamais refusée (107). C'est qu'il s'agit maintenant d'un législateur contemporain qui a entendu régler les relations sociales telles qu'elles existent aujourd'hui. L'une des critiques majeures formulées contre l'École de l'exégèse se trouve ainsi écartée. Il reste que les excès de cette méthode d'interprétation ne doivent pas être renouvelés. En particulier, il faut admettre que le législateur n'a pas tout dit et n'a pas pu tout prévoir. L'interprétation judiciaire, qui donnera lieu à une jurisprudence, reste nécessairement associée à la création du droit. Il est permis de prévoir qu'après avoir complété la loi en fonction des omissions volontaires ou involontaires du législateur, elle assurera son

---

(103) V. Personnes et Famille.

(104) V. G. Cornu, *L'apport des réformes récentes du Code civil à la théorie du droit civil*, Cours D. E. S. Droit privé et Sciences criminelles, 1970-1971 ; *Introduction*, n°s 296 et s. — Weill et Terré, *Introduction générale*, n°s 117 et s. — B. Audit, *Recent revisions of the French civil Code, Louisiana law review*, vol. 38, 1978, p. 747 et s.

(105) On sait que la plupart des projets de ces lois nouvelles ont été rédigés par le même auteur : le Doyen Carbonnier. — V. cependant pour la réforme du divorce, J. Carbonnier, *La question du divorce*. Mémoire à consulter, D. 1975, chron. p. 115.

(106) V. H. Capitant, *L'interprétation des lois d'après les travaux préparatoires*, D. H. 1935, chron. p. 77.

(107) V. M. Couderc, *Les travaux préparatoires de la loi ou la remontée des enfers*, D. 1975, chron. p. 249, qui analyse avec précision les éléments des travaux préparatoires qui peuvent être utilement consultés pour connaître la volonté du législateur. Cf. *Contra*, Ch. Perelman, *Logique juridique*, n°s 25, 32 et 79. — Plus nuancé, H. Batiffol, précité, p. 16.

intégration dans l'ensemble du droit civil, par une adaptation réciproque (108), qui, logiquement, devrait jouer, en principe, au profit des textes nouveaux (109).

161. — La loi et la jurisprudence.

Cette importante réforme d'ensemble du droit de la famille traduit un renouveau de l'activité législative en droit civil. Tant par l'ampleur des modifications apportées au droit antérieur que par la qualité de l'élaboration des règles nouvelles (109-1), elle tend à rendre sa pleine actualité à la prééminence de la loi, parmi les sources du droit privé.

Cette activité législative ne s'est d'ailleurs pas limitée à la famille. On peut citer, par exemple, diverses lois importantes en matière de construction (110), de propriété (111) ou de successions (112) et la loi du 4 janvier 1978 refondant complètement les dispositions du Code civil relative aux sociétés.

Il faut cependant tenir compte de ce que la constitution de 1958 a réduit de façon sensible le domaine de la loi parlementaire au profit des règlements administratifs (113).

Il faut également relever que le législateur, malgré les sollicitations dont il était l'objet a, pour l'essentiel, laissé à la jurisprudence le soin de poser les règles qui régissent le droit de la responsabilité dans son ensemble (114). Celle-ci tout en développant sa construction de la responsabilité du fait des choses, notamment sur le terrain de la causalité, s'est orientée vers une appréciation beaucoup plus stricte de la responsabilité des professionnels, qu'il s'agisse des médecins, des notaires, des architectes et entrepreneurs ou des fabricants et vendeurs. Cette évolution de la jurisprudence rejoint d'ailleurs un mouvement général de protection des particuliers et, plus précisément, des consommateurs, qui s'est également traduit, sur le plan législatif, par quelques interventions plus ou moins ponctuelles (115).

---

(108) V. *infra*, n° 452.

(109) V. G. Cornu, précité, p. 175, qui préconise l'interprétation des lois anciennes en fonction des règles nouvelles.

(109-1) V. cependant la critique de A. Cœuret sur l'utilisation de certaines techniques législatives, *Rev. trim. dr. civ.*, 1989, p. 398-399.

(110) 3 janvier 1967 ; 16 juillet 1971 ; 11 juillet 1972.

(111) 10 juillet 1965, sur la copropriété des immeubles bâtis.

(112) 3 juillet 1971 modifiant certaines dispositions du Code civil relatives au rapport à succession, à la réduction des libéralités excédant la quotité disponible, à la rescision pour lésion et à la réduction dans les partages d'ascendants.

(113) V. *infra*, n⁰ˢ 259 et s.

(114) V. Obligations. Responsabilité civile.

(115) V. par exemple, sur les abus de la publicité la loi du 2 juillet 1963 et celle du 27 décembre 1973, dite « loi Royer ». — Sur la protection des consommateurs en

Le renouveau législatif, essentiellement axé en tant que réforme d'ensemble sur la famille et les incapacités, laisse, en l'état actuel du droit positif, toute son importance à la jurisprudence (116).

Cependant l'élection en mai 1981 d'un Président de la République socialiste et le changement consécutif de majorité au profit des partis de gauche s'accompagne d'une intense volonté de changement législatif qui touche également le droit civil.

Dès 1982 une loi a défini de façon nouvelle les relations entre bailleurs et locataires en introduisant des solutions originales, telles que la négociation d'accords collectifs plus ou moins inspirés du droit du travail.

Les projets sont multiples. Parmi les plus importants pour le droit civil il faut mentionner la création, en décembre 1981, d'une Commission de refonte du droit de la consommation. Dès janvier 1982 elle a examiné l'utilisation éventuelle dans les relations entre consommateurs et professionnels d'accords collectifs inspirés du droit du travail, ainsi que les sanctions du droit du consommateur à la sécurité et à la conformité des produits.

La nouvelle majorité parlementaire de 1986, sans remettre en cause la volonté d'un changement législatif, revenait cependant sur certains aspects des réformes opérées par le gouvernement socialiste, notamment en matière de bail à usage d'habitation et de relation de travail. La réélection en 1988 du président de la république sortant et le changement de majorité parlementaire au profit du parti socialiste a conduit au vote, en 1989, d'une loi reprenant pour l'essentiel les dispositions de la loi *Quilliot* de 1982. Par ailleurs, le mouvement législatif en faveur des consommateurs s'est accentué et accompagné d'une harmonisation des textes déjà existant. Et une loi très importante du 31 décembre 1989 vient essayer de régler les difficultés liées au surendettement des particuliers et des familles en organisant un *règlement amiable* et un *redressement judiciaire civil*.

---

matière de démarchage et de vente à domicile, la loi du 22 décembre 1972. — Sur l'usure, le prêt d'argent et certaines opérations de démarchage et de publicité, la loi du 28 décembre 1966. — Sur la vente et la construction immobilière, les lois du 3 janvier 1967, du 16 juillet 1971 et du 4 janvier 1978. — Sur la protection et l'information du consommateur la loi du 10 janvier 1978. — Sur le crédit à la consommation, la loi du 10 janvier 1978. — Sur le crédit immobilier, la loi du 13 juillet 1979. — Sur l'assurance la loi du 7 janvier 1981. — Sur les associations de consommateurs, la loi du 5 janvier 1988 (abrogeant l'article 46 de la loi Royer). — Sur l'information et la protection des consommateurs ainsi que sur diverses pratiques commerciales (dont le courtage matrimonial), la loi du 23 juin 1989.

(116) Sur la doctrine contemporaine, v. la bibliographie qui figure en tête de cet ouvrage.

161-1. — Un esprit nouveau des lois civiles?

Ce renouveau législatif a conduit un auteur, Edmond Bertrand, à publier, en 1984, un opuscule au titre évocateur : *L'esprit nouveau des lois civiles* (117). Pour l'auteur l'esprit des lois n'est plus politique, mais économique : « c'est un esprit, une volonté d'adéquation plus exacte, dont cependant l'effet est que les citoyens ne sont pas égaux devant la loi » (118). Cet esprit nouveau se traduit par trois caractères : 1º l'humain n'est plus étranger au législateur, 2º les lois ne sont plus abstraites mais concrètes et, 3º, l'emprise de la loi (au sens matériel) est complète.

---

(117) Economica.
(118) P. 32.

TITRE II

LES DROITS SUBJECTIFS

162. — Selon une méthode rationnelle et qui a maintes fois fait la preuve de son efficacité, il convient d'examiner la notion de droits subjectifs et les classifications de ces droits. Il est évident qu'un minimum de précision est nécessaire pour cerner la matière étudiée. Quant aux classifications, elles constituent une pièce importante de la technique juridique : soulignant quelques traits caractéristiques qui permettent d'établir des distinctions, les catégories impliquent un affinement de l'analyse en même temps qu'elles fournissent immédiatement des indications sur le régime applicable.

CHAPITRE I

LA NOTION DE DROIT SUBJECTIF

163. — **Définition provisoire du droit subjectif : prérogatives individuelles de l'homme.**

Évoquer la notion de droit subjectif incite à juger avec modestie la certitude et la cohérence de la science juridique. Il est paradoxal, en effet, de constater, d'une part, l'usage quotidien du terme, le rôle qu'il joue dans la plupart des raisonnements et, d'autre part, le caractère flou d'une notion sur la définition de laquelle personne ou presque ne parvient à s'accorder. De cette contradiction se dégage l'impression fâcheuse que l'on disserte beaucoup en laissant plus ou moins volontairement dans l'ombre les bases mêmes du débat et que bien des démonstrations sont entachées d'une équivoque fondamentale dont il y a quelque hypocrisie à s'accommoder.

Sans doute, est-il admis que l'idée de droit subjectif correspond à celle de prérogatives individuelles de l'homme (le sujet). Mais cette conception est bien vague et appelle un effort de précision. Il y a plus, car l'utilité même de la notion et la place que les droits subjectifs, s'ils existent, occupent dans le système juridique sont controversées.

A défaut de pouvoir prétendre tout rendre limpide, quelques indications doivent donc au moins être données sur l'*existence des droits subjectifs*, puis sur la recherche d'une *définition* moins sommaire du concept.

SECTION 1

EXISTENCE DES DROITS SUBJECTIFS

164. — Est-il justifié de distinguer le droit et les droits (1)? Certains auteurs l'ont nié, considérant qu'il était non seulement inutile

---

(1) Ou, comme le dit M. Carbonnier, « le grand Droit » et le « petit droit » (*Flexible droit,* 4ᵉ éd., p. 59).

mais néfaste de s'encombrer de la notion inexacte de droits subjectifs. Avec la majorité de la doctrine et l'unanimité de la pratique, nous ne suivrons pas ces théories dans leurs conclusions trop abruptes. Mais la mise en question du concept devenu si familier aux juristes incite à une salutaire réflexion sur les rapports entre le droit objectif et les droits subjectifs : ces derniers existent-ils par eux-mêmes ou ne sont-ils qu'un effet des règles objectives? Il n'est donc pas inutile d'évoquer les critiques dirigées contre les droits subjectifs avant de situer ceux-ci au regard du système juridique.

§ 1. — CRITIQUE DE LA NOTION DE DROIT SUBJECTIF

165. — Des doctrines venues d'horizons très différents nient l'existence de droits subjectifs. C'est ainsi que l'on peut signaler les critiques adressées à cette notion par les partisans du droit naturel classique hérité de l'antiquité (2) et celles qui émanent de certaines théories positivistes. Mais quel qu'en soit le mérite, ces tentatives n'ont pas sensiblement infléchi les habitudes de pensée et de langage qui conservent aux droits subjectifs une place éminente.

I. — *Le droit naturel classique et la critique des droits subjectifs.*

166. — **L'ordre naturel conduit à établir des rapports juridiques objectifs et non des droits subjectifs.**
Bien que le point soit encore controversé, il est aujourd'hui admis par la doctrine historique dominante que le droit romain, à la différence du système reconstruit ultérieurement par les romanistes, ignorait la notion de droit subjectif (3). Le mot « *jus* » ne désigne pas un pouvoir de l'individu, une prérogative du sujet, mais une création juridique objective, en quelque sorte une « chose incorporelle ». Il s'agit en effet de la *part* qui revient à l'individu dans l'organisation sociale, part qui peut d'ailleurs comporter un complexe d'avantages et de charges. La justice étant d'attribuer à chacun sa part *(suum cuique tri-*

---

(2) Il s'agit de la doctrine principalement inspirée d'Aristote (v. *supra*, n° 10) et non de la doctrine de « l'école du droit naturel » développée au XVIIᵉ siècle, laquelle, au contraire, exalte les droits subjectifs (v. *supra*, n° 15 et *infra*, n° 173).
(3) V. notamment : M. VILLEY, *Les institutes de Gaïus et l'idée du droit subjectif*, *Revue historique du droit*, 1946, p. 201 et s. ; *La genèse du droit subjectif chez Guillaume d'Occam*, *Arch. philosophique du droit*, 1964, p. 97 et s., spécialement, p. 104 et s. — THOMANN, *Christian Wolff et le droit subjectif*, *ibid.*, p. 153 et s.

buere), le mot « droit » appliqué à l'individu désigne le lot qui échoit à celui-ci. Loin d'être une qualité ou un attribut de la personne, le droit ainsi compris « est surajouté au sujet, jeté devant lui *(ob-jectum)* » (4). Ainsi, par exemple, le droit de créance n'est pas un pouvoir du créancier mais un rapport d'obligation, lien unissant objectivement le créancier au débiteur et qui, une fois posé, a son existence propre.

Une telle conception correspond étroitement à la philosophie du droit naturel classique, telle qu'elle a été exposée à partir d'Aristote et de Saint Thomas d'Aquin. C'est parce qu'il existe un ordre de la nature que chacun des éléments composant l'univers doit être mis à sa juste place. D'où la nécessité d'établir des *rapports* entre les hommes, les choses, les institutions (5) : « la justice consiste à accorder à chaque chose sa place dans un monde harmonieux où règne un juste universel donné par la nature » (6). Il ne saurait donc être question de la liberté, des pouvoirs, des prérogatives de l'homme, « parce que le pouvoir n'est pensé qu'en fonction de l'individu, alors que le droit est un rapport *supra, inter-individuel* » (7). Ce rapport n'est pas créé de toutes pièces par l'arbitraire du législateur. Il a sa source profonde dans la recherche du bien commun, c'est-à-dire de la mise en conformité de la société humaine avec l'ordre de la nature.

167. — Selon cette théorie, le droit subjectif est une déviation néfaste.
Cette doctrine ne doit pas être considérée comme une page de l'histoire définitivement tournée. Son application actuelle peut encore être envisagée (8). Une telle attitude conduit ses partisans à une critique

---

(4) VILLEY, *La genèse du droit subjectif...*, article précité, p. 100.

(5) « Le propre de la doctrine d'Aristote et de Saint Thomas est de fonder la science juridique, non pas sur « la nature de l'homme » individuellement considéré, comme ce sera la prétention d'ailleurs étrange des modernes et d'où les modernes inféreront cet attribut de l'homme isolé, son pouvoir, son « droit subjectif », mais sur la base d'un donné naturel autrement fécond, à partir de l'observation de l'ordre inclus dans le corps social, mais sur la « nature cosmique ». Aussi bien l'office du juriste, selon cette philosophie, n'est point le service de l'individu, la satisfaction de ses désirs, la proclamation de ses puissances; ces buts relèvent d'autres arts, et la poursuite de l'utile ou du développement spirituel des individus ne ressortissent point à son domaine. Le juriste est « prêtre de la justice » (*sacerdotes justiciae*, dit Ulpien des jurisprudents). Il poursuit le juste, cette valeur alors strictement définie, qui est harmonie, équilibre, bonne proportion arithmétique ou géométrique entre les choses ou les personnes » (VILLEY, article précité, p. 103).

(6) THOMANN, étude précitée, p. 154.

(7) VILLEY, article précité, p. 104.

(8) Tel est le sens de l'effort inlassable de M. VILLEY dans toute son œuvre. C'est également la conclusion à laquelle aboutit Me R. MARTIN (*De l'usage des droits et particulièrement du droit de propriété, Rev. trim. dr. civ.*, 1975, p. 52 et s.) : bien qu'il ne fasse pas référence à la doctrine antique, cet auteur se prononce en faveur de la substitution de la notion de « rapport-de-droit » à celle de droit subjectif.

vigoureuse de la notion de droit subjectif. « L'égoïsme individuel tend à capter à son profit, en le déformant, ce qui avait été édifié seulement en vue de la justice et du bien commun, à dénaturer la *relation* en pouvoir unilatéral » (9). Cette déviation est néfaste. Sans doute, la notion de droit subjectif a-t-elle permis d'opposer des pouvoirs de l'individu à la toute puissance de l'État. Il faut reconnaître qu'à ce titre, elle « eut en son temps ses avantages ; qu'elle fut un instrument de combat, qu'elle constitua l'un de ces mythes qui, de par leur fausseté même sont générateurs de progrès » (10). Mais il est temps de revenir à de plus saines conceptions. La singulière vision subjectiviste du droit aboutit à juxtaposer une collection de prérogatives individuelles au lieu de rechercher les rapports justes entre les hommes, prenant en considération la réalité matérielle et sociale. Envisager le droit exclusivement du point de vue du sujet et à son bénéfice est une conception fondamentalement « antijuridique » (11), parce qu'elle méconnaît la fonction essentielle du droit : établir la justice. Il faut donc bannir de notre vocabulaire et de nos raisonnements l'expression « droit subjectif » qui, en isolant l'individu, fausse toutes les perspectives. Il ne devrait être question que de *relations juridiques objectives*, des rapports de chacun avec les autres, impliquant certes des avantages mais aussi des devoirs.

La critique des droits subjectifs est donc la conséquence d'une prise de position en faveur du droit naturel tel que l'avaient conçu Aristote et Saint Thomas d'Aquin. Assez curieusement, l'accord se fait sur cette conclusion négative avec des doctrines totalement opposées sur le plan philosophique : les thèses les plus catégoriquement positivistes rejettent aussi la notion de droits de l'individu.

II. — *Critiques positivistes de la notion de droit subjectif.*

168. — **Théorie de Duguit : pas de droits subjectifs, mais des situations juridiques.**
La plus célèbre des attaques dirigées contre le droit subjectif est sans doute celle qui a été menée par Duguit (12). Cette critique est inspirée par la philosophie du positivisme sociologique (13). Rejetant comme « métaphysique » l'idée de droits inhérents à la personne humaine, Duguit conteste l'utilité de la notion, même sur un plan technique.
En effet, pour lui, le droit subjectif correspond à l'affirmation de la supériorité

---

(9) VILLEY, *La genèse du droit subjectif...*, article précité, p. 109.

(10) VILLEY, *Leçons d'histoire de la philosophie du droit*, p. 161.

(11) VILLEY, *La genèse du droit subjectif...*, article précité, p. 110.

(12) Notamment dans son *Traité de droit constitutionnel*, t. I, (3e éd., 1927).

(13) V. *supra*, n° 24.

de la volonté du sujet sur celle d'autrui (14). Dès lors, « le problème du droit subjectif se ramène toujours à ceci : y a-t-il certaines volontés qui ont, d'une manière permanente ou temporaire, une qualité propre qui leur donne le pouvoir de s'imposer comme telles à d'autres volontés ? » (15). La réponse ne peut qu'être négative, car il est impossible d'expliquer scientifiquement d'où procéderait une telle hiérarchie. Les seuls faits qui peuvent être observés en matière juridique sont les règles objectives. Ces règles s'appliquant aux individus déterminent leur situation. Il faut donc parler non pas de droits subjectifs, mais de *situations juridiques*. « La situation juridique, active ou passive, c'est la règle objective elle-même vue sous son aspect subjectif, en tant qu'elle est appliquée à l'individu... L'individu est simplement *situé* par rapport à la règle, activement ou passivement » (16). Duguit distingue d'ailleurs les situations juridiques objectives et les situations juridiques subjectives. Les premières résultent de la règle de droit qui les organise et présentent les mêmes caractères de généralité et de permanence. Tel est le cas, par exemple, de la situation d'époux ou de propriétaire. Les secondes, modelées par des actes individuels, sont spécialement adaptées à une ou plusieurs personnes ; elles sont spéciales et temporaires. Il en est ainsi notamment des relations entre les parties à un contrat. Mais l'expression ne doit pas faire illusion. Les situations subjectives ne sont pas des droits subjectifs. Elles demeurent des effets de la loi, seulement déclenchés par les actes des intéressés. Lorsqu'on envisage le prétendu « droit » du créancier à l'égard de son débiteur, on constate simplement que si ce dernier ne paye pas, il viole la loi qui ordonne d'exécuter les engagements pris ; si les agents publics mettent en œuvre la contrainte à la demande du créancier, ce n'est pas par l'effet du droit de celui-ci à les faire agir, mais en vertu de la loi qui leur enjoint de sanctionner la résistance du débiteur...

« Ainsi, Duguit entend édifier une analyse de la réalité juridique valable pour l'ensemble du droit, et qui se ramène à un système de *devoirs* résultant directement ou indirectement de la *règle de droit*, devoirs mis en œuvre par un réseau de *compétences* » (17). Dans cette construction purement objective, il n'y a aucune place pour la « chimère » (18) qu'est le droit subjectif.

169. — Théorie de Kelsen : pas de droits subjectifs mais un enchaînement de normes objectives.

A partir d'une autre approche de la question, la théorie de Kelsen aboutit, en définitive, à une conclusion voisine. Pour le fondateur de l'école normativiste (19), le droit est un ordonnancement de normes objectives qui, par degrés, s'engendrent les unes les autres. Tout ce qui n'est pas norme, c'est-à-dire règle assortie de contrainte, est « métajuridique ». D'une telle règle, appliquée à l'individu, le droit subjectif peut-il sortir ? Kelsen ne répudie pas absolument le terme, mais il refuse d'admettre

---

(14) Selon l'expression imagée de DABIN (*Le droit subjectif*, p. 6), pour DUGUIT, « le droit subjectif supposerait nécessairement chez son titulaire une puissance de commandement tenant à une qualité supérieure de sa volonté, à laquelle correspondrait — en creux — dans la volonté de l'individu subordonné, une diminution corrélative ».

(15) DUGUIT, *Traité...*, t. I, p. 15.

(16) DABIN, *op. cit.*, p. 8.

(17) MARTY et RAYNAUD, *Introduction générale...*, n° 135. — Comp. IONESCU, *La notion de droit subjectif dans le droit privé*, 2e éd., 1978, n°s 6 et s.

(18) DUGUIT, *Traité...*, t. I, p. 221.

(19) KELSEN, *Aperçu d'une théorie générale de l'État*, Rev. dr. public, 1926, p. 561 et s. — V. *supra*, n° 23. — V. une analyse des thèses de KELSEN au regard des droits subjectifs par IONESCU, *op. cit.*, n° 24.

qu'il signifie l'attribution de prérogatives individuelles. De la norme instituant la contrainte résulte pour l'individu l'obligation d'adopter une conduite contraire à celle que sanctionne cette contrainte. Il y a donc devoir, assujettissement et non droit. Toutefois, la règle habilite parfois les individus à poser, par une déclaration de volonté, une norme particulière et concrète. Tel est le cas, notamment, de la loi accordant force obligatoire au contrat, qui délègue aux parties le soin de déterminer elles-mêmes des règles spéciales qui les régiront (20-1). Les individus participent alors à la création de la norme et, dans cette mesure, on peut parler de droit subjectif. Mais il faut bien voir qu'il n'est encore question que de normes, c'est-à-dire, au fond, d'un système objectif.

Pas plus que dans la théorie de Duguit, il n'est donc fait appel à la notion de prérogatives de l'homme. L'essentiel est la soumission à l'ordre juridique, l'obligation au sens large.

Cependant, il faut constater que cette analyse, ainsi que les autres théories s'efforçant de nier l'existence des droits subjectifs n'ont pas sérieusement entamé l'attachement de la majorité des juristes à cette notion qui, du moins dans la pratique, résiste victorieusement aux critiques dont elle est l'objet.

III. — Résistance de la notion de droit subjectif.

170. — Pour diverses raisons, la notion de droit subjectif reste d'utilisation quotidienne.

Avant même toute discussion des arguments avancés par les adversaires du droit subjectif, une constatation s'impose : la notion est d'utilisation quotidienne ; elle n'a nullement pâti des critiques qui lui ont été adressées. A tel point qu'il serait extrêmement difficile, pour ne pas dire impossible, de se faire simplement comprendre si l'on tentait d'exposer l'état actuel de notre droit privé sans recourir à l'idée de droit subjectif. De telle sorte que s'il s'agissait d'un mythe, on devrait convenir qu'il est singulièrement vigoureux !

Parmi les raisons de ce succès, l'influence des événements historiques est certainement considérable. Les déclarations solennelles des droits de l'homme et du citoyen ont traduit un mouvement de défense des individus contre le despotisme. Ce combat a laissé des traces encore fort nettes dans les consciences. Les droits subjectifs « sont le produit d'un mouvement d'idéologie démocratique et libérale, tendant à protéger l'individu contre les excès de l'absolutisme étatique » (20). Les valeurs politiques qu'ils représentent demeurent importantes pour beaucoup. De plus, l'évolution économique et sociale a permis l'apparition de biens nouveaux en même temps qu'elle a rendu nécessaire une protection accrue de la personne. Les droits subjectifs ont constitué un procédé commode pour tenir compte juridiquement de cette réalité. De la sorte, loin de dépérir, les droits des individus se sont

---

(20) MICHAÉLIDÈS-NOUAROS, *L'évolution récente de la notion de droit subjectif*, *Rev. trim. dr. civ.*, 1966, p. 216 et s., spécialement p. 221.

(20-1) V. GHESTIN, *La notion de contrat*, D. 1990, chron. 147.

multipliés : droits de l'auteur ou de l'artiste sur son œuvre, droits
« sociaux » (congés payés, sécurité sociale, etc.), droits de la personnalité (21), etc.

Les facteurs sociologiques et psychologiques ne sont pas non plus
négligeables. A l'instinct d'appropriation (22) s'ajoute « la tendance de
se faire distinguer, de se valoriser, en déployant une activité conforme
à son statut social » (23). De là résulte assez naturellement l'attitude
des individus qui ne voient dans les règles juridiques que l'intérêt
qu'ils en retirent (24). Du point de vue de l'organisation de la société,
d'ailleurs, reconnaître aux hommes des droits subjectifs se révèle une
méthode efficace par le développement de l'esprit d'initiative et du
sentiment de responsabilité chez les citoyens auxquels se trouve garantie une certaine sécurité (24-1). En même temps, c'est faire de tous les
titulaires de droits des agents vigilants du respect d'un ordre social
dont ils profitent (25).

En tout cas, quelle qu'en soit l'explication, les droits subjectifs sont
actuellement une réalité juridique. Il n'est pas possible de l'ignorer. Il semble d'ailleurs que les thèses négatrices aient poussé trop
loin leurs critiques et qu'à ce titre elles soient contestables.

**171. — La notion de droit subjectif est utile, au moins au point de vue
technique.**

Il ne saurait être question de discuter dans le détail les théories
hostiles aux droits subjectifs. La relation sommaire qui en a été faite
ne permet pas de s'engager sérieusement dans la controverse. Du
moins, peut-on présenter brièvement quelques remarques.

Il convient d'abord d'observer que la critique des droits subjectifs se
développe sur deux plans : philosophique d'une part, technique d'autre
part. Sous le premier aspect, il s'agit de contester que des pouvoirs

---

(21) V. *infra*, n° 216.

(22) Cet instinct peut être observé chez de très jeunes enfants et même chez certains animaux qui délimitent et défendent leur territoire (CARBONNIER, *Flexible
droit*, p. 115, 116).

(23) MICHAÉLIDÈS-NOUAROS, article précité, p. 220.

(24) Comp. JESTAZ, *Encycl. Dalloz, Rép. dr. civ.*, 2e éd., v° *Droit*, n° 7.

(24-1) Aussi, pour qui veut combattre l'organisation sociale actuelle, est-il logique
de s'attaquer aux droits subjectifs, présentés comme une émanation du capitalisme
(MIAILLE, *Une introduction critique au droit*, p. 161 et s.), sauf à reconnaître l'intérêt que conserve la notion comme moyen de combat et comme technique de protection contre, précisément, le système capitaliste (*Ibid.*, p. 172 et 173), de sorte
qu'au bout du compte, la critique devient incertaine.

(25) « La subjectivisation est, pour le droit, un moyen de s'accomplir plus parfaitement en disposant, autour de la norme, d'innombrables avertisseurs prêts
à se déclencher à la moindre transgression » (CARBONNIER, *op. cit.*, p. 117).

puissent être inhérents à la nature humaine, comme des qualités du sujet lui-même. Nous aurons l'occasion de revenir sur cette discussion, qui met en jeu les relations entre le droit objectif et les droits subjectifs (26). Mais on conçoit sans peine que les convictions sur ce point soient difficiles à faire fléchir, quels que soient les arguments développés. En revanche, le débat devrait être moins passionné lorsqu'il est question du rôle de la notion de droit subjectif en tant qu'instrument de technique juridique. A cet égard, les thèses négatrices n'emportent pas la conviction. Que l'on envisage avec les tenants du droit naturel classique le « rapport de droit » ou, avec les positivistes, soit la « situation juridique », soit l'application individuelle de la norme, on fait apparaître certains avantages privatifs, certaines zones de pouvoirs de l'homme garantis par le droit. Ce qui est charge ou devoir pour les uns se traduit souvent, qu'on le veuille ou non, par des droits pour les autres. Or il n'est pas inutile de disposer d'une notion qui saisit cet aspect des relations juridiques. « On peut dire... que la conception du droit subjectif apparaît opportune à tout le moins chaque fois qu'il s'agit de formuler une décision à propos d'une situation juridique, ou encore de savoir clairement à qui revient telle ou telle position juridique, et, par conséquent, qui dispose de la protection judiciaire » (27). Au fond, il n'est pas du tout certain que les adversaires de la notion, au moins sur le plan technique, puissent véritablement s'en passer. Ne s'agit-il pas, à ce stade, surtout d'une querelle de mots ? (28)

Cela ne signifie pas, cependant, que rien ne doive subsister de l'effort des théories négatrices. Il est admis aujourd'hui que les droits subjectifs ne constituent pas toute la matière juridique. L'accent n'est plus mis exclusivement sur les prérogatives individuelles, mais aussi sur les devoirs ; il est reconnu par la plupart que certaines règles, comme celles qui concernent l'organisation des pouvoirs publics ou le droit pénal, donnent naissance à des situations juridiques qui ne se ramènent pas à un réseau de droits (29). La critique radicale de cette notion est sans doute une réaction excessive, provoquée par l'excès inverse qui a pu se manifester dans le développement du concept. Il sera important de s'en souvenir en poursuivant l'étude du droit subjectif, notamment en examinant les rapports de celui-ci avec le droit objectif. Telle est, en effet, la question qui s'impose immédiatement si l'on ne suit pas les théories qui suppriment le problème en niant purement et simplement les droits individuels.

---

(26) V. *infra*, n° 172.
(27) Coing, *Signification de la notion de droit subjectif*, Arch. philosophie du droit, 1964, p. 1 et s., spécialement p. 11.
(28) Dabin, *Le droit subjectif*, p. 20. — Ionescu, *op. cit.*, n° 56.
(29) Marty et Raynaud, *op. cit.*, n° 137.

§ 2. — RAPPORTS ENTRE LE DROIT OBJECTIF
ET LES DROITS SUBJECTIFS

172. — La majorité de la doctrine contemporaine définit le droit objectif comme un ensemble de règles positives (30). Comment situer par rapport à celles-ci les droits des individus? La question met en jeu le fondement même des droits subjectifs. Décide-t-on, en effet, que ceux-ci ont leur origine propre dans la nature humaine elle-même et il faut admettre leur prééminence à l'égard de la loi ; considère-t-on, au contraire, qu'ils sont seulement des conséquences individuelles des règles sociales et l'on consacre la suprématie du droit objectif.

I. — Thèse de la suprématie des droits subjectifs.

173. — **Les droits subjectifs seraient inhérents à la nature humaine.**
Il est probable que l'influence des idées chrétiennes a été déterminante dans le développement historique de la notion de droit subjectif : « dans sa sphère qui n'était point originellement celle de la vie juridique, le christianisme est un ferment d'individualisme ; il accorde le plus grand prix à la personne individuelle... » (31). De là ont pu dériver assez aisément les doctrines faisant de l'homme le seul centre d'intérêt, la source et le but de l'organisation juridique. Aussi est-ce sans doute dans la pensée franciscaine du XIVe siècle que se trouvent les premières constructions individualistes du droit, mettant au premier plan les prérogatives de l'homme (32).

De telles conceptions ont lentement accru leur audience. Avec les théories du contrat social, le triomphe du droit subjectif, considéré comme le principe de base de l'organisation juridique, a été éclatant. C'est en ce sens que peut notamment être interprété le système de Hobbes qui a inspiré plus ou moins directement nombre de théoriciens du droit (33). Selon cette doctrine, les hommes à l'état de nature

---

(30) V. *supra*, nº 30. Cette attitude est d'ailleurs critiquée par les partisans du droit naturel classique, pour lesquels le droit est science et recherche des rapports justes entre les hommes et les choses (V. M. VILLEY, *Droits et règles*, à propos de la règle de justice de M. PERELMAN, in *Seize essais de philosophie du droit*, p. 221 et s.).

(31) VILLEY, *La genèse du droit subjectif...*, article précité, *Arch. philosophie du droit*, 1964, p. 97 et s.

(32) *Ibid.* — Des précédents peuvent toutefois être trouvés dans la doctrine stoïcienne (VILLEY, *Le droit de l'individu chez Hobbes*, in *Seize essais de philosophie du droit*, p. 179 et s., spécialement p. 184).

(33) VILLEY, étude précitée.

ont une liberté, des pouvoirs illimités mais concurrents. « Le droit de l'individu c'est de faire *tout* ce qu'à son jugement propre il pourra tenir pour utile à la conservation de son être » (34). Par le pacte social, les hommes cèdent leur droit primitif, impraticable parce qu'indéfini, à l'État : *Léviathan*. En échange, celui-ci attribue aux individus des droits précis qui n'empiétent plus les uns sur les autres. Mais ces droits, bien que limités par la loi, ont leur source profonde dans les individus eux-mêmes : l'œuvre du souverain est une fixation des frontières de la liberté inhérente à l'être humain ; « le droit est ce reste de liberté que la loi n'a pas entamé ; le souverain permet de *retenir* une part de ce droit que le sujet possédait déjà dans l'état de nature et qu'il tenait de lui-même et de sa raison » (35). De cette limitation par la loi, les droits sortent d'ailleurs renforcés, d'abord parce que restreints dans leur domaine ils sont devenus exclusifs, ensuite et surtout parce qu'ils sont garantis, sanctionnés par l'État. Telle est la raison du pacte social : un renforcement des pouvoirs effectifs des individus (36). Ainsi, les droits subjectifs sont à la fois la base et le but de tout le système juridique (37).

174. — Cette thèse méconnaît l'aspect social de toute la matière juridique.

Les philosophies inspirées du contrat social ne sont plus guère de mise aujourd'hui. Il n'est pas certain, cependant, que sur le plan juridique les conclusions auxquelles elles aboutissaient soient abandonnées. Un fort courant de pensée demeure favorable à des droits subjectifs conçus comme des pouvoirs attachés à la nature humaine. Nombreux sont ceux qui, donnant au terme « subjectif » toute sa portée, traitent les droits des individus en qualités de la personne. En ce sens, « est subjectif ce qui est l'attribut du sujet, ce qui appartient à son essence, qui lui est inhérent » (38). Des limites sont certes apportées aux droits individuels par les lois. Mais ce sont des exceptions aux pouvoirs et à la liberté de l'homme, rendues nécessaires par la vie en société. Le droit subjectif reste le *principe* c'est-à-dire qu'il est posé en premier. La règle de droit qui le canalise et le restreint doit donc être interprétée restrictivement.

---

(34) *Ibid.*, p. 191.
(35) *Ibid.*, p. 201.
(36) *Ibid.*, p. 202.
(37) « Les droits subjectifs ne sont pas qu'au principe du système de Hobbes. Ils sont ses fins et ses valeurs. Léviathan n'est pas seulement institué *par* l'individu, il l'est *pour* les individus. Les droits subjectifs ne sont pas la cause efficiente du droit, mais ses causes finales et formelles et la substance même du droit. Ils sont l'*alpha* et l'*oméga* » (*ibid.*, p. 204).
(38) Villey, *La genèse du droit subjectif...*, article précité, p. 100.

Cette conception des droits de l'homme ne semble pas toujours véritablement raisonnée. C'est souvent à l'occasion de réactions en quelque sorte instinctives qu'elle s'exprime maintenant, du moins en matière de droit privé. Mais il reste que cette conviction est encore fortement ancrée dans beaucoup d'esprits. On peut y voir au moins le signe d'une aspiration profonde des individus à se voir reconnaître en tant que tels un rôle éminent sur la scène juridique.

Mais, si l'instinct de puissance est une donnée difficilement contestable, si le postulat de la liberté faisant de l'homme un être responsable est plus exaltant que le déterminisme, fatalement décourageant, il est discutable de dresser l'individu en face de la Société. L'homme isolé n'existe pas ; le droit est et ne peut être qu'une science *sociale*. C'est nécessairement au sein d'une communauté et en fonction de celle-ci que se développent les situations juridiques et les droits. Les prérogatives individuelles peuvent être conçues comme des éléments de l'organisation de la Société. Il est possible de faire sa part à un certain égoïsme sans pour autant abandonner le souci majeur du bien commun. La dignité de l'homme n'est pas amoindrie lorsqu'il est considéré dans son rôle social. Admettre ce point de vue n'est pas nécessairement nier les droits subjectifs ; mais c'est inverser la hiérarchie et reconnaître la primauté du droit objectif.

II. — *Thèse de la primauté du droit objectif.*

175. — **En pratique, les individus n'ont pas d'autres droits que ceux qui leur sont accordés par la règle juridique objective.**

Ce sont les règles juridiques établies par les autorités compétentes qui déterminent les prérogatives des particuliers. Dès lors, « il ne peut y avoir de droit subjectif que dans le cadre que trace le droit objectif » (39). « Les droits subjectifs n'existent pas par eux-mêmes, ils ne sont pas de génération spontanée, issus du néant, ce ne sont pas des droits « naturels » ; les droits subjectifs... n'existent que dans les limites qui sont tracées par les différentes règles de droit et sous les conditions posées par ces règles » (40). Il faut admettre « la coexistence des droits subjectifs et du droit objectif et la subordination des premiers au second » (41).

Cette analyse s'impose à l'observateur de la réalité juridique telle qu'elle est concrètement vécue. Nul ne peut invoquer devant un tribu-

---

(39) Starck, *Introduction au droit*, 2ᵉ éd. par Roland et Boyer, n° 889.

(40) *Ibid.*, n° 891. — Dans le même sens, Aubert, *Introduction au droit et thèmes fondamentaux du droit civil*, 3ᵉ éd., n° 178. — Sourioux, *Introduction au droit*, 2ᵉ éd., n° 54.

(41) Starck, Roland et Boyer, *op.* et *loc. cit.*

nal un droit qui ne serait consacré par la loi, entendue au sens large. Les « droits de l'homme » solennellement déclarés n'ont d'autre valeur juridique que celle que leur confère le texte qui les énonce (42). De sorte que, même si l'on admettait que certains pouvoirs des individus ont leur source profonde dans la nature humaine elle-même, force serait de convenir que ces droits sont doués d'efficacité seulement dans la mesure où les règles positives en reconnaissent l'existence. La prééminence du droit objectif au point de vue pratique est donc un fait indéniable.

S'il en était besoin, une démonstration supplémentaire résulterait de la façon dont est traditionnellement abordée en droit privé la question des *sources des droits subjectifs* (43). La majorité de la doctrine civiliste contemporaine répond par une distinction entre les actes juridiques et les faits juridiques. Les premiers sont des manifestations de volontés individuelles émises en vue de produire des effets de droit ; le contrat en est l'exemple-type. Les seconds sont des événements quelconques auxquels une règle de droit attache des effets juridiques qui n'ont pas été spécialement et directement voulus par les intéressés ; tel le décès qui ouvre la succession ou le fait dommageable qui fait naître le droit à réparation de la victime (44). L'étude détaillée des actes et des faits juridiques se fait plus utilement lors de l'examen du droit des obligations et c'est à cette place que nous l'envisagerons (45). Mais il importe de présenter immédiatement deux remarques à ce sujet. En premier lieu, on observe qu'il n'est nullement question de déduire des droits de la nature humaine ; l'analyse de l'individu luimême ne figure nulle part dans l'exposé des sources des droits subjectifs. En second lieu, qu'examine-t-on lorsqu'on envisage les actes

---

(42) V. par ex., Cons. constitutionnel, 15 janvier 1975, J. C. P. 1975. II. 18030, note E.-M. Bey ; D. 1975, 529, note L. Hamon ; *Gaz. Pal.*, 1976. 1. 25, note Pellet. — Comp. Chambon, note sous Cour de sûreté de l'État, 6 mai 1976, J. C. P. 1976. II. 18416. — V. aussi R. Merle, *La Convention européenne des droits de l'homme et la justice pénale française*, D. 1981, chron. 227. — Sur les droits subjectifs et les droits de l'homme, Ionescu, *op. cit.*, n°s 100 et s.

(43) Marty et Raynaud, *Introduction générale*, n°s 174 et s. — Mazeaud et Chabas, t. I, vol. 1, *Introduction*, n° 240 et s. — Starck, Roland et Boyer, *Introduction au droit*, n°s 1334 et s. — Weill et Terré, *Introduction générale*, 4e éd., n°s 300 et s. — Carbonnier, t. I, *Introduction*, 17e éd., n°s 167 et s. — Flour et Aubert, *Les obligations*, vol. 1, 2e éd., n°s 51 et s. — Malinvaud, *Introduction à l'étude du droit, cadre juridique des relations économiques*, n°s 182 et s. — Larroumet, *Introduction à l'étude du droit privé*, n°s 530 et s.

(44) On remarquera, à ce propos, qu'un fait juridique peut être d'origine volontaire mais que la volonté n'est alors pas tendue vers la conséquence de droit qui se produit. Ainsi, conduire une automobile à une vitesse excessive est un fait volontaire mais l'obligation d'indemniser la victime de l'accident dû à cet excès de vitesse n'a pas été voulue par le conducteur.

(45) V. Le contrat, Formation et La responsabilité, conditions.

juridiques et les faits juridiques ? Les conditions requises *par la loi* pour que, de certaines circonstances, résulte l'acquisition de droits au profit des particuliers : exigences *légales* permettant aux volontés individuelles de produire des effets juridiques, éléments caractéristiques nécessaires à la qualification de certains faits au regard des catégories *légales* auxquelles sont attachées des conséquences de droit. Par conséquent, en examinant au titre des « sources des droits subjectifs » les événements concrets qui déclenchent l'application de la loi, tous les auteurs qui rendent compte du droit positif admettent, par prétérition mais avec une absolue netteté, que les droits subjectifs ont pour seule origine les règles objectives.

176. — Cette conception ne méconnaît pas la dignité humaine.

Sur le plan théorique, la primauté du droit objectif ne manque d'ailleurs pas de justification. Il est en effet difficile de nier que « dans l'état de vie sociale organisée, les individus ne sont point juxtaposés ou « coexistants », mais qu'ils font partie d'un ensemble, en sorte que la position de chacun ne saurait être définie exclusivement par rapport à l'autre et aux autres individuellement comptés, mais bien par rapport à l'ensemble des autres et à chacun des autres en particulier dans l'ensemble » (46). Or cette définition ne peut être faite que par les règles de droit posées par les autorités publiques ou, parfois, dégagées par les juristes ; règles générales et impersonnelles, objectives en un mot, qui ont précisément pour fonction d'organiser la vie sociale.

Admettre une telle conception n'implique ni abandon de la notion de droit subjectif, ni méconnaissance de la dignité de la personne humaine. Sans doute, ne s'agit-il plus de l'individualisme exacerbé de certaines philosophies. Mais ce serait forcer les contrastes que dire : « ou le droit est construit à partir et en fonction de l'individu, ou bien il sort d'un effort de justice sociale, d'une loi supra-individuelle : dans ce dernier cas, il n'est pas exclusivement individuel, pensé qu'en faveur de l'individu, il n'est plus un droit *subjectif* » (47).

D'une part, en effet, l'opposition n'existe qu'à l'égard d'une certaine conception philosophique du droit subjectif ; rien n'interdit d'en avoir une vision moins rigide : « du moment que chacun est reconnu avoir droit à quelque chose, le droit subjectif instantanément surgit ; *des* droits (subjectifs) sont institués par *le* droit (objectif)... » (48). Cette façon d'envisager les prérogatives du sujet n'impose pas de se rallier aux théories ultra-individualistes.

---

(46) DABIN, *Droit subjectif et subjectivisme juridique*, Arch. *philosophie du droit*, 1964, p. 17 et s., spécialement p. 27.
(47) VILLEY, *La genèse du droit subjectif...*, article précité, note 8, ajoutée dans la reproduction de cette étude, in *Seize essais de philosophie du droit*, p. 140 et s.
(48) DABIN, article précité, p. 24.

D'autre part, le législateur ne fixe pas les règles juridiques dans l'arbitraire absolu. Que l'on admette l'existence d'un droit naturel objectif (49) ou que l'on voie dans le droit le produit d'un certain nombre de forces sociales (50), les aspirations de l'individu constituent des données à prendre en compte. « Ni la définition des droits, ni l'appréciation des exigences ou des convenances du bien commun, principe régulateur par définition, ne peuvent avoir lieu indépendamment d'une certaine conception de l'homme et de la société ou, si l'on veut, d'une *table des valeurs* » (51). Or, du moins dans notre civilisation marquée par l'humanisme et le christianisme, « le bien de la personne humaine est la valeur suprême » (52). Il est donc parfaitement concevable de reconnaître la prééminence du droit objectif et d'envisager que celui-ci soit ordonné en fonction des postulats de la responsabilité morale et de la liberté de l'homme (53). D'autant plus que garantir aux individus certains avantages, leur permettre de recueillir le fruit de certaines de leurs initiatives, est un moyen de les faire collaborer à la recherche du bien commun (54). « En dehors de positions de sécurité de cette sorte, c'est en vain qu'on voudrait entraîner les personnes, ou les groupements, à la compétition ; il est bien évident qu'ils demeureraient inertes » (55). Cette conception, loin d'éliminer le droit subjectif l'intègre donc dans le système juridique dont il ne constitue pas la source mais à la fois un des buts et un des moyens.

« La prérogative qui est reconnue à un particulier sous la forme d'un droit subjectif se présente ainsi, en quelque sorte, comme un rameau détaché du grand arbre qui constitue l'ordonnancement juridique tout entier » (56). C'est dire qu'il ne saurait être question de ramener tout le droit, ni même seulement le droit privé en entier, à un réseau de droits subjectifs. Un problème de délimitation se pose donc. Dans les conséquences individuelles des règles positives, où commencent et où finissent les droits subjectifs? Il est temps de chercher à préciser la définition de ce concept.

---

(49) V. *supra*, nos 8 et s.
(50) V. *supra*, nos 24 et s.
(51) Dabin, article précité, p. 25.
(52) *Ibid.*
(53) Michaélidès-Nouaros, *L'évolution récente de la notion de droit subjectif*, *Rev. trim. dr. civ.*, 1966, p. 216 et s.
(54) « Pour que le droit objectif soit intensément présent dans la société, rien de tel que de l'incarner, donc de le subjectiver... Pourquoi, à toute époque, les propriétés collectives ont-elles été si mal respectées... ? C'est que la propriété collective se présente comme une structure de pur droit objectif, sous laquelle il n'y a point de droits subjectifs dont le cœur batte » (Carbonnier, *Flexible droit*, p. 121, 122).
(55) Roubier, *Droits subjectifs et situations juridiques*, p. 30.
(56) *Ibid.*, p. 106.

SECTION 2

DÉFINITION DES DROITS SUBJECTIFS

177. — Nous avons jusqu'ici raisonné en retenant une définition provisoire et fort vague de la notion de droit subjectif. Tenant désormais pour établi qu'il n'y a pas lieu d'éliminer purement et simplement cette notion qui occupe une place importante sans pour autant constituer la base de tout l'ordre juridique, il convient de tenter d'approfondir quelque peu l'analyse. Si l'on écarte, en effet, l'idée que le droit entier repose exclusivement sur les pouvoirs des individus, pour admettre que la situation des particuliers, qui n'est pas faite que de droits, est déterminée par le droit objectif, il est nécessaire de savoir à quoi se reconnaissent les droits subjectifs. Seuls les éléments caractéristiques d'une définition suffisamment précise permettent de répondre à cette question.

Malheureusement, une telle recherche est une entreprise extrêmement ardue. Tant de controverses ont eu lieu à ce sujet qu'il est pratiquement impossible de traduire fidèlement les oppositions ou les nuances qui séparent les différents courants de pensée. Ces multiples doctrines contiennent certes d'importants apports à la théorie juridique ; il faut bien reconnaître cependant que leur nombre ne contribue guère à faire régner la clarté en ce domaine. Nous ne retiendrons donc que les orientations qui nous semblent exercer une influence sensible sur les idées actuelles. Nous prendrons ensuite le risque d'ajouter encore à l'obscurité de la matière en proposant notre propre esquisse de solution.

§ 1. — PRINCIPALES OPINIONS DOCTRINALES

178. — Un choix parmi les théories est nécessairement arbitraire. Sacrifiant délibérément d'intéressantes nuances, nous nous bornerons à évoquer sommairement la doctrine allemande du xixᵉ siècle, puis les théories, plus récentes, de Dabin et du Doyen Roubier.

I. — *La doctrine allemande du XIXᵉ siècle.*

179. — **Théorie de Windscheid : le pouvoir de volonté; confusion entre le droit lui-même et son exercice.**
Une thèse, déjà évoquée par Savigny mais illustrée surtout par Windscheid (1),

---

(1) Pandektenrecht, t. I, 8ᵉ éd., 1900. — V. L'exposé de cette doctrine dans l'ouvrage de Dabin, *Le droit subjectif*, p. 56 et s.

définit le droit subjectif comme un *pouvoir de volonté*. Il faut d'ailleurs tout de suite préciser : pouvoir de volonté concédé par le droit objectif. Cette théorie n'implique pas, en effet, que la volonté du sujet est souveraine et se suffit à elle-même, puisant sa force dans la nature humaine indépendamment de toute règle sociale. C'est bien sous la dépendance de l'ordre juridique qu'il convient de se placer. Mais, précisément, les normes objectives établissent des règles de conduite dont la mise en œuvre est soumise à la volonté de leurs bénéficiaires. Pouvoir ainsi décider d'utiliser à son profit une injonction adressée à d'autres personnes par la règle juridique est avoir un droit subjectif. La volonté est libre d'exercer ou non la prérogative prévue par la loi qui laisse le titulaire du droit subjectif seul juge en la matière. De plus, un tel droit peut être cédé, modifié, supprimé par son bénéficiaire. C'est là une autre forme du pouvoir de la volonté qui commande, non plus l'exercice du droit, mais sa disposition. Sous l'un ou l'autre aspect, c'est la sphère d'autonomie accordée à la volonté qui caractérise le droit subjectif.

La conception ainsi schématisée a le mérite d'insister sur un trait certainement important du droit subjectif. Cette liberté de décision dans la mise en œuvre des mécanismes existe ; elle est sans conteste ressentie comme capitale par le sujet. Avoir un droit implique une possibilité de choix, plus ou moins étendue selon les limites fixées par les règles juridiques. Le droit subjectif laisse une part d'initiative à son titulaire ; il postule la liberté du sujet. Mais il est permis de douter que la formule du « pouvoir de volonté » soit la plus adéquate pour exprimer cette idée. Surtout, faire de cette puissance de la volonté la définition même du droit subjectif se heurte à de sérieuses objections (2). Il est déjà difficile de maintenir la thèse volontariste lorsqu'on constate qu'elle devrait avoir pour conséquence de priver radicalement de tout droit les personnes qui ne peuvent manifester une volonté, tels les très jeunes enfants ou des aliénés mentaux. Réussirait-on, non sans subtilité ou artifice, à tourner la difficulté (3) que l'on buterait encore sur le cas de droits que le titulaire acquiert sans le savoir, tel l'héritier qui ignore le décès de son auteur : comment la volonté pourrait-elle alors manifester sa puissance ? En réalité, cette définition semble bien confondre le droit lui-même et son exercice. C'est là l'objection la plus grave et qui résume toutes les critiques. Il ne paraît pas douteux que « le droit existe, appartenant au sujet, antérieurement à toute violation ou empiétement » (4). Dès lors, on comprend mal que le droit soit « vouloir ».

180. — Théorie de Ihering : l'intérêt juridiquement protégé; confusion entre le droit lui-même et un de ses buts.
A l'opposé de la thèse volontariste, Ihering a forgé la doctrine de l'intérêt (5). Pour lui, « les droits subjectifs sont des intérêts juridiquement protégés ». Le but pratique des droits est la jouissance procurée au sujet, un avantage matériel ou moral ; le moyen qui assure cet avantage est la protection juridique, l'action en justice. La conjonction des deux éléments constitue le droit subjectif. La volonté, quand elle intervient, n'a qu'un rôle secondaire : lorsque la loi n'a pas précisé de quelle façon le droit doit profiter au titulaire, c'est la volonté du sujet qui détermine cet usage. Mais une telle faculté de décision n'est pas essentielle. C'est la jouissance ou la perspective de jouissance garantie par le droit qui constitue l'âme du droit subjectif.

---

(2) DABIN, *op. cit.*, p. 59 et s.
(3) V. la discussion de DABIN, *op. cit.*, p. 60.
(4) *Ibid.*, p. 61, 62.
(5) *L'esprit du droit romain*, trad. MEULENAERE, t. III, 3ᵉ éd., 1888. — V. l'exposé de cette doctrine par DABIN, *op. cit.*, p. 65 et s.

La formule de Ihering est sans doute la plus célèbre de toutes les définitions du droit subjectif. Son succès prouve qu'elle touche juste, au moins pour une large part. Comment nier que les droits sont perçus par leurs titulaires comme des avantages dont ils profitent ? L'intérêt du sujet est bien ce moteur de l'action qui constitue une des justifications sociales des droits. Cependant, cette thèse fameuse n'échappe pas à toute critique (6). L'intérêt, à lui seul, est un simple fait. Pour devenir droit, il lui faut la protection juridique. Mais c'est là que la construction ne satisfait pas. « Comment expliquer, en logique, que l'intervention de la protection, qui n'est que le moyen, puisse avoir pour effet d'opérer ce changement de substance : la transformation de l'intérêt, simple fait, en droit subjectif ? » (7). Rationnellement, « l'intérêt n'est pas un droit parce qu'il est protégé ; il est, au contraire, protégé parce qu'il est reconnu être un droit, méritant comme droit cette protection. Et alors, la question reste entière de savoir en quoi consiste le droit » (8). En somme, on a le sentiment que l'analyse de Ihering tourne autour de la notion de droit sans parvenir à en saisir l'essence. Cette théorie précise le but, ou plutôt un des buts du droit, la satisfaction d'un intérêt ; elle indique comment, par la protection de l'État, ce but peut être atteint ; la notion elle-même reste assez mystérieuse.

Plutôt que de tenter d'améliorer la conception de Ihering en la compliquant d'emprunts à la doctrine volontariste ou, à l'inverse, d'introduire dans cette dernière un élément d'intérêt (9), mieux vaut sans doute reprendre le problème à la base. Tel est l'effort de Dabin.

II. — La doctrine de Dabin.

181. — L'appartenance-maîtrise.

Jean Dabin a présenté une définition nouvelle dans son ouvrage *Le droit subjectif*, paru en 1952. Pour cet auteur, « le droit subjectif est essentiellement *appartenance-maîtrise*, l'appartenance causant et déterminant la maîtrise » (10).

L'aspect d'appartenance est spécifique du droit subjectif. On peut dire, en effet, que le droit établit une relation entre son objet (par exemple une chose objet de propriété) et son sujet. Cette relation est appartenance. De sorte que le droit est ce qui appartient à son titulaire, ce qui est sien (11). En parlant d'intérêt, Ihering avait aperçu un rapport de la chose sur laquelle porte le droit avec le sujet. Mais il s'en était tenu au plan économique du profit, de l'avantage, de la jouissance. Or, « le droit n'est pas un intérêt, même juridiquement protégé ; il est l'appartenance d'un intérêt ou, plus exactement, d'une chose qui touche le sujet et l'intéresse, non en tant qu'il jouit ou est appelé à en jouir, mais en tant que cette chose lui appartient

---

(6) DABIN, *op. cit.*, p. 68 et s.
(7) *Ibid.*, p. 69.
(8) *Ibid.*
(9) Sur ces doctrines « mixtes », *ibid.*, p. 72 et s. — On signalera notamment la définition proposée par MICHOUD : « le droit est l'intérêt d'un homme ou d'un groupe d'hommes juridiquement protégé au moyen de la puissance reconnue à une volonté de le représenter et de le défendre » (*La théorie de la personnalité morale*, 2e éd., t. I, 1924, p. 103).
(10) *Le droit subjectif*, p. 80.
(11) « Ainsi le droit subjectif se présente d'emblée comme une relation d'appartenance entre le sujet et une chose : d'une part, l'idée de droit ne naît qu'avec cette appartenance ; d'autre part, cette appartenance est au principe de tout ce qui constitue et caractérise le droit » (*ibid.*, p. 81).

en propre » (12). Il ne faut d'ailleurs pas avoir une conception étroite de la « chose » objet de cette appartenance. Il s'agit non seulement des biens matériels, mais aussi des « biens ou valeurs inhérents à la personne, physique ou morale, du sujet (vie, intégrité du corps, libertés...) » (13), des « choses, matérielles ou immatérielles devenues extérieures au sujet, mais dont celui-ci serait l'auteur » (14), des prestations quelconques dues par une autre personne et même des offices et fonctions.

La maîtrise est le corollaire de l'appartenance. C'est le pouvoir du titulaire sur son bien. Plus précisément, le « *pouvoir de libre disposition de la chose*, objet du droit » (15). La maîtrise ne saurait donc se confondre avec l'exercice du droit, qui implique un pouvoir actif, se traduisant par le rôle de la volonté. Le pouvoir de disposition est « faculté d'agir *en maître* sur la chose qui fait l'objet du droit » (16). Il est liberté, « non seulement d'*agir*, mais de *choisir* : entre l'action et l'abstention pure, ainsi qu'entre les diverses formes de l'action jusqu'à la disposition de la chose ou du droit inclusivement » (17). Ceci, sous réserve des limites fixées par la loi, en tenant compte notamment de la nature de la chose assujettie : « tandis que les choses matérielles se prêtent à la disposition la plus totale... les biens dans lesquels la personne humaine est engagée soit activement, soit passivement, ne sont susceptibles que d'une disponibilité relative » (18). Mais il est important de noter que la maîtrise ne suppose pas l'accomplissement d'actes de disposition. Même si, pour une raison quelconque, « la possibilité *matérielle* de disposer fait défaut, la maîtrise demeure avec la possibilité *morale* de disposer » (19).

Si l'appartenance-maîtrise caractérise le droit vu du côté du sujet, la définition doit être complétée en envisageant le droit à l'égard d'autrui. C'est la « condition d'*altérité* » (20) : il n'y a de droit subjectif que par rapport aux autres individus « A la relation d'appartenance de l'objet au sujet... s'ajoute donc une seconde relation, du sujet à autrui... » (21). L'appartenance et la maîtrise impliquent un « domaine réservé au titulaire » (22) ; en d'autres termes, l'opposabilité du droit aux tiers. Cette opposabilité se traduit par les deux idées d'*inviolabilité* et d'*exigibilité* : la non-violation du droit s'impose à autrui et le sujet peut exiger le respect de son droit.

Enfin, l'élément de la *protection juridique* achève l'analyse (23). Au point de vue moral, l'appartenance-maîtrise et sa conséquence, l'opposabilité, suffiraient à constituer le droit subjectif. Mais sur le plan du droit positif, la garantie apportée par l'État doit intervenir. Sans l'action en justice par laquelle la Société assure la sécurité des droits, ceux-ci seraient inefficaces, donc incomplets. Cette sanction n'est qu'une conséquence de la notion de droit subjectif, mais c'est une conséquence nécessaire : tout droit véritable est muni d'une action.

---

(12) *Ibid.*, p. 82.
(13) *Ibid.*, p. 83.
(14) *Ibid.*
(15) *Ibid.*, p. 89.
(16) *Ibid.*, p. 90.
(17) *Ibid.*, p. 91.
(18) *Ibid.*
(19) *Ibid.*, p. 92.
(20) *Ibid.*, p. 93.
(21) *Ibid.*, p. 94.
(22) *Ibid.*, p. 95.
(23) *Ibid.*, p. 97.

182. — La thèse perd de sa rigueur en s'appliquant largement.
Cette théorie qui, bien évidemment, souffre d'avoir été ainsi résumée, est séduisante. L'idée d'appartenance-maîtrise qui en constitue la clef de voûte correspond indubitablement à une réalité, traduite d'ailleurs par le langage usuel. Dire : « *j'ai un droit sur...* » n'est pas autre chose qu'énoncer : « *j'ai...*, en vertu des règles juridiques applicables » ; ainsi, le droit subjectif apparaît bien comme étant appartenance. Affirmer : « *j'ai le droit de...* » revient à : « *je peux...*, conformément à la loi » ; le droit subjectif est donc maîtrise. Les verbes « avoir » et « pouvoir » expriment, pour le sujet, l'essentiel de son droit. De plus, on ne saurait trop insister sur l'importance de ce que Dabin appelle « l'altérité : le droit n'existe que par rapport à autrui, il est exclusion des autres.

Toutefois, la définition du droit subjectif comme appartenance-maîtrise, qui convient parfaitement à la propriété, requiert certains efforts pour s'adapter à certains autres droits (24). En particulier, la maîtrise analysée comme le pouvoir de libre disposition devient d'une représentation difficile, lorsque précisément la loi interdit tout acte juridique de disposition, comme c'est le cas pour les droits ayant pour objet des valeurs ou des biens qui ne sont pas extérieurs au sujet lui-même, tels que la vie ou les libertés. Mais peut-être cette sorte de difficultés vient-elle d'une conception trop extensive de la notion de droit subjectif. L'appartenance-maîtrise exposée par Dabin conduit, en effet, à admettre très largement la qualification de droit subjectif, trop largement selon la théorie présentée par le Doyen Roubier

III. — *La doctrine du doyen Roubier.*

183. — Restriction de la notion : n'est droit subjectif qu'une prérogative appropriée.
Dans un article paru en 1960 aux Archives de philosophie du droit (25) et surtout dans son livre, *Droits subjectifs et situations juridiques*, publié en 1963, le Doyen Paul Roubier a proposé de délimiter étroitement le domaine des droits subjectifs, afin de conserver à cette notion cohérence et netteté. Si le terme « droit » est ambigu, c'est parce qu'il est employé beaucoup trop largement, avec des sens divers (26).

---

(24) Il en est ainsi du droit de créance. Supposons que *Secondus* doive 1 000 F à *Primus*. Le droit de *Primus*, selon DABIN, est appartenance-maîtrise de la prestation due par *Secondus*, c'est-à-dire des 1 000 F à payer. Or, dans l'immédiat, cet objet est du domaine du futur. Pourtant, d'ores et déjà le droit de créance existe. L'exigibilité, qui, dans le schéma de base, est une simple conséquence du droit subjectif, devient l'élément capital. C'est le *pouvoir d'exiger* le versement des 1 000 F qui constitue la substance même du droit. Aussi, DABIN admet-il qu'en pareil cas « l'appartenance est alors *indirecte*, en ce sens que la prestation due au créancier ne lui parviendra que par l'intermédiaire de l'obligation du débiteur. Cette prestation, qui est l'acte d'autrui et qui relève par conséquent de la *personne* d'autrui ne saurait « appartenir », dans la plénitude du terme, à celui qui y a droit, précisément parce qu'un homme ne saurait tirer prestation d'un autre homme, son égal en valeur humaine, comme il le ferait d'une chose, d'un animal ou d'un esclave assimilé à une chose » (*op. cit.*, p. 84). Le système est donc sauf, mais il faut convenir qu'il sort quelque peu affaibli par cette complication. Le détour, assez peu convaincant, de « l'appartenance indirecte » n'est-il pas provoqué par l'importance peut-être excessive attachée à « l'appartenance-maîtrise » entendue au sens fort ?
Pour un examen critique d'ensemble de la théorie de DABIN, v. EISENMANN, *Une nouvelle conception du droit subjectif : la théorie de Jean Dabin*, Rev. dr. public, 1954, p. 753 et s. — IONESCU, *op. cit.*, n⁰ˢ 50 et s.
(25) *Les prérogatives juridiques*, Arch. philosophie du droit, 1960, p. 65 et s.
(26) *Droits subjectifs et situations juridiques*, n⁰ 6, p. 47 et s. et n⁰ 18, p. 127 et s.

Il faut donc remettre de l'ordre dans les concepts et adopter un langage technique précis.

A trop insister sur les droits subjectifs, on se condamne à avoir une vision très partielle de la réalité juridique. Le droit objectif assure également la protection de valeurs jugées importantes en imposant des devoirs. La plupart du temps, d'ailleurs il n'y a ni prérogative entièrement franche, ni devoir auquel ne corresponde aucun avantage. Droits et devoirs sont entrecroisés dans des « situations juridiques ». C'est donc en prenant pour base ces « complexes de droits et de devoirs » (27) qu'il convient d'envisager l'application des règles positives aux individus. A cet égard, une distinction fondamentale doit être faite entre deux catégories de situations juridiques : « dans les unes, l'élément de la prérogative et de l'avantage pour le titulaire de la situation apparaît au premier plan : ce sont les *situations juridiques subjectives*, c'est-à-dire *celles qui tendent à créer principalement des droits plutôt que des devoirs*. Dans les autres, l'élément du devoir, de la charge est prédominant : ce sont les *situations juridiques objectives*, c'est-à-dire *celles qui tendent à reconnaître des devoirs plutôt que des droits* » (28).

Ce vocabulaire peut faire songer à la théorie de Duguit (29). Mais il n'est pas question de nier l'existence de prérogatives individuelles. Il s'agit seulement de les ramener à leur exacte place. Si donc on s'attache à cet aspect partiel des situations juridiques que constituent les avantages concédés par les règles de droit, on aurait tort de tout baptiser « droits subjectifs ». En effet, l'analyse découvre de nombreuses catégories dans ce que, par une regrettable « enflure phraséologique » (30), on amalgame souvent pêle-mêle sous le vocable de droit.

« Les droits subjectifs n'englobent pas tous les cas où un individu peut avoir raison devant les tribunaux, mais seulement les hypothèses où existe une prérogative appropriée à la manière d'un bien : prérogative qui est en principe transmissible et qui normalement comporte la possibilité pour son bénéficiaire d'y renoncer. Ces prérogatives sont munies de protection judiciaire par le canal d'une action en justice... » (31). A la base, il y a donc un avantage auquel le bénéficiaire peut prétendre. Cet avantage constitue un bien dont le titulaire peut disposer. Cette disposition s'entend au sens juridique : possibilité d'aliéner et de renoncer (32). Toutes les fois que ces caractéristiques sont réunies, il y a la garantie d'une action en justice. Tels sont les éléments des véritables droits « privatifs » ou « subjectifs ». Ils se rencontrent dans le droit de propriété, le droit de créance, le droit de l'auteur ou de l'artiste sur son œuvre, mais non dans les prétendus droits à la vie, à l'intégrité physique, aux libertés... (33). En effet, on ne peut renoncer à ces valeurs ; or, « la faculté de renonciation est inhérente au droit subjectif » (34). Cela ne signifie nullement que les individus ne puissent juridiquement bénéficier que des avantages qui répondent aux exigences de la notion de droit subjectif. Mais ce sont d'autres mécanismes, d'autres concepts qui entrent alors en jeu (35).

— « Il est certain qu'on s'est servi des mots « avoir un droit » pour caractériser des situations assez différentes, de telle sorte que dès le départ, notre science a été enfoncée sous une couche de brume épaisse » (*ibid.*, p. 127).

(27) *Ibid.*, p. 53.
(28) *Ibid.*, p. 53, 54.
(29) V. *supra*, n° 168.
(30) Roubier, *Droits subjectifs et situations juridiques*, p. 50.
(31) *Ibid.*, p. 38.
(32) *Ibid.*, p. 128, 129.
(33) *Ibid.*, p. 49 et s.
(34) *Ibid.*, p. 118, 119.
(35) Roubier cite : 1° Les actions en justice indépendantes d'un droit préexistant,

184. — L'usage contredit cette théorie.

La vaste construction édifiée par le Doyen Roubier est trop riche pour qu'il soit possible de la discuter ici dans son ensemble (36). On doit cependant remarquer combien il est justifié d'insister sur le caractère partiel d'une vision qui ramènerait toutes les situations juridiques où sont impliqués les individus à un réseau de droits. L'observation est assez évidente lorsqu'on examine le jeu des règles en matière répressive (37). Même en droit civil, certains secteurs, tels l'état des personnes ou le statut de la famille, sont malaisés à réduire à des séries de droits subjectifs. Il est important de mettre en relief l'existence de devoirs. Tout un volet de la théorie du Doyen Roubier est consacré à l'étude des charges et cet apport est capital, car il restaure l'équilibre du système juridique (37-1).

Comment ne pas souscrire également à la critique de l'imprécision du langage résultant de l'utilisation extensive du mot « droit » ? Mais reste à savoir si la remise en ordre proposée peut emporter la conviction. A cet égard, la définition du droit subjectif selon cette doctrine encourt deux critiques principales.

D'une part, si, en principe, la terminologie est libre, il n'est pas satisfaisant de se heurter à un usage fermement établi. Or, la conception rigoureuse de Roubier s'oppose au langage de la pratique. En particulier, la jurisprudence et la loi elle-même ont développé la catégorie des droits dits « de la personnalité » (38) portant sur la personne même du titulaire. La construction de cette catégorie n'est sans doute

---

qui « sanctionnent, non plus un droit du demandeur, mais un devoir du défendeur » (*Droits subjectifs et situations juridiques*, p. 130), telle l'action en responsabilité. — 2º Les « effets réflexes du droit objectif », dans lesquels « la sanction des règles juridiques peut être assurée en dehors de tout contentieux, par le mécanisme interne des institutions » (*ibid.*, p. 135), tel le respect de la liberté matrimoniale garanti par le refus de l'officier de l'état civil de célébrer des unions irrégulières. — 3º Les libertés qui offrent « une série de possibilités en tous sens » (*ibid.*, p. 150) ; la liberté « nous met en présence d'une initiative laissée aux particuliers pour la création de leurs situations juridiques » (*ibid.*, p. 149). — 4º Les facultés, qui, comme les libertés se placent dans le domaine de la formation des situations juridiques, mais s'en distinguent parce qu'elles sont des prérogatives conditionnées, enserrées dans un jeu de conditions légales strictement fixées (*ibid.*, p. 165) ; la faculté est « une possibilité légale d'option en vue de la création d'une situation juridique » (*ibid.*, p. 163). 5º Les fonctions, indépendantes (par exemple, celles des commerçants ou industriels) ou dépendantes (emplois salariés) ; la fonction est « un poste de service dans la société qui consiste à mettre son activité à la disposition du public pour une tâche déterminée, soit d'une manière directe, soit par l'intermédiaire et sous le couvert d'une organisation collective, privée ou publique » (*ibid.*, p. 181). — 6º Les pouvoirs, traduisant un empiétement sur la sphère juridique d'autrui ; le pouvoir est, en effet, « une prérogative qui permet à une personne, soit de gouverner d'autres personnes dans l'intérêt d'un groupement commun (pouvoir sur la personne), soit de gérer les affaires d'une autre personne au nom et pour le compte de celle-ci (pouvoir sur les biens) » (*ibid.*, p. 190).

(36) Pour une critique des principales thèses du Doyen Roubier, v. Dabin, *Droit subjectif et prérogatives juridiques*, examen des thèses de M. Paul Roubier. *Mémoire de l'Académie royale de Belgique*, t. 54, fasc. 3, 1960.

(37) V. par exemple, Chambon, *Pour une saine interprétation du Code de la route*, J. C. P. 1973. I. 2526 ; notes, J. C. P. 1974. II. 17601 et D. 1975, 415.

(37-1) V., dans la même ligne, Starck, Roland et Boyer, *op. cit.*, nᵒˢ 924 et s.

(38) V. Les personnes, nᵒˢ 268 et s.

pas encore tout à fait achevée, mais il est difficile de nier aujourd'hui qu'il s'agisse de véritables droits subjectifs, le terme étant pris dans un sens technique et non pas comme une simple facilité d'expression. Une définition qui élimine de tels droits se coupe donc de la réalité juridique actuelle.

D'autre part, il est permis de se demander si les critères retenus pour dégager la notion stricte de droit subjectif (39) s'attachent bien à l'essentiel (40). Un adversaire de cette théorie a pu écrire que « l'effort de délimitation du concept de droit subjectif tenté par M. Roubier procède d'une confusion entre le *droit subjectif* et son *objet* : de la différence entre les objets des prérogatives on a conclu à une différence entre les prérogatives » (41). Si l'on comprend bien le souci de précision qui a conduit à resserrer la définition du mot « droit », il ne semble pas que les caractères retenus s'imposent avec la force de l'évidence. Il serait certes possible de *convenir* de limiter l'usage du mot aux hypothèses admises par le doyen Roubier, mais il n'est guère *démontré* que cette conception est imposée par la logique ou la nature des choses.

185. — Le résultat des recherches menées pour définir la notion de droit subjectif n'est pas aussi décevant que les quelques observations critiques présentées à propos de chaque théorie pourraient le laisser penser. Si aucune des doctrines évoquées ne s'impose d'une façon absolument incontestable, c'est sans doute parce que le concept est assez riche pour pouvoir être abordé sous des angles différents (42). Selon que l'on s'attache davantage à l'un ou l'autre de ses aspects, l'éclairage change. C'est précisément l'éclairage sous lequel nous percevons les droits subjectifs que nous voudrions maintenant tenter d'exposer.

§ 2. — ÉLÉMENTS DE SOLUTION PROPOSÉS

186. — Il ne s'agit pas à proprement parler de présenter une théorie de plus sur la définition des droits subjectifs. Le mot serait beaucoup trop fort pour désigner le simple exposé de la façon dont nous appréhendons la question. Notre ambition se limite à insister sur certains aspects des droits subjectifs qui nous semblent assez importants pour conduire, sinon à *la* définition, du moins à *une* définition de la notion. Du reste, nous n'avons pas la prétention de faire œuvre originale et l'on reconnaîtra dans cette conception des idées maintes fois exprimées. Ajoutons encore que notre analyse ne concerne que le droit privé et plus précisément le droit civil, sans aborder le problème des « droits

---

(39) Critères de la *cessibilité* (qui élimine les droits de la personnalité), de la *sécurité* (qui écarte les actions en justice ne sanctionnant pas des prérogatives préconstituées), de la *situation juridique déjà formée* (qui évince les libertés et facultés placées au stade de formation des situations juridiques).

(40) Dabin, mémoire précité, p. 63.

(41) *Ibid.*, p. 66.

(42) Comp. Maspétiol, *Ambiguïté du droit subjectif : métaphysique, technique iuridique ou sociologie*, Arch. philosophie du droit, 1964, p. 71 et s.

publics subjectifs » (43), ni tenter une construction d'ensemble de la matière juridique.

Ayant ainsi marqué les bornes de notre propos, nous croyons utile d'indiquer l'angle sous lequel la question doit, selon nous, être abordée : celui des relations sociales. A partir de là, se dégage l'élément de base de la notion de droit subjectif : une légitime inégalité entre les individus. Mais une modalité particulière du droit subjectif comporte un élément supplémentaire : un pouvoir spécialement dirigé contre une personne déterminée.

I. — *Les droits subjectifs,*
expressions de relations sociales.

187. — « Le droit subjectif, s'il existe, ne peut exister que comme phénomène juridique, donc social » (44).

Les droits n'ont de signification que par rapport à autrui. Un hypothétique Robinson, seul sur son île et absolument coupé de toute relation avec ses semblables n'a pas de droits. « Il a des biens, mais pas de droits : que ferait-il de droits puisqu'il n'a pas d'adversaire à qui les opposer? » (45). L'idée même d'une prérogative juridique implique celle d'un pouvoir à l'égard d'autres individus. « Le droit subjectif, en dernière analyse, n'est qu'un « rapport juridique » entre deux personnes, en vertu duquel l'une d'elles (le titulaire du droit) peut exiger de l'autre le respect de ses obligations reconnues par la loi » (46).

Cette relation avec autrui, dans laquelle le droit subjectif est *opposé* à des concurrents, apparaît nécessairement dans toutes les définitions. Windscheid parle du « droit à un comportement, action ou omission, de la part de toute personne quelconque ou d'une personne déterminée, vis-à-vis du titulaire » (47). Ihering lui-même, dont la conception de l'intérêt semble indépendante de la présence d'autres personnes (48), introduit l'élément de protection juridique ; or une telle protection ne se conçoit que contre quelqu'un. Dabin, surtout, a

---

(43) Roger BONNARD, *Les droits publics subjectifs des administrés, Rev. dr. public,* 1932, p. 695 et s. — LONGCHAMPS, *Quelques observations sur la notion de droit subjectif dans la doctrine, Arch. philosophie du droit,* 1964, p. 45 et s.

(44) CARBONNIER, *Flexible droit,* p. 117.

(45) DABIN, *Le droit subjectif,* p. 94.

(46) MICHAÉLIDÈS-NOUAROS, *L'évolution récente de la notion de droit subjectif, Rev. trim. dr. civ.,* 1966, p. 218. — V. aussi GÉNY, *Science et technique en droit privé positif,* t. III, p. 219 et s. — DEL VECCHIO, *Philosophie du droit,* trad. d'Aynac, p. 332 et s.

(47) Cité par DABIN, *Le droit subjectif,* p. 95.

(48) *Ibid.*

mis en relief la « condition d'altérité » inhérente au droit subjectif (49).

Cependant, il est assez courant de voir dans le rapport avec les autres un aspect relativement secondaire du droit subjectif. Même Dabin tend à considérer l'opposabilité du droit comme une *conséquence* de « l'appartenance-maîtrise » caractérisant la relation entre le sujet et l'objet du droit (50). Nous serions tentés de renverser cette sorte de hiérarchie : le droit subjectif est d'abord et essentiellement un mode de définition de la situation juridique du sujet à l'égard d'autrui. Le point n'est guère discutable si l'on envisage le droit d'exiger d'une personne déterminée l'exécution d'une obligation. Mais il en est encore ainsi pour les autres types de droits. La propriété, par exemple, est pouvoir *exclusif* d'user, jouir et disposer de la chose sur laquelle elle porte ; or l'exclusion d'autrui est une forme de rapport social... Nécessairement, le droit subjectif se présente comme une relation du sujet avec d'autres personnes.

188. — Les normes juridiques sont des règles d'organisation de la vie en société. A ce titre, elles aménagent la situation des individus les uns par rapport aux autres. Une des méthodes utilisées consiste à distribuer des droits subjectifs. Tel est le schéma logique correspondant à la prééminence du droit objectif que nous avons précédemment constatée (51). Il en résulte une conséquence importante, dont on mesurera plus tard la portée (52) : les droits subjectifs, modes de relations sociales, ne peuvent être totalement étrangers à la recherche de l'intérêt général ou, si l'on préfère, du bien commun (53). Même s'ils sont souvent perçus d'une façon fort égoïste par leurs titulaires, les droits concourent à l'organisation des rapports humains ; ils comportent une certaine finalité sociale : « il y a un élément de devoir social dans tout droit subjectif » (54).

Cela ne signifie nullement, cependant, que le droit subjectif ne soit pas un avantage pour son titulaire. Au contraire, s'il est pouvoir d'exiger d'autrui, il traduit une relation sociale inégalitaire, en faveur du sujet. Cette inégalité, consacrée par la règle juridique et, par consé-

---

(49) V. *supra*, n° 181.
(50) *Le droit subjectif*, p. 97.
(51) V. *supra*, n° 175.
(52) V. *infra*, n°s 718 et s.
(53) « Le droit est hors de l'individu, mais il est aussi dans l'individu. Et c'est probablement chose très utile qu'il y soit. Si les sociétés continuent à se servir de l'outil, apparemment il est bon, il a une fonction — quand bien même il aurait aussi ses dysfonctions et ses abus » (CARBONNIER, *Flexible droit*, p. 121).
(54) COULOMBEL, *Introduction à l'étude du droit et du droit civil*, p. 20.

quent jugée conforme aux intérêts de la société, est la caractéristique fondamentale des droits subjectifs.

II. — *Élément de base des droits subjectifs : l'inégalité légitime.*

189. — Droits et libertés ; le droit subjectif est un domaine réservé au titulaire.

Dans un sens très large, toute possibilité d'agir de façon licite est un droit subjectif. « Car on entend par là seulement que la faculté d'accomplir une action appartient à un sujet de droit. Or s'il en est ainsi, les normes permissives confèrent des droits subjectifs » (55). De la sorte, tout ce qui n'est pas défendu par la loi serait « droit » pour celui qui use de sa liberté. Cette acception du terme nous paraît trop large pour que la notion puisse avoir une véritable utilité. Il convient, au contraire, de tenter un effort de précision en distinguant les droits des libertés.

La liberté implique possibilité de choix : libre d'aller et venir, je peux me rendre où bon me semble, à moins que je ne préfère rester chez moi. Certes, la faculté de choisir n'est pas totale. Des restrictions sont établies dans l'intérêt général : si, par exemple, je suis libre de circuler sur la voie publique, c'est à la condition de respecter les prescriptions du Code de la route et des autres réglementations en vigueur. Mais, si étroitement délimitée que soit la possibilité d'agir, le choix subsiste au moins entre l'action et l'abstention. Il en va de même des droits subjectifs. La faculté de choix leur est inhérente. Selon le contenu du droit considéré, elle est plus ou moins étendue : propriétaire d'un terrain, je suis libre, sous réserve de respecter la réglementation établie dans l'intérêt général, de le cultiver, d'y construire une maison, de m'y promener, etc., ou de n'en rien faire ; titulaire d'une créance de 500 F contre une personne déterminée, je n'ai pas d'autre choix que d'exiger le paiement ou de m'en abstenir. Mais, toujours, l'option existe entre l'exercice et le non-exercice du droit. Nous pouvons donc dire qu'à cet égard il n'y a pas de différence entre droit subjectif et liberté. Mieux même, il apparaît que *le contenu du droit est liberté* pour son titulaire (56).

---

(55) KALINOWSKI, *Logique et philosophie du droit subjectif, Arch. philosophie du droit*, 1964, p. 39.

(56) On remarquera que la liberté existe indépendamment de la volonté qu la met en œuvre. La définition du droit subjectif comme un « pouvoir de volonté » nous semble donc trop étroite.

Une distinction peut cependant être faite, mais à un autre point de vue. Lorsqu'il y a seulement liberté et non droit subjectif, celle-ci est attribuée d'une façon *égalitaire*, uniforme, à tous ceux qui en bénéficient. Lorsqu'il y a droit subjectif, la répartition est *inégalitaire* ; les prérogatives du titulaire restreignent la liberté d'autrui et non la sienne. C'est là une différence que nous croyons importante (57).

Les libertés, disons-nous, sont accordées également à tous. Plus précisément, elles sont attribuées dans un *esprit* égalitaire. En effet, certaines personnes peuvent être privées d'une liberté dont d'autres profitent. Ainsi, les détenus qui purgent une peine d'emprisonnement se voient retirer la liberté d'aller et venir ; fonctionnaire, je ne suis pas libre d'avoir une activité commerciale, etc. Mais, d'une part, de telles restrictions se présentent comme des exceptions, en ce sens que quiconque ne remplit pas les conditions d'une catégorie exclue bénéficie de la liberté considérée. D'autre part et surtout, ces aménagements ont lieu dans l'intérêt général et non au profit d'un individu : si la limitation du nombre de ceux qui exercent en concurrence la même liberté peut constituer, en fait, un avantage pour certains, ce n'est là qu'une conséquence indirecte qui n'est pas recherchée à titre principal. En d'autres termes, dans cette forme de répartition inégale des libertés, si quelques-uns ont moins ce n'est pas, au premier chef, pour que les autres aient plus ; la privation de liberté est justifiée en elle-même, sous ce seul aspect négatif.

La seule autre source d'inégalité dans les libertés résulte des circonstances matérielles. La liberté de circuler en automobile n'est évidemment accessible qu'aux détenteurs de véhicules automobiles !... L'obs-

---

(57) Par cette analyse, nous nous séparons de la doctrine du doyen ROUBIER, selon laquelle les droits se situent dans la période des effets d'une situation juridique, alors que les libertés se placent au stade de la formation d'une telle situation (liberté de se marier, liberté de tester, liberté de contracter, etc.) : « la liberté... apparaît au seuil de l'édifice, et en quelque sorte dans le vestibule qui nous conduit au centre de la construction. Elle nous met en présence d'une initiative laissée aux particuliers pour la création de leurs situations juridiques » (*Droits subjectifs et situations juridiques*, p. 149). En effet, nous ne pensons pas que la liberté, faculté de choix, soit étrangère aux droits subjectifs. Au contraire, le postulat de la liberté du sujet est inhérent à l'idée même de droit, non seulement au moment de la création, mais aussi dans l'exercice de la prérogative. « Avoir le droit de... » est « être libre de ... ». Mais il est vrai que la formation des situations juridiques est en général ouverte et ne fait pas l'objet d'un secteur réservé à un individu déterminé. Elle est du domaine de la simple liberté et non du droit subjectif tel que nous l'entendons. A cet égard, nous ne pouvons donc suivre DABIN, pour qui la liberté des actes juridiques ou matériels est toujours constitutive d'un droit (*Droits subjectifs et situations juridiques*, examen des thèses de M. Paul ROUBIER, *Mémoire de l'Académie royale de Belgique*, t. 54, fasc. 3, p. 73. — Comp. dans un sens plus favorable à la théorie de DABIN qu'à notre propre conception, DUCLOS, *L'opposabilité, essai d'une héorie générale*, L. G. D. J., 1984, préface D. MARTIN, n°s 131 et s.

tacle matériel peut d'ailleurs provenir de l'usage par autrui de la même
liberté : si l'accumulation des véhicules provoque un embouteillage,
je ne peux profiter de ma liberté de circulation en raison de la présence des autres automobilistes... Mais de telles inégalités tenant à des
éléments de fait ne portent nullement atteinte au principe égalitaire
de la liberté : celui qui acquiert une automobile se met immédiatement en mesure de profiter de la même liberté de circulation que les
autres usagers (58), dès que le flot des véhicules qui bloquaient le
carrefour s'écoule, je retrouve ma liberté de passage...

Au contraire, le droit subjectif est un « domaine réservé au titulaire » (59) ; il restreint, au profit du sujet, la liberté d'autrui ; il
établit, en faveur d'un individu déterminé, une inégalité juridique
entre les personnes. Si je suis propriétaire d'un terrain, ma liberté
d'agir relativement à cette parcelle de sol est entière. Mais la liberté
des autres, de tous les autres, est amputée. Si, en principe, tout le
monde est libre d'aller et venir, moi seul peux circuler sur le terrain
qui m'appartient ; personne d'autre ne peut y pénétrer sans mon
accord. L'obstacle qui interdit l'accès à autrui est indépendant des
éléments matériels. Mon terrain peut n'être pas clôturé, l'obstacle
existe cependant, car il est juridique : la liberté d'aller et venir du
public cesse aux frontières de ma propriété. Cette inégalité est établie à
mon profit, individuellement, comme sujet du droit qui m'est attribué.

L'exemple de la propriété est le plus évident, car il donne concrètement une vision d'un déplacement des limites des libertés : la zone
réservée au titulaire se manifeste dans l'espace. Mais l'inégalité est la
même dans les autres droits. Ainsi, par exemple, le droit qui m'est
reconnu sur ma propre image restreint la liberté d'autrui de photo-
graphier ou de publier des photographies (60) ; mon droit d'auteur
interdit à d'autres de reproduire mes écrits, etc. (61). La caractéristique dominante du droit subjectif est *l'exclusivité* (c'est-à-dire exclusion
des autres) dont profite le titulaire dans un secteur déterminé. Alors
que la seule liberté s'exerce en concurrence avec autrui, le droit est
« zone de pouvoir, secteur d'action délimité par rapport à d'autres
secteurs attribués à d'autres [individus] » (62).

---

(58) Encore faut-il être en mesure de le faire ! Ainsi apparaît le caractère théorique
de l'octroi de libertés à ceux qui n'ont pas les moyens matériels de les exercer. C'est
dire que l'égalité de principe reste du domaine des abstractions quand, au stade
de la mise en œuvre, une sélection des bénéficiaires s'opère par l'argent.

(59) Dabin, *Le droit subjectif,* p. 95.

(60) V. Les personnes, nos 308 et s.

(61) Le droit de créance sera envisagé, *infra,* nos 191 et s.

(62) Villey, *Leçons d'histoire de la philosophie du droit,* p. 160. — L'auteur présente cette notion comme opposée à celle de droit subjectif. Mais cette opposition

190. — La légitimité de l'inégalité ; l'idée de justice distributive.

En modifiant le champ des libertés, en réservant au sujet un domaine d'où les autres sont exclus, le droit subjectif est source d'inégalité. Cette inégalité est *légitime* ; elle ne résulte pas de la force, mais du jeu des règles juridiques. C'est pourquoi il est possible de discerner deux éléments dans le droit subjectif : *l'émolument*, qui est l'avantage que présente, pour le sujet, l'attribution d'une zone de pouvoirs réservée, et *le titre*, qui est le fondement, la justification de cette inégalité entre les individus (63). Ce titre a toujours pour origine, en dernière analyse, la norme objective. Il résulte parfois directement de la règle juridique (ainsi en est-il pour les droits de la personnalité) ; il requiert en d'autres cas une activité du sujet (ainsi en va-t-il pour le droit d'auteur, pour l'acquisition de la propriété par prescription...) ; il procède souvent d'une transmission de sujet à sujet opérée suivant des conditions légales. Quelle qu'en soit la modalité, l'attribution du droit se fait donc conformément à la loi (64).

La légitimité du titre implique l'admission par l'ordre juridique d'une « cause de préférence » justifiant le bénéfice réservé au sujet du droit. Ainsi, par exemple, la dignité de la personne humaine explique qu'elle constitue, sous certains de ses aspects, un domaine inaccessible à autrui ; l'activité créatrice de l'auteur ou de l'artiste lui mérite l'exclusivité d'exploitation de son œuvre ; l'attitude de celui qui cultive une terre alors que le propriétaire s'en désintéresse est jugée socialement utile et conduit à consacrer l'acquisition par prescription ; la transmission des droits par succession est considérée comme renforçant une certaine structure de la famille en même temps qu'elle incite à agir en vue de laisser des biens à ses héritiers ; la transmission volontaire de droits répond au souci de ne pas rendre le sujet prisonnier de sa situation juridique, les intéressés étant souvent les meilleurs juges de leur intérêt, etc. Les titulaires de droits bénéficient d'avantages à raison de leurs mérites propres ou de ceux de leurs auteurs (nombre de droits correspondent à une accumulation de travail), parce qu'ils sont en situation de servir certains intérêts de la société ou de défendre des valeurs jugées essentielles pour la civilisation.

---

n'existe qu'à l'égard d'une conception philosophique faisant des droits des attributs ou des qualités de l'individu, indépendantes de l'ordre juridique objectif. — Comp. l'analyse du droit subjectif comme un pouvoir juridiquement protégé faite par M. Derruppé, *La nature juridique du droit du preneur à bail et la distinction des droits réels et des droits de créance*, thèse Toulouse, 1952, nᵒˢ 248 et s.

(63) Sortais, *Le titre et l'émolument, essai sur la structure des droits subjectifs*, thèse Paris, 1959, éd. L. G. D. J. 1961, préf. Le Balle.

(64) Il s'agit là de la légitimité juridique. Il existe d'autres façons d'apprécier la légitimité : point de vue moral, point de vue politique (Roubier, *Droits subjectifs et situations juridiques*, p. 224 et s.).

On reconnaît là, en somme, l'ancienne notion de justice distributive. La fonction de l'ordre juridique est d'attribuer à chacun la part qui lui revient, selon la Nature diront les uns, selon les impératifs sociologiques et économiques ou la volonté de l'État diront d'autres. Parce que la situation sociale de chaque individu est différente, cette distribution, pour être juste, est inégale (65). Les droits subjectifs, impliquant une répartition inégalitaire des libertés et, par là, des avantages matériels et moraux, des « richesses » au sens large du terme, traduisent une telle attribution de parts. Ils n'expriment pas tout l'effort de justice distributive, car il faudrait aussi envisager les charges, les devoirs inclus dans le lot de chaque individu. Cependant ils constituent un aspect important de la mise en place de l'ordre social.

Évoquer la justice distributive fait aussitôt songer à son complément que lui associent les philosophes antiques : la justice commutative. Celle-ci, pensons-nous, n'est pas totalement étrangère aux droits subjectifs. Mais si elle intervient, c'est à propos d'une modalité particulière des droits individuels qui doit être signalée.

III. — *Modalité particulière du droit subjectif :* *le pouvoir légitime contre une personne.*

191. — Le droit de créance, emprise sur une personne déterminée.

Tous les droits subjectifs sont inégalité légitime, résultant de la restriction des libertés d'autrui au profit du titulaire. Cette idée ne suffit pas, cependant, à caractériser un certain type de droit, le « droit de créance » : le sujet est investi du pouvoir d'exiger d'une personne déterminée l'exécution d'une prestation. La personne ainsi visée (le débiteur) est tenue de faire ou de ne pas faire quelque chose de précis en faveur du titulaire du droit (le créancier) : verser une somme d'argent, accomplir un travail, ne pas exercer une activité concur-

---

(65) Le cas des « droits de la personnalité » est, à cet égard, particulier, car tout être humain en bénéficie. Leur distribution est donc égalitaire. Cependant, une nuance distingue cette distribution de celle des libertés. On pourrait dire que si les libertés sont accordées *à tous*, les droits de la personnalité sont attribués *à chacun*, en ce sens que les libertés, distribuées collectivement, s'exercent en concurrence, alors que les droits de la personnalité sont donnés individuellement à chaque personne pour préserver son être propre. Il se trouve simplement que, la dignité de tous les hommes étant égale, la distribution des droits est, pour une fois, égale. Cela n'empêche pas que ces droits créent sur leur objet (qui, en l'espèce est la personne même du sujet) une zone réservée, inaccessible à autrui. Mais on doit reconnaître que cette catégorie de droits est très particulière et se situe aux frontières de la notion de droit subjectif, ce qui explique d'ailleurs que l'on éprouve encore de multiples difficultés à construire cette catégorie. — V. LES PERSONNES, nos 278 et s.

rente, etc. Comme pour les autres droits, il y a restriction à la liberté d'autrui au bénéfice du titulaire, en ce sens que tout le monde doit respecter le droit du créancier ; c'est ce qu'on exprime en disant que le droit de créance est opposable aux tiers (66). Mais à l'égard de la personne tenue d'exécuter une prestation, le droit établit une inégalité toute spéciale : « Du fait de l'obligation qui le lie au créancier, la liberté du débiteur subit non seulement restriction mais emprise : sa personne est engagée » (67). Le droit de créance ne se borne pas à refouler les entreprises d'autrui dans un secteur réservé au sujet ; il porte une attaque contre un autre individu. Il n'est pas seulement obstacle aux initiatives des tiers, mais il donne l'initiative au créancier. C'est, en quelque sorte, un « pouvoir d'agression » envers le débiteur.

192. — La légitimité du pouvoir du créancier ; l'idée de justice commutative.

La légitimité d'un tel pouvoir a sa source dans la norme objective. C'est la loi qui fonde le droit du créancier, soit qu'elle attache directement cette conséquence à une situation de fait, soit qu'elle permette aux volontés individuelles de faire naître une telle prérogative.

Pourquoi l'ordre juridique prévoit-il ou admet-il ainsi « l'emprise » ou « l'agression » à l'égard d'autrui ? L'explication nous paraît être la nécessité d'ajuster, de maintenir ou de rétablir l'état d'équilibre entre les droits dans une situation qui évolue. En effet, le droit de créance présente un aspect dynamique et temporaire. Le pouvoir d'exiger est destiné à prendre fin avec l'exécution de la prestation. C'est même seulement en vue de son extinction par l'accomplissement de l'obligation du débiteur que naît le droit de créance. La prestation fournie constituera le véritable avantage procuré au créancier ; le pouvoir d'exiger, qui est la substance du droit, n'est qu'un moyen d'y parvenir. Le droit de créance constitue une anticipation sur un nouveau partage : lorsque la prestation sera exécutée, le créancier aura plus et le débiteur aura moins ; un transfert de droit aura eu lieu (par exemple, transmission de la propriété d'une somme d'argent), un service aura été rendu (par exemple, accomplissement d'un travail), une inaction du débiteur profitera spécialement au créancier (par exemple, le

---

(66) Sur cette question, v. LES OBLIGATIONS. — *Adde :* R. SAVATIER, *Le prétendu principe de l'effet relatif des contrats*, Rev. trim. dr. civ., 1934, p. 526 et s. — WEILL, *Le principe de la relativité des conventions en droit privé français*, thèse Strasbourg, 1938. — CALASTREING, *La relativité des conventions, étude de l'article 1165 du Code civil*, thèse Toulouse, 1939. — STARCK, *Des contrats conclus en violation des droits contractuels d'autrui*, J. C. P. 1954. I. 1180. — DABIN, *Le droit subjectif*, p. 199, 200 ; *Une nouvelle définition du droit réel*, Rev. trim. dr. civ., 1962, p. 20 et s., spécialement p. 32. — GOUTAL, *Essai sur le principe de l'effet relatif du contrat*, L. G. D. J. 1981, préf. BATIFFOL. — DUCLOS, *L'opposabilité, op. cit.*

(67) DABIN, *Le droit subjectif*, p. 181.

non-exercice d'une activité concurrente). Ainsi, le droit de créance est une étape dans un aménagement nouveau des situations respectives du créancier et du débiteur.

Or, cet aménagement futur, que le droit de créance préfigure, ne détruit pas l'équilibre antérieurement établi, bien au contraire. Lorsque la loi fait naître un droit de créance de l'accomplissement d'un simple fait, c'est afin de corriger un déséquilibre entre les situations juridiques. Celui qui, excédant les limites de sa liberté, cause un dommage illégitime à autrui, porte atteinte à la répartition antérieure des biens, des droits ou des libertés ; la loi accorde à la victime un droit de créance qui permet à celle-ci d'exiger la réparation de son préjudice et, par conséquent, rétablit l'équilibre rompu du chef de l'auteur du dommage. Lorsque la loi donne effet aux volontés conjuguées du créancier et du débiteur, elle se fie à l'appréciation des intéressés eux-mêmes : si le débiteur accepte de s'engager, c'est parce qu'il en tire en contrepartie un avantage matériel ou moral. Le pouvoir d'exiger une prestation dont est investi le créancier n'est accordé par le débiteur lui-même qu'en considération de cette contrepartie (68).

C'est en ce sens que le droit de créance traduit l'antique concept de justice commutative. Le pouvoir d'exiger d'une personne l'exécution d'une prestation, envisagé isolément, est extrêmement inégalitaire, le créancier exerçant une véritable emprise sur l'activité du débiteur ; mais replacé dans son contexte, il se révèle égalitaire. Si l'on envisage le fondement de ce droit, le titre qui le légitime, on s'aperçoit que la situation du créancier et celle du débiteur sont, en réalité, maintenues en état d'équilibre grâce au droit de créance : ou le débiteur avait soustrait quelque chose au créancier, ou il avait déjà reçu quelque chose du créancier, ou il bénéficie d'un droit de créance symétrique contre le créancier qui joue le rôle de débiteur dans cette autre relation

---

(68) Supposons que je tombe d'accord avec un artisan pour qu'il répare ma maison, moyennant de ma part le versement d'une somme d'argent. Lorsque les travaux seront faits et que j'en aurai payé le prix, j'aurai moins d'argent, mais ma maison sera réparée, et l'artisan, qui aura fourni son travail, aura, en contrepartie, plus d'argent. Nos situations auront évolué ; l'équilibre qui existait antérieurement entre elles n'aura pas varié. Si je paye immédiatement avant l'accomplissement des travaux, cet équilibre est rompu. Mais si je bénéficie d'un droit de créance me conférant le pouvoir d'exiger de l'artisan qu'il effectue les réparations prévues, l'équilibre est rétabli. De même si nous n'avons ni l'un ni l'autre exécuté nos engagements, les deux droits de créance réciproques permettant à l'un d'exiger le travail et à l'autre d'exiger l'argent maintiennent l'état d'équilibre entre nos situations. Ainsi, le droit de créance assure, dans la phase transitoire qui précède l'exécution de l'obligation, une anticipation sur une égalité future. Il ne s'agit d'ailleurs pas nécessairement d'une rigoureuse équivalence mathématique : l'avantage moral que constituent les convenances personnelles est un élément possible de l'équilibre ; **il est même le seul en cas d'acte à titre gratuit.**

juridique, ou il tire de son engagement un profit d'ordre moral (69). Il ne s'agit plus d'attribuer des avantages en fonction de justes causes d'inégalité (justice distributive), mais de maintenir ou rétablir en valeur l'état de choses préexistant entre le créancier et le débiteur sur une base d'égalité.

193. — Justice distributive, justice commutative... Il paraîtra peut-être abusif d'invoquer le parrainage d'Aristote à l'appui de la représentation que nous nous faisons des droits subjectifs. Cependant, nous croyons que l'essentiel est bien la relation sociale exprimée par la notion de droits de l'individu et cette relation étant organisée par les règles juridiques, il est normal que l'idée de justice s'y trouve intimement mêlée.

Nous ne prétendons certes pas avoir ainsi épuisé le concept de droit subjectif. L'analyse peut porter sur d'autres aspects de la notion, telle l' « appartenance-maîtrise » caractérisant le rapport entre le sujet et l'objet du droit, mise en lumière par les recherches de Dabin. L'articulation du droit subjectif avec l'action en justice appellera aussi quelques précisions (70). Mais nous nous contenterons actuellement de la définition que nous avons dégagée : le droit subjectif est une *restriction légitime à la liberté d'autrui*, établie par la norme objective en faveur du sujet qui bénéficie ainsi d'un domaine réservé pour exercer ses pouvoirs ; dans le cas particulier du droit de créance, il s'y ajoute *une certaine emprise sur la personne du débiteur*, en vue d'adapter, de maintenir ou de rétablir l'équilibre des situations respectives du créancier et du débiteur. Nous pensons en effet disposer ainsi d'une base suffisamment solide pour pouvoir nous engager plus avant dans l'étude des droits subjectifs et, en particulier, celle de leurs classifications.

---

(69) L'explication vaut pour les « droits sociaux » qui se traduisent par une créance contre la collectivité : on considérera que l'âge, la maladie, le chômage, etc., créent une disparité *injuste* entre les citoyens. D'où établissement de droits de créance contre des organismes représentant la collectivité, afin de corriger une inégalité anormale.

(70) V. *infra*, n° 524.

CHAPITRE II

CLASSIFICATIONS DES DROITS SUBJECTIFS

194. — Les droits subjectifs peuvent être envisagés sous des angles divers. Il en résulte une multitude de classifications. Deux d'entre elles méritent surtout l'attention : celle qui distingue les droits par référence à la notion de patrimoine et celle qui répartit les droits en fonction de leur objet. Quant aux autres modes de classement, on devra se contenter d'en donner une rapide nomenclature, qui ne saurait d'ailleurs être exhaustive.

SECTION 1

CLASSIFICATION DES DROITS SUBJECTIFS EN FONCTION DU PATRIMOINE

195. — La notion de patrimoine est au cœur de nombreuses constructions juridiques. Il convient dès maintenant de la présenter dans ses traits essentiels (1) ; après quoi, sera possible d'envisager comment les droits sont classés au regard de cette notion.

§ 1. — LA NOTION DE PATRIMOINE

196. — On aura indiqué l'essentiel en énonçant que le patrimoine est une universalité de droit et en précisant ce que signifie cette expression. Mais dès qu'il s'agit de poursuivre plus avant en recherchant les caractères du patrimoine, on rencontre la controverse doctrinale ; il faudra en analyser les principaux éléments.

_____

(1) Ces indications seront complétées ultérieurement lors de l'étude particulière de différents secteurs du droit civil.

I. — Le patrimoine, universalité de droit.

197. — **Le patrimoine est un ensemble de droits et de charges, actuels et futurs, dans lequel les droits répondent des charges.**

Comme beaucoup de termes largement utilisés, le mot « patrimoine » peut être compris avec des sens différents. Dans le langage courant, il désigne la fortune d'une personne (2). Traduite juridiquement, la formule vise l'ensemble des droits que la personne considérée pourrait transférer à autrui contre argent : la valeur du patrimoine est le total de ce qui serait obtenu en contrepartie de ces transmissions. D'autres fois, on emploie le mot patrimoine à propos d'une masse de biens présentant une certaine cohésion résultant notamment de la soumission à un même régime juridique. C'est ainsi, par exemple, que l'on parle du patrimoine propre d'un époux ou du patrimoine de la communauté conjugale pour désigner des ensembles de biens régis par des règles d'administration particulières en vertu du droit des régimes matrimoniaux.

Mais, au sens strict, le patrimoine a une signification quelque peu différente. Il s'agit d'un ensemble de droits et de charges, actuels et futurs, dans lequel les droits répondent des charges. Telle est l'idée que traduit l'expression « universalité de droit ».

Universalité : la science juridique n'a pas attendu le développement des mathématiques dites « modernes » pour créer sa propre théorie des ensembles. En effet, le patrimoine regroupe une série de droits et de dettes. C'est la réunion de ces éléments qui constitue une entité nouvelle. Mieux encore, cette entité est indépendante des variations de ses composants. L'universalité est le facteur de cohésion qui permet d'accueillir de nouveaux éléments et qui subsiste malgré la disparition de certaines des pièces rassemblées. En d'autres termes, le patrimoine est un « contenant » (3) : « en dépit des modifications survenues dans sa composition, le patrimoine subsiste et conserve son individualité, de même qu'une bourse existe, toujours identique, quel que soit son contenu » (4).

Universalité de droit : le patrimoine réunit à la fois des droits et des dettes ; il comporte un actif et un passif inséparables l'un de l'autre (4-1). Par là, il se distingue des universalités de fait qui corres-

---

(2) Sur la composition des fortunes, v. Voirin, *La composition des fortunes modernes au point de vue juridique,* Rev. Gén. du Droit, 1930, p. 102 et s. — P. Catala, *La transformation du patrimoine dans le droit civil moderne,* Rev. trim. dr. civ., 1966, p. 185 et s. — Cornu, *Droit civil, Introduction, Les personnes, Les biens,* 1980, nᵒˢ 882 et s. — Carbonnier, *Droit civil,* t. 3. *Les biens,* 13ᵉ éd., 1990, nᵒ 6.

(3) Mazeaud et Chabas, t. I, vol. 1, *Introduction,* nᵒ 282.

(4) Beudant et Lerebours-Pigeonnière, t. IV, par Voirin, nᵒ 17.

(4-1) L'idée, étrangère au droit coutumier, était apparue en droit romain dans la transmission des biens à cause de mort (Patault, *Introduction historique au droit des biens,* P. U. F., Droit fondamental, 1989, nᵒ 85.

pondent à des ensembles de choses ou de droits sans passif correspondant, comme c'est le cas pour une bibliothèque, un troupeau ou,
en droit français, le fonds de commerce (5).

Il n'est pas possible d'expliquer la liaison entre les droits et les
dettes sans anticiper quelque peu sur l'étude d'une matière qui sera
approfondie ultérieurement (6). Le droit de créance est, nous l'avons
vu (7), pouvoir d'exiger d'une personne l'exécution d'une prestation. A
l'avantage dont bénéficie le créancier correspond, « en creux », une
charge pesant sur le débiteur : l'obligation. Or l'assujettissement que
représente l'obligation ne peut se traduire, dans une société évoluée,
par une contrainte sur la personne elle-même. Dès lors, si le débiteur
ne s'exécute pas volontairement, le créancier peut seulement mettre
en œuvre une sanction indirecte : des droits aliénables dont le débiteur
était titulaire sont vendus par autorité de justice et le prix en est
attribué au créancier. Celui-ci reçoit donc satisfaction ou, du moins,
une satisfaction équivalente à l'exécution de la prestation due. De la sorte,
s'établit la corrélation entre l'actif et le passif du patrimoine : les
droits garantissent l'exécution des obligations.

Cette analyse du patrimoine n'est pas discutée. Mais il reste à déterminer ce qui justifie la cohésion des éléments qui composent cette
universalité. La théorie classique, suivie par la jurisprudence, trouve
l'explication dans l'idée de personnalité et en déduit les caractères
généraux du patrimoine.

II. — Caractères du patrimoine dans la théorie classique.

**198. — Théorie d'Aubry et Rau : le patrimoine, émanation de la per-
sonnalité.**

Il n'existe guère de page de la littérature juridique aussi célèbre que
le passage du traité d'Aubry et Rau consacré à la théorie du patrimoine (8). Selon cette doctrine, l'unité des éléments qui constituent
cette universalité n'est autre que celle du sujet des droits et des obligations ; c'est la même personne qui est ou sera titulaire des droits
présents et à venir et qui est ou sera engagée par ses obligations. Par
conséquent, le patrimoine adhère nécessairement à la personne. A tel

---

(5) Cette entité est constituée par le droit du commerçant sur sa clientèle, de son
droit de jouissance du local où il exerce son activité, de son droit de propriété sur
le matériel et sur les marchandises, etc., mais, en principe, il n'y a pas de dettes
corrélatives. — Sur les universalités de droit et de fait, V. Zénati, *Les biens*, P. U. F.,
Droit fondamental, 1988, n°s 43 et s.

(6) V. Les obligations.

(7) *Supra*, n° 191.

(8) Aubry et Rau, t. 9, 5e éd., § 573 (dans la 6e édition, P. Esmein a apporté
des réserves à cette célèbre théorie).

point que l'on peut dire qu'il est « une émanation de la personnalité et l'expression de la puissance juridique dont une personne se trouve investie comme telle » (9). De là résulte nécessairement que toute personne a un patrimoine, car elle est apte à être sujet de droits, et que seule une personne peut avoir un patrimoine puisqu'il n'existe pas d'autre sujet de droits. Ainsi conçu comme l'expression de la personnalité sur le plan économique, le patrimoine présente logiquement deux caractères : l'indivisibilité et l'intransmissibilité entre vifs.

199. — Première conséquence : unité du patrimoine.

Si chaque personne a un patrimoine, elle ne peut en avoir qu'un seul. En effet, l'aptitude à avoir des droits de valeur économique et à être tenu d'obligations ne se morcelle pas. Le patrimoine s'identifiant en quelque sorte à la personne, « celui-ci est un, comme celle-là est une » (10).

Le droit positif a accueilli cette idée. Un même individu ne peut scinder son patrimoine en plusieurs masses distinctes. Dès lors qu'il n'y a qu'un seul sujet de droits, il ramène à lui inéluctablement en un ensemble unique les droits dont il est titulaire et les dettes dont il est tenu. Tout son actif répond de tout son passif.

Tel est le principe, qui ne va pas cependant sans comporter certains tempéraments. Il en est ainsi, par exemple, lorsqu'une règle juridique déclare certains droits insaisissables : isolés des autres droits de la personne, ils cessent de garantir les obligations. Mais cette masse de biens séparée ne constitue pas pour autant un patrimoine distinct, car elle n'a pas de passif qui lui corresponde ; elle n'est donc pas une universalité de droit (11). En d'autres hypothèses, qui se rencontrent surtout en matière successorale, existent de véritables exceptions à l'indivisibilité du patrimoine. Le cas le plus net qu'il suffira d'évoquer ici est celui de l'acceptation d'une succession sous bénéfice d'inventaire : moyennant l'accomplissement de certaines formalités, l'héritier isole du sien propre le patrimoine du défunt ; chaque masse de biens répond de dettes différentes ; une même personne, l'héritier, est à la tête de deux patrimoines distincts (12). De telles dérogations sont

---

(9) *Ibid.*, p. 335.

(10) Flour et Aubert, *Les obligations*, vol. 1, n° 33. — Encore faut-il observer que l'unité de la personne n'a pas l'évidence que lui prête la théorie classique. Si la personne est unique physiquement, « elle est, au contraire, multiple et plurale dans ses activités sociales : elle n'est pas au travail ce qu'elle est en famille » (Grimaldi et Reynis, *Brèves réflexions d'avant-congrès sur le patrimoine professionnel*, *Defrénois*, 1987, art. 33947).

(11) On peut d'ailleurs se demander si les droits insaisissables, ne sont pas sortis du patrimoine. V. *infra*, n° 207.

(12) On citera encore comme constituant des exceptions plus ou moins complètes à la règle de l'unité du patrimoine : la séparation des patrimoines au profit des

fort rares. Elles constituent des anomalies sans doute difficilement conciliables avec la rigueur de l'analyse classique, mais qui représentent en définitive une entorse minime au système.

Si le patrimoine ne peut être divisé, il n'est pas impossible, en revanche, de créer de nouveaux sujets de droits qui seront, en tant que tels, dotés d'un patrimoine. Au point de vue juridique, les personnes ne sont pas seulement les être humains, mais aussi des groupements d'individus : *les personnes morales* (13). Les associations, les sociétés civiles et commerciales, les syndicats, etc. ont une personnalité distincte de celle de leurs membres. Ces collectivités peuvent donc être titulaires de droits et être tenues d'obligations ; elles ont un patrimoine propre. L'existence des personnes morales tempère donc sensiblement la règle de l'indivisibilité du patrimoine : un cloisonnement, d'ailleurs plus ou moins étanche selon les cas, s'établit entre les biens et dettes du groupement et ceux de ses membres ; l'associé a, dans son patrimoine, des droits, du type « droit de créance », contre la collectivité dont il fait partie, mais n'a pas les droits de la personne morale elle-même et n'est pas tenu des obligations de celle-ci (14). Grâce à la création d'un nouveau sujet de droits, il est donc possible d'isoler un nouveau patrimoine. Le droit positif ne s'est pas privé des possibilités offertes par l'utilisation, jusqu'à l'extrême, de cette méthode (14-1).

200. — Seconde conséquence : intransmissibilité du patrimoine entre vifs.
Indivisible, le patrimoine est également intransmissible du vivant de son titulaire. Cette caractéristique découle tout naturellement de l'analyse personnaliste : le sujet de droits ne peut aliéner sa qualité ; ce serait abdiquer sa personnalité et se soumettre à l'esclavage (15). Sans doute, est-il parfaitement possible de céder ou donner tous ses droits présents (16), ce n'est cependant pas une transmission du patrimoine, car l'aptitude à acquérir des droits nouveaux est nécessairement conservée par le cédant ou donateur.

---

créanciers du défunt en cas d'acceptation pure et simple de la succession par l'héritier, les substitutions fidéicommissaires et, dans une certaine mesure, la donation cumulative de biens présents et à venir (sur ces institutions, v. SUCCESSIONS. LIBÉRALITÉS). Le droit maritime admet aussi une certaine autonomie de la « fortune de mer » par rapport au reste du patrimoine de l'armateur (WEILL et TERRÉ, *Introduction générale*, 4e éd., no 369. — FLOUR et AUBERT, *op. cit.*, no 35).

(13) V. PERSONNES.
(14) Sous réserve des nuances tenant aux différentes variétés de personnes morales.
(14-1) V. *infra*, no 203.
(15) Pour les personnes morales, la transmission du patrimoine est possible (fusion ou absorption), mais elle entraîne la disparition de la personne (ROBINO, *Encycl. Dalloz, Rép. dr. civ.*, 2e éd., vo *Patrimoine*, no 23).
(16) La transmission des droits ne fait pas de difficulté. Celle des dettes, en revanche n'est en principe pas possible en droit français. V. LES OBLIGATIONS.

Au décès, la personnalité s'éteint (17). La transmission globale du patrimoine ne se heurte donc plus au même obstacle. Une difficulté résulte cependant de l'anéantissement de l'élément fédérateur des composants du patrimoine : le sujet de droits disparu, l'unité entre droits et obligations ne s'explique plus. Les défenseurs de la théorie classique ont alors recours à la fiction de la continuation de la personne du défunt par son héritier (18). De la sorte, la cohésion de l'ensemble serait sauvegardée en passant au successeur du titulaire. Il est aisé de dénoncer l'artifice d'une telle justification (19), à vrai dire assez inutile. Par suite du décès, « la masse des biens et des dettes du défunt est désormais figée dans l'immobilité ; elle perd toute aptitude à subir les fluctuations qui caractérisent le patrimoine, du vivant de son titulaire. L'hérédité... est moins un patrimoine que le résidu d'un patrimoine » (20). Il n'est donc question que de la transmission d'un ensemble de droits et d'obligations, nullement d'un transfert de la personnalité nécessaire pour acquérir de nouveaux biens et être tenu de nouvelles dettes. Or, en vertu des règles successorales, par le fait du décès, l'héritier (21) est *immédiatement* investi de tous les droits et chargé de toutes les dettes du défunt. Ces éléments actifs et passifs entrent dans son patrimoine où ils se fondent, exception faite de l'hypothèse dérogatoire d'un cloisonnement établi au sein de ce patrimoine entre les droits et obligations reçus du défunt et ceux propres de l'héritier (22). Sans transition, les biens et dettes héréditaires sont rattachés à un autre sujet de droits. A aucun moment ils ne restent sans titulaire ; leur cohésion n'est jamais compromise, elle est aussitôt assurée dans un ensemble plus vaste : le patrimoine de l'héritier. Le reproche, parfois adressé à la théorie classique, de ne pouvoir justifier sans fiction la transmission successorale ne paraît donc pas justifié.

Cela ne signifie pas que cette théorie soit à l'abri des critiques. Le lien avec la personnalité qui en constitue la clef de voûte et, peut-être plus encore ses conséquences sont vivement discutés.

III. — *Critique de la théorie classique du patrimoine.*

201. — La confusion du patrimoine avec le sujet de droit est source de difficultés pratiques.

Depuis longtemps, des reproches ont été adressés à la théorie expri-

---

(17) V. LES PERSONNES, nᵒˢ 48 et s.
(18) V. SUCCESSIONS. LIBÉRALITÉS.
(19) MAZEAUD et CHABAS, t. I, vol. 1, *Introduction*, nᵒ 291.
(20) BEUDANT et LEREBOURS-PIGEONNIÈRE, t. 4, nᵒ 26.
(21) Ou tous les héritiers indivisément en cas de pluralité de successeurs.
(22) Acceptation sous bénéfice d'inventaire, séparation des patrimoines. V. SUCCESSIONS. LIBÉRALITÉS.

mée par Aubry et Rau (23) et la majorité de la doctrine civiliste
moderne émet des réserves à son endroit (24).

Le premier grief formulé contre la conception classique est qu'à vouloir trop prouver, elle n'explique plus rien. Il y a quelque excès, en
effet, à inclure dans le patrimoine l'aptitude à avoir des droits et à être
tenu d'obligations. Cette aptitude est synonyme de la qualité de sujet
de droits. De sorte que, d'une part, on ne comprend plus pourquoi
il faudrait cantonner la théorie du patrimoine sur le plan économique
et en exclure les droits sans valeur pécuniaire (25) et, d'autre part, la
notion de patrimoine elle-même devient inutile : « le lien établi par la
doctrine classique entre le patrimoine et la personnalité est tel qu'on
n'arrive plus à les distinguer » (26).

Mais les critiques sans doute les plus graves sont celles qui concernent les conséquences pratiques du système traditionnel. On observe
combien cette conception entrave la création des *fondations*, c'est-
à-dire l'affectation de certains biens à un but charitable, culturel ou
scientifique. Puisqu'il n'existe pas de patrimoine sans sujet, il faut
nécessairement créer une personne morale adéquate. Or les groupements à buts désintéressés ne peuvent recueillir des biens à titre
gratuit qu'après avoir obtenu la reconnaissance d'utilité publique (27).
Il en résulte un obstacle à la constitution de fondations par voie de
testament, car faute d'un sujet apte à recevoir les droits au moment
même du décès (la création d'une personne morale en exécution du
testament et *a fortiori* la reconnaissance d'utilité publique prennent un
certain temps), la transmission est impossible. Malgré les efforts tentés
par la jurisprudence au prix de « subtilités déconcertantes » (28) pour
tempérer cette rigueur (29), la théorie du patrimoine constitue en
France un frein considérable à la constitution de fondations dont

---

(23) GÉNY, *Méthode d'interprétation et sources de droit privé positif*, t. I, 1899,
n° 67. — PLASTARA, *La notion juridique du patrimoine*, thèse Paris, 1903. — GAZIN,
Essai critique sur la notion de patrimoine dans la doctrine classique, thèse Dijon,
1911. — MEVORACH, *Le patrimoine*, Rev. trim. dr. civ., 1936, p. 811 et s.

(24) MAZEAUD et CHABAS, t. I, vol. 1, *Introduction*, nᵒˢ 290 et s. — STARCK, ROLAND
et BOYER, *Introduction du droit*, nᵒˢ 1297 et s. — WEILL et TERRÉ, *op. cit.*, nᵒˢ 366
et s. — ZÉNATI, *op. cit.*, n° 6. — Avec certaines nuances : MARTY et RAYNAUD,
Introduction générale, nᵒˢ 89 et s. — FLOUR et AUBERT, *op. cit.*, nᵒˢ 34 et s.

(25) MAZEAUD et CHABAS, t. I, vol. 1, *Introduction*, n° 292.

(26) MARTY et RAYNAUD, *op. cit.*, n° 289. — L'objection n'est probablement **pas**
décisive. Peut-être suffirait-il de consentir à l'abandon de formules trop ambitieuses
pour la prévenir. Au lieu de rattacher au patrimoine l'aptitude à être titulaire de
droits et de dettes, qui s'identifie avec la notion de sujet de droits, mieux vaudrait
sans doute se contenter de comprendre dans le patrimoine les droits et obligations
actuels et futurs de la personne.

(27) V. LES PERSONNES, n° 22.

(28) STARCK, ROLAND et BOYER, *op. cit.*, n° 1298.

(29) V. SUCCESSIONS. LIBÉRALITÉS.

l'utilité est cependant amplement démontrée par maints exemples étrangers.

La vie des affaires, surtout, souffre de la règle d'indivisibilité du patrimoine imposée par l'analyse classique. Une même personne, physique ou morale, peut avoir des secteurs d'activité différents et délimités. Il serait souvent souhaitable de pouvoir isoler les masses de biens et de dettes qui leur correspondent. Tel est le cas d'un commerçant dont la vie professionnelle et la vie familiale se trouvent, du fait de l'unité indissoluble de son patrimoine, abusivement confondues (30). L'entreprise, notion économique, n'en finit pas de se chercher sur le plan juridique (31). Malgré un certain nombre de manifestations tendant vers cette conclusion, elle n'est pas un sujet de droits. Dès lors, il n'est d'autre ressource, pour isoler les biens et les dettes relatifs à une activité déterminée, que de créer une personne morale, ce qui n'a, pendant longtemps, été possible qu'en s'associant à d'autres individus. Mais qui ne voit l'artifice et l'inutilité du détour? Provoquer ainsi la constitution de sociétés de façade est une hypocrisie (32),

---

(30) « Au moment de lancer son activité, l'entrepreneur individuel engage un certain capital fait de différents biens, droit au bail, matériel, mobilier d'exploitation stock de marchandises, frais d'établissement, fonds de roulement pour faire face aux premières dépenses. Il embauche du personnel, fait de la publicité pour faire connaître son activité. Affecté à son entreprise, ce « capital engagé » sera désormais soumis aux aléas de l'exploitation. Si l'affaire prospère, tout est bien. Si, au contraire, l'affaire périclite, ce capital est petit à petit grignoté jusqu'à disparaître complètement et c'est alors que les créanciers de l'entreprise vont se retourner sur les autres biens composant le patrimoine de leur débiteur malheureux et sur ceux dont il assume la gestion. Et c'est non seulement l'entrepreneur lui-même qui va supporter sur tous les biens le poids de l'échec alors qu'il n'en est peut-être pas le seul responsable, ce sera également sa famille... » (AUSSEDAT, *Société unipersonnelle et patrimoine d'affectation*, Rev. soc., 1974, p. 221 et s., spécialement p. 239).

(31) DESPAX, *L'entreprise et le droit*, thèse Toulouse, 1957, éd. L. G. D. J., préf. G. MARTY. — LAMBERT-FAIVRE, *L'entreprise et ses formes juridiques*, Rev. trim. dr. com., 1968, p. 907 et s. — AUSSEDAT, article précité. — STARCK, ROLAND et BOYER, *op. cit.*, n°s 1320 et s. — Il est même permis d'affirmer que, pour une bonne part, les entraves à l'élaboration d'une notion juridique d'entreprise ont pour origine la théorie classique du patrimoine. C'est pourquoi M. TERRÉ peut, en constatant la poussée continue en faveur de la prise en considération de l'entreprise (biens et hommes), faire état d'une « crise externe » de la notion classique du patrimoine (WEILL et TERRÉ, *Introduction générale*, 4e éd., n°s 371 et s.).

(32) « Quelle différence y a-t-il entre une entreprise menée individuellement et celle juridiquement moulée dans le cadre d'une société dont l'un des associés possède 99 % du capital par lui-même et le 1 % de surplus par personnes interposées soigneusement triées sur le volet et décidées à ne pas intervenir dans la marche de l'affaire ? » (AUSSEDAT, article précité, p. 244). Il en est de même pour la constitution de filiales par des personnes morales existantes : « la société-mère entend, soit par elle-même, soit par l'une ou plusieurs filiales ou sous-filiales, posséder toujours le

non dénuée de risques (33), que l'on a pu mettre au passif de la conception du patrimoine retenue en droit français.

Les nécessités pratiques sont telles que des entorses ont dû être apportées au système en droit positif (34). C'est le signe que la théorie classique ne peut être accueillie inconditionnellement.

202. — La conception « moderne » : le patrimoine d'affectation.

Il ne suffit pas de dénoncer les inconvénients de la doctrine classique. Pour condamner le lien établi par celle-ci entre le patrimoine et la personnalité, il faut pouvoir proposer une autre construction. De longue date, à la thèse fondant la cohésion de l'universalité de droit sur l'unité du sujet a été opposé le principe de *l'affectation* (35). La destination ou la finalité peut, en effet, constituer un facteur de regroupement de droits et d'obligations. Ainsi, par exemple, l'affectation de certains biens à l'exercice du commerce et le but commercial des engagements pris dans cette activité permettent d'isoler une masse cohérente de droits et de dettes (35-1).

La théorie du patrimoine d'affectation comporte d'ailleurs des degrés divers. Sous sa forme absolue, elle admet l'existence d'universalités de droits sans sujets. Les fondations en constitueraient l'exemple-type. Dans une version atténuée, la nécessité d'un sujet de droits est maintenue, mais une même personne peut être à la tête de plusieurs patrimoines distincts (36). Des variantes sont également possibles à un

---

contrôle de la filiale que les circonstances économiques ou les nécessités pratiques l'amènent à fonder. Pour respecter le nombre minimum légal d'associés, ceux-ci seront une ou des filiales, des administrateurs ou cadres de la société-mère ou des filiales ou des personnes ayant avec eux des liens de parenté, d'alliance ou d'amitié... » (*ibid.*, p. 241).

(33) Krantz, *Le patrimoine professionnel de l'entrepreneur, mythe ou réalité*, rapport 1ʳᵉ commission, 83ᵉ congrès des notaires de France, Toulouse, 24-27 mai 1987, p. 124 et s.

(34) V. *infra*, n° 203.

(35) Sur la notion d'affectation, Guinchard, *L'affectation des biens en droit privé français*, L. G. D. J. 1976, préface Nerson.

(35-1) Aussedat, article précité. — Daublon, *Entreprise et patrimoine d'affectation*, Defrénois, 1984, art. 33182. — Reynis, *Quel avenir pour le patrimoine professionnel ?* Rapport 3ᵉ commission, 83ᵉ congrès des notaires de France, Toulouse, 24-27 mai 1987, p. 565 et s.

(36) Selon cette conception, on considère que « si le patrimoine a des points de contact avec la personne, le lien n'est pas assez fort pour qu'une obligation soit anéantie par le fait du changement de son sujet passif ; et l'on conclut que le patrimoine n'est qu'un ensemble de biens soumis à un régime uniforme en vertu de leur commune destination, susceptible de répondre d'obligations et d'être cédé ; bien entendu, on admet qu'une personne peut avoir plusieurs patrimoines différenciés par la diversité des affectations » (Beudant et Lerebours-Pigeonnière, t. 4, n° 23).

autre point de vue : les uns admettent la libre constitution d'autant de patrimoines que d'affectations à des buts précis ; les autres, plus nombreux semble-t-il, n'accepteraient la création de patrimoines que dans des hypothèses limitées (37) et en s'entourant de multiples garanties (38), mais il est alors assez difficile de justifier cette limitation (39). Cependant, quelles que soient ces divergences, la démonstration est faite que le rattachement du patrimoine à la personnalité du sujet n'est pas la seule conception possible.

203. — Succès limité des critiques de la théorie classique en droit positif.

En dépit de ses inconvénients et malgré l'existence d'une formule de rechange plus souple, la conception classique du patrimoine demeure encore la base du droit positif. Elle favorise le crédit. En effet, le créancier sachant que tous les biens de son débiteur répondent de l'exécution de la dette sera disposé à se contenter d'un droit que les biens présents du débiteur ne garantissent pas, en escomptant que, par ses efforts, celui-ci aura acquis au moment de l'échéance des biens nouveaux en quantité suffisante. « A tout instant, on fait crédit à une personne ne possédant rien, sur le fondement de l'activité économique virtuelle de ladite personne » (40). De plus, le rattachement du patrimoine au sujet de droits « traduit une *donnée morale*, à savoir que chacun doit répondre de *toutes* ses dettes sur *tous* ses biens. Il serait choquant qu'un débiteur pût limiter sa responsabilité envers ses créanciers » (41).

D'un autre côté, il faut bien reconnaître que cette conception est source d'entraves et de gênes nombreuses et que la facilité de constitution des personnes morales rend assez illusoire la règle de l'unité du patrimoine (42).

Ces constatations expliquent l'évolution de la législation en la matière. Tout en conservant pour base la théorie classique, un double mouvement se manifeste. D'une part, la rigidité des conséquences de l'analyse traditionnelle tend à s'atténuer. Les exceptions au principe

---

(37) Ainsi, M. GUINCHARD (*op. cit.*, n°s 392 et s.) trouve dans la notion d'intérêt collectif le fondement et la limite de la corrélation entre actif et passif.

(38) Pour de telles garanties, v. AUSSEDAT, article précité, p. 246 et s.

(39) BEUDANT et LEREBOURS-PIGEONNIÈRE, t. 4, n° 27.

(40) BONNECASE, *Précis*, t. II, n° 46. — C'est d'ailleurs pourquoi la cession de dettes n'est en principe pas possible.

(41) FLOUR et AUBERT, *op. cit.*, n° 36. — Mais, est-il objecté, il n'est pas moins choquant de sanctionner par la ruine d'une famille un échec qui peut être dû à des circonstances économiques sur lesquelles le débiteur n'avait pas de prise (DAUBLON, article précité, *Defrénois*, 1984, art. 33182, n° 5).

(42) FLOUR et AUBERT, *op. et loc. cit.* — V. *supra*, n° 201.

d'indivisibilité du patrimoine ne sont développées. D'autre part, le cloisonnement des patrimoines résultant de la création de personnes morales n'est pas sans comporter des brèches de plus en plus importantes. Le droit n'hésite guère à percer l'écran de la personnalité dee groupements pour atteindre leurs membres lorsque la morale impose de retenir leur responsabilité.

L'aspect le plus remarquable du mouvement législatif en ce domaine est l'accueil de la notion de *société unipersonnelle*, permettant de réaliser une scission entre patrimoine professionnel et patrimoine familial.

Pour cesser d'inciter à la constitution de sociétés fictives, il aurait été possible d'abandonner le principe d'indivisibilité du patrimoine et d'admettre le système du patrimoine d'affectation. Cette voie avait été explorée (43), mais c'est une autre technique qui a été retenue : assouplir encore la constitution d'une personne morale en dissociant la notion de société de celle d'une collectivité d'individus.

Déjà, il était acquis, depuis la loi du 24 juillet 1966 sur les sociétés commerciales, qu'une société qui, par suite du décès ou du départ d'associés, ne compte plus qu'un seul membre n'est pas nulle de plein droit. Selon l'article 1844-5 du Code civil, qui a repris le texte de l'article 9 de la loi du 24 juillet 1966, un délai d'un an est accordé pour régulariser la situation. A l'expiration de ce délai sans régularisation, la dissolution n'est d'ailleurs pas automatique, mais peut être demandée par tout intéressé et, à supposer que cette demande soit faite, le tribunal peut encore accorder un délai de six mois pour la régularisation. Ainsi, était-il admis qu'une société unipersonnelle pouvait exister et fonctionner, mais il ne s'agissait encore que de la tolérance exceptionnelle d'une situation provisoire.

Le pas décisif a été franchi avec la loi du 11 juillet 1985 qui a permis de constituer une société sans associés : l'entreprise unipersonnelle à responsabilité limitée (E. U. R. L.), ou son homologue en matière agricole : l'exploitation agricole à responsabilité limitée (E. A. R. L.) (43-1). Schématiquement, il s'agit d'un aména-

(43) V. *Rapport du groupe d'étude, présidé par Claude Champaud, chargé d'étudier la possibilité d'introduire l'E. P. R. L. (Entreprise personnelle à responsabilité limitée) dans le droit français*, Rev. trim. dr. com., 1979, p. 579.

(43-1) SERLOOTEN, *L'entreprise unipersonnelle à responsabilité limitée*, D. 1985, chron. p. 187. — PRÉA, *L'entreprise unipersonnelle à responsabilité limitée*, J. C. P. éd. N., 1985.I.309. — RANDOUX, *Une société très spécifique : l'E. U. R. L.*, J. C. P., éd. N., 1985.I.355. — SAYAG, *De nouvelles structures pour l'entreprise, la loi n° 85-697 du 11 juillet 1985*, J. C. P. 1985.I.3217. — GALIMARD, *Observations sur la réforme fondamentale des sociétés ; commentaire de la loi du 11 juillet 1985*, Journ. Not., 1895, p. 1105. — A. P. S., *La loi du 11 juillet 1985...*, Gaz. Pal., 1986, p. 1, doctr. p. 4. — LACHAUD, *L'exploitation agricole à responsabilité limitée par rapport aux autres sociétés agricoles*, Gaz. Pal., 1985, p. 2, doctr. p. 520. — ZENATI, Chron. législ., Rev. trim. dr. civ., 1985, p. 772. — DAUBLON, *Remarques sur l'entreprise unipersonnelle à responsabilité limitée*, Defrénois, 1986, art. 33641. — FLORES et MESTRE, *L'entreprise unipersonnelle à responsabilité limitée*, Rev. soc., 1986, p. 15. — HALLOUIN, *La loi du 11 juillet 1985 et l'entreprise unipersonnelle à responsabilité limitée*, Actual. législ. Dalloz, 1986, 73. — DAIGRE, *Défense de l'entreprise unipersonnelle à responsabilité limitée*, J. C. P. 1986.I.3225. — PAILLUSSEAU, *L'E. U. R. L. ou des intérêts pratiques et des conséquences théoriques de la société unipersonnelle*, J. C. P. 1986.I.3242. — MAURO, *L'entreprise unipersonnelle à responsabilité limitée : ménage à deux avec l'État ? En tout cas une chance pour l'économie*, Gaz. Pal., 1986, p. 2, doctr. p. 433. —

gement d'un type de société bien connu et éprouvé de longue date, la société à responsabilité limitée (S. A. R. L.), pour en permettre la constitution et le fonctionnement avec une seule personne. Ainsi, entre l'abandon de la théorie classique du patrimoine et l'innovation affectant le droit des sociétés, le législateur a choisi la seconde solution, moins, sans doute, par principe que pour des raisons d'ordre pratique (43-2). La règle théorique : « un patrimoine, un sujet » est sauve, mais au prix d'un « bouleversement du droit des sociétés » (43-3), dont on n'a probablement pas fini de mesurer la portée.

Les conséquences pratiques de cette nouvelle conquête de la notion de personnalité morale sont d'ailleurs plus à attendre du droit fiscal et du droit social que de la scission des patrimoines qu'elle autorise. A cet égard, en effet, « l'objectif clair est la division des risques. Mais il ne peut y avoir division des risques sans division du crédit. C'est pourquoi il est inévitable que, dans les sociétés unipersonnelles comme, naguère, dans les autres sociétés, et même à plus forte raison, les créanciers exigent l'engagement personnel, en qualité de caution, de l'associé unique... L'entrepreneur croyait pouvoir, enfin dissocier, sans recourir à quelque artifice, son patrimoine privé de son patrimoine professionnel ; mais voilà qu'à l'instant même où il sollicite l'indispensable crédit, on exige de lui qu'il abatte la cloison à peine érigée » (43-4).

Le droit des procédures collectives, que l'on continue d'appeler « faillite » en dépit, des changements législatifs de terminologie, illustre également cette sorte de dialectique entre divisibilité et indivisibilité du patrimoine. Inauguré avec la loi du 13 juillet 1967, et amplifié par la loi du 25 janvier 1985, un des axes de la législation est le souci de dissocier le sort de l'homme et celui de l'entreprise : lorsque surgissent les difficultés, le sort de l'entreprise doit se juger à l'aide de critères économiques ; la responsabilité de l'entrepreneur dépend davantage d'une appréciation morale. L'entreprise peut quelquefois être remise en fonctionnement en changeant de dirigeant ; elle peut aussi sombrer sans que l'entrepreneur soit personnellement sanctionné. Cette idée implique de sérieuses entorses à la théorie classique du patrimoine. Elle a pu se réaliser assez aisément à propos des personnes morales ; elle s'est heurtée à de plus sérieuses difficultés s'agissant de l'entrepreneur individuel (44). Le mouvement vers une certaine autonomie du patrimoine professionnel est, en

---

M.-T. Calais-Auloy, *Appréciation critique de la loi du 11 juillet 1985 instituant l'E. U. R. L.*, D. 1986, chron. p. 249. — J. David, *Présent et avenir de l'exploitation agricole à responsabilité limitée*, J. C. P., éd. N., 1986.I.267. — Maubru, *Abus de droit et fictivité des sociétés à l'épreuve de l'E. U. R. L.*, J. C. P., éd. N., 1986.I.435. — Verignon, Rapport 3ᵉ commission, 82ᵉ congrès des notaires de France, Nice, 1986, p. 665. — Krantz, Rapport précité, 1ʳᵉ commission, 83ᵉ congrès des notaires de France, Toulouse, 1987, p. 136. — Reynis, Rapport 3ᵉ commission, 83ᵉ congrès des notaires de France, Toulouse, 1987, p. 547.

(43-2) « Le choix en faveur du mécanisme sociétaire s'est fait essentiellement par élimination, la mise en œuvre de la technique du patrimoine d'affectation soulevant beaucoup plus de difficultés qu'elle ne permettrait d'en résoudre » (Ph. Merle, *Droit commercial, sociétés commerciales Dalloz*, nᵒ 232.

(43-3) *Ibid.*, nᵒ 233.

(43-4) Simler, *Patrimoine professionnel, patrimoine privé et cautionnement*, J. C. P., éd. N., 1987.I.199. — V. aussi Grimaldi et Reynis, étude précitée, *Defrénois*, 1987, art. 33947, nᵒ 5.

(44) Pagès, *Réflexion sur une mutation : la théorie classique du patrimoine et le droit rénové de la faillite*, Ann. Fac. Droit Université Jean-Moulin (Lyon III), 1974, 2, p. 107 et s.

tout cas, certain. Mais, dans le même temps, les textes, par de nombreuses dispositions, permettent d'appréhender le patrimoine personnel de dirigeants de sociétés,
qui ne peuvent plus sortir indemnes des difficultés de l'entreprise qu'ils animent.
L'existence de la personne morale ne les protège plus systématiquement (45).

De telles adaptations de la théorie du patrimoine ne vont pas sans
heurts. Pourtant, c'est bien vers une combinaison des deux conceptions
concurrentes, selon des proportions variables en fonction des besoins
pratiques, que l'on s'oriente, même si la cohérence logique du système
en souffre parfois (46).

Émanation de la personnalité ou affectation de biens, le patrimoine
sert, en tout cas, de référence pour opérer une classification des droits
subjectifs qu'il faut maintenant examiner.

§ 2. — LA DISTINCTION DES DROITS PATRIMONIAUX ET EXTRA-PATRIMONIAUX

204. — Le patrimoine comporte un actif et un passif. L'actif est
composé de droits, le passif d'obligations. Or, tous les droits subjectifs ne peuvent pas constituer l'actif d'un patrimoine. Selon qu'ils
entrent ou non dans l'actif de cette universalité de droit, une distinction doit être faite : d'un côté les droits patrimoniaux, de l'autre
les droits extra-patrimoniaux (47). Le principe est très simple, mais

---

(45) V. notamment l'article 180 de la loi du 25 janvier 1985, succédant au célèbre
article 99 de la loi du 13 juillet 1967. — RIPERT et ROBLOT, *Traité de droit commercial*,
t. 2, 11ᵉ éd., 1988, nᵒˢ 3278 et s.

(46) « La théorie subjective d'AUBRY et RAU valorise la personne et la durée,
tandis que les méthodes objectives exaltent la substance et l'instant. Toutes deux
saisissent un aspect de la réalité sans l'embrasser tout entière » (P. CATALA, article
précité, *Rev. trim. dr. civ.*, 1966, p. 186, nᵒ 1).

(47) Il suffit de mentionner, sans s'y attarder, une autre classification prenant
le patrimoine pour élément de référence : celle des *droits universels* d'une part et
des *droits particuliers* d'autre part. Les premiers porteraient sur l'ensemble d'un
patrimoine, tandis que les seconds auraient des objets individualisés. Une telle
classification n'est guère usitée ; elle est d'ailleurs assez contestable. La notion de
droits universels est ambiguë. S'agirait-il de la relation entre le sujet et son propre
patrimoine (Comp. ROGUIN, *La règle de droit,* Lausanne, 1889) ? On peut douter
qu'il s'agisse là d'un droit subjectif (BEUDANT et LEREBOURS-PIGEONNIÈRE, t. 4,
nᵒ 19) : « aucune prérogative n'existe en fait qui assure la reconnaissance d'un patrimoine » (NERSON, *Les droits extra-patrimoniaux*, thèse Lyon, 1939, p. 62). Aussi
s'agirait-il plutôt du droit de l'héritier sur le patrimoine du défunt (ROUBIER, *Droits
subjectifs et situations juridiques*, p. 354 et s.). Mais est-ce un véritable droit ? Du
vivant de son auteur, le droit de l'héritier présomptif à recueillir la succession peut
sans doute être admis, mais ce n'est qu'un droit éventuel. On parlera plutôt de vocation successorale. Au décès, lorsque se réalise cette vocation, l'héritier devient sujet
de tous les droits et obligations du défunt qui (sauf en cas d'acceptation sous bénéfice d'inventaire) se fondent dans son propre patrimoine, de sorte qu'il n'y a pas,

cette simplicité est assez illusoire : les catégories sont en réalité beaucoup plus nuancées.

I. — *Principe de classement.*

205. — Le critère : l'évaluation en argent.
Projection de la personne sur le plan économique dans la théorie classique, affectation de biens dans la thèse objective, toutes les définitions du patrimoine concordent : il s'agit de richesses auxquelles correspondent des dettes (48). Or, l'instrument de mesure de l'économie est la monnaie (49). Par suite, « qui dit patrimonial dit pécuniaire, c'est-à-dire monétaire » (50). Le critère de distinction est donc tout trouvé : les droits patrimoniaux sont ceux qui sont évaluables en argent ; les droits qui sont rebelles à cette conversion en monnaie sont hors du patrimoine. Tel est, en effet, le mode de classement presque universellement adopté (51).

La méthode normale d'évaluation des droits consiste à retenir le prix qui peut être obtenu de leur transmission à un autre sujet. En principe, la cessibilité est donc une caractéristique des droits patrimoniaux. Ils sont, dit-on, « dans le commerce juridique ». Les droits inaliénables, qui ne présentent pas de valeur marchande, sont naturellement exclus du patrimoine.

On retrouve là, d'ailleurs, l'idée d'universalité de droit. Si l'actif répond du passif, cela signifie que les créanciers pourront, à défaut d'exécution volontaire de la part du débiteur, se payer sur le prix qui

---

en principe, de droits portant sur l'universalité dont les différents éléments ont été transmis au successeur. L'opposition du titre universel et du titre particulier caractérise la transmission elle-même. Le résultat d'une transmission universelle est que le successeur (ou ayant cause) est investi de tous les droits et tenu de toutes les dettes de l'auteur ; le résultat d'une transmission particulière est que l'ayant cause est investi de certains droits de l'auteur (et non des dettes). On ne voit pas là matière à une classification des droits subjectifs en droits universels et droits particuliers.

(48) Seuls, semble-t-il, H.-L. et J. Mazeaud, dont M. Chabas rapporte l'opinion sans s'y associer personnellement (t. I, vol. 1, *Introduction*, n° 292) font entrer tous les droits sans distinction dans le patrimoine, solution qu'admettaient Aubry et Rau seulement « en pure théorie » (*op. cit.*, § 573, p. 334).

(49) Pour une théorie de la monnaie, v. Carbonnier, t. III, *Les biens*, n⁰ˢ 9 et s. — Starck, Roland et Boyer, *Introduction au droit*, n⁰ˢ 1250 et s.

(50) Carbonnier, *op. cit.*, p. 22.

(51) Marty et Raynaud, *Introduction générale*, n° 144. — Starck, Roland et Boyer, *op. cit.*, n° 1094. — Weill et Terré, *Introduction générale*, n⁰ˢ 240 et 241. — Carbonnier, t. I, *Introduction*, n° 166, p. 282. — Flour et Aubert, *Les obligations*, vol. 1, n° 1. — Jestaz, *Encycl. Dalloz, Répert. dr. civ.*, 2ᵉ éd., v⁰ *Droit*, n° 43. — Cornu, *Droit civil, Introduction, Les personnes, les biens*, n⁰ˢ 40 et 60.

sera retiré de la vente des biens de celui-ci. Or, ces « biens » ne sont autres que les droits dont le débiteur est titulaire et dont la valeur peut être dégagée lors d'une transmission à autrui, la saisie étant la procédure qui impose cette transmission en cas de défaillance du débiteur. La concordance entre les droits et les obligations suppose donc le commun dénominateur monétaire.

206. — Applications.

Le droit de propriété et le droit de créance sont les exemples types des droits patrimoniaux. La propriété est transmissible à titre onéreux : la vente est précisément l'opération destinée à cette fin. La créance a également une valeur pécuniaire. La prestation qu'elle donne le droit d'exiger représente une richesse future. Il est possible d'anticiper sur la perception de cet avantage en cédant immédiatement la créance à un tiers qui versera de l'argent pour obtenir l'exécution à son profit de l'obligation. Le droit d'exploiter une œuvre littéraire ou artistique est un autre droit patrimonial : le droit aux revenus procurés par la diffusion de l'œuvre est négociable et peut donc faire l'objet d'une évaluation pécuniaire...

Sont au contraire extra-patrimoniaux les droits qui présentent pour le sujet un intérêt moral, mais ne sont pas transmissibles moyennant finances. Il en est ainsi, par exemple, du droit au nom, à l'honneur ou à l'intégrité physique. Dans le droit de l'auteur ou de l'artiste sur son œuvre, une scission doit être opérée : si le droit d'exploiter est patrimonial, le « droit moral », permettant au créateur de surveiller la fidélité de la reproduction de son œuvre et, éventuellement, d'apporter à celle-ci les modifications qu'il juge nécessaires, est extra-patrimonial (52).

Ainsi, dans les droits dont un même sujet est titulaire, les uns sont

---

(52) Le droit moral n'est d'ailleurs pas sans incidence sur l'aspect patrimonial du droit de l'auteur ou de l'artiste, comme l'ont notamment illustré les discussions relatives à la célèbre affaire *Bonnard* : Trib. civ., Seine, 10 octobre 1951, D. 1952. 390, note DESBOIS ; J. C. P. 1952. II. 7240, note PLAISANT ; *Gaz. Pal.*, 1951. 2. 291, concl. ALBAUT ; *Rev. trim. dr. civ.*, 1952. 361, obs. G. LAGARDE ; *Rev. trim. dr. com.*, 1951, 72, obs. DESBOIS. — Paris, 19 janvier 1953, D. 1953, 405, note DESBOIS ; J. C. P. 1953. II. 7427, note H. MAZEAUD ; *Gaz. Pal.*, 1953. 1. 99, concl. DUPIN ; *Rev. trim. dr. com.*, 1953, 431, obs. DESBOIS. — Cass. civ. 1re, 4 décembre 1956, *Gaz. Pal.*, 1957. 1. 56 ; J. C. P. 1959. II. 11141, note WEILL ; *Rev. trim. dr. civ.*, 1957, 368, obs. R. SAVATIER ; *Rev. trim. dr. com.*, 1957, 390, obs. DESBOIS ; FRANÇON et PATARIN, *L'arrêt Bonnard et la condition des œuvres picturales dans le régime de communauté*, Defrénois 1957, art. 27504. — Orléans, 18 février 1959 (renvoi après cassation), D. 1959. 440, note DESBOIS ; J. C. P. 1959. II. 11141, note WEILL ; H. MAZEAUD, *Le droit moral des artistes sur leurs œuvres et son incidence* (à propos de l'arrêt de la Cour d'Orléans rendu dans l'affaire *Pierre Bonnard*), D. 1959, chron. p. 134. — *Adde :* CRIONNET, *Les droits intellectuels et les régimes matrimoniaux en droit français*, L. G. D. J. 1975, préf. FRANÇON.

détachables de sa personne parce qu'ils sont des avantages d'ordre exclusivement économique, les autres sont intimement liés à son être et échappent à toute possibilité de commercialisation. La matière et l'esprit, pourrait-on dire avec emphase, tels sont les deux pôles autour desquels s'organisent les droits ; c'est ce que traduit la classification établie en fonction de la notion de patrimoine. Mais, si l'idée peut paraître séduisante, il faut constater qu'elle manque beaucoup trop de nuances. En réalité, la distinction des droits patrimoniaux et extra-patrimoniaux est loin d'avoir la netteté que l'énoncé du critère de classement pourrait laisser supposer.

II. — Tempéraments.

207. — Exemples d'interférences entre les deux catégories.
Il suffit d'évoquer quelques exemples pour faire apparaître l'impossibilité d'établir une différence nettement tranchée entre les droits patrimoniaux et les droits extra-patrimoniaux (52-1).

Soit une personne qui bénéficie d'une pension alimentaire. Le droit aux aliments en raison de son caractère nécessaire pour assurer la vie du sujet, est incessible et insaisissable. Placé « hors du commerce », il échappe donc à la corrélation avec le passif du patrimoine. Et pourtant il est parfaitement évaluable en argent. La preuve en est que les tribunaux adaptent le montant de la pension aux besoins du créancier et aux ressources du débiteur en chiffrant les arrérages. Il ne s'agit nullement d'un droit moral, mais bien d'un droit à finalité économique. A ce point de vue, ne consti-tue-t-il pas, en fait, l'essentiel de la fortune du bénéficiaire ? « Il existe donc, à la frontière de la personne et du patrimoine, des attributs de la première qui, bien que susceptibles d'une appréciation en argent, ne sont pas inclus dans le second » (53).

La considération de la personne (ou *intuitus personae*) s'insère dans de nombreux droits dont le caractère économique est cependant dominant. Il en résulte des restrictions à la disponibilité et un régime particulier tenant compte du lien étroit entre le droit et son sujet. Tel est le cas notamment de certains droits d'associés, qui cependant s'apparentent aux droits de créance (54) et surtout de nombreux droits de structure complexe qui se sont développés à partir de l'activité profession-nelle et qui valorisent cette activité : droits sur des clientèles, droits à indemnités garantissant la stabilité de l'emploi... De façon variable, l'*intuitus personae* freine l'emprise des créanciers sur ces biens (55).

Plus révélateurs encore, peut-être, sont les rapports qui s'établissent entre le patrimoine et les « droits de la personnalité » qui constituent, pourtant, le meilleur exemple des droits extra-patrimoniaux. Le droit au nom est, à certains égards du moins, un attribut de la personnalité ; il s'en détache et devient patrimonial lorsqu'il

---

(52-1) V. la thèse de M. J. AUDIER, *Les droits patrimoniaux à caractère personnel*, éd. L. G. D. J. 1979, préf. KAYSER.

(53) P. CATALA, article précité, *Rev. trim. dr. civ.*, 1966, p. 185 et s., n° 26.

(54) Le droit des régimes matrimoniaux, en particulier, tient compte de la force dn lien unissant au sujet certains droits d'associés. — V. RÉGIMES MATRIMONIAUX

(55) P. CATALA, *loc. cit.*

sert au ralliement d'une clientèle commerciale (56). Le droit du sujet sur sa propre image n'est pas du domaine économique et cependant il est possible de monnayer l'autorisation de reproduire ses traits (57)... Surtout, un passage entre l'extra-patrimonial et le patrimonial se réalise par la technique de la responsabilité civile. Comment sanctionner l'atteinte à l'honneur, à l'intégrité physique, à l'intimité, etc. ? Par l'octroi d'une créance d'indemnité contre celui qui a violé les droits de la personnalité de la victime. C'est dire que ces droits extra-patrimoniaux feront l'objet d'une estimation pécuniaire. Cela ne suffit sans doute pas à les faire entrer dans le patrimoine, mais il s'opère « une sorte de jonction entre la personne et le patrimoine » (58).

208. — Caractère mouvant de la classification.

En définitive, ni le critère de l'évaluation monétaire, ni celui, parfois proposé, de la finalité économique (59) ne permettent un classement sûr. Cela tient à l'existence de nombreux « degrés de la patrimonialité » (60). De multiples nuances tempèrent la distinction un peu simpliste des droits patrimoniaux et extra-patrimoniaux (61). On constate d'ailleurs qu'il existe « comme un élan des droits, une force d'ascension qui les pousse d'un degré à l'autre de la patrimonialité, évaluation, exigibilité, cessibilité, saisissabilité, transmissibilité et, pour finir, inclusion purement comptable dans la masse commune... » (62) Non seulement l'état du droit à un moment donné révèle la complexité de la relation des droits subjectifs avec le patrimoine, mais si l'on considère l'évolution de la matière juridique on s'aperçoit de multiples glissements d'une catégorie vers l'autre.

Cela ne signifie pas que la classification des droits opérée selon que leurs traits dominants les rattachent au patrimoine ou les en écartent soit sans intérêt. Il faut seulement se garder de lui attribuer une rigueur qu'elle ne saurait avoir. Tout classement amène à négliger certaines nuances. On ne peut donc pas non plus regarder comme absolue la répartition des droits selon leur objet. Cet autre mode de distinction présente cependant une importance technique considérable.

---

(56) V. J. GHESTIN et R. COLIN, *Encycl. Dalloz, Rép. dr. com.*, 2e éd., vo *Nom commercial.* — *Adde* : LES PERSONNES, no 160.

(57) V. LES PERSONNES, nos 315, 316.

(58) P. CATALA, article précité, no 27.

(59) NERSON, thèse précitée, p. 8.

(60) P. CATALA, article précité, nos 25 et s.

(61) Ainsi, M. NERSON, distingue les droits patrimoniaux à régime normal, les droits non patrimoniaux, les droits patrimoniaux à caractère personnel, les droits patrimoniaux extra-commercium (thèse précitée, p. 11). — M. P. CATALA montre une gradation dans la patrimonialité en plaçant au bas de l'échelle les obligations naturelles (sur cette notion, *infra*, no 667) : « première ébauche d'un droit à naître ou ultime reflet d'un droit expirant » ; au-dessus figurent les droits alimentaires ; encore un degré et « apparaissent les créances patrimoniales nées de l'atteinte apportée à un attribut extra-patrimonial de la personne »... Une progression comparable se constate à propos de la protection de l'activité professionnelle (art. précité, no 28).

(62) P. CATALA, article précité, no 29.

SECTION 2

CLASSIFICATION DES DROITS SUBJECTIFS EN FONCTION DE LEUR OBJET

209. — Une distinction très ancienne sépare les droits réels et les droits personnels ou de créance. Ultérieurement, d'autres catégories se sont formées, celle des droits intellectuels et celle des droits de la personnalité. Cette classification quadripartite se fonde essentiellement sur une analyse de l'objet des droits (1). Elle est actuellement d'utilisation tout à fait courante. Mais elle ne fait pas l'unanimité, au moins sous un de ses aspects : l'opposition des droits réels et des droits de créance, qui pouvait sembler l'élément le plus ferme de la classification, a été et demeure l'objet de controverses.

§ 1. — LA CLASSIFICATION TRADITIONNELLE

210. — Avant de présenter les catégories dans lesquelles on range les droits subjectifs, il convient d'exposer la méthode de classement retenue.

I. — *L'objet du droit subjectif.*

211. — La structure du droit subjectif : sujet, contenu, objet.
Tous les droits ont un *sujet* qui est nécessairement une personne, étant entendu que sont des personnes juridiques les êtres humains et des groupements (personnes morales). Ils ont également un contenu et un objet. « Le *contenu* d'un droit est ce qui le délimite dans son mode et dans son étendue : il inclut telle prérogative ou tel « faisceau » de prérogatives. *L'objet* du droit est ce sur quoi qui porte le droit ainsi délimité » (2). Ainsi, le propriétaire d'un immeuble est, en principe, libre de faire tout ce qu'il veut (contenu du droit) de cet immeuble (objet du droit).

L'exemple de la propriété permet de saisir très facilement l'objet du droit, car il s'agit d'une chose, d'un bien matériel. En revanche, cet exemple risque de ne pas faire ressortir avec assez de netteté la différence entre l'objet et le contenu, car les prérogatives d'un propriétaire sont théoriquement illimitées ; de la sorte, les seules restrictions aux pouvoirs exclusifs du sujet semblent tenir à la définition de l'objet du droit. Mais l'observation est toute théorique. En effet, si l'article 544 du Code

---

(1) Ed. PICARD, *Le droit pur*, Bruxelles, 1899, p. 92 et s.
(2) DABIN, *Le droit subjectif*, p. 168.

civil attribue au propriétaire les pouvoirs les plus complets sur la chose, c'est seulement pourvu qu'il « n'en fasse pas un usage prohibé par les lois ou par les règlements ». Or chacun sait que de multiples dispositions viennent limiter les pouvoirs des propriétaires dans l'intérêt général (urbanisme, réorganisation des structures agraires, etc.). Si bien que le contenu du **droit de propriété**, du moins en matière immobilière, **est tout à fait discernable.**

Pour nous qui avons défini le droit subjectif comme une zone de pouvoirs, un secteur réservé au sujet où sa liberté peut s'exercer sans concurrence (3), l'objet et le contenu du droit concourent à la délimitation de ce domaine propre. En effet, l'objet situe le droit quant à la matière, tandis que le contenu fixe le cadre dans lequel joue la liberté du sujet. L'un des éléments détermine *à propos de quoi* et le second *dans quelle mesure* une inégalité est établie au profit du titulaire.

Les droits ont des contenus très variés, ce qui rend très difficile un classement à partir de l'étendue des prérogatives qu'ils confèrent. Au contraire, les objets possibles sont en nombre relativement restreint. De plus, l'objet d'un droit exerce nécessairement une influence sur son contenu : ce que la règle juridique peut accorder à propos d'un bien matériel, elle ne peut l'admettre à propos d'une personne. « Il est inéluctable que la forme des droits soit marquée par la forme des choses sous-jacentes... Nécessairement l'objet impose sa loi » (4).

212. — Nuances : le sujet passif, les droits potestatifs.
Aux éléments que sont le sujet, l'objet et le contenu du droit, on ajoute parfois le sujet passif. On vise par là celui ou ceux qui subissent personnellement les conséquences du droit d'autrui. L'utilisation du terme a surtout lieu pour le droit de créance : le débiteur est le sujet passif, tandis que, afin de différencier sa position, on précise que le créancier est le sujet actif (4-1). Cette terminologie s'explique sans doute par la répugnance que l'on peut éprouver à traiter une personne en objet de droit. En effet, si l'on analyse le droit de créance selon le schéma ordinaire, on est conduit à considérer que le pouvoir d'exiger l'accomplissement d'une prestation (contenu du droit) porte sur la personne du débiteur. Traiter une personne en objet peut donc paraître contraire à la dignité de l'homme.

Il n'y a certes pas d'objection à donner satisfaction à de tels scrupules si l'on substitue purement et simplement en pareil cas l'expression « sujet passif » au mot « objet ». Mais il paraît difficile de maintenir une notion d'objet du droit de créance distincte de celle du sujet passif. Voir l'objet dans la prestation due par le débiteur ne correspond pas à la définition admise ailleurs : le pouvoir d'exiger, qui constitue la substance du droit, ne s'exerce pas sur une chose, mais contre une personne. La prestation est le résultat vers lequel tend le droit, elle n'est pas son objet. Doit-on

---

(3) V. *supra*, nᵒˢ 189 et s.
(4) Dabin, *op. cit.*, p. 167. — Comp. Derruppé, *La nature juridique du droit du preneur à bail et la distinction des droits réels et des droits de créance*, thèse Toulouse, 1952, nᵒ 254.
(4-1) Sur une classification des droits prenant en considération l'existence ou l'absence d'un sujet passif et les différentes manières dont les sujets passifs peuvent être tenus, V. *infra*, nᵒ 222-1.

dire que « l'objet du droit de créance serait la relation *(Beziehung)* entre créancier et débiteur, tandis que son contenu serait l'ensemble des prérogatives du créancier, c'est-à-dire la partie active (vue du côté du créancier) de la prestation due par le débiteur » (5) ? Cette analyse semble d'une subtilité excessive. Aussi préférons-nous identifier simplement le sujet passif et l'objet du droit de créance.

Il faut encore observer que si la trilogie sujet-contenu-objet rend compte de la structure de la plupart des droits subjectifs, il existe des cas où l'identification d'un objet est difficile. Il en va ainsi notamment de ce que l'on appelle parfois les « droits potestatifs » (6), tels les droits d'acquisition (droit de préemption par exemple) ou les droits d'annulation, de résiliation, etc. « Par l'exercice de ces droits potestatifs, leur titulaire vise à agir sur une situation juridique en vue de la transformer ou d'en créer une nouvelle. Or, ce but n'est qu'un élément constitutif de la notion même du droit potestatif et ne saurait être considéré comme son objet » (7). On serait donc en présence de droits sans objet. Mais ces hypothèses demeurent marginales. Si la classification des droits à raison de leur objet n'est peut-être pas absolument universelle, elle les saisit cependant presque tous et c'est elle « qui fournit sans doute la meilleure base descriptive » (8).

II. — *La distinction des droits réels, des droits de créance, des droits intellectuels et des droits de la personnalité.*

213. — **Droits ayant pour objet des choses (droits réels).**

Les droits réels sont ceux qui portent sur des biens matériels, des choses (en latin : *res*, d'où l'expression « droit réel »). Le sujet bénéficie de certains pouvoirs qu'il peut exercer sur la chose objet de son droit (9).

Le droit réel par excellence est la propriété. C'est en effet le droit au contenu le plus vaste possible. Sous réserve de respecter les lois et règlements, le propriétaire a tous les pouvoirs. Il en résulte qu'il n'y a pas de place à côté de la propriété pour d'autres droits réels sur une chose déterminée. Tout droit au contenu plus restreint est nécessairement retranché du droit de propriété ayant le même objet. On dit que la propriété est « démembrée » : elle est éclatée et ne peut plus subsister dans sa plénitude. Généralement, les éléments de base du droit originaire demeurent toutefois identifiables, de sorte que la propriété a vocation à se reconstituer pleine et entière autour de ce « noyau central », par extinction des droits qui s'en étaient détachés (9-1).

---

(5) MICHAELIDÈS-NOUAROS, *L'évolution récente de la notion de droit subjectif*, *Rev. trim. dr. civ.*, 1966, p. 216 et s., spécialement p. 224.

(6) *Ibid.*, p. 225. — NAJJAR, *Le droit d'option, contribution à l'étude du droit potestatif et de l'acte unilatéral*, L. G. D. J. 1967, préf. RAYNAUD. — C. SAINT-ALARY, HOUIN, *Le droit de préemption*, L. G. D. J. 1979, préf. RAYNAUD, nᵒˢ 507 et s.

(7) MICHAELIDÈS-NOUAROS, *loc. cit.*

(8) MARTY et RAYNAUD, *op. cit.*, nᵒ 145.

(9) V. LES BIENS.

(9-1) Rappr. GOYET, *Le louage et la propriété à l'épreuve du crédit-bail et du bail superficiaire*, L. G. D. J., 1983, préf. D. SCHMIDT.

On distingue les droits réels principaux et les droits réels accessoires. Les premiers existent isolément (10), tandis que les seconds sont rattachés à un droit de créance qu'ils renforcent (11). Le régime des droits réels accessoires se trouve par là infléchi vers celui des droits d'une autre catégorie. Ils conservent néanmoins les caractéristiques essentielles des droits réels.

Celles-ci s'énoncent classiquement : « droit de suite » et « droit de préférence ». Ces expressions ne sont que la traduction concrète de l'opposabilité à tous du droit réel. Le sujet peut exercer ses prérogatives sur la chose, même si un tiers a acquis sur elle un autre droit réel, et même si cette chose se trouve matériellement entre les mains d'autrui (droit de suite) ; il exercera son droit sans concurrence de la part de quiconque, en particulier de la part des créanciers de ceux qui ont d'autres droits sur la même chose (droit de préférence). En bref, tout le monde doit respecter le droit réel qui profite exclusivement à son titulaire.

Il faut observer que les expressions « droit de suite » et « droit de préférence » s'appliquent imparfaitement aux droits réels principaux, pour lesquels il suffit de constater l'exclusivité des pouvoirs du titulaire. Elles conviennent davantage aux droits réels accessoires (12). En effet, il est fréquent que le bénéficiaire d'un tel droit ne détienne pas la chose, de sorte qu'il est amené à la « suivre » entre les mains d'un acquéreur pour opposer à celui-ci ses prérogatives. Un droit réel accessoire étant destiné à garantir l'exécution d'une obligation, en cas de défaillance du débiteur la chose grevée est vendue et le prix en est attribué au titulaire du droit réel « par préférence » aux autres créanciers ; le droit sur la chose se résout alors en une priorité dans la distribution du prix de celle-ci.

214. — Droits ayant pour objet l'activité d'une personne (droits de créance).

Les droits de créance ont pour objet la personne du débiteur ou, du moins, l'activité de celui-ci (ils sont parfois désignés par l'expression : « droits personnels »). En effet, le pouvoir d'exiger dont est investi le créancier est dirigé contre une autre personne. Alors que le droit réel met en contact le sujet avec une chose sur laquelle il peut exercer ses prérogatives, le droit de créance met son titulaire en contact avec le débiteur contre lequel il fera valoir ses pouvoirs (13).

La situation du débiteur n'est certes pas analogue à celle de la chose sur laquelle porte un droit réel. D'une part, le créancier ne saurait avoir tous pouvoirs sur une personne ; il n'existe pas de droit de

---

(10) Ou ils s'articulent avec d'autres droits réels. Tel est le cas des servitudes (V. Les Biens).

(11) V. Les Sûretés.

(12) En ce sens, Dabin, *Le droit subjectif*, p. 180.

(13) V. Les Obligations

créance correspondant au droit de propriété sur les choses : la dignité de l'homme s'y oppose. D'autre part, le débiteur n'est pas un « objet » passif. Le droit de créance tend à courber sa volonté pour obtenir de lui l'exécution d'une prestation. Mais il n'en résulte pas un assujettissement physique de la personne. La sanction de l'inexécution de l'obligation se fait sur les biens du débiteur. De la sorte, le droit de créance qui atteint directement la personne, porte indirectement sur l'actif du patrimoine du débiteur.

Il est classique de dire que les droits réels, par leur opposabilité à quiconque, sont absolus, tandis que les droits de créance, qui sont dirigés contre une personne déterminée, sont relatifs. L'observation n'est qu'approximativement exacte. Il est vrai que le sujet d'un droit réel peut imposer à tous le respect de la zone de pouvoirs qui lui est réservée et que c'est de cette façon que se traduit la relation sociale qu'exprime ce droit ; au contraire, le titulaire d'un droit de créance ne peut exiger que du seul débiteur l'exécution d'une prestation et c'est là, pour le créancier, la relation sociale essentielle résultant de son droit. Mais il ne faut pas exagérer l'importance de cette différence. Comme tous les droits subjectifs, le droit de créance doit être respecté par autrui ; il est opposable à tous, en ce sens que l'existence du pouvoir dont est investi le créancier contre le débiteur s'impose aux tiers : l'atteinte portée par eux au droit du créancier serait sanctionnée. Mais à cette opposabilité générale s'ajoute la relation particulière avec le débiteur et celle-ci est relative.

On dit encore souvent qu'à la différence des droits réels, les droits de créance ne comportent ni droit de suite ni droit de préférence. La remarque est juste, mais il faut en comprendre la portée. Ce que l'on vise par là n'est plus le pouvoir d'exiger l'exécution d'une prestation, mais le pouvoir qui s'établit, au second degré, sur les biens du débiteur en cas d'inexécution (14). Parce que la créance est un droit contre une personne, c'est seulement en tant qu'ils appartiennent à cette personne que les biens figurant à l'actif du patrimoine de celle-ci répondent de ses dettes. Le créancier n'a aucun droit particulier sur un bien déterminé du débiteur. Il peut seulement saisir les biens dont celui-ci est titulaire au moment où il pratique la saisie (absence de droit de suite) et tous les créanciers, ayant le même pouvoir, sont en concurrence pour l'exercer (absence de droit de préférence). A cet égard, la comparaison avec le droit réel est donc intéressante au point de vue pratique, mais elle est quelque peu trompeuse car les deux termes de la comparaison ne se situent pas sur le même plan : il s'agit

---

(14) Pour l'étude du droit de suite et du droit de préférence appliqués au pouvoir d'exiger le fait du débiteur, v. DERRUPPÉ, thèse précitée, nos 185 et s. et 205 et s.

de l'opposabilité du droit lui-même dans un cas, et de la sanction du droit dans le second.

215. — Droits ayant pour objet des œuvres immatérielles (droits intellectuels).

L'objet des *droits intellectuels* est difficile à définir autrement que d'une façon négative. En effet, ces droits ne sont pas dirigés contre une personne déterminée et ils ne portent ni sur un bien matériel ni sur des éléments de la personnalité du sujet lui-même. Leur objet est donc une « chose incorporelle » (15) qui résulte, dans une mesure fort variable d'ailleurs, de l'activité intellectuelle du sujet.

Cette catégorie, dont l'existence a été dégagée beaucoup plus tard que celle des droits réels et des droits de créance (16), est assez hétéroclite et ses contours sont discutés. Elle comprend le droit de l'auteur, du compositeur, de l'artiste, de l'inventeur sur sa création. L'œuvre littéraire, artistique, ou l'invention, ne se confondent pas avec les choses matérielles (manuscrit, toile, etc.) qui en sont les supports. Leur substance est faite de l'idée, du talent ou du génie du créateur. Elles sont susceptibles d'une exploitation par leur diffusion dans le public. Les règles juridiques confèrent, sous certaines conditions, le monopole de cette exploitation au créateur de l'œuvre. Ainsi est reconnu un droit subjectif, exclusif, portant sur cette création intellectuelle. Le monopole d'exploitation de l'auteur ou de l'artiste se double d'ailleurs d'un « droit moral » qui garantit le respect de l'œuvre à travers ses reproductions et laisse au créateur la possibilité de modifier celle-ci pour l'adapter à l'évolution de ses conceptions (17).

On range généralement parmi les droits intellectuels, encore que l'expression semble alors quelque peu emphatique, les prérogatives qui assurent plus ou moins complètement le monopole d'exploitation d'une clientèle (18). Ce n'est pas à proprement parler la clientèle elle-même

---

(15) DABIN, *Le droit subjectif*, p. 190. — BEUDANT et LEREBOURS-PIGEONNIÈRE, t. 4, n° 57.

(16) V. ROUBIER, *Droits intellectuels et droits de clientèle*, Rev. trim. dr. civ., 1935, p. 251. — HEPP, *Le droit d'auteur, propriété incorporelle*, Rev. int. Dr. Auteur, t. XIX, avril 1958, p. 161. — COLOMBET, *Propriété littéraire et artistique et droits voisins*, 4ᵉ éd., 1988, nᵒˢ 15 et s. — CRIONNET, *Les droits intellectuels et les régimes matrimoniaux*, L. G. D. J. 1975, préf. FRANÇON, p. 7 et s.

(17) La dualité du droit de l'auteur ou de l'artiste a été discutée. C'est cependant en ce sens que se prononce la majorité de la doctrine et la loi elle-même (v. loi du 11 mars 1957, art. 1ᵉʳ).

(18) On peut dire, d'ailleurs, que le monopole d'exploitation reconnu sur sa création à l'auteur, à l'artiste ou à l'inventeur vise également à lui réserver une clientèle. C'est pourquoi il a été proposé de désigner « droits de clientèle » la catégorie généralement appelée « droits intellectuels » (ROUBIER, article précité).

qui est l'objet du droit (le sujet n'a aucun pouvoir contre les clients pris individuellement ou dans leur ensemble), mais le rassemblement d'une clientèle. Ce rassemblement, résultat de nombreux facteurs parmi lesquels figure spécialement l'activité du professionnel, est la « chose incorporelle » sur laquelle porte le droit. Les prérogatives conférant au titulaire l'exclusivité sur cet objet très spécial sont multiples et variables selon le type d'activité considéré. Le monopole d'exploitation est protégé contre les initiatives des tiers et le titulaire peut en disposer en cédant différents droits particuliers inclus dans son « droit de clientèle » (droit sur les signes de ralliement du public, comme les marques de fabrique, droits réels sur le matériel, etc.) et en présentant un successeur à ses clients (19).

Les droits intellectuels sont quelquefois qualifiés de « propriétés incorporelles » (20). Cette terminologie fait ressortir une certaine analogie avec les droits réels, qui tient surtout à l'existence d'un objet extérieur au sujet et à l'absence de débiteur ; c'est directement de l'opposabilité de son droit à tous que le titulaire tire avantage. Mais analogie n'est pas identité (21). Les différences considérables entre un objet matériel et un objet incorporel interdisent de calquer sur le régime des droits réels celui des droits intellectuels. Aussi est-il très généralement admis que ces derniers constituent bien une catégorie distincte. Catégorie fort vaste et imparfaitement définie d'ailleurs, en raison du développement accéléré que connaissent ces droits relativement nouveaux. Parce qu'ils font un bien de l'activité humaine (22), les droits intellectuels vont se multipliant (23) : « Peu à peu... la posi-

---

(19) V. Julien, *Les clientèles civiles, remarques sur l'évolution de leur patrimonialité*, Rev. trim. dr. civ., 1963, p. 213 et s. — Leclercq, *Les clientèles attachées à la personne*, L. G. D. J. 1965, préf. P. Catala. — Audier, *Les droits patrimoniaux à caractère personnel*, L. G. D. J. 1979, préf. Kayser, nos 28 et s.

(20) La première loi sur les brevets d'invention énonçait : « toute découverte ou nouvelle invention, dans tous les genres d'industrie, est la propriété de son auteur » (L. 7 janvier 1791, art. 1er).

(21) Comp. Recht, *Le droit d'auteur, une nouvelle forme de propriété*, L. G. D. J. 1969. — Pour une signification différente du mot « propriété », permettant d'employer l'expression sans réserves : Zénati, *Les biens*, n° 46.

(22) « Toutes les propriétés incorporelles ont ce trait commun de n'être pas des propriétés oisives. Leur existence dépend de l'activité ou de la puissance créatrice de l'homme ; soit de son activité actuelle (c'est le cas des offices, des clientèles civiles, des fonds de commerce), soit de son activité passée et matérialisée dans une création de l'esprit (c'est le cas des brevets d'invention, de la propriété littéraire et artistique) » (Carbonnier, t. III, *Les biens*, n° 250).

(23) V., par exemple, l'extension du domaine de la « propriété littéraire et artistique » opérée par la loi du 3 juillet 1985, avec de « nouvelles propriétés » (œuvres audiovisuelles, logiciels...) et la reconnaissance de « droits voisins » du droit d'auteur (notamment, les droits des artistes-interprètes). Sur ce texte : Zénati, *Rev. trim. dr. civ.*, 1985, p. 705. — Plaisant, J. C. P. 1986.I.3230. — Au sujet de la tendance à

tion professionnelle qui valorise le travail tend à bénéficier d'une protection propre » (24). Il n'est pas étonnant que certains flottements se manifestent lorsqu'il s'agit de synthétiser les traits fondamentaux de droits très divers et en constante évolution.

216. — Droits ayant pour objet la personne même du sujet (droits de la personnalité).

Les droits de la personnalité présentent l'originalité de ne pas avoir un objet extérieur au sujet lui-même. En effet, ils portent sur certains aspects de la personne de celui-ci : le nom patronymique, l'intégrité physique, l'honneur et la réputation, l'intimité de la vie privée, l'image du sujet... (25).

« Gény écrivait en 1911 que la catégorie des droits de la personnalité est en formation (Des droits sur les lettres missives, t. I, nº 89). Elle n'a guère aujourd'hui dépassé ce stade » (26). Son apparition en France est assez récente (27). Elle est, actuellement encore, le siège de nombreuses controverses. Doit-on adopter une conception extrêmement large et y inclure toutes les libertés (28) ? Nous pensons qu'il faut limiter les droits de la personnalité aux « droits qui visent la garantie et l'épanouissement de la personne elle-même » (29). Mais le

---

la reconnaissance d'une « propriété culturale » au profit des exploitants agricoles : Vitu, *Propriété commerciale et propriété culturale*, *Rev. trim. dr. civ.*, 1945, p. 273 et s. — Béquignon-Lagarde, *Propriété commerciale et propriété culturale*, in *Dix ans de conférence d'agrégation, études offertes à J. Hamel*, 1961, p. 237 et s. — R. Savatier, *Les métamorphoses économiques et sociales du droit civil d'aujourd'hui*, 1re série, 3e éd., 1964 ; *Les baux ruraux, droit, pratique, économie*, 1973, nos 205 et s. — Mégret, *La propriété culturale est-elle une formule d'avenir ?* Gaz. Pal., 1976, 1, doctr. 323.

(24) P. Catala, *La transformation du patrimoine dans le droit civil moderne*, article précité, *Rev. trim. dr. civ.*, 1966, p. 185 et s., nº 22.

(25) V. Personnes. — Il faut se garder de confondre les droits de la personnalité et les droits personnels, lesquels sont les droits de créance (*supra*, nº 214).

(26) Tallon, *Encycl. Dalloz, Rép. dr. civ.*, 2e éd., vº *Personnalité (Droits de la)*, nº 6.

(27) Boistel, *Philosophie du droit*, t. I, 1889, nos 131 et s. — E. H. Perreau, *Les droits de la personnalité*, *Rev. trim. dr. civ.*, 1909, p. 501 et s.

(28) « Vivre, pour l'homme, ce n'est pas seulement conserver intact son être : c'est aussi déployer les puissances et satisfaire les aspirations de son être, bref *agir*, et, puisque l'homme est un être raisonnable, agir *de façon autonome*. Ici se profile le champ illimité des libertés externes... on rangera parmi les droits de liberté les *pures facultés...* ou encore les *droits d'option...* Il s'agit d'un droit *spécifique* de liberté où, à propos d'une matière donnée, c'est la liberté du sujet qui fait l'objet propre du droit : le sujet est, en l'espèce, reconnu maître de sa décision ou de son option » (Dabin, *Le droit subjectif*, p. 170-171).

(29) Marty et Raynaud, *Introduction générale*, nº 145. — En ce sens, Kayser, *Les droits de la personnalité, aspects théoriques et pratiques*, *Rev. trim. dr. civ.*, 1971, p. 445 et s.

fait que l'on se pose la question révèle le particularisme de ces droits. Ils se rapprochent des libertés en ce qu'ils sont attribués à chaque être humain (et même, pour certains d'entre eux, aux personnes morales). Mais, à la différence des libertés, ils instituent une zone de protection renforcée, exclusive de la concurrence d'autrui. De sorte que l'on se trouve à la limite de la notion de droit subjectif. D'autant plus que la spécificité de ces droits n'apparaît pas toujours très nettement, leur protection étant souvent assurée par le mécanisme général de la responsabilité civile ; or tout intérêt lésé donnant lieu à réparation n'est pas nécessairement un droit subjectif, à moins d'adopter une définition exagérément large de ce concept (30).

Bien qu'ils ne soient pas toujours sans incidence pécuniaire, les droits de la personnalité constituent l'exemple type des droits extra-patrimoniaux (31). Contrairement à la plupart des autres droits, ils sont en principe incessibles et insaisissables. Cependant, la volonté du sujet a prise sur eux, dans une certaine mesure : il est possible, par exemple, d'autoriser un tiers à reproduire l'image du titulaire ou à divulguer des aspects de sa vie privée... Mais les traits communs de ces droits aux contours souvent incertains restent malaisés à préciser (31-1).

En tout cas, il est sûr que la catégorie des droits de la personnalité est irréductible à aucune autre. L'efficacité du principe de classement tiré de l'objet des droits se vérifie. Certes, les doutes et les hésitations ne manquent pas. Du moins, ces difficultés se limitent-elles, dans l'analyse traditionnelle de la classification, aux deux catégories de formation plus récente : les droits intellectuels et surtout les droits de la personnalité. Les droits réels et les droits de créance, eux, sont des notions fermement établies et clairement délimitées. Pourtant cette distinction elle-même n'a pas échappé à la contestation. Il faut donc revenir sur cet aspect de la répartition classique des droits subjectifs.

§ 2. — CONTROVERSES RELATIVES A LA DISTINCTION DES DROITS RÉELS ET DES DROITS DE CRÉANCE

217. — Deux théories remettant en cause la distinction classique des droits réels et des droits de créance doivent être signalées. L'une, qui connut le succès au début du siècle, peut être qualifiée de « personnaliste ». L'autre, qui a trouvé assez récemment son expression la plus achevée sous la plume de Ginossar, propose une redistribution complète des droits patrimoniaux sur de nouvelles bases.

---

(30) Comp. Ch. Mixte, 27 février 1970, D. 1970, 201.
(31) V. *supra*, n° 206.
(31-1) V. LES PERSONNES, n°s 284 et s.

I. — *La thèse personnaliste.*

218. — Le droit réel faisant naître une « obligation passive universelle » serait de même nature que le droit de créance.
La critique « personnaliste » ou « obligationnelle » (32) de la théorie classique des droits réels et des droits de créance est surtout connue en France par le Traité élémentaire de droit civil de Planiol (1ʳᵉ édition, 1897) (33). Cet auteur part de la définition du droit réel donnée par Aubry et Rau : « il y a droit réel lorsqu'une chose se trouve soumise, complètement ou partiellement, au pouvoir d'une personne en vertu d'un *rapport immédiat*, opposable à toute autre personne » (34). Or, observe Planiol, « un *rapport d'ordre juridique* ne peut pas exister entre une *personne* et une chose. Ce serait un non-sens. Par définition, *tout droit est un rapport entre les personnes* » (35). Si l'on applique cet « axiome inébranlable » (36) au droit réel le plus caractéristique, la propriété, il est aisé de trouver une personne impliquée dans un tel rapport : c'est le propriétaire. Quant à l'autre terme du rapport, « il n'est pas difficile à découvrir : c'est *tout le monde* excepté lui » (37). Ainsi, « un droit réel quelconque est un rapport juridique établi entre *une personne* comme *sujet actif* et *toutes les autres* comme *sujets passifs* » (38). Ces dernières sont en effet tenues de s'abstenir de troubler le titulaire du droit. Le droit réel est donc un rapport juridique « *d'ordre obligatoire*, c'est-à-dire qu'il a la même nature que les obligations proprement dites » (39). Un titulaire de droit réel n'est autre qu'un créancier d'une *obligation passive universelle* (40). La différence avec le droit de créance au sens traditionnel du terme est qu'en vertu de celui-ci une seule personne est obligée, ce qui permet

---

(32) Ginossar, *Droit réel, propriété et créance, élaboration d'un système rationnel des droits patrimoniaux*, p. 5.

(33) Il avait été précédé par un auteur suisse, Roguin (*La règle de droit*, Lausanne, 1889) et l'on peut trouver l'origine de cette conception chez Kant (v. Ginossar, *op. cit.*, note 8). A la suite de Planiol, plusieurs auteurs ont adopté le même point de vue : Michas, *Le droit réel considéré comme une obligation passive universelle*, thèse Paris, 1900. — Quéru, *Synthèse du droit réel et du droit personnel*, thèse Caen, 1905. — Prodan, *Essai d'une théorie générale des droits réels*, thèse Paris, 1909. — Minéi, *Essai sur la nature juridique des droits réels et des droits de créance*, thèse Paris, 1912. — Basque, *De la distinction des droits réels et des obligations*, thèse Montpellier, 1914. — Pour répondre aux critiques dont elle avait été l'objet (notamment de la part de Rigaud, *Le droit réel, histoire et théorie*, thèse Toulouse, 1912), Roguin a de nouveau défendu sa théorie, en l'atténuant d'ailleurs quelque peu (*Science juridique pure*, Lausanne, 1922-1923).

(34) Aubry et Rau, t. II, 5e éd., § 172, p. 72.

(35) *Traité élémentaire...*, t. I, 4e éd., 1906, n° 2159.

(36) *Ibid.*

(37) *Ibid.*

(38) *Ibid.*, n° 2160.

(39) *Ibid.*

(40) *Obligation*, puisqu'il y a charge pesant sur des personnes, leur imposant un certain comportement que le sujet du droit peut exiger d'elles ; *passive* car elle n'impose qu'une abstention ; *universelle* dès lors que « le sujet passif est illimité en nombre et comprend toute personne qui entre en relation avec le sujet actif » (*ibid.*). On ne concevrait d'ailleurs pas qu'une obligation universelle pût être positive : il n'est pas possible d'exiger *de tout le monde* une action déterminée, alors qu'il est parfaitement possible d'interdire certains actes.

d'ailleurs de lui imposer une prestation positive aussi bien que négative : le rapport obligatoire gagne en intensité ce qu'il perd en étendue. Mais il est faux d'opposer le droit réel et le droit de créance qui sont exactement de même nature.

219. — Critique : confusion entre les notions d'obligation et d'opposabilité.
Les prémisses de la thèse personnaliste, faisant du droit réel un rapport entre des personnes sont indiscutables. Pour nous, qui avons adopté une définition des droits, subjectifs plaçant ceux-ci au plan des relations sociales (41), il ne saurait être question de critiquer ce point de vue, d'ailleurs maintenant admis par tous (42). Le mérite des auteurs qui ont insisté avec force pour que l'on n'oublie pas cet aspect essentiel n'est pas niable.

Mais où il n'est plus possible de suivre la doctrine défendue par Planiol c'est dans la façon dont est opéré le rapprochement entre les droits réels et les droits de créance sous le couvert de « l'obligation passive universelle ». Elle procède, en effet, d'une confusion maintes fois dénoncée (43), entre la notion d'opposabilité et celle d'obligation au sens technique du terme.

1° Il est vrai que les droits réels entraînent pour quiconque le devoir de les respecter : ils sont opposables à tous. Qualifier ce devoir d'obligation passive universelle fausse les perspectives. En effet, lorsqu'on passe au droit de créance, on constate que le débiteur seul est *obligé*, puisque lui seul est tenu d'exécuter une prestation. De là on est conduit à dire que le respect du droit réel s'impose à tous, tandis que le respect du droit de créance ne s'impose qu'au débiteur. Or, cette proposition est inexacte. Les tiers ne peuvent impunément violer le droit du créancier à l'égard de son débiteur. Ainsi, par exemple, le débauchage d'un salarié est réprimé (44), car le droit de créance de l'employeur à l'égard de celui qui est obligé de lui fournir sa force de travail s'impose au respect des entrepreneurs concurrents. La seule différence entre le droit réel et le droit de créance, à cet égard, est que les tiers ont plus facilement connaissance de l'existence du premier que du second. Mais tout droit subjectif, quel qu'il soit, engendre ce que la thèse personnaliste appelle « l'obligation passive universelle » ; il n'y a pas de droit qui ne soit opposable à tous.

2° Pourtant, il est indiscutable que la situation du débiteur dans le droit de créance n'est pas celle du public simplement tenu de respecter les droits d'autrui. Le débiteur doit exécuter une prestation précise. Il subit une « emprise » sur sa personne qui dépasse la simple restriction de ses libertés. Il faut bien un terme particulier pour désigner cette situation et c'est là qu'on parlera de dette ou d'obligation. Or, si l' « assujettissement » du débiteur est une obligation, on ne peut employer le même mot pour désigner le simple devoir de ne pas empiéter sur les droits des autres.

---

(41) V. *supra*, n° 187.
(42) PLANIOL note d'ailleurs honnêtement que la formule d'AUBRY et RAU qui passe pour la meilleure expression de la conception classique du droit réel faisait état de l'opposabilité de ce droit à tous, ce qui implique une relation sociale. C'est contre l'attitude des auteurs qui n'ont retenu de la définition que le rapport immédiat, direct avec la chose qu'il dirige essentiellement ses attaques (*ibid.*, n° 2159, note 1).
(43) V. en dernier lieu : MARTY et RAYNAUD, *Introduction générale*, n° 304. — STARCK, ROLAND et BOYER, *Introduction au droit*, n°s 1120 et s. — MAZEAUD et CHABAS, t. I, vol. 1, *Introduction*, n° 166. — WEILL et TERRÉ, *Introduction générale*, n° 250. — FLOUR et AUBERT, *Les obligations*, vol. 1, n° 16. — HAGE-CHAHINE, *Essai d'une nouvelle classification des droits privés*, *Rev. trim. dr. civ.*, 1982, p. 705, n° 9.
(44) C. trav., article L. 122-15.

Si le débiteur seul est « obligé », c'est que le public, en général, ne l'est pas. Aussi bien ce ne sont que les dettes, les obligations proprement dites, qui figurent au passif du patrimoine et non les limitations de liberté qu'imposent à tous l'existence des droits. L'expression « obligation passive universelle » est donc trompeuse. Tous les droits subjectifs expriment une relation sociale. Celle-ci se traduit par l'opposabilité à quiconque de la sphère de pouvoirs réservée au sujet. Mais certains droits ont pour objet une chose, d'autres ont pour objet une personne et font naître à la charge de celle-ci une obligation. La théorie classique avait sans doute tort de ne pas mettre assez en relief l'opposabilité des droits. Mais, à tout prendre, elle était plus cohérente que la doctrine « personnaliste » lorsqu'elle distinguait le droit direct sur une chose et le droit contre une personne : faisant abstraction de l'élément commun d'opposabilité à autrui, elle distinguait les droits en fonction de leur objet. Il suffit de réintroduire dans chacune des catégories la relation sociale inhérente à la notion même du droit subjectif pour obtenir des définitions satisfaisantes du droit réel et du droit de créance. Pourtant l'analyse traditionnelle n'emporte pas une adhésion unanime D'autres critiques lui ont été adressées, notamment par Ginossar.

II. — La thèse de Ginossar.

220. — Une définition nouvelle de la propriété et des droits réels.
S. Ginossar a élaboré une construction originale (45) qui bouleverse la distinction classique des droits réels et des droits de créance. Ce nouveau système repose sur deux propositions fondamentales.

1º La propriété ne peut se définir, comme on le fait souvent, par le pouvoir reconnu au sujet de tirer d'une chose toutes les utilités qu'elle peut procurer. En effet, nul n'hésite à qualifier encore de « propriétaire » une personne qui a perdu le contact matériel avec la chose (ainsi, lorsque le bien est donné en location) ou qui n'a plus *tous* les pouvoirs sur celle-ci (ainsi, en cas de démembrement de la propriété, par exemple par la constitution d'une servitude). « Si le droit de propriété peut n'être ni total, ni perpétuel, il sera toujours *résiduaire...* : il confère au propriétaire tous les avantages autres que ceux, partiels ou temporaires, reconnus ou concédés aux titulaires d'autres droits sur ou par rapport à la chose » (46). La définition traditionnelle est impuissante à l'expliquer. Ginossar propose donc une nouvelle conception. Si la propriété n'est pas « le pouvoir tant vanté d'une personne sur une chose » (47), elle est « *la relation par laquelle une chose appartient à une personne*, par laquelle elle est à lui, elle est sienne » (48).

Or, cette relation d'appartenance se retrouve dans le droit de créance. Le pouvoir

---

(45) *Droit réel, propriété et créance, élaboration d'un système rationnel des droits patrimoniaux*, L. G. D. J. 1960. — V. un compte rendu critique de cet ouvrage par DABIN : *Une nouvelle définition du droit réel*, Rev. trim. dr. civ., 1962, p. 20 et s. et la réponse de GINOSSAR : *Pour une meilleure définition du droit réel et du droit personnel, ibid.*, p. 573 et s. — Certains précédents peuvent être trouvés à la thèse de GINOSSAR, sur des points particuliers (notamment SALEILLES, *Essai d'une théorie générale de l'obligation d'après le projet de code civil allemand*, 1890. — ABERKANE, *Essais d'une théorie générale de l'obligation propter rem en droit positif*, thèse Alger, 1957). Mais le système d'ensemble, rationnellement construit, est propre à GINOSSAR.

(46) *Droit réel, propriété et créance*, p. 32.
(47) *Ibid.*, p. 29.
(48) *Ibid.*, p. 33.

d'exiger d'autrui une prestation, anticipation de la prestation future elle-même, est une valeur attribuée au créancier. Par conséquent, « *une créance est un bien appartenant au créancier et rattaché à son patrimoine propre par l'effet d'un droit de propriété* » (49). Le créancier ne peut-il céder sa créance comme le propriétaire d'un immeuble peut vendre celui-ci ? Il y a donc, dans le droit de créance, superposition de deux droits : l'un est le pouvoir contre le débiteur, l'autre la propriété du droit précédent (50).

Ainsi s'explique que le droit de créance, droit relatif en vertu duquel une seule personne est obligée, soit, en même temps, absolu, opposable à tous. En effet, l'opposabilité universelle est la caractéristique de la propriété. C'est parce qu'il est propriétaire de sa créance que le créancier, dans ses relations avec les tiers, peut exiger d'eux le respect de son droit. Mais l'autre relation, le lien d'obligation qui coexiste avec la propriété, unit seulement le créancier au débiteur.

2º La théorie classique englobe sous le terme de « droits réels » la propriété des objets matériels et les droits « démembrés » de la propriété. Ces derniers sont également considérés comme portant directement sur les choses. Après démembrement, le ou les droits réels détachés de la propriété et le droit « résiduaire » de propriété ont des sujets différents. Chacun exerce ses prérogatives directement sur la chose et peut opposer son droit à tout le monde.

Or, cette assimilation de la propriété de sa propre chose et du droit réel sur la chose d'autrui (le propriétaire étant le titulaire du droit « résiduaire ») est fallacieuse. La propriété, relation d'appartenance, est simplement opposable à tous ; elle entraîne ce que la théorie personnaliste appelle l'obligation passive universelle. Mais les relations entre le titulaire d'un droit sur la chose d'autrui et ce propriétaire ne sont pas de même nature. Une servitude de passage, par exemple, confère au sujet le droit de traverser le terrain d'autrui. Le propriétaire de ce terrain n'est pas dans la situation d'un tiers quelconque auquel un droit est opposable : il est tenu de laisser le passage *chez lui ;* il subit une emprise analogue à celle qui pèse sur un débiteur ; il est *obligé.* La preuve en est qu'il peut même être tenu d'accomplir des prestations positives, comme l'entretien d'un chemin (C. civ., art. 698-699), ce qui est fort loin de l'attitude passive exigée d'un tiers. D'ailleurs, il est parfaitement possible qu'une personne s'oblige personnellement à permettre à son voisin de passer chez elle. Où réside la différence entre le droit de créance résultant d'un tel engagement et le droit réel de servitude ? En ceci que dans le premier cas, le débiteur est une personne dénommée, tandis que dans le second, la personne obligée est le propriétaire d'un terrain, en sa qualité de propriétaire, de sorte que tous ceux qui seront ultérieurement investis de cette propriété seront, à leur tour, obligés. En d'autres termes, « *un droit est réel parce que l'obligation qui lui correspond est réelle* » (51), attachée à la propriété d'une chose déterminée. Les droits réels sur la chose d'autrui sont donc des droits de créance, dont la particularité est le mode de désignation du débiteur. Comme les créances personnelles, ces droits sont d'ailleurs objets de propriété. Ils comportent la double relation que l'on trouve dans tout droit de créance : rapport relatif du créancier et du débiteur (obligation) et rapport absolu du créancier avec les tiers (opposabilité).

Ainsi, on ne saurait traiter de la même façon la propriété et les droits réels sur la chose d'autrui. Il convient de réserver à ceux-ci la qualification de « droits réels ». La propriété est « un droit absolu, un rapport juridique dont le sujet passif est, à tout moment, le monde entier... elle se meut sur un plan plus élevé » (52).

---

(49) *Ibid.*, p. 35.
(50) *Ibid.*, p. 85, 86.
(51) *Ibid.*, p. 100.
(52) *Ibid.*, p. 112.

221. — Conséquence : classification originale des droits patrimoniaux.

La propriété ayant pour objet les choses, les droits réels (droits réels sur la chose d'autrui selon la terminologie classique) et les créances ne sont pas les seuls droits patrimoniaux. Ginossar relève encore les *droits mixtes*, de même nature que les créances, dans lesquels la personne obligée e st désignée à la fois nommément et par sa qualité de propriétaire d'une chose : tel est le cas, par exemple, d'une créance hypothécaire (53). Il faut ajouter les *droits intellectuels* ayant pour objet une idée, une pensée, une création abstraite.

Disposant ainsi de tous les éléments, l'auteur peut alors présenter un « système rationnel des droits patrimoniaux ». La propriété est une relation d'appartenance, opposable à tous. Elle peut avoir des objets différents : soit des biens corporels, soit des biens incorporels. Ceux-ci peuvent être des droits intellectuels ou des droits relatifs (ou créances) consistant « dans le pouvoir d'exiger une prestation active ou passive d'une autre personne individuelle » (54). Ces derniers se classent eux-mêmes en trois catégories selon qu'ils sont personnels, réels ou mixtes. Lorsque la propriété a pour objet une chose ou un droit intellectuel, elle est l'unique relation juridique, qui se traduit par l'opposabilité aux tiers ; en revanche, lorsqu'elle a pour objet un droit relatif, elle se superpose à une relation particulière entre le créancier et une personne déterminée. Ainsi, la classification des droits s'établit selon un schéma nouveau (55).

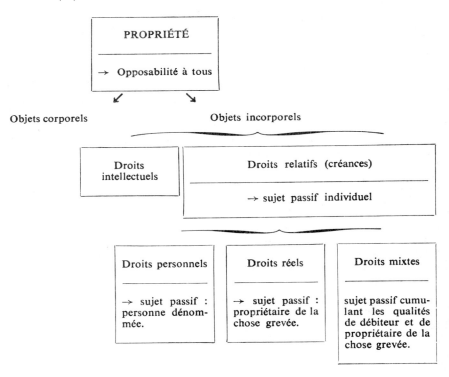

---

(53) Sur l'hypothèque, v. Sûretés.

(54) *Droits réels, propriété et créance*, p. 187.

(55) Comp. le tableau dressé par Ginossar lui-même, *op. cit.*, p. 191.

222. — Discussion.

Il n'est pas possible de discuter en détail la doctrine de Ginossar sans anticiper à l'excès sur des questions qui seront étudiées ailleurs (56). Il faut cependant formuler dès maintenant quelques observations.

La thèse de la propriété des créances fait clairement ressortir que le droit de créance est un bien, dont le sujet peut disposer. Mais qui en a jamais douté ? En parlant ici de propriété, ajoute-t-on quelque chose à la notion, fort classique, de droit patrimonial ? L'opposabilité à tous du droit de créance, qui, selon Ginossar, constitue une des « énigmes » (57) que la doctrine traditionnelle est impuissante à expliquer, est la caractéristique de tous les droits subjectifs (58) qui réservent au sujet une zone de pouvoirs inaccessible à autrui (59). Quant à remarquer que le créancier peut disposer de son droit, ce n'est pas là une découverte : les créances ont toujours figuré à l'actif du patrimoine et le principe est précisément la disponibilité des droits patrimoniaux. Il n'est pas douteux que les créances constituent des biens. Peut-être cet aspect serait-il mieux perceptible en substituant le mot « propriété » à l'expression « droits patrimoniaux » ? Mais ce que l'on gagnerait d'un côté serait perdu d'un autre. Il resterait, en effet, à caractériser la « propriété » (au sens que lui donne Ginossar) portant sur les objets matériels. Il ne suffit pas d'énoncer qu'il y a relation d'appartenance, en vertu de laquelle le sujet peut dire que la chose est sienne. Qu'on le veuille ou non, cette appartenance est une notion creuse si elle ne se traduit pas par des pouvoirs. En parlant d'appartenance des biens corporels, Ginossar réintroduit donc nécessairement les pouvoirs sur la chose qu'il avait éliminés de sa définition. Mais ces pouvoirs restent à définir dès lors, que plaçant la propriété « sur un plan plus élevé », on la tient pour synonyme de droit subjectif patrimonial. La terminologie classique réservant le terme « propriété » pour désigner l'opposabilité à tous des pouvoirs les plus complets sur une chose avait au moins le mérite d'identifier clairement ce droit (60).

Les droits réels sur la chose d'autrui (les seuls « droits réels » dans la terminologie de Ginossar) suscitent assurément quelques difficultés au regard de la classification traditionnelle. Il est vrai que les titulaires de fractions démembrées de la propriété ayant chacun des droits sur la même chose sont fréquemment amenés à entrer en relation, de sorte qu'ils ne sont pas, au moins en fait, des tiers quelconques l'un par rapport à l'autre. On peut cependant hésiter avant de faire franchir à ces droits la barrière élevée par la tradition et les ranger dans la catégorie des droits de créance. Nécessairement, l'opposabilité universelle d'un droit ne se manifeste pratiquement qu'à l'égard de ceux qui sont en situation d'empiéter sur ce droit. Tant qu'il n'est exigé que de s'abstenir de porter atteinte au droit d'autrui, quelle que soit la gêne

---

(56) V. Les Biens.

(57) Ginossar, *op. cit.*, p. 181 et s.

(58) En ce sens, Flour et Aubert, *op. cit.*, n° 18, note 2.

(59) V. *supra*, n° 189.

(60) Sans doute, le sujet peut-il être privé de tout contact avec la chose, lorsqu'il s'est personnellement obligé à en fournir la jouissance à autrui. Mais il conserve juridiquement tous ses pouvoirs sur la chose ; il s'interdit seulement de les exercer lui-même, pour en faire profiter une autre personne (comp. Dabin, *Une nouvelle définition du droit réel*, Rev. trim. dr. civ., 1962, p. 20 et s., spécialement p. 29 et 30). Quant à dire que le propriétaire perd une partie de ses pouvoirs lorsque son droit est démembré, l'observation est évidemment exacte. Mais on ne saurait en tirer argument à l'encontre de la définition traditionnelle. En effet, dès lors qu'elle est démembrée, *il n'y a plus de propriété*, mais seulement un « reste de propriété ». Le droit est amputé, amenuisé par la répartition entre plusieurs sujets des pouvoirs sur la chose.

qui en résulte pour tel ou tel, il est possible de maintenir l'analyse classique. Mais il n'est plus permis de reculer lorsqu'une prestation positive est exigible non en vertu d'un engagement personnel mais en raison de la qualité de propriétaire ou de titulaire d'un autre droit réel. Là, il y a certainement obligation, obligation réelle ou encore « *propter rem* ». La catégorie est connue et admise par la doctrine classique, qui en a toutefois trop minimisé l'importance (61). Dès lors, la question est de savoir si *tous* les droits réels démembrés de la propriété correspondent à des obligations réelles, ou si, *à côté* de ces droits réels, existent des créances réelles. Une telle discussion ne peut être utilement menée dans l'abstrait ; il faudrait passer en revue le régime des différents « droits réels sur la chose d'autrui », ce qui n'est pas possible dans le présent volume. C'est pourquoi nous ne trancherons pas ici cette difficulté réservant son examen, pour d'autres développements (62).

On retiendra donc que la distinction classique des droits réels, droits de créance, droits intellectuels et droits de la personnalité demeure, malgré les difficultés qu'elle suscite, une des bases de l'étude des droits subjectifs. Il existe certes de très nombreux autres modes de classement. Ils ne présentent pas, actuellement, la même importance, soit qu'ils n'aient pas, en tant que tels, pénétré la pratique, soit qu'ils correspondent à des thèmes d'étude très spécialisés. On se contentera donc d'en donner, à cette place, un aperçu.

SECTION 3

ÉNUMÉRATION DE QUELQUES AUTRES CLASSIFICATIONS DES DROITS SUBJECTIFS

222-1. — Une classification d'ensemble des droits privés, d'après leur mode de réalisation : la thèse de M. Hage-Chahine.
Si la distinction des droits réels et des droits de créance a toujours eu tant d'importance dans la réflexion des juristes, c'est sans doute parce que, du moins dans ses grandes lignes, elle traduit une dualité des modalités des droits subjectifs qui nous est apparue inhérente à la notion même : certains droits sont d'emblée constitués par l'attribution d'une « zone réservée » au sujet, tandis que d'autres comportent en outre une « emprise sur une personne déterminée » (1) Prendre conscience du caractère essentiel de cette articulation conduit à un dépassement de la traditionnelle distinction des droits réels et des droits de créance, pour en faire la base d'une classification de l'ensemble des droits privés. M. Fayez Hage-Chachine a démontré que l'entreprise n'était pas impossible et pouvait se révéler fructueuse (2).

---

(61) L'attention a pourtant été attirée sur cette notion par des travaux remarquables : MICHON, *Les obligations* propter rem *dans le Code civil*, thèse Nancy, 1891. — DE JUGLART, *Obligation réelle et servitude*, thèse Bordeaux, 1937. — ABERKANE, *Essai d'une théorie générale de l'obligation* propter rem *en droit positif*, thèse Alger, 1957.

(62) V. LES BIENS. — *Comp.*, dans un sens favorable aux conceptions de Ginossar, ZÉNATI, *Les biens*, P. U. F., Droit fondamental, 1988.

(1) V. *supra*, n⁰ˢ 189, 191.

(2) HAGE-CHAHINE, *Essai d'une nouvelle classification des droits privés*, Rev. trim. dr. civ., 1982, p. 705 et s.

A la classique distinction des droits réels et des droits de créance, l'auteur adresse deux reproches : d'une part, elle n'embrasse que des droits patrimoniaux et, par là, répercute toutes les hésitations que suscite cette notion (3), d'autre part, le critère qu'elle utilise « n'est pas pur » (4) puisqu'il même l'objet (une chose = droit réel ; l'activité d'une personne = droit de créance) à la structure du droit lui-même (le droit réel est efficace sans l'intermédiaire d'une personne déterminée, tandis que le droit de créance s'exerce contre un débiteur précis.)

Pour présenter une classification purgée de ces défauts, M. Fayez Hage-Chahine propose de situer le critère de distinction, non dans l'objet du droit, mais dans le *mode de réalisation* de celui-ci. Deux grandes catégories se dégagent ainsi : les droits à réalisation immédiate et les droits à réalisation médiate.

« Le droit à réalisation immédiate est celui qui a son siège dans la personne de son titulaire et qui procure à celui qui en est investi les jouissances qu'il contient, sans passer par le concours de quiconque... Le droit à réalisation médiate est celui qui ne se conçoit que par le pouvoir qu'a le titulaire d'asservir une autre personne et qui ne se réalise qu'à travers l'activité ou l'attitude qu'on peut exiger d'un sujet passif déterminé... » (5).

On reconnaît là un aspect de la distinction des droits réels et des droits de créance dans la théorie classique, mais il n'est plus question de combiner cet élément avec la prise en considération de l'objet, de sorte que la classification à vocation à s'ouvrir à toutes sortes de droits, patrimoniaux ou extra-patrimoniaux. Entrent ainsi dans la catégorie des droits à réalisation immédiate non seulement la propriété, mais le droit au respect de la vie privée, la liberté de se marier ou de divorcer, la liberté de tester... De même, parmi les droits à réalisation médiate, on trouvera, outre le droit de créance, le droit de réponse, le droit de chaque époux d'exiger de l'autre fidélité, secours, assistance, le droit de l'enfant naturel à agir en recherche de paternité ou de maternité, etc.

De plus, étant indépendante de l'objet des droits, cette classification ne recoupe pas exactement, dans le domaine patrimonial, celle des droits réels et des droits de créance. En effet, rejoignant sur ce point un des apports de la théorie de Ginossar, M. Fayez Hage-Chahine fait éclater la catégorie des droits réels, la propriété étant un droit à réalisation immédiate, tandis que ses démembrements, usufruit ou servitudes, sont rangés, aux côtés des droits de créance, parmi les droits à réalisation médiate.

La classification peut être affinée en faisant des sous-distinctions dans la catégorie des droits à réalisation médiate. En effet, « le sujet passif déterminé peut être soumis, de *diverses manières*, au pouvoir du sujet actif » (6). De là un classement propre à cette sorte de droits. M. Fayez Hage-Chahine distingue ainsi : 1° le lien d'assujettissement patrimonial, qui caractérise le droit de créance, selon l'analyse rendue familière par la théorie classique, 2° le lien de sujétion caractérisant le droit potestatif, qui se définit : « le lien en vertu duquel une personne est tenue de subir l'empiétement d'une autre personne sur sa sphère juridique sans qu'on lui assigne la moindre tâche à accomplir » (7), ce qui, par exemple, est le cas, dans le système de M. Fayez Hage-Chahine, de l'usufruit ou des servitudes, 3° le lien de charge caractérisant le droit injonctif, ainsi défini : « le lien en vertu duquel une personne est tenue d'accomplir un certain acte ou une certaine prestation sous peine de perdre un

(3) V. *supra*, nᵒˢ 202, 208.
(4) HAGE-CHAHINE, *op. cit.*, nᵒ 58.
(5) *Ibid.*, nᵒ 15.
(6) *Ibid.*, nᵒ 43.
(7) *Ibid.*, nᵒ 48.

droit ou d'être privée de son exercice. A ce lien correspond, du côté actif, le droit injonctif » (8).

Cette vaste architecture est impressionnante. Cependant, l'ampleur du champ d'application de la classification proposée fait craindre que celle-ci soit sans grande portée pratique, d'autant plus que la conception du droit subjectif retenue est particulièrement compréhensive (9) : la généralisation, qui contraint à ne retenir que quelques traits essentiels, conduit d'ordinaire à la dilution des catégories. Or, M. Fayez Hage-Chahine réussit, au contraire, à attacher à la classification qu'il présente des conséquences précises dans des secteurs divers, tels que l'action en justice, la preuve et, surtout, la prescription du droit (10). Certes, en quelques occasions, la sauvegarde de la cohérence du système ne va pas sans quelque subtilité, mais il n'est pas de théorie d'ensemble des droits subjectifs qui échappe à une telle critique.

La diffusion du fruit de la réflexion de M. Fayez Hage-Chahine est encore trop récente, à l'échelle de l'évolution de la théorie juridique, pour avoir influencé sensiblement la doctrine et la pratique françaises. Sans doute l'ampleur de cette vision globale du droit privé décourage-t-elle d'entreprendre une discussion d'ensemble, qui exigerait d'avoir des certitudes à confronter avec celles de l'auteur. Mais le débat ne peut manquer de s'ouvrir, au moins à partir de l'examen d'applications de la thèse à des questions précises.

Comparées à cet effort de construction théorique, les autres classifications des droits subjectifs, qui doivent être mentionnées, sont moins ambitieuses. Il s'agit, le plus souvent, de classements seulement descriptifs, révélateurs de la diversité des angles sous lesquels peuvent être abordés les droits subjectifs.

223. — Diverses classiffications saisissant certains aspects des droits subjectifs.

Les classifications des droits subjectifs sont extrêmement nombreuses. Il ne saurait être question d'en donner une liste exhaustive. La rapide nomenclaturequi suit se bornera à indiquer quelques modes de classement d'utilisation relativement fréquente.

On placera à part la distinction des *droits publics* et des *droits privés* (11) qui, « en tant que classification... n'ajoute rien à celle déjà exposée du droit public et du droit privé » (12). Étudiant le droit civil, nous n'avons à envisager que les droits établissant des relations entre particuliers.

---

(8) *Ibid.*, n° 51.

(9) M. Fayez HAGE-CHAHINE englobe les libertés dans les droits à réalisation immédiate, ce qui, à soi seul, pourrait faire l'objet d'un débat.

(10) *Op. cit.*, n°s 24 et s. — HAGE-CHAHINE, *Les conflits dans l'espace et dans le temps en matière de prescription*, Biblioth. de dr. internat. privé, t. XXI, Dalloz, 1977. — *Contribution à la théorie générale de la prescription en droit civil*, Cours de D. E. A. de droit privé, 1987-1988.

(11) WEILL et TERRÉ (*Droit civil, Introduction générale*, n° 238)o pposent aux droits privés les *droits politiques* qui « consistent dans la participation aux organes déterminant la puissance publique dans l'État » et les *droits publics* « qui, consacrés par le préambule de la constitution française et la déclaration universelle des droits de l'homme, résultent de la seule qualité d'homme ». — V. aussi IONESCU, *La notion de droit subjectif dans le droit privé*, 2e éd., 1978, n°s 78 et s.

(12) MARTY et RAYNAUD, *Introduction générale*, n° 143.

A cet égard, il faut mentionner les classifications suivantes, d'intérêt d'ailleurs très variable.

— *Distinction des droits individuels et des droits corporatifs* (13). Les premiers établissent des relations entre les individus. Les seconds concernent les rapports internes qui s'établissent au sein des groupements : droits des membres à l'égard du groupement ; droits du groupement vis-à-vis de ses membres.

— *Distinction des droits privatifs, indivis et collectifs.* Cette classification prend en considération le sujet du droit. Lorsque le sujet est une seule personne (physique ou morale), le droit est privatif. Lorsque le sujet est constitué par plusieurs personnes déterminées, le droit est indivis. Il existe aussi des droits, comme le droit de grève qui appartiennent à une collectivité inorganique et imparfaitement déterminée (14).

— *Distinction des droits absolus et des droits relatifs.* On isole ainsi le droit de créance (droit relatif), dirigé contre une personne déterminée, tandis que les autres droits sont opposables à tous. Cette distinction correspond à deux formes de relations sociales exprimées par les droits subjectifs (15). Mais la terminologie est discutable, car même les droits dits « relatifs » sont opposables aux tiers.

— *Distinction des droits mobiliers et des droits immobiliers.* Une classification des choses a été étendue aux droits d'une façon d'ailleurs assez discutable (16). Les droits réels ayant pour objet un immeuble sont pratiquement les seuls droits immobiliers ; à quelques exceptions près, tous les autres sont mobiliers.

— *Distinction des droits acquis et des droits virtuels.* C'est à propos des conflits de lois dans le temps que ce classement des droits a été utilisé, l'expression « simple expectative » étant parfois substituée à celle de droit virtuel. Cette distinction a perdu beaucoup de son importance (17).

— *Distinction des droits actuels, futurs, conditionnels et éventuels.* Cette classification, voisine de la précédente, est plus précise. Le droit actuel est déjà né ; le droit futur est à naître, mais on est sûr qu'il apparaîtra ; la création ou la disparition d'un droit conditionnel est subordonnée à un événement de réalisation incertaine ; le droit éventuel est invoqué dans une situation juridique à formation successive (18) et se définit comme « un droit futur dont l'acquisition est d'ores et déjà protégée, voire organisée par l'octroi d'un droit présent dont il constitue la finalité » (19).

— *Distinction des droits à fin égoïste et des droits-fonctions.* On oppose aux droits qui « sont donnés dans l'intérêt de leur titulaire, comme autant de moyens permettant à celui-ci de satisfaire à ses besoins, matériels et spirituels » (20), les droits « à fin altruiste, institués non pour le service de leur titulaire, personne physique ou personne morale, mais pour le service d'autrui... » (21). Cette distinction n'est

---

(13) Dabin, *Le droit subjectif*, p. 200 et s. — Marty et Raynaud, *op. cit.*, n° 146.

(14) Comp. Roubier, *Droits subjectifs et situations juridiques*, p. 402 et s.

(15) V. *supra*, n° 214. — Ionescu, *op. cit.*, n° 146.

(16) V. Les Biens.

(17) V. *infra*, n°ˢ 333 et s.

(18) Demogue, *Des droits éventuels et des hypothèses ou ils prennent naissance*, *Rev. trim. dr. civ.*, 1905, p. 723 ; *De la nature et des effets des droits éventuels*, *Rev. trim. dr. civ.*, 1906, p. 231. — Titulesco, *Essai sur une théorie générale des droits éventuels*, thèse Paris, 1907.

(19) Verdier, *Les droits éventuels, contribution à l'étude de la formation successive des droits*, thèse Paris, 1955, n° 220. — Cet auteur est amené à assimiler les droits conditionnels et les droits éventuels.

(20) Dabin, *Le droit subjectif*, p. 217.

(21) *Ibid.*, p. 221.

pas aussi nette qu'il paraît, car on peut soutenir que tous les droits sont des fonctions sociales (22).

— *Distinction des droits discrétionnaires et des droits susceptibles d'abus.* Il s'agit d'une comparaison relative au contrôle judiciaire de l'exercice des droits. Les premiers échappent à un tel contrôle, alors que les seconds y sont soumis. Une telle distinction est difficile à justifier rationnellement (23).

— *Distinction des droits perpétuels et des droits temporaires.* C'est évidemment au regard de la durée qu'une telle classification est établie (24). On peut d'ailleurs, dans la même perspective, distinguer les droits à effets actuels, futurs ou rétroactifs...

— *Distinction des droits disponibles et des droits indisponibles.* Selon le « coefficient d'appropriation » (25), des degrés s'établissent dans la disponibilité des droits : possibilité d'y renoncer, transmissibilité par décès, aliénabilité entre vifs, saisissabilité... : autant de facteurs de classement des droits qui sont tirés de leur régime.

224. — Nous ne poursuivrons pas davantage la nomenclature des classifications des droits subjectifs (26). De toute façon, le catalogue ne peut être complet, car les angles d'observation sont infiniment divers. Aucun de ces classements ne présente d'ailleurs l'importance de la distinction des droits pratimoniaux et extra-patrimoniaux et, surtout, de celle des droits réels, droits de créance, droits intellectuels et droits de la personnalité. Là sont les notions indispensables à l'étude des droits subjectifs.

---

(22) V. *infra*, nᵒˢ 718 et s.
(23) V. *infra*, nᵒˢ 705 et s.
(24) Comp. ROUBIER, *Droits subjectifs et situations juridiques,* p. 422 et s.
(25) *Ibid.,* p. 426 et s.
(26) On ne s'étonnera pas que nous ayons éliminé la distinction, parfois énoncée, des *droits corporels* et des *droits incorporels* (MAZEAUD et CHABAS, t. I, vol. 1, *Introduction,* nᵒ 157. — WEILL, *Introduction générale,* nᵒ 198. — L'expression n'est d'ailleurs pas reprise par M. TERRÉ dans la 4ᵉ édition de l'ouvrage, nᵒ 239). Un droit étant une abstraction, une création intellectuelle, n'est jamais corporel. Ce sont les objets de droits et non les droits eux-mêmes qui sont soit corporels soit incorporels.

DEUXIÈME PARTIE

LES SOURCES DU DROIT

225. — Il s'agit des **sources actuelles du droit positif français,** c'est-à-dire des modes de création des règles de notre droit (1).

226. — La loi, la jurisprudence et la coutume.

Tout le monde s'accorde à situer *la loi* au premier rang de ces sources (2).

Il faut toutefois souligner que le droit anglais et les droits dérivés de lui (ceux des États-Unis à l'exception de la Louisiane, du Canada à l'exception du Québec, de l'Australie, de la Nouvelle-Zélande et, pour une part, de l'Inde, d'Israël et de nombreux pays africains) partent de conceptions tout différentes (3). La source essentielle du droit anglais est la *common law*, c'est-à-dire le « droit commun » de l'Angleterre : celui que les juges royaux institués par Guillaume le Bâtard à partir de la fin du XIᵉ siècle ont peu à peu dégagé de l'ensemble des coutumes locales. La *common law* est donc un droit essentiellement judiciaire, fondé sur l'autorité du « précédent » judiciaire, théoriquement déclaré par les juges, mais qui pratiquement évolue sous leur impulsion, notamment par voie de distinctions par rapport aux précédents antérieurs. A la *common law* s'est ajoutée l'*equity*. « Source de toute justice », le roi, en

---

(1) Sur la distinction entre le droit objectif et les règles de droit, v. *supra*, nᵒ 32. — Sur les sources historiques du droit civil français, v. *supra*, nᵒˢ 112 et s.

(2) Il a cependant été soutenu, de façon assez paradoxale, en l'état actuel des idées généralement reçues, au moins pour les droits continentaux, que « la loi ne devient règle que lorsqu'elle est consacrée et traduite à l'occasion de son interprétation par les juges » : L. SILANCE, in *La règle de droit*, Études publiées par Ch. PEREL-MAN, Bruxelles, 1971. Cette opinion est également soutenue par plusieurs auteurs dans cette même série d'articles, en particulier par P. FORIERS et L. LOMBARDI-VALLAURI, et dans une certaine mesure par Ch. PERELMAN, lui-même. — Cf. chron. GRZEGORCZYK, *Observations sur « La règle de droit »,* in *Arch. philosophie du droit,* t. XVII, 1972, p. 437 et s.

(3) Cf. R. DAVID, *Les grands systèmes de droit contemporains,* 8ᵉ éd., 1982, par C. JAUFFRET-SPINOSI. — R. DAVID, *Le droit anglais,* 3ᵉ éd., 1975.

effet, a vu des particuliers faire appel à son équité plutôt qu'au droit de ses juges ou en appel d'eux.

Ainsi sont nées, à partir du xive et surtout du xve siècle, des règles d'*equity*, qui sont bientôt devenues aussi précises que celles de *common law* et ont formé un système complémentaire. A l'époque contemporaine, le droit législatif a pris une importance considérable. Curieusement, il reste un élément presque un peu étranger au système juridique ou, en tout cas, surajouté à lui. Il est lourdement rédigé et lourdement interprété. Il ne contient qu'exceptionnellement les principes fondamentaux de la matière qu'il régit. Les sociétés commerciales, par exemple, font l'objet d'une législation probablement plus volumineuse que la française, mais les principes du droit ne figurent que dans des arrêts, souvent anciens ; s'ils ne conviennent plus à notre temps, le législateur, sans les abroger, s'efforce d'en corriger les effets. Le droit anglais est un droit de haute qualité, mais d'une grande technicité, qui requiert des magistrats et des auxiliaires de la justice de valeur, et qui heureusement les possède.

Aux États-Unis, nation fondée sur une Constitution et dont le droit fédéral ne peut être qu'essentiellement législatif, la loi est une source plus normale du droit (3 *bis*). A l'exception de la Louisiane, les 50 États ont en principe adopté le droit anglais tel qu'il était lors de l'Indépendance. Mais ils l'ont fait évoluer chacun de la manière qui leur semblait opportune. L'autorité du précédent est inférieure à ce qu'elle est en Angleterre. La puissance économique du pays et la gravité des problèmes économiques et sociaux auxquels il doit périodiquement faire face, le nombre des juristes (de l'ordre de 500 000) expliquent que le droit y soit en de nombreux domaines particulièrement avancé.

En France, depuis l'évolution des idées qui s'est exprimée avec un éclat particulier dans les œuvres de Gény (4), l'existence de sources extra-légales est admise. Le désaccord apparaît lorsqu'il s'agit d'établir la liste de celles-ci et les relations qui les unissent entre elles et avec la loi. Tous les auteurs cependant reconnaissent une place privilégiée à la jurisprudence et à la coutume.

L'importance considérable de *la jurisprudence* pour la connaissance du droit positif ne peut guère être contestée. La plupart des auteurs lui reconnaissent formellement la qualification de source du droit (5) ou tout au moins celle « d'autorité privilégiée » (6). Sous réserve des préci-

---

(3 *bis*) Cf. R. DAVID et C. JAUFFRET-SPINOSI, *op. cit.* — A. TUNC, *Le droit des États-Unis*, 3e éd., 1974.

(4) V. *supra*, n°s 149 et s.

(5) V. notamment, A. WEILL et F. TERRÉ, *Introduction générale*, n° 119 et 196. — P. COULOMBEL, *Introduction à l'étude du droit et du droit civil*, avant-propos par D. TALLON, 1969, p. 142, qui la qualifie de « source secondaire par rapport à la loi, mais très importante ». — MARTY et RAYNAUD, *Introduction générale*, n° 119, p. 215. — RIPERT et BOULANGER, p. 99, n° 217. — MAZEAUD et CHABAS, *Introduction*, n° 63, qui en font une « source d'interprétation », au même titre que la doctrine et la pratique mais affirment, n° 105, son « importance considérable ». — B. STARCK, *Introduction*, p. 53, n° 122.

(6) J. CARBONNIER, *Introduction*, § 144, p. 239. — Cf. AUBRY et RAU, t. I, par A. PONSARD, § 5 *bis*, p. 57-58, qui lui reconnaît « une autorité de fait, qui, sans en faire une véritable source du droit, conduit la pratique à la traiter comme telle ».

sions et des justifications nécessaires, la jurisprudence peut donc, *a priori*, être considérée comme une source du droit.

La coutume a été sous l'Ancien Régime la source essentielle du droit privé. La doctrine du XIXᵉ siècle avait eu tendance à nier qu'elle fut demeurée une source du droit après la promulgation du Code civil. Mais les travaux de Gény ont montré qu'elle restait une source du droit. Tous les auteurs s'accordent aujourd'hui à lui reconnaître cette qualification, tout en précisant qu'elle n'a plus aujourd'hui qu'un rôle subsidiaire et réduit (7). Les discussions ne portent que sur l'autonomie de la coutume par rapport à la loi et à la jurisprudence.

La loi, la jurisprudence et la coutume sont donc, *a priori*, les sources actuelles du droit positif français. En existent-ils d'autres ?

227. — La doctrine n'est pas une source du droit ; mais elle influence les tribunaux et le législateur.

La doctrine est fréquemment citée, soit parmi les sources du droit, soit, le plus souvent, à propos de celles-ci. Il s'agit des travaux des juristes, tels que professeurs, magistrats ou praticiens. Elle s'exprime normalement dans les traités, manuels et répertoires divers, dans les chroniques et notes d'arrêts des revues juridiques (8), dans les rapports des congrès tenus par les praticiens, notamment, les notaires, ainsi que dans les thèses de doctorat (9).

---

(7) Cf. cependant J. CARBONNIER, *Introduction*, § 106, p. 175, qui observe qu'elle est une source subsidiaire mais peut-être plus importante qu'on ne l'accorde en général.

(8) Sur les principaux auteurs en droit civil, v. *supra*, *L'évolution du droit civil*, nᵒˢ 145 et 149 et s. ; et, pour les auteurs contemporains, la bibliographie qui figure en tête du présent ouvrage. — Sur les principales revues juridiques intéressant le droit civil, v. *supra*, nᵒ 66. — *Adde* : J. CARBONNIER, *Notes sur des notes d'arrêt*, D. 1970, chron. p. 137. — Ph. MALAURIE, *Les réactions de la doctrine à la création du droit par les juges*, Defrénois, 1980, article 32345, p. 861. — J.-D. BREDIN, *Remarques sur la doctrine*, *Mélanges Hebraud*, p. 111 et s. — *Les réactions de la doctrine à la création du droit par les juges*, Trav. Ass. H. Capitant, 1980, t. XXXI, spécialement P. BELLET, *Rapport de synthèse*, p. 5. — Ph. MALAURIE, *Rapport français de droit civil et rural*, p. 81. — D. SCHMIDT, *Rapport français sur le droit des entreprises*, p. 251. — P. MAYER, *Rapport français de droit international privé*, p. 385. — Cl. CHAMPAUD, *Rapport général sur le droit des entreprises*, p. 191. — R. BLANCHER, *La doctrine face à la création du droit par le juge*, Gaz. Pal., 28 avril 1981. — H. BATIFFOL, *La responsabilité de la doctrine dans la création du droit*, Rev. recherche jur., nᵒ 10. — Ch. ATIAS, *La mission de la doctrine universitaire en droit privé*, J. C. P. 1980.I.2999.

(9) L'apport de ces dernières, parfois sous-estimé, peut être mesuré par l'exemple de la théorie des nullités, qui doit beaucoup à la thèse de JAPIOT, *Des nullités en matière d'actes juridiques*, Dijon, 1909 ; et, plus récemment, s'est enrichie de thèses importantes : COUTURIER, *La confirmation des actes nuls*, Paris, 1969, préface de M. FLOUR. — DUPEYRON, *La régularisation des actes nuls*, Toulouse, 1970, préface de M. HÉBRAUD. — SIMLER, *La nullité partielle des actes juridiques*, Strasbourg, 1968, préface de M. WEILL. — Il peut aussi être mesuré dans le domaine de la théorie générale du contrat : NÉRET, *Le sous-contrat*, Paris, 1979, L. G. D. J., préface

La doctrine n'est pas une source du droit. Les opinions énoncées, soit dans des études de portée générale, soit à l'occasion d'un procès, sous forme de consultations, n'ont aucun caractère obligatoire pour le juge (9-1).

En droit romain la doctrine fut une véritable source du droit ; en particulier les consultations des « prudents » qui avaient le *jus respondendi.* Au Moyen Age, après la renaissance du droit romain, une grande autorité était reconnue à la *communis opinio doctorum.* La doctrine a agi, on l'a vu (10), en faveur de l'unification du droit sous l'Ancien Régime.

Si aujourd'hui la doctrine n'est pas une source du droit, elle n'en exerce pas moins une influence certaine sur celui-ci.

Son rôle essentiel est peut être de procéder à des *exposés systématiques du droit positif.* En présence d'une codification récente, elle se borne à faire apparaître, par un commentaire exégétique, les idées directrices qui inspirent les règles légales. Ce fut l'attitude de l'École de l'exégèse (11). Au fur et à mesure que s'ajoutent les solutions jurisprudentielles et les lois nouvelles le rôle de la doctrine s'élargit afin d'assurer l'intégration de ces éléments successifs d'inspirations diverses dans le système juridique et de préserver ainsi la cohérence de celui-ci. Elle prépare de cette façon l'intervention dans le même sens de la jurisprudence, qui s'exprime en particulier à travers les principes

---

P. CATALA et TEYSSIÉ, *Les groupes de contrats,* Montpellier, 1975, L. G. D. J., préface J.-M. MOUSSERON : les propositions émises par ces auteurs ont été consacrées par la Cour de cassation dans deux arrêts du 8 mars 1988 (*Bull. civ.,* I, n° 69, p. 45) et du 21 juin 1988 (*Bull. civ.,* I, n° 202, p. 145) ; et on n'a pas hésité à parler, s'agissant du premier, de l'arrêt *Néret,* et, s'agissant du second, de l'arrêt *Teyssié* (J. MESTRE, Obs., *Rev. trim. dr. civ.,* 1989, p. 75). Toutes ces thèses ont été publiées par la L. G. D. J. dans la « Bibliothèque de droit privée » fondée par M. SOLUS.

(9-1) V. pour une étude en droit français et en droit marocain, A. BOUDAHRAIN, *Le role de la doctrine dans la réforme du droit, Rev. jur. et politique,* 1988, p. 88 et s. Pour l'auteur, la doctrine devrait être considérée comme une source du droit car le droit devrait être conçu comme autre chose qu'un ensemble de règles, « le droit n'étant que le reflet organisationnel des différents acteurs et des différentes activités dans une société donnée » (n° 3, p. 91). — V. pour une étude comparative et historique de la doctrine, R. DAVID, *La doctrine, la raison, l'équité, Rev. rech. jur. dr. prospectif,* 1986, p. 118 à 127. — V. Chr. MOULY, *La doctrine, source d'unification internationale du droit, Rev. intern. dr. comp.,* p. 351 et s. Selon l'auteur, la doctrine française adopterait, plutôt inconsciemment, une position en retrait par rapport à l'unification internationale. Ce serait la conséquence du positivisme juridique français. Mais l'auteur constate l'existence, depuis les années 1970, d'un mouvement non conformiste critiquant le postulat de la supériorité du fait sur le droit. L'auteur en déduit que dans ces conditions la doctrine pourrait devenir une source d'unification du droit.

(10) *Supra,* n° 120.

(11) V. *supra,* n°s 142 et s.

généraux du droit, consacrés par les Cours souveraines, mais mis en lumières, le plus souvent par la doctrine. Cette influence de la doctrine sur la jurisprudence peut être plus directe, soit lorsqu'elle propose une interprétation de dispositions légales nouvelles (12), soit lorsqu'elle commente les décisions judiciaires (13).

Dans le passé, l'influence d'auteurs comme Aubry et Rau, Henri Capitant ou Ripert était frappante. On s'est demandé, avec quelque regret, si « les juges, écrasés d'affaires » avaient « aujourd'hui le temps de prêter la même attention que jadis aux écrits doctrinaux » (14). Ce qui est certain, en tout cas, c'est que les tribunaux, tout en utilisant les constructions doctrinales, refusent normalement de se laisser enfermer dans des « systèmes » trop élaborés. L'exemple de la construction du doyen Roubier pour la solution des conflits de lois dans le temps (15) et celui de la théorie des nullités (16) sont à cet égard très significatifs. S'il n'y a plus aujourd'hui de divorce entre le « Palais » et l' « École », il reste que chacun assume une fonction qui a ses fins et ses exigences propres.

L'influence de la doctrine sur le législateur est également incontestable. Elle varie beaucoup selon les époques et les circonstances. Pothier a été l'inspirateur direct du Code Napoléon. De nos jours la réforme d'ensemble du droit de la famille et des incapacités doit beaucoup à un auteur contemporain (17). D'une façon générale les « faiseurs de système » sont assez souvent appelés à faire partie des commissions consultées lors de la préparation des lois nouvelles. Les commentaires peuvent également faire apparaître certaines lacunes, voire certaines incohérences des dispositions nouvelles et proposer des retouches, qui sont parfois réalisées.

Cette influence de la doctrine dépend également des éléments qu'elle peut apporter afin d'enrichir la réflexion des législateurs et des juges.

---

(12) Celle-ci prend une valeur particulière lorsque son auteur a participé à l'élaboration du texte, notamment d'un texte à valeur réglementaire.

(13) V. par exemple, sur l'infléchissement, puis le revirement de jurisprudence consécutifs à des observations doctrinales, J. GHESTIN, *La prophétie réalisée* (à propos de l'arrêt de la Chambre commerciale de la Cour de cassation du 7 janvier 1976 déclarant recevable l'action du syndic contre une banque responsable de l'aggravation du préjudice de la masse), J. C. P. 1976. 1. 2786, et les auteurs et la jurisprudence cités ; ainsi que la note de Ch. GAVALDA et J. STOUFFLET, sur ce même arrêt, J. C. P. 1976. II. 18327.

(14) A. TUNC, *La méthode du droit civil : analyse des conceptions françaises*, Rev. intern. dr. comp., 1975, p. 829.

(15) V. *infra*, n° 335.

(16) V. *Le contrat : Formation*, n°s 723 et s.

(17) V. *supra*, n° 160, note 105, le rôle joué par le Doyen CARBONNIER.

On a montré, en particulier, que la doctrine moderne de droit privé devait avoir une meilleure connaissance du phénomène juridique dans son ensemble, à travers la sociologie juridique, et qu'elle devait élargir son optique par l'étude de la philosophie du droit, du droit comparé et des faits et théories économiques (18).

D'autres sources du droit sont encore mentionnées.

228. — La « pratique » se rattache à la jurisprudence ou à la coutume.

On a fait état de la pratique, définie comme « l'activité des praticiens » qui « se manifeste aux différents stades des difficultés juridiques que rencontrent les particuliers » (19). Mais, en fait, dans la mesure où la pratique participe à l'élaboration de règles de droit, elle peut se rattacher soit à la jurisprudence, si les praticiens interviennent au cours d'un procès, soit à la coutume, s'il s'agit d'usages conventionnels. C'est ainsi qu'en particulier les avocats, spécialement ceux qui exercent auprès du Conseil d'État et de la Cour de cassation, jouent un rôle non négligeable dans le formation de la jurisprudence. C'est le juge qui décide, mais il choisit généralement entre deux thèses qui lui sont proposées. De même les notaires, et plus généralement les conseils juridiques, participent à la création d'usages conventionnels dont l'importance pratique peut être considérable.

229. — Les principes généraux du droit et l'équité se rattachent à la jurisprudence.

On a mentionné également les principes généraux du droit et l'équité (20). Mais cette dernière n'est qu'une notion morale, une « valeur » dont le juge, et plus largement le juriste doit tenir compte. Elle ne peut être la source de règles. Quant aux principes généraux ils ne peuvent être considérés comme une source du droit que dans la mesure où ils sont consacrés par la jurisprudence. Leur étude se rattache donc à celle de cette dernière (21).

230. — Les actes juridiques individuels ne font pas naître des règles de portée générale.

On s'est également demandé si les actes juridiques, notamment les contrats, les décisions judiciaires, les actes administratifs individuels, n'étaient pas également des sources du droit. Une telle conception, inspirée de la construction théorique de Kelsen, n'est pas déraisonnable. Les actes juridiques participent en effet à l'orga-

---

(18) V. P. Durand, *La connaissance du phénomène juridique et les tâches de la doctrine moderne du droit privé*, D. S. 1956, chron. p. 73. — A. Tunc, *Sortir du néolithique*, D. 1957, chron. p. 71 et s. — Cf. A. J. Arnaud, *Les juristes face à la société, du XIXe siècle à nos jours*, 1974.

(19) Mazeaud et de Juglart, *Introduction*, n° 96. La formule a été reprise ultérieurement par F. Chabas, dans les autres éditions. — V. Le rôle de la pratique dans la formation du droit, Journées russes de l'Association H. Capitant de 1983, publiées en 1985, spécialement J. Ghestin, rapport général de synthèse. — *Adde : Le droit des normes professionnelles et techniques*, Bruxelles, 1985.

(20) Marty et Raynaud, *Introduction générale*, n°s 125 et s. — E. Agostini. *L'équité*, D. 1978, chron. p. 7. — Ph. Jestaz, *Rép. dr. civ.*, v° Équité. — Gilli, La « *responsabilité d'équité* » *de la puissance publique*, D. 1971, chron. p. 125. — Dessens, *Essai sur la notion d'équité*, thèse Toulouse, 1934. — Cl. Roy-Loustaunau, *Du dommage éprouvé en prêtant assistance bénévole à autrui*, 1980. — *Le crédit-bail, le droit et l'équité*, note D. Landraud, sous Cass. civ. 3e, 6 décembre 1978, D. 1980, p. 217. — B. Jeanneau, *Le traitement de l'équité en droit français, Trav. et recherches de l'hist. dr. comparé de Paris*, t. 33, 1970, p. 21 et s. — *Adde : supra*, n° 31.

(21) V. *infra*, n°s 446 et s.

nisation de la vie sociale et constituent, à ce titre, des éléments du droit objectif (22). Dans la recherche concrète de la solution particulière conforme au droit, ces actes juridiques devront être pris en considération, au même titre que la loi, la jurisprudence ou la coutume. On a vu cependant l'opportunité et la nécessité de se référer dans cette recherche à des règles générales (23). Il est donc légitime de faire une place à part, sous la qualification traditionnelle de « sources du droit », aux modes de création de ces règles générales (24). Les actes juridiques individuels ne répondent pas normalement à cette exigence.

Cette précision cependant ne suffit pas a priori à écarter tous les actes juridiques. Certains contrats, notamment, semblent avoir une portée générale. Ils la tiennent parfois d'une intervention administrative, qui leur donne une valeur réglementaire, tels les contrats types prévus par la législation des baux ruraux. Il y a alors simple délégation législative. La question est plus délicate à l'égard des actes juridiques collectifs (25), tels les statuts de sociétés, de syndicats ou d'associations, ou des contrats d'adhésion (26) qui régissent les relations d'un plus ou moins grand nombre de personnes. Il est permis de se demander cependant si cette addition de relations particulières suffit à donner à ces actes une nature spécifique. Il semble en tous cas que leur étude soit inséparable de la théorie générale de l'acte juridique et du contrat (27).

231. — Les conventions collectives source spécifique du droit du travail ne peuvent être dissociées de leur contexte.
En droit du travail les conventions collectives sont considérées comme une source du droit (28). Lorsqu'elles ont fait l'objet d'un arrêté d'extension ou, pour les conventions collectives nationales interprofessionnelles en matière de Sécurité sociale, d'un agrément ministériel (29) elles acquièrent une valeur réglementaire. A défaut on s'interroge sur leur nature juridique. On se demande en particulier s'il s'agit de véritables conventions (30). La réponse à cette question suppose d'abord la connaissance des éléments caractéristiques des contrats, et en particulier de la représentation et de l'effet relatif des conventions. Mais surtout, elle exige un dépassement de l'analyse théorique au profit d'une connaissance approfondie des négociations collectives entre organisations syndicales et patronales. C'est dire que l'étude des conventions collectives, en tant que source du droit limitée aux relations du travail et, plus largement, « sociales », ne peut se situer que dans une analyse globale des relations de travail, qui n'a pas sa place dans un ouvrage consacré au droit civil. Il n'en reste pas moins que le phénomène juridique important constitué par les conventions collectives intéresse tous les juristes et qu'il méritera d'être pris en considération pour une meilleure compréhension de la notion de contrat.

---

(22) V. MARTY et RAYNAUD, Introduction générale, n° 123.

(23) V. supra, n° 33.

(24) Cf. MARTY et RAYNAUD, précités, qui concluent également à l'opportunité de « restreindre les sources du droit à la production de règles à caractère général ».

(25) V. G. ROUJOU DE BOUBÉE, Essai sur l'acte juridique collectif, thèse Toulouse, 1961.

(26) V. G. BERLIOZ, Le contrat d'adhésion, thèse Paris, 1973, préface B. GOLDMAN,

(27) V. OBLIGATIONS.

(28) V. DESPAX, Conventions collectives, Traité de droit du travail publié sous la direction de G. H. CAMERLYNCK, 1966. — Adde : R. SAVATIER, Observations sur les modes contemporains de formation du droit positif, Mélanges Dabin, p. 309.

(29) Ordonnances du 7 janvier et du 4 février 1959. — V. GIANNESINI, L'insertion d'une profession libérale dans une économie concertée, thèse Bordeaux, 1972, dactyl. et la bibliographie citée.

(30) V. M. D. CRUÈGE, Le concept contractuel et les négociations collectives, thèse Bordeaux, 1974, dactyl. et la bibliographie citée.

Le domaine des conventions collectives tend aujourd'hui à s'élargir. La loi Quilliot réglant les relations entre bailleurs et locataires, qui a été adoptée par le Parlement en 1982, introduit des accords collectifs en la matière. La Commission de Refonte du droit de la consommation s'oriente également vers des accords négociés collectivement.

La théorie générale des conventions collectives concernera de ce fait l'ensemble du droit privé. Elle devra être étudiée dans la théorie générale du contrat et, plus précisément, des effets de celui-ci (31).

231-1. — Les délégations législatives.

Le droit contemporain tend à réglementer toutes les matières, jusqu'aux détails les plus infimes, mais ni le pouvoir législatif, ni le pouvoir réglementaire ne peuvent intervenir efficacement dans tous les domaines par manque de temps et, aussi, par manque de compétence. Aussi les pouvoirs publics investissent-ils parfois certains organismes du pouvoir d'édicter des normes générales et abstraites.

Par exemple, l'article 4-1 de l'ordonnance du 28 septembre 1967, dans sa rédaction issue de la loi du 14 décembre 1985, dispose que pour l'exécution de sa mission la commission des opérations de bourse peut prendre des règlements concernant le fonctionnement des marchés placés sous son contrôle ou prescrivant des règles de pratique professionnelle qui s'imposent aux personnes faisant publiquement appel à l'épargne, ainsi qu'aux personnes qui, à raison de leur activité professionnelle, interviennent dans des opérations sur des titres placés par appel public à l'épargne ou assurant la gestion individuelle ou collective de portefeuilles de titres. Ces règlements sont homologués par arrêté du ministre chargé de l'économie et des finances et publiés au *Journal Officiel*.

Le comité de la réglementation bancaire disposait déjà d'un tel pouvoir en application de la loi du 24 janvier 1984.

Il ne s'agit dans ces hypothèses que de délégations réglementaires qui pourraient peut-être conduire, à plus ou moins longue échéance, à la renaissance du corporatisme.

Finalement il conviendra d'envisager successivement trois sources du droit : la *loi*, la *jurisprudence* et la *coutume*.

---

(31) V. *Le contrat : effets.* — Cf. N. ALIPRANTIS, *La place de la convention collective dans la hiérarchie des normes*, 1980, L. G. D. J., et analyse par ATIAS, *Rev. intern. dr. comp.*, 1981, p. 697.

TITRE I

LA LOI

232. — Définition formelle et matérielle.

La loi intéresse évidemment le droit constitutionnel et le droit administratif (1). Mais le civiliste ne peut ignorer ce cadre de droit public qui régit sa matière. Au sens large la loi est comprise comme un synonyme de la règle de droit (1-1). Par exemple, le principe de légalité désigne la soumission de l'Administration au droit. De façon plus précise le mot loi peut avoir deux définitions distinctes. A la loi, au sens formel, s'oppose la loi au sens matériel.

La loi au sens formel, c'est toute disposition émanant de l'organe étatique investi du pouvoir législatif par la Constitution et élaborée selon les formes prévues par celle-ci (2). En France aujourd'hui, la loi, au sens formel, émane normalement du Parlement, si l'on excepte les lois référendaires.

Mais la loi peut être également définie *d'un point de vue matériel. C'est toute règle de droit écrite* (3), *formulée par un organe étatique compétent, dans l'exercice du pouvoir législatif ou exécutif.* En tant que règle de droit, la loi, au sens matériel, est générale, permanente et abstraite (4). Cela ne signifie pas que toutes les lois s'appliquent à tous les membres du corps social ou à l'ensemble du territoire. En France, par exemple, certaines lois ne s'appliquent pas aux départements d'outre-mer ou

---

(1) Les auteurs sont heureux d'exprimer leur gratitude à M. Jean WALINE, Professeur à l'Université de Strasbourg, qui avait bien voulu lire le texte de ce titre et leur présenter d'utiles observations, et qui a bien voulu contribuer à sa mise à jour.

(1-1) V. par exemple *Jour. not. et av., table 1808 à 1865*, Vᵉ *Loi* : « Par loi, en général, on entend une règle établie par une autorité à laquelle on est tenu d'obéir ».

(2) V. CARRÉ DE MALBERG, *Contribution à la théorie générale de l'État*, t. 2, p. 326 et s. — Cf. J.-Y. PLOUVIN, *Un exemple d'actes en forme législative : la loi de validation d'actes administratifs, à propos de la décision du Conseil constitutionnel du 22 juillet 1980, Gaz. Pal.*, 10-12 février 1981.

(3) *Lex* vient de *legere*, lire, ce qui implique un texte écrit.

(4) Cf. P. LOUIS-LUCAS, *La loi*, D. 1964, chron. p. 197.

d'Alsace-Lorraine soumis à un régime particulier. Surtout il faut que l'individu soit dans les conditions légales pour que la règle lui soit appliquée. Certaines dispositions, par exemple, ne concernent que les commerçants. Mais la règle est générale dans la mesure où elle vise toute une catégorie de personnes définie de façon abstraite : les commerçants ou telle catégorie de commerçants, et non pas tels commerçants nommément désignés. Elle est permanente, car elle a vocation à s'appliquer à cette catégorie de personnes jusqu'à son abrogation. La catégorie abstraite peut d'ailleurs n'englober, à un moment donné, qu'une seule personne, par exemple le Président de la République. La règle reste générale, car elle vise tous les présidents présents et à venir.

Toute loi au sens formel n'est pas une loi au sens matériel. Par exemple, lorsque le Parlement vote l'acquisition d'un immeuble pour une Ambassade de France à l'étranger, ou quand il décide des funérailles nationales pour telle personnalité, il s'agit de décisions auxquelles manque le caractère de généralité de la règle de droit. Elles ne visent pas, à la différence des lois au sens matériel, toute une catégorie de personnes définie de façon abstraite.

Réciproquement et surtout, toute loi au sens matériel n'est pas une loi au sens formel. Par exemple, les règlements administratifs de portée générale constituent des lois au sens matériel, mais non des lois au sens formel, puisqu'ils n'émanent pas du Parlement.

Ce sont ici les lois au sens matériel qui seront envisagées. Cela exclut aussi bien les lois parlementaires de portée individuelle, que les décrets et arrêtés individuels (5). On observe d'ailleurs que si les premières sont l'exception, les décisions administratives individuelles sont d'un usage courant.

La loi émane de sources diverses. Quelle que soit sa source elle doit être appliquée. Il faut également résoudre les difficultés résultant de la succession des lois dans le temps. Il conviendra d'étudier *les sources législatives, l'application de la loi,* et *le droit transitoire.*

---

(5) J. M. RAINAUD, *La distinction de l'acte réglementaire et de l'acte individuel,* 1956.

CHAPITRE PREMIER

LES SOURCES LÉGISLATIVES

233. — Elles peuvent être *nationales* ou *internationales*.

SECTION 1

LES SOURCES NATIONALES

234. — On distingue traditionnellement trois sources hiérarchisées :
la *Constitution*, émanant du pouvoir constituant, la *loi*, du pouvoir
législatif, et le *règlement*, du pouvoir exécutif.

235. — **La confusion des pouvoirs en raison de circonstances exceptionnelles et temporaires.**

Notre histoire fait apparaître cependant des périodes de confusion
des pouvoirs. Divers Gouvernements de fait ont exercé le pouvoir
législatif. Sont intervenus dans ces conditions les décrets du Gouvernement provisoire sous la Révolution de 1848 ; les décrets du Gouvernement de Louis-Napoléon, entre le coup d'État du 2 décembre 1851
et la proclamation du second Empire. Il s'agit encore des décrets du
Gouvernement de la Défense Nationale constitué au lendemain de la
chute du Second Empire.

Plus récemment, le Parlement, par la loi constitutionnelle du 10 juillet
1940 a délégué le pouvoir constituant au Gouvernement du Maréchal
Pétain. Le Parlement ayant été mis en congé, le Chef de l'État a légiféré
en Conseil des Ministres. Ces actes « dits lois » ont fait l'objet d'une annulation de principe par la loi du 9 août 1944, sur le rétablissement de la
légalité républicaine. A cette catégorie appartiennent également les
Ordonnances du Gouvernement provisoire de 1944.

Enfin l'article 92 de la Constitution de 1958 a donné, entre octobre
1958 et le 4 février 1959, en attendant la mise en place des institutions
nouvelles, pouvoir au Gouvernement d'édicter en toutes matières les

mesures qu'il jugerait « nécessaires à la vie de la Nation, à la protection des citoyens ou à la sauvegarde des libertés ». On a d'ailleurs critiqué l'usage abusif qui fut fait de ces dispositions (1).

236. — L'article 16 de la Constitution en vigueur institutionnalise cette confusion des pouvoirs lorsqu'elle est imposée par des circonstances exceptionnelles.

Le Président de la République peut prendre « les mesures exigées par les circonstances ». Il détient à la fois le pouvoir législatif et la compétence réglementaire.

L'exercice de ces pouvoirs exceptionnels est subordonné à des conditions de fond et de forme. Il faut une menace grave et immédiate pesant sur les institutions républicaines et l'interruption du fonctionnement régulier des pouvoirs publics constitutionnels. Le Président de la République doit consulter officiellement le Premier Ministre, les Présidents des Assemblées et le Conseil constitutionnel. Il doit informer la Nation par un message.

L'appel à ces pouvoirs exceptionnels entraîne la réunion de plein droit du Parlement et l'impossibilité de dissoudre l'Assemblée nationale.

La décision par laquelle le Président de la République décide d'appliquer l'article 16 est un acte de Gouvernement qui n'est susceptible d'aucun recours. Quant aux autres décisions elles peuvent faire l'objet d'un recours pour excès de pouvoir lorsqu'elles sont intervenues dans le domaine réglementaire, et elles échappent à tout recours lorsqu'elles se situent dans le domaine de la loi (2).

237. — La hiérarchie des sources législatives a des conséquences importantes. Il est de principe, en effet, qu'**un texte de la catégorie inférieure est toujours subordonné aux textes de la catégorie supérieure.** Il ne peut y déroger. Divers moyens juridiques font respecter cette hiérarchie.

La Constitution du 4 octobre 1958 a singulièrement compliqué la hiérarchie traditionnelle : Constitution, loi, règlement. La distinction entre *les règles à valeur constitutionnelle, législative* et *réglementaire* reste cependant fondamentale, car elle détermine le régime juridique de ces actes.

---

(1) V. CARBONNIER, *Introduction*, 11ᵉ éd., 1977, § 22 *bis*, p. 118 : « Plusieurs des ordonnances prises en vertu de ces pouvoirs intérimaires concernent le droit civil ; leur nécessité vitale est rarement évidente ».

(2) V. MORANGE, *Le contrôle des décisions prises au titre de l'article 16*, D. 1962, chron. p. 109. — Cons. d'État, 2 mars 1962, *Rubin de Servens*, J. C. P. 1962. II. 12613, concl. HENRY ; S. 1962, p. 147, note BOURDONCLE. — 22 mai 1968, *Lagrange, Act. jur. dr. adm.*, 1969, p. 30. — *Adde*, M. VOISSET, *L'article 16 de la Constitution du 4 octobre 1958*, 1969.

Sous-section 1. — Les règles à valeur constitutionnelle.

238. — **La Constitution est au sommet de la hiérarchie des sources légales**, et même plus largement des sources du droit positif. Elle détermine la compétence des divers organes de l'État et leurs rapports. C'est elle qui donne au Parlement et au Gouvernement le pouvoir d'édicter des règles de droit (1).

239. — **Le préambule de la Constitution à la même valeur que la Constitution ainsi que les principes fondamentaux reconnus par les lois de la République.**

La valeur constitutionnelle du préambule de la Constitution de la Ve République, renvoyant à la Déclaration des droits de l'homme de 1789 et au Préambule de la Constitution de 1946, a été longtemps discutée. Elle est aujourd'hui admise (2). Cette solution est importante car ces textes n'énoncent pas de simples règles de compétence ou de procédure. *Ils édictent des règles de fond à l'observation desquelles sont assujetties les autorités instituées, les principes qu'elles doivent respecter* (3).

L'article 2 de la Déclaration des droits de l'homme et du citoyen du 26 août 1789 range parmi les droits naturels et imprescriptibles de l'homme, le droit de propriété. L'article 17 qualifie la propriété de « droit inviolable et sacré ». C'est à l'occasion de la loi du 18 décembre 1981 sur les nationalisations que le Conseil constitutionnel, dans une décision du 16 janvier 1982 (3-1), a consacré le caractère constitutionnel du droit de propriété.

Le Conseil constitutionnel s'est exprimé en ces termes : « Considérant que si, postérieurement à 1789 et jusqu'à nos jours, les finalités et les conditions d'exercice du droit de propriété ont subi une évolution caractérisée à la fois par une notable extension de son champ d'application à des domaines individuels nouveaux », le Conseil vise les propriétés incorporelles, « et par des limitations exigées par l'inté-

---

(1) V. G. VEDEL et P. DELVOLVÉ, *La constitution en tant que base du système juridique, Rencontres jur. franco-soviétiques*, 28 mai-5 juin 1979, *Rev. intern. dr. comp.*, Journées 1979, p. 111. — J. FOYER, *De l'influence de la Constitution sur le droit privé en France*, 1res *Journées juridiques franco-helléniques*, 21-24 octobre 1981, *Rev. internat. dr. comp.*, Journées 1981 de la Société de Législation comparée, p. 539 et s.

(2) V. en ce sens, Cons. d'État, 12 février 1960, *Société Eky*, D. 1960, p. 263, note LHUILLIER ; J. C. P. 1960.II.11629 *bis*, note VEDEL ; Cons. constit., 16 juillet 1971, *Act. jur. dr. adm.*, 1971, 537, note J. RIVERO. — A. HAURIOU, *Droit constitutionnel et Institutions politiques*, 3e éd., 1968, p. 188 et s. — G. VEDEL et P. DELVOLVÉ, *Droit administratif*, t. 1, 11e éd., 1990, P. U. F., p. 444 et s. — *Adde :* Cons. Const., 9 janvier 1980, D. 1980, p. 249, note J.-B. AUBY ; La non-rétroactivité de la loi pénale inscrite dans l'article 8 de la déclaration et dans l'article 4 du Code pénal a valeur constitutionnelle.

(3) V. L. HAMON, *Contrôle de constitutionnalité et protection des droits individuels*, D. 1974, chron. p. 83, I.

(3-1) D. 1983, p. 169, note L. HAMON. — *Adde :* sur le champ d'application de l'article 17 de la déclaration de 1789, v. F. LUCHAIRE, note sous Cons. constit., 13 décembre 1985, D. 1986, p. 348 et s.

rêt général », le Conseil vise notamment l'ensemble des règles d'urbanisme entravant l'exercice du droit de propriété immobilier, « *les principes mêmes énoncés par la Déclaration des droits de l'homme ont pleine valeur constitutionnelle tant en ce qui concerne le caractère fondamental du droit de propriété dont la conservation constitue l'un des buts de la société politique et qui est mis au même rang que la liberté, la sûreté et la résistance à l'oppression, qu'en ce qui concerne les garanties données aux titulaires de ce droit et les prérogatives de la puissance publique* ». Le Conseil constitutionnel n'a cependant pas annulé la loi sur les nationalisations car il ne s'est pas reconnu le droit de se faire juge de l'opportunité du transfert au secteur public de certaines entreprises, en l'absence d'erreur manifeste dans la motivation invoquée par les pouvoirs publics dès lors qu'il n'était pas établi que le transfert des biens restreindrait le champ de la propriété privée.

Pour l'appréciation de la constitutionnalité de la loi du 30 septembre 1986 *relative à la liberté de communication* (3-2), le Conseil constitutionnel, dans sa décision du 18 septembre 1986 (3-3), a statué au regard de l'article 11 de la Déclaration des droits de l'homme qui dispose : « La libre communication des pensées et des opinions est un des droits les plus précieux de l'homme ; tout citoyen peut donc parler, écrire, imprimer librement, sauf à répondre de l'abus de cette liberté dans les cas déterminés par la loi ». Pour assurer l'exercice effectif de cette liberté, le législateur est cependant fondé à apporter des limites à la libre circulation des pensées et des opinions.

La catégorie des règles à valeur constitutionnelle s'est enrichie des « principes fondamentaux reconnus par les lois de la République » — visés par le Préambule de la Constitution du 27 octobre 1946 — lorsqu'ils consacrent un droit de l'homme, ajoute-t-on (3-4). C'est ainsi, par exemple, que l'on range parmi ces principes, le droit à la liberté des funérailles consacré par la loi du 15 novembre 1887 (3-5). De la même façon, dans un arrêt du 23 janvier 1987 (3-6), le Conseil constitutionnel a jugé que « figure au nombre des principes fondamentaux reconnus par les lois de la République » celui selon lequel, à l'exception des matières réservées par nature à l'autorité judiciaire, relève en dernier ressort de la compétence de la juridiction administrative l'annulation ou la réformation des décisions prises, dans l'exercice des prérogatives de puissance publique, par les autorités exerçant le pouvoir exécutif, leurs agents, les collectivités territoriales de la République où les organismes publics placés sous leur autorité ou leur contrôle ».

Mais le Conseil constitutionnel s'est refusé à imprimer aux règlements des assemblées parlementaires un caractère constitutionnel, en sorte

---

(3-2) D. 1986, L. p. 792.
(3-3) D. 1987, Somm., p. 381, obs. H. Maisl.
(3-4) Cf. pour les conditions auxquelles une norme répond à un principe à valeur constitutionnelle et pour une énumération de ces principes, F. Luchaire, *Les fondements constitutionnels du droit civil, Rev. trim. dr. civ.*, 1982, p. 251.
(3-5) F. Luchaire, *op. cit.*, p. 254.
(3-6) J. C. P. 1987.II.20854, note J.-F. Sestier ; D. 1988, p. 117, note F. Luchaire — Dans le même sens, Cons. const., 28 juillet 1989, D. 1990, p. 161, note X. Prétot.

que leur méconnaissance ne peut avoir pour effet de rendre la procédure législative contraire à la Constitution (3-7).

240. — Les lois organiques complètent la Constitution (4).
A côté de la Constitution existent des lois organiques. Jusqu'en 1958 cette expression n'avait pas un sens précis. Aujourd'hui les lois organiques sont celles auxquelles la Constitution reconnaît formellement cette qualité. Elles interviennent pour compléter la Constitution sur des points importants : élection du Président de la République, durée des pouvoirs des Assemblées, Conseil constitutionnel... Elles sont soumises à une procédure particulière pour leur adoption ; en particulier elles doivent être soumises au Conseil constitutionnel avant leur promulgation pour vérification de leur conformité à la Constitution. Il en résulte que les lois ordinaires doivent être conformes aux dispositions des lois organiques (5).

Sous-section 2. — Les règles à valeur législative.

241. — Lois parlementaires et lois référendaires.
Elles émanent du pouvoir législatif.
Elles sont normalement adoptées par le Parlement.
Cependant l'article 11 de la Constitution prévoit la possibilité de lois référendaires (1). Le Président de la République peut demander aux citoyens de se prononcer directement par voie de référendum sur les projets de lois visant à l'organisation des pouvoirs publics ou sur la ratification de certains traités (2). Ces lois référendaires, à la différence des lois ordinaires, ne sont pas soumises au contrôle du Conseil consti-

---

(3-7) Cons const., 29 juillet 1989, D. 1990, p. 161, note X. PRÉTOT.
(4) V. Ch. SIRAT, *Les lois organiques et la Constitution de 1958*, D. 1960, chron. p. 153 et s. — M. ROUSSET, S. 1960, chron. p. 1. — Réponse ministérielle à la question écrite n° 5961, Sénat, 4 octobre 1968, *J. O.*, Déb., p. 1226. — *Adde :* sur le contrôle de la conformité des lois ordinaires aux lois organiques, DUVERGER, *Institutions politiques*, 1965, p. 615 et s. — Sur l'utilisation par le Conseil constitutionnel des lois organiques, A. H. MESNARD, *Dix années de jurisprudence du Conseil constitutionnel en matière de répartition des compétences législatives et réglementaires. Act. jur. dr. adm.*, 1970, p. 269.
(5) Cons. constit., 11 août 1960, *Rec.*, p. 25. — V. sur les formes de la promulgation décret n° 59-635 du 19 mai 1959 (D. 1959, L. p. 497) modifié par décret n° 90-218 du 8 mars 1990, D. 1990, L. p. 180.
(1) V. J. M. DENQUIN, *Référendum et plébiscite. Essai de théorie générale*, thèse Paris, 1976.
(2) Cette possibilité a été utilisée à l'occasion des événements d'Algérie avec le référendum du **14 janvier 1961** et celui du **13 avril 1962** postérieurement aux « accords d'Évian » du **19 mars 1962**.

tutionnel car elles « constituent l'expression directe de la souveraineté nationale » (3).

Les lois référendaires étant exceptionnelles on se bornera à envisager les lois parlementaires. Il convient de préciser l'*entrée en vigueur et l'abrogation de la loi*, son *domaine* et le *contrôle de la constitutionnalité des lois*.

§ 1. — L'ENTRÉE EN VIGUEUR ET L'ABROGATION DE LA LOI

I. — *L'entrée en vigueur de la loi.*

242. — La loi entre en vigueur à certaines *conditions* et à une *date* déterminée.

A. — Les conditions d'entrée en vigueur de la loi.

243. — La loi entre en vigueur par sa *promulgation* et sa *publication* (4).

1) *La promulgation* (5).

244. — C'est une *opération juridique par laquelle le Chef de l'État constate que le Parlement a voté définitivement une loi et ordonne que cette loi soit exécutée.* C'est, selon l'article 1er du Code civil, une condition nécessaire pour l'entrée en vigueur de la loi.

Selon l'article 10 de la Constitution elle doit intervenir dans les 15 jours qui suivent la transmission de la loi définitive au Gouvernement. Toutefois le Président de la République peut demander pendant ce délai une nouvelle délibération du Parlement. Il ne semble pas cependant qu'il ait fait usage de cette faculté.

La question a été posée au Conseil constitutionnel de savoir si la procédure de l'article 10 était ou non identique à celle prévue par l'article 23 de l'ordonnance du

---

(3) Décision MONERVILLE, Cons. const., n° 62.20, D. C., 6 novembre 1962 ; *J. O.*, 7 novembre 1962, p. 10778 ; D. 1963, p. 398, note L. HAMON. — V. A. H. MESNARD, *Dix années de jurisprudence du Conseil constitutionnel en matière de répartition des compétences législatives et réglementaires*, Act. jur. dr. adm., 1970, p. 268.

(4) V. H. PUGET et J. C. SECHE, *La promulgation et la publication des actes législatifs en droit français*, Rev. adm., 1959, p. 239 et s. — HERZOG et VLACHOS, *La promulgation, la signature et la publication des textes législatifs en droit comparé*, 1961.

(5) V. E. SAUVIGNON, *La promulgation des lois : réflexions sur la jurisprudence Desreumaux*, Rev. dr. publ., 1981, p. 989. — V. sur les formes de la promulgation décret n° 59-635 du 19 mai 1959 (D. 1959, L. p. 497) modifié par décret n° 90-218 du 8 mars 1990, D. 1990, L. p. 180.

7 novembre 1958, portant loi organique sur le Conseil constitutionnel. Selon cette dernière disposition : « Dans le cas où le Conseil constitutionnel déclare que la loi dont il est saisi contient une disposition contraire à la Constitution sans constater en même temps qu'elle est inséparable de l'ensemble de cette loi, le Président de la République peut soit promulguer la loi à l'exception de cette disposition, soit demander aux chambres une nouvelle lecture ».

En effet, l'article 10 de la constitution fait état d'une « nouvelle délibération » alors que l'article 23 de l'ordonnance évoque une « nouvelle lecture ». Certains parlementaires en ont donc déduit que cette « nouvelle lecture » était un mécanisme autonome de sorte qu'elle n'était pas soumise à l'article 45 de la Constitution qui organise la procédure ordinaire de l'adoption des lois.

Dans son arrêt du 23 août 1985 (5-1), le Conseil constitutionnel a écarté cette argumentation en jugeant que l'article 23 de l'ordonnance n'est qu'un cas d'application de l'article 10 de la Constitution.

Le décret de promulgation fixe la date de la loi elle-même, qui n'est pas cependant celle de son entrée en vigueur effective, puisque cette dernière dépend de sa publication (6). Le nombre des lois promulguées chaque année a nécessité qu'on leur donne à chacune un titre, rappelant brièvement son objet, et un numéro d'ordre. On dira, par exemple, loi du 5 juillet 1974 n° 74-631 fixant à dix-huit ans l'âge de la majorité. Les deux premiers chiffres correspondent à l'année de promulgation.

Il a, en outre, été institué un système normalisé de numérotation des textes officiels publiés.

2) *La publication.*

245. — La publication est destinée à porter le texte à la connaissance du public. La loi, exécutoire dès sa promulgation, n'est obligatoire pour les particuliers qu'après sa publication. Cette exigence résulte de l'article 1er du Code civil.

Les modalités de la publication sont fixées par un décret du 5 novembre 1870. Elle consiste dans l'insertion du texte au *Journal Officiel*, qui a remplacé l'ancien Bulletin des lois (7).

La publication est la condition nécessaire de l'entrée en vigueur de la loi. C'est d'elle aussi que dépend la présomption de connaissance de la loi énoncée dans l'adage traditionnel : *nul n'est censé ignorer la loi.* Elle revêt donc une importance considérable. Or il arrive que le texte publié au *Journal Officiel* comporte une erreur. Celle-ci peut être

---

(5-1) D. 1986, p. 47, note F. Luchaire.

(6) V. *infra*, n° 274, pour la distinction entre la notification des actes individuels et la publication des actes réglementaires.

(7) V. Liet-Veaux, *De la publication des lois, décrets et actes réglementaires, Rev. adm.*, 1971, p. 655. V. sur l'histoire de cette publication, A. Weill, *Introduction*, p. 94, n° 115. — Marty et Raynaud, *Introduction*, p. 159, n° 85.

ultérieurement corrigée par un rectificatif, un *erratum*, également publié au *Journal Officiel*. Quelle est la valeur de cet *erratum* ? C'est la question classique des *errata* au *Journal Officiel*.

a) « Nul n'est censé ignorer la loi ».

246. — La justification de la règle et sa portée.

L'adage est traditionnel : *nemo legem ignorare censetur*. Il ne signifie pas que tout le monde connaît la loi ; mais simplement que personne ne peut invoquer son ignorance pour en écarter l'application (8).

La règle est imposée par des nécessités pratiques. Ce serait l'anarchie si l'application de la loi pouvait dépendre de circonstances propres à ceux qui lui sont assujettis. L'égalité des citoyens devant la loi et la généralité qui caractérise celle-ci justifient également l'adage traditionnel.

La règle a seulement une portée limitée au territoire de la République, ce qui veut dire qu'elle laisse hors de son champ d'application les français résidant à l'étranger car l'article 1 du Code civil et le décret du 5 novembre 1870 s'appliquent seulement à l'exécution des lois sur le territoire français. La loi n'est donc applicable aux français résidant à l'étranger que du jour où ils ont pu en avoir réellement connaissance. Il appartient aux tribunaux de déterminer cas par cas si la loi a été ou non connue (8-1).

Il ne s'agit pas, en principe d'une présomption simple, mais d'une présomption irréfragable. La preuve de l'ignorance de la loi ne dispense pas de son application.

A ce principe l'article 4 du décret du 5 novembre 1870 apporte une exception. Lorsqu'une contravention a été commise dans un délai de trois jours francs à compter de la publication de la loi créant l'incrimination, les tribunaux peuvent écarter la peine encourue, si le contrevenant démontre son ignorance.

En matière pénale, de façon générale, la maxime est appliquée avec rigueur, qu'il s'agisse d'infraction intentionnelle ou non intentionnelle (9).

---

(8) V., par ex., Cass. civ. 2e, 16 février 1967, *Bull. civ.*, II, n° 78, p. 55, qui censure une décision qui, pour admettre qu'un assuré, n'ayant pas adressé les feuilles de maladie dans les délais impartis par l'article 292 C. séc. soc., n'avait pas perdu ses droits au remboursement, avait déclaré qu'il ignorait les sanctions attachées à son manquement.

(8-1) V. Mazeaud et Chabas, n° 81. — Baudry-Lacantinerie et Houques-Fourcade, *Traité théorique et pratique de droit civil, Des personnes*, 3e éd., t. I, 1907, n° 115, p. 95-96, citant Civ. rej., 22 juin 1891, S. 91.1.289, note D ; D. 91.1.353, concl., Desjardins.

(9) V. cass. crim., 28 mars 1962, *Bull. crim.*, n° 152, *Rev. Science crim.*, 1962, p. 743, obs. Legal. — 8 février 1966, D. 1966, Somm. p. 83. — 23 mai 1967, *Bull. crim.*, n° 157. — Cass. crim., 22 janvier 1969, *Bull. crim.*, n° 43. — 2 février 1971, J. C. P. 1971. II. 16793. — 16 mars 1972, *Bull. crim.*, n° 110. — 24 juillet 1974, *Bull. crim.*, n° 267.

Cette rigueur a été critiquée (10). Diverses distinctions ont été proposées, soit à partir d'un critère objectif, tel la distinction entre les règles proprement pénales et les règles extra-pénales commandant l'incrimination, soit à partir d'un critère subjectif, en faveur des étrangers par exemple. Mais ces discriminations assez arbitraires n'ont guère trouvé d'écho en jurisprudence (11). Certaines décisions ont cependant admis qu'une erreur de droit invincible pouvait justifier la relaxe (12). Cette jurisprudence, approuvée par plusieurs auteurs (13) ne semble plus suivie par la Cour de cassation qui est revenue depuis 1961 à sa rigueur primitive (14).

En matière civile la rigueur de la règle est atténuée dans la mesure où l'erreur de droit est pratiquement assimilée à l'erreur de fait et produit ainsi les effets reconnus à cette dernière. Elle permet de se prévaloir de la bonne foi à laquelle le droit positif attache d'importantes conséquences (15) ou d'un vice du consentement justifiant l'annulation d'un acte juridique (16). La 1re Chambre civile a précisé dans un arrêt du 4 novembre 1975 (17) la portée de cette solution. Elle a jugé « que si l'erreur de droit peut justifier l'annulation d'un acte juridique pour vice du consentement ou défaut de cause, elle ne prive pas d'efficacité les dispositions légales qui produisent leurs effets en dehors de toute manifestation de volonté de la part de celui qui se prévaut de leur igno-

---

(10) V. LEGAL, *L'évolution de la jurisprudence française en matière d'erreur de droit*, *Rev. pénale suisse*, 1960, p. 310 et s. — FRANÇON, *L'erreur en droit pénal*, in *Études sur l'autonomie du droit pénal*, dirigées par G. STEFANI, p. 234. — ANCEL, *La défense sociale nouvelle*, p. 125. — J. VIDAL, *La conception juridique française de la culpabilité*, *Ann. Université Toulouse*, t. XXIV, fasc. 1 et 2, 1976, p. 45 et s., spécialement p. 50-51 et 55-56.

(11) V. R. MERLE et A. VITU, *Traité de droit criminel*, t. I, 2e édition, p. 572 et s., nos 506 et s. — G. STEFANI et G. LEVASSEUR, *Droit pénal général*, 8e édition, p. 299, no 303.

(12) V., par ex., Cass. crim., 9 octobre 1958, *Gaz. Pal.*, 1958. II. 319 ; obs. LEGAL, *Rev. science crim.*, 1960, p. 69, qui approuve la relaxe d'un dirigeant de société qui, sur l'avis écrit du ministre du travail, préalablement consulté, avait refusé l'accès d'un comité d'entreprise aux représentants d'un syndicat. — Cass. crim., 26 janvier 1956, *Bull. crim.*, no 107 ; *Rev. science crim.*, 1957, p. 369, obs. LEGAL.

(13) LEGAL, précité, p. 317. — COUTURIER, *L'erreur de droit invincible en matière pénale*, *Rev. science crim.*, 1968, p. 547.

(14) R. MERLE et A. VITU, précités, p. 576, no 509. — Cass. crim., 28 février 1961, *Bull. crim.*, no 124. — 14 février 1962, *Bull. crim.*, no 93 ; *Rev. science crim.*, 1962, p. 744, obs. LEGAL. — 26 janvier 1964, *Bull. crim.*, no 71 ; *Rev. science crim.*, 1966, p. 887. — 8 décembre 1964, D. 1965, p. 393. — 8 février 1966, *Bull. crim.*, no 36 ; *Rev. science crim.*, 1966, p. 887, obs. LEGAL.

(15) V. *infra*, nos 779 et s.

(16) V. *Le contrat : Formation*, no 383.

(17) *Bull. civ.*, I, no 307, p. 256; D. 1977, p. 105, note J. GHESTIN.

rance ». Elle en a déduit « que par application de ce principe la veuve commune en biens, déchue de la faculté de renoncer en vertu de l'article 1457 ancien du Code civil, ne peut échapper aux conséquences, ignorées d'elle, que la loi attache à son inaction ». La distinction doit sans doute être nuancée car l'inaction peut exprimer un choix et, par là, une volonté que l'ignorance de la loi a pu vicier.

247. — La connaissance de la loi est en fait très limitée.

Malgré ces tempéraments et la nécessité pratique de la règle, cette présomption de connaissance de la loi est si éloignée de la réalité que son opportunité a pu être contestée (18). De tout temps seuls les initiés ont eu une connaissance précise de la loi. Mais dans la mesure où celle-ci reproduisait surtout des coutumes traditionnelles, les particuliers, tout au moins les notables, en avaient une connaissance suffisante, qui se transmettait sans trop de difficultés (19). Le nombre et la mobilité des lois, la diversité de leur objet, la multiplication des statuts et des régimes particuliers ont rendu de nos jours la connaissance effective de la loi extrêmement difficile.

Cette situation est fâcheuse. Elle nuit tout d'abord à une réception consciente et éclairée de la loi par les assujettis, qui favoriserait son effectivité. Surtout elle crée des inégalités graves entre initiés et profanes. La présomption de connaissance de la loi joue, en fait, au profit de ceux qui peuvent assumer les frais d'un service ou d'un conseil juridique.

Tout le monde s'accorde à déplorer *l'insuffisance de la publication des lois* par le canal du *Journal Officiel*. Dans la pratique, des circulaires, des bulletins professionnels, des revues spécialisées (20) concourent à faire connaître les lois avec une certaine efficacité. On peut également mentionner la tenue d'un « fichier législatif » par le Secré-

---

(18) V. J. Carbonnier, *Flexible droit*, 1969, p. 116.

(19) V. R. Guillien, *Nul n'est censé ignorer la loi*, *Mélanges Roubier*, p. 253 et s.

(20) On peut citer la Collection complète des lois, décrets d'intérêt général commencée en 1789, aujourd'hui absorbée dans le *Bulletin législatif Dalloz ; Les lois nouvelles ; Le Recueil des lois, décrets et arrêtés*. Les grands recueils, *Sirey*, aujourd'hui fondu avec le recueil *Dalloz, Semaine juridique, Gazette du Palais*, ont une partie législative. Presque toutes les revues ont une chronique de législation, notamment la *Revue trimestrielle de droit civil*, la *Revue trimestrielle de droit commercial*, la *Revue de science criminelle et de droit pénal comparé*, la *Revue de droit public*, etc. Enfin les textes législatifs font l'objet d'éditions privées qui les intègrent de façon permanente dans les codes et les lois antérieures, en particulier les codes Dalloz et les codes et lois des jurisclasseurs. Ces publications privées adjoignent aux textes les tables, références et commentaires qui en facilitent l'utilisation.

tariat général du Gouvernement. Mais l'information effective du public passe nécessairement par les techniques modernes d'information, notamment la radio et la télévision.

Cependant la complexité des lois en raison d'une rédaction parfois obscure, mais surtout de la combinaison nécessaire de dispositions multiples qui s'enchevêtrent, en rend la compréhension difficile. Une codification, au moins administrative, des textes serait souvent nécessaire (21). Comme on l'a observé, « notre droit ne sera pas sincèrement démocratique tant qu'il n'aura pas consenti à un effort de simplification » (22).

Un décret du 10 mai 1948 a institué une Commission supérieure chargée d'étudier la codification et la simplification des textes législatifs et réglementaires. Mais ce n'est qu'à une époque récente que les pouvoirs publics ont décidé de mettre en œuvre une politique cohérente de codification. Une importante circulaire du 15 juin 1987 (22-1), relative à la codification des textes législatifs et réglementaires, est venue préciser les modalités de réalisation des codifications prévues par les lois récentes ainsi que des mises à jour et des refontes des codes existants (22-2). Il semble que seule la codification des textes relevant du droit commercial soit exclue de ce mouvement (22-3).

La jurisprudence s'efforce aussi de corriger partiellement l'inégalité de fait des non-initiés en imposant aux professionnels une obligation de renseignement et de conseil (22-4). Son inexécution met en jeu leur res-

---

(21) V. J. CARBONNIER, précité, p. 115. — F. TERRÉ, *Le rôle actuel de la maxime* « *nul n'est censé ignorer la loi* », Travaux de l'Institut de droit comparé de l'Université de Paris, t. XXX, p. 91 et s. — A. SAYAG et F. TERRÉ, *Connaissance et conscience du droit, Année sociologique*, 1975, p. 465 et s. — J.-Cl. GROSHENS, *La codification par décret des lois et décrets*, D. 1958, chron. p. 157. — V. sur les mérites et les défauts de la codification, *XVIII*e *congrès de l'Institut international de droit d'expression française (IDEF)*, Louisiane, sur le thème de la *Codification et l'évolution du droit*, Rev. jur. et pol., 1986, p. 201 et s.

(22) J. CARBONNIER, *Introduction*, § 129, p. 206.

(22-1) D. 1987, p. 230.

(22-2) Cet effort commence à donner ses premiers résultats. C'est ainsi que la partie législative du Code de la voirie routière a été adoptée par la loi n° 89-413 du 22 juin 1989 (*J. O.*, 24 juin, p. 7861).

(22-3) V. sur ce phénomène, B. OPPETIT, *L'expérience française de codification en matière commerciale*, D. 1990, chron. I., p. 1 et s.

(22-4) V. par exemple, Cass. civ. 1re, 28 février 1989, *Bull. civ.*, I., n° 102, p. 65 : « un contrat d'entretien d'une installation soumise à réglementation oblige (l'entrepreneur) à informer le client des modifications intervenues dans celle-ci de manière à lui permettre de les respecter ».

ponsabilité (23), dans des conditions d'ailleurs souvent sévères eu égard à la difficulté actuelle de connaître le droit positif.

b) Les « *errata* » au *Journal Officiel.*

248. — **Sont seuls admis les** *errata* **corrigeant des erreurs matérielles ou rétablissant le texte effectivement voté.**

La question est importante en raison de la fréquence du procédé et des vives discussions dont il a fait l'objet (24).

La solution de principe a été donnée par la Cour de cassation, dans un arrêt du 18 décembre 1933 (25) dans les termes suivants : « La rectification par voie d'*erratum* des dispositions légales ou réglementaires insérées au *Journal Officiel* n'est admissible qu'autant qu'il s'agit de réparer une erreur matérielle, et il appartient aux juges d'apprécier, eu égard aux circonstances, si l'existence d'une telle erreur est assez apparente pour qu'il convienne de faire prévaloir sur le texte primitivement inséré au *Journal Officiel* le texte ainsi modifié. »

Lorsque la rectification est admise, le texte rectifié reçoit application comme s'il s'agissait du texte primitivement publié. C'est ce qu'a affirmé la Chambre sociale de la Cour de cassation, le 8 mars 1989 (25-1), en jugeant : « la rectification d'une erreur purement matérielle dans la publication d'un texte législatif ou réglementaire s'incorpore à la rédaction de ce texte et a force obligatoire dès la date de mise en vigueur du texte primitif ».

Reste à savoir dans quels cas il y a seulement réparation d'une erreur matérielle.

La question est facile à résoudre lorsqu'il s'agit d'un *erratum* de pure forme, ne modifiant pas le sens du texte. La rectification est alors inspirée par un simple souci de correction dans la présentation du texte.

Le problème se complique lorsqu'il s'agit d'une rectification affectant le fond.

Depuis un arrêt du 9 mars 1936 (26), le *Conseil d'État* admet que la validité du rectificatif résulte de ce que l'*erratum* est conforme au texte

---

(23) V., par ex., *La responsabilité civile et disciplinaire des notaires*, J. DE POULPIQUET, thèse 1974, spécialement p. 122, n° 109, leur responsabilité pour erreur de droit.

(24) Cf. notamment, FRÉJAVILLE, *La pratique des «errata» au Journal Officiel*, J. C. P. 1948. I. 677. — PUGET et SECHÉ, précités, p. 244, 247 et s. — LIET-VEAUX, art. précité, p. 656. — GLEIZES, *La rectification des textes publiés au* Journal Officiel, thèse Paris, 1939. — TRASBOT, « *Errata* » aux *lois et décrets insérés au* Journal Officiel, *Rev. crit.*, 1926, p. 602.

(25) D. 1934. 1. 101, note VOIRIN.

(25-1) *Bull. civ.*, V. n° 187, p. 111.

(26) *Rec. Cons. d'État*, p. 299.

réellement adopté par le Parlement ce qui se dégage de sa comparaison avec le texte voté par l'Assemblée nationale et le Sénat.

La *Cour de cassation* a admis la même solution, d'abord de façon prudente et un peu équivoque, enfin de la manière la plus nette dans un arrêt du 5 avril 1960 (27) à propos de la loi du 20 mars 1956 sur la location-gérance de fonds de commerce (28).

La solution semble devoir être approuvée. Elle se heurte cependant à deux objections.

Tout d'abord l'erreur a pu figurer dans le décret de promulgation lui-même. Or le rectificatif n'est pas promulgué. L'objection n'est pourtant pas décisive. C'est en effet de la volonté du Parlement, et non de la promulgation, que le texte tire sa force obligatoire. La solution contraire obligerait d'ailleurs à un nouveau vote du Parlement, car le décret de promulgation ne pourrait plus intervenir, le délai pour son intervention étant expiré.

On a fait état d'une seconde objection. La solution retenue par le Conseil d'État et la Cour de cassation revient à préférer le texte résultant du procès-verbal des débats parlementaires, texte non signé, au texte publié qui porte les signatures officielles. Cette objection n'est pas plus décisive. En réalité le texte des débats parlementaires ne fait pas l'objet d'une application directe. C'est seulement un élément extrinsèque d'interprétation, c'est-à-dire extérieur au texte, qui s'ajoute à un élément intrinsèque.

En fait l'*erratum* n'a pas de valeur propre. Plus exactement sa valeur est subordonnée à l'interprétation judiciaire de la loi. Les tribunaux pourraient d'eux-mêmes rétablir le texte exact, même en l'absence d'*erratum*. Celui-ci a cependant l'utilité considérable de faire apparaître l'erreur, qui sans lui passerait inaperçue. Simple procédé d'interprétation, l'*erratum* est à ce titre acceptable.

B. — La date d'entrée en vigueur de la loi.

249. — Elle résulte normalement de sa publication. Cependant le législateur retarde parfois l'entrée en vigueur de la loi.

1) *La date normale d'entrée en vigueur.*

250. — La loi est obligatoire après un certain délai compté de sa publication au « Journal Officiel ».

Elle résulte du décret du 5 novembre 1870. La loi est exécutoire dès

---

(27) *Bull. civ.*, III, p. 127, n° 141 ; *Gaz. Pal.*, 1960. 2. 77.

(28) Cf. Cass. soc., 20 mai 1948, *Gaz. Pal.*, 1948. 2. 29. — Cass. crim., 7 février 1961, *Gaz. Pal.*, 1961. 1. 260. — 28 mai 1968, D. 1968, p. 509, note Costa.

sa promulgation (29). Elle est obligatoire, c'est-à-dire opposable, après un certain délai compté de sa publication (30).

A Paris ce délai est d'un jour franc après la parution du *Journal Officiel* qui contient la loi. En province et dans chaque arrondissement il est d'un jour franc après que ce journal soit arrivé au chef-lieu d'arrondissement. Les préfets et sous-préfets doivent tenir à cette fin un registre officiel constatant l'arrivée de chaque *Journal Officiel* et ils doivent faire afficher les textes lorsque cela est nécessaire (31). Mais il ne s'agit que de mesures administratives. En cas de doute le juge doit s'en tenir à la date d'arrivée de l'exemplaire du *Journal Officiel* (32). Celle-ci est une question de fait qui ne peut être soulevée pour la première fois devant la Cour de cassation (33).

La formule « jour franc » signifie que dans le calcul du délai on ne tient pas compte du jour d'arrivée ou de parution du *Journal Officiel*. Par exemple, une loi est publiée au *Journal Officiel* du 15 janvier. Elle est obligatoire à Paris le 17 janvier à 0 heure. Le *Journal Officiel* arrive à Bordeaux le 16 janvier. La loi y est obligatoire le 18 janvier à 0 heure.

En cas d'urgence l'ordonnance du 27 novembre 1816, article 4, complétée par l'ordonnance du 18 janvier 1817, permet de rendre la loi obligatoire sans attendre la parution du *Journal Officiel*. Le Gouvernement peut ordonner aux préfets par télégramme de procéder à l'affichage de la loi dans les départements. Cet affichage devrait rendre la loi immédiatement applicable (34). La jurisprudence en retarde cependant l'effet jusqu'au lendemain à 0 heure afin d'éviter toute discussion quant à l'heure exacte de l'affichage (35).

2) *L'entrée en vigueur retardée.*

251. — Le législateur peut retarder l'application de la loi. Il agira

---

(29) On en a déduit qu'elle serait obligatoire pour les pouvoirs publics avant sa publication ; mais la question est controversée. — V. MARTY et RAYNAUD, *Introduction*, p. 162, n° 87, les auteurs et la jurisprudence citée. — *Adde*, F. TERRÉ, *op. cit.*, p. 115.

(30) V. sur la distinction entre force exécutoire et force obligatoire, F. TERRÉ, *op. cit.*, p. 115. — *Travaux de la Commission de réforme du Code civil*, t. IV, 1948-1949, p. 156 et s.

(31) V. WIEDERKEHR, *op. cit.*, n° 65.

(32) V. Cass. crim., 26 janvier 1938, p. 147. — F. TERRÉ, *op. cit.*, p. 92.

(33) Cass. com., 1er février 1960, *Bull. civ.*, III, n° 44.

(34) V. F. TERRÉ, *op. cit.*, p. 115, sur les modalités de cet affichage, et la jurisprudence citée, not. Cass. com., 3 juillet 1950, *Bull. civ.*, II, n° 238, p. 167. — Cass. Req., 4 mars 1931, D. H. 1931. 201. — 2 février 1932, D. P. 1932. 1. 129.

(35) V., en ce sens, Cons. d'État, 12 juillet 1955, *Act. jur. dr. adm.*, 1955. II. 130. — 19 juin 1959, D. 1959, p. 370, note BRAIBANT. — Cass. civ., 17 février 1932, *Gaz. Pal.*, 1932. 1. 636. — 9 novembre 1932, *Gaz. Pal.*, 1933. 1. 164. — MARTY et RAYNAUD, *Introduction*, p. 161, n° 86. — Cf. WIEDERKEHR, *op. cit.*, n° 69.

de cette façon si elle suppose la mise en place de structures nouvelles, ou, tout simplement, si sa complexité et son importance exigent une étude approfondie des praticiens, avant son application effective (36).

252. — Le retard résultant des décrets d'application.

Il peut également, en prévoyant un décret d'application, préciser que l'entrée en vigueur de la loi sera retardée jusqu'à l'intervention de celui-ci, auquel cas les tribunaux ne peuvent l'appliquer (36-1). A défaut d'une telle précision on s'est demandé si la loi devait être exécutée immédiatement ou s'il fallait attendre le décret d'application. La jurisprudence considère qu'il « est de principe que la loi est immédiatement exécutoire, même au cas où elle prévoit des actes réglementaires relatifs à son exécution, dès l'instant qu'elle n'a pas spécifié que son application serait subordonnée à la publication desdits actes » (36-2). Elle admet cependant « que cette subordination peut être implicite et doit nécessairement différer la mise en vigueur de la loi lorsque son texte, ne se suffisant pas à lui-même, a besoin d'être complété » (37).

Il n'y a pas à envisager le texte dans son ensemble, mais il faut au contraire rechercher si la disposition précise considérée peut être appliquée en l'absence du décret d'application (38). En particulier un décret posant des principes est applicable bien que l'arrêté interministériel

---

(36) V., par ex., la loi du 13 juillet 1965 sur les régimes matrimoniaux ; divers textes portant réforme de la procédure civile : ordonnances et décrets de décembre 1958 ; décret du 13 octobre 1965 ; décret n° 71-740 du 9 septembre 1971.
(36-1) V. Cass. civ. 3e, 3 octobre 1980, *Bull. civ.*, III, n° 145, p. 108. — Cass. soc., 25 mai 1982, *Bull. civ.*, V. n° 330, p. 243.
(36-2) V. pour une application, Cass. civ. 3e, 1er avril 1987, *Bull. civ.*, III, n° 67, p. 40.
(37) Cass. civ., 13 janvier 1943, S. 1943, 1. 74. — V. *repoussant l'application de la loi jusqu'à l'intervention du décret d'application.* — Cass. civ. 2e. 26 novembre 1965, *Bull. civ.*, II, n° 946, p. 667. — Cass. soc., 16 mars 1966, *Bull. civ.*, n° 288, p. 248. — Cass. civ. 2e, 31 janvier 1962, *Bull. civ.*, II, n° 129, p. 89. — 9 décembre 1965, *Bull. civ.*, IV, n° 74, p. 65. — Cass. civ. 3e, 28 avril 1981, *Gal. Pal.*, 8 décembre 1981, *Panorama.* — Cass. soc., 20 novembre 1985, *Bull. civ.*, V, n° 548, p. 398. — Cass. soc., 7 juillet 1986, *Bull. civ.*, V. n° 356, p. 273. — Cass. soc., 22 mars 1989, *Bull. civ.*, V, n° 242, p. 142. — Cf. *décidant l'application immédiate.* — Cass. civ. 1re, 4 mai 1964, *Bull. civ.*, n° 226, p. 176. — 19 mai 1969, *Bull. civ.*, I, n° 184, p. 148. — Cass. soc., 30 janvier 1964, *Bull. civ.*, n° 92, p. 74. — Cass. soc., 21 janvier 1972, *Bull. civ.*, V, n° 48, p. 47. — Cass. civ. 3e, 29 mai 1980, *Bull. civ.*, III, n° 107, p. 78. — Cass. civ. 3e, 1er avril 1987, *Bull. civ.*, III, n° 67, p. 40. — Cass. soc., 4 mars 1987, *Bull. civ.*, V, n° 104, p. 67.
(38) V. Cass. soc., 28 novembre 1968, *Bull. civ.*, n° 546, p. 453, qui applique le décret du 31 mars 1966 relatif au régime d'assurance-vieillesse des travailleurs non salariés des professions industrielles et commerciales en observant que l'arrêté d'application prévu devait viser des catégories d'assujettis autres que celle à laquelle appartenait le requérant.

qui devait fixer les conditions dans lesquelles pourraient intervenir des dérogations ne soit pas intervenu (39).

Lorsque l'application de la loi est ainsi subordonnée à l'intervention de dispositions réglementaires l'inertie ou même la mauvaise volonté de l'Administration peut, en fait, paralyser la volonté du législateur. En 1972 on pouvait faire état d'une statistique du Président de l'Assemblée Nationale révélant que 163 décrets et 16 arrêtés qui auraient dû être pris pour l'application des lois promulguées entre 1968 et 1972 n'avaient pas encore été publiés (40). Les Présidents de la Commission des Affaires sociales et de la Commission des lois du Sénat, lors de la séance du 4 décembre 1974 (41), observaient que ces retards étaient moins fréquents mais relevaient cependant plus de vingt lois de leur compétence rendues partiellement ou totalement inapplicables faute des textes réglementaires nécessaires.

Le défaut de publication, dans un délai raisonnable, d'un décret, par le pouvoir réglementaire, est de nature à engager la responsabilité de l'État pour faute (42).

II. — *L'abrogation de la loi.*

253. — Certaines lois sont temporaires.

La force obligatoire de la loi est normalement permanente.

Certaines lois de circonstances cependant ne sont destinées à s'appliquer que pendant une période déterminée. Elles sont temporaires (43). C'est ainsi que pendant la dernière guerre le législateur a édicté diverses lois dont il a précisé qu'elles ne s'appliqueraient que jusqu'à la cessation des hostilités. Lorsque le législateur n'a pas fixé un terme à l'application d'une loi manifestement liée à des circonstances exceptionnelles, la disparition de celles-ci doit normalement y mettre fin (44).

---

(39) Cass. soc. 26 juin 1969, *Bull civ.*, n° 450, p. 374. — 9 octobre 1969, *Bull. civ.*, n° 536, p. 447. — 11 décembre 1969, *Bull. civ.*, n° 688, p. 579.

(40) *Le Monde*, 9 avril et 15 juin 1972.

(41) *Bulletin d'informations rapides du Sénat du 7 décembre 1974.*

(42) V. Cons. d'État, 6 juillet 1934, *Van Outryve*, S. 1934. 3. 116. — 24 juillet 1936, *Synd. gén. de défense des grands vins de la Cote-d'Or*, D. P. 1937. 3. 41, concl. LAGRANGE, note M. WALINE. — 10 mars 1967, *Soc. Les ardoisières d'Angers, Rec.*, p. 116 ; *Act. jur. dr. adm.*, 1967, p. 399. — 27 novembre 1964, *Min. des Aff. économiques et des finances*, *Act. jur. dr. adm.*, 1964, p. 723. — Cf. Y. SAINT-JOURS, note sous Cass. soc., 17 avril 1980, 2 juillet et 3 juillet 1980, D. 1981, p. 652. — *Adde* : J.-M. OLIVIER, *Les sources administratives du droit privé*, thèse dactyl., Paris II, 1981.

(43) V. note M. WALINE, sous Cons. d'État, 16 mars 1945, D. 1946, p. 296.

(44) V., par ex., la loi n° 4002 du 18 septembre 1941 qui donnait à l'Administration le pouvoir, dans l'intérêt général, de limiter et de répartir la consommation du gaz. Cette loi, qui n'a été ni annulée, ni abrogée, ne devrait pas normalement s'appliquer

Sous réserve des lois temporaires, la loi ne cesse de s'appliquer que par son abrogation. Celle-ci ne peut être décidée que par l'*autorité compétente*. Elle peut revêtir plusieurs *modalités*.

A. — L'autorité compétente.

254. — La loi ne peut être abrogée que par l'autorité qui a désormais pouvoir pour la faire, ou encore par une autorité supérieure.
Pratiquement les lois constitutionnelles peuvent toujours abroger une loi ou un règlement. Quant aux relations entre la loi et le règlement elles sont déterminées par le domaine qui leur est imparti selon la Constitution de 1958 (45). En particulier une loi parlementaire peut être abrogée par un simple décret, si la matière appartient au pouvoir réglementaire. Pour les lois antérieures à la Constitution le Gouvernement doit requérir l'avis du Conseil d'État, sans d'ailleurs être obligé de le suivre. Pour les lois postérieures il doit obtenir l'avis conforme du Conseil constitutionnel qui doit constater que la matière appartient bien au domaine réglementaire (46).

B. — Les modalités d'abrogation.

255. — L'abrogation peut être *expresse* ou *tacite*. On s'est demandé si elle pouvait avoir lieu *par simple désuétude*.

1) *L'abrogation expresse.*

256. — Le législateur en édictant une loi nouvelle énumère parfois les dispositions anciennes qu'il entend abroger. Cette abrogation peut désigner des dispositions particulières, des lois entières, ou même avoir une portée très générale, telle la loi du 30 ventôse an XII qui a promulgué le Code civil et dont l'article 7 a abrogé en bloc l'ancien droit dans les domaines régis par le nouveau code.
Il arrive parfois que le législateur abroge une disposition à laquelle une autre loi, restée en vigueur, se référait. C'est *l'abrogation « par ricochet »* (47). Si la loi nouvelle substitue à la disposition de référence

---

en dehors d'une pénurie générale et permanente semblable à celle qui a justifié son intervention. Il semble cependant qu'elle serve aujourd'hui de fondement à des plans de répartition autoritaires consécutifs à des réductions temporaires de production dues, notamment, à des grèves.
(45) V. *infra*, nᵒˢ 261 et s.
(46) V. *infra*, nᵒ 265.
(47) V. MARTY et RAYNAUD, *Introduction*, p. 183, nᵒ 104.

une autre règle, il y aura lieu normalement, d'appliquer celle-ci (48). Si la disposition de référence est purement et simplement supprimée, il est possible d'admettre son maintien par intégration dans la loi qui s'y référait, sauf impossibilité tenant, par exemple, à la disparition d'un organe ou d'une procédure nécessaire à son application.

Il n'y a pas abrogation de la loi ancienne lorsqu'à l'occasion d'une codification une modification est apportée par inadvertance aux textes antérieurs (49).

L'abrogation est parfois jugée insuffisante. C'est ainsi que les règles édictées par le Gouvernement insurrectionnel de la Commune de Paris ont été considérées comme inexistantes après avoir été appliquées (50). La technique de *l'annulation* a été utilisée par l'Ordonnance du 9 août 1944, « sur le rétablissement de la légalité républicaine », aux dispositions législatives et réglementaires édictées par le Gouvernement de Vichy, considéré comme une simple « autorité de fait ». Il n'était pas possible cependant d'annuler sans distinction toute la législation promulguée durant cette période de quatre ans. Seules certaines dispositions ont été immédiatement annulées. Quant aux autres, l'ordonnance d'août 1944 prévoyait la constatation de leur nullité par un texte spécial. Finalement, à l'exception des textes figurant sur quelques listes publiées après 1944, la plupart des actes du Gouvernement de Vichy ont été maintenus. De plus la nullité n'a joué de façon rétroactive qu'à l'égard de dispositions particulièrement inacceptables. Pour les autres elle a joué comme une simple abrogation laissant subsister les effets passés (51).

2) L'abrogation tacite.

257. — Il y a abrogation tacite lorsque les dispositions nouvelles sont inconciliables avec les anciennes et incompatibles avec leur maintien (51-1). La loi ancienne n'est abrogée que dans cette limite (52). Il est parfois

---

(48) V., en ce sens, Cass. civ., 2e, 25 février 1965, *Bull. civ.*, II, n° 201, p. 141, qui applique au recours formé par un procureur général contre l'élection d'un conseiller prud'homme le délai de 15 jours prévu par l'article 36 du décret du 3 août 1961, substitué à celui de 5 jours prévu par l'article 11 de la loi du 14 janvier 1933 relative à l'élection des membres des tribunaux de commerce auquel renvoyait l'article 32 du décret du 22 décembre 1958 relatif aux conseils de prud'hommes.

(49) V. Cass. soc., 22 mai 1975, *Bull. civ.*, V, n° 268, p. 237, pour l'article L. 35-2 du nouveau code du travail dans lequel la conjonction « *ou* » avait été substituée à la conjonction « *et* » dans le décret du 15 novembre 1973 de codification.

(50) V. Marty et Raynaud, *Introduction*, p. 183, n° 104. — Cass. civ., 27 novembre 1872, 3 arrêts, D. P. 1873. 1. 203.

(51) V. Cass. com., 22 mai 1962, *Bull. civ.*, n° 273, p. 225. — Cf. Marty et Raynaud, *Introduction*, p. 184, n° 104, et notes 3 et 4, la doctrine et la jurisprudence citées.

(51-1) V. par exemple, Cass. soc., 4 mars 1987, *Bull. civ.*, V, n° 104, p. 67.

(52) V. Cass. crim., 12 mai 1960, J. C. P. 1960. II. 11765, note Rodière. — Cass. civ. 1re, 11 juillet 1972, *Bull. civ.*, I, n° 180, p. 157.

difficile de déterminer si la loi nouvelle abroge effectivement les dispositions anciennes et, dans l'affirmative, l'étendue exacte de cette abrogation. En l'absence d'abrogation expresse il faut présumer que les lois sont compatibles et préciser leurs domaines respectifs (52-1).

Et la Cour de cassation a jugé, le 27 avril 1988 (52-2), qu'à défaut de disposition expresse de la nouvelle loi, il ne pouvait y avoir d'abrogation rétroactive et implicite de la loi ancienne.

On distingue de façon classique entre les *lois spéciales* et les *lois générales* (53). L'adoption d'une loi générale n'entraîne pas forcément l'abrogation d'une loi spéciale plus ancienne qui subsiste alors comme une exception à la règle nouvelle (54). Par exemple l'article 38 de la loi du 13 juillet 1967 portant réforme de la faillite, qui confère au syndic le droit d'exiger la continuation des contrats en cours n'a pas abrogé l'article 18, alinéa 1er, de la loi du 13 juillet 1930 qui autorise l'assureur au cas de faillite de l'assuré à résilier dans un certain délai le contrat d'assurance (55). Il a également été jugé que l'article 761 du Code général des impôts n'avait pas abrogé les dispositions spéciales de l'arrêté du 21 prairial an IX qui instaurait un régime spécial pour déterminer la valeur des immeubles situés en Corse, taxables au titre des successions (55-1). De même, il a été jugé que la loi générale du 5 juillet 1985, concernant les accidents de la circulation, n'avait pas abrogé l'article 20 de la loi spéciale du 8 août 1962 qui exclut toute action de droit commun du prestataire victime d'un accident de travail à l'encontre du bénéficiaire de l'entraide agricole (55-2). Réciproquement une loi spéciale n'abroge la loi générale antérieure que dans le domaine particulier qu'elle est appelée à régir (55-3). Elle introduit une dérogation (56).

L'abrogation suppose normalement des lois dont l'objet est identique. La question a donné lieu en matière d'affichage à deux décisions qui illustrent bien la difficulté. L'une déduit d'une loi fiscale du 22 décembre 1959 soumettant à une taxation spéciale certaines formes de publicité, notamment par panneau-réclame, l'abrogation des dispositions pénales antérieures qui les sanctionnaient (57). La solution est

---

(52-1) V. par exemple, Cass. civ. 1re, 26 novembre 1985, *Bull. civ.*, I, n° 318, p. 281.

(52-2) *Bull. civ.*, II, n° 101, p. 52 ; D. 1988, *Inf. rap.*, p. 133.

(53) V. R. GASSIN, *Lois spéciales et droit commun*, D. 1961, chron. p. 91.

(54) C'est ainsi qu'il faut comprendre la maxime : *legi speciali per generalem non derogatur.*

(55) V., en ce sens, Cass. com., 5 juillet 1971, *Bull. civ.*, IV, n° 188, p. 177.

(55-1) Cass. com., 4 décembre 1984, *Bull. civ.*, IV, n° 330, p. 268.

(55-2) Ass. plén., 22 décembre 1988, *Bull. civ.*, n° 9, p. 13.

(55-3) V. par exemple, Cass. com., 24 juin 1980 (2 arrêts), *Bull. civ.*, IV, n°s 271-272, p. 218-219.

(56) C'est ce qu'exprime la maxime : *specialia generalibus derogant.*

(57) Paris, 20 mars 1961, J. C. P. 1961. II. 12094, note AYMOND.

contestable car le droit fiscal, qui appréhende la réalité, ne lui confère pas pour cela un caractère licite. L'autre déduit d'une ordonnance de police du 14 décembre 1933, interdisant d'élever en bordure de la voie publique des palissades de plus de quatre mètres de hauteur, la nullité d'un contrat d'affichage publicitaire, malgré la loi du 12 avril 1943 et l'arrêté du 25 août 1952, en observant que ces textes postérieurs ne visaient que l'affichage et non la sécurité publique (58).

3) *L'abrogation par désuétude.*

258. — La question est de savoir si le simple fait qu'un texte soit resté sans application, alors qu'il y aurait eu matière à son intervention, suffit à entraîner son abrogation.

Sur le principe la jurisprudence est bien fixée. La loi ne peut être abrogée par simple désuétude (59).

Il n'est pas certain cependant que ce principe exprime toute la réalité, qui ne peut être comprise qu'à travers les rapports entre la loi et la coutume. Il s'agit de savoir, en effet, s'il peut y avoir une coutume contraire à la loi, *contra legem* (60).

§ 2. — Le domaine de la loi

259. — **Nécessité et inconvénients de la « décadence » de la loi.**

L'esprit de 1789 se caractérisait par un fétichisme à l'égard de la loi, seule expression de la souveraineté nationale. Cette conception, toujours présente dans la constitution de 1875, a perdu de nos jours beaucoup de sa force.

Cette décadence de la loi, au profit du règlement, a été regrettée (61). On fait valoir cependant que la règle de droit ne répond plus aux mêmes besoins qu'autrefois. Il ne s'agit plus de donner seulement quelques règles de vie sociale, essentiellement morales. Il faut organiser l'économie au moyen d'injonctions précises, constamment tenues à jour. Le Parlement ne pourrait répondre à ce besoin, en raison de sa relative lenteur dans l'élaboration de la loi.

---

(58) Cass. com., 19 mars 1975, *Bull. civ.*, IV, n° 88, p. 72.

(59) V. pour l'application d'un Édit de 1776 faisant obligation aux boulangers d'exercer leur profession, Cass. crim., 17 janvier 1923, D. P. 1923. 1. 49 et Cass. Ch. réunies, 5 mars 1924, D. 1924. 1. 81, note GARAUD. — Pour le décret-loi du 2 mars 1848 prohibant le marchandage inappliqué pendant un demi-siècle, Cass. Ch, réunies, 31 janvier 1901, D. P. 1901. 1. 169. — Cf. Cass. com., 16 mai 1949, D. 1950, p. 629, note RIPERT. — Cass. civ. 1re, 19 novembre 1957, *Gaz. Pal.*, 1958. 1. 117.

(60) V. *infra*, n°s 503 et s.

(61) Cf. P. DURAND, *La décadence de la loi dans la Constitution de 1958*, J. C. P. 1959. 1. 1470.

L'observation est exacte. Mais les règlements administratifs ont de graves défauts. En premier lieu, tandis que les lois parlementaires sont relativement rares par la force des choses, les règlements émanant des bureaux de l'Administration ne connaissent aucun frein. La conséquence en est un accroissement de l'inflation législative déjà dénoncée. En second lieu, le règlement est une œuvre de spécialiste. « Celui-ci voit clairement les résultats utiles à atteindre dans son coin, et rien ne lui paraît désormais plus important ; mais il est incapable de les rapporter à l'ensemble des affaires humaines, en se demandant s'ils ne feront pas surgir ailleurs des inconvénients plus considérables... » (62). Enfin leur interprétation est rendu plus difficile par l'absence de travaux préparatoires.

En revanche les règlements sont soumis à un contrôle de légalité beaucoup plus strict que le contrôle de la constitutionnalité des lois.

On peut déplorer la décadence de la loi. C'est en tout cas un fait. Son domaine s'est constamment restreint au profit de celui du règlement. La Constitution de 1946 s'était efforcée de réduire les empiètements du pouvoir réglementaire, d'ailleurs en vain. La Constitution de 1958, au contraire, a sensiblement aggravé la réduction du domaine de la loi, en maintenant sous le nom d'ordonnances, la pratique des décrets-lois, et surtout en faisant de la compétence du Parlement une compétence d'attribution.

Pour comprendre la portée de *l'innovation réalisée en 1958* il faut partir du *régime antérieur*.

I. — *Le régime antérieur à la Constitution de 1958.*

260. — Aucune matière n'était interdite à la loi et les plus importantes lui étaient réservées.

Avant 1958, et sous réserve de la pratique des décrets-lois, la supériorité de la loi sur le règlement était certaine. Son domaine était en effet illimité : aucune matière ne lui était interdite. Elle pouvait abroger ou modifier une loi ou un décret sur n'importe quelle question. En outre certaines matières lui étaient exclusivement réservées de par la tradition républicaine. Il s'agissait pratiquement des questions les plus importantes ; ce qui incluait notamment l'ensemble du droit civil. La primauté de la loi, héritée de l'idéologie révolutionnaire était ainsi affirmée.

---

(62) J. CARBONNIER, *Introduction*, § 113, p. 186.
(63) G. VEDEL et P. DELVOLVÉ, *Droit administratif*, t. 1, 11ᵉ éd., 1990, P. U. F., p. 39. — A. TOUFFAIT, concl. avant Cass. crim., 26 février 1974, D. 1974, p. 276.
(64) P. DURAND, précité.

II. — *La Constitution de 1958 a posé des principes inverses.*

261. — **La loi n'a plus qu'une compétence d'attribution réduite en certains domaines aux « principes fondamentaux ».**

Désormais les deux pouvoirs, législatif et réglementaire, ont chacun leur domaine réservé. La loi ne peut empiéter sur le domaine réglementaire ; comme le règlement ne peut empiéter sur le domaine législatif. C'est que la nouvelle Constitution tire les conséquences de ce que le Parlement n'est plus, à lui seul, l'incarnation de la Nation. Elle reconnaît virtuellement au Chef de l'État et au Gouvernement, concurremment avec le Parlement, le pouvoir d'exprimer la volonté générale (63). Il en résulte ce qu'on a pu qualifier une « décadence de la loi » (64).

Mais celle-ci est accentuée par la façon même dont est opérée la délimitation des deux domaines réservés (65).

Dans la Constitution, l'article 34, dont les dispositions peuvent d'ailleurs être modifiées par une loi organique, énumère les matières réservées à la loi. Toutes les autres questions sont du domaine du règlement. Autrement dit le principe est la compétence réglementaire ; la compétence législative n'est qu'une compétence d'attribution, qui doit résulter d'une disposition expresse (65-1).

Bien plus, à l'intérieur du domaine législatif, la Constitution distingue deux types de matières. Certaines sont entièrement réservées à la loi. Pour le droit civil, il s'agit de l'état et de la capacité des personnes, ce qui inclut la famille, des régimes matrimoniaux, des successions et des libéralités, donations et testaments. D'autres ne sont

---

(65) V. Rivero, *Regards sur les institutions de la Ve République*, D. 1958, chron. p. 259 et s. — Durand, *La décadence de la loi dans la Constitution de la Ve République*, J. C. P. 1959. I. 1469-1470. — L'Huillier *La délimitation de la loi et du règlement* D. 1959, p. 173. — Morange, *La hiérarchie des textes dans la Constitution du 4 octobre 1958*, D. 1959, chron. p. 21. — De Soto, *La loi et le règlement dans la Constitution du 4 octobre 1958*, Rev. dr. publ., 1959, p. 240. — L. Hamon, *Les domaines de la loi et du règlement et la recherche d'une frontière*, D. 1960, chron. p. 253. — J. Soubeyrol, *La définition de la loi et la Constitution de 1958*, Act. jur. dr. adm., 1960. I. p. 437. — M. Waline, *Les rapports entre la loi et le règlement*, Rev. dr. publ., 1959, p. 699. — Levasseur, *Une révolution en droit pénal : le nouveau régime des contraventions*, D. 1959, chron. p. 121. — Lachaume, *La délimitation des domaines respectifs de la loi et du règlement dans le droit de l'aide sociale*, Rev. Aide Sociale, janvier-mars 1962. — L. Hamon, *La distinction des domaines de la loi et du règlement en matière de sécurité sociale, de droit syndical et de droit du travail*, Dr. soc., 1964, p. 408. — *Notes et Études documentaires* n° 2959, par M. Groux.

(65-1) V. cependant M. Monin, *1989 ; Réflexions à l'occasion d'un anniversaire : trente ans de hiérarchie des normes*, D. 1990, chron. VI, p. 27 et s., qui conteste l'idée que le Parlement ne dispose plus que d'une compétence d'attribution.

que partiellement réservées à la loi. Le Parlement est seulement qualifié pour poser « les principes fondamentaux ». En revanche les règles techniques de mise en œuvre de ces principes sont de la compétence du Gouvernement. Pour le droit civil, il s'agit du régime de la propriété, des droits réels, des obligations civiles et commerciales, en particulier les contrats et la responsabilité.

Sur le plan technique, on a fait observer qu'il serait pratiquement impossible, ou tout au moins très difficile de distinguer les principes fondamentaux de leur mise en œuvre. De plus les principes fondamentaux sont généralement assez fixes. Ce qui évolue surtout ce sont les moyens techniques permettant de les mettre en œuvre. Si bien que sur ce terrain la compétence du Parlement pouvait paraître plus apparente que réelle.

Le Conseil constitutionnel qui a dû préciser, avec le Conseil d'État, le domaine de la loi et du règlement n'a pu s'en tenir à la distinction fondée sur les principes fondamentaux. Mais cela touche au contrôle de la constitutionnalité des lois.

§ 3. — LA CONSTITUTIONNALITÉ DES LOIS

262. — La loi est subordonnée à la Constitution dans la hiérarchie des normes juridiques. Elle ne peut donc aller, en principe, à l'encontre de celle-ci. Mais l'efficacité de ce principe est subordonnée à un contrôle de la constitutionnalité des lois. Or les *juridictions administratives et judiciaires* se refusent à l'exercer. Quant au *Conseil constitutionnel* son contrôle reste encore limité.

I. — Les juridictions administratives et judiciaires.

263. — *A priori* le juge chargé d'appliquer la loi pourrait auparavant vérifier sa constitutionnalité. Un tel système est concevable (66). On pourrait même penser que ce contrôle est pour le juge une obligation (67). Il existe, en effet, dans certains pays, notamment aux États-Unis. Il a cependant l'inconvénient d'amener le juge à intervenir dans des discussions d'ordre politique. On a pu parler aux États-Unis d'un gouvernement des juges (68). En France une telle intervention n'est guère

---

(66) V. GÉNY, *De l'inconstitutionnalité des lois*, J. C. P. 1947. I. 613.

(67) Sur la base du raisonnement célèbre de la Cour Suprême des États-Unis dans l'affaire *Marbury v. Madison*.

(68) V. E. LAMBERT, *Le gouvernement des juges*, 1921. — MATHIOT, *Les offensives du Congrès des États-Unis contre la jurisprudence constitutionnelle de la Cour Suprême*, in *Mélanges M. Waline*, t. I, p. 47, 1974. — VIALLE, *La Cour Suprême et la représentation politique aux États-Unis*, thèse, 1972.

compatible avec la subordination dans laquelle, traditionnellement, est maintenu le pouvoir judiciaire (68-1).

En fait, sous l'empire des diverses constitutions républicaines les juges se sont toujours réfusés à contrôler la constitutionnalité des lois (69). Le Conseil d'État s'est déclaré à maintes reprises incompétent (70). Quant à la Cour de cassation, après avoir hésité à l'affirmer clairement, elle a aujourd'hui précisé sa position de façon très nette : aucun texte n'autorise les tribunaux judiciaires à connaître d'une exception d'inconstitutionnalité (71). Elle a même précisé qu'il n'appartenait pas à une juridiction de prendre l'initiative de solliciter l'avis du Conseil d'État sur l'exception d'inconstitutionnalité d'une loi opposée par l'une des parties (72).

Il n'y a donc **aucun contrôle des juridictions administratives ou judiciaires sur la constitutionnalité des lois.** Ce contrôle est exercé cependant, quoique de façon assez limitée, par le Conseil constitutionnel.

(68-1) Un auteur a cependant suggéré d'investir les juridictions judiciaires et administratives d'un pouvoir de contrôle de conformité de la loi à la constitution par voie d'exception, A. PELLET, note sous Cons. const., 15 janvier 1975, *Gaz. Pal.*, 1976, I, p. 28. — L'idée a été ultérieurement reprise par M. BADINTER, président du Conseil constitutionnel, v. sur cette proposition, F. CHEVALLIER, *L'exception d'inconstitutionnalité. L'État de droit et la construction de la Communauté européenne*, D. 1989, chron. XXXIX, p. 255 et s.

(69) V. M. MIGNON, *Le contrôle juridictionnel de la constitutionnalité des lois*, D. 1952, chron. p. 45.

(70) C. E. Ass., 20 octobre 1989, *Roujanski*, J. C. P. 1989.II.21371, concl. FRYDMAN. V. not Cons. d'État, 10 juillet 1954, *Gaz. Pal.*, 1954, 2. 295. — Cons. d'État, 6 novembre 1936, D. 1938. 3. 1, concl. LATOURNERIE, note EISENMANN.

(71) V., en ce sens, Cass. civ., 20 décembre 1956, *Bull. civ.*, II, n° 714. — 3 janvier 1958, *Bull. civ.*, II, n° 2, p. 2. — 3 février 1960, *Bull. civ.*, II, n° 85, p. 55, à propos de la loi du 17 janvier 1948 instituant l'allocation vieillesse des personnes non salariées. — Cass. crim., 26 février 1974, D. 1974, p. 273, concl. TOUFFAIT. — G. DRUESNE, *La jurisprudence constitutionnelle des tribunaux judiciaires sous la Ve République, Rev. dr. public*, 1974, p. 169. — Adde : Paris, 15e ch., 6 mai 1975, J. C. P. 1975. II. 18128, note M. BOITARD, qui affirme que les juridictions civiles n'ont pas « qualité pour dire si un texte réglementaire contient des dispositions contraires aux principes fondamentaux régissant les obligations civiles », et s'il empiète ainsi sur le domaine que la Constitution a réservé à la loi parlementaire. — Cass. civ. 1re, 1er octobre 1986, *Bull. civ.*, I, n° 232, p. 222 ; D. 1986, *Inf. rap.*, p. 457 ; J. C. P. 1987.II.20894, note E. AGOSTINI : « les tribunaux doivent appliquer la loi sans pouvoir en écarter certaines dispositions en raison de leur prétendue contrariété à des principes de caractère constitutionnel et en particulier aux dispositions de la Déclaration des droits de l'homme du 26 août 1789 auxquelles le préambule de la constitution s'est borné à renvoyer ». — La Chambre criminelle de la Cour de cassation affirme également que « les juges répressifs sont tenus d'appliquer la loi en toutes ses dispositions sans pouvoir en apprécier la constitutionnalité », Cass. crim., 12 juin 1989, D. 1989, p. 585, rapport J. SOUPPE, note F. DERRIDA.

(72) **Cass. civ. 2e, 18 mai 1960**, *Bull. civ.*, II, n° 325, p. 221.

II. — *Le Conseil constitutionnel.*

264. — Le Comité constitutionnel dans la Constitution de 1946.
A défaut d'une sanction judiciaire on peut confier à un organisme spécialisé le contrôle de la constitutionnalité des lois. C'est le système qui a été adopté, d'abord de façon timide dans la Constitution de 1946, puis de façon plus nette dans celle de 1958.

La Constitution de 1946, dans ses articles 91 à 93, instituait un Comité constitutionnel composé de douze membres. Il avait pour mission d'examiner si les lois votées « supposaient une révision de la Constitution » ; en d'autres termes si elles étaient en contradiction avec celle-ci. Dans l'affirmative ce Comité devait d'abord s'efforcer, par une procédure de conciliation, d'obtenir des amendements qui rendent le texte conforme à la Constitution. A défaut il émettait un avis constatant le caractère inconstitutionnel de la loi ; mais il ne pouvait l'annuler. Si, malgré cet avis, le Parlement maintenait son vote, la promulgation de la loi était retardée jusqu'à ce que la Constitution ait été revisée selon la procédure prévue à cet effet. Ce contrôle était pratiquement très réduit.

La Constitution de 1958 a créé un Conseil constitutionnel (73).

A. — Les cas de saisine du Conseil constitutionnel.

265. — Le contrôle de constitutionnalité des lois.
Selon l'article 61, alinéa 2, de la Constitution, toutes les lois peuvent lui être déférées, **avant leur promulgation** pour vérification de leur conformité à la Constitution. Si une disposition est déclarée inconstitutionnelle elle ne peut être promulguée ni mise en application. Les décisions du Conseil ne sont susceptibles d'aucun recours. Elles s'imposent aux pouvoirs publics et à toutes autorités administratives et juridictionnelles (74).

---

(73) V. L. FAVOREU, *Le Conseil constitutionnel régulateur de l'activité normative des pouvoirs publics,* Rev. dr. publ., 1967, p. 5. — Cl. FRANCK, *Les fonctions juridictionnelles du Conseil constitutionnel et du Conseil d'État dans l'ordre constitutionnel,* thèse Paris, 1974. — J. LARCHÉ, *Le Conseil constitutionnel organe du pouvoir d'État,* Act. jur. dr. adm., 1972, p. 132. — L. FAVOREU et L. PHILIP, *Le Conseil constitutionnel,* Que sais-je ?, 2e éd. ; *La protection des droits fondamentaux par les juridictions constitutionnelles en Europe,* Colloque Aix-Marseille, 19-21 février 1981. — Ch. EISENMANN, F. HAMON, C. WIENER, M. CEORA, M. GJIDARA, *Sur le contrôle constitutionnel en France, aux États-Unis, en Italie, en R. F. A. et dans les pays socialistes : le contrôle de la constitutionnalité des lois en France et à l'étranger.* — L. HAMON, *Les juges de la loi, Naissance et rôle d'un contre-pouvoir : le Conseil constitutionnel,* Fayard, 1987. — L. FAVOREU, *La décision de constitutionnalité,* Rev. intern. dr. comp., 1986, p. 611 et s.
(74) L. FAVOREU et L. PHILIP, *Les grandes décisions du Conseil constitutionnel,* 5e éd., Sirey, 1989. — *Adde :* L. FAVOREU, *La Cour de cassation, le Conseil constitutionnel et l'article 66 de la Constitution,* D. 1986, chron. XXVIII, p. 169 et s. — L. FAVOREU, *La décision de constitutionnalité,* Rev. intern. dr. comp., 1986, p. 624 à 633 sur l'autorité de la chose jugée des décisions du Conseil constitutionnel.

Le Conseil constitutionnel a lui-même précisé l'étendue de l'autorité de ses décisions dans un arrêt du 20 juillet 1988 (74-1), en jugeant que l'autorité de la chose jugée est limitée à la déclaration d'inconstitutionnalité visant certaines dispositions de la loi qui lui était alors soumise ; elle ne peut être utilement invoquée à l'encontre d'une autre loi conçue, d'ailleurs, en des termes différents. Mais, dans un arrêt du 8 juillet 1989 (74-2), le Conseil a précisé qu' « il n'en va pas ainsi lorsque les dispositions de cette loi, bien que rédigées sous une forme différente, ont, en substance, un objet analogue à celui des dispositions législatives déclarées contraires à la Constitution ». C'est affirmer clairement que les décisions rendues par le Conseil ont un caractère juridictionnel (74-3).

Un auteur a soutenu que la fonction de contrôle de constitutionnalité des lois n'était pas juridictionnelle (74-4). S'attachant tout d'abord à cerner la nature juridique du Conseil, M. Ballat, recourant à une méthode d'interprétation exégétique, estime que ni la Constitution ni les autres textes relatifs au Conseil n'ont entendu lui conférer une nature juridictionnelle pour toutes ses fonctions. Ensuite, examinant la nature du contrôle exercé par le Conseil, l'auteur estime qu'en étendant son contrôle par rapport à des normes en fait créées de toutes pièces le Conseil n'exerce pas un contrôle « norme à norme » qui serait seul compatible avec la qualification de juridiction constitutionnelle. L'absence de débat contradictoire et la possibilité de statuer *ultra petita* seraient des indices révélateur de l'absence de fonction juridictionnelle dévolue au Conseil. Enfin, l'argument tiré de l'autorité de la chose jugée qui serait attachée aux décisions du Conseil serait dépourvu de pertinence en raison, d'une part, de conflits entre le Conseil constitutionnel et le Conseil d'État

---

(74-1) D. 1989, p. 269, note F. LUCHAIRE.

(74-2) J. C. P. 1990.II.21409, note C. FRANCK.

(74-3) En raison de la nature juridictionnelle des décisions du Conseil, un auteur, le doyen Carbonnier (*Introduction*, § 122, p. 195, *in fine* et 196 *in limine*), a émis l'idée qu'un plaideur pourrait utilement soutenir qu'une disposition législative serait contraire à un motif de droit constitutionnel, de sorte qu'indirectement, par le biais de l'article 62 de la Constitution, les particuliers seraient habilités à soulever devant les tribunaux une exception d'inconstitutionnalité. En raison de la conception retenue par le Conseil constitutionnel de l'autorité de ses décisions dans son arrêt du 20 juillet 1988, il semblait que cela ne soit pas possible, la théorie processualiste dite des « motifs décisoires » paraissant être écartée. Mais, dans son arrêt du 8 juillet 1989 (cité à la note précédente), le Conseil a expressément adopté cette théorie en retenant que l'autorité des décisions visées par l'article 62 « s'attache non seulement à leur dispositif mais aussi aux motifs qui en sont le soutien nécessaire et en constituent le fondement même » (v. déjà en ce sens, Cons. const., 16 janvier 1962, S. 1963, p. 303, note HAMON). Dans ces conditions, aucun obstacle ne s'oppose à ce que, conformément à l'idée émise par le doyen Carbonnier, les juges judiciaires accueillent désormais une exception d'inconstitutionnalité. Mais, si l'on adhère à la thèse de M. Ballat (v. la note suivante) l'exception d'inconstitutionnalité semble recevable.

(74-4) J.-C. BALLAT, *La nature juridique du contrôle de constitutionnalité des lois dans le cadre de l'article 61 de la Constitution de 1958*, P. U. F., 1983, préface D. LÉVY.

et, d'autre part, en raison des termes de l'article 62, alinéa 2 qui confère aux décisions du Conseil une « autorité absolue » et non une « autorité de la chose jugée ». M. Ballat soutient alors que la fonction de contrôle de constitutionnalité des lois est de nature législative — dernière étape de la procédure législative —, tout en estimant que le Conseil n'est pas un organe politique. Un argument intéressant est avancé par l'auteur : le contrôle est réalisé *a priori*, c'est-à-dire avant que la loi ne soit promulguée, avant que la loi ne soit vraiment loi. C'est pourquoi il n'y a pas annulation de la loi mais *déclaration de non-conformité à la Constitution*. Cependant l'admission récente par le Conseil constitutionnel de l'*exception d'inconstitutionnalité*, à certaines conditions, retire à cet argument une partie de sa force.

En vertu de l'article 61 de la Constitution, une loi promulguée ne peut être ultérieurement déférée au Conseil constitutionnel. Même si elle enfreint des normes à valeur constitutionnelle elle doit être appliquée.

Dans un premier temps, le Conseil appliquait à la lettre l'article 61 en jugeant que « la conformité à la constitution de ces lois (les lois promulguées) ne peut être mise en cause même par voie d'exception devant le Conseil constitutionnel dont la compétence est limitée par l'article 61 de la Constitution à l'examen des lois avant leur promulgation » (74-5).

En 1985, le Conseil constitutionnel a modifié sa jurisprudence. Il a posé le principe que la régularité au regard de la Constitution des termes d'une loi promulguée peut utilement être contestée à l'occasion de l'examen de dispositions législatives qui la modifient, la complètent ou affectent son domaine (74-6). Le Conseil constitutionnel accepte donc de contrôler **par voie d'exception la constitutionnalité d'une loi promulguée.**

Mais, après avoir paru admettre la recevabilité de cette exception d'inconstitutionnalité dans le domaine du contentieux électoral (74-7), le Conseil constitutionnel l'a finalement écartée dans un arrêt du 21 octobre 1988 en jugeant qu'il « ne peut être appelé à statuer sur la conformité d'une loi à la Constitution que dans les cas et suivant les modalités définis par son article 61 » (74-8). Comme l'observe l'annotateur de l'arrêt, le Conseil a manifestement voulu fermer la porte à l'exception d'inconstitutionnalité dans le contentieux électoral (art. 59).

La portée du contrôle de constitutionnalité des lois reste cependant

---

(74-5) Cons. const., 27 juillet 1978, *Rec.*, p. 29.

(74-6) Cons. const., 25 janvier 1985, D. 1985, p. 361, note F. Luchaire ; J. C. P. 1985.II.20356, note C. Franck.

(74-7) Cons. const., 4 juin 1988, D. 1988, p. 445, note F. Luchaire. — *Contra* Cons. const., 1er avril 1986, *Rec.*, p. 33.

(74-8) D. 1989, p. 285, note F. Luchaire.

assez limitée. En effet le Conseil constitutionnel ne peut être saisi que par le Président de la République, le Premier ministre ou le Président de l'Assemblée Nationale ou du Sénat. Cependant la loi constitutionnelle du 29 octobre 1974 a permis que le Conseil soit saisi à la demande de soixante députés ou soixante sénateurs (75), faculté qui a été immédiatement utilisée et dont l'importance pratique est aujourd'hui considérable puisqu'elle permet à l'opposition de saisir le Conseil constitutionnel.

Les particuliers ne peuvent donc pas invoquer l'inconstitutionnalité des lois.

265-1. — Le contrôle des compétences.

Selon l'article 41 de la Constitution, si une proposition de loi ou un amendement soumis au Parlement porte sur une matière réservée au règlement le Gouvernement peut opposer l'irrecevabilité du projet. Au cas de désaccord avec le Président de l'Assemblée intéressée, la difficulté est tranchée par le Conseil constitutionnel. Si l'irrecevabilité n'a pas été soulevée et que le texte ait été voté, le Conseil constitutionnel peut encore le déclarer inconstitutionnel en vertu de l'article 61 de la Constitution. Le domaine réservé au règlement est ainsi fermement préservé (76).

Le Conseil constitutionnel intervient encore pour délimiter le domaine respectif de la loi et du règlement en vertu de la procédure particulière instituée par l'article 37, alinéa 2, de la Constitution (77). Lorsqu'une loi est intervenue, postérieurement à l'entrée en vigueur de la Constitution, dans le domaine réservé au règlement, elle n'en est pas moins valable car elle n'est pas inconstitutionnelle par le seul fait qu'elle

---

(75) V. Cl. FRANCK, *Le nouveau régime des saisines du Conseil constitutionnel*, J. C. P. 1975.I.2678. — Th. RENOUX, *1974-1978 : Bilan d'une réforme à propos de l'élargissement de la saisine du Conseil constitutionnel*, Rev. recherche jur., 1978, n° 6.

(76) V. A. H. MESNARD, *Dix années de jurisprudence du Conseil constitutionnel en matière de répartition des compétences législatives et réglementaires*, Act. jur. dr. adm., 1970, p. 279 et s. — CHENOT, *L'exception d'inconstitutionnalité devant le Conseil constitutionnel*, Act. jur. dr. adm., 1982, p. 59. — A. COHEN, *La jurisprudence du Conseil constitutionnel relative au domaine de la loi d'après l'article 34 de la Constitution*, Rev. dr. publ., 1963, p. 745.

(77) V. L. FAVOREU, *La délégalisation des textes de forme législative par le Conseil constitutionnel*, Mélanges M. Waline, 1974, t. II, p. 428 et s. — *A propos de la réforme de l'A. N. V. A. R. ; Remarques sur le mécanisme de déclassement des lois de l'article 37 de la Constitution*, note Y. GAUDEMET, sous Cons. const., 30 mai 1979, D. 1980, p. 121.

empiète sur le domaine réglementaire (77-1). Cependant elle peut être modifiée par un décret en Conseil des Ministres, après avis du Conseil d'État. Mais ces décrets ne peuvent être pris que si le Conseil constitutionnel, saisi par le Premier Ministre, a préalablement constaté qu'il s'agissait bien d'une question du domaine du règlement. Ainsi le Gouvernement ne dispose pas du pouvoir d'apprécier si une loi n'a pas empiété sur le domaine réglementaire. Celle-ci est présumée contenir des dispositions relevant du domaine de la loi. Mais c'est une présomption simple. Le Conseil constitutionnel peut « délégaliser » le texte qui lui est soumis, ce qui autorise sa modification par voie réglementaire.

Conformément à l'article 62, alinéa 2 de la Constitution, la décision du Conseil constitutionnel s'impose aux autorités juridictionnelles. Dans un important arrêt *Société anonyme Établissements Outters*, du 20 décembre 1985 (77-2), le Conseil d'État a reconnu aux décisions de « délégalisation » une autorité de chose jugé, de sorte que la décision du Conseil s'imposait au juge administratif. Donc, lorsque le Conseil constitutionnel juge que telle matière fait partie du domaine du règlement, le Conseil d'État se conforme à cette qualification pour retenir sa compétence juridictionnelle.

B. — Le contrôle du Conseil constitutionnel.

266. — L'élargissement du contrôle du Conseil constitutionnel (77-3).

Une évolution remarquable s'est produite dans le contrôle exercé par le Conseil constitutionnel (78).

(77-1) Cons. const., 30 juillet 1982, D. 1984, *Inf. rap.*, p. 473, obs. L. HAMON ; *Rec.*, p. 57. — Cons. const., 19 janvier 1984, D. 1985, *Inf. rap.*, p. 357, obs., L. HAMON. — Cons. const., 23 janvier 1987, D. 1988, p. 117, note F. LUCHAIRE. Dans cette espèce la loi était intervenue dans une matière pour laquelle le Parlement avait habilité le gouvernement à agir par voie d'ordonnances.

(77-2) D. 1986, p. 283, note L. FAVOREU.

(77-3) Cf. C. LEPAGE-JESSUA, *Bilan et perspectives de la jurisprudence constitutionnelle, Gaz. Pal.*, 1986, doctr. 2e sem., p. 665 et s.

(78) V. L. FAVOREU, *op. cit.*, p. 440. — A. M. MESNARD, *op. cit.*, spécialement p. 270. — Cf. J. RIVERO, *Les « principes fondamentaux reconnus par les lois de la République » : une nouvelle catégorie constitutionnelle ?* D. 1972, chron. p. 265. ; — *Le domaine de la loi et du règlement*, Colloque d'Aix-en-Provence, Presses universitaires d'Aix-Marseille, 1978. — J. CADART, *Institutions politiques et droit constitutionnel*, 2e éd., 1980, p. 1068 et s. — LUCHAIRE, *La loi et le règlement depuis la Constitution de 1958. Le Conseil constitutionnel*, Cours D. E. A. droit public Paris I, 1978-1979. — Y. GAUDEMET, note sous Cons. const., 30 mai 1979, D. 1980, p. 121. — Léo HAMON, note sous Cons. const., 24 avril 1979, D. 1981, p. 133 ; et D. 1981, I. R., p. 355.

Jusqu'en 1971 il s'est borné à contrôler la répartition des textes en fonction des articles 34 et 37 de la Constitution. Dès l'instant qu'une loi était intervenue dans l'une des matières visées par l'article 34 elle était nécessairement conforme à la Constitution.

Cette conception *minimum* a été abandonnée dans la décision du 16 juillet 1971 à propos du droit d'association (79). La loi est appréciée désormais au regard des « principes fondamentaux reconnus par les lois de la République » (80). Dans sa décision du 28 novembre 1973 (81) dans l'affaire dite « des contraventions », le Conseil a fait prévaloir le Préambule de la Constitution sur le texte de l'article 34. En revanche, dans sa décision du 15 janvier 1975 (82), il ne s'est pas reconnu le pouvoir de sanctionner, sur le fondement de l'article 55 de la Constitution, la non-conformité d'une loi à un traité international. Ultérieurement, par une décision du 21 octobre 1988 (82-1), il a apporté une exception à ce principe lorsqu'il statue en tant que *juge de l'élection* (83).

267. — En ce qui concerne le droit privé le Conseil constitutionnel et le Conseil d'État se sont prononcés sur la notion difficile des principes fondamentaux. On sait, en effet, que selon l'article 34 de la Constitution, en ce qui concerne le régime de la propriété, les droits réels et les obligations civiles et commerciales, seuls les principes fondamentaux sont déterminés par la loi.

Le Conseil constitutionnel et le Conseil d'État ont évité les deux interprétations extrêmes consistant l'une à voir dans les principes fondamentaux des principes généraux pratiquement immuables, ce qui aurait réduit à presque rien le domaine législatif utile ; l'autre à réserver au domaine de la loi toutes les questions importantes en ne laissant au Gouvernement que le soin de régler les questions accessoires ou de détail (84).

Pratiquement ils ont déterminé les principes fondamentaux par rapport

---

(79) *Act. jur. dr. adm.*, 1971, p. 537, note RIVERO.

(80) V., sur cette notion, *infra*, n° 446.

(81) D. 1974, p. 269 ; *Act. jur. dr. adm.*, 1974, p. 229, obs. RIVERO ; L. HAMON, *Contrôle de constitutionnalité et protection des droits individuels*, D. 1974, chron. p. 83. — V. *infra*, note 89.

(82) *Act. jur. dr. adm.*, 1975, p. 134, note RIVERO ; *Gaz. Pal.*, 1976. 1. 25, note A. PELLET ; D. 1975, p. 529, note L. HAMON ; *Rev. crit. dr. internat. privé*, 1975, p. 124, note P. L.

(82-1) D. 1989, p. 285, note F. LUCHAIRE.

(83) V. *infra*, n° 285.

(84) V. F. VINCENT, *L'inutilité de l'article 34 de la Constitution du 4 octobre 1958*, *Act. jur. dr. adm.*, 1965, p. 564. — P. LOUIS-LUCAS, *La loi*, D. 1964, chron. p. 197.

à la liberté dans l'exercice des droits subjectifs (85). Plus précisément ils ont posé en principe que « la libre disposition de son bien par tout propriétaire, l'autonomie de la volonté des contractants et l'immutabilité des conventions doivent être appréciées dans le cadre des limitations de portée générale qui y ont été introduites par la législation antérieure pour permettre certaines interventions jugées nécessaires de la puissance publique dans les relations contractuelles entre particuliers » (86).

C'est donc en fonction des limitations législatives antérieures à 1958 que doit être admise la compétence actuelle du pouvoir réglementaire. C'est ainsi, par exemple, que les limitations de portée générale antérieures à la Constitution apportées par le législateur au régime des débits de boisson justifient la compétence réglementaire (87). Il en est de même pour les dommages de guerre (88).

268. — D'une façon générale le Conseil constitutionnel semble évoluer dans le sens d'un **élargissement de la compétence législative,** du moins en ce qui concerne, par référence à l'article 34 de la Constitution, les garanties fondamentales accordées aux citoyens pour l'exercice des libertés publiques (89).

---

(85) Cf. A. H. MESNARD, *op. cit.,* p. 272.

(86) Cons. const., n° 59. 1. F. N. R., 27 novembre 1959, en matière de prix des baux à ferme, cité par A. H. MESNARD, *op. cit.,* p. 264. — V. sur l'autonomie de la volonté en tant que principe fondamental, G. ROUHETTE, *Droit de la consommation et théorie générale du contrat,* in *Études offertes à René Rodière,* p. 248 et s., qui montre que l'autonomie de la volonté n'est pas invoquée par le Conseil constitutionnel « comme un dogme... mais comme une hypothèse de départ, corrigée et commuée en son contraire en considération de l'état de la législation antérieure » (p. 252, n° 7).

(87) Cons. const., n° 67.44. L., 27 février 1967.

(88) Cons. const., n° 60.7. L., 8 juillet 1960. — V. A. H. MESNARD, *op. cit.,* p. 264-265 et les décisions citées par cet auteur. — G. VEDEL et P. DELVOLVÉ, *Droit administratif,* t. 1, 11e éd., 1990, P. U. F., p. 331-332.

(89) V., en particulier, Cons. const., 28 novembre 1973 (D. 1974, p. 269 ; cf. L. HAMON, *Contrôle de constitutionnalité et protection des droits individuels,* D. 1974, chron. p. 83) qui, dans une formule incidente et non nécessaire à la solution du litige, affirme que « la détermination des contraventions et des peines qui leurs sont applicables est du domaine réglementaire lorsque lesdites peines ne comportent pas de mesures privatives de liberté », ce qui signifie *a contrario* que les contraventions doivent être définies par la loi lorsqu'elles entraînent une peine d'emprisonnement. Cette solution, sans doute inspirée par le souci de réagir contre l'abus des courtes peines d'emprisonnement, n'était pas assortie de l'autorité de chose jugée, puisqu'elle n'était pas le soutien nécessaire du dispositif. Elle avait cependant incité plusieurs juridictions répressives à refuser d'appliquer des peines d'emprisonnement résultant de dispositions réglementaires. Le 17 janvier 1974 le Conseil d'État, reprenant sa jurisprudence antérieure (arrêt *Société Eky,* S. 1960, p. 131, concl. KAHN : D. 1960, p. 263, note J. L'HUILLIER ; J. C. P. 1960. II. 11629 *bis,* note G. VEDEL) a confirmé

Sous-section 3. — Les règles à valeur réglementaire.

269. — Elles émanent du pouvoir exécutif.

Il convient de distinguer entre les *ordonnances* et les *règlements*.

§ 1. — LES ORDONNANCES

270. — Il ne s'agit pas des ordonnances prévues à titre transitoire par l'article 92 de la Constitution pour la mise en place des institutions (1), ni de celles qu'autorise, en matière budgétaire, l'article 47 de la Constitution (2), mais de celles que peut prendre le Gouvernement sur l'autorisation du Parlement en vertu de l'article 38 de la Constitution. Ces *ordonnances dites « de l'article 38 »* continuent la pratique antérieure des *décrets-lois*.

I. — *La pratique des décrets-lois.*

271. — Les premiers ont été les décrets-lois Poincaré en 1924, pris pour la sauvegarde du franc. Des lois d'habilitation successive, de plus en plus fréquentes, ont ensuite autorisé le Gouvernement à se substituer au Parlement dans l'exercice du pouvoir législatif.

Les décrets-lois pris par le Gouvernement permettaient de modifier les lois antérieures et se situaient ainsi sur le même plan hiérarchique que la loi *stricto sensu*. La loi d'habilitation précisait cependant la durée et l'objet des pouvoirs donnés au Gouvernement. En outre les textes du Gouvernement devaient être soumis à la ratification du Parlement. En pratique, à la veille de l'expiration du délai fixé par la loi d'habilitation, on voyait des « trains » de décrets-lois de plus en plus nombreux paraître au *Journal Officiel*.

La Constitution de 1946 a essayé de faire obstacle à la pratique des décrets-lois.

---

dans un avis concernant un projet de décret relatif au retrait du permis de conduire la possibilité pour le pouvoir réglementaire d'assortir des contraventions de peines d'emprisonnement. Cette solution a été confirmée par la Chambre criminelle de la Cour de cassation dans un arrêt du 26 février 1974, D. 1974, p. 271, concl. A. TOUFFAIT, note R. VOUIN. — Cf. M. L. RASSAT, *Emprisonnement et contraventions*, J. C. P. 1975. I. 2740. — *Adde :* L. FAVOREU, *La contribution du Conseil constitutionnel à la protection des libertés publiques*, Rev. recherche jur., 1976, n° 1. — Cl. FRANCK, *L'évolution des méthodes de protection des droits et libertés par le Conseil constitutionnel sous la VII° législature*, J. C. P. 1986.I.3256.

(1) V. *supra*, n° 235.

(2) V. P. AMSELEK, *Le budget de l'État sous la V° république*, 1967, p. 508 et s.

Son article 13 disposait : « l'Assemblée Nationale vote seule la loi. Elle ne peut déléguer ce droit ».

Mais les décrets-lois sont très vite réapparus. On les a seulement baptisés autrement. Ils furent pris en application de « lois cadres » et présentés comme de simples décrets d'application, ou de « lois de pouvoirs spéciaux ». La loi du 17 août 1948 est d'ailleurs venue définir un certain nombre de matières ayant par leur nature un caractère réglementaire.

Ces lois ont été vivement critiquées à l'époque. On a contesté leur constitutionnalité. Mais le Conseil d'État, par avis du 6 février 1953, a déclaré que l'autorité législative avait le droit d'étendre les limites du pouvoir réglementaire, à condition de se réserver certaines matières que lui confiaient la Constitution et la tradition constitutionnelle républicaine. Même en ce domaine d'ailleurs, ajoutait le Conseil d'État, le législateur pouvait « se borner à poser les règles essentielles en laissant au Gouvernement le soin de les compléter ». C'était déjà la préfiguration du régime institué par la Constitution de 1958. Le Parlement a pris alors l'habitude d'accorder des pouvoirs spéciaux aux divers Gouvernements entrant en fonction.

La pratique des décrets-lois a subsisté dans la Constitution de 1958, avec les ordonnances de l'article 38.

II. — Les ordonnances de l'article 38.

272. — L'article 38 de la Constitution permet au Gouvernement de demander au Parlement, pour l'exécution de son programme et une durée limitée, l'autorisation de prendre des mesures qui sont normalement du domaine de la loi. Ce texte ne vise que le Parlement. En fait cependant, la loi d'habilitation a été votée à deux reprises, directement par le peuple, selon la procédure du référendum. C'est ainsi qu'ont été réalisés les « accords d'Évian » réglant le sort de l'Algérie. Cependant ces ordonnances prises sur habilitation référendaire obéissent à un régime particulier (3).

Les ordonnances de l'article 38 sont prises en Conseil des Ministres après avis du Conseil d'État. Elles doivent donc être signées du Président de la République. Elles entrent immédiatement en vigueur. Cependant elles deviennent caduques si le projet de loi de ratification n'a pas été déposé devant le Parlement avant la date fixée par la loi d'habilitation. Si ce projet a été déposé en temps utile il faut distinguer deux situations. Si le projet ne vient pas en discussion l'ordonnance reste en application mais elle conserve le statut d'acte à valeur réglementaire, bien que modifiant une loi. Elle peut en particulier faire l'objet d'un recours pour excès de pouvoir (4). Si le projet est ratifié par le Parlement l'ordonnance

---

(3) V. Cons. d'État, arrêt *Canal*, 19 octobre 1962, *Grands arrêts de la jurisprudence administrative*, LONG, WEIL et BRAIBANT, 7ᵉ éd., p. 519.

(4) V. Cons. d'État, 27 mai 1960, *Lagaillarde, Act. jur. dr. adm.*, 1960, p. 101 ; *Rec.*, p. 369. — 24 octobre 1961, *Féd. Nat. des Syndicats de police, Rec.*, p. 658 ; D. 1962, p. 424, note FROMONT.

acquiert une valeur législative. La ratification peut d'ailleurs être implicite et résulter de la mention de l'ordonnance dans un texte ultérieur du Parlement (5).

§ 2. — LES RÈGLEMENTS

273. — Classification selon l'autorité, la forme et l'objet.
On peut distinguer selon l'*autorité* dont ils émanent :

1º Les décrets du Président de la République délibérés en Conseil des Ministres (5-1) ;
2º Les décrets (simples) du Président de la République ;
3º Les décrets du Premier Ministre ;
4º Les arrêtés interministériels ;
5º Les arrêtés ministériels ;
6º Les arrêtés préfectoraux ;
7º Les arrêtés municipaux pris par le maire de la commune.

Les décrets peuvent être distingués selon leur *forme*. Certains doivent être obligatoirement précédés de l'avis d'un organisme consultatif, tel que le Conseil économique et social ou, plus généralement, le Conseil d'État. Le consultant n'est jamais tenu de suivre cet avis, sauf l'exigence d'un avis conforme. Traditionnellement on considérait que les règlements d'administration publique (consultation obigatoire du Conseil d'État), ou en forme d'administration publique (consultation du Conseil d'État sans obligation préalable) constituaient une catégorie à part des décrets en Conseil d'État. Deux lois, l'une du 7 juillet 1980, l'autre du 21 juillet 1980, ont supprimé cette distinction en écartant tout renvoi aux règlements d'administration publique dans les lois et en assimilant ceux-ci aux décrets en Conseil d'État (5 bis).

Mais la distinction essentielle entre les décrets tient à leur *objet*.

Certains se bornent à préciser les modalités d'application d'une loi. Ce sont des *règlements d'application*. Ils interviennent, soit que la loi elle-même ait expressément laissé au Gouvernement le soin de définir les détails d'application des règles qu'elle posait ; soit même, sur la seule initiative du Gouvernement, en exécution de sa mission générale

---

(5) Cons. d'État, 3 novembre 1961, *Daminiani, Rec. Cons. d'État,* p. 607. — Cons const., 23 janvier 1987, D. 1988, p. 117, note F. LUCHAIRE.

(5-1) V. R. CHAPUS, *Le statut des décrets réglementaires délibérés en Conseil des Ministres,* D. 1988, chron. XXX, p. 199-200. — V. sur la régularité formelle de ces décrets, C. E., 13 février 1985, *Debizet,* D. 1986, p. 270, note C. S. (définition du « ministre responsable » devant contresigner le décret).

(5 bis) V. DUFFAU, *Grandeur et décadence du Règlement d'administration publique, Act. jur. dr. adm.,* 1980, p. 468.

d'application de la loi. D'autres décrets sont indépendants de toute loi. Ils réglementent une matière de façon nouvelle. Ce sont des *règlements autonomes*.

Indépendamment de leur validité, qui fait l'objet d'un *contrôle de légalité*, les règlements ne sont opposables aux intéressés que s'ils ont été *publiés*.

I. — *La publication des règlements.*

274. — Tandis que les actes individuels doivent être notifiés aux personnes qui en font l'objet, les actes réglementaires ne sont opposables aux personnes concernées que par leur publication.

Il convient de distinguer entre les *décrets* et les *arrêtés*.

A. — La publication des décrets.

275. — Publication au « Journal Officiel » et « errata ».

Les décrets, selon le décret du 5 novembre 1870, ne deviennent obligatoires que par leur publication au *Journal Officiel*. C'est d'ailleurs à compter de leur publication que courent les délais des recours contentieux (6).

De la même façon que pour les lois parlementaires les décrets font l'objet d'*errata* publiés au *Journal Officiel*. Les rectifications de pure forme, qui ne modifient pas le sens du texte, ne donnent lieu à aucune difficulté. Quant aux rectifications qui atteignent le fond la question est plus délicate.

Par symétrie avec la solution admise à l'égard des lois, pour lesquelles on se réfère au texte réellement voté par le Parlement, on peut envisager de se reporter au texte adopté par l'Administration. Mais pour les décrets il n'y a pas de débats publiés au *Journal Officiel*. La seule référence possible est la consultation de la « minute » de l'original, qui demeure dans le secret des archives de l'Administration.

Conseil d'État et Cour de cassation ont ici des positions contraires. *Le Conseil d'État se fait communiquer la minute* (7). Le procédé est contestable. Il n'y a en effet aucune garantie de l'authenticité du texte ainsi comparé avec le rectificatif. La minute est matériellement repré-

(6) V., en ce sens, Cons. d'État, 12 avril 1972, 1re espèce, arrêt *Brier*, D. 1973, p. 228, note P. DELVOLVÉ, qui précise que la connaissance qu'aurait eu le requérant des décrets critiqués en raison de l'application qui lui en avait été faite et de la publication au *Journal Officiel* d'un décret postérieur relatif à l'application de l'un des décrets contestés n'avait pu faire courir à son encontre le délai du recours contentieux.

(7) V. Cons. d'État, 25 juillet 1952, *Chambre syndicale des fabricants français de balais de Sorgo*, Rec. Cons. d'État, p. 393. — 22 octobre 1971, *Syndicat national des commissaires de police*, Dr. adm., 1971, n° 322.

sentée par des feuilles volantes souvent surchargées. Seule la dernière page, où figure la formule exécutoire, l'ordre d'exécuter le règlement, porte les signatures officielles. Il y a là un grave risque d'abus. En outre les particuliers ne peuvent avoir connaissance de cette minute. La validité du rectificatif reste ainsi en suspens jusqu'à l'intervention du Conseil d'État, qui a seul l'autorité nécessaire pour obtenir de l'Administration communication de la minute. Or la publication, qui crée une présomption irréfragable de connaissance du texte de la part des intéressés, ne peut être conditionnelle.

La Cour de cassation écarte la référence à la minute (8). Elle estime qu'ici l'interprétation ne peut être faite qu'à partir du texte publié et du rectificatif eux-mêmes. Il est impossible pour elle de se référer à la minute du règlement, dont d'ailleurs les tribunaux de l'ordre judiciaire n'ont pas qualité pour obtenir la communication. Elle n'admet donc la validité du rectificatif que s'il est conforme à une interprétation intrinsèque du texte que les particuliers eux-mêmes auraient pu réaliser (9).

B. — La publication des arrêtés.

276. — L'article L. 122-29 du Code des Communes dispose que les arrêtés du maire ne sont obligatoires qu'après avoir été portés à la connaissance des intéressés par voie de publication ou d'affiches, toutes les fois qu'ils contiennent des dispositions générales.

Dans les autres cas c'est la jurisprudence qui a dû régler la question. Elle a d'abord admis que les règlements administratifs devaient être présumés connus des intéressés au même titre que la loi (10). Elle pose aujourd'hui en principe que **les actes administratifs ne sont opposables aux particuliers que lorsqu'ils ont été effectivement publiés** (11). Cette publication peut être faite au *Journal Officiel* (12). Elle peut

---

(8) V., en ce sens, Cass. Ch. réunies, 5 février 1947, D. 1947, p. 177 ; J. C. P. 1947. II. 3478, note J. F. L. C. ; S. 1947. 1. 67. — Cass. com., 7 juin 1948, *Gaz. Pal.*, 1948. 2. 115.

(9) V., en ce sens, Cass. crim., 7 février 1961, *Gaz. Pal.*, 1961. 1. 260.

(10) V., par ex., pour les arrêtés ministériels réglementant les tarifs ou les conditions de transport par chemin de fer, Cass. civ., 21 janvier 1901, *Gaz. trib.*, 6 juin 1901. — *Adde :* Cass. Req., 15 juin 1875, S. 1877. 1. 176.

(11) V. Braibant, concl. sur Cons. d'État, 19 juin 1959, D. 1959, p. 372. — F. Terré, *Le rôle actuel de la maxime « nul n'est censé ignorer la loi »*, Travaux de l'Inst. de dr. comp. de l'Université de Paris, t. XXX, p. 119. — Virally, *Encycl. Dalloz, Rép. dr. adm.*, vº *Acte administratif*, nº 145. — J.-P. Gridel, *Le signe et le droit*, thèse, L. G. D. J., nº 166, p. 298. — J. Carbajo, *L'application dans le temps des décisions administratives exécutoire*, thèse, 1980, préface J.-F. Lachaume. — J. Molinie, *La publication en droit public français*, thèse Paris II, 1976, multigr. — V., par ex., Cons. d'État, 28 janvier 1938, *Maire*, Rec. Cons. d'État, p. 98. — 28 novembre 1952, *Bouzat*, ibid., p. 543. — Cass. crim., 27 novembre 1941, *Gaz. Pal.*, 1942. 1. 48. — Cass. crim., 24 octobre 1963, D. 1964, p. 8.

(12) V., sur son régime, F. Terré, précité, p. 120. — Cass. civ., 24 juin 1918, D. P. 1922. 1. 89 ; S. 1920. 1. 148. — Cons. d'État, 21 octobre 1949, *Rec. Cons.*

être également réalisée par d'autres voies, à la condition cependant que le procédé utilisé soit réellement de nature à porter le règlement à la connaissance des intéressés (13). En particulier le défaut de publication ne peut être invoqué par ceux qui ont eu effectivement ou nécessairement connaissance du règlement (14), ou encore, lorsque le règlement a été approuvé par un autre acte administratif qui a lui-même été publié au *Journal Officiel* (15). Compte tenu de la diversité des règlements administratifs et des publics concernés, l'appréciation du caractère suffisant de la publicité réalisée ne peut être qu'une question de fait ; ce qui explique que le moyen tiré d'un défaut de publicité ne peut être proposé pour la première fois devant la Cour de cassation (16).

II. — *La légalité des règlements.*

277. — A la différence de la solution admise pour la constitutionnalité des lois, le contrôle de la légalité des règlements peut être exercé par les juridictions administratives et judiciaires.

Il s'exerce essentiellement par *le recours pour excès de pouvoir*. Il se traduit également par *l'exception d'illégalité.*

A. — Le recours pour excès de pouvoir.

278. — Son étude appartient au droit administratif. On se bornera à observer que la violation de la loi est l'un des cas d'ouverture du recours pour excès de pouvoir (17). Celui-ci peut être porté devant les tribunaux administratifs ou, pour les décrets, directement devant le Conseil d'État.

---

d'État, p. 428. — 9 juillet 1956, *ibid.*, p. 312. — 19 juin 1959, D. 1959, p. 370, concl. BRAIBANT.

(13) V. VIRALLY, précité, nos 147 et s. — TERRÉ, précité, p. 120.

(14) V., en ce sens, Cass. soc., 8 juillet 1968, *Bull. civ.*, no 381, p. 310. — Cf. P. DELVOLVÉ, note sous Cons. d'État, 12 avril 1972, D. 1973, p. 231. — ODENT, *Contentieux administratif*, 1980, fasc. 3, p. 1039. — AUBY et DRAGO, *Traité de contentieux administratif*, 2e éd., 1975, no 732. — Cass. civ. 1re, 31 janvier 1989, *Bull. civ.*, I, no 50, p. 33. Il s'agissait en l'espèce d'un décret déclarant d'utilité publique les travaux à entreprendre par une commune en vue de son alimentation en eau potable et l'autorisant à dériver une partie des eaux d'une rivière à charge pour la collectivité territoriale d'indemniser les usiniers, arrosants et autres réclamants justifiant d'un dommage causé par la dérivation.

(15) V., en ce sens, Cass. com., 7 juin 1963, *Bull. civ.*, no 274, p. 228, pour un règlement concernant le transport des matières dangereuses qui avait été approuvé par un arrêté du 15 avril 1945 publié au *J. O.* avec mention que le règlement était imprimé et mis en vente par les soins de l'Imprimerie nationale.

(16) V., en ce sens, Cass. civ. 2e, 23 janvier 1963, *Bull. civ.*, no 70, p. 53. — Cass com., 7 juin 1967, *Bull. civ.*, no 231, p. 223. — Cass. civ. 3e, 4 février 1981, *Bull. civ.*, III, no 24, p. 19.

(17) V. P. LANDON, *Le recours pour excès de pouvoir depuis 1954*, 1968.

L'annulation a effet, à l'égard de tous, *erga omnes*. Elle s'impose en particulier aux juridictions de l'ordre judiciaire (18).

Ce recours s'exerce sans difficulté à l'encontre des règlements d'application.

A l'égard des **règlements autonomes** on a soutenu que, selon la Constitution de 1958, ils devraient être soumis au régime de la loi *stricto sensu* (19). A l'égard de faits réalisés sous l'empire de la Constitution de 1946, le Conseil d'État, statuant postérieurement à l'entrée en vigueur de la Constitution actuelle, s'était déjà montré favorable au contrôle des règlements autonomes pris dans les départements d'Outre-mer, en se fondant sur les principes généraux du droit (20). Sous l'empire de la Constitution actuelle, si les règlements autonomes ne sont pas soumis à la loi, puisqu'ils se situent en dehors de son domaine, le Conseil d'État a jugé qu'ils restaient cependant subordonnés à la Constitution et même aux principes généraux du droit, ainsi élevés à un rang supraréglementaire, malgré leur origine essentiellement jurisprudentielle (21).

B. — L'exception d'illégalité.

279. — Après l'expiration du délai du recours pour excès de pouvoir la légalité d'un règlement peut encore être contestée de façon incidente

---

(18) V., en ce sens, Cass. civ. 1re, 23 octobre 1962, *Bull. civ.*, I, no 439, p. 376. — Cass. civ. 2e, 24 novembre 1964, *Bull. civ.*, II, no 751, p. 551. — 4 décembre 1964, *Bull. civ.*, II, no 791, p. 582. — 29 janvier 1965, *Bull. civ.*, II, no 105, p. 73. — 29 janvier 1965, *Bull. civ.*, II, no 106, p. 74. — Cass. civ. 1re, 23 février 1965, *Bull. civ.*, I, no 147, p. 111. — Cass. civ. 2e, 31 mai 1965, *Bull. civ.*, II, no 467, p. 326. — Cass. soc., 31 mai 1967, *Bull. civ.*, IV, no 439, p. 367. — Cass. civ. 3e, 30 mai 1969, *Bull. civ.*, III, no 438, p. 333. — 10 juillet 1969, *Bull. civ.*, III, no 560, p. 423. — Cass. soc., 5 novembre 1969, *Bull. civ.*, I, no 579, p. 486. — Cass. soc., 1er décembre 1982, *Bull. civ.*, V, no 675, p. 498. — Cass. soc., 26 mai 1983, *Bull. civ.*, V, no 286, p. 204. — Cass. civ. 1re. 19 juin 1985, *Bull. civ.*, I, no 200, p. 179. — Cass. soc., 18 juin 1986, *Bull. civ.*, V. no 316, p. 242 ; J. C. P. 1986, IV, p. 251.

(19) V., en ce sens, MAZEAUD et DE JUGLART, *Introduction*, no 70. — Dans les 8e éd., 1986 et 9e éd., 1990, F. CHABAS retient qu'il paraît désormais acquis que le règlement autonome ne doit pas être assimilé à la loi *stricto sensu* (no 70).

(20) V. Cons. d'État, 26 juin 1959, *Syndicat Général des ingénieurs-conseils*, D. 1959, p. 541, note L'HUILLIER ; S. 1959, p. 202, note R. DRAGO. — Cons. d'État, 25 janvier 1957, *Syndicat Général des fonctionnaires malgaches*, *Rec. Lebon*, p. 65.

(21) V. AUBY et DRAGO, *Traité de contentieux administratif*, 2e édit., 1975, t. II, p. 267. — P. DELVOLVÉ, *Le décret relatif au droit de réponse sur les ondes et la question de sa constitutionnalité*, J. C. P. 1975. I. 2734, no 9, et la jurisprudence citée. — CHAPUS, *De la soumission au droit des règlements autonomes*, D. 1960, chron. p. 119 et s. — J. RIVERO, *Droit administratif*, nos 235 et s. — B. STARCK, *Introduction*, no 106. — MARTY et RAYNAUD, *Introduction*, no 82. — Cons. d'État, 12 février 1960, *Société Eky*, *Rec. Lebon*, p. 61 ; D. 1960, p. 263, note L'HUILLIER ; S. 1960, p. 131, concl. KAHN ; J. C. P. 1960.II.11629 *bis*, note G. VEDEL. — C. E., 20 décembre 1985, D. 1986, *Inf. rap.*, p. 212 (annulation d'un règlement pris dans le domaine relevant de la compétence législative).

à l'occasion d'un procès particulier. La juridiction saisie d'une exception d'illégalité peut y faire droit et écarter le règlement concerné, à la condition qu'il s'agisse bien d'un acte réglementaire et non individuel. Cette possibilité est **admise sans réserve devant les juridictions administratives.**

Devant les juridictions de l'ordre judiciaire elle se heurte au principe de la séparation des pouvoirs et, plus précisément, à l'interdiction faite à ces juridictions de connaître des actes de l'Administration. Il faut, en fait, distinguer entre les *juridictions répressives* et *civiles*.

1) Les juridictions répressives.

280. — **La recevabilité de l'exception d'illégalité par ces juridictions est traditionnelle.** On admet que les tribunaux ne sortent pas de leur compétence en refusant de prononcer une peine fondée sur un règlement illégal. La Cour de cassation, malgré certaines réserves du Tribunal des conflits (22) ne fait aucune distinction entre les actes individuels (23) ou réglementaires (24).

2) Les juridictions civiles.

281. — **Devant les juridictions civiles, l'exception n'est recevable qu'à titre exceptionnel : lorsque le règlement porte atteinte à la liberté individuelle, à l'inviolabilité du domicile privé ou au droit de propriété concerne les impôts et taxes indirectes.**

A l'origine elles se reconnaissaient le pouvoir d'apprécier la légalité des actes réglementaires, mais non celle des actes individuels. Mais à partir de l'arrêt Septfonds rendu le 16 juin 1923 par le Tribunal des conflits (25) la compétence des juridictions civiles s'est bornée à l'interprétation des actes administratifs, limitée aux actes réglementaires (26), dont elles ont renoncé à contrôler la légalité.

----

(22) V. 6 novembre 1967, *Contanceau*, J. C. P. 1968. II. 15448, note P. Souty.

(23) Cass. crim., 29 mars 1962, J. C. P. 1962. II. 12728 *bis*, note Lamarque.

(24) Cass. crim., 21 décembre 1961, D. 1962, p. 102, rap. Costa ; J. C. P. 1962. II. 12680, note Lamarque. — Cf. Cass. crim., 2 février 1971, *Bull. crim.*, n° 37. — 11 février 1971, *Bull. crim.*, n° 51. — 18 avril 1971, *Bull. crim.*, n° 56. — V. sur la portée exacte de la compétence du juge répressif, G. Wiederkehr, *Encycl. Dalloz, Rép. dr. civ.*, v° Lois et décrets, n°s 96 et s. — Benoit, *Le droit administratif français*, n° 782. — T. Cathala, *Le contrôle de la légalité administrative par les tribunaux judiciaires.*

(25) D. P. 1924. 3. 41, concl. Matter ; S. 1923. 3. 49, note Hauriou.

(26) V. comme exemple d'interprétation de textes réglementaires, Cass. com., 28 mars 1963, *Bull. civ.*, n° 262, p. 216 et Cass. civ. 1re, 16 juillet 1964, *Bull. civ.*, I, n° 392, p. 305, pour l'application des arrêtés de blocage des prix des 17 février 1954 et 19 juillet 1956 et de l'arrêté du 11 mars 1954 dérogeant à la réglementation géné-

L'arrêt *Barinstein* prononcé par le Tribunal des conflits le 30 octobre 1947 (27) a rendu un pouvoir de contrôle exceptionnel aux juridictions civiles. Elles peuvent admettre une exception d'illégalité lorsqu'il s'agit d'actes réglementaires portant atteinte à la liberté individuelle, à l'inviolabilité du domicile privé, ou au respect dû au droit de propriété (28). L'exception est écartée dans les autres cas (29). La jurisprudence postérieure du Tribunal des conflits a d'ailleurs marqué un certain retrait par rapport à l'arrêt Barinstein (30). On s'est demandé si la jurisprudence Barinstein, faite pour des circonstances exceptionnelles, ne devait pas être limitée aux règlements prévoyant des mesures d'exécution forcée. En outre l'entrée en vigueur de la Constitution de 1958 a pu modifier les données du problème (31). Cependant la 1re Chambre civile de la Cour de cassation a fait nettement application de la jurisprudence Barinstein, dans un arrêt du 15 janvier 1975 (32), afin d'affirmer la compétence des tribunaux judiciaires « pour apprécier la validité des dispositions » réglementaires « sur le fondement desquelles sont intervenus les actes critiqués de l'administration lorsque ces actes portent, malgré l'octroi d'une indemnité, une atteinte grave au droit de propriété » (33). C'est une manifestation de l'idée selon laquelle

---

rale des prix. — Cass. Ch. Expr., 8 juillet 1966, *Bull. civ.*, n° 86, p. 64, qui applique au décret du 1er octobre 1963 le principe d'interprétation selon lequel toute citation de texte qui se réfère à un énoncé de chiffres inclut toujours le dernier chiffre cité.

(27) Trib. confl., 30 octobre 1947, *Rec. Cons. d'État*, p. 511 ; D. 1947, p. 476, note P.-L. J. ; *Rev. dr. publ.*, 1948, p. 86, note M. WALINE ; S. 1948. 3. 1, note MESTRE.

(28) V. G. VEDEL, *De l'arrêt* Septfonds *à l'arrêt* Barinstein, J. C. P. 1948. 1. 682.

(29) V. not. Cass. civ. 2e, 25 octobre 1961, *Bull. civ.*, II, n° 699, p. 490.

(30) V. DELVOLVÉ, *Une crise du principe de la séparation des autorités administratives et judiciaires, Études et doc. Cons. d'État*, 1950, p. 36. — Trib. confl., 23 février 1950, *Gueudet, Rec. Cons. d'État*, p. 654. — 8 juillet 1963, *Préfet du Nord, ibid.*, p. 788. — 16 novembre 1964, *Préfet Lot-et-Garonne c/Clément*, D. 1965, p. 668, note DEMICHEL ; J. C. P. 1965. II. 14286, note LANGAVANT. — 27 juin 1966, *Guigon*, D. 1968, p. 7, note DOUENCE ; J. C. P. 1967. II. 15135. — AUBY et DRAGO, *Traité de contentieux administratif*, 2e édit., 1975, t. I, n°s 478 et 486. — Cf. T. CATHALA, *op. cit.*, p. 78-79. — G. WIEDERKEHR, *op. cit.*, n°s 103 et s. — P. BRETTON, *L'autorité judiciaire gardienne des libertés essentielles et de la propriété privée*, thèse, 1964.

(31) R. DRAGO, note précitée, p. 673.

(32) D. 1975, p. 671, note R. DRAGO.

(33) Il s'agissait de l'appréhension par le Ministère des Affaires culturelles dans les locaux de la douane d'objets d'argenterie dont un exportateur s'était régulièrement rendu acquéreur dans une vente publique. L'administration avait agi en vertu d'un décret du 7 novembre 1958 dont, à l'occasion d'un procès antérieur, le Conseil d'État avait constaté l'illégalité, mais sans prononcer son annulation. La Cour de cassation, tout en admettant implicitement que l'arrêt du Conseil d'État n'était pas assorti de l'autorité absolue de chose jugée (v. sur ce point la note critique de M. R. DRAGO), s'est cependant fondée sur la jurisprudence Barinstein, pour censurer l'arrêt de la Cour d'appel qui s'était déclarée incompétente pour apprécier la validité du décret.

la juridiction judiciaire est gardienne de la propriété et de la liberté, ce qui justifie d'ailleurs la compétence judiciaire en cas de *voie de fait* (33-1).

La Cour de cassation reconnaît également compétence aux tribunaux judiciaires pour apprécier, par voie d'exception, la légalité des règlements en matière d'impôts et de taxes indirectes. Par exemple, le 25 avril 1989 (33-2), la Chambre commerciale de la Cour de cassation a apprécié la légalité du décret du 30 mars 1983 pris pour l'application de la loi du 19 janvier 1983. Dans un attendu très net, la Cour régulatrice énonce que : « la définition des personnes assujetties à une taxe fiscale, relève des règles concernant l'assiette de l'imposition et que seul le législateur est compétent pour fixer de telles règles ; ... que le tribunal a relevé *à bon droit* que, s'agissant d'une contribution indirecte, les tribunaux de l'ordre judiciaire sont compétent pour apprécier la validité des actes s'y rapportant et pour vérifier la légalité des dispositions en vertu desquelles l'administration se prétend fondée à exercer des poursuites » (33-3).

En dehors de ces situations le juge peut surseoir à statuer jusqu'à ce que la juridiction administrative se soit prononcée sur la légalité du règlement. Sous cette réserve les juridictions de l'ordre judiciaire, non répressives, doivent appliquer immédiatement les textes réglementaires (34).

La mise en œuvre d'une question préjudicielle interrogeant le juge administratif sur la validité d'un acte administratif suppose que la contestation soit à la fois sérieuse et pertinente. Le juge judiciaire doit, en effet, se livrer à un examen des moyens invoqués pour rechercher s'ils présentent un minimum de vraisemblance. La question doit en outre être pertinente, c'est-à-dire susceptible d'influer sur la solution du litige.

Si ces conditions sont réunies le juge judiciaire est tenu de renvoyer l'examen de cette question au juge administratif et de surseoir à statuer, qu'il s'agisse de l'examen de la légalité d'un acte individuel (35) ou d'un acte réglementaire (36). La Cour de

---

(33-1) V. pour une application, Cass. civ. 1re, 28 juin 1989, *Bull. civ.*, I, n° 267, p. 177.

(33-2) Cass. com., 25 avril 1989, *Bull. civ.*, IV, n° 134, p. 89.

(33-3) Dans le même sens, Cass. com., 22 mai 1985, *Bull. civ.*, IV, n° 168, p. 142.

(34) V. Cass. civ. 2e, 11 décembre 1963, *Bull. civ.*, II, n° 817, p. 612, qui censure la décision d'une commission régionale d'appel en matière de sécurité sociale pour avoir sursis à statuer, sur une action en paiement de cotisations d'assurance vieillesse dirigée contre un médecin, jusqu'à la publication du décret fixant les conditions de l'exonération édictée par la loi du 17 janvier 1948. Les juges d'appel avaient donné comme motif que le décret fixant actuellement ces conditions n'aurait pas répondu aux conditions légales et réglementaires.

(35) V. Cass. soc., 29 janvier 1981, *Bull. civ.*, V, n° 88, p. 64. — 11 février 1981, *Bull. civ.*, V, n° 116, p. 88. — 1er avril 1981, *Bull. civ.*, V, n° 303, p. 228. — 2 avril 1981, *Bull. civ.*, V, n° 317, p. 239. — 13 mai 1981, *Bull. civ.*, V, n° 414, p. 311.

(36) V. Cass. civ. 1re, 3 avril 1979, *Bull. civ.*, I, n° 111, p. 90. — 14 octobre 1975, *Bull. civ.*, I, n° 268, p. 225. — Cass. soc., 3 janvier 1974, *Bull. civ.*, V, n° 4, p. 4.

cassation censure les décisions des juges du fond qui rejettent les demandes de renvoi pour question préjudicielle sans avoir recherché si elles présentaient un caractère sérieux.

Alors que le juge administratif, dans le cadre de sa saisine directe, ne se reconnaît compétent pour apprécier par la voie de l'exception la légalité d'une décision administrative, malgré l'expiration du délai du recours pour excès de pouvoir, que s'il s'agit d'une décision réglementaire, mais non s'il s'agit d'une décision individuelle (37), en revanche, le recours introduit par voie d'exception préjudicielle, sur renvoi du juge judiciaire, n'est enfermé dans aucun délai, qu'il s'agisse d'apprécier la légalité d'une décision réglementaire ou individuelle (38).

SECTION 2

LES SOURCES INTERNATIONALES

282. — Il faut distinguer entre les *traités internationaux* et le *droit des communautés européennes* (1).

§ 1. — LES TRAITÉS INTERNATIONAUX

283. — L'apport des traités au droit privé.

Le droit international conventionnel s'est considérablement élargi. Il porte aujourd'hui sur le commerce, l'industrie, les télécommunications, le droit du travail, la santé publique, les droits de l'homme, etc. La vie internationale s'est organisée et institutionnalisée, notamment dans l'organisation des Nations Unies ou le Conseil de l'Europe.

A côté de clauses intéressant les relations entre États, les traités internationaux contiennent souvent des règles de droit privé. Certains ont même pour objet l'harmonisation des législations dans des domaines déterminés.

284. — La ratification engage l'État sur le plan international et donne au traité sa force juridique.

L'entrée en vigueur d'un traité en France est subordonnée à sa ratification, ou à son approbation s'il s'agit d'un accord en forme simplifiée,

---

(37) Réserve faite toutefois du régime des opérations complexes. Cf. R. ODENT, *Cour de contentieux administratif 1977-1978*, p. 863.

(38) Cons. d'État, 8 novembre 1961, *Commune de Sospel*, p. 633. — 8 décembre 1899, *Martinier*, p. 709. — 24 mai 1968, *Mencière*, p. 329. — Cf. J.-F. FLAUSS, *Les questions préjudicielles et le principe de séparation des autorités administratives et judiciaires*, L. G. D. J., 1982, préface J. WALINE.

(1) Les auteurs sont heureux d'exprimer leur gratitude à leur collègue Paul LAGARDE, professeur à l'Université de Paris I, qui a bien voulu lire le texte de cette section et leur présenter d'utiles observations.

et à sa publication (2). C'est le Président de la République qui a le pouvoir de ratifier ou d'approuver les traités (3). Toutefois, lorsque le traité porte sur les matières les plus importantes ou modifie une loi, le Président ne peut l'approuver ou le ratifier qu'après y avoir été autorisé par une loi votée par le Parlement (3 *bis*).

Selon l'article 54 de la Constitution, si un engagement international comporte une clause jugée par le Conseil constitutionnel contraire à celle-ci, l'autorisation de le ratifier ou de l'approuver ne peut intervenir qu'après la révision de la Constitution. Dans sa décision du 19 juin 1970 le Conseil constitutionnel a jugé, par exemple, qu'il n'était pas nécessaire de modifier la Constitution avant de ratifier le traité modifiant certaines dispositions du traité instituant la C. E. E. (4).

La publication intègre de plein droit les traités internationaux dans l'ensemble des règles que doivent appliquer les tribunaux, et ceci en leur qualité de règles internationales (5). En vertu cependant du principe de réciprocité l'autorité du traité est subordonnée à son application par l'autre partie (6).

285. — La supériorité du traité sur la loi.

L'article 55 de la Constitution, reprenant la solution déjà énoncée dans les articles 26 et 28 de la Constitution de 1946, consacre la supériorité des traités ratifiés sur les lois internes, même postérieures. Les dispositions résultant des traités ne peuvent être modifiées par une loi qu'à la suite d'une dénonciation régulière du traité.

On s'est interrogé cependant sur *la sanction de cette supériorité du traité* (7). On s'est particulièrement demandé si l'article 55 se bornait à reconnaître la responsabilité internationale de l'État français au cas de violation d'un traité, responsabilité éventuellement soumise à une

---

(2) V. D. Vignes, *L'autorité des traités internationaux en droit interne*, Trav. Inst. dr. comp. Paris, t. XXIII, 1962, p. 175 et s., spécialement p. 177 et s. — H. Batiffol et P. Lagarde, *Droit international privé*, 6ᵉ éd., t. I, 1974, p. 36 et s., nᵒ 36. — Rousseau, *Droit international public*, t. I, 1971, nᵒˢ 64 et s.

(3) Art. 52 et s. de la Constitution.

(3 *bis*) V. L. Saidj, *Le Parlement et les traités. La loi relative à la ratification ou à l'approbation des engagements internationaux*, thèse Lyon, 1979.

(4) *J. O.*, 21 juin 1970, p. 5806.

(5) C'est la conséquence de la conception « moniste » qui prévaut en France, par opposition à la conception « dualiste », admise notamment en Italie et en Allemagne, selon laquelle la réception du traité transforme celui-ci en règle de droit interne.

(6) Art. 55 de la Constitution. — V. sur la Convention européenne des droits de l'homme et des libertés fondamentales, L. Petiti, *L'applicabilité directe de la Convention en droit français*, Ann. *Université Toulouse*, t. XXIX, 1981, p. 57 et s.

(7) V. H. Batiffol et P. Lagarde, précités, p. 45-46, les auteurs et la jurisprudence cités, notes 72 et 75.

juridiction internationale, ou s'il donnait au juge français le pouvoir de faire prévaloir le traité sur la loi (8).

On s'accorde à admette, selon ce qu'on a appelé la doctrine Matter, que la loi nouvelle doit être interprétée comme ayant réservé l'application des traités antérieurs (9). Dans le prolongement de cette doctrine, on estime qu'en cas de concours entre une norme internationale et la loi interne, c'est la loi nationale qui s'applique lorsqu'elle ne s'oppose pas à la norme internationale (9-1). La question ne se pose ainsi qu'en présence d'une incompatibilité manifeste.

Le *Conseil d'Etat* a d'abord considéré, au moins implicitement, qu'il ne lui appartenait pas de vérifier la conformité d'une loi à l'article 55 de la Constitution, car il n'était pas juge de la constitutionnalité des lois (10). Cette position a été abandonnée par l'arrêt *Nicolo*, rendu le 20 octobre 1989 (10-1). Le Conseil d'État a accepté de contrôler la conformité d'une loi électorale au traité du 25 mars 1957, instituant la communauté économique européenne, le Conseil précisant que les règles définies par la loi du 7 juillet 1977 ne sont pas incompatibles avec les stipulations claires de l'article 227-1 du traité de Rome. Le *Conseil constitutionnel*, dans une décision du 15 janvier 1975 (11),

---

(8) V. sur l'analyse de ce texte, P. LAGARDE, *La condition de réciprocité dans l'application des traités internationaux : son appréciation par le juge interne*, Rev. crit. dr. internat. privé, 1975, p. 25 et s., spécialement p. 29 à 33. — Cf. G. ISAAC, *A propos de « l'amendement Aurillac »* : *vers une obligation pour les juges d'appliquer les lois contraires aux traités*, Gaz. Pal., 23 décembre 1980.

(9) V. concl. Proc. gén. MATTER, sous Cass. civ., 22 décembre 1931, D. P. 1932. 1. 113, note TRASBOT. — S. 1932. 1. 257, note NIBOYET.

(9-1) V. L. CHARBONNIER, concl. sur Cass. civ. 2e, 3 juillet 1985, D. 1986, p. 546.

(10) Cons. d'État, 1er mars 1968, *Syndicat général des fabricants de semoules de France*, Rec., p. 149 ; Act. jur. dr. adm., 1968, p. 235, concl. Mme QUESTIAUX ; D. 1968, p. 285, note LAGRANGE ; Rev. gén. dr. Int. publ., 1968, p. 1128, note ROUSSEAU ; Rev. trim. dr. eur., 1968, p. 388, note CONSTANTIDURES-MEGRET ; D. 1968, p. 286, note M. L. ; Rev. crit. dr. internat. privé, 1968, p. 516, note KOVAR, concl. Mme QUESTIAUX. — Cf. en ce sens, R. ODENT, *L'interprétation et l'application du droit communautaire par la juridiction administrative française*, in *La France et les Communautés européennes*, 1975, p. 811 et s., spécialement p. 819 et s. — Cons. d'État, 12 novembre 1949, Rec., p. 474. — 19 avril 1968, *Heid et a.*, Rec., p. 243. — Cf. infra, n° 302 sur l'application de cette solution au droit des communautés européennes ; supra, n° 263 sur le contrôle de la constitutionnalité.

(10-1) J. C. P. 1989.II.21371, concl. FRYDMAN ; *Les petites affiches*, n° 137, 15 novembre 1989 ; D. 1990, p. 135, note P. SABOURIN. — H. CALVET, *Le Conseil d'État et l'article 55 de la Constitution : une solitude révolue*, J. C. P. 1990.I.3429. — R. KOVAR, *Le Conseil d'État et le droit communautaire : de l'état de guerre à la paix armée (A propos de l'arrêt du 20 octobre 1989, Nicolo)*, D. 1990, chron., XI, p. 57 et s.

(11) *Gaz. Pal.*, 1976. I. 25, note A. PELLET ; D. 1975, p. 529, note L. HAMON ; Rev. crit. dr. internat. privé, 1975, p. 124, note P. L. ; Act. jur. dr. adm., 1975, p. 134, note RIVERO.

a jugé que, si l'article 55 de la Constitution conférait aux traités une autorité supérieure à celle des lois, il ne prescrivait pas que le respect de ce principe doive être assuré dans le cadre du contrôle de la conformité des lois à la Constitution qui lui était confié (12). Cette décision a été contestée. On lui a reproché de risquer d'enlever toute portée pratique à la supériorité du traité sur la loi interne. Le Conseil constitutionnel a apporté une exception à sa doctrine dans l'arrêt *Bischoff* du 21 octobre 1988 (12-1). Il s'est reconnu compétent, *en tant que juge de l'élection*, c'est-à-dire lorsqu'il est saisi en vertu de l'article 59 de la Constitution, pour apprécier la conformité d'une loi à une convention internationale et donc pour en refuser l'application s'il la jugeait contraire à la norme internationale. En l'espèce, le Conseil constitutionnel a examiné la conformité de la loi du 11 juillet 1986, fixant le mode de scrutin pour l'élection des députés à l'Assemblée nationale, à l'article 3 du protocole n° 1 additionnel à la Convention européenne de sauvegarde des droits de l'homme et des libertés fondamentales, publié par le décret du 3 mai 1974. En faisant prévaloir la norme internationale, le Conseil constitutionnel assure le respect du principe de la hiérarchie des normes tel qu'il est énoncé dans la Constitution. Il serait souhaitable qu'il étende ce contrôle à l'appréciation de la conformité des lois à la Constitution dans le domaine de l'article 61 de la Constitution.

Les *juridictions judiciaires* appliquent purement et simplement l'article 55 de la Constitution, en dépit du principe de la séparation des pouvoirs qui leur interdit de paralyser ou de suspendre l'application d'une loi, *Ils font prévaloir le traité sur la loi interne, frappant ainsi d'inefficacité la règle contraire à la hiérarchie des normes établie par l'article 55 de la Constitution.*

Dans un arrêt rendu par la Chambre mixte du 24 mai 1975 (13) —

---

(12) Il a refusé en conséquence de se prononcer sur la conformité de la loi relative à l'interruption volontaire de la grossesse à l'article 2 de la convention de sauvegarde des droits de l'homme et des libertés fondamentales, ratifiée par la France le 4 mai 1974.

(12-1) D. 1989, p. 285, note F. Luchaire.

(13) 24 mai 1975, *Administration des Douanes c/Société Café Jacques Vabre*, J. C. P. 1975. II. 18180 *bis*, concl. A. Touffait ; D. 1975, p. 497, concl. A. Touffait. — V. F. Ch. Jeantet, *La Cour de cassation et l'ordre juridique communautaire*, J. C. P. 1975. I. 2743. — P. Lagarde, *Rev. crit. dr. internat. privé*, 1975, p. 124. — R. Vienne, *La primauté du droit communautaire sur le droit français, Ann. Université de Sciences soc. Toulouse*, 1975, t. XXIII, fasc. 1 et 2, p. 31 et s. Cet auteur était le conseiller rapporteur de l'arrêt devant la Cour de cassation. Suivant les conclusions de son Procureur général, M. Touffait, elle semble avoir admis, à partir de l'arrêt d'incompétence du Conseil constitutionnel, qu'il ne s'agissait pas de contrôler la constitutionnalité de la loi, « mais d'examiner un conflit entre une loi interne et un acte international qui, une fois régulièrement ratifié et publié », était entré dans

l'arrêt *Administration des Douanes contre Société Café Jacques Vabre* — la Cour de cassation reconnaissait, pour la première fois, aux traités une valeur supérieure à celle de la loi parlementaire en acceptant de faire prévaloir un traité sur une loi postérieure contraire. Sa décision était ainsi motivée : « que le traité du 25 mars 1957, qui, en vertu de l'article 55 de la Constitution, a une autorité supérieure à celle des lois, institue un ordre juridique propre, intégré à celui des États membres ; qu'en raison de cette spécificité, l'ordre juridique qu'il a créé est directement applicable aux ressortissants de ces États et s'impose à leurs juridictions ; que dès lors c'est à bon droit et sans excéder ses pouvoirs, que la Cour d'appel a décidé que l'article 95 du traité devait être appliqué en l'espèce, à l'exclusion de l'article 265 du Code des douanes, bien que ce dernier texte fût postérieur ».

Il faut remarquer que le principe de la supériorité du traité et donc de l'éviction — la Cour de cassation n'annule pas la loi interne — de la loi nationale postérieure contraire est affirmé à propos du traité de Rome parce qu'il institue un « *ordre juridique propre, intégré à celui des États membres* ». On pouvait donc se demander si la solution retenue était applicable aux autres traités internationaux (13-1).

La question ne se pose plus aujourd'hui. Dans un arrêt du 4 juin 1985 (13-2), la Cour de cassation a contrôlé la conformité des lois françaises imposant aux médecins le versement des cotisations à leur Ordre au regard de la Convention européenne de sauvegarde des droits de l'homme et des libertés fondamentales du 4 novembre 1960 et du pacte de New York du 19 décembre 1966, relatif aux droits civils et politiques. A propos des cotisations ordinales des architectes, la première Chambre civile de la Cour de cassation a adopté, le 30 octobre 1985 (13-3), un raisonnement identique.

Lorsque le traité est postérieur à la loi nationale il n'y a pas, à proprement parler, de conflit : on considère que la loi a été implicitement abrogée par le traité pour tout ce qui concerne le champ d'application de celui-ci (13-4). On trouve dans la jurisprudence récente de la Cour de cassation une application de cette règle.

---

l'ordre juridique interne, la Constitution n'intervenant que pour fixer la règle qui permet de résoudre le conflit en lui donnant une autorité supérieure. — V. la critique de cette analyse par M. Jeantet, précité, n⁰ˢ 13 et s. — A. Pellet, note sous Cons. const., précitée. — P. Lagarde, précité. Il s'agissait en l'espèce d'un texte d'origine communautaire, v. *infra*, n⁰ 302.

(13-1) Cf. J. Boré, *La cassation en matière civile*, Sirey, 1980, préface P. Raynaud, n⁰ˢ 1140 et s., p. 393-394.

(13-2) Cass. civ. 1ʳᵉ, 4 juin 1985, *Bull. civ.*, I, n⁰ 178, p. 161.

(13-3) *Bull. civ.*, I, n⁰ 278, p. 248.

(13-4) V. J. Boré, *La cassation en matière civile*, Sirey, 1980, préface P. Raynaud, n⁰ 1120, p. 388.

Un litige opposait un ingénieur conseil à son employeur, une société de droit suisse ayant son siège social à Genève. Pour retenir sa compétence le Conseil des prud'hommes de Marseille estimait qu'en l'absence de dispositions insérées dans le contrat de travail, il ne pouvait être déduit que le salarié avait renoncé au privilège de juridiction prévu par l'article 14 du Code civil. Cette décision a été censurée au motif, notamment, que l'article premier de la convention entre la France et la Confédération suisse sur la compétence judiciaire et l'exécution des jugements en matière civile du 15 juin 1869 a *une autorité supérieure à celle de la loi interne* (13-5). La loi internationale qui instaurait un système d'exclusivité de compétence était *postérieure* à la loi nationale ; elle rendait ainsi inefficace la loi antérieure qui lui était contraire. Il demeure qu'il faut souligner que le principe de la supériorité du traité est affirmé.

286. — La condition de réciprocité.

Pour écarter sa compétence le Conseil constitutionnel avait notam-. ment fait état de la condition d'application réciproque à laquelle l'article 55 de la Constitution subordonne l'autorité supérieure du traité. Dès l'instant qu'on admet le pouvoir des tribunaux de faire prévaloir le traité sur la loi, même postérieure, il est permis de penser qu'il leur appartiendrait également de vérifier de façon générale si la condition de réciprocité est remplie (14). Il semble cependant préférable de réserver au Gouvernement l'initiative d'une suspension de la force obligatoire du traité fondée sur une éventuelle violation de celui-ci par l'autre partie (15).

La Cour de cassation a résolu cette question dans le sens préconisé. Le 6 mars 1984 (15-1), elle a jugé « qu'en l'absence d'initiative prise par le Gouvernement pour dénoncer une convention ou suspendre son application, il n'appartient pas aux juges d'apprécier le respect de la condition de réciprocité prévue dans les rapports entre États ». Et, le 15 novembre 1989 (15-2), elle a censuré une Cour d'appel qui,

---

(13-5) Cass. soc., 16 février 1987, *Bull. civ.*, V. n° 77, p. 50. — Dans le même sens, Cass. soc., 14 janvier 1987, *Bull. civ.*, V. n° 19, p. 10 : « Attendu qu'en matière mobilière et personnelle, civile ou de commerce, dans les contestations entre Français et Suisses, le demandeur est tenu d'introduire son action devant les juges naturels du défendeur et le tribunal saisi à tort de la demande doit d'office, même si le défendeur ne comparaît pas, renvoyer les parties devant les juges compétents pour en connaître ».

(14) V., en ce sens, Trib. Gr. Inst. Nanterre, 18 septembre 1974, *Rev. crit. dr. internat. privé*, 1975, p. 123, concl. LE TALLEC et obs. P. LAGARDE.

(15) V. P. LAGARDE, *La condition de réciprocité dans l'application des traités internationaux : son appréciation par le juge interne*, Rev. crit. dr. internat. privé, 1975, p. 39 et s. ; et la réciprocité en droit international privé, *Recueil des cours de l'Académie de droit international*, vol. I, 1977, p. 105 et s. — Sur l'interprétation des dispositions de l'article 55 de la Constitution en ce qui concerne la portée de la condition de réciprocité, v. conclusions J.-F. THÉRY, sous Cons. d'État, Ass., 29 mai 1981, *Rekhou*, Rev. dr. public, 1981, p. 1707 ; D. 1981, I. R., p. 530, obs. P. DELVOLVÉ.

(15-1) Cass. civ. 1re, 6 mars 1984, *Bull. civ.*, I, n° 85, p. 69.

(15-2) Cass. civ. 1re, 15 novembre 1989, *Bull. civ.*, I, n° 346, p. 233.

pour refuser l'application de l'article 6, alinéa 1 de la Convention européenne des droits de l'homme et des libertés fondamentales, avait énoncé — à tort — « que l'article 55 de la Constitution ne confère aux conventions internationales conclues par l'État français une autorité supérieure à celle des lois internes que sous réserve pour chaque accord ou traité de son application par l'autre partie et que tel n'est pas le cas de la Convention européenne des droits de l'homme et des libertés fondamentales qui ne constitue qu'une déclaration d'intention à l'égard des États signataires ».

Cette solution rejoint ainsi la jurisprudence traditionnelle des Chambres civiles de la Cour de cassation qui reconnaît au seul Gouvernement le pouvoir d'interpréter le traité chaque fois que les dispositions litigieuses mettent en jeu des « questions de droit public international » (16). La solution se justifie par 'e souci d'éviter d'éventuelles difficultés diplomatiques (16-1). Inversement, les tribunaux peuvent interpréter les dispositions d'un traité dès lors qu'elles ne mettent pas en cause l'ordre public international, ce qui est le cas des traités posant uniquement des règles de compétence pour la reconnaissance et l'exécution des décisions judiciaires (16-2).

§ 2. — LE DROIT DES COMMUNAUTÉS EUROPÉENNES

287. — Les traités constitutifs.

Il a pour origine trois traités constitutifs : celui de *Paris*, entré en vigueur le 25 juillet 1952 ,qui instituait la Communauté Européenne du charbon et de l'acier (C. E. C. A.), et ceux de *Rome*, du 25 mars 1957, instituant la Communauté Économique Européenne (C. E. E.) et créant la Communauté Européenne de l'énergie atomique (EURATOM), complétées par diverses conventions et protocoles (17). Les traités liaient six États : la France, l'Allemagne fédérale, la Belgique, l'Italie, le Luxembourg et les Pays-bas. Les actes du 22 janvier 1972 ont réalisé

---

(16) V. l'arrêt de principe, Cass. civ., 24 juin 1839, *Duc de Richmond*, D. P. 1839. 1. 257 ; S. 1839. 1. 577. — Solution constamment reprise ensuite, v. not. Cass. civ. 3ᵉ, 7 octobre 1969, *Rev. crit. dr. internat. privé*, 1971, 105, note H. BATIFFOL. — Cf. H. BATIFFOL et P. LAGARDE, précités, nᵒˢ 37 et s. — Cass. com., 7 mars 1983, *Bull. civ.*, IV, nᵒ 94, p. 80.

(16-1) Cette justification ne fait pas l'unanimité en doctrine. On a fait valoir qu'interdire au juge d'interpréter un traité revenait à confondre les pouvoirs exécutif et judiciaire ; en privant le pouvoir judiciaire du droit d'interprétation on portait atteinte à ses prérogatives, MAZEAUD et CHABAS, *Introduction*, nᵒ 73, p. 115.

(16-2) Cass. civ. 1ʳᵉ, 7 juin 1989, *Bull. civ.*, I, nᵒ 224, p. 150.

(17) Sur l'historique de ces conventions, L. CARTOU, *Communautés européennes*, 9ᵉ éd., 1989, nᵒˢ 56 et s., p. 75 et s.

l'adhésion du Danemark, de l'Irlande et du Royaume-Uni. La Grèce a adhéré le 28 mai 1979. L'Espagne et le Portugal ont adhéré le 12 juin 1985. La Turquie a présenté une demande d'adhésion le 14 avril 1987. Tandis que le traité instituant la C. E. C. A. comporte généralement tous les éléments nécessaires à une application effective immédiate, les traités de Rome ont pour objet essentiel la définition de principes d'orientation et la détermination des autorités compétentes pour leur réalisation (18). Tous les traités réalisent un certain *transfert de compétence au profit des organes communautaires*.

288. — Vers une unification des Communautés ?

Les traités constitutifs mettaient en place des institutions propres à chaque communauté et des institutions communes. La tendance à l'unification s'est traduite par la signature du traité de Bruxelles, le 8 avril 1965, portant fusion des exécutifs. Désormais, toutes les institutions de la communauté sont communes et elles excercent des attributions conférées par les trois traités différents, ce qui a conduit un auteur à parler de « détriplement fonctionnel » (18-1).

Les institutions des Communautés sont au nombre de quatre :
L'*Assemblée ou Parlement européen*, dont les députés sont élus au suffrage universel direct. Ses attributions sont essentiellement d'ordre budgétaire et non législatif.
Le *Conseil des communautés*. Il représente les intérêts des États membres. Sauf au titre du traité C. E. C. A., il est investi de l'essentiel du pouvoir législatif qui s'exerce sous forme de *directives* et de *règlements* directement applicables aux particuliers. Il a aussi les pouvoirs gouvernementaux en matière de relations extérieures.
La *Commission des communautés*. Elle est garante de l'intérêt général communautaire et veille au respect des traités et des actes des institutions.
La *Cour de justice*. Elle assure l'interprétation uniforme du droit communautaire.

Cette tendance à l'unification aurait du aboutir à la fusion des communautés (19). L'évolution ne semble cependant pas être en ce sens. La proposition d'*Union européenne* adopté par le Parlement européen le 14 février 1984 n'a pas reçu l'assentiment des « douze », lesquels ont préféré une simple révision des traités en signant à Luxembourg, le 17 février 1986, et à La Haye, le 28 février 1986, l'*acte unique européen* (19-1).

---

(18) V. cependant pour les dispositions directement applicables du traité C. E. E. tant à l'égard des États membres qu'à l'égard des particuliers, G. Issac, *Droit communautaire général*, 2e éd., 1989, Masson, p. 160.
(18-1) G. Issac, précité, p. 45.
(19) V. Cartou, précité, n° 59, p. 80-81.
(19-1) V. sur l'évolution, G. Issac, précité, p. 21-22. — Cf. sur l' « acte unique », L. Pettiti, L' « *acte unique* » *européen ou le franchissement du dernier obstacle*, *Gaz. Pal.*, 1986, 2e sem., p. 559 et s.

Sous réserve de quelques différences de qualification, le droit communautaire obéit à des régimes voisins dans les trois communautés. Il suffira donc d'envisager, dans le cadre nécessairement limité de cette description, la plus importante, c'est-à-dire la C. E. E.

289. — Le traité de Rome, traité international et Constitution de la C. E. E.

L'originalité essentielle du droit communautaire est de tendre à construire un ordre juridique interne au moyen de techniques juridiques dont la base est le traité international. Le traité de Rome est en effet un traité international, c'est-à-dire un accord entre États souverains. Mais il est en même temps la Constitution de la communauté, dont découle la répartition des compétences et qui se trouve au *sommet de la hiérarchie des règles communautaires*. A ce titre, il réalise un transfert partiel de compétence, autrement dit de souveraineté, au profit des organes de la communauté (19-2). Il tend ainsi à instituer une organisation de type fédéral, plutôt qu'international. Cette tendance se manifeste par l'existence d'un pouvoir normatif reconnu aux institutions de la communauté et elle est accentuée par la jurisprudence de la Cour de justice.

290. — Les textes dérivés émanant des organes communautaires.

Le contenu du droit communautaire résultant du traité de Rome a été considérablement élargi par les textes dérivés émanant des organes communautaires.

Ce droit communautaire dérivé est subordonné au traité originaire et aux traités et actes modificatifs qui se trouvent au sommet dans la hiérarchie des normes communautaires (19-3). La Cour de justice

---

(19-2) V. C. J. C. E., 15 juillet 1964, Arrêt *Costa*, *Rec.*, 1964, p. 1141, concl. LAGRANGE : « Attendu qu'à la différence des traités internationaux ordinaires, le Traité de la C. E. E. a institué un ordre juridique propre intégré au système juridique des États membres lors de l'entrée en vigueur du traité et qui s'impose à leurs juridictions ; qu'en effet, en instituant une communauté de durée illimitée, dotée d'attributions propres, de la personnalité, de la capacité juridique, d'une capacité de représentation internationale et plus précisément de pouvoirs réels issus d'une limitation de compétence ou d'un transfert d'attributions des États à la Communauté, ceux-ci ont limité, bien que dans des domaines restreints, leurs droits souverains et créé ainsi un corps de droit applicable à leurs ressortissants et à eux-mêmes ». La Cour ajoute : « que le transfert opéré par les États, de leur ordre juridique interne au profit de l'ordre juridique communautaire, des droits et obligations correspondant aux dispositions du traité, entraîne donc une limitation définitive de leurs droits souverains contre laquelle ne saurait prévaloir un acte unilatéral ultérieur incompatible avec la notion de Communauté ».

(19-3) V. G. ISSAC, précité, p. 112. — *Adde* : L. GALTIER et J.-M. LE BOLZER, *Visions normatives des communautés, Journ. not et av.*, 1988, art. 59383, p. 689 et s.

a, entre autres, pour attribution de faire respecter cette hiérarchie. *Elle contrôle la légalité des textes dérivés* (art. 173, recours en annulation, art. 177, renvoi préjudiciel en appréciation de validité, art. 184, exception d'illégalité) (19-4).

L'article 189 du traité C. E. E. précise la nomenclature du droit communautaire dérivé en disposant que « le Conseil et la Commission arrêtent des règlements et des directives, prennent des décisions et formulent des recommandations ou des avis » (19-5).

Les recommandations et avis n'ont aucun caractère obligatoire. Les règlements, directives et décisions ont, en revanche, un caractère contraignant dont l'article 189 définit la portée.

« Le *règlement* a une portée générale. Il est obligatoire dans tous ses éléments et il est directement applicable dans tout État membre » (20). « De caractère essentiellement normatif, il est applicable non à des destinataires limités, désignés ou identifiables, mais à des catégories envisagées abstraitement et dans leur ensemble » (21). Il s'agit d'actes « quasi législatifs... ayant un effet normatif *erga omnes* » (22).

Les règlements émanent soit du Conseil, qui représente les Gouvernements, soit de la Commission, qui est l'organe d'exécution des traités. Parmi les règlements du Conseil, certains, dits « de base », sont pris directement en application du traité, les autres, d'exécution, sont pris pour l'application des premiers. Quant aux règlements de la Commission ils interviennent en vertu de la compétence propre de celle-ci, ou procèdent de la délégation des pouvoirs du Conseil qu'autorise l'article 155 du traité. Tous ces règlements sont publiés au *Journal Officiel* des Communautés Européennes.

(19-4) V. sur ces recours G. Issac, précité. — R. Joliet, *Le système de protection juridictionnelle dans la C. E. E.*, D. 1985, chron. XIII, p. 65, spéc., p. 67 et s. — L. Galtier et J.-M. Le Bolzer, *Les recours devant la Cour de justice des communautés européennes*, Journ. not. et av., 1988, art. 59484, p. 1081 et s. — V. sur la portée de l'autorité de la chose jugée des décisions d'invalidation de la C. J. C. E. (art. 177), C. E., 26 juillet 1985, *Office national interprofessionnel des céréales*, Act. jur. dr. adm., 1985, p. 615, concl. B. Genevois ; l'appréciation portée par la C. J. C. E. qui n'entre pas dans les limites de la question posée par le juge national ne peut s'imposer à lui avec l'autorité de la chose jugée.

(19-5) V. sur la « production » des normes communautaires et les inquiétudes qu'elle suscite, B. Oppetit, *L'eurocratie ou le mythe du législateur suprême*, D. 1990, chron., XIII, p. 73 et s.

(20) Art. 189 du traité. — Cf. R. Kovar, *Le pouvoir réglementaire de la Communauté européenne du charbon et de l'acier*, L. G. D. J., 1964. — Ch. Autexier, *L'hétérogénéité du droit communautaire dérivé*, Rev. internat. dr. comp., 1982, p. 337 et s.

(21) C. J. C. E., 14 décembre 1962, *Fédération nationale de la boucherie en gros et du commerce de gros des viandes et a. c/Conseil de la C. E. E.*, Rec., 1962, p. 943. — *Grands arrêts C. J. C. E.*, J. Boulouis et R. M. Chevallier, t. I, p. 29.

(22) C. J. C. E., 20 mars 1959, 18/57, *Rec.*, 1958-1959, p. 89 et s., concl. K. Roemer.

« La *directive* lie tout État membre destinataire quant au résultat à atteindre, tout en laissant aux instances nationales la compétence quant à la forme et aux moyens » (23). La directive s'adresse ainsi aux États et non de façon directe aux particuliers. Elle se borne à prescrire des résultats à atteindre en laissant aux États le choix des formes et des moyens. La pratique et la jurisprudence de la Cour de Justice ont cependant réduit l'opposition entre les règlements et les directives, qui peuvent s'appliquer directement, à certaines conditions (24). Les directives émanent, comme les règlements, du Conseil ou de la Commission. Elles doivent être notifiées à leurs destinataires.

« La *décision* est obligatoire en tous ses éléments » (25). Elle se distingue en cela de la directive qui ne prescrit qu'un résultat à atteindre. Elle est obligatoire « pour les destinataires qu'elle désigne » (26). Elle s'oppose en cela au règlement dont la portée est générale. Elle peut émaner soit du Conseil, soit de la Commission. Elle doit être notifiée à ses destinataires pour leur être opposable.

La qualification de ces actes ne dépend pas seulement de leur forme, mais aussi de leur contenu matériel.

291. — La Cour de Justice des Communautés assure l'interprétation uniforme du droit communautaire.

L'efficacité du droit communautaire dans cette optique exige que son interprétation soit uniforme dans l'ensemble de la Communauté. Cette uniformité est assurée par la Cour de Justice des Communautés européennes, dont la jurisprudence joue un rôle essentiel dans la construction du droit européen. L'augmentation du nombre des affaires portées devant la justice communautaire et, par voie de conséquence, l'allongement des délais d'instruction, a conduit le Conseil des communautés européennes à instituer un *tribunal de première instance des communautés européennes*, par décision du 24 octobre 1988 (26-1). La création de ce tribunal n'est cependant pas de nature à compromettre l'unité de la jurisprudence communautaire. En effet, comme le révèlent les considérants de la décision du 24 octobre 1988, il s'agit de maintenir la qualité et l'efficacité du contrôle juridictionnel dans l'ordre communautaire en permettant à la Cour de Justice de « concentrer son activité sur sa tâche essentielle, qui est d'assurer une interprétation

---

(23) Art. 189 du traité. — Cf. Circ., 25 janvier 1990 relative à la procédure du suivi de la transposition des directives communautaires en droit interne, J. C. P. 1990.III.63591.
(24) V. *infra*, n° 300.
(25) Art. 189 du traité.
(26) Art. 189.
(26-1) J. O. C. E. n° C 215/1 du 21 août 1989.

uniforme du droit communautaire » (26-2), par la création d'un tribunal chargé d'examiner les recours nécessitant un examen approfondi de faits complexes. En outre, un recours en cassation est prévu en cas, notamment, de violation du droit communautaire par le tribunal (26-3). Les juridictions nationales recourent aujourd'hui de façon normale au renvoi préjudiciel en interprétation devant la Cour de Justice (26-4), que prescrit l'article 177 du traité (27). La Cour de cassation a toujours affirmé « que l'interprétation donnée par la Cour de Justice... s'imposait aux juridictions nationales » (28). L'interprétation donnée par la Cour de Justice à l'occasion d'une affaire déterminée a une portée plus importante que celle qui résulterait de la simple application du principe de l'autorité relative de la chose jugée (art. 1351, C. civ). C'est ce qu'a affirmé la Cour de Justice dès 1963 (28-1) en jugeant que le renvoi préjudiciel, bien qu'il soit toujours possible, n'est pas obligatoire dès lors que la question soulevée est matériellement identique à une question ayant déjà fait l'objet d'une décision à titre préjudiciel dans une espèce analogue. Comme en droit interne, l'interprétation de la norme fait corps avec la norme elle-même. La Chambre criminelle a ainsi jugé que « la réponse donnée par la Cour de Justice des Communautés européennes à une question préjudicielle posée par une juridiction nationale, en application de l'article 177 du traité, a une portée telle qu'une juridiction nationale, saisie d'une question similaire, peut s'y référer » (28-2). Quant aux Chambres civiles de la Cour de cassation, elles admettent aussi que les arrêts de la Cour de Justice sont revêtus d'une autorité dépassant le cadre du procès ayant donné

(26-2) V^e considérant.

(26-3) V. E. VAN GINDERACHTER, *Le tribunal de première instance des communautés européennes. Un nouveau-né prodige ? Cah. dr. eur.*, 1989, p. 63 et s.

(26-4) V. M.-C. BERGÈRES, *La réformulation des questions préjudicielles en interprétation par la Cour de justice des Communautés européennes*, D. 1985, chron. XXVII, p. 155.

(27) Cf. *La France et les Communautés européennes*, 1975, R. ODENT, *L'interprétation et l'application du droit communautaire par la juridiction administrative française*, p. 811 et s., spécialement, p. 815 et s. — A. TOUFFAIT, *Les juridictions judiciaires françaises devant l'interprétation et l'application du droit communautaire*, p. 823 et s., spécialement p. 828. — Cf. par ex. Paris, 14 mars 1975, D. 1975, p. 272, concl. L. GRANJON. — R.-M. CHEVALLIER, *Cour de justice, Rapport général colloque A. N. D. D., Droit et Économie*, 1980, n° 37, p. 24 et s. — R. JOLIET, art. précité, p. 65 à 67, 1re col.

(28) TOUFFAIT, précité, p. 829. — Cf. Cass. crim., 29 juin 1966, D. 1966, p. 595. — Cass. com., 8 mai 1973, J. C. P. 1973. II. 17497, note JEANTET. — 14 janvier 1980, J. C. P. 1980. II. 19391, note P. J. E. ; *Gaz. Pal.*, 27 septembre 1980.

(28-1) C. J. C. E., 27 mars 1963, *Da Costa, Rec.*, 1963, p. 49.

(28-2) Cass. crim., 5 décembre 1983, D. 1984, p. 217, note J. COSSON et le précédent cité, p. 225, 1re col., al. 1. — La Cour de cassation vérifie cependant que la jurisprudence de la Cour de Justice a été invoquée à bon escient par les juridictions inférieures, v. Cass. crim., 16 juin 1983, D. 1984, p. 43, note RYZIGER.

lieu à leur prononcé (28-3). Le Conseil d'État applique les mêmes principes (28-4).

La question s'est posée de savoir si un arbitre pouvait saisir la Cour de Justice d'un renvoi préjudiciel en interprétation. Dans son arrêt *Nordsee* du 23 mars 1982 (28-5), la Cour de Justice a répondu par la négative, estimant qu'un arbitre n'était pas une juridiction d'un État membre au sens de l'article 177 (28-6).

L'efficacité du droit communautaire suppose, en outre, qu'*il soit appliqué directement* dans l'ordre juridique interne des États membres et qu'*il l'emporte sur les droits nationaux* de ces États (29).

I. — *L'application directe du droit communautaire dans l'ordre juridique interne.*

292. — Le principe a été très vite admis. *Les simples particuliers peuvent se prévaloir et se voir opposer les règles communautaires, tant devant la Cour de Justice des Communautés, que devant les juridictions nationales des États membres.* Il en résulte un accroissement considérable de la portée des dispositions communautaires, dont l'effet est aujourd'hui d'autant plus important qu'elles se sont multipliées jusqu'à couvrir de larges secteurs (30).

293. — La justification de l'application directe.

La justification de ce principe a été énoncée dans un célèbre arrêt de la Cour de Justice (31). « L'objectif du traité C. E. E., qui est d'instituer un marché commun

---

(28-3) V. par exemple, parmi les décisions les plus récentes, Cass. civ. 1re, 17 février 1987, *Bull. civ.*, I, n⁰ 58, p. 42. — Cass. com., 5 mai 1987, *Bull. civ.*, IV, n⁰ 109, p. 84. — Cass. com., 7 février 1989, *Bull. civ.*, IV, n⁰ 48, p. 31.

(28-4) V. par exemple C. E. *Min. du travail c/Heisch*, 8 avril 1987, D. 1987, p. 460, note J.-C. Bonichot. En l'espèce le Conseil d'État a appliqué aux faits de l'espèce une interprétation d'un règlement communautaire déjà faite par la Cour de Justice, en rejetant la demande de renvoi préjudiciel en interprétation formée par le ministre.

(28-5) *Rec.*, 1982, p. 1095 ; D. 1983, note J. Robert.

(28-6) V. sur la définition de la « juridiction au sens de l'article 177 », C. J. C. E., *Vve Vaasen-Gôbbels*, 30 juin 1966, *Rec.*, 1966, p. 377 ; *Les grands arrêts de la C. J. C. E.*, 3e éd., 1983, n⁰ 25, p. 136.

(29) V. L. Goffin, *Vingt ans de jurisprudence européenne*, *Rev. intern. dr. comparé*, 1974, p. 21 et s., spécialement p. 22. — Adde : P. Bonassies, *La frontière normative et le marché commun*, in *Mélanges Jauffret*, p. 99 et s. ; *Une nouvelle source doctrinale du droit français : la jurisprudence de la Cour de justice des communautés*, in *Études Kayser*, p. 43 et s.

(30) V. par ex. R. Collin, *La collaboration entre l'ordre juridique communautaire et les ordres juridiques nationaux dans le secteur de la concurrence*, Rapport général présenté à la Commission de la Concurrence du Ve Congrès international de droit européen, Berlin, 1970.

(31) 5 février 1963, *N. G. Algemene Transport en expeditie onderneming van gend en loos c/Administration fiscale néerlandaise*, *Rec.*, 1963, p. 1, concl. K. Roemer, *Grands arrêts de la C. J. C. E.*, précité, t. I., p. 132 et s.

dont le fonctionnement concerne directement les justiciables de la Communauté, implique que ce traité constitue plus qu'un accord qui ne créerait que des obligations mutuelles entre États contractants... La Communauté constitue un nouvel ordre juridique de droit international au profit duquel les États ont limité, bien que dans des domaines restreints, leurs droits souverains et dont les sujets sont non seulement les États membres, mais également leurs ressortissants. » Il en résulte que « le droit communautaire, indépendant de la législation des États membres, de même qu'il crée des charges dans le chef des particuliers, est aussi destiné à engendrer des droits qui entrent dans leur patrimoine juridique ».

Sur le plan pratique ces droits directs reconnus aux particuliers garantissent l'efficacité des règles communautaires. Comme l'observe la Cour de Justice (32) « la vigilance des particuliers intéressés à la sauvegarde de leurs droits entraîne un contrôle efficace qui s'ajoute à celui que les articles 169 et 170 confient à la diligence de la Commission et des États membres ».

Dans un autre arrêt célèbre (33) elle a ajouté que « le Traité de la C. E. E. avait institué un ordre juridique propre intégré au système juridique des États membres lors de l'entrée en vigueur du traité et qui s'imposait à leurs juridictions ».

294. — Toutes les règles communautaires, cependant, ne sont pas directement applicables dans l'ordre juridique interne. Mais leur détermination relève de la seule compétence du droit et du juge communautaire (34).

Le principe s'applique aux *traités* eux-mêmes comme aux *textes dérivés*.

A. — L'application directe des traités.

295. — Il n'y a guère de difficultés pour les dispositions du traité qui visent directement les entreprises ou les personnes morales ou physiques de la Communauté afin de leur imposer des obligations ou de leur attribuer des droits.

Mais la Cour de Justice a admis l'application directe en dehors même de toute attribution explicite d'un droit ou d'une obligation. Les dispositions du traité peuvent être invoquées par les justiciables devant leurs juridictions nationales dès l'instant qu'elles imposent *une abstention ou une obligation inconditionnelle et suffisamment précise pour être appli-*

---

(32) Arrêt précité.
(33) 15 juillet 1964, *Costa c/Enel, Rec.*, 1964, p. 1141, concl. M. LAGRANGE; *Grands arrêts de la C. J. C. E.*, précité, p. 144 et s., et les références citées.
(34) V. R. KOVAR, *L'applicabilité directe du droit communautaire, Journal de droit international*, 1973, p. 279 et s., spécialement p. 281 à 284. — Adde : A. BAILLEUX, *Techniques d'application du droit communautaire dans l'ordre juridique français*, thèse multigr., Nice, 1975. — V. pour la liste des dispositions directement applicables, J. O. C. E., du 29 novembre 1982, n° C 312/23.

cable par elle-même, sans que des mesures nationales d'exécution soient nécessaires (35).

Sont ainsi directement applicables les dispositions qui imposent une obligation précise et inconditionnelle de ne pas faire ou de ne plus faire à compter de l'expiration d'un certain délai. Il en est de même des obligations de faire imposées sans laisser pour leur exécution aucune liberté d'appréciation. Sont également applicables de façon directe les dispositions qui imposent une obligation qui n'est pas entièrement déterminée dans le traité, mais dont le contenu a été ultérieurement précisé par des actes complémentaires de l'autorité communautaire (36).

Ces solutions sont admises, dans leur principe, par les juridictions françaises, qu'elles appartiennent à l'ordre administratif (37) ou judiciaire (38).

La portée du principe de l'application directe des dispositions du traité est variable selon leur nature. C'est ainsi qu'on a pu les classer en deux catégories (38-1). Il y a, d'une part, les dispositions à « applicabilité directe complète » qui créent des droits et des obligations vis-à-vis de l'État et dans les rapports entre les ressortissants des États membres eux-mêmes et, d'autre part, les dispositions à « applicabilité directe limitée » qui créent seulement des droits et des obligations pour les particuliers à l'égard des États membres. Mais, il n'y a là qu'une différence de degré justifiée par la nature de la disposition en cause.

B. — L'application directe des textes dérivés.

296. — On peut distinguer entre les *règlements,* les *décisions* et les *directives.*

1) *Les règlements.*

297. — **Le règlement est directement applicable sans réception dans l'ordre interne.**

L'article 189 du traité de Rome dispose expressément que le règlement

---

(35) V. Loussouarn, *Rev. crit. dr. internat. privé,* 1975, p. 699. — Cf. R. Kovar, *L'applicabilité directe du droit communautaire, Journal du droit international,* 1973, p. 288-289.

(36) V. P. H. Teitgen, *Cours de droit institutionnel communautaire,* 1975-1976, p. 230 à 240. — J. Boulouis et R. M. Chevallier, *Grands arrêts de la C. J. C. E.,* t. I, p. 137.

(37) V. R. Odent, *L'interprétation et l'application du droit communautaire par la juridiction administrative française,* in *La France et les Communautés européennes,* 1975, p. 811 et s., spécialement p. 813 et la jurisprudence citée.

(38) V. A. Touffait, *Les juridictions judiciaires françaises devant l'interprétation et l'application du droit communautaire,* in *La France et les Communautés européennes,* 1975, p. 823 et s., spécialement p. 828-829.

(38-1) G. Issac, précité, p. 160-161.

« est directement applicable dans tout État membre ». Il s'intègre ainsi automatiquement dans l'ordre juridique interne de ces États (39).

Il en résulte qu'aucune réception dans l'ordre juridique interne n'est nécessaire, sous forme d'un texte légal ou réglementaire, ou même d'une publication au *Journal Officiel* français. Une telle réception est même prohibée dans la mesure où elle aurait pour effet de transférer aux juridictions nationales le contentieux de la validité et de l'interprétation. Cependant le Gouvernement peut assurer la diffusion du règlement en l'insérant à titre d'information dans le *Journal Officiel*, en l'incorporant dans nos codifications (40), ou encore par voie de circulaires (41).

298. — L'autorité compétente pour les dispositions nationales complémentaires.

L'application immédiate des règlements communautaires est parfois retardée jusqu'à l'intervention de dispositions nationales complémentaires qui sont nécessaires à leur exécution. Le Conseil de la C. E. E. peut, en effet, confier ces mesures complémentaires aux États membres. De façon générale l'article 5 du traité impose à ces derniers de prendre toutes mesures propres à assurer l'exécution des actes des Institutions communautaires.

Sur le plan communautaire la jurisprudence de la Cour de Justice reste incertaine sur le point de savoir s'il s'agit d'une compétence communautaire déléguée ou d'une compétence nationale s'exerçant dans le respect des formes et procédures du droit national (42).

Une autre difficulté vient de ce que les organes de la Communauté ne peuvent édicter des sanctions pénales. Pour donner une telle sanction au règlement communautaire il est donc nécessaire de lui donner une véritable « consécration » par un texte national qui ne doit pas, cependant, lui enlever ses caractères propres (43).

---

(39) V. C. J. C. E., 14 décembre 1971, 43/71, *Rec.*, 1971, p. 1039, concl. A. DUTHEILLET DE LAMOTHE. — Cf., par ex., Cass. crim., 7 janvier 1972, *Bull. crim.*, n° 1, p. 1 ; *Rapport de la Cour de cassation*, 1971-1972, p. 69 ; D. 1972, p. 497, note Joël RIDEAU ; J. C. P. 1972. II. 17158, note GUÉRIN ; 13 juin 1972, D. 1972, p. 685. — V. A. TOUFFAIT, précité, p. 829 ; R. ODENT, précité, p. 813 et la jurisprudence du Conseil d'État citée. — C. E., 22 décembre 1978, *Synd. des Hautes graves de Bordeaux*, D. 1979, p. 125, note P. DELVOLVÉ.

(40) V., par ex., le Code des douanes qui comporte une première partie constituée par les articles d'origine nationale et une seconde résultant des règlements communautaires.

(41) V. P. H. TEITGEN, *L'application du droit communautaire par le législatif et l'exécutif français*, in *La France et les Communautés européennes*, 1975, p. 777 et s., spécialement p. 778 à 781. — J. BOULOUIS et R. M. CHEVALLIER, précités.

(42) V. P. H. TEITGEN, précité, p. 787.

(43) V. M. BIGAY, *L'application des règlements communautaires en droit pénal français*, *Rev. trim. dr. européen*, 1971, p. 52 et s., spécialement p. 58 et s. La question s'est posée particulièrement pour les nombreux règlements qui définissent les normes auxquelles doivent obéir les produits mis en circulation dans le marché commun. Les règlements communautaires ont été assimilés aux dispositions réglementaires internes, prévues par la loi du 1er août 1905 afin d'assurer la répression des fraudes. Les sanctions pénales édictées par cette loi leur sont ainsi applicables. V. par ex., les règlements n°s 1618-68, 234-68, 315-68 et 316-68.

2) *Les décisions.*

299. — L'application directe des décisions.
Elle ne soulève pas de difficultés lorsque les décisions sont adressées
à des particuliers ou des entreprises. Celles-ci créent directement et
indirectement des droits et des obligations au profit ou à la charge des
destinataires.

En revanche, lorsque la décision est adressée à un ou à plusieurs
États membres on avait admis *a priori* que ces derniers étaient tenus
d'exécuter la décision. Les particuliers, en revanche, ne pouvaient s'en
prévaloir devant les juridictions nationales. La ·Cour de Justice, dans
un arrêt du 6 octobre 1970 (44) a jugé, cependant, que les décisions
adressées aux États membres pouvaient être invoquées devant les
juridictions nationales au même titre que les dispositions du traité
ou les règlements. Tout dépend du contenu de la décision. Il semble
que la Cour de Justice entende faire jouer à l'égard des décisions les
critères mêmes qui régissent l'application directe des dispositions du
traité (45).

3) *Les directives.*

300. — Selon la définition de l'article 189 du traité la directive ne lie
que les États membres destinataires auxquels elle se borne à fixer des
résultats à atteindre en leur laissant le choix des formes et des moyens.

En droit français des difficultés apparaissent lorsque les règles nationales destinées
à mettre en œuvre les directives relèvent, par leur objet, du pouvoir législatif attribué
au Parlement par l'article 34 de la Constitution (46). Le Gouvernement, après avoir
envisagé d'utiliser l'article 38 de la Constitution, a préféré recourir à des habilitations
législatives permanentes. Il résulte en outre, d'un avis du Conseil d'État du
20 mai 1964 que le Gouvernement disposerait, selon l'article 21 de la Constitution,
du pouvoir de prendre pour l'application d'un règlement communautaire, toutes
les mesures qu'il pourrait édicter pour l'application d'une loi française qui aurait
le même contenu. Le Parlement n'aurait ainsi à être saisi, en l'absence d'habilitation législative, que si le Gouvernement entendait ajouter aux mesures indispensables
à l'application du règlement, des règles nouvelles, par exemple des sanctions pénales
ou des taxations non encore prévues par la loi (47).

---

(44) *Franz Grad c/Finanzamt Traustein, Rec.*, 1970, p. 825, concl. K. ROEMER ;
Grands arrêts C. J. C. E., précités, p. 39.
(45) V. J. BOULOUIS et R. M. CHEVALLIER, précités, p. 42 à 44 et p. 138. —
P. H. TEITGEN, *op. cit.*, p. 804-805.
(46) V. Incidences du droit communautaire sur la compétence législative du
Parlement, débats parlementaires, la question orale de M. JOZEAU-MARIGNÉ, et
la réponse de M. LECANUET, *Gaz. Pal.*, 24 février 1976.
(47) V. P. H. TEITGEN, précité, p. 785 à 795.

**300-1. — Les directives ne produisent qu'un « effet direct analogue »
à l'effet direct de certaines dispositions du traité ou des règlements.**

A priori, selon la définition donnée par le traité, les directives, non
transposées par définition, ne paraissent pas susceptibles d'application
directe dans l'ordre juridique interne. Cependant, depuis la fin de la
période de transition (47-1), l'application directe des directives a été
admise dans les mêmes conditions que les dispositions du traité lui-
même (48). De nombreuses directives ont été déclarées immédiatement applicables, notamment celles qui concernaient la liberté d'établissement (49). **Mais la Cour de Justice a précisé que cet effet n'était
qu'un effet analogue** (49-1), **ce qui signifie qu'il a une portée moindre.**

Les solutions du droit communautaire sont résumées dans les motifs
de l'arrêt *Kolpinghuis Nijmegen,* du 8 octobre 1987 (49-2). Le premier
point, désormais constant, est ainsi exposé : « dans tous les cas où
des dispositions d'une directive apparaissent comme étant, du point
de vue de leur contenu, inconditionnelles et suffisamment précises,
les particuliers sont fondés à les invoquer à l'encontre de l'État, soit
lorsque celui-ci s'abstient de transposer dans les délais la directive
en droit national, soit lorsqu'il en fait une transposition incorrecte ».
C'est dire que la directive peut créer des droits directement dans le

---

(47-1) 31 décembre 1969.

(48) V. *supra,* n° 295. — *Adde :* P. H. TEITGEN, *op. cit.,* p. 797, et *Cours de droit
institutionnel communautaire 1975-1976,* p. 184 à 189. — J. BOULOUIS et R. M. CHE-
VALLIER, précités, p. 138. — V. C. J. C. E., 6 octobre 1970, *Rec.,* vol. XVI, p. 825. —
17 décembre 1970, *Société S. A. C. E. c/Ministère des Finances de la République
italienne, Rec.,* 1970, p. 1213, concl. K. ROEMER ; *Grands arrêts,* p. 45 ; J. C. P. 1972.
II. 17188, note R. KOVAR. — 4 décembre 1974, *Van Duyn, Rec.,* 1974, p. 1348. —
1er février 1977, *Rec.,* p. 113. — 5 avril 1979, RATTI, *Rec.,* p. 1629. — Cf. Cass. crim.,
7 novembre 1973, *Société Spad, Bull. crim.,* n° 404, p. 992, que l'on a présenté comme
refusant tout effet direct aux directives (J. BOULOUIS et R. M. CHEVALLIER, précités,
p. 50) ; mais qui n'était saisi que d'un défaut de réponse aux conclusions et ne s'est
donc pas expressément prononcé sur le fond. — *Adde :* P. PESCATORE, *L'effet des
directives communautaires : une tentative de démythification,* D. 1980, chron. p. 171. —
WARNER, *Intervention au colloque de l'A. N. D. D., Droit et Économie,* 1980, n° 37,
p. 22-23. — F. LE BAIL, *Contribution à l'étude de la directive communautaire et de son
évolution,* thèse Bordeaux, 1975, multigr. — C. J. C. E., 22 juin 1989, *Soc. Fratelli
Costanzo SPA c. Commune de Milan,* D. 1990, somm., p. 61, obs., Ph. TERNEYRE.

(49) **Cf.** A TOUFFAIT, concl. avant Cass. civ. 3e, 15 décembre 1975, D. 1976, p. 33.

(49-1) L'expression « effet analogue » se rencontre pour la première fois dans l'arrêt
Van Duyn, précité : « si, en vertu des dispositions de l'article 189, les règlements
sont directement applicables et, par conséquent, par leur nature susceptibles de
produire des effets directs, il n'en résulte pas que d'autres catégories d'actes visés
par cet article ne peuvent jamais produire d'*effets analogues* » (12e cons.).

(49-2) *Rec.,* p. 3969, concl. J. MISCHO ; J. C. P. 1988.II.20934, obs. BOUTARD-
LABARDE.

patrimoine des individus contre l'État, quelle que soit la qualité en laquelle agit ce dernier, employeur ou autorité publique (49-3).

Mais, et c'est là où l'effet direct analogue des directives diffère de l'effet direct proprement dit, « une directive ne peut pas par elle-même créer d'obligations dans le chef d'un particulier... » ; « une disposition d'une directive ne peut donc pas être invoquée en tant que telle à l'encontre d'une telle personne devant une juridiction nationale » (49-4). On a d'ailleurs souligné qu'il ne peut en être autrement, à défaut de publication légale obligatoire des directives (49-5).

Finalement, l'application directe des directives signifie, d'une part, que les *règlements internes* contraires aux dispositions d'une directive inconditionnelle et suffisamment précise peuvent être contestés devant le juge national sur le fondement de la directive, et, d'autre part, que les *mesures nationales individuelles* peuvent également être contestées devant le juge national sur le fondement d'une directive, malgré l'existence d'une réglementation nationale dont l'application est ainsi écartée (50).

Le Conseil d'État français, désapprouvé par la quasi-unanimité des commentateurs, s'est refusé à appliquer cette dernière solution dans la fameuse affaire *Cohn-Bendit* : « les directives ne sauraient être invoquées... à l'appui d'un recours dirigé contre un acte administratif individuel » (51). Cela ne signifie pas pour autant qu'il refuse tout effet aux directives non transposées. En effet, l'arrêt *Cohn-Bendit* réserve

---

(49-3) C. J. C. E., 26 février 1986, *Marshall* (152-84), *Rec.*, p. 273, concl. G. SLYNN, 49e cons.

(49-4) V. déjà C. J. C. E., 26 février 1986, *Marshall*, précité, 48e cons.

(49-5) G. ISSAC, précité, p. 164.

(50) C. J. C. E., 28 octobre 1975, *Rutili*, *Rec.*, p. 1219. — Cf. C. J. C. E., 6 mai, 1980, *Commission c. Belgique*, *Rec.*, p. 1473. — C. J. C. E., 19 janvier 1982, *Becker* (8/81), *Rec.*, p. 55, concl. SLYNN. L'arrêt précisant qu'on ne peut : « invoquer le caractère général de la directive en cause, ou la latitude qu'elle laisse par ailleurs aux États membres, pour dénier tout effet à celles des dispositions qui, compte tenu de leur objet, sont susceptibles d'être utilement invoquées en justice en dépit du fait que la directive n'a pas été exécutée dans son ensemble » (30e cons). C'est affirmer qu'il faut s'attacher à chaque disposition de la directive et non à la directive prise dans son ensemble pour déterminer son champ d'application direct.

(51) Cons. d'État, Ass., 22 décembre 1978, *Leb.*, p. 524 ; *Act. jur. dr. adm.*, 1979, p. 27, obs. DUTHEILLET DE LAMOTHE et ROBINEAU ; *Journ. dr. internat.*, 1979, n° 1, obs. GOLDMAN ; J. C. P. 1979. II. 19158, note KOVAR ; *Rev. int. dr. internat. privé*, 1979, n° 3, obs. A. LYON-CAEN ; D. 1979, p. 162, note PACTEAU ; *Gaz. Pal.*, 20 ma, 1979, note D. RUZIÉ ; *Rev. gén. dr. internat. public*, 1979, n° 3, obs. Ch. VALLÉE. — P. KAPTEYN, *Common market law review*, 1979, n° 4. — Simon DOWRICK, *The law quarterly rev.*, 1979, p. 376. — J. BOULOUIS, *Rev. du marché commun*, 1979, n° 225. — A. BARAV, *Rev. belge dr. internat.*, 1980, n° 1. — R. BIEBER, *Europarecht*, 1979, n° 3. — TOMUSCHAT, *Europ. Grundrechte Zeitsch.*, 1979, n° 11. — V. BOULOUIS, *Droit institutionnel des communautés européennes*, Cours Paris II 1981-1982, p. 191-192.

expressément la possibilité pour les ressortissants des États membres de contester les *mesures réglementaires* prises par le gouvernement français pour se conformer aux directives arrêtées par le Conseil des Communautés européennes. C'est ainsi que dans l'arrêt *Fédération française des sociétés de protection de la nature* (51-1), il a annulé des arrêtés du ministre de l'environnement au motif que « les autorités (nationales) ne peuvent légalement édicter des dispositions réglementaires qui seraient contraires aux objectifs définis par les directives ». En l'espèce les dispositions réglementaires avaient été prises en méconnaissance des objectifs définis par la directive n° 79-409 du 2 avril 1979 concernant la conservation des oiseaux sauvages publiée au *Journal Officiel* des communautés européennes du 25 avril 1979. Les dispositions en cause n'avaient donc pas été prises pour l'application de la directive, mais elles entraient dans son champ d'application, d'où l'annulation. Par contre-coup, une mesure individuelle pourrait être annulée sur la base d'une directive mais à la condition que le requérant invoque l'illégalité du règlement, au regard de la directive, sur le fondement duquel la mesure individuelle a été prise.

II. — *La primauté du droit communautaire sur les droits nationaux des États membres.*

301. — Les règles communautaires ne sont pas soumises aux règles constitutionnelles des États membres (53).

Le fonctionnement durable de la Communauté exigeait que les règles communautaires soient indépendantes des vicissitudes affectant les diverses constitutions des États membres. La Cour de Justice a admis cependant qu'une règle communautaire pourrait être jugée illégale si elle portait atteinte aux « droits fondamentaux » qui « font partie intégrante des principes généraux du droit dont elle assure le respect ». Elle a précisé « qu'en assurant la sauvegarde de ces droits », elle était « tenue de s'inspirer des traditions constitutionnelles communes aux États membres et ne saurait, dès lors, admettre des mesures incompati-

---

(51-1) C. E., 7 décembre 1984, *Act. jur. dr. adm.*, 1985, p. 104, commentaire, p. 83. — *Adde* : J. DE MALAFOSSE, *Droit coutumier français et directive communautaire, Mélanges De Juglart*, 1986, p. 270 et s.

(52) V. P. H. TEITGEN, in *La France et les Communautés européennes*, p. 797-798. — Cf. BOULOUIS, *Droit institutionnel des communautés européennes*, Cours Paris II 1981-1982, p. 180 sur l'harmonisation, et p. 189 et s. sur l'applicabilité directe des directives.

(53) C. J. C. E., 17 décembre 1970, *Handelsgesellschaft*, *Rec.*, 1970, p. 1125.

bles avec les droits fondamentaux reconnus et garantis par les Constitutions de ces États » (54).

302. — Le droit communautaire l'emporte sur les règlements et les lois antérieurs et postérieurs.

Les règles communautaires tirent leur légalité de leur conformité au traité constitutif. Il résulte cependant de leur intégration dans l'ordre juridique interne que le juge national est appelé à appliquer de façon parallèle le droit national et le droit communautaire. La question est alors de savoir, en cas de conflit, quelle règle doit l'emporter.

Les dispositions réglementaires françaises ne donnent lieu à aucune difficulté. Les règlements antérieurs, contraires aux règles communautaires, sont abrogés ou deviennent caducs. Les règlements postérieurs contraires sont illégaux dès leur origine (55). Le juge administratif sanctionne cette abrogation ou cette illégalité (56).

Les règles communautaires l'emportent également sans difficultés sur les lois antérieures contraires. La Cour de cassation a consacré cette solution (57). Et elle a jugé que le caractère autonome des législations

---

(54) C. J. C. E., 14 mars 1974, *Nold, Rec.*, 1973, p. 507. — Cf. P. H. TEITGEN, Cours précité, p. 270 et s. — A. TOUFFAIT, *La compétence communautaire est-elle restreinte au seul domaine économique ? Du respect des droits fondamentaux par la Cour de Justice des Communautés européennes*, D. 1976, chron. p. 165. — L. MARCOUX, *Le concept de droits fondamentaux dans le droit de la communauté économique Rev. inter. dr. comp.*, 1983, p. 691 et s., spéc., p. 706 et s. L'auteur envisage l'hypothèse d'un conflit entre les critères nationaux constitutionnels de protection des droits fondamentaux et ceux de la Communauté et la tendance qui consisterait pour le droit interne à écarter une réglementation communautaire pour cette raison. En France, en l'état actuel du droit positif, un tel conflit ne peut, semble-t-il, surgir. Il faudrait en effet comparer la norme communautaire à la Constitution. Or les tribunaux judiciaires et les tribunaux administratifs n'ont aucune compétence pour réaliser un tel contrôle qui mettrait d'ailleurs en péril, s'il était admis, les bases mêmes de l'édifice communautaire. Quant au Conseil constitutionnel, tant qu'il refusera de contrôler la conformité de la loi interne à la règle communautaire, la question ne peut se poser. Ce n'est que s'il acceptait le principe d'un tel contrôle qu'il pourrait alors s'estimer compétent pour refuser de déclarer inconstitutionnelle une loi contraire à une règle communautaire qui heurterait trop gravement les droits fondamentaux garantis par la Constitution. Par ailleurs, comme on le verra (*infra*, n° 302), les tribunaux judiciaires et administratifs font prévaloir le droit communautaire, de sorte qu'en définitive un éventuel conflit ne pourrait se résoudre qu'en faveur de la norme communautaire.
(55) V., par ex., Cons. d'État, 27 janvier 1971, *Syndicat national du commerce extérieur des céréales (Synacomex)*, Rec., p. 69. — Cass. crim., 14 janvier 1980, *Gaz. Pal.*, 27 septembre 1980.
(56) R. ODENT, précité, p. 818.
(57) Cass. civ., 22 octobre 1970, *Ramel*, J. C. P. 1971. II. 16671 ; D. 1971, p. 221, rapport MAZARD, note RIDEAU. — 7 janvier 1972, *Guerrini*, J. C. P. 1972. II. 17158 ; D. 1972, p. 497, note RIDEAU. — Grenoble, 24 avril 1981 et Paris, 26 mars 1981, *Gaz. Pal.*, 7 novembre 1981.

fiscales (57-1) et douanières (57-2) ne pouvait faire obstacle à la primauté de la loi internationale.

La solution tend à s'affirmer nettement à l'égard des lois postérieures.

La Cour de Justice dans l'un de ses arrêts les plus célèbres (58) a posé en principe que le transfert de compétence réalisé par le traité entraîne une « limitation définitive des droits souverains » des États membres « contre laquelle ne saurait prévaloir un acte unilatéral ultérieur » (59).

L'efficacité de ce principe n'est désormais plus compromise en France par le Conseil d'État qui a modifié sa jurisprudence, le 20 octobre 1989, dans l'arrêt *Nicolo* (60).

La Cour de cassation a été plus prompte à reconnaître la suprématie du droit communautaire. Dans un arrêt remarqué du 24 mai 1975 (61), elle a affirmé la primauté des règles communautaires sur la loi nationale postérieure et en a déduit que cette dernière ne pouvait s'appliquer. Elle s'est fondée pour cela, à la fois sur l'article 55 de la Constitution d'où résulte la supériorité des traités sur les lois même postérieures, et sur le caractère spécifique de l'ordre juridique propre institué par le traité de Rome, intégré dans l'ordre juridique des États membres et directement applicable aux ressortissants de ces États par leurs juridictions. Ce second fondement, dont on a regretté qu'il n'ait pas été seul invoqué (62), marque l'adoption par la Cour de cassation de

---

(57-1) Cass. crim., 22 octobre 1970, *Bull. crim.*, n° 276, p. 657 ; D. 1971, p. 221, rapp. Mazard, note Rideau ; J. C. P. 1971.II.16671, note P. L.

(57-2) Cass. crim., 5 décembre 1963, précité.

(58) 15 juillet 1964, *Costa c/E. N. E. L.*, *Rec.*, 1964, p. 1141, concl. M. Lagrange ; *Grands arrêts*, p. 144. — V. dans le même sens C. J. C. E., 9 mars 1978, *Simmenthal. Rec.*, p. 629 ; *Act. jur. dr. adm.*, 1978, p. 223, note Boulouis ; *C. D. E.*, 1978, p. 260, obs. A. Barav ; *R. T. D. E.*, 1978, p. 381, obs. Carreau et p. 540, concl. Av. gén. G. Reischl, qui affirme que « le juge national chargé d'appliquer, dans le cadre de sa compétence, les dispositions du droit communautaire, a l'obligation d'assurer le plein effet de ces normes en laissant au besoin inappliquée, de sa propre autorité, toute disposition contraire de la législation nationale même postérieure, sans qu'il ait à demander ou à attendre l'élimination préalable de celle-ci par voie législative ou par tout autre procédé constitutionnel ». — *Adde* : C. J. C. E., 14 décembre 1971, *Politi*, *Rec.*, p. 1039. — 7 mars 1972, *Marimex*, *Rec.*, p. 89. — V. Boulouis, *Droit institutionnel des communautés européennes*, Cours Paris II 1981-1982, p. 206.

(59) Cf. C. J. C. E., 13 juillet 1972, *Gaz. Pal.*, 1972, 2. 698.

(60) V. *Supra*, n° 285.

(61) J. C. P. 1975. II. 18180 *bis*, concl. A. Touffait ; D. 1975, p. 497, concl. A. Touffait ; *Act. jur. dr. adm.*, 1976, p. 567, obs. Boulouis.

(62) Cf. A. Touffait, Vienne et Jeantet, précités. — *Adde* : Cass. civ. 3e, 15 décembre 1975, D. 1976, p. 33, concl. A. Touffait ; *R. T. D. E.*, p. 727. — Boulouis, Cours 1981-1982 précité, p. 201. — *Adde* : pour la Grande-Bretagne, M. Simon et F. E. Dowrick, *Application par les juridictions anglaises du Traité instituant la Communauté économique européenne*, *Gaz. Pal.*, 21 mars 1981 et 27 mars 1980.

la conception de l'ordre juridique communautaire construite par la Cour de Justice des Communautés.

Dix ans plus tard, dans quatre arrêts du 15 mai 1985 (62-1), la Chambre commerciale de la Cour de cassation a réaffirmé la primauté du droit communautaire sur les réglementations du prix des carburants et du prix des livres postérieures au traité C. E. E. Il n'est pas inintéressant de souligner que dans ces espèces, le sens du droit communautaire avait été fixé par des arrêts de la Cour de justice (applicables à des situations antérieures) au cours de l'instruction des pourvois, et non antérieurement à l'introduction des instances (en référé). Cela montre bien que la jurisprudence de la Cour de Justice s'incorpore à la règle de droit, de sorte qu'elle induit une certaine rétroactivité. Pratiquement, cette jurisprudence conduit à reconnaître que l'inobservation d'une réglementation nationale non conforme à la règle communautaire ne peut constituer une faute de concurrence interdite.

Dans un arrêt du 9 octobre 1985 (62-2), la Chambre commerciale de la Cour de cassation a sursis à statuer et fait usage de l'article 177 du traité instituant la C. E. E. pour apprécier la légalité d'une disposition résultant de la loi du 30 décembre 1980. Après que la Cour de Justice se fût prononcée, elle a jugé que la loi de 1980 ne pouvait être opposée aux particuliers, car elle était contraire au traité (62-3).

En 1989, la même Chambre a fait prévaloir le droit communautaire, en adoptant une motivation de pur droit, substituée à celle des juges du fond, conforme à la doctrine de la Cour de justice des communautés européennes, selon laquelle : « lorsqu'une taxe nationale a été perçue en violation du traité instituant la Communauté économique européenne, l'obligation de remboursement qui incombe à l'État membre concerné découle de l'*effet direct de la disposition communautaire* à laquelle il a été porté atteinte, et qu'il appartient à cet État de déterminer par son droit interne les modalités selon lesquelles le remboursement peut être obtenu, *à la condition que ces modalités ne soient ni moins favorables que celles régissant des recours similaires de nature interne, ni aménagées de manière à rendre pratiquement impossible ou extrêmement difficile l'exercice des droits conférés par l'ordre juridique communautaire que les juridictions nationales ont l'obligation de sauvegarder* ; que la prescription de l'action en restitution de taxes indues, fondée sur l'invocation d'un arrêt de la Cour de Justice des communautés ayant dit ces taxes perçues en violation du traité, ne peut courir

---

(62-1) *Bull. civ.*, IV, nᵒˢ 154, 155, 156 et 157, p. 131 et s. ; D. 1986, p. 159, note GOYET. — *Adde* : Cass. com., 24 juin 1986, *Bull. civ.*, IV, nᵒ 134, p. 112.

(62-2) *Bull. civ.*, IV, nᵒ 234, p. 196.

(62-3) Cass. com., 22 novembre 1988, *Bull. civ.*, IV, nᵒ 315, p. 211.

avant la naissance de l'obligation de remboursement découlant de cette décision ; qu'il s'ensuit que les dispositions de l'article 18 de la loi du 11 juillet 1985 doivent rester sans application lorsqu'elles ont pour effet de faire échec à l'exercice du droit au remboursement des taxes litigieuses » (62-4).

Quant à la Chambre criminelle de la Cour de cassation, elle a affirmé « qu'il appartient au juge pénal d'écarter l'application d'un texte incriminant la violation d'une disposition de droit interne lorsque cette dernière méconnaît les prescriptions du droit communautaire » (62-5).

Le principe de la primauté de la norme communautaire sur la norme interne est donc aujourd'hui fermement établi devant les juridictions administratives (62-6) et judiciaires. Il ne reste plus que le Conseil constitutionnel qui refuse de faire prévaloir l'article 55 de la Constitution (62-7).

(62-4) Cass. com., 7 novembre 1989, *Bull. civ.*, IV, n° 278, p. 188.
(62-5) Cass. crim., 5 mai 1986, *Jour. dr. intern.*, 1987, p. 325.
(62-6) Sous réserve de ce qui a été dit à propos des directives, *supra*, n° 300-1.
(62-7) V. *supra*, n° 285.

CHAPITRE II

L'APPLICATION DE LA LOI

303. — La loi, expression de la souveraineté nationale, ne s'applique en principe qu'aux territoires soumis à celle-ci. Dans ce domaine elle a force obligatoire. Son application concrète suppose fréquemment son interprétation. Il conviendra d'envisager successivement *l'application de la loi dans l'espace*, sa *force obligatoire* et son *interprétation*.

SECTION 1

L'APPLICATION DE LA LOI
DANS L'ESPACE

304. — La loi française a force obligatoire dans le cadre territorial qu'elle vise. Elle s'applique en principe à toutes les situations juridiques.

Il arrive cependant qu'une situation comporte un élément d'extranéité qui justifie sa soumission à une législation étrangère. Par exemple, les étrangers résidant en France ne sont pas intégralement soumis à la loi française. Réciproquement celle-ci peut s'appliquer à l'extérieur du territoire national, notamment à des français résidant à l'étranger. La détermination de la loi applicable et la mise en œuvre de celle-ci font l'objet du *droit international privé* (1).

Sous cette réserve, la loi française s'applique normalement à l'ensemble du territoire français.

Parfois, cependant, le législateur limite l'application d'une loi nouvelle à certaines parties du territoire. Par exemple, la procédure dite de « mise en état » n'a d'abord été en vigueur que dans certains ressorts judiciaires.

Il ne s'agit là que d'une exception temporaire à l'unité de législation

_____

(1) V. H. Batiffol et P. Lagarde, *Droit international privé*, L. G. D. J. — Lerebours-Pigeonnière et Loussouarn, *Droit international privé*, 9ᵉ éd., 1970.

sur le territoire national. Celle-ci reçoit également des exceptions permanentes. *L'Alsace-Lorraine* et les *départements et territoires d'outre-mer*
sont soumis à une législation qui leur est propre.

§ 1. — LES DÉPARTEMENTS D'ALSACE-LORRAINE

305. — Annexés par l'Allemagne en 1871 ces départements ont fait retour à la
France en 1918. La substitution du droit français au régime qui s'était appliqué
pendant près de cinquante ans exigeait une période de transition (2). Il a semblé
inopportun d'introduire des dispositions qui auraient choqué les convictions, notamment religieuses, des populations locales. En outre la supériorité technique de certaines réglementations, comme celle du livre foncier par exemple, rendait souhaitable
leur maintien.

Lorsque ce droit local a été admis on imaginait que des réformes du droit français,
s'inspirant de ces solutions, rétabliraient l'unité. Mais il n'en a rien été. Primitivement
prévu pour une période de dix ans, régulièrement renouvelée, le maintien du droit
local est aujourd'hui admis sans limitation de durée, depuis la loi du 24 mai 1951 (3).
L'application des lois françaises laisse ainsi subsister des *lois locales*.

I. — *L'application des lois françaises.*

306. — Il faut distinguer entre les *lois antérieures au retour à la France* de 1918
et les *lois postérieures*.

A. — Les lois antérieures à la réintégration.

307. — Certaines lois sont, par nature, directement applicables aux départements
d'Alsace-Lorraine. Il s'agit de celles qui sont particulièrement liées à l'exercice de
la souveraineté nationale, telles que les lois constitutionnelles, les traités internationaux ou les lois relatives aux réquisitions militaires (4).

Quant aux autres, selon la loi du 17 octobre 1919 (5), elles doivent faire l'objet
d'une introduction spéciale par une loi ou un décret. Ces textes introductifs ont
d'ailleurs été très nombreux, visant soit des dispositions particulières, soit des

---

(2) Un autre régime de transition a dû être organisé après l'annexion de fait qui
eut lieu au cours de la deuxième guerre mondiale. V. *Encycl. Dalloz, Rép. dr. civ.*,
2ᵉ éd., vᵒ *Alsace-Lorraine*, nᵒˢ 139 et s.

(3) V. sur ce droit local, REGULA, KORNPROBST et SPACH, *Le droit applicable en
Alsace et en Lorraine*, 1938, mise à jour en 1959. — FEHNER et STRUSS, *Textes introductifs de la législation civile et commerciale en vigueur dans les départements du
Haut-Rhin, du Bas-Rhin et de la Moselle*, 4ᵉ éd., 1935. — NIBOYET, *Répertoire pratique de droit et de jurisprudence d'Alsace et de Lorraine*, 1925. — P. MAUGÉ, *Le
particularisme alsacien*, thèse Paris, 1967. — G. STRUSS, *Les lois locales en vigueur
dans le ressort de Colmar*, 1954. — J.-M. WOEHRLING, *Le droit public alsacien-lorrain*,
Jurisclass. adm., fasc. 122.

(4) V. *Rép. dr. civ.*, précité, nᵒ 3.

(5) D. P. 1919. 4. 270.

législations entières. C'est ainsi que l'ensemble des lois pénales a été introduit par un décret du 25 novembre 1919 (6) et la législation civile par une loi du 1er juin 1924 (7).

B. — Les lois postérieures à la réintégration.

308. — Elles sont applicables de plein droit en Alsace-Lorraine, dans la mesure cependant où elles ne traitent pas des matières régies par le droit local. Cette règle laisse ainsi subsister les lois locales, à défaut de volonté contraire du législateur national (8).

I. — Les lois locales.

309. — Il s'agit des textes législatifs et réglementaires propres à l'Alsace-Lorraine. Ils ont pour origine les lois françaises antérieures à 1871 que le législateur allemand avait maintenues (9), les lois fédérales allemandes et notamment les divers codes de l'Empire allemand, enfin la législation émanant des autorités propres à l'Alsace-Lorraine au sein de cet Empire.

Quelle que soit leur origine ces textes sont devenus des lois françaises qui doivent être interprétées au regard du contexte juridique français (10).

Ces lois ne restent applicables que dans les domaines, aujourd'hui assez limités, dans lesquels la législation française n'a pas été introduite en Alsace-Lorraine.

Quant au droit civil, la loi du 1er juin 1924 a introduit l'ensemble de la législation française en Alsace-Lorraine. Quelques matières restent cependant soumises au droit local, dont les dispositions ont été quelquefois combinées de façon originale avec des principes de droit français. Parmi ces matières figurent notamment le livre foncier régissant la publicité des transferts et des constitutions de droits réels (11) le registre matrimonial assurant la publicité du régime des biens entre époux (12), le statut des associations (12-1) et des fondations, la protection des incapables et

---

(6) D. P. 1919. 4. 273.

(7) D. P. 1924. 4. 285.

(8) V. sur la recherche de cette volonté, concl. TRICOT sous Cons. d'État, 27 avril 1951, *Rec. Cons. d'État*, p. 218.

(9) Ces lois restent applicables à titre de droit local et sans les modifications que le législateur français a pu leur apporter après 1871.

(10) V. Colmar, 23 novembre 1951, *Rec. législ.*, 1952. 2. 75. — 29 janvier 1969, *Rec. jur. Est.*, 1969, 44. — Cf. *Rép. dr. civ.*, précité, n° 12.

(11) V. LOTZ, *Les particularités du régime foncier des départements du Bas-Rhin, du Haut-Rhin et la Moselle*, 1959 ; mise à jour au *Rec. jur. Est.*, 1964. D. I. ; *La publicité foncière du droit local et certaines nouveautés du droit civil, ibid.*, 1965. D. 13. — COEN, *La responsabilité des juges et des greffiers du livre foncier, Rev. jur. Als. et Lorr.*, 1959, 201. — SPELINHAUSER, *Le principe de légalité du livre foncier et l'examen préalable des inscriptions*.

(12) V. LOTZ, *La loi du 13 juillet 1965 portant réforme des régimes matrimoniaux et la législation spéciale à l'Alsace et à la Lorraine, Rec. jur. Est.*, 1966. D. I.

(12-1) V. C. E., 22 janvier 1988, *Association Les Cigognes*, D. 1988, *Inf. rap.*, p. 45 ; *Act. jur. dr. adm.*, 1988, p. 151, obs. AZIBERT et DE BOISDEFFRE. La reconnaissance de la valeur constitutionnelle des préambules des Constitutions de 1946 et de 1958 n'a pas eu pour effet d'abroger implicitement la loi du 1er juin 1924 maintenant les dispositions locales relatives aux associations. — V. sur le problème de la compatibilité du droit local avec la Constitution, J.-Y. PLOUVIN, note sous T. A. Strasbourg, 17 juin 1986, D. 1988, p. 304.

l'organisation de la tutelle (13), diverses règles successorales, telles que le certificat d'héritier comme moyen de preuve de cette qualité (14) ou la transmission successorale des exploitations industrielles, agricoles ou artisanales ; le contrat d'assurances (15), des dispositions diverses en matière de baux.

L'existence de ce droit local porte atteinte à l'unité de la législation nationale qu'avait introduite la codification napoléonienne. Elle entraîne des conflits de lois de type « interprovincial » que la loi du 24 juillet 1921, complétée par celle du 1er juin 1924, s'est efforcée de régler (16).

§ 2. — LES DÉPARTEMENTS ET TERRITOIRES D'OUTRE-MER

310. — Les États de l'ancienne Union française organisée par la Constitution de 1946 et de la Communauté prévue par celle de 1958 sont aujourd'hui pleinement indépendants. Ils ont une législation qui leur est propre (17).

La législation française ne s'applique plus en dehors de la Métropole que dans les départements et territoires d'outre-mer.

Sous la IIIᵉ République le régime législatif des pays d'outre-mer se caractérisait par le principe de la spécialité législative, selon lequel le législateur devait expressément déclarer applicable à ces pays les lois qu'il promulguait. En outre le Président de la République pouvait légiférer par des décrets dits « coloniaux » soumis au régime des textes réglementaires.

La Constitution de 1946, puis celle de 1958, ont sensiblement modifié ce régime. Il faut aujourd'hui distinguer entre les départements et les territoires d'outre-mer.

I. — *Les départements d'outre-mer (D. O. M.).*

311. — **L'assimilation adaptée.**

Il s'agit de la Martinique, la Guadeloupe, la Guyane et la Réunion.

L'article 73 de la Constitution de 1958 leur reconnaît le statut de départements français pouvant faire l'objet de certaines adaptations. Il consacre implicitement le régime qui résultait de la Constitution de 1946. Celui-ci se caractérise par *la substitution du principe d'assimilation à celui de la spécialité législative antérieure.*

Ce principe comporte cependant une double limite.

---

(13) V. Lotz, *A propos de la loi du 14 décembre 1964 contenant réforme des textes relatifs à l'administration légale, la tutelle et l'émancipation ; Son incidence en droit local, Rec. jur. Est.*, 1968. D. I. — Mischlich, *La protection de l'enfance et le contrôle de la puissance paternelle dans les départements du Rhin et de la Moselle, Rec. législ.*, 1955. 1. 17.

(14) V. Krug, *Le certificat d'héritier*, thèse Strasbourg, 1939.

(15) V. Roch, *La tacite reconduction en matière de police d'assurance en droit français et en droit local, Rev. jur. Als. et Lorr.*, 1959, 223.

(16) Ces conflits qui se rapprochent de ceux que règle le droit international privé s'en distinguent cependant car ils ont lieu à l'intérieur d'une même souveraineté.

(17) V. D. Lavroff, *Droit d'outre-mer et de la coopération*, 1971. — P. Lampué, *Droit d'outre-mer et de la coopération*, 4ᵉ éd., 1969. — F. Luchaire, *Droit d'outre-mer et de la coopération*, 2ᵉ éd., 1966.

1° *L'assimilation ne joue pas à l'égard des lois antérieures à 1946.* Celles qui n'avaient pas été expressément étendues aux D. O. M. restent inapplicables. Cependant cette extension peut être aujourd'hui réalisée par une loi, ou un décret pris en vertu d'une loi d'habilitation.

2° *L'assimilation peut faire l'objet d'une adaptation,* rendue nécessaire par les données géographiques, économiques et démographiques des D. O. M. Un avis du Conseil d'État du 30 décembre 1947 a précisé les limites de cette adaptation qui peut affecter soit l'extension des textes antérieurs à 1946, soit l'application des lois postérieures. Le maintien de la législation locale ne peut jouer que de façon limitée pour tenir compte de situations très différentes des D. O. M. et sans qu'il soit fait échec au principe général d'assimilation. Quant aux décrets d'application des lois nouvelles ils ne doivent pas porter atteinte à l'esprit général et aux dispositions essentielles de la loi (18).

Le Code civil et l'ensemble des lois civiles s'appliquent de façon générale aux D. O. M. sous réserve de quelques exceptions concernant essentiellement les exploitations agricoles (19).

II. — Les territoires d'outre-mer.

312. — La spécialité législative.

Il s'agit de la Nouvelle Calédonie (19-1), la Polynésie française, Saint-Pierre-et-Miquelon, les Terres australes et antarctiques, les îles de Wallis et Futuna. Le régime des Nouvelles-Hébrides en condominium franco-britannique est particulier. Quant à l'Archipel des Comores il est aujourd'hui indépendant à l'exception de l'île de Mayotte qui a opté pour une départementalisation progressive.

Ces territoires sont soumis à des régimes juridiques variables en fonction des conditions historiques de leur rattachement à la souveraineté française et de l'autonomie plus ou moins accentuée dont ils jouissent.

Sous réserve des lois d'organisation des pouvoirs publics, qui leur sont directement applicables, ils sont soumis au principe de la spécialité législative. Les lois métropolitaines ne sont applicables qu'en vertu d'une disposition expresse et par l'effet d'une promulgation et d'une

---

(18) V. LAGRANGES, *Le nouveau régime législatif de la France d'outre-mer,* 1948, p. 920. — *Encycl. Dalloz, Rép. dr. civ.,* v° *Départements d'outre-mer,* n°s 52 et s.

(19) V. notamment la loi du 17 décembre 1963 (D. 1964, p. 10), sur le bail à ferme, et le décret du 24 novembre 1966 (D. 1966, p. 421), qui tendent à limiter les superficies exploitées directement par les propriétaires afin de réaliser une sorte de réforme agraire par le développement du fermage.

(19-1) La loi du 22 janvier 1988, *J. O.,* 26 janvier, porte statut du territoire de la Nouvelle-Calédonie.

publication locale (19-2). Dans certains territoires une assemblée locale peut légiférer dans des domaines déterminés et le chef de l'exécutif local exerce un pouvoir réglementaire (20).

SECTION 2

LA FORCE OBLIGATOIRE DE LA LOI

312-1. — La valeur normative des déclarations d'intention et des objcetifs affirmés (21).

Le législateur contemporain est parfois soucieux d'affirmer en tête de ses lois de grands principes sous forme de préambules ou de déclarations d'intention. Les lois sur les loyers sont particulièrement significatives. Par exemple, au chapitre des « dispositions générales », l'article 1er de la loi du 6 juillet 1989, *tendant à améliorer les rapports locatifs et portant modification de la loi du 23 décembre* 1986, déclare : « le droit au logement est un droit fondamental ; il s'exerce dans le cadre des lois qui le régissent. L'exercice de ce droit implique la liberté de choix pour toute personne de son mode d'habitation grâce au maintien et au développement d'un secteur locatif et d'un secteur d'accession à la propriété ouverts à toutes les catégories sociales. Les droits et obligations réciproques des bailleurs et des locataires doivent être équilibrés dans leurs relations individuelles comme dans leurs relations collectives ». Ce texte est la reproduction intégrale de l'article 1er de la loi du 22 juin 1982, dite loi *Quilliot*, relative aux droits et obligations des locataires et des bailleurs. On a dit de ces pétitions de principe que leur signification politique ou philosophique était plus apparente que leur portée juridique (21-1).

(19-2) V. pour une application, Cass. civ. 1re, 15 novembre 1989, D. 1989, *Inf. rap.*, p. 315 ; *Bull. civ.*, I, n° 345, p. 232.

(20) V. Luchaire, précité, p. 241 et s. — Lampué, précité, n°s 106 et s., p. 95 et s. — *Encycl. Dalloz, Rép. dr. administratif*, v° *Territoires d'outre-mer*.

(21) V. sur l'ensemble de la question, *Cahiers de méthodologie juridique n° 4, Les formulations d'objectifs dans les textes législatifs, Rev. rech. jur. dr. prospectif*, 1989, p. 765 et s. Dans son avant-propos J.-L. Bergel, définit la formulation d'objectifs comme « les déclarations d'objectifs, de caractère finaliste, poursuivant un but de politique juridique, exprimées dans les textes de lois, même s'il ne s'agit que de déclarations d'intentions très générales n'ayant pas d'effet matériellement normatif ». L'étude ne porte que sur les déclarations d'objectifs inclues dans les articles de lois.

(21-1) Cl. Giverdon, *Le droit à l'habitat et les nouvelles relations entre propriétaires et locataires (loi n° 82-526 du 22 juin 1982)*, D. 1982, chron. XXXVI, p. 239, n° 1, et sur l'analyse du droit à l'habitat, n°s 1 à 5.

Dans d'autres domaines, le législateur énonce — plus modestement — les objectifs qu'il veut atteindre. C'est ainsi que l'article 1er, alinéa 1, de la loi du 25 janvier 1985, *relative au redressement et à la liquidation judiciaire des entreprises*, énonce : « Il est institué une procédure de redressement judiciaire destinée à permettre la sauvegarde de l'entreprise, le maintien de l'activité et de l'emploi et l'apurement du passif ». Ce type de déclaration ne comporte qu'un aspect politique et non hilosophique. De surcroît, il apparaît plus technique et peut pêtre compris comme donnant au juge des directives d'interprétation (21-2).

Au regard de ces deux exemples, il est permis de penser que la portée des déclarations, car il faut présumer qu'elles en ont une, doit être appréciée au cas par cas et au regard de leur objet par comparaison au système juridique. Ainsi, l'affirmation d'un droit au logement ressort-elle des libertés publiques et du système normativiste en ce sens qu'en affirmant l'existence de ce droit, l'autorité normative inférieure, le pouvoir réglementaire en l'occurrence, devra se conformer à cette prescription. Mais, cela ne saurait avoir d'effet direct dans le patrimoine des particuliers. Un individu ne peut invoquer un « droit au logement » pour forcer un propriétaire à lui louer un appartement. D'autres déclarations s'adresseront au juge ; il s'agira de lui donner des directives d'interprétation ou d'appréciation destinées à trancher un litige (21-3). Dans cette hypothèse, ce n'est qu'indirectement que les particuliers bénéficieront ou subiront les effets de la déclaration, si tant est que les Cours suprêmes reconnaissent à ces dispositions un caractère contraignant pour elles, lorsque cela est possible (21-4).

313. — Les procédés de contrainte sanctionnant la force obligatoire de la loi.

La loi s'impose à l'administration, soumise au principe de légalité,

---

(21-2) M. JEANTIN, *Droit commercial*, Dalloz, 1988, n° 564.

(21-3) V. Cass. civ. 3e, 11 octobre 1989, *Bull. civ.*, III, n° 186, p. 101, qui affirme que le droit fondamental à l'habitat affirmé par l'article 1er de la loi du 22 juin 1982 ne concerne pas les résidences secondaires.

(21-4) C'est, semble-t-il, le cas pour l'article 1ei de la loi du 25 janvier 1985, mais non pour l'alinéa 3 de l'article 1er de la loi du 6 juillet 1989 qui dispose que les droits et obligations des bailleurs et des locataires doivent être équilibrés. Cette formule, prise au pied de la lettre, pourrait, en théorie, autoriser le juge à corriger un déséquilibre du contraé. Mais, ce serait lui donner en ce domaine un pouvoir qui lui est normalement refusé. Si l'on veut donc donner une portée pratique à cette prescription, il faut considérer qu'elle s'adresse à l'autorité normative inférieure, le pouvoir réglementaire, et non au juge chargé de l'application de la loi.

et aux juges, sous le contrôle du Conseil d'État et de la Cour de cassation. Elle s'impose également aux particuliers.

L'observation de la loi est normalement sanctionnée par divers procédés de contrainte. Celle-ci peut être préventive. L'acte contraire à la loi ne pourra être accompli. Par exemple l'opposition à un mariage, lorsqu'existent certains empêchements, fait obstacle à sa célébration. Le plus souvent la contrainte s'exerce après coup. Elle peut prendre une forme directe. Celui qui se maintient sans droit dans un immeuble sera expulsé par la force publique. Les biens du débiteur qui refuse d'exécuter son obligation seront saisis et vendus au profit de son créancier. La sanction peut aussi prendre la forme indirecte d'une réparation. L'acte, le contrat par exemple, accompli contrairement à la loi sera annulé et tout se passera comme s'il n'avait jamais existé. Ou encore on obligera le responsable d'un dommage à réparer celui-ci par une indemnité versée à la victime. Lorsque la règle intéresse plus spécialement la société, la sanction peut être, non seulement civile, mais pénale. Celui qui enfreint la loi sera condamné à une peine allant du paiement de quelques dizaines de francs, pour les contraventions, à la réclusion criminelle à perpétuité pour les crimes les plus graves.

La loi précise parfois elle-même sa sanction, par exemple la nullité des actes non conformes. Le plus souvent ce sont les tribunaux qui puiseront dans l'arsenal des procédés de contrainte le plus apte à assurer le respect de la loi (1).

On s'est demandé si la sanction était de l'essence de la loi, et plus généralement de la règle de droit (2). En fait la sanction ne détermine pas le caractère obligatoire de la loi mais son efficacité. On peut concevoir des règles efficaces malgré l'absence de sanctions proprement juridiques. La question reste alors de savoir s'il s'agit encore de règles de droit, même si elles figurent formellement dans une loi (3).

314. — Lois interprétatives et lois impératives.

La force obligatoire de la loi est susceptible de degrés. On distingue entre les lois interprétatives, supplétives ou dispositives, d'une part, et les lois impératives, prohibitives ou d'ordre public d'autre part.

---

(1) Ils ne peuvent cependant appliquer une sanction pénale que si un texte le prévoit.

(2) V. MARTY et RAYNAUD, *Introduction*, n° 34. — G. WIEDERKEHR, *Éléments de philosophie du droit dans les manuels contemporains de droit civil, Arch. philosophie du droit*, 1965, p. 259.

(3) V. *supra*, n° 30 ; *infra*, la sanction des droits subjectifs, n°ˢ 518 et s. et les obligations naturelles, n°ˢ 667 et s.

1) *Les lois interprétatives, supplétives ou dispositives.*

315. — Ces lois ont une force obligatoire réduite. Elles ne s'imposent qu'à défaut de volonté contraire des intéressés. Plus précisément il est permis aux intéressés de se placer, par une manifestation de volonté, en dehors des conditions d'application de la loi.

Le Code civil règle par exemple le sort des biens des époux. Il organise à cette fin un régime légal : la communauté d'acquets. Mais les futurs époux peuvent écarter ce régime légal, à la condition de faire un contrat de mariage valable. Ils pourront ainsi choisir un régime de séparation de biens ou de communauté universelle. En revanche, s'ils ne font aucun contrat avant leur mariage, c'est obligatoirement le régime légal qui s'appliquera. Le Code civil donne également, pour la plupart des contrats usuels, vente, prêt, louage notamment, des règles qui ne s'appliquent qu'à défaut de stipulations contraires des parties. Dans la vente, par exemple, il précise qui du vendeur ou de l'acheteur doit supporter les frais de livraison de l'objet vendu. Mais les parties sont libres d'en disposer autrement par une stipulation particulière.

Ces lois sont qualifiées d'*interprétatives* parce qu'elles ne feraient qu'exprimer la volonté des parties elles-mêmes. Mais ces fictions, inspirées du dogme de l'autonomie de la volonté, doivent être rejetées. Il est logique de penser que si les parties n'ont rien stipulé, c'est qu'elles n'ont pas envisagé la question. On dit également lois *supplétives*. L'expression est plus exacte. Les contractants n'ont pas toujours le temps ni les capacités juridiques nécessaires pour envisager toutes les modalités et les conséquences de leur accord de volonté. Ils n'expriment que l'essentiel. Par exemple, dans une vente, ils s'accorderont seulement sur l'objet vendu et sur le prix. La loi vient alors compléter leur accord. En cas de contestation, en effet, il faut bien savoir qui du vendeur ou de l'acheteur doit supporter les frais de livraison de l'objet vendu (3 *bis*).

2) *Les lois impératives ou prohibitives.*

316. — Ici la force obligatoire de la loi est plus rigoureuse. Ceux qui se trouvent placés dans la situation qu'elle régit ne peuvent en écarter l'application.

Par exemple des lois qui fixent les conditions de validité du mariage ou les obligations entre époux ne peuvent être écartées par un accord de volonté. Les époux ne pourraient convenir, en effet, qu'ils seront dispensés de l'obligation de fidélité ou d'assistance.

(3 *bis*) Cf. G. VINEY, *Responsabilité, conditions*, n°s 485 et s., sur la distinction entre « les textes qui se contentent de décrire les obligations normalement attachées à certains types de contrats usuels et ceux imposant certaines obligations aux parties au nom de l'ordre public contractuel ».

Les lois impératives sont également appelées de façon générale « lois d'ordre public ». C'est en effet parce que ces lois sont indispensables au maintien de l'organisation sociale, qu'elles s'imposent en toute hypothèse aux individus. On a contesté que toutes les lois impératives soient des lois d'ordre public (4). Mais cette question ne peut être envisagée qu'avec l'étude générale de l'ordre public, qui intéresse essentiellement la liberté contractuelle (5).

317. — Les dispenses et dérogations.

Certaines lois impératives peuvent faire l'objet de dispenses en faveur d'une personne déterminée. Celles-ci peuvent être accordées par le Président de la République qui peut, par exemple, lever certains empêchements au mariage pour cause de parenté ou d'alliance (art. 164, C. civ.), ou par un magistrat, par exemple le procureur de la République du lieu de célébration du mariage, qui peut autoriser les époux à se marier avant l'âge requis par la loi (art. 145, C. civ.).

Cette possibilité d'exceptions individualisées, d'abord très limitée, connaît aujourd'hui un développement considérable avec la pratique des dérogations aux règles de *l'ordre public économique et social*. La loi ne peut régir de façon uniforme des situations concrètes très variées, spécialement lorsqu'elle entend régler certaines activités de façon détaillée. L'interdiction de principe peut alors être tempérée d'exceptions. Mais, de plus en plus souvent, le législateur, tout en donnant les motifs pour lesquels des dérogations peuvent être accordées, ne les confère pas directement. Il donne mission à une autorité de les octroyer individuellement après examen (6).

De telles dérogations sont fréquentes en matière de construction et d'urbanisme. On les rencontre également en droit du travail, notamment à l'égard de la règle du repos dominical, ou de la durée du travail.

L'autorisation est parfois de la compétence des tribunaux. C'est ainsi que le propriétaire d'un fonds rural affermé peut exercer la reprise afin d'exploiter directement ; mais il est tenu d'habiter personnellement les lieux. Il peut être dérogé à cette dernière condition, accessoire de l'obligation d'exploitation directe, par une autorisation du tribunal paritaire (7).

D'une façon générale cependant ce sont des *autorités administratives*

---

(4) V. MARTY et RAYNAUD, *Introduction*, n° 99. — P. RAYNAUD, *L'ordre public économique*, Cours D. E. S. droit privé, 1965-1966, p. 11 et s.

(5) V. J. GHESTIN, *Le contrat*, n° 97.

(6) V. G. FARJAT, *L'ordre public économique*, thèse Dijon, 1963, p. 232, n° 287. — *Adde*, DEBBASCH, L'administration contre la loi, *Le Monde*, 12 août 1976.

(7) V. G. FARJAT, précité, p. 233, n° 288.

qui peuvent accorder les dérogations. Tout d'abord il s'agit le plus souvent de questions techniques qui exigent l'appréciation de spécialistes : l'administration des finances en matière de changes, les services de la main-d'œuvre en matière d'emploi, ou le Conseil de la concurrence. qui en sont les destinataires finals. Celles-ci constituent une pratique ; et cette pratique tend à apparaître comme une véritable source formelle du droit par assimilation à la loi.

L'administration a le pouvoir d'apprécier l'opportunité de la dérogation ; mais elle ne dispose pas d'un pouvoir arbitraire (8). Le Conseil d'État exerce un contrôle efficace sur les décisions de l'administration soit à partir de l'intention du législateur, soit en contrôlant directement l'opportunité de la décision (9).

La multiplication des règlements contraignants et des dérogations particulières n'est pas cependant sans altérer sérieusement l'un des caractères essentiels de la loi : la généralité, c'est-à-dire la vocation à s'appliquer, sans distinction, à toutes les situations qu'elle régit. Pratiquement seuls des professionnels avertis sont aptes, par exemple en matière d'urbanisme, à constituer les dossiers administratifs nécessaires à l'obtention d'une dérogation. Il se crée ainsi entre ces professionnels et les administrations compétentes des relations privilégiées qui peuvent sembler remettre en question, en fait, le principe fondamental de l'égalité devant la loi.

318. — Le pouvoir modérateur du juge.

Ce pouvoir peut être rapproché des dérogations et dispenses. Il s'agit par exemple de la faculté donnée au juge par la loi d'accorder au débiteur de bonne foi un délai de grâce pour exécuter ses engagements (art. 1244, C. civ.), ou de déroger aux règles d'évaluation prévues par le régime de participation aux acquêts si leur application « devait conduire à un résultat manifestement contraire à l'équité » (art. 1579, C. civ.) ou encore du pouvoir que lui reconnaît une jurisprudence traditionnelle de réduire les honoraires de certains professionnels, notamment des agents d'affaires, lorsqu'ils sont excessifs au regard du service effectivement rendu (10).

---

(8) V. DURAND, *Le rôle des agents de l'autorité publique dans la formation du contrat, Rev. trim. dr. civ.*, 1948, p. 155, n° 29.

(9) V. G. FARJAT, th. précitée, p. 240, n° 296. — En principe le juge administratif n'est juge que de la légalité et non de l'opportunité. Cependant, il statue souvent, en fait, sur l'opportunité, comme le montre, par exemple, la jurisprudence en matière d'expropriation. La frontière entre la légalité et l'opportunité est d'ailleurs extrêmement difficile à tracer.

(10) V., par ex., Cass. civ. 1re, 14 janvier 1976 (J. C. P. 1976. II. 18388) qui réaffirme ce pouvoir à l'égard des commissions des intermédiaires dans les ventes d'immeubles,

Ce « pouvoir modérateur apparaît toujours comme un pouvoir dérogatoire » (11). Il permet au juge, au nom de l'équité, ou de la morale, d'écarter dans des cas spécifiés par la loi les conséquences excessives qu'entraînerait l'application pure et simple de celle-ci (12).

SECTION 3

L'INTERPRÉTATION DE LA LOI

319. — L'évolution des idées en la matière a été étudiée avec celle du droit civil et de ses sources (1). D'une façon générale l'interprétation de la loi est un élément du raisonnement juridique (2).

Il importe ici de préciser **les autorités compétentes** pour interpréter la loi. *A priori* toute personne soumise à des dispositions légales doit en comprendre le sens et la portée exacts. Mais cette interprétation prend une signification particulière lorsqu'elle émane d'une autorité.

L'interprétation de la loi peut être donnée par le *législateur*, le *juge* ou l'*administration*.

§ 1. — L'INTERPRÉTATION LÉGISLATIVE

320. — **L'échec du référé législatif et les lois interprétatives.**

On peut naturellement demander au législateur d'interpréter la loi dont il est l'auteur. Ce système a fonctionné sous l'Ancien Régime au profit du Roi (3). Les hommes de la Révolution en avaient affirmé le principe, concurremment d'ailleurs avec l'interprétation judiciaire. Ils l'avaient mis en œuvre par le référé législatif qui permettait de saisir le législateur des difficultés d'interprétation apparues à l'occasion d'un procès. Ce référé était obligatoire au cas de conflit entre la Cour de cassation et une cour d'appel. L'échec de cette institution a été complet et

---

alors que l'on avait pu penser qu'il était exclu depuis que les modalités et les taux de celles-ci avaient été réglementés par le décret du 20 juillet 1972 et l'arrêté du 6 février 1974. — V. *Le contrat : formation*, n° 551.

(11) G. Cornu, Cours D. E. S. droit privé, 1970-1971, p. 235.

(12) V. G. Cornu, précité, p. 236 et s. pour l'analyse de ce pouvoir et ses applications.

(1) V. *supra*, n°s 142 et s., 149 et s., 160. — *Adde* : M. Van de Kerchove (sous la direction de), *L'interprétation en droit ; approche pluridisciplinaire*, 1978, et analyse par M. Batiffol, *Rev. internat. dr. comp.*, 1979, p. 916.

(2) V. *supra*, n° 53.

(3) V. *infra*, n° 408, note 4.

le référé législatif a été complètement écarté par la loi du 1er avril 1837 (4).

Aujourd'hui le législateur garde la possibilité de prendre une loi interprétative. A priori il peut paraître l'interprète idéal puisqu'il précise sa propre volonté. Mais c'est là une vision très abstraite. De façon plus concrète il est rare que le législateur qui interprète la loi soit celui-là même qui l'a voulue. C'est même exceptionnel en régime parlementaire.

Ce qui caractérise surtout l'interprétation législative c'est qu'elle émane de l'autorité compétente pour modifier la loi, ce qui rend parfois difficile la distinction. Celle-ci est cependant nécessaire et elle est faite sous le contrôle de la Cour de cassation. Les lois interprétatives, en effet, sont censées s'incorporer dans la loi qu'elles interprètent de telle sorte que leurs effets rétroagissent à la date d'entrée en vigueur de cette dernière. Les lois interprétatives seront donc étudiées avec le droit transitoire (5).

§ 2. — L'INTERPRÉTATION JUDICIAIRE

321. — La prééminence de l'interprétation judiciaire.

Les tribunaux ont le pouvoir et, selon l'article 4 du Code civil, le devoir d'interpréter la loi. Les lois sont interprétées par tous ceux qui ont à les observer ou les appliquer. Mais, « comme en cas de différend, ce seront les juges de l'ordre judiciaire ou administratif qui trancheront, les fonctionnaires, les administrés, les justiciables cherchent à se représenter comment la juridiction en cause déciderait si elle était saisie ». Cette observation conduit à « souligner la prééminence de l'interprétation des juges dans une conjoncture où l'opposition est à la mode entre le judiciaire et le juridique » (6). Le contentieux est sans doute une pathologie sociale, mais « le résultat de l'activité juridictionnelle n'est pas propre aux différends actuels, il contribue... à structurer la vie juridique hors du judiciaire » (7).

L'interprétation judiciaire de la loi apporte à celle-ci un important complément par lequel se réalise essentiellement l'œuvre créatrice et normative de la jurisprudence (8).

---

(4) V. *infra*, nos 408 et s.

(5) V. *infra*, nos 349 et s.

(6) H. BATIFFOL, *Questions de l'interprétation juridique*, in *L'interprétation dans le droit*, Arch. de philosophie du droit, t. XVI, 1972, p. 13 et 14. — V. dans le même sens, Ch. PERELMAN, *L'interprétation juridique*, *ibid.*, p. 31.

(7) H. BATIFFOL, précité.

(8) V. *infra*, nos 423 et s. — Adde : *L'interprétation par le juge des règles écrites*, *Trav. Ass. H. Capitant*, t. XXIX, 1978 ; spécialement A. RIEG, *Rapport français en droit civil et commercial*, p. 70. — T. G. I. Toulouse, 16 janvier 1980, D. 1981, p. 114, note BÉNABENT.

Cette prééminence de l'interprétation judiciaire souffre cependant, en fait, sinon en droit, de la concurrence, aujourd'hui très sensible, de l'interprétation administrative.

§ 3. — L'INTERPRÉTATION ADMINISTRATIVE

322. — Une jurisprudence traditionnelle reconnaît au Gouvernement le pouvoir d'interpréter un traité international chaque fois que les dispositions litigieuses mettent en jeu des questions de droit public international (9).

Sous cette réserve la Cour de cassation fait respecter de façon très ferme la prééminence de l'interprétation judiciaire. Celle-ci est cependant menacée par la pratique des *circulaires administratives* et, dans une moindre mesure, par celle des *réponses ministérielles aux questions écrites des parlementaires.*

I. — *Les circulaires administratives.*

323. — **Instructions destinées aux fonctionnaires, elles jouent dans la pratique un rôle important.**

Les circulaires et instructions de service sont, en principe, des mesures administratives d'ordre intérieur. Elles visent à guider les fonctionnaires dans l'application des lois et des règlements en leur faisant connaître la doctrine officielle de l'administration (10). La pratique administrative française donne à ces circulaires beaucoup d'importance Il y a des fonctionnaires pour lesquels une loi n'est pas en vigueur tant que le ministre n'en a pas requis et précisé l'application dans une circulaire.

L'abondance des textes dans certaines matières, leur insuffisance dans d'autres, exigent l'intervention des circulaires pour les coordonner ou pour les compléter (11). Parfois, l'administration, qui est à l'origine des projets de lois, rédige ceux-ci en termes vagues et généraux en se réser-

---

(9) V. *supra*, n° 286.

(10) V. RIVERO, *Les mesures d'ordre intérieur administratives*, thèse Paris, 1934. — CHARLIER, *Circulaires, instructions de service et autres prétendues mesures d'ordre intérieur administratives*, J. C. P. 1954. I. 1169. — J. AYGUEBERE, *Valeur des circulaires et instructions ministérielles*, Gaz. Pal., 1963. 1. 58. — Ch. BLUMANN, *L'application des circulaires administratives par le juge judiciaire*, Act. jur. dr. adm., 1972, p. 263. — WIENER, *Recherches sur le pouvoir réglementaire des ministres*, 1970. — J.-M. OLIVIER, *Les sources administratives du droit privé*, thèse Paris II, 1981, dactyl., spécialement p. 449 et s., n°s 253 et s.

(11) V. BLUMANN, précité, n° 8.

vant de préciser elle-même la loi dans les décrets et les circulaires d'application (12). Le recours aux circulaires est d'autant plus facile qu'à la différence des textes réglementaires elles ne sont soumises à aucun formalisme. En outre, grâce aux circulaires qu'ils adressent à leurs services, les ministres exercent, en fait, l'équivalent d'un pouvoir réglementaire qu'ils ne possèdent pas, en droit (13).

Destinées théoriquement aux fonctionnaires et agents publics, les circulaires, à travers ces derniers, s'appliquent en fait aux particuliers qui en sont les destinataires finals. Celles-ci constituent une pratique; et cette pratique tend à apparaitre comme une vériţable source formelle du droit par assimilation à la loi.

323-1. — Le pouvoir créateur de la pratique administrative.

La loi, au sens matériel, ne s'applique jamais directement aux sujets de droit. Diverses autorités s'interposent afin de réaliser cette application. Placée entre le pouvoir normatif et l'administré, l'administration doit tous les jours prendre de multiples décisions afin de répondre à d'innombrables situations concrètes qui n'ont pas pu, dans leur diversité, être toutes réglées directement par la loi. L'administration devra nécessairement interpréter la loi. Ce faisant, elle se donnera une doctrine dont elle fera ensuite application dans tous les cas semblables. Lorsque la loi donne à l'administration un pouvoir plus ou moins discrétionnaire, celle-ci devra apprécier l'opportunité d'une décision. Elle le fera en fonction de certains critères qu'elle aura tout naturellement tendance à réutiliser toutes les fois qu'elle devra appliquer le même texte (13-1).

Le rôle de la pratique administrative est tout à fait comparable à celui de la jurisprudence ou pratique judiciaire. Comme l'écrivait *Kelsen*, dans les deux cas « il faut que l'organe d'application du droit résolve la question de savoir quel est le contenu qu'il doit donner à la norme individuelle à déduire de la norme générale législative dans son application à une espèce concrète, la norme individuelle se présentant comme un acte juridictionnel ou comme une décision administrative » (13-2).

De même que le juge, l'administration en interprétant la loi pour son application aux situations concrètes a nécessairement un rôle créateur. Comme le juge encore, elle exerce ce pouvoir en tant qu'autorité publique dont c'est la fonction institutionnelle (13-3). En cela, la pratique administrative, comme la pratique judiciaire,

---

(12) V. B. Oppetit, *Les réponses ministérielles aux questions écrites des parlementaires et l'interprétation des lois*, D. 1974, p. 107, spécialement p. 108, nᵒ 10.

(13) V. Viener, précité, spécialement p. 97 et s. — Blumann, précité, nᵒˢ 4 et 5. Dans une lettre du Premier ministre aux ministres et secrétaires d'État, du 26 août 1980, il est constaté « sur la base d'une enquête menée auprès de certaines préfectures, que les administrations centrales abusent des circulaires. Le nombre en est si élevé que leurs principaux destinataires sont, dans bien des cas, hors d'état d'en prendre connaissance... » et il est suggéré d'en ramener le nombre, alors de 3 000 par an « à un niveau plus raisonnable qui devrait être de l'ordre de la moitié ».

(13-1) J.-M. Olivier, *Les sources administratives du droit privé*, th. Paris II, 1981, dacty., p. 382.

(13-2) J.-M. Olivier, thèse précitée, p. 386.

(13-3) *Ibid.*, p. 410.

n'est pas un simple phénomène sociologique. Elle se distingue essentiellement des interprétations proposées par la doctrine, ou des pratiques professionnelles. Il s'agit pour la pratique administrative de l'exercice d'un pouvoir de droit, d'une compétence conférée par l'État (13-4). Comme l'écrivait déjà *Hauriou*, la pratique administrative n'est autre que « la jurisprudence d'un pouvoir » (13-5).

Cependant, la répétition des décisions particulières et concrètes ne peut suffire, à elle seule, à créer des règles de droit, à faire de la pratique administrative une source formelle du droit ; il faut encore qu'il y ait généralisation des règles de la pratique administrative.

La jurisprudence est une source formelle du droit positif parce qu'institutionnellement les Cours suprêmes ont le pouvoir d'imposer leur interprétation de la loi aux juridictions inférieures. L'interprétation des Cours suprêmes s'incorpore ainsi à la loi dont elle devient le complément nécessaire. Dans la pratique administrative, c'est la mise en œuvre du principe hiérarchique qui assure de la même façon la généralisation des décisions administratives concrètes et individuelles. Chaque administration va recevoir de son ministre des instructions, sous forme de circulaires, précisant la façon dont les agents devront appliquer la loi. Ainsi se trouvent énoncées des règles générales qui tendent à s'assimiler à la loi elle-même.

Tout d'abord sur le plan formel, de nombreuses circulaires se présentent matériellement comme la loi elle-même. Ensuite, elles émanent des mêmes services, qui ont préparé les projets de lois, dont il s'agit maintenant d'appliquer les dispositions. Cette situation apparaît clairement à la lecture des rapports présentés en 1983 lors des travaux de l'association Henri Capitant *sur le rôle de la pratique dans la formation du droit* (13-6), notamment le rapport de droit administratif polonais et celui de droit public français. Il n'y a pas ici de différence essentielle entre le droit des pays de l'Est et celui des démocraties occidentales. Partout, les agents des ministères qui ont préparé le projet de loi, qui ont suivi l'élaboration de la loi devant l'organe législatif, rédigent ensuite les circulaires qui donneront de la loi l'application conforme à leurs préoccupations initiales.

Ces circulaires s'imposent naturellement à leurs destinataires directs, c'est-à-dire aux agents de l'administration. Le rapport polonais de droit administratif énonce sans détours que « le travailleur de l'administration, devant choisir entre les règles de la loi et les ordres de son supérieur, exécutera plutôt les ordres de son supérieur ». Mais les démocraties occidentales connaissent, en fait, des attitudes semblables. Le phénomène est notamment constant pour la France où l'on a observé qu'une loi ne devenait applicable pour un fonctionnaire qu'après qu'il ait reçu la circulaire d'application correspondante. Le rapport de droit public suisse fait état toutefois d'un certain devoir de réflexion qui pèse sur l'agent. Si la solution concrète résultant de la circulaire est déraisonnable, il doit demander à l'autorité hiérarchique supérieure ou à l'autorité de surveillance des instructions complémentaires. C'est en somme, comme en droit canonique, l'appel du pape au pape mieux informé.

A travers les agents de l'administration, l'autorité des circulaires s'étend naturellement à tous les administrés puisqu'ils doivent obéir aux décisions de ces agents. Certes des recours hiérarchiques, ou même, le plus souvent, judiciaires, sont possi.bles Mais en cela ce que l'on a appelé l'autorité de la chose décidée par l'administration ne diffère pas de l'autorité de chose jugée ; l'une et l'autre s'imposent tant que

---

(13-4) *Ibid.*, p. 418.
(13-5) *Ibid.*, p. 426.
(13-6) Journées suisses de 1983, publiées en 1985. — V. spécialement, J, GHESTIN, rapport général de synthèse.

la décision administrative ou judiciaire n'a pas été infirmée par une autorité supérieure.

Les circulaires administratives donnent aux décisions concrètes des agents de l'administration, à la pratique administrative, des caractères qui tendent à la rapprocher des autres sources formelles du droit positif. Comme la Cour suprême, elles visent à assurer la cohérence, l'unité dans l'application du droit, qui est indispensable pour le respect du principe de l'égalité de traitement. Si chaque agent de l'administration pouvait décider au coup par coup, l'application de la loi risquerait d'être arbitraire et, en tous cas, imprévisible (13-7). Ce besoin est tellement fort que là même où la loi donne à l'administration un pouvoir discrétionnaire, celle-ci tend à fixer d'elle-même les critères qui devront inspirer ses décisions.

Les circulaires ne jouent que de façon imparfaite le rôle d'unification et de prévisibilité qui caractérise les sources formelles du droit, loi et jurisprudence des Cours suprêmes. D'abord, en l'absence des garanties formelles qui entourent l'édiction des lois et règlements, les circulaires peuvent se développer quantitativement à l'infini. Tous les rapports des journées Capitant de 1983 dénoncent le foisonnement des circulaires d'où naît ce que le droit administratif polonais appelle un « droit polycopié » (13-8). En France, une circulaire du 15 juin 1987 (13-9), *relative aux circulaires ministérielles*, rappelle les conditions d'intervention d'une circulaire et sa valeur juridique. Il s'agit d'endiguer l'inflation des circulaires, d'assurer leur recensement, d'abroger celles devenues inutiles et de regrouper en un même texte les circulaires ayant un même objet.

Ensuite, de par sa nature de mesure d'ordre intérieur, d'ordre hiérarchique, la circulaire reste normalement interne à l'administration. Elle n'a pas à être publiée ; ce qui préserve sans doute la liberté d'appréciation des agents de l'administration, mais ce qui a le grave inconvénient de rendre plus difficilement prévisible la décision qui sera prise.

En France, alors que dès 1947, le législateur avait ordonné la publication officielle des arrêts de la Cour de cassation, il a fallu attendre une loi du 17 juillet 1978 et son décret d'application du 22 septembre 1979 pour que soit imposée la publication officielle des circulaires, directives, instructions, notes et réponses comportant une interprétation du droit positif ou une description des procédures administratives. Il semble qu'ailleurs les circulaires, de façon générale, restent des documents administratifs internes, constituant un véritable droit occulte, bien qu'il soit en fait obligatoire et de portée générale.

Les circulaires sont aussi précaires, car l'autorité qui les a énoncées peut toujours modifier sa position initiale.

Aujourd'hui cependant les administrés ne sont plus, en droit français, dépourvus de toute protection face à cette précarité et aux risques de revirements occultes de la position administrative. Le décret nº 83-1025 du 28 novembre 1983, *concernant les relations entre l'administration et les usagers*, dispose que « tout intéressé est fondé à se prévaloir, à l'encontre de l'administration, des instructions, directives et circulaires publiées dans les conditions prévues par l'article 9 de la loi susvisée du 17 juillet 1978, lorsqu'elles ne sont pas contraires aux lois et règlements » (art. 1er). Il s'agit-là de la généralisation de la règle qui existait déjà en matière fiscale dans l'article L. 80 A du Livre des procédures fiscales, antérieurement codifiée à l'article 1649 *quinquies* E du Code général des impôts (13-10). « Le droit public français

---

(13-7) Rapport de droit public suisse, p. 7.
(13-8) Rapport de droit administratif polonais, p. 17.
(13-9) D. 1987, L, p. 231.
(13-10) V. P. AMSELEK, *L'opposition à l'administration de sa propre doctrine*, *Dr. Fiscal*, 1984, p. 149.

consacre donc dorénavant un principe général d'opposabilité à l'administration de ses instructions, directives et circulaires sans qu'il y ait lieu de s'interroger sur la nature, la portée ou l'opportunité de celles-ci. Tout citoyen est donc en droit de se prévaloir de la doctrine administrative du moins lorsque celle-ci, exprimée par le moyen d'un texte régulièrement publié, n'est contraire ni aux lois ni à la réglementation » (13-11).

Les deux conditions posées pour que la pratique administrative, se manifestant notamment par les circulaires, devienne une source de droit pour les usagers, paraissent logiques et nécessaires. En effet, l'exigence d'une absence de contrariété des circulaires aux lois et règlements assure sur le plan des principes leur subordination aux normes supérieures, ce qui est conforme à notre hiérarchie des normes de type Kelsenien. D'ailleurs, on ne voit pas comment un simple décret aurait pu, sans être entaché d'illégalité, permettre le développement et l'opposabilité d'une pratique administrative *contra legem*. Cette situation qui existe effectivement en droit fiscal, résulte, elle, d'une loi, l'article 100 de la loi du 28 décembre 1959, codifié à l'article L. 80 A du Livre des procédures fiscales (13-12). Ce texte nouveau a cependant l'inconvénient de donner indirectement un pouvoir réglementaire au ministre qui, constitutionnellement, n'en dispose pas.

La subordination de l'opposabilité des circulaires à leur publication antérieure dans les conditions prévues par l'article 9 de la loi du 17 juillet 1978 est également logique et nécessaire. Dans les faits, toutes les pratiques administratives comportant une interprétation du droit positif ou une description des procédures administratives sont officialisées par une directive, une circulaire, une note ou une réponse ministérielle. Elles doivent depuis cette loi de 1978 faire l'objet d'une publication obligatoire. Faute de publication, il est permis de penser qu'elles ne sont pas censées exister, et ne sont pas par conséquent opposables aux administrés. En revanche, cette publication, qui les rend opposables, lie désormais l'administration aux termes de l'article 1er du décret de 1983. Cette organisation nouvelle des rapports administration-administrés ne sera pas, semble-t-il, sans conséquences sur le droit positif administratif et sur certaines distinctions, en particulier entre circulaires interprétatives et réglementaires.

Il reste que malgré ces aménagements protecteurs des administrés, ce n'est pas sans de sérieuses réserves qu'il convient d'admettre la pratique administrative au rang des sources formelles du droit. Ces réserves s'accentuent lorsque l'on envisage les relations de la pratique administrative avec les sources formelles plus classiques.

323-2. — Les relations de la pratique administrative avec la loi.

La pratique administrative est naturellement subordonnée à la loi. Il en résulte que toute modification de la loi doit entraîner une adaptation de la pratique administrative. Mais tous les rapports des journées Capitant de 1983 s'accordent à souligner une dangereuse autonomie de la pratique administrative à l'égard de la loi. Sous couleur d'interprétation, l'administration n'hésite pas à donner des solutions contraires à l'esprit ou à la lettre de la loi. Souvent elle retarde ou paralyse l'application de la loi en refusant de prendre les dispositions nécessaires. La pratique administrative peut encore neutraliser la loi par la généralisation abusive des dispenses et dérogations individuelles que permettait celle-ci. La pratique des tolérances administratives, lorsqu'elle est énoncée dans des instructions de portée générale, fait de ces dernières des sources formellement contraires à la loi.

(13-11) J. Debaurain, *La portée des circulaires administratives*, Ann. Loyers, 1984, p. 782. — Cf. P. Amselek, art. précité, p. 150, n° 10.
(13-12) Cf. P. Amselek, art. précité, p. 152, n° 21.

La pratique administrative, en s'assimilant à la loi, arrive ainsi à se substituer à elle. Elle devient alors une source abusive du droit, face à laquelle les tribunaux sont trop souvent désarmés. Il arrive cependant qu'elle soit directement à l'origine de textes législatifs ou réglementaires, la solution dégagée par l'administration apparaissant finalement comme bonne. Cela a été le cas des circulaires Scrivener du 10 janvier 1978 et Delors du 22 mai 1984 qui imposaient notamment une transparence dans les pratiques tarifaires et dans les relations commerciales (13-13). Leurs orientations essentielles ont été reprises dans l'article 33 de l'ordonnance du 1er décembre 1986, relative à la liberté des prix et de la concurrence (14).

La loi n° 78-753 du 17 juillet 1978 et son décret d'application du 22 septembre 1979 prévoient la publication des circulaires, comme celle des directives, instructions, notes et réponses comportant une interprétation du droit positif ou une description des procédures administratives, dans un *Bulletin Officiel* ayant une périodicité au moins trimestrielle.

D'une façon générale, les tribunaux, qu'ils soient de l'ordre administratif ou judiciaire, ne sont pas favorables à une extension de la portée des circulaires, en dépit des dispositions résultant de la loi du 17 juillet 1978 et du décret du 28 novembre 1983. Cependant le Conseil d'État et la Cour de cassation ont adopté des positions différentes.

324. — Le Conseil d'État distingue entre circulaires interprétatives et réglementaires.

Le Conseil d'État, après avoir longtemps considéré les circulaires comme des documents administratifs purement internes a admis, à compter de l'arrêt Notre-Dame du Kreisker (15) une distinction entre circulaires interprétatives et réglementaires. L'intérêt de cette distinction est de permettre l'annulation des dispositions des circulaires ayant un caractère réglementaire. Elle a cependant l'inconvénient de consacrer « la tendance des administrations contemporaines... à promouvoir la circulaire dans la hiérarchie des actes administratifs » ce qui constitue « un recul de la règle de droit vers le précaire et le confidentiel » (16).

Ces préoccupations contradictoires ont donné naissance à une juris-

---

(13-13) V. J.-M. MOUSSERON, *Production-distribution : vers la transparence, tarifaire ? Commentaire de la circulaire Delors en date du 22 mai 1984*, J. C. P. éd. E. II, 13533. — J.-J. BURST et R. KOVAR, *Le clair-obscur de la circulaire Delors du 18 mai 1984 sur la transparence tarifaire dans les relations commerciales entre les entreprises*, D. 1985, p. 85.

(14) V. J.-M. MOUSSERON et V. SELINSKY, *Le droit français nouveau de la concurrence*, Litec, 1987, n°s 67 et s., p. 67 et s. — M.-C. BOUTARD-LABARDE, *Le nouveau droit de la concurrence*, Paris, 1987, p. 36. — A. DECOCQ et M. PEDAMON, *L'ordonnance du 1er décembre 1986 relative à la liberté des prix et de la concurrence*, J.-Cl. Concurrence-consommation, n° spéc., 1 bis, 1987, n° 77, p. 26.

(15) 29 janvier 1954, *Rec.*, p. 64 ; *R. P. D. A.*, 1954, p. 50, concl. TRICOT ; *Act. jur. dr. adm.*, 1954. II bis. 5, chron. GAZIER et LONG.

(16) TRICOT, précité.

prudence nuancée. En règle générale le juge administratif « déclare irrecevable les recours contre les circulaires par lesquelles le ministre se borne à faire connaître la façon dont il comprend les dispositions qu'il est chargé d'appliquer ou de faire appliquer par les tribunaux... Il en est de même des circulaires par lesquelles le ministre adresse à ses subordonnés des directives sur la façon d'utiliser les pouvoirs reconnus à son administration dans une matière déterminée... A l'inverse, le recours pour excès de pouvoir est recevable contre les circulaires qui, comblant un vide juridique, créent une véritable règle de droit opposable aux intéressés » (17).

Les nécessités pratiques résultant des interventions économiques de l'État ont conduit à reconnaître à l'Administration un pouvoir « para-réglementaire » sous la forme de « directives ». Par celles-ci le Ministre exerce un pouvoir d'orientation qui demeure actuellement ambigu, se situant à mi-chemin de la mesure d'ordre intérieur et du règlement (18).

Le Conseil d'État français distingue ainsi entre les circulaires qui se bornent à interpréter la loi et celles qui créent une véritable règle de droit opposable aux intéressés. Les premières, circulaires interprétatives, n'ont aucune force obligatoire pour les administrés, mais ne peuvent donner lieu à aucun contrôle de légalité. Les secondes circulaires réglementaires, sont considérées comme de véritables règlements, ce qui permet au Conseil d'État de statuer sur leur régularité (18-1).

Il n'est cependant pas certain que cette distinction puisse, dans l'avenir, se maintenir (18-2). La loi du 17 juillet 1978 imposant la publication des circulaires et le décret du 28 novembre 1983 subordonnant leur opposabilité à l'administration à cette publication devraient conduire

---

(17) M. LONG, P. WEIL et G. BRAIBANT, *Les grands arrêts de la jurisprudence administrative*, 7ᵉ éd., 1978, p. 413, les auteurs et la jurisprudence cités. — *Adde :* Cons. d'État, 19 juin 1981, 2 arrêts, D. 1981, I. R., p. 519, obs. P. DELVOLVÉ.

(18) Sur la valeur des circulaires, instructions ou directives, par lesquelles une autorité administrative investie du pouvoir de prendre de façon discrétionnaire des décisions individuelles soumet elle-même l'exercice de ce pouvoir à des règles de fond, LONG, WEIL et BRAIBANT, précités, p. 550 et s. — Cons. d'État, 11 décembre 1970, *Crédit Foncier de France* et 20 janvier 1971, *Union départementale des Sociétés mutualistes du Jura*, J. C. P. II. 17232, note M. FROMONT ; D. 1971, p. 673, note LOSCHAK ; *Rev. dr. publ.*, 1971, p. 1224, note M. WALINE ; *Act. jur. dr. adm.*, 1971, p. 196, chron. H. T. C. — A.-H. MESNARD, *Circulaires, directives et protection du littoral*, *Act. jur. dr. adm.*, 1978, p. 658. — J.-M. OLIVIER, thèse précitée, p. 627 et s., nᵒˢ 357 et s. — P. PAVLOPOULOS, *La directive en droit administratif*, thèse Paris, 1978, L. G. D. J., préface P. WEIL.

(18-1) Cf. J. DEBAURAIN, art. précité, p. 777 et s.

(18-2) V. P. AMSELEK, art. précité, p. 150, nᵒ 11, qui cite A. DE LAUBADÈRE, J.-Cl. VENEZIA et GAUDEMET, *Traité de droit administratif*, t. I, 1984, p. 355, selon lesquels la jurisprudence se montrait de plus en plus réticente pour reconnaître un caractère réglementaire aux circulaires.

en fait à distinguer plutôt entre circulaires publiées et circulaires non publiées. Seules les premières pourraient être invoquées à la fois par l'administration et par les administrés, les autres n'ayant aucune existence légale et étant donc insusceptibles de créer des droits ou des obligations. Ce critère aurait l'avantage de la clarté et surtout de permettre de prévoir la solution, élément essentiel à la sécurité juridique, ce que ne permet pas actuellement la distinction entre circulaires interprétatives et circulaires réglementaires.

Le rapporteur de droit public suisse, lors des Journées Capitant de 1983, avait proposé une solution apparemment plus simple : « On devrait dire que l'administration peut choisir face à une pratique qu'elle entend instaurer. Si elle veut lier les administrés et se lier envers eux, elle fixera les règles régissant sa pratique dans un règlement d'exécution ; si elle n'a pas cette intention, elle réservera sa liberté — et celle des administrés — en créant une pratique et en la codifiant dans des circulaires ». Sur le plan de la théorie juridique, c'est naturellement la solution idéale. Dans cette analyse, le règlement seul serait obligatoire pour l'autorité et pour l'administré. Malheureusement, on a vu qu'en réalité la pratique administrative, en vertu des pouvoirs conférés aux agents de l'administration et de la généralisation découlant des simples circulaires émanant de l'autorité hiérarchique, est en fait et en droit obligatoire pour les administrés. Il en est ainsi même si cette source du droit est, dans une certaine mesure, subordonnée à la loi et à la jurisprudence, ce qui est incontestable en droit, mais beaucoup moins sûr dans la réalité des choses.

325. — Dans la mesure où la circulaire tend à se rapprocher des textes réglementaires, voire à se substituer à eux, le juge judiciaire est amené à se prononcer sur sa valeur juridique. Il en est particulièrement ainsi dans les domaines où les circulaires jouent un rôle important, spécialement en matière de sécurité sociale, de répression des fraudes (19) ou de législation économique.

On peut distinguer entre le *juge civil* et le *juge répressif*.

326. — **Les chambres civiles de la Cour de cassation refusent en général toute force obligatoire aux circulaires, sans distinguer selon qu'elles ont un caractère réglementaire ou interprétatif (20).**

En toute hypothèse elles n'obligent que les fonctionnaires auxquels elles sont adressées (21). Il s'agit d'actes d'administration interne qui

---

(19) V. FOURGOUX, *Répression des fraudes ; la réglementation par voie de circulaires,* *Gaz. Pal.,* 1963. 2, doctr. p. 43 et s.

(20) V. Y. GAUDEMET, *Remarques à propos des circulaires administratives,* Mélanges *Stassinopoulos,* p. 562. — C. BLUMANN, *L'application des circulaires administratives par le juge judiciaire,* Act. jur. dr. adm., 1972, p. 263. — J.-M. OLIVIER, *Les sources administratives du droit privé,* thèse Paris II, 1981, dactyl., p. 635 et s. — Req., 11 janvier 1816, S. 1816. I. 366.

(21) Cass. Ch. Expropriation, 14 janvier 1966, *Bull. civ.,* n° 9, p. 7. — Cass. civ. 1re, 14 décembre 1965, *Bull. civ.,* n° 706, p. 539. — 6 octobre 1966, *Bull. civ.,* n° 456, p. 346.

ne peuvent modifier les règles juridiques applicables (22) ni leur apporter d' « aménagements » (23). L'affirmation du caractère réglementaire est inefficace dès l'instant que le texte invoqué se présente formellement comme une circulaire. En particulier il ne peut justifier une cassation pour violation de la loi (24). Une circulaire ne peut faire naître un droit, spécialement à des prestations sociales (25), ni le faire disparaître (26). Elle ne peut davantage imposer aux juges le sens et la portée des textes qu'elle interprète (27). Certes, une circulaire, dépourvue en elle-même de force obligatoire, peut indiquer la portée que le rédacteur d'un décret, par exemple, a entendu donner à celui-ci (28). Mais le juge reste libre. Il peut, en particulier, refuser toute portée à la circulaire prise le même jour par l'auteur même de l'arrêté dont elle était censée expliquer le sens et dont, en fait, elle étendait le champ d'application (29). Finalement une circulaire ne peut être invoquée utilement que si la Cour de cassation considère qu'elle « se borne à faire application du droit en vigueur sans y ajouter » (30). Les arrêts les plus récents confirment cette jurisprudence (31).

---

(22) Cass. civ., 3ᵉ, 19 mars 1969, *Bull. civ.*, nᵒ 241, p. 185. — Cass. soc., 4 avril 1974, *Bull. civ.*, V, nᵒ 208, p. 199.

(23) **Cass. Ch.** Expropriation, 8 octobre 1965, *Bull. civ.*, nᵒ 101, p. 81.

(24) Cass soc., 9 juillet 1987, *Bull. civ.*, V. nᵒ 457, p. 292. Mais, l'arrêt n'est pas vraiment topique car la violation de la circulaire invoquée par le demandeur en cassation était inapplicable au litige. — Cass. civ. 1ʳᵉ, 6 octobre 1966, *Bull. civ.*, I, nᵒ 456, p. 346. — Cass. civ. 2ᵉ, 18 mai 1967, *Bull. civ.*, II, nᵒ 182, p. 127. — Cass. civ. 3ᵉ, 15 novembre 1972, *Bull. civ.*, III, nᵒ 614, p. 451.

(25) Cass. soc., 6 mai 1985, *Bull. civ.*, V. nᵒ 282, p. 202. — Cass. soc., 26 juin 1974, *Bull. civ.*, V, nᵒ 392, p. 366. — 29 mai 1974, *Bull. civ.*, V, nᵒ 340, p. 323. — 30 mai 1973, *Bull. civ.*, V, nᵒ 355, p. 319, arrêt nᵒ 1. — 4 avril 1973, *Bull. civ.*, V, nᵒ 224, p. 204. — 22 avril 1971, *Bull. civ*, V, nᵒ 303, p. 256. — 18 novembre 1970, *Bull. civ.*, V, nᵒ 633, p. 517. — 10 octobre 1968, *Bull. civ.*, nᵒ 435, p. 359. — Cass. civ. 2ᵉ, 5 octobre 1967, *Bull. civ.*, II, nᵒ 276, p. 194. — 5 octobre 1966, *Bull. civ.*, II, nᵒ 823, p. 574. — 21 décembre 1965, *Bull. civ.*, II, nᵒ 1072, p. 758. — 8 juillet 1964, *Bull. civ.*, II, nᵒ 545, p. 405. — 29 janvier 1964, *Bull. civ.*, II, nᵒ 104, p. 77.

(26) Cass. soc., 17 juillet 1964, *Bull. civ.*, nᵒ 629, p. 515.

(27) Cass. civ. 1ʳᵉ, 14 décembre 1965, *Bull. civ.*, I, nᵒ 706, p. 539. — Cass. civ. 2ᵉ, 28 avril 1966, *Bull. civ.*, nᵒ 501, p. 356. — Cass. soc., 26 janvier 1966, *Bull. civ.*, nᵒ 103, p. 85.

(28) Cass. soc., 4 mai 1966, *Bull. civ.*, nᵒ 416, p. 351.

(29) Cass. civ. 3ᵉ, 25 mai 1972, *Bull. civ.*, III, nᵒ 341, p. 246.

(30) **Cass. soc.**, 14 juin 1973, *Bull. civ.*, V, nᵒ 389, p. 349.

(31) Cass. com., 8 avril 1986, *Bull. civ.*, IV, nᵒ 57, p. 49. — Cass. soc., 12 mars 1981, *Bull. civ.*, V, nᵒ 225, p. 169. — 17 décembre 1980, *Bull. civ.*, V, nᵒ 911, p. 674. — 14 novembre 1980, *Bull. civ.*, V, nᵒ 829, p. 614. — 31 janvier 1980, *Bull. civ.*, V, nᵒ 96, p. 68. — 5 décembre 1979, *Bull. civ.*, V, nᵒ 949, p. 636. — 19 novembre 1979, *Bull. civ.*, V, nᵒ 933, p. 683.

Quelques arrêts cependant ont reconnu aux circulaires une certaine valeur juridique. Mais ces solutions isolées ont été ensuite écartées (32) ou s'expliquent par l'insertion des circulaires dans un acte plus complexe, en fait un plan de financement de constructions immobilières (33).

Dans une note-rapport sous un arrêt de la 3e Chambre civile de la Cour de cassation du 24 octobre 1972 (34), M. le conseiller FRANK a observé que la Cour de cassation n'avait jamais mis en doute la validité de plusieurs circulaires ministérielles en matière de reconstruction. L'arrêt annoté cependant ne se réfère expressément à aucune circulaire et ne semble donc pas de nature à contredire la jurisprudence qui refuse toute force obligatoire aux circulaires ministérielles.

L'auteur d'une récente thèse a cru voir un revirement de la jurisprudence de la Cour de cassation dans plusieurs arrêts qui admettent le caractère réglementaire et obligatoire d'instructions émanant des Caisses nationales de sécurité sociale (35). Mais le Rapport de la Cour de cassation pour 1973-1974 précise à l'égard de ces actes qu'il « ne s'agit pas de circulaires de l'administration qui, en principe, ne lient pas les tribunaux ; mais au contraire d'instructions émanant des Caisses nationales mises en place par l'ordonnance du 21 août 1967, et dont l'une des missions consiste précisément à veiller à l'équilibre financier des risques dont la gestion leur a été confiée» (36). Le Tribunal des conflits ayant reconnu à ces circulaires particulières la qualité d'actes administratifs, il s'agit bien d'actes réglementaires que les Caisses sont habilitées à prendre dans la sphère de leur spécialité d'organisme chargé de la gestion d'un service public, par délégation du législateur. Ces circulaires se distinguent évidemment des circulaires ministérielles prises par une autorité administrative qui n'a pas été habilitée par la loi à intervenir. Si les circulaires ministérielles se voient refuser toute force obligatoire c'est parce qu'elles ont pour effet de modifier les conditions d'application d'une loi ou d'un règlement, *en dehors de toute habilitation*, à la différence des décisions réglementaires prises par les Caisses de sécurité sociale.

Finalement les circulaires n'ont de valeur juridique que lorsqu'elles émanent d'autorités qui disposent d'un pouvoir réglementaire par délégation de la loi. Ce qui est exceptionnel.

Dans tous les autres cas les Chambres civiles de la Cour de cassation

---

(32) V. pour la grève dans les services publics, Cass. soc., 27 janvier 1955, D. 1956, p. 481, note GERVAIS, dont la solution est écartée par Cass. soc., 6 novembre 1958, *Bull. civ.*, IV, n° 1140, p. 866, et 2 mars 1960, *Bull. civ.*, IV, n° 232, p. 183.

(33) V. Cass. civ., 17 décembre 1967, J. C. P. 1968. II. 15676, note J. P. COUTURIER ; *Gaz. Pal.*, 1968. 1. 366, note CABANAC. — Cl. BLUMANN, précité, n°s 40 et s. — Y. MADIOT, *La nature juridique du plan de financement d'une construction immobilière*, J. C. P. 1972. I. 2460. — P. RAYNAUD, *Le plan de financement d'une construction immobilière et les droits des souscripteurs, Gaz. Pal.*, 1964. 1, doctr. p. 46.

(34) D. 1973, p. 222, note E. FRANK.

(35) J.-M. OLIVIER, *Les sources administratives du droit privé*, thèse Paris II, 1981, dactyl., p. 736 et s., n° 412, citant Cass. soc., 17 octobre 1973, *Bull. civ.*, V, n° 493, p. 452 ; 27 juin 1974 (2 arrêts), *Bull. civ.*, V, n°s 396 et 397, p. 370 ; 7 juin 1974, *Bull. civ.*, V, n° 359, p. 342 ; 12 juin 1975, *Bull. civ.*, V, n° 396, p. 283, et surtout Cass. soc., 17 mars 1977, *Bull. civ.*, V, n° 210, p. 166, qui admet qu'il « résulte de l'arrêt en date du 22 avril 1974 du Tribunal des conflits que les circulaires susvisées de la Caisse nationale ont le caractère d'actes administratifs réglementaires et comportent donc des mesures obligatoires, en principe, pour tous les intéressés ».

(36) *Rapport 1973-1974*, p. 29.

refusent toute valeur juridique aux circulaires. A la différence du Conseil d'État elles écartent toute distinction entre circulaires interprétatives et réglementaires. Celle-ci n'aurait pour elles aucun aspect positif puisqu'elles ne peuvent contrôler la légalité des règlements que dans des limites très étroites (37).

327. — Le juge répressif dispose de pouvoirs plus étendus à l'égard des actes réglementaires, dont il peut écarter l'application en recevant une exception d'illégalité (38). Cependant **la Chambre criminelle de la Cour de cassation montre la même hostilité à l'encontre des circulaires** (39). D'une façon générale le principe de la légalité pénale *(nullum crimen, nulla poena sine lege)* fait obstacle à ce que des circulaires administratives puissent être invoquées comme sources d'incrimination contre des particuliers (40). Le Ministère public cependant peut faire état d'une circulaire pour établir la mauvaise foi du prévenu lorsque celui-ci ne pouvait ignorer, de ce fait, que ses agissements étaient contraires à la réglementation en vigueur (41). Les tribunaux gardent cependant « tout pouvoir pour reconnaître ou dénier l'existence de la mauvaise foi du prévenu » ; spécialement, ils ne sont pas tenus par les avis du service de la répression des fraudes (42). De son côté le prévenu ne peut se prévaloir utilement d'une circulaire qui aurait toléré, autorisé ou même imposé le comportement délictueux (43).

328. — **Le refus de reconnaître une valeur juridique complète aux circulaires est en contradiction avec les faits ; il est illogique au regard de l'article 1er du décret du 28 novembre 1983, mais il semble imposé par leur caractère précaire.**
Cet état du droit positif n'est pas satisfaisant (44). On a montré les dangers pour les administrés de la réglementation par circulaire et l'atteinte qu'elle portait au principe de légalité (45). Il est fâcheux que

---

(37) V. *supra*, n° 281.
(38) V. *supra*, n° 280.
(39) V. Fourgoux, *Répression des fraudes ; réglementation par circulaires*, Gaz. Pal., 1963. 2, doctr. p. 43 et s. — S. Braudo, *L'autorité des circulaires administratives en droit pénal*, 1967. — Cl. Blumann, précité, p. 273 et s., n°s 73 et s.
(40) V. Cl. Blumann, précité, n° 80.
(41) Cass. crim., 26 octobre 1961, Gaz. Pal., 1962. 1. 34.
(42) Cass. crim., 6 février 1974, D. 1974, p. 493, note Fourgoux.
(43) Cass. crim., 8 février 1956, J. C. P. 1956. II. 9380. — Douai, 2 juillet 1973, cité par Fourgoux, note D. 1974, p. 494. — Cf. Fourgoux, précité, p. 48, pour une analyse de cette jurisprudence en matière de répression des fraudes. — P. Pigassou, *Le consommateur et le dol*, thèse Toulouse, 1974, p. 42 et s., n°s 35 et s.
(44) V. Blumann, précité.
(45) V. Fourgoux, précité., p. 49.

l'administration s'octroie le pouvoir de modifier la loi ou d'en écarter l'application pour des raisons d'opportunité. Elle donne ainsi l'impression de n'être pas soumise à la loi ou, pire encore, elle incite les particuliers à s'en affranchir eux-mêmes. Cette observation suffit à justifier l'hostilité des tribunaux (46).

Mais le refus de reconnaître une quelconque valeur juridique aux circulaires entraîne une opposition entre le droit et le fait qui n'est pas non plus sans inconvénients. L'administration intervient aujourd'hui dans tous les domaines. Son interprétation de la loi, à travers les circulaires, s'impose en fait aux particuliers qui s'adressent aux services administratifs ; au moins jusqu'à ce qu'une interprétation judiciaire ait pu se dégager, ce qui risque souvent d'être long. Il est fâcheux qu'un acte ou un comportement puisse être déclaré irrégulier alors qu'il était conforme à des prescriptions administratives (47). En outre, depuis le décret du 28 novembre 1983, les circulaires publiées sont, à condition de n'être pas contraires aux lois et règlements, opposables par les administrés à l'administration. Dans ces conditions, n'y a-t-il pas incohérence à admettre qu'un particulier peut se prévaloir à l'encontre de l'administration de son interprétation du droit positif et refuser à ce même particulier le droit d'invoquer contre un autre particulier cette même doctrine lorsque ce dernier ne la respecte pas et, de ce fait, lui cause un préjudice, ce qui n'est pas une hypothèse d'école en matière de concurrence (48)?

Ces observations plaideraient en faveur de la reconnaissance d'une certaine valeur juridique aux circulaires dans les rapports entre les administrés eux-mêmes. Mais l'instabilité de leurs prescriptions et l'irresponsabilité de leurs auteurs semblent imposer une solution contraire.

En fait, les circulaires sont indispensables pour assurer une certaine uniformité, gage d'égalité, dans l'application de la loi. Ce qui les rend dangereuses c'est l'abus qui en est fait. Au même titre que la jurisprudence elles tendent à constituer une source du droit et le qualificatif d' « abusive », parfois appliqué à la jurisprudence (49), leur convient davantage. Le pouvoir de l'administration et des ministres dont émanent les circulaires est déjà si important qu'il est particulièrement grave de leur donner, en outre, celui d'édicter des règles de droit.

---

(46) V. G. VEDEL et P. DELVOLVÉ, *Droit administratif*, t. 1, 11e éd., 1990, P. U. F., p. 262, qui observent que « la position des tribunaux judiciaires est donc sage ».
(47) V. BLUMANN, précité, n° 72.
(48) V. Cass. com., 8 avril 1986, *Bull. civ.*, IV, n° 57, p. 49.
(49) O. DUPEYROUX, *La jurisprudence, source abusive du droit*, *Mélanges Maury*, p. 349 et s.

II. — Les réponses ministérielles
aux questions écrites des parlementaires.

329. — Mode d'interprétation officiel, elles influencent, parfois de façon abusive, la pratique et même l'interprétation judiciaire. Longtemps presque ignorées de la doctrine de droit privé (50) elles ont fait l'objet d'une importante étude de M. Oppetit (51).

Initialement conçues comme un instrument du contrôle parlementaire elles tendent à devenir, soit un service public de consultations gratuites dans des litiges en cours, soit un moyen de provoquer une interprétation officielle du Gouvernement sur telle ou telle disposition légale. Elles ont pu être rapprochées des rescrits par lesquels les Empereurs romains donnaient une réponse écrite aux consultations qui leur étaient adressées sur un point de droit, par un particulier ou un magistrat (52). A la différence de ces derniers cependant, elles n'ont aucune force obligatoire. Il s'agit d'un *simple avis*, de caractère officiel par son origine ministérielle et sa publication au *Journal Officiel*, mais qui ne lie ni le juge, ni, sauf en matière fiscale, l'administration (53).

Il ne semble pas possible cependant de les apparenter à des opinions doctrinales (54). Tout d'abord les praticiens, notaires et administrations notamment, ont tendance à couvrir leur responsabilité en s'y conformant (55). Surtout les plaideurs attachent un prix particulier à ces réponses officielles, d'autant que les magistrats « quoique se prononçant en toute indépendance, ne sauraient ignorer une doctrine ministérielle, surtout lorsqu'elle émane de la Chancellerie ». Cette influence est d'ailleurs attestée par plusieurs décisions récentes (56).

La pratique des réponses ministérielles s'est considérablement développée. Elle répond au besoin d'une interprétation que l'abondance et, parfois, l'obscurité des lois et règlements, rend particulièrement nécessaire, surtout si l'on tient compte de la responsabilité des professionnels.

---

(50) V. en droit public, M. AMELLER, *Les questions, instrument du contrôle parlementaire*, thèse, 1964, L. G. D. J. préface BURDEAU. — *Adde :* J. M. COTTERET, *Gouvernants et gouvernés*, 1973, p. 49.

(51) Les réponses ministérielles aux questions écrites des parlementaires et l'interprétation des lois, D. 1974, chron. p. 107 et s. — *Adde :* J.-M. OLIVIER, *Les sources administratives du droit privé*, thèse Paris II, 1981, dactyl., p. 758 et s., n°s 425 et s.

(52) V. B. OPPETIT, précité, n° 15. — J. CARBONNIER, *Introduction*, § 159.

(53) MAZEAUD et DE JUGLART, *Introduction*, p. 124. — STARCK, *Introduction*, p. 54. — OPPETIT, précité, n°s 14, 5 et 7.

(54) V. cependant, STARCK, précité.

(55) CARBONNIER, précité. — J.-M. OLIVIER, thèse précitée, p. 791, n° 448.

(56) V. OPPETIT, précité, n° 14. — J.-M. OLIVIER, thèse précitée, p. 798 et s., n°s 452 et s.

Elle est d'autant plus recherchée que l'interprétation judiciaire n'intervient qu'avec un retard, souvent important, et toujours préjudiciable en raison de l'effet rétroactif de cette interprétation (57).

Elle n'est pas sans inconvénients cependant. En effet, ces réponses sont parfois utilisées pour donner une interprétation non conforme à la volonté du législateur. En particulier, lorsque les débats parlementaires ont modifié le contenu du projet élaboré par l'administration, celle-ci est parfois tentée de revenir au texte initial sous couvert d'une interprétation tendancieuse (58). L'usage abusif des réponses ministérielles rejoint alors celui des circulaires pour concentrer entre les mains de l'administration des pouvoirs, que l'on peut tenir pour excessifs, dans l'élaboration et l'interprétation de la loi.

---

(57) V. *infra*, nos 455 et s.

(58) V. OPPETIT, précité, no 11 et les exemples cités. — J.-M. OLIVIER, *Les sources administratives du droit privé*, thèse Paris II, 1981, dactyl., p. 872 et s., nos 495 et s.

CHAPITRE III

LE DROIT TRANSITOIRE

330. — Exemples de conflits de lois dans le temps.
Lorsqu'une loi nouvelle entre en vigueur il importe de déterminer dans quelle mesure elle modifie l'ordonnancement juridique antérieur. En particulier il faut savoir si elle doit s'appliquer à des actes, des faits ou des situations juridiques nés sous l'empire de la loi ancienne et dont les effets peuvent se prolonger dans le temps.

C'est ainsi, par exemple, que la loi n° 74-631 du 5 juillet 1974 a fixé la majorité à dix-huit ans au lieu de vingt et un ans. Les personnes âgées de plus de dix-huit ans et de moins de vingt et un acquièrent ainsi une pleine capacité juridique. Cette capacité joue-t-elle à l'égard des actes de ces personnes antérieurs à l'entrée en vigueur de la loi, ou seulement des actes postérieurs ? Les droits qui devaient être exercés avant l'arrivée de la majorité, comme par exemple la faculté de répudier ou de décliner la nationalité française (1) ou encore l'adoption plénière (2), peuvent-ils encore l'être ? Les délais, dont le point de départ est la majorité, seront-ils calculés à compter du moment où les intéressés avaient atteint l'âge de dix-huit ans, ou de celui où ils atteindront vingt et un ans, ou encore de l'entrée en vigueur de la loi nouvelle à l'égard de ceux rendus immédiatement majeurs par celle-ci ? (3). La suspension des prescriptions au profit des mineurs édictée par l'article 2252 C. civ. doit-elle être réputée arrêtée à compter du moment où le bénéficiaire a atteint l'âge de dix-huit ans, ou de l'entrée en vigueur de la loi nouvelle, ou bien en conserve-t-il le bénéfice jusqu'à vingt et un ans ? (4). Les mesures qui ont été prises en considération de la minorité de l'intéressé et pour la durée de celle-ci, comme par exemple des mesures d'assistance éducative, deviennent-elles automatiquement caduques ? (5).
De même la loi n° 75-617 du 11 juillet 1975 a sensiblement élargi les conditions dans lesquelles un divorce pouvait intervenir. Cette loi est-elle applicable aux époux mariés antérieurement à son entrée en vigueur ? Les époux peuvent-ils demander le divorce dans les conditions de la loi nouvelle en invoquant des faits qui se sont produits avant son entrée en vigueur (6).
De même encore la loi n° 75-597 du 9 juillet 1975 a modifié l'article 1152 C. civ. en autorisant le juge à modérer ou augmenter les pénalités conventionnelles destinées

---

(1) V. art. 18 de la loi du 5 juillet 1974.
(2) V. art. 22 de la loi du 5 juillet 1974.
(3) V. art. 19 de la loi du 5 juillet 1974.
(4) V. art. 20 de la loi du 5 juillet 1974.
(5) V. art. 21 de la loi du 5 juillet 1974.
(6) V. art. 23 de la loi du 11 juillet 1975.

à sanctionner l'inexécution d'un contrat, lorsqu'elles sont manifestement excessives ou dérisoires. La portée de la loi est d'autant plus importante qu'elle s'applique aux contrats en cours et non pas seulement à ceux qui seront conclus postérieurement, car de telles pénalités figurent fréquemment dans des conventions de longue durée.

331. — Intérêt et définition.

La nécessité de déterminer le champ d'application dans le temps des lois nouvelles et d'organiser une certaine transition est générale et permanente. L'instabilité de la législation contemporaine a cependant donné à cette question classique une importance pratique toute particulière. La succession rapide des interventions législatives, non seulement en matière patrimoniale, mais aussi quant à la condition des personnes ou le statut de la famille, a multiplié les conflits de lois dans le temps.

Le terme de conflits de lois doit d'ailleurs être bien compris. Il ne s'agit pas seulement des lois au sens formel, mais de toute loi au sens matériel. Cela signifie d'abord que la difficulté se présente également à l'égard des règles de portée générale émanant du pouvoir exécutif. En outre la transition ne doit pas être envisagée au regard d'une loi ou d'un règlement, considéré de façon globale, mais, le cas échéant, à l'égard de chacune des règles contenue dans le texte (7).

332. — La fréquence des dispositions transitoires n'écarte pas la nécessité de règles générales de conflit.

On trouve aujourd'hui très fréquemment dans la loi nouvelle des dispositions dont l'objet est expressément de régler la transition avec le régime antérieur (8). Elles peuvent s'appliquer à la loi nouvelle tout entière (9) ou édicter un régime de transition particulier pour certaines dispositions de celle-ci (10).

Malgré leur utilité incontestable, ces dispositions transitoires particulières sont loin de régler toutes les difficultés, d'autant que, faute de se rattacher à une construction d'ensemble cohérente et logique, et d'utiliser une terminologie rigoureuse, leur interprétation est souvent

---

(7) Cf. E.-L. BACH, *Contribution à l'étude du problème de l'application des lois dans le temps*, Rev. trim. dr. civ., 1969, p. 413 et s., nos 8 et s.

(8) V., par ex., art. 19 à 26 de la loi no 74-631 du 5 juillet 1974 fixant à dix-huit ans l'âge de la majorité. — Art. 23 et s. de la loi no 75-617 du 11 juillet 1975 portant réforme du divorce. — Art. 16 de la loi no 75-621 du 11 juillet 1975 relative au remembrement des exploitations rurales. — Art. 3 de la loi no 75-597 du 9 juillet 1975 relative aux clauses pénales.

(9) V., par ex., art. 3 de la loi du 9 juillet 1975, précitée.

(10) V., par ex., art. 24 de la loi du 11 juillet 1975 relative au divorce, qui distingue de façon générale selon que la requête en divorce a été présentée avant ou après l'entrée en vigueur de la loi nouvelle, mais déclare certaines dispositions immédiatement applicables et en fait même rétroagir d'autres au profit d'époux dont le divorce a été prononcé avant l'entrée en vigueur de la loi nouvelle.

difficile (11). Il est donc indispensable de se référer à des règles générales régissant les conflits de loi dans le temps.

333. — L'article 2 du Code civil et la théorie des droits acquis.

Le seul texte de portée générale en la matière est l'article 2 du Code civil : « *la loi ne dispose que pour l'avenir ; elle n'a point d'effet rétroactif* » (12).

A partir de ce texte les auteurs du xixᵉ siècle se sont bornés à définir les droits auxquels la loi nouvelle ne pouvait porter atteinte sans avoir un effet rétroactif. C'est la doctrine classique dite des « droits acquis ». La loi nouvelle peut légitimement, sans avoir effet rétroactif, atteindre les simples expectatives, mais non les droits acquis antérieurement à son entrée en vigueur.

Les anciens auteurs définissaient les droits acquis comme étant définitivement entrés dans le patrimoine de leur titulaire (13). C'est ainsi, par exemple, qu'une fois une succession ouverte par le décès d'une personne, ses héritiers ont sur elle des droits acquis. Une loi, postérieure au décès ne pourrait les modifier sans rétroactivité. En revanche, avant le décès, les héritiers présomptifs n'ont que de simples expectatives qu'une loi nouvelle peut atteindre sans qu'on puisse la tenir pour rétroactive. De même la loi nouvelle ne peut porter atteinte aux droits acquis par l'effet d'un contrat qui s'est formé avant son entrée en vigueur.

Un tel critère s'applique difficilement à des droits qui n'ont pas de valeur patrimoniale. C'est ainsi, par exemple, qu'il paraît assez vain de rechercher si, avant la loi du 16 novembre 1912, le père d'un enfant naturel avait acquis dans son patrimoine le droit de ne pas reconnaître celui-ci (14).

(11) V. P. Roubier, *De l'effet des lois nouvelles sur les procès en cours*, in *Études Maury*, t. II, p. 514. V., par ex., E.-Louis Bach, *L'application de la loi du 3 janvier 1972 à l'établissement du lien de filiation des enfants adultérins nés avant son entrée en vigueur*, D. 1976, chron. p. 95. — V., également, en matière de report des baux commerciaux dans les immeubles détruits par fait de guerre et reconstruits, les difficultés d'application de l'article 6 de la loi du 2 août 1949 qui annulait l'acte dit loi du 28 juillet 1942, en précisant que cette nullité ne portait « pas atteinte aux effets dudit acte résultant de son application antérieure à la publication de la loi nouvelle » : Douai, 7ᵉ ch., 20 janvier 1962, J. C. P. 1962. II. 12876, note J. Ghestin, et la jurisprudence citée. — Cf. Cass. civ. 3ᵉ, 14 mai 1970, J. C. P. 1972. II. 17005, note J. Ghestin. — Reims, 24 février 1972, J. C. P. 1972. II. 17265, note J. Ghestin. — Cass. civ. 3ᵉ, 9 juillet 1973, J. C. P. 1973. II. 17549, note J. Ghestin.

(12) V. sur les solutions antérieures, P. Roubier, *Le droit transitoire*, 2ᵉ éd., 1960, p. 30 à 89.

(13) V. Merlin, *Rép. jurispr. Effet rétroactif*, III, § 1ᵉʳ, nᵒ 3. — *Adde :* Chabot de l'Allier, *Questions transitoires sur le Code Napoléon*, 1ʳᵉ éd., 1809. — Blondeau, *Essai sur ce qu'on appelle l'effet rétroactif des lois*, Sirey, 1809. 2. 277.

(14) V., cependant, Cass. civ., 20 février 1917, D. 1917. 1. 81, concl. Sarrut et note H. Capitant ; S. 1917. 1. 73, note Lyon-Caen, qui écarte la qualification de droit acquis au profit de celle de simple expectative.

D'une façon générale la théorie des droits acquis reflète l'individualisme libéral qui a dominé le XIXᵉ siècle. Du conflit de compétence des lois anciennes et nouvelles on passe à une défense des droits subjectifs acquis sous l'empire de la loi ancienne contre le droit objectif en vigueur. Dans la pratique le subjectivisme s'aggrave souvent d'un jugement de valeur porté sur la loi nouvelle au regard du droit subjectif auquel elle porte atteinte. On a pu ainsi reprocher à la théorie des droits acquis de faire la part trop belle au conservatisme juridique et de freiner le progrès, ou en tout cas l'évolution voulue par le législateur.

Sur le plan technique on s'accorde à considérer aujourd'hui que la notion de droit acquis, concevable pour l'acquisition des droits ou leur extinction (15), voire pour les effets en cours des situations contractuelles, ne peut jouer utilement lorsqu'il s'agit des effets en cours des situations extracontractuelles. Lorsqu'une loi nouvelle restreint l'exercice du droit de propriété, par exemple, elle n'a pas d'effet rétroactif, car elle ne le fait pas à raison d'un fait passé. Elle considère en lui-même le droit de propriété et s'efforce d'écarter les inconvénients que son libre exercice pourrait avoir à l'avenir, compte tenu des données économiques et sociales existantes (16). Si une telle loi devait être tenue pour rétroactive du seul fait qu'elle porte atteinte à des droits acquis, c'est-à-dire entrés dans le patrimoine des propriétaires visés, toutes les lois seraient rétroactives (17).

Pratiquement toute réforme atteint des droits acquis. Le respect de tous les droits acquis est ainsi incompatible avec l'évolution du droit. Il faut alors introduire des distinctions que cette notion, en elle-même, ne permet pas, à moins de qualifier précisément de droits acquis tous ceux qui ne peuvent être modifiés sans rétroactivité (18).

334. — La théorie du doyen Roubier : le principe de l'effet immédiat de la loi nouvelle.

Diverses distinctions ont été proposées pour remplacer la théorie des droits acquis (19). Mais c'est la construction présentée par Rou-

---

(15) V., en ce sens, A. WEILL, *Introduction*, nᵒˢ 135 et s.

(16) V., par ex., la loi du 8 avril 1898 restreignant, au profit des habitants de la commune, le droit des propriétaires d'user des eaux des sources situées sur leur fonds. Elle a été jugée immédiatement applicable aux propriétaires : Cass. civ., 11 décembre 1901, D. 1902. 1. 353.

(17) V. sur la critique de la théorie des droits acquis, DE VAREILLES-SOMMIÈRES, *Une théorie nouvelle sur la rétroactivité des lois*, Rev. crit. de législ. et de jurispr., 1893, p. 444-468.

(18) V. G. A. BORDA, *Portée et limitation du droit transitoire*, Mélanges Roubier, p. 77, nᵒ 2.

(19) V. P. ROUBIER, précité, p. 122 à 145, notamment p. 122-123, l'analyse et la critique de la distinction proposée par L. DUGUIT et G. JÈZE entre les situations individuelles ou subjectives, résultant de manifestations individuelles de volonté,

bier dans un ouvrage fondamental (20) qui s'est imposée sur le plan doctrinal, ses principes étant adoptés par la plupart des auteurs contemporains.

La synthèse de Roubier repose sur une double distinction. Elle oppose d'abord, à partir de la notion de situation juridique, les lois relatives à la constitution ou l'extinction d'une telle situation et celles qui concernent ses effets. Sur ce double terrain elle distingue trois solutions possibles : d'une part l'effet immédiat de la loi nouvelle, qui est le principe, et, d'autre part, la rétroactivité de la loi nouvelle et la survie de la loi ancienne, qui constituent des exceptions.

Il y a rétroactivité de la loi nouvelle lorsque celle-ci régit des faits qui se situent avant son entrée en vigueur. Elle traduit la prééminence de la tendance novatrice.

Il y a survie de la loi ancienne lorsque celle-ci continue de régir des faits qui se situent après l'entrée en vigueur de la loi nouvelle. Cette solution, radicalement opposée à la rétroactivité de la loi nouvelle, traduit la prééminence de la tendance conservatrice.

Enfin, *il y a effet immédiat de la loi nouvelle lorsque celle-ci régit dès son entrée en vigueur les faits qui lui sont postérieurs ; tandis que la loi ancienne continue de s'appliquer aux faits antérieurs.* C'est une solution de transaction entre les tendances novatrice et conservatrice.

Supposons, par exemple, qu'une loi fixe le montant maximum de certains loyers· Il y a rétroactivité si des loyers perçus pour une période antérieure à l'entrée en vigueur de la loi doivent être restitués en application de celle-ci. Il y a, en revanche, survie de la loi ancienne si la taxation s'applique seulement aux baux conclus postérieurement à la loi nouvelle. Enfin il y a effet immédiat si la taxation s'applique immédiatement aux baux en cours, par opposition à la survie de la loi ancienne ; mais seulement pour les loyers postérieurs à l'entrée en vigueur de la loi, par opposition à la rétroactivité.

L'article 2 du Code civil conduit à écarter la rétroactivité. Quant à la survie de la loi ancienne, elle ne joue normalement qu'à l'égard des effets futurs des situations contractuelles. L'application immédiate de la loi nouvelle est donc la solution de principe.

335. — Malgré son influence décisive sur la doctrine contemporaine, la construction du doyen Roubier n'exprime que partiellement le droit positif.

Les dispositions transitoires particulières qui tendent à accompagner la plupart des lois nouvelles ne s'en inspirent ni quant au fond, ni même quant au vocabulaire employé.

---

qui ne peuvent être touchées par la loi nouvelle, et les situations légales ou objectives, dérivant directement de la loi, qui suivent les modifications de celle-ci. — *Adde :* J. HÉRON, *Étude structurale de l'application de la loi dans le temps (à partir du droit civil),* Rev. trim. dr. civ., 1985, p. 277 et s.

(20) *Les conflits de lois dans le temps,* 1re éd., 1929-1933 ; *Le droit transitoire,* 2e éd., 1960.

Quant à la jurisprudence (20-1), elle a subi indéniablement l'influence des idées de Roubier, et de la théorie de l'effet immédiat (21). Il n'en reste pas moins qu'elle continue de se référer le plus souvent à la notion de droits acquis. Quoi qu'on en ait dit (22) il ne s'agit pas d'une simple référence formelle aux « formules périmées de l'école classique ». La jurisprudence fait parfois état des droits acquis pour consacrer des solutions directement contraires à la construction de Roubier (23). C'est également à partir de la notion de droit acquis qu'elle confond très généralement la survie de la loi ancienne avec la non-rétroactivité de la loi nouvelle, qui n'est autre, dans la théorie de Roubier que l'application immédiate de la loi nouvelle (24).

La jurisprudence cependant ne retient pas le critère de l'entrée définitive du droit dans le patrimoine de l'intéressé. C'est ainsi, par exemple, qu'elle a admis un droit acquis à des arrérages de pensions légales ou des allocations qui n'étaient pas encore échus lors de l'entrée en vigueur de la loi nouvelle qui en supprimait le bénéfice (25). D'une façon générale les diverses restrictions apportées par le législateur aux droits des propriétaires sont appliquées à des droits qui sont bien entrés définitivement dans le patrimoine des intéressés, sans que l'on parle de rétroactivité (26).

(20-1) V. T. Bonneau, *La Cour de cassation et l'application de la loi dans le temps*, th. Paris II, 1990, P. U. F., Préface M. Gobert.

(21) V. not. Cass. civ., 23 décembre 1942, D. C. 1943, p. 85. — Cass. civ. 1re, 29 avril 1960, *Bull. civ.*, I, p. 178, n° 218 ; D. 1960, p. 429. — Cass. civ. 2e, 30 mai 1962, *Bull. civ.*, II, p. 340, n° 479, arrêt n° 1. — Cass. com., 21 octobre 1963, *Bull. civ.*, III, p. 359, n° 426. — Cass. civ. 1re, 18 juillet 1967, J. C. P. 1967. II. 15227. — Cass. soc., 17 octobre 1974, *Bull. civ.*, V, p. 452, n° 482.

(22) V. not. Mazeaud et Chabas, *Introduction*, n° 141.

(23) V. not. pour admettre la survie de la loi ancienne à l'égard des effets futurs des situations extracontractuelles : Cass. civ. 2e, 10 mars 1961, *Bull. civ.*, II, p. 155, n° 216. — 26 mai 1962, *Bull. civ.*, II, p. 274, n° 381. — 21 décembre 1961, *Bull. civ.*, II, p. 653, n° 918. — 23 février 1962, *Bull. civ.*, II, p. 164, n° 235. — Cf. Cass. civ. 3e, 29 janvier 1980, *Bull. civ.*, III, n° 25, p. 17, pour l'attribution de la propriété du lit d'une rivière non navigable, ni flottable. — 3 juin 1980, *États français c. consorts L'Helgouach*, pour une indemnité d'expropriation accordée par un jugement avant d'être supprimée par un décret du 7 juillet 1977.

(24) V. not. Cass. soc., 5 mai 1961, *Bull. civ.*, IV, p. 376, n° 466. — Cass. com., 15 juin 1962, *Bull. civ.*, p. 258, n° 313. — 27 octobre 1969, *Bull. civ.*, p. 293, n° 310. — Cass. civ. 1re, 30 octobre 1967, J. C. P. 1968. II. 15530, note P. L. — Cass. civ. 3e, 15 octobre 1970, J. C. P. 1971. II. 16640, note E. J. Guillot. — 21 janvier 1971, J. C. P. 1971. II. 16676, note P. Level. — 8 juillet 1971, *Bull. civ.*, III, p. 317, n° 443. — 29 mai 1973, *Bull. civ.*, III, p. 268, n° 372. — Cass. civ. 1re, 27 mars 1974, *Bull. civ.*, I, p. 86, n° 102. — Paris, 1er décembre 1969, J. C. P. 1970. II. 16211, concl. Av. gén. Barnicaud.

(25) V., par ex., Cass. civ. 2e, 4 avril 1960, *Bull. civ.*, II, n° 247, p. 167 ; n° 245, p. 166. — 26 mai 1961, *Bull. civ.*, II, p. 274, n° 381. — 21 décembre 1961, *Bull. civ.*, II, p. 653, n° 918.

(26) V. Cass. civ., 11 décembre 1901, D. 1902. 1. 353, pour l'application de la loi du 8 avril 1898 aux propriétaires des fonds sur lesquels coulait une source.

En l'absence de tout critère spécifique la notion de droit acquis exprime essentiellement un résultat. Sont acquis les droits auxquels la loi nouvelle ne peut porter atteinte sans avoir effet rétroactif. L'utilisation de la notion de droit acquis traduit alors l'empirisme et la souplesse de la jurisprudence. Sa survivance, malgré la disparition de son support doctrinal et logique, marque le refus de la Cour de cassation de s'enfermer dans la construction de Roubier, jugée, sans doute, d'une logique trop abstraite.

336. — Sous cette réserve, la théorie de l'effet immédiat est très commode pour exposer de façon logique les principes de solution des conflits de lois dans le temps. Il faut seulement bien prendre garde au fait qu'il ne s'agit là que de simples directives, qui peuvent expliquer après coup les solutions, mais qui ne suffisent pas à les prévoir avec certitude. C'est que l'essentiel réside pratiquement pour la mise en œuvre de ces principes dans l'analyse de la loi nouvelle et des faits.

Il conviendra donc, après avoir présenté les *principes de solution*, d'en montrer la *mise en œuvre*.

SECTION 1
LES PRINCIPES DE SOLUTION

337. — Trois solutions sont *a priori* possibles : la rétroactivité de la loi nouvelle, son application immédiate ou la survie de la loi ancienne. Mais l'application immédiate se situe nécessairement entre la rétroactivité et la survie. De telle sorte que ces trois solutions ne donnent lieu qu'à un double choix, d'une part entre la rétroactivité de la loi nouvelle ou son effet immédiat, d'autre part, entre cet effet immédiat et la survie de la loi ancienne.

Sous-section 1. — Le choix entre la rétroactivité et l'effet immédiat de la loi nouvelle.

338. — Selon l'article 2 du Code civil, « la loi ne dispose que pour l'avenir ; elle n'a point d'effet rétroactif ». La règle de *principe* est donc le rejet de la rétroactivité. Les lois rétroactives lui apportent cependant de sérieuses *exceptions*.

§ 1. — LE PRINCIPE DE NON-RÉTROACTIVITÉ

339. — **La justification du principe et de ses limites.**
L'affirmation du principe de non-rétroactivité dans l'article 2 du Code civil trouve son origine historique dans les abus de certaines lois

rétroactives de la période révolutionnaire. En particulier la Convention, par le décret du 17 nivôse an II, avait rendu applicable les règles successorales nouvelles à toutes les successions ouvertes depuis le 14 juillet 1789. Il avait fallu recommencer les partages. Mais il en était résulté de tels désordres et de si vives protestations que des mesures de contre-rétroactivité avaient dû être prises.

Cet exemple historique illustre bien la justification du principe de non-rétroactivité. La remise en question d'actes accomplis avant la loi nouvelle est source d'insécurité et de désordre. Sur le plan individuel le principe de non-rétroactivité protège les droits subjectifs contre l'intervention du législateur. Il est donc facteur de sécurité juridique. Sur le plan social, le principe de non-rétroactivité est un facteur d'ordre. En permettant la contestation d'actes, accomplis pourtant conformément au droit en vigueur, la rétroactivité risque d'affaiblir de façon générale le respect des règles légales. Surtout la remise en cause du passé n'est pas toujours possible. Elle est en tout cas socialement inopportune par les réactions en chaîne imprévisibles qu'elle peut entraîner et par l'hostilité à la réforme qu'elle risque de durcir.

La rétroactivité cependant peut être exceptionnellement opportune, lorsque, par exemple, elle vient valider des actes irréguliers, mais conformes à une pratique courante (1). Elle est parfois jugée indispensable par le législateur soucieux d'élargir la portée d'une réforme ou d'effacer les conséquences même passées d'une législation antérieure tenue pour détestable. Ces considérations expliquent la portée relativement réduite du principe de non-rétroactivité.

340. — La non-rétroactivité des lois civiles n'est pas une règle constitutionnelle.

A la différence de la Constitution de l'an III elle ne figure pas dans la Constitution actuelle. Le Préambule de la Constitution de 1958 se réfère aux principes de la Déclaration des droits de l'homme du 26 août 1789. Mais celle-ci n'impose que la non-rétroactivité de la loi pénale (2).

Énoncé seulement dans une loi ordinaire, l'article 2 du Code civil, le principe de non-rétroactivité ne s'impose pas au législateur, qui a toujours la faculté d'y déroger (2-1).

---

(1) V. *infra*, n° 483.

(2) Sur la valeur constitutionnelle du Préambule, v. *supra*, n° 239. — Cf. R. Koe-ring-Joulin, *Où il est question d'application de la loi dans le temps*, D. 1987, chron., IV, p. 18.

(2-1) V. Cons. const., 30 décembre 1980, D. 1981, *Inf. rap.*, p. 359, obs. L. Hamon. — Cons. const., 29 décembre 1986, J. C. P. 1987.II.20903, note Nguyen Quoc Vinh. — Cons. const., 4 juillet 1989, D. 1990, p. 209, note F. Luchaire. « La prohibition de toute rétroactivité de la loi en matière contractuelle ne saurait être regardée comme constituant un principe fondamental reconnu par les lois de la République au sens de l'alinéa premier du Préambule de la Constitution du 27 octobre 1946 ».

341. — En revanche la non-rétroactivité s'impose au juge à titre de principe d'interprétation.

Selon la formule de la Cour de cassation « le législateur peut... déroger à la règle ordinaire de la non-rétroactivité, en vue d'un intérêt supérieur d'ordre public : mais..., s'il n'a pas manifesté nettement sa volonté en ce sens dans la loi nouvelle, celle-ci doit être appliquée par le juge, conformément à l'article 2 du Code civil » (3).

La jurisprudence a admis qu'il s'agissait d'une règle d'ordre public qui peut être invoquée à tout état de la procédure et que les tribunaux doivent appliquer d'office même si aucun plaideur ne s'en est prévalu (4). Le moyen tiré de sa violation peut être soulevé pour la première fois devant la Cour de cassation (5) qui peut même le relever d'office (6).

342. — Le principe de non-rétroactivité s'impose également aux autorités qui exercent le pouvoir réglementaire.

La jurisprudence administrative le tient en effet pour l'un des principes généraux ayant valeur de règle de droit. Un règlement rétroactif est donc entaché d'illégalité et sujet à annulation (7).

Il reste que le législateur peut toujours donner à la loi nouvelle un effet rétroactif à la condition d'exprimer clairement sa volonté.

§ 2. — LES LOIS RÉTROACTIVES

343. — A côté des *lois rétroactives proprement dites*, les *lois interprétatives* se voient également reconnaître un effet rétroactif.

---

(3) Cass. civ., 7 juin 1901, D. 1902. 1. 105.

(4) Cass. civ. 2e, 24 novembre 1955, S. 1956. J. 89, D. 1956, p. 522, J. C. P. 1955. IV, p. 181.

(5) Cass. civ., 1er mars 1909, S. 1912. 1. 137, note NAQUET.

(6) V. Cass. civ. 3e, 21 janvier 1971, J. C. P. 1971. II. 16776, note P. LEVEL, qui casse « sur le moyen d'ordre public pris d'office, de la violation de l'article 2 du Code civil ».

(7) V. Cons. d'État, 28 février 1957, *Ville de Lisieux*, S. 1947. 3. 60, à propos du prix du gaz. — 2 mai 1947, *Devouge*, S. 1948. 3. 8, à propos d'arrêtés de taxation des prix. — 25 juin 1948, *Journal l'Aurore*, D. 1948, p. 537, note WALINE ; S. 1948. 3. 69, concl. LETOURNEUR ; J. C. P. 1948. II. 4427, note MESTRE, à propos d'une hausse des tarifs d'électricité. — 8 juillet 1949, *Delacommune, Dr. Soc.*, 1949, p. 315, concl. CHENOT. — 17 juillet 1950, *Société civile de l'École Gerson*, D. 1950, p. 720, note J. G., pour une prime imposée rétroactivement. — 16 mars 1950, *Garrigou*, D. 1956, p. 253, concl. LAURENT. — 7 novembre 1969, D. 1970, Somm. 29. — 10 février 1978, *Bergon, Gaz. Pal.*, 1er mars 1979, sommaires. — V. AUBY et DRAGO, *Traité de contentieux administratif*, t. 2, nos 1058 et s. — DE LAUBADÈRE, *Traité élém. dr. adm.*, t. I, éd. 1970, no 467, p. 270. — LATOURNERIE, concl. sous Cons. d'État, 20 décembre 1935, *Vezia, Rev. dr. publ.*, 1936, p. 126. — O. DUPEYROUX, *La règle de la non-rétroactivité des actes administratifs*, thèse Toulouse, 1954. — LETOURNEUR, *Le principe de non-rétroactivité des actes administratifs, Ét. et Doc.*, 1955, p. 37 et s.

I. — *Les lois rétroactives proprement dites.*

344. — Les lois rétroactives sont exceptionnelles.

La lecture des recueils de jurisprudence pourrait donner à penser que la rétroactivité de la loi n'est pas si exceptionnelle. Mais cela tient à ce que la jurisprudence confond le plus souvent la rétroactivité de la loi avec son simple effet immédiat à l'égard des effets futurs des situations juridiques (8).

Les lois rétroactives interviennent généralement en des périodes exceptionnelles. On peut citer, par exemple, la loi du 27 juillet 1940 qui a exonéré les chemins de fer de leur responsabilité à l'égard des transports effectués depuis le 10 mai 1940, date de l'invasion allemande.

En période normale le législateur n'impose qu'une rétroactivité limitée dont il peut mesurer les effets. C'est ainsi, par exemple, que la loi du 19 décembre 1961, modifiant les conditions de l'attribution préférentielle à l'un des héritiers d'une exploitation agricole, est expressément déclarée applicable aux successions ouvertes, mais à la condition qu'elles n'aient pas encore été liquidées et sous réserve des décisions passées en force de chose jugée (9).

De même, la loi du 25 juin 1982, qui a modifié l'article 334-8 du Code civil en admettant comme mode de preuve de la filiation naturelle la possession d'état, a été déclarée applicable aux enfants naturels nés avant son entrée en vigueur, mais ceux-ci ne peuvent l'invoquer dans les successions déjà liquidées (9-1).

345. — La rétroactivité doit résulter de la volonté formelle du législateur.

Le législateur peut toujours édicter une loi rétroactive. En revanche, selon le principe d'interprétation déduit de l'article 2 du Code civil, cette rétroactivité doit être exprimée de façon expresse. Il ne peut y avoir, en principe, de rétroactivité tacite, déduite de l'interprétation de la loi (10).

---

(8) V. *infra*, nº 374.

(9) Art. 13 de la loi du 19 décembre 1961 ; et pour l'application, Cass. civ. 1re, 30 juin 1969, *Bull. civ.*, I, nº 254, p. 201. — 23 janvier 1968, *Bull. civ.*, I, nº 32, p. 24. — 17 novembre 1964, *Bull. civ.*, I, nº 507, p. 392. — *Adde :* la loi du 26 décembre 1975 réduisant de 10 % le plafond des loyers commerciaux qui remet en cause les conventions conclues et même les décisions judiciaires, mais ne concerne que les baux expirés en 1975.

(9-1) V. D. HUET-WEILLER, *L'établissement de la filiation naturelle par la possession d'état (commentaire de la loi du 25 juin 1982 modifiant l'article 334-8 c. civ.)*, D. 1982, chron. XXVII, p. 185 et s. — La succession liquidée s'entend de la succession dans laquelle est intervenu un acte de partage définitif entre les parties : Cass. civ. 1re, 3 novembre 1988, *Bull. civ.*, I, nº 301, p. 205.

(10) V., en ce sens, ROUBIER, précité, p. 278, nº 61. — LEVEL, précité, p. 124. — BACH, *Encycl. Dalloz, Rép. dr. civ.*, 2e éd., vº *Conflits de lois dans le temps*, nºs 89 et s. — ROUJOU DE BOUBÉE, *op. cit.*, p. 489, nº 17.

Il n'est pas nécessaire cependant que le législateur ait expressément qualifié la loi de rétroactive. Il suffit qu'il ait exprimé sa volonté sans ambiguïté (11).

Dès l'instant que la volonté du législateur ne résulte pas clairement du texte et qu'une interprétation est nécessaire le principe de l'article 2 du Code civil interdit d'admettre la rétroactivité de la loi nouvelle (12).

346. — On s'est demandé, cependant, si certaines catégories de lois ne devaient pas être tenues pour rétroactives en raison de leur nature même, malgré l'absence de manifestation expresse de volonté du législateur.

Quant aux lois qui intéressent l'ordre public cette qualification ne suffit pas à leur donner un effet rétroactif (13).

347. — **La rétroactivité des lois plus favorables n'est admise qu'en matière pénale.**

Les lois plus favorables ont donné lieu à des solutions plus nuancées.

---

(11) V., par ex., l'article 1er de la loi du 8 mai 1816 ainsi rédigé : « le divorce est aboli ». Aucun jugement de divorce n'était plus concevable, même sur une procédure engagée antérieurement. De même la loi du 2 avril 1941 disposait : « aucune demande en divorce ne sera reçue pendant un délai de trois ans à dater du jour de la célébration du mariage ». Elle visait ainsi, évidemment, toute demande, sanr distinction selon la date du mariage des époux. — *Adde :* les exemples cités pas M. Bach, *Encycl. Dalloz, Rép. dr. civ.,* 2e éd., v° *Conflits de lois dans le temps,* nos 18 et s. — Cass. soc., 3 décembre 1986, *Bull. civ.,* V, no 575, p. 436.

(12) V. Cass. civ. 1re, 27 septembre 1983, *Bull. civ.,* I, no 215, p. 193. — Cass. civ. 2e, 27 avril 1988, *Bull. civ.,* II, no 101, p. 52 ; D. 1988, *Inf. rap.,* p. 133. — Cass. soc., 25 juin 1980, *Bull. civ.,* V, no 563, p. 424. L'arrêt rendu par la Cour de Paris le 11 juillet 1970 (J. C. P. 1971.II.16571, note critique P. L.) a été justement critiqué pour avoir jugé irrégulières des convocations à une assemblée générale de copropriétaires non conformes à la loi en vigueur lors de cette assemblée mais qui étaient régulières au moment où elles avaient été adressées. La Cour de Paris s'était fondée sur le texte de la loi nouvelle qui subordonnait la validité des délibérations de l'assemblée à la conformité des convocations aux règles qu'elle édictait. Mais ces dispositions ne donnaient aucune indication sur leur application aux notifications antérieures qui ne pouvaient ainsi recevoir un effet rétroactif, faute de volonté formelle du législateur.

(13) V., en ce sens, Cass. civ., 17 novembre 1954, *Bull. civ.,* III, no 266, p. 353. — Cass. civ. 3e, 7 novembre 1968, *Bull. civ.,* III, no 444, p. 338 ; J. C. P. 1969. II. 15771, note P. L. qui admet la validité d'une promesse de vente datée de 1953 et écarte l'application de la loi du 19 décembre 1963 frappant de nullité les promesses unilatérales non enregistrées dans les dix jours de leur acceptation. — *Adde :* Cass. soc., 1er février 1962, *Bull. civ.,* no 142, p. 95. V. pour la justification de cette solution, P. Roubier, *Le droit transitoire,* p. 415 et s., nos 83 et s. — Cass. civ. 1re, 25 mai 1988, *Bull. civ.,* I, no 153, p. 105, sol. implicite. A défaut de caractère interprétatif, l'article 49 de la loi no 84-148 du 1er mars 1984 qui a déclaré d'ordre public l'article 2037 C. civ n'est pas applicable aux cautionnements souscrits antérieurement à l'entrée en vigueur de la loi telle qu'elle est précisée dans son article 62.

Il est admis que les lois pénales sont rétroactives lorsqu'elles suppriment une infraction ou la sanctionnent de façon moins sévère. C'est la rétroactivité *in mitius* (14), qui a été érigé au rang d'un principe constitutionnel sur le fondement de l'article 8 de la déclaration des droits de l'homme et du citoyen (14-1). Elle ne joue qu'à la condition que les faits antérieurement commis à la loi plus douce n'aient pas

---

(14) V. Marty et Raynaud, *Obligations*, p. 192, n° 107. — Starck, *Obligations*, p. 205, n° 499. — Bach, *op. cit.*, n°s 86 et s., et la jurisprudence citée. — *Adde :* Cass. crim., 14 octobre 1980, J. C. P. 1981, IV, p. 5. — 10 mars 1981, J. C. P. 1981, IV, p. 191. — 5 février 1979, *Sarfati.* — 3 octobre 1978, *Lavielle.* — V. sur l'application de cette rétroactivité à des pénalités fiscales, Cass. crim., 4 décembre 1978, *Gaz. Pal.*, 1979. I. 182, note P. L. G. et la jurisprudence citée.

(14-1) Cons. Const., 19-20 janvier 1981, D. 1982, p. 441, note A. Dekeuwer ; J. C. P. 1981.II.19701, note Franck ; *Act. jur. dr. adm.*, 1981, n° 6, p. 278, note Gournay. La doctrine de la Chambre criminelle de la Cour de cassation, bien qu'elle ait évolué dans le domaine économique et financier dans le sens de la reconnaissance et de l'application du principe de la rétroactivité *in mitius*, n'est pas totalement conforme à celle du Conseil constitutionnel. C'est ainsi, par exemple, qu'en 1987, elle a jugé *« qu'en l'absence de dispositions contraires expresses,* une loi nouvelle, même de nature économique, qui, pour une ou des incriminations pénales déterminées prévoit désormais des peines plus douces, s'applique aux faits commis avant son entrée en vigueur et non définitivement jugés »* (16 février et 17 mars 1987, D. 1988, p. 39, note A. Dekeuwer. — V. égal. Cass. crim., 8 février 1988, D. 1988, p. 475, note J. Pannier et 7 décembre 1987, D. 1988, p. 477, note G. Roujou de Boubée). Le terme « loi » ne doit pas abuser, comme l'observe l'annotateur des arrêts des 16 février et 7 mars 1987. En effet, il s'agissait de l'application de l'ordonnance du 1er décembre 1986, donc d'un texte à valeur réglementaire, jusqu'à sa ratification par le Parlement. Surtout, la Chambre criminelle ne rallie pas la doctrine du Conseil constitutionnel sur le plan des principes en ce qu'elle réserve le cas d'une disposition expresse contraire de la loi abrogative. Il est vrai que la Chambre criminelle ne se reconnaît pas le droit de contrôler la constitutionnalité des lois pénales, Cass. crim., 12 juin 1989, D. 1989, p. 585, rapport J. Souppe, note F. Derrida. Ceci explique la réserve et, par voie de conséquence, la divergence de vue. En revanche, la Chambre criminelle s'oppose directement à la doctrine du Conseil constitutionnel lorsqu'il s'agit d'un texte qu'elle qualifie de « réglementaire ». Dans un arrêt du 12 novembre 1986 (D. 1988, p. 41, note A. Dekeuwer) elle a jugé qu'en principe *en matière économique et douanière* (ce qui exclut les autres matières), l'abrogation d'un texte réglementaire n'affecte pas rétroactivement, sauf précision contraire de la loi abrogative, les infractions qui étaient l'objet d'une poursuite en cours. Mais il est vrai que dans une hypothèse la Chambre criminelle renverse le principe. Quoi qu'il en soit de l'exception, il est permis de penser que la Chambre criminelle méconnaît en matière douanière et économique l'article 62, alinéa 2 de la Constitution. — V. sur l'ensemble de la question, A. Huet, *La rétroactivité* in mitius *des textes réglementaires en matière économique (Dissonances sur une question simple),* J. C. P. 1989.I.3378. L'auteur observe que le principe de la rétroactivité *in mitius* a été consacré par l'article 15, alinéa 1 du pacte international relatif aux droits civils et politiques ouvert à la signature à New York le 19 décembre 1966 et publié par la France par le décret n° 81-76 du 29 janvier 1981. Il en conclut que la Chambre criminelle de la Cour de cassation ne respecte pas le principe de la supériorité de la norme internationale sur la norme nationale.

encore donné lieu à des poursuites terminées par une décision passée en force de chose jugée au jour où cette loi nouvelle entre en vigueur (14-2). Les délits antérieurs seront jugés conformément à la loi nouvelle, car il semble normal de considérer la loi en vigueur au moment où la peine est prononcée pour apprécier l'utilité sociale qui peut seule la justifier (15).

La Chambre commerciale de la Cour de cassation interprète de façon étroite le principe de la rétroactivité *in mitius* dans le domaine des procédures collectives. La Cour d'appel de Bordeaux avait retenu que la loi du 25 janvier 1985 avait abrogé expressément l'article 99 de la loi du 13 juillet 1967 et « qu'eu égard à son caractère répressif qui n'a pas été repris dans les nouvelles dispositions législatives, ce texte, dont la survie implicite ne pouvait être admise, ne pouvait plus être appliqué à la procédure en cause ». Cet arrêt était cassé, le 14 février 1989 (15-1), au motif que la loi du 25 janvier 1985 n'était applicable qu'aux procédures ouvertes depuis le 1er janvier 1986, de sorte que l'article 99 de la loi de 1967 « dépourvu de tout caractère répressif » demeurait applicable aux faits antérieurs. En revanche, dans un arrêt du 7 novembre 1989 (15-2), la même Chambre de la Cour de cassation a estimé, dans une formule assez vague, « que le principe de non-rétroactivité des peines s'étend à toute sanction ayant le caractère d'une punition ». La Cour statuait en matière de contentieux fiscal.

On s'est demandé si, d'une façon générale, les lois plus favorables ne devraient pas recevoir effet rétroactif. En particulier lorsqu'une condition de validité d'un acte juridique est supprimée, ne devrait-on pas valider les actes antérieurs ? Mais cette validation automatique par l'effet d'un changement législatif, à défaut de volonté expresse du législateur, ne peut être acceptée qu'avec réserves et, en pratique la jurisprudence n'en fait pas application (16).

348. — Le législateur, qui peut édicter des lois expressément rétro-actives, peut fixer la portée de cette rétroactivité (17). On admet cependant

---

(14-2) Cass. com., 15 décembre 1987, *Bull. civ.*, IV, n° 272, p. 203.

(15) Certains auteurs cependant considèrent qu'il n'y a pas alors rétroactivité, mais simple effet immédiat, le jugement qui prononce la peine étant constitutif d'une situation juridique. V., en ce sens, ROUBIER, *Le droit transitoire*, p. 463 et s., et p. 477. — *Adde :* VITU, *Les conflits de lois dans le temps en droit pénal*, thèse Nancy, 1945. — Comp. MARTY, *A propos de la prétendue rétroactivité des lois pénales plus douces*, *Mélanges Magnol*, 1948, p. 295-310. — *Contra :* BACH, *op. cit.*, n° 88, qui observe, à juste titre, que l'application par le juge d'une loi nouvelle à des faits antérieurs est par définition rétroactive.

(15-1) *Bull. civ.*, IV, n° 60, p. 39.

(15-2) *Bull. civ.*, IV, n° 280, p. 190.

(16) V. *infra*, n° 365.

(17) V., par ex. la limite fixée au 1er juillet 1974 par son article 21 de la rétro-activité de la loi du 3 janvier 1975 modifiant l'article L. 351-1 du Code de la sécurité sociale assimilant provisoirement la disparition de l'assuré à son décès pour la liquidation des droits de son conjoint. Cass. soc., 17 mai 1979, *Caisse interprof. retraite vieillesse Bordeaux c. Bartheu.*

que la loi rétroactive, sans disposition contraire expresse, ne peut revenir sur ce qui a fait l'objet d'une décision judiciaire définitive (18). En revanche elle s'applique aux procès en cours (19). Toutefois une décision rendue conformément à la loi en vigueur lorsqu'elle est intervenue ne peut être censurée par la Cour de cassation par application d'une loi survenue postérieurement. Il n'y a pas eu, en effet, violation de la loi applicable (20).

Le législateur peut toujours déroger à cette règle à la condition de déclarer expressément que la loi s'appliquera y compris aux affaires pendantes devant la Cour de cassation (20-1).

II. — Les lois interprétatives.

349. — Une loi est interprétative lorsqu'elle vient seulement « *préciser et expliquer le sens obscur et contesté d'un texte déjà existant* » (21). **Elle prend alors effet à la date même de l'entrée en vigueur de la loi qu'elle interprète (22).**

La règle figurait dans la rédaction initiale de l'article 2 du Code

---

(18) V. Cass. civ. 1re, 30 mars 1978, *Bull. civ.*, I, n° 135, p. 107, sur la loi du 19 décembre 1961 et la révision des soultes dues par le bénéficiaire d'une attribution préférentielle. — Cf. H. MAZEAUD, *L'enfant adultérin et la « super-rétroactivité des lois* (à propos de la loi n° 76-1036 du 15 novembre 1976), D. 1977, chron. p. 1. — D. HUET-WEILLER, *La loi du 15 novembre 1976 complétant les dispositions transitoires de la loi du 3 janvier 1972*, D. 1977, chron. p. 9.

(19) V. Cass. civ. 1re, 3 juin 1980, *Bull. civ.*, I, n° 170, p. 139.

(20) V., en ce sens, P. ROUBIER, *De l'effet des lois nouvelles sur les procès en cours* Mélanges Maury, t. 2, p. 536. — Cass. civ., 20 janvier 1920, S. 1921. 1. 356 ; D. 1921. 1. 121, note ROUAST.

(20-1) Une telle disposition est rarissime, mais on peut citer un exemple récent : l'article 47 de la loi *Badinter* du 5 juillet 1985. — *Adde* : J. BORÉ, *La cassation en matière civile*, Sirey, 1980, préface P. RAYNAUD, n° 1094. Dans ce cas la Cour de cassation ne casse pas la décision, le cas échéant ; elle l'annule simplement.

(21) Cass. soc., 20 mars 1956, *Bull. civ.*, IV, p. 211, n° 224. — Cf. ROUBIER, *Droit transitoire*, p . 246, n° 56, selon lequel il peut y avoir interprétation légale de règles antérieures coutumières ou jurisprudentielles. Il semble préférable cependant de limiter la rétroactivité des lois interprétatives à l'interprétation des textes, ne serait-ce qu'en raison de l'incertitude de la date d'apparition des règles coutumières ou jurisprudentielles.

(22) Solution constante, v., par ex., Cass. civ. 2e, 18 janvier 1961, *Bull. civ.*, II, n° 52, p. 34. — 24 janvier 1962, *Bull. civ.*, II, n° 107, p. 74. — 5 juin 1964, *Bull. civ.*, II, n° 454, p. 341. — 10 juin 1964, *Bull. civ.*, II, n° 462, p. 346. — 25 mai 1966, *Bull. civ.*, II, n° 626, p. 443. — Cass. com., 27 juin 1966, *Bull. civ.*, III, n° 323, p. 290. — Paris, 14 novembre 1980, *Gaz. Pal.*, 25 novembre 1980.

civil (23) et n'a été supprimée que parce qu'il a semblé inutile d'exprimer une solution aussi évidente (24).

350. — La justification de la règle.

On la justifie généralement en observant que la loi interprétative fait littéralement corps avec la loi qu'elle interprète. On ajoute que la nouveauté de la loi interprétative ne serait qu'apparente puisqu'elle se bornerait à révéler une règle qui existait déjà dans la loi antérieure. Il n'y aurait ainsi aucun conflit réel puisque les deux lois seraient en fait identiques. La rétroactivité de la loi interprétative ne serait donc qu'apparente.

L'assimilation de la loi interprétative à la loi interprétée n'est cependant qu'une fiction. En réalité l'interprétation est rendue nécessaire par la période d'hésitations et d'incertitudes qui l'a précédée et dont il n'est pas possible de faire abstraction. En outre, en interprétant la loi le législateur fait nécessairement un choix entre deux ou plusieurs sens possibles, ce qui constitue la création d'un droit nouveau (25).

Pratiquement les lois interprétatives peuvent être rapprochées du rôle créateur de la jurisprudence par interprétation de la loi (26). Il est d'ailleurs assez fréquent que le législateur intervienne pour écarter une interprétation jurisprudentielle qu'il désapprouve (27). La loi interprétative rétroagit ainsi de la même façon qu'un revirement de jurisprudence (28).

351. — Rétroactivité renforcée devant la Cour de cassation.

De ce que la loi interprétative fait corps avec celle qu'elle interprète, on déduit que la Cour de cassation saisie d'un pourvoi invoquant la violation de cette dernière, doit l'interpréter en fonction de la loi nouvelle. De ce fait, une décision rendue sous l'empire de la loi ancienne peut être censurée en application de l'interprétation qu'impose la loi nouvelle (28-1). Il s'agit là d'une rétroactivité renforcée par rapport aux lois rétroactives proprement dites qui ne peuvent justifier la censure d'une décision rendue conformément à la loi antérieure applicable (29).

---

(23) « Néanmoins la loi interprétative d'une loi précédente aura son effet du jour de la loi qu'elle explique, sans préjudice des jugements rendus en dernier ressort, des transactions, décisions arbitrales et autres passées en force de chose jugée ».
(24) V. Locré, Lég. I, p. 380, art. 2, p. 391, n° 16.
(25) V. supra, n° 341.
(26) V. Roubier, Droit transitoire, p. 248, n° 56.
(27) V. infra, n° 375.
(28) V. infra, n° 367.
(28-1) V. par exemple, Cass. soc., 13 mai 1985, Bull. civ., V, n° 291, p. 208.
(29) V. P. Roubier, De l'effet des lois nouvelles sur les procès en cours, Mélanges Maury, t. 2, p. 535.

352. — La définition du caractère interprétatif.

La jurisprudence n'admet cette rétroactivité que si la loi nouvelle est véritablement interprétative.

Pour admettre ou écarter cette qualification certains arrêts de la Cour de cassation mettent l'accent sur l'intention du législateur. « Le caractère interprétatif d'une loi ne peut se déduire que de l'intention claire et formelle du législateur de préciser et d'expliquer le sens obscur et contesté d'un texte déjà existant » (30). Mais la formule la plus classique est purement objective. « Une loi ne peut être considérée comme interprétative que tant qu'elle se borne à reconnaître sans rien innover, un droit préexistant qu'une définition imparfaite a rendu susceptible de controverse » (31).

Aujourd'hui les lois interprétatives se rencontrent particulièrement en matière sociale (32), ou dans la législation spéciale des baux (33). Parfois le caractère interprétatif de la loi nouvelle est lui-même objet de controverse (34).

Lorsque la loi ne répond pas à la définition des lois interprétatives, la Cour de cassation lui refuse cette qualification (35).

---

(30) Cass. soc., 20 mars 1956, *Bull. civ.*, IV, n° 224, p. 211.

(31) Cass. soc., 19 juin 1963, *Gaz. Pal.*, 1963. 2. 278. — 20 février 1963, *Bull. civ.*, II, n° 174, p. 127. — Cass. soc., 28 mars 1962, *Bull. civ.*, n° 332, p. 251. — 19 juin 1963, *Bull. civ.*, n° 515, p. 423. — *Gaz. Pal.*, 1963. 1. 278 ; 7 novembre 1963, *Bull. civ.*, n° 765, p. 637.

(32) V., par ex., pour l'article 5 de la loi du 25 mars 1956 (art. 67 du Code de la sécurité sociale) : Cass. civ. 2e, 24 janvier 1962, *Bull. civ.*, II, n° 107, p. 74. — Pour le décret du 7 septembre 1959 relatif au régime d'affiliation des exploitants forestiers, négociants en bois : Cass. civ. 2e, 16 juin 1961, *Bull. civ.*, II, n° 470, p. 335. — 12 juillet 1961, *Bull. civ.*, II, n° 565, p. 399. — 19 juillet 1961, *Bull. civ.*, II, n° 605, p. 422. — 9 novembre 1961, *Bull. civ.*, II, n° 743, p. 522. — 29 novembre 1961, *Bull. civ.*, II, n° 803, p. 563. — 17 mars 1965, *Bull. civ.*, II, n° 280, p. 193. — Pour la loi du 7 mars 1957 modifiant les articles 29 K et 29 L du livre 1er du Code du Travail : Cass. civ. 2e, 5 juin 1964, *Bull. civ.*, II, n° 454, p. 341. — 10 juin 1964, *Bull. civ.*, II, n° 462, p. 346. — 25 mai 1966, *Bull. civ.*, II, n° 626 , p. 443. — Pour la loi du 3 janvier 1985, modifiant l'article L. 122-8 C. trav., Cass. soc., 14 juin 1989, *Bull. civ.*, V, n° 442, p. 269.

(33) V., par ex., pour la loi du 4 août 1956 modifiant la loi du 12 mars 1956 relative à la révision du prix des loyers des locaux à usage commercial : Cass. civ. 1re, 13 avril 1961, *Bull. civ.*, I, n° 183, p. 146. — *Adde :* d'autres exemples, pour l'article 30 de la loi du 31 décembre 1953 : Cass. civ. 2e, 18 janvier 1961, *Bull. civ.*, II, n° 52, p. 34. — Pour l'ordonnance du 23 septembre 1958 donnant à la loi du 31 décembre 1957 sa rédaction définitive : Cass. civ. 2e, 29 juin 1961, *Bull. civ.*, n° 516, p. 366.

(34) V., par ex., pour la loi du 2 janvier 1970 modifiant la prescription qui résultait de l'article 33 du décret du 30 septembre 1953, B. Boccara, J. C. P. 1970. II. 2316, n°s 16 et s.

(35) V., par ex., pour la loi du 31 mars 1932 modifiant l'article 3 de la loi du 22 juillet 1922 relative aux pensions de retraite : Cass. soc., 7 novembre 1963, *Bull. civ.*, n° 765, p. 637. — Pour le décret du 30 septembre 1953 substituant le régime

353. — Le contrôle juridictionnel du caractère interprétatif.

Il arrive parfois que le législateur précise lui-même que la loi nouvelle est interprétative. Même dans cette hypothèse la Cour de cassation se réserve le droit d'apprécier s'il s'agit vraiment d'une loi interprétative. C'est qu'en effet le législateur a parfois utilisé cette qualification pour donner, sans le dire ouvertement, un effet rétroactif à la loi nouvelle. Les lois rétroactives sont impopulaires en raison de l'atteinte qu'elles portent aux situations acquises. Édicter une loi faussement qualifiée d'interprétative est un moyen d'éviter la censure de l'opinion publique. La Cour de cassation n'a pas hésité à refuser cette qualification légale inexacte (36).

Cette jurisprudence a été contestée (37). En fait le législateur ne devrait pas pouvoir jouer avec des qualifications dont la définition objective s'impose à tous pour la cohérence de l'ordonnancement juridique.

---

de la licence obligatoire à celui de la déchéance pour défaut d'exploitation d'un brevet prévu par l'article 32 ancien de la loi du 5 juillet 1844 : Cass. com., 11 mars 1963, *Bull. civ.*, n° 148, p. 120. — Pour la nouvelle disposition de la loi du 7 mars 1957, substituant l'exigence d'une faute grave à la notion de faute simple pour la privation du droit à indemnité de clientèle du représentant de commerce : Cass. soc., 5 juillet 1967, *Bull. civ.*, n° 567, p. 479. — Pour l'ordonnance du 7 janvier 1959 relative aux délégués du personnel : Cass. soc., 28 mars 1962, *Bull. civ.*, n° 332, p. 251. — Pour l'ordonnance du 7 janvier 1959 modifiant l'article 167 du Code de la Sécurité sociale : Cass. civ. 2e, 20 février 1963, *Bull. civ.*, II, n° 174, p. 127. — Pour cette même ordonnance modifiant l'article 15 de la loi du 31 décembre 1951 : Cass. civ. 2e, 25 octobre 1967, *Bull. civ.*, II, n° 300, p. 210. — Pour le décret du 7 janvier 1959 relatif aux baux ruraux : Cass. soc., 3 mai 1961, *Bull. civ.*, n° 466, p. 376. — Pour l'article 19 de la loi du 4 août 1962 modifiant l'article 1751 du Code civil : Cass. soc., 19 juin 1963, *Bull. civ.*, n° 515, p. 423. — Pour les dispositions de la loi du 12 mai 1965 modifiant l'article 1er du décret du 30 septembre 1953 : Cass. civ. 3e, 4 décembre 1968, *Bull. civ.*, III, n° 517, p. 398. — 13 février 1969, *Bull. civ.*, III, n° 133, p. 101. — 14 novembre 1969, *Bull. civ.*, III, n° 731, p. 554. — Pour l'arrêté du 26 mai 1975 pris pour l'application de l'article L. 120 du Code de la sécurité sociale, Cass. soc., 15 mars 1979, *Bull. civ.*, V, n° 245, p. 175. — Pour la loi du 21 mai 1973 excluant du champ d'application de l'article L. 242-2° du Code de la sécurité sociale les sous-agents d'assurances, Cass. soc., 28 mars 1979, *Caisse d'Allocation vieillesse des agents généraux et des mandataires non salariés de l'assurance et de capitalisation c. C. P. A. M. d'Eure-et-Loir*. — 8 février 1979, *même caisse c. C. P. A. M. de la Région parisienne.* — Pour la loi du 6 décembre 1976, « laquelle ayant créé des droits nouveaux n'est pas interprétative de ce chef », Cass. soc., 15 février 1978, *Bull. civ.*, V, n° 110, p. 81.

(36) V., en ce sens, Cass. soc., 20 mai 1958, *Gaz. Pal.*, 1958. 2. 60 ; 16 mai 1957, *Gaz. Pal.*, 1957. 2. 131.

(37) V. P. LEVEL, *Essai sur les conflits de lois dans le temps*, thèse Paris, 1959 p. 130, n° 88, qui la qualifie d'« aberrante » et affirme qu'aussi peu justifiée que puisse paraître la qualification d'interprétative donnée par la loi nouvelle, elle s'impose au juge. — Cf. MARTY et RAYNAUD, *Introduction*, n° 107, p. 192, pour lesquels « le juge ne peut que s'incliner » devant cette qualification expresse traduisant la volonté du législateur de donner effet rétroactif à la loi nouvelle. — *Contra* : MAZEAUD et CHABAS, *Introduction*, n° 151.

En revanche, en qualifiant une loi d'interprétative il exprime de façon dissimulée, mais certaine, sa volonté de lui donner effet rétroactif. Pour tenir compte de cette volonté qui s'impose au juge, il convient alors de reconnaître à la loi nouvelle un effet rétroactif, tout en écartant le régime propre aux lois interprétatives. En conséquence la loi faussement qualifiée d'interprétative n'aura pas à être appliquée par la Cour de cassation à l'égard d'une décision rendue avant son entrée en vigueur (38).

Sous-section 2. — Le choix entre l'effet immédiat de la loi nouvelle et la survie de la loi ancienne.

354. — La survie de la loi ancienne s'oppose, non seulement à la rétroactivité, mais aussi à l'effet immédiat de la loi nouvelle.

Il y a survie de la loi ancienne lorsque celle-ci continue de régir des faits qui se situent après l'entrée en vigueur de la loi nouvelle, ou, ce qui revient au même, après l'abrogation de la loi ancienne.

Elle s'oppose évidemment à la rétroactivité de la loi nouvelle qui soumet à celle-ci, non seulement les faits qui lui sont postérieurs, mais aussi ceux qui lui sont antérieurs. En cela elle peut être comprise comme une application du principe de non-rétroactivité, ainsi que le fait d'ailleurs très généralement la jurisprudence.

Mais en réalité elle va plus loin que la non-rétroactivité, qui s'exprime suffisamment dans l'effet immédiat de la loi nouvelle. Elle s'oppose également au principe de l'effet immédiat. En vertu de celui-ci la loi nouvelle ne régit que les effets postérieurs à son entrée en vigueur, mais elle régit tous ces effets postérieurs. Or la survie de la loi ancienne consiste justement à laisser sous l'empire de cette dernière certains faits qui se situent pourtant postérieurement à la loi nouvelle.

Contrairement à une pratique judiciaire assez générale, la véritable question n'est donc pas de déterminer si la loi nouvelle a un effet rétroactif, mais, une fois cette rétroactivité exclue, de rechercher si, par dérogation au principe de l'effet immédiat, certains faits postérieurs à la loi nouvelle ne doivent pas rester soumis à la loi ancienne.

Un exemple emprunté à la jurisprudence sur l'application de la loi du 15 juillet 1955 relative à la filiation permet de mieux comprendre l'application immédiate de la loi nouvelle par opposition à la survie de la loi ancienne et la rétroactivité.

---

(38) V., en ce sens, Cass. soc., 7 février 1957, J. C. P. 1957. II. 10007. — P. Rou-BIER, *Le droit transitoire*, p. 252-253, n° 57. — AUBRY et RAU, t. I, 7ᵉ éd., p. 196, § 30.

Cette loi, modifiant l'article 342 C. civ. avait permis aux enfants adultérins d'obtenir une pension alimentaire une fois constatée, en fait, leur filiation. La jurisprudence a jugé cette loi applicable à tous les enfants adultérins, y compris ceux qui étaient nés auparavant (1). La loi nouvelle s'appliquait ainsi de façon immédiate, excluant toute survie de la loi ancienne.

En revanche, la Cour de cassation a censuré la décision d'une Cour d'appel qui, saisie le 15 février 1955 d'une demande de pension, en avait fixé le point de départ à cette date alors que la loi du 15 juillet 1955 n'était pas encore en vigueur (2). L'effet immédiat n'autorisait pas une application rétroactive à une période écoulée antérieurement à l'entrée en vigueur de la loi nouvelle.

355. — A la différence du choix entre rétroactivité et effet immédiat, aucun texte de portée générale ne règle la question. On a voulu déduire de l'article 2 du Code civil, à côté du principe de non-rétroactivité, la règle selon laquelle la loi nouvelle disposerait seule pour l'avenir. Mais le texte ne dit rien de semblable. La loi nouvelle dispose seulement pour l'avenir, cela signifie qu'elle n'est pas rétroactive, et non qu'elle dispose seule pour l'avenir.

Cette absence de texte laisse à l'interprète une plus grande liberté. De fait le choix entre l'application immédiate et la survie se fait à partir de critères beaucoup plus incertains encore que ceux qui président à la détermination des lois rétroactives.

356. — *A priori* cependant il est logique de faire prévaloir, en principe, l'effet immédiat de la loi nouvelle. On fait état en ce sens de la supériorité de la loi nouvelle et de l'uniformité souhaitable des situations juridiques.

Le premier argument cependant n'est pas le plus significatif. La supériorité de la loi nouvelle ne rend pas nécessairement son application immédiate opportune. Le progrès exige souvent, pour sa réussite même, une période de transition, dont la durée est question d'opportunité.

C'est essentiellement le souci d'uniformiser les situations juridiques qui justifie le principe de l'effet immédiat. Le maintien de régimes différents en fonction de leur date d'acquisition finirait par créer une confusion préjudiciable à l'ordre juridique. L'uniformité est un facteur indispen-

---

(1) Cass. civ. 1re, 19 novembre 1958, *Gaz. Pal.*, 1959. 1. 82. — *Rev. trim. dr. civ.*, 1959, p. 522, obs. DESBOIS. — 13 janvier 1959, D. 1959, p. 61, 4e esp., note ROUAST ; J. C. P. 1959. II. 10968, note ESMEIN ; *Rev. trim. dr. civ.*, 1959, p. 307, obs. DESBOIS.

(2) Cass. civ. 1re, 16 novembre 1960, *Bull. civ.*, I, no 501, p. 409 ; D. 1961, p. 7, note G. HOLLEAUX ; *Rev. trim. dr. civ.*, 1961, p. 302, obs. DESBOIS. — La même distinction est clairement faite par Cass. soc., 7 mai 1981, *Bull. civ.*, V, no 406, p. 303 pour la loi du 10 juillet 1979 modifiant les conditions d'attribution d'une pension temporaire d'orphelin. Les conditions nouvelles s'appliquent immédiatement ; mais le point de départ de la pension ne peut remonter à une date antérieure à la mise en vigueur de cette loi.

sable de simplification et, par là, de connaissance et de sécurité juridique (3).

C'est seulement lorsque ces deux facteurs n'imposent pas absolument l'effet immédiat qu'il est possible de tenir compte des situations acquises sous l'empire de la loi ancienne et des prévisions des intéressés.

357. — La survie de la loi ancienne est la règle à l'égard des effets futurs des situations contractuelles.

Pratiquement la question ne se pose pas pour l'acquisition et l'extinction des situations juridiques, qui ne sont soumises à la loi ancienne que si elles se situent entièrement sous l'empire de celle-ci.

En revanche on admet parfois la survie de la loi ancienne à l'égard des effets futurs des situations juridiques. C'est exceptionnel à l'égard des situations extracontractuelles. C'est au contraire la règle en matière contractuelle.

C'est ce que nous allons voir en étudiant la mise en œuvre des principes de solution.

SECTION 2

LA MISE EN ŒUVRE DES PRINCIPES

358. — La construction du doyen Roubier ne suffit pas à prévoir la solution du conflit.

A la suite de Roubier, la doctrine contemporaine, et la jurisprudence dans une certaine mesure, donnent une importance essentielle à la notion de situation juridique. Il est toutefois difficile d'en donner une définition précise. M. Roubier l'oppose aux droits acquis, dont il dénonce le caractère subjectif, et au rapport juridique « qui implique une relation directe entre deux personnes, alors que la situation juridique peut être unilatérale et opposable à toute personne, quelle qu'elle soit ». Il se borne finalement à une série d'exemples (1).

---

(3) V. ROUBIER, *Droit transitoire*, p. 345, n° 70.

(1) « Dans le droit des personnes, il y a par exemple la situation d'époux, celles d'époux divorcés ou séparés de corps, celles d'enfant légitime ou naturel ou adoptif, celles correspondant aux diverses incapacités, celles de tuteur, curateur, conseil judiciaire, etc. ; dans le droit des biens, celles de propriétaires ou d'usufruitier; ou de titulaire actif ou passif d'une servitude, ou de créancier hypothécaire, etc., dans le droit des obligations, celles de créancier ou de débiteur, de vendeur ou d'acheteur, de bailleur ou de locataire, d'assureur ou d'assuré, d'auteur ou de victime d'un dommage, etc. ; dans le droit des successions, celles d'héritier légitime, de successeur irrégulier ou de légataire universel ou à titre universel, ou à titre particulier, d'héritier bénéficiaire, de cohéritier, d'héritier réservataire, etc. », *op. cit.*, p. 180-181.

Selon la construction de Roubier, il faut faire une distinction capitale entre, d'une part, les lois relatives à la constitution ou à l'extinction d'une situation juridique, et, d'autre part, celles qui concernent les effets d'une telle situation. Cela revient, par exemple, à distinguer entre le testament mode de création d'une situation juridique, et les droits du légataire bénéficiaire de ce testament, effets d'une situation juridique. On retrouve la même distinction entre, par exemple, le contrat et les obligations qui naissent de ce dernier ; ou encore, entre l'adoption et les effets juridiques de la situation de droit qui en résulte.

Cette distinction, largement admise par la doctrine dominante, et partiellement adoptée par la jurisprudence (2), peut être retenue, au moins à titre de directive générale. Cependant sa mise en œuvre, liée à la notion bien vague de situation juridique, ne suffit pas, en elle-même, à prévoir la solution des conflits de lois avec rigueur.

Les tribunaux attachent toujours une importance certaine aux termes de la loi nouvelle et à son économie générale, voire à sa valeur appréciée de façon subjective, pour y rechercher la solution du problème concret qui leur est soumis (3).

Cette façon de procéder est bien illustrée par les solutions données à l'égard de la loi du 31 décembre 1976 qui, en matière d'indivision, a supprimé le retrait successoral pour le remplacer par un droit de préemption. L'exercice de ce dernier étant subordonné à une notification dont dépend la validité de la cession de droits indivis, le nouveau mécanisme ne peut selon la 1re Chambre civile de la Cour de cassation s'appliquer à une cession antérieure à l'entrée en vigueur de la loi du 31 décembre 1976 (4). Il en résulte que le retrait doit subsister à l'égard d'une telle cession. C'est

---

(2) V., par ex., Cass. civ. 2e, 4 mai 1962, qui écarte l'article 15 de la loi du 30 juin 1956 qui avait porté de un à deux millions de francs (anciens) le montant de la succession à partir duquel les arrérages de l'allocation vieillesse perçus par le défunt doivent être remboursés par ses héritiers. La 2e Chambre civile observe que le décès du bénéficiaire en 1952 avait donné naissance à la créance de la Caisse régionale d'assurance vieillesse qui ne pouvait s'analyser en « un effet actuel d'une situation juridique en cours ». La créance n'était donc pas soumise à la loi du 30 juin 1956 en vigueur au moment du litige, mais au régime applicable lors de l'ouverture de la succession.

(3) C'est ainsi que, par exemple, pour déterminer l'application de l'article 101 de la loi du 13 juillet 1967 permettant l'extension du règlement judiciaire d'une société à ses dirigeants, la Chambre commerciale de la Cour de cassation observe que cette action « a pour objet non le prononcé d'une sanction à l'égard du dirigeant social mis en cause, mais l'application de la procédure collective tendant à la satisfaction des créanciers ». Elle en déduit qu'il suffit pour l'application de la loi du 13 juillet 1967 que le règlement judiciaire ait été prononcé postérieurement, même si les faits justifiant l'extension sont antérieurs : Cass. com., 16 janvier 1974, *Bull. civ.*, IV, no 23, p. 18.

(4) Cass. civ. 1re, 9 janvier 1980, D. 1980, p. 293, note A. BRETON ; J. C. P. 1980. II. 19420, note PATARIN.

ce qu'a jugé la même 1ʳᵉ Chambre civile, dans un arrêt du 17 juin 1981 (5) en ces termes : « Attendu que la disposition de l'alinéa 2 de l'article 19 de la loi du 31 décembre 1976, qui exprime la vocation de ce texte à régir les effets à venir des situations juridiques préexistantes, ne permet pas de méconnaître un droit antérieurement acquis au retrait successoral, alors surtout, que la protection des cohéritiers du cédant, que la loi nouvelle assure désormais sous la forme d'un droit de préemption, ne peut jouer qu'en ce qui concerne les cessions consenties depuis la date de son entrée en vigueur ». On ne saurait mieux marquer le lien entre la première solution, imposée par les conditions de mise en œuvre du droit de préemption, et la seconde, déduite de l'impossibilité de créer « une lacune contraire à l'esprit et au but de la loi, une absence totale de protection d'une catégorie transitoire d'héritiers coindivisaires qui étaient cependant protégés par la loi antérieure » (6).

L'insertion de plus en plus fréquente de dispositions transitoires particulières, et leur combinaison nécessaire avec les principes généraux de solution des conflits, accentuent encore la diversité des solutions. Une certaine généralisation réapparaît cependant lorsque, de cette analyse, est déduite une qualification de la loi, jugée rétroactive, interprétative (7) ou d'ordre public (8).

359. — La qualification des faits et la détermination des situations juridiques permettent une application très souple des principes directeurs.

En même temps, alors même qu'ils se réfèrent implicitement à la théorie de l'application immédiate, les tribunaux gardent une grande liberté d'appréciation à travers la qualification des faits (9). C'est ainsi, par exemple, qu'il faudra distinguer entre les situations légales et contractuelles qui n'obéissent pas au même régime.

Ils doivent également les localiser dans le temps.

Une situation juridique peut se prolonger dans le temps ou se composer d'éléments constitutifs distincts et non simultanés. Plusieurs situations juridiques nées à des moments distincts peuvent être en concurrence, comme par exemple celle de l'héritier réservataire et du bénéficiaire d'une donation. Une localisation dans le temps est alors nécessaire afin de déterminer le champ d'application des lois successives.

---

(5) Cass. civ. 1ʳᵉ, 17 juin 1981, *Bull. civ.*, I, nº 224, p. 183 ; *Defrénois*, 1981, article 32750, p. 1331, obs. G. CHAMPENOIS ; D. 1982, I. R., p. 52. — V., dans le même sens, Cass. civ. 1ʳᵉ, 20 mai 1981, *Bull. civ.*, I, nº 178, p. 145.

(6) PATARIN, précité. — *Adde* : MAZEAUD et BRETON, *Leçons de droit civil*, t. IV, vol. 2, nº 1611. — P. CATALA, *L'indivision*, Defrénois, 1979, article 31886, nº 37, p. 98. — Nancy, 14 mars 1978, J. C. P. 1978. II. 18901, note DAGOT ; D. 1979, I. R., p. 45, obs. A. BRETON. — Cass. civ. 3ᵉ, 5 décembre 1979, D. 1980, I. R., p. 207.

(7) V. *supra*, nᵒˢ 352 et s.

(8) V. *infra*, nº 378.

(9) V., par ex., sur l'application du décret du 4 juillet 1972 régissant, en application de la loi du 2 juillet 1966, la publicité des contrats de crédit-bail : Cl. LUCAS DE LEYSSAC, *L'obligation de publier les contrats de crédit-bail mobilier et son application dans le temps*, D. 1975, chron. p. 23 ; notes sous Riom, 7 février 1975, D. 1975, p. 732 ; Cass. com., 15 décembre 1975, D. 1976, p. 407. — *Adde* : Montpellier, 20 novembre 1973, *Gaz. Pal.*, 1974. 1. 211.

Certes, la synthèse de Roubier s'efforce de résoudre, à l'égard des situations en cours, ce problème. Mais le découpage des situations juridiques et leur caractère relatif par rapport au fait, à l'acte ou à la personne considérés autorisent pratiquement des solutions très nuancées que le principe d'application immédiate permet sans doute d'expliquer après coup, mais non de prévoir toujours avec rigueur.

Le rattachement des divers éléments de la situation considérée à la loi ancienne ou à la loi nouvelle met alors en œuvre des techniques qui peuvent être rapprochées de celles qui président à la solution des conflits de lois dans l'espace. Il s'agit de déterminer la loi compétente pour chaque élément distinct et, s'ils sont inséparables, ou s'il n'est pas opportun de leur appliquer des lois différentes, de rechercher l'élément le plus significatif dont la loi s'appliquera à la situation dans son ensemble (10).

Enfin, une place à part doit être faite à la situation particulière née de l'intervention de la loi nouvelle au cours d'un procès susceptible de requérir son application. Des solutions nuancées, souvent déterminées ou infléchies par des dispositions spécifiques se dégagent de la jurisprudence (11).

Sous le bénéfice de ces observations il est possible de distinguer, d'une part, *la constitution ou l'extinction d'une situation juridique;* et, d'autre part, *les effets des situations juridiques.*

Sous-section 1. — La constitution ou l'extinction d'une situation juridique.

360. — Définition et modalités.

Il s'agit de *l'application des lois qui prennent en considération un certain nombre de faits ou d'actes qu'elles déclarent susceptibles d'entraîner la constitution ou l'extinction d'une situation juridique.* Par exemple, elles déterminent les conditions dans lesquelles peut être valablement réalisée la vente d'un immeuble ; ou les conditions de validité d'un testament ; ou encore les circonstances susceptibles de mettre à la charge d'une personne l'obligation de réparer le dommage subi par une autre.

Il peut s'agir d'un *fait instantané,* tel un accident par exemple. Mais il s'agira fréquemment d'un état de *fait continu* se prolongeant dans

---

(10) V. sur l'utilisation des techniques des conflits de lois dans l'espace à la solution des conflits de lois dans le temps, P. Level, *Essai sur les conflits de lois dans le temps,* thèse Paris, 1959, préface H. Batiffol. — *Adde :* sur les rapports entre les deux types de conflits : H. Batiffol, *Conflits de lois dans l'espace et conflits de lois dans le temps, Études Ripert,* t. I, p. 292 et s. — P. Louis-Lucas, *Traits distinctifs des conflits de lois dans le temps et des conflits de lois dans l'espace, Mélanges Roubier,* p. 323 et s. — P. Roubier, *Droit transitoire,* p. 8.

(11) V. G. Roujou de Boubée, *La loi nouvelle et le litige, Rev. trim. dr. civ.,* 1968, p. 479 et s. — P. Roubier, *De l'effet des lois nouvelles sur les procès en cours, Mélanges Maury,* t. II, p. 513.

le temps, comme, par exemple, la prescription, ou d'*éléments successifs*
dont le concours est nécessaire à la constitution de la situation juridique,
comme par exemple une promesse unilatérale de vente et la levée ultérieure de l'option.

Lorsque la constitution ou l'extinction de la situation juridique
s'inscrit dans une certaine durée il arrive qu'elle se situe à cheval sous
l'empire de deux lois successives. Il en résulte des difficultés particulières.

Il convient donc de distinguer entre *les situations juridiques entièrement constituées ou éteintes* sous l'empire de la loi ancienne et celles qui
sont *en cours de constitution ou d'extinction* lorsqu'intervient la loi
nouvelle.

§ 1. — LES SITUATIONS JURIDIQUES ENTIÈREMENT CONSTITUÉES OU ÉTEINTES

361. — On peut envisager successivement la *constitution* et l'*extinction*
des situations juridiques.

I. — *La constitution d'une situation juridique.*

362. — **La régularité d'une situation juridique doit être appréciée au
regard de la loi sous l'empire de laquelle elle s'est entièrement constituée.**

Il est admis qu'une loi nouvelle ne peut sans rétroactivité remettre
en question les situations juridiques entièrement constituées avant
son intervention. Plus précisément la régularité et l'efficacité du fait
constitutif ne peuvent dépendre de la loi nouvelle. Elles doivent être
appréciées au regard de la loi en vigueur au moment où ce fait s'est
trouvé entièrement accompli.

En particulier il importe peu qu'un procès soit engagé sous l'empire
d'une loi nouvelle. C'est la loi en vigueur au moment des faits qui doit
être appliquée par le juge. Il n'en est autrement que si l'intervention
du juge est elle-même un élément constitutif de la situation juridique,
de telle sorte que celle-ci soit seulement en cours de constitution, ou
encore, si la loi nouvelle est déclarée expressément applicable aux procès
en cours (1).

Il en résulte que la loi nouvelle ne peut priver d'efficacité un fait qui
avait pu valablement constituer la situation juridique sous l'empire
de la loi ancienne. Réciproquement, elle ne peut rendre efficace un
fait qui n'avait pu valablement faire naître la situation juridique.

---

(1) V. P. ROUBIER, *De l'effet des lois nouvelles sur les procès en cours, Mélanges
Maury,* t. 2, p. 513 et s. — G. ROUJOU DE BOUBÉE, *La loi nouvelle et le litige, Rev.
trim. dr. civ.,* 1968, p. 479 et s.

A. — La loi nouvelle ne peut sans rétroactivité rendre inefficace un fait qui avait constitué valablement une situation juridique sous l'empire de la loi ancienne.

363. — La règle est d'application constante et l'on se bornera à l'illustrer de quelques exemples.

Elle s'applique d'abord aux faits juridiques.

Il est de règle que c'est la loi en vigueur au jour où le dommage a été causé qui détermine les conditions de la responsabilité et l'étendue de la réparation (2). En vertu de ce principe il a été jugé, par exemple, que la réparation d'un dommage résultant d'un accident aérien survenu en 1961 ne pouvait se voir appliquer les dispositions du protocole de La Haye du 28 septembre 1955 qui n'était entré en vigueur que le 1er août 1963 (3). Lorsqu'une disposition législative nouvelle crée une présomption de responsabilité celle-ci ne peut s'appliquer aux faits antérieurs (4). C'est également la loi en vigueur au moment de l'accident qui détermine les droits des caisses de Sécurité sociale à la suite des versements qu'elles ont dû effectuer à cette occasion (5). De même,

---

(2) V. ROUBIER, *Droit transitoire*, n° 42, p. 188. — Cass. soc., 24 décembre 1938, *Gaz. Pal.*, 1939. 1. 371. — Cass. civ., 17 octobre 1939, D. H. 1940, p. 2. — Req., 29 avril 1931, *Gaz. Pal.*, 1931. 2. 153. — Cass. civ., 28 avril 1922, S. 1922. 1. 377. — (11 juillet 1922, D. P. 1923.1.148. — Cass. civ. 2e, 9 juillet 1986, *Bull. civ.*, II, n° 107, p. 75. La loi du 7 janvier 1983 substituant la responsabilité de l'État à celle des communes dans certains cas est inapplicable aux faits antérieurs à son entrée en vigueur, n'étant pas déclarée applicable aux instances en cours. — Le Conseil d'État applique le même principe, v. C. E., 7 février 1986, *Carbonneaux*, J. C. P. II.20718, note J.-Y. PLOUVIN.

(3) Cass. civ. 2e, 18 juillet 1967, *Bull. civ.*, II, n° 266, p. 186, D. 1968, p. 297, note CHAUVEAU. — Cass. civ. 1re, 30 avril 1965, *Bull. civ.*, I, n° 279, p. 206, qui écarte l'application de la loi du 27 février 1958, instituant l'assurance obligatoire pour des véhicules terrestres à moteurs, à l'égard des conséquences d'un accident survenu antérieurement à son entrée en vigueur.

(4) Cette solution a été donnée en particulier pour le décret du 9 août 1953, qui complétant l'article 25 de la loi du 7 mars 1925, avait étendu aux gérants de S. A. R. L. la présomption de responsabilité pour insuffisance d'actif que la loi du 16 novembre 1940 avait antérieurement mise à la charge des seuls présidents et administrateurs de sociétés anonymes : Cass. com., 4 janvier 1960, *Rev. trim. dr. com.*, 1960, p. 894. — 28 mai 1962 et 12 février 1963, *ibid.*, 1963, p. 641, obs. R. HOUIN et réf. citées. — *Adde* : sur l'application de l'article 99 de la loi du 13 juillet 1967 permettant de mettre à la charge des dirigeants tout ou partie du passif d'une société : R. HOUIN, *Rev. trim. dr. com.*, 1972, p. 460, n° 1. — Cass. com., 18 juin 1974, *Bull. civ.*, IV, p. 158, n° 197. — 11 décembre 1973, *Bull. civ.*, IV, p. 320, n° 360.

(5) V. Cass. soc., 7 février 1974, *Bull. civ.*, V, n° 102, p. 97, pour la loi du 31 juillet 1968 modifiant l'article L. 160 du Code de la Sécurité sociale en ce qui concerne l'étendue du droit à remboursement des prestations institué au profit des caisses et l'importance de la sanction civile infligée aux employeurs défaillants. — V. dans

c'est la loi en vigueur au moment du transfert de propriété donnant
naissance au droit à indemnisation du propriétaire exproprié qui fixe
l'indemnité due par l'Administration (6). De même encore les agissements volontaires ne sont susceptibles de faire naître une obligation
légale que s'ils ont été accomplis sous l'empire de la loi qui a imposé
celle-ci (7).

Une loi entrée en vigueur postérieurement à l'ouverture d'une succession ne peut porter atteinte à la situation créée par celle-ci. Il en
est ainsi pour les droits des héritiers *ab intestat* (8). De même il a été
jugé que le droit donné aux caisses d'assurance vieillesse de recouvrer
les arrérages des pensions de vieillesse lorsque la succession du bénéficiaire révélait un actif supérieur à un certain montant était soumis à la
loi en vigueur lors de l'ouverture de cette succession (9).

364. — La règle s'applique également aux actes juridiques.

« Une loi nouvelle ne peut, à moins d'une disposition formelle, porter
atteinte aux droits résultant d'actes régulièrement accomplis sous

---

le même sens, Cass. soc., 29 juin 1966, *Bull. civ.*, n° 654, p. 544 pour les accidents
du travail agricole. — *Adde :* dans le même sens pour les victimes d'accidents du
travail, 9 juillet 1959, J. C. P. 1959. II. 11304. — Cass. civ., 26 janvier 1933, *Gaz.
Pal.*, 1933. 1. 724. — Cass. soc., 21 juin 1938, D. H. 1938, p. 514.

(6) Cass. 3ᵉ, 19 février 1974, *Bull. civ.*, III, n° 80, p. 61 ; Cf. cependant Cass. civ. 1ʳᵉ,
16 novembre 1960, *Bull. civ.*, I, n° 500, p. 408, qui paraît bien admettre la solution
contraire au motif ambigu que « les conséquences d'un fait intervenu sous une loi
tombent sous l'application de la loi nouvelle quand elles ne constituent qu'une
suite possible et indirecte de ce fait ».

(7) V., par ex., pour la naissance d'une créance Cass. soc., 14 novembre 1963,
Bull. civ., n° 778, p. 647, pour l'article 847 du Code rural prévoyant l'indemnisation
due au preneur qui a apporté des améliorations à l'exploitation. — Pour la naissance
d'une dette, Cass. civ. 1ʳᵉ, 18 juillet 1967, *Bull. civ.*, I, n° 280, p. 200, qui censure
une décision qui s'était fondée sur l'article 658 du Code civil modifiée par la loi
du 17 mai 1960 pour mettre à la charge du propriétaire, ayant surélevé son immeuble
antérieurement à l'entrée en vigueur de la loi, les travaux de rehaussement des
cheminées de l'immeuble voisin.

(8) V. P. Roubier, *Droit transitoire*, p. 186 et 187. — Aubry et Rau, t. I, par
Ponsard, p. 160. — Cass. civ. 1ʳᵉ, 7 mars 1979, *Bull. civ.*, I, n° 87, p. 72, pour l'application de l'article 337 ancien du Code civil aux successions ouvertes avant l'entrée
en vigueur de la loi du 31 décembre 1970. — Orléans, 13 janvier 1977, D. 1978, note
A. Breton, pour la loi du 13 juillet 1963 élargissant la quotité disponible entre époux
inapplicable à une succession ouverte antérieurement. — V. pour une succession
liquidée en exécution d'une donation-partage antérieurement à la loi du 3 juillet 1971,
Cass. civ. 1ʳᵉ, 9 octobre 1979, *Bull. civ.*, I, n° 235, p. 188. — Mais Cass. civ. 1ʳᵉ, 21 mars
1979, *Bull. civ.*, I, n° 100, p. 81, qui, pour une donation-partage antérieure et une
ouverture de succession postérieure, admet l'application de la loi nouvelle.

(9) V. Civ. 2ᵉ, 4 mai 1962, *Bull. civ.*, II, n° 406, p. 289, pour une succession
ouverte avant la loi du 30 juin 1956 portant de un à deux millions de francs anciens
le montant de l'actif successoral à partir duquel la Caisse pouvait exercer un recours.

l'empire de la législation antérieure, alors en vigueur » (10), quand bien même serait-elle d'ordre public » (10-1).

En particulier une loi nouvelle ne pourrait sans rétroactivité justifier l'annulation d'un contrat régulièrement conclu sous l'empire de la législation en vigueur à ce moment (11). C'est ainsi que la nullité édictée par la loi du 19 décembre 1963 à l'encontre des promesses unilatérales de vente immobilière non constatées dans un acte authentique ou non enregistrées dans le délai de dix jours ne peut s'appliquer à une promesse antérieure à la promulgation de cette loi (12).

---

(10) Cass. com., 3 mai 1960, *Bull. civ.*, III, n° 156, p. 143, pour une demande en reprise pour habiter, d'un local à usage commercial, antérieure au décret du 30 septembre 1953. — V., dans le même sens, Cass. civ. 2ᵉ, 21 novembre 1979, *Bull. civ.*, II, p. 187, pour la nullité sanctionnant, selon l'article 678 du nouveau Code de procédure civile, la signification à partir d'un jugement non précédée d'une notification à avocat. — Cass. civ. 1ʳᵉ, 9 janvier 1980, D. 1980, p. 293, note A. BRETON ; J. C. P. 1980. II. 19420, note PATARIN, qui juge « qu'en déclarant la loi du 31 décembre 1976 applicable aux indivisions existant au jour de son entrée en vigueur, l'article 19 de cette loi n'a pu avoir pour effet de lui conférer un caractère rétroactif permettant, par l'application des dispositions nouvelles qu'elle contient, de porter atteinte à des droits acquis résultant d'actes régulièrement passés entre un ou plusieurs indivisaires et des personnes étrangères à l'indivision, sous l'empire de la législation antérieure qui n'accordait aux autres indivisaires, fussent-ils héritiers réservataires, aucun droit et préemption ou même de retrait en cas de cession de droits indivis dans un bien, dépendant d'une indivision plus étendue ». — Cass. Ch. réunies, 30 janvier 1932, D. P. 1932. 1. 18, rapport PILON pour un congé-préavis à fin de reprise pour surélever de reconstruire, antérieur à l'entrée en vigueur de la loi du 29 juin 1929. — Cass. soc., 10 juillet 1962, J. C. P. 1962. II. 12951, note R. D. — 17 décembre 1963, D. 1964, p. 373, 1ʳᵉ espèce, note ESMEIN ; J. C. P. 1964. II. 13527, note R. D., *Rev. trim. dr. civ.*, 1964, p. 359, obs. HÉBRAUD. — *Adde :* Cass. soc., 18 avril 1964, J. C. P. 1964. II.13715, note R. D. — Cass. civ. 3ᵉ, 23 avril 1986, *Bull. civ.*, III, n° 48, p. 38. La validité d'un congé, quant à sa forme et à son contenu, doit être appréciée en considération de la loi applicable à la date à laquelle il a été délivré, et non au regard d'une loi ultérieure. — Cass. civ. 1ʳᵉ, 20 janvier 1987, *Bull. civ.*, I, n° 14, p. 10, refusant l'application de la loi nouvelle en matière d'assurances cumulatives à un accident survenu antérieurement à la réforme, motif pris que la loi n'a pas d'effet rétroactif. — V. dans le même sens, Cass. civ. 1ʳᵉ, 29 janvier 1985, *Bull. civ.*, I, n° 37, p. 35.

(10-1) Cass. com., 11 octobre 1988, *Bull. civ.*, IV, n° 274 , p. 187; D. 1988, *Inf. rap.*, p. 247.

(11) V. ROUBIER, p. 190, n° 42.

(12) Cass. civ. 3ᵉ, 7 novembre 1968, J. C. P. 1969. II. 15771, note P. L., *Bull. civ.*, III, n° 444, p. 338 : « la loi nouvelle ne s'applique pas, sauf rétroactivité expressément stipulée par le législateur, aux conditions de l'acte juridique, conclu antérieurement ». — V., dans le même sens, pour la loi du 6 avril 1910 imposant des formalités plus contraignantes au père administrateur légal des biens de ses enfants, Nancy, 23 janvier 1912 et Req., 9 février 1914, D. P. 1916. 1. 26 ; S. 1918-1919. 1. 84. — Pour la loi du 3 janvier 1968 instituant au profit des majeurs la protection sous sauvegarde de justice, Cass. civ. 1ʳᵉ, 17 juillet 1979, *Chambert c. Sasmayou*, écartant l'application de ce texte, et la rescision pour lésion simple, à un acte passé en 1961.

De même une loi nouvelle ne pourrait sans rétroactivité imposer une obligation à un employeur à l'occasion de la dénonciation d'une convention collective alors qu'à l'époque de la dénonciation l'employeur avait respecté la réglementation en vigueur (12-1).

364-1. — Diverses autres situations.

Le 28 avril 1986, la première Chambre civile de la Cour de cassation a jugé que « si, en général, les règles gouvernant les modes de preuve sont celles en vigueur au jour où le juge statue, il en est autrement en ce qui concerne les preuves préconstituées, qui sont soumises aux règles en vigueur au jour de l'acte qu'il s'agit de prouver » (12-2).

Une règle contraire ne pourrait avoir pour effet que de porter atteinte aux droits régulièrement constitués. La solution retenue n'est que le prolongement logique de la règle plus générale.

De même, les règles relatives à la charge de la preuve ne constituent pas des règles de procédure, applicables aux instances en cours, mais touchent le fond du droit, en sorte que les règles de la charge de la preuve applicables sont celles en vigueur au jour de l'introduction de l'instance (12-3).

En faveur des justiciables, il a été jugé que le bénéfice d'un recours demeure acquis à la personne qui en a saisi la juridiction compétente avant l'entrée en vigueur de la loi qui le supprime, même si la loi est d'application immédiate et promulguée avant qu'il ne soit statué sur le recours (12-4).

B. — La loi nouvelle ne peut sans rétroactivité rendre efficace un fait ou un acte juridique qui n'avait pu constituer valablement une situation juridique sous l'empire de la loi ancienne.

365. — La jurisprudence est bien fixée en ce sens. Un acte, qui n'était pas valable sous l'empire des dispositions en vigueur au moment de sa formation, ne peut être ultérieurement validé par la seule intervention d'une loi nouvelle supprimant l'interdiction qui avait été transgressée (13).

(12-1) Cass. soc., 20 octobre 1988, *Bull. civ.*, V, n° 539, p. 347.
(12-2) *Bull. civ.*, I, n° 106, p. 108.
(12-3) Cass. com., 7 novembre 1989, *Bull. civ.*, IV, n° 281, p. 191.
(12-4) Cass. crim., 24 octobre 1988, D. 1988, *Inf. rap.*, p. 293.
(13) V., en ce sens, Cass. civ., 2 mars 1959, *Bull. civ.*, I, n° 124, p. 105 : la loi du 18 février 1938, donnant à la femme mariée sa pleine capacité juridique, avait cependant laissé subsister les dispositions de l'article 1538 ancien du Code civil lui imposant d'obtenir pour l'aliénation de ses immeubles l'autorisation spéciale

Il y a cependant de sérieuses raisons qui plaident en faveur d'une telle validation. D'une façon générale il peut sembler inopportun d'annuler un acte pour contradiction avec une règle d'ordre public qui a disparu. Si l'intérêt général n'exige plus cette contrainte, l'annulation ne perd-elle pas sa raison d'être ? (14). Il est vrai que l'acte considéré était illicite au moment de sa formation. Sa validation ne résulte même pas d'un repentir actif des parties. Elle est le fruit du hasard. Le respect dû à la loi, en elle-même et indépendamment du but recherché, n'exige-t-il pas une sanction de l'illicéité ? L'hésitation est permise (15).

Cette validation des actes nuls par l'effet de la loi nouvelle a surtout été réclamée dans le domaine de l'ordre public économique. Le but de celui-ci est d'encadrer le présent. Il se soucie peu du passé. Au surplus la législation dirigiste abrogée consiste souvent en un règlement, un arrêté, voire un simple « avis », comme en matière de réglementation des prix, des changes, du commerce extérieur ou intérieur, du crédit... On a fait valoir que la méconnaissance d'une telle législation de « seconde

---

de son mari, ou à défaut une autorisation de justice. La loi du 22 septembre 1942 est venue supprimer cette obligation. Dans l'espèce soumise à la Cour de cassation, il s'agissait de savoir si la vente d'un immeuble, réalisée par la femme mariée, sans l'autorisation de son mari, antérieurement à la loi du 22 septembre 1942, était valable. Les juges d'appel avaient admis cette validité. Leur décision a été censurée par la Cour de cassation, qui a observé : « que si, depuis la loi du 22 septembre 1942, la femme séparée de bien peut aliéner librement ses immeubles, l'autorisation du mari est restée nécessaire pour les actes passés antérieurement à l'entrée en vigueur de ladite loi et que cette circonstance permettait en l'espèce au mari d'invoquer encore actuellement la nullité de l'acte litigieux, la loi ne pouvant en l'absence de dispositions spéciales à cet égard, recevoir d'effet rétroactif ». La même solution est affirmée dans un arrêt de la Cour de cassation, Chambre civile, du 29 avril 1960, D. 1960, p. 429, note HOLLEAUX ; Bull. civ., I, p. 178, nº 218. Il était reproché aux juges d'appel d'avoir fait application des articles anciens du Code civil, art. 331 (dans la rédaction de la loi du 25 avril 1924) et 335 ; et d'avoir ainsi déclaré nulle une reconnaissance et une légitimation d'un enfant adultérin du mari, en refusant de tenir compte de la loi du 5 juillet 1956, qui, modifiant l'article 331 du Code civil, permettait désormais une telle légitimation, même en présence d'enfants légitimes. Reconnaissance et légitimation contestées étaient antérieures à la promulgation de la loi du 5 juillet 1956. C'est pourquoi la Cour de cassation a confirmé la nullité de ces actes. De même, la 3ᵉ Chambre civile de la Cour de cassation, dans un arrêt du 7 octobre 1980, J. C. P. 1980, IV, p. 417, admet l'annulation de la vente d'un immeuble en application de l'ancien article R. 214-2 du Code de l'urbanisme, qui, dans le cas de vente d'un immeuble situé dans une zone d'aménagement différé en violation des prérogatives du bénéficiaire du droit de préemption autorisait ce dernier à demander la constatation de la nullité de l'acte, bien que cette faculté ait été abrogée par un décret du 24 mars 1976. Les conditions de validité du contrat et les conséquences de sa nullité restaient régies par la loi en vigueur lors de sa conclusion. — V., dans le même sens, Cass. civ., 25 mars 1918, S. 1920. 1. 9, note NAQUET pour la loi du 7 novembre 1907 et la légitimation des enfants adultérins. — Adde : Cass. civ. 1ʳᵉ, 22 juillet 1986, Bull. civ., I, nº 224, p. 213. Il s'agissait d'apprécier la validité d'une clause léonine insérée dans un contrat conclu avant l'entrée en vigueur de la loi du 4 janvier 1978. La difficulté provenait ici du fait de l'interférence avec le droit transitoire applicable aux sociétés.

(14) V. FARJAT, L'ordre public économique, thèse Dijon 1963, p. 441, nº 551.

(15) V. contre ce respect de la loi ancienne, JAPIOT, Des nullités en matière d'actes juridiques, thèse Dijon 1909, p. 318.

zone » (16) ne pouvait constituer une faute suffisamment grave pour faire renaître, afin d'annuler le contrat, une loi abrogée (17).

Sur le plan pratique la validation atténuerait de façon heureuse les effets néfastes de la mobilité de l'ordre public économique (18). Bien plus, elle permettrait d'écarter certaines solutions incontestablement fâcheuses. Lorsqu'à la suite d'une modification de la taxation, le prix, illicite à l'origine, n'est plus supérieur à la taxe, la nullité permet au vendeur de conclure un nouveau contrat, qui risque d'être plus avantageux. Le but d'ordre public poursuivi n'y gagnera rien tandis que le principal coupable de l'illicéité d'origine en tirera profit.

La multiplication des règles d'ordre public rend d'ailleurs souhaitable une raréfaction des annulations. Il en est d'autant plus ainsi que l'ordre public économique ne vise pas à limiter l'activité contractuelle ; mais seulement à la diriger (19). Le particularisme de cet ordre public pourrait ainsi conduire à un assouplissement du régime des nullités, conduisant en particulier à admettre la validation automatique en cas de modification législative.

Cette validation automatique se heurte cependant à une objection sérieuse. Peut-on affirmer que toute modification législative fait perdre sa raison d'être à la règle abrogée ? Souvent, celle-ci conserve toute sa valeur pour la période pendant laquelle elle fut en vigueur. Le législateur peut, par exemple, interdire toute transaction sur l'or pendant un mois afin de faciliter une réorganisation monétaire. Qu'il fixe immédiatement ce délai ou qu'il supprime l'interdiction au bout d'un mois, la solution ne paraît pas pouvoir être différente. Or dans les deux cas la validation automatique des transactions conclues durant cette période irait directement à l'encontre de la volonté du législateur.

Il faut donc laisser aux tribunaux un pouvoir d'appréciation afin qu'ils puissent déterminer si la modification législative a réellement ôté sa raison d'être à la contrainte abrogée. Or il est permis de penser que cela ne se rencontrera qu'exceptionnellement. La taxation, par exemple, vise à interdire le dépassement d'un certain prix pour une période donnée, correspondant à l'état du marché à ce moment. L'élévation de la taxe, et même sa suppression, ne signifie nullement que, dans la période considérée, la taxation antérieure n'avait pas été nécessaire et que soit justifiée la validation des effets de droit réalisés au cours de cette période.

Il y aura dans tous les cas à rechercher si la validation n'est pas contraire à la volonté du législateur.

Parfois celui-ci précise sa volonté. C'est ainsi que l'ordonnance du 2 novembre 1945, qui annulait la loi du 16 novembre 1940 exigeant une autorisation administrative des mutations immobilières, réservait « les effets résultant dans le passé de l'application dudit texte ». Inversement selon l'article 2 de l'ordonnance du 19 décembre 1958, sur les sociétés entre époux, « à dater de la mise en vigueur de la présente ordonnance, aucune nullité fondée sur la présence simultanée de deux époux ne pourra être prononcée si les conditions prévues à l'alinéa 2 de l'article 1841 C. civ.

---

(16) FARJAT, thèse précitée, p. 439. — Adde : CARBONNIER, note sous Cass. crim., 3 juillet 1947, J. C. P. 1948. II. 4474, qui place « au-dessous du droit positif, le droit artificiel ».

(17) V. FARJAT, thèse citée, p. 439, n° 549. — MAGDI SOBHY KHALIL, Le dirigisme économique et les contrats, thèse Paris, 1967, p. 315, n° 495.

(18) V. FARJAT, ibid.

(19) V. FARJAT, précité, p. 442, n° 552 et p. 440, n° 550. — RIPERT, L'ordre économique et la liberté contractuelle, Mélanges Gény, n° 6.

se trouvent réunies » (20). Ici le législateur a entendu expressément donner à la loi nouvelle un effet « validant » (21).

Cependant de telles précisions sont exceptionnelles. Il faudra le plus souvent interpréter la loi nouvelle pour déterminer si la validation est ou non conforme à la volonté du législateur. Une telle recherche est hasardeuse. C'est ce qui explique sans doute que la jurisprudence ne montre guère d'exemple d'une telle validation. Une telle recherche se heurte en outre au principe d'interprétation de l'article 2 du Code civil qui s'impose au juge (22). Ce qui suffit, semble-t-il à écarter toute validation automatique par la simple suppression de l'interdiction antérieure (23).

Il est également de règle que la création d'un droit nouveau par une loi nouvelle ne peut s'appliquer à des faits antérieurs à son entrée en vigueur sans violer le principe de non-rétroactivité (24).

II. — L'extinction d'une situation juridique.

366. — La loi nouvelle ne peut, sans rétroactivité, faire revivre une situation juridique qui a disparu (25).

C'est ainsi, par exemple, qu'une loi modifiant le délai de prescription

---

(20) Art. 20, loi 13 juillet 1965.

(21) V. Vasseur, *Rev. trim. dr. com.*, 1959, p. 835 et s. qui qualifie cet effet de confirmatif. — *Adde :* Cass. civ. 1re, 17 octobre 1978, *Bull. civ.*, I, no 303, p. 234, qui, par application de l'article 12, alinéa 2, de la loi du 3 janvier 1972, admet la validation de la reconnaissance d'un enfant adultérin.

(22) V., en ce sens, G. Couturier, *La confirmation des actes nuls*, thèse Paris, 1972, L. G. D. J., préface J. Flour, p. 142 et s., nos 178 et s.

(23) On a observé, il est vrai qu'il y aurait lieu de faire jouer en matière d'ordre public économique la notion de rétroactivité de la loi plus douce, transposée du droit pénal (V. Farjat, thèse précitée, p. 439, no 549. — Khalil, thèse précitée, p. 312, no 492). Mais n'est-il pas alors paradoxal de voir que, justement, cette rétroactivité est écartée quant aux sanctions pénales qui accompagnent la nullité. En effet, la validation du contrat en vertu d'une loi nouvelle, lorsqu'elle est admise par le législateur, n'empêche pas l'application des sanctions pénales prévues par la loi ancienne (V. Hémard, *Les sanctions pénales en droit privé*, in *Trav. et Mémoires de l'Univ. de Lille*, 1946, p. 64, no 50). La solution est constante quant aux nullités des sociétés (V. Escarra et Rault, *Les Sociétés commerciales*, t. II, p. 289) et quant aux taxations (V. Cass. civ., 21 octobre 1943, D. A. 1944. 12. — 21 janvier 1944, S. 1944. 1. 165. — 15 juin 1944, D. C. 1944. 117, note Jeantet. — Cass. crim. 11 mai 1948, J. C. P. 1948. II. 4433, obs. Vienne. — *Adde :* Khalil, thèse précitée, p. 315-316, no 495. — Farjat, thèse précitée, p. 441, no 552). Certes la justification de la rétroactivité de la loi pénale plus douce est différente, ce qui peut justifier des solutions contraires (v., en ce sens, Khalil, thèse précitée, p. 316, no 496). Mais cette observation suffit à montrer que cette rétroactivité n'est guère transposable en matière civile.

(24) Cass. soc., 11 octobre 1979, 2 arrêts, *Bull. civ.*, V, p. 533, pour les dispositions de la loi du 6 décembre 1976 relatives à l'indemnisation du préjudice moral en cas de faute inexcusable de l'employeur. — *Adde :* sur le même sujet Cass. soc., 16 mai 1979, *Bull. civ.*, V, p. 304. — 8 novembre 1979, *Bull. civ.*, V, p. 617. — 2 mai 1979, *Bull. civ.*, V, no 370, p. 269. — 1er mars 1979, *Bull. civ.*, V, no 196, p. 139. — 15 février 1978, *Bull. civ.*, V, no 110, p. 81.

(25) V. Roubier, *Droit transitoire*, p. 197 et s. et la jurisprudence citée.

d'une action ou d'un droit ne peut être appliquée à un délai déjà entièrement écoulé (26). De même, les dispositions de la loi du 7 mars 1957, substituant pour les représentants de commerce l'exigence d'une faute grave à la simple faute justifiant la privation de l'indemnité de clientèle, ne sont pas applicables à un contrat de représentation expiré à la date d'entrée en vigueur de cette loi (27).

Il est d'autant plus normal de soumettre aux mêmes principes l'extinction et la création d'une situation juridique qu'il s'agit dans les deux cas d'une modification de l'ordre juridique, et que l'extinction d'une situation se traduit par la création d'une situation nouvelle (28).

La Cour de cassation a confirmé cette solution de principe (28-1)· Elle a aussi précisé la portée de la règle en décidant qu'un jugement ne confère aucun droit acquis à l'encontre des parties qui le remettent en cause devant la juridiction d'appel, de sorte qu'il n'y a pas alors de situation juridique définitivement consacrée (28-2).

§ 2. — LES SITUATIONS JURIDIQUES EN COURS DE CONSTITUTION OU D'EXTINCTION

367. — La loi nouvelle régit la constitution de la situation juridique, mais la période ou les éléments antérieurs gardent la valeur propre que leur reconnaissait la loi ancienne.

La difficulté vient de ce que la constitution de la situation juridique implique une certaine durée, soit qu'il s'agisse d'un fait continu, comme par exemple la prescription, soit qu'il s'agisse de la réunion d'éléments successifs, comme par exemple la promesse unilatérale de vente et la levée de l'option.

---

(26) V., en ce sens, Cass. soc., 5 janvier 1962, *Bull. civ.*, n° 9, p. 7, qui déclare les dispositions du décret du 9 mars 1959, portant de un à deux ans le délai de prescription en matière d'accident du travail agricole, inapplicable à une action engagée plus d'un an après l'accident et déjà prescrite au moment de l'entrée en vigueur du décret. — 4 octobre 1962, *Bull. civ.*, n° 683, p. 564, qui écarte, à l'égard d'une action déjà prescrite, la suspension de la prescription en raison de la minorité de la victime que les juges du fond avaient cru pouvoir fonder sur les dispositions du même décret soumettant au régime du droit commun la prescription de l'action en réparation des accidents du travail agricole.

(27) Cass. soc., 5 juillet 1967, *Bull. civ.*, n° 567, p. 479. — *Adde* : Cass. civ. 3e, 14 novembre 1979, *époux Borel c. Ivaldy*. — 3 avril 1979, *Carrier c. Chassang*.

(28) V. P. ROUBIER, *Droit transitoire*, p. 197, n° 43. — P. LEVEL, *Essai sur les conflits de lois dans le temps*, thèse Paris, 1959, p. 183, n° 104.

(28-1) V. Cass. soc., 29 juin 1983, *Bull. civ.*, V, n° 373, p. 265. — Cass. civ. 3e, 7 octobre 1987, *Bull. civ.*, III, n° 167, p. 97.

(28-2) Cass. civ. 3e, 7 octobre 1987, *Bull. civ.*, III, n° 168, p. 98.

Si une loi nouvelle intervient avant la constitution complète de la situation juridique, faut-il lui donner effet rétroactif et lui soumettre la période ou les éléments antérieurs, ou convient-il au contraire de faire survivre la loi ancienne jusqu'à ce que la situation soit entièrement constituée ? Le principe d'effet immédiat conduit à écarter ces deux solutions. A compter de la loi nouvelle c'est celle-ci qui régit les conditions de constitution de la situation juridique. Mais la période ou les éléments antérieurs gardent la valeur propre que leur reconnaissait la loi ancienne (29).

Le délai de prescription donne un bon exemple de l'application de ce principe. Selon l'article 2281 « les prescriptions commencées à l'époque de la publication du présent titre seront réglées conformément aux lois anciennes ». Cette survie de la loi ancienne, d'abord admise comme règle générale, a été considérée ensuite comme une simple règle de circonstances (30). L'incidence de la loi nouvelle a alors été déterminée conformément au principe de l'effet immédiat. « Lorsque la loi réduit la durée d'une prescription, la prescription réduite commence à courir, sauf disposition contraire, du jour de l'entrée en vigueur de la loi nouvelle, sans que la durée totale puisse excéder le délai prévu par la loi antérieure » (31). Ainsi le délai abrégé entre immédiatement en vigueur à compter de la loi nouvelle. Mais le délai antérieurement écoulé garde la valeur propre que lui reconnaissait la loi antérieure dans le cadre de la prescription plus longue qu'elle exigeait. Réciproquement, si le délai est allongé la prescription ne sera accomplie qu'à l'expiration du délai nouveau ; mais en tenant compte du temps déjà écoulé (32).

Ces solutions sont transposables à tous les conflits de lois dans le

---

(29) V. pour la mise en œuvre approfondie de ce principe, ROUBIER, *Droit transitoire*, p. 293 et s., nos 63 et s.

(30) V. RIPERT et BOULANGER, t. I, p. 131, no 291. — AUBRY et RAU, précités, p. 162, no 96, § 30. — ROUBIER, *Droit transitoire*, p. 297, no 64.

(31) Cass. civ. 1re, 28 novembre 1973, J. C. P. 1974. IV, p. 122, no 6400, note J. A. — V., dans le même sens, Cass. civ. 1re, 12 juillet 1972, D. 1973, p. 361, note P. CHAUVEAU. — Cass. civ. 2e, 13 novembre 1968, *Bull. civ.*, II, no 724, p. 539. — Cass. soc., 1er décembre 1961, *Bull. civ.*, no 990, p. 787. — 12 juin 1980, *Bull. civ.*, V, no 520, p. 391. — 22 mai 1979, *Bull. civ.*, V, no 439, p. 319. — Cf. Cass. soc., 3 mars 1978, *Bull. civ.*, V, no 158, p. 119, qui observe que la prescription trentenaire n'ayant pas été acquise à la date d'entrée en vigueur de la loi du 16 juillet 1971 le salarié bénéficiait du nouveau délai de cinq ans prévu par cette loi. — Trib. gr. Inst. Lyon, 1re ch., 20 janvier 1971, J. C. P. 1971. IV, p. 294. — Paris, 3e ch., 30 juin 1970, J. C. P. 1971. IV, p. 244.

(32) V., en ce sens, Cass. crim., 16 mai 1931, *Gaz. Pal.*, 1931. 2. 178. — Cass. soc., 5 janvier 1978, *Bull. civ.*, V, no 26, p. 18, selon lequel la prescription de cinq ans, instituée par la loi du 16 juillet 1971, n'avait « commencé à courir qu'à compter de sa publication ».

temps relatifs à des délais (33). On peut observer qu'elles ne sont pas déduites d'un raisonnement abstrait, mais d'une appréciation des intérêts en présence et de la volonté du législateur. Il en résulte souvent des solutions nuancées et parfois assez empiriques, qu'il est difficile de rattacher très nettement au principe de l'effet immédiat (34).

Les mêmes principes sont appliqués lorsque ce sont plusieurs éléments qui doivent se conjuguer pour constituer entièrement la situation juridique.

C'est ainsi, par exemple, qu'un contrat ne devient opposable aux tiers que s'il acquiert date certaine, en principe par son enregistrement, s'il s'agit d'un acte sous-seings privés. Si une loi nouvelle intervient entre la formation du contrat et son enregistrement, elle ne pourra être invoquée que par les tiers et non par les parties (35). C'est la loi en vigueur lors de la formation du contrat qui détermine la qualité des parties ou des tiers (36).

Parmi les éléments nécessaires à la constitution d'une situation juridique peut figurer l'intervention du juge (37). Il en est ainsi, par exemple, en matière d'adoption. La nature de cette intervention judiciaire et la

---

(33) V., en ce sens, Roubier, *Droit transitoire*, p. 297, n° 64. — V., par ex., Cass. Ch. Expr., 13 mars 1967, *Bull. civ.*, V, n° 28, p. 20, qui refuse de faire partir de l'ordonnance d'expropriation le délai réduit par la loi du 2 août 1960 de 10 à 5 ans dans lequel l'administration expropriante devait donner au bien exproprié la destination prévue.

(34) C'est ainsi, par exemple, que la Chambre sociale de la Cour de cassation a jugé, dans un arrêt du 29 octobre 1963 (*Bull. civ.*, IV, n° 751, p. 624) que les ressortissants italiens, autorisés depuis l'entrée en vigueur, le 16 janvier 1958, de la convention franco-italienne de 1951 à se prévaloir du droit de reprise pour habiter, pouvaient faire état de leur acquisition antérieure à cette date comme point de départ du délai de quatre ans exigé par la loi pour l'exercice du droit de reprise. Elle a justifié cette solution en observant que la loi nouvelle pouvait « modifier les effets futurs des faits, actes ou situations... antérieurs à sa promulgation ». Mais il s'agissait plutôt d'un mode d'acquisition d'un droit. La solution paraît justifiée en fait par le retard de 7 ans avec lequel la convention de 1951 avait été ratifiée.

(35) V., en ce sens, Cass. soc., 21 décembre 1965, *Bull. civ.*, IV, n° 970, p. 828.

(36) V., par ex., Cass. civ. 1re, 26 mars 1974, *Bull. civ.*, I, n° 97, p. 82, qui refuse d'appliquer la loi du 13 juillet 1965, portant réforme des régimes matrimoniaux, entrée en vigueur le 1er janvier 1966, à des conventions du 29 janvier 1966, mais enregistrées ultérieurement. La 1re chambre civile admet que le mari avait régulièrement représenté sa femme en vertu des dispositions légales alors en vigueur et qu'ainsi cette dernière n'étant pas un tiers ne pouvait se prévaloir du défaut de date certaine de l'acte avant le 1er février 1966. Logiquement c'est la loi en vigueur au moment des faits qui détermine leur efficacité, et en particulier, en l'espèce, le point de savoir si la femme devait être tenue pour une partie ou un tiers.

(37) V. Roujou de Boubée, *La loi nouvelle et le litige*, *Rev. trim. dr. civ.*, 1968, p. 479 et s.

détermination exacte du moment où la situation est entièrement constituée peuvent alors donner lieu à des difficultés particulières (38).

S'agissant des lois de procédure, ce sont des principes identiques qui s'appliquent.

La loi nouvelle, lorsqu'elle touche à la forme et à la procédure est immédiatement applicable aux instances en cours, mais la validité des actes régulièrement accomplis antérieurement ne peut être remise en cause (38-1). La Cour de cassation interprète restrictivement la notion de loi de procédure. Aussi a-t-elle jugé que la loi du 5 juillet 1985, modifiant l'article 2244 du Code civil, en ce qu'elle concerne les causes interruptives de prescription, n'est pas une loi de procédure (38-2).

Sous-section 2. — Les effets des situations juridiques.

368. — Selon le principe de l'effet immédiat de la loi nouvelle les effets d'une situation juridique sont déterminés normalement par la loi en vigueur au moment où ils se produisent.

La règle s'applique sans difficultés aux effets qui se produisent de façon instantanée. C'est ainsi, par exemple, que les droits susceptibles d'être transmis par une cession sont déterminés par la loi en vigueur au moment de cette cession (1).

Les difficultés apparaissent lorsque, comme c'est très fréquemment

---

(38) V., par ex., en matière d'adoption, Paris, 1er juillet 1963, D. 1964, p. 643, note J. Ghestin et Poitiers, 3 juillet 1963, D. 1964. 151, J. C. P. 1963. II. 13308 ; *Gaz. Pal.*, 1963. 2. 374 ; *Rev. trim. dr. civ.*, 1963., p. 709, obs. Desbois. Ces deux arrêts rendus dans la même affaire se prononcent en sens opposé sur l'application de la loi du 1er mars 1963 afin de mieux justifier des solutions favorables ou défavorables aux parents adoptifs.

(38-1) V. J. Normand, *L'application dans le temps des lois de droit judiciaire privé au cours de la dernière décennie*, *Mélanges Raynaud*, 1985, p. 555 et s.

(38-2) Cass. civ. 3e, 7 décembre 1988, *Bull. civ.*, I, no 174, p. 95.

(1) V. Cass. civ. 3e, 9 octobre 1970, *Bull. civ.*, III, no 506, p. 369, qui écarte l'application de l'article 79 de la loi du 1er septembre 1948, aux termes duquel l'échange comporte de plein droit transfert des droits et obligations de chaque coéchangiste à l'égard du propriétaire originaire, parce que cette disposition, « ajoutée par l'ordonnance du 27 décembre 1958 ne pouvait régir les effets d'une convention d'échange remontant à 1951 ». De même l'article II de la loi du 5 août 1960, complétant le 2e alinéa de l'article 811 du Code rural, et disposant que la faculté de reprise triennale n'est pas transmissible lors d'une cession à titre onéreux par le bailleur du fonds, ne concerne pas, faute d'effet rétroactif, les cessions intervenues antérieurement et ayant déjà transmis cette faculté à l'acquéreur : Soc., 28 février 1963, *Bull. civ.*, no 204, p. 166. — 10 octobre 1963, *Bull. civ.*, no 618, p. 564. — 7 novembre 1963, *Bull. civ.*, no 757, p. 632. — 4 janvier 1964, *Bull. civ.*, no 12, p. 10.

le cas, les effets d'une situation juridique se prolongent dans le temps. Il faut alors distinguer entre les effets passés, réalisés antérieurement à la loi nouvelle, et les effets futurs, postérieurs à celle-ci.

Quant aux effets passés la règle est simple : ils ne peuvent, sans rétro-activité, être affectés par la loi nouvelle.

La règle s'applique en particulier aux contrats à exécution successive. C'est ainsi, par exemple, « qu'à défaut d'une disposition expresse donnant un effet rétroactif à l'ordonnance du 30 décembre 1958, alors applicable, celle-ci, en décidant que les indexations dans les conventions cesseraient de recevoir application, n'a pu porter atteinte aux effets produits par les indexations avant sa publication » de telle sorte que les sommes produites par le jeu de l'indice de base antérieurement à la loi nouvelle restent dues (2). De même, lorsqu'à défaut de congé délivré dix-huit mois au moins avant l'expiration du bail, celui-ci s'est trouvé renouvelé pour une durée de neuf ans, le bailleur ne peut se prévaloir des conditions nouvelles de ce renouvellement ajoutées postérieurement par la loi du 30 décembre 1963 (3). De même encore, « si l'action directe instituée par la loi du 31 décembre 1975 » contre le maître de l'ouvrage « est ouverte aux sous-traitants dès la date d'entrée en vigueur de la loi, il n'en est pas de même lorsqu'un jugement a antérieurement prononcé le règlement judiciaire de l'entrepreneur principal, et a créé une situation juridique définitivement réalisée avant cette date » car « une loi nouvelle ne saurait, sans rétroactivité, régir les effets des situations juridiques définitivement réalisés avant son entrée en vigueur » (4).

Quant aux effets futurs ils sont en principe soumis à la loi nouvelle. Mais le principe de l'effet immédiat est parfois écarté au profit de la survie de la loi ancienne. Il faut ici distinguer entre les effets des *situations extracontractuelles* et ceux des *situations contractuelles.*

§ 1. — LES EFFETS FUTURS
DES SITUATIONS EXTRACONTRACTUELLES

369. — Il s'agit des *situations juridiques qui ne sont pas nées d'une convention mais seulement de la loi qui en détermine entièrement les effets.* Leurs effets futurs sont en principe immédiatement soumis à la loi nouvelle. Ce *principe* comporte cependant certaines *exceptions.*

---

(2) Cass. com., 21 octobre 1963, *Bull. civ.*, III, n° 426, p. 359.
(3) Cass. soc., 21 juin 1966, *Bull. civ.*, IV, n° 629, p. 523.
(4) Cass. Ch. mixte, 13 mars 1981, *Bull. civ.*, Ch. mixte, n° 4, p. 5.

I. — *Le principe de l'effet immédiat de la loi nouvelle.*

370. — Le principe d'effet immédiat est expressément consacré dans la plupart des lois récentes (5). Il est également consacré par la jurisprudence (5-1). La Chambre sociale de la Cour de cassation rappelle, dans un arrêt du 7 mai 1981 (6) « que toute loi nouvelle s'applique immédiatement aux effets à venir des situations juridiques non contractuelles en cours au moment où elle entre en vigueur », et cela « même lorsqu'une semblable situation fait l'objet d'une instance judiciaire ». Elle en déduit qu'un arrêt du 14 novembre 1979 ne pouvait écarter les conditions nouvelles d'attribution d'une pension temporaire d'orphelin résultant de la loi du 10 juillet 1979, tout en précisant que le point de départ de cette pension ne pouvait « remonter à une date antérieure à la mise en vigueur de cette loi, qui n'a aucun caractère rétroactif ». La même Chambre sociale de la Cour de cassation a appliqué immédiatement aux baux en cours les dispositions du décret du 9 août 1953 modifiant les conditions du maintien dans les lieux des locataires, tout en constatant expressément l'absence de rétroactivité de ce texte. Elle a justifié cet effet immédiat en observant qu'il s'agissait d'un droit issu de la loi elle-même et pouvant être à tout moment modifié ou supprimé par une loi nouvelle sans que l'occupant puisse se prévaloir d'un droit définitivement acquis (7).

Pour les mêmes motifs les lois régissant les effets de la filiation sont aussi appliquées immédiatement à tous les enfants quelle que soit leur

---

(5) V., par ex., l'article 1er de la loi du 13 juillet 1965 portant réforme des régimes matrimoniaux qui la déclare applicable à tous les époux « sans qu'il y ait lieu de considérer l'époque à laquelle le mariage a été célébré ou les conventions matrimoniales passées ». — L'article 16, al. 1er, de la loi du 3 janvier 1968 portant réforme du droit des incapables majeurs : « les dispositions de la loi nouvelle seront immédiatement applicables à la capacité des personnes protégées et à la gestion de leurs biens. — L'article 10 de la loi du 4 juin 1970 relative à l'autorité parentale : « les dispositions de la loi nouvelle régiront immédiatement les droits et les devoirs des père et mère, relativement tant à la personne qu'au patrimoine de leurs enfants mineurs, quel que soit l'âge de ceux-ci, mais sous les exceptions qui suivent... ». — L'article 8 de la loi du 14 décembre 1964 modifiant le régime de la tutelle et de l'émancipation qui déclare cette loi applicable aux administrations légales et tutelles déjà ouvertes.

(5-1) V. Cass. civ. 1re, 19 juillet 1989, *Bull. civ.*, I, no 299, p. 198. La loi du 22 juillet 1987 relative à l'autorité parentale est d'application immédiate. — V. également, mais sans référence au caractère non contractuel de la situation juridique, Cass. civ. 1re, 28 avril 1987, *Bull. civ.*, I, no 133, p. 101, pour l'utilisation d'un terme à titre de dénomination dont le sens a ultérieurement fait l'objet d'un statut légal.

(6) *Bull. civ.*, V, no 406, p. 303.

(7) Cass. soc., 3 mars 1961, *Bull. civ.*, IV, no 306, p. 247.

date de naissance (8). De même la loi nouvelle régit immédiatement les effets des divorces et des séparations de corps prononcés avant son entrée en vigueur (9).

Le même principe d'effet immédiat s'applique aux lois concernant le contenu des droits réels, et spécialement à la propriété (10) ou à la copropriété, en dehors du moins des stipulations contractuelles (11).

Un arrêt de Chambre mixte de la Cour de cassation, du 13 mars 1981 (12), précise que la situation est extracontractuelle lorsqu'une partie à un contrat en cours bénéficie d'un droit nouveau qui trouve son fondement dans la volonté du législateur et non dans le contrat. Il juge, en effet, que « l'action directe instituée par l'article 12 de la loi du 31 décembre 1975 », au profit du sous-traitant et contre le maître de l'ouvrage, « trouve son fondement dans la volonté du législateur et non dans les contrats conclus entre les parties, contrats desquels il n'était résulté pour elles aucun droit acquis ». Il en déduit « que l'action directe était ouverte au sous-traitant dès l'entrée en vigueur de la loi du 31 décembre 1975, bien que le contrat de sous-traitance eût été conclu antérieurement ».

La Chambre commerciale de la Cour de cassation, le 7 mars 1983 (12-1),

---

(8) V., par ex., pour la loi du 15 juillet 1955 la jurisprudence citée *supra*, n° 36. — *Adde* : Cass. civ. 1re, 11 juillet 1957, *Bull. civ.*, I, n° 326, p. 258 ; D. 1957, p. 630. — 26 novembre 1958, *Gaz. Pal.*, 1959. 1. 93.

(9) V., par ex., pour les effets de la séparation de corps et sa conversion en divorce : Req., 17 janvier 1911, D. P. 1911. 1. 428 ; S. 1911. 1. 160, qui applique aux séparations antérieures la loi du 6 juin 1908 obligeant le juge à prononcer la conversion lorsque celle-ci est demandée par l'un des époux. — Civ., 20 octobre 1948, S. 1948. 1. 191. — 28 juillet 1952, S. 1953. 1. 93, qui applique la loi du 2 avril 1941 écartant tout pouvoir d'appréciation, même lorsque la conversion était demandée par l'époux coupable. Cf. BACH, *Rép. civ.*, v° *Conflits de lois dans le temps*, n° 191 et n°s 107 et 108, qui s'interroge sur le caractère proprement rétroactif de ces applications en raison de la nature du divorce-sanction.

(10) V., par ex., pour la loi du 8 avril 1898 modifiant le régime des eaux : Cass. civ., 11 décembre 1901, D. P. 1902. 1. 353, note L. S. — Pour celle du 17 mai 1960 modifiant l'article 555 C. civ. et retardant au jour du remboursement la détermination de l'indemnité due au tiers constructeur : Cass. civ. 1re, 20 juin 1967, *Bull. civ.*, I, n° 228.

(11) V., par ex., pour la loi du 10 juillet 1965 fixant le statut de la copropriété des immeubles bâtis : Cass. civ. 3e, 8 janvier 1970, *Bull. civ.*, III, n° 19.

(12) *Bull. civ.*, Ch. mixte, n° 3, p. 3 ; *Rev. dr. immobilier*, 1981, p. 225, obs. MALINVAUD et BOUBLI ; D. 1981, p. 309, note BÉNABENT ; *Gaz. Pal.*, 7 avril 1981. — Cf. Pau, 4 décembre 1978, D. 1979, p. 315, note BÉNABENT. — Trib. com. Bourges, 8 novembre 1977, *Gaz. Pal.*, 1978. I. 129, concl. M. BERTOU. — Lyon, 27 mai 1977, *Gaz. Pal.*, 1978. I. 128 ; D. 1978, p. 343, note GAVALDA. — Trib. com. Orléans, 14 septembre 1977, *Gaz. Pal.*, 1978, I, somm. p. 48. — Cass. civ. 3e, 3 novembre 1981, *Gaz. Pal.*, 1er mai 1982, *Panorama*.

(12-1) *Bull. civ.* IV, n° 95, p. 80. — V. J. GHESTIN et B. DESCHÉ, *La vente*, L. G. D. J., 1990, n° 585.

a jugé, pour appliquer immédiatement l'apposibilité à la masse des créanciers des clauses de réserve et propriété antérieures à la loi nouvelle, « qu'ayant énoncé exactement que la loi du 12 mai 1980 avait seulement consacré un effet indépendant de la volonté des parties, la Cour d'appel, avait décidé à bon droit, que la clause litigieuse, bien que stipulée avant la promulgation de la loi précitée, était cependant apposable à la masse des créanciers constituée après l'entrée en vigueur de ladite loi ».

Plus récemment, la troisième Chambre civile de la Cour de cassation a recouru à un type de raisonnement analogue pour décider l'application immédiate de la loi du 6 janvier 1986, modifiant l'article 23-6 du décret du 30 septembre 1953, concernant le plafonnement du prix des baux commerciaux lors de leur renouvellement. « A défaut d'accord entre les parties », dit la Cour régulatrice, « le droit au renouvellement a sa source dans la loi et que même acquis dans son principe, il se trouve dans ses modalités demeurant à définir, affecté par la loi nouvelle laquelle régit immédiatement les effets des situations juridiques ayant pris naissance avant son entrée en vigueur et non définitivement réalisés » (12-2).

Si le principe est aujourd'hui incontesté, il présente toutefois d'importantes exceptions.

(12-2) Cass. civ. 3ᵉ, 15 mars 1989, *Bull. civ.*, III, nᵒ 65, p. 37. — 22 mars 1989, *Bull. civ.*, III, nᵒ 69, p. 39. — 8 février 1989, *Bull. civ.*, III, nᵒ 33, p. 19 qui retient une formule un peu différente mais ayant une signification identique : « la loi nouvelle régit immédiatement les effets des situations juridiques non définitivement réalisées ayant pris naissance, avant son entrée en vigueur, non en vertu du contrat mais en raison des seules dispositions légales alors applicables ». La rédaction de ces arrêts coupe court à la discussion qui s'était ouverte sur le point de savoir si la Cour de cassation respectait ou non le principe de la survie de la loi ancienne s'agissant des effets futurs des situations contractuelles. Dans ses premiers arrêts rendus pour l'application de la loi de 1986, la Cour de cassation s'était bornée à déclarer que « la loi nouvelle régit immédiatement les effets des situations juridiques ayant pris naissance avant son entrée en vigueur et non définitivement réalisés » pour censurer les décisions qui avaient refusé l'application immédiate de la loi de 1986 (v. Cass. civ. 3ᵉ, 16 décembre 1987, *Bull. civ.*, III, nᵒ 202, p. 120. — 9 novembre 1988, *Bull. civ.*, III, nᵒ 157, p. 85. — 16 mars 1988, *Bull. civ.*, III, nᵒ 59, p. 33). On avait critiqué cette solution qui paraissait hérétique en raison de la nature contractuelle du bail commercial (B. BOCCARA, *Le droit transitoire en question, I. Le droit accidenté*, J. C. P. 1988.I.3351). M. Mestre avait, pour sa part, pensé que dans ces espèces on se trouvait toujours au stade de la formation du contrat (situation juridique en cours de constitution), de sorte que les principes traditionnels étaient parfaitement respectés (*Rev. trim. dr. civ.*, 1989, p. 297). La motivation des arrêts de 1989 rend sans objet cette casuistique. En effet, dès lors que le droit au renouvellement n'a pas une nature contractuelle, le principe selon lequel la loi ancienne continue de régir les effets futurs du contrat ne trouve plus à s'appliquer. Cette jurisprudence évoque la notion de statut légal, v. *infra*, nᵒ 380.

II. — *La survie exceptionnelle de la loi ancienne.*

371. — Le législateur consacre parfois, pour certains effets en cours, la survie de la loi ancienne. C'est ainsi, par exemple, que selon l'article 14, alinéa 1er, de la loi du 12 décembre 1964 relative à la tutelle et à l'émancipation, « les dispositions antérieures du chapitre » de l'émancipation « resteront applicables aux mineurs déjà émancipés ». De même selon l'article 12 de la loi du 4 juin 1970 relative à l'autorité parentale, « les droits de jouissance légale ouverts sous l'empire de la loi ancienne » n'ont point cessé par l'effet de la loi nouvelle.

Mais en dehors de toute précision légale la jurisprudence fait également prévaloir la survie de la loi ancienne dans certaines situations. Elle fait alors état des droits acquis par les bénéficiaires du régime antérieur.

C'est ainsi, par exemple, que les prestations légales de sécurité sociale, telles qu'une pension d'invalidité (13), l'allocation de salaire unique (14), ou l'allocation aux vieux travailleurs non salariés constituent, une fois attribués (15), un droit acquis, de telle sorte qu'une loi modifiant leurs conditions d'attribution ne peut autoriser l'interruption du versement des arrérages postérieurs.

Ces solutions fondées formellement sur la notion de droits acquis s'expliquent sans doute par des considérations humanitaires. En outre ces allocations ne risquent guère, pratiquement, de faire survivre trop longtemps un régime abrogé. Enfin, leur suppression peut être difficilement tenue pour un progrès dont l'application immédiate s'imposerait à ce titre. Mais, dans la rigueur des principes, c'est là un jugement de valeur qui ne devrait pas influencer l'application dans le temps de la loi nouvelle.

§ 2. — LES EFFETS FUTURS
DES SITUATIONS CONTRACTUELLES

372. — *Le principe est celui de la survie de la loi ancienne.* Ce principe n'a pas toutefois la rigueur de celui de la non-rétroactivité. Les effets futurs des situations contractuelles peuvent être *dans certains cas soumis immédiatement à la loi nouvelle.*

---

(13) Cass. civ. 2e, 23 février 1962, *Bull. civ.*, II, n° 235, p. 164.
(14) Cass. civ. 2e, 10 mars 1961, *Bull. civ.*, II, p. 155, n° 216.
(15) Cass. civ. 2e, 21 décembre 1961, *Bull. civ.*, II, n° 918, p. 653. — 26 mai 1961, *Bull. civ.*, II, n° 381, p. 274. — 4 avril 1960, 2 arrêts, *Bull. civ.*, II, n° 245, p. 166 et n° 247, p. 167, qui écartent à la fois la rétroactivité et l'effet immédiat de la loi nouvelle.

I. — Le principe de survie de la loi ancienne.

373. — La règle est certaine : « les effets d'un contrat sont régis, en principe, par la loi en vigueur à l'époque où il a été passé » (16). Il ne s'agit toutefois que d'un principe qui ne joue que si « aucune raison ne commande d'y déroger » (17). Il n'en est pas moins sanctionné avec rigueur par la Cour de cassation qui censure les décisions écartant sans raison valable la survie de la loi ancienne (18).

C'est assez tardivement et sous l'influence de la doctrine des droits acquis que la survie de la loi ancienne à l'égard des effets futurs des situations contractuelles s'est imposée en jurisprudence (19). Mais cette théorie s'est conjuguée en cette matière avec le principe de l'autonomie de la volonté (20). On a considéré en effet, que la loi ancienne s'était incorporée dans le contrat qui, tacitement ou même parfois expressément, comme par exemple dans des statuts de société, en avait repris les dispositions (21).

La survie de la loi ancienne revient alors à admettre la supériorité du contrat sur la loi, ou tout au moins à affirmer le caractère exceptionnel de l'intervention de la loi en matière contractuelle. Comme on l'a observé, « ce raisonnement était parfaitement conforme à une législation d'inspiration libérale fondée sur le principe de l'autonomie de

---

(16) Cass. com., 15 juin 1962, *Bull. civ.*, III, n° 313, p. 258. — 27 octobre 1969, *Bull. civ.*, IV, n° 310, p. 293. — Cass. civ. 1re, 18 avril 1989, *Bull. civ.*, I, n° 160, p. 106.

(17) Com., 27 octobre 1969, précité.

(18) V., en ce sens, Cass. soc., 5 mai 1961, *Bull. civ.*, IV, n° 466, p. 376. — Cass. civ. 3e, 21 janvier 1971, J. C. P. 1971. II. 16776, note P. LEVEL. — 23 février 1982, *Gaz. Pal.*, 17 août 1982, *Panorama*. — Cass. civ., 9 décembre 1942, *Gaz. Pal.*, 1943. 1. 93.

(19) V. Cass. civ., 20 juin 1888, D. 1889. 1. 26 qui refuse d'appliquer, au point de vue civil, aux contrats conclus antérieurement, la loi qui avait supprimé le délit d'usure. — 26 avril 1892, S. 1892. 1. 304 ; D. 1892. 1. 548, qui refuse d'appliquer aux baux antérieurs la loi du 5 janvier 1883 qui, au cas d'incendie d'un immeuble loué, substituait une responsabilité conjointe à la responsabilité solidaire des locataires. Des arrêts plus anciens sont souvent cités en ce sens. Il semble cependant qu'ils ne concernent pas les effets des contrats, mais leur validité qui ne pouvait sans rétroactivité être remise en question : v. Civ., 27 mai 1861, S. 1861. 1. 507. — Req., 24. 7. 1866, S. 1866. 1. 327. — Civ., 10 juillet 1867, S. 1867. 1. 287, qui se prononcent sur la validité des accords conclus par des syndicats de boulangers et de bouchers avant qu'une modification des règlements en vigueur leur ait ôté le pouvoir de représenter ces derniers. — *Adde* : Req., 30 novembre 1920, S. 1921. 1. 167, également cité, mais qui se rapporte, semble-t-il, à la validité d'une vente antérieure au décret du 16 janvier 1917 taxant le prix de l'orge.

(20) Il est significatif à cet égard que la solution n'est pas été consacrée immédiatement, mais seulement sous l'influence d'une interprétation « volontariste » du Code civil qui n'était pas celle des premiers commentateurs. V. *supra*, n° 51.

(21) V. G. BORDA, *Portée et limitation du droit transitoire*, in *Mélanges Roubier*, t. I, p. 75-90.

la volonté : la loi était alors surtout supplétive de volonté. La question doit aujourd'hui, être réétudiée en tenant compte des conceptions philosophiques et politiques de notre époque, relatives au rôle du législateur » (22).

La soumission à la loi ancienne des effets futurs des situations contractuelles se justifie cependant par des considérations négatives et positives.

Tout d'abord, les raisons qui militent en faveur de l'application immédiate de la loi nouvelle ont moins de portée en matière contractuelle. La diversité des situations contractuelles façonnées par la volonté des parties rend moins nécessaire l'uniformité des situations. Le risque de voir se perpétuer comme autant de couches sédimentaires des régimes abrogés est réduit par le caractère essentiellement temporaire des obligations nées des contrats.

Il existe en outre des raisons propres aux contrats en faveur de la survie de la loi ancienne. Dans la mesure où la liberté contractuelle est opportune il est logique de mettre les conventions à l'abri de l'intervention du législateur (23), ou, tout au moins, de n'admettre cette intervention que lorsqu'elle est exigée par l'intérêt général. Le contrat est un acte de prévision dont la remise en cause porterait atteinte à la sécurité juridique. De plus la distinction entre les modes d'acquisition des situations juridiques et leur contenu est particulièrement difficile à faire en matière contractuelle. La validité du contrat, soumise à la loi en vigueur lors de sa formation, se sépare difficilement de son efficacité ultérieure (24).

374. — La jurisprudence tend à confondre ici la survie de la loi ancienne et la non-rétroactivité de la loi nouvelle.

Cette difficulté propre aux contrats de distinguer entre les conditions de validité et les effets est peut-être la raison pour laquelle la jurisprudence pose en la matière la question de la survie de la loi ancienne en termes de rétroactivité. Qu'il s'agisse d'admettre ou d'écarter cette survie, elle déduit très souvent la réponse de la notion de droits acquis qui, pour elle, font obstacle à l'application de la loi nouvelle dès l'instant que celle-ci n'est pas rétroactive (25).

---

(22) Fr. DEKEUWER-DEFOSSEZ, *Les dispositions transitoires dans la législation civile contemporaine*, thèse Lille, 1977, L. G. D. J., préface M. GOBERT, n° 28, p. 42.

(23) V. ROUBIER, *Droit transitoire*, n° 79, p. 398. J. GHESTIN, *Le contrat : Formation*, n° 180-1.

(24) V. P. LEVEL, précité, p. 214 et s., n°s 121 et s.

(25) V. censurant pour violation de l'article 2 C. civ. et du principe de non-rétroactivité des décisions qui avaient admis l'application de la loi nouvelle aux effets futurs de contrats en cours : Cass. soc., 5 mai 1961, *Bull. civ.*, IV, n° 466, p. 376, qui dispose que le décret du 7 janvier 1959 relatif à la détermination de la valeur

Toutefois certaines décisions ne comportent aucune référence à l'article 2 du Code civil ni à la non-rétroactivité (26). Parfois même la Cour de cassation paraît faire nettement la différence entre la non-rétroactivité de la loi nouvelle et la survie de la loi ancienne qu'elle écarte (27).

locative d'un bien rural n'a aucun caractère interprétatif et ne pouvait donc, faute d'effet rétroactif, être appliqué à « un bail portant effet à une date antérieure à l'entrée en vigueur du décret ». — Cass. civ. 3ᵉ, 21 janvier 1971, J. C. P. 1971. II. 16776, note P. Level, qui fait état d'office de la violation de l'article 2 C. civ. et relève que la loi du 12 mai 1965 relative aux baux commerciaux n'était pas dans son ensemble applicable aux contrats en cours. — Cass. civ., 9 décembre 1942, *Gaz. Pal.*, 1943. 1. 93, qui décide que le décret-loi du 30 octobre 1935, limitant les taux d'intérêt, ne contenant aucune disposition écartant la règle générale de non-rétroactivité écrite dans l'article 2 C. civ., les parties tenaient de la loi antérieure un droit acquis aux intérêts tels qu'ils avaient été fixés dans les contrats en cours conclus antérieurement. — Cass. civ. 3ᵉ, 23 février 1982, *Gaz. Pal.*, 17 août 1982, *Panorama*, qui relève que la loi du 12 mai 1965 en matière de baux commerciaux n'a pas d'effet rétroactif pour en refuser l'application aux effets futurs d'un contrat en cours. — V. rejetant les pourvois formés contre des décisions qui avaient admis la survie de la loi ancienne : Cass. civ. 1ʳᵉ, 30 octobre 1967, J. C. P. 1968. II. 15530, note P. Level, qui voit une réponse suffisante à un moyen, tiré de la nécessité d'appliquer immédiatement la loi nouvelle d'ordre public, dans l'affirmation que « les effets d'un contrat sont régis par la loi en vigueur au moment où il a été passé » et qu'aucune disposition ne donnait un effet rétroactif à l'article 35 de la loi du 11 mars 1957, portant réforme de la propriété littéraire et artistique. — Cass. civ. 3ᵉ, 8 juillet 1971, *Bull. civ.*, III, n° 443, p. 317, qui relève que la loi du 12 mai 1965 n'est pas dans son ensemble applicable aux baux en cours et qu'elle n'est pas ainsi rétroactive. — 29 mai 1973, *Bull. civ.*, III, n° 372, p. 268 : « si la loi nouvelle est d'application immédiate, elle ne saurait, sans rétroactivité, conférer aux contrats passés sous l'empire de la loi ancienne des effets dont ils étaient dépourvus lors de leur conclusion ». — V. admettant l'application de la loi nouvelle parce que dérogatoire au principe de non-rétroactivité énoncé dans l'article 2 C. civ. : Cass. civ. 3ᵉ, 15 octobre 1970, rejet, J. C. P. 1971. II. 16640, note E. J. Guillot ; Paris, 1ᵉʳ décembre 1969, J. C. P. 1970. II. 16211, concl. Barnicaud. — Cf. Cass. civ. 3ᵉ, 3 juillet 1979, J. C. P. 1980. II. 19384, note Fr. Dekeuwer-Défossez, qui illustre bien la confusion régnant en la matière. Cette décision dispose, en effet, que l'arrêt attaqué « énonce, à bon droit, qu'il résulte des dispositions de l'article 2 du Code civil que les effets des contrats conclus antérieurement à la loi nouvelle, même s'ils continuent à se réaliser postérieurement à cette loi, demeurent régis par les dispositions de la loi sous l'empire de laquelle ils ont été passés et qu'en conséquence si la loi du 16 juillet 1971 est immédiatement applicable, cette application ne saurait concerner des engagements contractés antérieurement à sa promulgation ». Il y a une évidente contradiction à affirmer que la loi nouvelle est immédiatement applicable et que cependant elle ne régit pas les effets d'un contrat qui se sont réalisés postérieurement à cette loi. En fait la solution, malgré une motivation très contestable, était fondée dans la mesure où il ne s'agissait pas des effets du contrat, mais des conditions de constitution d'une situation juridique (v. les observations pertinentes de Mme Dekeuwer-Défossez). — *Adde* : Cass. com., 18 décembre 1978, *Bull. civ.*, IV, n° 317, p. 260, qui paraît confondre également dans ses motifs les effets et les conditions de formation du contrat.

(26) V., par ex., 15 juin 1962 et 27 octobre 1969, précités.

375. — **L'efficacité d'un acte, postérieur à la loi nouvelle et modifiant les effets normaux du contrat, est, en principe, soumise à la loi en vigueur au jour de ce contrat.**

La survie de la loi ancienne à l'égard des effets des contrats en cours se heurte à une difficulté particulière lorsqu'il s'agit d'apprécier le régime d'un acte juridique postérieur venant modifier les effets normaux du contrat ou y mettre fin.

Le congé destiné à mettre fin à un bail en donne une bonne illustration. Lorsque la loi nouvelle est postérieure à la fois au contrat et au congé la jurisprudence écarte son application en observant que les droits des parties doivent s'apprécier « à la date du congé » (28). La solution est logique puisque le congé a mis fin au contrat (29). Mais lorsque la loi nouvelle intervient avant le congé, par exemple pour modifier les conditions du droit au renouvellement d'un bail commercial, c'est au regard de la loi du jour de la formation du contrat et non de celle en vigueur au moment du congé avec refus de renouvellement que doivent être appréciés les droits du locataire (30).

Cependant, en matière de droit au renouvellement des baux commerciaux, la Cour de cassation fait désormais une application immédiate de la loi nouvelle (30-1).

La même solution a été appliquée à la possibilité de dénonciation unilatérale conférée par le décret du 25 mars 1965 aux parties liées par une clause d'exclusivité

---

(27) V., par ex., Cass. civ., 17 juillet 1930, S. 1930. 1. 335 ; *Gaz. Pal.*, 1930. 2. 502, qui décide « que si la loi du 19 juillet 1928 a frappé de caducité certaines clauses des contrats de louage de services en cours lors de sa promulgation, le tribunal a fait une exacte application de la règle de non-rétroactivité en décidant qu'elle ne pouvait s'appliquer à un contrat définitivement rompu le 6 juillet 1928 ». — Cf. Cass. soc., 18 janvier 1979, *Bull. civ.*, V, n° 55, p. 40, qui énonce que « la Cour d'appel observe à bon droit que l'application immédiate d'un texte ne signifie pas sa rétroactivité et n'implique aucune exception à la règle posée par l'article 2 du Code civil ».

(28) V., en ce sens, Cass. civ. 3e, 13 février 1969, *Bull. civ.*, III, n° 133, p. 101.

(29) V., en ce sens, Cass. soc., 10 juillet 1962, *Bull. civ.*, IV, n° 635, p. 519. — Cf. Cass. civ. 3e, 19 février 1971, *Bull. civ.*, III, n° 129, p. 92, qui écarte l'application de la loi du 12 mai 1965 modifiant les conditions de la propriété commerciale en observant que le congé avec refus de renouvellement était antérieur à l'entrée en vigueur de ce texte.

(30) V., en ce sens, Cass. civ. 3e, 21 janvier 1971, *Bull. civ.*, III, n° 44, p .30. — Cf. Cass. civ. 3e, 29 mai 1973, *Bull. civ.*, III, n° 372, p. 268, qui soumet au régime antérieur à la loi du 31 décembre 1968 la reprise triennale pour « installer » un descendant, bien que la date d'effet du congé ait été postérieure, en observant que le bail rural était antérieur et que « si la loi nouvelle est d'application immédiate, elle ne saurait, sans rétroactivité (il s'agit en fait de survie de la loi ancienne), conférer aux contrats passés sous l'empire de la loi ancienne des effets dont ils étaient dépourvus lors de leur conclusion. — Cependant Cass. civ. 3e, 13 juin 1979, *Bautbout de Weirot c. Francqueville*, soumet à la loi du 15 juillet 1975, modifiant l'article 845, alinéa 11, du Code rural, le droit de reprise bien que le congé ait été délivré antérieurement à l'entrée en vigueur de cette loi mais parce que la date pour laquelle il avait été délivré était postérieure. — Cf. sur d'autres difficultés concernant l'application des lois nouvelles aux baux commerciaux : M. Pédamon, note sous Trib. Gr. Inst. Paris, 24 octobre 1972 et Paris, 21 novembre 1972, D. 1973, p. 182. — B. Boccara, *Le décret du 3 juillet 1972 sur les baux commerciaux. I. Application dans le temps*, J. C. P. 1972. I. 2512 ; et notes J. C. P. 1974. II, n°s 17612 et 17613.

(30-1) V. *supra*, n° 370.

pour la vente d'un immeuble. Cette possibilité a été écartée pour un contrat antérieur au décret du 25 mars 1965, bien que la dénonciation fut postérieure (31).

II. — L'application exceptionnelle de la loi nouvelle.

376. — Les lois nouvelles sont assez souvent expressément applicables aux contrats en cours.

Le législateur, qui peut édicter des lois rétroactives, dispose, *a fortiori*, du pouvoir de déclarer la loi nouvelle applicable aux contrats en cours.

De telles dispositions sont aujourd'hui assez fréquentes. A tel point que si la survie de la loi ancienne reste la règle, c'est surtout parce qu'elle s'impose à défaut de disposition contraire et non parce que la solution contraire ne se rencontrerait que dans des cas exceptionnels.

L'application aux contrats en cours de la loi nouvelle est courante à l'égard des conventions dont le contenu est largement imposé par le législateur, tel qu'aujourd'hui le contrat de bail par exemple (31-1). C'estainsi que la loi du 1er septembre 1948 régissant les locaux à usage d'habitation et professionnels s'esti mmédiatement appliquée aux baux en cours (32).

Mais l'application aux contrats en cours est imposée par le législateur dans les conventions les plus diverses, telles que le prêt d'argent ou l'assurance-vie par exemple (33), ou même dans des dispositions applicables à tous les contrats (34).

On a cru pouvoir déduire de la convergence des dispositions législatives

---

(31) Cass. civ. 1re, 27 mars 1974, *Bull. civ.*, I, no 102, p. 86.

(31-1) V. pour la loi *Quilliot*, Cass. civ. 3e, 9 décembre 1987, *Bull. civ.*, III, no 199, p. 117.

(32) V. également la loi du 30 décembre 1963 relative aux baux ruraux déclarée applicable dans certaines de ses dispositions aux baux en cours ; le décret du 30 septembre 1953 relatif aux baux commerciaux déclaré de plein droit applicable aux baux en cours ; la loi du 1er août 1984 relative aux baux à ferme déclarée de plein droit applicable aux baux en cours, v. pour son application, Cass. civ. 3e, 6 novembre 1986, *Bull. civ.*, III, no 149, p. 116. — 17 juillet 1986, *Bull. civ.*, III, no 117, p. 92.

(33) V. la loi du 28 décembre 1966 fixant le taux au-delà duquel l'intérêt est usuraire qui est déclarée applicable aux prêts en cours. — J. BIGOT, *La loi du 7 janvier 1981 et l'assurance-vie*, J. C. P. 1981. I. 3047, nos 29 et s. sur l'application de certaines dispositions de cette loi aux contrats en cours. — Cass. civ. 1re, 13 février 1979, *Bull. civ.*, I, no 58, p. 48, pour l'application aux contrats d'assurance en cours de l'article 5 de la loi du 30 novembre 1966 édictant que les primes sont payables au domicile de l'assureur. — Cass. soc., 29 novembre 1978, *Bull. civ.*, V, no 812, p. 612, pour l'application aux contrats en cours de la loi du 9 mai 1973, relative au statut des V. R. P., en vertu de son article 3.

(34) V., par ex., la loi no 75-597 du 9 juillet 1975 autorisant le juge à reviser le montant des clauses pénales qui est expressément déclarée applicable aux contrats en cours.

spéciales de droit transitoire, dans le sens d'une application immédiate aux contrats en cours, que le principe affirmé par la jurisprudence se trouverait inversé (35). La survie de la loi ancienne devrait être écartée chaque fois que le législateur ne l'aurait pas expressément affirmée. Il semble cependant que cette survie peut être admise chaque fois « qu'aucune raison ne commande d'y déroger », selon la formule de la Cour de cassation (36).

Il convient alors d'apprécier, dans chaque cas, si le souci d'uniformité doit l'emporter sur les prévisions des parties (37). On l'admettra d'autant plus facilement qu'il s'agira d'un contrat type et, *a fortiori*, d'un contrat type ayant fait l'objet d'une simple adhésion (38).

Il est incontestable, en tout cas, que le législateur contemporain marque une nette préférence pour l'application immédiate des lois nouvelles qui traduit un déclin certain de l'autonomie de la volonté et de la notion de droits acquis.

377. — L'application de la loi nouvelle peut se déduire de son interprétation.

Il faut également tenir compte de ce que le principe de survie de la loi ancienne à l'égard des contrats en cours, à la différence du principe de non-rétroactivité, ne repose sur aucun texte de portée générale. C'est pourquoi la jurisprudence n'hésite pas à l'écarter par voie d'interprétation.

On s'est efforcé de dégager un critère permettant d'expliquer cette application de la loi nouvelle aux effets futurs des situations contractuelles. On a fait état de la notion d'*ordre public* ou de celle de *statut légal*. Il semble que la jurisprudence se borne à rechercher les situations concrètes dans lesquelles *l'uniformité des situations juridiques doit l'emporter sur le respect des prévisions des parties.*

A. — La notion d'ordre public.

378. — La référence à un ordre public « renforcé » qui manque de précision est écartée généralement par la jurisprudence.

Il ne s'agit pas de l'ordre public auquel sont soumis de façon générale les contrats selon l'article 6 du Code civil, mais d'un ordre public renforcé, particulièrement impérieux, la sécurité des contractants

---

(35) V. Fr. DEKEUWER-DÉFOSSEZ, th. précitée, n°s 18 et s.

(36) Cass. com., 27 octobre 1969, *Bull. civ.*, IV, n° 310, p. 293.

(37) V. *infra* n° 382.

(38) V. en ce sens, Fr. DEKEUWER-DÉFOSSEZ, th. précitée, n° 33. — V. sur ces types de contrats, J. GHESTIN, *Le contrat : Formation*, n°s 73 et s.

cédant alors devant des raisons sociales ou nationales très graves (39).
On précise parfois que cet ordre public s'imposerait avec une force
particulière dans le domaine social, et plus encore économique, en
raison des préoccupations réformistes et dirigistes qui inspirent les
interventions du législateur (40).

Cette référence à l'ordre public exprime bien la prééminence, dans
la situation visée, de l'intérêt général, qui exige l'application immédiate
de la loi nouvelle, sur la sécurité des contractants. Mais elle traduit
ainsi un résultat. Elle ne peut servir de critère afin de déterminer les
lois dont l'application immédiate est impérieusement nécessaire. La
notion d'ordre public est déjà, en elle-même, trop incertaine. A fortiori
en est-il ainsi d'un degré dans l'ordre public (41). Tout au plus peut-on
en déduire que les intérêts collectifs en jeu doivent être d'une importance particulière puisqu'il s'agit d'un ordre public d'une intensité
spéciale.

379. — Certaines décisions, émanant parfois de la Cour de cassation,
déduisent expressément du caractère d'ordre public de la loi son application immédiate aux contrats en cours. Mais elles restent isolées et
contestables (42).

---

(39) MAZEAUD et CHABAS, *Introduction*, n° 148 ; — V. sur cette fonction
particulière de l'ordre public rapprochée d'autres fonctions, notamment en
droit international privé, H. BATIFFOL, *Conflits de lois dans l'espace et dans le
temps, Études Ripert*, 1950, t. I, p. 297. — V. A. WEILL, *Introduction*, n° 134 ;
P. LEVEL, thèse précitée, p. 298 et s., n°ˢ 166 et s. ; et note sous Cass. civ. 1ʳᵉ, 30 octobre 1967, J. C. P. 1968. II. 15530.

(40) V. M. S. KHALIL, *Le dirigisme économique et les contrats*, thèse, 1967, p. 337 et s.,
n°ˢ 536 et s.

(41) V. MAZEAUD et CHABAS, précités, n° 148.

(42) V., par ex., Cass. civ. 3ᵉ, 5 juin 1970, J. C. P. 1970. II. 16537, note E. GUILLOT.
Cet arrêt déduit de ce que toute clause contraire est expressément réputée non écrite
qu'il s'agit d'un « texte d'ordre public, d'application immédiate, et que toute clause
d'un règlement de copropriété faisant peser sur les copropriétaires du rez-de-chaus-
sée une partie des dépenses relatives à un ascenseur, inutile pour leur lot, a été atteinte
d'une nullité radicale le jour de l'entrée en vigueur de ladite loi ». La solution est
contestable puisqu'elle déduit l'effet immédiat de la loi de son caractère d'ordre
public au sens habituel de l'article 6 C. civ. et non dans l'acception particulièrement
stricte généralement exigée pour écarter la survie de la loi ancienne. Le commentateur particulièrement autorisé de cet arrêt, puisqu'il s'agit du Conseiller rapporteur,
se réfère cependant à ce degré renforcé de l'ordre public (note précité n° VII). Mais
la solution est en réalité fondée sur l'affirmation que la solution antérieure était
injuste et que la survie de la loi ancienne aboutirait à perenniser une injustice
(v. note précitée, n°ˢ IV et VII). Cette façon de raisonner est à la fois significative
et contestable. L'ordre public n'intervient que pour justifier l'application d'une
loi nouvelle jugée, en fait, meilleure que l'ancienne. Or la loi nouvelle devant être
considérée normalement et par définition comme meilleure que l'ancienne, cette
observation ne peut suffire en elle-même à fonder la solution du conflit des lois dans
le temps.

De façon générale la jurisprudence ne paraît guère favorable à son intervention spécifique dans le règlement des conflits de lois dans le temps (43). En particulier, en matière économique, elle a refusé d'appliquer immédiatement aux contrats en cours les lois réglementant le taux des intérêts conventionnels (44) ou taxant les prix (45). Elle a également refusé l'application immédiate des lois relatives à la protection des consommateurs (45-1), mais il est exact de relever qu'il ne s'agit ici que d'un *ordre public de protection*.

B. — La notion de statut légal.

380. — Rejetant la notion d'ordre public, on a fait appel au statut légal que l'on a opposé aux situations contractuelles. Le contenu de certains contrats, tel le contrat de travail, par exemple, est soumis à une réglementation si impérative que la volonté des parties se bornerait à se soumettre à un véritable statut légal (46). Le contrat apparaîtrait comme un acte-condition déclenchant l'application d'un régime statutaire entièrement soumis à la loi.

La situation contractuelle devrait alors être assimilée à une situation légale, extracontractuelle, soumise immédiatement à la loi nouvelle.

Le principal mérite de cette analyse est sans doute de montrer qu'il ne peut y avoir quant aux conflits de lois dans le temps de distinction tranchée entre le régime des situations contractuelles et extracontrac-

---

(43) V. not. Cass. Ch. réunies, 13 janvier 1932, D. P. 1932. 1. 18, rapport PILON. — Cass. com., 28 décembre 1953, *Gaz. Pal.*, 1954. 1. 141. — Cass. civ., 7 juin 1901, D. P. 1902. 1. 105. — Cass. civ. 1re, 29 avril 1960, *Gaz. Pal.*, 1960. 2. 82. — Cass. com., 15 juin 1962, *Gaz. Pal.*, 1962. 2. 200. — Cass. civ. 3e, 7 novembre 1968, J. C. P. 1969. II. 15771. — 11 juin 1980, *Consorts Pejac c. consorts Braneyre.* — Aix-en-Provence, 11 octobre 1962, *Gaz. Pal.*, 1962.2.262. — MAZEAUD et CHABAS, *Introduction*, no 148. — BACH, *op. cit.*, no 253.

(44) V. Cass. civ., 9 décembre 1942, *Gaz. Pal.*, 1843. 2. 93 ; *Rev. trim. dr. civ.*, 1943, p. 123, obs. critiques, J. CARBONNIER.

(45) V. Cass. civ., 7 août 1944, *Rev. trim. dr. civ.*, 1945, p. 40, obs. J. CARBONNIER. — Cass. com., 9 décembre 1948, *Rev. trim. dr. civ.*, 1949, p. 270, obs. J. CARBONNIER ; *Rev. trim. dr. com.*, 1949, p. 360, obs. J. HÉMARD. — Cass. civ., 10 décembre 1951, J. C. P. 1952. IV, p. 22. — Cass. com., 2 mars 1953, J. C. P. 1953. IV, p. 61. — Amiens, 17 octobre 1947, *Gaz. Pal.*, 1948. 1. 71. — *Contra :* Paris, 21 décembre 1942, *Rev. trim. dr. civ.*, 1943, p. 26, obs. J. CARBONNIER. — Cf. M. S. KHALIL, *Le dirigisme économique et les contrats*, thèse Paris, 1967, p. 338-339, nos 537 et s. — P. LEMOYNE DE FORGES, *Ordre public et réglementation des prix, Rev. trim. dr. com.*, 1976, p. 415 et s., spécialement p. 434 et s.

(45-1) Civ. 3e, 1er juillet 1987, *Bull. civ.*, III, no 138, p. 81. « Alors que, fût-elle d'ordre public, la loi du 13 juillet 1979 ne contient aucune disposition prévoyant son application aux contrats en cours » (cassation).

(46) V. P. ROUBIER, *Droit transitoire*, p. 423 et s., nos 84 et s.

tuelles. Mais la soumission des contrats à une réglementation impérative est trop question de degrés pour pouvoir constituer un critère suffisant (47). Surtout la réglementation d'un contrat ne change pas sa nature contractuelle.

Il semble cependant que la Cour de cassation s'oriente dans cette voie en ce qui concerne les baux commerciaux. Ceux-ci sont soumis à une réglementation impérative, spécialement quant à leur renouvellement. Certaines décisions en déduisaient qu'il s'agissait d'un statut légal d'application immédiate (48), d'autres affirmaient le caractère contractuel du bail commercial avec pour conséquence la survie de la loi ancienne (49). Toutefois, dans des arrêts de 1989, la troisième Chambre civile de la Cour de cassation a jugé que le droit au renouvellement a sa source dans la loi et non dans le contrat (49-1).

C. — La recherche des situations concrètes dans lesquelles l'uniformité doit l'emporter sur les prévisions contractuelles.

381. — **La jurisprudence déduit parfois la solution du conflit d'une recherche de la volonté du législateur à partir des dispositions mêmes de la loi nouvelle.** La survie de la loi ancienne à l'égard des contrats en cours n'ayant pas la rigueur du principe de non-rétroactivité énoncé dans l'article 2 du Code civil, une telle interprétation est parfaitement légitime (50).

---

(47) V., en ce sens, Bach, *Encycl. Dalloz*, vᵒ *Conflits de lois dans le temps*, nᵒ 256. On s'est efforcé de préciser cette notion en déterminant le caractère statutaire de la loi nouvelle en fonction de la volonté du législateur de « donner des effets nouveaux à la situation juridique dans laquelle se trouve certains contractants indépendamment du contrat par lequel ils sont liés (P. Level, note sous Cass. com., 21 novembre 1966, 2 arrêts, J. C. P. 1967. II. 15012). Mais il semble difficile d'admettre que le législateur ait entendu faire abstraction des contrats qu'il réglementait, à moins que ce ne soit le moyen d'interpréter directement la loi nouvelle quant à son application immédiate. En tout cas la notion de statut légal n'apporte aucun critère suffisamment précis.

(48) V. not. Rennes, 2ᵉ ch., 2 mai 1973, J. C. P. 1974. II. 17612, note B. Boccara.

(49) V. not. Cass. civ. 3ᵉ, 21 janvier 1971, J. C. P. 1971. II. 16776, note P. Level.

(49-1) Cass. civ. 3ᵉ, 15 mars 1989, *Bull. civ.*, III, nᵒ 65, p. 37. — 22 mars 1989, *Bull. civ.*, III, nᵒ 69, p. 39. — V. *supra*, nᵒ 370.

(50) V., par ex., Cass. civ. 3ᵉ, 15 octobre 1970, J. C. P. 1971. II. 16640, obs. E. Guillot ; cet arrêt fait état de dispositions dérogatoires à l'article 2 du Code civil, mais il s'agit de l'application de la loi nouvelle aux effets en cours d'une convention antérieure. V. également l'interprétation de la loi du 4 août 1962, qui a modifié l'article 1751 C. civ. Selon ce texte, « le droit au bail, sans caractère professionnel ou commercial, qui sert effectivement à l'habitation de deux époux est, quel que soit leur régime matrimonial, et même si le bail a été conclu avant le mariage, réputé appartenir à l'un et à l'autre des époux ». Cette loi est expressément déclarée appli-

382. — Le choix entre l'uniformité et le respect des prévisions contractuelles.

Le plus souvent la jurisprudence se réfère implicitement à la justification logique soit de l'application immédiate de la loi nouvelle, soit de la survie de la loi ancienne afin d'apprécier, dans chaque cas, la solution la plus opportune.

Plus que la supériorité de principe de la loi nouvelle, c'est un souci d'uniformité qui impose l'effet immédiat de celle-ci. Cette uniformité est normalement moins nécessaire dans les relations contractuelles naturellement diversifiées par la volonté des parties. En outre les prévisions des parties méritent plus spécialement d'être respectées, puisque c'est sur elles que repose l'équilibre contractuel (51).

Dans certaines hypothèses, et même dans certains domaines, ces raisons ne jouent plus. Il est alors normal d'en revenir au principe de l'effet immédiat. Il est admis, par exemple, que dans les relations de travail c'est l'uniformité des dispositions protectrices qui est essentielle et qui doit l'emporter sur les prévisions des parties. Ces dispositions expriment un certain équilibre social qui n'est pas individuel, mais collectif, et dont l'application ne peut dépendre de la date des contrats de travail. Ici l'uniformité l'emporte sur les prévisions des parties. On comprend que la jurisprudence ait appliqué de façon immédiate aux contrats de travail en cours les diverses lois sociales de protection des salariés (52) ainsi que les conventions collectives ayant

---

cable aux baux en cours. Mais on s'est demandé si, par l'emploi du présent de l'indicatif « sert » effectivement à l'habitation de deux époux, le législateur n'avait pas voulu exclure le local qui, avant l'entrée en vigueur de la loi de 1962, avait servi à l'habitation des deux époux, mais qui à cette date n'était plus occupé que par l'un d'eux seulement (v., en ce sens, VIATTE, note sous Cass. soc., 26 mars 1969, *Rev. Loyers*, 1969, p. 341). Cette interprétation tendant à limiter l'application de la loi a cependant été écartée par la jurisprudence (v. Paris, 6ᵉ ch., 1ᵉʳ décembre 1969, J. C. P. 1970. II. 16211, concl. Av. gén. BARNICAUD et la jurisprudence citée) qui a compris la loi nouvelle comme s'il était écrit « a servi » à l'habitation commune (cf. Cass. soc., 9 novembre 1967, *Bull. civ.*, IV, p. 601). V. Cass. soc., 21 janvier 1965, *Bull. civ.*, n° 65, p. 48, qui écarte un effet de la loi nouvelle qui eut été à proprement parler rétroactif, puisque refusant effet à un congé antérieur, tout en relevant le caractère « rétroactif » de la loi.

(51) V. *supra*, n° 373.

(52) V., par ex., Cass. civ., 22 juillet 1902, S. 1904. 1. 27 ; S. 1904. 1. 299. — 8 janvier 1907, D. P. 1907. 1. 57, note LACOUR, concernant le repos hebdomadaire. — Cass. civ., 22 avril 1929, D. H. 1929, p. 281 ; *Gaz. Pal.*, 1929. 1. 773 ; S. 1932. 1. 129 et 17 juillet 1930, S. 1931. 1. 71 ; *Gaz. Pal.*, 1930. 2. 502, à propos de la loi du 19 juillet 1928 interdisant la fixation d'un délai-congé inférieur à celui qui résultait des usages locaux. — 13 novembre 1935, S. 1936. 1. 61, pour les dommages-intérêts dus au cas de résiliation de contrats à durée indéterminée. — 17 février 1937, D. H. 1937, p. 218, à propos de la loi du 20 juin 1936 sur les congés payés la Cour de cassation ne se réfère à aucune disposition particulière de la loi. Elle affirme que si

acquis une portée réglementaire par l'effet d'un arrêté ministériel d'extension (53).

Cependant, même en ce domaine des relations de travail, la survie de la loi ancienne réapparaît dès l'instant que l'uniformité devient moins nécessaire. C'est ainsi que la loi du 13 juillet 1971 modifiant le régime d'adhésion des syndicats aux conventions collectives n'a pas été déclarée immédiatement applicable aux conventions en cours (54).

C'est encore la nécessaire prééminence de l'uniformité sur les prévisions des parties qui a imposé l'application immédiate des lois monétaires, spécialement quant à la monnaie de paiement en régime de cours forcé (55).

La prééminence de l'uniformité sur les prévisions des parties ne s'impose pas toujours avec évidence. Il en résulte un jugement à porter sur chaque disposition nouvelle qui paraît inévitable, en l'absence de volonté formellement exprimée par le législateur. Le reconnaître semble préférable à l'intervention de notions, telles l'ordre public ou le statut légal, qui risquent de déplacer la véritable difficulté, sans fournir un critère plus précis.

---

les effets du contrat de travail « à durée indéterminée sont régis en principe par la loi en vigueur au moment où il est conclu, cette loi ne confère point aux parties un droit définitivement acquis à l'application d'une clause que le législateur, pour des raisons d'intérêt social et de protection du travail, a déclaré illicite, et qu'une telle clause doit être considérée à bon droit comme caduque ». — V. pour l'application immédiate aux contrats en cours de la cinquième semaine de congés payés, Cass. soc., 26 octobre 1988, *Bull. civ.*, V, n° 553, p. 355 et 26 juin 1986, *Bull. civ.*, V, n° 344, p. 264. La Cour de cassation justifie l'application immédiate de la loi nouvelle en observant que le droit à congés payés n'est définitivement acquis qu'à la fin de la période de référence. Il en résulte que si l'échéance de la période de référence est postérieure à l'entrée en vigueur de la loi, même si la période de travail de référence est antérieure, les dispositions nouvelles sont applicables. Il est certain qu'en la matière des considérations tirées de l'ordre public et de la notion de « statut légal » ne sont pas étrangères à l'adoption de la solution.

(53) Cass. soc., 2 avril 1981, J. C. P. 1981, IV, p. 219.
(54) Cass. soc., 17 octobre 1974, *Bull. civ.*, V, n° 482, p. 452.
(55) V. Cass. civ., 11 février 1873, S. 1873. 1. 97. — 17 mai 1927, D. P. 1928. 1. 25, concl. P. MATTER, note H. CAPITANT ; S. 1927. 1. 289, note ESMEIN. — 10 mars 1947, *Gaz. Pal.*, 1948. 1. 240.

TITRE II

LA JURISPRUDENCE

383. — Définition et importance de la jurisprudence.
Dans un sens archaïque la jurisprudence a désigné la science du droit
et plus précisément la science pratique du droit (1).

Aujourd'hui elle est étroitement liée à la fonction du juge. Dans un
sens large elle désigne l'ensemble des décisions rendues par les tribunaux,
soit en général, soit sur telle matière déterminée. De façon plus précise,
on dit que la jurisprudence est fixée ou constante sur tel point lorsque,
par la répétition ou l'autorité des décisions déjà intervenues, il est
certain, ou tout au moins très probable, que la difficulté considérée sera
résolue d'une façon déterminée.

On a également mis l'accent sur la fonction de la jurisprudence en la définissant
comme « l'interprétation de la loi par les tribunaux » (2) ou « les solutions de droit
qui, explicitement ou implicitement, servent de fondement aux décisions de
justice » (3). On a aussi vu « derrière les différents sens français du mot jurisprudence...
quelque chose comme un atelier de fabrication du droit » (3-1).

La place tenue par la jurisprudence dans les sources du droit a varié
selon les époques, en fonction de la conception même du droit généralement admise et des institutions (4). Son importance en droit positif
est aujourd'hui considérable. Qu'on la regrette (5) ou qu'on l'approuve (6)

---

(1) DE *jus, juris* : droit, et *prudentia* : connaissance.

(2) Vocabulaire juridique Capitant.

(3) P. ESMEIN, *La jurisprudence et la loi*, Rev. trim. dr. civ., 1952, p. 17.

(3-1) Ph. JESTAZ, *La jurisprudence, ombre portée du contentieux*, D. 1989,
chron. XXIII, p. 149 et s.

(4) V. *supra*, nos 112 et s.

(5) V. notamment, CARBONNIER, *Introduction*, § 147 et s., p. 243 et s. — O. DUPEY-
ROUX, *Mélanges Maury, La jurisprudence source abusive de droit*, p. 349, spécialement
p. 374 et s.

(6) V., notamment, MAZEAUD et CHABAS, t. I, 1er vol., no 112, pour qui
« la jurisprudence est pour la loi la fontaine de jouvence ».

tout le monde s'accorde à admettre que l'on ne peut connaître le droit positif en ignorant l'interprétation jurisprudentielle de la loi. Il en est d'autant plus ainsi que des domaines entiers et considérables, comme par exemple la responsabilité civile, sont essentiellement régis par la jurisprudence.

384. — En revanche **la question de savoir si la jurisprudence est une source spécifique du droit fait l'objet d'une controverse.** Concrètement la difficulté est de déterminer si, de décisions judiciaires, qui sont rendues dans des litiges particuliers et dont la portée est juridiquement limitée à ces derniers, peuvent naître des règles ayant, en droit, une portée générale, comparable à celle de la loi (7).

Avant d'examiner ces *règles jurisprudentielles* il est indispensable de présenter de façon sommaire l'*organisation judiciaire* dans laquelle s'exerce la fonction juridictionnelle qui leur donne naissance.

---

(7) V. sur la question de savoir s'il existe une « jurisprudence arbitrale », A. KAS-SIS, *Théorie générale des usages du commerce*, L. G. D. J., 1984, n°s 782 et s. Pour l'auteur la réponse négative s'impose, parce que l'arbitrage est une justice privée d'origine contractuelle exclusive de toute investiture étatique.

CHAPITRE I

L'ORGANISATION JUDICIAIRE

385. — **Sous réserve de l'arbitrage la justice est rendue par les juridictions de l'État.**

Rendre la justice et mettre fin ainsi aux litiges qui opposent les particuliers est une fonction essentielle de l'État. Celui-ci n'en a pas, pourtant, le monopole. Les parties peuvent en effet par une convention, un « compromis », confier le jugement de leur différend à un arbitre ou un tribunal arbitral. Il faut cependant que les droits en litige soient de ceux dont il peut être disposé conventionnellement. L'arbitrage, notamment en matière internationale ou entre sociétés internationales, connaît aujourd'hui un développement important (1). Il reste d'ailleurs soumis au contrôle de l'État car les sentences arbitrales n'acquièrent force exécutoire que par l'exequatur d'un juge d'État et elles sont normalement sujettes à appel devant les juridictions de l'ordre judiciaire. Sous cette réserve la justice est rendue dans le cadre de l'organisation judiciaire.

386. — **C'est l'organisation judiciaire qui donne naissance à la jurisprudence et détermine ses caractères spécifiques** (2). Son étude appartient au droit judiciaire privé (3). On se bornera donc à une description sommaire en insistant cependant sur deux aspects essentiels pour la compréhension du phénomène jurisprudentiel : la hiérarchie des juridictions et l'unification de la jurisprudence.

387. — On doit tout d'abord distinguer entre **deux ordres de juridictions : administratif et judiciaire.**

Le principe de la séparation des pouvoirs a conduit à écarter la compé-

---

(1) V. J. ROBERT, *Arbitrage civil et commercial*, 4ᵉ éd., 1967. — R. DAVID, *Arbitrage du XIXᵉ et arbitrage du XXᵉ siècle*, *Mélanges Savatier*, 1956, p. 219 ; *L'arbitrage dans le commerce international*, 1982. — J. VINCENT, G. MONTAGNIER et A. VARINARD, *La justice et ses institutions*, 1982, nᵒˢ 944 et s.

(2) V. P. HÉBRAUD, *Le juge et la jurisprudence*, *Mélanges P. Couzinet*, p. 329 et s., spécialement p. 361.

(3) V. SOLUS et PERROT, *Droit judiciaire privé*, t. I, 1961. — G. CORNU et J. FOYER, *Procédure civile*. — J. VINCENT, G. MONTAGNIER et A. VARINARD, *La justice et ses institutions*, 1982. — J. VINCENT et S. GUINCHARD, *Procédure civile*, Dalloz.

tence des tribunaux judiciaires pour connaître des actes de l'administration (4). Les difficultés résultant de l'activité administrative ont d'abord été réglées par l'administration elle-même. Progressivement, les organes consultatifs, Conseil d'État et conseils de Préfecture, dont les avis étaient toujours suivis, se sont transformés en organes juridictionnels. La loi du 24 mai 1872 a consacré ce passage de la justice retenue à la justice déléguée en faisant du Conseil d'État le juge de droit commun en matière administrative (5).

Ce sont aujourd'hui les tribunaux administratifs qui sont juges du premier degré. La multiplication des affaires portées devant la justice administrative a imposé la création d'une juridiction intermédiaire entre le Tribunal administratif et le Conseil d'État. La loi du 31 décembre 1987 a créé les Cours administratives d'appel qui ont compétence pour statuer sur les appels formés contre les jugements rendus par les tribunaux administratifs, en toute matière sauf exception, c'est-à-dire lorsque l'appel doit être formé devant le Conseil d'État. Mais le *Conseil d'État* continue d'assurer par les voies de recours classiques l'unité externe de la jurisprudence administrative. Quant à l'unité interne au sein du Conseil d'État elle est assurée par l' « emboîtage » des diverses formations qui se regroupent en fonction des questions à résoudre (6).

Les conflits de compétence entre l'ordre administratif et l'ordre judiciaire (7) sont réglés par une institution particulière, le *Tribunal des conflits*. Il s'agit d'une juridiction paritaire, composée pour moitié de conseillers d'État et de conseillers à la Cour de cassation. Outre son rôle en matière de compétence, le Tribunal des conflits peut être également juge du fond, en vertu de la loi du 20 avril 1932, dans l'hypothèse d'une contrariété entre des jugements rendus par les juridictions de l'ordre judiciaire et de l'ordre administratif.

Le Tribunal des conflits n'a pas cependant pour mission de résoudre les conflits de jurisprudence entre le Conseil d'État et la Cour de cassation. Ces conflits ne sont pourtant pas exceptionnels. On peut citer, par exemple, l'imprévision ou la réparation du préjudice moral. Le Tribunal des conflits, juridiction paritaire, pourrait cependant être

---

(4) Art. 13 de la loi du 16-24 août 1870.

(5) V. J. CHEVALLIER, *L'élaboration historique du principe de la séparation de la juridiction administrative et de l'administration active*, thèse Paris, 1968.

(6) V. sur l'influence de cette organisation sur la jurisprudence administrative, P. HÉBRAUD, précité, p. 349 et s.

(7) Il ne peut entrer dans les limites de cet ouvrage de définir la compétence de ces deux ordres de juridiction qui donne lieu à des difficultés souvent inextricables. Cf. A. DE LAUBADÈRE, *Droit administratif*, 1980, p. 401 et s. — G. VEDEL et P. DELVOLVÉ, *Droit administratif*, t. I, P. U. F., p. 97 et s.

utilement appelé à résoudre de semblables conflits de doctrine. Il semble en effet anormal qu'un même problème de droit puisse être tranché différemment pour des raisons souvent parfaitement contingentes. L'attribution relativement récente de tout le contentieux des accidents de la circulation aux tribunaux de l'ordre judiciaire a mis fin à l'un des abus particulièrement criant. La question de principe n'en est pas pour autant résolue de façon satisfaisante (8).

388. — A l'intérieur de l'ordre judiciaire il faut également faire une place à part aux **juridictions répressives, chargées d'appliquer le droit pénal à ceux qui ont commis des infractions** : contraventions, délits ou crimes. Il suffira d'observer que l'ensemble des juridictions répressives, tribunaux de police, tribunaux correctionnels, cours d'assises, tribunaux militaires, ainsi que les juges d'instruction, s'intègrent dans une organisation hiérarchisée par la voie de l'appel, le plus souvent, et en tout cas par le contrôle de la *Chambre criminelle de la Cour de cassation* (9).

Quant aux commissions de conciliation instituées par des textes particuliers (par ex. : la commission instituée par l'article 20 de la loi n° 89-462 du 6 juillet 1989), il ne s'agit pas d'organismes assimilables à des juridictions étatiques ou arbitrales. Leur intervention est généralement un préalable indispensable à la saisine des juridictions étatiques mais leur mission est seulement de concilier les parties et non de rendre une décision juridictionnelle exécutoire.

On ne s'attachera ici qu'aux tribunaux de l'ordre judiciaire, non répressifs, qui connaissent essentiellement des litiges entre particuliers, ce qui correspond à la matière propre du droit privé.

Les deux aspects de cette organisation qui donnent à la jurisprudence ses caractères essentiels sont *la hiérarchie des juridictions* et *l'unification de la jurisprudence*.

SECTION 1

LA HIÉRARCHIE DES JURIDICTIONS

389. — Une distinction fondamentale doit être faite entre les *juges du fond* et *la Cour de cassation*.

---

(8) V. Marty et Raynaud, *Introduction*, n° 195, p. 344, et les auteurs cités, note 2.

(9) V. G. Stefani et Levasseur, *Procédure pénale*, 8ᵉ éd., 1974.

§ 1. — LES JUGES DU FOND

390. — Ils examinent le procès dans sa totalité, aussi bien en fait qu'en droit. Il leur appartient d'apprécier si les faits allégués par les plaideurs ont été valablement prouvés. Ils auront ensuite à leur appliquer le droit, après avoir procédé à la qualification des faits et, le cas échéant, à l'interprétation de la loi.

Cette double appréciation, du fait et du droit, est une tâche difficile. Aussi, afin de donner plus de garanties aux plaideurs, la possibilité leur est donnée de faire procéder à deux examens successifs du procès. Il existe en conséquence, *deux degrés de juridictions, dont le premier est hiérarchiquement subordonné au second.*

I. — *Les juridictions du premier degré.*

391. — Il faut encore distinguer entre les *juridictions de droit commun* et les *juridictions d'exception.* Ces dernières ont une compétence qui leur est spécialement attribuée à l'égard de certains litiges déterminés. Leur compétence est donc spéciale, exceptionnelle. En revanche, les juridictions de droit commun seront compétentes chaque fois que la connaissance du litige ne leur aura pas été expressément retirée par un texte particulier.

Exceptionnellement, il peut y avoir une compétence concurrente entre les tribunaux de droit commun et certains tribunaux spécialisés. Par exemple, la chambre départementale des notaires est compétente pour connaître les différends entre notaires. Cette compétence n'exclut pas celle des tribunaux de droit commun lorsque la Chambre départementale n'a pas été saisie régulièrement, c'est-à-dire conformément à l'article 24 du décret du 19 décembre 1945 (10).

A. — **Les juridictions de droit commun** (1).

392. — Les juridictions de droit commun du premier degré sont les tribunaux de grande instance. Il existe un tribunal de grande instance en principe par département. Ce tribunal rend des jugements. C'est une juridiction collégiale, en ce sens que le jugement doit être normalement rendu par un collège d'au moins trois juges. Le tribunal de grande instance comporte en principe une chambre civile, une chambre cor-

---

(10) Cass. civ. 1re, 7 février 1989, *Bull. civ.*, I, n° 67, p. 43.
(1) V. J. VINCENT, G. MONTAGNIER et A. VARINARD, *La justice et ses institutions*, 1982, p. 182 et s., n°s 157 et s.

rectionnelle et une chambre commerciale, lorsque n'existe aucun tribunal de commerce dans la localité.

Le personnel appelé à rendre les jugements est constitué d'un président, d'un vice-président et de plusieurs juges. Il s'agit là de ce qu'on appelle les magistrats du siège. A leur côté se trouve le parquet, constitué par la réunion des représentants du ministère public, c'est-à-dire, des représentants de l'État auprès de la juridiction considérée. Le parquet du tribunal de grande instance est normalement constitué d'un procureur de la république assisté d'un ou plusieurs substituts.

B. — Les juridictions d'exception (2).

a) Les tribunaux d'instance.

393. — En vertu d'un décret du 22 décembre 1958, les tribunaux d'instance ont remplacé les anciens juges de Paix. Ils sont compétents pour juger des affaires d'importance relativement minime. Le tribunal d'instance est composé d'un seul magistrat : le juge d'instance. Il en existe en principe un par arrondissement.

b) Les tribunaux de commerce.

394. — Ces tribunaux de commerce sont constitués par un collège de magistrats qui présentent cette particularité d'être élus par les commerçants de leur ressort. Ils sont compétents pour les litiges intéressant les actes de commerce ou les commerçants, dans l'exercice de leur activité commerciale.

Ils ont également reçu compétence pour connaître des procédures de redressement et de liquidation judiciaire des entreprises lorsque le débiteur a la qualité de commerçant, qu'il s'agisse d'un commerçant individuel ou d'une société commerciale ou lorsqu'il est un artisan. Cependant au-delà d'un certain seuil, seuls quelques tribunaux sont compétents pour connaître de l'une ou de l'autre de ces procédures.

c) Les conseils de prud'hommes.

395. — Ces conseils de prud'hommes sont compétents pour les contestations nées à l'occasion du contrat de travail. Ils sont créés par décret dans une commune ou un groupe de communes déterminées. Ils sont constitués, de façon paritaire, en nombre égal de représentants élus des employeurs et des employés. Ils sont présidés alternativement par un employeur ou un employé. En cas de partage des voix, lors du jugement, le juge d'instance est appelé à présider le conseil de prud'hommes et à départager les conseillers.

d) Les tribunaux paritaires de baux ruraux.

396. — Les tribunaux paritaires des baux ruraux se trouvent au siège des tribunaux d'instance. Ils sont présidés par le juge d'instance, assisté d'assesseurs élus représentant soit les bailleurs, soit les preneurs de baux ruraux. Ils sont compétents à l'égard des contestations entre bailleurs et preneurs de baux ruraux, et pour l'application du livre IV du Code rural (codification du 16 mars 1983).

---

(2) V. J. VINCENT, G. MONTAGNIER et A. VARINARD, précités, p. 199 et s., nᵒˢ 182 et s.

e) Les juridictions de sécurité sociale (3).

397. — Depuis la loi du 25 juillet 1985 *les tribunaux des affaires de la sécurité sociale* ont succédé aux commissions de première instance de la sécurité sociale. L'organisation, le fonctionnement et la compétence de ces tribunaux sont déterminés par les articles L. 191 et suivants du Code de la sécurité sociale.

f) Les juges de l'expropriation pour cause d'utilité publique.

398. — A défaut d'accord amiable, les indemnités d'expropriation sont fixées par un juge désigné pour chaque département parmi les magistrats du siège appartenant à un tribunal de grande instance. Il n'y a pas de ministère public auprès du juge de l'expropriation, mais un commissaire du Gouvernement, qui est le directeur départemental des impôts chargé des domaines.

II. — *Les cours d'appel* (4).

399. — Le *ressort*, c'est-à-dire la compétence territoriale de chaque cour d'appel s'étend en principe à plusieurs départements. Il existe une trentaine de cours d'appel en métropole et trois dans les départements d'outre-Mer. Chaque cour d'appel comprend au moins une chambre civile, une chambre sociale et une chambre correctionnelle. A la tête de la cour d'appel, se trouve un Premier Président, ainsi qu'un président pour chaque chambre, assistés d'un certain nombre de conseillers. A côté de ces magistrats du *siège*, le *parquet*, le *ministère public*, est dirigé par un Procureur général assisté d'avocats généraux et de substituts généraux.

La réforme de l'organisation judiciaire intervenue en décembre 1958 a substitué à la complication antérieure un système d'appel beaucoup plus simple. Désormais, *l'appel qu'interjette un plaideur* mécontent de la décision rendue par une quelconque juridiction du premier degré, qu'il s'agisse d'une juridiction de droit commun ou d'une juridiction d'exception, *doit toujours aller devant la cour d'appel*.

Cela ne signifie pas d'ailleurs que toutes les décisions rendues par les juges du premier degré soient susceptibles d'appel. Il faut ici distinguer selon que la décision du juge du premier degré a été rendue en premier ressort ou en premier et dernier ressort. Seule la décision rendue en premier ressort, ce qui est d'ailleurs le cas le plus normal, est susceptible d'appel. Sont rendues en premier et dernier ressort les décisions concernant des litiges de faible importance, pour lesquels la possibilité d'un appel aurait conduit à des frais disproportionnés avec le résultat à atteindre.

---

(3) V. J. Vincent, G. Montagnier et A. Varinard, précités, p. 234 et s., nᵒˢ 229 et s.

(4) V. J. Vincent, G. Montagnier et A. Varinard, précités, p. 192 et s., nᵒˢ 171 et s.

400. — L'appel, voie de réformation du jugement et d'achèvement du litige.

Aux termes de l'article 542 du nouveau code de procédure civile : « l'appel tend à faire réformer ou annuler par la cour d'appel un jugement rendu par une juridiction du premier degré ».

Cette possibilité offerte aux justiciables d'obtenir un second examen de leur affaire par une juridiction supérieure à celle qui a statué une première fois est considérée comme une garantie de bonne justice et une sauvegarde des libertés publiques (5). Aussi, l'appel est-il la voie de recours de droit commun, très largement ouverte (6). Les risques d'erreur dans les solutions des litiges s'en trouvent considérablement amenuisés. D'autant plus qu'à la suite des débats menés en première instance, l'affaire se sera précisée, certains points secondaires se seront effacés pour mettre en lumière les véritables difficultés, de sorte que lors de l'instance du second degré les parties, leurs conseils et les magistrats concentreront leurs efforts sur une matière déjà décantée.

A cet aspect traditionnel de l'appel, mode de contrôle et d'approfondissement de la solution donnée par les premiers juges, s'en est ajouté un autre, qui a pris une importance accrue avec les récentes réformes de la procédure civile. Le litige n'est pas figé par la formulation de la demande en justice. Il évolue avec l'analyse des prétentions, l'échange des arguments, la production des preuves ; la situation des intéressés, les données de fait peuvent se modifier avec le temps (7)... Or, « la décision des premiers juges constitue nécessairement un temps fort de la vie du litige. Ce peut être le moment de sa solution définitive si, à la satisfaction des uns, répond la résignation des autres. Ce peut être aussi l'occasion de grands rebondissements » (8). En effet, l'appréciation des faits par les juges, leur raisonnement juridique, sont des éléments nouveaux. Les parties voient apparaître les points faibles de leurs prétentions, discernent parfois des voies meilleures qu'elles n'ont pas utilisées, peuvent même se découvrir de nouveaux adversaires ; quelquefois des tiers s'apercevront qu'ils sont intéressés par la façon dont a été réglé ce conflit... Puisque l'appel permet de reprendre l'examen de l'affaire, pourquoi ne pas en profiter pour l'envisager sous tous ses aspects et clore définitivement le litige en tenant compte des nouveaux développements qu'il peut recevoir ? Il ne s'agit plus alors seulement de vérifier ce qu'ont fait les premiers juges, mais de compléter leur décision ;

---

(5) Vincent et Guinchard, *Procédure civile*, 21e éd., n° 874.
(6) « La voie d'appel est ouverte en toutes matières, même gracieuses, contre les jugements de première instance s'il n'en est autrement disposé » (Nouv. C. proc. civ., art. 543).
(7) Miguet, *Immutabilité et évolution du litige*, thèse Toulouse, 1975.
(8) Normand, obs. *Rev. trim. dr. civ.*, 1976, 181.

le jugement de première instance n'est qu'une étape, nouveau point de départ pour un débat permettant à la cour d'appel de trancher le conflit parvenu au stade ultime de son évolution. Ainsi, de *voie de réformation* du jugement, l'appel tend à devenir une *voie d'achèvement* du litige (9). Un tel glissement se traduit en pratique par un gain de temps (la cour d'appel résout directement des questions nouvelles sans avoir à en renvoyer l'examen aux juges du premier degré) mais risque, s'il n'est pas assorti de précautions suffisantes, de compromettre gravement le principe du double degré de juridiction.

401. — L'effet dévolutif et la saisine des juges d'appel.

Nous ne pouvons entrer ici dans le détail de règles techniques ressortissant à une autre discipline : le droit judiciaire privé. Quelques traits saillants doivent néanmoins être brièvement signalés.

La cour d'appel est saisie de l'entier litige (effet dévolutif de l'appel) « pour qu'il soit à nouveau statué en fait et en droit » (10). Cependant, les parties peuvent restreindre sa saisine à la connaissance de certains points seulement du jugement de première instance (il n'est dévolu qu'autant qu'il est appelé : *tantum devolutum quantum appellatum*). Les demandes nouvelles sont interdites ; c'est là une conséquence du principe du double degré de juridiction.

Mais voici des dispositions qui marquent « l'ampleur virtuelle de l'instance d'appel » (11). La notion de demande nouvelle est conçue avec beaucoup de souplesse. Non seulement il est possible d'appuyer une prétention antérieure en invoquant un fondement juridique différent de celui qui a été envisagé en première instance (12), en articulant des moyens nouveaux, en produisant de nouvelles pièces ou en proposant de nouvelles preuves (13), mais aussi de soumettre à la cour certaines *prétentions* dont les premiers juges n'ont pas eu connaissance : opposer la compensation (14), faire écarter les prétentions adverses

---

(9) VINCENT, *Les dimensions nouvelles de l'appel en matière civile*, D. 1973, chron, 179. — Chambre nationale des avoués, journées des 29 et 30 octobre 1973 à Dijon. *Gaz. Pal.*, 1974. 1, doctr. 393, spéc. p. 401 et s., études DU RUSQUEC, VINCENT, TISSOT, PERROT. — V. déjà, antérieurement au récent mouvement de réforme : La voie d'appel, colloque de droit judiciaire, journées des 22 et 23 février 1963 à Aix, *Annales de la Faculté de droit et des sciences économiques d'Aix-en-Provence*, n° 54. — *Adde* : sur les conséquences pratiques concernant la rédaction des conclusions : Chambre nationale des avoués près les cours d'appel, journées d'étude de Toulouse des 16, 17 et 18 octobre 1974, *Gaz. Pal.*, 20 mars 1975, spéc. rapports JUILLARD, LANDRY, GIVERDON ; *Gaz. Pal.*, 1975. 2, doctr. 538, rapport HÉBRAUD.
(10) Nouv. C. proc. civ., art. 561.
(11) VINCENT, chronique précitée.
(12) Nouv. C. proc. civ., art. 565.
(13) *Ibid.*, art. 563.
(14) Sur cette notion, v. OBLIGATIONS.

ou faire juger les questions nées de l'intervention d'un tiers ou de la révélation d'un fait (15). De même, les parties peuvent expliciter les prétentions qui étaient virtuellement comprises dans les demandes et défenses soumises au premier juge et ajouter à celles-ci toutes les demandes qui en sont l'accessoire, la conséquence ou le complément (16). La « plasticité de l'instance d'appel » (17) se manifeste encore quant aux *personnes* : toutes les parties aux débats de première instance ont de larges facilités pour soutenir leurs prétentions devant la cour (18) ; des tiers (personnes n'ayant été ni parties ni représentées en première instance) peuvent intervenir volontairement dans l'instance d'appel (19) ou même s'y voir attraire sans qu'ils l'aient voulu, pourvu que « l'évolution du litige implique leur mise en cause » (20). Il faut enfin mentionner le développement de la *faculté d'évocation* accordée aux juges du second degré : la cour d'appel, en certaines hypothèses, peut statuer sur des points non envisagés en première instance, si elle estime de bonne justice de donner à l'affaire une solution définitive, après avoir ordonné elle-même, le cas échéant, une mesure d'instruction (21).

Les décisions rendues par les cours d'appel portent le nom d'arrêts. Elles mettent fin normalement au procès. Elles arrêtent la situation des parties. Cependant, après l'appel, voie de recours ordinaire, les plaideurs peuvent encore utiliser une voie de recours extraordinaire, le pourvoi en cassation, devant la Cour de cassation.

§ 2. — La Cour de cassation

402. — **Elle occupe le sommet de la hiérarchie judiciaire. Unique pour toute la France elle joue un rôle décisif dans l'unification de la jurisprudence** (22).

---

(15) Nouv. C. proc. civ., art. 564.

(16) *Ibid.*, art. 566.

(17) Vincent, chronique précitée.

(18) Nouv. C. proc. civ., art. 546. — Sur les notions d'appel principal, appel incident et appel provoqué, v. Vincent et Guinchard, *Procédure civile*, 21e éd., nos 874 et s.

(19) Nouv. C. proc. civ., art. 554.

(20) *Ibid.*, art. 555.

(21) *Ibid.*, art. 568. — La distinction entre l'effet dévolutif et l'évocation n'est pas toujours aisée. Les deux notions ont reçu dans les textes actuels une nouvelle ampleur dénotant le même souci de permettre à la cour d'appel de connaître de tous les aspects du litige afin de lui donner elle-même une solution définitive (sur cette évolution, v. Vincent. chron. précitée).

(22) V. sur la Cour de cassation et ses fonctions, J. Boré, *La cassation en matière civile*, préface P. Raynaud, et mise à jour au 31 décembre 1987, 1980 ; *La loi du 6 août 1981 et la réforme de la Cour de cassation*, D. 1981, chron. p. 299 ; et *Réflexions*

La Cour de cassation comporte une chambre criminelle et cinq chambres civiles dont une chambre commerciale et financière et une chambre sociale. Elle est présidée par un Premier Président. Elle est composée de six présidents de chambre et d'une centaine de conseillers, assistés depuis 1967 de conseillers référendaires. Son Parquet est constitué par un Procureur général assisté d'un premier avocat général et de dix-neuf avocats généraux (23).

La Cour de cassation *ne peut statuer d'office*. Il faut qu'elle soit saisie par un pourvoi qui intervient, normalement, à l'initiative de l'un des plaideurs. Cependant, au cas d'empiètement commis par une juridiction sur le pouvoir législatif et le pouvoir exécutif, le Procureur général, sur l'ordre du Ministre de la justice, peut former un *pourvoi pour excès de pouvoir*. L'annulation éventuellement prononcée aura effet à l'égard de tous. La Cour de cassation peut être également saisie par son Pro-

---

sur la sélection des affaires devant la Cour de cassation, D. 1979, chron. p. 247. — P. BELLET et A. TUNC (sous la direction de), *La Cour judiciaire suprême, une enquête comparative, Economica et Rev. intern. dr. comp.*, 1978, spécialement : *Synthèse*, par A. TUNG ; *La Cour de cassation française*, par P. BELLET ; *La Cour suprême idéale*, par A. TUNG ; *Conclusions d'un praticien*, par A. TOUFFAIT ; et les rapports sur les Cours suprêmes des États-Unis, de Californie, de l'U. R. S. S., de Louisiane, du Canada, du Japon, de Suède, de Norvège, de Pologne, la Chambre des Lords, la Cour d'appel du Québec, les Cours de cassation de Belgique et d'Italie, le Hoge Raad des Pays-Bas, la Cour fédérale de justice de R. F. A., le Tribunal fédéral yougoslave, la Cour de justice des Communautés européennes, le Conseil d'État. — M. SOLUS et R. PERROT, *Droit judiciaire privé*, t. I, 1961, nᵒˢ 678 et s. — G. CORNU et J. FOYER, *Procédure civile*, 1958, p. 189 et s. — P. CATALA et F. TERRÉ, *Procédure civile et voies d'exécution*, 1965, p. 84 et s. — J. VINCENT, G. MONTAGNIER et A. VARINARD, *La justice et ses institutions*, nᵒˢ 366 et s. — A. TUNC, *Jurisprudence, Encyclopaedia Universalis*, vol. 9, 1968, p. 580. — A. TOUFFAIT et A. TUNC, pour une motivation plus explicite des décisions de justice notamment de celles de la Cour de cassation, *Rev. trim. dr. civ.*, 1974, p. 487 et s., spécialement p. 505 et s. —MAURY, *Observations sur la jurisprudence en tant que source de droit, Études Ripert*, t. I, p. 49. — P. HÉBRAUD, *Le juge et la jurisprudence, Mélanges P. Couzinet*, p. 365. — Y. LOBIN, *Les réformes de la Cour de cassation, Mélanges Audinet*, 1968, p. 159. — P. HÉBRAUD, *L'Aggiornamento de la Cour de cassation*, D. 1979, chron. p. 205. — M. JEANTIN, *Réformer la Cour de cassation ?, Mélanges Hébraud*, 1981, p. 465. — R. LINDON, *De certaines récentes modifications de la procédure devant la Cour de cassation*, J. C. P. 1980. I. 2967. — P. GULPHE, *A propos de la présente réforme de la Cour de cassation*, J. C. P. 1981. I. 3013. — F. KERNALEGUEN, *L'extension du rôle des juges de cassation*, thèse Rennes, 1979, dactyl. — P. BELLET, *Grandeur et servitude de la Cour de cassation, Rev. intern. dr. comp.*, 1980, p. 293 ; Allocution du 3 janvier 1980, *Gaz. Pal.*, 5 février 1980 ; Allocution du 3 janvier 1979, *Gaz. Pal.*, 3 mars 1979. — *Adde* : Colloque des 23-24 février 1981 à la Cour de cassation : *Secret et publicité des travaux de la Cour de cassation ; modulation du contrôle ; allègement de la procédure et des méthodes de travail*. — G. PICCA et L. COBERT, *La Cour de cassation*, P. U. F., 1986. — E. E. FRANK, *L'élaboration des décisions de la Cour de cassation ou la partie immergée de l'iceberg*, D. 1983, chron, XXI, p. 119 et s.

(23) Décret nᵒ 76-75 du 27 janvier 1976, J. C. P. 1976. III. 43877.

cureur général ou le Garde des Sceaux d'un *pourvoi dans l'intérêt de la loi*. Un tel pourvoi, formé dans un but d'ordre public, ne peut profiter ou nuire aux parties. Il ne vise qu'à empêcher qu'une violation de la loi puisse rester sans sanction avec le consentement ou l'accord tacite des plaideurs. Il faut qu'en toute hypothèse la Cour de cassation puisse jouer son rôle d'unification de la jurisprudence (24).

Il convient de préciser *les fonctions de la Cour de cassation* avant de présenter *la distinction du fait et du droit* et *le mécanisme du renvoi* qui caractérisent ses interventions.

I. — Les fonctions de la Cour de cassation.

402-1. — « Dans certains pays, la Cour suprême est un tribunal qui ne se distingue des autres que par sa suprématie. C'est le juge du dernier appel, après avoir été souvent, historiquement, le juge d'appel » (25).

La Grande-Bretagne est typique de cette situation. La Chambre des Lords possède un pouvoir de juridiction total. C'est également la situation des Cours suprêmes des États-Unis, du Canada, de Suède, de Norvège et de Pologne. En France le Conseil d'État était, jusqu'à la loi du 31 décembre 1987, avant tout un juge d'appel (26).

En revanche, la Cour de cassation française, de même d'ailleurs que les Cours suprêmes belge et italienne, n'est pas un troisième degré de juridiction. Elle ne juge pas les procès, mais les décisions qui sont soumises à sa censure. Elle vérifie si elles ont été rendues conformément à la loi.

Elle exerce à ce titre un double contrôle qui s'exprime en une double fonction : d'une part, *la fonction juridique par le contrôle de l'interprétation de la loi*, d'autre part *la fonction disciplinaire, par le contrôle de la motivation des décisions*.

A. — La fonction juridique :
le contrôle de l'interprétation.

402-2. — **La fonction essentielle de la Cour de cassation est d'assurer l'unité de l'interprétation du droit national, l'unité de la jurisprudence,** qui est une condition de l'égalité effective des citoyens devant la loi.

---

(24) V. J. VINCENT et S. GUINCHARD, *Procédure civile*, n° 1032.

(25) A. TUNC, *Rapport de synthèse*, in *La Cour judiciaire suprême, une enquête comparative*, 1978, p. 8.

(26) A. TUNC, précité, p. 9-10.

Dans cette optique, on attend d'elle qu'elle donne au droit une clarté et une certitude relatives qui diminueront le nombre des litiges en supprimant l'une de leurs causes, et aussi qu'elle adapte le droit à l'évolution de la société dans la mesure où la législation ne réalise pas cette adaptation (27).

Cette fonction juridique peut être conçue de deux manières différentes.

Dans certains pays, tels que la Grande-Bretagne, règne une conception optimiste selon laquelle l'unité de la jurisprudence peut être réalisée par persuasion plutôt que par autorité. La mission de la Cour suprême est alors de fixer clairement le sens de la règle de droit. Ses décisions, longuement motivées, visent à convaincre. Elles ne portent que sur un petit nombre d'affaires sélectionnées en fonction de la contribution qu'elles permettent d'apporter à la clarification et la modernisation du droit.

D'autres pays, dont la France, ont une conception plus pessimiste. Ils considèrent que l'unité de la jurisprudence n'est assurée que si, après avoir fixé ou rappelé le sens de la règle de droit, la Cour suprême prononce la cassation des décisions qui s'en écartent. Ses arrêts procèdent alors par voie d'autorité. Leur rédaction est brève. Ils se bornent à affirmer une solution sans chercher beaucoup à l'expliquer ou à la justifier. Une telle conception interdit la sélection des affaires portées devant la Cour suprême. Toute décision irrégulière doit pouvoir être soumise au contrôle de la Cour suprême (28).

B. — La fonction disciplinaire : le contrôle de la motivation.

402-3. — L'obligation de motiver les décisions de justice, inconnue de notre ancien droit, est un principe d'ordre public garantissant les justiciables contre l'arbitraire du juge. Celui-ci doit expliciter le raisonnement qui l'a conduit à partir de la règle applicable à la solution qu'il énonce. Il doit aussi répondre aux divers moyens qui lui sont soumis par les plaideurs.

Le contrôle de la motivation est complémentaire de celui de l'interprétation. C'est lui, en effet, qui permet de vérifier que la loi a été appliquée en tous ses éléments. La Cour de cassation ne peut contrôler l'application de la loi aux faits si elle ne peut avoir à travers l'arrêt attaqué une connaissance suffisante de ces faits. De même elle ne peut

---

(27) A. TUNC, précité, p. 13-14 et *La Cour suprême idéale, ibid.*, p. 435 et s. — Conseil const., 20 juillet 1977, *J. O.*, 23 juillet 1977, p. 3901.

(28) J. BORE, *La cassation en matière civile*, 1980, n⁰ˢ 3745 et 3746.

exercer son contrôle du droit, si le juge est libre d'éluder un moyen de droit qui l'embarrasse en négligeant d'y répondre. Ce contrôle de la motivation est donc un élément important de l'intervention de la Cour de cassation (29).

II. — La distinction du fait et du droit.

403. — Elle traduit la mission essentielle de la Cour de cassation qui n'est pas de juger les procès mais d'assurer l'unité du droit.

Dans les pays où la Cour suprême est juge de dernier appel, elle a théoriquement le pouvoir d'examiner l'ensemble des points de droit et de fait que soulève un procès. Le plus souvent cependant elle accepte le fait tel que le lui présente le juge inférieur (30).

En France la distinction du fait et du droit, qui a une portée générale et sera étudiée, avec le procès (31), sert de critère au contrôle de la Cour de cassation.

Précisément le fait est « l'ensemble des constatations et appréciations des arrêts sur lesquelles la Cour de cassation exerce son contrôle minimum de la motivation », tandis que le droit est « l'ensemble des points sur lesquels elle exerce son contrôle étendu de l'application et de l'interprétation de la norme juridique » (32). C'est par le contrôle du droit que la Cour de cassation exerce sa fonction essentielle qui est d'assurer l'unité de la jurisprudence.

La distinction du fait et du droit peut comporter et comporte en réalité « des infléchissements par rapport à la pure logique de cette distinction » (33). « De même on se tromperait gravement en croyant qu'il

---

(29) J. Bore, *La cassation en matière civile*, nos 3749 et s. ; *La loi du 6 août 1981 et la réforme de la Cour de cassation*, D. 1981, chron. p. 303, no 23. — *Adde* : 3es Journées juridiques franco-allemandes, 1980, *Le contrôle des constatations de fait par le juge de cassation*, Rev. intern. dr. comp., 1980, numéro spécial, p. 93 et s., spécialement J. Jonquères, *Le contrôle des constatations de faits par le juge de cassation (aspects de droit civil)*.

(30) A. Tunc, précité, p. 8-9.

(31) V. *infra*, no 538.

(32) J. Bore, *La cassation en matière civile*, no 3753.

(33) G. Marty, *Encyl. Dalloz, Rép. dr. civ.*, 2e éd., vo Cassation, no 120 et les ouvrages cités, no 10, notamment, G. Marty, *La distinction du fait et du droit. Essai sur le pouvoir de contrôle de la Cour de cassation sur les juges du fait*, thèse Toulouse, 1929. — Rigaux, *La nature du contrôle sur les juges du fait*, préface Dabin, 1967. — *Le fait et le droit, Travaux du Centre national de recherches logiques belges*, 1961. — Mitsopoulos, *Rapport au IVe Congrès de procédure civile, la distinction du fait et du droit en Cour de cassation*, 1967 ; *Revue hellénique dr. intern.*, 1967. — *Adde* : *Le contrôle des constatations de fait par le juge de cassation*, 3es Journées juridiques franco-allemandes, 1980, Rev. intern. dr. comp., numéro spécial, 1980.

s'agit là de deux catégories figées et immuables. La distinction du fait et du droit offre au contraire une grande souplesse et est en constante évolution. Et il est fréquent que des notions d'abord non contrôlées, comme la force majeure ou la cessation des paiements, aient été ensuite définies et contrôlées » (34). Le contrôle des qualifications juridiques est en particulier l'un des instruments de l'évolution du droit, de sa modernisation. C'est ainsi, par exemple, que la qualification de la faute, analysée comme la violation d'une obligation préexistante, a permis de transformer le droit de la responsabilité civile en mettant à la charge des professionnels des obligations légales diverses.

Des considérations pratiques impérieuses ont imposé dans la plupart des pays de limiter au droit le contrôle de la Cour suprême (35).

Cette distinction du fait et du droit vient en premier lieu de *l'éloignement du justiciable*. Celui-ci rend pratiquement impossible, ou du moins excessivement coûteuse, l'utilisation des modes de preuves habituels, tels que les enquêtes, descentes sur les lieux, voire comparutions personnelles des parties. D'où la nécessité de tenir pour acquis les faits souverainement constatés par les juges du fond. Surtout, sous peine d'arriver à l'encombrement d'une juridiction, qui doit être unique en son principe, il faut absolument restreindre le nombre des recours et le travail des magistrats. La distinction du fait et du droit répond à ce double but : *limitation du nombre des recours* qui ne pourront être fondés que sur une erreur de droit et non sur un simple mal jugé ; *réduction du travail des magistrats*, qui n'auront plus à examiner que le droit, tenant les faits pour acquis.

La limite apportée au contrôle de la Cour suprême est *a priori* satisfaisante. Sans doute sacrifie-t-on partiellement l'intérêt des plaideurs, qui souffrent tout autant d'un mal jugé que d'une erreur de droit. Mais, en France, la Cour de cassation a été créée essentiellement pour la protection de l'intérêt public. Sa mission est d'assurer l'unité du droit à l'intérieur de l'État, et, par là, l'unité politique de la nation (36). Ce n'est qu'indirectement que, ce faisant, elle rétablit une meilleure justice au profit des plaideurs (37).

Cependant, même sur le terrain de l'intérêt public, de l'unité du droit, *la distinc-*

---

(34) J. Boré, *La cassation en matière civile*, n° 3754.

(35) V. *infra*, n°s 412 et s. — Cf. les auteurs cités par G. Marty, *op. cit.*, n° 10 et notamment, pour la Suisse, H. Descheneaux, *La distinction du fait et du droit dans la procédure de recours au Tribunal fédéral*, Fribourg, 1948. — H. Schupbach, *Le recours en cassation, spécialement en procédure civile neufchâteloise*, 1961. — Wielenga, *Essai sur la cassation civile aux Pays-Bas*, thèse Toulouse, 1952. — J. B. Herzog, *Le droit jurisprudentiel et le tribunal suprême en Espagne*, thèse Toulouse, 1942. — *Adde* : Peter Neu, *Les pouvoirs de contrôle de la Cour suprême*, thèse Sarre, 1956, spécialement p. 31 et s. — P. Bellet et A. Tunc (sous la direction de), *La Cour judiciaire suprême, une enquête comparative*, Economica et Rev. intern. dr. comp., 1978.

(36) V. G. Marty, *Étude de droit comparé pour l'unification de la jurisprudence par le tribunal suprême*, *Mélanges Lambert*, p. 732. — H. Solus et R. Perrot, précités, n° 678. — A. Touffait et Tunc, pour une motivation plus explicite... *Rev. trim. dr. civ.*, 1974, p. 503 et 505.

(37) En Allemagne, par exemple, l'intérêt des plaideurs tient une place beaucoup plus grande dans l'organisation de la Cour suprême. En conséquence la distinction du fait et du droit n'y a pas la rigueur qu'elle connaît en France.

tion entre le fait et le droit n'est pas toujours satisfaisante. L'interprétation des contrats est tenue pour une question de fait laissée à l'appréciation souveraine des juges du fond. Or certains contrats, notamment d'adhésion, police d'assurance ou contrats de transport par exemple, sont reproduits à des milliers d'exemplaires. Il est difficilement admissible que de telles conventions soient interprétées différem ment selon la juridiction territorialement compétente.

De même la loi étrangère est considérée comme une question de fait. Ici encore il est difficile d'accepter qu'elle soit interprétée différemment selon les juridictions, surtout pour certaines dispositions étrangères d'application fréquente en France (38).

Le raisonnement logique ne suffit pas pour déterminer l'étendue du contrôle de la Cour de cassation. Il faut pour chaque question se référer à la jurisprudence de cette dernière (39). Encore n'est-il pas toujours possible de prévoir si, dans tel cas concret, la Cour de cassation exercera son contrôle. En particulier, en matière de responsabilité, l'étendue de ce dernier apparaît assez souvent inspiré par l'appréciation qui est portée sur le fond même du litige (40).

La distinction du fait et du droit a pour complément le mécanisme du renvoi.

III. — Le mécanisme du renvoi.

404. — Le principe du renvoi et la liberté de la juridiction de renvoi.

La Cour de cassation peut rendre un arrêt de *rejet* ou de *censure.* Dans ce dernier cas elle ne juge pas le procès. Elle en renvoie l'examen devant une juridiction de même nature et de même degré que celle dont la décision a été censurée (41). Depuis la réforme de 1958 il s'agira le plus souvent d'un arrêt de cour d'appel et le renvoi aura lieu devant une autre cour d'appel.

---

(38) V. H. BATIFFOL et P. LAGARDE, *Droit international privé,* 6ᵉ éd., 1974, t. I, nᵒ 335, et les auteurs cités notes 23 et 24. — *Adde :* FRANCESKAKIS, *La loi étrangère à la Cour de cassation,* D. 1963, chron. p. 7. — P. LAGARDE, *Rapport sur l'interprétation par le juge des règles écrites en droit international français, Trav. Ass. H. Capitant,* 1978, t. XXIX, p. 350.

(39) V. E. FAYE, *La Cour de cassation,* réédition 1970 de l'édition de 1903. — G. MARTY, *op. cit.,* nᵒˢ 13 et s.

(40) Même si l'on tient compte d'une prudence assez compréhensible, la rédaction des avis donnés par les avocats au Conseil d'État et à la Cour de cassation sur les chances de succès des pourvois envisagés est à cet égard très significative.

(41) A l'origine, l'article 21 de la loi du 27 novembre 1790 précisait « qu'après la cassation le jugement serait porté à l'audience devant le tribunal ordinaire qui avait d'abord connu en dernier ressort ». La solution n'était pas très heureuse. Les juges dont la décision avait été annulée pouvaient avoir quelque réticence à revenir sur leur opinion première. Un décret des 14-27 avril 1791, reproduit dans les lois des 2 brumaire an IV (art. 24) et 27 ventôse an VIII (art. 87), a établi la solution actuelle. La Cour de cassation désigne elle-même, par une décision spéciale, la juridiction de renvoi. Elle choisit en principe la juridiction la plus voisine territorialement de celle dont la décision a été censurée ; mais elle n'y est pas tenue, car il peut y avoir intérêt au contraire à choisir une juridiction plus éloignée, moins sensible par là aux considérations locales.

La cassation sans renvoi est assez fréquente en procédure criminelle. Elle reste exceptionnelle en procédure civile (42). En ce domaine et jusqu'à la réforme de 1967 le renvoi n'était écarté que dans les cas où rien ne restait à juger, notamment à la suite d'un pourvoi dans l'intérêt de la loi qui est sans effet sur la situation des parties. Depuis 1967 l'Assemblée plénière peut statuer sans renvoi lorsque les constatations et appréciations de fait de la décision attaquée sont suffisantes (43). Depuis la loi du 3 janvier 1979 cette possibilité a été étendue à toutes les formations de la Cour de cassation (44).

La juridiction de renvoi garde toute liberté. Non seulement elle peut apprécier les faits d'une façon différente de la juridiction dont la décision a été censurée ; mais encore elle n'est nullement obligée d'adopter la doctrine de la Cour de cassation qui avait justifié la censure.

Cependant lorsque le renvoi est ordonné par l'Assemblée plénière, la juridiction de renvoi doit se conformer à la décision de cette assemblée sur les points de droit jugés par celle-ci.

Le renvoi de principe à une juridiction du fond et la liberté entière de celle-ci, caractérisent la conception française. Les raisons en sont essentiellement historiques. Par méfiance à l'égard des anciens Parlements on a craint de donner trop de pouvoirs à la Cour suprême. Surtout, celle-ci a été créée, au moins à l'origine, comme un auxiliaire du pouvoir législatif, au-dessus, mais en dehors du pouvoir judiciaire. Il est normal dans ces conditions que la Cour de cassation n'ait pas été autorisée à statuer sur le fond du procès, ce qui eût été faire office de juge. Enfin, cette conception traduit également le choix délibéré de l'intérêt public, préféré à celui des plaideurs.

405. — La justification actuelle du renvoi.

A l'actif du renvoi, on observe qu'*il donne plus de rigueur à la distinction du fait et du droit*. La pratique de l'évocation risque d'amener la Cour suprême à trouver un moyen de cassation là où n'apparaît

---

(42) Cf. Vincent et Guinchard, *Procédure civile*, 21ᵉ éd., nᵒˢ 1085 et s. — *Adde* un exemple de cassation sans renvoi en matière criminelle, Cass. crim., 25 juin 1979, D. 1980, p. 153, note W. Jeandidier qui précise qu'il faut pour que cette faculté soit mise en œuvre que les faits, tels qu'ils ont été souverainement constatés et approuvés par le juge du fond, permettent d'appliquer les règles de droit appropriées.

(43) V. Y. Lobin, *Les réformes de la Cour de cassation, Études A. Audinet*, p. 162.

(44) V. en faveur de cette solution à propos du mode de calcul des intérêts du complément du juste prix dans la lésion, G. Cornu, *Rev. trim. dr. civ.*, 1974, p. 631. — Cf. A. Perdriau, *Aspects actuels de la cassation sans renvoi*, J. C. P. 1985.I.3180, indiquant que pour la période du 1ᵉʳ janvier 1979 au 31 décembre 1983, la Cour de cassation a fait 92 fois de la faculté de casser sans renvoyer sur le fondement de l'article L. 131-5 C. org. jud (30 cassations sans renvoi pour la seule Chambre criminelle). L'auteur recense les différentes hypothèses dans lesquelles il y a cassation sans renvoi qu'il classe en quatre catégories : cas où il ne reste plus rien à juger, cas où la juridiction n'était pas compétente (spéc. s'agissant des affaires mettant en jeu la séparation des pouvoirs), cas où il a été statué sur une action non recevable et cas d'application de la règle de droit.

qu'un simple mal jugé, de façon à substituer sa propre appréciation des faits à celle des juges du fond. On a remarqué à cet égard que l'évocation avait été surtout admise dans les pays qui connaissaient auparavant trois degrés de juridiction. Tel est le cas notamment de l'Allemagne. Quant à l'Espagne, c'est en 1852 que le principe de l'évocation a été posé ; tandis qu'en 1853 était supprimé le triple degré de juridiction (45).

Il faut encore mentionner *la prolongation*, parfois nécessaire, *du dialogue entre la Cour suprême et les juridictions du fond,* plus proches de certaines réalités humaines et sociales. Son utilité est d'ailleurs attestée par la simple observation que les arrêts de rejet prononcés par les Chambres réunies, et aujourd'hui par l'Assemblée plénière, ne sont nullement exceptionnels, donnant raison à la cour de renvoi qui avait résisté à l'interprétation de l'une des chambres de la Cour de cassation.

Il reste cependant essentiel que la Cour de cassation ait le dernier mot afin d'assurer l'unification de la jurisprudence.

SECTION 2
L'UNIFICATION DE LA JURISPRUDENCE

406. — C'est le rôle essentiel de la Cour de cassation. Cette unification a été spécialement assurée par les Chambres réunies de la Cour de cassation jusqu'en 1947. Après cette date les Chambres réunies ont continué de permettre l'unification de la jurisprudence par la Cour de cassation, tandis que l'Assemblée plénière se voyait confier l'unité interne de la jurisprudence de la Cour de cassation elle-même. Depuis la réforme de 1967, qui a supprimé les Chambres réunies, la fonction d'unification de la jurisprudence incombe à l'Assemblée plénière, tandis que des chambres mixtes assurent l'unité interne de la jurisprudence de la Cour de cassation.

L'unification de la jurisprudence s'analyse ainsi en deux fonctions : *l'unification de la jurisprudence par la Cour de cassation* et *l'unité interne de la jurisprudence de la Cour de cassation elle-même.*

§ 1. — L'UNIFICATION DE LA JURISPRUDENCE PAR LA COUR DE CASSATION

**407. — Pour que la Cour de cassation unifie la jurisprudence, il faut qu'elle puisse en toutes circonstances censurer les décisions non conformes

---

(45) Cf. HERZOG, thèse précitée, p. 394.

à sa propre interprétation. Dans un conflit avec les juges du fond elle doit toujours avoir le dernier mot. Or notre système même de cassation, suivie d'un renvoi devant une juridiction du fond, libre de ne pas adopter l'interprétation de la Cour suprême, est susceptible de faire naître de semblables conflits. Il a fallu attendre la loi du 1er avril 1837 pour que soit trouvée une solution satisfaisante, permettant à la Cour de cassation d'assurer l'unification de la jurisprudence (1).

I. — *Les solutions antérieures à 1837.*

408. — L'échec du référé législatif.

Le pouvoir de la Cour de cassation d'imposer son interprétation de la loi semble aujourd'hui aller de soi. Il a mis cependant près de cinquante ans à être consacré par nos institutions et davantage encore à s'imposer en pratique (2).

L'Assemblée constituante n'avait créé, en 1790, le Tribunal de cassation, qu'avec répugnance. Elle avait entendu affirmer sa subordination au pouvoir législatif. Elle avait autorisé, par le décret des 16-24 août 1790, les tribunaux à s'adresser directement au Corps législatif pour lui demander d'interpréter la loi. Surtout la loi des 27 novembre-1er décembre 1790 avait institué le référé législatif obligatoire (3). Après deux cassations successives, si un troisième jugement statuait dans le même sens, le Tribunal de cassation devait surseoir à statuer et demander au Corps législatif un « décret déclaratoire de la loi » (4). Le référé législatif s'est révélé très peu pratique.

----

(1) V. E. PERRIN, *Du pourvoi devant la Cour de cassation en matière civile*, thèse Paris, 1879. — E. CHÉNON, *De la cassation origine, conditions et effets*, thèse Paris, 1882. — H. BARDOT, *Le pourvoi devant la Cour de cassation en matière civile*, thèse Paris, 1873. — MATTELIN, *La Cour de cassation, son organisation, son but*, thèse Caen, 1880. — M. RENOUARD, *Considérations sur l'histoire de la Cour de cassation, audience de rentrée de la Cour de cassation de 1875.* — C. SAUJOT, *La cassation du XVIIe siècle à l'Empire*, Mémoire pour le D. E. S. d'Histoire du droit, 1951. — Y. HUFTEAU, *Le référé législatif et les pouvoirs du juge dans le silence de la loi*, Paris, 1965. — J. NGUYEN THANH NHA, *Les Chambres réunies de la Cour de cassation. Essai d'un bilan de 130 ans de jurisprudence civile*, thèse Paris, 1968.

(2) V. J. NGUYEN THANH NHA, thèse précitée, p. 15 à 49.

(3) Art. 21, 20 ; dont les dispositions se retrouvent dans la Constitution de 1791, en termes voisins, titre III, chap. V, art. 21, et la Constitution du 5 fructidor an III, art. 256. — Cf. M. TROPER, *La séparation des pouvoirs et l'histoire constitutionnelle française.*

(4) Celui-ci existait déjà sous l'Ancien Régime. V. art. 7, titre I, de l'ordonnance d'avril 1667 : « Si dans les jugements des procès qui seront pendants en nos Cours de Parlement, et autres nos Cours, il survient aucun doute ou difficulté sur l'exécution de quelques articles de nos ordonnances, édits, déclarations et lettres patentes, nous leur défendons de les interpréter, mais voulons qu'en ce cas elles aient à se retirer par devers nous, pour apprendre ce qui sera de notre intention », ISAMBERT, t. XVIII, p. 106. Pouvoir législatif et judiciaire étant confondu en la personne du Roi, celui-ci statuait en la double qualité de législateur et de juge. L'interprétation qu'il donnait en son Conseil s'appliquait, soit au procès en cours, soit à toutes les causes semblables qui pourraient se présenter à l'avenir (cf. E. PERRIN, thèse précitée, p. 194).

Le législateur a laissé le plus souvent en souffrance les demandes qui lui étaient adressées. Dans certains procès importants, en revanche, des pressions ont été exercées sur des membres du Corps législatif.

C'est la loi d'organisation judiciaire du 27 ventôse an VIII (18 mars 1800) qui a institué, par son article 78, les Sections réunies, ancêtres des Chambres réunies. Elles devaient statuer lorsqu'après une cassation le second jugement était attaqué par les mêmes moyens que le premier. Leur décision avait, en raison de sa solennité même, une autorité morale particulière. Cependant la deuxième juridiction de renvoi n'était pas tenue de s'y conformer.

La loi du 16 septembre 1807 est intervenue à la suite d'un arrêt de cour d'appel qui avait refusé de suivre la doctrine des Sections réunies (5). Elle donnait dans cette hypothèse à l'Empereur, statuant en Conseil d'État, le pouvoir d'interpréter la loi par un règlement d'administration publique, qui s'appliquait de façon rétroactive au procès en cours.

L'évolution des institutions après la chute du Premier Empire et l'échec du référé législatif (6) exigeaient une solution nouvelle. La loi du 30 juillet 1828 sacrifiait d'abord l'unité de la jurisprudence.

409. — La loi du 30 juillet 1828 faisait prévaloir l'interprétation de la deuxième cour de renvoi.

Depuis 1826 les Sections réunies sont devenues Chambres réunies. La loi du 30 juillet 1828 apporte deux innovations.

En premier lieu le référé législatif est pratiquement supprimé. Le référé existe toujours, mais il n'exerce plus aucune influence sur le procès en cours. Les Chambres réunies doivent seulement en référer au Roi pour qu'il saisisse les Chambres du Parlement d'un projet de loi interprétative. Même réduit de cette façon, le référé n'a guère d'effets pratiques. Sur 54 arrêts de cassation des Chambres réunies rendus de 1828 à 1836, 4 projets seulement ont été déposés, dont deux seulement ont abouti à des lois, qui furent en fait des lois nouvelles, et non interprétatives (7).

En second lieu et surtout, la possibilité d'un troisième pourvoi en cassation étant supprimée, c'est alors la deuxième juridiction de renvoi, qui doit être dans tous les cas une cour d'appel, qui donnera la solution définitive du procès.

Ce système a été vivement critiqué. Il ne permettait plus en effet à la Cour de cassation d'avoir le dernier mot et ouvrait ainsi la voie à la diversité des jurisprudences selon les cours d'appel. Malgré deux arrêts de censure, la Cour de cassation demeurait impuissante. Ce danger n'avait rien d'illusoire. De 1828 à 1836, sur 49 cassations après renvoi devant les Chambres réunies, il n'y eut que 29 arrêts de renvois conformes à la doctrine de la Cour suprême. 20 arrêts se sont prononcés contre les Chambres réunies.

Le système devait être abandonné 9 ans plus tard avec la loi du 1er avril 1837.

II. — Le mécanisme actuel.

410. — La loi du 1er avril 1837 a permis à la Cour de cassation d'assurer l'unité de la jurisprudence.

Au cours des travaux préparatoires, le Garde des Sceaux affirmait :

---

(5) V. E. CHÉNON, précité, p. 207.

(6) V. Y. HUFTEAU, *Le référé législatif et les pouvoirs du juge dans le silence de la loi*, Paris, 1965.

(7) V. M. MATTELIN, *La Cour de cassation, son organisation, son but*, thèse Caen, 1880, p. 276. — E. PERRIN, précité, p. 200. — M. BARBOT, précité, p. 187.

« La Cour de cassation n'a été établie que pour rendre la jurisprudence uniforme. On a pensé qu'à côté de la loi, il devait y avoir une juridiction qui en garantit l'exécution toujours la même. Si la Cour de cassation n'atteignait pas ce but, elle serait inutile » (8).

L'intervention des Chambres réunies suppose qu'une décision rendue en dernier ressort a été soumise une première fois à la Cour de cassation. Celle-ci a rendu un arrêt de cassation et renvoyé le procès devant une première juridiction de renvoi. Cette juridiction de renvoi ne s'est pas inclinée devant l'interprétation retenue par la Cour de cassation et a repris à son compte la solution qu'avait affirmée la décision censurée. Un pourvoi a alors été formé contre la décision de la première juridiction de renvoi. Ce pourvoi est soumis à la Cour de cassation qui statue obligatoirement toutes Chambres réunies. La décision des Chambres réunies de la Cour de cassation s'imposera alors à la seconde cour de renvoi.

Les Chambres réunies de la Cour de cassation peuvent parfaitement rendre non pas un arrêt de cassation, mais un arrêt de rejet. Elles donnent alors raison aux juges du fond et désapprouvent ainsi la solution qui avait été retenue par l'une des chambres de la Cour de cassation.

Les Chambres réunies ne sont pas toujours compétentes lorsqu'un deuxième pourvoi en cassation est formé dans la même affaire. Il faut, en effet, que le premier arrêt de cassation et la décision rendue par la première juridiction de renvoi aient été rendus entre les mêmes personnes, agissant avec la même qualité, à propos d'une même affaire. Autrement dit il faut entre les deux décisions les conditions de l'autorité de la chose jugée. Il faut en outre que la juridiction de renvoi ait donné sur le point de droit tranché déjà par la Cour de cassation une solution différente de celle qui avait été retenue par celle-ci. Il faut enfin que la décision de la juridiction de renvoi soit attaquée par les mêmes moyens, c'est-à-dire que le demandeur au pourvoi invoque, en vue d'obtenir une nouvelle cassation, les mêmes arguments qui avaient été déjà soutenus pour obtenir la première cassation. Ces moyens dépendent évidemment des motifs qui ont été invoqués par la juridiction de renvoi. Si en conséquence cette juridiction avait jugé dans le même sens que la décision déjà cassée, mais pour des motifs différents, les Chambres réunies ne seraient pas compétentes.

En définitive « le principe de la compétence des Chambres réunies est dans la résistance que la juridiction de renvoi oppose sur une thèse de droit, dans la même affaire, à la décision de l'arrêt de cassation qui l'a saisie » (9).

La loi du 3 juillet 1967 a supprimé la formation des Chambres réunies, devenue trop lourde en raison de l'augmentation du nombre des cham-

---

(8) Cité par E. CHÉNON, précité, p. 214, qui rappelle également les réticences de certains orateurs devant ce transfert à la Cour de cassation d'une partie de la puissance législative.

(9) Cass. Ch. réunies, 26 juin 1962, *Bull. civ.*, n° 3 ; D. 1963, p. 20. — Cf. FAYE, précité, n° 281. — CRÉPON, *Du pourvoi en cassation en matière civile*, t. III, n° 2265.

bres et des conseillers. Elles ont été remplacées par l'Assemblée plénière. Celle-ci est présidée par le Premier Président ou le plus ancien des présidents de chambre. Elle comprend les présidents et doyens de chaque chambre ainsi que deux conseillers par chambre (10).

Depuis la loi du 3 janvier 1979, l'Assemblée plénière peut être saisie, de façon facultative, avant même qu'ait joué le mécanisme du renvoi, lorsque l'affaire pose une question de principe, notamment s'il existe des solutions divergentes, soit entre des juges du fond, soit entre les juges du fond et la Cour de cassation. La cour de renvoi doit alors se conformer à la décision de cette assemblée sur les points de droit jugée par celle-ci dans les mêmes conditions qu'au cas de saisine obligatoire. Le renvoi devant l'Assemblée plénière est décidé, soit avant l'ouverture des débats par ordonnance non motivée du Premier Président, soit par arrêt non motivé de la chambre saisie. Le renvoi est de droit lorsque le Procureur général le requiert avant l'ouverture des débats.

Les statistiques font clairement apparaître la nécessité et l'efficacité de l'institution. En effet, les arrêts des Chambres réunies, d'abord assez fréquents, sont devenus exceptionnels avec la reconnaissance, aujourd'hui incontestée, de l'autorité de la Cour de cassation. De 1837 à 1847 on relève une moyenne de dix arrêts par an. Celle-ci diminue régulièrement jusqu'en 1877 pour accuser ensuite une chute sensible, la moyenne se fixant à deux ou trois arrêts annuels (11). Si l'on tient compte de l'augmentation du nombre des pourvois, de 1 200 en 1837 à plus de 10 000 aujourd'hui, la proportion des arrêts des Chambres réunies est passée de près de un pour cent à deux ou trois pour dix mille, soit environ 30 fois moins.

L'instauration des juridictions paritaires et leur intervention en première instance et en appel a provisoirement remis en question l'autorité de la Cour de cassation, comme l'atteste une augmentation sensible du nombre des arrêts des Chambres réunies (12). Mais la réforme de 1958 en soumettant tous les procès aux cours d'appel a mis fin à cette situation. L'autorité de la Cour de cassation est aujourd'hui incontestée (13).

---

(10) V. *supra*, n° 404, *La faculté d'évocation accordée par la loi de 1967 à l'assemblée plénière.*

(11) V. J. NGUYEN THANH NHA, précité, p. 74.

(12) Entre 1951 et 1961 la moyenne annuelle de 1,4 est passée à 5,6 ; cf. J. NGUYEN THANH NHA, précité, p. 135.

(13) V., cependant, J. G. M., « *Controverse entre juridictions du fond et la Cour de cassation* », *Gaz. Pal.*, 22 novembre 1975, p. 9. — Chron. GAVALDA, note sous T. G. I. Chaumont, 18 novembre 1976 et Cass. com., 15 février 1977, J. C. P. 1977. II. 18677, qui fait état de « la résistance persistante des cours et tribunaux touchant la suspension des poursuites des créanciers munis de sûretés en cas de liquidation de biens » et y voit un « signal » qui montre que « la solution » de la Cour de cassation « répond mal aux exigences de la vie sociale ».

Cependant la multiplication des pourvois en cassation et la pluralité des chambres qu'elle a provoqué ont fait naître une nouvelle difficulté touchant à l'unité interne de la jurisprudence de la Cour de cassation elle-même.

§ 2. — L'UNITÉ INTERNE DE LA JURISPRUDENCE DE LA COUR DE CASSATION

411. — Sa nécessité est incontestable (14). La sécurité des relations juridiques l'exige. Mais la difficulté est de réaliser pratiquement cette unité.

L'idéal serait l'unité de chambre à l'intérieur de la Cour de cassation. Mais il ne peut être atteint dans les États d'une certaine importance, en raison de la densité du commerce juridique et de l'inévitable encombrement de cette chambre unique (15).

Des conflits de jurisprudence naissent ainsi de *la nécessaire pluralité des chambres* à l'intérieur de la Cour de cassation. *Diverses techniques tendent à éviter de tels conflits.* Mais il est impossible de les écarter complètement. Il faut donc organiser *le règlement de ces conflits.*

I. — *La nécessaire pluralité des formations de jugement à l'intérieur de la Cour de cassation.*

412. — L'institution de la Cour de cassation répond à un double besoin : elle doit satisfaire un intérêt public, assurer l'unité de la jurisprudence ; elle doit également préserver l'intérêt des parties en cause.

L'intérêt des parties demande que toutes les erreurs soient réformées ; c'est-à-dire que tous les procès puissent être réexaminés en leur entier. Une semblable exigence se retrouve lorsqu'il s'agit d'assurer l'unité de la jurisprudence. Mais en outre, il est indispensable que soit préservée l'unité interne de la Cour de cassation. A défaut, en effet, il pourrait

---

(14) V., cependant, J. DUALDE, cité par HERZOG, précité, nᵒˢ 147 et s., qui invoque l'opportunité d'un débat aussi prolongé que possible afin d'obtenir un assentiment général sur la solution la meilleure.

(15) Cf. G. MARTY, *Étude de droit comparé sur l'unification de la jurisprudence par le tribunal suprême, Mélanges Lambert,* t. II, p. 732 et s. — Peter NEU, *Les pouvoirs de contrôle de la Cour suprême,* thèse Sarre, 1956, p. 20 et s. — M. ANCEL, *Réflexions sur l'étude comparative des Cours suprêmes et le recours en cassation, Annales Institut droit comparé,* Paris, 1938, p. 285 et s. — DE LA GRASSERIE, *De la fonction et des juridictions de cassation en droit comparé,* Paris, 1911.

y avoir autant de jurisprudences que de juridictions composant la Cour suprême.

A première vue, le système idéal serait une juridiction unique dont tous les magistrats statueraient ensemble et réexamineraient tous les procès en leur entier.

Malheureusement la réalisation pratique d'une telle conception se heurte à une impossibilité matérielle radicale (16).

Dans la plupart des pays le nombre des procès exclut pratiquement la possibilité d'un troisième examen par une juridiction nationale unique. L'encombrement de cette juridiction serait fatal, en raison même de la confiance que placeraient les plaideurs en ce tribunal d'un rang particulièrement élevé. Des délais excessifs feraient alors obstacle à une bonne administration de la justice. En outre la juridiction, surchargée, aurait tendance à approuver sans discussion sérieuse le projet proposé par le magistrat rapporteur. A l'extrême, on pourrait voir ainsi, autant de jurisprudences que de rapporteurs (17).

413. — La solution du problème peut être recherchée dans une double direction :

On peut en premier lieu *limiter l'accès à la juridiction suprême.*

On peut également *multiplier le nombre* des magistrats, et surtout celui *des juridictions*, à l'intérieur de la Cour suprême.

En fait, le plus souvent, l'organisation de la Cour suprême fait une place à ces deux préoccupations. L'application systématique de l'un ou de l'autre procédé ferait en effet obstacle à la mission essentielle de l'institution, qui est d'assurer l'unité de la jurisprudence.

414. — **Des procédés divers peuvent être utilisés pour restreindre l'accès à la Cour suprême** (17-1).

Les recours seront d'autant plus rares qu'ils seront plus onéreux. Par exemple, la diminution des frais et la dispense du ministère des avocats au Conseil d'État et à la Cour de cassation, accordée en certaines matières, s'est traduite en fait par un accroissement considérable du nombre des pourvois. L'intervention d'un avocat spécialisé met un frein efficace à la témérité des plaideurs, non seulement en raison des frais qu'elle impose, mais encore parce qu'elle éclaire les parties sur les chances

---

(16) Cf. Marty, *Étude de droit comparé sur l'unification de la jurisprudence par le Tribunal suprême*, in *Mélanges Lambert*, p. 732 et s.

(17) Cette jurisprudence répondrait alors à la définition critique d'un grand juriste espagnol : « ce qu'un magistrat pense un après-midi et offre le lendemain au commentaire superficiel de ses collègues, quelques minutes avant ou après l'audience », Joaquin Dualde, *Una revolucion en la logica del derecho* (concepto de la interpretacion del Derecho privado), Barcelone, 1933, p. 294 ; cité par J. B. Herzog, thèse précitée, p. 313.

(17-1) V. A. Bénabent, *Pour la Cour de cassation aussi, mais autrement...*, D. 1989, chron. XXXIII, p. 222 et s. — Allocution de M. le Premier Président P. Drai, *Pour la Cour de cassation*, in J.C.P. 1989.I.3374.

de succès du recours qu'elles envisagent (17-2). Il faut ajouter que les pourvois présentés par les plaideurs eux-mêmes, voire par leurs avocats non spééialisés, exigent du conseiller rapporteur un travail beaucoup plus difficile en raison de l'ignorance de leur rédacteur quant à la technique de présentation des moyens, et du défaut d'argumentation approfondie. En France, des textes successifs, en 1957, 1958 et 1972 ont rétabli l'intervention obligatoire d'un avocat aux Conseils en matière de baux ruraux, de sécurité sociale et de loyers d'habitation.

On peut s'efforcer également d'écarter les pourvois téméraires par la menace d'une amende. En France, aujourd'hui, son taux peut s'élever jusqu'à 20 000 F. En outre une indemnité arbitrée librement par la Cour de cassation peut être accordée au défendeur. Le décret du 12 mai 1981 précise que la menace de cette amende doit être portée à la connaissance du demandeur potentiel lors de la notification de l'arrêt d'appel. Cela peut être un frein efficace à l'égard de simples particuliers, mais n'exerce pratiquement aucune influence sur des professionnels qui en incorporent le montant dans leurs frais généraux (18).

De façon plus subtile la multiplication pratique des irrecevabilités et des déchéances permet de diminuer le nombre des recours. La Cour de cassation, submergée avant la réforme de 1947, avait, par exemple, déclaré irrecevable tout pourvoi invoquant un défaut de réponse aux conclusions d'appel qui ne serait pas accompagné de l'original de ces conclusions visé par la juridiction dont la décision était contestée. De même quelques centaines de pourvois ont été déclarés d'un coup irrecevables faute de pouvoir suffisant de la personne physique ayant formé le pourvoi au nom de la personne morale en cause (19).

Dans le même esprit, il est évident que les pourvois seront d'autant plus rares que les arrêts de rejet seront plus fréquents. Si les chances d'obtenir une cassation

---

(17-2) V. sur ce rôle justifiant le maintien de la profession d'avocats au Conseil d'État et à la Cour de cassation, J. Boré, *La fonction d'avocat auprès des cours suprêmes*, D. 1989, chron. XXV, p. 159 et s. Pour l'auteur, la limitation du nombre des avocats spécialisés est aussi la condition *sine qua non* du bon fonctionnement des cours suprêmes. L'auteur prend l'exemple de l'Italie où l'ordre ne comporte pas de limitation en nombre des avocats spécialisés, ce qui aurait conduit à la formation en 1988 de 75 000 pourvois (38 000 en matière civile) alors qu'en France le nombre des pourvois ne dépassait pas 20 000. *A priori* cet argument ne semble pas péremptoire car si le nombre d'avocats aux conseils est limité, nulle disposition n'interdit à ceux-ci de recourir à des collaborateurs spécialisés dans ce contentieux, de sorte qu'une véritable comparaison supposerait connu le nombre d'avocats ou de juristes instrumentant réellement les pourvois dans les deux pays, même si seuls ceux qui en prennent la responsabilité les signent. Mais, comme le souligne l'auteur lui-même, la limitation du nombre des avocats spécialisés conduit à ce qu'un volume de dossiers suffisant assure l'indépendance de l'avocat et garantit son impartialité. L'avocat spécialisé faisant partie d'un bareau restreint est donc moins soumis à la tentation d'encourager ou, plus exactement, de ne pas décourager l'introduction de pourvois n'ayant aucune chance de succès. Compris ainsi, la įimitation en nombre des avocats spécialisés se justifie.

(18) V. R. Lindon, *La motivation des arrêts de la Cour de cassation*, 1975. I. 2681, V, *a*.

(19) A propos de la Cour de cassation belge, on a pu écrire : « c'est un fait connu qu'il faut une certaine adresse pour introduire devant » elle, « un pourvoi qui ne se heurte à quelque cause d'irrecevabilité », le but étant seulement « de fermer l'accès de la Cour de cassation au demandeur ». Cf. Van Dievoet, *Le droit civil en Belgique et en Hollande de 1800 à 1940, les sources du droit*, 1948, p. 348.

sont faibles *a priori*, le plaideur hésitera à engager les frais d'un recours trop aléatoire (20).

Il est encore un moyen de limiter le nombre des recours devant la Cour suprême, c'est de leur refuser tout effet suspensif. Le plaideur, tenu en tous cas d'exécuter la décision qui lui fait grief, hésitera davantage à se pourvoir en cassation. En France, le décret du 12 mai 1981 a enlevé tout effet suspensif au pourvoi formé contre l'arrêt rejetant une demande en divorce ainsi qu'à l'égard des mesures provisoires et accessoires au divorce afin d'éviter les nombreux recours formés antérieurement à seule fin de retarder l'exécution de la décision contestée.

Enfin deux procédés radicaux peuvent être encore employés. On peut écarter le recours à l'égard de certaines décisions, notamment lorsque l'intérêt en jeu est trop faible. On peut aussi soumettre son exercice à une autorisation de la juridiction même dont la décision est critiquée, ou de la Cour suprême elle-même.

La chambre des requêtes avait été initialement instituée à cette fin. Elle pouvait, en effet, rejeter les pourvois en matière civile ou les transmettre à la chambre civile. Cependant le décret du 4 germinal an II (24 mars 1794) a très vite modifié sa nature en disposant qu'elle devrait motiver ses décisions. Elle devait être amenée à créer sa propre jurisprudence. Très rapidement on a reproché à la chambre des requêtes de ralentir le fonctionnement de la Cour de cassation et de nuire à l'unité de la jurisprudence (21). Sa suppression était projetée à diverses reprises, notamment en 1870, 1888 et 1903 (22). Elle devait être réalisée effectivement en 1947.

En fait les conflits de jurisprudence entre la chambre civile et la chambre des requêtes ont été relativement rares, cette dernière s'alignant assez rapidement sur la solution retenue par la chambre civile (23). En revanche l'expérience a montré que la suppression de la chambre des requêtes avait permis d'augmenter sensiblement le rendement de la Cour de cassation (24).

L'intervention d'un organisme de filtrage garde cependant des défenseurs (25).

En Angleterre le coût élevé de l'instance devant la juridiction suprême, la Chambre

---

(20) Cf. MARTY, thèse précitée, p. 369.

(21) V. MONITEUR, 4 février 1849, p. 371, col. 2, séance du 3 février.

(22) V. Ch. DUBIÉ, *Essai sur la technique des conflits de jurisprudence en droit civil*, thèse Toulouse, 1932, p. 248 à 254.

(23) V. HÉBRAUD, *La loi du 23 juillet 1947 sur la Cour de cassation*, D. 1947, chron. p. 125. — PERREAU, *Technique de la jurisprudence*, t. I, p. 73. — Ch. DUBIÉ, thèse précitée. — V., par ex., pour le point de départ du délai de prescription de l'action permettant d'attaquer les partages d'ascendants conformément à l'article 1079 C. civ., Req., 12 juillet 1836, S. 1836. 1. 354, qui retient la signature du partage. — *Contra* : Cass. civ., 30 juin 1847, S. 1847. 1. 481. — 14 juillet 1852. 1. 749. — 31 janvier 1853, S. 1853. 1. 153 qui retiennent le décès de l'ascendant. — Puis Req., 27 novembre 1865, D. P. 1866. 1. 216. — 24 juin 1872, D. P. 1872. 1. 472, qui adoptent la solution de la Chambre civile.

(24) V. J. L. ROPERS, *La loi du 21 juillet 1952 créant une nouvelle Chambre civile à la Cour de cassation*, J. C. P. 1952. 1. 1054.

(25) Cf. HÉBRAUD, précité, p. 125. — *Contra* : R. LINDON, *La motivation des arrêts de la Cour de cassation*, J. C. P. 1975. I. 2681, IV, e. — *Adde* : pour le droit comparé, HERZOG, *La réforme de la Cour de cassation*, Gaz. Pal., 1945. 2, doctr. p. 52. — A. TUNC, *La Cour de cassation en crise*, Arch. philosophie du droit, t. XXX, p. 157 et s., spéc., p. 164. Selon l'auteur chaque Chambre de la Cour de cassation ne devrait pas rendre plus de 50 arrêts par an et une formation restreinte aurait pour mission de rejeter les affaires ne présentant pas d'intérêt général, de retenir une minorité d'affaires à renvoyer devant la formation de jugement et de trancher les pourvois mettant en cause des questions disciplinaires.

des Lords, l'exclusion du recours pour les petites affaires, la permission d'appeler qui doit être obtenue soit de la Cour d'appel elle-même, soit d'une commission de la Chambre des Lords, permettent à celle-ci de n'avoir pas un rôle trop encombré ; et cela bien qu'elle intervienne comme un véritable juge d'appel. Il est vrai que toute l'organisation judiciaire anglaise est orientée vers l'unité, tant par sa très grande concentration, que par le système du précédent (26).

Mais ces divers procédés se sont partout ailleurs révélés insuffisants. Il a fallu limiter les cas d'ouverture du recours devant la juridiction suprême. Quelles que soient les modalités utilisées, elles se réduisent essentiellement à *la distinction du fait et du droit*. Celle-ci facilite évidemment la mission de la Cour suprême. D'une part, en effet, elle diminue le nombre des recours. D'autre part, elle réduit le travail de la Cour suprême, puisque son examen est limité au droit.

415. — L'accès à la Cour de cassation ne peut être exagérément limité.
Les restrictions apportées à la possibilité de se pourvoir devant la Cour suprême ne peuvent être exagérées sous peine de rendre l'institution inefficace, l'empêchant par là de remplir sa mission d'unification de la jurisprudence.

On a montré, par exemple, qu'en Espagne, le Tribunal suprême ne pouvait pleinement assurer l'unité du droit en raison du domaine important dans lequel le pourvoi en cassation était écarté. En particulier, ce recours était exclu, à l'égard des décisions des juges municipaux et des tribunaux de première instance, ainsi que pour les litiges de faible importance pécuniaire. On a fait observer que, spécialement dans l'application des coutumes locales, qui entre normalement dans la compétence exclusive des tribunaux de première instance, l'intervention unificatrice de la Cour suprême eût été très utile. En outre, faire dépendre l'ouverture du recours en cassation de l'importance pécuniaire du litige revient à faire de la cassation un privilège de la fortune (27). Des frais de procédure ou des amendes trop élevés aboutissent au même résultat.

De même, une conception trop restrictive de l'étendue du contrôle exercé par la Cour suprême nuirait considérablement à sa mission. La distinction du fait et du droit doit être entendue de telle sorte qu'elle permette à la Cour de cassation d'assurer réellement l'unité de la jurisprudence (28).

Il est donc indispensable d'ouvrir assez largement le recours devant la Cour suprême.

416. — Mais alors, dans un État où le commerce juridique est de quelque importance, le nombre des recours sera tel, qu'une juridiction

(26) Cf. MARTY, in *Mélanges Lambert*, précité, p. 733 et s. — Peter NEU, *Les pouvoirs de contrôle de la Cour suprême*, thèse Sarre, 1956, p. 18, n° 12. — GRIMBERG-VINAVER, *Le rôle judiciaire de la Chambre des Lords*, thèse Paris, 1936. — J. A. JOLOWICZ, *Les décisions de la Chambre des Lords*, Rev. intern. dr. comp., 1979, p. 521. — Lord WILBERFORCE, *La Chambre des Lords*, in *La Cour judiciaire suprême, une enquête comparative*, p. 85 et s.
(27) Cf. pour l'Espagne, HERZOG, thèse précitée, p. 374 et s., n⁰ˢ 232 et s.
(28) Cf. MARTY, thèse précitée, spécialement n⁰ˢ 165 et s.

unique sera fatalement submergée. Il faut ici rechercher la solution dans une autre direction : la **multiplication des juridictions à l'intérieur de la Cour suprême**. On risque cependant de sacrifier, par ce moyen, l'unité de la jurisprudence.

En France, et jusqu'à la réforme de 1947, on s'est efforcé de conserver, au moins sur le plan civil, le principe de l'unité de chambre (29). On a eu recours pour cela au système de l'admission préalable confié à la chambre des requêtes. Finalement, et devant l'encombrement considérable de la Cour de cassation, qui prononce aujourd'hui plus de dix mille arrêts par an, il a fallu en 1947 et 1952 abandonner ce principe. Le problème s'est alors posé dans les termes où il se posait déjà à l'étranger.

Des conflits étaient déjà susceptibles de se produire pratiquement, dès la création du Tribunal suprême, entre chambre civile et chambre criminelle. La création de la chambre sociale, juste avant la dernière guerre, avait augmenté encore ce risque. La loi du 23 juillet 1947 en transformant la chambre des requêtes en une section commerciale et financière a donné plus d'acuité encore au problème. Enfin, la loi du 21 juillet 1952 a créé une deuxième section civile, portant ainsi à quatre les formations de jugement à l'intérieur de la chambre civile, et à cinq, avec la chambre criminelle, celles du Tribunal suprême. Cette multiplication a fait apparaître des conflits de jurisprudence (30). La difficulté s'est encore aggravée avec la création, en 1967, d'une cinquième chambre civile, ce qui porte à six le nombre des formations de jugement.

La chambre criminelle s'est ensuite divisée en trois sections qui

---

(29) Cf. HERZOG, *La réforme de la Cour de cassation, Gaz. Pal.*, 1945. 2. 52, IV et les auteurs cités.

(30) V., par ex., sur la responsabilité des commettants en cas d'abus de fonction le désaccord entre la chambre criminelle et la 2e chambre civile qui persiste malgré une intervention des chambres réunies (9 mars 1960, J. C. P. 1960. II. 11559, note R. RODIÈRE). — V. pour Cass. crim., 2 novembre 1971, D. 1973, p. 21, note LARROUMET, J. C. P. 1972. II. 16955. — 28 mars 1973, D. 1974, p. 77, note M. F. JAUBERT. — 20 novembre 1974, D. 1975, Inf. rap., p. 7. — 28 novembre 1974, D. 1975, Inf. rap., p. 19. — 30 janvier 1975, J. C. P. 1975. IV, p. 88. — D. 1975, Inf. rap., p. 55. — 21 janvier 1975, D. 1975, Inf. rap., p. 60. — 18 février 1975, D. 1975, Inf. rap., p. 66 : qui admettent formellement que le commettant répond des abus de fonctions du préposé et que même les actes délictueux commis par le préposé engagent la responsabilité du commettant dès lors que la réalisation du délit a été facilitée par l'exercice des fonctions. — V. contre, Cass. civ. 2e, 8 mars 1972, D. 1972, Somm. 158 ; J. C. P. 1972. IV, p. 104. — 6 février 1974, J. C. P. 1974. IV, p. 107 ; D. 1974, Inf. rap., p. 106. — 13 novembre 1974, J. C. P. 1974. IV, p. 248. — 13 février 1975, J. C. P. 1975. IV, p. 115 ; qui n'admettent la responsabilité du commettant qu'après avoir constaté que l'acte commis par le préposé à l'aide des moyens mis à sa disposition par son employeur n'était pas étranger, par son but, à l'exercice des fonctions. V. G. VINEY, *La responsabilité du fait d'autrui, Rapport aux 4es Journées juridiques franco-hongroises de la société de légis. comparée*, 1975, p. 10 et 11.

siègent alternativement, la chambre siégeant pourtant une fois par semaine en formation plénière pour statuer sur les affaires les plus importantes.

Cette nouvelle multiplication des formations de jugement par la division de chaque chambre en sections devrait être institutionnalisée et développée par deux réformes successives, résultant des lois du 3 janvier 1979 et du 6 août 1981.

Selon l'article L. 131-6 du Code d'organisation judiciaire, les chambres de la Cour de cassation « ne rendent les arrêts que si cinq membres au moins, ayant voix délibérative, sont présents ». La réduction du quorum à neuf, en 1959, puis à sept, en 1979, était insuffisante pour permettre à toutes les chambres de siéger en plusieurs sections. Seules les chambres dont l'effectif était élevé, comme la chambre criminelle et la chambre sociale, bénéficiaient de cette faculté depuis 1979. En fixant à cinq le quorum normal d'audience la loi du 6 août 1981 a généralisé cette possibilité.

La loi du 3 janvier 1979 avait institué à l'intérieur de chaque chambre une formation restreinte de trois magistrats qui pouvait examiner les pourvois dès la remise de son mémoire par le demandeur et qui pouvait rejeter les pourvois irrecevables ou manifestement infondés. Il s'agissait d'une sorte de bureau des requêtes dont le rôle était comparable à celui de l'ancienne chambre des requêtes supprimée en 1947.

Cette innovation de la loi de 1979 avait rencontré une certaine hostilité, car il semblait paradoxal d'imposer à une juridiction déjà encombrée un double examen des pourvois, objection qui avait déjà conduit à la suppression de la chambre des requêtes. Pour éviter cet inconvénient la pratique s'était instaurée de ne distribuer à la formation restreinte que les pourvois apparaissant mal fondés au premier examen, de telle sorte que sans ralentir la marche des bons pourvois son intervention se bornait à accélérer l'élimination des mauvais.

A cette distinction entre bons et mauvais pourvois, la loi du 6 août 1981 a substitué une distinction nouvelle entre affaire simple et affaire complexe, ce qui a permis d'autoriser la formation restreinte à rendre non seulement des arrêts de rejet, mais aussi des arrêts de cassation. « Chambre de sélection, jusqu'alors destinée à éliminer les pourvois irrecevables et manifestement infondés, la formation restreinte devient la formation de jugement des affaires simples » (31).

C'est le Premier Président ou le président de la chambre concernée qui peut décider de faire juger l'affaire par la formation restreinte « lorsque la solution du pourvoi lui paraît s'imposer » (art. L. 136-6, al. 2,

_____

(31) J. BORE, *La loi du 6 août 1981 et la réforme de la Cour de cassation*, D. 1981, chron. p. 300, n° 8.

du Code d'organisation judiciaire). La formation restreinte peut renvoyer l'examen du pourvoi à l'audience de la chambre, à la demande d'une des parties. Ce n'est alors qu'une faculté. Ce renvoi est de droit si l'un des magistrats composant la formation restreinte le demande. Finalement, à l'instar de ce qui existait déjà au Conseil d'État, « la loi nouvelle crée à la Cour de cassation une **organisation pyramidale** : formation restreinte à trois, formation normale à cinq, formation plénière de la chambre à douze ou quinze, chambre mixte comportant des magistrats de plusieurs chambres, Assemblée plénière composée de représentants de toutes les chambres de la Cour » (32).

Mais parallèlement ont été développées les techniques tendant à éviter les conflits de jurisprudence.

II. — Les techniques tendant à éviter les conflits de jurisprudence.

417. — Deux procédés peuvent être essentiellement utilisés : *la spécialisation des formations de jugement* et *l'information des magistrats.*

A. — La spécialisation des formations de jugement.

418. — En vertu de la réforme de 1947, la Cour de cassation comportait trois chambres civiles placées sur le même plan. On n'a pas voulu poser dans la loi de principes de compétence entre les trois chambres. On aurait couru le risque en effet que par déplacement des sources des litiges, une chambre se trouve exagérément encombrée par rapport aux autres. Aussi a-t-il été prévu qu'au début de chaque année judiciaire, une délibération prise par le bureau (33) déterminerait la compétence de chaque chambre. **La spécialisation des chambres de la Cour de cassation est donc purement administrative.** Elle est réalisée depuis la loi du 3 juillet 1967 par ordonnance du Premier Président.

Les sections, généralisées par la loi du 6 août 1981, sont spécialisées dans les mêmes conditions.

Cependant cette spécialisation ne suffit pas à écarter les risques de contradiction. Bien des questions concernent à la fois des matières différentes. Un même pourvoi peut soulever plusieurs moyens qui sont du ressort de plusieurs chambres. Or son examen ne peut être divisé.

Elle n'est pas non plus sans danger car elle peut conduire à l'autonomie des diverses branches du droit, ce qui est contraire à l'unité du système juridique (34).

---

(32) J. Boré, précité, p. 303, n° 18.
(33) Composé du Premier Président, des présidents de chambre, du Procureur général et du premier avocat général.
(34) V. *supra*, n°s 99 et s.

B. — L'information des magistrats.

419. — Jusqu'en 1947 les conseillers à la Cour de cassation étaient obligés de procéder à leurs recherches de jurisprudence dans les recueils mêmes offerts au public (35). Il n'existait aucun fichier des décisions de la Cour de cassation et aucun recueil général de ces décisions (36).

La loi du 23 juillet 1947 a ordonné la création d'un *fichier central* à la Cour de cassation. En 1952, ce fichier, malgré le nombre réduit des magistrats qui avaient été affectés à sa tenue, comportait déjà plus de 20 000 fiches (37). Vingt ans plus tard, en 1972, il en comportait 180 000.

La loi de 1947 prévoyait également la *publication* intégrale de tous les arrêts de la Cour de cassation dans deux Bulletins, l'un pour les chambres civiles, l'autre pour la chambre criminelle. En fait la pratique s'était assez rapidement établie de ne pas publier tous les arrêts. Ne sont publiées que les décisions qui constituent un revirement de jurisprudence ou une application nouvelle d'une jurisprudence ancienne ou encore les arrêts qui réaffirment une jurisprudence ancienne qui depuis longtemps n'avait pas eu l'occasion de s'appliquer. Il arrive même que certaines décisions ne soient pas publiées pour la seule raison, qu'inspirées par les circonstances de l'espèce, on n'a pas voulu qu'elles puissent, par la publication, faire jurisprudence (37-1).

La réforme de 1967 a consacré cette pratique en autorisant le président de chaque chambre à choisir les arrêts destinés à être publiés. En fait la question fait l'objet d'une délibération de la chambre concernée. Pratiquement plus de la moitié des arrêts rendus ne sont pas publiés (38).

Cependant il est nécessaire d'assurer la mémorisation de tous les

---

(35) V. Ropers, *La réforme de la Cour de cassation : évolution ou révolution*, J. C. P 1947. I. 664.

(36) Le droit comparé offrait d'utiles enseignements. En Autriche, il existe au moins deux recueils officiels d'arrêts : le *Spruch-repertorium* et le *Judicatembuch*. Le premier contient les arrêts de principe dont une chambre ne peut se départir sans renvoyer le procès au Plenum, c'est-à-dire à la réunion des chambres. Le second recueil réunit les décisions du Plenum lui-même. En Suède, les décisions des chambres réunies de la Cour suprême, figurent dans son *Livre de Mémoire*. Enfin, en Italie, il existe un organisme important au sein de la Cour de cassation, l'*Officio de ruolo e massimario*. V. Peter Neu, précité, p. 26 et s.

(37) V. Ropers, *La loi du 2 juillet 1952 créant une chambre civile à la Cour de cassation*, J. C. P. 1952. I. 1054.

(37-1) Cf. A. Dunes, *La non-publication des décisions de justice*, Rev. intern. dr. comp., 1986, p. 757 et s.

(38) V. M. Vasseur, note sous Cass. com., 9 mai 1978, D. 1978, p. 428, qui s'étonne de voir non publié au *Bulletin* une décision qu'il tient pour « un arrêt de principe ».

arrêts. Il faut, en effet, détecter les « bouchons » dans l'interprétation de la loi, les zones de résistance des juges du fond à la doctrine de la Cour de cassation, et, le cas échéant, le fonctionnement défectueux de certaines cours d'appel. Le fichier joue ainsi, en plus de la conservation des précédents, un rôle dans le fonctionnement du service public de la justice.

Les analyses nécessaires à la composition du fichier étaient à l'origine assurées par des magistrats spécialisés. Depuis la réforme de 1967 cette fonction est exercée par des conseillers référendaires qui assistent au délibéré précédant la décision à analyser. L'analyse de chaque décision est faite cependant avec le concours du conseiller qui a fait le rapport devant la chambre, ou, en tout cas, d'un conseiller ayant participé au délibéré.

Depuis quelques années *l'informatique* est utilisée. L'informatique de gestion doit permettre le groupement des affaires posant des questions identiques afin qu'elles soient étudiées par le même rapporteur et jugées à la même audience. L'informatique de documentation risque de modifier de façon sensible l'utilisation du fichier de la Cour de cassation, et, sans doute, dans une mesure difficilement appréciable, mais certaine, l'élaboration de la jurisprudence (39).

L'utilité du fichier est incontestable, non seulement pour faciliter le travail des magistrats, mais aussi pour assurer l'unité de la jurisprudence, car c'est le moyen le plus sûr de connaître les décisions rendues par les autres formations de jugement de la Cour de cassation.

On s'est demandé cependant si cette innovation n'était pas susceptible d'avoir sur l'esprit du travail de la Cour suprême une influence que l'on pouvait juger à certains égards regrettable. On peut craindre en effet que l'organisation actuelle de la Cour de cassation n'accentue encore l'autorité du précédent. La tenue d'un fichier ne peut que renforcer cette autorité, surtout si le soin des recherches est, comme en Italie, abandonné par le conseiller rapporteur à celui qui tient le fichier. On craint ainsi de voir substituer un travail administratif au jugement personnel du magistrat. Cependant, comme l'observe M. Hébraud, « à la vérité, étant donné la constitution d'un corps de jurisprudence de plus en plus complet, c'est bien vers quoi on s'oriente déjà et quelque regret que l'on puisse en avoir, on ne peut qu'approuver tout ce qui, en allégeant la tâche des magistrats de la Cour de cassation, leur permettra de la remplir dans les meilleures conditions » (40).

---

(39) V. *supra*, n° 87.
(40) Cf. Hébraud, *Loi du 23 juillet 1947, sur la Cour de cassation*, D. 1947. chron-p. 127.

III. — *Le règlement des contrariétés de jurisprudence* (40-1).

420. — D'abord confié, en 1947, à l'Assemblée plénière, il a été, après la réforme de 1967, de la compétence des **chambres mixtes,** qui réunissent les représentants d'au moins trois chambres. Il est aujourd'hui de la compétence des chambres mixtes mais, selon la loi du 3 janvier 1979, il peut être aussi de la compétence de l'Assemblée plénière.

Le renvoi peut être ordonné devant une chambre mixte lorsqu'une affaire, portée devant l'une des chambres relève de plusieurs chambres ou lorsque sa solution est susceptible de provoquer une contrariété de décisions. Ce renvoi, facultatif, peut être ordonné par le Premier Président, agissant d'office ou sur proposition du président de la chambre normalement compétente. Il peut l'être également par un arrêt non motivé de cette dernière.

Le renvoi est obligatoire lorsque s'est produit devant la chambre compétente un partage égal des voix ou lorsque le Procureur général le requiert avant l'ouverture des débats.

Le renvoi devant l'Assemblée plénière peut être ordonné, lorsque l'affaire pose une question de principe, notamment s'il existe des solutions divergentes, soit entre des juges du fond, soit entre les juges du fond et la Cour de cassation. L'Assemblée plénière est alors saisie dans les mêmes conditions qu'une chambre mixte. La loi du 3 janvier 1979, qui a institué cette saisine facultative de l'Assemblée plénière, précise que, comme au cas de saisine obligatoire après un premier arrêt de cassation et résistance de la cour de renvoi à la doctrine de cet arrêt, la cour de renvoi, qui est ici la première, doit se conformer à la décision de cette assemblée sur les points de droits jugés par celle-ci. La Cour de cassation peut ainsi trancher beaucoup plus rapidement par un arrêt solennel une question de principe mettant fin à une controverse.

Ce mécanisme semble donner des résultats satisfaisants (41). On a

---

(40-1) Cf. S. MARGUERY, *Contradiction et continuité dans la jurisprudence de la Cour de cassation,* th. Bordeaux I, 1984, dactyl.

(41) V. comme exemples d'intervention : 27 février 1970, D. 1970, p. 201, note COMBALDIEU ; J. C. P. 1970. II. 16305, concl. LINDON, note PARLANGE, qui admet l'action en réparation de la concubine à la suite du décès de son concubin, mettant fin au désaccord entre la chambre criminelle et les chambres civiles. — 28 janvier 1972, *Bull. civ.*, n° 1, qui harmonise la jurisprudence des 2e et 3e chambres civiles quant à la faute commise par les passagers d'un véhicule qui connaissait l'état d'ébriété et de fatigue du conducteur. — 26 mai 1972, 2 arrêts, *Bull. civ.*, n°s 4 et 5, concernant l'affiliation au régime général de la Sécurité sociale de religieux exerçant des fonctions d'enseignement ; ces arrêts interviennent après plusieurs arrêts d'Assemblée plénière du 17 décembre 1965, *Bull. civ.*, n°s 1, 2, 3 et 4. — 22 juin 1973, *Bull. civ.*, n° 2, qui déclare irrecevable le moyen qui appelle la Cour de cassation à revenir sur la doctrine affirmée par son précédent arrêt, alors que la juridiction de renvoi

montré cependant que l'intervention de l'Assemblée plénière elle-même ne réussissait pas toujours à éliminer les contrariétés de jurisprudence entre les chambres de la Cour de cassation. Malgré un arrêt des chambres réunies du 9 mars 1960 et un autre de l'Assemblée plénière du 10 juin 1977, les limites de la responsabilité civile des commettants donnaient toujours lieu à des jurisprudences distinctes de la 2e Chambre civile et de la Chambre criminelle (42). L'Assemblée plénière a de nouveau statué sur cette question en 1983 (42-1) et en 1985 (42-2). Il semble que la Chambre criminelle ait adopté finalement la doctrine de l'Assemblée plénière (42-3).

s'y était conformée. — 22 juin 1973, *Bull. civ.*, n° 3, qui harmonise la jurisprudence de la 2e chambre civile, de la chambre sociale et de la chambre criminelle quant à l'étendue de la réparation que la victime d'un accident du travail peut obtenir du tiers responsable de celui-ci. — 26 avril 1974, *Bull. civ.*, n° 1, qui précise le contrôle de la Cour de cassation sur les circonstances d'où peut être déduite la renonciation à un droit. — 21 juin 1974, arrêts *Perier*, précités, *supra*, n° 427, note 19. — 6 novembre 1974, *Bull. civ.*, n°s 5 et 6, qui permettent d'allouer une rente viagère indexée à une victime atteinte d'une invalidité permanente totale ; Cf. *infra*, n° 478. — 25 avril 1975, *Bull. civ.*, n° 2, qui précise la responsabilité du preneur d'un bail à ferme responsable de l'incendie de l'exploitation. — 24 mai 1975, *Bull. civ.*, n° 4, qui affirme la supériorité d'un texte communautaire sur une loi postérieure ; cf. *supra*, n°s 285 et 302. — 17 octobre 1975, *Bull. civ.*, n° 5, qui tient pour une atteinte abusive à la liberté du mariage le congédiement par un établissement catholique d'une institutrice remariée après divorce.

(42) V. *supra*, n° 416, note 31. — Cass. ass., 10 juin 1977, D. 1977, p. 465, note LARROUMET ; J. C. P. 1977. II. 18730, concl. Av. gén. GULPHE ; *Rev. trim. dr. civ.*, 1977, p. 774, obs. DURRY. — G. VINEY, *Responsabilité : conditions*, n° 804. — G. DURRY, *Rev. trim. dr. civ.*, 1981, p. 159. — *Adde* : LARROUMET, note sous Cass. civ. 2e, 7 juin et 25 octobre 1978, D. 1979, p. 114, qui fait état d'un revirement de jurisprudence revenant sur la solution posée par un arrêt des Chambres réunies du 25 novembre 1964 (D. 1964, p. 733, concl. Proc. gén. AYDALOT ; J. C. P. 1964. II. 13972, note ESMEIN) qui avait admis le principe de l'opposabilité de la faute de la victime principale à la victime par ricochet.

(42-1) 17 juin 1983, D. 1984, p. 134, note D. DENIS ; J. C. P. 1983.II.20120, concl. SADON, note F. CHABAS ; *Rev. trim. dr. civ.*, 1983, p. 749, obs. G. DURRY ; *Rép. not. Defrénois*, 1984, art. 33230, n° 14, p. 301, obs. J.-L. AUBERT.

(42-2) 15 novembre 1985, *Bull. civ.*, n° 9, p. 12 ; D. 1986, p. 81, obs. J.-L. AUBERT.

(42-3) V. D. DENIS, note précitée, citant Cass. crim., 27 octobre 1983.

CHAPITRE II

LES RÈGLES JURISPRUDENTIELLES

421. — La fonction essentielle du juge est de trancher, selon une procédure déterminée, les litiges qui lui sont soumis. Selon l'article 12 du nouveau code de procédure civile, il doit le faire « conformément aux règles de droit qui sont applicables » au litige. Ce texte ne vise pas les lois applicables, mais, plus généralement les « règles de droit ». La question se pose alors de savoir si le juge peut créer lui-même la règle dont il fera l'application. *Le juge a-t-il un pouvoir créateur ?* Cependant ces règles jurisprudentielles, si elles existent, ne peuvent constituer une source du droit qu'à la condition d'avoir une portée générale (1). *Le juge peut-il créer des règles générales ?* Si on l'admet, il reste encore à préciser *les limites de ce pouvoir* (2).

---

(1) V. *supra*, n° 230.

(2) V., sur la jurisprudence et le pouvoir créateur ou normatif du juge, notamment : F. Gény, *Méthode d'interprétation et sources en droit privé positif*, 2e éd. — Lambert, *Le Gouvernement des juges*, 1921. — De Page, *A propos du Gouvernement des juges. L'Équité en face du Droit*, Bruxelles, 1931. — E. H. Perreau, *Technique de la jurisprudence en droit privé*, 1923. — Chrétien, *Les règles de Droit d'origine juridictionnelle*, thèse Lille, 1936. — Maurin, *Le rôle créateur du juge dans la jurisprudence canadienne et française comparées*, 1938. — S. Belaïd, *Essai sur le pouvoir créateur et normatif du juge*, thèse Paris, L. G. D. J., 1974, préface M. Villey. — Maury, *Observations sur la jurisprudence en tant que source du droit*, *Études Ripert.* 1950, t. I, p. 28. — Sauvel, *Essai sur la notion de précédent*, D. 1955, chron. p. 93, — M. Waline, *Le pouvoir normatif de la jurisprudence*, *Mélanges Scelle*, t. II, p. 613. — O. Dupeyroux, *La jurisprudence source abusive du droit*, *Mélanges Maury*, p. 349. — Fragistas, *Les précédents judiciaires en Europe continentale*, *Mélanges Maury*, t. II, p. 139. — P. Esmein, *La jurisprudence et la loi*, *Rev. trim. dr. civ.*, 1952, p. 17. — J. Boulanger, *Le rôle du juge en cas de silence ou d'insuffisance de la loi*, *Travaux Ass. H. Capitant*, 1949, p. 60 ; *Notations sur le pouvoir créateur de la jurisprudence civile*, *Rev. trim. dr. civ.*, 1961, p. 417 ; *Le précédent judiciaire dans le droit privé français contemporain*, *Revue du Barreau de la Province de Québec*, 1961, p. 65 ; *Encycl. Dalloz, Rép. dr. civ.*, 1re éd., v° *Jurisprudence*. — Le Balle, *Genèse du droit jurisprudentiel*, Cours de doctorat, Paris, 1960-1961. — Rivero, *Le juge administratif, un juge qui gouverne*, D. 1951, p. 23. — Roche, *Réflexions sur le pouvoir normatif de la jurisprudence*, *Act. jur. dr. adm.*, 1963, p. 529. — Ph. Malaurie, *La jurisprudence combattue par la loi*, *Mélanges Savatier*, 1965, p. 603. — P. Hébraud, *Le juge et la jurisprudence*, *Mélanges Couzinet*, p. 329. — Bach,

SECTION 1

LE POUVOIR CRÉATEUR DU JUGE

422. — Le juge a le pouvoir et le devoir d'interpréter la loi.
Pour les hommes de la Révolution la fonction du juge devait se réduire
à la simple application de la loi. Qu'il s'agisse d'interpréter ou, *a fortiori*, d'ajouter à la loi ou de la corriger, le juge devait, dans tous les cas,
s'adresser au législateur, afin que celui-ci explique ou complète les
textes (1). Pratiquement cette conception s'est concrétisée dans l'institution du référé législatif et du Tribunal de cassation conçu comme l'instrument du pouvoir législatif, chargé de veiller à la stricte application
de la loi ((1-1).

Elle s'explique par la haine des anciens Parlements et la crainte de voir
les juges se dresser contre le nouvel ordre. Au regard des principes, la
séparation des pouvoirs, est à leurs yeux une nécessité absolue, seule
garantie des droits des citoyens. Le pouvoir législatif seul peut édicter
des règles générales visant l'ensemble de la nation, « une et indivisible » (2).

Mais, dès cette époque, les esprits pratiques ont clairement conscience
de la nécessité d'accorder une certaine fonction créatrice au juge. Le
procédé du référé législatif ne peut être utilisé de façon courante, car
il risque de paralyser la justice. Comme l'observe Portalis : « Le cours de
la justice serait interrompu, s'il n'était permis au juge de prononcer

---

Encycl. Dalloz, Rép. dr. civ., 2ᵉ éd., vᵒ *Jurisprudence*. — Ph. JESTAZ, *La jurisprudence : réflexions sur un malentendu*, D. 1987, chron. III, p. 11 et s. — A. KASSIS,
*Théorie générale des usages du commerce, droit comparé, contrats et arbitrages inter-
nationaux, lex mercatoria*, nᵒˢ 102 et s. — M. SALUDEN, *Le phénomène de la jurisprudence : étude sociologique*, th. Paris II, 1983, dacty. — E. SERVERIN, *De la jurisprudence en droit privé. Théorie d'une pratique*, P. U. L. 1985, Av. propos, A. JEAM-
MAUD.

(1) V. Ph. RAYNAUD, *La loi et la jurisprudence, des lumières à la révolution française*,
Arch. philosophie du droit, t. XXX, 1985, p. 61 et s.

(1-1) V. *supra*, nᵒˢ 408 et s.

(2) V. art. 10 et 12 du titre II de la loi des 16-24 août 1790 ; l'article 3, du chapitre V du titre III de la Constitution de 1791 ; l'article 203 de la Constitution de
l'an III. Cf. CARRÉ DE MALBERG, *Contribution à la théorie de l'État*, t. I, nᵒ 246. —
Adde : pour une analyse plus complète, S. BELAÏD, *Essai sur le pouvoir créateur et
normatif du juge*, 1974, préface M. VILLEY, p. 28 et s., qui montre que le pouvoir
judiciaire était conçu par les révolutionnaires comme un troisième pouvoir, indépendant et égal aux deux autres, auquel il était seulement interdit d'empiéter sur
les attributions du pouvoir législatif. — Cf. la critique de cette thèse par M. TROPER,
Rev. internat. dr. comparé, 1975, p. 955.

(3) FENET, tome VI, p. 20.

que lorsque la loi a parlé. Peu de causes sont susceptibles d'être décidées d'après un texte précis : c'est par les principes généraux, par la doctrine, par la science du droit, qu'on a toujours prononcé sur la plupart des contestations. Le Code civil ne dispense pas de ces connaissances, au contraire il les suppose » (3). Tronchet disait de même : « il faut laisser au juge l'interprétation, sans laquelle il ne peut exercer son ministère. En effet, les contestations civiles portent sur le sens différent que chacune des parties prête à la loi : ce n'est donc pas par une loi nouvelle mais par l'opinion du juge, que la cause doit être décidée ».

C'est pourquoi le Code civil, dans son article 4, interdit au juge de refuser de statuer « sous prétexte du silence, de l'obscurité ou de l'insuffisance de la loi » (4).

Cette prescription est générale. Tout juge est tenu d'interpréter la loi. Le principe de la *légalité des peines* édicté par l'article 4 du Code pénal, en vertu duquel il n'y a pas d'infraction sans texte, ne supprime pas l'obligation d'interpréter un texte ambigu. C'est ainsi que la Chambre criminelle de la Cour de cassation a jugé, le 12 mars 1984, « que le juge pénal ne peut accorder au prévenu le bénéfice du doute, au motif que la loi visée par la prévention est obscure ou que son interprétation est incertaine sans méconnaître ses obligations et violer l'article 4 du Code civil » (4-1). Cependant, le principe de légalité et la règle de l'interprétation stricte des prescriptions pénales devraient nécessairement conduire le juge à retenir l'interprétation la plus favorable au prévenu (4-2).

Mais le Code civil ne contient aucune règle d'interprétation des lois. Le projet primitif du Code civil comportait un livre préliminaire énonçant des directives d'interprétation des lois plus ou moins contraignantes pour le juge. Ces règles n'ont pas été reprises et ne vinrent même pas en discussion devant le Conseil d'État (4-3). Donc, hormis en droit pénal ou la règle de l'interprétation stricte s'impose au juge (art. 4 C. pénal), il n'existe pas dans les branches du droit privé de principes d'interprétation des lois ayant force obligatoire pour le juge (4-4).

423. — L'interprétation judiciaire est créatrice (4-5).

Au sens large du mot (5), c'est dans l'interprétation de la loi que le

---

(4) V. A. Rieg, *Juriscl. civ.*, art. 4. — Cass. civ., 4 février 1920, D. P. 1924. 1. 62. — Cass. crim., 24 janvier 1936. 1. 60, note Mimin. — Cass. civ. 3e, 16 avril 1970, D. 1970, p. 474, note Contamine-Raynaud. — Demonlombe soutenait cependant que l'article 4 devait être interprété comme faisant seulement obligation au juge de débouter le demandeur en cas de lacune de la loi, ce qui excluait tout rôle actif du juge, cité par A. Kassis, précité, n° 128, p. 78, qui observe que cette analyse exégétique ne correspondait pas à la volonté du législateur.

(4-1) *Bull. crim.*, n° 102, p. 261 ; D. 1985, p. 1, note F. Warembourg-Auque.

(4-2) En ce sens, F. Warembourg-Auque, note précitée, p. 3, 1re col.

(4-3) V. Y. Paclot, *Recherche sur l'interprétation juridique*, th. dacty., Paris, 1988, n° 177.

(4-4) Comp. avec l'interprétation des actes juridiques, v. *Le contrat : Effet*.

(4-5) V. Y. Paclot, *Recherche sur l'interprétation juridique*, th. dacty., Paris, 1988, spéc., n°s 187 et s., p. 170 et s.

(5) V. *supra*, n°s 32 et 143.

juge trouve la règle applicable. Cette interprétation est indispensable lorsque les dispositions légales sont obscures ou contradictoires. Elle reste souvent nécessaire lorsqu'une disposition est en elle-même parfaitement claire, car il est exceptionnel qu'elle soit suffisamment complète et précise pour s'appliquer sans adaptation à l'espèce (6).

A priori l'interprétation se borne à faire apparaître le véritable sens de la loi. Elle ne lui ajoute rien. Mais en réalité l'interprète doit choisir entre deux et, parfois, plusieurs sens possibles. Dans la pratique ceux-ci sont proposés au juge par les avocats des parties, assez souvent sur les suggestions d'opinions doctrinales. Il y a devant les juges un véritable débat. Il leur appartient de faire prévaloir l'une des thèses. Dans ce choix s'exerce un pouvoir créateur (7).

Il arrive d'ailleurs que les initiatives du juge introduisent entre la loi et la règle finalement appliquée de telles discordances que celle-ci tend à acquérir une existence distincte (8). L'interprétation se distingue alors difficilement d'une création pure et simple (9).

Quelle que soit la qualification réelle de l'intervention du juge, celle-ci se réalise toujours, au moins pour les tribunaux judiciaires et à de très rares exceptions près, sous le couvert de l'interprétation de la

---

(6) V. O. DUPEYROUX, *La jurisprudence source abusive de droit*, *Mélanges Maury*, p. 361, qui qualifie cette adaptation de créatrice. — RIPERT, *Les forces créatrices du droit*, p. 387 et s. — DEL VECCHIO, *Justice, Droit, État*, 1938, p. 87. — HAURIOU, *Police juridique et fond du Droit*, *Rev. trim. dr. civ.*, 1926, p. 312 et s. — M. WALINE, *Le pouvoir normatif de la jurisprudence*, in *La technique et les principes de droit public : études en l'honneur de G. Scelle*, 1950, t. II, p. 623. — *L'interprétation par le juge des règles écrites*, *Trav. Ass. H. Capitant*, t. XXIX, 1978, spécialement J. BOULOUIS, rapport de synthèse, p. 1 ; *Droit civil et commercial*, rapport général, par Julio CUETO-RUA, p. 9 et rapport français, par A. RIEG, p. 70 ; *Droit international*, rapport général, par Y. LOUSSOUARN, p. 281 ; rapport français, par P. LAGARDE, p. 344.

(7) V. E. L. BACH, *Encycl. Dalloz, Rép. dr. civ.*, 2e éd., vo *Jurisprudence*, nos 92 et s. — O. DUPEYROUX, précité, p. 361. — MAZEAUD et CHABAS, *Introduction*, no 63 et 93. — S. BELAÏD, précité, p. 261 et s.

(8) V. P. HÉBRAUD, *Le juge et la jurisprudence*, *Mélanges P. Couzinet*, p. 363. — Cf. L. BOYER, *Le délai de l'article 29 de la Convention de Varsovie. Un combat douteux de la Cour de cassation*. *Mélanges Hébraud*, p. 85. — H. MAZEAUD, *Une dénaturation de la loi par la Cour de cassation (la violation des articles 318 et suivants du Code civil relatifs à la contestation de paternité légitime)*, J. C. P. 1977. I. 2859. — A. RIEG, in *Trav. Ass. H. Capitant*, précités, 1978, t. 29, p. 77.

(9) V. *supra*, nos 142 et s., 149 et s., Les incertitudes et l'évolution des idées quant aux limites de l'interprétation. — *Adde* : A. ROBERT, *Sur quelques aspects du rôle créateur de la jurisprudence dans le domaine des relations patrimoniales entre époux*, *Mélanges Vincent*, p. 351. — G. CORNU, *Regards sur le titre III du livre III du Code civil « des contrats et des obligations conventionnelles en général »*, Cours D. E. A. droit privé Paris II, 1976-1977, p. 43 et s. — H. BATIFFOL, *L'œuvre constructive récente de la jurisprudence en droit interne privé*, *Mélanges René Savatier*, p. 77.

loi (10). Mais cette interprétation, toujours plus ou moins créative, donne souvent naissance à l'essentiel du contenu même de la règle finalement appliquée par le juge.

424. — Il est possible, non sans quelque arbitraire, de distinguer trois aspects dans cette création. *Le juge précise et complète la loi ; il assure la cohérence de l'ordonnancement juridique en éliminant les antinomies ; il adapte le droit à l'évolution des faits.*

§ 1. — LE JUGE PRÉCISE ET COMPLÈTE LA LOI

425. — Tout d'abord **il choisit entre les diverses définitions possibles des notions juridiques utilisées par le législateur.** C'est ainsi, par exemple, qu'il a dû choisir entre les diverses conceptions de la cause proposées par la doctrine afin d'appliquer les articles 1131 et suivants du Code civil ; qu'il a défini la substance visée dans l'article 1110 et admis qu'il s'agissait des qualités ayant déterminé le consentement (11).

Le législateur emploie parfois des *notions générales au contenu indéterminé* qui pratiquement ne peuvent donner lieu à des définitions précises. Les bonnes mœurs, l'ordre public, le bon père de famille, la faute, l'urgence, la bonne foi, l'équité, en sont des illustrations classiques. C'est l'ensemble des solutions données aux cas d'espèces par le juge qui permet, graduellement, d'élaborer une définition, ou tout au moins de délimiter positivement et négativement la notion, autrement dit de savoir ce qui rentre ou non sous cette qualification (12). Le juge introduit d'ailleurs parfois des distinctions que le législateur n'avait pas prévues. C'est ainsi qu'à partir de la faute énoncée dans l'article 1382 du Code civil comme principe général de responsabilité, la jurisprudence a dégagé toute une série de responsabilités professionnelles qui reposent sur des définitions spécifiques de la faute dans les activités considérées, par exemple celles des médecins, des notaires ou des fabricants.

Les lois récentes sur la famille ont eu délibérément recours au procédé des notions-cadres, volontairement floues, dont le juge est impli-

---

(10) V., en ce sens, L. MAURY, *Observations sur la jurisprudence en tant que source du droit, Études Ripert,* t. I, p. 50. — O. DUPEYROUX, précité, p. 356. qui montre que cette analyse est également vraie pour la jurisprudence administrative. — P. HÉBRAUD, précité, p. 365. — J. RIVERO, *Sur la rétroactivité de la règle jurisprudentielle, Act. jur. dr. adm.,* 1968, p. 15. — EISENMANN, *Trav. Ass. H. Capitant,* 1949, p. 79.

(11) V. *Le contrat : Formation,* n°s 376 et s.

(12) V. Ch. PERELMAN, *Logique juridique. Nouvelle rhétorique,* p. 35, n° 24 ; p. 164 et s., n°s 89 et s.

citement chargé de définir le contenu (13). Les plus caractéristiques
sont constituées par la référence à l'intérêt de l'enfant, celui des époux
ou celui de la famille. A propos de l'intérêt de la famille, auquel l'article 1397 du Code civil subordonne la possibilité de modifier le régime
matrimonial initial des époux, la Cour de cassation a marqué, par un
arrêt de censure, qu'il s'agissait, comme le précise un commentateur
particulièrement autorisé de cet arrêt, d'une « notion juridique qu'il
appartient à la Cour de cassation de définir » afin « qu'une certaine
cohérence se manifeste dans la jurisprudence » (14). Malgré la marge
d'appréciation laissée aux juges du fond, ce contrôle de la Cour de cassation, montre qu'il s'agit d'une règle, susceptible d'application générale,
mais dont le contenu est déterminé par les tribunaux.

426. — Le juge complète également la loi en choisissant, entre les
diverses sanctions, la plus adéquate, notamment entre une nullité
absolue ou relative du contrat non conforme (15). C'est également le
juge qui, en l'absence de dispositions expresses et complètes, règle les
conflits entre la loi nouvelle et les dispositions antérieures. Mais il
s'agit déjà d'assurer l'insertion de la loi dans l'ordonnancement juridique et de préserver la cohérence de celui-ci en éliminant les antinomies.

§ 2. — LE JUGE ÉLIMINE LES ANTINOMIES

427. — *Il y a antinomie lorsque, dans le même système juridique,
existent deux règles incompatibles, auxquelles on ne peut se conformer
simultanément* (16). *A priori* l'existence d'antinomies paraît exclue.
C'est en effet la règle hiérarchiquement supérieure qui l'emporte, et,
entre règles de même niveau, la plus récente.

Cependant la contradiction peut exister dans la même loi. C'est ainsi,

---

(13) V. G. Cornu, *L'Apport des réformes récentes du Code civil à la théorie du droit
civil*, Cours D. E. S. 1970-1971, p. 136 et p. 188 ; et *Regards sur le titre III du livre III
du Code civil* « *des contrats ou des obligations conventionnelles en général* », Cours
D. E. A. droit privé Paris II, 1976-1977, p. 56 et s. — Cf. G. Cornu, *Les définitions
dans la loi*, *Mélanges J. Vincent*, 1981, p. 77.

(14) Note A. Ponsard, sous Cass. civ. 1re, 6 janvier 1976, D. 1976, p. 253 ; *Rép.
Defrénois*, 1976, art. 31112. — Cf. G. Champenois, obs. sous Rouen, 3 février 1981,
Defrénois, 1981, art. 36697, p. 969.

(15) V., par ex., pour « la nullité des ventes à crédit pour dépassement du crédit
autorisé », J. Burst, D. 1970, chron. p. 65. — A. Sayag, *La nullité des ventes non
conformes à la réglementation du crédit*, J. C. P. 1972. 1. 2451. — B. Bouloc, *Les
problèmes juridiques et financiers posés par la vente à crédit*, Rev. internat. dr. comp.,
1973, p. 620, spécialement p. 635 et la jurisprudence citée.

(16) V. Ch. Perelman, *Logique juridique. Nouvelle rhétorique*, 1976, n° 27. —
P. Foriers, *Les antinomies en droit*, Bruxelles, 1965.

par exemple, que l'article 1112 du Code civil exige que la violence susceptible d'entraîner la nullité d'un contrat soit de nature à faire impression sur une personne raisonnable et puisse lui inspirer la crainte d'un mal considérable. Mais ce même texte invite en même temps à avoir égard à l'âge, au sexe et à la condition des personnes. Ces dispositions sont incompatibles et la jurisprudence a fait prévaloir la conception subjective (17).

Entre lois différentes c'est le juge qui apprécie s'il y a contradiction ou si celle-ci ne peut être écartée par la détermination d'un domaine propre à chaque règle, notamment par voie de principe et d'exception (18).

De façon plus subtile, deux règles, sans être évidemment incompatibles, peuvent cependant, par leur application simultanée, ôter à l'une d'elle l'essentiel de l'efficacité que le législateur avait entendu lui donner.

Dans deux arrêts remarqués du 21 juin 1974 (19) la Chambre mixte de la Cour de cassation a jugé « que les dispositions législatives, soumettant à l'assentiment préalable du comité d'entreprise ou à la décision conforme de l'inspecteur du travail le licenciement des salariés légalement investis de fonctions représentatives, ont institué, au profit de tels salariés et dans l'intérêt de l'ensemble des travailleurs qu'ils représentent une protection exceptionnelle et exorbitante du droit commun qui interdit par suite à l'employeur de poursuivre par d'autres moyens la résiliation du contrat de travail ». Elle a mis fin ainsi à la solution contraire admise depuis plus de vingt ans par la Chambre sociale. Celle-ci avait considéré que la protection spéciale des représentants du personnel ne visait que la faculté pour l'employeur

---

(17) V. *Le contrat : Formation*, n⁰ 450.

(18) V. H. Batiffol, *Questions de l'interprétation juridique*, in *L'interprétation dans le droit*, Arch. de philosophie du droit, 1972, p. 21. Sur les principes qui régissent cette répartition, v. *supra*, n⁰ 257. — *Adde :* H. Batiffol, *Problèmes de base de philosophie du droit*, p. 254 et s.

(19) D. 1974, p. 592, concl. Proc. gén. A. Touffait ; H. Sinay, *Un tournant du droit du travail : les arrêts Perier*, D. 1974, chron. p. 235 ; J. C. P. 1974. II. 17801, concl. Proc. gén. A. Touffait. — Cf. sur cette jurisprudence, Jambu-Merlin, J. C. P. 1977. II. 18520. — *Adde :* sur l'application simultanée de la garantie des vices cachées soumise au bref délai de l'article 1648 du Code civil et la nullité pour erreur sur la substance, Cass. com., 8 mai 1978 et Cass. civ. 3ᵉ, 11 février 1981, J. C. P. 1982. II. 19758, note J. Ghestin ; D. 1981, I. R., p. 440, obs. Larroumet ; *Defrénois*, 1981, article 32797, p. 1651, obs. J.-L. Aubert ; *Rev. trim. dr. civ.*, 1981, p. 860, obs. Ph. Rémy. — Revenant sur sa jurisprudence et admettant l'application distributive des deux corps de règles : Cass. civ. 3ᵉ, 18 mai 1988 (*Bull. civ.*, III, n⁰ 96, p. 54), Cass. civ. 1ʳᵉ, 28 juin 1988 (*Bull. civ.*, I, n⁰ 211, p. 148, D. 1989, p. 450, note Ch. Lapoyade-Deschamps) ; D. 1989, somm., p. 229, obs. J.-L. Aubert), et Cass. civ. 1ʳᵉ, 28 juin 1989 (*Bull. civ.*, I, n⁰ 268, p. 178). — V. sur cette question, J. Ghestin et B. Desché, *La vente*, L. G. D. J., 1990, n⁰ˢ 778 et s. — *Adde :* F. Bussy-Dunaud, *Le concours d'actions en justice entre les mêmes parties*, th. Paris I, L. G. D. J., 1988, préface J. Ghestin. — O. Tournafond, *Les prétendus concours d'actions et le contrat de vente (erreur sur la substance, défaut de conformité, vice caché)*, D. 1989, chron. XXXVI, p. 237 et s.

de mettre fin unilatéralement à leur contrat et non la résolution judiciaire pour inexécution fautive fondée sur l'article 1184 du Code civil (20). Ce choix, qui modifie de façon très sensible le régime juridique des représentants du personnel et, par là, les relations de travail dans les entreprises, a évidemment valeur créative, puisqu'à partir des mêmes textes, une règle, admise pendant vingt-deux ans, a été inversée.

D'une façon générale le juge élimine les antinomies réelles ou suggérées par les plaideurs en recourant à des adages et à des maximes d'interprétation. On peut en citer au moins quatre : *generalia specialibus non derogant* (les dispositions générales ne dérogent pas aux dispositions spéciales), *specialia generalibus derogant* (les dispositions spéciales dérogent aux dispositions générales), *ubi lex non distinguit, nec nos distinguere debemus* (là où la loi ne distingue pas, il ne faut pas distinguer) et *expectio stricti juris* (les textes exceptionnels sont d'interprétation stricte). On a souligné que ces maximes, qui n'ont pas de véritable force obligatoire pour le juge, offrent aux magistrats des principes en fonction desquels ils pourront se prononcer sur la portée des normes en conflit (20-1).

§ 3. — LE JUGE ADAPTE LE DROIT A L'ÉVOLUTION DES FAITS

428. — Le juge en face de la carence du législateur.
La stabilité du droit est un élément de sécurité juridique. Elle n'autorise pas cependant l'immobilité. Destiné à organiser la vie sociale, le droit doit évoluer avec celle-ci, ne serait-ce qu'afin d'être accepté par la société qu'il régit.

A priori cette adaptation incombe au législateur qui exprime la volonté générale dans un régime démocratique. Cependant c'est le juge qui sera normalement confronté le premier à l'inadéquation du droit positif. Il peut alors appliquer une règle qu'il sait inadéquate, en attendant l'intervention du législateur (21), quitte à provoquer celle-ci par un avertissement solennel, notamment par la voie du rapport annuel de la Cour de cassation. C'est l'attitude qu'adopte souvent cette dernière. C'est ainsi qu'après quelques hésitations (22) elle a fermement

---

(20) Cass. soc., 21 février 1952, 5 arrêts, D. 1952, p. 290 ; *Bull. civ.*, III, nos 149, 150, 151, 152, 153.
(20-1) Y. PACLOT, thèse précitée, no 184.
(21) V. Ch. PERELMAN, *Logique juridique. Nouvelle rhétorique*, 1976, p. 60, no 34.
— H. BATIFFOL, *Questions de l'interprétation juridique*, in *L'interprétation dans le droit*, Arch. de philosophie du droit, 1972, p. 16.
(22) V. Cass. com., 13 novembre 1969, J. C. P. 1970. II. 16376, 1re espèce, note B. BOCCARA. — *Cass. civ.* 3e, 5 mars 1970, J. C. P. 1971. II. 16581, 1re espèce, note B. BOCCARA.

fait obstacle à toute réduction des clauses pénales manifestement excessives (23) ce qui a provoqué la modification des articles 1152 et 1231 du Code civil par la loi du 9 juillet 1975 qui autorise cette révision judiciaire (24).

Cependant, lorsque la situation devient insupportable et qu'une réforme législative tarde à intervenir, le juge a conscience (25) qu'il faillirait à sa mission en persévérant à rendre des décisions injustes afin d'obtenir de meilleures règles (26). La légitimité de l'adaptation du droit par le juge était déjà reconnue par Portalis (27). Elle est très généralement admise aujourd'hui (28). Elle a cependant l'inconvénient de favoriser l'inertie du législateur sans toujours donner, en raison même des limites de la création jurisprudentielle, les solutions les plus adéquates (29).

429. — L'interprétation « créatrice » des textes.

Le juge réalise cette adaptation par voie d'interprétation au sens large, que l'on a pu qualifier de « créatrice » ou « déformante ».

Cette interprétation prend le plus souvent appui sur un texte en lui donnant un sens et une portée que ses rédacteurs n'avaient pas envisagés. L'exemple classique est l'utilisation de l'article 1384, alinéa 1er C. civ. Ce texte a servi de support à la construction d'une responsabilité du fait des choses essentiellement destinée à réparer les dommages nés du machinisme et de la circulation automobile.

Pour infléchir la règle afin de réaliser son adaptation à l'évolution des faits le juge utilise souvent le mécanisme des *présomptions* (30), passant d'une règle de preuve à une véritable règle de fond. La pré-

---

(23) Cass. civ. 3e, 30 juin 1971, J. C. P. 1971. II. 16860, note E. M. B. — Cass. com., 14 avril 1972, *Bull. civ.*, IV, p. 105, no 105. — 10 juillet 1972, D. 1972, p. 728, note Ph. MALAURIE. — Cass. civ. 3e, 11 avril 1973, *Bull. civ.*, III, p. 199, no 276. — Cass. com., 10 octobre 1973, *Bull. civ.*, IV, p. 249, no 275.

(24) V. B. BOCCARA, *La réforme de la clause pénale : conditions et limites de l'intervention judiciaire*, J. C. P. 1975. I. 2742.

(25) V. LESCOT, *Les tribunaux en face de la carence du législateur*, J. C. P. 1966. I. 2007.

(26) V. H. BATIFFOL, précité, p. 17 ; Ch. PERELMAN, précité, p. 61.

(27) FENET, t. I, p. 469-470.

(28) V., en ce sens, GÉNY, *Méthodes d'interprétation et sources en droit privé positif*, 2e éd., t. I, no 99 ; t. II, no 185. — RIPERT, *Les forces créatrices du droit*, p. 393 et s. — Adde : les auteurs cités par S. BELAÏD, *Essai sur le pouvoir créateur et normatif du juge*, thèse Paris, 1974, p. 315 et s.

(29) V. *infra*, nos 453 et s.

(30) V. Ch. PERELMAN, *op. cit.*, p. 61 et s., no 35 ; *Présomptions et fictions en droit, essai de synthèse*, in *Les présomptions et les fictions en droit*, Bruxelles, 1974. — P. FORIERS, *Présomptions et fictions*, ibid. — Adde : *infra*, no 649, *Les présomptions « quasi légales »*, et no 583, *Les présomptions antéjudiciaires établies par la jurisprudence*.

somption de responsabilité déduite de l'article 1384, alinéa 1er, du Code civil, et sa transformation en responsabilité de plein droit sont bien connues. Plus récemment la Cour de cassation a utilisé la même technique pour adapter la responsabilité des vendeurs professionnels aux conditions modernes de la fabrication et de la distribution des produits. Elle est partie des articles 1643 et 1645 du Code civil qui interdisaient au vendeur de mauvaise foi, connaissant les défauts cachés de la chose, de limiter sa garantie et qui mettaient à sa charge la réparation intégrale des dommages causés par ces défauts. La qualité professionnelle du vendeur pouvait constituer, en fait, une présomption permettant de penser qu'il connaissait le défaut. L'adaptation du droit positif a consisté à transformer cette simple présomption de fait en une règle de droit, assimilant dans tous les cas le vendeur professionnel à celui qui connaissait le défaut. Pour cela, la Cour de cassation a d'abord considéré qu'il s'agissait d'une présomption « légale », mettant à la charge du vendeur la preuve contraire. Puis elle est allée plus loin en affirmant le caractère irréfragable de cette présomption et en censurant les décisions qui admettaient que le vendeur avait établi son ignorance (31).

Parfois, l'interprétation créatrice est destinée à provoquer directement le législateur. L'arrêt *Desmares* du 21 juillet 1982 (31-1) en est l'illustration la plus topique. Afin de protéger les victimes d'accidents de la circulation automobile la Cour de cassation a interprété l'article 1384, alinéa 1er du Code civil en ne retenant comme cause d'exonération de la responsabilité du gardien que la force majeure à l'exclusion de la faute de la victime. C'était une véritable provocation (31-2) destinée à imposer une réforme du droit de la responsabilité du fait des véhicules terrestres à moteur. Le résultat recherché a été atteint. En effet, le Parlement a voté une loi dite loi *Badinter*, du nom du garde des sceaux de l'époque, le 5 juillet 1985, *tendant à l'amélioration de la situation des victimes d'accidents de la circulation et à l'accélération des procédures d'indemnisation*. Et la Cour de cassation a modifié sa jurisprudence, dans trois arrêts du 6 avril 1987 (31-3), en revenant à sa conception antérieure des causes d'exonération du gardien responsable sur le fondement de l'article 1384, alinéa 1er du Code civil.

---

(31) V. J. GHESTIN, *L'application des règles spécifiques de la vente à la responsabilité des fabricants et distributeurs de produits en droit français*, in *La responsabilité des fabricants et distributeurs de produits*, 1975, p. 42 et s., spécialement p. 47 et s., nos 60 et s., les auteurs et la jurisprudence cités.

(31-1) D. 1982, p. 449, concl. CHARBONNIER, note Ch. LARROUMET.

(31-2) Commentant l'arrêt, J.-L. AUBERT a intitulé une chronique, *L'arrêt Desmares : une provocation... à quelles réformes ?* D. 1983, chron. I, p. 1.

(31-3) *Bull. civ.*, II, no 86, p. 50.

430. — L'interprétation créatrice du juge s'applique aussi au contrat.
L'exemple le plus classique est celui de l'obligation de sécurité. La Cour de cassation l'a d'abord incorporée, d'autorité, dans tous les contrats de transport de personnes. Elle en a ensuite assuré la transmission aux proches du voyageur en faisant intervenir une stipulation implicite, mais nécessaire, à leur profit, qu'elle a également incluse impérativement dans le contrat (32).

SECTION 2

LE POUVOIR DU JUGE
DE CRÉER DES RÈGLES GÉNÉRALES

431. — Tout le monde s'accorde à reconnaître *l'autorité des précédents judiciaires*. Mais il faut aller plus loin et admettre que la jurisprudence des Cours souveraines, et spécialement de la Cour de cassation, est *source de droit*.

§ 1. — L'AUTORITÉ DES PRÉCÉDENTS JUDICIAIRES

432. — *L'interdiction des arrêts de règlement* ne fait pas obstacle à *la généralisation de fait des décisions particulières*.

I. — *L'interdiction des arrêts de règlement.*

433. — La force obligatoire du précédent en Grande-Bretagne et aux États-Unis.
Il est tout à fait concevable de reconnaître, en droit, une portée générale à certaines décisions judiciaires, qui seraient alors la source de règles de droit (1).
Dans les pays de *common law*, la règle juridique énoncée dans une décision judiciaire *(the rule in X... versus Y...)* s'impose en principe à l'avenir à la juridiction même qui a statué et à toutes les juridictions inférieures. On dit qu'elle constitue un précédent obligatoire *(binding precedent)*. Les tribunaux doivent s'en tenir à ce qui a été décidé *(stare decisis)*.
Le principe s'applique pourtant de manière différente selon les pays.

---

(32) V. *La responsabilité : Conditions*, par G. VINEY, n° 188 et *Le contrat : Effets.*
(1) V. CHRÉTIEN, *Les règles de droit d'origine juridictionnelle, leur formation, leurs caractères*, thèse Lille, 1936.

En Angleterre, il fait l'objet de règles très précises (2). Seules s'imposent les décisions rendues par la Chambre des Lords, la Cour d'appel ou la *High Court of Justice* dans une formation de deux membres. Seul s'impose le principe juridique nécessaire au soutien de la décision *(ratio decidendi)*, non les explications données accessoirement par le juge *(obiter dicta)*, même si celles-ci bénéficient d'une grande autorité « persuasive ». Le principe ne s'impose que dans des cas semblables, c'est-à-dire dans le cadre de circonstances de fait semblables à celles où il a été énoncé. Cette dernière réserve présente une importance considérable. Elle permet en effet au juge de procéder à une distinction pour échapper dans un cas nouveau à l'application d'un principe précédemment énoncé : il y a là la technique la plus couramment employée par les juges pour faire évoluer le droit et l'adapter à la société contemporaine. Il a pourtant fallu aller plus loin : en 1966, le Lord Chancelier a annoncé au nom de la Chambre des Lords que celle-ci s'écarterait du précédent si cela lui paraissait nécessaire (3). La Chambre des Lords n'a usé de cette faculté qu'assez rarement, mais de manière parfois spectaculaire (4).

Un auteur anglais, J.-A. JOLOWICZ (4-1), a montré que l'introduction de l'informatique conduisait à une « crise » de la règle du précédent. Si, en droit anglais, toutes les décisions sont revêtues d'une autorité identique, toutes ne sont pas publiées en sorte qu'en raison du « processus d'oubli sélectif dont le mécanisme reste inconnu » l'évocation de nombreux précédents plus ou moins pertinents non rapportés (non publiés) était chose rare. Avec l'introduction de systèmes informatiques comme lexis (qui travaille en texte intégral — *full text* —) le nombre de décisions non rapportées citées par les avocats devient si important que désormais leur citation n'est possible qu'avec la permission du juge. Le problème paraît si grave que l'auteur indique que le sénat du barreau a formé une commission pour l'étudier .

Aux États-Unis, le principe *stare decisis* ne s'applique qu'avec une grande souplesse (5). Normalement, les juridictions inférieures s'inclinent

---

(2) V. R. CROSS, *Precedent in English Law*, 3ᵉ éd., 1978. — R. DAVID, *Les grands systèmes de droit contemporains*, 7ᵉ éd., 1978, nᵒˢ 336 et s. — *Adde* : J. A. JOLOWICZ, *Les décisions de la Chambre des Lords*, Rev. intern. dr. comp., 1979, p. 521 et s., spécialement p. 524. — J.-A. JOLOWICZ, *La jurisprudence en droit anglais : aperçu sur la règle du précédent*, Arch. philosophie du droit, t. XXX, 1985, p. 105 et s.

(3) V. DWORKIN, *Un adoucissement de la théorie du* stare decisis *à la Chambre des Lords*, Rev. intern. dr. comp., 1967, p. 185.' — P. HÉBRAUD, *Le juge et la jurisprudence*, Mélanges Couzinet, p. 345.

(4) V., par ex., D. TALLON, *Les dettes libellées en monnaie étrangère devant la Chambre des Lords : l'arrêt* Miliangos *du 5 novembre 1975*, Rev. crit. dr. intern. privé, 1977, p. 485 et s., spécialement p. 487.

(4-1) Art. précité, p. 114 et s.

(5) V. R. DAVID, *op. cit.*, nᵒˢ 402 et s. — A. et S. TUNC, *Le droit des États-Unis d'Amérique. Sources et techniques*, 1955, nᵒˢ 38 et s. — Cf. F. MICHAUT, *Le rôle créateur du juge selon l'école de la « sociological jurisprudence » et le mouvement réaliste américain. Le juge et la règle de droit*, Rev. intern. dr. comp., 1987, p. 343 et s.

devant les principes énoncés par des juridictions supérieures, à moins que ces principes ne semblent plus convenir à la société contemporaine. Mais les Cours suprêmes des États, tout en respectant normalement leurs propres précédents, se reconnaissant (plus ou moins, selon les traditions des États et les personnalités des juges) le droit de s'en écarter. Et la Cour suprême fédérale, dont les décisions bénéficient d'une attention générale, exerce assez souvent cette liberté.

434. — L'interdiction, en France, des arrêts de règlements.

En France, toute force obligatoire est refusée au précédent judiciaire, même lorsqu'il émane d'une Cour souveraine, en particulier de la Cour de cassation. On fait état du *principe de la séparation des pouvoirs* et de *l'autorité relative de la chose jugée.*

Du principe de la séparation des pouvoirs est déduite la règle posée dans l'article 5 du Code civil : « Il est défendu aux juges de prononcer par voie de disposition générale et réglementaire sur les causes qui leur sont soumises ». Historiquement il s'agissait d'interdire les arrêts de règlements.

Dans l'ancien droit les Parlements indiquaient parfois, par une disposition de caractère général, comment ils jugeraient à l'avenir certains cas. Bien que rendus à l'occasion d'un procès, ces arrêts de règlements présentaient les caractères de la loi au sens matériel : généralité, publicité et force obligatoire (6). Ils étaient d'ailleurs rendus dans des formes très solennelles, par toutes les Chambres assemblées, en robes rouges, à certaines époques fixes, généralement aux approches des grandes fêtes. Les Parlements imposaient au moyen de l'appel le respect de la règle de portée générale qu'ils avaient posée. Eux-mêmes se considéraient pratiquement comme liés par ces arrêts. Il semble qu'en fait les Parlements aient rendu un nombre important d'arrêts de règlements dans tous les domaines de la vie juridique (7).

Les hommes de la Révolution, qui craignaient la résistance des tribunaux au nouvel ordre social, ont admis cependant, pour des nécessités pratiques, l'interprétation judiciaire de la loi, et même le comblement de ses lacunes et la correction de ses insuffisances. C'est ce qu'exprime l'article 4 du Code civil. Mais ils ont voulu éviter tout empiétement de la fonction judiciaire sur le pouvoir législatif. Pour cela, ils ont tout d'abord soumis l'interprétation judiciaire au contrôle du Tribunal de cassation, conçu à l'origine, comme un instrument du pouvoir législatif. Ils ont en outre, par l'article 5 du Code civil, interdit aux juges de statuer par voie de dispositions générales et réglementaires. Comme l'observait Portalis : « Les tribunaux ne rempliraient pas le but de leur établissement si, sous prétexte du silence, de l'obscurité ou de l'insuffi-

---

(6) On lisait, en effet, dans la formule finale : « et sera le présent arrêt lu et publié à son de trompe et cris publics, et affiché partout où besoin sera, afin que nul n'en prétende cause d'ignorance ».

(7) V. Deteix, *Les arrêts de règlement*, thèse Paris, 1930.

sance de la loi, ils refusaient de juger. Mais... le juge deviendrait législateur s'il pouvait par des règlements statuer sur les questions qui s'offrent à son tribunal. Un jugement ne lie que les parties entre lesquelles il intervient. Un règlement lierait tous les justiciables et le tribunal lui-même ».

L'effet relatif de la chose jugée énoncé dans l'article 1351 du Code civil est considéré comme le corollaire du principe posé dans l'article 5, parfois même comme son seul fondement actuel (7-1).

D'une façon générale, les tribunaux respectent la défense qui leur est faite ; le faible contentieux en atteste. On trouve cependant un exemple récent de cassation pour violation de l'article 5 du Code civil en matière pénale.

Un sieur Jumeau était poursuivi pour désertion en temps de paix. La Chambre correctionnelle de la Cour d'appel de Bordeaux l'avait condamné à six mois d'emprisonnement au motif « que la défaillance d'un soldat est un malheur pour l'État et, par voie de conséquence, pour le déserteur qui doit être sanctionné par une peine qui ne saurait être inférieure à six mois d'emprisonnement, les circonstances atténuantes ne pouvant être admises que très exceptionnellement en cette matière ». Le 11 juin 1986, la Chambre criminelle de la Cour de cassation a censuré cette décision en estimant « qu'en se fondant, pour restreindre la latitude accordée aux juges relativement à la fixation de la peine, sur une règle générale édictée par elle en dehors des prescriptions de la loi, la Cour d'appel a violé l'article 5 du Code civil » (7-2).

Dans cette espèce, la Cour d'appel avait manifesté trop ouvertement sa propre conception de la sanction devant être attachée au délit de désertion en temps de paix, exprimant ainsi sa volonté de sanctionner à l'avenir ce délit sur des critères qu'elle édictait elle-même. Cela montre aussi que la violation de l'article 5 du Code civil traduit une forme d'*excès de pouvoir du juge*.

A côté des arrêts de règlement, il existe un autre type d'arrêt qui, bien que très voisin, n'est pas considéré comme prohibé par l'article 5. Il s'agit des arrêts dit *de principe*. Ils sont caractérisés par une certaine généralité et une certaine abstraction et ont été définis comme « des décisions univoques, dénuées d'ambiguïté, tranchant nettement et solennellement, c'est-à-dire durablement, le débat entre deux opinions à valeur générale, soutenues ou soutenables » (7-3). Il est difficile de les distinguer des arrêts de règlement car le principe énoncé

(7-1) H. SINAY, *La résurgence des arrêts de règlement*, D. 1958, chron. XV, p. 85 et s.
(7-2) D. 1986, p. 580, note D. MAYER.
(7-3) C. ATIAS, *L'ambiguïté des arrêts dit de principe en droit privé*, J. C. P. 1984.I.3145, n° 1.

semble se détacher de l'espèce pour se présenter comme un règlement permanent (7-4).

C'est le cas, par exemple, de l'arrêt rendu par la Chambre des requêtes de la Cour de cassation le 12 juillet 1905 (7-5) qui a posé la règle selon laquelle « la propriété ne se perdant pas par le non-usage, l'action en revendication qui protège et sanctionne ce droit peut être exercée aussi longtemps que le défendeur ne justifie pas être lui-même devenu propriétaire de l'immeuble revendiqué par le résultat d'une possession contraire, réunissant tous les caractères exigés pour la prescription acquisitive ». Tous les arrêts que l'on qualifie de principe ne sont pas aussi tranché ; ils font triompher une théorie sans pour autant écarter définitivement la thèse adverse. En outre, en dépit de leur généralité, les arrêts dépendent des circonstances d'espèce.

Le critère de distinction entre les arrêts de principe et les arrêts de règlement, bien qu'il soit difficile à saisir, tout particulièrement lorsque l'arrêt émane de la Cour de cassation, peut être recherché dans la volonté pour le juge de se considérer comme lié pour l'avenir par la règle qu'il énonce.

434-1. — Vers une reconnaissance d'un pouvoir réglementaire des tribunaux en matière de suppression des clauses abusives en droit de la consommation?
La loi n⁰ 88-14 du 5 janvier 1988 *relative aux actions en justice des associations agréées de consommateurs et à l'information des consommateurs* comporte un article 6 ainsi rédigé : « les associations mentionnées à l'article 1ᵉʳ peuvent demander à la juridiction civile d'ordonner, le cas échéant sous astreinte, la suppression de clauses abusives dans les modèles de convention habituellement proposés par des professionnels aux consommateurs » (7-6). Ce texte reconnaît au juge judiciaire un pouvoir *d'appréciation de légalité* de certaines clauses au regard de l'article 35 de la loi du 10 janvier 1978.

L'octroi de cette compétence suscite des difficultés quant à la portée des jugements à intervenir. On a soutenu, tout en le déplorant sur le plan des conséquences, qu'en vertu des principes processuels fermement établis — relativité de la chose jugée et prohibition des arrêts de règlement —, le jugement ne pourrait avoir d'effet que sur les professionnels parties à l'instance (7-7). Il y a évidemment un risque de contradiction si un modèle de contrat est utilisé par plusieurs professionnels et si l'association agréée omet d'en assigner un ou plusieurs et qu'un procès ultérieur s'engage. Pour éliminer ce risque, on devrait peut être considérer que l'article 6 édicte un contentieux purement objectif qui, par nature, déroge au principe de

---

(7-4) C. ATIAS, art. précité, n⁰ 3.

(7-5) D. P. 1907.1.141, rappr. POTIER ; S. 1907.1.273, note WAHL ; *Journ. not. et av.*, 1906, art. 28635, p. 95.

(7-6) V. pour le commentaire de cette loi, J. CALAIS-AULOY, *Les actions en justice des associations de consommateurs*, D. 1988, chron. XXIX, p. 193 et s. — G. PAISANT, *Les nouveaux aspects de la lutte contre les clauses abusives*, D. 1988, chron. XI, p. 253 et s.

(7-7) J. CALAIS-AULOY, précité, p. 197, 1ʳᵉ col., al. 3.

l'effet relatif des jugements et n'est pas concerné par l'article 5 du Code civil. Mais une telle conception est difficilement soutenable car, pour éviter toute contradiction, spécialement en cas de saisine d'un autre tribunal, il faudrait adopter le principe en vertu duquel le jugement premier en date devrait être revêtu d'une autorité absolue sur toute l'étendue du territoire de la République. Autrement dit, le jugement définitif devrait être revêtu d'une force équivalente à celle de la loi, ce qui est inconcevable. On s'oriente donc vers des difficultés inextricables.

Il suffit d'imaginer, dans l'exemple pris, que le professionnel « oublié » n'exerce pas son activité dans le ressort du tribunal qui a déjà statué sur la clause litigieuse. C'est un second tribunal qui sera appelé à trancher la difficulté sans être nullement tenu de se conformer à l'appréciation précédemment faite. Et l'exercice des voies de recours ne sera pas de nature à remettre en cause l'autorité de la chose jugée par le premier tribunal. De cette façon, la validité d'une clause dépendra soit du lieu de conclusion du contrat soit de la qualité du professionnel du cocontractant consommateur.

En reconnaissant aux tribunaux un pouvoir d'appréciation de légalité, sans prendre garde aux règles processuelles, le législateur met en péril le principe de l'égalité des citoyens devant la loi.

434-2. — En définitive, en vertu des articles 4 et 5 du Code civil le juge est autorisé à créer éventuellement une règle particulière qu'il appliquera au litige déterminé qui lui est soumis. Mais cette règle ne peut avoir en principe une portée générale. Cependant, en fait, il y a eu généralisation des règles posées par les tribunaux.

II. — *La généralisation de fait des précédents.*

435. — Les facteurs communs à toutes les juridictions.

Il y a tout d'abord un souci d'économie d'effort, de rationalisation du travail. La loi a déjà été interprétée à l'occasion d'un procès déterminé. Le juge se reportera, lorsqu'il aura de nouveau à interpréter le même texte, au travail qu'il a déjà effectué. Il pourra de même se reporter à l'interprétation d'un autre juge. Il peut ainsi se référer, soit à ses propres précédents, soit aux précédents d'autres juridictions. Une telle référence sera d'autant plus normale, et s'imposera d'autant plus à l'esprit, que les précédents seront nombreux et iront dans le même sens.

Cette référence aux précédents est considérablement facilitée par l'obligation, en droit moderne, qui est imposée au juge de donner les *motifs* de sa décision. Cette obligation est d'ailleurs soumise au contrôle de la Cour de cassation. Les motifs du jugement ou de l'arrêt doivent obligatoirement contenir le raisonnement juridique au moyen duquel le juge est arrivé à la solution pratique du litige. En particulier les motifs doivent exprimer l'interprétation de la règle légale. La règle particulière au litige se trouve donc explicitée, ce qui rend sa consultation commode.

Il faut également tenir compte de ce que *le juge a conscience à la fois de l'opportunité et de la nécessité de se référer aux précédents*. Il peut légitimement penser que les décisions précédemment rendues ont été mûrement réfléchies, qu'elles ont été éclairées par les débats judiciaires menés devant les juges par les avocats des plaideurs. Entre les diverses thèses, un choix a déjà été opéré. Lorsqu'il s'est réalisé de façon très générale dans le même sens, il y a tout lieu de supposer que la solution était bonne. Le juge a également conscience de la nécessité de la référence aux précédents. La fixité de la jurisprudence qu'elle permet donne, en effet, la sécurité nécessaire aux relations juridiques. A défaut, il y aurait une incertitude intolérable pour les particuliers qui ne sauraient jamais à l'avance dans quel sens doit être interprétée la loi.

Ces facteurs sont communs à toutes les juridictions. En particulier, ils sont respectés par la Cour de cassation elle-même. Ses revirements de jurisprudence sont rares (8).

Par la répétition de la solution ou en raison de l'autorité de la juridiction qui a statué, une probabilité très forte existe qu'à l'avenir la question sera tranchée de la même façon. La jurisprudence se trouve ainsi dotée d'une autorité privilégiée (9).

436. — L'autorité des arrêts en fonction de leur origine et de leur date.
Cette autorité s'attache à la jurisprudence dans son ensemble. Elle peut être dosée cependant. La hiérarchie des juridictions donne aux arrêts de la Cour de cassation et spécialement de ses formations solennelles, Chambres mixtes et Assemblée plénière (autrefois Chambres réunies) une autorité particulière. On peut distinguer aussi pour la Cour de cassation les arrêts d'espèces des arrêts de principe qui énoncent une formule générale (10).

Entre deux décisions de même degré dans la hiérarchie judiciaire, c'est la plus récente qui a le plus d'autorité, puisqu'elle exprime le plus probablement le sens des décisions futures (11).

Enfin la jurisprudence de certaines juridictions, en raison de leur

---

(8) V. *infra*, nº 461.
(9) V. J. CARBONNIER, *Introduction*, § 144. — E. L. BACH, précité, nº 224. Ces deux auteurs, qui refusent de voir dans la jurisprudence une source de droit, lui reconnaissent cependant une « autorité privilégiée ».
(10) V. *supra*, nº 434 et *infra*, nº 467.
(11) V. J. CARBONNIER, précité, § 144 et § 148 ; cet auteur en déduit une opposition entre le rôle de la jurisprudence en droit français et le système anglais du précédent qui vise à faire prévaloir la décision la plus ancienne. La vérité est peut-être d'ailleurs plus nuancée. C'est ainsi, par exemple, que les études américaines sur la responsabilité des fabricants, qui a connu un développement jurisprudentiel extrême depuis une quinzaine d'années, font état de la « dernière jurisprudence » dans des conditions qui paraissent tout à fait comparables à la doctrine française.

localisation dans tel port, ou, pour certaines chambres de la Cour de Paris, de leur spécialisation dans certains domaines particuliers, comme celui des marques et brevets, par exemple, a une autorité particulière.

437. — L'insuffisance de cette analyse.

Ainsi entendue la jurisprudence n'a qu'une simple autorité de fait. Elle permet de prévoir avec une forte probabilité la décision qui sera rendue par les tribunaux et, le cas échéant, par la Cour de cassation. Mais elle n'énonce aucune règle de portée générale qui s'imposerait aux justiciables et aux juges.

Cette analyse paraît exacte pour la plupart des décisions judiciaires qui n'ont pas plus de force obligatoire, en droit, que des opinions doctrinales. Elle a cependant le grave inconvénient de ne pas mettre suffisamment en lumière le rôle particulier de la Cour de cassation et la portée de ses arrêts, ou tout au moins de certains d'entre eux. La Cour de cassation, de même d'ailleurs que les autres Cours suprêmes, dans les limites de leur compétence, exerce en réalité un pouvoir normatif.

§ 2. — LA JURISPRUDENCE, SOURCE DE DROIT

438. — Des règles générales peuvent naître de l'exercice normal de la fonction juridictionnelle.

De nombreux auteurs considèrent que la jurisprudence est une simple autorité de fait. Le principe de la séparation des pouvoirs, l'article 5 du Code civil, qui prohibe les arrêts de règlement, et la relativité de la chose jugée se conjugueraient pour interdire aux tribunaux de créer des règles générales. Ainsi la jurisprudence ne pourrait être une source du droit (12).

Il n'est peut-être pas très réaliste de déduire de l'interdiction faite aux tribunaux de créer des règles de portée générale l'inexistence de celles-ci (13). Mais, surtout, les dispositions que l'on invoque ont seulement pour objet d'interdire au juge de créer des règles générales dans la forme des lois ou des règlements. Elles ne font nullement obstacle à la naissance de règles générales par l'exercice normal de la fonction juridictionnelle, telle que celle-ci est organisée de façon institution-

---

(12) V. en ce sens, CARBONNIER, *Introduction*, § 144 et s. — E. L. BACH, précité, n°s 212 et s. — CARRÉ DE MALBERG, *Contribution à la théorie générale de l'État*, t. I, p. 745. — GÉNY, *Méthode d'interprétation et sources en droit privé positif*, II, 2e éd., n°s 146 et s., p. 33 et s. ; n° 192, p. 259 et s. — AUBRY et RAU, I, 6e éd., par BARTIN, § 39 *bis, in fine*, p. 241.

(13) V., en ce sens, O. DUPEYROUX, *op. cit.*, p. 357. — P. ESMEIN, *La jurisprudence et la loi, Rev. trim. dr. civ.*, 1952, p. 20 : « c'est trop méconnaître la réalité que refuser d'y voir une source de droit ». — J. BOULANGER, *Encycl. Dalloz, Rép. dr. civ.*, 1re éd., v^o *Jurisprudence*, n° 22.

nelle (14). Or c'est cette organisation même, qui donne à la jurisprudence une portée générale et obligatoire.

439. — Pour justifier la force obligatoire de la jurisprudence on a fait état de sa *réception par le législateur ou les justiciables*. Il paraît plus exact d'invoquer *l'assimilation de l'interprétation judiciaire à la loi interprétée*. Il est permis enfin de se demander si *les principes généraux du droit* ne constituent pas une source jurisprudentielle du droit.

I. — La « réception » de la jurisprudence.

440. — On a déduit la force obligatoire de la jurisprudence, soit de *la réception implicite par le législateur*, soit de *la réception des justiciables* qui en ferait une coutume.

A. — La réception implicite du législateur.

441. — M. Marcel Waline, après avoir constaté le pouvoir normatif des tribunaux et l'importance de l'apport de la jurisprudence au droit positif (15) a fait état pour le justifier d'une approbation tacite du législateur. Celle-ci résulterait de son absence de réaction alors qu'il connaissait la jurisprudence et avait le pouvoir d'intervenir.

Il est exact que les créations jurisprudentielles restent dans la dépendance du législateur qui peut toujours modifier la loi qui leur sert de support (16). Mais on a justement dénoncé le caractère fictif de cette analyse qui suppose la connaissance par le législateur des solutions jurisprudentielles (17). Surtout, la création de règles jurisprudentielles est inhérente, on le verra, à l'exercice de la fonction juridictionnelle. Elle ne dépend donc pas de la volonté du législateur (18).

B. — La réception par les justiciables.

442. — **La jurisprudence, phénomène d'autorité, ne peut être assimilée à la coutume.**

---

(14) V. S. BELAÏD, *Essai sur le pouvoir créateur et normatif du juge*, thèse Paris, 1974, p. 25 et s.

(15) *Le pouvoir normatif de la jurisprudence*, in *Mélanges Scelle*, t. II, p. 613, spécialement p. 622.

(16) V. *infra*, n° 482.

(17) V. MAURY, *op. cit.*, p. 38 et s. — RIPERT, *Les forces créatrices du droit*, p. 382 et s. — S. BELAID, précité, p. 53 et s. — Ph. JESTAZ, art. précité, p. 13, 1re col.

(18) Cf. HÉBRAUD, précité, p. 332 et s. — O. DUPEYROUX, précité, p. 355.

Tenue comme obligatoire par les justiciables la jurisprudence serait
la forme moderne de la coutume (19). Mais on a montré qu'elle ne correspondait pas à la conception classique de la coutume, dont l'origine
populaire et la durée sont des éléments caractéristiques. La jurisprudence peut naître d'un seul arrêt (20) et c'est l'œuvre de techniciens.
Surtout elle est essentiellement un phénomène d'autorité lié à l'exercice
du pouvoir juridictionnel (21).

Il reste cependant que la croyance des justiciables dans la force obligatoire de la règle jurisprudentielle donne à celle-ci une certitude accrue,
dont l'origine se rattache bien à un élément essentiel de la formation
de la coutume. Mais cet élément supplémentaire n'est pas indispensable pour donner force obligatoire à la jurisprudence.

**443. — « L'assentiment des justiciables » n'est pas la condition mais la
conséquence de la force obligatoire de la jurisprudence.**

Tout en écartant l'assimilation de la jurisprudence à la coutume,
M. Maury (22) exige que s'ajoute « l'assentiment des intéressés », c'est-
à-dire pratiquement des « juristes », pour lui reconnaître valeur juridique
et en faire une source de droit (23).

Il est exact qu'une jurisprudence constante se reconnaît au fait que
la question ne se plaide plus. Mais ce n'est pas cet assentiment des
justiciables qui lui donne sa force obligatoire. C'est au contraire parce
que la règle jurisprudentielle est obligatoire que les juristes renoncent
à une contestation devenue inefficace.

Si M. Maury exige l'assentiment des intéressés c'est que, pour lui,
les tribunaux n'exerceraient qu'un « pouvoir social... existant en fait
dans la société », mais non en droit, en créant des règles générales
qui excéderaient leur compétence. Mais les tribunaux, en interprétant la loi, exercent une compétence qui leur est expressément reconnue et à laquelle notre organisation judiciaire donne une portée
générale.

---

(19) V. Lebrun, *La coutume, ses sources, son autorité en droit privé*, thèse Caen,
1932, nos 207 et s., p. 215 et s. ; nos 253 et s., p. 260 et s. — Gény, *Méthodes d'interprétation et sources*, t. II, no 146, p. 35 et s. ; no 147, p. 39 et s.

(20) V. P. Esmein, *La jurisprudence et la loi, Rev. trim. dr. civ.*, 1952, p. 19-20. —
A. Weill, *Introduction*, p. 151-152, no 177. — *Adde :* Mazeaud et de Juglart,
Introduction, p. 137, no 112.

(21) V. P. Hébraud, *op. cit.*, p. 330.

(22) *Observations sur la jurisprudence en tant que source du droit, Études Ripert*,
t. I, p. 43.

(23) V., dans le même sens, Marty et Raynaud, *Introduction*, no 120.

II. — *L'assimilation de l'interprétation judiciaire à la loi interprétée.*

444. — **Le pouvoir normatif de la jurisprudence résulte de l'identification de l'interprétation créatrice à la loi qu'elle interprète et du pouvoir conféré à la Cour de cassation d'unifier cette interprétation.** Quelle que soit l'importance de l'adaptation réalisée par la jurisprudence, les modifications et même les déformations qu'elle a apporté au texte, sa création se présente presque toujours, formellement, comme une interprétation de la loi dont elle acquiert du même coup la force obligatoire (24).

Il importe peu dans ces conditions qu'un pourvoi en cassation ne puisse être, en principe, directement fondé sur la violation de la juris prudence (25). Cette observation ne permet pas de conclure qu'il ne s'agirait que d'une autorité de fait (26). En effet la Cour de cassation ne contrôle que l'application de la loi française, dont la jurisprudence n'a pas la forme. Mais celle-ci n'en est pas moins protégée très efficacement par la Cour de cassation. « Elle l'est d'une manière indirecte, qui procède précisément de son incorporation à la loi ; les décisions qui la méconnaissent sont cassées pour violation de la loi, à travers l'interprétation qui en a été judiciairement donnée » (27).

Exceptionnellement, d'ailleurs, la Cour de cassation se borne, pour justifier la censure, à viser un principe général du droit (28) ou même une règle jurisprudentielle déterminée (29). Des membres de la Cour de cassation ont d'ailleurs préconisé l'utilisation de cette méthode qui

---

(24) V., en ce sens, MAURY, précité, p. 50. — O. DUPEYROUX, *La jurisprudence source abusive de droit, Mélanges Maury*, p. 356, qui montre que cette analyse est également vraie pour la jurisprudence administrative. — P. HÉBRAUD, *Le juge et la jurisprudence, Mélanges P. Couzinet*, p. 365. — J. RIVERO, *Sur la rétroactivité de la règle jurisprudentielle, Act. jur. dr. adm.*, 1968, p. 15. — EISENMANN, *Trav. Ass. H. Capitant*, 1949, p. 79.

(25) V. MARTY, *La distinction du fait et du droit*, thèse Toulouse, 1929, n° 168.— *Encycl. Dalloz, Rép. dr. civ.*, 2e éd., v° *Cassation*, n° 27. — Req., 21 décembre 1891, D. 1892. 1. 543. — Com., 4 juillet 1961, J. C. P. 1962. II. 2558.

(26) V., cependant, CARBONNIER, *Introduction*, § 148.

(27) P. HÉBRAUD, précité, p. 366-367.

(28) V. *infra*, n°s 449 et s.

(29) V., par ex., Cass. civ. 1re, 8 juillet 1969, *Bull. civ.*, I, n° 269, p. 214 : « Vu la règle de rattachement de droit international français suivant laquelle la légitimation est, indépendamment de la reconnaissance, régie par la loi de la nationalité commune des époux, ou, s'ils sont de nationalités différentes, par celle du pays de leur domicile effectif commun ». — Cf. H. BATIFFOL et P. LAGARDE, *Droit international privé*, 6e éd., t. I, 1974, p. 426, note 26, qui observent que cette façon de procéder « n'est pas sans signification sur la question, encore curieusement discutée, de savoir si la jurisprudence est source de droit ».

aurait le mérite de la franchise et donnerait plus de garanties aux justiciables, chaque fois que la censure est formellement fondée sur un texte qui n'a plus guère de rapport avec la règle effectivement appliquée (30).

En règle très générale, cependant, c'est à travers l'interprétation de la loi que la jurisprudence de la Cour de cassation a, vis-à-vis des tribunaux et cours d'appel, et par là, à l'égard des justiciables, la même force obligatoire que la loi qu'elle interprète.

445. — Le pouvoir normatif de la Cour de cassation est institutionnel.

Le Tribunal de cassation avait été conçu à l'origine comme un organe dépendant du pouvoir législatif et chargé d'imposer aux tribunaux et cours d'appel la stricte application de la loi. Lorsque la Cour de cassation est devenue tout à fait indépendante du pouvoir législatif pour apparaître comme la Cour suprême de l'ordre judiciaire (31), elle a emporté avec elle la part de création du droit qui découle du contrôle de l'interprétation de la loi.

La compétence de la Cour de cassation pour compléter la loi par une interprétation, qui fera corps avec elle et aura la même force obligatoire, est consacrée par nos institutions, non comme un simple fait, mais comme un véritable pouvoir. Il suffit pour s'en convaincre de rappeler avec quel soin notre organisation judiciaire vise à assurer l'unité d'interprétation de la loi (32). Ce qui fait l'importance de cette unité c'est que l'interprétation participe à la généralité de la loi elle-même. En faisant de la Cour de cassation l'institution chargée d'assurer cette unité, notre droit positif lui donne le pouvoir juridique d'imposer son interprétation de la loi et d'en faire le complément obligatoire de celle-ci (33).

Cette force obligatoire de la jurisprudence, liée à l'unification qui lui confère sa généralité, répond d'ailleurs « au sentiment public qui réclame l'égalité devant la justice, c'est-à-dire que soient traités de même tous ceux qui se trouvent dans la même situation » (34). Les mêmes raisons qui imposent la généralité de la loi rendent également nécessaire la généralité de son interprétation. Il faut donc que la jurisprudence de

---

(30) A. BRETON, précité, p. 17. — J. VOULET, *Le grief de dénaturation devant la Cour de cassation*, J. C. P. 1971. 1. 2410, nº 16. Ces auteurs donnent l'exemple du visa de l'article 1134 qui ne se justifie que pour la dénaturation des conventions, et marque leur préférence, dans les autres hypothèses de dénaturation, pour le visa d'un principe du droit non écrit tel que « l'interdiction de dénaturer les documents de la cause ». — A. PERDRIAU, *Visas, « chapeaux » et dispositif des arrêts de la Cour de cassation en matière civile*, J. C. P. 1986.I.3257, nᵒˢ 43-44.

(31) V. *supra*, nº 410.

(32) V. *supra*, nᵒˢ 407 et s.

(33) V. J. BOULANGER, *Notations sur le pouvoir créateur de la jurisprudence civile*, Rev. trim. dr. civ., 1961, p. 417 et s., spécialement nᵒˢ 8 et 11.

(34) P. ESMEIN, *La jurisprudence et la loi*, Rev. trim. dr. civ., 1952, p. 18.

la Cour de cassation, autorité compétente pour unifier l'interprétation de la loi, ait force obligatoire, afin d'assurer cette généralité. L'interprétation judiciaire de la loi est créatrice (35). Il y a donc bien création de règles jurisprudentielles. Cette création acquiert une autonomie toute particulière lorsque le juge met en œuvre les principes généraux du droit.

III. — Les principes généraux du droit (36).

446. — Les principes généraux sont des éléments du droit positif.

Le *Conseil d'État*, plus particulièrement depuis 1945, fait fréquemment application de ce qu'il appelle « les principes généraux du droit applicables même en l'absence de texte ». Ceux-ci ont une importance capitale en droit administratif (37). Mais le Conseil d'État en fait également application en droit pénal (38), et en droit judiciaire privé (39).

---

(35) V. *supra*, n° 423.

(36) V. *Les principes généraux du droit*, 5e Journées juridiques franco-hongroises, *Rev. intern. dr. comp.*, 1980, p. 263 et s.

(37) V. B. JEANNEAU, *Les principes généraux du droit dans la jurisprudence administrative*, thèse Paris, préface J. RIVERO, 1954. — *La nature des principes généraux du droit en droit français*, Trav. Inst. dr. comparé Université Paris, t. XXIII, 1962, p. 203 et s. — LETOURNEUR, *Les principes généraux du droit dans la jurisprudence du Conseil d'État*, Et. et doc. C. E., 1951, p. 195 et s. — CHAPUS, chron. D. 1960, p. 119 ; *De la valeur juridique des principes généraux du droit et autres règles jurisprudentielles en droit administratif*, D. 1966, chron. p. 99. — RIVERO, *Le juge administratif : un juge qui gouverne*, D. 1951, chron. p. 21. — R. LATOURNERIE, *Le Conseil d'État, Livre jubilaire*, p. 201 et s. ; *Le droit français de la grève*, 1972, spécialement p. 80 et s. — A. S. MESCHERIAKOFF, *La notion de principes généraux du droit dans la jurisprudence récente*, Act. jur. dr. adm., 1976, p. 596, spécialement p. 607. — MORANGE, *Les principes généraux du droit*, Rev. dr. public, 1977, p. 761. — N. NITSCH, *Les principes généraux du droit à l'épreuve du droit public économique*, Rev. dr. public, 1981, p. 1549. — A. LEFAS, *Essai de comparaison entre le concept de « natural justice » en droit administratif anglo-saxon et « les principes généraux du droit » ainsi que les « règles générales de procédure » correspondantes en droit administratif français*, Rev. intern. dr. comp., 1978, p. 745. — B. GENEVOIS, *Les principes généraux du droit (aspects de droit administratif)*, Journées juridiques franco-hongroises, précitées, Rev. intern. dr. comp., 1980, p. 279.

(38) V., par ex., l'arrêt *Canal*, 19 octobre 1962, *Rec. Cons. d'État*, p. 552 ; D. 1962, p. 687 ; S. 1963, p. 32 ; Act. jur. dr. adm., 1962, p. 612, note DE LAUBADÈRE ; Rev. adm., 1962, p. 623, note LIET-VEAUX ; J. C. P. 1963. II. 13068, note DEBBASCH, qui annule l'ordonnance du 1er juin 1962 instituant une Cour militaire de justice, en raison des atteintes que ce texte apportait aux « principes généraux du droit pénal ».

(39) V., par ex., pour le principe du respect des droits de la défense, l'arrêt *Chevrot*, 3 décembre 1969, *Rec. Cons. d'État*, p. 550 ; D. 1970, p. 69, concl. Com. Gouv. GENTOT. — Pour celui du caractère contradictoire de la procédure contentieuse, *Assoc. synd. des propriétaires de Champigny-sur-Marne*, 13 décembre 1968, *Rec. Cons. d'État*,

Cette référence aux principes généraux du droit se retrouve, depuis 1969, dans les décisions du *Conseil constitutionnel* (40) et dans celles de la *Cour de justice des Communautés européennes* (41). La reconnaissance des principes généraux du droit par le Conseil constitutionnel est d'autant plus importante qu'elle le conduit, dans certains cas, à leur accorder valeur constitutionnelle. L'article 38 du Statut de la *Cour de justice internationale* créée par la charte des Nations unies cite les « principes généraux du droit reconnus par les nations civilisées » parmi les sources du droit applicable par cette juridiction (42).

La *Chambre criminelle de la Cour de cassation* a invoqué les « règles générales de la procédure et les principes généraux qui concernent et régissent en matière criminelle les droits de la défense » (43).

En *droit du travail* et, plus largement, en droit « social », le Conseil

---

p. 645 ; *Act. jur. dr. adm.*, 1969, p. 179, note Homont. — *Ordre des avocats à la Cour d'appel de Paris*, 4 juillet 1969, *Rec. Cons. d'État*, p. 358 ; J. C. P. 1969. II. 16126, note Boccara ; *Act. jur. dr. adm.*, 1970, p. 43, note Molinier. — Pour « la publicité des débats judiciaires », *Dame David*, 4 octobre 1974, J. C. P. 1975. II. 17967, note Drago, D. 1975, p. 369, note J. M. Auby. — *Gaz. Pal.*, 1975. 1. 117, note Amson. — *Act. jur. dr. adm.*, 1974, p. 545, note Franc et Boyon, p. 525 (l'article 435 du nouveau Code de procédure civile reproduit d'ailleurs les dispositions annulées). — Pour « la faculté reconnue aux juges de prononcer une astreinte en vue de l'exécution tant de leurs décisions que des mesures d'instruction qui en sont le préalable », Barre et Honnet, 10 mai 1974, *Act. jur. dr. adm.*, 1974, p. 546.

(40) V. A. H. Mesnard, *Dix années de jurisprudence du Conseil constitutionnel en matière de répartition des compétences législatives et réglementaires*, *Act. jur. dr. adm.*, 1970, p. 270 et 273 et s. — Rivero, *Les principes fondamentaux reconnus par les lois de la République : une nouvelle catégorie constitutionnelle ?* D. 1972, chron. 265. — Cons. const., 16 juillet 1971, D. 1972, p. 685 ; J. C. P. 1971. II. 16832 ; *Act. jur. dr. adm.*, 1971, p. 537. — L. Hamon, *Contrôle de constitutionnalité et protection des droits individuels*, D. 1974, chron. p. 83 et s. ; et note sous Cons. const., 9 janvier 1980, D. 1980, p. 420 sur le principe d'égalité devant la loi. — Cl. Franck, note sous Cons. const., 22 juillet 1980, D. 1981, p. 65 et s.

(41) 15 octobre 1969, *Commission des communautés européennes c/Gouvernement de la République italienne*, *Gaz. Pal.*, 1970. 1. 69. — V. J. Boulouis, *Droit institutionnel des communautés européennes*, Cours Paris II, 1981-1982, p. 159 et s., spécialement p. 164 sur la référence à la convention européenne de sauvegarde des droits de l'homme et des libertés fondamentales. — G. Issac, *Droit communautaire général*, 2ᵉ éd., Masson, 1989, p. 145 et s.

(42) V. B. Jeanneau, thèse précitée, p. 209. — Benar et Dehausy, *J. Cl. int.*, fasc. 13-B, nᵒˢ 53 et s.

(43) Cass. crim., 12 juin 1952, J. C. P. 1952. II. 7241, note Brouchot ; D. 1953, Somm. p. 2 ; S. 1954. 1. 69. — 21 février et 5 août 1952, *Rec. Penant*, 1953, 8, note de Soto et Léauté. — V. Léauté, *Les principes généraux relatifs aux droits de la défense*, *Rev. science crim.*, 1953, 47. — Cons. const., 2 décembre 1976, *Droit social*, 1977, p. 126. — M. Puech, *Les principes généraux du droit (aspect pénal)*, Journées juridiques franco-hongroises, *Rev. intern. dr. comp.*, 1980, p. 337.

d'État et la Cour de cassation ont admis l'existence de principes généraux plus ou moins spécifiques (44).

En matière civile l'existence d'une forte armature de règles écrites
a laissé moins de place aux principes généraux du droit (45). On en
trouve cependant plusieurs applications expresses dans la jurisprudence
de la Cour de cassation (46). Du principe de la liberté du mariage a été
déduite la nullité des promesses de mariage (47). La Chambre des
Requêtes a affirmé le principe « que les lettres adressées à des tiers
sont confidentielles » (48). Dans le célèbre arrêt, dit du marchand
d'engrais, la Chambre des Requêtes a posé le principe selon lequel nul
ne peut s'enrichir sans cause aux dépens d'autrui (49). On peut encore
citer un arrêt de la Chambre civile du 25 juillet 1938 (50) qui décide
que « d'après les principes généraux du droit, les ayants cause du locataire sont substitués à celui-ci dans l'exercice de ses droits », et trois
arrêts récents de la 1re Chambre civile. Les deux premiers, du 12 mai
1966 (51) et du 16 juillet 1968 (52) visent exclusivement « la règle de
l'égalité du partage », dans des conditions qui permettent d'y voir
l'affirmation d'un principe général (53). Le troisième, du 17 juin 1969 (54)
vise exclusivement « les principes relatifs au droit de rétention » pour
censurer la décision qui ne s'y était pas conformée.

----

(44) V. Y. Saint-Jours, note sous Cons. d'État, Assemblée, J. C. P. 1975. II.
17957 et la jurisprudence citée. — Cf. G. Lyon-Caen, *Du rôle des principes généraux
du droit civil en droit du travail*, Rev. trim. dr. civ., 1974, p. 229 et s. — Latournerie, *Le droit français de la grève*. — D. Turpin, *Le droit de grève face à un nouveau
principe de valeur constitutionnelle*, *Droit social*, 1980, p. 441.

(45) V. J. M. Auby, précité. — B. Jeanneau, *La nature des principes généraux
du droit en droit français*, Trav. Inst. dr. comparé Université Paris, t. XXIII, 1962,
p. 203-204. — Cf. R. Rodière, *Les principes généraux du droit privé français*, Rev.
intern. dr. comp., 1980, Journées juridiques franco-hongroises, p. 304 et s., qui nie
leur existence.

(46) V. Ripert, *Les forces créatrices du droit*, 1955, no 123. — J. Boulanger,
Principes généraux du droit et droit positif, *Études Ripert*, t. I, p. 51 et s. — V. déjà
dans le rapport du conseiller rapporteur, une référence expresse aux principes généraux du droit, Req. 17 décembre 1844, D. 1845.I.71. — A. Perdriau, *Visas*, « chapeaux » et dispositif des arrêts de la Cour de cassation en matière civile, J. C. P.
1986.I.3257, annexe II, qui cite 18 visas de « principe » utilisés au cours des années
1977 à 1985.

(47) **Cass. civ.**, 30 mars 1838, D. Jur. Gén. vo Mariage, no 82 ; S. 1838. 1. 492.

(48) 21 juillet 1862, D. 1862. 1. 54.

(49) 15 juin 1892, S. 1893. 1. 291, note Labbé.

(50) D. H. 1938, p. 591.

(51) *Bull. civ.*, I, no 289, p. 221.

(52) J. C. P. 1968. II. 15694, note M. D. ; D. 1968, p. 617, note A. B.

(53) V. note M. D. et les observations de M. A. Breton, rapporteur de l'arrêt
de 1968, in *L'arrêt de la Cour de cassation*, Ann. Universit. Sc. sociales Toulouse,
1975, t. XXIII, fasc. 1 et 2, p. 17.

(54) *Bull. civ.*, I, no 233, p. 186.

Bien qu'elles ne fassent pas formellement état d'un principe, les décisions qui visent une *maxime traditionnelle de portée générale* peuvent être considérées comme faisant application d'un principe général (55). Les principes généraux du droit appartiennent incontestablement au droit positif. Leur définition et leur nature restent cependant obscures.

447. — C'est leur application par la jurisprudence et leur généralité qui caractérise les principes généraux du droit.

La plupart des auteurs les caractérisent par le rôle de la jurisprudence dans leur élaboration (56) ; d'autres exigent, soit à titre de condition supplémentaire (57), soit indépendamment du rôle de la jurisprudence (58), qu'il s'agisse de règles de portée générale ; d'autres, enfin, insistent sur la tradition historique et les rattachent à la coutume savante (59).

En fait, ce qui caractérise essentiellement les principes généraux du droit c'est leur application par la jurisprudence. Mais celle-ci ne les crée pas. Elle les extrait de la loi ou de la coutume savante, avec l'aide de la doctrine (60).

Ce qui caractérise encore les principes généraux du droit c'est leur généralité.

Toutes les règles sont générales en ce qu'elles s'appliquent à toutes les situations qu'elles visent. Mais elles ne régissent que ces situations. Un principe « comporte une série indéfinie d'applications » (61). Par exemple on peut déduire de l'article 725 du Code civil que l'enfant simplement conçu est habile à bénéficier d'une succession. C'est en revanche un principe général qui donne à l'enfant conçu tous les droits qu'il aurait s'il était déjà né, selon l'adage *infans conceptus pro nato habetur* (61-1). La règle exprimée dans l'article 725 est l'application de ce principe.

---

(55) V. Cass. civ., 29 mars 1950, D. 1950, p. 396 ; *Bull. civ.*, n° 89, p. 64, pour « la règle traditionnelle *quae temporalia sunt ad agendum, perpetua sunt ad excipiendum*. — Cass. com., 19 mars 1974, J. C. P. 1975. II. 17941, note J. Ghestin, qui vise « la règle *contra non valentem agere non currit praescriptio* » pour censurer l'arrêt qui n'en avait pas tenu compte.

(56) V. R. Latournerie, précité, p. 16, 80, 86. — B. Jeanneau, *op. cit.*, p. 204. — S. Belaïd, précité, p. 307. — Perelman, précité, p. 81, n° 43.

(57) B. Jeanneau, *op. cit.*, p. 204.

(58) J. Boulanger, précité, p. 56 et s.

(59) J. Carbonnier, *Introduction*, § 140.

(60) V. les auteurs précités qui s'accordent à admettre que les principes généraux du droit ne sont pas créés par le juge, mais identifiés, constatés, trouvés « en suspension dans l'esprit de notre droit », J. Carbonnier, précité, § 139.

(61) J. Boulanger, précité, p. 56, n° 5.

(61-1) V. pour une application en matière d'assurance sur la vie, Cass. civ. 1ᵉ, 10 décembre 1985, *Bull. civ.*, I, n° 339, p. 305 ; D. 1987, p. 449, note G. Paire ; *Rép. not. defrénois*, 1986, p. 668.

448. — Le principe peut être exprimé dans la loi, tel le principe de responsabilité qui figure dans l'article 1382 du Code civil. La jurisprudence contribue cependant à lui donner son sens et sa portée. C'est ainsi que l'on a pu dénoncer « l'absorption des règles juridiques par le principe de responsabilité civile » (62).

Encore faut-il cependant qu'il s'agisse d'un principe général. Le travail créateur résultant de l'interprétation de la loi ne peut être qualifié, dans son ensemble, de principes généraux du droit.

Le nouveau Code de procédure civile énonce dans un titre premier, « les principes directeurs du procès », véritables principes généraux du droit judiciaire privé. Le rapport au Premier Ministre introduisant le décret du 9 septembre 1971, qui les exprimait déjà, déclarait qu'ils « s'évinçaient pour la plupart, des constructions jurisprudentielles de la meilleure veine, de maximes coutumières, ou même de dispositions éparses... » en les complétant et leur donnant une plus grande certitude (63).

449. — Les principes généraux dégagés par « induction amplifiante » de la loi.

L'apport particulier de la jurisprudence est beaucoup plus important lorsque celle-ci, raisonnant par « induction amplifiante », dégage le principe, sous-entendu, qui inspire une série de règles écrites plus ou moins disparates (64). Par exemple, le principe de publicité des débats devant la juridiction civile a pu être dégagé des articles 8 et 87 de l'ancien Code de procédure civile et de l'article 7 de la loi du 20 avril 1810 (65). En fait, le plus souvent, la jurisprudence se sert de la systématisation qui a été opérée par la doctrine, et des idées maîtresses qu'elle a dégagées

---

(62) H. MAZEAUD, D. H. 1935, chron. p. 5. — Cf. Mlle RIPERT, *La réparation du préjudice dans la responsabilité délictuelle,* thèse Paris, 1933, p. 5 et s., n° 60. — J. VAN RYN, *Responsabilité aquilienne et contrats en droit positif.* — *Adde :* par ex., **Cass.** civ. 3e, 30 janvier 1974, *Bull. civ.,* III, n° 50, p. 37 ; DEFRÉNOIS, 1975, art. 30631, note GOUBEAUX ; D. 1975, 427, note PENNEAU ; J. C. P. 1975. II. 18001, note DAGOT ; *Gaz. Pal.,* 1975. 1. 569, note PLANCQUEEL ; qui observe sur le fondement de l'article 1382 « que l'acquisition d'un immeuble en connaissance de sa précédente cession à un tiers est constitutive d'une faute qui ne permet pas au second acquéreur d'invoquer à son profit les règles de la publicité foncière. — V., dans le même sens, **Cass.** civ. 3e, 3 octobre 1974, *Bull. civ.,* III, n° 335, p. 256 ; J. C. P. 1975. II. 18001, note DAGOT ; *Rev. trim. dr. civ.,* 1975, p. 569, obs. GIVERDON.

(63) V. *infra,* n°s 534 et s. — Cf. E. BLANC, *Principes généraux de la nouvelle procédure civile,* J. C. P. 1973. I. 2559. — *Adde :* P. KAYSER, *Le principe de la publicité de la justice dans la procédure civile,* Mélanges Hébraud, p. 501.

(64) V. Ch. PERELMAN, précité, p. 75, n° 40. — S. BELAÏD, précité, p. 308. — J. BOULANGER, précité, p. 63. — B. JEANNEAU, précité, p. 205-206. — G. RIPERT, *Les forces créatrices du droit,* n° 134, p. 331.

(65) V. J. M. AUBY, D. 1975, p. 371.

de la législation. Mais si l'origine intellectuelle de ces principes est ainsi fréquemment doctrinale, c'est seulement leur consécration par la jurisprudence qui en fait une source du droit positif (66). La force obligatoire de ces principes se rattache encore à la loi. Ils en sont extraits par un raisonnement qui fait partie de l'interprétation des textes, au sens large qui est souvent donné à ce terme (67). A ce titre il est logique que la Cour de cassation en assure le respect au même titre qu'elle censure la violation de la loi (68).

450. — Les maximes et adages.

Les principes généraux peuvent être également exprimés dans des maximes ou des adages appartenant à la coutume dite savante (69). Mais ici encore les maximes juridiques ne constituent des principes généraux que si elles ne se bornent pas à énoncer une simple règle (70).

La Cour de cassation assimile ces maximes à la loi et censure les décisions qui ne les respectent pas (71).

Normalement la violation de la coutume ne justifie pas la censure (72). C'est donc la Cour de cassation qui donne valeur de loi à ces règles coutumières. Il est difficile d'en conclure cependant qu'elles seraient purement jurisprudentielles. Elles se rattachent, en effet, à une tradition historique qui leur donne une autorité propre. A la différence des règles coutumières ordinaires, elles ne sont pas des instruments de pluralisme juridique. Il est naturel que la Cour de cassation exerce à leur égard son rôle d'unification du droit (73).

---

(66) Cf. J. BOULANGER, précité, p. 54 et 57.

(67) V. *supra*, n° 53.

(68) V., par ex., Cass. civ., 17 juin 1969, *Bull. civ.*, I, n° 233, p. 186, qui censure une décision pour violation des « principes relatifs au droit de rétention » qui peuvent se déduire notamment des articles 570, 1613, 1673, 1885, 1948 et 2082. — Cf. sur le contrôle de la Cour de cassation fondé sur les principes généraux du droit en Belgique, en Allemagne fédérale et en Italie, Ch. PERELMAN, précité, p. 85, n° 45.

(69) V. *infra*, n° 507. — Cf. H. ROLAND et L. BOYER, *Locutions latines et adages du droit français contemporain*, 1978-1980.

(70) V., en ce sens, J. BOULANGER, précité, p. 62. — PERELMAN, précité, p. 86, n° 46. — *Contra* : J. CARBONNIER, précité, § 139. — Cf. B. JEANNEAU, précité, p. 207-208, *Sur les rapports des principes généraux avec la coutume*. — *Adde : Sur « la règle de l'accessoire en droit privé »*, G. GOUBEAUX, thèse, 1969, L. G. D. J., préface D. TALLON, n° 6, qui montre que la maxime *accessorium sequitur principale* n'est pas une simple règle, mais un principe général.

(71) V. Cass. com., 19 mars 1974, J. C. P. 1975. II. 17941, note J. GHESTIN. — *Adde :* Cass. civ., 29 mars 1950, D. 1950, p. 396, moins significatif car s'il prononce une cassation c'est sur le fondement des articles 1134 et 1676 C. civ. et parce que l'adage cité avait été appliqué à tort.

(72) V. *infra*, n°s 515 et s.

(73) V. *infra*, n° 516.

451. — La finalité morale et philosophique de certains principes généraux du droit.

Peut-on aller au-delà, et admettre l'élaboration par la jurisprudence de principes généraux du droit qui ne seraient extraits ni de la loi, ni de la coutume ? On a soutenu que de tels principes seraient mis en œuvre par les tribunaux. Ils permettraient l'introduction dans le droit positif de règles morales ou de principes du droit naturel (74). On a fait état, en ce sens, de la consécration de la prohibition de l'enrichissement sans cause expressément fondée par la Cour de cassation sur un « principe d'équité ». Mais l'action *de in rem verso* peut se rattacher à des règles écrites, notamment aux articles 555 et 1437 du Code civil.

D'autres auteurs ont souligné le danger d'introduire, sous forme de règles de droit positif, des principes empruntés directement à la morale, à l'équité ou au « droit naturel » (75).

En réalité ces « valeurs » philosophiques ou morales inspirent l'interprétation des règles du droit positif et, plus largement, son application, à l'intérieur de la marge d'appréciation que laisse au juge le choix des termes du classique syllogisme judiciaire (76). Mais quoi qu'on en ait dit (77) ces « valeurs », qui opèrent uniquement dans la conscience même du juge, ne peuvent être assimilées à des principes généraux du droit. Certes elles jouent un rôle comparable dans l'interprétation des règles particulières. Mais elles ne constituent pas elles-mêmes des règles de droit. En droit privé, elles ne peuvent donner lieu à un contrôle de la Cour de cassation. Elles ne sont même pas l'apanage de cette dernière. Tous les juges se réfèrent implicitement à des valeurs plus ou moins personnelles ou plus ou moins dominantes dans notre société. L'influence de ces valeurs est d'ailleurs limitée par les évidences inéluctables des textes et, plus généralement, par le « loyalisme » du juge (78) qui a conscience d'être subordonné à la loi. Même si l'on admet que le juge recherche essentiellement la solution concrète la plus juste (79), il a conscience de la nécessité de se conformer *a priori* aux règles du droit positif, afin de bénéficier de l'expérience qu'elles expriment, de respecter la sécurité qu'elles apportent et de se prémunir contre le risque de partialité (80).

---

(74) V., en ce sens, B. JEANNEAU, précité, p. 209. — S. BELAÏD, précité, p. 328 à 333. — Ch. PERELMAN, précité, p. 75 et s. — *Adde* : MOTULSKY, *Le droit naturel dans sa pratique jurisprudentielle, Mélanges Roubier*, t. II, p. 175.

(75) V., en ce sens, MARTY et RAYNAUD, *Introduction*, n° 126 ; J. BOULANGER, précité, p. 52-53.

(76) V. *supra*, n°s 50 et s., spécialement n°s 63 et 64.

(77) V. R. LATOURNERIE, *Le droit français de la grève*, p. 5.

(78) V. H. BATIFFOL, *Questions de l'interprétation juridique*, in *L'interprétation dans le droit*, Arch. de philosophie du droit, 1972, p. 25.

(79) V. Ch. PERELMAN, précité, p. 82, n° 44 ; p. 170 et s.

(80) V. M. VILLEY, *Seize essais de philosophie du droit*, 1969, p. 224-225.

L'opposition s'atténue cependant par l'introduction dans de nombreux « principes généraux » de valeurs morales ou philosophiques, et par l'utilisation de ces principes afin d'exercer un contrôle jurisprudentiel sur l'application du droit positif et la mise en œuvre des droits subjectifs (81). La jurisprudence se libère en fait des textes ou des maximes traditionnelles qui servent de supports aux principes par les élargissements, les combinaisons et les finalités qu'elle leur apporte. Par exemple, la théorie qui admet la création de droits sur la seule base de la croyance de ceux qui se sont fiés à l'apparence n'est fondée, ni sur le principe légal de responsabilité civile, ni même sur la maxime *error communis facit jus* (82). De même la théorie de l'abus des droits n'est pas une simple application du principe de responsabilité. Elle traduit la volonté des tribunaux de corriger l'excès d'individualisme dans l'exercice des droits subjectifs, et ainsi la reconnaissance d'une certaine finalité sociale de ces derniers (83). Ces principes paraissent plutôt destinés à corriger les solutions légales qu'inspirés, même indirectement, de celles-ci. Le lien avec la loi est en tout cas si relâché, qu'il est permis de tenir pour essentiellement formelle l'explication de la force obligatoire de tels principes qui les rattache à une interprétation de la loi (84).

452. — Les principes généraux du droit servant à assurer l'évolution cohérente du droit positif.

Les principes généraux du droit permettent de combler les lacunes législatives. Mais leur rôle est beaucoup plus important. C'est en fonction de ces principes que seront interprétées les lois nouvelles, qui seront ainsi intégrées dans l'ordonnancement juridique, et conciliées avec celui-ci.

Ils constituent de ce fait un facteur de stabilité. Mais ils ne doivent pas engendrer l'immobilisme. Lorsqu'une loi nouvelle est contraire aux principes, elle peut justifier un infléchissement de ces derniers, voire consacrer des principes nouveaux, au regard desquels, à leur tour, les lois antérieures elles-mêmes devront être interprétées. La jurisprudence utilise ainsi les principes généraux du droit pour fondre, dans un système juridique unique, des apports législatifs d'inspirations diverses et assurer l'évolution cohérente du droit positif (85).

---

(81) V. *infra*, nos 692 et s.
(82) V. *infra*, nos 778 et s.
(83) V. *infra*, nos 709 et s., cf. Ch. PERELMAN, précité, p. 79, no 42.
(84) V., en ce sens, B. JEANNEAU, *op. cit.*, p. 205.
(85) C'est pourquoi il semble difficile d'affirmer que « la catégorie des principes généraux n'existe pas en droit privé », que l'on « abrite sous ces mots des règles de droit qu'expriment les lois ou que la coutume commande » et qu'il s'agirait d'une « catégorie vaine et prétentieuse », comme l'a cependant soutenu R. RODIÈRE, *Les*

SECTION 3

LES LIMITES DU POUVOIR CRÉATEUR DU JUGE

453. — Les règles jurisprudentielles naissent dans l'exercice de la fonction juridictionnelle. Elles sont ainsi *liées au procès* qui ne permet au juge qu'une création limitée. Le pouvoir créateur du juge est également *limité au regard de la loi.*

§ 1. — LES LIMITES DU POUVOIR CRÉATEUR DU JUGE RÉSULTANT DU PROCÈS

454. — L'élaboration des règles jurisprudentielles reste soumise à l'influence de considérations propres à l'espèce jugée. La Cour de cassation n'échappe pas, en fait, à des préoccupations de cet ordre (1).

D'une façon générale le procès exerce son influence tant sur *l'élaboration* que sur *l'expression* des règles jurisprudentielles.

I. — *L'influence du procès sur l'élaboration des règles jurisprudentielles.*

455. — La règle jurisprudentielle est de *création lente.* Liée au procès elle a, par nature, un *effet rétroactif.*

A. — La création lente des règles jurisprudentielles.

456. — Cette lenteur résulte de *la nécessité d'un procès.* Aussi a-t-on proposé que la Cour de cassation puisse être appelée à *interpréter la loi en dehors de tout procès.*

1) *La nécessité d'un procès.*

457. — **Certaines relations juridiques ne sont qu'exceptionnellement soumises à la Cour de cassation.**

Il peut s'écouler plusieurs années avant que la Cour de cassation soit

---

principes généraux du droit privé français, Rev. intern. dr. comp., 1980, Journées juridiques franco-hongroises, p. 309 et s., spécialement p. 317. — *Adde :* Y. EMINESCU et T. POPESCU, *Les Codes civils des pays socialistes. Étude comparative, et analyse*, par J. GHESTIN, *Rev. intern. dr. comp.*, 1981, p. 710, sur les principes généraux des droits socialistes et leur fonction particulière.

(1) On a pu écrire, non sans exagération, que « la myopie est l'inéluctable infirmité de toute création jurisprudentielle ». J. BOULANGER, *Notations sur le pouvoir créateur de la jurisprudence civile, Rev. trim. dr. civ.*, 1961, p. 417, n° 18.

saisie d'une question controversée. Il faudra plus de temps encore pour que se fixe sa jurisprudence, surtout si la résistance des cours d'appel exige l'intervention de l'Assemblée plénière.

Il faut tenir compte de ce que certaines relations juridiques ne donnent lieu à procès que de façon exceptionnelle. Les plus pauvres en sont écartés par le coût, et les plus puissants préfèrent recourir à des arrangements ou des arbitrages qui écartent l'intrusion des pouvoirs publics dans leurs affaires (2). Cette vue incomplète de la réalité peut éventuellement agir sur la règle jurisprudentielle elle-même.

C'est ainsi, par exemple, que les plus récents développements de la jurisprudence sur la responsabilité des fabricants et distributeurs de produits ont sans doute été influencés par le fait que la plupart des litiges soumis aux tribunaux intéressent des consommateurs, auxquels ont été imposées les conditions de véritables contrats d'adhésion. La réaction naturelle des tribunaux, et même de la Cour de cassation, est alors de refuser toute efficacité à de telles stipulations limitant la garantie du vendeur. Or celles-ci, dans des litiges entre professionnels, doivent sans doute être reconnues valables à certaines conditions. La soumission à l'arbitrage d'une part importante de ce contentieux entre professionnels rique alors d'amener la Cour de cassation à poser, en règle générale, une solution qui n'est opportune qu'au profit des simples particuliers (3).

458. — La Cour de cassation ne statue que dans les limites des moyens qui lui sont soumis.

Il faut également tenir compte des règles propres à l'intervention de la Cour de cassation. Celle-ci ne peut se prononcer que dans les limites des moyens des parties. Il ne lui appartient pas, à propos d'un litige, de trancher un point de droit qui ne lui est pas soumis (4). Ce n'est que de façon tout à fait exceptionnelle que la Cour de cassation accepte de dépasser le « moyen » (5). Le plus souvent la Cour de cassation « limite

---

(2) J. CARBONNIER, *Introduction*, § 147.

(3) V. Ph. MALINVAUD, *Pour ou contre la validité des clauses limitatives de la garantie des vices cachés dans la vente*, J. C. P. 1975. I. 2690. — J. BIGOT, *Plaidoyer pour les clauses limitatives de garantie et de responsabilité dans les contrats de vente et de fournitures entre professionnels*, J. C. P. 1976. I. 2755. — Cf. sur l'ensemble de la question : *La responsabilité des fabricants et distributeurs*, Travaux de l'Université de Paris I, Panthéon-Sorbonne, 1975. — J. GHESTIN, *Conformité et garanties dans la vente (produits mobiliers)*, L. G. D. J., 1983, nos 254 et s.

(4) V. B. OPPETIT, *Les réponses ministérielles aux questions écrites des parlementaires et l'interprétation des lois*, D. 1974, chron. p. 111, no 19.

(5) On cite en ce sens un arrêt de la Chambre civile du 20 mai 1969, J. C. P. 1969. II. 16113, note BLIN ; D. 1969, p. 429, concl. LINDON, qui a posé en principe que l'action en réclamation d'aliments instituée par l'article 342, al. 2, C. civ. « n'est recevable que si son auteur a la qualité d'enfant naturel simple ou adultérin ou incestueux » alors que la seule question posée dans le moyen était de savoir si ce texte ne s'appliquait qu'aux enfants adultérins à l'exclusion des enfants légitimes. En fait cette incidence permettait à la Cour de cassation de revenir sur une jurispru-

le contenu de sa décision en le modelant sur l'espèce qui lui est soumise, pour maintenir l'harmonie avec les jurisprudences voisines et réserver les évolutions futures » (6).

Cependant, selon l'article 12, al. 3, du nouveau code de procédure civile, « le juge peut relever d'office les moyens de pur droit » et le décret du 20 juillet 1972 avait pris les dispositions nécessaires à l'application de cette mesure devant la Cour de cassation (7). La Cour de cassation pouvait donc relever d'office des moyens non invoqués par les parties, alors qu'avant cette réforme cette possibilité était limitée aux moyens d'ordre public et n'était pratiquement utilisée qu'en cas d'atteinte à la séparation des pouvoirs, à l'ordre des juridictions ou aux formes essentielles prescrites pour la validité des jugements (8).

Il ne semble pas cependant que la Cour de cassation ait fait grand usage de cette faculté, surtout si l'on tient compte de sa pratique, qui a été critiquée, de s'abstenir de se prononcer sur les moyens de fond qui lui sont soumis, lorsque la cassation est justifiée d'entrée par un autre moyen, notamment de forme (9).

L'article 12, al. 3, du nouveau Code de procédure civile a d'ailleurs été annulé par un arrêt du Conseil d'État du 12 octobre 1979 (9 bis).

Il demeure que la Cour de cassation peut relever d'office un moyen de cassation, qu'il soit ou non de pur droit, à la condition toutefois de respecter le principe du contradictoire tant à l'égard du demandeur que du défendeur (9 ter).

---

dence contraire si bien établie qu'aucun pourvoi permettant sa remise en question n'avait été formé depuis plusieurs années. V. R. LINDON, *La motivation des arrêts de la Cour de cassation*, J. C. P. 1975. I. 2681, III, *e*.

(6) P. HÉBRAUD, obs. *Rev. trim. dr. civ.*, 1969, p. 608.

(7) V. R. LINDON, *De deux innovations en matière de procédure civile*, J. C. P. 1973. I. 2527.

(8) J. VOULET, *L'interprétation des arrêts de la Cour de cassation*, J. C. P. 1970. I. 2305, n° 3, qui cite comme exemple, Cass. civ. 2e, 5 février 1969, *Bull. civ.*, II, p. 27.

(9) V. A. TOUFFAIT et A. TUNC, *Pour une motivation plus explicite des décisions de justice notamment de celles de la Cour de cassation*, Rev. trim. dr. civ., 1974, p. 493, note 31. — R. LINDON, précité, III, *d* ; et J. C. P. 1973. I. 2527, n° 17. — Cf. pour la justification de cette pratique, A. BRETON, *L'arrêt de la Cour de cassation, Annales Université Sc. sociales Toulouse*, t. XXIII, fasc. 1 et 2, 1975, p. 22.

(9 bis) D. 1979, p. 606, note A. BENABENT ; J. C. P. 1980. II. 19288, concl. FRANC et note BORÉ ; *Gaz. Pal.*, 3 janvier 1980, note P. JULIEN ; J. VIATTE, *Les moyens de droit relevés d'office et le principe de la contradiction*, Gaz. Pal., 3 janvier 1980, doctr. p. 4 et s. — J. NORMAND, obs. *Rev. trim. dr. civ.*, 1980, p. 145 sur la portée de cette annulation. — *Adde :* art. 6, décret du 12 mai 1981.

(9 ter) L'article 1015 N. C. P. C. en ce qu'il n'imposait le respect du principe du contradictoire qu'en ce qui concernait les moyens de cassation à l'exclusion des moyens de rejet a été annulé par un arrêt d'assemblée du Conseil d'État du 5 juillet 1985 (J. C. P. 1985.II.20478, concl. JEANNENEY ; *Gaz. Pal.*, 1985, 742. note GUINCHARD ; *Act. jur. dr. adm.*, 1985, p. 625, note RICHIER ; *Rev. trim. dr, civ.*, 1986, p. 169, obs. NORMAND). Bien que la rédaction du texte n'ait pas encore été modifiée, la Cour de cassation veille désormais à avertir les parties en cas de moyen de rejet soulevé d'office, v. J. BORÉ, *La cassation en matière civile*, mise à jour au 31 décembre 1987, n° 238, p. 71.

D'une façon générale, la Cour de cassation évite d'énoncer d'un coup une règle de principe, avant d'avoir pu mesurer la valeur de la solution qu'elle a retenue au regard de la diversité des espèces et des réactions de la doctrine et des intéressés (10). Si elle doit innover, elle le fait « dans la mesure seulement du strict nécessaire » utilisant « la méthode des petits pas » (11).

Cette prudence, accentue encore la lenteur de l'interprétation de la loi par la Cour de cassation. Aussi a-t-on proposé d'accélérer celle-ci en la rendant possible en dehors de tout procès.

2) Les propositions de réforme.

459. — Détachée du procès, l'interprétation judiciaire perdrait ses qualités spécifiques.

« Les hommes d'aujourd'hui, submergés de textes et menacés de responsabilités de toutes sortes, ont besoin de savoir à l'avance la signification des lois... et ils sont gravement victimes de nos traditions procédurales qui les contraignent à attendre une contestation précise pour être enfin fixés sur leurs droits et leurs devoirs » (12).

Deux formules ont été proposées récemment. L'une consisterait à *faire renaître les arrêts de règlement* (13). Mais, malgré leurs inconvénients, les revirements de jurisprudence sont nécessaires à l'évolution du droit. L'autre consisterait à autoriser les justiciables et les magistrats à *solliciter l'avis de la Cour de cassation sur l'interprétation de la loi*, au sens strict du terme, c'est-à-dire à l'exclusion des lacunes législatives. Cet avis ne lierait pas la Cour de cassation, ce qui permettrait l'évolution et l'adaptation nécessaires. Les demandes seraient filtrées par la Chancellerie afin d'éviter l'encombrement de la Cour de cassation (14).

Une telle possibilité avait été envisagée par le Garde des Sceaux, il y a quelques années. Mais, sur l'avis défavorable d'une commission présidée par le Premier Président de la Cour de cassation, M. Bornet, ce projet avait été abandonné (15).

De fait le filtrage nécessaire de la Chancellerie risquerait d'être assez arbitraire. De plus l'avis de la Cour de cassation ne donnerait pas aux

---

(10) V. R. LINDON, *La motivation des arrêts de la Cour de cassation*, J. C. P. 1975. I. 2681. II, d.

(11) A. BRETON, précité, p. 26.

(12) P. BELLET, *Justice civile et désaffection des justiciables*, in *Projet*, n° 65 (numéro spécial : *La justice contestée*), mai 1972, p. 590, et spécialement p. 596 ; cité par B. OPPETIT, *op. cit.*, n° 19, p. 111.

(13) A. AUDINET, *Faut-il ressusciter les arrêts de règlement ?* Mélanges Brèthe de la Gressaye, 1967, p. 99.

(14) B. OPPETIT, *op. cit.*, p 112, n° 20.

(15) V. R. LINDON, *op. cit.*, II, d.

justiciables plus de sécurité que celui du Conseil d'État, toujours susceptible d'être démenti au contentieux (16). S'il en était autrement la Cour de cassation risquerait de se voir liée par une interprétation qu'elle aurait énoncée avant qu'elle soit soumise à l'épreuve des espèces. « Il n'est pas sans avantage de laisser se décanter les discussions, et l'éventualité de revirements succédant à des prises de position hâtives présente le risque d'inconvénients plus graves encore » que l'incertitude engendrée par la création lente des règles jurisprudentielles (17).

Détachée des procès qui lui servent de supports et de guides, l'interprétation judiciaire, fût-elle celle de la Cour de cassation, perd sa justification essentielle et ses qualités spécifiques.

B. — L'effet rétroactif des règles jurisprudentielles.

460. — La rétroactivité de la règle jurisprudentielle est inhérente à son mode de formation. Elle est, en effet, liée, à l'exercice de la fonction juridictionnelle. Le juge statue nécessairement sur des faits qui sont antérieurs à son jugement. Lorsque, par son interprétation créatrice, il fait naître une règle nouvelle, celle-ci s'applique à des faits qui lui sont antérieurs ; elle a donc effet rétroactif.

La règle jurisprudentielle se rapproche en cela de la loi interprétative (18). Cependant le législateur peut toujours aménager l'effet dans le temps de la loi nouvelle en la faisant plus ou moins rétroagir, en lui donnant effet immédiat, en laissant à la loi ancienne une certaine survie qui lui fait régir les effets d'actes antérieurs (19). En revanche la jurisprudence est, par essence, rétroactive.

Les arrêts de règlements étant interdits, le juge ne peut faire naître une règle qu'à travers la décision même qui statue sur des faits antérieurs (20). La formation de la règle est ainsi inséparable de son appli-

---

(16) V. P. Hébraud, *Le juge et la jurisprudence*, Mélanges P. Couzinet, p. 348, note 31.

(17) V. P. Hébraud, obs. *Rev. trim. dr. civ.*, 1969, p. 609, qui donne plusieurs exemples de ce risque. — Adde : en ce sens, R. Lindon, précité.

(18) V. P. Voirin, *Les revirements de jurisprudence et leurs conséquences*, 1959. I. 1467, n° 6.

(19) V. *supra*, n°s 344 et 348.

(20) Tout au plus peut-il énoncer une interprétation nouvelle dans une espèce où celle-ci n'aura pas à s'appliquer pour d'autres raisons. V. pour la jurisprudence administrative, J. Rivero, *Sur la rétroactivité de la règle jurisprudentielle*, Act. jur. dr. adm., 1968, p. 16 et les exemples cités. — Pour la jurisprudence de la Cour de cassation, l'extension aux enfants naturels simples de l'action alimentaire de l'article 342 : Cass. civ. 1re, 20 mai 1969, D. 1969, p. 429, concl. R. Lindon, note Colombet ; *Rev. trim. dr. civ.*, 1969, p. 545, obs. Nerson et p. 607, obs. Hébraud.

cation à l'espèce. En énonçant la règle le juge l'applique nécessairement de façon rétroactive (21).

Cet effet rétroactif est général pour toutes les règles jurisprudentielles. C'est seulement lorsque la jurisprudence a fixé l'interprétation de la loi que la règle, résultant de cette interprétation plus ou moins créatrice, se dégage. Mais les effets de cette règle remontent à l'entrée en vigueur de la loi.

Certes, théoriquement, on peut considérer que la jurisprudence se borne à dégager du texte les virtualités qu'il comportait initialement. Il n'y aurait donc pas de véritable rétroactivité. Mais, dans la mesure où l'interprétation est créatrice, il y a bien un enrichissement du droit positif qui est doté d'un effet rétroactif. Celui-ci sera d'autant plus sensible que l'interprétation sera plus créatrice.

461. — La portée de cette rétroactivité justifie la rareté des revirements de jurisprudence.

La portée de cette rétroactivité est fonction du temps écoulé entre les faits et la règle nouvelle (22).

Elle dépend également de la certitude du droit antérieur. Lorsque la jurisprudence nouvelle remet en question une pratique antérieure très générale et que tous tenaient pour régulière, elle a naturellement des conséquences plus graves que lorsqu'elle met seulement fin à une controverse. C'est ainsi que la condamnation par la Cour de cassation de la clause d'attribution, au conjoint survivant, d'un fonds de commerce ou d'une entreprise propre au défunt a été très durement ressentie, car cette stipulation était une pratique notariale très courante (23).

A fortiori en est-il ainsi lorsque la Cour de cassation, après avoir admis, plus ou moins longtemps, une interprétation, opère un revirement de jurisprudence.

Ce qui est particulièrement grave c'est que l'interprétation nouvelle remet en question la validité des actes qui avaient été réalisés conformément à la jurisprudence antérieure. D'une façon générale les prévisions des parties se trouvent déjouées (24).

L'autorité morale des tribunaux se trouve également atteinte car le justiciable comprend mal qu'un même texte puisse changer de sens et que la vérité d'hier devienne l'erreur de demain.

---

(21) V. J. Rivero, *Sur la rétroactivité de la règle jurisprudentielle*, Act. jur. dr. adm., 1968, p. 16. — P. Hébraud, *Le juge et la jurisprudence*, Mélanges P. Couzinet, p. 366. — Dagot, note J. C. P. 1975. II. 18161.

(22) V. J. Rivero, précité, p. 17.

(23) V. Rouen, 15 avril 1922, D. P. 1923. 2. 1, note H. Capitant. — Cass. civ., 11 janvier 1933, D. P. 1933. 1. 10, note H. Capitant ; S. 1933. 1. 161, note Gény.

(24) V. P. Voirin, précité, n°s 3 et 4.

C'est pourquoi les revirements de jurisprudence sont rares. Ils ne sont pas cependant exceptionnels (25).

462. — L'effet rétroactif de la règle jurisprudentielle comporte certaines limites.

Tout d'abord il ne s'applique pas aux procès terminés par une décision revêtue de l'autorité de la chose jugée, qui ne peuvent être remis en question. En revanche, et comme une loi interprétative, la règle jurisprudentielle s'applique immédiatement, même devant la Cour de cassation (26).

Un revirement de jurisprudence ne peut engager la responsabilité

---

(25) V., par ex., sur le point de savoir s'il est permis d'adopter son enfant naturel, Cass. civ., 28 avril 1841, S. 1841. 1. 273, qui admet l'affirmative. — 16 mars 1843, S. 1843. 1. 177, qui se prononce pour la négative. — 1er avril 1846. 1. 273, qui revient à l'affirmative et, cette fois, de façon définitive. — Sur le point de savoir si l'enfant né dans les 179 premiers jours du mariage était légitime ou seulement légitimé par le mariage de ses parents, Cass. civ., 26 juin 1869, 2 arrêts, D. P. 1869. 1. 335 ; S. 1869. 1. 447, qui admettait la légitimation, alors que l'arrêt *Degas*, Cass. civ., 8 janvier 1930, D. P. 1930. 1. 51, note G. P. ; S. 1930. 1. 257, note GÉNY, déclarait l'enfant légitime. — Sur la possibilité pour une personne transportée bénévolement de se prévaloir de l'article 1384, al. 1er, C. civ., Cass. civ., 27 mars 1928, D. P. 1928. 1. 145, note RIPERT ; S. 1928. 1. 353, note F. GÉNY, qui la refuse, suivi par une jurisprudence constante à laquelle trois arrêts du même jour de la Chambre mixte devait mettre fin, le 20 décembre 1968, D. 1968, p. 37, concl. SCHMELK. — Sur la recevabilité de l'action du syndic contre une banque responsable de l'aggravation du préjudice de la masse, d'abord écartée plusieurs fois par la Chambre commerciale, puis admise par celle-ci, Cass. com., 7 janvier 1976, D. 1976, p. 277, note DERRIDA et SORTAIS ; J. C. P. 1976. II. 18327, note GAVALDA et STOUFFLET ; J. GHESTIN, *La prophétie réalisée*, J. C. P. 1976. I. 2786. — Sur la portée de la faute de la victime, ne présentant pas les caractères de la force majeure, à l'égard de la responsabilité fondée sur l'article 1384, al. 1er, du Code civil, Cass. civ. 2e, 21 juillet 1982, *Gaz. Pal.*, 24 juillet 1982, concl. av. gén. CHARBONNIER, et admettant la faute de la victime comme cause d'exonération du gardien, Cass. civ. 2e, 6 avril 1987 (3 arrêts), *Bull. civ.*, II, n° 86, p. 50. — Cf. O. STELLO BOCCAZZI, *Créances et inflation : sensationnel revirement de la jurisprudence italienne relativement au principe de la réévaluation en cas d'inexécution d'obligations pécuniaires libellées en lires, Gaz. Pal.*, 22 mai 1979.

(26) C'est précisément pour éviter une conséquence particulièrement fâcheuse de cette rétroactivité que la Chambre mixte de la Cour de cassation a jugé que la décision de la juridiction de renvoi qui s'était conformée à l'arrêt de cassation ne pouvait donner lieu à un nouveau pourvoi. Un revirement de jurisprudence étant intervenu entre temps il s'agissait d'écarter le dilemme d'avoir à revenir, pour l'espèce, à une jurisprudence caduque, ou de censurer une décision de renvoi conforme à la doctrine de l'arrêt de cassation au mépris de droits qui pouvaient être tenus pour acquis : Cass. Ch. mixte, 30 avril 1971, J. C. P. 1971.II.16800, concl. R. LINDON. — C'est une conséquence de la règle plus générale selon laquelle est irrecevable le moyen de cassation qui tend à faire revenir la Cour de cassation sur la doctrine affirmée par son précédent arrêt dès lors que la Cour d'appel s'y est conformée, v. par ex., Cass. civ. 1re, 18 mars 1986, *Bull. civ.*, I, n° 69, p. 66.

des conseils, et notamment des notaires, ou avocats, qui ne peuvent le prévoir. D'une façon générale ceux-ci ne sont tenus que de connaître les jurisprudences bien assises (27). Le plaideur dont la jurisprudence, en se fixant, fait perdre le procès, peut même se voir exonéré des dépens (28).

La Cour de cassation a admis à l'égard de cotisations de sécurité sociale qu'un revirement de jurisprudence, et même, plus largement, une interprétation nouvelle de la loi résultant de sa jurisprudence, ne pouvait autoriser à exiger la répétition de sommes payées sur la foi d'une interprétation différente, dès lors, tout au moins, que le *solvens* connaissait les divergences d'interprétation dont le texte était l'objet. Il ne pourrait en effet se prévaloir dans cette hypothèse d'une erreur justifiant la répétition de l'indu (29). Fondée dans la mesure où elle vise à atténuer l'effet rétroactif d'une règle nouvelle, la solution paraît beaucoup plus contestable dès lors qu'elle joue dans des hypothèses où la jurisprudence n'avait encore fixé aucune interprétation de la loi. L'interprétation, jugée ensuite inexacte, que les organismes de recouvrement de la Sécurité sociale avaient imposée aux assujettis, se trouve ainsi confirmée pour le passé (30).

463. — Les effets néfastes des revirements de jurisprudence ne suffisent pas à condamner la Cour de cassation à l'immobilisme.

Malgré ces atténuations et ces limites la rétroactivité de la règle jurisprudentielle est fâcheuse.

Pour y remédier on peut souhaiter que le législateur, chaque fois que cela est possible, confirme les solutions jurisprudentielles et leur donne ainsi la certitude de la loi (31). A défaut, les justiciables dont les prévisions ont été faussées n'ont d'autre ressource que de réaménager leurs relations, ce qui n'est pas toujours possible et exige, en tout cas, une nouvelle manifestation de volonté (32).

Ces inconvénients ne peuvent cependant suffire à condamner la Cour de cassation à l'immobilisme, ni *a fortiori* l'empêcher de rectifier les

---

(27) V. Paris, 14 mars 1957, J. C. P. 1957, éd. A. IV, 3036, obs. MADRAY ; *Rev. trim. dr. civ.*, 1959, p. 146, obs. P. HÉBRAUD.

(28) V., en ce sens, P. HÉBRAUD, *op. cit.*, p. 367. — Paris, 15 avril 1964, *Gaz. Pal.*, 1964. 2. 21 ; *Rev. trim. dr. civ.*, 1964, p. 781, obs. P. HÉBRAUD.

(29) V. Cass. soc., 20 juin 1966, *Gaz. Pal.*, 1966. 2. 234 ; D. 1967, 264, note A. ROUILLER ; *Bull. civ.*, IV, n° 624, p. 520 ; *Rev. trim. dr. civ.*, 1967, p. 150, obs. J. CHEVALLIER ; p. 202, obs. P. HÉBRAUD. — 19 janvier 1966, *Bull. civ.*, IV, n° 82, p. 67. — 23 février 1966, *ibid.*, IV, n° 207, p. 176. — 23 février 1966, *ibid.*, IV, n° 208, p. 177. — 20 juin 1966, *ibid.*, IV, n° 625, p. 521. — 8 décembre 1966, *ibid.*, IV, n° 937, p. 785, — 6 octobre 1971, *ibid.*, V, n° 545, p. 460 ; D. 1972, Somm. 40 ; 24 mai 1973, D. 1974, p. 365, note critique J. GHESTIN. — V. *Obligations*, 3e vol. — Cf. P. HÉBRAUD. *op. cit.*, p. 369-370, qui approuve cette jurisprudence.

(30) V. sur les effets différents de l'annulation d'un texte réglementaire, Cass. soc., 6 mars 1975, *Bull. civ.*, V, n° 131, p. 117, qui oblige l'organisme de Sécurité sociale à restituer les cotisations perçues en exécution du texte annulé.

(31) V. VOIRIN, précité, n° 7. — *Adde : infra*, n° 481.

(32) V. VOIRIN, précité, n° 8.

erreurs d'interprétation qu'elle a pu commettre (33). Il lui appartient d'évaluer, dans chaque cas, les avantages et les inconvénients de la règle nouvelle, en tenant compte des perturbations résultant de son effet rétroactif.

II. — *L'influence du procès sur l'expression des règles jurisprudentielles.*

464. — La difficulté vient de ce que ces règles ne sont pas toujours exprimées de façon explicite dans les arrêts de la Cour de cassation. C'est à la doctrine qu'il appartient assez souvent de les dégager d'un ensemble de décisions, ou, en tout cas, d'en préciser la portée au regard de la jurisprudence antérieure, et, plus largement, du droit positif (34). Les *rapports annuels de la Cour de cassation au Garde des Sceaux*, présentés en exécution des articles 12 et 13 du décret du 22 décembre 1967, apportent depuis plusieurs années d'utiles précisions.

D'une façon générale la question difficile de savoir si l'on doit attacher plus d'importance au contenu concret de la décision prise eu égard aux circonstances de fait, ou aux motifs énonçant les propositions de droit sur lesquelles elle est fondée, ne peut être résolue qu'en fonction des traits particuliers de chaque jugement (35).

Quant aux arrêts de la Cour de cassation l'importance respective de ces deux éléments peut être précisée par référence au rôle et aux techniques propres de celle-ci. *L'interprétation des arrêts de la Cour de cassation* est essentielle pour la connaissance du droit positif. Cette importance même a conduit à formuler des critiques contre *la motivation actuelle de ces arrêts.*

A. — L'interprétation des arrêts de la Cour de cassation (36).

465. — La Cour de cassation a toujours admis sa compétence pour interpréter ses décisions. C'est l'article 461 du Nouveau Code de pro-

---

(33) V. les observations autorisées, signées R. C. sous l'arrêt GOLDMAN, Cass. crim., 20 novembre 1975, J. C. P. 1975. II. 18188 *bis.*

(34) V. E. L. BACH, *Encycl. Dalloz, Rép. dr. civ.*, 2e éd., v° *Jurisprudence*, n° 212, qui en tire argument pour dire que la jurisprudence, comme la doctrine, ne serait qu'une autorité de fait. — *Adde :* Ph. MALAURIE, *Les réactions de la doctrine à la création du droit par les juges*, Defrénois, 1980, article 2345, p. 861.

(35) V. P. HÉBRAUD, *Le juge et la jurisprudence*, *Mélanges P. Couzinet*, p. 347. n° 14.

(36) V. J. VOULET, *L'interprétation des arrêts de la Cour de cassation*, J. C. P. 1970. 1. 2305. — A. BRETON, *L'arrêt de la Cour de cassation*, *Ann. Université Sciences sociales Toulouse*, t. XXIII, fasc. 1 et 2, 1975, p. 7 et s. — J. BORÉ, *La cassation en matière civile*, n°s 3449 et s.

cédure, relatif au recours en interprétation, qui fonde cette solution (36-1)
Mais cette interprétation judiciaire n'est possible qu'à la requête des
parties ou de la juridiction de renvoi et à certaines conditions (36-2),
ce qui laisse entier le problème plus général de l'interprétation des
arrêts par les professionnels du droit.

Il est possible de distinguer entre les *arrêts qui ont valeur de précédent*
et *ceux qui en sont dépourvus.*

1) Les arrêts ayant valeur de précédent.

466. — Il faut distinguer entre arrêts de *cassation* et de *rejet.*

a) Les arrêts de cassation.

467. — **Les plus significatifs sont ceux qui prononcent une cassation
pour violation de la loi.**

Ils prennent une signification toute particulière lorsque, après avoir
visé le texte que l'arrêt attaqué a mal appliqué, la Cour de cassation
exprime son interprétation dans un attendu de principe que l'on appelle
en pratique un « chapeau », car il coiffe les autres motifs et les justifie (37).
Ce chapeau se borne parfois à reproduire le texte de la loi qui justifie
la censure. Mais assez souvent la règle violée que le chapeau énonce
n'est qu'une conséquence du texte lui-même. « Par petites touches
successives qui s'additionnent » il arrive qu'un « principe se trouve
dégagé qui n'a plus qu'un lien assez éloigné avec la disposition légale
qui en a été le point de départ ». Le *visa de texte* peut n'apparaître ainsi
que comme une simple formalité. « Le véritable fondement de la cassation se trouve alors dans le chapeau, dans le principe qui s'abrite sous
le texte visé » (38). Lorsque la règle n'a plus guère de rapport avec le
texte initial, on peut d'ailleurs « se demander s'il ne serait pas parfois
plus franc, au lieu d'une référence de pure forme à un texte quelconque,
de viser le principe bien acquis sur lequel on se fonde pour casser » (39).

(36-1) Cass. com., 3 janvier 1989, *Bull. civ.*, IV, n° 1, p. 1, qui précise que lorsque
qu'il s'agit d'une procédure avec représentation obligatoire, la requête doit être
présentée par un avocat au Conseil d'État et à la Cour de cassation à peine d'irrecevabilité.

(36-2) V. J. Boré, *La cassation en matière civile*, n°s 3441 et s.

(37) V. Voulet, *op. cit.*, n° 26. — A. Perdriau, *Visas, « chapeaux » et dispositif
des arrêts de la Cour de cassation en matière civile*, J. C. P. 1986.I.3257, n°s 45 et s. —
V., par ex., Cass. civ. 1re, 4 mars 1975, *Bull. civ.*, I, n° 94, p. 83. — 22 juillet 1975,
Bull. civ., I, n° 247, p. 208. — Cass. civ. 3e, 8 juillet 1975, *Bull. civ.*, III, n° 249,
p. 189. — Cass. civ. 1re, 4 février 1975, *Bull. civ.*, I, n° 43, p. 41. — Cass. com.,
25 mars 1975, *Bull. civ.*, n° 106, p. 85. — Cass. civ. 3e, 30 janvier 1974, *Gaz. Pal.*,
1974.2.570. — Cass. com., 19 février 1973, *Bull. civ.*, IV, n° 84.

(38) A. Breton, précité, p. 16.

(39) A. Breton, précité, p. 17.

En tout cas ces règles, exprimées dans les « chapeaux » des arrêts de cassation, énoncent de la façon la plus nette des créations jurisprudentielles, plus ou moins détachées du texte qui leur a servi de point de départ et reste leur support, au moins formel. On peut ici parler à juste titre, d'arrêts « de principe » (40).

468. — Les arrêts de cassation pour manque de base légale, tout en étant moins significatifs, ont cependant valeur de précédent.

« Il y a manque de base légale lorsque les juges du fond, tout en ayant motivé leur décision (sinon il y aurait cassation pour défaut de motifs) ont donné des motifs insuffisants pour que la Cour de cassation puisse exercer son contrôle et constater si cette décision est conforme à la loi » (41). On admet généralement, de façon plus précise, qu'il s'agit d'un exposé incomplet des circonstances de fait de la cause, et non d'une insuffisance des motifs de droit (42).

Ce qui fait l'intérêt de ces arrêts c'est qu'ils correspondent à un examen par la Cour de cassation de la question de droit. Elle précise les circonstances de fait que les juges du fond auraient dû envisager avant de se prononcer, et du même coup elle invite la juridiction de renvoi à les examiner.

On peut citer par exemple un arrêt de la première Chambre civile de la Cour de cassation du 19 mars 1975 (43). Après avoir visé l'article 1134 du Code civil, la Cour de cassation relève que « l'arrêt attaqué, qui avait constaté qu'après 1961, demoiselle Claudia Huss avait été employée par son père retraité comme aide familiale, a refusé à ladite demoiselle toute rémunération pour les soins donnés à son père devenu invalide, au motif que les soins donnés à un père par une fille vivant sous son toit ne sauraient donner lieu à un salaire ». Elle ajoute « qu'en statuant ainsi, sans rechercher si, en vertu d'un contrat, son père n'était pas tenu envers sa fille d'une dette qu'il n'aurait pas payée de son vivant et qui devrait figurer au passif de la succession, la cour d'appel n'a pas justifié sa décision ». De tels motifs visent sans doute à inciter la cour de renvoi à faire état d'un contrat tacite pour justifier l'allocation d'une rémunération à la fille qui avait soigné son père invalide.

Cette technique est parfois utilisée par la Cour de cassation pour énoncer une solution nouvelle de façon plus discrète et nuancée que par l'affirmation d'un principe.

Un arrêt rendu le 8 juillet 1975 par la Chambre commerciale de la Cour de cassation est significatif. Les juges d'appel avaient admis la validité d'une clause limitative

---

(40) V. Latournerie, *Le droit français de la grève*, 1972, p. 17. — Dagot, note J. C. P. 1975. II. 18161. — V. *supra*, n° 434.

(41) Voulet, précité, n° 24. — A. Breton, précité, p. 19.

(42) V. G. Marty, *La distinction du fait et du droit*, thèse, 1929, n° 139, p. 282 ; *Encycl. Dalloz, Rép. dr. civ.*, v° *Cassation*, n°s 50 et s. — Faye, précité, n° 119. — Becqué, note J. C. P. 1946. II. 3301.

(43) *Bull. civ.*, I, n° 117, p. 99, sur le troisième moyen.

de responsabilité au profit d'un fabricant. La Chambre commerciale aurait pu cen surer cette décision pour violation de l'article 1643 du Code civil et de son interprétation, aujourd'hui constante, selon laquelle le vendeur professionnel tenu de connaître les défauts du produit vendu ne peut se prévaloir d'une clause limitant sa responsabilité. Au lieu de cela elle se borne à casser l'arrêt attaqué pour manque de base légale en lui reprochant de n'avoir pas « précisé si le vendeur et l'acquéreur étaient des professionnels de même spécialité » (44). Pour qui connaît la question c'est une réponse aux demandes formulées par les fabricants. Le principe antérieur d'inefficacité des clauses limitatives de responsabilité émanant d'un professionnel est susceptible de recevoir une exception lorsque le vendeur et l'acquéreur sont des professionnels de même spécialité (45).

Certains arrêts de cassation pour manque de base légale énoncent parfois un principe, sous forme d'un chapeau. Le plus souvent cependant ils n'en comportent pas. La Cour de cassation, en effet, ne dispose pas des éléments nécessaires pour apprécier si la loi a été bien appliquée. Elle se réserve de formuler expressément la règle applicable si l'affaire lui revient avec les précisions nécessaires. Elle se borne donc à indiquer aux juges du fond les points sur lesquels ils auraient dû faire porter leurs investigations avant de statuer (46).

b) Les arrêts de rejet.

469. — **Sont également significatifs les arrêts qui rejettent un moyen tiré du fond du droit.**

Ces arrêts peuvent également comporter l'affirmation d'un principe énonçant de façon générale l'interprétation de la Cour de cassation. Ils ont alors presque la même portée que les arrêts de cassation comportant la même formule (47).

Une valeur juridique équivalente doit être attribuée aux arrêts de rejet fondés sur une substitution de motifs. Le motif de pur droit ainsi substitué à ceux de la décision attaquée a valeur de principe et il est souvent énoncé comme tel (48). En outre il est parfois possible de déduire

---

(44) Cass. com., 8 juillet 1975 ,*Bull. civ.*, IV, nº 199, p. 164.

(45) V. *La responsabilité des fabricants et distributeurs*, Travaux de l'Université de Paris I, 1975.

(46) V. A. BRETON, précité, p. 19 et 20.

(47) V., par ex., Cass. civ. 3e, 8 octobre 1974, *Bull. civ.*, III, nº 338, p. 258. — Cass. civ. 1re, 1er juillet 1975, *Bull. civ.*, I, nº 213, p. 181. — Cass. civ. 3e, 2 octobre 1974, *Bull. civ.*, nº 330, p. 252. — 3 octobre 1974, *Bull. civ.*, nº 335, p. 256.

(48) V., par ex., Cass. civ. 1re, 21 novembre 1973, D. 1975, p. 549, note F. STEINMETS : « Attendu que le cautionnement emporte obligation de la caution mais non dessaisissement immédiat et définitif d'un élément patrimonial, qu'il ne constitue donc pas un acte de disposition à titre gratuit tombant sous le coup de la prohibition édictée par l'article 1422 C. civ., que par ces motifs de pur droit... ».

de cette substitution que le motif critiqué par le pourvoi était erroné et aurait justifié la cassation (49).

Moins significatifs sont les arrêts qui, tout en rejetant un moyen tiré du fond du droit, se contentent d'énoncer que les juges du fond, en retenant que... ont par là même justifié leur décision. On peut en déduire que le grief formulé contre tel motif de l'arrêt attaqué n'était pas fondé en droit. Il est beaucoup plus difficile d'en dégager une règle de portée générale.

Pour constater l'exactitude du motif de droit qui était critiqué la Cour de cassation indique assez souvent que les juges du fond « *ont pu décider que...* » Cela ne signifie pas qu'il s'agit d'une question de fait sur laquelle la Cour de cassation n'exercerait pas son contrôle, mais d'une question de droit qui a été examinée comme telle et dont la solution est approuvée.

Cette approbation est cependant plus marquée, et du même coup plus significative, lorsque la Cour de cassation emploie une formule telle que « l'arrêt attaqué a retenu à juste titre, ou à bon droit, ou justement que... » (50).

Toutes ces décisions acquièrent une valeur supplémentaire lorsqu'il est précisé qu'elles ont été rendues « après en avoir délibéré en Chambre du conseil ». Il s'agit soit de l'énoncé d'une solution nouvelle, soit d'un revirement de jurisprudence, qui ont exigé un examen particulièrement approfondi (51).

En principe les autres arrêts de la Cour de cassation n'ont pas valeur de précédent d'où puisse se déduire une règle de fond de portée générale.

2) *Les arrêts de la Cour de cassation n'ayant pas valeur de précédents.*

470. — Il en est ainsi tout d'abord des **arrêts de rejet fondés sur l'irrecevabilité du moyen.** C'est le cas en particulier du rejet fondé sur la nouveauté du moyen qui ne peut être présenté pour la première fois devant la Cour de cassation lorsqu'il est « mélangé de fait et de droit », c'est-à-dire lorsqu'il nécessite un examen des faits auquel les juges du fond n'ont pu procéder faute d'en avoir été saisi, et que la Cour de cassation, qui n'est pas juge du fait, ne peut effectuer elle-même (52).

---

(49) V. J. VOULET, *op. cit.*, n° 16. V., par ex., Cass. civ. 3e, 18 juillet 1972, D. 1972, p. 578, avec le rapport très explicite de M. Roger FABRE, conseiller référendaire. — 11 mars 1975, *Bull. civ.*, III, n° 101, p. 88.

(50) V. VOULET, *op. cit.*, n°s 13 et 14. — R. LINDON, *La motivation des arrêts de la Cour de cassation*, J. C. P. 1975. I. 2681, III, *b*. — V., par ex., Cass. civ. 1re, 18 mars 1975, B. I, n° 113, p. 96 : « Mais attendu que la Cour d'appel retient à juste titre que... ».

(51) V. J. VOULET, *op. cit.*, n° 27. — BLIN, note sous Cass. civ. 1re, 20 mai 1969, J. C. P. 1969. II. 16113.

(52) V. J. VOULET, *op. cit.*, n° 60. — V., par ex., Cass. civ. 1re, 5 mars 1975, *Bull. civ.*, I, n° 96, p. 84. — Cass. com., 16 janvier 1973, *Bull. civ.*, IV, n° 28, p. 22.

471. — Il en est ainsi, également, des arrêts statuant sur un **défaut de motifs,** ou ce qui revient au même, sur un moyen fondé sur le caractère général ou hypothétique ou dubitatif des motifs de l'arrêt attaqué, ou encore un défaut de réponse aux conclusions. Qu'il y ait rejet ou cassation, l'arrêt de la Cour de cassation ne sanctionne qu'une rédaction incorrecte de la décision critiquée, sans se prononcer sur le fond (53).

Tout au plus peut-on penser que la Cour de cassation sera d'autant plus exigeante, quant à la réponse qui devait être donnée aux conclusions, que le moyen qu'elles faisaient valoir était plus pertinent. Mais une telle déduction est toujours hypothétique et ne permet pas de faire apparaître une règle jurisprudentielle. Il arrive d'ailleurs que la Cour de cassation écarte toute hésitation par une formule telle que celle-ci : « qu'en négligeant de répondre au moyen soulevé, quelle qu'en soit la valeur, l'arrêt attaqué n'a pas satisfait aux exigences de la loi » (54).

Cependant, pour éviter la cassation, la Cour régulatrice se réserve la possibilité de répondre par un motif de pur droit à des conclusions délaissées par les juges du fond (54-1). De cette façon elle répare un arrêt entaché d'un vice de forme mais, puisqu'il s'agit d'un motif de droit, la réponse apportée peut être revêtue d'une certaine valeur doctrinale.

472. — Enfin, ne peuvent non plus contribuer à la formation de règles jurisprudentielles, sauf pour préciser les limites du contrôle de la Cour de cassation, les arrêts qui rejettent un pourvoi en faisant état de ce qu'il s'agit d'une **question de fait appréciée de façon souveraine par les juges du fond.** Cette appréciation, échappant par définition à la Cour de cassation, ne reçoit de celle-ci aucune confirmation ni infirmation, et ne peut donner naissance à une règle jurisprudentielle (55). Il en est de même des arrêts de cassation fondés sur la dénaturation des pièces versées aux débats, spécialement d'un contrat, ou des termes du litige, puisqu'il s'agit d'une question de fait sur laquelle, par exception à la distinction du fait et du droit, la Cour de cassation exerce son contrôle (56).

---

(53) V. J. Voulet, *Le défaut de réponse à conclusions,* J. C. P. 1965. I. 1912. — V., par ex., Cass. civ. 1re, 11 mars 1975, *Bull. civ.,* I, n° 97, p. 85 ; 18 mars 1875, *Bull. civ.,* I, n° 110, p. 94. — Cf. cependant, Cass. soc., 8 février 1972, *Bull. civ.,* V, n° 109, p. 102, qui relève un défaut de réponse à des conclusions « qui eussent été de nature à influer sur sa décision ».

(54) J. Voulet, *op. cit.,* n° 22.

(54-1) Cass. civ. 1re, 25 mai 1982, 9 mars et 13 avril 1983, D. 1984, p. 273, note E. Prieur. — 6 décembre 1983, *Bull. civ.,* I, n° 288.

(55) V., par ex., Cass. civ. 1re, 18 mars 1975, *Bull. civ.,* I, n° 112, p. 96. — 18 juillet 1973, *Bull. civ.,* I, n° 250, p. 220, sur le premier moyen.

(56) V., par ex., Cass. civ. 1re, 12 mars 1975, *Bull. civ.,* I, n° 106, p. 92. — Cass. civ. 3e, 17 janvier 1973, *Bull. civ.,* III, n° 55, p. 41.

473. — Difficulté mais nécessité de ces distinctions.

Ces distinctions sont simples dans leur principe, mais un peu plus complexes dans leur application. Il en est ainsi notamment par la juxtaposition, dans un même arrêt, de l'énoncé d'un principe de droit et de l'affirmation du pouvoir souverain des juges du fond pour apprécier les circonstances dont dépendent la mise en œuvre de ce principe (57). Sous cette réserve, ces distinctions permettent de réduire de façon sensible le nombre des décisions susceptibles de faire naître des règles jurisprudentielles avec suffisamment de netteté. Toutes les autres ne peuvent indiquer que certaines tendances qui ne doivent être mentionnées qu'avec les plus grandes réserves, tant qu'elles n'ont pas été confirmées par l'énoncé d'un véritable principe.

B. — La motivation des arrêts de la Cour de cassation.

474. — La concision, parfois excessive, des arrêts de la Cour de cassation.

Les arrêts de la Cour de cassation sont rédigés de façon très concise et les principes qu'ils contiennent parfois sont encore plus brefs, au point d'être quelquefois elliptiques (58). On leur a reproché de manquer ainsi de clarté, faute d'expliciter suffisamment la portée du principe posé et les raisons qui avaient conduit à l'adopter (59).

La critique a quelque consistance lorsque la Cour de cassation a posé un principe ou, plus spécialement encore, lorsqu'elle y apporte une retouche dont elle ne précise pas la portée. Par exemple, la 3e Chambre civile a énoncé dans un arrêt du 30 janvier 1974, la règle suivante : « l'acquisition d'un immeuble en connaissance de sa précédente cession à un tiers *est* constitutive d'une faute qui ne permet pas au

---

(57) V., par ex., Cass. civ. 3e, 25 mai 1972, *Bull. civ.*, III, no 330, p. 238, qui rejette le pourvoi en observant que les juges d'appel ont souverainement interprété l'intention des parties, qu'ils « ont caractérisé le vice du consentement fondé sur l'erreur portant sur la cause déterminante de la convention » et « qu'ils *ont pu* dès lors, décider que les circonstances qu'ils avaient relevées étaient de nature à entraîner la nullité de la convention litigieuse ». La formule « *ont pu* » traduit l'approbation, en droit, de la solution cependant déduite de l'interprétation souveraine des conventions.

(58) V. A. Breton, précité, p. 23. — P. Ourliac, *Revue de droit rural* 1974, p. 378.

(59) A. Touffait et A. Tunc, *Pour une motivation plus explicite des décisions de justice notamment de celles de la Cour de cassation*, Rev. trim. dr. civ., 1974, p. 487 et s., spécialement p. 492 et s., nos 6 et s. Ces auteurs donnent de nombreux exemples. — Cf. L. Welamson, *La motivation des décisions des cours judiciaires suprêmes*, Rev. intern. dr. comp., 1979, p. 509. — *Adde :* J. Derrida, obs. sous Cass. com., 8 juillet 1980, *Defrénois*, 1981, article 32583, p. 297, spécialement no 9, p. 302-303. — A. Tunc, *La Cour suprême idéale*, in *La Cour judiciaire suprême, une enquête comparative*, 1978, p. 462-463, note 1, citant A. Breton, note sous Cass. civ. 1re, 1er décembre 1976, D. 1977, p. 177, comme exemple d'interprétation particulièrement laborieuse. — A. Tunc, *La cour de cassation en crise*, Arch. philosophie du droit, t. XXX, 1985, p. 165 et s.

second acquéreur d'invoquer à son profit les règles de la publicité foncière » (60).
Puis, peut-être sous l'influence de critiques doctrinales, elle a reproduit la même
formule dans un arrêt du 3 octobre 1974 en écrivant seulement « *peut être* », au lieu
de « *est* » constitutive d'une faute (61). On s'est naturellement interrogé sur la portée
de cette modification.

A fortiori en est-il ainsi lorsqu'une jurisprudence constante, attestée par plusieurs
dizaines d'arrêts concordants, ne permet pas, faute de principe explicite, de déterminer les solutions qui seront conformes à l'interprétation de la loi par la Cour de
cassation.

Faute sans doute de « pouvoir poser avec la précision désirable le principe dont
elle constaterait par la suite qu'il a été violé » la Cour de cassation recourt à la cassation pour manque de base légale (62).

La jurisprudence de la Chambre commerciale quant à la nullité de la vente pour
indétermination du prix et son application aux contrats de fourniture exclusive
en donne une bonne illustration. Après un grand nombre d'arrêts concordants
de la Cour de cassation, soit de rejet, soit de cassation pour manque de base légale,
il peut être tenu pour acquis que les clauses d'approvisionnement exclusif doivent
satisfaire aux exigences des articles 1591 et 1592 C. civ. En revanche il est impossible
d'apprécier quelles sont les exigences exactes de ces textes en la matière. Il est
impossible en particulier de savoir si toute intervention de la volonté de l'une des
parties dans la détermination du prix suffit à justifier la nullité, ou s'il faut que le
contrat ait donné sur ce point à l'une des parties un pouvoir arbitraire (63). La même
incertitude subsiste d'ailleurs sur l'indétermination du prix dans la vente en général (64). Il est vrai que la question est difficile et que ses incidences pratiques sont
considérables (65). On conçoit que la Cour de cassation hésite à se lier trop rapidement par une formule générale (66). Ce n'est plus alors le manque de clarté de la
règle qu'il faut critiquer, mais la lenteur de sa création (67).

475. — L'absence de discussion.

On a également reproché à la Cour de cassation de procéder par voie
d'affirmations et de reproduire celles-ci sans se soucier de répondre
aux objections qu'elles avaient pu susciter. Tout se passerait « comme si
la Cour se considérait infaillible ». Il en résulterait « un certain immobilisme, une constance excessive, une force d'inertie, certains ont dit :

---

(60) *Rép. not. Defrénois*, 1974, art. 30631, note G. GOUBEAUX ; *Gaz. Pal.*, 1974. 2.
569, note PLANCQUEEL ; D. 1975, p. 247, note PENNEAU.
(61) J. C. P. 1975. II. 18001, note DAGOT, — *Rev. trim. dr. civ.*, 1975, p. 569,
obs. GIVERDON ; ces deux commentaires sont communs aux deux arrêts.
(62) V. R. LINDON, précité, II, *d.*
(63) V. J. GHESTIN, note sous Cass. com., 12 février 1974, D. 1974, p. 417, spécialement p. 418, et les auteurs et les arrêts cités.
(64) V. Ph. MALAURIE, note sous Paris, 22 novembre 1972, D. 1974, p. 98. —
J. GHESTIN, *L'indétermination du prix de vente et la condition potestative*, D. 1973,
chron. p. 193.
(65) V. J. M. MOUSSERON et A. SEUBE, *A propos des contrats d'assistance et de fourniture*, D. 1973, chron. p. 197.
(66) V. R. LINDON, précité, pour d'autres exemples de cette formation prudente
et progressive de la règle jurisprudentielle.
(67) V. *supra*, nos 456 et s.

une certaine sclérose » (68). A cette technique on a opposé celle des juges anglo-saxons qui exposent longuement les raisons de leurs choix et répondent point par point aux arguments qui pourraient leur être opposés (69).

Deux raisons, également pertinentes, paraissent cependant justifier ce refus de discussion.

Il répond tout d'abord à la préoccupation de la Cour de cassation de ne pas s'engager trop loin par des motifs expliquant le pourquoi de ses décisions, et de risquer ainsi de perdre sa liberté d'appréciation (70).

Surtout « la Cour de cassation, en évitant d'entrer dans le détail d'une argumentation, refuse de se placer au niveau de tous ceux, juges ou juristes, qui discutent d'une question controversée ; elle affirme sa position, et lui confère une valeur juridique comme expression de son autorité juridictionnelle » (71). L'affirmation des solutions correspond ainsi au pouvoir normatif de la Cour de cassation.

On a observé, en outre, que l'affirmation des solutions, sans autre explication, accroît leur netteté et facilite « le diagnostic de la *ratio decidendi* », en opposant cette concision à la richesse des considérations doctrinales qui, dans certaines décisions anglo-saxonnes, « trouble le débat et rend insaisissables les assises de la décision » (72). Mais l'excès de concision, on l'a vu, peut aussi conduire à l'ambiguïté. La solution semble devoir être recherchée dans un juste équilibre entre ces deux excès également fâcheux.

476. — L'expression de considérations économiques et sociales.

On a souhaité également que la Cour de cassation fasse connaître les considérations économiques, sociales, ou simplement pratiques, qui ont déterminé ses solutions (73). On a objecté que les « magistrats de la Cour de cassation sont mal préparés à de telles discussions » (74). Mais si cela est vrai, c'est peut-être regrettable. De façon plus pertinente, on a ajouté que « des objets de ce genre politiseraient inévita-

---

(68) A. TOUFFAIT et A. TUNC, *op. cit.*, p. 497, n° 9.

(69) A. TOUFFAIT et A. TUNC, précités.

(70) V., en ce sens, LEREBOURS-PIGEONNIÈRE, *Travaux Ass. Capitant*, 1949, p. 75.

(71) P. HÉBRAUD, *Le juge et la jurisprudence, Mélanges Couzinet*, p. 347, n° 14.

(72) P. HÉBRAUD, précité, citant FRANCESKAKIS, Un bond de la jurisprudence anglaise en matière de reconnaissance de décisions étrangères : l'arrêt de la Chambre des Lords dans l'affaire du divorce *Indyka*, *Rev. crit. dr. internat. privé*, 1969, p. 601. — A. BRETON, précité, p. 28 et s.

(73) V., en ce sens, A. TOUFFAIT et A. TUNC, *op. cit.*, p. 499 et s., n°s 11 et s. — R. LINDON, *op. cit.*, IV, *a, b* et *c.* — *Adde :* P. ESMEIN, *La jurisprudence et la loi*, *Rev. trim. dr. civ.*, 1952, p. 23.

(74) A. BRETON, précité, p. 28.

blement la discussion et rendraient plus difficile l'accord des magistrats appelés à opiner » (75). En fait, il est permis de penser qu'existe au sein de la Cour de cassation un assez large accord implicite sur les « valeurs » sociales et morales qui, en définitive, inspirent la jurisprudence. Il faut savoir que ces valeurs existent. Il peut être intéressant de les rechercher au travers des arrêts. Faut-il qu'elles soient énoncées expressément ? Une réponse affirmative suppose un choix qui n'est plus technique, mais politique. Elle implique également une autre appréciation du rôle de la Cour de cassation dans nos institutions. La position traditionnelle de celle-ci au regard des Pouvoirs législatif et exécutif explique qu'elle soit « sinon muette, du moins très réservée dans ses propos » (76).

§ 2. — LES LIMITES DU POUVOIR CRÉATEUR DU JUGE AU REGARD DE LA LOI

477. — L'interprétation de la loi par la jurisprudence est créatrice. Cette création reste cependant, par rapport à celle que réalise la loi, dans une situation d'infériorité. Il ne s'agit, en effet, que d'une *création imparfaite* et *subordonnée* (77).

I. — *La création jurisprudentielle est imparfaite.*

478. — La jurisprudence ne dispose pour atteindre ses fins que de moyens limités.

Le législateur, lorsqu'il vise un résultat déterminé, peut mettre en œuvre tous les moyens nécessaires. La jurisprudence en est incapable. Elle est en particulier incapable de créer un formalisme contractuel ou procédural, de forger des règles de caractère quantitatif, telles qu'un délai (78), d'instituer un régime de publicité (79). *A fortiori* elle ne peut mettre sur pied une institution comme la Sécurité sociale, par exemple.

C'est ainsi que l'interprétation de l'article 1384, alinéa 1er, a été utilisée par la jurisprudence pour assurer la réparation, d'abord des accidents du travail, puis des accidents de droit commun et, spécialement,

---

(75) A. BRETON, précité, p. 28.
(76) A. BRETON, précité, p. 27.
(77) V. J. BOULANGER, *Notations sur le pouvoir créateur de la jurisprudence civile*, *Rev. trim. dr. civ.*, 1961, p. 417 et s. — Ph. MALAURIE, *La jurisprudence combattue par la loi*, *Mélanges Savatier*, 1965, p. 603 et s.
(78) Elle peut cependant proroger un délai existant. V., par ex., Cass. com., 19 mars 1974, J. C. P. 1975. II. 17941, note J. GHESTIN.
(79) V. J. BOULANGER, *op. cit.*, n° 22. — Ph. MALAURIE, *op. cit.*, p. 615. — *Adde :* LOMBOIS, *Les chiffres en droit civil*, *Annales de l'Université de Poitiers*, 1962, 15.

de la circulation automobile. Pour les premiers, l'intervention du législateur, par la loi du 9 avril 1898, et plus tard la Sécurité sociale, ont permis une répartition institutionnelle des risques, que la jurisprudence n'a pu réaliser pour les accidents de droit commun que de façon très empirique à travers le jeu de l'article 1384, alinéa 1er, C. civ. et de l'assurance (80).

D'une façon générale la jurisprudence ne peut pas toujours déduire de l'interprétation de la loi les distinctions qui s'imposeraient ni prescrire les mesures économiques d'accompagnement nécessaires.

L'indexation des rentes indemnitaires en est une bonne illustration. Une jurisprudence constante interdisait d'indexer les rentes judiciaires et de tenir compte ainsi de l'érosion monétaire. Cette prohibition était fâcheuse en pratique lorsque la victime souffrait d'une grave incapacité permanente, car elle interdisait de lui assurer une réparation qui ait la même permanence, quelle que soit l'évolution des circonstances économiques. C'est pourquoi la Chambre mixte de la Cour de cassation, dans deux arrêts importants du 6 novembre 1974 (81), a autorisé la conversion de l'indemnité en une rente viagère indexée.

Le rapport annuel de la Cour de cassation (82) fait état cependant des risques d'une « prolifération anarchique des indices ». Il ajoute que les rentes allouées antérieurement ne pourraient bénéficier de cette indexation. Il observe, enfin, que celle-ci ne pourrait « manquer d'avoir une incidence sur la gestion prévisionnelle des assureurs, du fonds de garantie automobile et sur le montant des primes d'assurance ».

C'est pourquoi le Gouvernement, immédiatement alerté par le Procureur général, a déposé un projet qui devait aboutir, deux mois plus tard, à la loi du 27 décembre 1974. Celle-ci limite l'indexation aux invalidités au moins égales à 75 %, ou au seul profit des personnes à charge de la victime décédée. En outre les majorations ne sont appliquées qu'à une fraction de la rente déterminée par référence au salaire moyen visé à l'article L. 313 C. Séc. soc. Enfin la loi crée un fonds spécial, alimenté par une contribution s'ajoutant aux primes d'assurance afin de financer ces majorations. Il est évident qu'un tel aménagement ne pouvait résulter de la jurisprudence.

De même, après les arrêts Perier qui écartaient la résolution judiciaire du contrat de travail des représentants du personnel (83), le Procureur général a formulé le vœu que le législateur mette en place, le plus rapidement possible, un contrôle juridictionnel des décisions des inspecteurs du travail appelés à autoriser le licenciement de ces représentants (84). Ici encore la Cour de cassation pouvait seulement choisir entre un contrôle judiciaire indirect, qu'elle a fini par juger inopportun, et l'absence de tout contrôle juridictionnel, faute de pouvoir elle-même instituer celui-ci. Il est vrai que le Conseil d'État a pu intervenir en élargissant son contrôle.

---

(80) V. *La responsabilité : Conditions*, par G. Viney, n°s 628 et s.

(81) *Bull. civ.*, n°s 5 et 6, p. 7.

(82) P. 59-60.

(83) V. *supra*, n° 427.

(84) *Rapport de la Cour de cassation pour l'année judiciaire 1973-1974*, p. 28. Cet appel au législateur a été entendu par le Conseil d'État. V. in *Droit social*, 1976, p. 346 et s. Le contrôle du juge administratif sur les décisions administratives relatives au licenciement des représentants du personnel : la nouvelle jurisprudence du Conseil d'État ; arrêt d'Assemblée du 5 mai 1976, SAFER d'Auvergne, concl. Ph. Dondoux et note J. Cl. Venezia.

479. — Liée à l'interprétation de la loi, la création jurisprudentielle est entravée par les textes mêmes qui lui servent de support (85).

De façon assez paradoxale ce lien est d'autant plus étroit que l'interprétation a été plus déformante. Il en est ainsi tout spécialement lorsque le juge a fait un usage anormal des textes. Le texte choisi par le juge pour servir de support à sa création impose les exigences logiques et grammaticales, qui se trouvent incluses en lui, au moment de développer la règle jurisprudentielle créée.

L'interprétation déformante de l'article 1384, alinéa 1er, du Code civil, en donne un exemple particulièrement net. Aux termes de ce texte on est responsable des choses que l'on a sous sa garde. Lorsqu'il s'est agi d'exploiter la présomption de responsabilité qui pesait sur le gardien des choses, il a fallu préciser le sens de termes aussi vagues que celui de chose ou de garde. De façon assez singulière on en est revenu à une analyse exégétique d'un texte que l'on appliquait en dehors même du but qui avait été envisagé par ses rédacteurs. On s'est interrogé sur le point de savoir si la garde devait être matérielle ou juridique. On a distingué subtilement entre la garde du comportement et la garde de la structure. On s'est demandé, par exemple, et l'on a effectivement jugé, que la fumée se dégageant d'un feu allumé sur le bord de la route dans un champ par un cultivateur était l'objet d'une garde (86).

Le pouvoir créateur du juge reste ainsi subordonné à la loi.

II. — *La création jurisprudentielle est subordonnée à la loi.*

480. — Le juge, s'il dispose en fait d'une assez large liberté dans l'application et l'interprétation de la loi, n'en use qu'avec modération dans un esprit de loyalisme qu'inspire la conscience de la nécessité des lois (87).

En toute hypothèse, la jurisprudence, même la plus constante, n'échappe pas à la volonté du législateur qui peut, soit la *consacrer*, soit la *modifier*.

A. — La consécration de la jurisprudence par le législateur.

481. — Cette consécration renforce et complète la jurisprudence.

En consacrant la jurisprudence le législateur lui donne une certitude qu'elle ne peut acquérir autrement que de façon exceptionnelle (88).

De telles consécrations législatives ne sont pas rares.

---

(85) V. J. BOULANGER, *op. cit.*, n° 30.
(86) Cass. civ., 9 novembre 1955, D. 1956, 320.
(87) V. *supra*, n° 33.
(88) V. P. HÉBRAUD, *op. cit.*, p. 364, qui précise qu'une simple circulaire n'a pas ce pouvoir et cite, en ce sens, Cons. d'État, 3 novembre 1961, *Dr. soc.*, 1962, p. 147, note TEITGEN ; *Rev. trim. dr. civ.*, 1962, p. 382-383, obs. P. HÉBRAUD. — *Adde* : *supra*, n°s 453 et s.

Parfois le législateur se borne à énoncer purement et simplement une solution jurisprudentielle antérieure, soit à l'occasion de lois particulières (89), soit en les incorporant dans des réformes plus larges (90). L'intervention législative peut également, tout en consacrant la jurisprudence antérieure, aller plus loin que celle-ci en créant un mécanisme qui ne pouvait naître de la seule interprétation de la loi. La loi du 9 avril 1898 sur la réparation des accidents du travail en est un exemple classique. Plus récemment, l'indexation judiciaire des rentes indemnitaires, en a donné, on l'a vu, une illustration nouvelle, d'autant plus significative que l'intervention législative s'est faite à l'instigation de la Cour de cassation (91).

La confirmation de la jurisprudence peut également se faire par l'adoption d'une mesure législative aboutissant au même résultat mais par un moyen différent (92).

B. — La modification de la jurisprudence par le législateur.

482. — On a parfois présenté cette intervention comme un conflit entre la loi et la jurisprudence (93). La réalité est sans doute plus nuancée. Ce conflit existe lorsque l'intervention du législateur vise à rectifier

---

(89) V., par ex., la loi du 28 novembre 1949, complétant l'article 1675 C. civ., selon laquelle, en cas de promesse unilatérale de vente, c'est au jour de la levée de l'option que doit être appréciée la valeur de l'immeuble afin de déterminer s'il y a eu lésion. — *Adde :* les exemples cités par P. Voirin, *Les revirements de jurisprudence et leurs conséquences,* J. C. P. 1959. I. 1467, n° 7.

(90) V., par ex., dans la loi du 3 janvier 1972 portant réforme de la filiation, l'article 314, al. 1er, qui reproduit la règle posée dans l'arrêt *Degas* (Cass. civ., 8 janvier 1930, D. P. 1930. 1. 51, note G. P. ; S. 1930. 1. 257, note Gény) selon laquelle l'enfant né avant le 180e jour du mariage est légitime, et celle posée dans l'arrêt *Heranval* (Ch. réunies, 8 mars 1939, D. C. 1941, p. 37, note Julliot de la Morandière ; S. 1941. 1. 25, note H. Batiffol) selon lequel il est réputé l'avoir été depuis sa conception. — L'article 328 qui confirme la possibilité pour des époux d'exercer une action en revendication d'enfant légitime, admise antérieurement par la jurisprudence. — *Adde,* la consécration de la jurisprudence élaborée à partir de l'article 1119 C. civ. par la loi du 13 juillet 1930 sur le contrat d'assurance. — Cf. Mazeaud et Chabas, *Introduction,* n° 109.

(91) V. *supra,* n° 478.

(92) V., par ex., après l'arrêt de la Chambre civile de la Cour de cassation du 7 août 1883 (D. P. 1884. 1. 5) validant les mariages de Montrouge en se fondant sur la règle « pas de nullité sans texte », la loi du 5 avril 1884 édictant que les délégations de pouvoir du maire à un conseiller municipal n'ont pas à suivre l'ordre du tableau.

(93) V. Ph. Malaurie, *La jurisprudence combattue par la loi, Mélanges Savatier,* 1965, p. 603 et s., spécialement p. 606. Cf. Lesage, *Les interventions du législatif dans le fonctionnement de la justice,* thèse Paris, 1960. — J.-L. Bergel, *La loi du juge, dialogue ou duel, Études Kayser,* 1979, p. 21 et s.

une interprétation, qu'il juge erronée, de la loi. La promulgation d'une loi nouvelle est alors sa seule ressource, puisque l'interprétation de la Cour de cassation est souveraine (94).

Pour imposer le sens qu'il entend donner au texte, le législateur peut édicter une loi interprétative, ce qui la rendra applicable aux procès en cours, même devant la Cour de cassation.

En fait ces interventions sont assez rares, surtout s'il s'agit de l'interprétation d'une loi ancienne à laquelle le législateur du moment n'attache qu'une importance relative. Même s'il s'agit d'une loi relativement récente, il faut encore que la volonté collective qui l'a voulue puisse se reconstituer pour manifester son opposition à l'interprétation qui l'a dénaturée (95). Parfois ces interventions vont dans le sens d'une évolution de la jurisprudence qu'un respect, peut-être excessif, du précédent, empêchait d'aboutir. C'est ainsi que la loi du 11 juillet 1975, en modifiant l'article 180 du Code civil, a contredit le principe posé dans l'arrêt Berthon, dit « du forçat libéré », selon lequel seule l'erreur sur l'identité civile ou physique d'un conjoint pouvait justifier la nullité du mariage (96). Mais elle a en même temps consacré l'évolution de la jurisprudence qui tendait à admettre l'erreur portant sur des qualités essentielles de la personne (97).

Il arrive d'ailleurs que la jurisprudence, surtout lorsqu'elle est en accord avec l'opinion publique (98), enlève à l'intervention du législateur tout ou partie de son efficacité. C'est ainsi que les ordonnances du 30 décembre 1958 et du 4 février 1959 ont eu pour objet de limiter les

---

(94) V., par ex., les diverses interventions du législateur en matière de statut de fermage citées par M. MALAURIE, *op. cit.*, p. 617. — La loi n° 77-1459 du 29 décembre 1977 a dû déclarer non écrite la clause faisant dépendre la vente d'un fonds rural du non-exercice par la S. A. F. E. R. de son droit de préemption dont la validité avait été admise par la Cour de cassation (Cass. civ. 3e, 21 janvier 1971, *Defrénois*, 1971, article 29861, note J.-L. AUBERT, sur Pau, 13 février 1970, D. 1970, p. 408, note G. CHESNE et E.-N. MARTINE) bien qu'elle eût pour conséquence de paralyser l'exercice de ce droit. — Lors des débats précédant le vote de la loi du 6 décembre 1976, relative à la prévention des accidents du travail, un amendement parlementaire, visant expressément à corriger la jurisprudence de la Chambre criminelle, a fait préciser dans l'article L. 263-2 du Code du travail, que l'infraction devait être due à une « faute personnelle » du chef d'entreprise ou de son délégué. Il ne semble pas d'ailleurs que cette modification législative ait réussi à rendre véritablement caduque la jurisprudence de la Chambre criminelle de la Cour de cassation, v. J. GHESTIN et Ph. LANGLOIS, *Droit du travail*, 4e éd., n° 212. — Cf. J.-M. AUBY, *Sur une pratique excessive : les validations législatives*, Rev. recherches jur., 1977, nos 3 et 4.

(95) V. MAURY, *op. cit.*, p. 39. — O. DUPEYROUX, *op. cit.*, p. 374.

(96) Cass. Ch. réunies, 24 avril 1862, D. P. 1862. 1. 153, concl. Proc. gén. DUPIN.

(97) V. G. CORNU, D. 1959, chron. p. 215. — J. Cl. GROSLIÈRE, *La réforme du divorce*, 1976, p. 199. — V. FAMILLE.

(98) V. sur le rôle de l'opinion publique dans la création jurisprudentielle, P. ESMEIN, *La jurisprudence et la loi*, Rev. trim. dr. civ., 1952, p. 20.

clauses d'indexation dont la Cour de cassation venait d'affirmer, de façon générale, la validité (99). Aujourd'hui, la Cour de cassation, qui fait état dans son rapport de 1974 (100) des questions de plus en plus irritantes posées par la fiction de l'intangibilité du franc, n'hésite pas à affirmer que cette interdiction doit être interprétée de façon restrictive et, pratiquement, s'ingénie à sauver les clauses d'indexations susceptibles de tomber sous le coup des prohibitions légales (101).

Le législateur intervient parfois pour des raisons politiques, afin de donner satisfaction à telle ou telle catégorie de justiciables qu'une jurisprudence nouvelle avait atteints de façon particulière (102).

483. — La collaboration entre la loi et la jurisprudence.

Le conflit entre la loi et la jurisprudence est beaucoup moins évident, et fait souvent place à la collaboration, lorsque l'interprétation jurisprudentielle fait seulement apparaître une inadéquation objective de la loi.

Il s'agit, par exemple, de valider une pratique dont la jurisprudence avait dû constater l'irrégularité au regard des textes en vigueur, mais qui pouvait être admise sans inconvénients sérieux (103), ou de faciliter le fonctionnement de mécanismes juridiques nouveaux que l'interprétation jurisprudentielle aurait compromis (104).

Cette intervention législative est assez souvent souhaitée par la Cour

---

(99) Cass. civ. 1re, 27 juin 1957, D. 1957, p. 649, note G. RIPERT ; J. C. P. 1957. II. 10093 bis, concl. Proc. gén. BESSON ; Gaz. Pal., 1957. 2. 41.

(100) P. 57.

(101) Cass. civ. 1re, 6 octobre 1982, Bull. civ., I, no 276, p. 237. — Cass. com., 7 janvier 1975, J. C. P. |1975.II.18167, note |J. GHESTIN ; D. 1975, p. 516, note Ph. MALAURIE. — Cass. civ. 1re, 4 décembre 1967, Bull civ., I, no 351, p. 265. — Cass. civ. 3e, 15 février 1972, |D. 1973, p. 417, note J. GHESTIN ; J. C. P. 1972.II.17094, note J.-Ph. LÉVY ; Rev. trim. dr. civ., 1972, p. 616 ; Rép. not. Defrénois, 1973, art. 30290, note Ph. MALAURIE. — Cf. Ph. MALAURIE, note D. 1974, p. 684. — V. un autre exemple, supra, note 94.

(102) V., par ex., en matière d'adoption, la loi du 1er mars 1963 après l'arrêt Genilloud, du 6 juillet 1960, D. 1960, p. 510, note HOLLEAUX. — Sur le statut du fermage, les nombreuses interventions citées par M. MALAURIE, op. cit., p. 617. — Sur la responsabilité des instituteurs publics, la loi du 20 juillet 1899 après l'affaire Leblanc, Seine, 23 janvier 1892, S. 1899. 2. 138.

(103) V., par ex., la loi du 21 juin 1843 qui validait les actes notariés ne mentionnant pas la présence du notaire en second conformément à une pratique constante que la Cour de cassation avait dû condamner : Cass. civ., 25 janvier 1841, S. 1841. 1. 105. — 16 novembre 1842, S. 1842. 1. 128. — Adde : les exemples cités par M. MALAURIE, op. cit., p. 611.

(104) V., par ex., sur le régime de la vente à crédit d'automobiles et l'hypothèque judiciaire au profit des organismes de Sécurité sociale, Ph. MALAURIE, op. cit., p. 616.

de cassation comme le montrent depuis quelques années les rapports officiels qu'elle adresse au Garde des Sceaux (105).

Il arrive même que la Cour de cassation prenne les devants d'une réforme législative en cours par un revirement de jurisprudence (105 *bis*).

484. — La jurisprudence, malgré ses limites et ses inconvénients, est l'indispensable instrument de l'évolution cohérente du droit positif.

Si certains auteurs voient dans la jurisprudence « la fontaine de jouvence » de la loi (106) et célèbrent sa souplesse et sa faculté d'adapter le droit positif aux besoins réels, d'autres sont beaucoup plus réservés.

On lui reproche d'en faire trop ou pas assez.

Elle empiéterait sur la fonction législative et favoriserait une certaine démission du Parlement (107). Elle contribuerait ainsi à une certaine décadence de la loi et de l'élaboration démocratique du droit, au profit d'une œuvre de techniciens qui n'ont « de comptes à rendre à personne » (108). On peut ajouter que la neutralité politique des juges est aujourd'hui contestée, ce qui aggrave le danger d'une création de règles juridiques échappant aux mécanismes démocratiques (109).

Sur le plan technique la création jurisprudentielle est limitée et impar-

---

(105) V., par ex., dans le *Rapport de 1973-1974*, p. 61 : « Il appartiendrait le cas échéant au législateur de reconsidérer cette importante question et de faire prévaloir la solution de l'article 38 sur le principe de l'article 13 en cas de continuation des contrats en cours » par le syndic de faillite, ceci contrairement à la solution admise par la Chambre commerciale, dans un arrêt du 22 janvier 1974, *Bull. civ.*, IV, n° 27, p. 22. — V., également, p. 59-60, l'intervention législative demandée et obtenue quant à l'indexation des rentes indemnitaires. — *Adde*, H. MAZEAUD, *L'enfant adultérin et la super-rétroactivité des lois*, D. 1977, chron. p. 1, n° 10, qui critique cette collaboration. — V. également le rapport de *1986*, p. 58-59, attirant l'attention du législateur sur la nécessité d'une protection accrue des cautions non professionnelles, déjà soulignée par le 82e Congrès des notaires de France. La loi n° 89-1010 du 31 décembre 1989 a modifié les lois du 10 janvier 1978 et du 13 juillet 1979 en prévoyant notamment, à peine de nullité, la rédaction d'une mention manuscrite de la caution relative à l'étendue et à la durée du cautionnement. Cette loi s'inscrit dans le prolongement de la jurisprudence de la première Chambre civile de la Cour de cassation qui faisait de la mention manuscrite une règle de fond et non une règle de preuve du cautionnement. Mais, plus récemment, la Cour de cassation est revenue sur cette jurisprudence, affirmant que la mention manuscrite est une règle de preuve visant à protéger la caution, Cass. civ. 1re, 7 mars et 15 novembre 1989, D. 1990, p. 177, note Chr. MOULY.

(105 *bis*) V. *Supra*, n° 429.

(106) MAZEAUD et CHABAS, *Introduction*, n° 112.

(107) V. O. DUPEYROUX, *La jurisprudence, source abusive de droit*, *Mélanges Maury*, p. 374 et s.

(108) O. DUPEYROUX, précité, p. 376.

(109) V. J. CARBONNIER, *Introduction. Les personnes*, 11e éd., § 34, qui se demande dans quelle mesure l'évolution de la jurisprudence française, depuis 1804, a été déterminée par l'origine sociale des magistrats.

faite. Il n'est donc pas toujours opportun qu'elle permette l'inaction du législateur. Il est vrai cependant que depuis quelques années les interventions législatives se sont multipliées, ce qui enlève à la critique une bonne part de sa pertinence. Mais ce renouvellement législatif conduit à reprocher à la jurisprudence de n'en pas faire suffisamment. L'interprétation des lois nouvelles ne serait pas assurée de façon adéquate (110).

Il est certain que la jurisprudence, en tant que source du droit, comporte des limitations, on a même parlé d' « infirmités » (111) congénitales. Elle constitue cependant l'instrument indispensable qui précise et complète la loi et qui assure la fusion des législations successives d'inspirations diverses, permettant ainsi l'évolution cohérente du droit positif.

---

(110) V. P. Esmein, *La jurisprudence et la loi*, Rev. trim. dr. civ., 1952, p. 20. — B. Oppetit, *Les réponses ministérielles aux questions écrites des parlementaires et l'interprétation des lois*, D. 1974, p. 107, spécialement nos 16 et s.

(111) J. Carbonnier, *Introduction*, § 147.

TITRE III

LA COUTUME

485. — La coutume (1) est un usage, devenu, à certaines conditions, une règle de droit. Elle peut résulter de simples habitudes ou de prati-

---

(1) GÉNY, *Méthodes d'interprétation et sources en droit privé positif*, 1954, t. I, p. 316 et s., nᵒˢ 109 et s. — A. LEBRUN, *La coutume, ses sources, son autorité en droit privé*, thèse Caen, 1932. — *Encycl. Dalloz, Rép. dr. civ.*, 2ᵉ éd., vᵒ *Coutume*. — ESCARRA, *Valeur juridique de l'usage en droit commercial, Ann. dr. com.*, 1910, 97. — ROUBIER, *Théorie générale du droit*, 2ᵉ éd., 1951. — J. CARBONNIER, *La genèse de l'obligatoire dans l'apparition de la coutume* in *Flexible droit*, 1976, p. 73. — A. PACHE, *La coutume et les usages dans le droit positif*, thèse Lausanne, 1938. — REGLADE, *La coutume en droit public moderne*, thèse Bordeaux, 1919. — VALETTE, *Du rôle de la coutume dans l'élaboration du droit privé positif actuel*, thèse Lyon, 1908. — R. WEHRLE, *De la coutume dans le droit canonique*, thèse Paris, 1928. — TANAKA, *Fonction de la coutume en droit commercial, Études Gény*, 1934, III, p. 247. — A. COSTE-FLORET, *Les problèmes fondamentaux du droit*, 1946, p. 85 à 103. — GUGGENHEIM, *Les deux éléments de la coutume en droit international, Études en l'honneur de G. Scelle*, 1950, t. I, p. 275 à 284. — B. GOLDMAN, *Frontières du droit et lex mercatoria, Arch. philosophie du droit*, 1964, p. 177 et s. — DE KOSCHENBAHR-LYSKOWSKI, *Le code civil et la coutume, Études de droit civil à la mémoire de Capitant*, p. 403 à 415. — PEDAMON, *Y a-t-il lieu de distinguer les usages et les coutumes en droit commercial? Rev. trim. dr. com.*, 1959, p. 335 et s. — E. LEYMARIE, *Les usages en droit commercial*, thèse Bordeaux, 1970 ; *Encycl. Dalloz, Rép. dr. com.*, vᵒ *Usages commerciaux*. — P. DIENER, *Le silence et le droit*, thèse Bordeaux, 1975, p. 40 et s., nᵒˢ 40 et s. — R. HOUIN, *Usages commerciaux et loi en droit français, Zeitschrift für ausländisches und internationales privatrecht*, 24ᵉ année, 1959, cahier 2, p. 252. — J. BOUCOURECHLIEV, *Usages commerciaux, usages professionnels : élaboration et formulation*, in *Dix ans de droit de l'entreprise par la Fondation nationale pour le droit de l'entreprise*, 1978, p. 19 et s. — R. CAPITANT, *La coutume constitutionnelle*, rééd., *Rev. dr. public*, 1979, p. 959 et s. — J. CHEVALLIER, *La coutume et le droit constitutionnel français, Rev. dr. public*, 1970, p. 1375 et s. — J.-C. MESTRE, *A propos des coutumes et des pratiques constitutionnelles : l'utilité des constitutions, Rev. dr. public*, 1973, p. 1275 et s. — D. LÉVY, *Le rôle de la coutume et de la jurisprudence dans l'élaboration du droit constitutionnel, Mélanges Waline*, 1974, t. I, p. 30 et s. — *La coutume et la loi. Études d'un conflit*, P. U. L., 1986, Ouvrage collectif sous la direction de Cl. JOURNES. — A. KASSIS, *Théorie générale des usages du commerce, droit comparé, contrats et arbitrage internationaux, lex mercatoria*, L. G. D. J., 1984, nᵒˢ 17 et s.

ques (2) extra-judiciaires, telles que la pratique notariale, par exemple. On s'est demandé si elle ne naissait pas de la répétition de décisions judiciaires (3).

486. — Importance historique et valeur actuelle.
Historiquement, les règles coutumières sont apparues avant la loi écrite. Les recueils de droit les plus anciens sont composés de règles purement coutumières. Dans l'ancien droit, la coutume était la source essentielle du droit.

Cependant, au XIXe siècle, il y a eu un véritable culte de la loi. Instrument de diversité juridique, la coutume a tendu à disparaître sous l'effet de la centralisation politique, administrative et judiciaire (4).

Sur le plan des principes on a soutenu que seul le pouvoir législatif, exprimant la souveraineté nationale par l'intermédiaire des représentants du peuple, pouvait édicter des règles de droit. Mais en réalité, si la loi, au sens formel, est en effet l'apanage exclusif du Parlement, il n'en est pas de même de la règle de droit.

Au XIXe siècle, l'École historique allemande a vigoureusement réagi contre l'exclusivité que l'on aurait voulu reconnaître à la règle de droit écrite, à la loi. Elle lui a reproché de figer le droit, d'interdire son évolution, son adaptation à l'évolution de la société. Elle a soutenu que la coutume, émanation spontanée de la conscience collective des peuples, serait mieux adaptée aux besoins de la vie sociale. Cette thèse, dans son aspect explicatif du phénomène de la coutume, n'est plus guère soutenue aujourd'hui (4-1).

Que faut-il penser de cette controverse, sur la valeur respective de la loi et de la coutume, en tant que sources du droit ?

Tout d'abord la coutume n'est pas nécessairement plus mobile que la loi écrite. Bien au contraire, la loi est souvent le moyen le plus efficace de modifier rapidement l'état du droit existant. Il en est particulièrement ainsi lorsque ce n'est plus le Parlement qui a l'exclusivité de la confection de la loi. La coutume a également l'inconvénient de manquer parfois de précision et de certitude, mais, comme l'a montré M. Kassis (4-2), ce n'est pas l'apanage de la coutume.

---

(2) V. sur la pratique, J. HILAIRE et J. TURLAN, *Les mots et la vie. La « pratique »
depuis la fin du Moyen Age, Mélanges Yver*, 1976, p. 369 et s. — Sur les pratiques administratives, v. J.-M. OLIVIER, *Les sources administratives du droit privé*, thèse Paris II, 1981. — *Le rôle de la pratique dans la formation du droit, Trav. ass. H. Capitant*, Journées suisses 1983, Économica, 1985, spécialement J. GHESTIN, rapport général de synthèse.
(3) V. GÉNY, précité, n° 110, p. 323. — LAMBERT, *Études de droit commun législatif, la fonction du droit civil comparé*, 1903, t. I, p. 799 et s. — LEBRUN, précité.
(4) V. *supra*, n° 143.
(4-1) V. A. KASSIS, précité, n° 44.
(4-2) Précité, n°s 73 et s.

En revanche la coutume est normalement mieux adaptée aux réalités de la vie sociale, car elle résulte directement de pratiques effectivement suivies. A ce titre elle est plus souple et nuancée que la loi. C'est aussi un instrument de pluralisme juridique qui permet d'adapter le droit aux conditions particulières de la vie locale, ou professionnelle. C'est ce dernier aspect qui est surtout consacré par le Code civil. Celui-ci renvoie expressément aux usages chaque fois qu'il a été impossible d'imposer une uniformité nationale trop éloignée de la réalité. La pratique joue également un rôle important dans les relations contractuelles. Très souvent les stipulations des contrats se conforment à des usages (5). Enfin, le recours aux usages, s'est révélé nécessaire pour combler certaines lacunes législatives.

487. — La distinction entre usages et coutumes.

C'est à partir des usages que se forment les coutumes. Ils peuvent avoir valeur de règles de droit par délégation de la loi. Mais seule la coutume peut constituer, en elle-même, une règle de droit. La distinction tend aujourd'hui à s'atténuer en raison du faible degré d'autonomie de la coutume au regard de la loi et de la jurisprudence. Il convient cependant de préciser les caractères essentiels de la coutume, proprement dite, qui la distinguent des usages.

La coutume suppose la réunion d'un *élément matériel* et d'un *élément psychologique* (6).

A. — L'élément matériel.

488. — Usage ancien, constant, notoire et général.

Pour qu'un usage puisse devenir coutume il doit d'abord être *ancien*, c'est-à-dire résulter de la répétition d'un assez grand nombre d'actes semblables (7).

On s'est demandé, à propos de l'application des « accords de Grenelle », négociés en juin 1968 pour mettre fin à la grève générale qui paralysait l'économie nationale, si leur application généralisée, bien qu'aucune convention n'eut été finalement signée, n'avait pas fait naître une véritable règle coutumière. La vitesse des moyens d'information modernes permettrait aujourd'hui d'écarter le facteur temps nécessaire à la formation de la coutume. Il pourrait ainsi y avoir une « coutume à formation rapide, quasi instantanée » (8).

---

(5) V. P. MALINVERNI, *Les conditions générales de vente et les contrats-types des chambres syndicales*, thèse Paris II, 1978, préface J. HÉMARD.

(6) F. GÉNY, précité, n° 119, p. 356.

(7) F. GÉNY, précité, n° 116, p. 345-346.

(8) B. STARCK, *A propos des « accords de Grenelle ». Réflexions sur une source informelle de droit*, J. C. P. 1970. I. 2363. — *Adde :* G. LYON-CAEN, note sous Paris, 13 avril 1970, J. C. P. 1970. II. 16471.

L'idée, brillamment défendue, ne peut cependant être acceptée. L'imitation et la multiplication des actes semblables ne suffisent pas à caractériser la coutume. Pour que celle-ci puisse avoir valeur de règle il est indispensable que le temps lui ait conféré la pérennité et la sécurité inhérentes à sa nature même.

L'usage doit aussi être *constant* ; ce qui signifie que les agissements doivent avoir été très généralement semblables pendant la période de temps considérée. L'usage doit être également *notoire*, c'est-à-dire très généralement connu de ceux qu'il intéresse. Enfin, il doit être *général*, ce qui signifie que la plupart des gens qu'il concerne s'y soumettent de façon générale (9).

Cette généralité de l'usage est sans aucun rapport avec son champ d'application. L'usage peut être limité à une profession bien déterminée, à tel territoire restreint ou même à une entreprise (10). Il peut cependant constituer une coutume, dès l'instant que dans la profession ou le territoire considérés il est généralement suivi.

B. — L'élément psychologique.

489. — La conviction d'agir en vertu d'une règle obligatoire.

Même s'il présente les divers caractères qui viennent d'être analysés, l'usage n'est pas nécessairement coutume. En effet, tous les usages ne sont pas susceptibles de faire naître des règles de droit. Or, la coutume est une règle de droit. C'est ainsi, par exemple, que certains usages mondains, ou la pratique cependant très générale des pourboires, ou des étrennes, ne constituent pas des coutumes, des règles de droit.

La coutume, en plus de l'élément matériel, requiert un élément psychologique, traditionnellement qualifié d'*opinio juris seu neccessatis* ; ce qui signifie que ceux qui se conforment à cet usage doivent avoir la conviction d'agir en vertu d'une règle qui s'impose à eux comme une règle de droit, bien qu'elle ne soit pas exprimée (11). C'est cet élément psychologique qui distingue essentiellement la coutume des simples usages.

---

(9) Req., 4 janvier 1904, S. 1906. 1. 406. — 15 juillet 1913, S. 1919. 1. 140. — Paris, 6 décembre 1933, S. 1934. 2. 47. — Trib. com., Le Havre, 14 août 1936, *Gaz. Pal.*, 1936. 2. 603. — Trib. civ. Toulouse, 11 janvier 1939, D. H. 1939, 159. — *Adde* : Cass. soc., 14 janvier 1987, *Bull. civ.*, V, n° 15, p. 8, l'existence d'un usage dans l'entreprise ne peut se déduire d'une pratique de l'employeur à l'endroit d'un seul salarié.

(10) V. C. MOREL, *Le droit coutumier social dans l'entreprise*, Rev. Droit social, 1979, p. 278.

(11) V. Cass. civ., 12 février 1861, D. P. 1861. 1. 120. — Trib. com. Calais, 30 juillet 1929, *Gaz. Pal.*, 1929. 2. 558. — Paris, 6 décembre 1933, S. 1934. 2. 47. — *Adde* : J. CARBONNIER, *La genèse de l'obligatoire dans l'apparition de la coutume*, précité.

490. — Cette analyse classique est aujourd'hui d'une application difficile.
Elle se heurte, en effet, à deux difficultés d'importance. Tout d'abord,
est-on encore en présence d'une règle coutumière, lorsque le caractère
obligatoire de l'usage résulte de la loi ou de la jurisprudence ? Ensuite,
cette conviction d'agir en vertu d'une règle obligatoire conserve-t-elle
quelque signification pour les usages conventionnels, qui n'ont, très
généralement, qu'une valeur supplétive et ne s'imposent donc qu'en
l'absence de volonté contraire ? Certes, les lois supplétives ont force
obligatoire et l'on peut admettre qu'il en soit de même des usages
remplissant la même fonction. Il reste, cependant, qu'il est alors difficile de faire état d'une conviction du caractère obligatoire de l'usage.

Il devient très difficile dans ces conditions de distinguer avec quelque
rigueur les usages de la coutume (12) et de déterminer la *place actuelle*
de cette dernière parmi les sources du droit. Après avoir essayé de répondre à cette question, il conviendra de préciser *comment la coutume est
appliquée par les tribunaux.*

---

(12) V. Pedamon, *Y a-t-il lieu de distinguer les usages et les coutumes en droit commercial ? Rev. trim. dr. com.*, 1959, p. 335 et s.

CHAPITRE PREMIER

LA PLACE ACTUELLE DE LA COUTUME

491. — Historiquement c'est la coutume qui est une source du droit. Elle seule peut prétendre constituer une source autonome. Mais le Code civil, et plus largement, le droit contemporain prennent surtout en considération les usages, ou les pratiques. L'incertitude du critère permettant de distinguer aujourd'hui la coutume des usages, et le doute que l'on peut avoir quant à l'autonomie réelle de la plupart des règles tenues pour coutumières, rendent assez illusoire toute distinction tranchée de la coutume et des usages (1). La distinction subsiste, mais elle manque de rigueur et son utilité est incertaine (1-1). Lorsqu'un usage est consacré par la loi ou la jurisprudence, il importe peu de savoir s'il a valeur coutumière, puisque celle-ci n'ajoute rien à son caractère obligatoire.

Pratiquement on observe, d'abord, que les usages peuvent être des *règles de droit par délégation de la loi*. En outre, on peut se demander si certains usages n'ont pas la valeur de *règles de droit autonomes*.

---

(1) C'est spécialement vrai en ce qui concerne les usages de l'entreprise dont le mode de formation peut être très différent de celui de la coutume. L'usage est généralement instauré par le chef d'entreprise et peut être unilatéralement dénoncé (Cass. soc., 24 avril 1985, *Bull. civ.*, V, nº 251, p. 181), v. sur les conditions et les effets de la dénonciation, Cass. soc., 30 juin 1988, *Bull. civ.*, V, nº 401, p. 259 : information préalable des salariés concernés et des institutions représentatives avec un préavis, sans pour autant être tenu d'entamer des négociations, Cass. soc., 16 mars 1989, *Bull. civ.*, V, nº 221, p. 129 ; Cass. soc., 9 juillet 1987, *Bull. civ.*, V, nº 458, p. 292.

(1-1) C'est ainsi que dans l'*Encyclopédie Dalloz*, les *Répertoires de droit civil et de droit commercial*, traitent, l'un sous la rubrique « coutume », l'autre sous la rubrique « usages commerciaux », des questions très largement communes. — De même le *Bulletin officiel* des arrêts de la Cour de cassation ne comprend pas dans sa nomenclature le verbo « coutume », mais seulement le verbo « usages » qui regroupe l'ensemble de la matière. — *Adde* : A. Kassis, précité, nᵒˢ 168 et s. qui observe que la jurisprudence française n'utilise presque jamais le mot « coutume ».

SECTION 1

LES USAGES, RÈGLES DE DROIT PAR DÉLÉGATION DE LA LOI

492. — Sous l'Ancien Régime, avec l'affirmation de la monarchie absolue, on a soutenu que l'autorité de la coutume aurait pour fondement le consentement du Souverain. Cette idée a été reprise comme une conséquence de la supériorité absolue de la loi, après la Révolution. Les usages n'auraient valeur de règles de droit que par une délégation expresse, ou tout au moins tacite de la loi.

Dans l'état actuel de notre droit cette observation est le plus souvent exacte. Cette délégation peut être *directe* ou *indirecte*.

§ 1. — DÉLÉGATION DIRECTE DE LA LOI

493. — Il y a délégation directe de la loi lorsque celle-ci se réalise en dehors de toute interprétation de la volonté des parties à l'intérieur d'une convention. Cette délégation directe peut être *expresse* ; certains auteurs ont affirmé qu'elle pourrait aussi être seulement *implicite*.

A. — Délégation expresse.

494. — Il existe dans le Code civil d'assez nombreux textes qui renvoient aux usages locaux. C'est ainsi que les articles 645, 663, 671 du Code civil renvoient aux usages locaux pour l'utilisation des eaux, les clôtures, les distances à observer pour les plantations (1) ou pour certaines constructions ; l'article 1648 renvoie aux usages pour les délais à observer dans l'exercice de l'action en garantie des vices cachés de la chose vendue ; l'article 1873 renvoie également aux usages en matière de sociétés commerciales ; l'article 1736 du Code civil dispose que le bailleur ou le locataire d'un bail fait sans limitation de durée peut donner congé à tout moment à la condition d'observer *les délais fixés par l'usage des lieux.*

La même technique se retrouve dans des lois plus récentes, notamment l'article 75 de la loi du 21 juin 1898, les articles 19 et 20 de celle

---

(1) V. pour un exemple d'usage relatif à la distance à respecter pour les plantations en région parisienne, Paris, 8ᵉ ch. B. 24 avril 1985, D. 1985, *Inf. rap.*, p. 399, obs. A. ROBERT.

du 8 avril 1898, l'article 27 de la loi du 18 juin 1966 et le décret du 31 décembre 1966 sur les contrats d'affrètement et de transport maritime, l'article 1er de la loi du 6 mai 1919, en matière d'appellation d'origine.

Plus récemment, la loi du 25 janvier 1985 relative au redressement et à la liquidation judiciaire des entreprises, dans son article 107-4º, se réfère aux usages pour apprécier la validité des payements faits au cours de la période suspecte. Selon ce texte, est nul « tout paiement pour dettes échues, fait autrement qu'en espèces, effets de commerce, virement, bordereaux de cession visés par la loi nº 81-1 du 2 janvier 1981 facilitant le crédit aux entreprises ou *tout autre mode de paiement admis dans les relations d'affaires* ». Ce texte, qui ne fait plus référence au caractère normal ou anormal du paiement, se réfère directement aux usages du commerce, lesquels se voient ainsi reconnaître force obligatoire par délégation de la loi (1-1).

Toutes ces règles issues des usages ont l'autorité même que leur confère la loi (1-2).

B. — Délégation implicite.

495. — Certains auteurs (2) estiment que les coutumes entrent virtuellement dans l'analyse de certaines notions légales. De telle sorte que pour appliquer ces notions, le juge devrait en fait se référer à la coutume. Il en serait ainsi particulièrement pour l'application des dispositions du code civil relatives aux bonnes mœurs (art. 6, 900, 1133, 1172, du Code civil), ou encore pour les dispositions selon lesquelles une personne chargée de conserver ou d'administrer le bien d'autrui doit agir en bon père de famille (traduction de la formule romaine du *bonus pater familias*) ; c'est-à-dire, en propriétaire diligent et soigneux. Il en serait également ainsi, de façon plus indirecte d'ailleurs, de la notion de faute. Son utilisation impliquerait une référence à la coutume, car le juge devrait se demander si le prétendu responsable s'est conduit comme un homme moyen, c'est-à-dire s'il a agi comme tout le monde l'aurait fait en pareil cas.

Cette opinion semble contestable. En effet, qu'il s'agisse de bonnes mœurs, du bon père de famille ou de la faute, le juge ne se borne pas à constater une pratique antérieure. Sa décision a toujours un fondement essentiellement moral. Ce ne sont

---

(1-1) V. M. BILLIAU, *La délégation de créance. Essai d'une théorie juridique de la délégation en droit des obligations*, th. Paris I, L. G. D. J., 1989, préface J. GHESTIN, nos 271-272.

(1-2) V. A. LEBRUN, *Encycl. Dalloz, Rép. dr. civ.*, vº *Coutume*, nº 45. — Cass. civ., 10 janvier 1928, D. P. 1929. 1. 126. — Req., 12 novembre 1928, D. H. 1928, S. 74 ; 31 juillet 1930, D. H. 1930, 457. — Paris, 7 février 1934, S. 1934. 2. 47. — Trib. civ. Seine, 4 novembre 1941, D. A. 1942, 28.

(2) CARBONNIER, *Introduction*, § 137.

pas seulement des pratiques antérieures dont il tiendra compte, mais exclusivement des bonnes pratiques, c'est-à-dire de celles qu'il estime favorables (2-1).

Il est vrai que pour certains auteurs (3), aux caractères traditionnels de la coutume, il faudrait en ajouter un supplémentaire. Celle-ci devrait être raisonnable, ou tout au moins non déraisonnable. Comme on l'a observé, ce caractère introduit dans la formation coutumière un élément de contrôle moral. Mais il ne correspond pas à la réalité. Il arrive en effet, que des coutumes difficilement justifiables au regard de la morale, s'établissent et soient tenues pour strictement obligatoires. L'étude des droits primitifs en donne des exemples particulièrement frappants.

Admettre la délégation implicite de la loi à la coutume conduirait à ôter à la règle coutumière l'essentiel de son originalité. Il semble que pour des notions comme les bonnes mœurs, la référence au bon père de famille ou la faute, le rôle de la jurisprudence, interprétant la loi, soit essentiel (4). Tout au plus, peut-on admettre que la prise en considération des bonnes pratiques antérieures est susceptible d'exercer une influence non négligeable sur l'appréciation du juge.

§ 2. — Délégation indirecte de la loi

496. — Les usages conventionnels jouent normalement le rôle de règles supplétives.

Assez souvent, la loi prescrit de se référer aux usages dits conventionnels, pour compléter ou interpréter les contrats. Tel est le sens, en particulier, des articles 1135, 1159 et 1160 du Code civil. Dans ce cas, l'application des usages se présente, au moins apparemment, comme une *interprétation de la volonté des parties* (4-1). La délégation de la loi est seulement indirecte.

S'il est d'usage, dans une profession déterminée, que la livraison de la chose vendue est toujours à la charge du vendeur, ou encore que les réclamations concernant la qualité de la marchandise livrée ne peuvent être faites de façon efficace que dans les 48 heures suivant la livraison, même si ces dispositions n'ont pas été stipulées, elles seront considérées comme incluses dans le contrat et s'imposeront aux parties.

Le plus souvent, les usages ne s'imposent qu'à défaut de conventions contraires (4-2). Ils jouent un rôle comparable à celui de la loi supplétive. Ils viennent compléter la volonté des parties, qui ne se sont expri-

---

(2-1) En ce sens, J.-L. AUBERT, *Introduction*, n° 116.
(3) LEBRUN, thèse précitée.
(4) V. *supra*, n° 425.
(4-1) V. *Le contrat : Effets*.
(4-2) V. Cass. soc., 30 avril 1987, *Bull. civ.*, V, n° 239, p. 153, la clause claire et précise d'un contrat de travail dérogeant à l'usage des entreprises d'une région en matière de délai de la période d'essai doit recevoir application.

mées que sur l'essentiel (5). Cependant, ces *usages conventionnels à valeur supplétive* se distinguent sur deux points des lois supplétives (6).

1º A l'égard des usages conventionnels il n'y a pas lieu de considérer que nul n'est censé ignorer la loi. C'est ainsi qu'il est admis que les usages professionnels ou locaux ne s'appliquent pas à l'encontre de l'une des parties étrangère à la localité ou à la profession (7).

2º Lorsque les usages conventionnels se trouvent en conflit avec une loi supplétive, ils seront appliqués de préférence à celle-ci. En d'autres termes, les usages conventionnels priment les lois supplétives, lorsqu'il s'agit de compléter la volonté des parties (7-1).

A première vue, la solution peut sembler anormale, puisque la loi se situe à un échelon supérieur de la hiérarchie des sources du droit. Pour la comprendre, il faut partir de cette idée que l'usage conventionnel, venant s'incorporer à la convention, prend la même valeur que la volonté des parties. Or, la loi dont les dispositions sont contraires à l'usage conventionnel, étant seulement supplétive, n'a lieu de s'appliquer qu'à défaut de volonté contraire. C'est parce qu'il s'incorpore à la volonté des parties que l'usage conventionnel écartera l'application de la loi supplétive. En fait, on tient compte de ce que l'usage conventionnel, plus près de la réalité sociale, en raison de sa création spontanée, risque de mieux traduire la volonté réelle des parties, que la loi interprétative nécessairement plus générale et abstraite.

---

(5) V. Cass. civ., 10 janvier 1928, D. P. 1929. 1. 126. — Cass. soc., 12 janvier 1939. *Gaz. Pal.*, 1939. 1. 477. — Besançon, 25 janvier 1926, S. 1926. 2. 60. — Trib. civ, Seine, 4 novembre 1941, D. A. 1942, 28. — V. pour un usage bancaire constant comportant dispense pour le banquier escompteur d'exiger la justification des pouvoirs de la personne qui appose la signature d'acceptation pour le compte d'une personne morale, Cass. com., 23 mai 1989, *Bull. civ.*, IV, nº 160, p. 107.

(6) V. sur les caractères particuliers des usages conventionnels, F. Gény, précité, p. 425 et s., nº 132.

(7) V. Fr. Leymarie, précitée, nᵒˢ 37, 39 et 41, qui cite notamment, Cass. com., 8 octobre 1956, *Bull. civ.*, III, nº 225. — 18 janvier 1972, *Bull. civ.*, IV, nº 26. — Paris, 30 juin 1964, J. C. P. 1965. II. 14058.

(7-1) V. Cass. com., 22 mars 1988, *Bull. civ.*, IV, nº 112, p. 78. La responsabilité d'une banque avait été recherchée pour n'avoir pas ouvert un compte spécial à l'occasion d'une augmentation de capital. Aucune disposition légale n'imposait une telle formalité. Pourtant, c'était une pratique courante ; d'où il suivait pour la Cour d'appel, approuvée en cela par la Cour de cassation, que la banque avait commis une faute engageant sa responsabilité. — Cass. soc., 20 octobre 1988, *Bull. civ.*, V, nº 550, p. 354, *a contrario*. — V. sur la supériorité de l'usage local sur la convention collective nationale en droit du travail, Cass. soc., 14 juin 1989, *Bull. civ.*, V, nº 442, p. 269.

497. — Contrat-type et réglementation professionnelle des usages.

Parfois, l'usage prend la forme plus savante d'un contrat-type (8). Ceux-ci se rencontrent fréquemment en matière commerciale. Il y a, par exemple, des connaissements types (contrats de transport) en matière maritime. On peut également mentionner les polices d'assurance. Les notaires utilisent également pour la rédaction des actes des formulaires, dont toutes les clauses générales sont des clauses de style (9).

Il y a ainsi création d'usages conventionnels, qui pratiquement, à défaut de manifestation expresse de volonté contraire, s'imposeront aux parties. On a vu, dans cette pratique, notamment dans la pratique notariale, une source de droit distincte. En réalité, il s'agit d'une simple variété d'usages conventionnels.

A force de figurer dans tous les contrats d'un même type, les clauses de style peuvent finir par devenir des règles coutumières, de telle sorte que même lorsqu'elles ne sont pas stipulées expressément, elles seront considérées comme incorporées à la convention. On peut parler alors d'une « coutume savante ». Un certain nombre de ces dispositions finissent d'ailleurs, par l'intervention du législateur, par se transformer en règles de droit écrites.

On a relevé une nette renaissance du formalisme (10) dans la tendance contemporaine des professions à rédiger et codifier leurs usages et à en assurer la publication (11). Celle-ci a pu être rapprochée d'une promulgation officielle qui « leur confère une extériorité, une objectivité plus grande que par le passé » (12). Ces professions élaborent des règlements privés et des contrats-types dont elles imposent le respect à leurs membres (13). Les usages conventionnels tendent alors à se transformer

---

(8) V. J. LÉAUTÉ, *Les contrats-types*, Rev. trim. dr. civ., 1953, p. 430. — P. MALINVERNI, *Les conditions générales de vente et les contrats-types des chambres syndicales*, thèse Paris II, 1978, préface J. HÉMARD. — V. *Le contrat : Formation*, n⁰ˢ 62 et s.

(9) V. J. L. SOURIOUX, *Recherches sur le rôle de la formule notariale dans le droit positif*, thèse Paris, 1965, préface Jean BOULANGER. — R. SAVATIER, *Le bon et le mauvais usage des formulaires notariaux*, Rép. Defrénois, 1975, art. 30943. — E. S. DE LA MARNIÈRE, *L'évolution technique du contrat et ses conséquences juridiques*, Paris, 1930 ; *Quelques observations sur la pratique contractuelle comme source du droit positif*, J. C. P. 1957. 1. 1376 ; *Rapport au congrès de l'Union internationale du notariat latin*, Paris, 1954, p. 225 ; *La pratique notariale et la formation du droit positif français. Éléments de méthodologie juridique*, préface G. VEDEL, 1976, n⁰ˢ 49 et s. — AUDINET, *Réflexions sur la pratique notariale*, J. C. P. 1957. I. 1361.

(10) V. J. FLOUR, *Quelques remarques sur l'évolution du formalisme*, Mélanges Ripert, t. I, p. 93 et s. — J. CALAIS-AULOY, J. Cl. com., art. 109, n⁰ 46.

(11) LEYMARIE, thèse précitée, p. 48, n⁰ 47 et p. 220, n⁰ˢ 129 et s. ; art. précité, n⁰ˢ 40 et s.

(12) PÉDAMON, obs. sous Cass. com., 8 octobre 1956, *Grands arrêts de la jurisprudence commerciale*, n⁰ 3, p. 13.

(13) V. RIPERT et ROBLOT, précités, n⁰ 56. — LÉAUTÉ, précité, p. 430. — LEYMARIE, thèse précitée, p. 8, n⁰ 7 et p. 220 et s. — MALINVERNI, thèse précitée. —

en de véritables normes objectives, qui ne s'imposeront cependant en droit, sinon en fait, aux membres de la profession, qu'à défaut de volonté contraire (14).

Ces contrats-types ont une importance toute spéciale dans le commerce international. En particulier la Chambre de commerce internationale a dégagé, sous le nom d'incoterms *(international commercial terms)*, des règles uniformes qui fixent le contenu de chaque type de vente internationale. L'arbitrage organisé par les professions accentue encore le caractère objectif de ces usages internationaux, en raison du lien institutionnel établi entre les rédacteurs des contrats-types et les organismes d'arbitrage (15).

498. — La loi qui renvoie aux usages peut leur donner exceptionnellement valeur impérative.

Les parties ne pourront déroger aux usages par une convention. La règle est d'ordre public.

Il en est ainsi, par exemple, des usages qui fixent le délai de préavis à observer pour mettre fin par un congé à un contrat de travail à durée indéterminée. Ces délais ne peuvent être diminués par une convention ordinaire. Seule, selon l'article L. 122-5 du Code du travail, une convention collective pourrait déroger au délai résultant des usages (16).

On peut alors se demander pourquoi le législateur n'a pas édicté une loi d'ordre public, au lieu de se référer aux usages, en leur donnant ce caractère. C'est parce qu'il lui a semblé nécessaire de tenir compte de la diversité des situations, tenant au lieu, à la profession, ou même à chaque entreprise.

Le juge doit alors connaître la règle et l'appliquer comme s'il s'agissait d'une règle impérative, même si elle n'est invoquée par aucune des

---

Le contrat : Formation, n° 67. — Cf. Paris, 1er juillet 1970, J. C. P. 1971.II.16821, note PÉDAMON ; cet arrêt admet l'application d'un contrat-type bien que les parties ne s'y soient pas référées, car celui-ci ne faisait « que traduire les usages qui s'étaient établis entre les agences de publicité et leurs clients ; qu'ainsi, à défaut de preuve d'une commune intention des contractants de rompre avec les usages, ceux-ci... doivent être respectés ».

(14) P. DIENER, *Le silence et le droit. Essai sur le silence en droit privé,* thèse Bordeaux, 1975, p. 40 et s., n°s 40 et s.

(15) V. LEYMARIE, art. précité, n°s 57 et s. — LOUSSOUARN et BREDIN, *Droit du commerce international,* p. 676. — KAHN, *Vente commerciale internationale,* 1961. — B. GOLDMAN, Frontières du droit et « lex mercatoria », *Arch. philosophie du droit,* t. IX, p. 177.

(16) V. Cass. civ., 31 juillet 1930, D. H. 1930. 457. — 2 mai 1933, D. H. 1933, 316. — Cass. soc., 19 juin 1947, S. 1947. 1. 175. — Cass. Ch. réunies, 22 juin 1966, D. 1966, p. 502 ; *Gaz. Pal.,* 1966. 2. 55 ; J. C. P. 1966. II. 14844, note VOIRIN ; *Droit social,* 1967, p. 375, obs. J. SAVATIER.

parties (17) ; et celui qui en fait état n'a pas à établir son caractère impératif (18).

499. — Dans la mesure où les usages conventionnels ne s'appliquent le plus souvent qu'à défaut de volonté contraire on a contesté qu'ils puissent constituer des coutumes. Il leur manque, en effet, l'élément psychologique, la conscience du caractère obligatoire de l'usage (19). On a alors proposé de distinguer entre les usages conventionnels et les « usages de droit ». Seuls ces derniers se confondraient avec la coutume, car, malgré une origine identique, ils se caractériseraient par « la conviction que la règle définie par l'usage est obligatoire » (20). Mais la valeur de cet « usage de droit » ne serait elle-même que celle d'une règle supplétive qui ne s'imposerait qu'en « l'absence de toute stipulation contraire » (21). L'objection subsiste.

Il est peut-être plus simple d'admettre que **ces usages conventionnels ont la valeur que leur confère la loi à travers la volonté des parties.**

D'une façon générale, la force obligatoire des usages est à la fois calquée sur la loi et fondée de façon directe ou indirecte sur celle-ci. C'est elle qui détermine leur valeur impérative ou supplétive. C'est elle, également, qui est le fondement de leur autorité.

On peut se demander, cependant, si certains usages n'acquièrent pas une certaine autonomie par rapport à la loi.

SECTION 2

LES USAGES, RÈGLES DE DROIT AUTONOMES

500. — Les usages peuvent devenir de véritables règles de droit, indépendamment de toute délégation de la loi. Il faut cependant s'interroger sur le rôle joué par la jurisprudence quant à leur consécration.

§ 1. — L'EXISTENCE DE RÈGLES COUTUMIÈRES

501. — Lorsque la coutume complète la loi on parle de coutume *praeter legem*. Lorsqu'elle va à l'encontre de la loi on parle de coutume *contra legem*.

---

(17) V. Req., 22 décembre 1902, D. P. 1903. 1. 149.
(18) V. Leymarie, thèse précitée, p. 138, nos 84 et s. et les références citées. — Ripert et Roblot, *Droit commercial*, t. I, no 51. — Lyon-Caen et Renault, *Droit commercial*, t. I, no 80.
(19) V. Gény, *op. cit.*, nos 130-133. — Lebrun, art. précité, nos 19 et 76.
(20) Leymarie, art. précité, no 14.
(21) *Ibid.*, no 15.

I. — *Coutume* praeter legem.

502. — On a soutenu que le législateur étant seul dépositaire de la souveraineté nationale, la coutume ne pourrait être source de droit. Mais en réalité, personne ne conteste plus guère aujourd'hui que la coutume puisse intervenir sans renvoi du législateur lorsqu'il y a une lacune du droit légal. Portalis l'avait déjà admis dans le discours préliminaire, par lequel il présentait le projet du Code civil, dans les termes suivants : « A défaut d'un texte précis sur chaque matière, un *usage* ancien, constant, et bien établi, une suite ininterrompue de décisions semblables, une opinion ou une maxime reçues tiennent lieu de loi » (1).

En droit civil, on peut citer comme exemple de règles typiquement coutumières la réglementation du nom des personnes. C'est ainsi, par exemple, qu'aucune règle formelle ne prévoit que la femme aura la faculté de porter le nom de son mari. On peut citer également la pratique des actes de notoriété, permettant de prouver la qualité d'héritier. Cette pratique résulte des usages suivis en la matière dans les rapports entre les notaires et les grands établissements auprès desquels cette preuve devait être fournie. On peut également voir dans la coutume la source des obligations de voisinage, en l'absence même de tout renvoi législatif (2).

En droit commercial, les usages en matière de publicité de vente de fonds de commerce et de délais d'opposition ont été confirmés par la jurisprudence, puis incorporés à la loi du 17 mars 1909. De même le compte courant est une construction de la pratique, de la doctrine et de la jurisprudence élaborée à partir de la seconde moitié du xix\ siècle (3).

II. — *Coutume* contra legem.

503. — Le problème de la validité de la coutume se pose ici avec une acuité toute particulière. Il est possible d'en distinguer deux aspects (4).

---

(1) FENET, t. I, p. 469. — *Adde :* Cass. crim., 5 octobre 1967, *Gaz. Pal.*, 1967. 2. 253.

(2) V. J. B. BLAISE, *Responsabilité et obligations coutumières dans les rapports de voisinage,*, Rev. trim. dr. civ., 1965, p. 261 et s.

(3) V. LEYMARIE, art. précité, n° 3.

(4) V., cependant, GÉNY, précité, p. 407, n° 129,

A. — L'abrogation par désuétude.

504. — Écartée en principe par la jurisprudence, elle existe en fait.
Il s'agit de savoir si une loi, du seul fait qu'elle est restée sans application pendant très longtemps, alors que des pratiques contraires à la loi apparaissaient, doit être considérée comme abrogée par désuétude.

La jurisprudence n'a eu à intervenir dans ce domaine qu'en matière criminelle. Chaque fois que la question lui a été posée, elle a très nettement écarté la possibilité de toute espèce d'abrogation par désuétude (5).

On peut se demander toutefois si cette position de principe corrrespond exactement à la réalité. Il est certain que les lois vieillissent et finissent par mourir en dehors de toutes dispositions les abrogeant expressément. C'est ainsi, par exemple, que de nombreux textes qui figurent au Code du travail, et l'on cite notamment ceux qui concernent les Conseils départementaux du travail, n'ont jamais été appliqués. Peut-être faut-il penser que la désuétude tue les lois mais qu'il est préférable de ne pas le dire (6).

B. — Création de règles coutumières contraires à la loi.

505. — Théoriquement la loi et la coutume sont sur un pied d'égalité. Mais « historiquement et pratiquement, leur puissance respective doit dépendre des conditions politiques ou sociologiques au sein desquelles elles se produisent » (7). Il n'est pas contestable qu'aujourd'hui la loi écrite l'emporte sur la coutume. La jurisprudence, lorsque la question lui a été posée ouvertement, s'est montrée hostile à la coutume *contra*

---

(5) V., notamment, Cass. Ch. réunies, 31 janvier 1901, D. P. 1901. 1. 169. — Cass. crim., 4 janvier 1917, D. P. 1922. 5. 5. — *Adde* : M. Cl. FAYARD, note sous Besançon, ch. correct., 9 mai 1972, J. C. P. 1973. II. 17305 et la jurisprudence citée.

(6) Les observations de PORTALIS, dans le Discours préliminaire, sont significatives : « Les lois conservent leur effet, tant qu'elles ne sont point abrogées par d'autres lois, ou qu'elles ne sont point tombées en désuétude. Si nous n'avons pas formellement autorisé le mode d'abrogation par la désuétude ou le non-usage, c'est qu'il eût été peut-être dangereux de le faire. Mais peut-on se dissimuler l'influence et l'utilité de ce concert indélibéré, de cette puissance invisible, par laquelle, sans secousse et sans commotion, les peuples se font justice des mauvaises lois, et qui semblent protéger la société contre les surprises faites au législateur et le législateur contre lui-même » (FENET, t. I, p. 479). — Cf. MARTY et RAYNAUD, *Introduction*, n° 114. — J. CRUET, *La vie du droit et l'impuissance des lois*, Paris, 1908, p. 258.

(7) F. GÉNY, précité, p. 408, n° 129.

legem (7-1), particulièrement en écartant l'abrogation par désuétude (8). On peut ainsi lire dans un arrêt ancien du 25 janvier 1841 le motif suivant : « Attendu que si sous un régime où la coutume était loi, l'usage pouvait abroger une loi, il n'en saurait être ainsi dans un temps où la loi toujours écrite est rendue légalement notoire à tous » (8-1). L'usage en cause consistait à faire signer les témoins d'une donation hors la présence des parties en contravention avec les dispositions formelles de la loi du 25 ventôse an XI (8-2).

Mais, parallèlement, et non sans quelque contradiction, la jurisprudence a consacré l'existence de règles coutumières contraires à la loi.

Parmi ces règles *contra legem*, on cite la solidarité qui est de principe en matière commerciale, malgré les dispositions du Code civil selon lesquelles la solidarité ne se présume pas et ne peut exister en dehors d'une convention expresse. On peut également mentionner les usages bancaires en matière de comptes courants et, en particulier, la capitalisation des intérêts qui donnent eux-mêmes intérêts contrairement aux dispositions du Code civil (9).

En matière civile, on peut également faire état de la pratique des dons manuels, consistant en une remise de la main à la main d'objets mobiliers, valables malgré les dispositions de l'article 931 du Code civil qui exige la rédaction d'un acte notarié pour toute donation (10).

Ainsi, il y aurait, de façon d'ailleurs exceptionnelle, des règles coutumières *contra legem*. Cependant, si l'on tient compte de ce que leur création prend très généralement la forme d'une interprétation de la loi par la Cour de cassation, il convient de se demander s'il ne s'agit pas, en réalité, de règles jurisprudentielles ; ce qui pose la question du rôle de la jurisprudence.

(7-1) V. Cass. soc., 19 mars 1987, *Bull. civ.*, V, n° 178, p. 112 : un salarié n'est pas fondé à exiger l'application d'un usage contraire à une directive impérative de l'autorité assurant la tutelle financière de l'organisme qui l'emploie.

(8) V. MARTY et RAYNAUD, *Introduction*, n° 114. — LEBRUN, art. précité, n°s 57 et s., et la jurisprudence citée, notamment, Cass. civ., 25 janvier 1841, S. 1841. 1. 105. — 20 octobre 1902, D. P. 1902. 1. 519. — Cass. com., 16 mai 1949, D. 1950, p. 629, note RIPERT.

(8-1) Précité note 8, égal. publié, *Jour. not. et av.*, 1841, art. 10875, p. 90.

(8-2) Pour obvier au risque d'annulation de toutes les donations reçues depuis le 25 ventôse an XI le législateur a voté la loi du 21 juin 1843 qu'il a déclarée expressément rétroactive.

(9) V. LEYMARIE, art. précité, n° 4. — LEBRUN, art. précité, n° 71. — G. PULBY, *La coutume et son rôle en matière de compte courant*, thèse Paris, 1924.

(10) V., en matière pénale, M. Cl. FAYARD, note sous Besançon, ch. correct., 9 mai 1972, J. C. P. 1973. II. 17305. — J. PAGES, *Le contrôle des naissances en France et à l'étranger*, thèse Lyon, 1971, spécialement p. 4, n° 5.

§ 2. — LE RÔLE DE LA JURISPRUDENCE

506. — La jurisprudence consacre les règles coutumières et favorise ainsi leur constitution ; mais cette consécration n'est pas nécessaire.

Il existe incontestablement aujourd'hui des relations étroites entre la jurisprudence et la coutume. On a parfois analysé la jurisprudence comme la forme moderne de la coutume. De fait la répétition et la conscience générale du caractère obligatoire de la règle sont des traits communs à la coutume et la jurisprudence. Cette dernière se distingue cependant de la coutume par le fait essentiel qu'elle émane d'une autorité et qu'elle naît de l'exercice d'un pouvoir ou en tout cas d'une fonction publique. Il en résulte, notamment, qu'une règle jurisprudentielle peut naître d'une décision unique, ce qui est incompatible avec la nature même de la coutume. La jurisprudence ne peut donc être assimilée à la coutume (11).

Ce point étant admis, il reste à se demander si la coutume, en dehors d'une délégation de la loi, peut avoir une force obligatoire autonome, ou si celle-ci ne dépend pas alors d'une consécration jurisprudentielle. Ce serait, dans cette analyse, la coutume qui serait absorbée par la jurisprudence.

Cette conception de la coutume créée, ou tout au moins confirmée par le juge, a été fortement influencée, par l'exemple de la *common law* anglaise, et par la place qu'y tient le droit judiciaire.

Cependant, cette théorie purement jurisprudentielle de la coutume ne peut être acceptée. Même la *common law* anglaise est considérée comme un développement judiciaire d'un fond primitif proprement coutumier et distinct des décisions de justice. Au surplus, si l'on envisage de façon concrète les usages, spécialement les usages professionnels ou commerciaux, il est incontestable qu'ils se dégagent de la pratique, sans qu'intervienne nécessairement une consécration judiciaire. Parfois même, les tribunaux ont été amenés à céder aux pressions de la pratique imposant le respect de certains usages. Il en est ainsi en particulier des usages bancaires concernant les comptes courants (12). Il reste cependant, que la transformation de l'usage en coutume se trouvera très souvent accélérée et confirmée dès l'instant que le juge en aura fait application. En ce domaine, les tribunaux de commerce jouent un rôle particulièrement important.

Ici, comme lorsqu'il s'agit de compléter, voire éventuellement de

---

(11) V. *supra*, nos 442 et s.

(12) V. PULBY, *La coutume et son rôle en matière de comptes courants*, thèse Paris, 1924.

modifier la loi, l'action des tribunaux prend l'apparence d'une interprétation de la loi. C'est ainsi, par exemple, que pour écarter les dispositions de l'article 1202 du Code civil, exigeant une convention expresse
pour admettre la solidarité entre débiteurs, la jurisprudence, par interprétation de la loi, les a cantonnées aux obligations civiles. Elle a admis
en conséquence qu'en matière commerciale, la solidarité, conformément
aux usages habituellement suivis, était de droit ; qu'elle s'imposait
aux parties en l'absence même de toute stipulation expresse. Pratiquement la « règle coutumière » s'analyse en une interprétation judiciaire
de l'article 1202 du Code civil, qui en écarte l'application aux dettes
commerciales, suivie d'une référence aux « usages conventionnels »
à valeur supplétive, ce qui peut être compris comme une simple interprétation de la volonté des parties. Mais c'est l'usage qui guide à la
fois l'interprétation judiciaire et la volonté des parties.

507. — La jurisprudence consacre les maximes coutumières.

Ce rôle de la jurisprudence est particulièrement net à l'égard des
maximes, proverbes et adages juridiques, dont la plupart ont été inté-
grés parmi les principes généraux du droit (13). Il s'agit de formules
imaginées par une doctrine ou une jurisprudence anciennes, et parfois
même très anciennes, afin de rendre particulièrement frappantes des
règles communément admises (14). Par opposition à la coutume d'origine populaire, il s'agit d'une coutume « savante ».

Ces adages sont souvent exprimés en latin, parfois en vieux français.
On peut citer par exemple, « *nemo auditur propriam turpitudinem
allegans* » (15), « *in pari causa turpitudinis cessat repetitio* » (16), « *contra
non valentem agere non currit praescriptio* » (17), « *quod nullum est,
nullum producit effectum* » (18), *nemo cencetur ignorare legem* (19), *error
communis facit jus* (20).

---

(13) V. *supra*, n° 450.
(14) V. H. ROLAND et L. BOYER, *Locutions latines et adages du droit français contemporain*, 1978-1979. — DAGUIN, *Axiomes, aphorismes et brocards français du droit*,
1926. — JOUANNEAU, *Recueil des maximes et citations latines à l'usage du monde judiciaire*, 1912. — *Adde* : annexe au *Vocabulaire juridique* d'H. Capitant.
(15) Personne ne peut invoquer sa propre turpitude ; v. LE TOURNEAU, *La règle
« nemo auditur... »*, thèse Paris, 1970.
(16) Lorsque les parties sont d'une égale turpitude toute répétition est exclue.
(17) La prescription ne peut courir contre celui qui n'est pas en état d'exercer
l'action. — Cf. T. GRÉTÉRÉ, *L'adage contra non valentem agere non currit praescriptio*, thèse Paris I, 1981, ronéo.
(18) Ce qui est nul ne peut produire aucun effet.
(19) V. TERRÉ, *Le rôle actuel de la maxime « nul n'est censé ignorer la loi »*, *Études
de droit contemporain*, 1966, I, p. 91 et s. — V., *supra*, n°s 246 et s.
(20) L'erreur commune fait le droit ; V. A. ROUILLER, *Rapports entre les maximes*
error communis *et* nemo plus juris, *Rec. gén. des lois et de la jurispr.*, 1967, 165. —
V., *infra*, n° 783.

Certains d'entre eux ont été incorporés dans le Code civil. La loi est devenue leur support formel. C'est ainsi que la maxime venue du droit romain, *pater is est quem nuptiae demonstrant*, est passée dans l'article 312 du Code civil. De même que s'est sans doute élaborée au xviiie siècle, la maxime « en fait de meubles possession vaut titre », qui est aujourd'hui inscrite à l'article 2279 du Code civil. Beaucoup d'autres maximes sont toutefois restées en dehors de la loi. Elles sont cependant considérées comme des règles de droit toujours en vigueur, et la Cour de cassation n'hésite pas à les invoquer expressément (21) et à censurer les décisions qui ne les respectent pas (22).

Cette influence de la jurisprudence dans la consécration des règles coutumières ne suffit pas à en faire des créations purement jurisprudentielles. C'est en effet, la tradition historique à laquelle elles se rattachent qui leur donne une autorité propre. Elles ne sont pas créées par la jurisprudence, mais seulement consacrées et intégrées dans celle-ci (23).

---

(21) Cass. civ., 29 mars 1950, D. 1950, p. 396 ; *Bull. civ.*, n° 89, p. 64, pour l'adage *quae temporalia sunt ad agendum, perpetua sunt ad excipiendum.*

(22) Cass. com., 19 mars 1974, J. C. P., 1975. II. 17941, note J. Ghestin, qui vise la règle *contra non valentem agere non currit praescriptio.*

(23) V., *supra*, n° 450.

CHAPITRE II

L'APPLICATION DE LA COUTUME
PAR LES TRIBUNAUX

508. — Elle est commandée théoriquement par la distinction entre les usages et la coutume. Mais, en fait, elle dépend surtout du rôle de la loi et de la jurisprudence dans leur autorité.

Les difficultés essentielles concernent leur *preuve* et le *contrôle de la Cour de cassation* sur leur application.

SECTION 1

LA PREUVE DES USAGES ET COUTUMES

509. — Il convient d'envisager successivement la *charge de la preuve* et les *modes de preuve*.

§ 1. — LA CHARGE DE LA PREUVE

510. — Les qualifications théoriques ne sont pas très significatives.

Il est logique d'opposer ici la coutume, véritable règle de droit, qui n'a pas à être prouvée, et les usages, éléments de fait dont la preuve doit être rapportée par celui qui s'en prévaut (1).

---

(1) V., Beudant et Lerebours-Pigeonnière, t. 9, par Perrot, nᵒˢ 1114 et 1145. — Planiol et Ripert, t. 7, par Gabolde, nᵒ 1409. — Cf. cependant Marty et Raynaud, *Introduction*, nᵒˢ 115 et 209 ; et Starck, *Introduction*, nᵒ 381, qui écartent toute distinction entre coutume et usages et considèrent que la preuve doit en être rapportée au cas de contestation par celui qui s'en prévaut.

La question se complique lorsqu'il s'agit de distinguer les usages de la coutume. Certains auteurs opposent alors les usages conventionnels aux autres usages et coutumes. Pour M. Lebrun, les usages conventionnels ne constituent pas de véritables coutumes et ne s'appliquent que par interprétation de la volonté. Il serait toujours nécessaire de prouver leur existence ainsi que l'intention de s'y référer (2). De même pour Mme Leymarie (3) « la nature essentiellement conventionnelle de cet usage a donc pour conséquence que celui qui l'invoque doit en établir l'existence comme il le fait pour la clause tacite du contrat sur lequel il se fonde ». En revanche la coutume, pour ces auteurs (4) est une règle de droit que le juge doit connaître et appliquer sans que les parties aient à en rapporter la preuve, ni même à en faire état. La difficulté est alors de distinguer parmi les usages dont l'origine est conventionnelle, ceux qui se sont transformés en coutumes.

On peut également considérer que le renvoi opéré par la loi aux usages conférerait à ceux-ci la valeur de règles de droit, qu'il s'agisse des usages locaux, assimilés à des règlements d'application, ou des usages conventionnels, assimilés à des règles supplétives. On aboutirait ainsi à écarter le plus souvent toute exigence de preuve (5).

511. — Le juge ne peut connaître tous les usages locaux ou professionnels.

Mais ces analyses théoriques ne peuvent masquer la réalité. La connaissance de la loi par le juge est déjà une exigence difficile à satisfaire de façon effective, en l'état actuel de notre droit. Il serait tout à fait déraisonnable d'exiger des tribunaux qu'ils connaissent les divers usages locaux, professionnels ou conventionnels (6). C'est pourquoi les juges du fond peuvent écarter un usage prétendu, lorsqu'il n'est « assorti d'aucune preuve, ni offre de preuve » (7).

Cependant lorsque la loi a donné aux usages une valeur impérative, comme par exemple pour le délai-congé en matière de contrat de travail, le juge doit les rechercher d'office (8). Ici l'usage a la valeur d'une règle d'ordre public dont le juge doit nécessairement faire application.

---

(2) Art. précité, n° 76.

(3) Art. précité, n°s 66 et s.

(4) LEBRUN, op. cit., n° 74. — LEYMARIE, op. cit., n°s 75 et s., qui parle d'usage de droit qu'elle assimile à la coutume.

(5) V. G. GOUBEAUX et Ph. BIHR, Encycl. Dalloz, Rép. dr. civ., 2e éd., v° Preuve n° 62.

(6) V., en ce sens, GOUBEAUX et BIHR, précités, n° 63.

(7) Cass. com., 31 mai 1969, Bull. civ., IV, n° 193, p. 187.

(8) Cass. soc., 19 juin 1947, S. 1947. 1. 175.

512. — **La seule question qui fasse véritablement difficulté est de savoir si le juge peut faire état de sa connaissance personnelle des usages.** La spécialisation des tribunaux de commerce, des conseils de prud'hommes ou des tribunaux paritaires des baux ruraux, plaiderait en ce sens. La composition de ces juridictions est, en effet, partiellement justifiée par leur connaissance des usages locaux et professionnels (9).

Pratiquement la question ne s'est guère posée que pour les usages conventionnels. La jurisprudence est assez ambiguë (10). On cite un arrêt de la Chambre des requêtes du 22 décembre 1902 (11) selon lequel, « s'il est de principe que le juge ne peut tenir les faits pour avérés, qu'autant qu'ils ont été établis devant lui... il ne saurait lui être interdit, en matière de commerce de constater un usage pour en faire le fondement de sa décision » (12). Mais la jurisprudence postérieure est moins nette (13).

513. — **Le juge connaît les règles coutumières consacrées par la jurisprudence.**

Le juge connaît et en tout cas il doit connaître les règles coutumières consacrées par la Cour de cassation. La question ne fait aucun doute en ce qui concerne les *maximes coutumières*. Celles-ci donnent lieu à censure à défaut d'application par les juges du fond. Quant aux *usages commerciaux de portée générale consacrés par la jurisprudence*, comme par exemple, la solidarité des débiteurs de dettes commerciales, il faut faire une distinction. Les juges du fond n'ont pas le droit d'ignorer que l'article 1202 du Code civil est inapplicable aux dettes commerciales (14). Théoriquement ils pourraient considérer comme élément de fait l'usage conventionnel imposant la solidarité en matière commerciale à défaut de volonté contraire. En fait, la généralité de l'usage est telle que la question ne semble pas s'être posée. Peut-être même peut-on admettre une sorte d'amalgame entre l'interprétation de la loi écartant l'arti-

---

(9) V., pour les tribunaux de commerce, PEDAMON, art. précité, n° 30. *Contra :* pour les usages conventionnels, LEYMARIE, précitée, n° 67, qui fait état du danger constitué par l'absence de contrôle de la Cour de cassation qui en résulterait.

(10) V. GOUBEAUX et BIHR, précités, n° 65.

(11) D. P. 1903. 1. 149.

(12) Mme LEYMARIE (*op. cit.*, n° 76) fonde sur cet arrêt la solution qu'elle applique aux « usages de droit », par opposition aux usages conventionnels ; mais il s'agissait d'un usage commercial selon lequel le paiement devait intervenir dans les dix jours suivant réception de la facture ; ce qui paraît bien être un simple usage conventionnel.

(13) V., notamment, Cass. soc., 2 juillet 1968, *Bull. civ.*, V., n° 349, p. 284, qui censure une décision d'un conseil de prud'hommes qui avait déclaré que l'usage local considérait le temps du casse-croûte comme temps de travail, en observant qu'il ne pouvait déduire des seules affirmations du demandeur l'existence d'un usage obligatoire. — *Adde :* GOUBEAUX et BIHR, précités, n° 65.

(14) V., *infra*, n° 516.

cle 1202 et l'usage qui a conduit à cette interprétation, qui seraient ainsi soumis au même régime.

§ 2. — LES MODES DE PREUVE

514. — La preuve de l'existence ou du contenu des usages peut être faite par tous moyens (15).

Elle peut être déduite de la production des divers recueils de coutumes et usages publiés par l'autorité administrative ou toute autre personne publique ou privée (16). Peuvent être utilisés, en particulier, les recueils dressés par les préfets en exécution d'une circulaire du 26 juillet 1844 (17) ou par les Chambres d'agriculture en application de l'article 24 de la loi du 3 janvier 1924 (18). A plus forte raison la preuve des usages peut être faite par référence à la loi du 13 juin 1866 (19) complétée par celle du 17 mars 1931 (20), qui a codifié un certain nombre d'usages commerciaux relatifs à la vente de marchandises et donné valeur supplétive à ces usages sur l'ensemble du territoire.

Les usages peuvent être également prouvés par témoins (21) ou par expertise (22). En matière d'usages professionnels ou commerciaux on fait souvent appel à des parères, certificats délivrés par des organismes professionnels (23) ou aux avis délivrés en matière professionnelle, industrielle ou agricole par les syndicats, en application de l'article 5 de la loi du 21 mars 1884 (24) modifiée par la loi du 12 mars 1920 (25).

Les juges du fond constatent souverainement l'existence de l'usage (25-1), ce qui conduit à examiner le contrôle de la Cour de cassation.

---

(15) V. LEBRUN, précité, nᵒˢ 77 et s. — Fr. LEYMARIE, précitée, nᵒˢ 70 et s.
(16) V. Cass. soc., 8 janvier 1964, D. 1964, 263, note BRÈTHE DE LA GRESSAYE.
(17) D. P. 1845. 3. 76.
(18) D. P. 1924. 4. 346.
(19) D. P. 1866. 4. 67.
(20) B. L. D. 1931. 74.
(21) Cass. civ., 8 juin 1926, S. 1926. 1. 252.
(22) Cass. civ., 8 juin 1926, précité. — Trib. Paix Arras, 9 février 1928, *Gaz. Pal.*, 1928. 1. 665. — Trib. com., Le Havre, 14 août 1936, *Gaz. Pal.*, 1936. 2. 603.
(23) Cass. civ., 12 janvier 1938, sol. impl., D. H. 1938, 197. — Besançon, 25 janvier 1926, S. 1926. 2. 60. — Trib. civ., Seine, 4 novembre 1941, D. A. 1942. 28.
(24) D. P. 1884. 4. 129.
(25) D. P. 1920. 4. 81.
(25-1) V. Cass. soc., 24 mars 1988, *Bull. civ.*, V, nᵒ 222, p. 144. — Cass. soc., 13 octobre 1988, *Bull. civ.*, V, nᵒ 518, p. 335, pour une pratique dans l'entreprise. — Cass. soc., 18 décembre 1986, *Bull. civ.*, V, nᵒ 626, p. 474, pour la détermination de la catégorie de salariés visés par l'usage. — Cass. civ. 3ᵉ, 14 février 1984, *Bull. civ.*, III, nᵒ 36, p. 27.

SECTION 2

LE CONTROLE DE LA COUR DE CASSATION

515. — **Il est de principe que la violation d'un usage ne peut donner lieu à cassation.**

Cette règle classique est fermement établie (1). Elle a été étendue aux usages internationaux par un arrêt de la première Chambre civile du 6 janvier 1987 décidant « qu'il n'appartient pas à la Cour de cassation de contrôler l'existence et l'application des principes et usages du commerce international » (1-1). Le moyen de cassation n'est pas mal fondé ; il est irrecevable.

Cette solution a été contestée. On a proposé, en particulier, de soumettre au contrôle de la Cour de cassation les « usages de droit », en raison de leur valeur coutumière, qui en ferait des règles de droit au même titre que les règles légales (2).

Une autre distinction a été faite entre les « règles coutumières ayant fait l'objet d'une consécration spéciale de la loi » et celles qui ne sont pas consacrées par celle-ci (3). Seules les premières seraient soumises au contrôle de la Cour de cassation. Cette distinction aboutit à des résultats tout à fait différents de la précédente. En particulier elle soumet au contrôle de la Cour de cassation les usages conventionnels, contrairement d'ailleurs à une jurisprudence constante (4).

516. — **Le contrôle de la Cour de cassation ne s'exerce que s'il y a dans l'application ou la non-application d'un usage une violation de la loi.**

En réalité, si le contrôle de la Cour de cassation est limité, il n'est pas totalement exclu. Pour en préciser le domaine il faut en rechercher la justification.

---

(1) V. Req., 3 juillet 1844, *Jur. gén.*, v° *Notaire*, n° 362. — Cass. civ., 25 mars 1908, D. P. 1910. 1. 454. — 14 mai 1929, S. 1929. 1. 337, note BOURCART. — Cass. soc., 28 novembre 1941, *Gaz. Pal.*, 1942. 1. 86. — Req., 15 mars 1944, S. 1945. 1. 40. — Cass. civ. 2ᵉ, 15 octobre 1969, *Bull. civ.*, II, n° 278, p. 202. — *Adde :* G. MARTY, *Encycl. Dalloz, Rép. dr. civ.*, 2ᵉ éd., v° *Cassation*, n° 26. — F. LEYMARIE, art. précité, n° 83.

(1-1) Cass. civ. 1ʳᵉ, 6 janvier 1987, *Bull. civ.*, I, n° 2, p. 1.

(2) F. LEYMARIE, art. précité, n° 90, qui oppose ces usages de droit aux usages conventionnels, v., *supra*, n° 499.

(3) LEBRUN, précité, nᵒˢ 83 et s.

(4) V., notamment, Cass. com., 5 mars 1969, *Bull. civ.*, IV, n° 85, p. 85 : « la Cour d'appel n'était pas tenue de préciser les éléments de l'usage dont elle constatait souverainement l'existence ». — Cass. soc., 16 décembre 1966, *Bull. civ.*, IV, n° 979, p. 819 ; et la jurisprudence citée par LEBRUN, art. précité, n° 86.

La référence à la distinction du fait et du droit n'est pas d'un grand secours. Les usages constituent a priori de simples faits. Mais il peut être légitimement soutenu que leur consécration par la loi en fait, sinon des règles légales à proprement parler, du moins des règles de droit (5).

La solution semble plutôt devoir être recherchée dans la fonction historique et essentielle de la Cour de cassation. Celle-ci a été instituée pour veiller à l'application uniforme de la loi. La référence aux usages locaux, ou professionnels, est un instrument de pluralisme juridique. Le rôle d'unification de la Cour de cassation n'a pas à se manifester. En outre, les usages, même lorsque la loi s'y réfère, ne deviennent pas des règles légales. Pratiquement la Cour de cassation éprouverait trop de difficultés à connaître avec certitude et précision les usages, pour pouvoir en vérifier l'application correcte.

Ces observations tracent les limites du contrôle de la Cour de cassation. Il faut qu'il y ait, dans l'application ou la non-application de l'usage, une violation de la loi.

Ce contrôle est incontesté lorsque *le législateur a expressément incorporé certains usages dans la loi.* Il en est ainsi en particulier des usages codifiés par la loi du 13 février 1866 (6) ou des usages auxquels la loi donne une portée particulière en matière d'appellations d'origine (7).

Il s'exerce également lorsque *les juges du fond ont violé la loi qui renvoyait aux usages,* en négligeant de s'y reporter (8) ou en s'y reportant à tort (9).

Dans ces deux hypothèses il y a directement violation de la loi.

On trouve également des décisions de censure fondées sur la violation d'une *maxime coutumière traditionnelle* (10). On a même relevé la même solution, appliquée à des *usages commerciaux de portée générale* (11), tels que la solidarité des débiteurs dans les contrats commerciaux (12) ou l'anatocisme en matière de compte courant (13). Mais quoi qu'on en ait dit (14) il n'est pas permis d'en conclure, de façon générale, que la violation d'un « usage de droit » ou d'une coutume constituerait

---

(5) V. Lebrun, précité.
(6) V. Cass., 8 janvier 1894, S. 1895. 1. 174.
(7) V. Marty, précité, nº 26. — Leymarie, précitée, nº 89.
(8) V. Cass. soc., 19 juin 1947, S. 1947. 1. 175.
(9) V. Cass. civ., 13 avril 1897, S. 1897. 1. 401.
(10) V. Cass. com., 19 mars 1974, J. C. P. 1975. II. 17941, note J. Ghestin. — *Adde :* Cass. civ., 29 mars 1950, D. 1950, p. 396, moins significatif car s'il prononce la cassation c'est sur le fondement des articles 1134 et 1676 C. civ. et parce que l'adage cité avait été appliqué à tort. — V., en ce sens, Lebrun, précité, nº 92.
(11) Leymarie, précitée, nº 91. — Lebrun, précité, nº 93.
(12) Cass. civ., 18 juillet 1929, D. H. 1929, 556 ; S. 1929. 1. 380. — Req., 2 mars 1938, S. 1938. 1. 133. — Cass. civ., 7 janvier 1946, D. 1946, p. 132.
(13) Cass. civ., 21 juillet 1931, D. P. 1932. 1. 49. — 3 février 1937, S. 1937. 1. 225.
(14) V. Leymarie, précitée, nº 91 et les auteurs cités.

la violation d'une règle de droit justifiant un pourvoi en cassation. Certes la généralité et la certitude de la règle plaident en faveur du contrôle de la Cour de cassation. Mais il faut encore qu'il y ait violation de la loi.

En ce qui concerne la solidarité en matière commerciale et l'anatocisme pour les comptes courants, la consécration des usages commerciaux et bancaires passe par l'interprétation de la loi par la Cour de cassation, et, plus précisément, par l'exception apportée en matière commerciale aux articles 1202 et 1154 du Code civil. Une telle interprétation fait corps avec la loi et l'on sait que sa violation est assimilée par la Cour de cassation à celle de la loi (15). Ainsi les décisions de censure sont fondées, au moins formellement, sur la fausse application des articles 1202 et 1154 du Code civil.

Quant aux maximes coutumières la réponse doit être plus nuancée. On a observé que le contrôle de la Cour de cassation résulterait de leur consécration explicite ou implicite par la loi ; tout en admettant qu'elle « est parfois bien fictive... En dehors d'elle, la violation des principes ou maximes » ne serait « pas considérée comme pouvant donner ouverture à cassation » (16).

Cette observation demande à être précisée. C'est, en effet, à partir des principes généraux du droit, dont les maximes traditionnelles constituent une part importante, que la jurisprudence s'éloigne le plus de la loi, au moins formellement, au point de ne citer que le principe pour justifier un arrêt de censure. Si donc l'interprétation est « fictive » elle n'est pas non plus déclarée. Il reste cependant que ces principes, et particulièrement les maximes coutumières, peuvent être considérés comme des moyens d'interprétation, au sens large, de la loi, dans la mesure où ils assurent l'évolution cohérente de la législation (17). On peut donc admettre, finalement, qu'ils soient assimilés à ce titre à une violation de la loi.

Quant aux usages, de façon générale ils ne donnent lieu à aucun contrôle de la Cour de cassation, si ce n'est, pour les usages conventionnels, par assimilation aux contrats, celui qui porte sur la dénaturation (18), étant observé, en outre, que la Cour régulatrice impose aux juges du fond lorsqu'ils font application d'un usage d'en préciser l'existence et la teneur (19).

---

(15) V., *supra*, n° 444.
(16) MARTY, précité, n° 24.
(17) V., *supra*, n° 452.
(18) V. MARTY, précité, n° 26, qui cite, Cass. civ., 12 janvier 1938, D. H 1938. 197
(19) V. Cass. com., 31 mai 1988, *Bull. civ.*, IV, n° 189, p. 132. — Cass. soc., 4 février 1987, *Bull. civ.*, V, n° 59, p. 38, la simple référence à un usage est insuffisante. — V. pour un cas où la Cour de cassation a admis que l'usage était suffisamment caractérisé, Cass. civ. 1re, 14 mars 1984, D. 1985, p. 165, obs. P. ESTOUP.

TROISIÈME PARTIE

LA MISE EN ŒUVRE DES DROITS

517. — Du point de vue des individus soumis aux règles juridiques, les prérogatives dont profitent ou peuvent profiter les particuliers constituent l'essentiel du droit civil. Une théorie d'ensemble de ces droits subjectifs, traitant notamment de leur acquisition, de leur transmission et de leur extinction, conduirait à évoquer des questions qui sont plus utilement examinées en d'autres occasions, en particulier lors de l'étude des obligations. Néanmoins, il paraît nécessaire d'envisager dès à présent certains aspects de la mise en œuvre des prérogatives individuelles, qui concernent d'une façon très générale l'application du droit positif tout entier. Il s'agit d'une part, de la sanction judiciaire dont sont assortis les droits et, d'autre part, du contrôle exercé sur le fonctionnement des règles juridiques afin d'assurer le respect de leurs finalités essentielles. Un titre sera consacré à chacun de ces deux thèmes :

Titre I : la sanction judiciaire.

Titre II : le respect des finalités du système juridique.

TITRE I

LA SANCTION JUDICIAIRE

518. — L'efficacité pratique des droits est à la mesure de leur sanction. Les prérogatives individuelles ne sont garanties que si leur respect peut être imposé par la contrainte, laquelle se résout toujours en dernière analyse par le recours à la force publique. Appuyées sur cette menace ultime, les sanctions des droits sont variées : nullités, inopposabilités, dommages-intérêts, astreintes, saisies, peines d'amende ou d'emprisonnement, etc. (1). La plupart d'entre elles, du moins de celles qui sont de nature civile, feront l'objet d'études ultérieures (2). Mais il convient de s'arrêter ici sur l'aspect *judiciaire* de la mise en œuvre des droits.

L'application d'une sanction requiert presque toujours l'intervention d'un organe juridictionnel : c'est en principe à la suite d'un *procès* que le droit triomphe. Encore faut-il être certain que les prérogatives juridiques dont il s'agit d'assurer le respect ne sont pas usurpées : c'est poser la question de la *preuve*. Enfin, il existe quelques cas dans lesquels aucune mesure de coercition n'est applicable : les *obligations naturelles* échappent à la sanction judiciaire.

---

(1) V. *supra*, n° 313.
(2) V. notamment OBLIGATIONS.

CHAPITRE I

LE PROCÈS

519. — Les droits s'exercent souvent sans heurt. La sanction de la règle juridique n'a pas à intervenir parce que les individus se soumettent spontanément aux ordres du législateur. Mais une telle harmonie n'existe pas toujours. Le mauvais vouloir de certains n'est pas exclu. De plus, la norme applicable à une situation déterminée manque parfois de clarté. Il faut alors recourir aux tribunaux pour assurer l'exercice des droits. Dans toutes les nations policées, en effet, les individus ne sauraient se faire justice à eux-mêmes (1). Le règne de la force serait générateur de troubles sociaux. C'est précisément afin d'éviter de tels désordres que les difficultés d'application des règles de droit doivent être soumises aux organes juridictionnels spécialement créés par l'État (2).

_____

(1) A quelques exceptions près, de portée d'ailleurs limitée. Ainsi, le droit de rétention ou l'*exceptio non adimpleti contractus* (V. Obligations) sont des manifestations de justice privée, qui demeurent d'ailleurs soumises au contrôle des tribunaux.

(2) Sur l'organisation judiciaire, v. *supra*, n° 385. — Il est à noter que le recours aux tribunaux n'est pas la seule voie possible. Une difficulté juridique peut être réglée par des procédés qui supposent un certain accord des volontés des parties et excluent le recours à la force. Il en est ainsi de la *transaction* (C. civ., art. 2044 et s. — V. L. Boyer, *La notion de transaction*, thèse Toulouse, 1947, préf. Maury ; *Encycl. Dalloz, Rép. dr. civ.*, 2e éd., v° *Transaction*). Les intéressés peuvent aussi s'entendre pour soumettre leur différend à *l'arbitrage*. — V. J. Robert, *Arbitrage civil et commercial*, 4e éd., 1967. — Robert et Moreau, *Encycl. Dalloz, Rép. pr. civ.*, 2e éd., v° *Arbitrage*, 1983. — P. Level, *Juriscl. proc. civ.*, art. 1003 et s., 1963. — G. Hamonic, *L'arbitrage en droit commercial*, 1950. — J. Rubellin-Devichi, *L'arbitrage, nature juridique et droit international privé*, thèse Lyon, 1964, préf. J. Vincent. — R. David, *Arbitrage du XIXe et arbitrage du XXe siècle*, Mélanges R. Savatier, 1956, p. 219 ; *L'arbitrage en droit civil, technique de régulation des contrats*, Mélanges G. Marty 1978, p. 635. — X. Tandeau de Marsac, *Différends commerciaux intéressant plusieurs parties*, Gaz. Pal., 1980. 1, doctr. 98 ; *Comment se négocie l'insertion d'une clause d'arbitrage dans un contrat international*, Gaz. Pal., 1980. 1, doctr. 268 ; *L'arbitrage multipartite et les conventions d'arbitrage multilatérales*. D. 1980, chron. 313. — Chavanne, *Arbitrage, propriété industrielle et ordre public*, Mélanges dédiés à J. Vincent, 1981, p. 51 et s. M. de Boisseson et M. de Juglart, *Le droit français de l'arbitrage*, 1983, préf. P. Bellet. — Ph. Fouchard, *L'arbitrage commercial et le législateur*, in *Aspects actuels du droit commercial français*, études dédiées à R. Roblot, 1984, p. 63. — M. de Juglart, *Arbitrage et agriculture*, Mélanges offerts

Si tout le droit n'est pas contentieux (3), le procès n'en apparaît pas moins en filigrane derrière les différentes normes juridiques. « L'efficacité des droits, voire leur nature profonde ne s'éprouve réellement que dans la lutte judiciaire » (4). Même lorsque les tribunaux ne sont pas saisis, la soumission volontaire des intéressés s'explique sans doute moins souvent par leur civisme que par la perspective de la condamnation à laquelle ils s'exposeraient en adoptant une attitude différente (4-1). La réalisation contentieuse du droit présente d'ailleurs

---

à P. Raynaud, 1985, p. 299. — M. Morand, Mantelet et Van Daele, De l'arbitrage en matière de copropriété, Gaz. Pal., 1986, 2, doctr. 649. La réglementation de l'arbitrage a été modifiée par le décret n° 80-354 du 14 mai 1980 (devenu livre IV du Nouveau Code de procédure civile, art. 1442 et s.). Sur ce texte, v. commentaires G.-A. Blum et E. Crémieux-Blum, Gaz. Pal., 1980. 2, doctr. 380. — J. Robert, D. 1980, chron. 189. — P. Godé, Rev. trim. dr. civ., 1980, p. 333. La codification a été achevée par le décret n° 81-500 du 12 mai 1981. Sur ce texte : J. Robert, D. 1981, chron. 209. — J. Massip, Defrénois, 1981, art. 32718, n°s 16 et s. — Ph. Bertin, Gaz. Pal., 1981. 2, doctr. 386. — Sur la faculté de constituer le juge judiciaire comme arbitre, V. infra, n° 547.

(3) Vincent et Guinchard, Procédure civile, 21e éd., 1987, n° 2.

(4) Motulsky, Le droit subjectif et l'action en justice, Arch. Philosophie du droit, 1964, p. 215.

(4-1) C'est d'une inspiration assez voisine que procède l'effort actuellement tenté pour favoriser la conciliation, en offrant aux adversaires un cadre approprié pour parvenir à un accord avant d'en arriver à faire trancher autoritairement le litige. Toutes les affaires relevant des tribunaux paritaires des baux ruraux et des conseils de prud'hommes sont soumises à un préliminaire de conciliation obligatoire (Dell'Asino, Pour un renouveau de la conciliation prud'homale : la conciliation de procédure, Gaz. Pal., 1987, 2, doctr. 523). Renouant avec certains aspects des anciennes justices de paix, le décret du 20 mars 1978 a institué des conciliateurs bénévoles (Faucher, Réflexions sur les conciliateurs, Gaz. Pal., 1978. 2, doctr. 631. — Bonnet, Du suppléant du juge de paix au conciliateur, J. C. P. 1979.I.2949. — Ruellan, Le conciliateur civil : entre utopie et réalités, J. C. P. 1990.I.3431). Dans de multiples secteurs, des organismes de conciliation ont été créés, si bien qu'il « n'est sans doute plus possible d'inventorier complètement les organismes institués par les pouvoirs publics pour provoquer le règlement des litiges par voie de conciliation et faire l'économie de l'intervention des tribunaux » (Desdevises, Remarques sur la place de la conciliation dans les textes récents de procédure civile, D. 1981, chron. 241). A titre d'exemple, on citera les commissions de conciliation établies en matière de baux de locaux à usage d'habitation ou à usage mixte (loi du 6 juillet 1989, art. 20) et celles qui ont été prévues par la loi du 31 décembre 1989 sur le règlement des situations de surendettement des particuliers (art. 4). Lorsqu'un procès est engagé selon les voies « classiques », les textes invitent le juge à favoriser la conciliation des parties. C'est là, aux termes de l'article 21 du Nouveau Code de procédure civile, un des aspects de la mission du juge (Desdevises, étude précitée. — Estoup, Conciliation juridiciaire et extra-judiciaire dans les tribunaux d'instance, Gaz. Pal., 1986. 1, doctr. 288 ; Étude et pratique de la conciliation, D. 1986, chron. 161 ; La conciliation judiciaire, avantages, obstacles et perspectives, Gaz. Pal. 1989, 1. doctr. 299). Cette méthode est promise à de nouveaux développements, avec l'institution projetée d'un système de « médiation » (Estoup, Le

quantitativement une importance certaine (5) et son influence sur les règles substantielles est considérable (6).

Le procès joue donc un rôle capital. Il appelle l'élaboration de normes particulières (6-1). Le droit ne peut se contenter de définir les prérogatives accordées aux individus, « il doit aussi poser des règles juridiques qui, distinctes des règles de fond, ont spécialement pour objet de fournir aux titulaires des droits subjectifs le moyen, au cas où ces droits seraient méconnus ou violés, de les faire respecter, d'en assurer la mise en œuvre et la sanction, en un mot *l'efficacité* » (7). L'ensemble de ces règles forme une discipline particulière : *le droit judiciaire.*

Il ne peut être question d'en faire, dans le présent ouvrage, une étude complète (8), mais il faut indiquer sommairement quelques éléments essentiels de la mise en œuvre judiciaire des droits (9). Nombre de ces principes ont fait l'objet de vives controverses. Toutefois un élément nouveau, d'une très grande importance, est intervenu à ce sujet. En édictant des textes constituant un Nouveau Code de procédure civile (10),

---

projet de réforme de la procédure civile, une nouvelle étape dans la conception du procès civil, du rôle du juge et des parties, Gaz. Pal., 1989, 1, doctr. 176. — V. des applications anticipées d'un tel système, à l'initiative des juridictions : Cass. civ. 1re, 16 avril 1985, J. C. P. 1985.II.20504, concl. GULPHE. — Trib. gr. inst. Argentan, 23 juin 1988 et Trib. gr. inst. La Rochelle, 17 février 1988, D. 1989, 411, note LIENHARD. — Trib. gr. inst. Paris, réf., 16 novembre 1988, *Gaz. Pal.*, 17 octobre 1989).

(5) V. les statistiques citées par VINCENT et GUINCHARD, *op. cit.*, p. 4 et s.

(6) V. la jurisprudence, v. *supra*, n° 383.

(6-1) Sur la nature de celles-ci : ROUHETTE, *L'ordre juridique processuel ; réflexions sur le droit du procès, Mélanges offerts à P. Raynaud*, 1985, p. 687.

(7) SOLUS et PERROT, *Droit judiciaire privé*, t. I, 1961, n° 2.

(8) V. notamment, sur le droit relatif aux litiges le droit privé : GARSONNET et CÉZAR-BRU, *Traité théorique et pratique de procédure civile et commerciale*, 8 vol., 3e éd., 1912-1938. — GLASSON, TISSIER et MOREL, *Traité théorique et pratique d'organisation judiciaire de compétence et de procédure civile*, 5 vol., 3e éd., 1925-1936. — JAPIOT, *Traité élémentaire de procédure civile et commerciale*, 3e éd., 1935. — LABORDE-LACOSTE, *Précis élémentaire de procédure civile*, 2e éd., 1939 ; *Exposé méthodique de procédure civile*, 3e éd., 1951. — MOREL, *Traité élémentaire de procédure civile*, 2e éd., 1949. — VIZIOZ, *Études de procédure*, 1956. — CORNU et FOYER, *Procédure civile*, 1958. — SOLUS et PERROT, *op. cit.* et t. II, *La compétence*, 1973. — MOTULSKY, *Études et notes de procédure civile*, préf. CORNU et FOYER, 1973. — VINCENT et GUINCHARD, *op. cit.*

(9) Un remarquable exposé des principes généraux de la matière figure dans le *Cours de droit processuel* de MOTULSKY, dont la publication posthume a été assurée par Mme CAPEL (1973). L'importance de cet ouvrage tient d'abord à la profondeur des réflexions de son auteur et à la clarté de leur exposé, mais aussi à l'harmonie entre les thèses présentées et les textes réglementaires réformant la procédure civile, à l'élaboration desquels MOTULSKY avait pris une part importante.

(10) Décrets n° 75-1123 du 5 décembre 1975 et n° 81-500 du 12 mai 1981. Une importante partie de la substance du Nouveau Code de procédure civile et reprise des dispositions antérieures des décrets du 9 septembre 1971, du 5 juillet 1972, du 28 août 1972, du 17 décembre 1973. — V. PARODI, *L'esprit général et les innovations*

le pouvoir réglementaire s'est engagé dans la voie d'une construction théorique du droit judiciaire privé (11). L'exposé des grandes lignes de la question, auquel se limite notre objectif, s'en trouve facilité.

Ces indications générales seront regroupées autour de trois thèmes : la théorie de l'action, l'instance et la décision judiciaire.

SECTION 1

L'ACTION EN JUSTICE

520. — Dans un sens large, l'action en justice tend à englober tout ce qui se rattache à la sanction judiciaire des droits. Mais une analyse plus précise doit être faite, en recherchant la nature juridique de l'action et ses conditions d'existence.

§ 1. — NATURE DE L'ACTION EN JUSTICE

521. — La définition de l'action en justice fait partie de ces questions longuement débattues, à propos desquelles un texte réglementaire a, aujourd'hui, pris position. Si bien que les discussions qui appartiennent désormais largement au passé peuvent être évoquées en quelques mots et qu'il importe davantage de s'attacher à la conception retenue par le « législateur ».

Une théorie longtemps classique a identifié l'action et le droit subjectif. Puisque la résistance à l'exercice des droits ne peut être vaincue que par les tribunaux, l'action n'est autre que l'aspect dynamique du droit, son prolongement judiciaire (1). « L'action », écrivait Demolombe dans son style imagé, « c'est le droit lui-même mis en mouvement ; c'est le droit à l'état d'*action*, au lieu d'être à l'état de repos ; le droit à l'état de guerre, au lieu d'être à l'état de paix » (2).

---

du nouveau Code de procédure civile, Defrénois, 1976, préf. CORNU, avant-propos FRANCON. — BANDRAC, *Indications sommaires sur les principales modifications introduites dans les règles antérieures par le décret n° 75-1123 du 5 décembre 1975 instituant un nouveau Code de procédure civile*, J. C. P. 1976. I. 2799.

(11) Une telle incursion dans le domaine doctrinal a d'ailleurs été critiquée (PERROT, *Cours de droit judiciaire privé*, 1972-1973, p. 36). Il n'en reste pas moins qu'en raison des orientations ainsi données, bien des discussions anciennes se trouvent périmées et les débats des auteurs devront être renouvelés. — Comp. BOCCARA, *La procédure dans le désordre*, J. C. P. 1981. I. 3004.

(1) GARSONNET et CÉZAR-BRU, *op. cit.*, t. I, n°s 351, 357. — GLASSON, TISSIER et MOREL, *op. cit.*, t. I, n° 173.

(2) *Cours de Code Napoléon*, t. IX, n° 338.

Cette doctrine a été abandonnée par les auteurs contemporains. En effet, on connaît des droits qui ne donnent pas lieu à action (3). Surtout, il est des cas où une action existe alors que son titulaire n'est pas investi d'un droit subjectif correspondant.

C'est là ce qu'à la suite des doctrines de droit public on désigne du nom de *contentieux objectif*, visant essentiellement à assurer le respect de la légalité, par opposition au *contentieux subjectif* destiné à réaliser les droits. Alors que dans le second cas un conflit oppose des individus luttant au sujet de leurs droits respectifs, dans le contentieux objectif « quelqu'un est habilité à déclencher l'impératif de la règle de droit, non pas pour modifier directement sa propre position juridique, mais pour rétablir la *légalité objective* : celui qui agit peut bénéficier de cette situation, mais c'est *par ricochet* » (4). Cette distinction est familière en droit public (5) : le recours en excès de pouvoir, en annulation ou en interprétation d'un acte administratif ressortissent au contentieux objectif, tandis que le contentieux « de pleine juridiction » est subjectif, le demandeur prétendant être titulaire d'un droit. En matière pénale, l'action publique exercée par le Ministère public afin d'assurer la répression des infractions fait partie du contentieux objectif : on ne saurait sans exagération prétendre que les magistrats du Parquet exercent un droit subjectif leur appartenant. Au contraire, l'action civile intentée par la victime se rattache *a priori* au contentieux subjectif, s'agissant de la mise en œuvre du droit à réparation. Quelques doutes, il est vrai, peuvent naître à ce sujet en raison d'une tendance à dissocier dans l'action civile de la victime la fonction de mise en mouvement des poursuites de celle de l'indemnisation du préjudice (6). Quant au contentieux privé, il est certainement subjectif pour sa plus grande part et c'est ce qui explique qu'on ait pu, en ce domaine, assimiler l'action au droit. Mais quoique limité, le contentieux objectif existe. Ainsi, par exemple, l'action ouverte à tout intéressé en vue de faire prononcer la nullité absolue d'un mariage (C. civ., art. 184) n'est pas la mise en œuvre directe d'un droit mais d'abord une défense de l'ordre juridique. De même en est-il des cas où le Ministère public agit comme partie principale (7).

L'action ne se confond donc pas avec le droit subjectif déduit en justice. La plupart des auteurs la définissent comme un pouvoir de s'adresser

---

(3) V. la discussion relative aux obligations naturelles, *infra*, n° 667. — On peut aussi évoquer le cas où l'action se trouvant éteinte par prescription, le droit subsiste et peut être invoqué par voie d'exception (MARTY et RAYNAUD, *Introduction générale*, n° 188) ; on pourrait cependant discuter cet exemple en se demandant si, en pareil cas, l'action elle-même est éteinte par prescription et si ce n'est pas seulement une de ses modalités d'exercice (la demande) qui se trouve paralysée.

(4) MOTULSKY, *Droit processuel*, p. 9.

(5) V. LAMPUÉ, *La distinction des contentieux*, *Études en 'honneur de Georges Scelle*, 1950, t. I, p. 285.

(6) BOULAN, *Le double visage de l'action civile exercée devant la juridiction répressive*, J. C. P. 1973. I. 2563. — R. VOUIN, *L'unique action civile*, D. 1973, chron. 265. — J. DE POULPIQUET, *Le droit de mettre en mouvement l'action publique : conséquence de l'action civile ou droit autonome ?* Rev. sc. crim., 1975, p. 37 et s.

(7) V. MOTULSKY, *Le droit subjectif et l'action en justice*, étude précitée, Arch. Philosophie du droit, 1964, p. 215 et s., spécialement p. 218 et s.

aux juridictions (8). L'action en justice serait donc une liberté ou une faculté ouvrant accès aux tribunaux. C'est là une conception sans doute insuffisante. Qu'une telle liberté existe est indiscutable. Mais « l'action est autre chose et plus que cela » (9). Tel est, en tout cas, le point de vue consacré par l'article 30 du nouveau code de procédure civile :

> « l'action est le droit, pour l'auteur d'une prétention, d'être entendu sur le fond de celle-ci afin que le juge la dise bien ou mal fondée.
> Pour l'adversaire, l'action est le droit de discuter le bien-fondé de cette prétention ».

Cette formule traduit un effort d'analyse pour distinguer l'action en justice de notions voisines ; elle contient en outre une prise de position nette à l'égard de la nature juridique de l'action.

I. — Distinction de l'action et de notions voisines.

522. — La définition donnée par le nouveau code de procédure civile interdit de confondre l'action en justice avec l'accès aux tribunaux ; elle distingue aussi l'action proprement dite de la procédure et du fond de la prétention.

523. — L'action n'est pas la simple possibilité de saisir une juridiction.
Le pouvoir de s'adresser aux organes juridictionnels est une liberté publique ouverte à tous (10), sous la réserve d'avoir la capacité de jouissance, laquelle suppose seulement l'existence de la personne (11). Si chacun peut ainsi saisir un tribunal d'une prétention, il n'en résulte évidemment pas qu'il doive nécessairement obtenir satisfaction, mais cela ne signifie même pas que les juges examineront certainement la demande pour la confronter aux règles de droit. Des prétentions sont rejetées sans examen au fond non seulement lorsque les formes procédurales exigées (12) ne sont pas respectées, mais aussi quand leur auteur ne remplit pas les conditions pour être investi du « droit d'action » (13). « On ne jouit pas de « l'action » par cela seul qu'on peut *saisir* un tribunal, c'est-à-dire parce qu'on peut le contraindre à *fonctionner* » (14). En décla-

---

(8) « L'action en justice est un *pouvoir légal* grâce auquel une personne peut saisir une autorité juridictionnelle à l'effet d'obtenir la sanction du droit dont elle se prétend titulaire » (SOLUS et PERROT, *op. cit.*, t. I, n° 94). — « L'action est le pouvoir reconnu aux particuliers de s'adresser à la justice pour obtenir le respect de leurs droits et de leurs intérêts légitimes » (VINCENT et GUINCHARD, *op. cit.*, n° 18).
(9) MOTULSKY, *Droit processuel*, p. 55.
(10) *Ibid.*, p. 59. — SOLUS et PERROT, *op. cit.*, n° 284.
(11) Sur cette condition, SOLUS et PERROT, *op. cit.*, n°s 285 et s.
(12) *Infra*, n° 544.
(13) Sur ces conditions, v. *infra*, n°s 526 et s.
(14) MOTULSKY, note J. C. P. 1963. II. 13191.

rant une demande irrecevable, un tribunal fonctionne ; mais le demandeur, qui a librement saisi la juridiction, n'a pu se faire entendre.
Avoir une action en justice signifie au contraire que l'on sera entendu
et que les juges statueront sur le fondement de la prétention.

**524. — L'action n'est ni le droit qu'elle protège, ni les actes de procédure
qui la concrétisent.**

Distincte de la notion d'accès aux tribunaux, l'action en justice
a encore une place originale entre la procédure et le droit substantiel
invoqué. C'est ce qui explique sans doute les tiraillements dont a été
l'objet l'action en justice. « Elle constitue le point de suture du droit
et de la procédure : elle tend, en effet, à se confondre, soit avec le droit
qu'elle protège, soit avec la demande en justice qui la concrétise. Elle
touche au droit substantiel dont elle assure la sanction ; elle s'actualise
dans une procédure, étant condition nécessaire du recours au juge » (15).
La différence doit pourtant être faite.

La distinction de l'action et du droit invoqué à l'appui de la prétention
est acquise depuis longtemps. Non seulement on a constaté que l'action
n'impliquait pas toujours qu'un droit subjectif fût invoqué (16), mais
même lorsqu'elle tend à protéger un droit, ce qui est la règle générale
dans le contentieux privé, l'action ne s'identifie pas avec le droit
substantiel dont il s'agit de vérifier l'existence. Le juge dira la prétention
« bien ou mal fondée ». Cela signifie que l'action ne se rattache pas à la
satisfaction qu'elle est destinée à procurer ; « elle est indépendante de
son propre succès » (17).

Ainsi se marque une rupture de notre système juridique avec ses origines romaines.
En droit romain, « il existe un droit d'agir ; mais il est intimement lié au droit substantiel : on conclut de l'action à ce droit, mais à l'inverse, l'action présuppose
le droit » (18). Cette façon de percevoir le droit à travers l'action empêche de donner
aux concepts leur netteté. Actuellement, la distinction est consommée. Dire que
l'on a une action ne préjuge pas de l'issue du procès. La preuve en est qu'un débat
peut s'ouvrir à propos de fins de non-recevoir, uniquement sur le point de savoir
s'il y a lieu ou non d'examiner la prétention au fond, sans qu'à ce stade l'existence
du droit substantiel soit abordée.

Quant aux rapports entre l'action et les actes de procédure, ils sont
certes très étroits. Il est courant d'assimiler l'action à *la demande* (19).

---

(15) Vincent, *Encycl. Dalloz, Répert. Procédure civile* 2ᵉ éd., vᵒ *Action*, nᵒ 1.
(16) *Supra*, nᵒ 521.
(17) Motulsky, *Le droit subjectif et l'action en justice*, étude précitée, p. 223.
(18) *Ibid.*, p. 215. — Hébraud, *Observations sur l'évolution des rapports entre
le droit et l'action dans la formation et le développement des systèmes juridiques*, Mélanges
offerts à P. Raynaud, 1985, p. 237 et s.
(19) Cette confusion apparaît dans les classifications des actions en justice traditionnelle en droit judiciaire privé. On distingue les *actions personnelles*, des *actions
réelles* et des *actions mixtes*. Les premières tendent à la mise en œuvre d'un droit

Mais la demande est autre chose que l'action telle que la définit le nouveau code de procédure civile : elle est sa mise en œuvre, sa « concrétisation » (20). La défense, d'ailleurs, est également une manifestation de l'action en justice ; le texte a le mérite de l'évoquer. Sans doute, l'action ne peut-elle demeurer abstraite et désincarnée. Mais son existence n'est pas subordonnée à celle de la demande : l'irrégularité de celle-ci n'interdit pas de la renouveler, alors qu'une telle solution est exclue lorsque l'action est elle-même perdue (21).

Ainsi, une analyse suffisamment précise distingue-t-elle, dans tous les contentieux, outre la liberté d'accès aux tribunaux, une « trilogie » : « la régularité formelle de la procédure d'un côté, le fond de la prétention de l'autre, et entre les deux, la faculté de contraindre le juge à statuer sur le fond, à laquelle il convient de réserver le concept d'action » (22). Mais l'article 30 du nouveau code de procédure civile n'implique pas seulement cette distinction. Il qualifie l'action de « droit ».

II. — L'action, droit processuel.

525. — L'action confère le pouvoir d'exiger du juge qu'il examine au fond la prétention.

Voir dans l'action en justice un droit subjectif a été critiqué (23). La plupart des auteurs préfèrent considérer qu'il s'agit d'une faculté, d'un pouvoir légal, objectif. La thèse suivie par le nouveau code de procédure civile, avait cependant été défendue par Motulsky avec des

---

personnel ou droit de créance, les secondes visent à faire reconnaître un droit réel, tandis que les actions mixtes correspondent à la réclamation cumulative d'un droit réel et d'un droit personnel nés d'une même opération (Solus et Perrot, *op. cit.*, nº 133). On oppose encore, en fonction de l'objet du droit exercé, les *actions mobilières* et les *actions immobilières*. Les actions réelles immobilières se subdivisent en *actions pétitoires* qui concernent le fond du droit de propriété ou d'un autre droit réel immobilier, et en *actions possessoires* qui visent à la protection de la situation de fait que constitue la possession (V. Biens). Ces classifications présentent de nombreux intérêts concernant la compétence et la procédure (Solus et Perrot, *op. cit.*, nºs 125 et s., 140 et s.). Elles sont établies d'après la nature ou l'objet du droit invoqué, c'est-à-dire selon la prétention émise par le plaideur : il ne s'agit pas à proprement parler de classifications des actions en justice, mais bien de classifications des demandes.

(20) Motulsky, *Le droit subjectif...*, étude précitée, p. 223.

(21) Une illustration particulièrement nette est fournie par la distinction entre le désistement d'instance (renonciation à la demande) et le désistement d'action (Vincent et Guinchard, *op. cit.*, nºs 1278 et s.). Sur d'autres aspects de la distinction entre demande et action, v. Motulsky, *Droit processuel*, p. 61.

(22) *Ibid.*, p. 55.

(23) Vizioz, *op. cit.*, p. 139 et s. — Vincent et Guinchard, *op. cit.*, nº 18. — Wiederkehr, *La notion d'action en justice selon l'article 30 du nouveau Code de procédure civile*, *Mélanges offerts à P. Hébraud*, 1981, p. 715 et s.

arguments convaincants (24). Par le procès, un lien juridique s'établit entre les parties et le juge, le « rapport d'instance ». Or, en raison de ce lien, le juge est tenu de statuer. En cas de refus, il commet un déni de justice pénalement sanctionné et sa responsabilité peut être engagée (25). De là une règle de droit consacrant l'action, qui s'énonce : « lorsqu'une personne fait valoir une prétention en justice, que sa demande est régulière, et que certaines conditions (celles de l'existence de l'action) sont réunies, cette personne peut exiger du juge saisi qu'il statue sur le fond de cette prétention » (26). Cette règle peut être mise en œuvre à son profit par le plaideur. Or, la faculté pour un individu de déclencher en sa faveur l'impératif d'une norme juridique correspond bien à l'idée de droit subjectif (27). L'action en justice apparaît donc comme un droit, dont le sujet passif est le juge (28).

Ce droit, si on en admet l'existence, est évidemment différent du droit substantiel que le plaideur invoque à l'appui de sa prétention. L'action est le droit de faire statuer sur le fond et rien d'autre. Ce droit est « indépendant du résultat, du sens (favorable ou défavorable) de la décision à intervenir : son existence ne signifie rien quant à l'issue du procès au fond » (29). Il est de nature « purement processuelle » (30).

Ainsi conçue, l'action est un droit qui appartient aussi bien au défendeur qu'au demandeur, ainsi que l'énonce le texte. C'est parce qu'il a lui-même une action que le défendeur peut se faire entendre dans sa discussion du bien-fondé de la prétention de son adversaire et faire juger

---

(24) *Le droit subjectif...*, étude précitée.

(25) L'article 505 du Code de procédure civile (ancien) prévoyait en ce cas la voie spéciale dite de la « prise à partie » permettant, moyennant une autorisation préalable du premier président de la Cour d'appel, d'engager directement la responsabilité personnelle du magistrat envers le plaideur. La loi du 5 juillet 1972 a décidé la suppression de la procédure de prise à partie (C. organis. judic., art. L. 781-1), pour y substituer un régime particulier de responsabilité des magistrats. Ce régime a été tardivement précisé par la loi du 18 janvier 1979 ajoutant un article 11-1 à l'ordonnance du 22 décembre 1958 (statut de la magistrature) : c'est l'État qui est seul responsable envers le plaideur à raison du fonctionnement défectueux du service de la justice et la responsabilité personnelle du magistrat fautif est mise en œuvre par une action récursoire de l'État contre lui. Ce mécanisme est applicable aux magistrats du corps judiciaire, mais non aux magistrats non professionnels de juridictions d'exception, qui restent soumis au régime de la prise à partie de l'article 505 de l'ancien Code de procédure civile (Versailles, ord. prem. prés., 27 juillet 1989, J. C. P. 1990.II.21450, note Estoup).

(26) Motulsky, étude précitée, p. 226.

(27) *Ibid.*, p. 219.

(28) *Ibid.*, p. 226. — V. la critique de cette affirmation par M. Wiederkehr, article précité, *Mélanges Hébraud*, p. 949.

(29) Motulsky, *Droit processuel*, p. 56.

(30) *Ibid.*

au fond sa contestation. « Toute personne qui est impliquée dans une relation processuelle... « agit » et doit, pour le faire avec efficacité, remplir certaines conditions » (31).

En effet, que l'on suive le texte à la lettre ou que l'on bute sur la qualification de « droit » donnée à l'action, il est certain qu'un plaideur n'obtiendra une décision sur le fond de sa prétention que si les conditions particulières d'existence de l'action sont réunies (31-1).

§ 2. — CONDITIONS D'EXISTENCE DE L'ACTION EN JUSTICE

526. — La doctrine classique énumérait quatre conditions d'existence de l'action en justice. Il faut, disait-on, avoir un droit à invoquer, avoir intérêt, qualité et capacité pour agir. Cette liste ne peut être retenue si l'on adopte le concept d'action aujourd'hui consacré par le nouveau code de procédure civile : l'action est indépendante du droit substantiel (32) ; quant à la capacité, s'il s'agit de la capacité de jouissance elle est condition non de l'action mais de l'accès aux tribunaux (33) ; et s'il s'agit de la capacité d'exercice elle concerne la mise en œuvre de l'action, la régularité de la procédure. Restent donc seulement les conditions d'intérêt et de qualité. Mais il a été observé qu'elles n'épuisaient pas les exigences auxquelles est soumise l'action (34). Nombreuses sont les fins de non-recevoir, de portée plus ou moins générale, qui ne sont autres que des obstacles à l'examen au fond d'une prétention (35). La condition négative d'absence de toute fin de non-recevoir revêt ainsi des aspects multiples dont la variété ne permet pas d'en faire l'étude à cette place.

Cependant, il faut attirer l'attention sur les deux conditions d'intérêt et de qualité déjà mises en relief par la théorie classique. Elles présentent une importance telle que le nouveau code de procédure civile les énonce aussitôt après avoir défini l'action en justice. Aux termes de son article 31, en effet :

> « l'action est ouverte à tous ceux qui ont un intérêt légitime au succès ou au rejet d'une prétention, sous réserve des cas dans lesquels la loi attribue le droit d'agir aux seules personnes qu'elle qualifie pour élever ou combattre une prétention, ou pour défendre un intérêt déterminé ».

---

(31) VINCENT et GUINCHARD, *op. cit.*, n° 18.

(31-1) Sur des aspects idéologiques de la recevabilité de l'action en justice : L. BOY, *Réflexions sur l'action en justice, Rev. trim. dr. civ.*, 1979, p. 497 et s.

(32) *Supra*, n° 524.

(33) *Supra*, n° 523.

(34) VIZIOZ, *op. cit.*, p. 203, n° 20. — VINCENT et GUINCHARD, *op. cit.*, n°s 36 et s.

(35) V. MOTULSKY, note J. C. P. 1963. II. 13191. — VIATTE, *La notion d'irrecevabilité, Gaz. Pal.*, 1980. 2, doctr. 470.

I. — L'intérêt.

527. — **Le plaideur n'a d'action que s'il escompte un avantage du succès de sa prétention ; cet intérêt doit être légitime.**
L'intérêt constitue la condition première du droit d'agir en justice. La pratique n'avait pas attendu le texte de 1972 pour le souligner, en forgeant les adages : « pas d'intérêt, pas d'action », ou « l'intérêt est la mesure des actions » (36).
Le bon sens impose en effet cette règle. Les tribunaux doivent avoir une activité utile. On ne saurait contraindre les juges à statuer sur le fondement d'une prétention que si le plaideur peut espérer voir par là sa situation juridique améliorée. L'intérêt s'entend donc d'un avantage d'ordre pécuniaire ou moral qui résulterait de la décision, à supposer la prétention reconnue bien fondée (37).
Cet intérêt doit, selon l'article 31 du Nouveau Code de procédure civile, être *légitime* (38). L'expression signifie certainement que l'intérêt doit être sérieux (39). Il n'y a pas de droit d'action pour satisfaire l'esprit de chicane (40). Ainsi se trouve refoulé l'intérêt moral qu'il y aurait à faire juger une question de principe dépourvue de conséquences pratiques (41). Le « combat pour le droit », exalté par Jhering, reçoit ainsi une limite à défaut de laquelle les tribunaux risqueraient d'être surchargés au point de ne plus pouvoir accomplir leur mission (42).

---

(36) V. L. GARAUD, *L'intérêt pour agir en justice*, thèse Poitiers, 1959.
(37) SOLUS et PERROT, *op. cit.*, n° 226.
(38) Il est encore exigé traditionnellement que l'intérêt soit *né et actuel*, par opposition à celui qui ne serait qu'éventuel ou hypothétique. De là découle un principe, d'application d'ailleurs nuancée, prohibant les actions préventives destinées à fixer une situation juridique en présence de ce que l'on estime être une menace de contestation future. La loi prévoit elle-même quelques actions de ce type comme le désaveu préventif de paternité (V. LA FAMILLE, vol. 1, n° 634) ou la dénonciation de nouvel œuvre (V. BIENS). En dehors de telles hypothèses, l'exigence d'un intérêt né et actuel conduirait à repousser la plupart des actions préventives. Mais l'appréciation du caractère né et actuel de l'intérêt est faite avec assez de souplesse et atténue les effets rigoureux de la règle (Sur cette question, v. SOLUS et PERROT, *op. cit.*, n°s 299 et s. — VINCENT et GUINCHARD, *op. cit.*, n° 27. — MOTULSKY, *Droit processuel*, p. 72 et 73).
(39) MOTULSKY, *op. cit.*, p. 71.
(40) *Ibid.*
(41) V. par exemple, Cass. civ. 1re, 10 décembre 1968, D. 1969, 165.
(42) Une question délicate est de savoir si un intérêt minime reste légitime. On peut relever à cet égard une attitude empirique des tribunaux. Une atteinte à la propriété, si faible soit-elle, est considérée comme génératrice d'un intérêt légitime à agir. En revanche, une atteinte notoirement insignifiante au droit au nom n'ouvre pas l'action en justice (SOLUS et PERROT, *op. cit.*, n° 225). Il est manifeste que des préoccupations de politique juridique interviennent dans cette appréciation. Sur l'évolution des idées à ce sujet, CARBONNIER, *De minimis...*, *Mélanges Vincent*, 1981, p. 29 et s.

528. — Difficultés relatives à la légitimité de l'intérêt.

Bien que traditionnelle, l'expression « intérêt légitime » n'est pas exempte d'ambiguïté. Elle évoque, en effet, un courant jurisprudentiel et doctrinal refusant le droit d'agir en justice au plaideur qui ne peut invoquer un « intérêt légitime juridiquement protégé », idée qui rejoint la règle discutée selon laquelle nul ne peut faire état, devant les tribunaux, de sa propre turpitude : « *nemo auditur propriam turpitudinem allegans* ». Pour être légitime, ne faut-il pas que l'intérêt du plaideur soit avouable et mérite une protection juridique, de sorte que le droit d'agir devrait être dénié lorsque l'avantage recherché heurte l'ordre public ou les bonnes mœurs ?

Bien que l'on puisse constater le déclin en jurisprudence de la formule invoquant l'intérêt légitime juridiquement protégé, comme le peu de succès pratique de la règle « *nemo auditur ...* » (43), la question est importante, car elle fait apparaître la difficulté que l'on éprouve à distinguer nettement les conditions d'existence du droit processuel d'agir en justice et celles qui commandent le droit substantiel. On s'en apercevra à propos d'un exemple célèbre : la demande par laquelle une concubine réclame à l'auteur d'un accident mortel dont a été victime son concubin la réparation du préjudice moral et matériel que lui cause personnellement cette rupture prématurée de l'union libre. Durant une longue période, les Chambres civiles de la Cour de cassation ont déclaré la demande irrecevable, au motif que la concubine n'invoquait pas un intérêt légitime juridiquement protégé (44). La solution est aujourd'hui abandonnée ; la formule a disparu et la demande de la concubine est jugée recevable (45). Mais ce qui importe ici est le raisonnement mettant en jeu l'intérêt invoqué. A cet égard, deux attitudes sont possibles.

a) On peut adopter une conception étroite de l'intérêt, condition d'existence de l'action en justice. Le juge doit, préalablement à tout examen au fond de la prétention, se demander quelles seraient les conséquences de sa décision pour le plaideur, à supposer que la demande (ou la défense) soit accueillie ; si ces conséquences sont nulles ou insignifiantes, l'intérêt fait défaut et il n'y a donc pas lieu d'examiner le fondement de la prétention ; dans le cas contraire, le plaideur a un droit d'action et le juge est tenu de statuer au fond. Appliquée à la demande de la concubine, cette démarche conduit à reconnaître que la demanderesse a un intérêt incontestable et certainement suffisant à obtenir un examen de sa réclamation. Il faut donc passer à l'étude du fondement de la prétention. A ce stade, la concubine n'obtiendra une indemnité que si les conditions du droit à réparation (droit substantiel) sont réunies. Si on pose que parmi celles-ci figure l'existence d'un lien de droit avec la victime principale, le juge constatera que cette condition fait défaut en cas d'union libre. Il rejettera donc la demande sans qu'il soit nécessaire de vérifier l'existence d'autres conditions du droit à réparation (faute de l'auteur de l'accident, lien de causalité entre la faute et le décès du concubin...). Mais l'échec de la demanderesse résulte alors d'un examen au fond de la demande et non d'une dénégation de son droit d'action. Par conséquent, selon cette analyse, la Cour de cassation a commis une confusion lorsqu'elle a déclaré la demande de la concubine irrecevable. En abandonnant cette attitude, elle est revenue à une plus saine conception des conditions d'existence de l'action en justice et, en même temps, a assoupli sa position à l'égard des conditions du droit substantiel.

---

(43) V. Le contrat, Formation, 2e éd., nos 928 et s.

(44) Cass. civ., 27 juillet 1937, S. 1938. 1. 321, note Marty ; D. P. 1938. 1. 8 (4e esp.), note R. Savatier ; J. C. P. 1937. II. 466, note Dallant.

(45) Ch. Mixte, 27 février 1970, D. 1970. 201, note Combaldieu ; J. C. P. 1970. II. 16305, concl. Lindon, note Parlange. — V. Responsabilité civile.

b) Si l'on retient une notion plus large de l'intérêt légitime justifiant le droit d'agir en justice, on ne taxera pas d'erreur de méthode les Chambres civiles de la Cour de cassation pour la solution qu'elles avaient admise jusqu'en 1970. Le raisonnement est alors le suivant. Le juge doit toujours se demander, préalablement à l'examen au fond de la prétention, quel serait le résultat de sa décision à supposer qu'il déclare la demande bien fondée. Il refusera d'entreprendre l'examen de la prétention non seulement lorsque les conséquences pratiques de celui-ci seraient nulles ou insignifiantes (absence d'intérêt sérieux), mais encore lorsque le résultat visé lui apparaît inadmissible parce que contraire à l'ordre public ou aux bonnes mœurs (défaut d'intérêt légitime juridiquement protégé). Dans le cas de l'action exercée par la concubine, les juges ont longtemps estimé que la réparation réclamée par la demanderesse ne pouvait être accordée par une décision judiciaire, car il s'agissait d'obtenir l'équivalent des avantages que lui procurait le concubinage, situation immorale exclusive d'une protection juridique. Dans cette optique, il s'agit donc bien d'une question de recevabilité de la demande commandée par une appréciation de l'intérêt du plaideur, indépendamment de tout examen au fond de la prétention. Si l'on suit ce raisonnement, on dira que l'évolution de la jurisprudence permettant désormais à la concubine d'obtenir satisfaction correspond à une appréciation différente de l'intérêt avouable, mais n'implique aucun reniement de la méthode de détermination des conditions d'existence de l'action en justice.

La même dualité de points de vue peut être soutenue à propos de la règle « *nemo auditur...* ». Dire qu'un plaideur ne peut se prévaloir de sa propre faute correspond à une solution de fond ; mais il n'est pas inconcevable que les juges refusent d'examiner une prétention en raison du caractère moralement inadmissible de l'avantage escompté par le plaideur en cas de succès.

Ainsi s'explique peut-être l'incertitude qui subsiste en ce domaine. Il n'est guère douteux que la tendance actuellement dominante en doctrine est favorable à une conception peu exigeante à l'égard de l'intérêt, condition d'existence de l'action en justice. Une appréciation de la légitimité de l'intérêt favorise, en effet, la confusion entre le droit substantiel et le droit processuel d'action (46). Mais en subordonnant le droit d'action à un intérêt « légitime », le nouveau code de procédure civile risque d'entretenir la controverse (47).

II. — *La qualité.*

529. — Le législateur peut qualifier spécialement certaines personnes pour agir.

La qualité est la seconde condition d'ordre général à laquelle est soumise l'existence de l'action (48). La notion est assez difficile à saisir. La définition la plus exacte est sans doute celle qui fait de la qualité « le titre qui permet au plaideur d'exiger du juge qu'il statue sur le fond du litige » (49). Mais il faut reconnaître qu'elle apporte peu de

---

(46) Comp. PERROT, cours précité, p. 78.

(47) « Il est vraisemblable que cette rédaction malencontrueuse aboutira à des ambiguïtés et incitera parfois le juge à se dispenser d'examiner le fond, au seul motif que l'intérêt invoqué ne lui paraît pas « légitime » ; ce qui est vite dit » *(Ibid.).*

(48) GIVERDON, *La qualité, condition de recevabilité de l'action en justice*, D. 1952, chron. 85. — GASSIN, *La qualité pour agir en justice*, thèse Aix, 1955.

(49) GIVERDON, chronique précitée.

lumière, car elle revient à dire simplement qu'il s'agit d'une condition d'existence de l'action. Aussi peut-on préférer la méthode de l'article 31 du nouveau code de procédure civile qui envisage la qualité à travers son rôle spécifique.

Le texte accorde l'action à toute personne ayant un intérêt légitime, « sous réserve des cas dans lesquels la loi attribue le droit d'agir aux seules personnes qu'elle qualifie pour élever ou combattre une prétention ou pour défendre un intérêt déterminé ». La condition de qualité n'intervient donc avec une fonction propre que dans les cas où le législateur a fait un choix parmi tous ceux pouvant avoir intérêt et réservé le droit d'agir à quelques-uns. Avoir qualité est alors être bénéficiaire de ce choix. Il en est ainsi dans les deux séries d'hypothèses que l'article 31 du nouveau code de procédure civile indique.

530. — L'action peut être réservée à certaines personnes en raison du droit invoqué.

La première situation marque le lien, souvent signalé (50), entre la qualité et le fond du litige. En effet, lorsque la loi qualifie exclusivement certaines personnes « pour élever ou combattre une prétention », c'est la substance même du procès qui est prise en considération par le législateur. Dire que les titulaires de l'action sont déterminés en fonction de la prétention signifie que le droit (substantiel) invoqué retentit sur la recevabilité de la demande ou de la défense. La nature particulière du litige, les règles de droit mises en cause, conduisent la loi, essentiellement pour des raisons de politique juridique, à restreindre parmi toutes les personnes ayant intérêt à agir celles qui seront investies du droit d'action. Ainsi, par exemple, l'action en divorce n'est attribuée qu'aux époux eux-mêmes (51) ou l'action en nullité relative est réservée à la personne que la loi a voulu protéger (52). Il s'agit donc d'actions « attitrées » (53) dont les titulaires sont spécialement désignés (54).

---

(50) V. notamment, GIVERDON, chronique précitée ; HÉBRAUD, observ. *Rev. trim. dr. civ.*, 1972, p. 165.

(51) V. LA FAMILLE, 2e vol.

(52) V. LE CONTRAT, FORMATION, 2e éd., nos 752 et s.

(53) CORNU et FOYER, *op. cit.*, p. 286.

(54) Les restrictions au droit d'agir ne visent *jamais* la personne qui se prétend titulaire du droit subjectif dont elle réclame la reconnaissance, « car le pouvoir de défendre son droit lorsqu'il est méconnu ou contesté est un attribut du droit lui-même » (SOLUS et PERROT, *op. cit.*, no 267). Par là s'explique d'ailleurs la confusion parfois faite entre la qualité pour agir et le droit substantiel invoqué, confusion qui se manifeste dans certaines expressions telles que la « qualité de propriétaire » ou la « qualité de créancier » qui désignent, en réalité, la situation juridique de propriétaire ou de créancier, « de telle sorte que si cette situation juridique se révèle inexacte... ce que l'on analyse en un « défaut de qualité » n'est pas autre chose qu'un

531. — L'action peut être réservée à certaines personnes en fonction de l'intérêt défendu.

La seconde catégorie de situations où l'action est réservée à des personnes qualifiées correspond à la volonté du législateur de confier à quelques-uns seulement la défense de certains intérêts (55). La qualité est alors appréciée non pas en fonction de la nature du litige (divorce, nullité d'un contrat, revendication, etc.), mais d'après l'intérêt invoqué par le plaideur. Cet intérêt, par hypothèse, dépasse la personne qui prétend agir en justice et il est assez naturel que les textes réservent l'initiative de sa protection à ceux qui sont le mieux placés pour l'assurer parce qu'ils sont concernés plus directement que d'autres (56). Tel est notamment le cas du contentieux « objectif » de défense de la légalité (57) : tout le monde a un intérêt au respect des lois ; cet intérêt n'est pas suffisant pour ouvrir l'action en justice et le droit d'agir n'est

---

« défaut de droit » ; la demande n'est pas seulement irrecevable, elle est mal fondée en droit » (*Ibid.*, n° 265).

Sans doute, certaines personnes se prétendant titulaires d'un droit se voient-elles interdire d'exercer personnellement l'action en justice. Mais il ne s'agit nullement de leur dénier qualité pour agir (*Contra*, SOLUS et PERROT, *op. cit.*, n° 268, *a*). L'action sera exercée en leur nom par un représentant et c'est en leur personne que s'apprécient les conditions d'existence du droit d'exiger du juge qu'il statue sur le fond de la prétention. Ce droit d'action existe au profit de l'incapable dès lors qu'est réclamée la consécration d'un droit subjectif dont il serait titulaire. Il s'ajoute seulement une question de compétence du représentant pour exercer l'action au nom de l'incapable (GIVERDON, chronique précitée).

En revanche, la limitation du cercle des personnes qualifiées pour agir est très générale lorsqu'il s'agit d'invoquer le droit d'autrui. Un créancier, par exemple, ne peut agir pour faire prononcer le divorce de son débiteur : le « droit au divorce » n'appartient qu'aux époux et un tiers ne peut le mettre en œuvre à son profit, quel que soit l'intérêt qu'il puisse y chercher ; un cocontractant, auteur d'un dol, ne peut exercer une action en nullité du contrat : ce faisant, il invoquerait un droit (celui d'être délié de ses obligations) qui n'appartient qu'à son partenaire victime du dol... Cela ne signifie pas que la qualité pour agir en invoquant le droit d'autrui ne soit jamais admise ; ainsi, les créanciers peuvent, aux conditions de l'article 1166 du Code civil, exercer l'« action oblique » par laquelle ils exercent les droits de leur débiteur (V. LES OBLIGATIONS).

(55) Les rapports étroits entre les deux conditions de l'action en justice, qualité et intérêt, ont toujours été soulignés par la doctrine. Il a même parfois été soutenu que les deux notions se confondaient, la qualité n'étant qu'un aspect de l'intérêt (MOREL, *op. cit.*, n° 27, p. 30. — Comp. VINCENT et GUINCHARD, *op. cit.*, n° 28. — VINCENT, *Encycl. Dalloz, Répert. Procédure civile*, 2ᵉ éd., vᵒ *Action*, n° 82). Cette conception paraît trop étroite, puisque des personnes ayant un intérêt direct et personnel à l'action peuvent se voir refuser la qualité pour agir, en raison de la nature du litige. Mais il est vrai que l'habilitation à soutenir un intérêt déterminé représente un aspect important de la qualité, condition d'existence de l'action en justice.

(56) L'expression « intérêt direct et personnel » est classique pour désigner cet aspect de la qualité (VINCENT, *op. et loc. cit.*).

(57) *Supra*, n° 521.

accordé, en principe, qu'au Ministère public, parfois à certains particuliers dont l'intérêt personnel à voir respecter la légalité présente une acuité particulière (58). Il en est également ainsi de la défense d'un intérêt collectif, plus restreint que celui de la Société tout entière, mais dépassant l'intérêt individuel du plaideur (intérêt d'une profession, des consommateurs, etc.). La qualité pour agir est alors accordée par les textes, sous des conditions variables, à certains groupements qui, par leur but, sont particulièrement « sensibles » aux atteintes portées aux intérêts de la collectivité dont ils font partie.

La question de la qualification de groupements privés pour défendre un intérêt collectif est délicate et reçoit des réponses nuancées, qu'il n'est pas possible d'examiner ici en détail. On se bornera à quelques indications sommaires. Il faut préalablement distinguer l'action qui appartient à un groupement dans son propre intérêt, de celle dont il peut être titulaire pour la défense de l'intérêt d'une collectivité plus vaste. Les groupements dont il est question sont juridiquement des personnes (personnes morales) (59) ; ils sont donc titulaires de droits subjectifs et peuvent les faire valoir en justice comme les être humains (60). C'est lorsque ces groupements

---

(58) C'est le cas pour l'action en nullité absolue du mariage (C. civ., art. 184. — V. LA FAMILLE, vol. 1, n°s 332 et s.). Un autre exemple caractéristique est la question controversée du droit pour certains particuliers d'agir afin de faire sanctionner les violations par un propriétaire des règles d'urbanisme édictées dans l'intérêt général. Certains auteurs dénient toute action à de simples particuliers en ce domaine (LECOURTIER, conclusions sur Paris, 21 avril 1967, D. 1967. 754. — R. SAVATIER, *Propriété immobilière et contraintes d'urbanisme ; la condamnation à démolir*, D. 1974, chron. 59), mais la jurisprudence dominante accueille de telles actions. Cependant tout intéressé n'est pas admis à agir, ni même tout voisin du contrevenant. La qualité pour soutenir l'action n'est accordée qu'aux particuliers qui peuvent faire état d'un préjudice. Le trouble personnel subi du fait de la construction irrégulière révèle une « sensibilisation » particulière du demandeur au respect des règlements d'urbanisme qui le qualifie pour agir (RIVALLAND, *Les charges d'urbanisme*, thèse Bordeaux, 1967, éd. L. G. D. J., 1969. — GOUBEAUX, note J. C. P. 1972. II. 16965. — Sur le fond de cette question, (V. LES BIENS).

(59) V. LES PERSONNES, n°s 8 et s.

(60) Naturellement, le groupement agit par l'intermédiaire de personnes physiques qui sont ses organes habilités à cette fin (sur ce point, V. SOLUS et PERROT, *op. cit.*, n° 274). Une autre question est de savoir si un ou plusieurs membres du groupement ne faisant pas partie des organes chargés d'agir au nom de celui-ci disposent d'un droit d'action afin de défendre les intérêts de la personne morale. On parlera alors d'action exercée *ut singuli*. S'agissant de soutenir les intérêts d'un tiers (ceux du groupement), un problème de qualité se pose naturellement. La loi admet cette qualification des membres du groupement et fixe les conditions pour les sociétés commerciales (L. 24 juillet 1966, art. 52, 64, 95, 137, 225, 226, 245, 402. — Décr. 23 mars 1967, art. 45, 46, 122, 200, 201) et pour les sociétés civiles (Décr., 3 juillet 1978, art. 38). Le point est discuté à propos d'autres personnes morales (par exemple, pour le syndicat des copropriétaires d'appartements, outre les études générales, V. GRIMAUD, *Les actions en justice de la loi du 10 juillet 1965, Gaz. Pal.*, 1967. 2, doctr. 100. — CHALARON, *Les actions intentées par le syndicat des copropriétaires*, D. 1967,

prétendent agir pour la défense non de leurs intérêts personnels mais de ceux de l'ensemble de la collectivité dont leurs membres font partie (par exemple, une profession) que la condition de qualité se présente d'une façon originale (60-1).

A ce sujet, il faut envisager séparément d'une part les syndicats et les ordres professionnels, d'autre part les associations. En ce qui concerne les premiers, le législateur leur accorde largement qualité pour défendre les intérêts de la profession. Depuis la loi du 12 mars 1920, en effet, les syndicats se voient reconnaître le droit de se porter partie civile relativement aux faits portant un préjudice direct ou indirect à l'intérêt collectif de la profession qu'ils représentent (61). Toutefois, un effort de limitation des actions syndicales a été tenté par la jurisprudence au moyen d'une distinction, souvent peu claire et en tout cas sujette à variations, entre l'intérêt collectif de la profession n'interférant pas avec l'intérêt général et celui qui s'absorbe dans l'intérêt de la Société entière ; la qualité pour agir a été refusée aux syndicats dans le second cas (62). Quant aux associations qui se sont données pour but la défense de certains intérêts tels que la moralité publique, l'hygiène, la protection du gibier, etc., le principe est qu'elles n'ont pas qualité pour agir en justice afin de faire sanctionner les atteintes portées à ces intérêts. En effet, il est malaisé de définir les collectivités dont l'intérêt serait soutenu par les associations. « Quand elles prétendent invoquer un intérêt justifiant leur action, c'est en réalité l'intérêt général qu'elles visent et celui-ci trouve déjà dans le Ministère public un représentant

---

chron. 113. — MORAND et GIRARD, *L'action individuelle des copropriétaires contre les infractions au règlement de copropriété, Gaz. Pal.*, 1971. 1, doctr. 186. — LARROUMET, *L'intérêt collectif et les droits individuels des copropriétaires dans la copropriété des immeubles bâtis*, J. C. P. 1976.I.2812. — (V. aussi LES BIENS).

(60-1) Sur les actions de groupe en droit comparé, V. R. et J. MARTIN, *L'action collective*, J. C. P. 1984.I.3162. — CABALLERO, *Plaidons par procureur ! De l'archaïsme procédural à l'action de groupe, Rev. trim. dr. civ.*, 1985, 247. — R. MARTIN, *Le recours collectif au Québec et prospectives pour la France*, J. C. P. 1986.I.3255. — GLENN, *A propos de la maxime « nul ne plaide par procureur », Rev. trim. dr. civ.*, 1988, 59.

(61) Solution déjà admise antérieurement par la Cour de cassation (Ch. Réun. 5 avril 1913, D. P. 1914. 1. 65, rapp. FALCIMAIGNE, concl. SARRUT, note L. S. ; S. 1920. 1. 49, rapp. FALCIMAIGNE, note MESTRE).

(62) Sur cette question, V. GRANIER, *Quelques réflexions sur l'action civile*, J. C. P. 1957. I. 1386 ; *La partie civile et le procès pénal, Rev. Sc. crim.*, 1958. 1. — P. DURAND, *Défense de l'action syndicale*, D. 1960, chron. 21. — P. H. TEITGEN, *Sur l'irrecevabilité de l'action civile dans la poursuite des infractions économiques, Dr. social*, 1960, 603. — VIDAL, *Observations sur la nature juridique de l'action civile, Rev. Sc. crim.* 1963, 481. — LARGUIER, *Action individuelle et intérêt général*, in *Problèmes contemporains de procédure pénale*, recueil d'études en hommage à L. Hugueney, 1964. — RUBELLIN-DEVICHI, *L'irrecevabilité de l'action civile et la notion d'intérêt général (réflexions sur l'autonomie au pénal et au civil du droit économique)*, J. C. P. 1965. I. 1922. — M. GUILBERTEAU, *La recevabilité de l'action syndicale en matière d'infractions économiques, Rev. Sc. crim.*, 1973, p. 633. — MERLE et VITU, *Traité de droit criminel*, 4ᵉ éd., t. II, 1989, nᵒˢ 94 et s. — L'évolution de la jurisprudence paraît refouler progressivement l'exception à la recevabilité de l'action syndicale. V., par exemple, Cass. crim., 13 mars 1979, *Gaz. Pal.*, 1979. 2. 404. — 14 mars 1979, D. 1979. 439, note CALAIS-AULOY. — *Adde* : GUINCHARD, *Grandeur et décadence de la notion d'intérêt général : la nouvelle recevabilité des actions civiles en cas d'infraction à la législation économique, Mélanges Vincent*, 1981, p. 137 et s.

officiel » (63). Cependant, la loi qualifie expressément certaines associations pour défendre des intérêts déterminés (64). La jurisprudence a parfois marqué son hostilité à l'égard de ces habilitations en interprétant restrictivement les textes (65). Le législateur, toutefois, poursuit sa politique et multiplie les cas dans lesquels la qualité pour agir en vue de la protection d'intérêts collectifs est accordée à des associations (66).

---

(63) MERLE et VITU, *op. cit.*, n° 101. — Il faut cependant remarquer que, s'agissant d'actions portées devant les juridictions civiles, l'attitude des juges du fond n'est pas aussi hostile à l'action associationnelle (NORMAND, chron. jurispr., *Rev. trim. dr. civ.*, 1985, 767), à la différence de la rigueur manifestée par la Cour de cassation (V. *infra*, note 67).

(64) Ainsi, les associations reconnues d'utilité publique dont les statuts prévoient la défense de la moralité publique, si elles sont munies d'un agrément ministériel, peuvent exercer les droits de la partie civile en cas d'outrage aux bonnes mœurs (C. pén., art. 289. — A défaut d'agrément, une Union départementale des associations familiales ne peut agir : Cass. crim., 10 juillet 1973, D. 1974. 242, note J. MAURY ; J. C. P. 1974. II. 17728, note BLIN). Aux mêmes conditions, ces groupements ainsi que les associations de jeunesse et d'éducation populaire peuvent agir en cas d'infraction à la loi sur les publications destinées à la jeunesse (L. 16 juillet 1949, art. 7). En matière de propriété littéraire et artistique, les organismes de défense professionnelle régulièrement constitués ont qualité pour ester en justice afin de défendre les intérêts dont ils ont statutairement la charge (L. 11 mars 1957, art. 65). L'application de la réglementation des appellations d'origine peut être défendue par des associations constituées depuis six mois au moins (L. 6 juillet 1966, art. 1er). Les associations ayant pour but la défense des intérêts des mutilés et handicapés physiques peuvent agir pour faire respecter les règles relatives à l'emploi obligatoire de ces personnes (L. 27 décembre 1960, art. 2). — V. aussi les cas cités, *infra*, note 66.

(65) Tel est le cas pour les associations antialcooliques habilitées par l'article L. 96 du Code des débits de boissons en cas d'infractions prévues par ce Code et pour les fédérations de chasseurs et de pêcheurs, à propos de la protection du gibier, de la chasse et du poisson (Sur cette jurisprudence, V. MERLE et VITU, *op. cit.*, n° 102).

(66) Ainsi, une loi du 1er juillet 1972 accorde aux associations de lutte contre le racisme régulièrement déclarées depuis cinq ans au moins le droit d'agir pour la sanction des délits de diffamation raciale et de discrimination raciale (v. J. FOULON-PIGANIOL, *La lutte contre le racisme*, D. 1972, chron. 261 et D. 1975, chron. 159). Selon une loi du 27 décembre 1973, puis une loi du 5 janvier 1988, les associations régulièrement déclarées ayant pour objet statutaire explicite la défense des intérêts des consommateurs peuvent, si elles ont agréées à cette fin, exercer l'action civile relativement aux faits portant un préjudice direct ou indirect à l'intérêt collectif des consommateurs (Sur l'agrément des organismes de défense des consommateurs, V. décr. du 6 mai 1988 et décr. du 16 mars 1990). Une loi du 9 avril 1975 habilite les associations ayant pour objet la lutte contre le proxénétisme et l'action sociale en faveur des personnes en danger de prostitution ou se livrant à la prostitution à exercer l'action civile en ce qui concerne les infractions de proxénétisme ayant causé un préjudice direct ou indirect à leur mission (PRADEL, *Le renforcement de la lutte contre le proxénétisme*, D. 1976, chron. 31). Une loi du 10 juillet 1976, complétée par les lois du 31 décembre 1976, du 29 décembre 1979 (en matière de publicité) et du 30 décembre 1988 (en matière d'élimination des déchets) autorise à se constituer parties civiles dans les poursuites relatives à diverses infractions en matière d'urbanisme et d'environnement les associations de protection de la nature et de l'environnement agréées (PRIEUR, *L'agrément des associations de protection de la nature et de l'environnement*, D. 1978, chron. 143. — CŒURET, chron-législ., *Rev. trim. dr. civ.*, 1989, 394). On peut encore citer : la loi du 9 juillet 1976

Ces solutions intéressent en pratique surtout l'action civile mise en œuvre devant les juridictions répressives. Mais elles vaudraient également pour des litiges portés devant les tribunaux civils (67).

532. — Les conditions d'existence de l'action, parmi lesquelles l'intérêt et la qualité occupent une place éminente, doivent être réunies pour que le juge soit tenu de statuer au fond. La règle vaut aussi bien à l'égard du défendeur que du demandeur. Demande et défense sont, en effet, l'aspect actif et l'aspect passif de l'action en justice envisagée au stade de sa mise en œuvre dans l'instance.

SECTION 2

L'INSTANCE

533. — La mise en œuvre de l'action se traduit par l'instance qui, d'un point de vue pratique, « se présente comme une série d'actes de

---

(lutte contre le tabagisme), la loi du 23 décembre 1980 (lutte contre les violences sexuelles. — MAYER, *Le nouvel éclairage donné au viol par la réforme du 23 décembre 1980*, D. 1981, chron. 283), la loi du 2 février 1981 (protection de l'enfance martyrisée), la loi du 10 juillet 1983 (défense de la Résistance et des déportés, en matière de crimes de guerre ou contre l'humanité), la loi du 25 juillet 1985 (lutte contre les discriminations fondées sur le sexe ou les mœurs), la loi du 10 juillet 1987 et celle du 13 janvier 1989 (défense des droits des handicapés et mutilés).

(67) MOTULSKY, *Droit processuel*, p. 69-70. — V. aussi SORTAIS, note sous Cass. com., 10 décembre 1973, *Rev. des sociétés*, 1974, 336. — Sous le même arrêt : CHARTIER, note J. C. P. 1974.II.17805. — Cependant, la Cour de cassation avait décidé que la qualité conférée par la loi du 27 décembre 1973 aux associations agréées de défense des intérêts des consommateurs concernait non pas une action quelconque de nature civile, mais « l'action civile », c'est-à-dire seulement l'action en réparation d'un dommage causé par une infraction à la loi pénale (Cass. civ. 1re, 16 janvier 1985, D. 1985, 317, note AUBERT ; J. C. P. 1985.II.20484, note CALAIS-AULOY). Cette solution a été corrigée par la loi du 5 janvier 1988 qui accorde aux associations agréées la faculté d'agir devant les juridictions civiles, en l'absence d'infraction, soit pour demander la suppression de clauses abusives, soit pour soutenir une action déjà engagée par des particuliers (VINEY, *Un pas vers l'assainissement des pratiques contractuelles : la loi du 5 janvier 1988 relative aux actions en justice des associations agréées de consommateurs*, J. C. P. 1988.I.3355. — CALAIS-AULOY, *Les actions en justice des associations de consommateurs*, D. 1988, chron. 193. — PELLISSIER, *loi n° 88-14 du 5 janvier 1988 relative aux actions en justice des associations agréées de consommateurs et à l'information des consommateurs*, Gaz. Pal. 1988. 1, doctr. 201. — BIHL, *La loi du 5 janvier 1988 sur l'action collective des organisations de consommateurs*, Gaz. Pal., 1988. 1, doctr. 268. — ZÉNATI, chron. législ., Rev. trim. dr. civ., 1988, 418). La loi du 23 juin 1989 a complété ce texte par une habilitation des associations agréées de défense des investisseurs en valeurs mobilières à agir devant le président du tribunal de grande instance en vue de faire cesser les pratiques contraires aux dispositions législatives ou réglementaires protectrices des épargnants.

procédure, allant de la demande en justice jusqu'au jugement ou à l'abandon de la prétention par un désistement » (1). Mais l'instance ne se limite pas à cet aspect formel. Du fait même que la justice est saisie, des relations juridiques nouvelles apparaissent, où sont impliqués les parties et le juge (2). Les parties ne sont plus seulement des individus mais deviennent les *plaideurs* liés en tant que tels par des droits et des obligations (3) ; le « rapport d'instance » ou le « lien d'instance » de nature processuelle se superpose aux relations juridiques (de fond ou substantielles) qui pouvaient déjà unir les parties. Le juge, de son côté, se trouve tenu de multiples obligations et investi de certains pouvoirs.

A défaut d'une étude complète de l'instance qui n'a pas sa place dans cet ouvrage, nous indiquerons quelques principes directeurs (4), avant d'évoquer sommairement l'aspect formel de l'instance : la procédure.

§ 1. — Principes directeurs de l'instance

534. — L'exercice de l'action en justice doit aboutir à une décision du juge sur le fondement des prétentions des parties. Pour atteindre ce résultat, les plaideurs et le juge ont chacun un rôle à jouer, qui doit être défini. A cet égard, les solutions ont pu varier dans le temps avec la conception que l'on se fait de la fonction judiciaire. Mais il est un principe qui, sous une forme ou sous une autre, a toujours été admis, car il constitue « l'essence de toute procédure » (5) : la Justice ne va pas sans loyauté.

I. — *Les rôles respectifs du juge et des parties.*

535. — **Les deux conceptions du procès civil.**

« Le procès est situé au carrefour des chemins du droit public et du droit privé. Pour les parties, le procès est un instrument de satisfaction

---

(1) Vincent et Guinchard, *op. cit.*, n° 345.
(2) Vizioz, *op. cit.*, p. 45 et s., p. 150 et s. — Cornu et Foyer, *op. cit.*, p. 355 et s. — Vincent et Guinchard, *op. cit.*, n° 345. — Motulsky, *Prolégomènes pour un futur Code de procédure civile : la consécration des principes directeurs du procès civil par le décret du 9 septembre 1971*, D. 1972, chron. 91, n° 11.
(3) Des tiers peuvent être mêlés à l'instance par le mécanisme de l'*intervention* volontaire ou forcée (Vincent et Guinchard, *op. cit.*, n°s 355 et 1257 et s.). Ils peuvent aussi être appelés à apporter des éléments d'information lors de la recherche des preuves (v. *infra*, n°s 587 et s.).
(4) Selon l'expression de Motulsky : J. C. P. 1966. I. 1966 ; *Prolégomènes...*, chronique précitée ; *Droit processuel*, p. 147.
(5) Motulsky, *Droit processuel*, p. 147.

des droits privés. Mais pour l'État, c'est une forme de réalisation du droit » (6). De là un affrontement entre deux conceptions de l'office du juge (7). Si l'on considère que l'activité judiciaire a pour but principal la satisfaction des parties, l'apaisement des litiges, le rôle du juge est extrêmement limité. On attend de lui une décision et rien de plus. Jusque-là, les parties ont seules la maîtrise du procès. Elles ont toutes les initiatives et ce sont elles qui délimitent à leur guise les éléments sur lesquels le juge aura à se prononcer. « L'application de la loi n'est pas une fin en soi, mais un moyen de résoudre le conflit et l'on admet, à la rigueur, qu'elle puisse passer au second plan » (8). Si l'on considère, au contraire, que ce qui importe est de donner une solution conforme au droit, le rôle des parties devient secondaire comparé à celui du juge. L'application d'une solution juste et socialement utile ne doit pas être à la merci des maladresses, de l'inexpérience d'un plaideur ou d'un excès d'habileté de son adversaire. Le juge sera donc doté de pouvoirs étendus afin de faire triompher la règle de droit le plus largement possible (9).

La première conception a dominé au XIXᵉ siècle. Mais les réformes successives de la législation ont donné une place toujours plus grande à la seconde. Sans doute n'est-il pas souhaitable, sous peine de porter de graves atteintes à la liberté individuelle, de pousser à l'extrême une telle évolution. Un compromis est la meilleure solution (10). C'est, en tout cas, ce qu'a tenté de faire le nouveau code de procédure civile, tant en ce qui concerne les initiatives incombant aux parties et au magistrat, qu'à l'égard de l'office du juge relativement à la délimitation de la matière du procès (11).

536. — Les initiatives assurant la marche de l'instance appartiennent à la fois aux plaideurs et au juge.

L'introduction de l'instance dépend des parties. Le juge ne se saisit

---

(6) Couture, *Le procès comme institution*, Rev. internat. dr. comp., 1950, p. 276.

(7) Normand, *Le juge et le litige*, éd. L. G. D. J., préf. Perrot, nᵒˢ 31 et s.

(8) *Ibid.*, nᵒ 32.

(9) R. Martin, *Réflexion sur l'instruction du procès civil*, Rev. trim. dr. civ., 1971. 279, nᵒ 3. — Comp. Bellamy, *Le pouvoir de commandement du juge ou le nouvel esprit du procès*, J. C. P. 1973. I. 2522, nᵒ 6.

(10) Du moins en est-il ainsi pour le contentieux privé, dans lequel les parties sont le plus souvent maîtresses de leurs droits : s'il est fâcheux de limiter à l'excès les pouvoirs du juge, ce qui risque de le contraindre à rendre une mauvaise justice, on conçoit qu'il y ait un autre excès à abandonner au juge tout le terrain. La question se pose différemment dans les contentieux administratif et répressif : les pouvoirs du juge, notamment en ce qui concerne l'instruction, y ont toujours été conçus comme très étendus.

(11) Les rôles du juge et des parties en ce qui concerne les preuves seront examinés au chapitre suivant.

pas d'office ; il faut une demande. Ce principe est énoncé par l'article premier du nouveau code de procédure civile :

> « Seules les parties introduisent l'instance, hors les cas où la loi en dispose
> autrement... ».

Il y a là une conséquence de la délimitation précise de la fonction
judiciaire, acquise depuis la Révolution française (12). « Le juge est
un protecteur auquel on fait appel et qui deviendrait un tyran s'il
s'imposait » (13). Toutefois, dans quelques situations exceptionnelles
qu'annonce le texte, le juge se saisit d'office (14). Ces hypothèses peu
nombreuses sont justifiées par des considérations particulières à chaque
cas.

Une fois l'instance engagée, sa conduite n'est pas abandonnée exclusivement aux plaideurs. Le juge peut prendre des initiatives afin de
réunir, sans retard, les éléments permettant de trancher le litige. Ce
cumul des pouvoirs et devoirs des parties et du juge est exprimé par
les articles 2 et 3 du nouveau code de procédure civile :

> « Art. 2. — Les parties conduisent l'instance sous les charges qui leur incom-
> bent. Il leur appartient d'accomplir les actes de la procédure dans les formes
> et délais requis.
> Art. 3. — Le juge veille au bon déroulement de l'instance ; il a le pouvoir
> d'impartir les délais et d'ordonner les mesures nécessaires ».

Il s'agit là de l'aboutissement d'un effort entrepris de longue date
par le législateur en vue d'amener le juge à jouer un rôle actif dans le
déroulement du procès (15).

---

(12) NORMAND, *op. cit.*, n° 51. — La solution vaut même en matière pénale ;
sans doute, le juge est-il saisi en principe par un magistrat du Ministère public,
mais précisément la séparation des fonctions du Siège et du Parquet et leur indépendance respecte le principe de non-immixtion du juge dans des affaires qui ne lui
sont pas régulièrement soumises.

(13) R. MARTIN, *La saisie d'office du juge, essai sur sa signification*, J. C. P. 1973,
éd. G. IV., n° 6316, p. 231.

(14) Il s'agit, dans le contentieux privé, du prononcé d'office du redressement
judiciaire (Loi du 25 janvier 1985, art. 4, al. 2 et décr., 27 décembre 1985, art. 8 et s.),
de mesures d'assistance éducative (C. civ., art. 375), de l'ouverture de la tutelle
d'un mineur (C. civ., art. 391), de l'exclusion, de la destitution ou de la révocation
du tuteur (C. civ., art. 447), de l'ouverture de la tutelle ou de la curatelle d'un majeur
placé sous la sauvegarde de justice (C. civ., art. 491-5). — Sur l'assistance éducative
et la tutelle des mineurs et des majeurs, V. LES PERSONNES, n°s 357 et s. — LA
FAMILLE, vol. 1, n°s 1196 et s. — Sur les cas de saisine d'office du juge. V. R. MARTIN,
étude précitée.

(15) C'est la pratique plus que les textes qui avait accrédité l'idée que la conduite
de l'instance était l'affaire exclusive des parties. Depuis longtemps il avait été
reproché aux magistrats de ne pas user des pouvoirs dont ils étaient pourtant dotés
(TISSIER, *Le centenaire du Code de procédure civile et les projets de réforme, Rev. trim.
dr. civ.*, 1906. 648). Les réformes successives ont certes étendu ces pouvoirs, mais

Un décret du 30 octobre 1935 avait créé le « juge chargé de suivre la procédure » qui devait accélérer la marche de l'instance qu'il avait pour mission de surveiller, régler les incidents et ordonner des mesures d'instruction. Les imperfections techniques du système et la résistance de la pratique ont rendu cette réforme inefficace. Les tentatives faites pour insuffler de la vie à cette institution (16) se sont révélées insuffisantes. Une étape décisive a été franchie avec la création, par le décret du 13 octobre 1965, du « juge des mises en état » (17), devenu, avec le décret du 9 septembre 1971, repris par le nouveau code de procédure civile, le « juge de la mise en état » (18). Sa mission est importante et ses pouvoirs, dans le détail desquels il est impossible d'entrer (19), sont effectifs. Les parties ne sont plus seules à rechercher les preuves, le juge de la mise en état fixe des délais pour l'accomplissement des actes de procédure, il débarrasse le litige des incidents qui peuvent retarder l'instance en statuant sur ceux-ci, il peut ordonner des mesures provisoires... Son arme principale pour faire progresser le déroulement de l'affaire est l'ordonnance de clôture, après laquelle les parties ne peuvent plus ajouter de nouveaux éléments au dossier (20). Sans doute, le juge de la mise en état n'intervient-il pas dans tous les

---

elles ont surtout incité au développement d'un état d'esprit nouveau en rendant sensible le fait que « les parties ne sont pas seules : la valeur de la justice est en cause et c'est le juge qui en est responsable » (MOTULSKY, *Droit processuel*, p. 175).

(16) L. 15 juillet 1944 ; Décr. 22 décembre 1958.

(17) Sur ce texte et le décret du 7 décembre 1967 qui l'a modifié, v. notamment : LOBIN, *Quelques réflexions sur le décret du 13 octobre 1965 relatif à la mise en état des causes*, D. 1966, chron. 16. — BREDIN, Commentaire du décret du 13 octobre 1965, D. 1966. L. 195. — MOTULSKY, *La réforme du Code de procédure civile par le décret du 13 octobre 1965 et les principes directeurs du procès*, J. C. P. 1966. I. 1996. — SEIGLE, *Le décret du 13 octobre 1965 modifiant la procédure civile et relatif à la mise en état des causes*, Gaz. Pal., 1966, 1, doctr. 28. — GIVERDON, *Le décret du 13 octobre 1965 relatif à la mise en état des causes et la procédure par défaut*, D. 1967, chron. 13. — LOBIN, *Nouvelles réflexions sur la procédure de la mise en état des causes après le décret du 7 décembre 1967*, D. 1968, chron. 39. — CORNU et MOTULSKY, *Les modifications apportées à la procédure de la mise en état des causes par le décret du 7 décembre 1967*, J. C. P. 1968. I. 2150. — *La mise en état des causes*, 7ᵉ colloque des instituts d'études judiciaires, Lyon, 1970. — R. MARTIN, *Réflexions sur l'instruction du procès civil*, Rev. trim. dr. civ., 1971, 279.

Outre la création du juge des mises en état, ces textes ont accru les pouvoirs du « juge rapporteur » ; V. PELOQUIN, *Du juge passif au juge actif : le juge rapporteur et la nouvelle orientation de la procédure*, Gaz. Pal., 1969. 1, doctr. 226. — SUDAKA, *Le juge rapporteur*, Gaz. Pal., 1973. 2, doctr. 776.

(18) Le changement de dénomination traduit l'intention de ne pas considérer le juge comme seulement chargé de faire progresser un ensemble d'affaires. Il doit réellement participer à chaque instance dont il est chargé. « Les textes nouveaux tendent à faire du juge de la mise en état un rouage intégré au mécanisme de la préparation de l'affaire au fond et à assurer sa participation aux débats comme à la décision » (MOTULSKY, *Prolégomènes...*, p. 96, note 38).

(19) V. Nouv. C. proc. civ., art. 763 et s. — VIATTE, *Magistrat chargé de suivre la procédure et magistrat de la mise en état*, Gaz. Pal., 1973, 1, doctr. 153. — V. *infra*, nº 546.

(20) PELOQUIN, *L'ordonnance de clôture, clef de voûte de la mise en état*, Gaz. Pal., 1968, 2, doctr. 39.

litiges (21). Mais il constitue l'exemple le plus achevé du magistrat investi d'un rôle actif dans le déroulement de l'instance civile.

Ainsi se marque, dans la conduite de l'instance, l'abandon d'une procédure dite « accusatoire » dans laquelle toutes les initiatives appartiennent aux parties, au profit d'un système partiellement « inquisitoire » faisant une large place aux impulsions données par le juge (22).

Quant à la fin de l'instance, elle s'opère en général par le jugement ; dans quelques cas directement par l'effet de la loi (23). En dehors de ces hypothèses, l'initiative d'un arrêt prématuré appartient aux parties (24), ainsi que l'énonce l'article premier du nouveau code de procédure civile (25).

537. — Il appartient aux plaideurs de délimiter la saisine du juge ; notions d'objet et de cause de la demande.

C'est sans doute à propos de l'office du juge relativement à la *matière litigieuse* que le nouveau code de procédure civile apporte une des plus intéressantes contributions à la théorie du droit judiciaire privé.

La question est de savoir qui, des parties ou du juge, apporte les éléments de fait et de droit qui constituent la substance du procès. Traditionnellement, il est admis, en raison du caractère privé du contentieux, que c'est aux plaideurs qu'il appartient de délimiter la saisine du juge. L'étendue du champ d'application de l'activité juridictionnelle est fixée par la demande (et la défense). Cette règle est désignée sous le nom de « principe dispositif ».

Encore faut-il identifier avec précision cette étendue de la demande (ou de la défense). A cette fin, il est fait appel à deux notions : celle d'objet et celle de cause de la demande. L'objet est ce qui est réclamé (par le demandeur et par le défendeur) ; la cause est le fondement de

---

(21) *Infra,* n° 547. — Pour une vue d'ensemble des pouvoirs de commandement accordés au juge et non seulement au juge de la mise en état. V. BELLAMY, étude précitée, J. C. P. 1973. I. 2522.

(22) L'aspect inquisitorial a toujours été plus développé dans les contentieux répressif et administratif. Si la saisine d'office est en principe exclue, la marche de l'instance est animée par le juge.

(23) Par exemple, l'instance peut être éteinte par l'écoulement d'un certain délai sans que des actes nécessaires aient été faits (V. Nouv. C. proc. civ., art. 757. 791).

(24) Par le désistement (V. Nouv. C. proc. civ., art. 394 et s. — VINCENT et GUINCHARD, *op. cit.,* n°s 1278 et s.), l'acquiescement (Nouv. C. proc. civ., art. 408 et s. — VINCENT et GUINCHARD, *op. cit.,* n°s 1292 et s.), la transaction. La péremption d'instance (Nouv. C. proc. civ., art. 386 et s.), extinction par une inaction prolongée, qui doit être invoquée, peut être considérée comme un mode d'extinction volontaire de l'instance (MOTULSKY, *Droit processuel,* p. 180. — Sur la péremption d'instance, VINCENT et GUINCHARD, *op. cit.,* n°s 1287 et s.).

(25) « Seules les parties introduisent l'instance, hors les cas où la loi en dispose autrement. *Elles ont la liberté d'y mettre fin* avant qu'elle ne s'éteigne par l'effet du jugement ou en vertu de la loi ».

cette prétention. Mais lorsqu'on a cherché à préciser davantage, une controverse doctrinale s'est développée. Schématiquement, deux conceptions se sont opposées.

L'une, soutenue par Motulsky (26), a cantonné l'objet et la cause de la demande exclusivement sur le terrain des faits : l'objet est le résultat économique ou social réclamé ; la cause est un complexe de faits d'où résulte, selon le plaideur, une situation lui permettant de bénéficier du résultat qu'il demande (27). Le juge ne peut ajouter d'autres faits à ceux qui lui sont déférés, mais il peut et doit tirer toutes les conséquences juridiques de ceux qui lui sont soumis ; c'est à lui qu'il appartient de qualifier ces faits, c'est-à-dire d'isoler leurs caractéristiques qui correspondent à celles que prennent en considération les règles de droit.

La plupart des auteurs ont défendu, avec quelques nuances, une autre théorie (28) selon laquelle des éléments de droit sont inclus parfois dans l'objet (29), mais surtout dans la cause. Celle-ci exprime le fondement juridique de la prétention et comporte donc la qualification des faits invoqués (30). Le juge étant lié par l'objet et la cause de la demande, ne peut ni ajouter de nouveaux faits à ceux dont il est saisi, ni leur appliquer d'autres règles de droit que celles qu'invoquent les parties ; il peut choisir entre les qualifications juridiques proposées par les plaideurs, il ne peut y substituer une qualification différente ; il peut dire si les

---

(26) Principalement dans l'étude : *La cause de la demande dans la délimitation de l'office du juge*, D. 1964, chron. 235.

(27) Par exemple, je réclame une indemnité (objet) parce que j'ai été blessé par une bicyclette qui m'a heurté (cause).

(28) AZARD, *L'immutabilité de la demande en droit judiciaire français*, thèse Paris, 1925. — R. SAVATIER, note D. P. 1928. 1. 153. — MIMIN, note D. P. 1935. 1. 17. — VIZIOZ, *op. cit.*, p. 56 et s. et p. 231 et s. — J. SAVATIER, note J. C. P. 1953. II. 7601. — MALAURIE, note D. 1956. 517. — CORNU et FOYER, *op. cit.*, p. 404 et s. — P. ESMEIN, note J. C. P. 1961. II. 11980. — HÉBRAUD, observ. *Rev. trim. dr. civ.*, 1960. 514-515, 709 ; 1962. 155 ; 1964. 165. — VINCENT et GUINCHARD, *op. cit.*, nos 372 et s. — R. MARTIN, *Réflexions sur l'instruction du procès civil*, Rev. trim. dr. civ., 1971. 279, no 43 ; *Le juge devant la prétention*, D. 1987, chron. 35 ; *Retour sur la distinction du fait et du droit*, D. 1987, chron. 272 ; *A la recherche de la cause en procédure civile*, D. 1988, chron. 312. — MIGUET, *Immutabilité et évolution du litige*, L. G. D. J. 1977, préf. HÉBRAUD, nos 41 et s. — Pour le contentieux administratif, où la question se pose d'ailleurs en des termes quelque peu différents : KORNPROBST, *La notion de partie et le recours pour excès de pouvoir*, thèse Paris, 1959. — GILLI, *La cause juridique de la demande en justice*, thèse Paris, 1960.

(29) Selon VINCENT et GUINCHARD, il s'agit de la reconnaissance d'un droit ou d'un pouvoir (*op. cit.*, no 370).

(30) L'exemple cité *supra* note 27 devient : je réclame une indemnité (ou peut-être même : je demande reconnaissance à mon profit d'un droit à réparation) (objet), parce que mon adversaire a engagé sa responsabilité à mon égard en commettant une faute dans sa conduite de la bicyclette qui m'a renversé (cause).

règles de droit invoquées s'appliquent ou non aux circonstances, mais ne peut faire appel à une loi à laquelle n'ont pas songé les plaideurs (31).

La jurisprudence était confuse et ne traduisait pas un choix net entre ces conceptions pourtant inconciliables (32). Le nouveau code de procédure civile a fait ce choix. Il a nettement tranché en faveur du système de Motulsky. En effet, le texte s'exprime en ces termes :

> « Art. 4. — L'objet du litige est déterminé par les prétentions respectives des parties...
>
> Art. 5. — Le juge doit se prononcer sur tout ce qui est demandé et seulement sur ce qui est demandé (33).
>
> Art. 6. — A l'appui de leurs prétentions, les parties ont la charge d'alléguer les faits propres à les fonder...
>
> Art. 7. — Le juge ne peut fonder sa décision sur des faits qui ne sont pas dans le débat.
>
> Parmi les éléments du débat, le juge peut prendre en considération même les faits que les parties n'auraient pas spécialement invoqués au soutien de leurs prétentions.
>
> Art. 12. — Le juge tranche le litige conformément aux règles de droit qui lui sont applicables.
>
> Il doit donner ou restituer leur exacte qualification aux faits et actes litigieux, sans s'arrêter à la dénomination que les parties en auraient proposée (33-1)...

Ainsi est-il affirmé sans équivoque que « la construction de l'édifice de fait appartient aux parties, mais que le juge est en mesure et tenu de procéder d'office à l'examen des problèmes juridiques que soulève

---

(31) Ainsi, le juge pourra admettre ou refuser la qualification de faute attribuée par le demandeur au comportement du défendeur. S'il la refuse, il doit rejeter la demande. Il ne peut décider que la responsabilité du défendeur est engagée sans faute de la part de celui-ci, en tant que gardien d'une chose inanimée (Sur cette responsabilité, V. LA RESPONSABILITÉ, CONDITIONS). La solution est évidemment contraire dans la théorie abandonnant au juge toutes les questions de droit.

(32) Sur cette jurisprudence, V. NORMAND, *Le juge et le litige*, nᵒˢ 152 et s. ; *Le juge et le fondement du litige*, *Mélanges Hébraud*, 1981, p. 595 et s., nᵒˢ 9 et s. — MOTULSKY, *Prolégomènes...*, D. 1972, chron. 91, nᵒˢ 36 et s. — R. MARTIN, *Les faits et le droit ou les parties et le juge*, J. C. P. 1974. I. 2625, nᵒˢ 16, 22, 23.

(33) Le juge qui se prononce au-delà de l'objet de la demande statue *ultra petita ;* le juge qui ne se prononce pas sur tout l'objet de la demande statue *infra petita.*

(33-1) Dans le décret du 5 décembre 1975, l'article 12 du Nouveau Code de procédure civile comportait un troisième alinéa ainsi rédigé : « [le juge] peut relever d'office les moyens de pur droit quel que soit le fondement juridique invoqué par les parties ». Cet alinéa a été annulé par le Conseil d'État, par arrêt du 12 octobre 1979 (v. références *infra*, note 61-6), mais cette annulation a été seulement destinée à priver de soutien textuel les initiatives du juge qui se feraient sans respecter le principe du contradictoire (v. *infra*, nᵒ 540). La faculté pour le juge de relever lui-même les moyens de droit, sauf à provoquer les observations des parties, subsiste, ainsi que l'énonce désormais l'article 16, dernier alinéa, du nouveau Code de procédure civile (rédaction décr. 12 mai 1981).

le litige » (34). Le « principe dispositif » est expressément consacré (34-1), mais il est limité aux faits. Le droit est « l'apanage du juge » (35). Si les plaideurs proposent des qualifications, s'ils invoquent des règles de droit (ce qu'ils ne sont nullement tenus de faire), il s'agit de simples suggestions qui ne sauraient lier le magistrat (35-1). Pour bien marquer l'option prise et éviter le retour aux discussions antérieures, au mot « cause » a été préférée l'expression « les faits propres à fonder la prétention ».

538. — La distinction du fait et du droit ; justification et difficultés.
Ce système est justifié, semble-t-il, par une double considération. D'une part, s'agissant d'un contentieux privé, la protection de la liberté individuelle et de l'intimité de chacun implique la maîtrise des parties dans la délimitation des faits soumis aux juges. La matière litigieuse ainsi entendue doit être définie par les plaideurs, car il serait intolérable que le juge s'immisce dans les affaires privées pour soumettre au droit des situations que les individus ne lui ont pas déférées (36). D'autre part,

---

(34) MOTULSKY, *Prolégomènes...*, n° 42. — C'est la maxime *da mihi factum, dabo tibi jus* (donne-moi les faits, je te donnerai le droit). On a pu regretter que, pour exprimer la règle, l'article 12 du Nouveau Code de procédure civile ait employé l'expression « moyens de pur droit » (R. MARTIN, *Sur la notion de moyen*, J. C. P. 1976. I. 2768). En effet, le moyen est « l'énonciation par une partie d'un fait, d'un acte ou d'un texte, d'où, par un raisonnement juridique, elle prétend déduire le bien-fondé d'une demande ou d'une défense. Si ces éléments ne se trouvent pas réunis, il y a simple argument » (VOULET, *Le défaut de réponse à conclusions*, J. C. P. 1965. I. 1912). Le moyen est donc, en principe, un complexe de faits et de droit : « le moyen est noué lorsque les faits utiles ont trouvé la règle applicable... c'est la réunion dynamique du fait utile et de la règle applicable » (R. MARTIN, *loc. cit.* — Comp. BOCCARA, *La procédure dans le désordre, le désert du contradictoire*, J. C. P. 1981. I. 3004, n°s 42 et s.). Par suite, au lieu de parler de « moyen de pur droit », ce qui brise l'unité de la notion de moyen, il aurait sans doute été préférable d'opposer simplement à l'« allégation du fait », le « choix de la règle applicable ». Depuis l'annulation de l'article 12, alinéa 3, par le Conseil d'État (v. la note précédente), il n'est plus question des « moyens de pur droit », mais le nouvel article 16, dernier alinéa (décr. 12 mai 1981) vise les « moyens de droit » relevés d'office, ce qui n'est que partiellement répondre à la critique précédente.

(34-1) NORMAND, étude précitée, *Mélanges Hébraud*, p. 595 et s.

(35) MOTULSKY, *Prolégomènes...*, n° 44.

(35-1) Il en est certainement ainsi en ce qui concerne la détermination de la règle applicable. Mais le choix par les parties d'une qualification juridique, l'invocation par elles d'une règle de droit, limitent peut-être les initiatives du juge, en ce sens qu'il en résulterait que seuls les faits de nature à justifier l'application de la loi visée par les parties seraient ainsi mis par elles dans le débat. Selon cette interprétation, « il ne suffit pas qu'un fait ressorte du dossier pour que le juge puisse s'en emparer et fonder sur lui la construction juridique à son avis la mieux appropriée. Le « débat » dont il ne peut sortir demeure indirectement déterminé par la présentation que font les parties de leurs propres prétentions » (NORMAND, étude précitée, n° 39. — Rappr. R. MARTIN, *Le double langage de la prétention*, J. C. P. 1981.I.3024. — Sur la jurisprudence, NORMAND, chron. jurispr. en matière de droit judiciaire privé, *Rev. trim. dr. civ.*, 1987, n°s 300 et s.).

(36) Ce principe s'applique rigoureusement s'agissant de l'objet de la demande. Il est quelque peu atténué en ce qui concerne les faits propres à fonder la prétention. En effet, aux termes de l'article 8 du Nouveau Code de procédure civile, « le juge

la fonction juridictionnelle ne s'analyse plus comme une sorte d'arbitrage désignant le vainqueur d'un duel judiciaire. « Si l'on dit que le procès civil est « la chose des parties », cette formule ne peut s'entendre que réserve faite du respect dû à la *valeur de justice* comme telle... Or c'est le juge qui est responsable de la valeur de justice » (37). Il a pour mission de dire le droit, qu'il est réputé connaître (38). Il doit donc soumettre à la règle juridique convenable la situation qui lui est déférée, ce qui implique de sa part une recherche de toutes les normes éventuellement applicables, en vue de déterminer quelle est la solution conforme au droit (39). Limiter le rôle du juge à l'exercice d'un choix entre les propositions juridiques des parties serait l'empêcher de dire tout le droit (40).

Malgré la netteté du principe (41), il n'est pas certain qu'au stade de l'application

---

peut inviter les parties à fournir les explications de fait qu'il estime nécessaires à la solution du litige ». On a dit de cette faculté, déjà prévue par le décret du 13 octobre 1965, qu'elle « peut constituer entre les mains du juge un moyen d'agression puissant contre le monopole donné aux parties d'alléguer le fait » (R. MARTIN, *Les faits et le droit ou les parties et le juge*, étude précitée, J. C. P. 1974. I. 2625, n° 27).

(37) MOTULSKY, *La réforme du Code de procédure civile par le décret du 13 octobre 1965 et les principes directeurs du procès*, J. C. P. 1966. I. 1996, n° 4.

(38) C'est l'adage : *jura novit curia* (la Cour connaît le droit).

(39) Sur la faculté pour le juge de soulever d'office des moyens de droit : LINDON, *De deux innovations en matière de procédure civile*, J. C. P. 1973. I. 2527. — Pour MOTULSKY, il ne s'agit pas d'une simple faculté, mais d'un devoir (*Prolégomènes...*, n° 46). Sur la notion de moyen de pur droit, V. R. MARTIN, étude précitée, J. C. P. 1976.I.2768. — NORMAND, étude précitée, *Mélanges Hébraud*, p. 595 et s. — L'interprétation de la jurisprudence est d'autant plus délicate qu'interfère souvent la question du respect du principe du contradictoire (NORMAND, étude précitée et chron. jurispr. en matière de droit judiciaire privé, *Rev. trim. dr. civ.*, 1988, 809).

(40) « La règle *jura novit curia* et l'obligation découlant de l'article 4 du Code civil impliquent qu'au lieu de ne jouir que d'une faculté, le juge est *tenu* de statuer spontanément en conformité des normes régissant le litige... le juge doit recourir d'office à la norme applicable parce que tel est son office... le juge est tenu d'appliquer spontanément la loi parce qu'elle est la loi ; et non pas parce qu'elle est d'ordre public... « (MOTUSLKY, *La cause de la demande*, étude précitée, D. 1964, chron. 235, n°s 24, 25). Cependant, la jurisprudence est moins catégorique. Pour la 2e Chambre civile de la Cour de cassation, le juge n'est pas tenu de rechercher d'office les dispositions légales de nature à justifier une demande dont il est saisi sur le fondement d'un texte déterminé : Cass. civ. 2e, 4 novembre 1988, D. 1989, 609, note FRISON-ROCHE. — Sur la distinction du cas où le demandeur n'indique pas le fondement juridique de ses prétentions et de celui où il indique lui-même ce fondement : NORMAND, chronique précitée, *Rev. trim. dr. civ.*, 1987, 390. — BERTIN, *L'indication du fondement juridique de la demande : atout superflu ? Gaz. Pal.*, 1987. 2, doctr. 639. Sur la distinction des moyens relevant du droit judiciaire et de ceux qui relèvent du droit substantiel : NORMAND, chronique précitée, *Rev. trim. dr. civ.*, 1988, 809.

(41) Il faut cependant signaler les deux tempéraments prévus par les deux derniers alinéas de l'article 12, du Nouveau Code de procédure civile : « Toutefois [le juge] ne peut changer la dénomination ou le fondement juridique lorsque les parties, en vertu d'un accord exprès et pour les droits dont elles ont la libre disposition, l'ont lié par les qualifications et points de droit auxquels elles entendent limiter le débat.

Le litige né, les parties peuvent aussi, dans les mêmes matières et sous la même condition, conférer au juge mission de statuer comme amiable compositeur, sous réserve d'appel si elles n'y ont pas spécialement renoncé ». — V. ESTOUP, *L'amiable composition*, D. 1986, chron. 221.

pratique la distinction des faits et du droit soit aisément perçue et respectée (42). Cette distinction, très claire en théorie, est en effet une des plus délicates à mettre en œuvre. Sans doute est-elle couramment utilisée pour définir le domaine du contrôle de la Cour de cassation (43). Mais précisément on s'aperçoit à ce propos que la ligne de démarcation n'est pas toujours très nette. De plus, la mission assignée à la Cour de cassation exerce une influence directe sur la délimitation de son champ d'activité et c'est assez souvent après coup, parce que la Cour régulatrice s'est reconnue compétente, qu'une question est traitée comme relevant de l'application du droit et non de l'appréciation des faits (44). De sorte qu'il est assez douteux que l'expérience de la Cour de cassation soit largement utilisable par le juge du fond.

Le centre de la question est l'opération de qualification qui établit un pont entre les faits et le droit. « Il s'agit d'identifier les cas où s'applique la règle de droit. A ce titre, la qualification joue donc un rôle analogue à celui que les philosophes confèrent au langage » (45). Or la relation des faits par les parties s'opère en utilisant un langage qui comporte, avec plus ou moins de précision, des qualifications juridiques (46). Sans doute, le juge ne sera-t-il pas lié par celles-ci, mais il peut être très difficile de reconstituer les faits à l'état brut à travers un langage qui, nécessairement, leur donne une coloration juridique (47).

En dépit de ces quelques incertitudes, l'effort de mise en ordre tenté par les textes constitue un progrès. Il a l'incontestable mérite d'une inspiration cohérente ; il traduit aussi l'évolution des idées en droit judiciaire privé. L'importance accrue du rôle assigné au juge manifeste la volonté de servir davantage la « valeur de justice » que tout procès met en cause. Cet idéal conduit naturellement à mettre particulièrement en lumière un principe qui domine aussi bien les actes des plaideurs que ceux du juge au cours de l'instance : le respect de la loyauté.

II. — *Le principe de loyauté.*

539. — L'impératif de justice qui doit animer l'instance, postule de la part des parties et du juge une certaine loyauté, que l'on désigne quel-

---

(42) Vincent et Guinchard, *op. cit.*, nº 369. — R. Martin, *Le double langage de la prétention*, J. C. P. 1981. I. 3024.

(43) *Supra*, nº 403.

(44) « La Cour définit les limites de son pouvoir de contrôle et, comme elle est juge du droit, c'est par métonymie qu'on qualifie droit le domaine de ce pouvoir de contrôle, et fait tout le reste, qui lui échappe » (R. Martin, *Le fait et le droit...*, étude précitée, J. C. P. 1974.I.2625, nº 33. — V. aussi, du même auteur : *Retour sur la distinction du fait et du droit*, D. 1987, chron. 272, nº 8.

(45) Terré, *L'influence de la volonté individuelle sur les qualifications*, thèse Paris, 1956, nº 2.

(46) « L'Être se manifeste à nous, et surtout se communique entre nous par la dénomination. Mais le langage n'est pas un instrument neutre. Il n'y a pas un seul langage, mais des langages. C'est que la dénomination implique une conceptualisation... » (R. Martin, *Le fait et le droit...*, étude précitée, J. C. P. 1974. I. 2625, nº 39).

(47) Par exemple, un demandeur agit en revendication de valeurs mobilières ; il n'a aucun titre à en réclamer la propriété mais a un droit de jouissance ; le juge, lié par l'objet de la demande peut-il considérer que la revendication concerne la jouissance et non la propriété ? (Cass. civ. 1re, 8 mai 1973, J. C. P. 1973. II. 17566, note Goubeaux).

quefois par l'expression « respect des droits de la défense » (48). C'est là une exigence fondamentale, à laquelle est soumise toute procédure tendant à trancher un litige, quelle qu'en soit la nature (49). Sa nécessité est telle que le principe s'imposerait même en l'absence de texte (50). Toutefois, dans le contentieux privé, l'importance de cet aspect de l'instance a été longtemps méconnue. L'affirmation selon laquelle « le litige est la chose des parties » était mise au premier plan et l'on y voyait la garantie essentielle contre les risques d'abus ; le principe de loyauté n'était certes pas ignoré, mais on n'y insistait guère. Avec la consécration d'un rôle plus actif du juge, le « respect des droits de la défense » apparaît, au contraire, en pleine lumière (51). En effet, il s'impose au

---

(48) Motulsky, *Le droit naturel dans la pratique jurisprudentielle : le respect des droits de la défense en procédure civile*, Mélanges Roubier, t. II, p. 176 et s. ; *Droit processuel*, p. 147 et s. — Cette expression risque cependant d'évoquer trop précisément la défense du prévenu dans l'instance pénale, alors qu'il s'agit de la protection des intérêts de tous les plaideurs, et non seulement de ceux du défendeur, de sorte qu'il faut alors, pour prévenir toute confusion, prendre soin de viser « la défense des intérêts de chacune des parties » (Motulsky, *loc. cit.*).

(49) Le respect des droits de la défense est à l'origine de nombreuses dispositions de procédure pénale. Une des plus caractéristiques est sans doute la place accordée à l'avocat de l'inculpé au cours de l'instruction (V. Merle et Vitu, *op. cit.*, n⁰ˢ 420 et s. — Thomas-Chevallier, *L'avocat et le juge d'instruction*, thèse Nancy, 1978, dactyl.), mais les applications du principe sont multiples (Motulsky, *Droit processuel*, p. 156 et s. — Wiederkehr, *Droits de la défense et procédure civile*, D. 1978, chron. 36. — Tallon-Frouin, Salah-Bey, Guimezanes, études in *L'information en droit privé*, sous la direction de Loussouarn et P. Lagarde, L. G. D. J. 1978, p. 156 et s. — V. aussi Doucet, *Les droits de la défense, faits justificatifs méconnus*, Gaz. Pal., 1972, 2, doctr. 595). Il en est de même dans le contentieux administratif (V. par exemple : Cons. d'État, 8 novembre 1963, D. 1964. 492. — 13 décembre 1968, J. C. P. 1969. II. 15793, note Seignolle. — 21 juillet 1970 (deux arrêts), J. C. P, 1971. II. 16672, note Loschak. — Motulsky, *op. cit.*, p. 164 et s.) et dans la procédure disciplinaire (V. Carbonnier, note sous Cass. civ. 1re, 12 juillet 1966, J. C. P. 1966.II.14813. — Cass. civ. 1re, 4 décembre 1979, D. 1981. 328, note Brunois. — — V. aussi, *Les droits de la défense et le droit du travail*, Colloque *Libre justice*, 25 mars 1988, rapports publiés in Gaz. Pal., 1988. 2, doctr. 482). — Pour l'application du principe dans les procédures spéciales en matière de concurrence : Fourgoux, *Droits de la défense et droit au secret des affaires dans les procédures en matière de concurrence*, Gaz. Pal., 1979, 2, doctr. 482 ; *Commission de la concurrence, droits de la défense*, Gaz. Pal., 1986. 1, doctr. 43. — Bouloc, *Les droits de la défense dans les procédures relatives aux infractions au droit de la concurrence.* Gaz. Pal., 1986, 2, doctr. 602. — Cons. constit., Décis, n⁰ 86-224 D. C., 23 janvier 1987, D. 1988, 117, note Luchaire ; J. C. P. 1987.II.20854, note Sestier.

(50) Motulsky y voyait un principe de droit naturel (étude précitée, *Mélanges Roubier*, t. II, p. 175 et s.).

(51) « ... Le retrait progressif des vieux principes ne laisse pas les plaideurs démunis. Il met seulement en évidence que leur protection tient davantage au principe du respect des droits de la défense » (Wiederkehr, *Le principe du contradictoire*,

juge lui-même dans ses initiatives devenues importantes ; il constitue à cet égard pour les plaideurs une protection dont la nécessité est un corollaire de l'accroissement des pouvoirs du magistrat. De plus, le juge, désormais pleinement associé au déroulement de l'instance, peut imposer efficacement aux parties le respect de règles garantissant la loyauté des débats.

Il n'est donc pas étonnant que les textes actuels aient donné un relief particulier à la garantie des « droits de la défense ». La pièce essentielle en est constituée par le principe dit « du contradictoire ». On ne saurait cependant limiter à ce seul principe l'exigence de loyauté et quelques autres règles viennent encore le compléter.

540. — Le principe du contradictoire.

Chacune des parties doit être en mesure de se faire entendre afin d'exposer son point de vue et discuter les éléments qui peuvent être utilisés pour aboutir à la solution du litige. Tel est le principe « du contradictoire » ou « de la contradiction ». Son importance est si considérable qu'une rubrique particulière lui est consacrée dans les dispositions liminaires du nouveau code de procédure civile exposant les principes directeurs du procès civil. En quatre articles d'une grande fermeté le texte en énonce les traits essentiels (52).

a)   « Art. 14. — Nulle partie ne peut être jugée sans avoir été entendue ou appelée ».

C'est bien là l'idée qui constitue l'âme du principe du contradictoire (53). Il en résulte que le demandeur doit prendre toutes les précautions utiles pour avertir son adversaire de l'introduction de l'ins-

---

à propos du décret n° 73-1122 du 17 décembre 1973, D. 1974, chron. 95). — La contradiction n'assure pas seulement les droits de la défense ; elle est un moyen d'atteindre plus de vérité, grâce à la confrontation des opinions : R. MARTIN, De la contradiction à la vérité judiciaire, Gaz. Pal., 1981. 1, doctr. 209.

(52) Sur l'ensemble des dispositions liminaires qui avaient été énoncées par le décret du 9 septembre 1971 : BLANC, Principes généraux de la nouvelle procédure civile, J. C. P. 1973. I. 2559. — La pratique quotidienne, a-t-il été noté, est cependant assez éloignée du schéma idéal : BOCCARA, La procédure dans le désordre, le désert du contradictoire, J. C. P. 1981. I. 3004.

(53) A tel point qu'elle a toujours été reçue comme une règle de droit positif même lorsqu'aucun texte ne l'exprimait formellement (Cass. civ., 7 mai 1828, S. 1828. 1. 329. — MOTULSKY, Le droit naturel..., étude précitée, n° 10). Formulée par la maxime audiatur et altera pars (l'une et l'autre partie doivent être entendues), elle est apparue inhérente à la justice, depuis l'antiquité (DEL VECCHIO, La justice, la vérité, p. 129. — MOTULSKY, loc. cit., n° 9).

tance (54) et qu'un délai suffisant doit lui être laissé afin de préparer sa défense (55).

b)   « **Art. 15.** — Les parties doivent se faire connaître mutuellement en temps utile les moyens de fait sur lesquels elles fondent leurs prétentions, les éléments de preuve qu'elles produisent et les moyens de droit qu'elles invoquent, afin que chacune soit à même d'organiser sa défense ».

Tous les éléments du litige doivent être connus des plaideurs, de sorte qu'ils puissent être discutés. De là des règles organisant la communication des pièces entre les parties (56), dont le juge est chargé d'assurer le respect (57). Il est à noter que l'obligation d'avertir l'adversaire s'étend aux moyens de droit, bien qu'ils ne lient pas le juge, car même de simples suggestions peuvent exercer une influence sur la décision. Les communications doivent être faites « en temps utile » et cette règle rejoint la rigueur des effets de l'ordonnance de clôture marquant la fin de l'instruction d'une affaire menée par le juge de la mise en état (58).

c)   « **Art. 16.** — Le juge doit, en toutes circonstances, faire observer et observer lui-même le principe de la contradiction.
         Il ne peut retenir, dans sa décision, les moyens, les explications et les docu-

---

(54) D'où l'exigence qu'il soit procédé à des recherches sérieuses pour joindre effectivement le défendeur (Cass. civ. 2ᵉ, 12 mars 1970, *Bull. civ.*, II, nº 95, p. 75. — MOTULSKY, *Le droit naturel...*, étude précitée, nº 13 et *Droit processuel*, p. 149).

(55) Dans la procédure ordinaire devant le tribunal de grande instance, le défendeur dispose d'un délai de quinze jours pour constituer avocat (Nouv. C. proc. civ., art. 755). Le juge de la mise en état ne peut rendre une ordonnance de clôture avant l'expiration du délai légal de comparution et l'inobservation de cette règle qui « constitue méconnaissance des droits de la défense », entraîne nullité de la procédure ultérieure (Cass. civ. 2ᵉ, 28 mai 1970, D. 1970. 547 ; *Rev. trim. dr. civ.*, 1970, 821, observ. HÉBRAUD. Cet arrêt prononce cassation de la décision rendue par la Cour de Nancy le 28 mai 1969, D. 1970, 251, note LOBIN ; *Rev. trim. dr. civ.*, 1970, 622, observ. HÉBRAUD). Si la juridiction révoque l'ordonnance de clôture pour accueillir des conclusions déposées postérieurement, elle doit ordonner la réouverture des débats (Cass. civ. 2ᵉ, 20 juillet 1987, D. 1988, 517, note FENAUX). Dans la procédure d'urgence à jour fixe, le président doit, au jour de l'audience, s'assurer qu'il s'est écoulé un temps suffisant depuis l'assignation pour que la partie assignée ait pu préparer sa défense (Nouv. C. proc. civ., art. 792). Il en est de même dans la procédure des référés (*Ibid.*, art. 486).

(56) Nouv. C. proc. civ., art. 132 et s. — VIATTE, *Communication et production des pièces en justice, Gaz. Pal.*, 1973. 1, doctr. 406. — BLAISSE, *Le problème des pièces et conclusions tardives*, J. C. P. 1988.I.3317.

(57) Nouv. C. proc. civ., art. 133 : « si la communication des pièces n'est pas faite, il peut être demandé, sans forme, au juge d'enjoindre cette communication » ; art. 134 : « le juge fixe, le cas échéant à peine d'astreinte, le délai et, s'il y a lieu, les modalités de la communication » ; art. 135 : « le juge peut écarter du débat les pièces qui n'ont pas été communiquées en temps utile »...

(58) La pratique des « notes en délibéré » par lesquelles des plaideurs soumettaient au tribunal de nouveaux arguments après la clôture des débats est condamnée par l'article 445 du Nouveau Code de procédure civile.

ments invoqués ou produits par les parties que si celles-ci ont été à même d'en débattre contradictoirement.

Il ne peut fonder sa décision sur les moyens de droit qu'il a relevés d'office sans avoir au préalable invité les parties à présenter leurs observations. »

Les devoirs du juge ainsi consacrés donnent toute son ampleur au principe du contradictoire (59). Le magistrat est chargé de faire respecter ce principe par les parties, de sorte que chaque obligation des plaideurs « se double, en quelque sorte, d'un devoir de censure incombant au juge » (60). Le magistrat est d'ailleurs lui-même tenu de mettre les parties en mesure de discuter tous les éléments du procès introduits à son initiative. C'est là une garantie essentielle pour les plaideurs qui n'ont plus la maîtrise complète de l'instance. La règle vaut aussi bien pour le fait que pour le droit : si le juge peut demander des explications complémentaires, s'il a le pouvoir et le devoir d'appliquer la règle juridique, il faut que les parties aient pu faire valoir leurs propres arguments au sujet de ces éléments qui commandent la solution du litige (61).

L'actuelle rédaction de l'article 16 du Nouveau Code de procédure civile résulte du décret n° 81-500 du 12 mai 1981, épilogue d'une histoire assez mouvementée (61-1). Le décret du 5 décembre 1975 instituant les deux premiers livres du Nouveau Code de procédure civile avait retenu, pour l'article 16, une formule très en retrait sur celle du décret du 9 septembre 1971 qui avait préparé la mise en place des principes directeurs du procès : s'il était bien prévu que le juge devait faire observer par les parties le principe de la contradiction, l'obligation pour le juge de se soumettre lui-même à ce principe avait disparu ! De la sorte, à lire le texte, le juge aurait pu trancher le litige en appliquant de son chef une règle de droit nullement évoquée au cours du débat. Les vigoureuses critiques doctrinales (61-2) et même les manifestations

---

(59) On a pu cependant remarquer que ce principe était quelque peu battu en brèche dans la recherche des preuves (WIEDERKEHR, étude précitée, D. 1974, chron. 95. — V. *infra*, n° 647). — L'obligation faite au juge de respecter le principe du contradictoire lorsqu'il relève lui-même des moyens de droit rend parfois difficile l'interprétation de la jurisprudence sur la question de la délimitation des pouvoirs du juge quant au fondement de la prétention (V. *supra*, n° 538). En effet, des cassations peuvent être prononcées pour méconnaissance du principe du contradictoire lors du relevé d'office de certains moyens, sans que soit examinée la question (pourtant théoriquement préalable) de savoir si le juge disposait ou non du pouvoir de prendre l'initiative considérée (NORMAND, *Le juge et le fondement du litige*, étude précitée, *Mélanges Hébraud*, p. 595 et s.).

(60) MOTULSKY, étude précitée, *Mélanges Roubier*, t. II, p. 175 et s., n° 20 et *Droit processuel*, p. 151. — Voir aussi *supra*, note 57.

(61) V. Nouv. C. proc. civ., art. 444.

(61-1) RAYNAUD, *L'obligation pour le juge de respecter le principe de la contradiction. Les vicissitudes de l'article 16, Mélanges Hébraud*, 1981, p. 715 et s.

(61-2) V. notamment : PERROT, observ. *Rev. trim. dr. civ.*, 1976, p. 826. — BÉNABENT, *Les moyens relevés en secret par le juge*, J. C. P. 1977. I. 2849. — NORMAND, observ. *Rev. trim. dr. civ.*, 1977, p. 181. — WIEDERKEHR, *Droits de la défense et procédure civile*, D. 1978, chron. 36. — R. MARTIN, *La crise du contradictoire entre juge et avocat, Gaz. Pal.*, 1978. 2, doctr. 419.

d'avocats (61-3) n'eurent pas raison de l'obstination de la Chancellerie (61-4). La Cour de cassation paraissait hésiter à tirer les conséquences de la lettre du texte (61-5). Mais, saisi du recours d'organisations d'avocats, le Conseil d'État, par arrêt du 12 octobre 1979, annula l'article 16 du Nouveau Code de procédure civile, remettant ainsi en vigueur le texte moins restrictif de 1971 (61-6). Même si la portée exacte de la solution manquait de certitude (61-7), un éclat tout particulier était ainsi donné à l'exigence du caractère contradictoire de la procédure, considérée par la Haute juridiction administrative comme un des principes généraux du droit (61-8). C'est pour tirer les conséquences de l'arrêt du Conseil d'État que le décret du 12 mai 1981 a rétabli un article 16 du Nouveau Code de procédure civile enfin conforme à ce principe (61-9).

d) « Art. 17. — Lorsque la loi permet ou la nécessité commande qu'une mesure soit ordonnée à l'insu d'une partie, celle-ci dispose d'un recours approprié contre la décision qui lui fait grief. »

Il est exceptionnel qu'une mesure soit ordonnée « à l'insu d'une partie ». Le cas peut cependant se présenter en raison de l'urgence (62). Il s'agit d'ailleurs de « mesures » qui ne tranchent pas au fond le litige. En pareille hypothèse, le principe de libre discussion par les parties, pro-

---

(61-3) VINCENT et GUINCHARD, op. cit., 20ᵉ éd., nᵒ 401 et les références à la presse quotidienne.

(61-4) Concession apparente, le décret nᵒ 76-714 du 29 juillet 1976 modifiant l'article 16 du Nouveau Code de procédure civile ne visait encore que les moyens invoqués par les parties et passait sous silence les initiatives du juge.

(61-5) Cass. civ. 2ᵉ, 11 janvier 1978, J. C. P. 1979. II. 19016, note R. MARTIN. — 21 juin 1978, D. 1978. 561, note BÉNABENT. — 6 juillet 1978, J. C. P. 1979. II. 19214, note BORÉ. — Cass. civ. 1ʳᵉ, 29 novembre 1978 (deux arrêts), D. 1979. 381, note BÉNABENT.

(61-6) Cons. État, 12 octobre 1979, Rassemblement des nouveaux avocats de France, D. 1979. 606, note BÉNABENT ; J. C. P. 1980. II. 19288, concl. FRANC, note BORÉ ; Gaz. Pal., 1980. 1. 6, note JULIEN ; Rev. trim. dr. civ., 1980, p. 145, observ. NORMAND. — DELVOLVÉ, Le Nouveau Code de procédure civile devant le Conseil d'État, D. 1979, chron. 281. — VIATTE, Les moyens de droit relevés d'office et le principe de la contradiction, Gaz. Pal., 1980. 1, doctr. 21.

(61-7) V. les auteurs cités à la note précédente. Une difficulté était notamment suscitée par la distinction, à laquelle le Conseil d'État avait paru attacher une certaine importance, entre moyens d'ordre public et moyens d'intérêt privé.

(61-8) V. supra, nᵒˢ 446 et s.

(61-9) BÉNABENT, L'article 16 du Nouveau Code de procédure civile, version 1981, D. 1982, chron. 55.

(62) Il en est ainsi, par exemple, de la saisie conservatoire, de l'autorisation de prendre à titre conservatoire inscription de nantissement sur un fonds de commerce, de l'autorisation de prendre inscription d'hypothèque judiciaire conservatoire (C. proc. civ. ancien, art. 48 et s.), mesures décidées en cas d'urgence à la demande d'un créancier dont le droit paraît fondé en son principe, sans que le débiteur soit appelé (DONNIER, Réflexions sur l'hypothèque judiciaire conservatoire, D. 1961, chron. 79). Hors des cas spécifiés par la loi, le président du tribunal peut « ordonner sur requête toutes mesures urgentes lorsque les circonstances exigent qu'elles ne soient pas prises contradictoirement » (Nouv. C. proc. civ., art. 812).

visoirement éludé, reparaît avec l'exercice d'un recours qui transforme la procédure unilatérale en procédure contradictoire (63).

541. — Autres aspects de l'exigence de loyauté.
A propos des preuves, les exigences dépassent le principe du contradictoire. Non seulement les preuves obtenues par des manœuvres déloyales doivent être écartées (64), mais chaque partie doit collaborer à la manifestation de la vérité (65) et le juge peut aller jusqu'à enjoindre à un plaideur de produire les éléments de preuve utiles à son adversaire (66).

C'est encore une garantie des « droits de la défense » qu'assure l'obligation pour le juge de motiver ses décisions (67). L'exposé du raisonnement permet en effet à la Cour de cassation d'exercer son contrôle et la censure frappant le défaut de motifs répondant aux conclusions des parties (68) donne à chaque plaideur la certitude que le juge étudiera tous ses moyens (69).

Quant à la possibilité d'exercer des voies de recours, elle constitue pour les parties la double garantie « d'une part, de ne point être laissé à l'arbitraire d'un organisme juridictionnel, qui a pu usurper ses pouvoirs, et, d'autre part, de pouvoir obtenir la répression de l'atteinte portée aux droits de la défense eux-mêmes » (70). Cette protection est si importante qu'elle a pu être admise même dans des cas où la loi ne prévoit pas de recours ou même les exclut (71).

---

(63) MOTULSKY, *Droit processuel*, p. 156. — V. Nouv. C. proc. civ., art. 496.

(64) Par exemple, dans la procédure de divorce, pour une lettre dont un époux est entré en possession « à la suite d'un artifice coupable, d'une fraude ou d'un abus » : Cass. civ. 2e, 5 mars 1973, J. C. P. 1973, éd. G., IV, no 6333, p. 286, note J. A. ; Comp. Cass. civ. 2e, 26 novembre 1975, D. 1976, 371, note BÉNABENT ; pour l'enregistrement de communications téléphoniques : Trib. gr. inst. Lyon, 10 octobre 1972, *Gaz. Pal.*, 1972.2.880 ; *Annales Fac. Dr. Lyon*, 1973.I.157, note GUIHO. — *Comp.* Crim., 3 mars 1982, D. 1982, 579, note LINDON.

(65) C. civ., art. 10, rédaction L. 5 juillet 1972.

(66) Nouv. C. proc. civ., art. 11. — Sur cette question, v. *infra*, nos 587 et s.

(67) L. 20 avril 1810, art. 7 ; Nouv. C. proc. civ., art. 455. — Les jugements non motivés sont exceptionnels. Il en est ainsi de la décision prononçant l'adoption (C. civ., art. 353).

(68) VOULET, *Le défaut de réponse à conclusions*, J. C. P. 1965. I. 1912.

(69) « C'est l'obligation de faire écho à chaque « charnière » de l'argumentation » (MOTULSKY, étude précitée, *Mélanges Roubier*, t. II, p. 175 et s., no 28).

(70) *Ibid.*, no 30.

(71) Ce trait se vérifie notamment dans le contentieux administratif : le recours pour excès de pouvoir est admis sans le soutien d'un texte et il en est de même du recours en cassation contre les décisions juridictionnelles (MOTULSKY, *Droit processuel*, p. 170 et 171). Le contentieux privé connaît également des cas d'appel pour violation des droits de la défense ou de pourvoi dans l'intérêt de la loi malgré des textes contraires (*Ibid.*, p. 155 et 156 ; étude précitée, *Mélanges Roubier*, t. II, p. 175 et s., nos 31 et 32. — C. Révis. Monaco, 23 octobre 1975, D. 1976. 333, note

Le principe de publicité des débats, enfin (72), permet, au moins en théorie, un contrôle par le public de la loyauté avec laquelle ils sont menés (73).

542. — Une recherche loyale de la justice, à laquelle les parties et le juge sont associés, doit animer l'instance (74). Telle est la conception qu'a voulu consacrer avec netteté le pouvoir réglementaire. A cet égard, l'inspiration des textes paraît heureuse (75). Les plaideurs et le juge y trouveront un guide assez sûr pour l'accomplissement des

---

Sortais et les références citées. — Comp. en matière répressive : Cass. crim., 24 janvier 1974, J. C. P. 1974. II. 17750, note Chambon).

(72) Nouv. C. proc. civ., art. 22, 433.

(73) Reprenant dans son premier alinéa la disposition de l'article 20 du décret du 9 septembre 1971, l'article 83 du décret du 20 juillet 1972 énonçait : « les débats sont publics à moins qu'il ne résulte de quelque disposition qu'ils doivent avoir lieu en chambre du conseil ». Mais le texte poursuivait : « le président peut toutefois décider que les débats auront lieu ou se poursuivront en chambre du conseil s'il doit résulter de leur publicité une atteinte à l'intimité de la vie privée, ou si toutes les parties le demandent, ou s'il survient des désordres de nature à troubler la sérénité de la justice ». Ces dispositions ont été critiquées (Lindon, *De deux innovations en matière de procédure civile*, J. C. P. 1973. I. 2527. — Amson, *Un abus du pouvoir réglementaire : l'article 83 du décret du 20 juillet 1972*, Gaz. Pal., 1973. 1, doctr., 150). L'assouplissement de la règle de publicité peut en effet paraître heurter une des garanties des libertés des citoyens, et mettre le principe à la disposition des parties méconnaît que « cette publicité dépasse même l'intérêt privé des plaideurs et intéresse tous les justiciables » (Vincent et Guinchard, *op. cit.*, 21e éd., no 413). Considérant que « la publicité des débats judiciaires est un principe général du droit ; qu'il n'appartient dès lors qu'au législateur d'en déterminer, d'en étendre ou d'en restreindre les limites », le Conseil d'État annula l'article 83, alinéa 2 du décret du 20 juillet 1972 (Cons. État, 4 octobre 1974, *dame David*, D. 1975. 369, note Auby ; Gaz. Pal., 1975.1.117, note Amson ; J. C. P. 1975.II.17967, note Drago). Néanmoins, l'article 435 du Nouveau Code de procédure civile a reproduit la disposition annulée, qui avait, dans l'intervalle, été reprise par une loi du 9 juillet 1975. Dans son arrêt du 12 octobre 1979 précité (v. *supra*, note 61-6), le Conseil d'État a considéré que l'article 435 du Nouveau Code de procédure civile, reproduisant ce texte législatif, sa légalité ne pouvait être discutée par la voie contentieuse.

(74) Il convient encore d'ajouter aux principes gouvernant l'instance *l'obligation de réserve* qui impose aux parties de « garder en tout le respect dû à la justice » (Nouv. C. proc. civ., art. 24. — Vincent et Guinchard, *op. cit.*, nos 408 et 408 *bis*. — Blanc, étude précitée, J. C. P. 1973. I. 2559).

(75) « Les dispositions liminaires expriment les idées-force qui dominent la matière. Elles s'évincent, pour la plupart, des constructions jurisprudentielles de la meilleure veine, de maximes coutumières ou même de dispositions éparses. Elles les infléchissent parfois, ou les prolongent, pour éliminer les hésitations qu'éprouvent encore les tribunaux ou les discussions qui divisent les auteurs. Leur réunion dans une même partie affirme la valeur permanente des règles qui reflètent la conception générale du procès civil et atteste que le respect de la tradition libérale française s'harmonise avec l'exercice par le juge des pouvoirs inhérents à sa fonction » (Rapport au premier ministre, cité par Blanc, étude précitée, J. C. P. 1973.I.2559. — Comp. Estoup, *Déclin et renouveau de la procédure civile*, D. 1987, chron. 105.

actes constituant la procédure par laquelle l'instance se noue et progresse jusqu'à son terme.

§ 2. — LA PROCÉDURE

543. — L'étude complète de la succession des actes processuels de l'instance serait une entreprise trop vaste pour un ouvrage qui n'est pas spécialement consacré au droit judiciaire. Nous nous bornerons donc à signaler le caractère formaliste de ces actes, avant de dresser un bref schéma du déroulement de l'instance devant la juridiction de droit commun.

I. — *Le formalisme des actes processuels.*

544. — Un formalisme bien compris est nécessaire.

Les actes des parties et même ceux du juge sont assujettis à des règles de forme ; souvent des délais sont impartis pour leur accomplissement. Les actes doivent généralement être écrits ; des règles précises sont prévues pour leur rédaction et la façon dont ils doivent être portés à la connaissance des intéressés (76).

Le formalisme procédural est souvent compris avec une nuance péjorative. On y voit volontiers une source de complexité artificielle et l'occasion de faillir pour des plaideurs de bonne foi. Cependant, le respect de formes et de délais est une garantie de bonne justice. Les mentions exigées dans les actes permettent à leurs destinataires d'ajuster leurs arguments, les précautions prises pour les notifications évitent les mesures obtenues par surprise, les délais imposés stimulent l'activité des plaideurs et permettent la progression de l'instance ou préservent un temps suffisant pour préparer une défense... Bien conçu, le formalisme des actes de procédure est source de simplicité et de sécurité. Seuls ses excès sont condamnables.

Or, si les questions de formes et de délais ont pu donner lieu à de telles déviations et conduire à des subtilités hermétiques pour les profanes, il faut constater l'effort de la réglementation actuelle en vue de mettre le formalisme à sa juste place. La rédaction des actes tend à se dépouiller d'une phraséologie archaïque, pour devenir compréhensible par les non-initiés (77). La simplification et la souplesse s'introduisent

---

(76) V. notamment Nouv. C. proc. civ., art. 56, 57, 640 et s.
(77) V. la circulaire du 2 mai 1974 sur la rédaction des actes des huissiers de justice.

dans les délais : fixés par la loi, leur diversité s'atténue (78) et à côté des délais légaux se développent ceux que fixe le juge en fonction des données particulières de l'affaire. Surtout, la sanction des règles de forme a perdu toute rigueur aveugle pour ne jouer que dans les cas où elle sert l'impératif de justice. En effet, les actes des parties ne sont annulés pour vice de forme que si l'irrégularité est spécialement frappée de nullité par la loi ou si elle consiste en l'inobservation d'une formalité substantielle ou d'ordre public ; dans l'un et l'autre cas, la nullité n'est encourue que si l'irrégularité cause un préjudice à l'adversaire ; la régularisation ultérieure d'un acte vicié en la forme couvre la nullité, à condition qu'aucun grief ne subsiste (79).

545. — Évolution de la nullité pour vice de forme.
L'importante question de la nullité pour vice de forme des actes de procédure a longtemps fait l'objet d'une réglementation assez confuse et d'une jurisprudence discutable. D'un point de vue théorique, trois systèmes se sont affrontés (80). Le premier, qui fut pratiqué à Rome, sanctionne par l'annulation toutes les irrégularités de forme, si légères soient-elles. Cette conception rituelle du formalisme, donnant aux mots et aux gestes une valeur en quelque sorte magique, ne correspond pas au rôle des règles de forme dans un droit moderne. A l'opposé, le système dit des nullités « comminatoires », qui fut assez largement en vigueur dans l'Ancien Droit avant 1667, laisse au juge le soin d'apprécier, dans chaque cas, si l'irrégularité commise doit ou non entraîner la sanction de la nullité. L'incertitude et le risque d'arbitraire qu'engendrent cette extrême souplesse ont conduit au troisième système, dit des nullités « textuelles » : le juge doit prononcer la nullité dans tous les cas prévus expressément par la loi, mais seulement dans ces cas (« pas de nullité sans texte »). Telle était la solution inaugurée par l'ordonnance de 1667 et reprise par le Code de procédure civile. Les défauts de ce système sont à la fois l'insuffisance de la sanction si la loi souffre des lacunes, et l'automatisme de la nullité frappant toute irrégularité visée par un texte, favorisant parfois un plaideur de mauvaise foi. La jurisprudence avait entrepris de corriger le premier inconvénient en distinguant les formalités substantielles des formalités secondaires. Les premières donnent à l'acte son caractère spécifique, tiennent à sa raison d'être et lui sont indispensables pour remplir son objet (81) ; elles sont d'une telle importance que la jurisprudence a admis que leur

---

(78) Quant à leur durée, les délais de quinze jours ou d'un mois sont les plus fréquents (PERROT, cours précité, p. 154). Quant à leur mode de computation, tous les délais de procédure expirent le dernier jour à vingt-quatre heures (Nouv. C. proc. civ., art. 642). — JUILLIARD et APPERT, *Délais de procédure 1976*, D. 1976, chron. 17 ; *Procédure civile (délais et voies de recours)*, D. 1977, chron. 112. — PERROT, chron. jurispr., *Rev. trim. dr. civ.*, 1988, 392.

(79) Nouv. C. proc. civ., art. 114, 115. — DU RUSQUEC, *Nature et régime des nullités pour vice de forme dans les actes de procédure*, Gaz. Pal. 1979, 1, doctr. 136. — LOBIN, *La notion de grief dans les nullités des actes de procédure, Mélanges Vincent*, 1981, p. 233 et s. — TOMASIN, *Remarques sur la nullité des actes de procédure, Mélanges Hébraud*, 1981, p. 853. — LEMÉE, *La règle « pas de nullité sans grief » depuis le nouveau Code de procédure civile, Rev. trim. dr. civ.*, 1982, p. 23. — WIEDERKEHR, *La notion de grief et les nullités de forme dans la procédure civile*, D. 1984, chron. 165.

(80) V. SOLUS et PERROT, *op. cit.*, t. I, nos 398 et s.

(81) Cass. civ. 2e, 20 octobre 1967, D. 1968. 521, note LOBIN ; *Rev. trim. dr. civ.*, 1968. 776, observ. HÉBRAUD.

violation entraînait nullité de l'acte, même si le législateur n'avait pas expressément prévu cette sanction. Les formalités secondaires, au contraire, dont le respect n'est pas absolument nécessaire pour que l'acte conserve sa nature et ses caractères propres, sont demeurées placées sous le régime de la règle « pas de nullité sans texte ».

Quant au reproche d'automatisme de la sanction, dirigé contre le système des nullités textuelles, c'est le législateur qui, par la loi du 12 janvier 1933 et surtout le décret-loi du 30 octobre 1935, s'est efforcé d'y porter remède en décidant que la nullité ne serait encourue que si le vice de forme causait un préjudice à la partie adverse, marquant ainsi sa volonté de consacrer le principe : « pas de nullité sans grief ». La jurisprudence n'appuya malheureusement pas ces réformes. D'un ensemble de décisions peu claires et parfois contradictoires il ressortait une tendance des juridictions à prononcer la nullité pour violation de formalités substantielles ou d'ordre public sans se préoccuper de savoir si ces irrégularités causaient ou non un grief. Une fâcheuse incertitude résultait de ces solutions confuses et anarchiques (82). C'est en cet état de la question qu'est intervenu le décret du 20 juillet 1972, dont les dispositions ont été reprises par le Nouveau Code de procédure civile.

Désormais, les principes en vigueur sont exprimés sans ambiguïté : distinction des formalités substantielles ou d'ordre public d'une part, et des formalités secondaires d'autre part ; application du principe « pas de nullité sans texte » aux seules irrégularités concernant les formalités secondaires ; consécration générale de la règle « pas de nullité sans grief » ; faculté de régularisation des actes entachés de nullité (83). Ces solutions ne suppriment sans doute pas toutes les difficultés (84), mais elles doivent incontestablement apporter de l'ordre en cette matière. Naturellement, les principes ainsi affirmés ne concernent que les nullités pour vice de forme et non celles qui atteignent les actes pour irrégularités de fond énumérées par l'article 117 du Nouveau Code de procédure civile (85) : ces dernières doivent être accueillies sans que celui qui les invoque ait à justifier d'un grief (86).

Quant à la sanction de l'inobservation des délais dans lesquels doivent être accomplis les actes de procédure, elle n'a pas fait l'objet d'autant de discussions. On distingue selon la fonction du délai : établi pour « stimuler le zèle des plaideurs en les obligeant à accomplir sans tarder les actes nécessaires » (87), il est sanctionné par la forclusion ; institué, au contraire, pour protéger un plaideur contre une trop

---

(82) Lobin, note précitée.

(83) Nouv. C. proc. civ., art. 114 : « Aucun acte de procédure ne peut être déclaré nul pour vice de forme si la nullité n'en est pas expressément prévue par la loi, sauf en cas d'inobservation d'une formalité substantielle ou d'ordre public.

La nullité ne peut être prononcée qu'à charge pour l'adversaire qui l'invoque de prouver le grief que lui cause l'irrégularité, même lorsqu'il s'agit d'une formalité substantielle ou d'ordre public ».

Art. 115 : « La nullité est couverte par la régularisation ultérieure de l'acte si aucune forclusion n'est intervenue et si la régularisation ne laisse subsister aucun grief ».

(84) V. Riom, 31 janvier 1974, D. 1974. 346, note Lobin. — Lyon, 30 mars 1978, J. C. P. 1978.II.18963, note J. A. — Cass. civ. 2e, 11 janvier 1979, Gaz. Pal. 1979.2.629, note Du Rusquec. — Wiederkehr, article précité, D. 1984, chron. 165.

(85) Défaut de capacité ou de pouvoir. Sur la distinction : Perrot, observ. Rev. trim. dr. civ., 1976, p. 618. — Cornu, note, D. 1977, 125. — Tomasin, article précité, Mélanges Hébraud, p. 853. — Lemée, article précité, Rev. trim. dr. civ., 1982, p. 23.

(86) Nouv. C. proc. civ., art. 119.

(87) Perrot, cours précité, p. 153.

grande hâte de son adversaire, son expiration n'emporte pas déchéance (88). Encore faut-il remarquer ici de nouveau la tendance à l'assouplissement, avec la possibilité parfois accordée au juge de relever le plaideur de la forclusion qu'il a encourue (89).

II. — Schéma du déroulement de l'instance.

546. — Exemple de la procédure suivie devant le tribunal de grande instance. Nous prendrons pour exemple l'exposé sommaire de l'enchaînement des opérations devant le tribunal de grande instance, juridiction de droit commun (90).

L'introduction de l'instance a lieu, en principe, par une assignation, acte d'huissier établi à l'initiative du demandeur et signifié au défendeur. Elle contient notamment l'indication du tribunal devant lequel l'affaire sera débattue, la constitution d'avocat du demandeur, l'objet de la demande avec un exposé des moyens, l'indication du délai dans lequel le défendeur doit constituer avocat (91). L'assignation crée le lien juridique d'instance et produit un certain nombre de conséquences civiles, comme l'interruption de la prescription (92) ou la mise en demeure.

Le tribunal est saisi à la diligence de l'une ou l'autre des parties par la remise d'une copie de l'assignation au secrétariat-greffe. Cette remise doit être faite dans les quatre mois de l'assignation, à peine de caducité de celle-ci (93). L'affaire étant ainsi « enrôlée » (94), le président du tribunal fixe la date à laquelle elle sera appelée (95).

En attendant cette date, les parties, par l'intermédiaire de leurs avocats, exposent leurs prétentions par *les conclusions* (95-1) et, s'il y a lieu, se communiquent les documents qu'elles invoquent. Pour le demandeur, l'assignation vaut conclusions (96), mais il peut y ajouter d'autres arguments. Quant au défendeur, en concluant il choisit le terrain sur lequel il place sa défense : il peut soulever des *exceptions de procé-*

---

(88) Ainsi en est-il du délai de comparution : le défendeur qui n'a pas constitué avocat dans les quinze jours peut encore le faire postérieurement tant que n'est pas intervenu un jugement par défaut (VINCENT et GUINCHARD, *op. cit.*, n° 506).

(89) Nouv. C. proc. civ., art. 540.

(90) VINCENT et GUINCHARD, *op. cit.*, n°s 508 et s. — PERROT, cours précité, p. 297 et s. — GIVERDON, *La procédure devant les tribunaux de grande instance*, 1973.

(91) Nouv. C. proc. civ., art. 55, 56, 750, 752. — VIATTE, *La demande en justice en matière contentieuse*, Gaz. Pal., 1976. 1, doctr. 565.

(92) C. civ., art. 2244.

(93) Nouv. C. proc. civ., art. 757. — Paul RAYNAUD, *L'article 29, 2e alinéa du décret du 9 septembre 1971 ou la « dictature des tribunaux »*, Gaz. Pal., 1972. 1, doctr. 178.

(94) L'inscription sur le répertoire général, ou « mise au rôle » s'accompagne de la constitution au greffe du dossier de l'affaire, destiné à recevoir les pièces relatives à l'instance, et de l'établissement d'une fiche sur laquelle seront notées les indications permettant de connaître à tout moment l'état de l'affaire (Sur ces formalités, VINCENT et GUINCHARD, *op. cit.*, n°s 521 et s. — GIVERDON, *op. cit.*, n°s 126 et s.).

(95) Nouv. C. proc. civ., art. 758. — Sur la pratique dite du « contrat de procédure » consistant à établir, dès l'origine, en accord avec les avocats, un calendrier des opérations à venir jusqu'aux plaidoiries, V. les études : ESTOUP, D. 1985, chron. 195 ; Gaz. Pal., 1985, 2, doctr. 680. — CARATINI, Gaz. Pal., 1985, 2, doctr. 639 ; Gaz. Pal., 1986, 1, doctr. 61. — GAGET, Gaz. Pal., 1987, 2, doctr. 498.

(95-1) JOURDAIN, *Les conclusions dans le procès civil devant les juridictions du fond*, Gaz. Pal., 1983, 2, doctr. 415.

(96) Nouv. C. prov. civ., art. 56.

dure (97), telles que l'incompétence du tribunal ou les vices de forme entachant les actes de son adversaire (98) ; il peut opposer à la demande une *fin de non-recevoir* qui dénie le droit d'action de l'adversaire (99) ; il peut faire valoir des *défenses au fond* par lesquelles il conteste l'existence du droit substantiel dont son adversaire se prétend titulaire (100) ; il peut former une *demande reconventionnelle*, sorte de contre-attaque, tendant à neutraliser ou atténuer l'éventuel succès du demandeur en réclamant la condamnation de celui-ci.

Au jour fixé par le président, l'affaire doit être appelée à une audience dite « d'appel des causes » (101). Le président confère de l'état de la cause avec les avocats et décide de son orientation. Selon le degré de préparation de l'affaire, il peut, en effet, aiguiller celle-ci sur un « circuit court » ou sur un « circuit long ». La première voie est adoptée pour les affaires qui, d'après les actes déjà accomplis (conclusions, communications de pièces) et les explications des avocats, paraissent en état d'être jugées sur le fond ; le président renvoie alors l'affaire à une audience dont il fixe la date, qui peut être le jour même (102). La seconde voie est utilisée lorsqu'à la date d'appel de la cause le litige n'est pas prêt à être jugé ; une instruction doit avoir lieu sous contrôle judiciaire, afin de mettre l'affaire en état de voir l'audience.

Le « circuit long » se caractérise donc par cette période d'instruction, à laquelle participe un magistrat : le juge de la mise en état (103). Celui-ci doit notamment veiller à la progression de l'instruction et au respect du principe de la contradiction par l'échange des conclusions et les communications de pièces dans les délais qu'il impartit aux avocats (104). Mais son rôle ne se limite pas à cet aspect administratif. Il doit aussi s'assurer que l'affaire sera effectivement en état d'être jugée, ce qui implique de sa part une connaissance sérieuse du fond du litige, afin de pouvoir dégager les véritables problèmes et les éléments qui seront nécessaires à leur solution. De là les importants pouvoirs qui lui sont conférés : inviter les avocats à répondre aux moyens sur lesquels ils n'auraient pas conclu ou à fournir les explications de fait et de droit nécessaires à la solution du litige (105), entendre les parties elles-mêmes (106), ordonner la communication d'éléments de preuve (107), ordonner les expertises, constatations matérielles, enquêtes, comparutions personnelles... En outre, le juge de la mise en état prend d'une certaine manière la situation juridique des parties en charge dans la mesure où elle est affectée par l'instruction en

---

(97) *Ibid.*, art. 73 et s.

(98) *Supra*, n⁰ˢ 544 et 545.

(99) Nouv. C. proc. civ., art. 122 et s. — Motulsky, note sous Cass. civ. 2ᵉ, 6 juin 1962, J. C. P. 1963. II. 13191. — V. *supra*, n⁰ 525.

(100) Nouv. C. proc. civ., art. 71, 72.

(101) *Ibid.*, art. 759. — Giverdon, *op. cit.*, n⁰ˢ 190 et s.

(102) Nouv. C. proc. civ., art. 760. — Si l'affaire n'est pas prête mais peut l'être après un ultime échange de conclusions ou un ultime échange de pièces, le président peut décider d'en conférer une nouvelle fois avec les avocats à une date qu'il fixe. Il impartit alors aux avocats un délai pour l'accomplissement des actes encore néces-saires, et l'orientation sur le « circuit court » peut encore avoir lieu à la date fixée pour la nouvelle conférence, si à ce moment l'affaire est en état (*Ibid.*, art. 761).

(103) Sur la désignation du juge de la mise en état, V, Nouv. C. prov. civ., art. 817. Sur les difficultés d'interprétation des textes concernant la compétence du juge de la mise en état et certains effets de ses décisions, Dorsner-Dolivet, *Les incer-titudes de la mise en état dans la jurisprudence*, Gaz. Pal., 1986, 1, doctr. 23.

(104) Nouv. C. prov. civ., art. 763, 764.

(105) *Ibid.*, art. 765.

(106) *Ibid.*, art. 767.

(107) *Ibid.*, art. 770. — V. aussi *infra*, n⁰ˢ 587 et s.

cours : il est seul compétent pour régler les incidents, tels que les nullités pour vice de forme ; il peut ordonner des mesures provisoires comme l'allocation d'une indemnité provisionnelle à un des plaideurs (108)... Lorsque l'affaire lui paraît prête à être plaidée, le juge de la mise en état rend une ordonnance de clôture, après laquelle aucune conclusion ne peut être déposée ni aucune pièce produite aux débats à peine d'irrecevabilité prononcée d'office (109). L'affaire est alors renvoyée à l'audience dont la date est fixée par le président ou par le juge de la mise en état agissant par délégation. Si le président l'a prescrit, un rapport écrit est établi, en principe par le juge de la mise en état (110).

Que l'affaire ait suivi le « circuit court » ou le « circuit long », elle voit l'audience des plaidoiries qui se déroule, normalement, devant le tribunal en forme collégiale. Si un rapport a été jugé nécessaire, le rapporteur en donne lecture. L'avocat du demandeur, puis celui du défendeur plaident, c'est-à-dire exposent oralement les prétentions des parties. L'audience ne se borne d'ailleurs pas à une succession de monologues. Le président ou les juges peuvent inviter les parties à fournir des explications sur des points obscurs ; le président doit avertir les parties des moyens qui paraissent pouvoir être relevés d'office et les inviter à présenter leurs observations (111). Après les plaidoiries, la clôture des débats est prononcée par le président (112). Le tribunal délibère sur le champ ou se donne un plus long délai de réflexion, puis rend son jugement (113).

547. — Variantes.

Ce schéma général peut recevoir certaines modifications que l'on se bornera à mentionner.

L'introduction de l'instance peut être faite par une *requête conjointe* des plaideurs, au lieu de l'assignation (114). Cette voie suppose que les parties s'entendent pour saisir le tribunal afin de faire trancher leur différend. Elle s'apparente à la méthode employée par les parties ayant recours à l'arbitrage. Il est d'ailleurs permis aux plaideurs, dans les matières où ils ont la libre disposition de leurs droits, de considérer le tribunal comme un arbitre, de le lier par leurs propres qualifications juridiques ou même de lui permettre de statuer en équité (115). Il est normal que les

---

(108) *Ibid.*, art. 771. — Les ordonnances du juge de la mise en état ne peuvent, en principe, être frappées d'appel ou de pourvoi en cassation qu'avec le jugement sur le fond. Toutefois l'appel immédiat est possible contre les ordonnances ayant pour effet de mettre fin à l'instance ou ayant trait aux mesures provisoires ordonnées en matière de divorce ou de séparation de corps (*Ibid.*, art. 776).

(109) *Ibid.*, art. 783. — VINCENT et GUINCHARD, *op. cit.*, nos 634 et s. — GIVERDON, *op. cit.*, nos 357 et s. — BLAISSE, *Le problème des pièces et conclusions tardives*, J. C. P. 1988.I.3317.

(110) Nouv. C. proc. civ., art. 785. — Sur ce rapport, GIVERDON, *op. cit.*, nos 415 et s.

(111) Nouv. C. proc. civ., art. 442.

(112) Il est assez rare que le ministère public ait à prendre la parole. Lorsqu'il en est ainsi, il intervient le dernier (*Ibid.*, art. 443). Les parties peuvent répondre par le dépôt d'une note, exceptionnellement permis en pareil cas après la clôture des débats (*Ibid.*, art. 445).

(113) La décision est prise à la majorité des voix (*Ibid.*, art. 449).

(114) *Ibid.*, art. 57, 750, 793 et s.

(115) *Ibid.*, art. 12, al. 4 et 5. — ESTOUP, *L'amiable composition*, D. 1986, chron. 221 ; *Une institution oubliée : l'arbitrage judiciaire*, Gaz. Pal., 1986, 2, doctr. 620 ; *L'offre judiciaire d'amiable composition et de conciliation après clôture des débats*, D. 1987, chron. 269.

plaideurs qui procèdent par voie de requête conjointe usent de cette faculté (116). En cas d'urgence, il est possible d'utiliser la procédure *à jour fixe* (117). Le demandeur présente au président du tribunal une requête, exposant notamment les motifs de l'urgence, par laquelle il demande l'autorisation d'assigner à jour fixe. Si le président accède à la requête, il rend une ordonnance qui précise la date à laquelle l'affaire sera appelée. Le demandeur délivre assignation au défendeur en indiquant cette date. Le tribunal est saisi par le dépôt au greffe d'une copie de l'assignation antérieurement au jour de l'audience. A la date fixée, le président s'assure que le défendeur a disposé d'un temps suffisant pour préparer sa défense et l'affaire est plaidée sur le champ dans l'état où elle se trouve. Si le litige se révélait complexe, le président pourrait renvoyer l'affaire devant le juge de la mise en état.

Lorsqu'une instance suit le « circuit long » et comporte, par conséquent, une instruction animée par le juge de la mise en état, il est possible d'éviter l'audience des plaidoiries devant le tribunal. A condition que les avocats en soient d'accord, le juge de la mise en état peut tenir seul une audience pour entendre les plaidoiries ; il en rend compte au tribunal dans son délibéré (118).

Enfin, il faut signaler que jusqu'à la date de l'audience, le président du tribunal peut décider d'attribuer l'affaire à un *juge unique* qui exerce alors les pouvoirs du juge de la mise en état et du tribunal (119). De la sorte, le juge unique entend les plaidoiries et n'a pas à en rendre compte au tribunal. Cependant, chaque partie peut demander le renvoi à la juridiction collégiale, lequel peut également être décidé d'office par le président.

548. — La vision procurée par ce rapide survol ne donne qu'une idée incomplète des règles procédurales gouvernant l'instance. Il n'est pas possible d'évoquer ici le régime des incidents, tels ceux qui peuvent être soulevés à propos de la compétence, des relations entre l'instance présente et d'autres affaires (120) ou de l'administration des preuves ; de même, nous ne pouvons envisager les règles propres à la juridiction du président, au tribunal d'instance ou aux autres juridictions d'exception, pas plus que la procédure par défaut ou le régime des voies de recours (121). Notre objectif était seulement d'indiquer brièvement la ligne générale selon laquelle s'organise l'enchaînement des actes accomplis par les parties et le juge pour mener l'instance jusqu'à son terme normal : le jugement.

SECTION 3

LA DÉCISION JUDICIAIRE

549. — Au sens large, le mot « jugement » désigne toute décision judiciaire. Un langage plus technique oppose aux jugements rendus par les

---

(116) VINCENT et GUINCHARD, *op. cit.*, n° 516. — GIVERDON, *op. cit.*, n° 66.

(117) Nouv. C. proc. civ., art. 788 et s. — VINCENT et GUINCHARD, *op. cit.*, n°s 653 et s. — GIVERDON, *op. cit.*, n°s 441 et s.

(118) Nouv. C. proc. civ., art. 786. — GIVERDON, *op. cit.*, n°s 436 et s.

(119) Nouv. C. proc. civ., art. 801 et s. — GIVERDON, *op. cit.*, n°s 508 et s.

(120) Sur la litispendance et la connexité : VINCENT et GUINCHARD, *op. cit.*, n°s 340 et s. — VIATTE, *A propos de la litispendance*, Gaz. Pal., 1976. 1, doctr. 354. — Pour un tableau d'ensemble des incidents : VINCENT et GUINCHARD, *op. cit.*, n°s 1089 et s. — PERROT, cours précité, p. 361 et s.

(121) Sur ces questions : VINCENT et GUINCHARD, *op. cit.*, n°s 534 et s. — Sur le pourvoi en cassation, v. *supra*, n° 402.

juridictions de première instance les « arrêts » des cours d'appel ou de la Cour de cassation et les « ordonnances » émises par le président d'une juridiction ou le juge de la mise en état.

La notion de jugement, largement comprise, paraît simple ; elle suscite pourtant de délicates questions. Après avoir évoqué celles-ci, il faudra signaler les effets qui s'attachent aux jugements avec, en particulier, la règle importante de l'autorité de la chose jugée.

§ 1. — NOTION DE JUGEMENT

550. — Les décisions des juges ne sont pas toutes des jugements.

« Le jugement paraît nettement caractérisé comme la décision rendue par une juridiction spécialement organisée pour trancher, en observant une procédure minutieusement réglementée, les contestations que les plaideurs lui soumettent » (1). Mais on s'aperçoit vite que les juges prennent des décisions, couramment appelées « jugements », qui ne répondent pas à toutes ces caractéristiques : ainsi, lorsqu'un tribunal homologue une convention de changement de régime matrimonial (2) ou l'état liquidatif d'un partage amiable intéressant un mineur (3). On est donc conduit à faire des distinctions dans l'activité du juge. C'est alors poser la difficile question du critère de l'acte juridictionnel proprement dit, essentielle pour préciser la notion de jugement. Il existe d'ailleurs d'autres points de vue en fonction desquels des distinctions entre les décisions judiciaires peuvent être faites ; un tableau sommaire des classifications généralement utilisées permettra de les indiquer.

I. — *L'acte juridictionnel.*

551. — Controverses relatives au critère de l'acte juridictionnel.

Ce sont surtout les auteurs de droit public qui ont attiré l'attention sur l'importance de la recherche d'une définition de l'acte juridictionnel (4). En effet, il est souvent délicat de discerner à quel titre agissent

---

(1) MARTY et RAYNAUD, *Introduction générale*, n° 191.
(2) C. civ., art. 1397.
(3) C. civ., art. 466.
(4) DUGUIT, *L'acte administratif et l'acte juridictionnel*, Rev. dr. publ., 1906. 413. — JÈZE, *L'acte juridictionnel et la classification des recours contentieux*, Rev. dr. publ., 1909, 667 ; *De la force de vérité légale attachée par la loi à l'acte juridictionnel*, Rev. dr. publ., 1913. 413. — GUILLIEN, *L'acte juridictionnel et l'autorité de la chose jugée*, thèse Bordeaux, 1931. — WALINE, *Du critère des actes juridictionnels*, Rev. dr. publ., 1933. 565. — CHAUMONT, *Esquisse d'une notion de l'acte juridictionnel*, Rev. dr. publ., 1942. 93. — MABILEAU, *De la distinction des actes administratifs et des actes juridictionnels*, thèse Paris, 1945. — LAMPUÉ, *La notion d'acte juridictionnel*, Rev. dr. publ., 1946. 6. — DE SOTO, *La notion de juridiction*, D. 1956, chron. 45. — V. aussi HÉBRAUD,

certains organismes créés par l'Administration ; l'existence de recours administratifs, recours gracieux, recours hiérarchique, recours à l'autorité de tutelle, ne facilite pas la distinction. De nombreuses théories ont été proposées, ce qui n'a rien d'étonnant, car la question met en jeu les principes fondamentaux de l'État « avec, en arrière-plan, toutes les querelles touchant à la théorie générale du droit » (5). Schématiquement, elles se divisent en deux groupes principaux : celles qui recherchent dans des signes extérieurs, ou *critères formels*, les traits caractéristiques de l'acte juridictionnel, et celles qui font usage de *critères matériels*, en procédant à une analyse de la nature de l'acte lui-même.

Les critères formels ont été cherchés dans plusieurs directions (6). Si l'on admet qu'il n'existe pas de différence profonde entre les actes administratifs et les actes juridictionnels quant à leur nature, les seconds se distinguent des premiers parce qu'ils émanent de tribunaux spécialisés, hiérarchisés, indépendants (critère organique). Ces organes appliquent le droit, tout comme l'administration, mais ils le font en suivant certaines règles particulières (critère procédural). De tels indices sont certainement précieux (7), mais insuffisants, car il existe trop de nuances dans la hiérarchie ou l'autonomie des autorités, comme dans les formes selon lesquelles elles agissent. De plus, un même organe peut avoir une activité tantôt juridictionnelle et tantôt administrative. Le signe distinctif de l'acte juridictionnel serait-il alors son efficacité ? Ce qu'affirme un juge est réputé être l'expression de la vérité, parce qu'il dit le droit (8). Mais la question est précisément de savoir quels sont les actes qui sont ainsi revêtus de l'autorité de la chose jugée.

Les critères matériels sont également divers (9). Il a été fait état de la finalité de l'acte : l'administrateur vise au bon fonctionnement des services publics dans l'intérêt général, tandis que le juge veille au respect de l'ordre juridique (10). Cependant, la distinction est ténue, car l'acte administratif doit être conforme au droit et l'acte juridictionnel, apaisant les conflits, remplit une fonction sociale répondant aux besoins de la collectivité. Un autre critère a été cherché dans l'analyse de la structure même de l'acte : à la suite d'une prétention, le juge constate le droit et en tire la conséquence par une décision (11). La phase essentielle serait la constatation du droit, à laquelle certains réduisent d'ailleurs l'acte juridictionnel, en considérant que la décision qui lui fait suite est une manifestation de volonté « active », donc un acte administratif (12). Mais on peut reprocher à ces théories assez subtiles

L'acte juridictionnel et la classification des contentieux, Rec. Acad. *Législation de Toulouse*, 1949. 131. — Vizioz, *op. cit.*, p. 58, 126. — Cornu et Foyer, *op. cit.*, p. 74 et s. — Solus et Perrot, *op. cit.*, t. I, n°s 465 et s. — Vincent et Guinchard, *op. cit.*, n°s 76 et s. — Motulsky, *Droit processuel*, p. 15 et s.

(5) Solus et Perrot, *op. cit.*, n° 466.

(6) *Ibid.*, n°s 470 et s. — Motulsky, *op. cit.*, p. 15.

(7) Carré de Malberg, *Contribution à la théorie générale de l'État*, t. I, p. 768 et s.

(8) Japiot, *op. cit.*, n°s 136 et s. — Jèze, études précitées.

(9) Solus et Perrot, *op. cit.*, n°s 475 et s. — Vincent et Guinchard, *op. cit.*, n°s 79 et s. — Motulsky, *op. cit.*, p. 15 et 16.

(10) Morel, *op. cit.*, n° 79.

(11) Duguit, étude précitée.

(12) Jèze, étude précitée, *Rev. dr. publ.*, 1909. 667 et s. — Vincent et Guinchard, *op. cit.*, n° 81.

de « donner de l'acte juridictionnel une image trop désincarnée » (13), en même temps qu'elles aboutissent à une conception exagérément extensive de l'acte juridictionnel qui englobe alors des actes dont le caractère administratif n'était pas discuté (14). Une approche sans doute plus réaliste a été tentée lorsqu'a été mis en avant le critère de la contestation ou, d'une façon plus large, du litige (15) : l'acte juridictionnel est celui qui a pour fonction de trancher un conflit entre les prétentions contraires. Il faut cependant remarquer que l'on doit alors adopter une conception très souple du litige, pour y inclure de simples oppositions d'intérêts, des conflits latents ou implicites (16) ; de plus, il n'est pas exclu qu'un litige soit réglé par un acte administratif (17).

La tendance actuellement dominante est en faveur d'une combinaison de différents critères (18). Que l'on insiste davantage sur l'existence d'un litige (19) ou sur la constatation de la situation juridique (20), les éléments d'ordre formel sont néanmoins inclus dans les définitions de l'acte juridictionnel (21).

552. — Distinction des jugements contentieux, des actes d'administration judiciaire et des décisions gracieuses.

Ces discussions, dont l'importance théorique est considérable, ont une portée générale. Cependant, la question se pose en pratique sous un angle quelque peu différent en droit privé. En effet, la précision de l'organisation judiciaire (22) et la minutie de la réglementation de la procédure ne créent aucun doute sur le point de savoir *qui* est juge (22-1). Mais ce qu'il faut déterminer est *quand* ces organes jugent. Il est certain que les juridictions judiciaires n'ont pas pour seule activité de

---

(13) MARTY et RAYNAUD, *Introduction générale*, n° 191.
(14) *Ibid.* — SOLUS et PERROT, *op. cit.*, n° 478.
(15) HÉBRAUD, étude précitée, *Rec. Acad. législation de Toulouse*, 1949. 131 et s. — V. aussi VIZIOZ, *op. cit.*, p. 58 et s.
(16) SOLUS et PERROT, *op. cit.*, n° 480.
(17) *Ibid.*, n° 481. — MARTY et RAYNAUD, *op. et loc. cit.*
(18) SOLUS et PERROT, *op. cit.*, n° 481. — MARTY et RAYNAUD, *op. et loc. cit.* — VINCENT et GUINCHARD, *op. cit.*, n° 83. — MOTULSKY, *op. cit.*, p. 16 et 17.
(19) SOLUS et PERROT, MOTULSKY, *op. et loc. cit.*
(20) VINCENT et GUINCHARD, *op. et loc. cit.*
(21) Voici, par exemple, la définition proposée par MOTULSKY (*op. cit.*, p. 17) : « l'acte juridictionnel consiste, de la part d'un organe qualifié, à mettre en œuvre, selon les formes spéciales et une technique appropriée, une règle de droit en vue de trancher un conflit d'intérêts par la consécration ou le rejet d'une prétention juridique soumise à cet organe ».
(22) *Supra*, n° 385.
(22-1) V. cependant, à propos du Conseil de la concurrence : JEANTET, *L'esprit du nouveau droit de la concurrence*, J. C. P. 1987.I.3277. — DRAGO, *Le conseil de la concurrence*, J. C. P. 1987.I.3300. — PORTNOI, *Une innovation de taille*, Gaz. Pal., 1988, 1, doctr. 12. — BOLZE, *Le transfert du contentieux des décisions du Conseil de la concurrence à la Cour d'appel de Paris*, D. 1988, chron. 169. — PECH DE LACLAUSE, *L'article 36 de l'ordonnance du 1er décembre 1986 relative à la liberté des prix et de la concurrence a-t-il créé une nouvelle juridiction du fond?* Gaz. Pal., 1988, 2, doctr. 576.

rendre des actes juridictionnels. Leur fonctionnement même suppose que soient prises des décisions étrangères à un contentieux quelconque ; leur connaissance du droit et leur structure les prédisposent à rendre d'autres services que l'apaisement des litiges. Aussi, est-on conduit à distinguer d'une part les jugements contentieux, véritables actes juridictionnels et, d'autre part, les actes administratifs judiciaires et les décisions dites « gracieuses ».

Il est relativement aisé d'opposer aux véritables jugements les actes de pure administration judiciaire, comme ceux qui consistent à distribuer les affaires entre les différentes chambres de la juridiction ou à fixer une date d'audience (22-2). Mais l'opposition est moins nette avec les décisions gracieuses (22-3). Il s'agit, par exemple, des mesures de protection de certaines personnes, telles l'homologation d'un partage intéressant un mineur ou l'organisation d'une tutelle (23). En la forme, ces décisions sont très proches des jugements contentieux (24), mais elles ne tranchent pas de litige. De sorte que l'on peut hésiter à les rattacher soit aux jugements, soit aux actes administratifs (25). « En réalité, la décision gracieuse est un acte de nature hybride, à mi-chemin entre l'acte administratif et l'acte juridictionnel » (26). On s'explique alors qu'il y ait d'assez sérieuses difficultés à élaborer un critère précis de la juridiction gracieuse. L'élément caractéristique est sans doute l'absence de contestation (27). Toutefois, la mise en œuvre de cette idée est

---

(22-2) VINCENT et GUINCHARD, op. cit., nos 105 et s.

(22-3) LE NINIVIN, La juridiction gracieuse dans le nouveau Code de procédure civile, thèse Rennes, 1982. — BERGEL, La juridiction gracieuse en droit français, D. 1983, chron. 153.

(23) V. LES PERSONNES, no 363. — BALENSI, L'homologation judiciaire des actes juridiques, Rev. trim. dr. civ., 1978, 42 et 233.

(24) Sur la procédure spéciale en matière gracieuse, Nouv. C. proc. civ., art. 25 et s., 797 et s., 950 et s.

(25) Pour un rapprochement de la juridiction gracieuse et de la juridiction contentieuse, HÉBRAUD, Commentaire de la loi du 15 juillet 1944, D. 1946, L. 333 et s. — R. MERLE, Essai de contribution à la théorie générale de l'acte déclaratif, thèse Toulouse, 1949. — Pour un rattachement des décisions gracieuses aux actes administratifs judiciaires, VINCENT et GUINCHARD, op. cit., no 95.

(26) SOLUS et PERROT, op. cit., no 484. — S'il existe des différences procédurales, la voie de l'appel est ouverte aussi bien en matière gracieuse qu'en matière contentieuse (Nouv. C. proc. civ., art. 543). Mais les décisions gracieuses n'ont pas l'autorité de la chose jugée. — V. BOLARD, La liberté des plaideurs dans la procédure gracieuse, D. 1976, chron. 54. — R. MARTIN, Matière gracieuse et ordonnances sur requête unilatérale, J. C. P. 1976. I. 2787 ; La formalisation de la demande gracieuse et de la requête au président du Tribunal de grande instance, après le décret no 76-714 du 29 juillet 1976, J. C. P. 1976. I. 2819. — APPERT et JUILLIARD, Les voies de recours du Nouveau Code de procédure civile, D. 1976, chron. 201. — VIATTE, Matière gracieuse et ordonnances sur requête, Gaz. Pal. 1976, 2, doctr. 622. — BERGEL, Juridiction gracieuse et matière contentieuse, D. 1983, chron. 165.

(27) V. Nouv. C. proc. civ., art. 25.

délicate (27-1), en raison de l'existence de contentieux larvés dont il est malaisé d'apprécier l'intensité (28). Un certain empirisme intervient donc dans la délimitation des actes juridictionnels.

Cette distinction difficile entre les décisions contentieuses et les décisions gracieuses doit être faite pour préciser la notion de jugement. Par là, on établit déjà une classification de l'activité des juridictions. Mais d'autres catégories peuvent être signalées.

II. — Classification des jugements.

553. — Nous nous bornerons à une rapide nomenclature, en prenant le mot jugement dans un sens large.

Outre la distinction, qui vient d'être évoquée, entre jugements contentieux et décisions gracieuses, plusieurs types de classement peuvent être adoptés.

Lorsque les deux parties ont comparu, le jugement est *contradictoire ;* dans le cas contraire, il s'agit d'un jugement *par défaut.* L'originalité de ce dernier tient à la voie de recours particulière dont il peut être frappé : l'opposition. Mais il arrive qu'un jugement, bien que rendu sans qu'un des plaideurs se soit manifesté, ne puisse faire l'objet d'une opposition parce qu'il est « réputé contradictoire » (29).

Si le jugement peut être frappé d'appel, il est dit « en premier ressort », alors que si l'appel est exclu, il est dit « en premier et dernier ressort ».

Plus délicate est la distinction entre les *jugements définitifs* et les jugements *avant dire droit.* Les premiers mettent fin à une contestation, de telle sorte qu'il n'y aura pas lieu d'y revenir. Les seconds ne règlent pas le litige, mais, rendus au cours de l'instance, ils assurent la protection de certains intérêts durant le procès (jugements provisoires) ou permettent de réunir des éléments utiles pour parvenir à une solution (jugements relatifs à l'instruction) (30). Il existe d'ailleurs des *jugements mixtes* qui, tout en ordonnant une mesure avant dire droit, règlent définitivement un point du litige (31).

(27-1) BERGEL, *La juridiction gracieuse en droit français,* D. 1983, chron. 153. — V., par exemple, en matière de révision des charges des libéralités : WITZ, D. 1985, chron. 101, nᵒˢ 20 et 21.

(28) La difficulté apparaît lorsqu'existe un contentieux éventuel, un contentieux connexe ou un contentieux seulement formel (SOLUS et PERROT, *op. cit.,* nᵒˢ 487 et s.).

(29) Il en est ainsi lorsque la décision est susceptible d'appel ou que la citation a été délivrée à la personne du défendeur (Nouv. C. proc. civ., art. 473).

(30) Les jugements relatifs à l'instruction se subdivisent en *jugements préparatoires,* qui ne laissent pas présager du sens de la décision définitive (par exemple, le jugement ordonnant une expertise pour vérifier un compte entre les plaideurs) et *jugements interlocutoires,* qui permettent d'entrevoir l'opinion du tribunal sur le fond (par exemple, le jugement ordonnant une enquête pour vérifier les griefs allégués par un époux dans un procès en divorce). Cette distinction, de mise en œuvre délicate, était importante sous l'empire du Code de procédure civile pour décider de la recevabilité immédiate de l'appel. Cet intérêt a disparu, la question étant réglée par les textes indépendamment de la classification entre jugements préparatoires et interlocutoires.

(31) L'exemple-type est celui du jugement admettant le principe de la responsabilité du défendeur et ordonnant une expertise en vue d'évaluer le préjudice. — V. DURRY, *Les jugements dits mixtes, Rev. trim. dr. civ.,* 1960. 5.

La plupart des jugements tranchent une contestation véritable. Mais il en est qui donnent la solution d'un litige qui a été simulé par les plaideurs. On parle, dans ce dernier cas, de *jugements d'expédient* (32).

Enfin, on distingue les *jugements déclaratifs* qui se bornent à constater une situation juridique et les *jugements constitutifs* qui créent un état de droit nouveau. Mais cette opposition ne doit pas être poussée trop loin, car tout jugement contient, dans une proportion il est vrai variable, des éléments déclaratifs et des éléments constitutifs (33).

Ces différentes classifications donnent un aperçu de la variété des jugements. Elles présentent des intérêts d'ordre procédural. Surtout, la plupart d'entre elles sont importantes pour préciser les effets des décisions judiciaires et, en particulier, la règle de l'autorité de la chose jugée.

§ 2. — EFFETS DES JUGEMENTS

554. — Les décisions judiciaires doivent être exécutées et, en principe, le juge épuise son pouvoir en tranchant le litige. L'acte juridictionnel produit en outre un effet particulier d'une extrême importance : l'autorité de la chose jugée lui est attachée.

I. — *Force exécutoire des jugements et dessaisissement du juge.*

555. — **Le jugement est un titre exécutoire permettant le recours à la force publique.**
Le jugement, pourvu qu'il porte la formule exécutoire (34) et ait été notifié au plaideur condamné (34-1), constitue un titre permettant de recourir à la contrainte. S'il arrive parfois que les autorités administratives refusent le concours de la force publique, un tel refus engage la responsabilité de l'État (35). Les difficultés qui

---

(32) L'accord des parties est occulte dans le jugement d'expédient, qui présente tous les caractères d'une décision contentieuse. Il en va autrement lorsque le juge se contente de constater l'existence d'un accord des parties (tel est le cas des jugements de donné acte). Mais la différence est malaisée à saisir en pratique.

(33) Ainsi le jugement de divorce, considéré comme l'exemple le plus caractéristique d'un jugement constitutif constate certains faits et en déclare l'existence ; quant aux jugements déclaratifs, ils donnent force et certitude à des droits antérieurement contestés (MARTY et RAYNAUD, *op. cit.*, nº 194. — PERROT, cours précité, p. 517-518).

(34) Nouv. C. proc. civ., art. 502.

(34-1) LOBIN, *La notification des jugements et ses sanctions*, Mélanges Raynaud, 1985, p. 381.

(35) Cons. d'État, 30 novembre 1923. *Couitéas*, S. 1923.3.57, note HAURIOU. — 3 juin 1938, *Soc. La cartonnerie et imprimerie de Saint-Charles*, D. P., 1938.3.65, note APPLETON. — 3 novembre 1967, *Fiat*, J. C. P. 1968.II.15561, note DURAND-PRINBORGNE. — 21 mai 1969, *Stern*, J. C. P. 1970.II.16154, note M. A. — Trib. adm. Paris, 4 décembre 1985, *Soc. d'H. L. M. des logements familiaux*, Gaz. Pal., 1986, 1, 130, note GONTIER. — DE ROCCA, *Principe d'une indemnisation liée au refus de concours de la force publique*, Gaz. Pal., 1989, 2, doctr. 355.

peuvent surgir à l'occasion de l'exécution forcée des jugements sont de la compétence du juge de l'exécution, établi par la loi du 5 juillet 1972 (36).

L'exécution forcée des jugements ne peut être poursuivie pendant le délai ouvert pour exercer les voies de recours ordinaires (appel et opposition) ; si un tel recours est formé, il faut attendre la décision de la juridiction qui en est saisie pour procéder à l'exécution. Il en va toutefois différemment lorsque l'exécution provisoire du jugement a été ordonnée par le tribunal (37).

556. — Le juge qui a statué ne peut plus revenir sur sa décision, sauf quelques exceptions.
Une fois la sentence rendue, le juge cesse d'être juge (38) : il est dessaisi. Cette règle ne s'applique pas aux jugements avant dire droit ni aux décisions gracieuses, mais seulement aux véritables actes juridictionnels tranchant le litige. Elle signifie que le juge ne peut plus modifier sa décision ni la rétracter.

Toutefois, le principe comporte certains tempéraments. Le tribunal qui s'est exprimé en termes obscurs a compétence pour interpréter sa propre décision. Lorsqu'un jugement a été rendu par défaut, si une opposition est formée, elle ramène l'affaire devant les magistrats qui avaient statué. De plus, le recours en révision permet de revenir devant le juge pour lui demander de rétracter sa décision s'il se révèle qu'elle a été surprise par la fraude d'une des parties, a été rendue dans l'ignorance de pièces décisives retenues par un des plaideurs ou sur des preuves dont la fausseté a été ultérieurement établie (39). L'article 462 du nouveau code de

---

(36) C. organis. juaic., art. L. 311-12. — Pour une application, V. Trib. gr. inst. Paris, 6 avril 1973, *Gaz. Pal.*, 1973.II.618. — Sur les difficultés résultant de l'absence de décrets d'application : Paris, 12 juillet 1978, J. C. P. 1979.II. 19042, note J. A. — NORMAND, chron. jurispr., *Rev. trim. dr. civ.*, 1988, 170.

(37) Exceptionnellement, l'exécution provisoire est de droit, comme en matière de référé (Nouv. C. proc. civ., art. 489) ou de jugements ordonnant des mesures provisoires ou conservatoires (*Ibid.*, art. 514, al. 2 ; dans quelques cas, elle est exclue par la loi : ainsi pour la condamnation aux dépens (Nouv. C. proc. civ., art. 515). — Sur l'exécution provisoire, VINCENT et GUINCHARD, *op. cit.*, nos 811 et s. — HANINE, *Le droit de l'exécution provisoire dans le nouveau Code de procédure civile*, J. C. P. 1976.I.2756. — LOYER-LARHER, *La réforme de l'exécution provisoire, Gaz. Pal.*, 1976, 2, doctr. 587 ; *L'exécution provisoire : analyse de la jurisprudence des Cours d'appel d'Angers et de Rennes, Gaz. Pal.*, 1982, 1, doctr. 151. — BLAISSE, *Arrêt et aménagement de l'exécution provisoire par le Premier président*, J. C. P. 1985.I.3183. — PERROT, BEAUCHARD et PLUYETTE, *Les problèmes actuels de l'exécution provisoire*, intervention au salon de l'avocat, 29-30 novembre 1985, *Gaz. Pal.*, 1986, 1, doctr. 74. — RÉZENTHEL, *L'exécution provisoire de plein droit et la hiérarchie des normes, Gaz. Pal.*, 1988, 1, doctr. 310.

(38) C'est l'adage : *lata sentencia judex desinit esse judex*.

(39) Nouv. C. proc. civ., art. 593 et s. — Le recours en révision se substitue à une ancienne voie de recours : la requête civile (C. proc. civ. [ancien], art. 480 et s). — Sur le recours en révision : VINCENT et GUINCHARD, *op. cit.*, nos 1017 et s. — V. des applications : Douai, 23 juin 1976, *Gaz. Pal.*, 1977. 1. 90. — Lyon, 18 juin 1977, *Gaz. Pal.*, 1977. 2. 662. — Paris, 17 mars 1978, *Gaz. Pal.*, 1979. 1. 18, note R. D. — Nancy, 10 juillet 1979, D. 1980, 560, note JOLY. — Cass. civ. 2e, 11 juillet 1979, *Gaz. Pal.*, 1980. 1. 21, note J. V. — Paris, 12 décembre 1979, *Gaz. Pal.*, 1980. 1. 202, note VIATTE. — Cass. civ. 2e, 21 juillet 1980, *Gaz. Pal.*, 1981.1.15'í, note VIATTE. — Cass. civ. 2e, 27 juin 1984, D. 1985, 199, concl. CHARBONNIER. — Cass. civ. 2e, 3 juillet 1985, *Gaz. Pal.*, 1986, 1, somm. annot., 91, observ. GUINCHARD et MOUSSA. — Com., 16 octobre 1985, D. 1986, 589, note ABITBOL.

procédure civile prévoit encore que le juge, saisi par simple requête d'une des parties, ou même statuant d'office, peut réparer les erreurs et omissions matérielles qui affectent son jugement. Afin d'éviter qu'à la faveur de cette rectification de véritables modifications de fond soient introduites dans la décision, le texte précise que la réparation du vice doit être faite « selon ce que le dossier révèle ou, à défaut, ce que la raison commande » (40). Le principe du contradictoire doit d'ailleurs être respecté : le juge statue après avoir entendu les parties ou celles-ci appelées. Une procédure analogue est organisée par les articles 463 et 464 pour obtenir du juge qu'il complète sa décision lorsqu'il a omis de statuer sur certains chefs de la demande, ou qu'il retranche de son jugement ce qu'il a accordé au-delà de ce qui était demandé (40-1). Cependant, la plus grande importance de la modification ainsi apportée à la décision déjà rendue explique certaines restrictions par rapport à la rectification d'erreur matérielle : le juge ne peut se saisir d'office ; la requête ne peut plus êt reformée un an après que le jugement n'est plus susceptible d'appel ou d'opposition ; la décision modificative donne ouverture aux mêmes voies de recours que le jugement modifié.

II. — *L'autorité de la chose jugée*

557. — Quand le litige a été définitivement tranché, la solution bénéficie d'une complète immutabilité.

Une décision juridictionnelle ne peut être remise en question, quels que soient ses vices, si ce n'est par le jeu des voies de recours spécialement organisées : « voies de nullité n'ont lieu contre les jugements » énonce un adage traditionnel (41). Une fois ces voies de recours exercées ou les délais prévus pour leur exercice expirés, il n'est plus aucune possibilité pour aucun juge de revenir sur la décision. Tel est l'aspect principal de « l'autorité de la chose jugée » dont sont revêtus les jugements (42).

Le Code civil énonce la règle aux articles 1350 et 1351, à propos de

---

(40) Pour des applications, v. Lyon, 15 novembre 1972, *Gaz. Pal.*, 1973. 1. 32. — Paris, 9 mai 1973, *Gaz. Pal.*, 1973. 2. 904. — Trib. gr. inst. Aix, 20 décembre 1973, J. C. P. 1974, éd. G. IV, 6421, p. 196, note J. A. — Amiens, 11 mars 1975, J. C. P. 1975, éd. G. IV, 6548, p. 316, note J. A. — Paris, 29 avril 1977, *Gaz. Pal.*, 1977. 2. 628. — Cass. civ. 2e, 2 juillet 1980, *Gaz. Pal.*, 1981. 1. 29, note VIATTE. — 8 octobre 1980, *Gaz. Pal.*, 1981. 2. 422, note J. M. — Cass. civ. 3e, 20 janvier 1981, *Gaz. Pal.*, 1981. 1. 330, note VIATTE.

(40-1) Cass. civ. 2e, 25 octobre 1978, *Gaz. Pal.*, 1979. 1. 81. — 3 janvier 1980, *Gaz. Pal.*, 1980. 1. 241, note J. V.

(41) V. sous ce titre, DEVEZE, thèse Toulouse, 1938. — *Adde* : TOMASIN, *Essai sur l'autorité de la chose jugée en matière civile*, thèse Toulouse, 1973, éd. L. G. D. J. 1975, préf. HÉBRAUD, nos 153 et s.

(42) MELINESCO, *Études sur l'autorité de la chose jugée en matière civile*, thèse Paris, 1913. — LACOSTE, *De la chose jugée*, 3e éd., 1914. — GUILLIEN, *L'acte juridictionnel et l'autorité de la chose jugée*, thèse Bordeaux, 1931. — MALBEC, *La relativité de la chose jugée ; l'effet vis-à-vis des tiers des jugements rendus en matière civile*, thèse Toulouse, 1947, dactyl. — BOYER, *Les effets des jugements à l'égard des tiers, Rev. trim. dr. civ.*, 1951. 163. — LE CLEC'H, *De l'autorité de la chose jugée*, 1952. — Jean FOYER, *De l'autorité de la chose jugée en matière civile, essai d'une définition*, thèse

la preuve des obligations, en rangeant « l'autorité que la loi attribue à la chose jugée » parmi les présomptions légales. Ce serait donc parce que les jugements sont réputés exprimer la vérité qu'il serait interdit de contester leur autorité en les remettant ultérieurement en question (43).

Aujourd'hui, ce fondement n'est plus guère accepté. Le juge est évidemment faillible comme tout être humain et croire que les conditions dans lesquelles il statue lui permettent toujours d'atteindre la vérité serait faire montre d'un optimisme excessif. Aussi préfère-t-on considérer que la règle est justifiée par la nécessité pratique de mettre un terme aux litiges en empêchant de recommencer indéfiniment les mêmes procès, ainsi que par le souci d'éviter des contrariétés de décisions qui seraient néfastes au crédit de la justice.

Ces considérations d'opportunité peuvent d'ailleurs expliquer que l'ampleur des conséquences de l'autorité de la chose jugée ne soit pas rigoureusement définie. Traditionnellement, on s'en tient à l'effet « négatif » que constitue la fin de non-recevoir opposée à la tentative de faire rejuger ce qui a déjà été décidé (exception de chose jugée). Mais il existe également un effet « positif » qui tend à se développer : lorsqu'un juge a procédé à la vérification de certaines circonstances de fait et en a tiré les conséquences de droit, ce point sera considéré comme définitivement tranché et la solution s'imposera ultérieurement, même à d'autres juges amenés à rencontrer la question à l'occasion d'un autre litige. Ainsi sont évitées d'éventuelles contradictions de jugements en même temps que le cours de la procédure est accéléré : le juge ne s'attarde pas à recommencer les vérifications déjà faites par un de ses prédécesseurs. Cet aspect de l'autorité de la chose jugée est surtout illustré par l'obligation faite au juge civil de tenir pour acquis ce qui a été jugé dans une instance pénale antérieure (44). Mais il est possible de relever aussi certaines applications d'une autorité positive sur le civil de la chose précédemment jugée au

---

Paris, 1954, dactyl. — PERROT, v° *Chose jugée*, Encycl. Dalloz, Répert. proc. civ., 1955. — H. ROLAND, *Chose jugée et tierce opposition*, thèse Lyon, 1958, préf. STARCK. — MOTULSKY, *Pour une délimitation plus précise de l'autorité de la chose jugée en matière civile*, D. 1968, chron. 1. — TOMASIN, thèse précitée. — R. MARTIN, *Les contradictions de la chose jugée*, J. C. P. 1979. I. 2938.

(43) *Res judicata pro veritate habetur* : la chose jugée est tenue pour l'expression de la vérité.

(44) HÉBRAUD, *L'autorité de la chose jugée au criminel sur le civil*, thèse Toulouse, 1929. — COURTEAUD, *Essai sur l'évolution de la jurisprudence récente du principe de l'autorité au civil de la chose jugée au criminel*, thèse Grenoble, 1938. — VALTICOS, *L'autorité de la chose jugée au criminel sur le civil*, thèse Paris, 1948, éd. com. 1953, préf. L. MAZEAUD. — CHAVANNE, *Les effets du procès pénal sur le procès engagé devant le tribunal civil*, Rev. sc. crim., 1954. 239. — MERLE et VITU, op. cit., t. II, n° 769 et s. — TOMASIN, thèse précitée, n°s 246 et s. — Sur des aspects particuliers du principe : SAINT-JOURS, *Du principe de l'autorité de la chose jugée au criminel en matière de faute inexcusable*, D. 1969, chron. 229. — RODIÈRE, *L'autorité au civil de la chose jugée au pénal en matière d'abordage*, J. C. P. 1971. I. 2382. — Sur les incidences prévisibles de la loi du 23 décembre 1980 abrogeant la solidarité des prescriptions de l'action publique et de l'action civile : ROGER, *La réforme du délai de prescription de l'action civile*, D. 1981, chron. 175.

civil (45). Cependant, il s'agit là plutôt d'une tendance, qui semble encore difficile à systématiser. Aussi nous bornerons-nous à l'examen de la règle envisagée de la façon la plus étroite : l'interdiction de renouveler un procès en tout point identique au précédent. Ce principe paraît simple. Il est néanmoins d'une mise en œuvre délicate. Le domaine et la portée de l'exception de chose jugée sont en effet difficiles à déterminer avec exactitude.

558. — **L'autorité de la chose jugée s'attache au dispositif des jugements contentieux définitifs.**

La fin de non-recevoir interdisant de recommencer un procès antérieurement vidé est une conséquence propre aux actes juridictionnels. Seuls les jugements contentieux sont investis de cette autorité de la chose jugée ; les décisions gracieuses, intervenues sans contestation, n'empêchent pas un litige ultérieur qui pourrait être soumis aux tribunaux. Il faut encore, pour que se produise l'extinction de l'action en justice, qu'il s'agisse d'un jugement définitif, c'est-à-dire ayant statué au fond ou tranché un incident. L'expression ne doit pas faire illusion ; elle ne signifie pas que la décision ne peut plus faire l'objet de voies de recours : dès qu'il est rendu, un jugement « définitif » a l'autorité de la chose jugée (46). Cette autorité se renforce seulement au fur et à mesure que les possibilités de recours se ferment. La terminologie s'en fait l'écho : on dit qu'un jugement est *passé en force de chose jugée* lorsqu'il ne peut plus être frappé de recours ordinaires (appel ou opposition), mais qu'il peut encore être atteint par les voies de recours extraordinaires (pourvoi en cassation, recours en révision, tierce opposition) ; la décision est dite *irrévocable* quand elle ne peut plus faire l'objet d'aucun recours.

Dire que l'autorité de la chose jugée ne s'attache qu'aux jugements définitifs implique naturellement que les jugements avant dire droit n'en sont pas revêtus. Encore faut-il préciser, comme le fait l'article 482 du Nouveau Code de procédure civile, que ces décisions n'ont pas « au principal » l'autorité de la chose jugée. Une telle formule indique implicitement que les jugements avant dire droit ont une certaine autorité : le juge ne pourrait les modifier que si un fait nouveau le justifiait (47). Mais à l'égard de la solution à donner au fond, le juge n'est pas lié par la mesure provisoire ou d'instruction qu'il a ordonnée. Il en est ainsi, traditionnellement, même si le jugement avant dire droit laissait entendre au moment où il a été rendu, dans quel sens le juge était disposé à statuer sur le fond (48). Il y a là cependant une source de difficultés, car

---

(45) TOMASIN, thèse précitée, n⁰ˢ 253 et s. — *Contra*, Jean FOYER, thèse précitée, p. 143.

(46) Nouv. C. proc. civ., art. 480.

(47) PERROT, cours précité, p. 546.

(48) C'est l'adage : « l'interlocutoire ne lie pas le juge ». — Sur la distinction des jugements préparatoires et interlocutoires, v. *supra*, note 30.

un jugement « mixte », contenant à la fois une décision définitive sur un point déterminé et une décision avant dire droit, est revêtu de l'autorité de la chose jugée en ce qui concerne sa partie définitive. Or il est souvent délicat de distinguer le jugement mixte du jugement dit « interlocutoire » qui ne contient qu'une indication dépourvue d'autorité de chose jugée relativement à la solution finale.

Seul le « dispositif » du jugement, énonçant la décision du juge, est assorti de l'autorité de la chose jugée, à l'exclusion des « motifs » relatant le raisonnement au terme duquel la juridiction a tranché. Mais il serait exagérément formaliste de s'en tenir rigoureusement à la présentation matérielle du jugement. La jurisprudence admet donc que l'autorité de chose jugée s'attache aux motifs qui sont le soutien nécessaire du dispositif, ainsi qu'aux motifs « décisoires » qui, en dépit de la place qu'ils occupent dans le jugement, tranchent définitivement un point du procès (48-1). Elle a même été plus loin en reconnaissant qu'il pouvait y avoir chose implicitement jugée, en adoptant une conception large des éléments non exprimés impliqués par la décision (49).

559. — L'exception de chose jugée interdit de recommencer un procès exactement identique au précédent, c'est-à-dire opposant les mêmes parties, sur le même objet, pour la même cause.

La règle de l'autorité de la chose jugée interdit de recommencer un procès terminé. La fin de non-recevoir ne peut être opposée à une demande que si celle-ci tend à faire juger de nouveau exactement la même affaire que celle qui a déjà reçu une solution. Il faut donc comparer

(48-1) Il est cependant possible de relever une tendance restrictive de la jurisprudence à l'égard de l'autorité de chose jugée des motifs décisoires : Cass. civ. 3e, 22 juin 1977, *Gaz. Pal.*, 1978. 1. 21, note Viatte ; *Rev. trim. dr. civ.*, 1978, p. 189, observ. Normand. — Cass. civ. 1re, 12 avril 1983, J. C. P. 1984.II.20288, note Blaisse. — Cass. civ. 2e, 3 octobre 1984, *Gaz. Pal.*, 1985, panor. p. 55, observ. Guinchard. — Com., 15 juillet 1987 et Cass. civ. 2e, 24 février 1988, J. C. P. 1989.II.21189, note Le Mintier-Feuillet. — Il existe cependant un courant jurisprudentiel moins rigoureux. Par exemple : Cass. civ. 3e, 27 avril 1982, *Bull. civ.* III, no 106, p. 76 ; *Rev. trim. dr. civ.*, 1983, 778. — Com., 15 octobre 1985, *Gaz. Pal.*, 1986, 1, somm. annot. 178, observ. Croze et Morel.

(49) Sur tous ces points, Motulsky, étude précitée, D. 1968, chron. p. 1. — Tomasin, thèse précitée, nos 202 et s. — Perdriau, *Les dispositifs implicites des jugements*, J. C. P. 1988.I.3352. — Les textes du Nouveau Code de procédure civile devraient réduire les incertitudes relatives aux décisions implicites. En précisant que « le jugement qui se borne dans son dispositif à ordonner une mesure d'instruction ou une mesure provisoire n'a pas au principal l'autorité de la chose jugée », l'article 482 interdit d'y rechercher des questions implicitement tranchées au fond. De plus, c'est seulement par l'examen du dispositif et non des motifs que l'on peut désormais reconnaître des jugements mixtes (v. art. 544). — Viatte, *L'autorité des motifs des jugements*, Gaz. Pal., 1978, 1, doctr. 84. — Normand, chron. jurispr., *Rev. trim. dr. civ.*, 1988, 386.

à la demande le jugement antérieurement rendu. L'identité du litige nouveau et de celui qui a été tranché doit être complète. C'est ce qu'exprime l'article 1351 du Code civil.

« L'autorité de la chose jugée n'a lieu qu'à l'égard de ce qui a fait l'objet du jugement. Il faut que la chose demandée soit la même ; que la demande soit fondée sur la même cause ; que la demande soit entre les mêmes parties, et formée par elles et contre elles en la même qualité ».

Cette règle, dite « des trois identités » (identité de parties, identité d'objet, identité de cause), est sans doute à certains égards assez mal venue ; elle suscite en tout cas des controverses et ses applications en jurisprudence ne donnent pas toute la certitude souhaitable (50).

560. — L'identité des parties.

Un jugement n'a autorité qu'entre les parties à l'instance qu'il clôt et les personnes qui ont été représentées par elles, notamment leurs ayants cause universels et leurs créanciers chirographaires (51). Cela ne signifie pas que les constatations du tribunal sont pour les tiers « feuille blanche » (52). En modifiant ou confortant les droits des parties, le jugement a des incidences sur la situation des tiers. Il constitue un élément de l'état de fait et à ce titre est opposable à tous (53). C'est pourquoi la décision peut être attaquée par les tiers au moyen d'une voie de recours spéciale : la tierce opposition. Mais les tiers qui forment une demande soulevant une question déjà résolue dans une autre instance ne peuvent se voir opposer la fin de non-recevoir tirée de l'autorité de la chose jugée (54) ; la solution donnée dans l'affaire intéressant autrui ne s'impose pas dans leur propre litige.

---

(50) Cette méthode ne se justifie que pour faire jouer l'effet « négatif » de la chose jugée (obstacle au renouvellement du procès). Elle est sans application pour un éventuel effet « positif » (v. *supra*, n° 557) : « pour que puisse jouer l'effet positif, il suffit que l'on débatte, entre les mêmes parties, de conséquences juridiques découlant d'une « question » déjà tranchée lors d'un premier procès » (TOMASIN, thèse précitée, n° 270). Une part des incertitudes relatives à la règle de la « triple identité » provient sans doute de la confusion trop souvent faite entre les deux aspects de l'autorité de la chose jugée.

(51) Sauf lorsqu'ils invoquent un droit propre, auquel cas ils ne sont pas censés avoir été représentés par leur auteur.

(52) BOYER, article précité, *Rev. trim. dr. civ.*, 1951, 163, n° 22.

(53) Par exemple, le succès d'une action en revendication entraîne comme conséquence l'anéantissement des droits que le possesseur avait pu consentir à des tiers sur la chose (V. BIENS). Sur l'opposabilité des jugements, V. TOMASIN, thèse précitée, n°s 93 et s.

(54) Il a été ainsi distingué d'une part « l'effet créateur » du jugement qui est opposable à tous et que les tiers intéressés peuvent discuter par la tierce opposition et, d'autre part, « la vérité judiciaire » exprimée par la décision, qui n'est que relative et ne s'impose pas irréfragablement dans un nouveau litige (BOYER, article précité). — Pour une critique de cette analyse, V. TOMASIN, thèse précitée, n° 56.

Cette relativité de la chose jugée quant aux personnes peut être discutée d'un point de vue théorique : si le juge dit le droit, cette révélation ne devrait-elle pas valoir pour tous ? Au point de vue pratique on peut regretter le renouvellement des litiges et les risques de contrariété de décisions. Cependant, la modestie dont fait preuve à cet égard notre système juridique est empreinte de réalisme et constitue une garantie pour les tiers : la solution aurait pu être différente s'ils avaient été en mesure de se faire entendre.

Le principe subit d'ailleurs des exceptions de plus en plus nombreuses (55). Traditionnellement, les jugements constitutifs (56) ont autorité à l'égard de tous. La loi attache une autorité absolue aux jugements rendus en matière de filiation (57), de nationalité (58) et dans quelques autres domaines (59). La jurisprudence admet, de façon incontestée, que la chose jugée au pénal a autorité à l'égard de tous (60).

Enfin, il faut remarquer la tendance favorable au développement de l'intervention forcée : les tiers intéressés que l'on peut connaître sont mis en cause dans le procès, de telle sorte qu'il n'y a guère de risques

(55) Sur la notion d'autorité absolue de la chose jugée, TOMASIN, *op. cit.*, nᵒˢ 60 et s. — Cette notion est sans doute comprise trop largement, faute de faire la distinction, pourtant rationnelle, entre autorité de la chose jugée et *opposabilité* du jugement : DUCLOS, *L'opposabilité, essai d'une théorie générale*. L. G. D. J. 1984, préf. D. MARTIN, nᵒˢ 80 et s., 113 et s. — VINCENT et GUINCHARD, *op. cit.*, nᵒ 89.

(56) *Supra*, nᵒ 553.

(57) C. civ., art. 311-10 (rédaction L. 3 janvier 1972). La règle doit être étendue à tous les jugements intervenus en matière d'état des personnes.

(58) C. nationalité, art. 136 (rédaction L. 9 janvier 1973). — STARCK, *Preuve de la nationalité française et autorité de la chose jugée*, Rev. crit. dr. internat. privé, 1949. 435.

(59) Ainsi, en matière d'appellations d'origine, « les jugements ou arrêts définitifs décideront à l'égard de tous les habitants et propriétaires de la même commune ou, le cas échéant d'une partie de la même commune » (L. 6 mai 1919, art. 7, texte maintenu par la loi du 9 juillet 1966) ; les décisions relatives à des obligations émises dans le public peuvent avoir effet à l'égard de tous les obligataires tenant leurs droits de la même émission (D.-L., 8 août 1935 ; cette disposition conserve de l'intérêt malgré l'institution de la masse des obligataires : RIPERT et ROBLOT, *Traité de droit commercial*, t. 1, 13ᵉ éd., 1989, nᵒ 1422) ; le jugement qui ouvre le redressement judiciaire a une autorité absolue (Com., 2 mars 1976, D. 1976, 693, note JULIEN), mais non celui qui refuse l'ouverture d'une procédure collective (Com., 6 juillet 1983, D. 1983, 434, note DERRIDA).

(60) Jurisprudence constante depuis Cass. civ., 7 mars 1855, D. 1855. 1. 81; S. 1855. 1. 439. — La règle de l'autorité de la chose jugée au pénal sur le civil ne s'applique qu'aux décisions des juridictions de jugement et non à celles des juridictions d'instruction. Bénéficient seules de cette autorité accrue les constatations pénales *certaines et nécessaires,* ce qui soulève des questions assez délicates (V. MOTULSKY, *Droit processuel*, p. 277 et s.). V., par exemple : Ch. mixte, 19 mars 1982, D. 1982, 473, concl. CABANNES. — Com., 5 décembre 1984, Gaz. Pal., 1985, panor., p. 150, observ. GUINCHARD et CROZE. — Soc., 16 juin 1988, D. 1990, 70, note PRALUS-DUPUY. — Soc., 21 juin 1989 et 12 juillet 1989, D. 1990, 132, note PRALUS-DUPUY.

de voir ultérieurement la question soulevée de nouveau (61). De même, lorsque l'action est « attitrée », réservée à quelques personnes, le jugement acquiert en pratique une autorité absolue (62).

561. — L'identité d'objet et de cause.

C'est surtout à propos de l'identité d'objet et de cause que les difficultés sont graves. Ces termes évoquent ceux qui sont utilisés pour déterminer l'office du juge (63). Certes, la question posée n'est pas la même. Mais, puisqu'il s'agit de comparer au jugement antérieurement rendu une demande nouvelle, il n'est pas étonnant de retrouver les éléments, objet et cause, déjà utilisés pour délimiter la demande lorsqu'il s'agit de fixer la portée du principe dispositif. Or si, dans la conception actuellement consacrée par les textes, la cause de la demande se situe au plan des faits, il n'est guère possible, lorsqu'on examine le jugement, de faire abstraction du droit. « Lorsqu'on s'interroge sur *ce qui a été jugé*, on ne peut qu'entendre par là ce qui a été jugé *en fait et en droit* » (64). De là résulte un certain malaise et bien des hésitations en jurisprudence.

La distinction de l'objet et de la cause manque de netteté. Théoriquement, elle est simple. La première notion « vise la chose prétendue *(quid?)*, tandis que l'autre s'en tient... aux raisons qui étayent la prétention *(cur?)* » (65). Mais, en pratique, des glissements s'opèrent de l'objet à la cause et réciproquement, de sorte que l'incertitude s'instaure (66).

C'est surtout la cause qui se révèle difficile à préciser. Puisque, par hypothèse, elle comprend ici le fondement juridique de la solution, faut-il en avoir une conception large ou étroite ? En cas de recherche de paternité, par exemple, la cause est-elle la filiation naturelle en général ou un cas déterminé d'ouverture de l'action ? En cas d'action en responsabilité fondée sur l'article 1382 du Code civil, la cause est-elle la responsabilité civile, la responsabilité extra-contractuelle ou la responsabilité pour faute ? Selon les époques et les matières, la juris-

---

(61) La mise en cause des tiers intéressés présente de l'intérêt même lorsque le jugement à intervenir a vocation à bénéficier de l'autorité absolue de la chose jugée, car on prévient ainsi la remise en question de la solution par la voie de la tierce opposition. D'où l'article 311-10, alinéa 2, du Code civil qui, en matière de filiation, prévoit que « les juges peuvent d'office ordonner que soient mis en cause tous les intéressés auxquels ils estiment que le jugement doit être rendu commun ».

(62) TOMASIN, *op. cit.*, n°s 72 et s.

(63) *Supra*, n° 537.

(64) MOTULSKY, *Pour une délimitation plus précise de l'autorité de la chose jugée en matière civile*, D. 1968, chron. 1.

(65) *Ibid.*, n° 6.

(66) *Ibid.*, n°s 6 à 8. — R. MARTIN, *Les contradictions de la chose jugée*, J. C. P. 1979. I. 2938.

prudence adopte tantôt l'une et tantôt l'autre attitude (67). Tout au plus peut-on observer que les textes actuels invitant le juge à envisager toutes les règles de droit applicables aux faits qui lui sont déférés, devraient freiner la tendance à la spécialisation de la cause. Une difficulté supplémentaire vient d'ailleurs de ce que Motulsky dénommait « le classement des problèmes en catégories à composantes interchangeables » (68) : un vice de forme ayant été allégué, toute demande nouvelle invoquant une autre irrégularité formelle se heurte à l'autorité de la chose jugée ; le jugement rendu au sujet d'un vice du consentement met obstacle à une demande faisant état d'un autre vice du consentement... Des groupes de causes sont ainsi constitués de telle sorte que ce qui est jugé sur un de leurs aspects a autorité pour l'ensemble. La solution peut se justifier par le souci d'éviter des procès en cascade. Le défaut de la méthode est dans l'incertitude existant quant au nombre et au contenu de ces catégories dont la constitution ne semble pas dépendre de critères discernables.

562. — La conception de Motulsky : notions de contestation et de solution.

Les difficultés pratiques suscitées par la délimitation précise de la chose jugée sont graves en raison de l'insécurité qu'elles font régner : un plaideur risque d'être surpris par la forclusion résultant d'une délimitation de la chose jugée qu'il ne soupçonnait pas. On est dès lors conduit à se demander si le problème est bien posé et si la méthode de l'article 1351 du Code civil, inspirée de Pothier, est correcte. Il faut à cet égard signaler l'intérêt des suggestions de Motulsky (69), dont la vision cohérente a déjà si fortement influencé d'autres aspects du droit judiciaire privé. Le problème, rappelle cet auteur, est de savoir si la *question litigieuse* est la même dans l'instance déjà close et dans celle que l'on tente d'ouvrir (70). Or la question litigieuse peut se définir par l'ensemble des points qui ont été contradictoirement débattus et qui ont été tranchés par le jugement. « *Contestation et solution :* tels sont donc les facteurs nécessaires et suffisants ; tels sont les seuls critères sûrs » (71). C'est d'ailleurs la formule qu'adopte l'article 480 du Nouveau Code de procédure civile (72). Ce critère limite la chose jugée et peut favoriser les contestations tardives. Aussi, des tempéraments devraient-ils être apportés. En particulier, dans le même esprit que la jurisprudence créant des catégories de causes, il s'agirait, au moins en certaines matières, d'une « *charge de concentrer la matière litigieuse* » (73) :

---

(67) MOTULSKY, *op. cit.*, nos 9 à 16.

(68) *Ibid.*, no 17.

(69) *Ibid.*, nos 35 et s.

(70) Dans le même sens, VIZIOZ, *op. cit.*, p. 253, no 56 ; p. 258, no 58. — Jean FOYER, thèse précitée. — Cette approche du problème est admise également par M. TOMASIN, mais seulement pour l'effet positif de la chose jugée, cet auteur restant fidèle aux notions d'objet et de cause en ce qui concerne l'effet négatif (thèse précitée, nos 304 et s.).

(71) Chronique précitée, no 37.

(72) « Le jugement qui tranche dans son dispositif tout ou partie du principal, ou celui qui statue sur une exception de procédure, une fin de non-recevoir ou tout autre incident, a, dès son prononcé, l'autorité de la chose jugée relativement à la contestation qu'il tranche ».

(73) Chronique précitée, nos 42 et s.

un élément ayant été invoqué, tous les autres éléments de la même catégorie seraient censés avoir été soumis à la juridiction. Mais le domaine de cette charge de concentration devrait faire l'objet d'une détermination législative ; à défaut, il appartiendrait au tribunal de rechercher si le facteur qui n'a pas été invoqué dans la première instance aurait pu et dû l'être et de sanctionner ainsi les manœuvres dilatoires ou les négligences graves.

Que l'on s'engage ou non dans cette voie (73-1), des efforts doivent être entrepris pour donner à la règle de l'autorité de la chose jugée la certitude que le droit positif n'a pas assez réussi à lui conférer (74).

(73-1) On signalera notamment la direction proposée par R. MARTIN (*Les contradictions de la chose jugée*, J. C. P. 1979. I. 2938) : comparer les *moyens* retenus par la décision déjà rendue à ceux qui fondent la prétention nouvelle. Par « moyen » il faut entendre, selon cet auteur, la réunion des faits déclenchant l'application d'une règle de droit et de la règle ainsi mise en œuvre : « le moyen est noué lorsque les faits utiles ont trouvé la règle applicable » (*Sur la notion de moyen*, J. C. P. 1976. I. 2768). Deux prétentions (celle qui a été jugée et celle qui est de nouveau émise) sont identiques « quand les constituants du moyen (ou des moyens) qui les fondent le sont, c'est-à-dire d'une part le « moyen de fait » et « le moyen de droit » ou encore l'objet factuel constitué en cas et son modèle juridique adéquat ». A défaut de cette identité tant des faits allégués que du droit (retenu ou proposé), il n'y aurait pas fin de non recevoir de la chose jugée.

(74) « Il ne faut pas oublier, en effet, que l'institution de l'autorité de la chose jugée, socialement indispensable pour éviter que les procès s'éternisent, n'en est pas moins entachée d'un vice congénital : elle fait triompher la valeur de Sécurité sur la valeur de Justice. Le moins que l'on doive exiger d'elle est donc la certitude, et celle-ci postule le devoir d'informer, aussi clairement que possible, les parties des conditions auxquelles un nouvel accès au prétoire est subordonné » (MOTULSKY, chronique précitée, n° 48).

CHAPITRE II

LA PREUVE

563. — La preuve en matière juridique est une preuve judiciaire. Prouver, au sens courant du terme, est faire apparaître ou reconnaître quelque chose comme vrai, réel, certain ; la preuve est donc ce qui sert à établir qu'une chose est vraie. Il n'en est pas autrement en matière juridique, à cette précision près que c'est le juge qu'il s'agit de convaincre de la vérité d'une allégation : la preuve juridique est une preuve judiciaire (1). Sans doute, une question de preuve peut-elle être examinée en dehors de tout procès. Mais elle s'apprécie alors en fonction de ce que déciderait le juge si un litige était formé.

Cette liaison avec le procès fait l'originalité de la matière par rapport aux questions de preuve se posant en d'autres domaines, notamment dans les domaines scientifiques ou historiques. Certes, la démarche intellectuelle tendant à établir la véracité d'une proposition est toujours de même nature. Mais le cadre du procès civil dans lequel se règle la contestation ne laisse pas les mêmes libertés d'investigation qu'en d'autres secteurs. Surtout, la nécessité de trancher le litige ne permet ni de laisser la question en suspens faute d'aboutir à une véritable certitude, ni de remettre en cause la force des preuves accueillies par une décision revêtue de l'autorité de la chose jugée. Si toute preuve tend à établir la vérité, en matière juridique, c'est la vérité judiciaire, à la fois relative et irrévocable, à laquelle conduit la preuve (2).

---

(1) Outre les ouvrages généraux, V. BENTHAM, *Traité des preuves judiciaires, extrait des manuscrits de Bentham,* par DUMONT, 2 vol., 1823. — BONNIER, *Traité des preuves en droit civil et en droit criminel,* 5e éd. par LARNAUDE, 1888. — LESSONA, *Traité des preuves,* 3e éd., 1922. — DECUGIS, *L'évolution des preuves en droit comparé, Bull. soc. législ. comp.,* 1939, 77 et s. — LEGEAIS, *Les règles de preuve en droit civil, permanences et transformations,* thèse Poitiers, 1954, éd. L. G. D. J., 1955, préf. R. SAVATIER. — PERROT, *Encycl. Dalloz. Répert. dr. civ.,* 1re éd., vo *Preuve,* 1954. — HAMEL, HOUIN, R. SAVATIER, *Études sur les progrès de la science et le droit de la preuve, Trav. Assoc. H. Capitant,* t. 7, 1956, p. 515, 556, 607. — CAREL, *Les modes de preuve au XXe siècle, Gaz. Pal.,* 1957. 1, doctr. 32. — CHEVALLIER, *Cours de doctorat Paris 1958-1959.* — SICARD, *La preuve en justice après la réforme judiciaire,* 1960. — *La preuve, Rec. soc. Jean Bodin,* t. 19, 1963. — H. LÉVY-BRUHL, *La preuve judiciaire, étude de sociologie juridique,* 1964. — GOUBEAUX et BIHR, *Encycl. Dalloz. Répert. dr. civ.,* 2e éd., vo *Preuve,* 1974, refonte 1979. — BLANC, *La preuve judiciaire,* 1974. — WIEDERKEHR, *J. Cl. civil,* art. 1315 et s., 1977 à 1987. — CHAMOUX, *La preuve dans les affaires, de l'écrit au microfilm,* 1979. — DAIGRE, *La production forcée des preuves dans le procès civil,* 1979, préf. LOMBOIS. — DEVÈZE, *Contribution à l'étude de la charge de la preuve en matière civile,* thèse Toulouse, 1980. — PERELMAN et FORIERS, *La preuve en droit, Travaux du Centre national de recherches de Logique,* Bruxelles, 1981.

(2) BEUDANT et LEREBOURS-PIGEONNIÈRE, t. 9, par PERROT, no 1138. — PLANIOL et RIPERT, t. 7, par GABOLDE, no 1407. — AUBRY et RAU, t. 12, 6e éd. par ESMEIN,

564. — La preuve se situe à un carrefour des règles de fond et des règles de procédure. S'agissant de preuve judiciaire, les règles qui la gouvernent touchent étroitement au rôle du juge et au déroulement du procès. Il peut dès lors paraître logique, à l'instar de certains droits étrangers, de confier la réglementation de la preuve aux textes régissant la procédure. Mais un lien étroit existe entre le système probatoire et le fond du droit. En effet, la sanction judiciaire d'un droit contesté ne pourra être obtenue que si la preuve de l'acte juridique ou du fait qui lui a donné naissance est rapportée. L'importance de la preuve à cet égard est telle qu'un adage venu de l'Ancien Droit énonce qu'il y a équivalence entre l'absence de droit et l'absence de preuve : « *idem est non esse et non probari* ».

Certes, la formule ne doit pas être prise à la lettre. Un droit existe indépendamment de sa preuve. Ainsi, lorsqu'un acte juridique a été passé, ses effets remontent au jour de sa conclusion, même si un écrit destiné à faire la preuve de son existence n'a été dressé que postérieurement ; si un droit n'est pas contesté, il peut être ramené à exécution bien que sa preuve ne soit pas rapportée... Il faut donc distinguer les règles de preuve et les conditions d'existence du droit. En particulier, lorsqu'un texte impose la rédaction d'un écrit, il faut déterminer s'il pose une règle de preuve ou une règle de forme : lorsque l'écrit est exigé à titre de preuve *(ad probationem)*, son défaut ou sa nullité n'affecte pas le droit lui-même ; lorsque l'écrit est érigé en condition de forme *(ad solemnitatem)*, sa validité conditionne l'existence du droit (3). Mais il demeure vrai qu'en pratique si le titulaire d'un droit n'est pas en mesure d'en faire la preuve, il est en grand danger de ne jamais pouvoir l'exercer, car il suffit que surgisse une contestation pour que la protection judiciaire lui soit refusée. « En réalité, l'existence juridique d'un fait dépend tellement de sa preuve que celle-ci en reste la première condition d'efficacité » (4). Lorsque la loi facilite la preuve en certains domaines ou la rend plus ardue ailleurs, la politique juridique suivie est le plus souvent inspirée par des considérations tenant au fond.

Aussi, le droit français accueille-t-il le double aspect des règles de preuve en les distribuant, selon leur fonction, entre les lois de fond et les lois de procédure. Sont des lois de fond celles qui définissent le fait à prouver, celles qui déterminent les moyens de preuve admissibles selon la matière du litige, celles enfin qui fixent la force probante de certains procédés de preuve. Au contraire, les lois qui gouvernent l'administration de la preuve en justice et les incidents qu'elle peut susciter ressortissent à la procédure (5).

---

§ 749, p. 52, note 3. — MARTY et RAYNAUD, *Introduction générale*, n° 210. — CHEVALLIER, *Cours* précité, p. 8 et s. — FORIERS, *Considérations sur la preuve judiciaire*, *La preuve en droit*, études publiées par PERELMAN et FORIERS, précitées, p. 315 et s.

(3) V. M. A. GUERRIERO, *L'acte juridique solennel*, thèse Toulouse, 1973, éd. L. G. D. J., 1975, préf. VIDAL, p. 165 et s.

(4) GÉNY, *Science et technique en droit privé positif*, t. 3, n° 205.

(5) Cette répartition de la réglementation de la preuve présente de l'importance pour trancher les conflits de lois dans le temps et dans l'espace (GOUBEAUX et BIHR, *op. cit.*, n°s 8 et s. — MOTULSKY, *Encycl. Dalloz droit international*, v° *Preuve*). — Sur

C'est à propos des obligations, dans les articles 1315 à 1369, que le Code civil expose l'essentiel des règles de fond concernant la preuve. La méthode n'est pas très satisfaisante, car la généralisation des solutions ne va pas sans quelques difficultés. Il est également délicat de combiner ces principes avec d'autres dispositions traitant de la preuve de façon en quelque sorte incidente, à l'occasion de la réglementation de matières déterminées. Au total, un véritable système d'ensemble fait défaut au plan législatif.

Quant aux règles de procédure sur la preuve en justice, elles constituent une pièce importante du nouveau code de procédure civile dont l'essentiel des dispositions à ce sujet sont reprises d'un décret du 17 décembre 1973.

De l'ensemble de ces textes résulte notre régime probatoire. Son orientation générale peut être caractérisée à partir des options prises à l'égard de quelques questions fondamentales : le choix entre la méthode de la preuve légale et celle de la preuve morale, la définition du pouvoir d'initiative du juge et la part de liberté laissée aux parties elles-mêmes pour aménager les règles de preuve régissant leurs rapports.

565. — La preuve civile est soumise à un système mixte qui se rattache pour partie à la théorie de la preuve légale et pour partie à la théorie de la preuve morale.

D'un point de vue théorique, deux conceptions du rôle du législateur en matière probatoire s'opposent.

Dans le système dit de la *preuve légale*, la liberté du juge est étroitement bridée : la loi fixe les moyens de preuve qui peuvent être produits dans un procès civil, en détermine les conditions d'admissibilité et prévoit impérativement la force probante que le tribunal est tenu de leur accorder. Une hiérarchie plus ou moins complexe est établie entre les procédés de preuve, qui règle les conflits pouvant s'élever entre eux. Avec un tel régime, « le magistrat n'affirme pas le fait parce qu'il est intimement convaincu de sa réalité, mais parce que l'ensemble des preuves produites équivaut à une certitude présumée légale » (6).

A l'inverse, le système de la *preuve morale* fait confiance au juge qui est laissé libre de déterminer, d'après son intime conviction, le crédit qui doit être accordé aux preuves débattues devant lui. Certes, une telle méthode n'implique pas l'affranchissement de toute règle. L'administration de la preuve doit toujours être organisée de façon à garantir les droits de la défense en permettant une discussion contradictoire

---

la répartition du droit de la preuve entre règles de fond et de procédure, v. DEVÈZE, thèse précitée.

(6) ANDRÉ, *Du principe de la neutralité du juge dans l'instruction des affaires civiles*, thèse Paris, 1910, p. 17.

des éléments de conviction proposés au juge. Mais il n'y a pratiquement pas de règles de fond spécifiques à la matière des preuves.

Cette méthode très souple caractérise le système probatoire en matière pénale. Le droit civil, en revanche, fait une large place au principe de la preuve légale. Plus qu'un signe de méfiance à l'égard des juges, il faut y voir, de la part du législateur, un souci de donner la plus grande sécurité aux relations juridiques privées (7). La méthode adoptée par la loi est mixte. En certaines matières, l'admissibilité des procédés de preuve est définie par la loi, tandis qu'ailleurs tous les éléments de conviction peuvent être accueillis ; la force probante de certains modes de preuve est fixée par les textes, alors que d'autres sont librement appréciés par les juges.

Le fonctionnement de ce système implique une classification des procédés de preuve qui permet à la fois le jeu du principe de légalité et la délimitation de son domaine. Suivant l'article 1316 du Code civil, il faut distinguer cinq catégories : la *preuve littérale*, ou preuve par écrit, qui comprend notamment les actes authentiques, reçus par des officiers publics auxquels la loi a donné compétence à cet effet, et les actes sous seing privé, établis par de simples particuliers et ne présentant pas d'autre garantie que la signature des parties ; la *preuve testimoniale*, qui résulte des déclarations faites par des personnes relatant ce qu'elles ont vu ou entendu ; les *présomptions*, qui sont définies par

---

(7) Il est probable qu'historiquement l'adoption d'un système de légalité de la preuve a correspondu à une certaine défiance à l'égard des juges professionnels (RACHED, *De l'intime conviction du juge*, thèse Paris, 1942, n° 33). « En réglementant les moyens de conviction, en prédéterminant celle-ci, la preuve légale tente d'obvier à une éventuelle faillibilité du juge, en lui donnant une conscience artificielle et en créant une vérité forcée » (J. NORMAND, *Le juge et le litige*, L. G. D. J., 1965, n° 305). On pourrait dès lors estimer choquant, aujourd'hui, de continuer à imposer au juge une vérité légale qui peut heurter sa conviction. Peut-on encore admettre un système qui se traduit par une formule célèbre : « le but du procès n'est pas plus la découverte de la vérité que le but de la guerre est le triomphe du droit. On fait la guerre pour imposer la paix, on fait un procès pour aboutir à la chose jugée » (ROUSSEAU, note S. 1939. 2. 16) ? Cependant, la rigidité de la preuve légale permet de trancher les litiges rapidement, en évitant de nombreux conflits annexes portant sur la discussion des éléments de conviction proposés au juge. De plus, les particuliers étant avertis par la loi sont incités à se ménager à l'avance de « bonnes preuves », ce qui prévient un certain contentieux. Sans doute, dans quelques cas, le résultat peut être le sacrifice d'un plaideur de bonne foi ; la plupart du temps, ce sont les mauvaises querelles qui sont évitées. D'ailleurs, la supériorité théorique du système de la preuve morale ne se traduit pas nécessairement en pratique. L'efficacité de la méthode est étroitement subordonnée à l'ampleur et au sérieux des moyens d'information dont dispose le juge. Malgré l'accroissement des pouvoirs d'initiative reconnus aux magistrats en cette matière, il n'est pas sûr que le procès civil permette de dégager aisément la réalité. — Comp. WROBLEWSKI, *La preuve juridique : axiologie, logique et argumentation, La preuve en droit*, études publiées par PERELMAN et FORIERS ; *Travaux du C. N. R. L.*, Bruxelles, 1981, p. 331 et s.

l'article 1349 du Code civil comme « des conséquences que la loi ou le magistrat tire d'un fait connu à un fait inconnu » ; l'*aveu*, qui est une déclaration par laquelle une personne reconnaît pour vrai un fait de nature à produire contre elle des conséquences juridiques ; le *serment*, qui est une affirmation solennelle par une partie de la vérité de son allégation.

Cette liste a été dressée par la loi au début du xixe siècle et n'a pas été modifiée depuis (7-1). Il faut donc y faire entrer les moyens d'information nouveaux, comme l'enregistrement de la voie humaine, la photographie, l'enregistrement sur support informatique, etc. Il en résulte qu'une partie importante des ressources que pourraient offrir certains procédés de preuve est mal exploitée (8).

Les progrès scientifiques et techniques permettant d'obtenir de façon nouvelle des renseignements très sûrs, la tendance naturelle des juges à préférer leur conviction personnelle à celle que leur impose la loi, l'évolution des mœurs modifiant les types de litiges soumis aux tribunaux ont contribué à donner à notre système probatoire un équilibre différent de celui qu'il avait au lendemain de la promulgation du Code civil. L'importance pratique du secteur de liberté, soumis à la règle de l'intime conviction du juge, s'est considérablement accrue (9). D'un autre côté, l'écriture étant devenue accessible à tous, le législateur, en de nombreux domaines, renforce l'exigence d'une preuve écrite. De la sorte, le dosage entre le système de la preuve légale et celui de la preuve morale a subi d'assez sensibles modifications (10).

566. — La neutralité du juge ne lui impose pas de rester passif dans la recherche des preuves.

Un autre trait permettant de caractériser un régime probatoire est la plus ou moins grande part d'initiative accordée au juge dans la recherche de la vérité. C'est poser la question de la portée d'un principe souvent affirmé : « la neutralité du juge ».

L'expression revêt une double signification. Au sens moral, elle évoque l'impartialité du magistrat qui doit se garder de toute idée préconçue et examiner avec la même attention les preuves favorables à l'une et à l'autre partie. Au sens technique, elle traduit la passivité du juge dans la recherche des preuves ; leur neutralité interdit aux organes judiciaires de s'immiscer spontanément dans la quête de la vérité.

Ces deux aspects ont longtemps été volontiers confondus. Priver le juge d'initiatives en matière de preuves paraissait préserver son

(7-1) Les retouches au droit des preuves apportées par la loi du 12 juillet 1980 n'ont pas sensiblement modifié le système (v. *infra*, n° 605).

(8) LEGEAIS, thèse précitée, p. 51 et s. — CAREL, article précité.

(9) LEGEAIS, *op. cit.*, p. 128 et s.

(10) Sur cette évolution, GOUBEAUX et BIHR, *op. cit.*, n°s 30 et s.

impartialité en prévenant toute tentative d'arbitraire de sa part (11).
Mais les idées sur le procès et le rôle du juge ont évolué. Le « combat
judiciaire » que se livrent les parties devant un magistrat seulement
chargé de désigner le vainqueur a fait place à la recherche de la Justice
dont le juge est responsable : mise en œuvre de la fonction juridictionnelle de l'État, le litige n'est plus exclusivement la chose des parties (12).
Or la justice ne peut être bien rendue si la mauvaise foi ou la maladresse
des parties ne permet pas de découvrir la réalité. Dès lors, si le principe
de neutralité entendu au sens moral subsiste, la passivité du juge dans
la recherche des preuves est condamnée. Les plaideurs ne sont plus
seuls à tenter de faire apparaître la vérité (12-1). Le rôle plus actif du magistrat en matière probatoire constitue une pièce essentielle de l'orientation
actuelle du procès civil.

567. — En principe, les règles de preuve ne sont pas d'ordre public.
Si l'on poussait à l'extrême les conséquences de la nouvelle conception
du procès, il faudrait décider que le droit de la preuve a un caractère
impératif. Par conséquent, les parties ne pourraient valablement modifier le régime probatoire par convention et la renonciation d'un plaideur
à se prévaloir des règles relatives à la preuve serait inefficace (13).
Or telle n'est pas la solution retenue en droit français. La jurisprudence
affirme le caractère d'ordre privé des règles de preuve. Si tout litige
met en jeu, dans une certaine mesure, l'intérêt général, ce sont d'abord
des intérêts privés qui sont en cause (14). Il serait d'ailleurs paradoxal
d'interdire de modifier le régime de la preuve des droits dans les matières
nombreuses où les parties peuvent disposer des droits eux-mêmes (15).
Pourvu que les conventions sur la preuve ne touchent pas à l'organisation judiciaire (16) ou à la définition légale des pouvoirs des officiers

---

(11) S'il n'y a pas de liaison nécessaire entre la neutralité du juge au sens technique
et le système de légalité des preuves, il existe une certaine affinité naturelle entre les
deux principes. « A la neutralité du juge correspond logiquement une certaine résignation à se contenter d'une vérité relative » (NORMAND, *op. cit.*, n° 30). Or c'est
bien le choix délibéré pour une vérité judiciaire parfois très différente de la réalité
que traduit l'adoption du régime de la preuve légale.

(12) *Supra*, n° 535.

(12-1) Encore convient-il de ne pas trop se bercer d'illusions : la vérité « pure » ou
« absolue » est pratiquement inaccessible. Il ne s'agira jamais que d'une vraisemblance
(v. les développements de M. DEVÈZE, thèse précitée, n°⁵ 122 et s. ; comp. FORIERS,
Considérations sur la preuve judiciaire, La preuve en droit, études publiées par PEREL-
MAN et FORIERS, *Travaux du Centre national de recherches de Logique*, Bruxelles, 1981,
p. 315 et s.).

(13) LE BALLE, *Des conventions sur les procédés de preuve en droit civil*, thèse Paris,
1923. — LEGEAIS, *op. cit.*, p. 134 et s.

(14) AUBRY et RAU, t. 12, § 749, note 108.

(15) PLANIOL et RIPERT, t. 7, n° 1428.

(16) Comme, par exemple, l'interdiction légale faite au juge de déléguer ses pouvoirs d'appréciation des preuves.

publics, les parties sont donc libres d'aménager le régime probatoire tout comme elles peuvent disposer de leurs droits (17).

568. — Ces traits généraux révèlent le caractère nuancé du droit des preuves en matière civile. Il consacre pour partie le système de la preuve légale et pour partie celui de la preuve morale, il laisse d'assez larges initiatives au juge dans l'intérêt de la découverte de la vérité, sans pour autant que les dispositions légales soient, en principe, d'ordre public.

Encore faut-il examiner de façon plus précise les solutions du droit positif. A cette fin, nous envisagerons d'abord le mécanisme dans son ensemble. C'est ce qu'on peut appeler le droit de la preuve en général. Nous étudierons ensuite les règles particulières à chacun des procédés de conviction proposés au juge, qui constituent le droit spécial des preuves.

SECTION 1

LE DROIT DE LA PREUVE
(RÈGLES GÉNÉRALES DU SYSTÈME PROBATOIRE EN DROIT CIVIL)

569. — L'analyse du mécanisme probatoire fonctionnant en droit civil conduit à étudier trois questions : l'objet de la preuve, la recherche et la production des preuves, l'efficacité des preuves. Nous consacrerons à chacune d'elles une sous-section.

Sous-section 1. — L'objet de la preuve.

570. — Pour préciser ce qu'il faut prouver, on peut dire qu'il s'agit de faits, de faits contestés, de faits pertinents. Ces termes appellent quelques explications.

§ 1. — Seuls des faits sont matière de preuve

571. — **Les faits doivent être prouvés, non le droit.**
Ce principe n'a jamais été mis en doute. Il est énoncé explicitement par l'article 9 du nouveau code de procédure civile :

> « Il incombe à chaque partie de prouver conformément à la loi les faits nécessaires au succès de sa prétention ».

---

(17) V. *infra*, nos 584, 595, 609.

En effet, si, dans le procès, « l'édifice de fait » dépend des parties, le juge est responsable de l'application du droit, qu'il est censé savoir (1). Il ne peut donc être question de prouver l'existence ou l'inexistence de la règle de droit.

Sans doute, en pratique, les parties s'attachent-elles presque toujours à indiquer la norme juridique qu'elles estiment applicable. Mais, en principe, il ne s'agit là que de simples avis, de suggestions (2). Le défaut de mention par un plaideur de la loi apte à résoudre le litige ne lui fait pas perdre son procès. A fortiori ne pourrait-on reprocher à une partie de ne pas avoir fait la preuve de la règle de droit. Lorsque, exceptionnellement une disposition légale ne peut recevoir application que si elle est invoquée par celui qui prétend en bénéficier (3), il n'est pas nécessaire d'en démontrer l'existence, que le juge est réputé connaître.

572. — Dire que la preuve ne peut avoir pour objet que des faits ne suscite généralement aucune difficulté. Certaines hésitations se font jour cependant lorsque la règle de droit applicable a pour source la loi étrangère ou la coutume et les usages.

Lorsque les règles de conflits de lois désignent une loi étrangère comme applicable à la situation considérée, il est de tradition, en jurisprudence, de décider que les juges n'ont pas à rechercher la teneur de cette disposition (4) : il appartient à la partie qui se prévaut d'une loi étrangère de rapporter la preuve du contenu de celle-ci (5). Sans doute serait-il excessif de traiter la loi étrangère comme un élément de fait, car c'est bien elle qui fixe le point de droit applicable au litige (6). Mais le juge n'a pas la même situation à l'égard du droit étranger et du droit du for (7). En tout cas, la présomption de connaissance du droit par le juge français ne joue pas lorsqu'il s'agit de règles étrangères. Il faudra toutefois tenir compte désormais de l'organisation, à l'échelon européen, des moyens d'information sur l'état des droits étrangers, mis à la disposition des autorités judiciaires (8).

---

(1) *Supra*, nᵒ 246. — Sur la question de savoir « s'il existe des *faits bruts* antérieurement à leur *assomption* par le droit », BATIFFOL, *Problèmes de base de philosophie du droit*, L. G. D. J., 1979, p. 239, note 247.

(2) MOTULSKY, *La cause de la demande dans la délimitation de l'office du juge*, D. 1964, chron. 235, nᵒ 10. — *Comp. supra*, nᵒ 538.

(3) Tel est le cas, par exemple, de la prescription (C. civ., art. 2223).

(4) Cass. civ. 1ʳᵉ, 13 juin 1967, *Bull. civ.*, I, nᵒ 212, p. 154.

(5) Cass. com., 13 novembre 1968, *Bull. civ.*, IV, nᵒ 318, p. 286. — Cass. civ. 1ʳᵉ, 17 novembre 1969, *Bull. civ.*, I, nᵒ 342, p. 271. — Cass. com., 14 février 1983, *Bull. civ.*, IV, nᵒ 57, p. 46 ; *Gaz. Pal.*, 1983, panor. p. 207, observ. J. D. — Cass. civ. 1re, 21 juillet 1987, *Bull. civ.*, I, nᵒ 240, p. 175.

(6) MOTULSKY, *L'évolution récente de la condition de la loi étrangère en France*, *Mélanges offerts à R. Savatier*, p. 681. — Comp. Cass. civ. 1ʳᵉ, 30 mars 1966, *Bull. civ.*, I, nᵒ 216, p. 166 ; *Rev. crit. dr. internat. privé*, 1967, 705, note BREDIN, arrêt qui décide que la déclaration faite en justice par une partie relativement à la teneur d'une loi étrangère ne peut être retenue comme un aveu judiciaire.

(7) C. DAVID, *La loi étrangère devant le juge du fond*, thèse Paris, 1963, nᵒ 204.

(8) Convention de Londres du 7 juin 1968, publiée et rendue applicable en France par un décret du 11 octobre 1972. — Sur cette convention, BRUILLIARD, J. C. P. 1973. I. 2580.

Quant à la coutume et aux usages, la question a été étudiée dans la deuxième partie, consacrée aux sources du droit (9).

573. — Détermination du fait à prouver ; le déplacement de l'objet de la preuve.
En principe, le fait à prouver est celui-là même qui déclenche l'application de la règle de droit produisant le résultat dont le plaideur réclame le bénéfice. L'existence de ce fait peut parfois être établie directement (10). Mais il est assez fréquent que cette preuve directe ne soit pas rapportée. Ce sont seulement des faits voisins ou connexes qui sont établis et, par un raisonnement, il en est inféré l'existence du fait à prouver. En pareil cas, la preuve est indirecte : son objet a été déplacé du fait à prouver à d'autres faits plus ou moins proches (11). Tel est le mécanisme de la présomption définie par l'article 1349 du Code civil (12).

Ce déplacement de l'objet de la preuve s'impose lorsque l'établissement du fait à prouver est trop difficile. C'est notamment le cas dans bien des hypothèses où l'application de la règle de droit requiert la

---

(9) V. *Supra*, n° 509.

(10) Du moins si l'on s'en tient à une vision un peu superficielle des choses. En effet, une part de raisonnement s'interpose toujours entre le fait constaté et le fait à prouver (Bartin sur Aubry et Rau, t. 12, 5e éd., § 749, note 10 *bis*. — Beudant et Lerebours-Pigeonnière, t. 9, n° 1146) : dans un témoignage, seul le fait que le témoin dépose est directement vérifié et non le contenu des déclarations ; même un écrit n'établit directement que le fait de l'écriture et non la concordance de celle-ci avec l'intention du scripteur... Mais le détour conduisant à la conviction du juge est plus ou moins long. De sorte qu'on peut parler de preuve directe « lorsque le moyen de preuve utilisé *tend* à établir directement l'existence du fait contesté » (Beudant et Lerebours-Pigeonnière, *loc. cit.*). Au contraire, lorsque les faits constatés se présentent *a priori* comme indépendants de l'objet du litige, ils n'acquièrent une valeur probatoire qu'à la suite d'une induction dont le rôle apparaît en pleine lumière : « un seuil qualitatif est franchi dans le déplacement de la preuve » (Dupichot, *Encycl. Dalloz. Répert. dr. civ.*, 2e éd., v° *Présomptions*, n° 3) ; c'est alors qu'on parle de preuve indirecte.

(11) Aubry et Rau, *op. cit.*, t. 12, par Esmein, § 749, p. 56.

(12) Du point de vue de l'objet de la preuve, il n'y a pas de différence fondamentale entre les présomptions établies par la loi et celles qui procèdent d'un raisonnement tenu par le juge (présomptions du fait de l'homme). Il s'agit toujours d'un déplacement de l'objet de la preuve. Cependant, l'identié de méthode n'exclut pas d'autres différences. Ainsi, le juge doit toujours se fonder sur la probabilité de l'existence du fait à prouver, à partir des éléments qui ont été démontrés. La loi n'est pas soumise à pareille contrainte : le passage des faits connus à celui qu'il faut établir n'est pas nécessairement fondé sur l'idée de probabilité. La solution peut être justifiée par des motifs de politique juridique. Ce trait se manifeste lorsque la loi édicte une présomption irréfragable : la prohibition de la preuve contraire montre que ce n'est pas le seul souci de faciliter la preuve qui guide le législateur ; il s'agit moins d'établir la vérité trop difficile à atteindre directement que de promouvoir un résultat jugé souhaitable ; en réglant la question par le procédé technique de la présomption, la loi pose alors en réalité une règle de fond.

démonstration d'un fait négatif. Une tradition assez répandue considère que la preuve d'un tel fait est impossible. De là une tendance à admettre une totale dispense de preuve du fait négatif et à croire le plaideur sur parole. Il y a là une exagération certaine (13). Parfois, le fait négatif comporte une antithèse immédiate sous forme d'une proposition positive contraire, de sorte que la preuve de ce fait positif permet de vérifier directement la situation donnant ouverture à la règle de droit. Ainsi, pour prouver qu'un assuré sur la vie ne s'est pas suicidé, on établira la cause accidentelle du décès. La difficulté n'apparaît véritablement que lorsqu'il s'agit d'une proposition négative indéfinie qui ne comporte pas d'antithèse immédiate (14), comme, par exemple, l'absence de faute. Mais si la preuve directe du fait négatif est alors impossible, il reste le recours à des présomptions. La démonstration d'un faisceau de faits positifs rendant hautement probable le fait négatif emportera la conviction du juge (15). La difficulté de prouver le fait négatif ne justifie pas une dispense de preuve, mais un simple déplacement de l'objet de celle-ci. Une telle dispense ne pourrait venir que de la loi ou du défaut de contestation de la part de l'adversaire.

§ 2. — Seuls des faits contestés sont matière de preuve

574. — Principe. Distinction de l'allégation et de la preuve.
En matière juridique, la preuve réglementée est une preuve judiciaire. C'est dire que la question ne se pose qu'en cas de contestation. « Un fait reconnu ou simplement non contesté n'a pas besoin d'être prouvé » (16).

---

(13) Larguier, *La preuve d'un fait négatif, Rev. trim. dr. civ.*, 1953, 1 et s.
(14) *Ibid.*
(15) Par exemple, pour s'exonérer de la responsabilité qui pèse sur eux du fait de leurs enfants mineurs habitant avec eux, les parents doivent, selon l'article 1384, alinéa 7, du Code civil, prouver « qu'ils n'ont pu empêcher le fait qui donne lieu à cette responsabilité ». La preuve directe de l'absence de faute étant pratiquement impossible, on se contentera de la démonstration d'une série de faits positifs d'où le juge inférera le caractère irréprochable de la conduite des parents. Comme l'énonce la Cour de Paris, il en sera ainsi lorsque le père prouve « que, compte tenu de l'âge et du degré de maturité de l'enfant, il a organisé sa vie scolaire et de loisirs avec soin ; qu'il s'est couvert contre les risques éventuels ; qu'il a conseillé et guidé son enfant ; qu'enfin il a établi avec lui des relations de confiance qui donnent à celui-ci une stabilité morale, preuve d'une bonne éducation » (Paris, 11 octobre 1971, *Gaz. Pal.*, 1972, 1, 130. — *Comp.* cependant, dans un sens plus exigeant : Cass. civ. 2e, 3 mars 1988, *Bull. civ.*, II, n° 58, p. 31 ; *Rev. trim. dr. civ.*, 1988, 772, observ. Jourdain.
(16) Motulsky, *Principes d'une réalisation méthodique du droit privé*, thèse Lyon, 1947, n° 115. — La solution est cependant discutée : Devèze, thèse précitée, n°s 64 et s.

C'est à Motulsky que revient le mérite d'avoir clairement distingué les deux tâches différentes qui incombent aux plaideurs dans la construction de « l'édifice de fait » soumis au juge : l'allégation et la preuve (17). Celui qui réclame le bénéfice de l'application d'une règle juridique doit indiquer les faits qui, selon lui, fondent le droit prétendu. La règle est expressément consacrée par l'article 6 du nouveau code de procédure civile :

> « A l'appui de leurs prétentions, les parties ont la charge d'alléguer les faits propres à les fonder ».

A ce stade, il n'est pas question de preuve. Un examen des allégations doit sans doute être fait par le juge, car la prétention ne peut être accueillie que s'il y a coïncidence entre celle-ci et les « éléments générateurs » d'un droit pouvant produire le résultat réclamé (18). Mais l'examen porte sur de simples affirmations. La question de preuve n'apparaît qu'avec la contestation et son étendue est limitée à celle de la contestation. Le fait allégué et non contesté doit être tenu pour vrai.

Certes, il n'est pas rare qu'un plaideur qui dispose de moyens de preuve en fasse état à l'appui de ses allégations, sans attendre la contestation de son adversaire (18-1). Cependant, la contestation est logiquement préalable à tout problème de preuve. On s'en aperçoit lorsque la production des preuves requiert une mesure d'instruction : le juge ne peut ordonner une enquête ou une expertise que sur les points de fait litigieux, ce qui suppose une demande et une contestation (19). C'est précisément cette contestation qui circonscrit l'objet de la preuve (20).

---

(17) *Ibid.*, nos 83 et s. ; *Le rôle respectif du juge et des parties dans l'allégation des faits*, in *Études de droit contemporain, travaux et recherches de l'institut de droit comparé de l'Université de Paris*, t. 15, vol. 2, 1959, p. 355 et s. ; *Prolégomènes pour un futur Code de procédure civile : la consécration des principes directeurs du procès civil par le décret du 9 septembre 1971*, D. 1972, chron. 91 et s.

(18) Motulsky, thèse précitée, no 107. — V. *infra*, no 576.

(18-1) C'est pourquoi la distinction entre l'allégation et la preuve, théoriquement claire, s'estompe en pratique, ce qui conduit certains auteurs à la repousser. Sur cette discussion : Devèze, thèse précitée, nos 11 et s.

(19) Cass. civ. 3e, 23 mars 1968, *Bull. civ.*, III, no 134, p. 106. — Cependant, la contestation peut n'être pas expresse (Cass. civ. 1re, 3 janvier 1980, *Bull. civ.*, I, no 7, p. 6).

(20) La contestation n'est d'ailleurs pas toujours possible sur tous les points allégués par l'adversaire. Il faut en effet tenir compte des présomptions légales qui affirment, l'existence de certains faits quand d'autres faits sont établis. La seule contestation efficace est alors celle qui porte sur les faits qui déclenchent la présomption. Si ces faits ne sont pas déniés, ils doivent être considérés comme établis et le résultat prévu par la loi s'impose, sans qu'une contestation de ce résultat ait la moindre portée. Naturellement, cette remarque ne vaut que pour la seule contestation, c'est-à-dire une simple dénégation, et non pour la preuve contraire à la présomption.

575. — Cette règle peut aboutir à donner des faits une image déformée par rapport à la réalité. Rien ne garantit que l'absence de contestation traduise la vérité des allégations. Serait-il souhaitable de permettre au juge de contrôler l'exactitude des affirmations sur lesquelles les plaideurs se sont accordés (21) ? Il est permis de préférer laisser aux parties la complète maîtrise de « l'édifice de fait » du procès. En tout cas, hormis le cas de fraude concertée entre les plaideurs, les tribunaux ne s'arrogent pas le droit de mettre en question des faits qui ne sont pas déniés par un des adversaires (22).

Si les juges sont ainsi parfois tenus de suivre les parties qui prouvent trop peu, ils ont en revanche les moyens d'éviter l'excès de zèle de celles qui tentent de prouver trop, grâce au contrôle de la pertinence de l'offre de preuve.

§ 3. — SEUL UN FAIT PERTINENT EST MATIÈRE DE PREUVE

576. — **La preuve d'un fait ne doit être rapportée que si la démonstration de l'existence de ce fait est utile à la solution du litige.**

Il est sans intérêt de produire des preuves, et le juge n'a pas à les examiner si elles sont produites, lorsque ces preuves sont impropres à exercer une influence sur la décision. C'est ce qu'on exprime en disant que la pertinence est une condition de recevabilité de l'offre de preuve (23).

La notion de pertinence couvre plusieurs hypothèses différentes.

Il s'agit d'abord d'un contrôle de l'allégation. Les parties doivent indiquer les faits sur lesquels elles fondent leurs prétentions. Le plaideur alléguant un fait qui, à le supposer établi, ne donnerait prise à aucune règle de droit apte à produire l'effet demandé, doit voir sa prétention rejetée, sans qu'il soit besoin de se préoccuper de l'existence de ce fait (24); l'offre de preuve sera donc repoussée.

Il s'agit ensuite d'un contrôle de la relation existant entre le fait allégué et les faits dont la preuve est offerte. Il faut supposer qu'un plaideur invoque un fait de nature à déclencher l'application d'une règle de droit dont la mise en œuvre lui donnerait satisfaction. Mais, ce fait étant contesté, il n'est pas en mesure de l'établir directement. Il offre donc une preuve indirecte en proposant de démontrer certains faits dont il prétend que, par un raisonnement, il est possible d'inférer l'existence du fait à prouver. Cette offre sera repoussée lorsque les faits

---

(21) TISSIER, *Le centenaire du Code de procédure civile et les projets de réforme.* *Rev. trim. dr. civ.*, 1906, 625 et s. — LEGEAIS, thèse précitée, p. 26.

(22) NORMAND, *op. cit.*, n° 290.

(23) Nous entendrons la « pertinence » dans un sens large, comme le font d'ailleurs souvent les tribunaux, sans faire la nuance parfois préconisée entre le fait pertinent, le fait concluant et le fait admissible. Sur cette terminologie, V. BEUDANT et LEREBOURS-PIGEONNIÈRE, t. 9, n°s 1168 et s.

(24) MOTULSKY, thèse précitée, n°s 84 et s.

articulés, à les supposer établis, ne permettraient pas de fonder une assez grande probabilité de l'existence du fait à prouver (25).

Le contrôle de la pertinence concerne encore l'utilité de l'établissement du fait dont la preuve est proposée, eu égard à l'état des informations déjà recueillies. Le défaut de pertinence sera relevé lorsque la religion du juge est déjà faite et que le fait offert en preuve, à le supposer établi, ne serait pas de nature à modifier sa conviction (26).

Enfin, débordant la question de l'objet de la preuve, l'appréciation de la pertinence s'étend au contrôle de la possibilité de rapporter effectivement la preuve offerte. Ainsi, manque de pertinence la proposition de démontrer un fait dont l'inexistence est d'ores et déjà établie ou l'offre de prouver un fait dont l'existence est invraisemblable. De même, doit être rejetée l'offre d'établir un fait à l'aide de moyens inefficaces, comme une expertise trop tardive, ou prohibés, comme un témoignage violant le secret professionnel.

577. — La question du contrôle de la Cour de cassation.

La variété des aspects que revêt la pertinence rend délicate la question de savoir si elle soulève un point de droit, soumis au contrôle de la Cour de cassation, ou si elle est un élément de fait dont l'appréciation relève du pouvoir souverain des juges du fond (27).

Lorsqu'un tribunal repousse une offre de preuve au motif que le fait allégué ne peut justifier la prétention du plaideur, il se prononce sur la nature des faits que saisit la règle juridique : c'est une question de droit. « Si les juges du fond ont en principe un pouvoir souverain d'appréciation quant à la pertinence des faits offerts en preuve, il en est autrement quand les faits invoqués, dans le cas où l'existence en serait établie, justifieraient les prétentions de la partie qui les article » (28). En revanche, les juges du fond ne sont pas soumis au contrôle de la Cour de cassation lorsqu'ils apprécient la pertinence de l'offre de preuve eu égard à l'aptitude des faits invoqués à former leur conviction. Il en est ainsi lorsqu'ils considèrent que les faits offerts en preuve sont trop éloignés du fait à prouver, lorsqu'ils s'estiment déjà suffisamment éclairés, de telle sorte qu'une preuve nouvelle est inutile (29),

---

(25) Beudant et Lerebours-Pigeonnière, t. 9, nᵒ 1169. — Planiol et Ripert, t. 7, nᵒ 1415. — Aubry et Rau, t. 12, § 749, p. 68.

(26) Aubry et Rau, *ibid.*

(27) Chevallier, *Le contrôle de la Cour de cassation sur la pertinence de l'offre de preuve*, D. 1956, chron. 37.

(28) Cass. civ. 2ᵉ, 17 février 1960, *Bull. civ.*, II, nᵒ 124, p. 82. — 8 mai 1963, *Bull. civ.*, II, nᵒ 351, p. 261. — 21 juin 1967, *Bull. civ.*, II, nᵒ 237, p. 166. — 12 mai 1969, *Bull. civ.*, II, nᵒ 149, p. 109. — 21 octobre 1970, *Bull. civ.*, II, nᵒ 277, p. 209. — 30 mars 1971, *Bull. civ.*, II, nᵒ 144, p. 98. — Cass. civ. 1ʳᵉ, 26 avril 1972, *Bull. civ.*, I, nᵒ 112, p. 101. — Cass. civ. 2ᵉ, 27 avril 1972, *Bull. civ.*, II, nᵒ 118, p. 97. — 28 juin 1972, *Bull. civ.*, II, nᵒ 202, p. 163. — Cass. civ. 3ᵉ, 15 juin 1976, *Bull. civ.*, III, nᵒ 262, p. 202.

(29) Cass. com., 6 avril 1965, *Bull. civ.*, III, nᵒ 263, p. 235. — Cass. soc., 7 juillet 1965, *Bull. civ.*, IV, nᵒ 568, p. 480. — 18 janvier 1967, *Bull. civ.*, IV, nᵒ 54, p. 44. — Cass. civ. 2ᵉ, 28 janvier 1970, *Bull. civ.*, II, nᵒ 96, p. 76. — Cass. com., 9 mai 1972, *Bull. civ.*, IV, nᵒ 138, p. 138. — Cass. civ. 1ʳᵉ, 20 novembre 1973, *Bull. civ.*, I, nᵒ 311,

lorsqu'ils jugent que les faits allégués sont déjà démentis par les circonstances de la cause (30) ou sont invraisemblables (31). Quant à la pertinence appréciée au regard du mode de preuve envisagé, les juges du fond sont encore souverains, en principe (32). Il n'en irait autrement que s'ils motivaient leur rejet d'une offre de preuve, non par les circonstances propres à l'espèce, mais par des considérations d'ordre général tenant au procédé de preuve lui-même, car ce serait faire référence au système de preuve légale et prendre parti sur son interprétation (33).

Sous-section 2. — Recherche et production des preuves.

578. — Il faut préciser quel est le rôle des parties et celui du juge dans la recherche et la production des preuves. Les limites qui restreignent la liberté d'investigation devront ensuite être signalées.

§ 1. — RÔLE DES PARTIES DANS LA RECHERCHE ET LA PRODUCTION DES PREUVES

579. — Que la tâche de prouver leurs allégations contestées pèse essentiellement sur les parties est rappelé par l'article 9 du nouveau code de procédure civile :

« Il incombe à chaque partie de prouver conformément à la loi les faits nécessaires au succès de sa prétention ».

Cette « charge de la preuve » soulève d'ailleurs de sérieuses difficultés.

---

p. 277. — Cass. civ. 2e, 9 janvier 1974, *Bull. civ.*, II, n° 12, p. 9. — Cass. soc., 19 mars 1974, *Bull. civ.*, V, n° 189, p. 178. — Cass. com., 11 juin 1974, *Bull. civ.*, IV, n° 187, p. 151. — Cass. civ. 3e, 6 avril 1976, *Bull. civ.*, III, n° 136, p. 109. — 29 juin 1976, *Bull. civ.*, III, n° 288, p. 221. — Cass. soc., 17 novembre 1976, *Bull. civ.*, V, n° 591, p. 482. — 24 février 1977, *Bull. civ.*, V, n° 149, p. 116. — Cass. civ. 3e, 28 février 1978, *Bull. civ.*, III, n° 103, p. 80. — Cass. com., 7 décembre 1981, *Bull. civ.*, IV, n° 428, p. 341.

(30) Cass. com., 4 novembre 1965, *Bull. civ.*, III, n° 557, p. 497. — Cass. civ. 2e, 23 mars 1966, *Bull. civ.*, II, n° 387, p. 274.

(31) Cass. com., 21 octobre 1963, *Bull. civ.*, III, n° 425, p. 358. — Cass. civ. 1re, 13 novembre 1974, *Bull. civ.*, I, n° 304, p. 261.

(32) Cass. com., 14 octobre 1963, *Bull. civ.*, III, n° 406, p. 343. — Cass. civ. 1re, 3 mai 1965, *Bull. civ.*, I, n° 286, p. 211. — 21 mai 1965, *Bull. civ.*, I, n° 342, p. 252. — 31 mai 1966, *Bull. civ.*, I, n° 348, p. 257. — Cass. civ. 2e, 5 mars 1969, *Bull. civ.*, II, n° 66, p. 49. — Cass. soc., 28 janvier 1970, *Bull. civ.*, V, n° 57, p. 42. — Cass. civ. 1re, 23 février 1972, *Bull. civ.*, I, n° 60, p. 53. — Cass. com., 28 mai 1974, *Bull. civ.*, IV, n° 174, p. 139. — Cass. soc., 2 mars 1983, *Bull. civ.*, V, n° 128, p. 90. — Cass. civ. 1re, 14 février 1989, *Bull. civ.*, I, n° 82, p. 53.

(33) Cass. civ., 25 juillet 1949, D. 1949, 585, note CARBONNIER ; S. 1950. 1. 8; J. C. P. 1949. II. 5102, note ROUAST. — Cass. civ. 1re, 16 juillet 1971, *Bull. civ.*, I, n° 241, p. 202. — CHEVALLIER, chronique précitée.

L'expression elle-même a trop souvent été mal comprise. Surtout, la répartition de ce fardeau entre les plaideurs se révèle parfois délicate.

I. — *Position du problème de la charge de la preuve.*

580. — La présentation classique : l'ordre de production des preuves. L'article 1315 du Code civil, relatif à la preuve des obligations, est considéré comme exprimant un principe général :

> « Celui qui réclame l'exécution d'une obligation doit la prouver. Réciproquement, celui qui se prétend libéré doit justifier le paiement ou le fait qui a produit l'extinction de son obligation ».

Ce texte envisage donc la charge de la production des preuves, en désignant un ordre chronologique dans l'administration de la preuve. Le mécanisme s'ordonne selon le schéma suivant : le demandeur allègue un fait à l'appui de sa prétention. Si le défendeur le conteste par une simple dénégation, il appartient au demandeur de faire la preuve de son allégation *(actori incumbit probatio)*. Lorsque le demandeur a rapporté la preuve qui était exigée de lui, le défendeur peut opposer une exception ; si celle-ci est déniée par le demandeur, il appartient au défendeur de prouver les faits sur lesquels il fonde l'exception qu'il allègue ; en soulevant une exception, le défendeur devient demandeur au regard de la preuve *(reus in excipiendo fit actor)*. Ainsi, au cours du procès, la charge de la preuve peut peser alternativement sur chacune des parties, au fur et à mesure qu'elles avancent de nouveaux faits (1).

Cette présentation classique d'un « ordre de la preuve », qui donne « l'impression de rôles réglés à l'avance sur le théâtre juridique » (2) est très théorique.

---

(1) Malgré les apparences, ce schéma n'est pas modifié lorsqu'interviennent des présomptions légales telles que les définit l'article 1349 du Code civil. Le plaideur qui bénéficie d'une telle présomption peut se contenter de démontrer certains faits et la loi en tire l'établissement d'un autre fait, qui est le fait à prouver. Il résulte de ce déplacement de l'objet de la preuve une plus grande facilité pour administrer la preuve requise, mais cela ne signifie pas que le plaideur sur qui pèse la charge de la preuve soit cru sur sa seule allégation, que son adversaire conteste. Il reste nécessaire de prouver les faits qui déclenchent le jeu de la présomption (Cass. civ. 3e, 5 mai 1975, *Bull. civ.*, III, no 153, p. 116). Une fois que celle-ci a joué, la preuve est faite, avec des moyens réduits il est vrai, mais sans dispense de preuve ni renversement de la charge de la preuve. Si la présomption est simple, cette preuve n'est que provisoire, car l'adversaire peut rapporter la preuve contraire. Que la charge de cette preuve lui incombe est alors normal, car cela signifie qu'il allègue des faits nouveaux, tendant à justifier une prétention nouvelle, consistant à soutenir que le passage de faits connus à un fait inconnu, opéré par la loi, n'est pas fondé en l'espèce.

(2) F. BOULANGER, *Réflexions sur le problème de la charge de la preuve, Rev. trim. dr. civ.*, 1966, 736. no 1.

Il est rare qu'un plaideur puisse se borner à adopter une position d'attente purement passive jusqu'à ce que son adversaire ait satisfait aux exigences de preuve mises à sa charge. Il est souvent plus difficile de combattre une conviction déjà formée que d'empêcher cette conviction de naître. Aussi, « dans la pratique, chacun prend position sur le point de fait et aligne ses preuves. Celui-là même qui soutient n'avoir rien à prouver ne manque pas de pousser son offensive pour ruiner l'allégation adverse » (3).

Non seulement l'ordre théorique de la production des preuves n'est généralement pas suivi par les parties elles-mêmes qui, volontairement, apportent leur contribution à la recherche de la vérité même lorsqu'elles n'y sont pas obligées, mais le juge peut intervenir directement dans la recherche des preuves (4). Le développement actuel des pouvoirs d'initiative du magistrat en ce domaine rend périmée l'image d'une seule partie aux prises avec le fardeau de la preuve, tandis que son adversaire et le tribunal assistent passifs à ses efforts. La recherche de la vérité est une œuvre commune à laquelle les litigants et le juge collaborent.

581. — Le véritable problème : le risque de la preuve.

Le schéma classique de l'alternance des initiatives des parties dans la production des preuves se révèle fort éloigné de la réalité. Cela ne signifie pas que l'article 1315 du Code civil soit méconnu. Mais il faut, en quelque sorte, faire une lecture « au second degré » de ce texte. En énonçant « qui doit prouver », le texte répond à la question « à qui le juge devra-t-il donner satisfaction lorsque la lumière ne sera pas faite » (5). Tel est le sens de l'attribution de la charge de la preuve, qu'il serait peut-être plus clair de dénommer « le risque de la preuve » (6).

En effet, peu importe, au fond, d'où proviennent les éléments de conviction sur lesquels le juge peut fonder sa décision. Lorsque la vérité est connue, il est indifférent de savoir qui était spécialement chargé de la dévoiler. Mais quand aucune preuve n'est suffisante, quand l'incertitude subsiste, le juge ne peut pas refuser de statuer. Obligé de trancher le litige, il le fera à l'encontre du plaideur sur qui pesait le fardeau de

---

(3) MIMIN, note sous Cass. soc., 10 avril 1941, D. C. 1942, 35.

(4) *Infra*, nos 586 et s.

(5) LEGEAIS, thèse précitée, p. 101. — MOTULSKY, thèse précitée, n° 117. — CHEVALLIER, Cours précité, p. 192 et s. — F. BOULANGER, article précité, n° 5.

(6) LEGEAIS, *Ibid.* — *Comp.* de NAUROIS, *Le juge en présence d'un doute de fait insoluble en droit français et en droit canonique : jalons pour une recherche, Mélanges P. Raynaud*, 1985, p. 531 et s.

la preuve et qui n'a pas réussi à entraîner la conviction. Ainsi que l'énonce la Cour de cassation,

> « l'incertitude et le doute subsistant à la suite de la production d'une preuve doivent nécessairement être retenus au détriment de celui qui avait la charge de cette preuve » (7).

Cette façon d'envisager la charge de la preuve permet de restreindre la question à ses exactes dimensions en éliminant de la discussion de nombreuses hypothèses où les principes gouvernant la répartition du fardeau de la preuve entre les plaideurs sont invoqués hors de propos. Il est fréquent que la Cour de cassation doive rejeter le moyen d'un pourvoi soulevant la violation de l'article 1315 du Code civil, *alors qu'en l'espèce la preuve a été faite*. Dès lors que les juges ont pu se forger une conviction à l'égard des allégations des parties, il est sans intérêt de rechercher sur qui pesait la charge de la preuve. Ce qui est en réalité critiqué, dans de telles hypothèses, c'est la plus ou moins grande facilité avec laquelle les juges se sont laissés convaincre. C'est une question d'appréciation des preuves produites ; ce n'est pas le problème de la charge de la preuve. La confusion est compréhensible lorsque la preuve retenue résulte de présomptions de fait largement appréciées, de sorte que le plaideur qui perd son procès pour n'avoir pas renversé ces présomptions a le sentiment que tout le poids de la preuve pèse sur lui. Mais cette illusion d'optique doit être dissipée (8).

---

(7) Cass. soc., 31 janvier 1962, *Bull. civ.*, IV, n° 105, p. 85. — 15 octobre 1964, *Bull. civ.*, IV, n° 678, p. 556. — C'est à ce principe qu'ont cru pouvoir échapper les auteurs de la loi du 13 juillet 1973 modifiant les règles de la résiliation du contrat de travail à durée indéterminée. Le texte, présenté comme « une innovation importante », prévoit que « le juge... forme sa conviction au vu des éléments fournis par les parties et au besoin après toutes mesures d'instruction qu'il estime utiles ». Par conséquent, a-t-on dit, « aucune des parties ne supporte la charge de la preuve. Elles sont mises à égalité » (Déclaration du Ministre du travail, *J. O.*, Débats Ass. Nat., 30 mai 1973, p. 1620). L'observation est exacte au regard de « l'ordre de la preuve », mais certainement erronée en ce qui concerne le véritable problème de la charge de la preuve. Or, celui-ci se pose nécessairement en cas de doute résistant à toutes les mesures d'information et le texte ne le réglait pas (PÉLISSIER, *La réforme du licenciement*, p. 107 et s. — AUDINET, *Une réforme imparfaite : la loi du 13 juillet 1973 sur le licenciement*, J. C. P. 1974. I. 2601. — AMSON, *Une illusion : la réforme du droit de licenciement*, Gaz. Pal., 1974, 1, doctr. 389. — DEVÈZE, *Contribution à l'étude de la charge de la preuve en matière civile*, thèse Toulouse, 1980, précitée, n°s 19 et s.). — Cette lacune a été tardivement comblée par la loi du 2 août 1989. Désormais, l'article L. 122-14-3 du Code du Ttavail énonce : « Si un doute subsiste, il profite au salarié » (DELL'ASINO, *La règle du doute dans le droit judiciaire du licenciement*, Gaz. Pal., 19 octobre 1989, doctr.). — Il est à remarquer que le fait pour des plaideurs d'émettre chacun une prétention (demande principale et demande reconventionnelle) n'interdit pas au juge de rejeter l'une et l'autre pour défaut de preuve ; il n'y a pas déni de justice, mais chaque adversaire supporte, quant à sa propre demande (principale ou reconventionnelle) le risque de la preuve : Cass. com., 10 mai 1977, *Bull. civ.*, IV, n° 134, p. 115. — Cass. civ. 3e, 3 décembre 1980, *Bull. civ.*, III, n° 190, p. 143. — Cass. civ. 1re, 20 mai 1981, D. 1983, 289, note DEVÈZE.

(8) GOUBEAUX, note J. C. P. 1973. II. 17566. — Pour des exemples tirés de la jurisprudence, V. GOUBEAUX et BIHR, *Encycl. Dalloz, Répert. dr. civ.*, 2e éd., v° Preuve, n°s 115 et 116. — M. DEVÈZE (thèse précitée) propose une analyse différente, en

La signification de la charge de la preuve étant ainsi précisée, la question la plus délicate subsiste : la répartition de ce fardeau entre les plaideurs.

II. — *Attribution de la charge de la preuve.*

582. — Les solutions légales particulières ; le principe général de l'article 1315 du Code civil.

S'agissant de la détermination du plaideur qui supporte le risque de ne pas réussir à faire la preuve qui lui incombe, la loi fournit quelques solutions particulières et un principe général.

Plusieurs textes énoncent, à propos d'une question déterminée, qui supporte la charge de la preuve (9). Ils s'expriment généralement en termes de présomptions : la bonne foi est toujours présumée... la solidarité ne se présume pas, ce qui revient à dire que l'absence de solidarité est présumée... Ces présomptions sont d'une nature différente de celles que définit l'article 1349 du Code civil. Il ne s'agit nullement d'un déplacement de l'objet de la preuve, il n'y a aucune induction d'un fait connu à un fait inconnu ; c'est directement que la loi tient un fait pour établi, à défaut de preuve contraire. Par là, une telle présomption désigne celle des parties qui doit faire la preuve et perdra son procès si elle n'y parvient pas. Rien n'est dit sur la manière dont cette preuve pourra être rapportée (10), mais celui qui doit prouver est indiqué. On a proposé de donner à cette attribution du fardeau de la preuve le nom de « présomption antéjudiciaire » (11).

Ces solutions sont précises, mais très fragmentaires. Pour combler leurs lacunes, il faut faire appel à un principe général. On le trouve dans l'article 1315 du Code civil : la charge de la preuve pèse sur le demandeur,

---

distinguant la charge de l'administration de la preuve, la charge de la conviction et, enfin, le risque de la preuve ; c'est au titre de la charge de la conviction que l'auteur examine les hypothèses ci-dessus signalées (*op. cit.*, n°s 303 et s.).

(9) Par exemple, v. dans le Code civil les articles 784, 1116, 1162, 1187, 1190, 1202, 1402, 1538, 1731, 2268...

(10) On peut regretter l'ambiguïté du terme « présomption ». Une présomption légale conforme à la définition de l'article 1349 du Code civil laisse entier le problème de la charge de la preuve, en ce sens que, si les faits qui déclenchent le jeu de la présomption ne sont pas prouvés, cette disposition légale ne fournit, en elle-même, aucune indication sur celui des plaideurs qui devra triompher. A l'inverse, une présomption qui règle l'attribution de la charge de la preuve n'autorise ni ne restreint, par elle-même, l'administration de la preuve grâce au déplacement de l'objet de celle-ci : dire que le dol ne se présume pas (C. civ., art. 1116) signifie que c'est à celui qui l'invoque de le prouver, mais n'interdit pas de rapporter cette preuve par présomption du fait de l'homme.

(11) Chevallier, Cours précité, p. 217, adoptant une formule de Bentham.

étant entendu que la position de demandeur n'est pas fixée une fois pour toutes par l'initiative de l'introduction de l'instance, mais s'apprécie au regard de chaque allégation d'un fait nouveau.

Malheureusement, cette règle est trop sommaire pour fournir une solution sûre dans tous les cas. Elle implique que le risque de la preuve pèse sur celui qui allègue un fait et non sur celui qui le conteste. Mais où s'arrête la contestation et où commence l'allégation d'un fait nouveau ? Lorsqu'un plaideur réclame l'exécution d'un contrat et que son adversaire invoque la nullité de cette convention, s'agit-il de la part de ce dernier d'une contestation de la validité du contrat, imposant à l'autre partie la preuve de cette validité, ou de l'allégation de la nullité qu'il lui appartiendrait de prouver ?

583. — Tentatives de précision du principe.

Il est à peu près unanimement admis que la règle de l'article 1315 du Code civil est fondée sur des considérations d'opportunité. Les situations acquises sont réputées conformes au droit. Il est normal que les individus soient libres les uns à l'égard des autres et c'est donc à celui qui se prétend créancier de prouver le lien juridique qui assujettit celui qu'il désigne comme son débiteur ; il est normal que le possesseur soit propriétaire et c'est à celui qui revendique un droit sur le bien de faire la preuve du fondement de sa prétention... Exiger du plaideur qui s'attaque à la situation existante qu'il supporte la charge de la preuve est une défense contre un risque de subversion qui troublerait l'ordre social (12).

A partir de cette constatation, une opinion assez répandue voit dans la règle énoncée par l'article 1315 du Code civil une application de l'idée que la charge de la preuve pèse sur celui qui avance un fait contraire à l'état normal et habituel des choses. Le principe qui fournirait la solution des difficultés concrètes s'énoncerait donc : celui qui doit faire la preuve est celui contre lequel l'apparence existe (13). Il faudrait donc, dans chaque cas, apprécier où est la situation apparente, normale, pour attribuer le fardeau de la preuve.

---

(12) A quoi l'on peut ajouter que le demandeur, ayant l'initiative, peut agir à temps pour éviter d'être victime d'un dépérissement des preuves (CHEVALLIER, *op. cit.*, p. 194).

(13) Cette opinion est soutenue, avec quelques nuances, par de nombreux auteurs. V. notamment : GÉNY, *Science et technique en droit privé positif*, t. 3, n° 231. — THÉVENET, *Essai d'une théorie de la charge de la preuve en matière civile et commerciale*, thèse Lyon, 1921. — BEUDANT et LEREBOURS-PIGEONNIÈRE, t. 9, n° 1166. — H. L. et J. MAZEAUD, t. 1, vol. 1, par CHABAS, n° 376. — MARTY et RAYNAUD, *Introduction générale*, n° 213.

Une telle appréciation se révèle malheureusement extrêmement difficile. Quand un demandeur réclame le remboursement d'un prêt et que son adversaire soutient qu'il a reçu les fonds à titre de donation, quelle est la proposition la plus conforme à la situation normale (14) ? Surtout, le problème paraît mal posé : si l'apparence existe, elle constitue un indice qui est déjà une preuve ; il appartient à celui qui veut la combattre de faire la démonstration contraire (15). La question reste entière en cas d'incertitude complète (16).

Il paraît préférable de tenter de définir rationnellement la portée du principe selon lequel la charge de la preuve pèse sur le demandeur. A cet égard, l'accord se fera sans doute assez aisément pour admettre que celui qui a fait la preuve des éléments nécessaires à la naissance du droit qu'il réclame n'a pas à établir encore que ce droit n'a pas été ensuite modifié ou restreint (17). En effet, une situation juridique ne peut évoluer spontanément. Par conséquent, la naissance du droit étant, par hypothèse, démontrée, c'est à l'adversaire qu'il incombe d'établir le fait nouveau qui aurait entraîné le changement de cette situation juridique (18). Mais le système doit encore être corrigé par un certain nombre de tempéraments. Certains résultent expressément des dispositions légales établissant des présomptions « antéjudiciaires » (19). D'autres sont implicites. Il en est ainsi lorsque toute la réglementation est consacrée à un phénomène qui représente l'inverse d'une condition de naissance du droit. L'exemple le plus net est celui de la capacité, élément générateur de certains droits, qui n'est envisagée par la loi que sous la forme contraire, l'incapacité ; on en tirera une dispense de prouver l'élément de capacité, la charge d'établir l'incapacité incombant à l'adversaire (20).

Mais déjà à ce stade bien des hésitations sont permises. De plus, ces directives ne suffisent pas à résoudre toutes les difficultés. La jurispru-

---

(14) F. BOULANGER, article précité, n° 2.

(15) V. supra, n° 581.

(16) Un reproche analogue peut être adressé à la méthode « empirique » préconisée par BARTIN (sur AUBRY et RAU, 5ᵉ éd., t. 12, § 749, note 20 bis). Cet auteur a proposé de « se borner à rapprocher les unes des autres les solutions fournies par la pratique... et arriver ainsi à classer, dans des catégories distinctes et relativement nettes les différentes sortes de litiges où les questions de droit les plus étrangères les unes des autres supposent, pour l'établissement du fait dont la solution du procès dépend, l'emploi d'un raisonnement semblable et d'un même procédé de démonstration ». Un tel axe de recherche permet d'approfondir la connaissance des procédés de preuve et de l'administration de la preuve, mais n'est pas d'un grand secours pour décider en faveur de qui le juge doit trancher lorsque la preuve n'est pas faite.

(17) AUBRY et RAU, 5ᵉ éd., t. 12, § 749, p. 84. — MOTULSKY, thèse précitée.

(18) MOTULSKY, op. cit., n° 79.

(19) Supra, n° 582.

(20) MOTULSKY, op. cit., nᵒˢ 95 et 119.

dence ajoute ses propres nuances en créant elle-même des présomptions « antéjudiciaires » pour des raisons qui, parfois tiennent au fond du droit (21) et parfois de « l'aptitude à la preuve » (22), c'est-à-dire de la plus ou moins grande difficulté que présente l'administration de la preuve pour telle ou telle catégorie de plaideurs (23). De là résultent des solutions difficiles à synthétiser (24).

584. — Attribution conventionnelle de la charge de la preuve.
Il faut enfin signaler que les parties peuvent, par convention, modifier les règles d'attribution de la charge de la preuve. En effet, ces règles visent essentiellement à la protection des intérêts du plaideur qui échappe au risque de la preuve et il est possible de renoncer à un système protecteur d'intérêts privés (25), du moins tant que sont en jeu des droits dont les titulaires peuvent disposer (26).

Il n'y a pas de difficulté en cas de véritable aménagement conventionnel de la charge de la preuve. Ainsi, dans un mandat d'intérêt commun, peut-il être prévu qu'un des cocontractants pourra rompre le contrat sans rapporter la preuve d'une cause légitime de rupture, la charge de prouver un abus incombant alors à l'autre partie (27). Mais une jurisprudence contestable a parfois tiré une renonciation du simple fait qu'une partie a volontairement offert de prouver des faits qu'elle n'était pas tenue d'établir (28). En réalité, il faut distinguer. L'attitude du défendeur qui propose ses propres preuves peut correspondre à un défaut de contestation des dires du demandeur et à l'allégation d'une exception. En pareil cas, il est clair que le

---

(21) Par exemple, en présence d'un testament lacéré, déterminer s'il incombe à l'héritier de prouver la volonté de révocation du testateur ou au légataire d'établir la volonté de maintenir les dispositions testamentaires dépend d'une prise de position à l'égard du formalisme du testament. — Sur l'attribution de la charge de la preuve comme moyen de politique juridique, dépendant du droit substantiel en cause, v. Devèze, thèse précitée, n°s 478 et s.

(22) P. Esmein, *Rev. trim. dr. civ.*, 1933, 627 et s.

(23) Par exemple, en matière d'assurances, la jurisprudence qui, dans le litige entre la victime d'un accident et l'assureur du responsable, met à la charge de l'assureur la preuve de limitations de garantie s'explique par la difficulté que peut éprouver la victime à produire le contrat fixant l'étendue des obligations de l'assureur (Cass. civ. 1re, 3 décembre 1963, J. C. P. 1964. II. 13489, concl. Lindon. — 24 juin 1970, *Bull. civ.*, I, n° 222, p. 179. — 15 octobre 1980, J. C. P. 1981.II.19611, 1re esp., note Bigot. — 27 octobre 1981, J. C. P. 1982.II.19711, note Baudoin.

(24) Pour des illustrations des solutions jurisprudentielles, V. Goubeaux et Bihr, *op. cit.*, n°s 133 et s.

(25) Beudant et Lerebours-Pigeonnière, t. 9, n° 1164. — Planiol et Ripert, t. 7, n° 1422.

(26) Aubry et Rau, 6e éd., t. 12, par P. Esmein, § 749, p. 81.

(27) Cass. com., 19 juillet 1965, *Bull. civ.*, III, n° 456, p. 416.

(28) Cass. req., 1er avril 1862, D. P. 1862. 1. 433. — 28 juin 1926, *Gaz. Pal.*, 1926. 2. 474. — 21 juillet 1926, S. 1926. 1. 319. — Cass. civ., 23 janvier 1929, *Gaz. Pal.*, 1929. 1. 329. — Cass. civ. 2e, 6 mars 1958, J. C. P. 1958. II. 10902, note Chevallier. — Cass. civ. 2e, 9 octobre 1975, *Bull. civ.*, II, n° 248, p. 199.

risque de la preuve pèse bien sur le défendeur, devenu demandeur à l'exception ; c'est le jeu des règles ordinaires. Mais le défendeur peut aussi contester les allégations du demandeur et, de lui-même, renforcer cette contestation en proposant des preuves de la fausseté des allégations de son adversaire. En ce cas, s'il y a renonciation aux règles de la charge de la preuve, c'est uniquement au sens d'un abandon de l'ordre de production des preuves, situation tout à fait courante et qui n'a aucune influence sur la solution du litige si aucune des preuves produites par l'une et l'autre partie n'a entraîné la conviction du juge. C'est le demandeur qui doit perdre son procès s'il n'a pu faire la preuve de ses allégations contestées par son adversaire, bien que celui-ci n'ait pas davantage réussi dans sa tentative de démonstration.

585. — L'attribution de la charge de la preuve est assurément une question délicate. Heureusement, la question ne se pose pas aussi fréquemment que l'on pourrait le penser, puisque c'est seulement en cas de doute irréductible que le sort du procès en dépend. Or, la plupart du temps, il est possible de trouver assez d'éléments de conviction pour éviter de faire jouer cette règle brutale. D'autant plus que les parties ne sont pas seules à déployer des efforts pour établir la vérité : le rôle du juge lui-même n'est pas négligeable.

§ 2. — ROLE DU JUGE DANS LA RECHERCHE ET LA PRODUCTION DES PREUVES

586. — L'administration de la preuve en justice se fait d'ordinaire selon des procédures spéciales destinées à garantir la possibilité d'une discussion contradictoire et, d'une façon générale, assurer le respect des droits de la défense. Ainsi, l'enquête au cours de laquelle sont entendus les témoins (29), la recherche d'indices par voie de constats ou d'expertises (30) sont décidées et contrôlées par le juge. Le plaideur qui ne dispose pas d'éléments suffisants pour prouver le fait qu'il allègue peut demander au juge d'ordonner une de ces mesures d'instruction qui permettent de recueillir les preuves (31). D'un autre côté, le juge

---

(29) Nouv. C. proc. civ., art. 204 et s.

(30) *Ibid.*, art. 249 et s., 263 et s. — Le texte ajoute la simple « consultation » à laquelle il est possible d'avoir recours lorsqu'une question technique ne requiert pas d'investigations complexes (art. 256 et s.).

(31) *Ibid.*, art. 146. — Il est même possible, avant tout procès, d'obtenir sur requête ou en référé des mesures d'instruction tendant à conserver ou établir la preuve de faits dont pourrait dépendre la solution d'un litige (Nouv. C. proc. civ., art. 145. — JEANTIN, *Les mesures d'instruction « in futurum »*, D. 1980, chron. 205. — PEYRE, *Le référé probatoire de l'article 145 du Nouveau Code de procédure civile*, J. C. P. 1984.I.3153. — Sur la condition d'intérêt légitime justifiant le recours à cette méthode : Orléans, 4 mars 1983, D. 1983, 343, note JEANTIN). Naturellement, il appartient au juge d'apprécier l'opportunité d'une mesure d'instruction sollicitée par un plaideur ; à cet égard il a un pouvoir souverain et peut refuser de satisfaire la demande, quelle que soit la pertinence des faits allégués (Cass. com., 11 décembre

peut, d'office, décider des mesures propres à l'éclairer, comme la communication des livres de commerce (32), la descente sur les lieux (33) ou la comparution personnelle des parties (34). Ces aspects de l'intervention judiciaire dans la recherche et la production des preuves ne sont pas nouveaux. Mais les conceptions actuelles donnant au magistrat un rôle beaucoup plus actif que dans le passé ont considérablement accru leur importance. On le vérifiera en particulier sur deux points : la mise en œuvre par le juge du « droit à la preuve » et le développement des mesures d'instruction ordonnées d'office.

I. — La mise en œuvre du « droit à la preuve ».

587. — La production forcée des preuves détenues par une partie ou un tiers : principe.

L'expression « droit à la preuve » a obtenu un certain succès en doctrine (35). On peut entendre par là le droit de tout plaideur de prouver les faits qu'il invoque, dont la limite est fixée par la pertinence du fait dont la preuve est offerte (36). Mais le droit à la preuve implique surtout les moyens de vaincre les obstacles qui s'opposent à la découverte ou à la production des preuves dont on a besoin. Tel est bien le principe aujourd'hui consacré par la loi, qui requiert pour son application l'intervention du juge.

La loi du 5 juillet 1972 a, en effet, inséré au Code civil un article 10 ainsi conçu :

> « Chacun est tenu d'apporter son concours à la justice en vue de la manifestation de la vérité.
> Celui qui, sans motif légitime, se soustrait à cette obligation lorsqu'il en a été légalement requis, peut être contraint d'y satisfaire, au besoin à peine d'astreinte ou d'amende civile, sans préjudice de dommages-intérêts ».

Le nouveau code de procédure civile met en œuvre ce principe en décidant que le juge peut, à la requête d'une partie, enjoindre à l'autre

---

1979, *Bull. civ.*, IV, n° 334, p. 263) et même si la partie qui les allègue ne dispose pas d'autres moyens de les établir (Cass. civ. 1re, 4 novembre 1982, *Bull. civ.*, I, n° 316, p. 272).

(32) C. com., art. 17 (rédact. loi du 30 avril 1983).

(33) Initialement prévue au C. proc. civ., art. 295, actuellement comprise dans les « vérifications personnelles du juge ». Nouv. C. proc. civ., art. 179 et s.

(34) Initialement, C. proc. civ., art. 119 ; actuellement Nouv. C. proc. civ., art. 184 et s.

(35) BEUDANT et LEREBOURS-PIGEONNIÈRE, t. 9, n°s 1167 et s. — PLANIOL et RIPERT, t. 7, n°s 1411 et s. — MARRAUD, *Le droit à la preuve ; la production forcée des preuves en justice*, J. C. P. 1973. I. 2572. — GOUBEAUX, *Le droit à la preuve*, in *La preuve en droit*, études publiées par Ch. PERELMAN et P. FORIERS, 1981, p. 277 et s.

(36) *Supra*, n°s 576 et 577.

partie de produire un élément de preuve qu'elle détient ou demander la production de documents par des tiers, au besoin à peine d'astreinte (37). La situation ainsi visée est celle où un plaideur qui connaît l'existence de pièces propres à fonder son droit, mais ne les a pas en mains, tente d'obtenir de celui qui détient ces documents qu'il les présente au juge (37-1). On conçoit que le demandeur puisse se heurter à une résistance du détenteur de ces preuves, surtout lorsqu'il s'agit de l'adversaire lui-même qui ne tient évidemment pas à fournir des armes qui se retourneront contre lui. Mais l'intérêt de la justice est que la vérité soit connue et le juge peut sanctionner le droit à la preuve.

Pendant longtemps aucun texte de portée générale ne prévoyait la possibilité pour le juge d'imposer à une partie ou à un tiers la production des éléments de preuve qu'il détenait. Seules quelques dispositions éparses organisaient un tel mécanisme, le cas le plus notable étant constitué par les articles 14 à 17 du Code de commerce précisant les conditions dans lesquelles un plaideur peut être contraint de représenter ou de communiquer ses propres livres de commerce. En dehors de telles hypothèses, la doctrine classique refusait d'admettre la production forcée des preuves. En particulier, s'agissant des documents détenus par l'adversaire, il était affirmé que nul n'est tenu de faire des révélations contre lui-même : « *nemo tenetur edere contra se* » (38). Mais un fort courant contraire s'était formé (39).

Le principal argument invoqué par les tenants de la théorie classique portait à faux. Accorder au demandeur, pour faire la preuve qui lui incombe, le concours du défendeur renverserait, disait-on, la charge de la preuve. Mais, en réclamant à son adversaire un élément de preuve qui lui est nécessaire, le demandeur ne nie pas que le risque de la preuve pèse sur lui au cas où, malgré la production du document, il ne parviendrait pas à convaincre le juge ; il cherche seulement à obtenir de son

---

(37) Art. 11, al. 2, 138 à 142. — La substance de ces textes est reprise du décret du 9 septembre 1971 qui avait anticipé sur le principe énoncé par la loi du 5 juillet 1972 (C. civ., art. 10). Cf. sur la conformité de ce texte aux principes généraux du droit, Cons. d'État, 10 mai 1974, *Barre et Monnet, Act. jur. dr. adm.*, 1974, p. 546. — Sur la légalité du décret du 20 juillet 1972 : Cons. État, 3 janvier 1975, *Barre*, J. C. P. 1976.II.18229, note COUCHEZ ; *Rev. trim. dr. civ.*, 1976, 397, observ. PERROT.

(37-1) BOITARD et BOQUET, *Réflexions sur la communication d'une pièce imposée par le juge dans le procès civil, Gaz. Pal.*, 1976. 2, doctr. 639. — DAIGRE, *La production forcée des preuves dans le procès civil*, 1979, préf. LOMBOIS ; *La doctrine et la réforme de la procédure civile, à propos du pouvoir discrétionnaire du juge en matière de production forcée de pièces*, J. C. P. 1981.I.3020. — MARRAUD, article précité. — GOUBEAUX, art. précité.

(38) DEMOLOMBE, *Cours de Code Napoléon*, t. 29, n° 209. — PLANIOL et RIPERT, t. 7, n° 1412. — SOLUS, *Rôle du juge dans l'administration de la preuve, Trav. Assoc. H. Capitant*, t. 5, p. 129 et s.

(39) DEMONTÈS, *L'action* ad exhibendum *en droit moderne*, thèse Paris, 1922. — DEMOGUE, *Traité des obligations*, n° 211. — DECUGIS, *L'évolution des preuves en droit comparé, Bull. soc. législ. comp.*, 1939, 77 et s. — MOREL, *Traité élémentaire de procédure civile*, 2e éd., 1949, n° 479. — BEUDANT et LEREBOURS-PIGEONNIÈRE, t. 9, n° 1175. — LEGEAIS, thèse précitée, p. 197. — E. LE GALL, *Le devoir de collaboration des parties à la manifestation de la vérité dans les litiges privés ; remarques sur l'adage* nemo tenetur edere contra se, thèse dactyl. Paris, 1967.

adversaire un moyen de faire la preuve qui lui incombe. Certes, il serait avantageux pour le défendeur de refuser sa collaboration, afin de pouvoir tirer les conséquences de l'attribution du risque de la preuve au demandeur : celui-ci n'ayant pu, seul, prouver ses allégations, perdrait son procès. Décider si un tel refus est ou non légitime dépend de la conception que l'on se fait du débat judiciaire : combat entre les plaideurs ou tentative de faire triompher la justice et la vérité. Mais la solution est indépendante de la répartition de la charge de la preuve.

La jurisprudence a marqué des hésitations, mais la tendance favorable à la production forcée des instruments de preuve semblait finalement l'emporter (40). Le législateur avait pris des initiatives dans le même sens (41). Enfin, le nouveau code de procédure civile a consacré le principe d'une façon très générale.

588. — Fonctionnement du système.

Le système retenu « concilie l'intérêt particulier du plaideur et l'intérêt plus général d'une bonne justice » (42). L'initiative appartient à la partie qui s'efforce de prouver sa prétention (43). Le juge saisi de cette demande doit alors apprécier s'il y a lieu d'y satisfaire. En effet, le juge « peut » ordonner la production d'éléments de preuve détenus par une partie ou un tiers ; il n'y est pas obligé (44). Il faut que l'existence

---

(40) V. notamment : Cass. civ. 2e, 23 décembre 1969, *Bull. civ.*, II, no 366, p. 272. — Cass. civ. 3e, 15 décembre 1971, *Gaz. Pal.*, 1972. 1. 285, concl. PAUCOT. — Sur l'évolution de la jurisprudence à ce sujet. V. GOUBEAUX et BIHR, *op. cit.*, no 416.

(41) L. 4 août 1962 (C. gén. impôts, art. 2013 *bis*) sur la production des documents fiscaux. Décr. 13 octobre 1965 modifiant le C. proc. civ., art. 81, à propos de l'instruction par le juge des mises en état (texte aujourd'hui abrogé).

(42) MARRAUD, article précité, J. C. P. 1973. I. 2572, no 5.

(43) A la différence de la solution qu'avait admise le décret du 13 octobre 1965 qui permettait au juge d'ordonner d'office la production des documents qu'il estimait utiles. Néanmoins, la loi du 4 août 1962, toujours en vigueur, permet au juge de prendre l'initiative d'ordonner la communication de documents fiscaux. Il faut ajouter que le juge peut toujours suggérer à une partie de solliciter la production d'une preuve (MARRAUD, *ibid.*, no 9).

(44) Cass. civ. 1re, 4 décembre 1973, *Bull. civ.*, I, no 336, p. 296. — Cass. civ. 2e, 7 décembre 1973, *Bull. civ.*, II, no 325, p. 265. — 7 mars 1979, *Bull. civ.*, II, no 71, p. 51. — 14 novembre 1979, D. 1980, 365, note LEMÉE. — Cass. civ. 1re, 26 janvier 1982, *Bull. civ.*, I, no 41, p. 35. — La Cour de cassation avait autrefois précisé : « Si, dans l'intérêt de la manifestation de la vérité, les tribunaux peuvent ordonner la communication de certaines pièces qui ne sont ni signifiées ni employées, ils ne doivent user de ce moyen d'instruction qu'avec réserve et lorsqu'il leur paraît autorisé par des motifs sérieux » (Cass. req., 17 juin 1879, S. 1881, 1. 116). Ces directives conservent toute leur valeur sous l'empire des textes actuels. Comp. Trib. gr. inst. Marseille, 20 février 1974, *Gaz. Pal.*, 1974.2.544, note CANDAS. — Naturellement, il y a lieu de tenir compte, le cas échéant, d'empêchements légitimes à la communication demandée, tel le secret professionnel ou la protection de l'intimité de la vie privée. V. *infra*, no 592. Mais le principe de séparation des pouvoirs n'est pas un obstacle à la mise en œuvre du droit à la preuve : le juge judiciaire peut ordonner la production d'un élément de preuve détenu par une personne publique (Cass. civ. 1re 21 juillet 1987, *Defrénois*, 1987, art. 34076, rapport SARGOS ; *Gaz. Pal.*, 1988. 1, somm. annot. p. 148, observ. CROZE et MOREL ; *Gaz. Pal.*, 1988.1.322, note RENARD ; *Rev. trim. dr. civ.*, 1988, 393, observ. PERROT. — Paris, 13 mai 1988, *Gaz. Pal.*, 1989.1.143, concl. BENAS. — Cass. civ. 1re, 21 juin 1988, *Bull. civ.*, I, no 201, p. 140 ; *Rev. trim. dr. civ.*, 1989, 137, observ. PERROT).

du document ainsi que son utilité, voire sa nécessité pour la solution du litige soient certaines (45). L'appréciation du magistrat porte également sur l'étendue de la communication qu'il ordonne. Il peut notamment choisir d'imposer la production de l'original, d'une copie ou même d'extraits, dans les conditions et sous les garanties qu'il fixe (46), en fonction des circonstances et, en particulier, des empêchements légitimes, tel le secret professionnel, qui peuvent mettre obstacle à une production intégrale de la pièce litigieuse.

Il faut cependant signaler une difficulté résultant des termes de l'article 138 du nouveau code de procédure civile. Ce texte énonce :

« Si, dans le cours d'une instance, une partie entend faire état d'un acte authentique ou sous seing privé auquel elle n'a pas été partie, ou d'une pièce détenue par un tiers, elle peut demander au juge saisi de l'affaire d'ordonner la délivrance d'une expédition ou la production de l'acte ou de la pièce ».

En visant spécialement un acte auquel le plaideur n'a pas été partie, le décret a-t-il voulu exclure du domaine de la production forcée l'acte auquel le demandeur a été partie (47) ? Sans doute, la plupart du temps, une partie à un acte a les moyens de se réserver la preuve dont elle a besoin, de sorte que ce serait pour sanctionner sa négligence que le secours de la production forcée du document détenu par autrui lui serait refusé. Mais cette sévérité serait bien singulière et parfois injustifiée, comme dans le cas où l'acte a été confié à un tiers qui, ensuite, refuse de s'en dessaisir (48). Le juge aurait, il est vrai, la ressource de nommer un expert avec mission d'examiner le document. Mais il serait paradoxal que l'on doive se contenter ainsi d'un simple écho d'une preuve qui pourrait être directement produite. Aussi est-il souhaitable que l'interprétation *a contrario* de l'article 138 du nouveau code de procédure civile, qui restreindrait le domaine du droit à la preuve, ne soit pas retenue (48-1).

Si le juge décide d'ordonner la production du document, son injonc-

---

(45) Cass. com., 12 mars 1979, *Bull. civ.*, IV, n° 97, p. 75. — Cass. civ. 2e, 15 mars 1979, *Bull. civ.*, II, n° 88, p. 62. — Sur ces points, MARRAUD, article précité, n° 12. — Si le juge n'a pas à venir au secours d'une partie négligente, la démonstration de l'impossibilité de prouver autrement, non plus que la production préalable d'un commencement de preuve, ne sont des conditions de la production forcée : DEVÈZE, thèse précitée, n°s 250 et s.

(46) Nouv. C. proc. civ., art. 139. — Il pourrait ordonner la production de la minute d'un acte notarié (Paris, 7 février 1983, J. C. P. 1983.II.20032, note LE NINIVIN).

(47) MARRAUD, article précité, n°s 35 et s.

(48) Comp. Cass. civ. 3e, 15 décembre 1971, *Gaz. Pal.*, 1972. 1. 285, concl. PAUCOT.

(48-1) Du moins, lorsqu'il s'agit d'un acte sous seing privé. Au contraire, pour un acte notarié, la partie à l'acte peut en obtenir une expédition et si elle néglige de le faire, le juge n'a pas à intervenir pour pallier sa carence (Cass. civ. 1re, 20 décembre 1977, J. C. P. 1979. II. 19036, note DAGOT). La solution raisonnable est de sanctionner seulement l'attitude fautive d'une partie. L'article 138 du Nouveau Code de procédure civile doit, semble-t-il se comprendre en liaison avec l'article 146, alinéa 2, du même Code, qui interdit au juge de suppléer la carence d'une partie dans l'administration de la preuve (en ce sens, DEVÈZE, thèse précitée, n° 190).

tion est donnée dans une forme respectant les droits de la défense (49). Mais la décision doit être exécutée : l'injonction sera faite le plus souvent à peine d'astreinte ; un refus pourra donner lieu à une condamnation à des dommages-intérêts et, surtout, sera éventuellement interprété comme un indice de la véracité de l'allégation du demandeur (50).

Le juge a donc reçu des textes actuels le pouvoir de mettre le poids de son autorité au service du droit à la preuve et dans l'intérêt de la manifestation de la vérité. Le trait est caractéristique de l'évolution des conceptions relativement à la recherche des preuves en matière civile, qu'illustre également le développement des pouvoirs reconnus au juge pour ordonner d'office des mesures d'instruction.

II. — Mesures d'instruction ordonnées d'office.

589. — Faculté attribuée au juge d'une façon générale.

Dans un régime procédural rigoureusement accusatoire, le juge a un rôle purement passif et doit s'interdire de prendre en considération tout élément de fait qui ne lui a pas été soumis par les parties ; seuls les plaideurs ont l'initiative de la recherche des preuves. Un tel système n'a jamais été consacré dans notre droit. Dès la rédaction des Codes, certaines dispositions prévoyaient des possibilités pour le juge de rechercher des preuves d'office (51). La jurisprudence, de son côté, avait utilisé ces textes largement (52).

---

(49) S'agissant de l'injonction adressée à une partie, une possibilité de discussion contradictoire est ménagée : « le juge de la mise en état statue par ordonnance motivée, rendue immédiatement s'il y a lieu, les avocats entendus ou appelés à son audience » (Nouv. C. proc. civ., art. 773 et 774) ; si c'est le tribunal qui est saisi de la demande, il statue par jugement avant dire droit, les parties ayant donc été en mesure de se faire entendre. S'agissant de l'injonction adressée à un tiers, celui-ci ne peut pas exposer son point de vue, mais il lui est permis d'en référer au magistrat qui a ordonné la production, pour lui présenter ses arguments ; le juge, qui n'est pas lié par l'autorité de la chose jugée, peut, s'il est convaincu, revenir sur sa décision (Nouv. C. proc. civ., art. 141 et 482).

(50) Il semblera excessif de voir dans le refus de la partie détentrice d'un document un aveu judiciaire implicite (MARRAUD, article précité, n° 24). En revanche, retenir l'attitude du défendeur comme une présomption de fait est certainement possible. Un auteur suggère de sanctionner le refus de collaboration en mettant le risque de la preuve (sur cette notion, v. supra, n° 581) à la charge du récalcitrant (DEVÈZE, thèse précitée, nos 236 et s.). Naturellement, de telles sanctions ne peuvent être envisagées contre un tiers, ce qui fait craindre quelques difficultés lorsque l'injonction s'adresse à une administration publique (PERROT, observ. précitées, Rev. trim. dr. civ., 1988, 393).

(51) Par exemple, C. civ., art. 1366 (possibilité de déférer le serment supplétoire), C. com., art. 15 (possibilité d'ordonner d'office la production des livres de commerce), C. proc. civ., art. 119 (comparution personnelle), art. 254 (enquête), art. 295 (descente sur les lieux), art. 322 (expertise).

(52) Pour l'exposé des solutions et des tendances de la jurisprudence, NORMAND, Le juge et le litige, nos 355 et s.

L'évolution de la procédure dans un sens plus inquisitorial a naturellement confirmé cette tendance. Désormais, l'article 10 du Nouveau Code de procédure civile énonce un principe général :

« Le juge a le pouvoir d'ordonner d'office toutes les mesures d'instruction légalement admissibles » (53).

Certes, le juge n'est pas tenu d'ordonner de sa propre initiative des mesures d'instruction. Il lui appartient de décider si la découverte de la vérité requiert l'usage de la faculté qui lui est ouverte. Mais il a les moyens de s'éclairer pour rendre une meilleure justice.

Des précautions sont d'ailleurs prises pour que ces pouvoirs du juge ne tempèrent pas le zèle des plaideurs qui pourraient être tentés de se décharger sur le magistrat de tout le soin de rechercher les preuves. L'alinéa 2 de l'article 146 du Nouveau Code de procédure civile précise en effet :

« En aucun cas une mesure d'instruction ne peut être ordonnée en vue de suppléer la carence de la partie dans l'administration de la preuve » (53-1).

De plus, visant les mesures « légalement admissibles », le texte ne déroge pas en faveur du juge aux conséquences du système de légalité des preuves qui restreignent, en certains domaines, le champ d'investigation en limitant la recevabilité des preuves (54). Le juge, enfin, est soumis aux principes généraux qui peuvent s'opposer à certaines recherches des éléments de conviction.

Le pouvoir d'initiative judiciaire ne paraît donc pas menacer la liberté individuelle. Il tend à permettre le succès du plaideur dont la cause est la plus juste et non le triomphe du plus habile.

---

(53) La solution est reprise par l'article 143 du Nouv. C. proc. civ. : « les faits dont dépend la solution du litige peuvent, à la demande des parties ou d'office, être l'objet de toute mesure d'instruction légalement admissible ». En outre, l'article 771 prévoit que le juge de la mise en état est compétent pour « ... ordonner, même d'office, toute mesure d'instruction ». De leur côté, « les parties sont tenues d'apporter leur concours aux mesures d'instruction, sauf au juge à tirer toute conséquence d'une abstention ou d'un refus » (art. 11, al. 1).

(53-1) Sur ce texte, DEVÈZE, thèse précitée, nos 181 et s. — Il y a carence d'une des parties dans l'administration de la preuve lorsque celle-ci sollicite une mesure d'instruction alors qu'elle ne fournit aucune indication précise à l'appui de son allégation (Cass. com., 6 mars 1979, Bull. civ., IV, no 93, p. 72. — Cass. civ. 1re, 4 février 1981, Bull. civ., I, no 43, p. 35), voire refuse de donner les renseignements dont elle dispose (Cass. soc., 24 mai 1989, Bull. civ., V, no 389, p. 234). Cette carence est appréciée souverainement par les juges du fond (Cass. civ. 2e, 17 décembre 1979, Bull. civ., II, no 296, p. 204. — Cass. civ. 1re, 4 février 1981, Bull. civ., I, no 43, p. 35. — 9 juillet 1985, Bull. civ., I, no 216, p. 195 ; Gaz. Pal., 1986, 1, somm. annot., p. 86, observ. GUINCHARD et MOUSSA. — Cass. soc. 21 juillet 1986, Bull. civ., V, no 383, p. 293).

(54) V. infra, nos 595 et s.

§ 3. — Restrictions a la libre recherche des preuves

590. — Beaucoup plus que par le passé notre droit est animé par le souci de voir les décisions judiciaires rendues en toute connaissance de la situation de fait. La recherche de la vérité est devenue un principe essentiel. Cette fin ne justifie cependant pas tous les moyens. Des obstacles s'opposent parfois à des investigations qui seraient pourtant propres à découvrir la réalité. Nous retiendrons à cet égard, d'une part la limite résultant de l'exigence d'une possibilité de discussion des preuves par les parties et, d'autre part, certaines restrictions dérivant de principes généraux touchant davantage au fond du droit.

I. — Le respect du principe du contradictoire.

591. — **Principe. Difficulté soulevée par les informations personnelles du juge.**

Il est essentiel que les éléments de preuve destinés à étayer la conviction du juge soient soumis à la discussion des parties. Les règles de procédure sur l'administration de la preuve sont d'ailleurs aménagées à cette fin, qu'il s'agisse de la communication de pièces (55), de la comparution personnelle des parties (56), de l'enquête (57), des constatations (58), de la consultation (59), ou de l'expertise (60). Sans doute peut-on noter à cet égard quelques tempéraments assez regrettables apportés à la possibilité d'un débat contradictoire (61). Mais, en dépit de ces entorses, la garantie des droits de la défense reste une exigence fondamentale.

La conséquence de ce principe est l'interdiction faite au juge de fonder sa décision sur la connaissance personnelle des faits du litige qu'il aurait pu acquérir en dehors des preuves administrées conformément

---

(55) Nouv. C. proc. civ., art. 132 et s.

(56) *Ibid.*, art. 184 et s.

(57) *Ibid.*, art. 204 et s.

(58) *Ibid.*, art. 249 et s.

(59) *Ibid.*, art. 256 et s.

(60) *Ibid.*, art. 263 et s. — Il suffit d'ailleurs que les éléments recueillis aient été soumis ultérieurement à la discussion contradictoire des parties (Cass. civ. 2e, 10 juillet 1980, *Bull. civ.*, II, no 182, p. 125. — Cass. com., 27 octobre 1982, *Bull. civ.*, IV, no 327, p. 275).

(61) En matière de comparution personnelle, les parties peuvent être interrogées séparément (Nouv. C. proc. civ., art. 189). Au cours de l'enquête, le juge peut, s'il l'estime nécessaire, entendre un témoin hors la présence des parties ou de l'une d'elles (*Ibid.*, art. 208, al. 3). — Sur ces dispositions, WIEDERKEHR, *Le principe du contradictoire ; à propos du décret no 73-1122 du 17 décembre 1973*, D. 1974, chron. 95.

à la loi (62). Si l'article 179 du Nouveau Code de procédure civile permet au juge de prendre en toute matière une connaissance personnelle des faits litigieux, c'est à la condition que les parties soient présentes ou appelées.

Il a été souvent affirmé en jurisprudence que le juge ne doit former sa conviction et motiver sa décision que sur des éléments de preuve admis par la loi et que la preuve n'est légalement faite que lorsqu'elle a été administrée suivant les formes permises par les textes, à moins qu'il ne soit établi que les parties y ont renoncé. Le juge n'est donc jamais autorisé, pour déclarer un fait constant, à s'en rapporter à ses investigations personnelles poursuivies en l'absence des parties (63). La mise en œuvre de ce principe et son contrôle soulèvent cependant des questions délicates.

Il faut d'abord remarquer qu'il est souvent assez difficile de déterminer, à la lecture des motifs des jugements, quelle place ont pu avoir les connaissances personnelles des juges dans l'élaboration de leur solution (64). Mais surtout, lorsqu'il est établi que le juge a fait état d'informations qui lui sont parvenues autrement que par les pièces de la procédure, cette attitude n'est pas toujours répréhensible. En effet, « il n'est pas évident que l'ignorance encyclopédique du juge soit gage de bonne justice » (65). Ce sont bien leurs connaissances techniques qui qualifient certains magistrats non professionnels pour être membres de juridictions d'exception. Toute la question est donc de trouver un critère permettant de séparer la recherche des preuves en violation du principe du contradictoire, et l'utilisation légitime par le juge de ses connaissances extra-juridiques.

Il a été proposé, à cet égard, de restreindre la prohibition aux informations relatives aux événements contingents propres au litige, auxquels les parties ont été

---

(62) BEUDANT et LEREBOURS-PIGEONNIÈRE, t. 9, n° 1151. — AUBRY et RAU, t. 12, § 749, p. 60 et s. — MOTULSKY, *Le rôle respectif du juge et des parties dans l'allé-gation des faits*, Études de droit contemporain, Trav. de l'institut de droit comparé de Paris, t. 15, p. 354, n° 23. — CHEVALLIER, *Remarques sur l'utilisation par le juge de ses informations personnelles*, Rev. trim. dr. civ., 1962, 5 et s.

(63) V. par exemple, Cass. soc., 16 février 1949, J. C. P. 1949. II. 4940 *bis*, note BÉRAUD. — Cass. com., 6 juillet 1949, *Bull. civ.*, n° 273, p. 764. — Cass. soc., 6 janvier 1950, D. 1950, 279. — 12 mars 1954, *Bull. civ.*, IV, n° 180, p. 139. — Cass. civ. 1re, 21 juin 1954, *Bull. civ.*, I, n° 207, p. 175. — Cass. civ. 2e, 21 mars 1958, J. C. P. 1958. II. 10600, note G. M. — 19 novembre 1965, D. 1965, 122. — 10 juillet 1968, *Bull. civ.*, II, n° 206, p. 145. — 25 octobre 1972, *Bull. civ.*, II, n° 255, p. 209.

(64) La Cour de cassation a plusieurs fois admis que lorsque les juges énoncent : « il résulte des renseignements recueillis par le tribunal... », il y a présomption qu'ils ont entendu se référer soit aux explications des parties à la barre, où des discussions publiques et contradictoires ont eu lieu, soit aux documents produits dans les débats (Cass. com., 25 octobre 1965, *Bull. civ.*, III, n° 520, p. 468. — Dans le même sens : Cass. req., 8 janvier 1890, D. P. 1890. 1. 395. — 28 janvier 1891, D. P. 1891. 1. 339. — 8 août 1900, D. P. 1902. 1. 267. — 9 novembre 1925, D. P. 1926. 1. 41. — 11 mars 1935, *Gaz. Pal.*, 1935. 1. 773). Cependant, une telle présomption n'est pas toujours appliquée. Certaines décisions ont été cassées pour s'être fondées sur « des renseignements pris » ou « fournis au tribunal », ou sur « les renseignements dont le tribunal s'est entouré », sans constater que ces renseignements aient fait l'objet d'une discussion contradictoire entre les parties (Cass. civ., 24 avril 1907, D. P. 1907. 1. 383. — 7 juillet 1913, D. P. 1916. 1. 109, 1re esp., S. 1913. 1. 456. — 7 mars 1922, D. P. 1925. 1. 120).

(65) CHEVALLIER, article précité, *Rev. trim. dr. civ.*, 1962, 5.

mêlées, le juge étant, au contraire, libre de tenir compte de ses connaissances de faits que l'on peut qualifier de « généraux », parce qu'ils sont notoires ou que leur connaissance est accessible à tous (66). Ainsi, un juge ne pourrait utiliser des informations non discutées contradictoirement sur le plus ou moins bon état d'entretien d'une maison, mais il pourrait se fonder sur sa connaissance d'une loi scientifique ou de l'importance de la dépréciation monétaire...

Cette distinction a été critiquée, car le caractère de plus ou moins grande généralité des faits échappe à toute mesure (67). Mieux vaut faire porter l'analyse sur le rôle que jouent les connaissances personnelles du juge dans l'élaboration de sa décision. Pour aboutir à une solution, le tribunal doit non seulement constater les faits, mais aussi les apprécier, c'est-à-dire se prononcer « sur l'aptitude des faits établis à entraîner la conséquence de droit en litige » (68). Or, si l'existence des faits ne doit être démontrée que selon des modes de preuve ayant pu être discutés par les parties, dans l'appréciation de ces faits le juge peut tirer parti de son expérience et de ses connaissances personnelles.

Une telle analyse correspond aux expressions employées par la Cour de cassation (69). Si elle est sans doute plus exacte que la distinction des « faits de la cause » et des « faits généraux », il faut reconnaître qu'au point de vue pratique elle n'en est guère éloignée. En effet, lorsque les juges apprécient les éléments qui leur sont soumis à la lumière de leur expérience, c'est bien de leurs « connaissances d'ordre général » qu'il s'agit (70), car s'ils faisaient état de leurs informations personnelles sur la situation particulière qui est en cause, ils introduiraient des éléments de fait nouveaux dans le litige. De toute façon et quelle que soit la formule retenue, l'application de la distinction est délicate et les solutions de la jurisprudence manquent parfois de clarté (71).

Si, pour satisfaire au principe du contradictoire, le juge doit parfois taire un élément d'information dont il disposait, le jeu d'autres prin-

---

(66) Batiffol, *Traité de Droit international privé*, 2e éd., n° 333. — Comp. Cass. civ. 1re, 10 mars 1969, *Bull. civ.*, I, n° 105, p. 81.

(67) Chevallier, étude précitée.

(68) *Ibid.*, spécialement p. 15.

(69) La Cour de cassation énonce qu'il est interdit aux juges de faire état de leurs connaissances pour introduire un élément d'appéciation nouveau dans le débat, mais qu'il leur est permis d'utiliser leur expérience ou leurs connaissances personnelles pour apprécier les éléments qui leur sont fournis (Cass. soc., 28 octobre 1949, *Bull. civ.*, n° 971, p. 1046. — Cass. civ. 1re, 10 mars 1969, *Bull. civ.*, I, n° 105, p. 81). La formule n'est sans doute pas parfaite, car on pourrait y trouver une certaine contradiction : l'utilisation par le juge de ses connaissances au stade de l'appréciation des faits est un « élément d'appréciation » qui, n'ayant pas été débattu par les parties, est nouveau. Mais il est tout de même assez clair que ce qu'il est interdit d'introduire dans le litige est un élément de fait nouveau à apprécier, alors que les moyens par lesquels les juges se livrent à l'appréciation des faits qui leur sont soumis ne sont pas limités.

(70) Cass. civ. 1re, 10 mars 1969 précité.

(71) Ainsi une décision fixant le prix d'un bail rural a été cassée pour s'être fondée sur le motif que certains membres du tribunal paritaire déclaraient connaître la valeur des terres de la localité (Cass. soc., 22 juin 1951, *Bull. civ.*, III, n° 515, p. 366). Mais a été rejeté un pourvoi critiquant l'évaluation d'une exploitation agricole faite sans expertise, grâce aux connaissances des juges relativement à la valeur des terrains de la région (Cass. civ. 1re, 10 mars 1969 précité. — Rappr. Cass. civ. 3e, 29 avril 1970, *Bull. civ.*, III, n° 296, p. 216).

cipes peut aboutir à un résultat identique ou même empêcher l'information de parvenir jusqu'au tribunal.

II. — Respect de principes étrangers au système probatoire.

592. — Incidences de la protection de la personne, de différents secrets...
L'intérêt de la justice postulant la découverte de la vérité est puissant. Il peut toutefois se heurter à d'autres intérêts tout aussi légitimes. De tels conflits sont toujours délicats. On ne peut évoquer que brièvement quelques exemples.

Le droit à l'intégrité physique s'oppose à certaines formes de recherche des preuves. Il en a beaucoup été discuté, antérieurement à la loi du 15 juillet 1955, à propos des demandes de prélèvement du sang dans les procès relatifs à la filiation (72). Le point est maintenant réglé en ce domaine par la loi, qui a fait céder la rigoureuse inviolabilité du corps humain aux nécessités de la preuve (73). Mais, en dehors des cas prévus par la loi le problème peut reparaître (74). Le droit à l'intimité de la vie privée, expressément garanti par l'article 9 du Code civil (loi du 17 juillet 1970), met obstacle à la recherche indiscrète d'éléments de preuve (75) ; les photographies prises dans un lieu privé sans l'accord de l'intéressé, l'enregistrement de la voix humaine à l'insu de la personne écoutée sont des procédés incriminés pénalement (76) : ils ne

(72) Trib. civ. Lille, 18 mars 1947, D. 1947, 507, note CARBONNIER. — BARBIER, *L'examen du sang et le rôle du juge dans les procès relatifs à la filiation, Rev. trim. dr. civ.*, 1949, 345. — R. V., *Preuve et atteintes à la personne, J. C. P.*, 1949. I. 758. — SOLUS, *Rôle du juge dans l'administration de la preuve, Trav. Assoc. H. Capitant*, t. 5; p. 128. — NERSON, *Les progrès scientifiques et l'évolution du droit familial,* in *Le Droit privé au milieu du* XXe *siècle, études offertes à G. Ripert*, t. 1, p. 403. — LEGEAIS, thèse précitée, p. 144 et s.

(73) Les juges ne peuvent refuser d'ordonner une expertise sanguine qui constitue une fin de non-recevoir à une action en recherche de paternité naturelle (Cass. civ. 1re, 21 juillet 1987, *Bull. civ.*, I, n° 245, p. 179. — 18 octobre 1989, D. 1990, 145, note BÉNABENT). Quant aux parties visées, sans doute n'est-il pas question d'une coercition directe pour satisfaire à une expertise sanguine, ni même d'une astreinte (Paris, 24 novembre 1981, D. 1982, 355, note MASSIP ; *Rev. trim. dr. civ.*, 1982, 203, observ. PERROT). Mais, dès lors que les juges peuvent ordonner un prélèvement du sang, il leur est loisible de tirer toutes les conséquences d'un refus de l'intéressé de se prêter à cette mesure (sans cependant qu'il en résulte une présomption légale imposant de tenir la preuve pour établie : Cass. civ. 1re, 2 avril 1968, D. 1968, 705, note ROUAST ; J. C. P. 1969.II.15785, note MOURGEON. — V. LA FAMILLE, vol. 1, n° 803.

(74) V. Trib. gr. inst. Corbeil, réf., 5 juillet 1972, *Gaz. Pal.*, 1972. 2. 749. — Paris, 3 mai 1979, D. 1979. 504, note MASSIP.

(75) DECOCQ, *Le secret de la vie privée, Rapport journées libanaises Assoc. H. Capitant*, 1974. — V. LES PERSONNES, n°s 291 et s.

(76) C. Pén., art. 368.

peuvent être utilisés pour la recherche de preuves (77). L'inviolabilité du domicile, proclamée par plusieurs textes constitutionnels (78) et protégée par la loi pénale, interdit certaines investigations destinées à recueillir des preuves (79). Une conception trop rigoureuse paralyserait cependant gravement le droit à la preuve (80); aussi est-il admis que l'inviolabilité du domicile cède en présence d'un ordre émané d'une autorité publique (81). Le secret de la correspondance, garanti par le Code pénal (82), interdit des investigations dans les papiers détenus par autrui, mais ce principe est appliqué avec une certaine souplesse ; quant à la production d'une lettre missive par son destinataire, elle peut se heurter au caractère confidentiel de la correspondance (83).

Le conflit entre la recherche de la vérité et l'obligation au secret professionnel auquel sont tenues certaines personnes se résout à première vue très simplement : l'obstacle opposé par le secret professionnel est infranchissable (84). Mais toute la question est de déterminer l'étendue

---

(77) Trib. gr. inst. Lyon, 10 octobre 1972, *Gaz. Pal.*, 1972. 2. 880, note R. S. — Cass. crim., 30 janvier 1978, *Gaz. Pal.*, 1978. 2. 467.

(78) Constitution de 1791, de l'an III, du 4 novembre 1848.

(79) Par exemple, Trib. corr. Blois, 19 février 1964, *Gaz. Pal.*, 1964. 1. 359.

(80) La question s'est posée principalement pour les constats d'adultère établis par les huissiers. V. R. VOUIN, *Constats d'adultère*, D. 1949, chron. 77. — LAURENS et SEIGNOLLES, *Du constat d'adultère pratiqué la nuit par huissier autorisé par ordonnance sur requête*, J. C. P. 1950. I. 845. — LEGEAIS, thèse précitée, p. 151 et s.

(81) Notamment une ordonnance rendue à la requête de l'époux demandeur en divorce désignant un huissier pour procéder à un constat d'adultère. Sur la jurisprudence à ce sujet, GOUBEAUX et BIHR, *Encycl. Dalloz. Répert. dr. civ.*, 2e éd., vº *Preuve*, nº 449. — Cette pratique a été consacrée par la loi du 11 juillet 1975 dans l'article 259-1 du Code civil, en des termes d'ailleurs maladroits qui avaient fait naître des hésitations, finalement dissipées par la jurisprudence : Cass. civ. 1re, 6 février 1979, J. C. P. 1980. II. 19290, note LINDON. — Nancy, 14 mars 1979, J. C. P. 1979.II.19210, note GOUBEAUX. — Cass. civ. 2e, 5 juin 1985, D. 1986, I. R., 52, observ. LINDON. — Paris, 14 novembre 1985, D. 1986, 296, note VASSAUX-VANOVERSCHELDE ; J. C. P. 1986.II.20643, note LINDON.

(82) C. pén., art. 187, al. 2.

(83) Sur ces points, GOUBEAUX et BIHR, *op. cit.*, nºs 952 et s. — RUBELLIN-DEVICHI, *Encycl. Dalloz, Répert. dr. civ.*, 2e éd., vº *Lettre missive*. — METZGER, *Le secret des lettres missives*, *Rev. trim. dr. civ.*, 1979, 291.

(84) Pour des applications, v. Cass. civ. 2e, 23 avril 1966, *Bull. civ.*, II, nº 476, p. 338. — Paris, 17 janvier 1969, D. 1969, 316. — 8 novembre 1971, *Gaz. Pal.*, 1972. 1. 96. — 13 juillet 1973, D. 1974, 16, note DE LA MARNIERRE. — Riom, 30 janvier 1975, *Gaz. Pal.*, 1975.1.268, note LACHAUD. — Paris, 13 mai 1988, *Gaz. Pal.*, 1989.1.143, concl. BENAS. — Riom, 30 janvier 1989, J. C. P. 1989.II.21352, note SANSÉAU. — Cass. civ. 2e, 29 mars 1989, *Gaz. Pal.*, 2 janvier 1990, note ÉCHAPPÉ; D. 1990, 45, note ROBINE. — Il faut rappeler qu'à propos de la production forcée des preuves (*supra*, nºs 587 et 588), le Nouveau Code de procédure civile ouvre une possibilité de respecter le secret professionnel sans pour autant se priver de toute information pouvant être fournie par la personne assujettie à ce secret : le juge peut ordonner la production d'un acte ou d'une pièce en extrait, dans les condi-

du secret professionnel afin de savoir si l'empêchement à la production de pièces ou d'informations existe. C'est là un problème très délicat qui suscite de nombreuses controverses (85). Le secret de l'instruction pénale soulève également des difficultés (86). La communication de pièces d'un dossier pénal dans une instance civile est subordonnée à l'autorisation du ministère public (87). Mais l'article 11 du Code de procédure pénale édictant la règle du secret de l'instruction ne met-elle pas obstacle à la production de pièces relatives à une infor-

---

tions et sous les garanties qu'il fixe (art. 139). De la sorte, un document contenant à la fois des renseignements confidentiels et des informations non couvertes par le secret professionnel pourra ne pas être entièrement soustrait à la connaissance du tribunal, grâce à la production d'extraits d'où seront exclues les confidences secrètes. Il va de soi que cette méthode est d'une utilisation délicate et que les éléments de preuve tirés d'un document tronqué doivent être examinés avec beaucoup de circonspection (MARRAUD, étude précitée, J. C. P. 1973.I.2572, nᵒ 34. — WIE-DERKEHR, J. Cl. civil, art. 10).

(85) Sans entrer dans le détail, on observera, en prenant pour exemple le secret médical, que la Chambre criminelle de la Cour de cassation semble avoir une conception plus rigide du secret professionnel que la Chambre sociale et les Chambres civiles (V. GOUBEAUX et BIHR, op. cit., nᵒ 452. — Crim., 5 juin 1985, D. 1988, 106, note FENAUX. — RASSAT, La révélation médicale, D. 1989, chron. 107). La première Chambre civile a admis non seulement que le secret médical n'était pas opposable au patient lui-même, mais encore qu'il ne devait pas mettre obstacle à la production de certificats médicaux par les héritiers du malade lorsqu'ils tentent de faire annuler un testament pour insanité d'esprit du testateur (Cass. civ. 1ʳᵉ, 26 mai 1964, D. 1965, 109, note LE BRIS ; J. C. P. 1964.II.17751, concl. LINDON ; Rev. trim. dr. civ., 1965, 162, observ. R. SAVATIER) ou quand ils cherchent à faire annuler une vente consentie par leur auteur (Cass. civ. 1ʳᵉ, 29 avril 1968, J. C. P. 1968.II.15560, note LINDON. — Pour une solution identique s'agissant de démontrer l'absence d'aléa dans un contrat de rente viagère : Paris, 21 décembre 1964, Gaz. Pal., 1965.1.202, concl. RICALENS ; Rev. trim. dr. civ., 1965, 371, observ. CORNU). En revanche, il a été décidé qu'un héritier, défendeur à une action en recherche de paternité exercée contre son auteur, ne pouvait pas apporter la preuve de l'impuissance de celui-ci en invitant un médecin à révéler ce qu'il avait constaté sous le sceau du secret médical (Cass. civ. 1ʳᵉ, 13 octobre 1970, D. 1970, 765, concl. LINDON). Ces nuances montrent combien la question est délicate (V. MELENNEC et BELLEIL, Le secret professionnel et la recevabilité des certificats médicaux comme mode de preuve en justice, Gaz. Pal., 1976, 1, doctr., p. 30. — THOUVENIN, Le secret médical en droit français, thèse Lyon, 1977 ; Le secret médical et l'information du malade, Presses Universit. Lyon, 1982. — BRÈTHE DE LA GRESSAYE, Encycl. Dalloz, Répert. Dr. pén., 2ᵉ éd., vᵒ Secret professionnel, 1977. — WAREMBOURG-AUQUE, Réflexions sur le secret professionnel, Rev. Sc. crim., 1978, 237). — DELMAS-MARTY, A propos du secret professionnel, D. 1982, chron. 267. — DECHEIX, Un droit de l'homme mis à mal : le secret professionnel, D. 1983, chron. 133. — LE ROY, Le secret professionnel en matière médicale, Gaz. Pal., 1983, 2, doctr. 339. — MONZEIN, Réflexions sur le secret médical, D. 1984, chron. 9).

(86) R. MERLE, Secret et procédure, Rapport journées libanaises Assoc. H. Capitant, 1974.

(87) C. proc. pén., art. R 155 et s. — SICARD, L'utilisation dans le procès civil des pièces des dossiers pénaux, Rec. gén. lois, 1960, doctr. 21.

mation en cours ? Telle est, en tout cas, l'opinion de la Cour d'appel de Paris (88).

593. — Cette liste d'obstacles à la recherche des preuves, qui n'a pas la prétention d'être exhaustive (89), montre que la vérité ne se laisse pas toujours découvrir, quel que soit le souci que l'on ait de voir la justice rendue en toute connaissance de la réalité. D'autres limites résultent encore du système probatoire lui-même. En effet, la loi restreint parfois selon l'objet du litige les catégories de preuves dont le juge peut connaître. C'est là une des conséquences du principe de légalité qui commande l'efficacité des preuves en matière civile.

Sous-section 3. — L'efficacité des preuves; conséquences du principe de légalité.

594. — Le système de légalité des preuves consiste essentiellement à prédéterminer les conditions permettant d'arriver à une certitude. La vérité légale est indépendante de la conviction personnelle du juge. La logique du principe de légalité conduit donc à la fois à limiter en fonction de la matière du litige les moyens de preuve qui peuvent être

---

(88) **Paris**, 30 juin 1972, D. 1973, 79, concl. GRANJON. — La Cour de cassation semble plutôt favorable à la communication autorisée par le Ministère public des pièces d'une information en cours (Cass. com., 15 novembre 1961, J. C. P. 1962. II. 12636, note GAVALDA. — Cass. civ. 2e, 24 octobre 1968, *Bull. civ.*, II, no 251, p. 176).

(89) On citera encore pour mémoire, le secret des affaires (GAVALDA, *Le secret des affaires, Mélanges offerts à R. Savatier*, p. 290 et s. — SAINT-ALARY, *Rapport aux journées libanaises de l'Assoc. H. Capitant*, 1974. — CRÉMIEUX, *Le secret des affaires*, in : *L'information en droit privé*, sous la direction de Y. LOUSSOUARN et P. LAGARDE, 1978) qui ne peut l'emporter sur l'intérêt éminent de la justice (V. cependant, pour l'obstacle constitué par le secret des affaires à une mesure d'instruction *in futurum* (Nouv. C. proc. civ. art. 145 ; *supra*, no 586, note 31) : Cass. com., 5 janvier 1988. D. 1989, 354, note VIRASSAMY). — Néanmoins, il est parfois gênant de contraindre une partie ou un tiers à exposer aux yeux d'un concurrent ou futur concurrent des documents où peuvent se trouver sans doute des informations utiles à la cause, mais aussi des renseignements qui pourront être exploités, au-delà du débat judiciaire, dans la lutte commerciale que se livrent les entreprises. Pour tenir compte de cette situation, on a vu se développer ce qui a pu être appelé « l'expertise-perquisition (DE JUGLART et DU PONTAVICE, note, J. C. P. 1967.II.15305) : l'expert commis se fait représenter les documents et il en extrait les seules indications nécessaires à la solution du litige, le rapport d'expertise étant seul versé aux débats (Cass. civ. 2e, 11 mai 1960, *Gaz. Pal.*, 1960.2.160. — 22 mars 1962, *Bull. civ.*, II, no 332, p. 236). Il est à remarquer que, s'agissant de la communication forcée de pièces, le juge peut aussi ordonner une production par extraits, dans les conditions et sous les garanties fixées par lui (Nouv. C. proc. civ., art. 139). Mais ce sont là des moyens de sauvegarde du secret des affaires qui sont à la disposition du juge sans qu'il soit tenu d'y avoir recours, l'opportunité d'une défense contre les risques de concurrence déloyale étant laissée à son appréciation.

retenus par le juge et à déterminer le crédit que celui-ci peut leur accorder : la loi prive de toute efficacité certaines preuves en interdisant de les examiner ; elle intervient dans l'appréciation des preuves en fixant pour certaines d'entre elles le degré de leur force probante (90).

Une telle méthode offre certains avantages (90-1), mais elle devrait postuler une particulière vigilance du législateur afin d'assurer l'adaptation du système à l'évolution technique des moyens de preuve ; malheureusement, cette adaptation est difficile et les interventions législatives demeurent timides.

§ 1. — RECEVABILITÉ DES DIFFÉRENTS PROCÉDÉS DE PREUVE EN FONCTION DU LITIGE

595. — Un domaine est réservé à la preuve écrite par l'article 1341 du Code civil.

La liaison étroite entre le régime de la preuve et le fond du droit explique l'existence de textes assez nombreux restreignant les modes de preuve admissibles en certaines matières (91). Mais à côté de ces dispositions spéciales, un texte de portée générale constitue une pièce essentielle du régime probatoire : l'article 1341 du Code civil qui énonce :

> « Il doit être passé acte devant notaire ou sous signatures privées de toutes choses excédant une somme ou une valeur fixée par décret, même pour dépôts volontaires, et il n'est reçu aucune preuve par témoins contre et outre le contenu aux actes, ni sur ce qui serait allégué avoir été dit avant, lors ou depuis les actes, encore qu'il s'agisse d'une somme ou valeur moindre.
>
> Le tout sans préjudice de ce qui est prescrit dans les lois relatives au commerce ».

L'obligation de préconstituer une preuve écrite est donc imposée dans un large domaine. La justification de la règle est certainement dans le principe d'une supériorité de l'écrit sur les autres modes de preuve, en particulier les témoignages (92). Elle se trouve surtout dans

---

(90) Il est normal que ces deux aspects du principe de légalité soient liés. On peut cependant concevoir une autre méthode. Ainsi pourrait-on admettre la production libre de n'importe quel moyen de preuve dans tous les procès et fixer impérativement le degré de force probante de chaque mode de preuve. Certains droits étrangers connaissent un tel système. Le droit français l'accueille même de façon limitée, comme, par exemple, pour la preuve de la propriété immobilière où tous les procédés de preuve sont admissibles, mais leur force probante, établissant entre eux une véritable hiérarchie, est fixée préalablement (V. LES BIENS).

(90-1) V. *supra*, n° 565, note 7.

(91) Par exemple, pour les principaux faits intéressant l'état des personne (V. LES PERSONNES, LA FAMILLE).

(92) Le principe contraire (« témoins passent lettre ») a été abandonné depuis l'ordonnance de Moulins de 1566.

les avantages de l'établissement des preuves à l'avance, dans le calme et avec la collaboration des parties que n'oppose encore aucun différend.

Privilégier la preuve écrite était naturel dans une civilisation devenue largement dépendante du papier, à partir du moment où tous les individus ou presque savent lire et écrire. Mais cette harmonie entre la règle de droit et les mœurs est rompue avec la véritable révolution que constitue la généralisation de l'informatique. Le règne du papier n'est plus sans partage. L'exigence d'un écrit devient, dans nombre de cas, anachronique. Il faudra bien que le droit assimile cette nouvelle phase de l'évolution de la société (92-1).

Le texte ne s'explique que très incomplètement sur sa sanction. Mais il n'est pas discuté qu'elle consiste en l'irrecevabilité des autres modes de preuve que l'écrit : puisque les parties ont dû se ménager une preuve écrite, elles ne seront pas admises à produire devant le juge des témoignages ou des présomptions. L'irrecevabilité des preuves non préconstituées n'est d'ailleurs pas générale : elle n'atteint pas l'aveu judiciaire et le serment décisoire. Les caractéristiques particulières de ces deux modes de preuve, auxquels la loi attache une force probante qui s'impose aux juges (93), interdisent de les rejeter. Ainsi se marque pratiquement la différence entre l'obligation de dresser un écrit lorsqu'elle est règle de forme et lorsqu'elle est règle de preuve.

L'irrecevabilité des témoignages et des présomptions, lesquels constituent souvent les modes de preuve les plus accessibles, est une mesure rigoureuse. Encore convient-il d'observer qu'elle concerne seulement les parties à l'opération juridique considérée ou leurs ayants cause universels et ne touche pas les tiers (94). De plus, les dispositions de

---

(92-1) J. HUET, *La modification du droit sous l'influence de l'informatique, aspects de droit privé*, J. C. P. 1983.I.3095 ; *Formalisme et preuve en informatique et télématique : éléments de solution en matière de relations d'affaires continues ou de rapports contractuels occasionnels*, J. C. P. 1989.I.3406.

(93) *Infra*, n°s 656 et 664.

(94) A titre d'exemple : Cass. com., 6 mars 1950, D. 1950, 365 ; S. 1951. 1. 37. — Cass. civ. 2e, 16 juillet 1964, *Bull. civ.*, II, n° 565, p. 417. — Cass. civ. 1re, 21 décembre 1964, *Bull. civ.*, I, n° 589, p. 454. — 5 juillet 1965, *Bull. civ.*, I, n° 448, p. 335. — Cass. civ. 2e, 26 novembre 1965, *Bull. civ.*, II, n° 948, p. 668. — Cass. soc., 11 octobre 1967, *Bull. civ.*, IV, n° 624, p. 529. — 14 décembre 1967, *Bull. civ.*, IV, n° 792, p. 673. — Cass. civ. 1re, 25 novembre 1970, *Bull. civ.*, I, n° 317, p. 261. — Cass. civ. 3e, 6 novembre 1973, *Bull. civ.*, III, n° 565, p. 412. — 15 mai 1974, *Bull. civ.*, III, n° 201, p. 152. — 28 juin 1978, *Bull. civ.*, III, n° 271, p. 208. — Cass. com., 30 juin 1980, *Bull. civ.*, IV, n° 279, p. 226. — Les héritiers qui invoquent un droit propre tel que la demande de rapport de libéralité ou la reconstitution de la réserve bénéficient, en qualité de tiers, de la liberté de la preuve (Cass. civ., 11 avril 1927, D. P. 1929. 1. 25, note PIC. — Cass. civ. 1re, 5 juin 1950, S. 1951. 1. 138. — 13 mars 1951, *Bull. civ.*, I, n° 91, p. 74. — 19 avril 1958, *Bull. civ.*, I, n° 188, p. 149. — 6 janvier 1959, *Bull. civ.*, I, n° 10, p. 8. — 29 octobre 1979, *Bull. civ.*, I, n° 264, p. 210. — Cass, com., 30 juin 1980, *Bull. civ.*, IV, n° 279, p. 226. — Cass. civ. 1re, 21 juillet 1980. *Bull. civ.*, I, n° 232, p. 186. — 25 mars 1981, *Bull. civ.*, I, n° 105, p. 89. — 1er avril 1981, *Bull. civ.*, I, n° 118, p. 101. — 2 février 1988, *Bull. civ.*, I, n° 30, p. 20.

l'article 1341 sont considérées comme étant d'ordre privé et doivent être invoquées par un plaideur, expressément ou tacitement, pour être judiciairement sanctionnées (95).

C'est principalement grâce à l'aménagement conventionnel de la preuve que le système du Code civil a pu, jusqu'à présent, absorber tant bien que mal l'invasion de l'informatique (95-1) : sans avoir à décider une assimilation audacieuse de l'enregistrement informatique à l'écrit (95-2), il suffit de constater que les parties sont expressément ou tacitement convenues de déroger à l'article 1341 du Code civil pour que la preuve tirée des mémoires d'ordinateurs soit recevable (95-3).

Surtout, l'exigence de la preuve écrite n'est applicable que dans un secteur déterminé. Hors de ce domaine défini par la loi et la juris-

---

(95) C'est là une application du principe général que les règles de preuve sont d'ordre privé (*supra*, n° 567). On peut remarquer en outre que l'irrecevabilité de la preuve est une solution brutale et souvent injuste. Il est certes souhaitable d'inciter les particuliers à préconstituer la preuve, mais la sanction dépasserait peut-être son but si l'irrecevabilité des témoignages et présomptions, non réclamée par les intéressés eux-mêmes, interdisait de rapporter la preuve de droits dont l'existence est pourtant certaine. Toujours est-il que la jurisprudence assouplit sensiblement le système de légalité des preuves en admettant facilement la renonciation tacite à se prévaloir des règles de l'article 1341. Ainsi en est-il, par exemple, du fait pour un plaideur d'avoir participé à une enquête (Cass. civ. 1re, 6 avril 1960, *Bull. civ.*, I, n° 207, p. 169. — 29 juin 1960, *Bull. civ.*, I, n° 355, p. 292. — 5 mai 1962, *Bull. civ.*, I, n° 220, p. 195. — Cass. soc., 24 mars 1965, *Bull. civ.*, IV, n° 264, p. 216), d'avoir seulement déclaré l'enquête inutile (Cass. civ. 2e, 5 avril 1965, *Bull. civ.*, II, n° 349, p. 240) ou de critiquer les constatations d'un expert (Cass. civ. 1re, 20 juillet 1969, *Bull. civ.*, I, n° 368, p. 307. — 4 avril 1962, *Bull. civ.*, I, n° 198, p. 175)... Il en résulte que la prétendue violation des dispositions de l'article 1341 ne peut être invoquée pour la première fois devant la Cour de cassation (Jurisprudence constante. V. par exemple : Cass. civ. 1re, 4 janvier 1965, *Bull. civ.*, I, n° 4, p. 3. — Cass. soc., 8 mars 1967, *Bull. civ.*, IV, n° 217, p. 175. — 18 juillet 1967, *Bull. civ.*, IV, n° 583, p. 492. — Cass. civ. 3e, 9 juillet 1969, *Bull. civ.*, III, n° 558, p. 418. — 28 mars 1977, *Gaz. Pal.*, 1977. 2. 498. — Cass. soc., 27 juin 1979, *Bull. civ.*, V, n° 581, p. 424. — Cass. civ. 1re, 26 février 1980, *Bull. civ.*, I, n° 65, p. 54). Cependant, lorsqu'une des parties oppose un témoignage à l'acte sous seing privé produit par son adversaire, la question de l'application de l'article 1341 du Code civil est nécessairement dans la cause, de sorte que les juges du fond qui déclarent le témoignage irrecevable ne soulèvent pas d'office le moyen tiré de l'application des règles de la preuve (Cass. civ. 1re, 23 mai 1977, *Bull. civ.*, I, n° 246, p. 193. — 8 octobre 1980, *Bull. civ.*, I, n° 250, p. 201. — V. aussi, dans une autre hypothèse, une illustration de la même attitude : Cass. civ. 3e, 25 janvier 1984, D. 1985, 117, note HÉRON. Comp. l'incidence sur le droit de la preuve de l'article 7 du Nouveau Code de procédure civile permettant au juge de fonder sa décision sur les faits qui sont dans le débat, même s'ils n'ont pas été spécialement invoqués par les parties au soutien de leurs prétentions : DEVÈZE, thèse précitée, nos 109 et s., et n° 298).

(95-1) CROZE, *Informatique, preuve et sécurité*, D. 1987. chron. 165.

(95-2) V. *infra*, n° 622-1.

(95-3) Sur la force probante des mêmes éléments, V. *infra*, n° 609.

prudence, la preuve est libre. En outre, le système supporte un certain nombre d'exceptions. Ces deux points appellent quelques précisions pour faire apparaître la portée véritable de cet aspect du principe de légalité des preuves.

I. — Domaine propre à chacune des règles de l'article 1341 du Code civil.

596. — L'article 1341 du Code civil énonce deux limitations distinctes à la recevabilité des procédés de preuve : celle qui dérive de l'obligation de préconstituer la preuve de toutes choses excédant la somme ou la valeur fixée par décret et celle qui résulte de l'interdiction de prouver par témoins ou présomptions contre et outre le contenu des écrits. Il faut donc envisager séparément ces deux règles.

A. — L'obligation de passer acte de toutes choses excédant la somme ou la valeur fixée par décret.

597. — **La somme au-delà de laquelle la preuve écrite est exigée : 5 000 francs, selon le décret n⁰ 80-553 du 15 juillet 1980.**
La liberté de la preuve ne cesse qu'au-delà d'un certain seuil en valeur. Le principe date de l'ordonnance de 1566 qui a introduit dans notre droit l'obligation de préconstituer la preuve. Mais, évidemment, depuis lors, les chiffres ont changé, sans pour autant refléter, même de loin, la dévaluation de la monnaie (96). Le retard pris sur l'évolution économique était d'ailleurs tel que la limite de valeur énoncée par l'article 1341 avait fini par devenir proprement symbolique (97). La loi du 12 juillet 1980 a entrepris de rendre une portée pratique au système de détermination par la valeur d'un secteur échappant à l'exigence de la preuve écrite (98). A cette fin, le législateur a renoncé à mentionner un chiffre dans l'article 1341 lui-même, mais a prévu que la limite de valeur visée par ce texte serait désormais fixée par décret. De la sorte,

---

(96) L'ordonnance de 1566 avait fixé la limite à cent livres. Le Code civil de 1804 avait retenu 150 F. Le seuil est passé à 500 F avec la loi du 1er avril 1928, puis à 5 000 F avec la loi du 21 février 1948. Cette somme a été convertie en celle de 50 F par application de l'ordonnance du 27 décembre 1958 créant une nouvelle unité monétaire.
(97) Constatation déjà faite par VOIRIN en 1948 (*Rev. trim. dr. civ.*, 1948, p. 259). Que dire plus de trente ans après, alors que la somme était inchangée !
(98) Sur ce texte, v. les commentaires : VIATTE, *Gaz. Pal.*, 1980. 2, doctr. 581. — VION, *Defrénois*, 1980, art. 32470. — JESTAZ, *Rev. trim. dr. civ.*, 1980, p. 820. — CHAMOUX, J. C. P. 1981. I. 3008.

l'adaptation aux variations monétaires pourra se faire aisément, sans devoir mettre en œuvre la procédure d'une modification législative (99).

En application du texte ainsi modifié, le décret n° 80-553 du 15 juillet 1980 a fixé la somme ou la valeur visée par l'article 1341 du Code civil à 5 000 F.

Les articles 1342 à 1346 du Code civil tranchent des questions relatives à l'application de la limitation de valeur déterminant un secteur de liberté de la preuve. Ces textes étaient, en fait, tombés en désuétude par suite de l'abaissement à un chiffre devenu dérisoire de la limite fixée à l'article 1341. La réforme de 1980 redonne vie à ce dispositif minutieusement réglé : la valeur de l'objet d'une convention se calcule en ajoutant aux prestations principales les prestations accessoires ; celui qui a formé une demande excédant la somme ou valeur visée par l'article 1341 ne peut, en réduisant ensuite sa demande, bénéficier de la liberté de la preuve ; c'est l'objet de la convention et non le chiffre de la demande qui doit être pris en considération, de sorte qu'un fractionnement de la demande ne permet pas de s'affranchir de l'exigence d'un écrit ; la prohibition de la preuve par témoignages ou présomptions joue lorsque le total des créances invoquées dans une même instance, auraient-elles des causes différentes, excède la limite fixée par le décret en vigueur ; celui qui a plusieurs créances contre un même débiteur doit en réclamer le recouvrement dans une même instance, si bien que ce n'est que si leur total est inférieur au chiffre prévu par l'article 1341 que la preuve est librement admise (100).

Pour définir le domaine de l'exigence de la preuve écrite, la loi indique seulement la limite tenant à la valeur de l'objet. Il en est une autre, peut-être plus importante bien que non exprimée par le texte : celle qui a trait au fait à prouver.

598. — Les actes juridiques doivent être prouvés par écrit ; la preuve des faits juridiques est libre.

Selon une jurisprudence constante dont le législateur s'est fait l'écho (101), l'exigence de la preuve préconstituée s'applique aux manifestations de volonté ayant pour but immédiat et direct soit

---

(99) La méthode employée laisse, en effet, prévoir des ajustements plus fréquents, rendant ainsi moins brutaux les effets des révisions successives. Elle n'a pas que des avantages. Outre le manque de confiance envers la monnaie nationale manifestée par le législateur lui-même (JESTAZ, commentaire précité), on remarquera que toute latitude est laissée au gouvernement de développer ou restreindre à son gré le domaine de la preuve écrite et de décider ainsi en fait le passage à un système probatoire différent de celui qu'avait établi la loi.

(100) Sur ces dispositions, v. GOUBEAUX et BIHR, *Encycl. Dalloz, Répert. dr. civ.*, 2e éd., v° *Preuve*, nos 250 et s. — Il y a là une limite sérieuse à l'efficacité probatoire de l'utilisation des cartes bancaires, « oubliée » par un arrêt remarqué qui a préféré fonder la liberté de la preuve sur le montant inférieur à 5 000 F des sommes en cause, plutôt que sur une convention relative à la preuve (Montpellier, 9 avril 1987, J. C. P. 1988.II.20984, note BOIZARD ; *Rev. trim. dr. civ.*, 1988, 758, observ. MESTRE).

(101) C. civ., art. 1348, rédaction de la loi du 12 juillet 1980.

de créer ou de transformer, soit de confirmer ou de reconnaître, soit de modifier ou d'éteindre des obligations ou des droits ; elle ne s'applique pas à la preuve des faits auxquels la loi attache des conséquences qui n'ont pas été voulues par leur auteur (102). On reconnaît là une définition des *actes juridiques*, qui sont soumis à la règle de l'article 1341, d'une part, et des *faits juridiques*, dont la preuve est libre, d'autre part (103). Telle est la distinction majeure qui sert de critère pour délimiter, quant à la matière, le domaine d'application du texte (104).

Au stade de la mise en œuvre pratique, ce critère soulève parfois des questions délicates (105). S'il va de soi que la preuve d'un contrat exprès doit se faire par écrit et que celle d'un fait générateur de responsabilité civile est libre, l'hésitation est permise en de nombreuses occasions. Ainsi, la preuve d'un contrat tacite est-elle soumise à la règle de l'article 1341 ? La jurisprudence l'a admis à propos du mandat

---

(102) Cass. civ., 13 juillet 1874, D. P. 1875. 1. 173. — Cass. req., 8 mars 1898 D. P. 1898. 1. 104. — 18 juillet 1906, D. P. 1907. 1. 111. — 1er août 1906, D. P. 1909. 1. 398. — Cass. civ., 24 décembre 1919, D. 1920. 1. 12 ; S. 1922. 1. 6. — Cass. civ. 1re, 20 janvier 1953, *Bull. civ.*, I, n° 239, p. 196. — Cass. civ. 3e, 4 décembre 1974, *Bull. civ.*, III, n° 452, p. 350. — Cass. civ. 1re, 27 avril 1977, D. 1977. 413, note GAURY. — 27 novembre 1979, *Bull. civ.*, I, n° 298, p. 241. — Naturellement, sous réserve de dispositions légales imposant des règles de preuve spéciales pour l'établissement de certains faits, comme par exemple en matière d'état civil (V. PERSONNES).

(103) Sur cette distinction, v. *supra*, n° 175. — La Cour de cassation n'use pas toujours de cette terminologie et reste généralement fidèle à des expressions différentes inspirées d'AUBRY et RAU : elle distingue les faits juridiques et les faits matériels ou purs et simples, les premiers visant ce que la doctrine préfère appeler « actes juridiques ».

(104) Plusieurs arguments peuvent être avancés pour justifier cette solution. En premier lieu, c'est pour les actes juridiques que la préconstitution de la preuve par la confection d'un écrit se justifie le mieux : il s'agit généralement d'opérations complexes dont le souvenir serait très imparfaitement gardé par des témoins. En second lieu, les faits matériels laissent fréquemment des indices, alors que les traces d'une expression de volonté sont très fuyantes. Enfin et peut-être surtout, il est difficile d'imposer aux intéressés d'enregistrer des faits dont ils ne prévoient probablement pas les conséquences.

Ces arguments ne manquent pas de valeur mais ne sont pas absolument décisifs. Sans doute, en raison de l'impossibilité de se ménager une preuve écrite, la règle de l'article 1341 serait-elle nécessairement exclue pour bon nombre de faits matériels. Mais cette impossibilité n'existe pas toujours. C'est ainsi, par exemple, que la preuve de la séduction dolosive par promesse de mariage a pu longtemps être soumise par la loi au principe de préconstitution (C. civ., art. 340-2°, modifié par la loi du 15 juillet 1955). De sorte qu'en réalité, l'application de la liberté de la preuve à tous les simples faits ne correspond pas à une stricte logique et traduit davantage un souci de la part des tribunaux d'assouplir les règles légales limitant la recevabilité des procédés de preuve.

(105) Pour un examen plus détaillé, GOUBEAUX et BIHR, *op. cit.*, n°s 206 et s.

tacite (106), mais la généralisation de la solution n'est pas certaine (107). Les faits correspondant à l'exécution d'une prétendue convention peuvent être prouvés librement, mais logiquement ne constituent pas une preuve de l'existence du contrat. Toutefois, en matière de bail, la jurisprudence, tirant parti de l'article 1715 du Code civil, admet aujourd'hui, après avoir longtemps décidé le contraire, que la preuve de l'exécution d'un bail verbal peut être administrée par tous moyens et, une fois établi le commencement d'exécution, la preuve du contrat par témoins ou présomptions est recevable (108). Du moins, en dehors d'un régime légal spécial tel que celui du bail, la preuve de faits présentés comme étant l'exécution d'un contrat ne devrait pas établir l'existence de l'engagement. La jurisprudence dominante est en ce sens (109), mais n'est pas absolument constante (110). La preuve du paiement doit-elle résulter seulement d'une quittance ou peut-elle être établie par tous moyens ? La majorité de la doctrine et de la jurisprudence voient dans le paiement un acte juridique soumis à l'exigence de la preuve préconstituée (111). Mais une analyse différente a été proposée, faisant du paiement un simple fait (112).

---

(106) Cass. civ., 29 décembre 1875, D. P. 1879. 1. 149 ; S. 1876. 1. 401, note LABBÉ. — 7 novembre 1899, D. P. 1899. 1. 563 ; S. 1901. 1. 25. — Cass. req., 13 novembre 1901, D. P. 1902. 1. 489, note GUÉNÉE. — Cass. civ., 4 novembre 1902, D. P. 1902. 1. 520 ; S. 1902. 1. 488. — 6 janvier 1925, S. 1925. 1. 127. — 25 novembre 1946, Gaz. Pal., 1947. 1. 106, en sous-note. — Cass. civ. 3e, 29 octobre 1970, Bull. civ., III, n° 562, p. 408.

(107) V. par exemple, Cass. civ. 3e, 19 octobre 1971, Bull. civ., III, n° 495, p. 353.

(108) Cass. civ. 3e, 4 juillet 1968, Bull. civ., III, n° 318, p. 245. — 25 juin 1970, Bull. civ., III, n° 439, p. 318. — 26 février 1971, Gaz. Pal., 1971.1.343 ; Rev. trim. dr. civ., 1971, 867, observ. CORNU. — 20 décembre 1971, Bull. civ., III, n° 642, p. 459. — 12 avril 1972, Bull. civ., III, n° 208, p. 149. — 22 mai 1973, Bull. civ., III, n° 357, p. 257. — 4 février 1975, Bull. civ., III, n° 37, p. 30. — 5 mai 1976, Bull. civ., III, n° 187, p. 145. — 25 octobre 1976, Bull. civ., III, n° 365, p. 277. — 11 octobre 1977, Bull. civ., III, n° 330, p. 251. — 23 novembre 1977, Bull. civ., III, n° 405, p. 307. — 5 janvier 1978, Bull. civ., III, n° 10, p. 7. — 13 mai 1981, Rev. loyers, 1971, 412, note J. V. ; Rev. trim. dr. civ. 1982, 158 ; observ. RÉMY (noter que depuis la loi du 1er août 1984, en matière de baux ruraux il n'est plus nécessaire de fire le détour par la preuve du commencement d'exécution, le contrat pouvant désormais être directement prouvé par tous moyens : C. Rural, art. L. 411-1).

(109) Cass. req., 1er août 1906, S. 1911. 1. 562. — 6 décembre 1927, S. 1928. 1. 123. — Toulouse, 1er mars 1938, D. H. 1938, 269. — Angers, 23 octobre 1972, Gaz. Pal., 1973. 1. 398. — Cass. civ. 1re, 14 février 1973, Bull. civ., I, n° 56, p. 52. — 24 mars 1987, Bull. civ., I, n° 101, p. 76. — 25 janvier 1989, Bull. civ., I, n° 41, p. 27 ; Defrénois, 1989, art. 34585, chron. jur. civ. gén., n° 95, observ. AUBERT.

(110) Cass. civ. 1re, 22 décembre 1969, Bull. civ., I, n° 402, p. 321.

(111) BEUDANT et LEREBOURS-PIGEONNIÈRE, t. 9, par PERROT, n° 1259. — AUBRY et RAU, t. 12, par ESMEIN, § 762, p. 249. — MARTY et RAYNAUD, Les obligations, n° 1000. — PIERRARD, Les procédés de preuve du paiement, Rev. trim. dr. civ., 1948, 429. — En jurisprudence : Cass. civ., 28 juin 1854, D. P. 1854. 1. 220. — 17 novembre 1858 et 27 janvier 1868, D. P. 1868. 1. 200. — Paris, 23 janvier 1908, S. 1908. 2. 104. — Cass. civ. 3e, 8 janvier 1969, Bull. civ., III, n° 23, p. 21, sol. impl. — 5 juin 1970, Bull. civ., III, n° 389, p. 281, sol. impl. — 4 décembre 1974, Bull. civ., III, n° 452, p. 350. — Cass. civ. 1re, 15 décembre 1982, Bull. civ., I, n° 365, p. 314.

(112) N. CATALA, La nature juridique du paiment, thèse Paris, 1961 ; note J. C. P. 1966. II. 14841. — Il est permis de se demander si certains arrêts n'ont pas admis un assouplissement de la preuve du paiement (Cass. civ. 1re, 2 février 1966, J. C. P. 1966. II. 14841, note N. CATALA-FRANJOU. — Cass. com., 29 octobre 1968, Bull. civ., IV, n° 298, p. 268. — Cass. civ. 1re, 4 novembre 1970, Bull. civ., I, n° 297, p. 243. —

Les manifestations unilatérales de volonté devraient semble-t-il être toutes soumises aux règles de preuve des actes juridiques. Mais la solution contraire prévaut en jurisprudence pour l'acceptation d'une promesse unilatérale de vente (113), la renonciation à un droit (114) ou la confirmation d'un acte nul (115)... L'analyse de la jurisprudence est d'ailleurs difficile car beaucoup d'éléments tels que l'impossibilité de se procurer un écrit (116) ou le fait que l'article 1341 n'ait pas été invoqué par les parties peuvent retirer toute portée aux solutions relevées.

599. — Distinction, de portée incertaine, entre l'existence des actes juridiques et leur contenu.

A la distinction fondamentale entre les actes juridiques et les faits juridiques, il faut peut-être ajouter la distinction entre l'existence et le contenu des actes. L'article 1341 du Code civil interdit de prouver par témoins ou présomptions un acte juridique dont l'existence est déniée par l'adversaire. Mais lorsque l'existence de cet acte n'est pas contestée et que seul son contenu est discuté, la jurisprudence admet parfois que la restriction à l'admissibilité des modes de preuve ne joue pas (117).

Pourtant, sans même parler du risque de subornation de témoins, la méfiance qu'inspirent les témoignages eu égard à l'habituelle complexité des actes juridiques semble encore justifiée quand il s'agit d'établir le contenu d'un acte dont l'existence est admise par les parties. Cette jurisprudence illustre la tendance constante des tribunaux à assouplir les règles de preuve (118).

Cass. soc., 5 novembre 1970, *Bull. civ.*, V, n° 596, p. 490). Mais l'interprétation de telles solutions est difficile. Les décisions les plus nettes et les plus nombreuses sont en sens contraire. — Sur la nature du paiement, V. LES OBLIGATIONS.

(113) Cass. civ., 25 mai 1949, D. 1949, 391 ; S. 1950. 1. 17, note MEURISSE. — Du même auteur, *Le déclin de la preuve par écrit*, Gaz. Pal., 1951, 2, doctr. 50.

(114) Cass. req., 14 mai 1946, D. 1946, 374. — Cass. civ. 1re, 22 novembre 1954, *Bull. civ.*, I, n° 328, p. 277. — Cass. com., 25 juin 1958, *Gaz. Pal.*, 1958, 2, 194. — Cass. civ. 3e, 16 mai 1972, *Bull. civ.*, III, n° 311, p. 223. — Cass. civ. 1re, 7 mai 1980, *Bull. civ.*, I, n° 142, p. 115.

(115) Cass. civ., 24 novembre 1919, D. 1920. 1. 12 ; *Rev. trim. dr. civ.*, 1921, 259, observ. DEMOGUE.

(116) V. *infra*, n° 606.

(117) **Cass.** civ., 10 juillet 1945, D. 1946, 181, note MIMIN. — Cass. soc., 24 mars 1958, *Bull. civ.*, IV, n° 456, p. 332. — Cass. civ. 1re, 20 janvier 1969, *Bull. civ.*, I, n° 30, p. 21. — Cass. civ. 3e, 22 janvier 1970, *Bull. civ.*, III, n° 50, p. 36. — *Contra*, Cass. civ. 1re, 25 janvier 1989, *Bull. civ.*, I, n° 42, p. 27.

(118) En l'occurrence, cet effort se comprend assez facilement. Lorsqu'un demandeur invoque un acte que nie son adversaire, il prétend démontrer une modification de l'ordre juridique. S'il ne parvient pas à faire cette preuve conformément à la loi, le résultat est le maintien de la situation existante. Au contraire, lorsque les parties s'accordent sur l'existence de l'acte, la modification de l'ordre juridique est acquise et il reste seulement à en fixer la mesure. Rejeter la prétention du demandeur qui ne peut produire un écrit reviendrait à croire les allégations du défendeur, que ne renforce pas, en pareil cas, « l'inertie » naturelle qu'oppose l'état actuel des droits à toute modification. Il peut donc sembler juste de ne pas s'enfermer dans un système de preuve rigide et d'autoriser la production de témoignages ou d'indices.

La solution, ici encore, ne va pas sans soulever certaines difficultés. Si, au lieu d'envisager le litige comme une contestation sur le contenu de l'acte, il est envisagé comme une mise en question de l'existence de l'obligation d'une des parties, l'article 1341 retrouve son empire (118-1). Il faut aussi remarquer qu'il est malaisé de distinguer une contestation portant sur le contenu d'un acte de celle qui a trait à l'existence d'un acte complétant ou modifiant un acte précédent : si la preuve est peut-être libre dans un cas, elle ne l'est certainement pas dans l'autre, en raison de la seconde règle de l'article 1341 (119). C'est précisément cette dernière règle qui devrait trancher la question de la recevabilité de la preuve lorsque l'existence de l'acte dont le contenu est contesté est établie non par l'accord des parties mais par un écrit : la preuve par témoins ou présomptions est prohibée, car il s'agit de prouver outre ou contre l'écrit (120). Cependant, la jurisprudence n'est pas très nette à ce sujet (121).

B. — L'interdiction de prouver par témoignages ou présomptions contre et outre le contenu aux actes.

600. — Portée de la règle.
La seconde règle de l'article 1341 du Code civil joue sans qu'intervienne la moindre limitation de valeur, le texte prend soin de le préciser. Elle traduit la hiérarchie établie par la loi entre les modes de preuve : les témoignages ou présomptions ne prévalent pas contre un écrit. Encore faut-il préciser que la prohibition légale ne protège pas indifféremment tous les écrits, mais ceux-là seuls qui, par leurs caractéristiques propres, présentent assez de certitude : les actes dits instru-

---

(118-1) Cass. civ. 1re, 15 juillet 1975, J. C. P. 1976. II. 18414, note IVAINER. — 27 avril 1977, D. 1977. 413, note GAURY et, sur renvoi, Reims, 27 mai 1980, *Gaz. Pal.*, 1980. 2. 554, 1re esp., note L. M. ; D. 1981, I. R. 442, observ. AUDIT.

(119) Comp. Cass. civ. 3e, 23 janvier 1969, *Bull. civ.*, III, n° 66, p. 52.
Il en résulte un nouveau débat, afin de savoir si la disposition invoquée fait partie de la convention dont l'existence est établie ou constitue une convention distincte. Ainsi, pour une clause pénale : Reims, 23 juin 1980, *Gaz. Pal.*, 1980. 2. 654, 2e esp., note L. M.

(120) Cass. civ. 3e, 6 juin 1969, *Bull. civ.*, III, n° 464, p. 353. — On doit observer que si un écrit fait preuve de l'existence du contrat, le document établit en même temps son contenu. De la sorte, on mesure la différence avec l'hypothèse où, aucun écrit n'étant produit, les parties s'accordent sur l'existence du contrat mais divergent sur son contenu. En pareil cas, si l'on sait qu'il y a eu convention, rien ne permet d'ajouter foi *a priori* aux allégations d'un plaideur plutôt qu'à celles d'un autre quant à la substance du contrat ; d'où les très larges possibilités ouvertes afin de tenter de connaître la vérité (v. *supra*, note 118). Au contraire, dès qu'un écrit est produit, le contenu de la convention qu'il relate n'est pas seulement allégué, mais *prouvé* ; il n'y a pas d'inconvénient majeur à restreindre les possibilités de preuve contraire. En d'autres termes, tandis que dans le premier cas la contestation fait naître le doute, dans le second elle tend à combattre une certitude (provisoirement) acquise ; on conçoit que le régime probatoire tienne compte de cette situation.

(121) MIMIN, note précitée, D. 1946, 181 et les arrêts cités.

mentaires, c'est-à-dire les écrits, authentiques ou sous seing privé, dressés spécialement afin de servir de preuve, auxquels sont assimilées les lettres missives (122).

C'est en réalité une double prohibition qu'énonce la seconde règle de l'article 1341. D'une part, il est interdit de prouver par témoignages ou présomptions les inexactitudes (preuve contre) ou omissions (preuve outre) que l'on prétendrait avoir eu lieu lors de la rédaction de l'écrit (123). D'autre part, la même limitation à la recevabilité des preuves vise la démonstration des modifications qui auraient été apportées à l'acte juridique postérieurement à la rédaction de l'écrit (124).

Il faut bien circonscrire le domaine ainsi visé. La prohibition de la preuve testimoniale ou indiciaire ne touche pas la démonstration par tous moyens des circonstances dans lesquelles l'acte juridique a été

---

(122) On constate à ce propos l'articulation entre les deux aspects du principe de légalité des preuves : limitation à la recevabilité de certaines preuves et détermination autoritaire de la force probante. Les écrits protégés par la seconde règle de l'article 1341 sont ceux que la loi oblige le juge à tenir pour l'expression de la vérité (v. *infra*, nos 617 et s., 630 et s., 639).

(123) Pour des exemples d'application, GOUBEAUX et BIHR, *Encycl. Dalloz, Répert. dr. civ.*, 2e éd., vo *Preuve*, nos 288 et s. — Il est à remarquer que si un écrit sous signatures privées ne mentionne pas la date à laquelle il a été dressé, la preuve de cette date peut être rapportée par tous moyens, sans que l'interdiction de prouver outre les énonciations de l'écrit soit mise en jeu (Cass. req., 6 février 1872, D. P. 1872. 1. 253. — 11 décembre 1901, D. P. 1903. 1. 114). En effet, dit-on, il ne s'agit pas d'introduire dans l'acte une disposition nouvelle, mais seulement d'établir une des circonstances dans lesquelles il a été passé (AUBRY et RAU, t. 12, par ESMEIN, § 763, note 21). L'argument peut paraître subtil, d'autant plus que si l'écrit mentionnait une date, l'article 1341 interdirait de prouver contre cette mention que les circonstances de rédaction ainsi indiquées sont erronées (Cass. civ. 1re, 20 janvier 1953, *Bull. civ.*, I, no 27, p. 25). Cependant, il faut observer qu'un acte a nécessairement été passé à une certaine date. Si la mention en a été omise, il n'est pas possible de décider que l'acte n'est pas situé dans le temps. Exiger la preuve écrite pour combattre les énonciations d'un écrit indiquant la date n'est nullement gênant, puisqu'il est possible de s'en tenir aux mentions de l'acte; appliquer la même règle lorsqu'aucune date n'est mentionnée pourrait contraindre à considérer qu'un acte est hors du temps ! — Plus difficile à justifier en droit, bien que compréhensible d'un point de vue pratique, est la jurisprudence selon laquelle la preuve d'une *erreur matérielle* peut être rapportée par tous moyens (Cass. civ., 23 avril 1860, D. P. 1860.1.228. — Cass. civ. 3e, 23 janvier 1970, *Gaz. Pal.*, 1970.1.210. — Cass. civ. 1re, 26 avril 1978, *Bull. civ.*, I, no 152, p. 120. — 13 mai 1986, *Bull. civ.*, I, no 122, p. 123 ; *Rev. trim. dr. civ.*, 1988, 144, observ. MESTRE). La difficulté est de fixer les limites de la notion d'erreur matérielle, dont le critère semble bien introuvable. La question n'est d'ailleurs pas propre au droit de la preuve (pour les actes de l'état civil, V. LES PERSONNES, nos 252 et s. — Pour la rectification des jugements entachés d'erreurs ou d'omissions matérielles, Nouv. C. proc. civ., art. 462. CAREL, *Au sujet des erreurs ou omissions matérielles affectant une décision judiciaire, Gaz. Pal.*, 1973. 1, doctr. 241. — NORMAND, chron. jurispr. *Rev. trim. dr. civ.*, 1974, 447).

(124) Cette solution serait d'ailleurs imposée par la première règle de l'article 1341, mais elle joue même si l'objet en litige vaut moins de 5 000 F.

conclu ; établir les manœuvres dolosives ayant amené une des parties à contracter, par exemple, n'est pas prouver contre et outre l'écrit constatant le contrat. De même, il ne faut pas confondre la preuve d'une convention modificative ou additionnelle avec la preuve de circonstances postérieures à la confection de l'écrit qui, sans en modifier la teneur, ont néanmoins une influence sur les rapports des parties ; ainsi, prouver l'extinction de l'obligation par paiement, compensation, remise de dette, etc. n'est pas combattre l'écrit et les règles de preuve applicables sont seulement celles que commande la nature du fait allégué. On remarquera encore que déterminer les termes dans lesquels les parties se sont engagées est une chose, comprendre la signification intellectuelle de ces expressions et la portée que les intéressés ont voulu leur donner est autre chose : si l'article 1341 du Code civil limite la recevabilité des modes de preuve tendant à modifier ou compléter l'expression de la volonté des parties, il n'interdit pas de recourir à des témoignages ou à des présomptions pour interpréter des clauses obscures ou ambiguës comme pour déterminer la portée et l'étendue des énonciations imprécises d'un écrit (125).

601. — Le cas particulier de la fraude.

L'interdiction de recourir aux témoignages et présomptions pour prouver contre et outre les énonciations d'un écrit reçoit exception en cas de fraude. L'article 1353 du Code civil autorise, en effet, sans restriction la preuve par présomptions lorsque l'acte est attaqué « pour cause de fraude ou de dol ». Mais la simple allégation d'une fraude ne suffit pas pour se soustraire à l'article 1341 (126) : seule la constatation d'une circonstance constitutive d'une fraude permet aux juges d'autoriser la preuve par tous moyens.

Cette exception explique le grand nombre de décisions admettant une des parties à faire librement la preuve d'une contre-lettre (127) : la simulation sert souvent

---

(125) A titre d'exemples : Cass. civ. 1re, 19 octobre 1964, *Bull. civ.*, I, n° 451, p. 350. — Cass. civ. 3e, 29 avril 1969, *Bull. civ.*, III, n° 336, p. 257. — 19 février 1970, *Bull. civ.*, III, n° 127, p. 92. — Cass. com., 23 février 1970, *Bull. civ.*, IV, n° 70, p. 66. — Cass. civ. 3e, 26 février 1970, *Bull. civ.*, III, n° 151, p. 111. — 17 juillet 1972, *Bull. civ.*, III, n° 462, p. 335. — 20 novembre 1973, *Bull. civ.*, III, n° 582, p. 424. — Cass. civ. 1re, 8 mars 1977, *Bull. civ.*, I, n° 117, p. 90. — 9 décembre 1986, *Bull. civ.*, I, n° 292, p. 278 ; *Rev. trim. dr. civ.*, 1988, 144, observ. MESTRE.

(126) Cass. civ. 1re, 15 juin 1961, *Bull. civ.*, I, n° 319, p. 253. — Cass. civ. 3e, 28 novembre 1969, *Bull. civ.*, III, n° 785, p. 594.

(127) Naturellement, la question ne se pose pas pour les tiers qui cherchent à démontrer la simulation : l'article 1341 ne les concerne pas (par exemple, Cass. com., 16 janvier 1952, *Bull. civ.*, II, n° 30, p. 23. — Cass. soc., 17 mai 1957, *Bull. civ.*, IV, n° 567, p. 404. — 13 mars 1958, *Bull. civ.*, IV, n° 377, p. 274. — Cass. civ. 3e, 6 novembre 1973, *Bull. civ.*, III, n° 565, p. 412. — V. *supra*, n° 595 et J. GHESTIN, *Encycl. Dalloz, Rep. dr. civ.*, 2e éd., v° SIMULATION, n°s 91 et s.).

à réaliser une fraude (128). Mais, bien que certains doutes aient pu naître à cet égard, la preuve de la simulation n'échappe pas par elle-même aux exigences de l'article 1341 : si l'acte ostensible a été dressé par écrit, établir l'existence d'une contre-lettre est prouver contre et outre cet écrit (129).

En revanche, on peut hésiter sur la portée d'une jurisprudence qui semble admettre que la preuve d'une erreur matérielle dans l'acte écrit peut être librement rapportée (130). Il paraît cependant assez dangereux pour l'harmonie du système légal des preuves d'accueillir une telle dérogation à la seconde règle de l'article 1341 (131).

D'autres exceptions à la règle restreignant la recevabilité des preuves destinées à combattre ou compléter un écrit jouent un rôle important. Il s'agit de solutions qui ne sont pas propres à cet aspect de l'article 1341 mais évincent le texte dans son ensemble. Ce sont ces hypothèses qu'il convient maintenant d'examiner.

II. — *Exceptions aux exigences de l'article 1341 du Code civil.*

602. — En trois cas, il est dérogé aussi bien à l'obligation de préconstituer la preuve qu'à l'interdiction de prouver par tous moyens contre et outre le contenu des écrits. La première hypothèse est annoncée par l'article 1341 du Code civil lui-même : le texte réserve la matière commerciale. Les deux autres exceptions résultent des articles 1347 et 1348 du Code civil : l'existence d'un écrit imparfait et l'impossibilité de satisfaire aux exigences de la preuve écrite.

---

(128) Le terme « fraude » étant ici entendu au sens large. V. *infra*, n° 744.

(129) Cass. civ., 17 avril 1951, *Bull. civ.*, I, n° 116, p. 93. — 24 mars 1953, D. 1953, 367. — Cass. civ. 1re, 12 janvier 1960, *Bull. civ.*, I, n° 22, p. 18. — 16 juillet 1970, *Bull. civ.*, I, n° 240, p. 194. — 24 octobre 1977, *Bull. civ.*, I, n° 379, p. 300. — Cass. civ. 3e, 3 mai 1978, *Bull. civ.*, III, n° 186, p. 145. — Cass. civ. 1re, 18 janvier 1989, *Bull. civ.*, I, n° 28, p. 19 (pour une convention de prête-nom). — L'article 49 du projet franco-italien du Code des obligations prévoyait au contraire la liberté de la preuve de la simulation, même entre les parties. Mais, en droit positif, rien ne permet de fonder cette solution (DAGOT, *La simulation en Droit privé*, thèse Toulouse, 1965, n°s 308 et s.). Toutefois, une particularité de la matière doit être signalée. L'article 1341 du Code civil reçoit excpetion lorsqu'existe un commencement de preuve par écrit (*infra*, n°s 604 et s.). Or, si d'ordinaire l'acte contre et outre lequel il s'agit de prouver ne peut être retenu à titre de commencement de preuve par écrit, une plus grande souplesse est admise en cas de simulation et la jurisprudence n'exclut pas que, selon les circonstances, l'acte ostensible puisse être invoqué comme constituant le commencement de preuve par écrit (Cass. req., 21 octobre 1935, S. 1936.1.27. — Cass. civ. 1re, 24 mars 1953, D. 1953, 367. — DAGOT, *op. cit.*, n° 310. — V. J. GHESTIN, précité, n°s 87 et s.).

(130) Cass. req., 19 janvier 1870, D. P. 1870. 1. 302 ; S. 1871. 1. 97. — Rappr. Cass. req., 17 août 1876, D. P. 1877. 1. 106. — Cass. civ. 3e, 28 janvier 1970, *Gaz. Pal.*, 1970. 1. 210.

(131) GOUBEAUX et BIHR, *op. cit.*, n° 318.

A. — La liberté des preuves en matière commerciale.

603. — En matière commerciale, la preuve peut, en principe, être rapportée par tous moyens contre les commerçants, même s'il s'agit d'établir l'existence contestée d'un acte juridique.

L'assouplissement des règles de preuve est traditionnellement justifiée par la nécessité de ne pas entraver la rapidité des opérations commerciales (132). Elle est énoncée à l'article 109 du Code de commerce, dont la forme actuelle résulte de la loi du 12 juillet 1980 :

> « A l'égard des commerçants, les actes de commerce peuvent se prouver par tous moyens à moins qu'il n'en soit autrement disposé par la loi. »

La réserve de dérogations légales au principe de la liberté de la preuve en matière commerciale ne vise pas les dispositions du Code civil mentionnant spécialement l'exigence d'un écrit (133). En revanche, elle concerne d'assez nombreux textes qui imposent, en certains domaines ressortissant au droit commercial, la rédaction d'un écrit, sans qu'il soit d'ailleurs toujours facile de déterminer s'il n'a qu'une fonction probatoire ou s'il constitue une condition de forme (134).

Lorsque l'acte n'est commercial que pour l'une des parties en cause (acte mixte), la preuve peut en être rapportée librement contre le commerçant (135), alors que l'article 1341 du Code civil régit la recevabilité

---

(132) On ajoute que les règles propres au commerce, et notamment l'obligation faite aux commerçants de tenir une comptabilité dispensent de les obliger de surcroît à passer acte des contrats qu'ils concluent (RIPERT et ROBLOT, *Traité de droit commercial*, t. I, 13ᵉ éd., n° 340).

(133) Saisie de la difficulté à propos de la transaction, pour laquelle l'article 2044 du Code civil exige un écrit, la Cour de cassation a décidé que l'écrit n'étant de rigueur qu'en matière civile, la preuve d'une transaction en matière commerciale pouvait être rapportée librement : Cass. civ. 1ʳᵉ, 26 décembre 1950, S. 1952. 1. 37, note MEURISSE.

(134) V. notamment : L. 24 juillet 1966, art. 2 (statuts de sociétés), L. 3 janvier 1967, art. 10 (vente de navires), Décr. 13 octobre 1956, art. 100 (vente de bateaux de rivière), L. 3 janvier 1967, art. 10 et 43 (hypothèque maritime), C. aviation civile, art. L-121-8 et 122-5 (vente et hypothèque d'aéronefs), L. 17 mars 1909, art. 10 et L. 29 juin 1935, art. 12 (vente et nantissement de fonds de commerce), L. 2 janvier 1968, art. 43 (cession de brevets d'invention), etc.

(135) Cass. req., 1ᵉʳ juillet 1908, D. P. 1909. 1. 11. — 6 mars 1912, D. 1912. 1. 304. — Cass. civ. 1ʳᵉ, 21 juin 1954, *Bull. civ.*, I, n° 206, p. 174. — Cass. soc., 23 mai 1962, *Bull. civ.*, IV, n° 467, p. 373. — Cass. com., 6 mai 1965, *Bull. civ.*, III, n° 295, p. 268. — 7 mars 1966, *Bull. civ.*, III, n° 132, p. 114. — 9 novembre 1966, *Bull. civ.*, III, n° 424, p. 374. — Cass. civ. 3ᵉ, 8 mai 1969, *Bull. civ.*, III, n° 367, p. 281. — Cass. soc., 30 octobre 1973, *Bull. civ.*, V, n° 541, p. 496. — Cass. civ. 1ʳᵉ, 6 mars 1974, *Bull. civ.*, I, n° 80, p. 68. — 26 novembre 1974, *Bull. civ.*, I, n° 313, p. 268. — Cass. com., 12 février 1980, *Bull. civ.*, IV, n° 78, p. 60. — 4 novembre 1980, *Bull. civ.*, IV, n° 364, p. 293. — 8 décembre 1980, *Bull. civ.*, IV, n° 413, p. 332. — La preuve est libre du seul fait que le défendeur commerçant avait agi dans l'intérêt de son com-

de la preuve que le commerçant doit produire contre son adversaire (136). Si cette dernière solution n'avait pas été accueillie sans certaines hésitations, la loi du 12 juillet 1980 a levé tous les doutes à cet égard, en donnant de l'article 109 du Code de commerce une rédaction qui consacre sans équivoque la jurisprudence dominante (136-1).

**B. — L'existence d'un écrit « imparfait » :
commencement de preuve par écrit, copie durable et fidèle.**

1) *Le commencement de preuve par écrit.*

604. — Notion de commencement de preuve par écrit.
Selon l'article 1347 du Code civil, les restrictions à la recevabilité des procédés de preuve reçoivent exception lorsqu'il existe un commencement de preuve par écrit. Le texte précise en son deuxième alinéa :

> « On appelle ainsi tout acte par écrit qui est émané de celui contre lequel la demande est formée, ou de celui qu'il représente, et qui rend vraisemblable le fait allégué ».

Il faut donc, en principe, un écrit. Mais celui-ci n'a pas à remplir les conditions particulières parfois exigées pour la preuve littérale (137). Il est même possible de retenir des écrits non signés, dès lors que leur origine est établie (138). Le mot « acte » employé par l'article 1347

---

merce, même si le droit invoqué ne résulte pas d'un acte de commerce : Cass. com., 20 mai 1980, *Bull. civ.*, IV, n° 210, p. 169. La liberté de la preuve s'applique encore pour établir l'acte modificatif d'une convention initiale intervenue entre commerçants, même si le défendeur a perdu la qualité de commerçant lors de l'acte modificatif litigieux : Cass. com., 16 décembre 1980, *Bull. civ.*, IV, n° 425, p. 340.

(136) Cass. soc., 8 janvier 1964, *Bull. civ.*, IV, n° 21, p. 16. — Cependant, le commerçant est souvent en mesure d'invoquer une autre exception à l'article 1341 du Code civil : celle qui provient de l'impossibilité de dresser un écrit en raison d'un usage (*infra*, n° 606).

(136-1) La loi ne s'est pas bornée à enregistrer les solutions jurisprudentielles. Elle les modifie en ce que, sous l'empire du texte antérieur, seul était déterminante la nature commerciale ou civile de l'acte, à l'égard de l'une et l'autre des parties ou de l'une d'elles seulement, alors que, désormais, il ne suffit plus qu'un acte soit commercial à l'égard du cocontractant, il faut en outre que ce dernier ait personnellement la qualité de commerçant (PARLÉANI, *Un texte anachronique : le nouvel article 109 du Code de commerce (rédaction de la loi du 12 juillet 1980)*, D. 1983, chron. 65. — Sur la différence, en matière de cautionnement : Cass. com., 21 juin 1988, J. C. P. 1989.II.21170, note DELEBECQUE. — 6 décembre 1988, *Bull. civ.*, IV, n° 335, p. 226).

(137) *Infra*, n°ˢ 623 et s.

(138) Cass. civ. 1ʳᵉ, 17 janvier 1961, *Bull. civ.*, I, n° 41, p. 33. — 27 janvier 1971, *Bull. civ.*, I, n° 34, p. 26. Une copie obtenue à l'aide de papier carbone peut constituer un commencement de preuve par écrit : Cass. civ. 1ʳᵉ, 27 mai 1986, *Bull. civ.*, I, n° 141, p. 141 ; J. C. P. 1987.II.20873, note URIBARRI ; *Gaz. Pal.*, 1987. 1, somm. annot., p. 54, observ. CROZE et MOREL ; *Rev. trim. dr. civ.*, 1987, 765, observ. MESTRE.

pourrait laisser croire que sont seulement visés les écrits dressés en veu
de préconstituer la preuve (actes instrumentaires), mais la jurisprudence
n'a pas retenu une telle interprétation restrictive. De sorte qu'un écrit
quelconque suffit. Il faut même aller plus loin. La notion d'écrit a été
considérablement assouplie, au point que des déclarations verbales,
lorsqu'elles sont constatées dans un écrit, peuvent valoir commencement
de preuve par écrit (139). Même l'inaction ou le silence d'une partie
relatés dans un écrit peuvent être retenus (140). La loi a consacré cette
conception extensive en décidant que non seulement les déclarations
d'une partie faites au cours d'une comparution personnelle et consignées
dans le procès-verbal, mais même l'absence d'une partie ou le refus
de répondre peuvent être équivalents à un commencement de preuve
par écrit (141).

La question se pose de savoir si l'enregistrement de la voix humaine peut valoir
commencement de preuve par écrit (142). Il faut préalablement déterminer dans
quelles circonstances l'enregistrement a été fait. Si la voix d'une personne a été
captée à l'insu de celle-ci, aucun élément de preuve ne doit pouvoir être tiré de l'audition de l'enregistrement (143) : il y a là une atteinte aux droits de la personnalité
que le législateur a lui-même condamnée (144). Mais il reste le cas d'un enregistrement
réalisé ostensiblement. Sans doute, n'y a-t-il aucun écrit. Cependant, l'enregistrement tout à la fois fixe le langage et permet d'identifier l'auteur de la déclaration,
ce qui correspond aux deux fonctions de l'écriture, de sorte qu'il n'est pas impossible
de l'assimiler à un écrit (145). Le risque de truquage est indéniable, mais l'écriture
elle-même peut être l'objet de falsifications. De sorte qu'il paraît possible de retenir
un enregistrement obtenu loyalement à titre de commencement de preuve par
écrit (146).

---

(139) Cass. req., 17 juillet 1934, D. H. 1934, 475 (déclaration d'une partie reproduite dans les motifs d'un jugement). — Cass. civ., 12 décembre 1951, *Bull. civ.*, I,
n° 345, p. 271. — 24 février 1960, *Bull. civ.*, I, n° 127, p. 102 (interrogatoire d'un
inculpé). — Cass. civ. 1re, 15 juillet 1957, *Bull. civ.*, I, n° 329, p. 260 (déclarations
consignées dans un procès-verbal de gendarmerie)... Mais ne valent pas commencement de preuve par écrit les seules réponses à une sommation interpellative mentionnées par un huissier (Cass. civ. 3e, 10 avril 1986, *Bull. civ.*, III, n° 40, p. 31 ;
Gaz. Pal., 1987. 1, somm. annot., p. 54, observ. Croze et Morel).
(140) Cass. req., 19 janvier 1904, D. P. 1904. 1. 295. — Cass. civ. 1re, 10 février
1953, sol. impl., *Bull. civ.*, I, n° 55, p. 52.
(141) L. 23 mai 1942. Solution reprise par la loi du 9 juillet 1975 (C. civ., art. 1347,
al. 3).
(142) Ivainer, *Le magnétophone, source ou preuve de rapports juridiques en droit
privé*, Gaz. Pal., 1966, 2, doctr. 91.
(143) Cass. civ., 18 mars 1955, *Gaz. Pal.*, 1955. 1. 249. — Paris, 9 novembre 1966,
D. 1967, 273. — Lyon, 21 décembre 1967, D. 1969, 25, note Lyon-Caen. — Cass.
civ. 3e, 15 janvier 1970, J. C. P. 1970. II. 16320, note P. L. — Trib. gr. inst. Lyon,
10 octobre 1972, *Gaz. Pal.*, 1972, 2, 880. — Comp. Trib. gr. inst. Paris, 7 novembre
1975, D. 1976, 270, note Lindon.
(144) L. 17 juillet 1970 : C. pén., art. 368 à 372.
(145) Legeais, note J. C. P. 1955. II. 8550.
(146) Dijon, 29 juin 1955, D. 1955, 583, réformant Trib. civ. Dijon, 16 novembre
1954, J. C. P. 1955. II. 8550, note Legeais.

Le commencement de preuve doit émaner de celui à qui on l'oppose ou de la personne qu'il représente (147). Il faut ajouter le cas de l'écrit émanant du représentant de celui à qui on l'oppose (148). Cette condition implique qu'il soit possible de déterminer avec précision l'origine de l'écrit. C'est évidemment le cas lorsque celui à qui on l'oppose en est l'auteur matériel (149). Mais il est encore admis qu'un écrit peut être retenu à titre de commencement de preuve même si celui à qui on l'attribue n'a pas matériellement participé à sa confection, dès lors qu'il en est l'auteur intellectuel, par exemple lorsqu'il en a dicté la substance à un tiers (150).

Enfin, un écrit ne vaut commencement de preuve que s'il rend vraisemblable le fait allégué. Il appartient aux juges d'apprécier cette vraisemblance qui ne doit pas être une simple possibilité, une simple hypothèse (151).

---

(147) V. par exemple, Cass. civ. 1re, 4 décembre 1984, *Bull. civ.*, I, no 324, p. 276 ; *Gaz. Pal.*, 1985, panor. p. 92, observ. PIÉDELIÈVRE : *Defrénois*, 1985, art. 33600, chron. jur. civ. gén., no 95, observ. VERMELLE ; *Rev. trim. dr. civ.*, 1985, 733, observ. MESTRE. — En matière de filiation, l'article 324 du Code civil retient une conception plus large du commencement de preuve par écrit : celui-ci peut émaner d'une partie engagée dans la contestation ou qui y aurait intérêt si elle était vivante.

(148) Ainsi les ayants-cause universels ou à titre universel peuvent se voir opposer les écrits émanant de leurs auteurs, les créanciers exerçant l'action oblique peuvent se voir opposer les écrits de leur débiteur... Pour d'autres cas d'applications, V. GOUBEAUX et BIHR, *op. cit.*, nos 1109 et s. — Pour le cas du mandataire : Cass. civ. 1re, 28 juin 1989, *Bull. civ.*, I, no 263, p. 174.

(149) Il suffit de l'écriture seule ou de la signature seule.

(150) Cass. req., 6 décembre 1933, D. P. 1935. 1. 61, note DÉSIRY. — Le seul point important, dit-on, est que l'écrit reflète la volonté de la personne considérée. La question est alors de savoir dans quels cas un écrit peut être regardé comme traduisant la volonté d'une autre personne que celle qui l'a rédigé. Pratiquement, cette situation se rencontre dans deux cas : d'une part, lorsque la partie s'est rendu l'acte propre par une acceptation tacite ou expresse (Cass. civ., 22 août 1948, D. 1949, 27. — Cass. com., 30 octobre 1951, *Bull. civ.*, III, no 297, p. 218. — 10 juin 1953, *Bull. civ.*, III, no 216, p. 152. — Cass. civ. 1re, 7 juillet 1955, D. 1955, 737. — 13 juillet 1955, *Bull. civ.*, I, no 304, p. 254. — 23 novembre 1955, *Bull. civ.*, I, no 406, p. 328. — 24 novembre 1969, *Bull. civ.*, I, no 355, p. 283. — Cass. civ. 3e, 29 février 1972, *Bull. civ.*, III, no 142, p. 102), d'autre part lorsque l'auteur matériel de l'acte indiquant l'origine des déclarations est d'une qualité ne permettant pas de suspecter son impartialité (par exemple, Riom, 15 novembre 1920, D. P. 1921. 2. 39 et sur pourvoi Cass. req., 29 avril 1922, D. P. 1923. 1. 22 : acte de l'état civil. — Cass. req., 17 juillet 1934, D. H. 1934, 475 : motifs d'un jugement). Cette dernière hypothèse est source d'une casuistique assez délicate (V. GOUBEAUX et BIHR, *op. cit.*, nos 1134 et s.).

(151) Colmar, 12 novembre 1948, D. 1949, 72. — Cass. com., 4 décembre 1956, *Bull. civ.*, III, no 322, p. 285. — Cass. civ. 1re, 27 février 1961, *Bull. civ.*, I, no 127, p. 101. — Cass. civ. 3e, 29 avril 1970, *Bull. civ.*, III, no 297, p. 217. — Cass. com., 3 novembre 1983, *Bull. civ.*, IV, no 290, p. 254.

604-1. — Le commencement de preuve par écrit rend admissibles les témoignages et présomptions.

Lorsqu'un écrit remplissant les conditions précédentes est invoqué par un plaideur, celui-ci est admis à produire des témoignages ou des présomptions (152). En effet, le commencement de preuve par écrit ne prouve pas le fait contesté (152-1). Il rend seulement admissibles d'autres modes de preuve dans un domaine où, à son défaut, ils auraient été irrecevables. Le fait pour les juges d'avoir reconnu l'existence d'un commencement de preuve rendant vraisemblable le fait allégué ne les prive pas du pouvoir d'apprécier, après production des témoignages ou présomptions, si ce fait est ou non établi (153).

Il est à remarquer que la production d'un commencement de preuve par écrit rend recevable la preuve par tous moyens même en présence d'un texte spécial imposant la rédaction d'un écrit quel que soit l'intérêt en jeu, fût-il inférieur à 5 000 F, dès lors qu'il ne s'agit que d'une exigence de preuve et non d'une condition de forme (154).

C'est donc un considérable assouplissement aux restrictions légales de recevabilité des preuves qu'apporte l'article 1347 tel que l'interprète la jurisprudence.

2) La reproduction fidèle et durable d'un écrit qui n'a pas été conservé.

605. — La prudente prise en considération du microfilm et de la photocopie.

Les copies, telles qu'elles étaient réalisées à l'époque du Code civil, ne méritaient pas grand crédit : rien ne garantissait, du moins lorsque le copiste était un simple particulier, la conformité de son œuvre à l'original. Aussi était-il normal que, mis à part quelques tempéraments en matière d'actes authentiques, la production d'une copie ne puisse suppléer celle du véritable écrit signé (154-1).

---

(152) En matière de filiation, le mécanisme est quelque peu différent : la combinaison d'un commencement de preuve par écrit et de présomptions n'est pas suffisante ; il faut des témoignages. Mais, à la différence du droit commun, il peut être suppléé par des présomptions au commencement de preuve par écrit pour rendre admissible la preuve testimoniale.

(152-1) Cass. civ. 1re, 1er juin 1977, *Bull. civ.*, I, no 258, p. 204. — Cass. com., 30 janvier 1980, *Bull. civ.*, IV, no 50, p. 38. — Cass. civ. 1re, 16 janvier 1985, *Bull. civ.*, I, no 24, p. 24. — Cass. com., 21 juin 1988, *Bull. civ.*, IV, no 212, p. 146.

(153) Cass. civ. 1re, 17 avril 1953, *Bull. civ.*, I, no 122, p. 103. — 12 juillet 1972, *Bull. civ.*, I, no 185, p. 161.

(154) Pour la transaction : Cass. civ., 9 juin 1947, J. C. P. 1947. II. 3931, note RODIÈRE. — Cass. soc., 8 juillet 1968, *Bull. civ.*, V, no 379, p. 308. — Pour l'assurance : Cass. civ., 22 janvier 1947 et Cass. soc., 27 février 1947, J. C. P. 1947. II. 3724, note André BESSON.

(154-1) V. *infra*, nos 643, 644.

Ce système, maintenu longtemps sans tempérament, interdisait de tirer parti des ressources offertes par le développement de nouveaux procédés de reproduction des documents. La loi du 12 juillet 1980 s'est engagée dans la voie d'une réforme. Avec prudence toutefois, car il est vite apparu qu'il était difficile de se départir d'une certaine méfiance envers des techniques encore en pleine évolution, qui risquent de permettre des truquages et des falsifications. C'est principalement en vue de faciliter la conservation d'archives par la substitution de microfilms ou microfiches aux documents originaux que le texte, modifiant l'article 1348, prévoit une exception au régime légal de recevabilité des preuves :

« ... lorsqu'une partie ou le dépositaire n'a pas conservé le titre original et présente une copie qui en est la reproduction non seulement fidèle, mais aussi durable » ...

Il n'y a donc pas dérogation à l'obligation de préconstituer la preuve conformément à l'article 1341. Il y a seulement dispense de conserver l'écrit, lorsqu'une reproduction « fidèle et durable » en a été faite et peut être présentée. En effet, la substitution d'une copie, qui est seule conservée, à l'original, qui est détruit, a pour conséquence de lever les restrictions à la recevabilité des preuves concernant l'acte juridique que constatait l'écrit reproduit dans les conditions de l'article 1348. La preuve étant devenue libre, la destruction volontaire de l'original ne signifie donc plus, comme dans le système antérieur, perte de toute possibilité de démontrer en justice l'existence de l'acte ; la loi donne ainsi « tous apaisements » aux banques qui microfilment leurs archives (154-2). L'écrit a, par hypothèse, disparu ; la preuve pourra être rapportée par témoignages ou présomptions et, à cet égard, personne ne doute que la copie elle-même constituera un indice de tout premier plan : à la différence du commencement de preuve par écrit, qui doit être complété par d'autres moyens de preuve, la copie « fidèle et durable » peut suffire à fonder seule la conviction des magistrats (154-3).

605-1. — Cet aménagement des règles de recevabilité des preuves ne va pas sans difficultés.
Le texte issu de la loi du 12 juillet 1980 est d'une portée assez restreinte. La solution apportée aux problèmes d'archivage n'est que partielle, puisqu'elle ne concerne que

---

(154-2) JESTAZ, commentaire de la loi du 12 juillet 1980, *Rev. trim. dr. civ.*, 1980, p. 820.

(154-3) Ce point n'est pas discuté par les commentateurs de la loi du 12 juillet 1980, qui le tiennent implicitement pour acquis. La solution s'impose, en effet, compte tenu du but visé par le texte. Il est cependant permis de regretter que le législateur ait employé la même formule (« les règles ci-dessus reçoivent exception... ») dans l'article 1348, alinéa 2, que dans l'article 1347, alors que la portée de la dispense n'est pas identique dans les deux cas.

les documents d'intérêt privé dont le rôle est seulement probatoire et non « ceux qui outre une fonction probatoire répondent à des préoccupations de police : tel est le cas notamment des livres qui doivent être cotés et paraphés et que la plupart des professions doivent tenir » (154-4). Surtout, les conditions fixées par la loi peuvent freiner considérablement cette tentative de libéralisation de la recevabilité des preuves. La copie visée par l'article 1348, alinéa 2, doit être la reproduction « fidèle » et « durable » du titre original. Le second caractère fait l'objet d'une explication dans la loi elle-même. Le texte énonce : « Est réputée durable toute reproduction indélébile de l'original qui entraîne une modification irréversible du support ». Cette expression n'est pas aussi précise que le voudrait sa technicité quelque peu pédante (existe-t-il des reproductions vraiment indélébiles, résistant à tout procédé d'effacement ?...), du moins sait-on qu'elle est destinée à désigner actuellement le microfilm et la photocopie. En revanche, l'exigence de la fidélité fait difficulté. Il ne suffit pas, en effet, que le procédé de copie soit de nature à fournir une image exacte du document reproduit. Encore faut-il que ce document soit celui-là même qui constatait l'acte à prouver. Or, des falsifications, des montages photographiques effectués avant la reproduction deviennent invisibles sur la copie. Comment dès lors être assuré que la reproduction présentée est bien identique au titre original qui a été détruit ? Les méthodes tendant à réaliser des copies dites « de sécurité » rendant les truquages sinon impossibles, du moins malaisés (154-5) sont compliquées. Quant aux procédés destinés à détecter les manipulations, ils sont également complexes (154-6) et l'on imagine mal qu'il y soit systématiquement fait appel pour apprécier le caractère fidèle des copies ! De plus, la dérogation aux règles restreignant la recevabilité des preuves suppose que le titre original n'ait pas été conservé. C'est là un fait qu'il faudra, en principe, prouver (154-7) ; preuve par tous moyens, sans doute, mais assez difficile si l'on exige que soit démontrée la destruction du document même dont il est question et non celle d'un « lot » d'archives plus ou moins déterminées : tout dépendra, à cet égard, de la facilité avec laquelle les juges s'estimeront convaincus...

Toute intervention législative dans le système complexe du droit de la preuve est délicate. La transaction entre l'ouverture aux techniques modernes et le respect des principes classiques n'est pas facile. La loi du 12 juillet 1980 le montre bien. Il y a une contradiction latente entre l'exigence d'une sécurité presque parfaite par les qualités requises de la reproduction et le refus d'accorder à la copie la même valeur probatoire qu'à l'original. En touchant seulement à la recevabilité des preuves, la loi est restée à mi-chemin. Le résultat n'est pas parfaitement cohérent. Le système mis en place est sans doute une amélioration de l'efficacité juridique de certaines copies ; il est plus encore un affaiblissement de la preuve écrite. Ainsi, à prendre le texte à la lettre, il suffit qu'une partie à un acte détruise l'original qu'elle détient, après l'avoir photocopié, pour qu'elle soit autorisée à prouver par tous moyens outre ou contre le document photocopié, même si son adversaire détient un exemplaire original : la seconde règle de l'article 1341 pourrait ainsi se trouver vidée de sa substance...

Il faut, semble-t-il, considérer l'article 1348, alinéa 2, dans sa rédaction actuelle comme un texte expérimental, annonciateur d'une réforme plus ample.

(154-4) M. VION, *Les modifications apportées au droit de la preuve par la loi du 12 juillet 1980, Defrénois*, 1980, art. 32470, n⁰ 8.

(154-5) *Ibid.*, n⁰ 9.

(154-6) Sur ces méthodes, CHAMOUX, *La loi du 12 juillet 1980 : une ouverture sur de nouveaux moyens de preuve*, J. C. P. 1981. I. 3008.

(154-7) VIATTE, *La preuve des actes juridiques, commentaire de la loi n⁰ 80-525 du 12 juillet 1980, Gaz. Pal.*, 1980. 2, doctr. 581.

C. — L'impossibilité de prouver par écrit.

606. — Il résulte de l'article 1348 alinéa premier du Code civil que l'irrecevabilité des témoignages et présomptions cède lorsqu'il a été impossible de se ménager la preuve écrite d'un acte juridique ou quand le titre qui servait de preuve littérale a été perdu par cas fortuit (155). Ces tempéraments à l'exigence de la preuve écrite ne sont que l'application de la maxime de bon sens : « à l'impossible nul n'est tenu » ; ils ont reçu en jurisprudence un développement considérable (156).

L'impossibilité d'établir un écrit qui, étant un simple fait, se prouve librement, ouvre donc la voie à la démonstration de l'existence de l'acte juridique par tous moyens de preuve. Cette impossibilité peut être matérielle. Toutes les situations où un obstacle insurmontable empêche de rédiger un écrit peuvent être retenues (157) et même la jurisprudence n'est pas hostile à une conception souple en admettant de simples difficultés pratiques reconnues par l'usage (158).

L'impossibilité peut aussi être prise en considération lorsqu'elle est seulement morale. Cette solution d'origine jurisprudentielle, aujourd'hui consacrée par l'article 1348, a complètement transformé le système légal de recevabilité des preuves, en raison de l'ampleur de ses applications pratiques. L'obstacle psychologique à l'établissement d'un écrit peut provenir des liens de famille entre les parties (159), de leurs relations d'affec-

---

(155) Le texte a fait l'objet d'une nouvelle rédaction par la loi du 12 juillet 1980, qui, en consacrant les solutions dégagées par la jurisprudence a donné aux règles énoncées une expression beaucoup plus claire que celle de l'article 1348 originaire.

(156) LEGEAIS, thèse précitée, p. 121 et s. — MALINVAUD, *L'impossibilité de la preuve écrite*, J. C. P. 1972. I. 2468.

(157) Ainsi, lorsque le demandeur était incapable d'écrire : Cass. civ. 1re, 13 mai 1964, *Bull. civ.*, I, n° 251, p. 195.

(158) Par exemple, pour la vente d'animaux sur un champ de foire : Toulouse, 21 novembre 1960, D. 1961, 103. — Cass. civ. 1re, 15 avril 1980, *Bull. civ.*, I, n° 113, p. 93. — Pour la remise d'un vêtement au vestiaire d'un théâtre, Paris, 23 avril 1902, D. 1903. 2. 323. — Cass. req., 1er mai 1911, D. 1913. 1. 448 ; S. 1913. 1. 305, note HUGUENEY. — Pour la remise d'un véhicule à un parc de stationnement, Paris, 11 janvier 1939, *Gaz. Pal.*, 1939.1.525. — Bordeaux, 8 janvier 1947, J. C. P. 1948.II.4033. — Peut-être même pourrait-on imaginer que soit retenu comme constitutif d'une impossibilité de se munir d'un écrit l'usage, s'il était établi, de recourir pour certaines opérations à des techniques informatiques, telles que l'emploi de cartes magnétiques, exclusives de pièces écrites.

(159) Parmi de très nombreux exemples : Cass. civ. 1re, 7 mai 1962, *Bull. civ.*, I, n° 229, p. 205. — 17 novembre 1971, *Bull. civ.*, I, n° 291, p. 249. — 6 décembre 1972, *Bull. civ.*, I, n° 279, p. 246 (rapports entre parents et enfants). — Cass. civ. 1re, 17 mars 1958, *Bull. civ.*, I, n° 153, p. 117. — Grenoble, 12 avril 1967, D. 1967, 496 ; *Rev. trim. dr. civ.*, 1967, 814, observ. CHEVALLIER (rapports entre frères et sœurs). — Cass. civ. 1re, 16 février 1983, *Bull. civ.*, I, n° 68, p. 59 (rapports entre époux).

tion (160), voire d'amitié (161), des relations de confiance, de travail ou de subordination qui les unissent (162). Une autre source de l'impossibilité morale de préconstituer la preuve écrite est constituée par les usages répondant à un souci de délicatesse qui font regarder l'exigence d'un écrit comme n'étant pas convenable (163). Il en est ainsi notamment dans l'exercice de certaines professions libérales (164) et parfois dans des relations de travail (165). Mais il n'existe pas de situations prédéterminées d'où résulte automatiquement l'impossibilité morale de dresser une preuve écrite : c'est à propos de chaque espèce qu'il appartient aux juges d'apprécier si les circonstances ont ou non entraîné l'impossibilité alléguée (165-1).

607. — Lorsqu'un écrit a été établi, puis a été perdu par cas fortuit, **l'impossibilité de produire le titre,** résultant de cette perte, rend également admissible la preuve par témoignages ou présomptions. Il faut donc démontrer l'événement de force majeure ou le fait d'un tiers qui a provoqué la disparition de l'écrit (165-2). Cette démonstration, qui peut se faire par tous moyens (166), implique naturellement celle de l'existence

---

(160) Par exemple, entre fiancés (Cass. crim., 3 mai 1967, *Gaz. Pal.*, 1968.1.340) entre concubins (Cass. civ., 1re, 25 mars 1969, *Bull. civ.*, I, no 124, p. 97. — Cass. civ. 3e, 7 janvier 1972, *Bull. civ.*, III, no 20, p. 16. — Cass. civ. 1re, 10 octobre 1984, *Gaz. Pal.*, 1985.1.186, note J. M. ; *Defrénois*, 1985, art. 33477, chron. jur. civ. gén., no 3, observ. MASSIP ; *Rev. trim. dr. civ.*, 1985, 733, observ. MESTRE. — V. les objections de MM. H. et L. MAZEAUD, *Rev. trim. dr. civ.*, 1953, 709), entre personnes unies par des liens quasi familiaux d'estime et d'affection (Cass. civ. 3e, 7 janvier 1981, *Bull. civ.*, III, no 7, p. 6).
(161) Cass. soc., 7 juin 1963, *Bull. civ.*, IV, no 480, p. 394. — V. les objections de M. MALINVAUD, article précité, no 23.
(162) Cass. req., 26 juin 1929, D. H. 1929, 460. — Cass. civ., 17 mars 1938, D. P. 1938. 1. 115, note MIMIN. — Cass. soc., 28 avril 1955, *Bull. civ.*, IV, no 345, p. 257.
(163) Au départ de ces usages on trouve la noblesse de l'objet du contrat (opération de l'esprit notamment), puis « par un phénomène de cascade, la noblesse de l'objet du contrat entraîne l'honorabilité, donc la susceptibilité des parties en cause, et il s'ensuit la formation d'un usage contraire à la règle de la preuve écrite » (MALINVAUD, article précité, no 24).
(164) Cass. req., 27 mars 1907, D. 1909. 1. 188. — Cass. civ., 13 avril 1910, D. 1911. 1. 14 (médecins). — Paris 5 juillet 1954, D. 1954, 705 (avocats).
(165) Cass. req., 1er mai 1911, D. 1913. 1. 448 ; S. 1913. 1. 305, note HUGUENEY. — Paris, 21 février 1920, D. 1921. 2. 27. — Cass. req., 9 décembre 1924, D. H. 1925, 62. — Trib. civ. Lisieux, 13 décembre 1944, D. 1945, 179.
(165-1) Cass. civ. 1re, 17 mars 1982, *Bull. civ.*, I, no 114, p. 100. — 10 octobre 1984, précité note 160.
(165-2) Cass. soc., 28 avril 1977, *Bull. civ.*, V, no 283, p. 223. — Il faut que le fait d'un tiers soit lui-même constitutif de cas fortuit ou de force majeure : Cass. civ. 1re, 9 janvier 1979, *Bull. civ.*, I, no 13, p. 10.
(166) Cass. civ. 1re, 10 octobre 1984, *Bull. civ.*, I, no 256, p. 217. — Cass. soc., 19 novembre 1987, *Bull. civ.*, V, no 660, p. 419. — Cependant, lorsque l'écrit a été détruit par un tiers à qui il avait été volontairement confié, le contrat de dépôt ou de mandat devrait être prouvé par écrit,

préalable du titre. Théoriquement il faudrait établir que le titre disparu était régulier en la forme, mais cette régularité est volontiers présumée. Une fois rapportée la preuve de la perte fortuite de l'écrit, il reste à établir l'existence et le contenu de l'acte juridique que ce titre constatait et cette preuve pourra être rapportée par tous moyens.

608. — L'interprétation extensive de la notion d'impossibilité de satisfaire aux exigences de l'article 1341 du Code civil, comme celle de la notion de commencement de preuve par écrit et la prise en considération par la loi de certaines copies atténuent considérablement la rigueur du système de légalité en ce qui concerne la recevabilité des preuves. Or, la force probante des témoignages et présomptions est soumise à l'appréciation des juges. En admettant largement la production de ces modes de preuve, les textes et les tribunaux tempèrent donc indirectement le principe de légalité sous son second aspect : la détermination impérative de la force de conviction qui s'attache à certaines preuves.

§ 2. — APPRÉCIATION DES PREUVES

609. — La loi définit elle-même la force probante de certains procédés de preuve ; ailleurs, à défaut de convention à ce sujet entre les parties, le juge est libre de son appréciation.

L'appréciation des preuves peut se définir très simplement comme l'opération intellectuelle à l'issue de laquelle le juge se déclare convaincu ou non de l'existence des faits allégués par les parties.

C'est, semble-t-il, le juge qui est le mieux placé pour décider lui-même s'il est convaincu par les preuves débattues devant lui ; il devrait donc avoir toute liberté pour décider de l'existence des faits contestés, selon son intime conviction. Cependant, pour des raisons de simplicité et de sécurité, la loi fixe à l'avance la force probante de plusieurs procédés de preuve (167). C'est ainsi notamment que la preuve littérale, l'aveu judiciaire et le serment décisoire sont légalement réputés exprimer la vérité. Le contenu précis de ces règles doit être examiné à propos de chaque procédé de preuve (168). Mais il faut immédiatement remarquer que si la loi déclare qu'un procédé de preuve « fait foi » sous certaines conditions, le pouvoir du juge se borne à la vérification de l'existence de ces conditions dans l'espèce qui lui est soumise ; quelle que soit

---

(167) V. C. civ., art. 1319, 1320, 1322, 1330, 1331, 1332, 1333, 1335, 1356, 1361.
(168) *Infra*, nᵒˢ 612 et s.

sa conviction profonde, il lui est interdit de dénier l'existence d'un fait que la loi répute établie (169).

De même, lorsque les parties, maîtresses de leurs droits, ont elles-mêmes déterminé par convention, pour leurs relations futures, la force probante de certains éléments de preuve, ces dispositions s'imposent au juge, dans le cadre contractuellement tracé.

Telle est la solution admise par la Cour de cassation à propos de clauses figurant dans le contrat relatif à l'utilisation d'une carte de crédit : les juges ne peuvent estimer insuffisants, parce qu'impropres à entraîner leur conviction, des éléments constituant précisément les procédés de preuve déterminés par la clause acceptée par les parties (169-1). Cette application de la force obligatoire du contrat (169-2) procède d'une logique rigoureuse. Elle n'est cependant pas sans danger, car elle peut mettre en fait une des parties à la merci de l'autre (169-3), S'il arrive parfois, dans le régime légal, que puissent être retenus des éléments de preuve établis unilatéralement par celui qui s'en prévaut (169-4), c'est toujours sous la réserve d'une appréciation du juge. La convention qui prive le juge de ce pouvoir d'appréciation lorsque le demandeur s'est unilatéralement constitué à lui-même la preuve qu'il invoque n'est plus à proprement parler un aménagement contractuel de la preuve ; il n'y a plus de preuve lorsqu'une partie est nécessairement crue sur son affirmation !

Lorsque la loi ne fixe pas elle-même la force probante d'un procédé de preuve, le juge apprécie librement sa valeur. Cette liberté ne le dispense d'ailleurs pas de motiver de manière cohérente et suffisante sa décision. Surtout, il ne peut se décharger sur un tiers de la tâche d'appréciation des preuves qui lui incombe et qui est un des aspects importants de la fonction juridictionnelle. Ce principe revêt une importance particulière en raison du développement de l'expertise : quelle que soit la complexité de la situation, le juge ne doit pas abandonner son pouvoir

---

(169) V. par exemple, Cass. civ. 3ᵉ, 8 décembre 1971, *Bull. civ.*, III, nᵒ 617, p. 441 : bien qu'ayant relevé de sérieuses présomptions en faveur de la thèse d'une partie, les juges doivent rejeter ses prétentions en raison de son aveu.

(169-1) Cass. civ. 1ʳᵉ, 8 novembre 1989, deux arrêts, *Bull. civ.*, I, nᵒ 342, p. 230.

(169-2) C. civ., art. 1134. — V. LE CONTRAT, EFFETS.

(169-3) Tel est précisément le cas des clauses prévoyant que feront preuve les documents établis en sortie de l'ordinateur de l'établissement bancaire : le client n'a aucun moyen de contrôler l'information enregistrée en langage codé par la machine, ni la fidélité de la traduction qu'en restitue l'appareil qui est aux mains de son cocontractant (VASSEUR, *Le paiement électronique, aspects juridiques*, J. C. P. 1985.I.3206, nᵒ 42. — CROZE, *Informatique, preuve et sécurité*, D. 1987, chron. 165, nᵒˢ 7 et s.). La situation est, en somme, analogue à celle qui aurait été autrefois celle d'un contractant illettré devant s'en remettre à un scribe du soin de fixer par écrit la convention, le scribe étant un préposé de l'autre partie au contrat !

(169-4) V. *infra*, nᵒˢ 640, 641. — CROZE, étude précitée, nᵒ 9. — J. HUET, *Formalisme et preuve en informatique et télématique, éléments de solutions en matière de relation d'affaires continues ou de rapports contractuels occasionnels*, J. C. P. 1981.I.3406, nᵒ 1, note 3.

d'appréciation des preuves aux mains de l'expert (170). C'est au juge et au juge seul qu'il appartient de décider si la preuve est faite.

610. — Distinction de l'appréciation des preuves et de l'interprétation. Le contrôle de la dénaturation.

Il convient d'observer que l'appréciation des preuves doit être distinguée de l'interprétation des documents présentés au juge (170-1). Interpréter une déclaration consiste à en découvrir le sens véritable, c'est une opération différente de l'appréciation de sa force probante. Lorsque, par exemple, une attestation délivrée par un témoin mentionne que des époux paraissaient ne pas trop mal s'entendre, il faut savoir ce que le déclarant a voulu dire par là et quel est le degré de mésentente entre les conjoints dont il s'est ainsi fait l'écho ; c'est là affaire d'interprétation. Mais décider si cette attestation peut être retenue eu égard à l'impartialité du témoin, à ses qualités d'observation ou aux conditions dans lesquelles les faits qu'il relate sont parvenus à sa connaissance, est apprécier la force probante du document.

Les deux opérations sont liées. La distinction est cependant importante. En effet, si dans un large secteur l'appréciation des preuves relève du pouvoir souverain des juges du fond, la Cour de cassation contrôle non l'interprétation elle-même, mais la légitimité de l'entreprise d'interprétation en censurant les décisions coupables de dénaturation des pièces produites à titre de preuve (171). Lorsqu'un document est obscur et susceptible de plusieurs sens, le juge a le pouvoir et le devoir de l'interpréter. Au contraire, une pièce claire et précise ne laisse place à aucune discussion ; il faut la prendre telle quelle et prétendre l'interpréter serait la dénaturer. Techniquement, le contrôle de la dénaturation suppose que ·l'élément de preuve considéré soit un écrit (172). Mais cela ne signifie pas que la vérification doive se borner aux preuves littérales : dès lors que des déclarations sont relatées dans un écrit quelconque, tel qu'un procès-verbal d'enquête, un rapport d'expertise, un constat ou une attestation, la confrontation entre l'élément de preuve lui-même et l'interprétation que les juges en ont donnée est possible, de sorte que le contrôle de la dénaturation peut avoir lieu même lorsque les juges du fond avaient un libre pouvoir d'appréciation de la force probante de l'écrit produit : ils pouvaient l'écarter comme non convaincant, mais ils ne pouvaient pas lui donner un sens qui est contredit par ses termes clairs.

---

(170) La jurisprudence est très abondante à ce sujet. V. GOUBEAUX et BIHR, *Encycl. Dalloz, Répert. dr. civ.*, 2ᵉ éd., vᵒ *Preuve*, nᵒˢ 480 et s. — A titre d'exemple : Cass. civ. 1ʳᵉ, 10 octobre 1960, *Bull. civ.*, I, nᵒ 423, p. 347. — 17 juillet 1961, *Bull. civ.*, I, nᵒ 404, p. 319. — Cass. soc., 26 novembre 1969, *Bull. civ.*, V, nᵒ 641, p. 542. — Cass. soc., 17 décembre 1974, *Bull. civ.*, V, nᵒ 618, p. 576. — Cass. civ. 2ᵉ, 14 décembre 1983, *Bull. civ.*, II, nᵒ 202, p. 142. — NORMAND, *Remarques sur l'expertise judiciaire au lendemain du Nouveau Code de procédure civile. Mélanges Vincent*, 1981, p. 255 et s.

(170-1) Sur la distinction entre l'appréciation des preuves et d'autres opérations voisines, DEVÈZE, *Contribution à l'étude de la charge de la preuve en matière civile*, thèse Toulouse, 1980, dactyl., nᵒˢ 308 et s. — CAUSIN, *La preuve et l'interprétation en droit privé, La preuve en droit*, études publiées par PERELMAN et FORIERS ; *Travaux du Centre national de recherches de logique*, Bruxelles, 1981, p. 197 et s.

(171) VOULET, *Le grief de dénaturation devant la Cour de cassation*, J. C. P. 1971. I. 2410. — BORÉ, *Un centenaire, le contrôle par la Cour de cassation de la dénaturation des actes, Rev. trim. dr. civ.*, 1972, 249 et s. — MARRAUD, *La notion de dénaturation en droit privé français*, thèse Nancy, 1972, éd. P. U. G., 1974, préf. P. LAGARDE.

(172) En effet, la Cour de cassation se livre à l'examen direct de la pièce dénaturée pour vérifier sa clarté (BORÉ, article précité, nᵒ 12).

Telle est bien la solution depuis longtemps admise par les Chambres civiles et la Chambre sociale de la Cour de cassation (173). Toutefois, la Chambre commerciale a déclaré irrecevable le grief de dénaturation de preuves soumises à la libre appréciation des juges du fond (174). Cette attitude qui semble d'ailleurs maintenant abandonnée, était discutable. Certes, lorsque la loi fixe elle-même la force probante d'un écrit, la dénaturation se cumule avec la violation des règles de preuve (175), car donner à un acte clair un sens différent de celui qui s'évince de sa seule lecture revient à refuser d'accorder foi au contenu du document lui-même. Mais cela ne signifie pas que le contrôle de la dénaturation ne puisse pas avoir lieu dans les hypothèses où son autonomie par rapport au contrôle du respect des règles légales fixant la force probante lui donne le plus d'intérêt.

611. — Le schéma général qui vient d'être présenté au sujet du droit de la preuve doit être précisé et complété par les règles spéciales aux différents procédés de preuve. C'est le droit des preuves qu'il faut maintenant évoquer.

SECTION 2

LE DROIT DES PREUVES
(RÈGLES PROPRES AUX DIFFÉRENTS PROCÉDÉS DE PREUVE)

612. — Trois groupes peuvent être constitués parmi les procédés de preuve énumérés par l'article 1316 du Code civil : le premier comprend les différentes variétés de preuves écrites, le deuxième réunit la preuve par témoins et les présomptions à propos desquelles le rôle et les pouvoirs du juge sont analogues, le troisième, enfin, associe l'aveu et le serment qui présentent la particularité d'être à la limite des procédés de preuve et sont plus des moyens de clore une contestation que des éléments de conviction.

---

(173) Par exemple : Cass. soc., 25 mai 1971, *Bull. civ.*, V, n° 384, p. 323. — Cass. civ. 2e, 4 juin 1971, *Bull. civ.*, II, n° 192, p. 138. — Cass. soc., 1er décembre 1971, *Bull. civ.*, V, n° 700, p. 601. — Cass. civ. 3e, 14 décembre 1971, *Bull. civ.*, III, n° 622, p. 444. — 20 décembre 1971, *Bull. civ.*, III, n° 637, p. 455. — Cass. civ. 2e, 17 février 1972, *Bull. civ.*, II, n° 51, p. 37. — Cass. civ. 1re, 28 novembre 1972, *Bull. civ.*, I, n° 259, p. 226. — 22 mars 1977, J. C. P. 1979.II.19118.
(174) Cass. com., 20 novembre 1967, deux arrêts, *Gaz. Pal.*, 1968, 1, 62 ; 2e espèce seule, J. C. P. 1968. II. 15577, note NECTOUX. — 8 juillet 1968, *Bull. civ.*, IV, n° 222, p. 203. — 20 mai 1969, *Bull. civ.*, IV, n° 186, p. 181. — 31 mai 1969, *Bull. civ.*, IV, n° 194, p. 188. — 13 octobre 1969, *Bull. civ.*, IV, n° 286, p. 270. Il semble que cette conception restrictive ne soit plus maintenue par la jurisprudence plus récente de la Chambre commerciale : Cass. com., 25 février 1974, *Bull. civ.*, IV, n° 69, p. 54, — 23 avril 1974, *Bull. civ.*, IV, n° 124, p. 99. — 1er juillet 1975, *Bull. civ.*, IV. n° 191, p. 158.
(175) BORÉ, article précité, n° 17.

Sous-section 1. — La preuve écrite.

613. — L'écriture est un moyen efficace de fixation et de conservation du langage. Sans écrits, l'histoire s'estompe et ne survivent que les légendes. Il n'est donc pas étonnant qu'en matière de preuve une grande importance soit accordée à la relation écrite des actes et des faits. Cette importance s'est d'ailleurs accrue depuis la rédaction du Code civil, en relation avec le développement de l'alphabétisation (1).

Il existe une assez grande variété d'écrits pouvant être invoqués comme modes de preuve. Nous isolerons, en raison de leur rôle considérable en pratique, les actes authentiques et les actes sous seing privé. Nous examinerons plus brièvement les autres sortes d'écrits.

§ 1. — LES ACTES AUTHENTIQUES

614. — La définition de l'acte authentique est donnée par l'article 1317 du Code civil :

> « L'acte authentique est celui qui a été reçu par officiers publics ayant le droit d'instrumenter dans le lieu où l'acte a été rédigé et avec les solennités requises ».

Les actes authentiques les plus importants au point de vue de la preuve sont incontestablement les actes notariés (1-1). Mais beaucoup d'autres actes bénéficient de l'authenticité (2). Tel est le cas notamment des décisions judiciaires et des procès-verbaux dressés par le juge dans l'exercice de sa fonction, des rapports d'expertise dans la limite de la

---

(1) La facilité que présente pour tous désormais la rédaction d'un écrit explique la désuétude dans laquelle est tombé un procédé probatoire que le Code civil assimile à l'écrit : les tailles (C. civ., art. 1333). Il s'agit d'un mode de preuve autrefois utilisé pour constater des fournitures usuelles faites à un consommateur. Un morceau de bois est fendu en deux parties égales et correspondantes. L'une d'elles (la taille proprement dite) est conservée par le fournisseur, l'autre (l' « échantillon ») est aux mains du client. Lors d'une livraison, la taille et l'échantillon sont rapprochés et une entaille transversale ou coche est faite à la fois sur les deux pièces de bois. Le nombre de coches correspondantes sur la taille et l'échantillon fait preuve du nombre des fournitures.

(1-1) LAPEYRE, *L'authenticité*, J. C. P. 1970.I.2365. — CHAINE, *L'authenticité et le notariat*, J. C. P., éd. N., 1985.I.125.

(2) Une classification peut être établie, qui distingue les actes ayant un caractère administratif, les actes ayant un caractère judiciaire, les actes ayant un caractère extrajudiciaire et les actes dits de juridiction volontaire (MARTY et RAYNAUD, *Introduction générale* n° 229).

mission judiciairement assignée à l'expert, des actes des huissiers accomplis dans l'exercice de leurs attributions légales (3), des actes de l'état civil dressés par les officiers de l'état civil ou les agents communaux délégués, des actes publics établis par les préfets, sous-préfets, maires et adjoints, des procès-verbaux dressés par des officiers de police judiciaire... Ces actes répondent aux conditions qu'annonce l'article 1317 et bénéficient de la force probante particulièrement énergique reconnue aux actes authentiques.

I. — Règles relatives à l'établissement des actes authentiques.

615. — Règles générales.

De l'article 1317 du Code civil résultent les conditions générales de l'authenticité. L'intervention d'un officier public est nécessaire. Celui-ci doit agir en vertu d'une habilitation légale qui confère à ses actes une autorité particulière. Chaque catégorie d'officiers publics a une compétence matérielle strictement définie ; chaque officier public a une compétence territoriale délimitée. En outre, l'acte authentique a nécessairement un caractère solennel : la loi impose des formalités qui varient selon les catégories d'actes. La seule exigence qui se retrouve identique dans tous les cas est l'apposition de la signature manuscrite de l'officier public (4).

616. — Cas des actes notariés.

Il n'est pas ' possible d'examiner les règles propres à toutes les catégories d'actes authentiques. Il convient cependant de signaler sommairement les solutions particulières aux actes notariés dont l'importance résulte du monopole dont jouissent les notaires pour conférer l'authenticité aux actes faits par les particuliers (5).

---

(3) Ce qui exclut les constats dressés à la requête de particuliers (Cass. civ. 2e, 23 février 1956, *Bull. civ.*, II, n° 138, p. 88) ou les procès-verbaux dressés par les huissiers commis par décision de justice pour constater certains faits, par exemple un adultère (Trib. civ. Lyon, 30 décembre 1943, J. C. P. 1945. II. 2767, note Vizioz. — Caen, 2 décembre 1947, J. C. P. 1948, IV, éd. A, 895, note Madray. — Besançon, 15 juin 1948, D. 1948, 526. — Cass. com., 22 novembre 1971, *Bull. civ.*, IV, n° 280, p. 262. — Nancy, 8 novembre 1972, D. 1973, 95, note B. R.).

(4) Cette exigence fondamentale vaut également pour les copies et expéditions d'actes authentiques (Décr. 2 décembre 1952, art. 6. — Décr. 26 novembre 1971, art. 20). Est aussi de portée générale la règle qui veut que les ratures ou surcharges soient approuvées à peine de nullité (Cass. civ. 2e, 20 juin 1968, *Bull. civ.*, II, n° 188, p. 132).

(5) Ord. 2 novembre 1945, art. 1er. — Ce monopole, sans être absolu, ne comporte qu'un nombre restreint de tempéraments. Le plus important est sans doute celui qui résulte de la faculté donnée par certains textes à l'administration de se passer du concours des notaires. En particulier, le service des domaines est habilité à

Les notaires exercent leurs fonctions sur l'ensemble du territoire national. Toutefois, certaines opérations immobilières ne peuvent être faites que dans le ressort de la Cour d'appel dans lequel l'étude est établie et dans le ressort des tribunaux de grande instance limitrophes de celui dans le ressort duquel est établi l'office (6).

Des incapacités interdisent aux notaires de recevoir certains actes, afin de préserver la confiance qui doit s'attacher aux actes notariés. Ainsi, les notaires ne peuvent recevoir des actes dans lesquels certains membres de leur famille sont impliqués (7).

Le rôle du notaire est de constater officiellement l'acte que les parties doivent ou veulent faire authentifier. Le plus souvent, la seule intervention du notaire et des parties satisfait aux exigences légales. Exceptionnellement, la loi impose le concours de deux notaires ou la présence de deux témoins. Il en est ainsi pour le testament par acte public (8), pour les actes contenant révocation de testament (9), pour les actes dans lesquels les parties ou l'une d'elles ne sauraient ou ne pourraient signer (10).

Quant aux formes des actes notariés, certaines mentions sont obligatoires : identification du notaire et éventuellement des témoins, date de l'acte, identification des parties, mention de la lecture de l'acte aux parties ou par elles... (11). Les règles relatives à l'écriture sont peu contraignantes. L'acte peut être manuscrit ou dactylographié ; il suffit qu'il soit établi de façon lisible et indélébile sur un papier offrant toute garantie de conservation (12). Le corps de l'acte ne doit comporter ni surcharge, ni interligne, ni addition (13). En cas d'erreur ou d'oubli, il est procédé par rature ou renvoi. Ces corrections doivent être paraphées et le nombre de mots rayés indiqué à la fin de l'acte ; à défaut, les corrections seraient nulles et le texte reconstitué dans sa teneur originaire. Naturellement, les actes notariés doivent être signés par

---

passer pour le compte des services publics les actes d'acquisition et de prise en location d'immeubles et de droits immobiliers ou de fonds de commerce qui les intéressent. Il faut aussi noter que pour certains actes la compétence du notaire n'est pas exclusive. Ainsi, la reconnaissance d'enfant naturel peut être reçue par un officier de l'état civil, le consentement à l'adoption peut être reçu par le juge d'instance ou par le service de l'aide sociale à l'enfance lorsque l'enfant a été remis à ce servic ... De plus, la loi a parfois confié à d'autres personnes les fonctions que remplissent habituellement les notaires. Tel est le cas des agents diplomatiques et consulaires français qui ont compétence pour établir les actes authentiques intéressant les français résidant même occasionnellement dans leur circonscription (Décr. 9 janvier 1961, modifié par le Décr. 24 mars 1969).

(6) Décr. 26 novembre 1971, art. 8, modifié par le Décr. 29 avril 1986.

(7) *Ibid.*, art. 2.

(8) C. Civ., art. 971 ; L. 25 ventôse an XI, art. 9.

(9) L. 25 ventôse an XI, art. 9.

(10) *Ibid.* — Sur le moment précis où la présence du notaire en second est requise : Cass. civ. 1re, 12 mai 1987. — 22 juillet 1987, Cass. civ. 3e, 22 juillet 1987, J. C. P., éd. N., 1987.II.309, note PILLEBOUT ; *Defrénois*, 1988, art. 35147, note VION ; *Rev. trim. dr. civ.*, 1988, 756, observ. MESTRE.

(11) Certaines mentions sont obligatoires pour des actes déterminés seulement ; ainsi, par exemple, une affirmation de la sincérité du prix dans les ventes d'immeubles ou de fonds de commerce (C. gén. impôts, art. 850).

(12) Décr. 26 novembre 1971, art. 7.

(13) *Ibid.*, art. 10.

les parties et le notaire, le cas échéant par les témoins (14). Les notaires peuvent habiliter un ou plusieurs clercs assermentés de leur étude à l'effet de donner lecture des actes et des lois et de recueillir les signatures des parties (15). Lorsqu'ainsi la signature des parties a été recueillie par un clerc, l'acte doit être signé par lui. Le notaire n'en est pas pour autant dispensé de signer lui-même, mais cette signature est apposée postérieurement. D'une façon générale, d'ailleurs, si la perfection de l'acte est soumise à la signature de tous ceux qui participent à son élaboration, il n'est pas exigé que toutes les signatures soient apposées au même moment ; l'acte notarié n'a pas nécessairement un caractère instantané et les diverses signatures peuvent être recueillies successivement (16).

En principe, les actes notariés sont dressés en *minute* : l'original de l'acte est conservé par le notaire qui ne peut s'en dessaisir que dans des cas exceptionnels (17). Seules en sont délivrées des copies. La copie intégrale de la minute revêtue de la formule exécutoire, autrefois appelée « grosse », parce qu'elle était écrite en gros caractères, ne peut être obtenue que par la partie à l'acte ayant la qualité de créancier. Les expéditions, copies complètes dépourvues de la formule. exécutoire, et les extraits, copies partielles, sont délivrés aux parties intéressées ou à leurs héritiers et ayants droit. Plus rarement, l'acte notarié est dressé en *brevet* : l'original est remis aux intéressés ; seuls les actes limitativement énumérés par la loi peuvent être établis sous cette forme.

II. — *Force probante des actes authentiques.*

617. — **Les constatations personnelles de l'officier public font foi jusqu'à inscription de faux ; les autres mentions font foi jusqu'à preuve contraire.**

La valeur de l'acte authentique en tant que mode de preuve est précisée par l'article 1319 du Code civil qui s'exprime ainsi en son premier alinéa :

« L'acte authentique fait pleine foi de la convention qu'il renferme entre les parties contractantes et leurs héritiers ou ayants cause ».

Cette formule n'est guère heureuse. Même si l'on envisage à titre principal l'acte notarié, comme l'a fait le législateur, sa force probante

---

(14) Le défaut de signature par une des parties constitue un vice de forme infectant l'acte de nullité absolue (Cass. civ. 1re, 28 novembre 1972, J. C. P. 1973.II.17461, note DAGOT ; *Gaz. Pal.*, 1973, 1, 252, note VIATTE. — 29 novembre 1989, *Bull. civ.*, I, no 368, p. 247). Du moins en est-il ainsi lorsque la défaillance d'une des parties est acquise. Il faut distinguer cette situation de celle dans laquelle les signatures sont recueillies successivement (V. DAGOT, note précitée).

(15) Décr. 26 novembre 1971, art. 11. — L'habilitation ne peut viser les actes nécessitant la présence d'un notaire en second ou de deux témoins, ni une série d'actes énumérés par l'article 10 de la loi du 25 ventôse an XI (rédaction L. 25 juin 1973). — Sur les particularités des actes établis grâce à l'intervention de clercs habilités à recevoir les signatures des parties, v. *infra*, no 618.

(16) Un acte peut être signé par le notaire même après le décès d'un des signataires (Cass. civ., 22 avril 1950, J. C. P. 1950.II.5620, note LE CLEC'H).

(17) Par exemple, pour une vérification d'écriture (Nouv. C. proc. civ., art. 290) ou en cas de poursuites en faux (*Ibid.*, art. 308 et 316).

n'est pas limitée aux parties (18). De plus, toutes les mentions de l'acte authentique n'ont pas une force probante égale. Il faut, en effet, distinguer les mentions qui correspondent aux constatations personnelles de l'officier public et celles qui relatent les déclarations des parties (19). Les premières, en raison de la qualité de leur auteur, sont tenues pour l'expression de la vérité tant que la démonstration contraire n'en aura pas été faite au moyen de la procédure spéciale d'inscription de faux (20). Cette autorité renforcée ne s'attache qu'aux constatations personnelles de l'officier public, qui entrent dans le cadre de ses attributions (21). Tel est le cas, par exemple, dans un acte notarié, des mentions de l'acte par lesquelles il est affirmé que les parties étaient présentes ou qu'elles ont signé, l'indication de la date de l'acte, la précision qu'un paiement a été fait à la vue du notaire... En revanche, lorsque les énonciations de l'acte ont trait à des faits qui ne relèvent pas directement de la compétence de l'officier public, il n'est pas nécessaire de recourir à l'inscription de faux pour les combattre. Ainsi, la mention d'un acte par laquelle le notaire affirme que le testateur est sain d'esprit laisse-t-elle la possibilité de démontrer par tous moyens l'insanité d'esprit du testateur (22).

---

(18) Le texte commet une confusion entre les effets de la convention gouvernés par le principe de relativité des contrats et son existence même qui, au contraire, ne peut être méconnue par les tiers (V. LE CONTRAT, EFFETS). Dans la mesure où l'acte authentique fait preuve de l'existence de la convention, il n'y a aucune raison d'en réduire la portée aux seules parties à l'acte. — V. DUCLOS, *L'opposabilité, essai d'une théorie générale*, L. G. D. J., 1984, préf. D. MARTIN, nos 30 et s.

(19) L'article 1320 du Code civil expose une autre distinction, entre les énonciations qui ont un rapport direct à la disposition et celles qui sont étrangères à la disposition, lesquelles ne peuvent servir que d'un commencement de preuve. La portée pratique de cette règle est très réduite, car il est rare qu'un acte contienne des énonciations n'ayant aucun rapport avec le dispositif. — Sur la force probante des copies, v. *infra*, nos 643 et 644.

(20) Cette procédure a été simplifiée dans le Nouveau Code de procédure civile (art. 303 et s.). Elle peut être exercée devant les juridictions civiles par voie incidente ou principale (antérieurement au décret du 17 décembre 1973, le faux principal était de la seule compétence des juridictions répressives). Elle demeure assez périlleuse pour le demandeur qui, s'il succombe, est condamné à une amende civile de 100 à 10 000 F, sans préjudice des dommages-intérêts qui seraient réclamés.

(21) Et encore, cette règle reçoit-elle certaines exceptions. Ainsi, la plupart des procès-verbaux dressés pour constater des infractions ne valent-ils pas jusqu'à inscription de faux, mais seulement jusqu'à preuve contraire ou même à titre de simple renseignement.

(22) Grenoble, 8 janvier 1951, J. C. P. 1952, II, éd. N., 7320. — Bordeaux, 12 juillet 1951, D. 1951, 630. — Cass. civ. 1re, 25 mai 1959, *Bull. civ.*, I, no 265, p. 220. — 28 février 1961, *Bull. civ.*, I, no 132, p. 106. — *Rappr.* Cass. civ. 1re, 25 mai 1987, D. 1988, 79, note BRETON ; J. C. P., éd. N., 1988II.39, note PILLEBOUT. — Toutefois, la preuve n'est libre qu'autant qu'elle ne contredit aucune des autres constatations que l'officier public a régulièrement faites, par exemple, l'aptitude

Quant aux mentions de l'acte authentique qui relatent ce que les parties ont déclaré à l'officier public, elles ne font foi que jusqu'à preuve contraire rapportée aux conditions ordinaires de la preuve contre et outre un écrit (23). Il en est ainsi, par exemple, de la déclaration selon laquelle le prix d'une vente a été payé hors la vue du notaire (24), de la détermination des parcelles vendues ou de l'indication de leur contenance, qui ne relèvent pas des constatations personnelles du notaire rédacteur agissant en cette qualité (25).

618. — Cas particulier des actes dressés par intervention d'un clerc habilité à recevoir la signature des parties.
En prévoyant que des clercs pourraient être habilités à recueillir la signature des parties, le décret du 26 novembre 1971 n'avait pas résolu la question de la force probante des actes passés selon cette modalité. Il en résultait des solutions peu satisfaisantes (26), que la loi du 25 juin 1973 a corrigées.
Sous l'empire de la loi du 25 ventôse an XI dans sa rédaction originaire, il n'était pas douteux qu'un acte notarié n'était revêtu de l'authenticité que si le notaire lui-même avait assisté à la signature des parties (27). L'article 11 du décret du 26 novembre 1971 avait dérogé à cette règle. L'acte reçu par le clerc habilité était en effet authentique. Mais, faute de dispositions relatives à la foi due aux énonciations de cet acte, il fallait faire application des principes généraux. Or le clerc habilité n'est pas un officier public. Le notaire, qui n'était pas présent lors de la rédaction de l'acte, ne pouvait ultérieurement constater que l'existence même de l'acte et la date à laquelle il apposait sa propre signature. On devait donc conclure qu'en dehors de ces constatations, rien dans cet acte ne faisait foi jusqu'à inscription de faux. Dès lors, cet écrit avait, quant à son contenu, la force probante d'un simple acte sous seing privé ayant acquis date certaine. L'authenticité conférée à l'acte ne présentait guère d'autre avantage que de lui ouvrir l'accès aux registres de publicité foncière (28).
La loi du 25 juin 1973 a dérogé à ces principes. Elle établit un système original qui étend aux clercs habilités une partie de l'autorité conférée aux officiers publics, en subordonnant toutefois cette extension au contrôle du notaire lui-même. A compter de leur signature par le notaire, les actes dressés par le clerc ont le caractère d'actes authentiques au sens des articles 1317 et suivants du Code civil, notamment en ce qui concerne les énonciations relatives aux constatations et formalités effectuées par le clerc habilité. Cette solution correspond à une délégation partielle et condi-

---

du testateur à s'exprimer (Montpellier, 23 janvier 1957, J. C. P. 1957.IV.102. — Cass. civ. 1re, 29 mai 1962, D. 1962, 627 ; *Rev. trim. dr. civ.*, 1962, 686, observ. R. SAVATIER. — Trib. gr. inst. Besançon, 22 janvier 1964, *Gaz. Pal.*, 1964.1.459 ; *Rev. trim. dr. civ.*, 1964, 775, observ. R. SAVATIER).
(23) *Supra,* nos 600 et s.
(24) Cass. civ. 1re, 16 juillet 1969, *Bull. civ.*, I, no 277, p. 219. — Bordeaux, 3 février 1982, J. C. P. 1983.II.20013, note DAGOT.
(25) Cass. civ. 3e, 25 janvier 1972, *Bull. civ.*, III, no 53, p. 39. — 19 avril 1972, *Bull. civ.*, III, no 251, p. 179.
(26) FLOUR, *Sur une notion nouvelle de l'authenticité*, Defrénois, 1972, art. 30159.
(27) Cass. req., 16 avril 1845, S. 1845. 1. 654. — Cass. com., 27 mai 1952, D. 1953, 125, note J. SAVATIER ; J. C. P. 1952. II. 7348, note LAURENT.
(28) Sur tous ces points, FLOUR, article précité.

tionnelle du clerc dans les fonctions d'officier ministériel. L'acte n'acquiert, en effet, l'authenticité et les constatations du clerc ne font foi jusqu'à inscription de faux qu'à partir du moment où le notaire a apposé sa propre signature. L'exigence de l'intervention personnelle du notaire doit lui permettre d'assurer la surveillance des clercs habilités qui agissent sous sa responsabilité (civile et pénale).

619. — Force probante des actes authentiques irréguliers.

Pour que s'applique la règle selon laquelle l'acte authentique « fait foi » avec la portée qui vient d'être indiquée, il faut naturellement que l'écrit remplisse les conditions exigées pour qu'il soit revêtu de l'authenticité. La méconnaissance de certaines d'entre elles ne retire cependant pas nécessairement toute valeur à l'acte sur le plan probatoire.

L'écrit irrégulier en tant qu'acte authentique peut encore valoir comme acte sous seing privé si toutes les conditions propres à ce mode de preuve sont réunies. Il en est encore ainsi, même si certaines exigences particulières aux actes sous seing privé (29) ne sont pas respectées, pourvu que l'acte réponde aux prévisions de l'article 1318 du Code civil :

> « L'acte qui n'est point authentique par l'incompétence ou l'incapacité de l'officier, ou par un défaut de forme, vaut comme écriture privée, s'il a été signé des parties ».

Pour bénéficier de ce « déclassement » en acte sous seing privé, l'acte que l'on suppose signé par les parties qui s'obligent, doit comporter, en dépit de ses vices, les éléments essentiels qui caractérisent les actes authentiques. Le texte vise en effet des causes d'irrégularité déterminées qui impliquent *a contrario* la régularité de l'acte sur les autres points (30).

On notera enfin qu'un acte authentique nul qui ne peut à aucun titre

---

(29) La formalité du « double » ou celle de la mention de la valeur en chiffres et en lettres ; v. *infra*, nos 623 et s. et 626 et s.

(30) Ainsi, les mentions d'un acte notarié frappées de nullité, telles des additions irrégulières, ne peuvent valoir comme écritures privées (Cass. civ. 1re, 28 octobre 1986, J. C. P., éd. N., 1987.II.155, note J. F. P. ; *Defrénois*, 1987, art. 33886, note VION ; *Rev. trim. dr. civ.*, 1987, 765, observ. MESTRE). — Les termes employés par la loi suscitent cependant certaines difficultés d'interprétation. Ainsi, le vice de forme peut-il comprendre le défaut de signature de l'officier public ? Cette signature paraît essentielle pour être certain que l'écrit est un acte authentique manqué ; sans elle, il n'y a pas un acte authentique irrégulier, il n'y a pas d'acte authentique du tout. Pourtant, la Cour de cassation s'est prononcée en sens contraire (Cass. civ. 1re, 5 avril 1960, *Bull. civ.*, I, no 106, p. 77. — Pour une critique de la solution : CHEVALLIER, *Rev. trim. dr. civ.*, 1968, 147). La solution peut d'ailleurs maintenant trouver un appui dans l'article 23 du décret du 26 novembre 1971. Une difficulté analogue concerne le vice d'incompétence de l'officier public si l'incompétence territoriale est certainement vice, en est-il de même d'une incompétence matérielle interdisant radicalement à l'officier public de dresser un acte authentique dans le domaine considéré ? L'hésitation est permise et la jurisprudence manque de netteté (v. Cass. civ., 27 janvier 1869, S. 1870.1.169. — 10 décembre 1884, S. 1885.1.166).

valoir comme acte sous seing privé peut encore être retenu en tant que commencement de preuve par écrit si les conditions de l'article 1347 du Code civil sont réunies (31).

§ 2. — LES ACTES SOUS SEING PRIVÉ

620. — Les actes sous seing privé sont des écrits établis par de simples particuliers (généralement les parties elles-mêmes), sans intervention d'un officier public agissant en cette qualité, et signés par les parties. Plus simples que les actes authentiques, les actes sous seing privé offrent moins de garantie. Néanmoins, ils ont pleine force probante. Encore faut-il que le minimum de précautions exigé par la loi soit respecté.

I. — *Conditions de validité des actes sous seing privé.*

621. — La caractéristique dominante des actes sous seing privé est l'absence de formalisme. Les particuliers jouissent de la plus grande liberté quant à la rédaction de l'acte. Toutes les techniques d'écriture peuvent être employées, les ratures et surcharges n'ont pas à être spécialement approuvées (32), sauf texte spécial aucune mention n'est imposée, pas même celle de la date ni celle du lieu de rédaction. Une seule condition est vraiment nécessaire d'une manière générale : la signature des parties. La loi est cependant un peu plus exigeante pour certaines catégories d'actes sous seing privé, en imposant la formalité dite du « double » pour les actes relatant des conventions synallagmatiques et celle de la mention manuscrite de la valeur, en chiffres et en lettres, en cas de promesse unilatérale.

A. — La condition de portée générale : la signature des parties.

622. — En limitant ses exigences à celle de la signature, le formalisme de l'acte sous seing privé est réduit à sa plus simple expression (33) ;

---

(31) *Supra*, n° 604.

(32) V. Cass. civ. 3ᵉ, 3 mai 1968 et 3 novembre 1969, D. 1970, 641, note R. SAVATIER. — Cass. civ. 2ᵉ, 17 mai 1977, *Bull. civ.*, II, n° 133, p. 92.

(33) E. NORMAND, *De la signature des actes authentiques et privés*, thèse Rennes-1930. — PLAS, *La signature*, thèse Poitiers, 1936. — CHEVALLIER, *Observations sur la signature dans les actes instrumentaires*, Annales de la Faculté de Droit de l'Univer, sité Saint-Joseph de Beyrouth, 1948, nᵒˢ 3 et 4. — LAMETHE, *Réflexions sur la signature*, Gaz. Pal., 1976, 1, doctr. 74.

du moins cet élément est-il absolument nécessaire pour que l'acte ait force probante (34).

L'écrit doit être signé par la partie qui s'oblige. Une signature suffit donc en cas de promesse unilatérale : celle du débiteur (35). S'il s'agit de constater un contrat synallagmatique, en principe, tous les contractants doivent signer. Toutefois, lorsqu'un acte portant convention synallagmatique a été établi en plusieurs exemplaires, il n'est pas nécessaire que chacun de ceux-ci porte toutes les signatures. Selon la formule de la jurisprudence, l'acte vaut comme acte sous seing privé dès lors qu'il a été signé par la partie à qui on l'oppose et qu'il est invoqué par la partie à qui il a été remis (36). En effet, en produisant l'écrit signé par son cocontractant, la partie qui détenait cet acte manifeste sa propre adhésion au contrat. Cette solution consacre la régularité du procédé connu sous le nom d' « échange de signatures ».

En la forme, la signature est un graphisme personnel par lequel une personne manifeste son consentement. Elle doit être manuscrite (37) Elle ne peut être remplacée par une croix ou un dessin (38), par l'apposition d'un sceau ou d'empreintes digitales (39), car si, en ce cas, l'identification de la personne peut être certaine, l'adhésion volontaire à l'acte considéré reste douteuse. C'est précisément pour marquer cette adhésion délibérée que la signature doit être détachée du corps du texte et, en principe, placée à la fin de l'écrit (40). Lorsque l'acte comporte plusieurs

(34) A défaut, l'écrit ne pourrait valoir qu'à titre de commencement de preuve s'il répond aux conditions de l'article 1347 du Code civil (*supra*, n° 604).

(35) L'acte contenant des obligations conjointes ou solidaires, qui n'a pas été signé par tous les obligés ne peut être opposé à ceux qui ne l'ont pas signé. Mais la question se pose de savoir si l'acte fait preuve à l'égard de ceux qui ont apposé leur signature. La solution dépend d'une analyse de la volonté des parties. Si chaque partie a entendu subordonner son consentement à l'engagement de tous, le défaut d'une signature prive l'acte de sa valeur. Il en va autrement si le consentement de chaque signataire est indépendant de l'engagement des autres.

(36) Cass. soc., 19 avril 1963, *Gaz. Pal.*, 1963, 2. 62. — Cass. civ. 1re, 18 novembre 1965, *Gaz. Pal.*, 1966. 1. 83. — 30 avril 1970, *Bull. civ.*, I, n° 141, p. 115. — Cass. com., 27 février 1978, *Bull. civ.*, IV, n° 75, p. 61.

(37) La signature par griffe est admise en matière commerciale où joue la liberté des preuves (v. L. 16 juin 1966 pour les effets de commerce).

(38) Cass. req., 8 juillet 1903, D. P. 1903. 1. 507. — Cass. civ. 1re, 15 juillet 1957, *Bull. civ.*, I, n° 331, p. 263. — Un illettré sachant seulement tracer son nom fait un dessin mais ne signe pas (Cass. soc., 26 novembre 1987, *Bull. civ.*, V, n° 685, p. 434 ; *Rev. trim. dr. civ.*, 1988, 756, observ. MESTRE).

(39) Cass. civ., 15 mai 1934, D. P. 1934. 1. 113, note E. P. ; S. 1935. 1. 9, note ROUSSEAU. — Sur la signature apposée par l'intermédiaire d'un papier carbone, v. Trib. civ., Rennes, 22 novembre 1957, D. 1958, 631, note CHEVALLIER. — Toulouse, 4 décembre 1968, D. 1969, 673. — Cass. civ. 1re, 17 juillet 1980, *Bull. civ.*, I, n° 225, p. 182, qui considère qu'il ne peut s'agir que d'une copie.

(40) V. cependant Cass. civ. 1re, 25 février 1969, J. C. P. 1969. II. 15904 (signature sur le timbre fiscal).

feuillets distincts et que seul l'un d'eux est signé, il appartient aux juges de rechercher si l'ensemble forme un tout auquel s'applique la signature ou si le rapprochement des documents n'est qu'accidentel (41). Mais rien ne s'oppose à ce que la signature soit donnée à l'avance (blanc-seing) ; malgré le danger que comporte le procédé pour le signataire, une fois le blanc rempli, l'acte fait preuve comme acte sous seing privé (42).

622-1. — La question de la prise en considération de la « signature informatique ».

A vrai dire, ni la notion d'écrit ni celle de signature ne font l'objet de définitions précises. La loi ne s'explique pas à leur sujet (42-1) et la jurisprudence évite généralement des formules qui verouilleraient le formalisme du système. Aussi, en examinant successivement les différents éléments que l'analyse peut découvrir dans l'écrit et la signature : caractères, support, procédés d'écriture, lisibilité, originalité du graphisme, etc., on s'aperçoit qu'aucun ne peut constituer le critère décisif (42-2). A partir de cette observation, ne serait-il pas possible de soutenir que de nouvelles formes d'écriture et de signature devraient êtres admises, en particulier l'enregistrement informatique tenant lieu d'écrit et, en guise de signature, l'utilisation d'un code d'accès personnel et confidentiel (42-3) ? La majorité de la doctrine y demeure hostile (42-4), avec une conviction peut-être plus intuitive que raisonnée. Il est vrai que l'abandon des positions traditionnelles risque de conduire bien au-delà de l'efficacité probatoire des enregistrements informatiques et d'ouvrir la catégorie des actes sous seing privé trop largement pour qu'elle offre encore les garanties qui lui méritent les faveurs de la loi.

---

(41) V. Paris, 18 juin 1964, *Gaz. Pal.*, 1964. 2. 311. — Cass. civ. 3e, 19 février 1971, *Bull. civ.*, III, no 132, p. 94.

(42) Cass. com., 1er décembre 1981, *Bull. civ.*, IV, no 422, p. 336. Une double protection des signataires est cependant établie par la loi. L'abus de blanc-seing est pénalement réprimé (C. pén., art. 407) ; lorsqu'il s'agit d'un engagement unilatéral, l'exigence de la mention manuscrite de la valeur en chiffres et en lettres limite les risques encourus par le signataire (*infra*, nos 626 et s.).

(42-1) Du moins par des dispositions de portée générale. On trouve quelquefois la précision d'un élément dans des textes particuliers. Ainsi, l'article 970 du Code civil exige-t-il des signes manuscrits pour le testament olographe. De même, l'article 2 de la loi du 22 décembre 1972 sur le démarchage et la vente à domicile précise-t-il le caractère manuscrit de la signature et de la mention de la date qu'il impose...

(42-2) LARRIEU, *Les nouveaux moyens de preuve : pour ou contre l'identification des documents informatiques à des écrits sous seing privé ? Lamy, droit de l'informatique*, novembre et décembre 1988, fasc. H et I.

(42-3) *Ibid.*

(42-4) V. les références données par M. LARRIEU, étude précitée.

En tout cas, l'empirisme qui caractérise le droit positif en la matière a, jusqu'à présent, fait prévaloir la prudence, sans que soient exclues des possibilités d'évolution future (42-5).

B. — L'exigence propre aux actes constatant des conventions synallagmatiques : la formalité du « double ».

623. — Domaine et fondement.
L'article 1325 alinéa premier du Code civil énonce :

> « Les actes sous seing privé qui contiennent des conventions synallagmatiques ne sont valables qu'autant qu'ils ont été faits en autant d'originaux qu'il y a de parties ayant un intérêt distinct ».

Cette règle est traditionnellement désignée sous le nom de formalité du « double » parce que, généralement, dans les conventions synallagmatiques, il y a deux groupes d'intérêts distincts, ce qui conduit à la rédaction de l'acte en double original. Cette formalité a pour but d'assurer à chaque contractant une situation égale aux autres en lui permettant d'obtenir les prestations auxquelles l'écrit lui donne droit (43). Chaque créancier détenant la preuve des obligations réciproques a, par là même, le moyen de démontrer l'obligation de son cocontractant.

Ce fondement explique que la formalité du « double » ne soit exigée que pour les actes sous seing privé destinés à faire preuve de conventions synallagmatiques. Mais il faut observer qu'à cet égard il ne saurait suffire de s'en tenir systématiquement à la qualification que les parties ont pu donner elles-mêmes à leur accord ; ce qui compte est le contenu réel de l'acte (44).

(42-5) Un arrêt remarqué (Montpellier, 9 avril 1987, J. C. P. 1988.II.20984, note BOIZARD ; Rev. trim. dr. civ., 1988, 758, observ. MESTRE) a admis l'efficacité de la « signature informatique » résultant de l'utilisation d'un code secret, mais en se plaçant sur le terrain de la libre appréciation judiciaire des preuves dans un litige inférieur à 5 000 F. De même, la Cour de cassation a imposé la prise en considération de l'usage d'une carte magnétique et de la composition concomitante d'un code confidentiel pour faire preuve d'un ordre de paiement, mais en application d'une clause du contrat d'ouverture de crédit visant ces modes de preuve (Cass. civ. 1re, 8 novembre 1989, deux arrêts, Bull. civ., I, n° 342, p. 230). Il ne s'agit donc pas (pas encore ?) d'une assimilation de la « signature informatique » à la signature manuscrite requise dans l'acte sous seing privé.

(43) Cass. soc., 2 novembre 1951, Bull. civ., III, n° 718, p. 504.

(44) La distinction des conventions synallagmatiques et des obligations unilatérales ne va d'ailleurs pas sans soulever certaines difficultés (sur ce point, V. GOUBEAUX et BIHR, op. cit., n°s 681 et s. — Cass. civ. 1re, 8 février 1984, Bull. civ., I, n° 57, p. 48 ; Rev. trim. dr. civ., 1985, 386, observ. MESTRE. — 24 février 1987, Bull. civ., I, n° 69, p. 50. — Cass. com., 3 mars 1987, Bull. civ., IV, n° 63, p. 48. — Cass.

La même idée qui justifie la règle fonde les deux exceptions qu'elle reçoit. D'une part, lorsque l'une des parties a déjà intégralement exécuté ses obligations au moment de la rédaction de l'écrit, il n'est pas nécessaire d'établir l'acte en double, car il n'y a plus qu'une obligation et il suffit que l'écrit permettant de la prouver soit aux mains du créancier (45). D'autre part, les parties peuvent éviter la rédaction de plusieurs écrits en déposant l'unique exemplaire de cet acte entre les mains d'un tiers ; de la sorte l'égalité des parties est assurée, car le tiers qui conserve l'acte le produira à la demande de l'une ou l'autre partie (46). Toutefois, pour que joue la dispense de formalité du « double », il faut que le dépôt entre les mains du tiers ait été fait du consentement de toutes les parties intéressées (47) et que le tiers ait la qualité de mandataire commun des deux parties, jouissant de leur confiance (48).

Il faut ajouter que la liberté de la preuve en matière commerciale au sens de l'article 109 du Code de commerce (48-1), soustrait l'écrit constatant un contrat commercial aux exigences de l'article 1325 du Code civil (49), à moins naturellement qu'un texte spécial n'impose exceptionnellement la formalité (50).

---

civ. 1re, 19 avril 1988, *Bull. civ.*, I, n° 110, p. 75). On évoquera, à titre d'exemple, le cas des contrats synallagmatiques imparfaits qui, tels le mandat ou le dépôt, unilatéraux lors de leur formation, peuvent, à l'occasion de leur exécution, faire naître une obligation à la charge du créancier. Ces contrats échappent à la formalité du double (Cass. req., 6 novembre 1894, motifs, S. 1895.1.87. — Chambéry, 15 mai 1944, *Gaz. Pal.*, 1944.2.111). En effet, les obligations du créancier (comme le remboursement des frais du dépositaire) dérivent de la loi. Il suffit de prouver l'existence du contrat et de simples faits pour établir ces obligations. Or, le créancier qui détient l'écrit unique constatant l'engagement de son cocontractant doit, pour obtenir satisfaction, produire ce titre qui prouve l'existence du contrat et, par là même, ses propres obligations.

(45) Cass. req., 14 mars 1906, D. P. 1907.1.255. — Lyon, 9 novembre 1933, D.H. 1934, somm. 16. — Trib. civ. Grenoble, 9 mars 1937, *Gaz. Pal.*, 1937.2.172. — Cass. civ. 1re, 12 février 1964, *Bull. civ.*, I, n° 85, p. 63 — 14 décembre 1983, *Bull. civ.*, I, n° 298, p. 266.

(46) A titre d'exemples : Cass. civ. 1re, 27 décembre 1962, *Bull. civ.*, I, n° 564, p. 475. — Cass. soc., 17 avril 1964, *Bull. civ.*, IV, n° 296, p. 246. — Cass. civ. 1re, 19 mai 1967, *Bull. civ.*, I, n° 169, p. 124. — 5 janvier 1973, *Bull. civ.*, I, n° 8, p. 8. — Cass. civ. 3e, 5 mars 1980, *Bull. civ.*, III, n° 52, p. 38.

(47) Lyon, 16 mai 1960, *Gaz. Pal.*, 1960, 2, 259.

(48) Cette condition n'est pas remplie lorsqu'il est constaté que le dépositaire était en rapports étroits d'affaires et d'intérêts avec l'une des parties (Cass. civ. 1re, 2 juillet 1952, D. 1952, 703).

(48-1) V. *supra*, n° 603.

(49) Cass. com., 25 avril 1968, *Bull. civ.*, III, n° 132, p. 116. — Cass. soc., 22 février 1979, *Bull. civ.*, V, n° 171, p. 122.

(50) Tel est le cas, par exemple, pour les sociétés en nom collectif (Décr. 23 mars 1967, art. 6), les sociétés en commandite simple (*Ibid.*, art. 17), le connaissement (Décr. 31 décembre 1966, art. 37).

624. — Accomplissement de la formalité.

Lorsque la formalité du « double » est exigée, son accomplissement impose de dresser autant d'originaux qu'il y a de parties ayant un intérêt distinct. En dépit de l'expression traditionnelle, il peut donc y avoir à établir plus de deux exemplaires de l'acte. Les tribunaux apprécient souverainement quelles sont les parties qui ont des intérêts distincts (51).

Lorsque l'acte est soumis à enregistrement, il faut en déposer un exemplaire, signé par les parties, au bureau de l'enregistrement. Il est donc habituel d'établir un original supplémentaire destiné à l'administration. A défaut d'une telle précaution l'exemplaire détenu au bureau de l'enregistrement peut-il être pris en compte pour la régularité de l'acte au regard du nombre des originaux exigé par l'article 1325 ? La Cour de cassation a d'abord refusé de l'admettre (52), puis est revenue à une attitude plus libérale (53).

Les différents exemplaires établis conformément aux dispositions de l'article 1325 doivent être des originaux. Ils doivent donc être signés (54) et avoir le même contenu. En cas de discordance entre les mentions des différents exemplaires, il faut distinguer. Des différences de pure forme n'influent pas sur la validité de l'acte. Des différences de fond obligent le juge à rechercher l'origine de l'erreur. Si cette origine ne peut être établie, le juge détermine quelle formule doit l'emporter en recherchant d'après les circonstances quel sens les parties avaient voulu donner à leur convention (55). Il est possible de faire état de présomptions, sans que les dispositions de l'article 1341 du Code civil puissent être opposées pour interdire de prouver contre les énonciations de l'un des originaux (56). S'il n'est pas possible de déterminer de quel côté est la vérité, chaque partie n'est tenue que dans les limites résultant du document qu'elle détient (57).

L'établissement du nombre d'exemplaires adéquat ne suffit pas. Aux termes de l'article 1325 alinéa 3 du Code civil :

> « Chaque original doit contenir la mention du nombre des originaux qui en ont été faits ».

---

(51) Cass. com., 4 janvier 1967, *Bull. civ.*, III, n° 13, p. 11.

(52) Cass. req., 16 février 1926, D. P. 1927. 1. 89, note R. SAVATIER.

(53) Cass. soc., 5 juin 1942, J. C. P. 1942. II. 2034 ; *Gaz. Pal.*, 1942. 2. 49. Cet arrêt décide que si l'original détenu par une des parties a été utilisé pour le dépôt à l'enregistrement, « les droits de cette partie sont entièrement sauvegardés par la faculté qu'elle a, aux termes de la loi du 30 juin 1925, de s'en faire délivrer une copie, qui suffit à établir l'accomplissement des formalités imposées par l'article 1325 ».

(54) Il suffit que l'exemplaire détenu par une partie porte la signature de l'autre ou des autres. — Comp. Cass. civ. 3e, 17 juin 1975, *Bull. civ.*, III, n° 205, p. 157.

(55) Cass. soc., 7 décembre 1950, *Bull. civ.*, III, n° 919, p. 619.

(56) Cass. com., 6 juin 1955, *Bull. civ.*, III, n° 201, p. 165.

(57) Bordeaux, 11 mai 1910, D. P. 1911. 2. 292. — BEUDANT et LEREBOURS-PIGEONNIÈRE, t. 9, n° 1201.

Cette exigence est destinée à prévenir la manœuvre qui consisterait, pour une des parties, à ne pas présenter l'original qu'elle détient et à prétendre que la règle du « double » n'a pas été respectée. La mention de la pluralité d'originaux peut certes être mensongère ou erronée. Mais il appartient à celui qui en conteste l'exactitude de rapporter la preuve de ses allégations et, comme il s'agit de prouver contre un écrit, l'article 1341 du Code civil est applicable (58).

625. — Sanction.

L'inobservation de la formalité du « double » est sanctionnée par la nullité de l'acte sous seing privé : l'écrit ne peut, à lui seul, faire preuve de la convention. Mais ce n'est que la contestation sur l'existence du contrat qui est ainsi réglée. Si, au contraire, la partie à laquelle l'écrit est opposé admet l'existence du contrat et tente seulement d'en discuter le sens et la portée, le vice résultant de l'inobservation des formalités de l'article 1325 du Code civil est purgé et l'acte peut être valablement invoqué (59). Il faut d'ailleurs noter que l'exigence du « double » étant établie dans l'intérêt des parties, seules celles-ci peuvent se prévaloir de la nullité de l'acte et non les tiers (60).

Dire que l'acte sous seing privé est nul ne signifie pas que la convention n'est pas valable (61). Il reste possible de la prouver par d'autres moyens : l'aveu judiciaire, le serment décisoire, les témoignages et présomptions à condition de produire un commencement de preuve par écrit, qui peut être l'acte vicié par l'inobservation des dispositions de l'article 1325 (62).

Exceptionnellement, l'écrit irrégulier au regard de la formalité du « double » peut faire pleine preuve de l'accord. Il en est ainsi en cas d'exécution volontaire de la convention. L'exécution intégrale de ses obligations par une des parties antérieurement à la rédaction de l'acte fait échapper celui-ci aux exigences de l'article 1325 (63). Cependant, si l'on suppose une exécution volontaire postérieure à la confection

---

(58) Cass. civ., 3 janvier 1933, D. H. 1933, 83 : S. 1935, 1. 96.
(59) Cass. civ. 1re, 24 novembre 1959, *Bull. civ.*, I, no 494, p. 409. — 9 janvier 1961, *Bull. civ.*, I, no 21, p. 17. — 12 octobre 1964, D. 1964, 710. — 22 janvier 1968, *Gaz. Pal.*, 1968. 1. 258. — Cass. civ. 3e, 16 juin 1971, *Bull. civ.*, III, no 387, p. 274.
(60) Cass. civ., 22 octobre 1900, D. P. 1901. 1. 69 ; S. 1902. 1. 129, note WAHL. — Trib. civ. Grenoble, 9 mars 1937, S. 1937. 2. 158.
(61) Cass. civ. 1re, 9 janvier 1961, *Bull. civ.*, I, no 21, p. 17. — 14 décembre 1964, *Bull. civ.*, I, no 564, p. 437. — 22 janvier 1968, *Gaz. Pal.*, 1968. 1. 258. — 26 juin 1973, *Bull. civ.*, III, no 444, p. 323.
(62) Cass. civ. 1re, 29 janvier 1951, *Bull. civ.*, I, no 35, p. 28. — 12 avril 1956, *Bull. civ.*, I, no 151, p. 123. — Aix, 12 janvier 1965, J. C. P. 1965. II. 14312, note DEGHILAGE.
(63) *Supra*, no 623.

de l'écrit, la formalité du « double » était requise et malgré cela sa méconnaissance n'empêche pas d'invoquer l'acte irrégulier. C'est qu'en effet, en exécutant sa prestation une partie reconnaît l'existence de la convention. Il s'agit d'une sorte d'aveu qui couvre le vice à son égard, qu'il s'agisse de l'absence d'exemplaires multiples ou du défaut de mention du nombre des originaux (64). Ce dernier vice peut encore être couvert par la production de tous les originaux, car la mention exigée par la loi n'a d'autre but que de prouver qu'il a été dressé le nombre d'exemplaires requis et on a toute certitude de leur rédaction lorsqu'ils sont effectivement représentés (65).

C. — L'exigence propre aux actes constatant un engagement unilatéral de payer une somme d'argent ou de livrer un bien fongible : la mention manuscrite de la somme ou de la quantité en lettres et en chiffres.

626. — But et évolution de la législation.
L'acte sous seing privé qui constate une promesse unilatérale peut valablement être rédigé en un seul exemplaire, qui sera remis au créancier. Le risque est alors de voir ce dernier, s'il est malhonnête, en profiter pour porter sur l'acte revêtu de la signature du débiteur des mentions accroissant les obligations de celui-ci. Ce risque est particulièrement sérieux lorsqu'une personne détient un blanc-seing émanant d'autrui. La loi n'a pas organisé d'une façon générale le moyen de prévenir une telle manœuvre. Mais elle a pris ce soin pour une assez vaste catégorie d'actes, dans l'article 1326 du Code civil.
Ce texte, dans sa rédaction originaire, prévoyait que, pour avoir la force probante d'un acte sous seing privé, l'écrit relatant un engagement unilatéral ayant pour objet une somme d'argent ou « une chose appréciable » devait soit être écrit entièrement de la main du débiteur, soit comporter, écrit de sa main, un « bon » ou un « approuvé » mentionnant en toutes lettres la somme ou la quantité promise. La plupart des actes étant dactylographiés ou imprimés, la seconde modalité consistant à faire précéder la signature de la mention manuscrite « *bon pour* telle somme » était d'application fréquente, de sorte que la règle de l'arti-

---

(64) L'article 1325, alinéa 4, prévoit expressément que le défaut de mention du nombre des originaux ne peut plus être opposé par celui qui a exécuté sa part de convention portée dans l'acte. Les motifs de la règle la font appliquer également à l'absence d'exemplaires multiples (Cass. com., 2 août 1950, *Bull. civ.*, II, nº 291, p. 204. — Cass. civ., 29 janvier 1951, *Bull. civ.*, I, nº 35, p. 28).
(65) Cass. req., 27 avril 1936, D. H. 1936, 282. — Rappr. Cass. civ. 3ᵉ, 14 novembre 1972, *Bull. civ.*, III, nº 599, p. 440.

cle 1326 était couramment désignée par l'expression : formalité du « bon pour ». La pratique a d'ailleurs été au-delà de ce formalisme obligatoire. L'usage est, en effet, très répandu de faire systématiquement porter dans toutes sortes d'écrits une formule telle que « lu et approuvé », qui n'a jamais été exigée par la loi (66).

Peut-être afin de combattre la déviation du système érigeant à tort ces expressions en formules sacramentelles, sûrement afin de mieux assurer la protection du souscripteur de l'acte, la loi du 12 juillet 1980 a remplacé l'exigence du « bon pour » par celle de la mention manuscrite de la somme ou de la quantité en chiffres et en lettres. L'article 1326 du Code civil énonce désormais :

> « L'acte juridique par lequel une seule partie s'engage envers une autre à lui payer une somme d'argent ou à lui livrer un bien fongible doit être constaté dans un titre qui comporte la signature de celui qui souscrit cet engagement ainsi que la mention, écrite de sa main, de la somme ou de la quantité en toutes lettres et en chiffres. En cas de différence, l'acte sous seing privé vaut pour la somme écrite en toutes lettres. »

Les actes visés par le texte sont pratiquement ceux qui étaient antérieurement soumis au « bon pour » et les solutions dégagées en jurisprudence à ce sujet conservent leur portée (67). Ce sont les formalités à accomplir qui ont changé.

627. — Domaine et régime.

Le texte indique clairement quelles catégories d'actes sont visées : parmi les engagements unilatéraux, ceux qui mettent à la charge d'une partie l'obligation de payer une somme d'argent ou un bien fongible. Comme avant la loi de 1980, aucune exigence de forme ne renforce la protection des signataires de pouvoirs, d'autorisations, de quittances, etc. Toujours comme sous l'empire du texte ancien, c'est le caractère unilatéral de l'engagement qui peut susciter des discussions, notamment lorsque la convention se rattache plus ou moins étroitement à un contrat synallagmatique (68).

---

(66) LALOU, *La solennisation des actes sous seing privé ou des exigences abusives, du « bon pour »*, D. H. 1933, chron. 33. — LE TOURNEAU, *Contre le « bon pour »*, D. 1975, chron. 187.

(67) La loi du 12 juillet 1980 a supprimé l'exception qui figurait dans l'article 1326 ancien « dans le cas où l'acte émane de marchands, artisans, laboureurs, gens de journée et de service ». Il n'y a plus de raison, en effet, aujourd'hui de considérer que les formalités de l'article 1326 sont soit inutiles (actes civils accomplis par les marchands) soit inaccessibles (artisans, laboureurs, etc.) à certaines personnes.

(68) Les juges doivent dans chaque cas rechercher si l'acte considéré contient des engagements réciproques (Cass. civ. 1re, 7 juin 1979, *Bull. civ.*, I, no 168, p. 137). Pour des exemples de discussion à ce sujet, v. GOUBEAUX et BIHR, *op. cit.*, nos 760 et s.

Alors que l'article 1326 du Code civil dans sa rédaction originaire visait « le billet ou la promesse sous seing privé », c'est-à-dire l'écrit constatant l'engagement *(instrumentum)*, le texte résultant de la loi du 12 juillet 1980 aborde la question par une définition de la substance des engagements *(negotium)* sans qu'il doive, semble-t-il, en résulter de modification des solutions antérieures (69).

Il faut enfin remarquer que le principe de liberté des preuves à l'égard des commerçants en matière commerciale fait exception aux exigences de l'article 1326 (70).

Quant à la formalité de la double mention manuscrite, en lettres et en chiffres, imposée par la loi, elle évoque la confection des chèques (71). Elle devrait prévenir tout risque de méprise du souscripteur sur la portée de son engagement. Elle révèle d'ailleurs un certain glissement de la finalité du texte. Alors que, dans sa rédaction originaire, l'article 1326 du Code civil avait essentiellement une fonction d'authentification du document, la version actuelle vise en outre à garantir la bonne compréhension par le signataire de l'étendue de son obligation. C'est ainsi que la rédaction entière de l'acte de la seule main du signataire, qui donne la certitude que nul n'a falsifié l'écrit, répondait à l'objectif de l'ancien article 1326 ; elle n'est plus, aujourd'hui, suffisante : seule l'écriture en chiffres et en lettres du montant de la dette donne, selon la loi, assez de probabilité que le débiteur s'est fait une claire représentation de ce à quoi il s'oblige. De ce point de vue, l'évolution de l'article 1326 s'inscrit dans la ligne du mouvement législatif qui développe

---

(69) Vion, *Les modifications apportées au droit de la preuve par la loi du 12 juillet 1980*, Defrénois, 1980, art. 32470, nº 19. — La formule employée par le texte incite néanmoins à poser la question de savoir si l'exigence de la double mention manuscrite en chiffres et en lettres de la somme ou de la quantité s'applique aux engagements unilatéraux constatés par actes authentiques. Un auteur s'est prononcé en faveur de cette extension du domaine de l'article 1326 (Jestaz, *Commentaire de la loi nº 80-525 du 12 juillet 1980*, Rev. trim. dr. civ., 1980, p. 820). Cette opinion est contestable. La place du texte dans un paragraphe du Code intitulé « de l'acte sous seing privé », comme la seconde phrase de l'article 1326 lui-même qui vise l'acte sous seing privé, indiquent que les actes authentiques, qui obéissent à des règles spéciales, ne sont pas visés (en ce sens, Viatte, *La preuve des actes juridiques, commentaire de la loi nº 80-525 du 12 juillet 1980*, Gaz. Pal., 1980, 2, doctr. 581. — Versailles, 7 décembre 1987, *Defrénois*, 1988, art. 34275. chron. jur. civ. gén., nº 60, 1re esp., observ. Aynes). — Ajoutons que soumettre à l'article 1326 les actes authentiques constatant des engagements unilatéraux serait une précaution inutile, le débiteur étant éclairé par le notaire sur la portée de sa signature. La sanction de l'inobservation de la formalité serait d'ailleurs inefficace, car, en vertu de l'article 1318, l'acte irrégulier vaudrait comme acte sous seing privé : résultat absurde, puisque ce serait précisément la seule méconnaissance du formalisme propre aux actes sous seing privé qui produirait cet effet !

(70) Cass. com., 16 juillet 1973, *Bull. civ.*, IV, nº 244, p. 221. — 19 mars 1980, *Bull. civ.*, IV, nº 136, p. 105.

(71) Jestaz, commentaire précité, *Rev. trim. dr. civ.*, 1980, p. 820.

les mesures préventives des vices du consentement et multiplie les efforts pour assurer l'information des contractants (72).

En dépit de la suppression du « bon pour », la loi du 12 juillet 1980 alourdit en réalité le formalisme des actes sous seing privé. Dans le cas de l'écrit entièrement rédigé de la main du débiteur, la double mention en chiffres et en lettres de la somme ou de la quantité due est encore requise, alors qu'en pareille hypothèse le Code civil ne se préoccupait pas des expressions employées par le rédacteur pour énoncer son propre engagement. Il est vrai que les actes entièrement manuscrits sont devenus assez rares pour qu'on puisse faire l'économie d'une disposition particulière à leur sujet. Mais dans le cas, le plus fréquent, d'un écrit dactylographié, comment satisfaire aux exigences de l'article 1326 ? Réserver dans le texte un espace libre pour permettre d'y insérer les mentions manuscrites n'est pas très commode. Dès lors, le débiteur fera sans doute précéder sa signature d'une formule manuscrite contenant les indications visées par la loi ; et quelle formule employer si ce n'est « bon pour » ? (72-1). De la sorte, la conséquence prévisible de la réforme de 1980 sera seulement d'*ajouter* la mention en chiffres de la somme ou de la quantité aux indications qu'imposait l'ancienne formalité du « bon pour ».

La « contagion du chèque » et des effets de commerce se manifeste encore dans la solution donnée par la loi à la difficulté résultant d'une différence entre la somme portée en chiffres et celle qui est exprimée en lettres (72-2) : l'acte sous seing privé vaut pour la somme écrite en toutes lettres. La règle a le mérite de la simplicité. Elle n'interdit pas, semble-t-il, de rapporter la preuve contraire, la mention chiffrée discordante pouvant être retenue à titre de commencement de preuve par écrit permettant de prouver par témoignages ou présomptions contre l'acte au contenu déterminé par la mention portée en lettres (72-3).

De la primauté accordée par la loi à la mention écrite en lettres en cas de contradiction avec la mention en chiffres, est-il possible de tirer, par un raisonnement *a fortiori*, que le titre vaut preuve par écrit lorsque la mention en chiffres est purement et simplement omise (72-4) ? Si la solution était exacte, elle ferait tomber en désuétude l'observation d'une des deux formalités légales : à quoi bon porter une double mention de la somme si l'indication en chiffres est inutile ? L'omission de la mention chiffrée ne peut être assimilée à la discordance entre les deux mentions imposées par la loi. La double indication, en lettres et en chiffres, est destinée à attirer l'attention du débiteur sur l'étendue de son engagement. Cet effet d'avertissement est en partie manqué si l'on se dispense d'une des mentions exigées par la loi. L'acte qui ne porte que la seule mention de la quantité inscrite en lettres doit être tenu pour irrégulier et ne peut valoir que commencement de preuve par écrit (72-5). Cette solution s'impose logiquement dans les cas correspondant exactement

(72) V. LE CONTRAT, FORMATION, 2e éd., nos 266 et s.
(72-1) Comp. VION, commentaire précité, *Defrénois*, 1980, article 32470, no 19.
(72-2) JESTAZ, commentaire précité.
(72-3) Comp. VIATTE, commentaire précité.
(72-4) En ce sens, Rouen, 14 novembre 1984, J. C. P., éd. N., 1986.II.240.
(72-5) V. *infra*, no 628.

aux prévisions du texte, c'est-à-dire lorsque l'acte porte obligation d'une quantité déterminée, car il n'y a pas, alors, d'équivalent à la double formalité légale. Il n'en est plus de même en ce qui concerne les écrits constatant des engagements indéterminés, ou, plus exactement, dont l'étendue est impossible à chiffrer lors de la confection de l'écrit. L'application littérale de l'article 1326 du Code civil est alors impossible et c'est un régime quelque peu différent qui doit être mis en œuvre. La jurisprudence s'est engagée dans cette voie.

627-1. — Application à des engagements d'étendue indéterminée.

L'inscription manuscrite de la somme ou de la quantité en lettres et en chiffres paraît incompatible avec un engagement portant sur une somme ou une quantité *indéterminée* lors de la rédaction de l'écrit. On serait tenté d'en conclure que la constatation d'un tel engagement est hors du domaine de l'article 1326 du Code civil. Pourtant, le besoin de protection du débiteur n'est pas moindre en ce cas, au contraire. Aussi, est-il admis en jurisprudence que l'impossibilité de chiffrer l'obligation ne dispense pas du formalisme légal ; il doit seulement être transposé : une mention manuscrite, qui, par la force des choses est composée en lettres seulement, indique la nature de l'opération et les modalités de détermination de son étendue. La solution est affirmée par de très nombreux arrêts en matière de cautionnement et n'a pas été affectée par la modification de la règle du « bon pour » opérée par la loi du 12 juillet 1980 (72-6).

L'application jurisprudentielle de l'article 1326 du Code civil au cautionnement ne peut certes être méconnue, mais ses enseignements pour le droit des preuves doivent être retenus avec prudence, en raison du particularisme de la matière.

L'article 2015 du Code civil énonce : « le cautionnement ne se présume point ; il doit être exprès et on ne peut l'étendre au-delà des limites dans lesquelles il a été contracté ». Il incombe donc à celui qui l'invoque de prouver l'étendue de l'engagement exprimée par la caution. S'agissant d'un acte juridique portant l'obligation unilatérale de payer éventuellement une somme d'argent, cette preuve est soumise aux dispositions des articles 1341 et 1326 du Code civil : à moins de se trouver dans un des cas de dispense de la preuve écrite (72-7) ou d'avoir fait constater le cautionnement par acte authentique (72-8), il faut produire un écrit portant, de la main de la caution, la précision de l'étendue de son engagement, selon les modalités légales. Ainsi, de la combinaison de l'article 2015 du Code civil et des textes relatifs à la preuve des obligations, il résulte que le créancier ne peut agir contre la caution que si et dans la mesure où celle-ci a écrit de sa main la somme à laquelle est fixé le maximum de sa dette.

Ce dispositif protecteur du débiteur, qui est celui du droit commun, seulement renforcé par l'article 2015 du Code civil définissant l'objet de la preuve, est adapté à un cautionnement limité à une somme chiffrée avec précision. Son application

---

(72-6) Cass. civ. 1re, 12 novembre 1987, *Defrénois*, 1988, art. 34223, chron. jur. civ. gén., no 24, 1re esp., observ. AYNÈS.

(72-7) V. *supra*, nos 602 et s.

(72-8) Versailles, 7 décembre 1987, *Defrénois*, 1988, art. 34275, chron. jur., civ. gén., no 60, 1re esp., observ. AYNÈS.

au cautionnement intégral d'une obligation dont le montant est indéterminé a conduit à une distorsion du système.

L'extension à cette hypothèse de la combinaison des articles 2015 et 1326 du Code civil avait logiquement pour conséquence d'exiger une mention manuscrite identifiant l'obligation cautionnée et énonçant le caractère illimité du cautionnement. Or, la Cour de cassation a tiré parti de cette solution pour développer un système protecteur de certaines cautions. Elle a considéré que la preuve requise par l'article 2015 du Code civil n'était rapportée conformément à l'article 1326 que si la mention écrite de la main de la caution exprimait « sous une forme quelconque, mais de façon explicite et non équivoque, la connaissance qu'elle avait de la nature et de l'étendue de l'obligation contractée » (72-9). En elle-même, cette exigence n'était pas surprenante. Les dispositions de l'article 1326 du Code civil visent à la fois à protéger le débiteur contre l'abus de blanc-seing et, surtout depuis la réforme de 1980, à s'assurer qu'il a bien conscience de l'étendue de son engagement. En cas de cautionnement indéterminé, on comprend que soient exigées, outre l'identification de l'obligation principale garantie, prévenant l'abus de blanc-seing, une expression qui, à défaut des chiffres corroborant les lettres, révèle que la caution a mesuré la portée de sa signature. On conçoit d'ailleurs, que, selon la qualité de la caution, plus ou moins avertie, les formules répondant à cet objectif soient variables (72-10). Mais, privilégiant ce fondement de la règle, la Cour de cassation a fait déborder celle-ci de son cadre technique et en a fait une condition particulière de validité du cautionnement. Cette avancée, d'abord implicite (72-11) a ensuite été proclamée en une formule plusieurs fois reproduite : « Il résulte de la combinaison des articles 1326 et 2015 du Code civil que les exigences relatives à la mention manuscrite devant figurer sur un acte de cautionnement *ne constituent pas de simples règles de preuve*, mais ont pour finalité la protection de la caution » (72-12). Cette mention manuscrite étant ainsi érigée en règle de forme (72-13). toute défaillance à son propos a été sanctionnée par la nullité du cautionnement, alors que si elle était demeurée une simple exigence de preuve c'est seulement l'*instrumentum* qui aurait été privé de son efficacité, l'acte juridique lui-même, le *negotium*. demeurant valable et pouvant être prouvé par d'autres moyens pour, peu que ceux-ci soient recevables au regard de l'article 1341 du Code civil (72-14).

(72-9) Cass. civ. 1re, 22 février 1984, J. C. P. 1985.II.20442, note STORCK. — 4 février 1986 et 4 mars 1986, D. 1987, 342, note AYNÈS. — 15 avril 1986 et 1er octobre 1986, D. 1987, 341, note AYNÈS. — V. déjà, avec une formule voisine : Cass. civ. 1re, 19 avril 1983, J. C. P. 1983.II.20122, note MOULY et DELEBECQUE.

(72-10) MALAURIE et AYNÈS, *Droit civil, Les sûretés, droit du crédit*, 2e éd., 1988, no 127. — AYNÈS, observ. *Defrénois*, 1988, art. 34223, chron. jurispr. civ. gén., no 25. — BANDRAC, Chron. jurispr. *Rev. trim. dr. civ.*, 1989, 786.

(72-11) SIMLER, *Le juge et la caution, excès de rigueur ou excès d'indulgence ?* J. C. P. éd. N., 1986.I.169, nos 59 et s.

(72-12) Cass. civ. 1re, 30 juin 1987, *Bull. civ.* I, no 210, p. 155 ; D. 1987, somm. 442, observ. AYNÈS. — 31 mai 1988, *Bull. civ.* I, no 163, p. 113 ; J. C. P. 1989.II.21181, note SIMLER ; *Defrénois*, 1988, art. 34325, chron. jur. civ. gén., no 95, 1re esp., observ. AYNÈS. — 22 novembre 1988, *Bull. civ.*, I, no 329, p. 223.

(72-13) SARGOS, *L'opération « Glasnost » de la Cour de cassation en matière de cautionnement ou cinq brèves observations sur une jurisprudence, Gaz. Pal.*, 1988, 1; doctr. 209.

(72-14) V. *supra*, nos 602 et s. L'écrit constatant le cautionnement et revêtu d'une mention manuscrite n'exprimant pas assez la connaissance par la caution de la portée de son engagement, considéré comme irrégulier au regard de l'article 1326 du Code civil, devrait être déchu de sa qualité d'acte sous seing privé, mais pourrait être invoqué comme commencement de preuve par écrit (V. *infra*, no 628).

Cet aménagement prétorien du régime du cautionnement, inégalement appliqué selon les formations de la Cour de cassation (72-15), a inquiété la doctrine et troublé la pratique. Pour éviter, peut être, les risques d'un « excès d'indulgence » à l'égard de certaines cautions (72-16) la Première Chambre civile de la Cour de cassation a opéré un mouvement de repli en réintégrant l'exigence de la mention manuscrite de l'acte de cautionnement dans les règles de preuve, sans pour autant abandonner la préoccupation de faire servir ces dispositions à la protection de la caution (72-17).

La portée exacte de ces affirmations est difficile à prévoir, d'autant plus que, parallèlement au mouvement jurisprudentiel amorcé vers une application plus orthodoxe du droit de la preuve, le législateur a instauré un véritable formalisme du cautionnement dans le secteur des emprunts en matière de crédit immobilier. La loi du 31 décembre 1989 impose en ce domaine la reproduction manuscrite de formules pré-rédigées. Là, il s'agit sans conteste de conditions de validité et non de règles de preuve (72-18) et les formules légales, qui doivent être recopiées mot à mot, sont incompatibles avec un cautionnement indéterminé. Ces dispositions favoriseront-elles, par contagion, un retour du formalisme jurisprudentiel fondé sur les articles 1326 et 2015 du Code civil ? Plus probablement, dès lors que le besoin de protection des cautions est spécialement pris en compte par la loi pour celles qui sont jugées tout particulièrement exposées au risque de souscrire des engagements excessifs et mal appréciés, il sera possible de laisser fonctionner ailleurs avec plus de sérénité le jeu ordinaire des règles de preuve. Mais l'évolution du droit du cautionnement est mouvementée et la prospective en cette matière est hasardeuse.

628. — Sanction.

La sanction de l'inobservation de l'article 1326 du Code civil est parallèle à celle de la méconnaissance de la formalité du « double » pour les écrits constatant des conventions synallagmatiques (73). L'obligation elle-même n'est pas affectée par le vice qui entache l'écrit qui la constate et elle peut être prouvée par d'autres moyens. L'acte irrégulier peut valoir commencement de preuve par écrit (74).

(72-15) ANCEL, note sous Cass. com., 15 novembre 1988, D. 1990, 3.

(72-16) Selon l'expression de M. SIMLER, étude précitée, note 72-12.

(72-17) Cass. civ. 1re, 7 mars 1989, deux arrêts, J. C. P. 1989.II.21317, note D. LEGEAIS ; D. 1989, somm. 290, observ. AYNÈS ; Defrénois, 1989, art. 34570, chron. jur. civ. gén., n° 71, observ. AYNÈS ; 1er arrêt : D. 1990, 177, 1re esp., note MOULY. — 15 novembre 1989, J. C. P. 1990.II.21422, note D. LEGEAIS ; D. 1990, 177, 2e esp., note MOULY ; Defrénois, 1990, art. 34761, chron. jur. civ. gén., n° 21, observ. AYNES.

(72-18) VION, *Information et protection des cautions et des emprunteurs en matière de crédit immobilier après la loi du 31 décembre 1989*, Defrénois, 1990, art. 34746.

(73) **Cass. com., 31 mars 1965,** *Bull. civ.,* **III, n° 247, p. 220. — 30 novembre 1966,** *Gaz. Pal.,* **1967. 1. 105. — Cass. civ. 1re, 13 février 1968, J. C. P. 1968. II. 15477, note R. L. — 9 juillet 1968, J. C. P. 1968. II. 15611.**

(74) **Cass. com., 5 janvier 1959,** *Bull. civ.,* **III, n° 6, p. 4. — 27 mai 1959,** *Bull. civ.,* **III, n° 222, p. 198. — Cass. civ. 1re, 3 avril 1973,** *Bull. civ.,* **I, n° 126, p. 114. — 16 janvier 1985,** *Bull. civ.,* **I, n° 24, p. 24 ;** *Rev. trim. dr. civ.,* **1986, 758, observ. MESTRE. — 27 mai 1986,** *Bull. civ.,* **I, n° 141, p. 141 ; J. C. P. 1987.II.20873, note**

Exceptionnellement, l'acte qui ne satisfait pas aux exigences de l'article 1326 peut faire preuve complète en cas d'exécution volontaire par le débiteur, pourvu que cette exécution rende incontestable la somme ou la quantité due (75). Il en est de même lorsque celui qui a signé l'acte invoque la nullité de son engagement sans en contester la matérialité (75-1).

629. — Telles sont les conditions pour qu'un écrit ait valeur d'acte sous seing privé. Il convient de préciser la force probante qui s'y attache.

II. — *Force probante des actes sous seing privé.*

630. — Il est essentiel de distinguer selon que l'acte sous seing privé est invoqué dans les relations entre les parties ou est opposé aux tiers. Employant une expression qui mérite d'ailleurs d'être davantage nuancée, l'article 1322 du Code civil assimile l'acte sous seing privé à un acte authentique « entre ceux qui l'ont souscrit et entre leurs héritiers et ayants cause ». En revanche, l'opposabilité de l'acte sous seing privé aux tiers est conçue d'une façon plus étroite ; toute la question est en effet commandée par le régime de la date certaine organisé par l'article 1328 du Code civil.

A. — Force probante de l'acte sous seing privé entre les parties.

631. — Seuls les actes sous seing privé « reconnus » ont valeur de preuve littérale.

L'acte sous seing privé étant, par définition, établi sans le concours d'un officier public, n'offre aucune garantie quant à son origine. La signature ou les signatures dont il est revêtu peuvent être des faux. C'est pourquoi il ne suffit pas de produire un acte sous seing privé pour qu'immédiatement le juge soit obligé de le tenir pour vrai. L'acte ne s'impose comme preuve littérale que s'il a fait l'objet d'une reconnaissance volontaire de la part de celui à qui on l'oppose ou s'il peut, selon

---

URIBARRI ; *Gaz. Pal.*, 1987, 1, somm. annot., p. 54, observ. CROZE et MOREL ; *Rev. trim. dr. civ.*, 1987, 765, observ. MESTRE. — Cass. com., 21 juin 1988, *Bull. civ.*, IV, n° 212, p. 146.

(75) C'est le cas du paiement des intérêts correspondant au capital énoncé dans l'acte. Hors de telles hypothèses, une exécution partielle ne couvrirait pas le vice, car elle pourrait être interprétée comme un désaccord sur le montant de la dette.

(75-1) Cass. com., 6 juin 1985, *Bull. civ.*, IV, n° 182, p. 153 ; *Defrénois*, 1985, art. 33636, chron. jur. civ. gén., n° 121, observ. AUBERT ; *Gaz. Pal.*, 1985, 2, panor. p. 276, observ. PIÉDELIÈVRE ; *Rev. trim. dr. civ.*, 1986, 758, observ. MESTRE.

l'expression de l'article 1322 du Code civil, être « légalement tenu pour reconnu ».

Celui à qui est présenté un acte dont il est apparemment le souscripteur est tenu d'avouer ou de désavouer son écriture ou sa signature (76). S'il ne reconnaît pas la sincérité de l'acte, il doit la dénier formellement (77). Cette dénégation se fait par une simple déclaration. Elle suffit à retirer provisoirement à l'acte toute force probante. Provisoirement, car celui qui entend se prévaloir de l'écrit peut faire établir la sincérité de celui-ci en justice (78). A cette fin, les juges peuvent recourir à la procédure spéciale de vérification d'écriture (79). Mais ils ne sont pas tenus d'utiliser cette voie s'ils estiment avoir les éléments suffisants d'appréciation leur permettant de se prononcer sur la sincérité de l'acte (80).

632. — La force probante de l'acte sous seing privé reconnu s'impose au juge.

La sincérité de l'acte sous seing privé étant supposée reconnue soit volontairement soit en justice, cet acte a, selon l'article 1322 du Code civil, «entre ceux qui l'ont souscrit et entre leurs héritiers et ayants cause, la même foi que l'acte authentique ». La formule a le mérite de frapper

---

(76) C. civ., art. 1323, al. 1er.

(77) La reconnaissance volontaire d'une écriture privée peut être tacite. Elle résulte notamment du silence gardé par le souscripteur lorsque l'acte est produit en justice. Dès lors que le signataire prétendu ne désavoue pas formellement la signature, il est réputé la reconnaître (Cass. civ., 21 février 1938, D. H. 1938, 226). Toutefois, lorsque c'est aux héritiers du signataire apparent que l'acte est opposé, ceux-ci peuvent, sans dénier formellement la signature, déclarer qu'ils ne savent pas si elle émane de leur auteur : la signature n'étant pas leur fait personnel, on ne peut exiger d'eux qu'ils disent si oui ou non elle est sincère. Dans ce cas, l'expression d'un doute quant à l'origine de l'écriture ou de la signature a le même effet qu'une dénégation de la part du souscripteur prétendu.

(78) C'est au demandeur qui se prévaut de la sincérité de l'acte et non au défendeur qui nie l'écriture qu'il incombe de prouver la vérité de son affirmation (Cass. civ. 1re, 7 juin 1963, Bull. civ., I, no 293, p. 250. — 12 novembre 1969, Bull. civ., I, no 339, p. 270. — 17 mai 1972, Bull. civ., I, no 132, p. 117. — Cass. soc., 14 novembre 1973, Bull. civ., V, no 567, p. 523. — Cass. civ. 2e, 18 février 1982, Gaz. Pal., 1982, 2, panor., p. 89. — Cass. civ. 3e, 29 octobre 1984, J. C. P. 1985.IV.13. — Mais il a été jugé que la vérification en justice de l'écriture devait être ordonnée ou opérée d'office par le juge même lorsque les parties n'y ont pas conclu, l'article 1324 du Code civil imposant une telle vérification lorsqu'une partie a désavoué son écriture ou sa signature (Cass. soc., 13 juin 1952, Bull. civ., III, no 525, p. 380).

(79) Nouv. C. proc. civ., art. 287 et s.

(80) Cass. civ. 1re, 16 décembre 1957, Bull. civ., I, no 491, p. 399. — 27 novembre 1961, Bull. civ., I, no 554, p. 440. — Rouen, 15 octobre 1968, D. 1969, 195. — Cass. com., 30 janvier 1979, Bull. civ., IV, no 42, p. 34. — Cass. civ. 1re, 15 février 1984, Bull. civ., I, no 65, p. 54 ; Rev. trim. dr. civ., 1985, 386, observ. MESTRE. — 15 mars 1988, Bull. civ., I, no 79, p. 51.

les esprits. Elle est exacte pour l'essentiel, c'est-à-dire que l'acte sous seing privé s'impose à la conviction des juges et n'est pas, à cet égard, frappé d'une sorte d'infériorité sous prétexte qu'il n'a pas été dressé par un officier public. Mais il ne faudrait pas prendre l'expression de l'article 1322 à la lettre pour en conclure que l'acte sous seing privé reconnu doit en tout point être assimilé à un acte authentique.

Par hypothèse, la signature a été reconnue sincère. De là résulte naturellement une double présomption : l'acte est réputé matériellement régulier ; il est censé traduire fidèlement la volonté des parties. Tout dépend dès lors de la force de ces présomptions.

633. — L'acte est réputé matériellement régulier.

En ce qui concerne la régularité matérielle de l'acte, s'il n'est plus possible de contester la signature, il reste possible de concevoir des discussions qui se rattachent à la question de savoir à quoi s'applique exactement la signature qui a été reconnue.

Ainsi un débat peut-il parfois s'engager sur la détermination du contenu même de l'écrit. Par exemple, en présence de plusieurs feuilles dont l'une seulement est revêtue de la signature, s'agit-il d'un acte unique ou d'écrits distincts ? Ou encore, si un acte comporte des ratures dont il n'est pas contesté qu'elles sont contemporaines de sa rédaction mais qui sont les unes approuvées et les autres pas, on peut se demander si cette différence ne signifie pas que les modifications non approuvées n'étaient que des projets. En de pareilles hypothèses, les juges disposent d'un libre pouvoir d'appréciation. Tous les moyens de preuve sont admissibles, car il ne s'agit pas de prouver contre l'écrit, mais de dire ce qu'est l'écrit.

On peut encore supposer qu'une partie prétende qu'elle n'avait pas entendu couvrir par sa signature certaines mentions de l'acte. Sans alléguer que l'écrit ait été falsifié, elle prétend avoir mal lu ou mal compris la clause ou, s'agissant d'un acte qu'elle avait signé en blanc, elle soutient que les mentions qui y ont été ensuite portées ne correspondent pas à ce qui avait été convenu. Dans de telles situations, le demandeur cherche à prouver contre un écrit et l'article 1341 du Code civil est applicable (81).

Enfin, un faux matériel peut être allégué. On suppose qu'une partie reconnaît volontairement sa signature, mais soutient que des mentions du corps de l'acte ont été ajoutées ou supprimées postérieurement à son insu ou, l'écriture ayant été vérifiée en justice, une partie prétend que

---

(81) Cependant la jurisprudence n'est pas toujours aussi exigeante et admet que la preuve soit librement rapportée dans des situations qui, il est vrai, révèlent généralement l'existence d'un dol ou d'une fraude (v. Paris, 17 octobre 1964, J. C. P. 1964, IV. 163).

l'altération porte sur une portion de l'acte non vérifiée (mentions dacty-lographiées ou écrites de la main d'un tiers). La doctrine dominante considérait que la preuve de telles falsifications ne pouvait être rapportée qu'en suivant la procédure d'inscription de faux (82). La jurisprudence ne semblait pas de cet avis (83). Le Nouveau Code de procédure civile résout la question en prévoyant la procédure à suivre lorsqu'un écrit sous seing privé est argué de faux (84). Il ne s'agit pas de l'inscription de faux, qui est réservée à la contestation des actes authentiques, mais le schéma de la procédure est analogue. Quant à l'examen de l'écrit litigieux par le juge, il obéit aux règles établies pour la vérification d'écriture (85).

634. — L'acte est réputé énoncer la vérité.

L'acte sous seing privé matériellement régulier est présumé relater la vérité et cette présomption s'impose au juge. Mais la preuve contraire peut être rapportée. A cet égard, le parallèle avec l'acte authentique fait, en dépit de la formule de l'article 1322 du Code civil, ressortir des différences. En effet, l'acte ne contient aucune énonciation correspondant à des constatations faites par un officier public. La preuve du caractère erroné ou mensonger des énonciations de l'acte quelles qu'elles soient est donc admise sans recourir à la procédure d'inscription de faux. Quant aux moyens de preuve qui peuvent être employés à cette fin, la matière est sous la dépendance des dispositions de l'article 1341 du Code civil concernant la preuve contre et outre un écrit (86).

B. — Force probante de l'acte sous seing privé à l'égard des tiers ; la date certaine.

635. — L'opposabilité de l'acte aux tiers est commandée par la preuve de sa date.

L'existence et le contenu d'une convention intéressent souvent des

---

(82) PLANIOL et RIPERT, t. 7, par GABOLDE, n° 1482. — AUBRY et RAU, t. 12, par ESMEIN, § 756, p. 178.

(83) Cass. req., 21 décembre 1920, D. P. 1921. 1. 61. — Cass. civ. 1re, 3 novembre 1969, D. 1970, 641, note R. SAVATIER.

(84) Art. 299 et s.

(85) Lorsqu'un acte entièrement écrit de la main du signataire a fait l'objet d'une vérification d'écriture, le jugement déjà rendu semble s'opposer à une nouvelle contestation sur la sincérité de l'écriture. Cependant, antérieurement au décret du 17 décembre 1973, il avait été tiré argument de l'article 214 du Code de procédure civile pour soutenir que l'acte pouvait encore être attaqué par la procédure de l'inscription de faux. Ce texte, en effet, laissait ouverte la voie de l'inscription de faux « encore que la pièce ait été vérifiée ». Le décret du 17 décembre 1973 a abrogé cette disposition (art. 182), de sorte qu'une procédure en faux ne paraît pas pouvoir être suivie après qu'un écrit a été intégralement vérifié.

(86) Supra, n°s 600 et s.

tiers. Non que ceux-ci puissent être liés par un rapport d'obligation auquel ils sont étrangers, mais le nouvel état des droits résultant de l'accord des parties leur est opposable (87). Cependant, pour opposer une convention aux tiers, il faut la prouver. Or, bien que l'article 1322 du Code civil semble n'accorder foi à l'acte sous seing privé que dans les rapports entre les parties, un tel acte prouve également la convention à l'égard des tiers. Mais lorsqu'il est ainsi opposé aux tiers l'écrit n'a pas la même force probante qu'entre les parties. Non seulement la preuve contraire aux énonciations de l'acte peut toujours être rapportée par tous moyens, puisque l'article 1341 du Code civil ne concerne pas les tiers (88), mais l'efficacité probatoire de l'écrit est commandée par les règles spéciales relatives à la date de l'acte. Cet élément est, en effet, capital car ce qui compte pour les tiers est qu'à partir d'un certain moment l'état des droits a été modifié par la convention des parties ; ce sont les conséquences de cette modification objective de la situation juridique qu'ils peuvent subir. Or la date d'établissement d'un acte sous seing privé ne fait pas l'objet d'une constatation par un officier public et il est très facile d'antidater un tel acte afin de gruger les tiers : tel propriétaire ayant vendu un immeuble libre passera un bail avec un complice en donnant faussement à l'acte une date antérieure à la vente ; tel propriétaire ayant vendu un immeuble loué donnera ensuite au locataire quittance de loyers à échoir en datant celle-ci antérieurement à la vente... La preuve de la fausseté de la date portée à l'acte risquerait d'être, en fait, très difficile pour le tiers à qui l'écrit est présenté. Il était donc normal que le législateur se préoccupât de prévenir ces manœuvres en protégeant les tiers contre le danger d'antidate. C'est l'objet de l'article 1328 du Code civil :

> « Les actes sous seing privé n'ont de date contre les tiers que du jour où ils ont été enregistrés, du jour de la mort de celui ou de l'un de ceux qui les ont souscrits, ou du jour où leur substance est constatée dans les actes dressés par des officiers publics, tels que procès-verbaux de scellé ou d'inventaire ».

Caractéristique du système de légalité des preuves, cette règle produit une conséquence extrêmement importante. Elle signifie, en effet, qu'en dehors des trois cas visés par le texte, la date de l'acte n'étant pas certaine est inopposable aux tiers. Par suite, pour ceux-ci, l'état des droits reste ce qu'il était antérieurement à la convention ; tout se passe comme si l'acte n'avait pas eu lieu ; la convention n'est pas prouvée à l'égard des tiers. Ainsi, en réglementant l'opposabilité de la date de l'acte sous seing privé, l'article 1328 limite pratiquement l'opposabilité de la convention elle-même.

---

(87) V. LES OBLIGATIONS. — DUCLOS, *L'opposabilité, essai d'une théorie générale,* éd. L. G. D. J., 1984, préf. D. MARTIN.

(88) *Supra,* n° 595.

636. — Application.

Les trois procédés énumérés par la loi donnent effectivement toute certitude quant à la date : l'enregistrement, comme la relation dans un acte authentique constatent officiellement l'existence de l'acte sous seing privé au moment où a lieu la formalité ; il faudrait recourir à la procédure d'inscription de faux pour le mettre en doute. Quant au décès d'un des signataires de l'écrit, il donne évidemment la certitude que l'acte a été dressé antérieurement, en tout cas au plus tard le jour de la mort de ce souscripteur. D'autres circonstances pourraient sans doute donner une certitude tout aussi complète. Mais la liste de l'article 1328 du Code civil est limitative ; aucun autre procédé ne peut remplacer ceux qu'énonce le texte (89).

Le point le plus délicat est sans doute la détermination des tiers pouvant invoquer le défaut de date certaine. Il ne suffit pas de n'avoir été ni partie ni représenté à l'acte, il faut invoquer un droit propre auquel l'acte litigieux porterait atteinte. L'application de ce principe est assez difficile. En effet, le régime protecteur de l'article 1328 se justifie parce que le droit de celui qui l'invoque serait atteint si l'antériorité de l'écrit litigieux était admise. Par conséquent, il existe toujours une certaine relation entre la situation juridique de celui qui invoque les règles de la date certaine et celle des parties à l'acte. Il est dès lors souvent malaisé de déterminer si le degré d'autonomie du droit invoqué est suffisant. Sans entrer dans le détail de solutions parfois nuancées (90), on peut retenir d'une façon schématique que les ayants cause universels ou à titre universel des parties ne sont pas des tiers (91) ; les créanciers

---

(89) Cass. civ. 1re, 4 février 1986, *Bull. civ.*, I, n° 13, p. 12. — Exemples : Aix, 27 mai 1845, D. P. 1845.2.118 (refus de la date du timbre de la poste). — Cass. civ., 27 janvier 1930, D. H. 1930, 179. — Cass. soc., 25 novembre 1948, S. 1949.1.100 (refus de la date de légalisation de l'écrit). — Poitiers, 10 juin 1941, *Gaz. Pal.*, 1941. 2. 99 (refus de la date d'oblitération de timbres fiscaux). Aucune extension par analogie des cas visés par l'article 1328 n'est possible. Ainsi, le texte visant le décès d'un des souscripteurs de l'acte, la mort de celui qui a rédigé l'acte de sa main mais ne l'a pas signé ne fait pas acquérir la date certaine (Cass. req., 8 mai 1827, S. 1827. 1. 453) ; de même, le décès de l'officier public ayant légalisé la signature des souscripteurs (Cass. civ., 27 janvier 1930, D. H. 1930, 179). Si un écrit enregistré fait mention d'un autre écrit, ce dernier ne bénéficie pas de cette façon de la date certaine (Cass. com., 23 décembre 1957, *Bull. civ.*, III, n° 362, p. 313. — 21 janvier 1958, *Gaz. Pal.*, 1958. 1. 360).

(90) V. GOUBEAUX et BIHR, *op. cit.*, n°s 864 et s.

(91) Toutefois l'héritier ayant accepté la succession sous bénéfice d'inventaire agissant contre la succession en recouvrement d'une créance personnelle est traité comme créancier et non comme héritier. On admet que l'héritier qui agit en réduction des libéralités excédant la quotité disponible invoque un droit propre et peut se prévaloir de l'article 1328, mais encore faut-il qu'il soit démontré que l'acte

chirographaires ne peuvent davantage se prévaloir du défaut de date certaine lorsqu'ils exercent l'action oblique (92) ou lorsqu'ils invoquent leur droit de gage général sur le patrimoine du débiteur, mais ils deviennent des tiers quand ils exercent l'action paulienne (93) et à partir du moment où ils ont pratiqué une saisie (93-1) ; les ayants cause particuliers ont la qualité de tiers au regard des règles de la date certaine. Il faut ajouter que la connaissance personnelle par le tiers de l'acte sous seing privé antérieurement à son droit lui interdit de se prévaloir du défaut de date certaine de cet acte ; une renonciation expresse ou tacite au bénéfice de l'article 1328, qui n'est pas d'ordre public, a le même effet.

Quant aux actes régis par le système de la date certaine, ce sont les actes instrumentaires (c'est-à-dire établis spécialement afin de faire preuve) sous signatures privées et eux seuls. Encore convient-il d'observer que ce principe comporte des exceptions en sens opposé. D'une part, des textes spéciaux subordonnent l'opposabilité aux tiers de certains actes à d'autres formalités que celles de l'article 1328, telle l'inscription sur un registre (94) ou une signification (95). D'autre part, il existe des actes dont la date est opposable aux tiers sans formalité. C'est le cas en matière commerciale où la dérogation au régime de la date certaine est une conséquence du principe de liberté des preuves en ce domaine. C'est également le cas, pour des raisons essentiellement pratiques, des polices et avenants d'assurances (96) et, sous réserve de certaines discussions, des quittances (97).

---

litigieux renferme une donation déguisée ou indirecte, car il ne suffit pas d'être réservataire pour refuser de se laisser opposer la date d'un acte du défunt (Cass. civ. 1re, 13 mai 1968, D. 1968, 586, note Breton).

(92) V. Les obligations.

(93) *Ibid.*

(93-1) Cass. civ. 1re, 14 novembre 1979, *Bull. civ.*, I, no 285, p. 232. — De même, la masse des créanciers d'un débiteur contre lequel a été prononcée la liquidation des biens est un tiers au sens de l'article 1328 du Code civil : Cass. civ. 3e, 28 février 1978, *Bull. civ.*, III, no 104, p. 80.

(94) V. par exemple Décr. 30 septembre 1953 relatif au gage portant sur des véhicules automobiles, L. 2 janvier 1968, art. 46, complété par L. 13 juillet 1978, pour les cessions de brevets d'invention... En matière immobilière, le mécanisme de l'opposabilité aux tiers est soumis au régime particulier de la publicité foncière, qui requiert la confection d'actes authentiques (V. Les Biens).

(95) C. civ., art. 1690, pour la cession de créance ; art. 2075, pour la mise en gage des créances...

(96) Cass. civ. 1re, 28 octobre 1970, D. 1971, 84, note André Besson.

(97) En faveur de cette solution, on invoque l'usage : les quittances sont nombreuses et il serait malcommode de les soumettre systématiquement à l'enregistrement (Planiol et Ripert, t. 7, no 1486). L'argument n'est pas très solide en présence du texte de l'article 1328 et des risques considérables d'antidate. La jurisprudence paraît hésitante (Cass. req., 12 avril 1907, S. 1908. 1. 161, note Chavegrin. — Cass. civ., 11 février 1946, D. 1946, 389, note Chéron). On a pu écrire que « la jurisprudence

§ 3. — LES AUTRES ÉCRITS

637. — A côté des actes authentiques et des actes sous seing privé, il existe plusieurs variétés d'écrits. Il convient de les passer rapidement en revue.

638. — Le Code civil consacre un paragraphe spécial aux **actes récognitifs et confirmatifs.** En ce qui concerne les seconds, il s'agit bien davantage de règles de fond relatives à la confirmation des actes nuls que de dispositions particulières à la preuve (98). Quant aux actes récognitifs, ce sont des écrits qui contiennent la reconnaissance d'une obligation déjà constatée par un titre plus ancien, appelé acte primordial. L'acte récognitif est un titre nouveau et non une copie ; il doit être signé par tous les intéressés. Mais, se bornant à reprendre la substance d'un acte antérieur, il n'apporte quant au fond aucune modification à la situation de droit préexistante. L'effet essentiel de l'acte récognitif est d'interrompre la prescription lorsque celle-ci avait commencé à courir. En tant qu'instrument de preuve, son autorité est des plus réduites. En effet, l'acte récognitif ne dispense pas, en général, de la représentation du titre primordial.

Cette solution, prévue par l'article 1337 du Code civil, s'explique sans doute par la tradition historique (99). On peut y ajouter une raison logique. Lorsqu'il est établi que les parties ont seulement entendu donner une forme nouvelle à un acte sans en modifier la substance, il faut éviter que des différences de rédaction ne soient utilisées pour en tirer la preuve d'une novation qui n'a pas été réellement voulue (100). Ce résultat ne peut être obtenu qu'en déniant toute valeur aux modifications que pourrait contenir le titre récognitif. Cette restriction à la foi normalement due aux actes instrumentaires constitue ainsi un prolongement du principe énoncé à l'article 1273 du Code civil, selon lequel la novation ne se présume pas. Dès lors, puisque l'acte récognitif est sans autorité pour modifier la substance de l'acte ancien, il était normal de prévoir, par la production du titre primordial, la vérification du contenu véritable de l'obligation.

---

ne veut pas décider que l'article 1328 ne s'applique pas aux quittances, mais se réserve de les déclarer opposables aux tiers, sans date certaine, quand elles ne sont pas suspectes d'antidate » (AUBRY et RAU, t. 12, § 756, p. 189). En raison de cette incertitude, la prudence recommanderait de conférer la date certaine aux quittances en vue de les opposer aux tiers. Cette précaution paraît devoir au moins s'imposer lorsqu'il s'agit de constater des paiements anticipés (v. Décr. 1er mars 1967, art. 8).

(98) V. LE CONTRAT, FORMATION, nos 818 et s. — Sans doute, l'article 1338 prévoit-il un certain formalisme de l'acte confirmatif. Mais la portée de celui-ci est atténuée par le texte lui-même qui admet que la confirmation peut résulter de simples faits.

(99) PLANIOL et RIPERT, t. 7, no 1502. — AUBRY et RAU, t. 12, § 760 *bis*, note 5.

(100) Sur la novation, V. OBLIGATION.

Exceptionnellement, l'acte récognitif a une force probante propre. Il en est ainsi lorsque la teneur du titre primordial est relatée dans l'acte récognitif, si le titre ancien est perdu (101). L'article 1337 alinéa 3 envisage encore une hypothèse assez peu fréquente : s'il y avait plusieurs reconnaissances conformes, soutenues de la possession, et dont l'une eût trente ans de date, le créancier pourrait être dispensé de produire le titre primordial ; il appartient alors au juge d'apprécier l'opportunité d'exiger ou non en pareil cas la production du titre original (102).

Enfin, alors même que l'acte récognitif n'aurait pas pleine force probante, il reste que ce titre constituerait un commencement de preuve par écrit.

639. — Avec les **lettres missives** (103), on quitte le domaine des actes instrumentaires, c'est-à-dire des écrits dressés en vue de constituer des modes de preuve. La correspondance entre deux ou plusieurs personnes peut avoir une grande importance pratique sur le plan probatoire, mais elle n'a pas eu nécessairement lieu à cette fin.

Une lettre missive peut être invoquée pour faire preuve contre son auteur. Encore faut-il que la production de la lettre soit admissible. A cet égard, il n'y a pas de difficultés pour les lettres d'affaires. En revanche le caractère confidentiel d'une correspondance fait obstacle à la production de la lettre en justice par le destinataire, sauf accord de l'expéditeur. Mais l'application de ce principe est assez nuancée (104), d'autant plus que l'appréciation du caractère confidentiel est une

---

(101) L'article 1337 ne mentionne pas la condition de perte du titre primordial, mais l'interprétation dominante est en ce sens. En effet, si le titre ancien existe, il est normal d'en exiger la production afin de vérifier si sa relation dans l'acte récognitif est fidèle.

(102) Il faut ajouter que si l'acte récognitif porte reconnaissance d'une servitude, la jurisprudence, se fondant sur l'article 695 du Code civil, décide que cet acte n'est pas soumis aux dispositions de l'article 1337 (Cass. civ., 29 janvier 1913, D. P. 1914.1.152. — Rappr. Cass. civ. 3e, 7 octobre 1980, *Gaz. Pal.*, 1981, 2, panor., p. 31, observ. PIÉDELIÈVRE ; *Defrénois*, 1981, art. 32608, chron. jur. civ. gén., no 20, observ. SOULEAU. — 18 novembre 1981, *Bull. civ.*, III, no 193, p. 138 ; *Gaz. Pal.*, 1982, 1, panor., p. 160, observ. A. P. ; *Rev. trim. dr. immob.*, 1982, 356, observ. BERGEL.

(103) GÉNY, *Des droits sur les lettres missives étudiées principalement en vue du système postal français*, 2 vol., 1911. — VALÉRY, *Des lettres missives*, 1912. — BEIR-NAERT, *Des lettres missives*, thèse Lille, 1937. — KAYSER, *Le principe du secret des lettres confidentielles et ses rapports avec le principe de droit public de la liberté et de l'involabilité de la correspondance*, Mélanges P. Voirin, 1967, p. 437 et s. — RUBEL-LIN-DEVICHI, *Encycl. Dalloz. Répert. dr. civ.*, 2e éd., vo *Lettre missive*. — METZGER, *Le secret des lettres missives*, *Rev. trim. dr. civ.*, 1979, p. 291 et s.

(104) V. Cass. civ., 26 juillet 1864, S. 1865. 1. 33. — Cass. req., 5 mai 1897, D. P. 1897. 1. 385 ; S. 1901. 1. 454. — Comp. Trib. gr. inst. Dijon, 10 février 1972, J. C. P. 1972. II. 17156, note LEMOINE.

question de fait qui doit être résolue dans chaque cas en tenant compte de l'objet de la correspondance et de la qualité des correspondants (105).

Une fois admise la production d'une lettre, il reste à déterminer sa force probante. Selon sa forme et son contenu, une lettre missive peut valoir aveu extrajudiciaire (106), indice, commencement de preuve par écrit ; elle peut même être assimilée à un acte sous seing privé. Cette dernière hypothèse est extrêmement importante, car le juge n'a pas le pouvoir d'apprécier la force de conviction qui se dégage de l'acte sous seing privé que la loi l'oblige à tenir pour l'expression de la vérité (107) et la preuve contraire est soumise aux restrictions de l'article 1341 du Code civil (108). Or il est très fréquent qu'une lettre missive remplisse les conditions exigées d'un écrit pour qu'il ait la valeur d'acte sous seing privé, puisqu'il suffit qu'elle soit signée. Toutefois, si elle contient une promesse unilatérale de somme d'argent ou de quantité, les conditions de l'article 1326 doivent être respectées (109). On pourrait s'attendre à une solution analogue en ce qui concerne la formalité du « double » si la lettre est invoquée pour faire preuve d'une convention synallagmatique. Mais une telle exigence ne pourrait pratiquement être satisfaite que dans des circonstances exceptionnelles, car d'ordinaire une lettre est un original unique. Aussi, la jurisprudence décide-t-elle que les lettres missives échappent aux dispositions de l'article 1325 (110). En revanche, les règles de la date certaine sont applicables pour l'opposabilité d'une lettre aux tiers.

Même lorsqu'elle remplit les conditions pour être traitée en acte sous seing privé, la lettre missive ne se confond pas avec un acte instrumentaire. En effet, la pertinence (111) de celui-ci est évidente puisque l'écrit a été établi directement en vue de faire la preuve de l'acte juridique en cause. Ce n'est pas le cas de la lettre qui doit faire de la part du juge l'objet d'un contrôle sérieux de sa pertinence en tant que mode de preuve. Il en résulte qu'une lettre peut être purement et simplement écartée des débats ou n'être retenue que comme indice ou commencement de preuve par écrit (112).

---

(105) Cass. com., 17 mai 1965, *Bull. civ.*, III, n° 318, p. 289. — 27 février 1967, *Gaz. Pal.*, 1967. 2. 121. — Cass. civ. 2e, 25 novembre 1970, *Bull. civ.*, II, n° 321, p. 245.

(106) *Infra*, n° 659.

(107) *Supra*, nos 631 et s.

(108) *Supra*, nos 600 et s.

(109) *Supra*, nos 626 et s.

(110) Cass. civ., 6 février 1928, D. P. 1928. 1. 149, note GABOLDE ; S. 1928. 1. 265, note GÉNY. — Cass. civ. 1re, 7 juillet 1958, *Bull. civ.*, I, n° 361, p. 291.

(111) Sur la pertinence, *supra*, n° 576 et s.

(112) Cass. civ., 17 juin 1952, *Bull. civ.*, I, n° 204, p. 169. — Cass. civ. 1re, 1er décembre 1965, *Bull. civ.*, I, n° 670, p. 511.

Il va de soi qu'une lettre missive ne peut être invoquée par son auteur pour faire preuve de l'obligation d'autrui : nul ne peut se constituer un titre à soi-même (113). Mais l'auteur de la lettre peut avoir à démontrer que son adversaire, auquel la missive a été adressée, en a eu effectivement connaissance. C'est là un simple fait, dont la preuve est librement rapportée.

640. — **Les documents comptables des commerçants** enregistrent en quelque sorte l'histoire de l'activité des entreprises et conservent la trace de nombreux faits. Le Code civil a envisagé leur utilisation comme instruments de preuve, en des termes qui n'ont pas été affectés par la modernisation des textes du Code de commerce relatifs à la comptabilité des commerçants, opérée par la loi du 30 avril 1983 (114). Les articles 1329 et 1330 du Code civil envisagent un litige opposant un commerçant à un non-commerçant et règlent la force probante des documents comptables du commerçant :

> Art. 1329 : « Les registres des marchands ne font point, contre les personnes non marchandes, preuve des fournitures qui y sont portées, sauf ce qui sera dit à l'égard du serment ».
> Art. 1330 : « Les livres des marchands font preuve contre eux ; mais celui qui en veut tirer avantage ne peut les diviser en ce qu'ils contiennent de contraire à sa prétention ».

Ainsi, les livres de commerce ou autres pièces comptables (114-1) font preuve contre le commerçant (114-2), mais lui-même ne peut les invoquer en sa faveur. Le commerçant doit recourir aux modes de preuve normalement admis en matière civile (114-3). Toutefois, l'article 1329 du Code civil, en sa disposition finale, apporte un tempérament à cette règle en permettant au juge, si les énonciations des documents comptables lui paraissent de nature à étayer les allégations du

---

(113) Comp. Cass. com., 16 juillet 1965, *Bull. civ.*, III, n° 442, p. 402.

(114) C. com. art. 8 à 17. Décret d'application : n° 83-1020, du 29 novembre 1983.

(114-1) Il n'y a pas à distinguer les livres de commerce proprement dits des autres documents comptables, qu'ils soient obligatoires ou facultatifs : c'est la comptabilité en général qui est considérée comme instrument de preuve (C. com., art. 17, DE JUGLART et IPPOLITO, *Traité de croit commercial*, t. I, 4ᵉ éd. par DU PONTAVICE et DUPICHOT, 1988, n° 147).

(114-2) On admet généralement que le commerçant pourrait combattre cette preuve par tous moyens (PLANIOL et RIPERT, t. 7, n° 1490). — AUBRY et RAU, t. 12, § 757, p. 208). Mais un arrêt a décidé le contraire (Cass. com., 14 juin 1957, *Bull. civ.*, III, n° 187, p. 159).

(114-3) Les livres invoqués par le commerçant peuvent être retenus à titre de présomption à son profit lorsque ce mode de preuve est admissible selon le droit commun. Tel est le cas, par exemple, si le commerçant s'est trouvé dans l'impossibilité de se procurer une preuve écrite (Nancy, 9 octobre 1959, D. 1960, 90).

commerçant, de déférer le serment à l'une des parties au procès et de forger ainsi sa conviction ; bien qu'ils émanent du demandeur, les livres de commerce constituent donc en sa faveur un élément de preuve incomplet mais important (114-4).

Quant aux litiges opposant des commerçants entre eux, ils sont envisagés par le Code de commerce. La substance des dispositions de l'ancien article 12, aujourd'hui abrogé, a été reprise dans l'actuel article 17, dont le premier alinéa énonce :

> « La comptabilité régulièrement tenue peut être admise en justice pour faire preuve entre commerçants pour faits de commerce ».

« Faire preuve... » signifie que les documents considérés peuvent être retenus aussi bien contre leur auteur qu'en sa faveur (114-5). Le juge apprécie librement la force de conviction qui s'en dégage (114-6).

Reste le cas de la comptabilité dont la tenue ne respecte pas les règles légales et réglementaires. Selon l'article 17, alinéa 2 du Code de commerce :

> « Si elle a été irrégulièrement tenue, elle ne peut être invoquée par son auteur à son profit ».

Mais cette disposition est pratiquement sans portée, car le litige opposant, par hypothèse, deux commerçants, la liberté des preuves en matière commerciale permet au juge de puiser dans les documents irréguliers des présomptions de nature à déterminer sa conviction (115).

Le Code de commerce, dans ses anciens articles 15 à 17, s'était soucié d'organiser la représentation des livres de commerce ordonnée par le juge. Ces dispositions étaient remarquables à une époque où l'idée d'un « droit à la preuve » n'avait pas mûri. Depuis lors, l'évolution des conceptions sur le rôle des parties et du juge dans le procès a conduit à généraliser la possibilité de faire ordonner en justice la production d'éléments de preuve détenus par une partie ou un tiers (116). Devenues

---

(114-4) En considérant que les livres de commerce invoqués par le commerçant constituent un commencement de preuve permettant de déférer le serment supplétoire, le texte conduit à se demander si les livres pourraient valoir commencement de preuve par écrit rendant admissible les témoignages et présomptions. La doctrine dominante y est hostile, car, selon l'article 1347, le commencement de preuve par écrit doit émaner de celui à qui on l'oppose (BEUDANT et LEREBOURS-PIGEONNIÈRE, t. 9, n° 1235, p. 321, note 4. — PLANIOL et RIPERT, t. 7, n° 1490. — AUBRY et RAU, t. 12, § 757, note 4). Mais la jurisprudence est moins nette (V. notamment Cass. civ., 12 février 1941, D. A. 1941, 149).

(114-5) Par exemple, Cass. com., 17 mars 1981, *Bull. civ.* IV, n° 149, p. 117.

(114-6) Cass. com., 18 mars 1969, D. 1969, 514.

(115) Cass. req., 7 novembre 1923, D. P., 1924.1.22. — Cass. civ., 17 mars 1938, D. P., 1938.1.115, note MIMIN.

(116) V. *supra*, n°ˢ 587 et s.

largement inutiles, les règles spéciales de production des livres de commerce ont été supprimées par la loi du 30 avril 1983. Ce sont désormais les règles ordinaires, prévues par le Nouveau Code de procédure civile. qui sont applicables.

La loi a cependant maintenu une procédure spécifique : la communisation de la comptabilité. Il s'agit de mettre l'ensemble des documents comptables à la disposition de l'adversaire, qui pourra les consulter à sa guise. Redoutable, car elle lève le secret des affaires, elle n'est prévue que dans des hypothèses limitativement énumérées par le dernier alinéa de l'actuel article 17 du Code de commerce : les affaires de succession, communauté, partage de société et en cas de procédure collective de redressement et de liquidation d'entreprise. Ce sont des hypothèses où il y a lieu à la liquidation globale d'un patrimoine, ce qui implique une connaissance de la masse totale à partager (117). Mais, même dans ces cas, il est admis que le tribunal pourrait limiter la communication à une partie de la comptabilité (118).

641. — Les **registres et papiers domestiques** se définissent comme les écritures qu'une personne fait, sans y être tenue, pour conserver la trace des événements et spécialement des actes juridiques qui l'intéressent (119). Le caractère unilatéral de leur établissement et l'absence totale de règle concernant leur tenue expliquent qu'ils ne puissent faire preuve au profit de leur auteur ; toutefois, si la preuve par présomption est admissible, le juge peut y trouver des indices favorables à celui qui les a écrits.

En revanche, il est naturel que les registres et papiers domestiques puissent être invoqués contre celui qui les a tenus. Ils répondent le plus souvent à la définition du commencement de preuve par écrit (120) ; ils peuvent constituer des présomptions. De plus, dans deux hypothèses, l'article 1331 du Code civil y voit une preuve complète :

« ... 1⁰ dans tous les cas où ils énoncent formellement un paiement reçu ; 2⁰ lorsqu'ils contiennent la mention expresse que la note a été faite pour suppléer le défaut du titre en faveur de celui au profit duquel ils énoncent une obligation ».

---

(117) RIPERT et ROBLOT, *Traité de droit commercial*, t. I, 13ᵉ éd., 1989, n⁰ 446. De plus, en ces matières, ou les parties ont des droits égaux sur les documents considérés (cohéritiers, époux communs en biens...) ou le commerçant est dessaisi de l'administration de ses biens (procédures collectives) : DE JUGLART et IPPOLITO, par DU PONTAVICE et DUPICHOT, *op. cit.*, n⁰ 148.

(118) GOUBEAUX et BIHR, *op. cit.*, n⁰ 969.

(119) PLANIOL et RIPERT, t. 7, n⁰ 1492.

(120) C'est le seul rôle probatoire reconnu aux registres et papiers domestiques en matière de filiation légitime (C. civ., art. 324).

Leur force probante s'impose alors aux juges. Mais comme il ne s'agit pas d'actes instrumentaires, la preuve contraire n'est pas soumise aux dispositions de l'article 1341. De telle sorte que la simple démonstration d'une erreur de fait rend possible la rétractation de cet aveu écrit.

642. — Les **mentions libératoires portées sur un titre de créance** sont envisagées par l'article 1332 du Code civil. Deux hypothèses sont prévues.

On suppose d'abord qu'au lieu de donner quittance d'un paiement effectué, le créancier se borne à porter sur le titre originaire, qu'il conserve, mention de ce règlement. Cette mention, pourvu qu'elle soit manuscrite, fait preuve de la libération du débiteur, même si elle n'est ni datée ni signée. Mais la preuve contraire peut être librement faite par le créancier, car il ne s'agit pas d'une preuve littérale protégée par les restrictions à la preuve contre et outre les énonciations des actes.

Le second cas est celui où le créancier, au lieu de délivrer quittance régulière pour le paiement qu'il a reçu et sans remettre au débiteur le titre original (121), a porté sur le double du titre détenu par le débiteur mention du paiement effectué. La situation est analogue lorsque le créancier a fait figurer cette mention sur une quittance remise au débiteur à l'occasion d'un précédent paiement qui n'aurait été que partiel. Même non signée, la mention manuscrite fait preuve de l'extinction de la dette (122). A la différence de la première hypothèse visée par l'article 1332, il n'est pas certain que la preuve contraire puisse être librement rapportée, car cette inscription ne peut être considérée comme étant l'œuvre spontanée du créancier seul, agissant peut-être sous l'empire d'une erreur (123).

643. — Les **copies** méritent une attention particulière, notamment en raison des commodités que les développements de la technique offrent pour la reproduction des écrits. Cette évolution de la situation de fait s'est traduite par une prise en considération de certaines copies, en cas de destruction, même volontaire, du titre original (123-1). Dans

---

(121) Cette circonstance ferait preuve de la libération du débiteur, aux termes de l'article 1282 du Code civil. La présomption établie par ce texte est péremptoire, aussi bien en matière commerciale qu'en matière civile : Cass. com., 30 juin 1980, *Gaz. Pal.*, 1981.2.431, note DUPICHOT, D. 1953, 53, note PARLEANI, *Rev. trim. dr. com.*, 1981, p. 107, observ. CABRILLAC et RIVES-LANGE. Mais elle ne peut profiter au débiteur qui a souscrit une reconnaissance de dette distincte du titre primitif de créance qu'il a, on le suppose, désormais entre les mains : Cass. civ. 1re, 8 février 1984, *Bull. civ.*, I, n° 56, p. 47 ; *Rev. trim. dr. civ.*, 1985, 387, observ. MESTRE.

(122) Cass. civ. 1re, 13 décembre 1972, *Gaz. Pal.*, 1973. 1. 282, note PLANCQUEEL.

(123) PLANIOL et RIPERT, t. 7, n° 1495. — AUBRY et RAU, t. 12, § 758, note 27. — *Contra* : DEMOLOMBE, *Cours de Code Napoléon*, t. 29, n° 657.

(123-1) V. *supra*, n°s 605 et s.

l'hypothèse visée à l'article 1348, alinéa 2, du Code civil, les reproductions « fidèles et durables » valent comme indices étayant des présomptions. En revanche, si l'écrit original subsiste, les qualités techniques des copies demeurent sans portée. La règle de principe en la matière est toujours énoncée par l'article 1334 du Code civil :

> « Les copies, lorsque le titre original subsiste, ne font foi que de ce qui est contenu au titre, dont la représentation peut toujours être exigée ».

La solution est raisonnable : la copie, simple reproduction du titre, ne présente elle-même aucune garantie de conformité avec l'original (124). Elle peut toutefois paraître rigoureuse dans certains cas où la fidélité des copies semble fort probable.

Il en est ainsi des photocopies, qui permettent d'obtenir la reproduction exacte de l'original. Mais les procédés photographiques de reproduction se prêtent à des falsifications particulièrement faciles à réaliser et difficiles à déceler. Aussi comprend-on que la jurisprudence maintienne l'application de l'article 1334 aux photocopies (125).

Si la copie émane d'une administration, le risque d'infidélité est pratiquement exclu. Cependant, il est douteux qu'elle bénéficie d'une force probante que lui refuse l'article 1334 (126).

La certitude de conformité à l'original est encore plus grande lorsqu'elle a été certifiée par un officier public ou ministériel. Mais en l'état des textes, la jurisprudence ne paraît pas décidée à soustraire la copie certifiée conforme à la sévérité de l'article 1334 (127).

---

(124) Naturellement, il ne s'agit pas de copie mais d'original lorsque la signature des parties a été directement apposée sur un document dont le texte a été obtenu au moyen d'un procédé reprographique. En revanche, un document intégralement réalisé, y compris la signature, à l'aide d'un papier carbone, est une copie (Cass. civ. 1re, 17 juillet 1980, *Bull. civ.*, I, no 225, p. 182).

(125) Paris, 3 décembre 1947, J. C. P. 1948. IV. 124. — Montpellier, 30 janvier 1963, D. 1963. 665, note Lobin ; J. C. P. 1963. II. 13442, note P. L. — Cass. civ. 1re, 3 décembre 1963, D. 1964. 409, note Besson. — Trib. gr. inst. Seine, 3 décembre 1964, J. C. P. 1965. IV, éd. A. 4732. — Cass. civ. 1re, 8 décembre 1965, J. C. P. 1965. II. 14665, note J. A. — Cass. civ. 3e, 7 décembre 1971, *Bull. civ.*, III, no 603, p. 431 ; *Rev. trim. dr. civ.*, 1972. 394, observ. Loussouarn. — 15 mai 1973, *Bull. civ.*, III, no 346, p. 250. — Cass. civ. 1re, 7 octobre 1980, *Defrénois*, 1981, article 32579, note Vion ; D. 1981, 32. — Cass. civ. 2e, 23 novembre 1988, *Bull. civ.*, II, no 231, p. 125.

(126) La Cour de cassation a décidé que la production d'une copie délivrée par le receveur de l'enregistrement ne peut suppléer au défaut de représentation de l'original (Cass. req., 16 février 1926, D. P. 1927. 1. 89, note R. Savatier). Mais la Chambre sociale a jugé qu'au regard des formalités de l'article 1325 du Code civil, les droits de la partie qui avait déposé au bureau de l'enregistrement l'exemplaire original en sa possession étaient entièrement sauvegardés par la faculté de s'en faire délivrer copie (Cass. soc., 5 juin 1942, *Gaz. Pal.*, 1942. 2. 49, v. *supra*, no 624), ce qui laisse au moins planer un doute sur la force probante d'une telle copie. — Sur le cas des télégrammes, V. Goubeaux et Bihr, *op. cit.*, no 1140.

(127) Cass. civ. 1re, 29 mars 1965. J. C. P. 1965. II. 14234. — V. aussi Cass. civ. 1re, 29 décembre 1953, D. 1954. 126.

La législation actuelle fait sans doute montre d'une méfiance excessive. Que de sérieuses précautions s'imposent avant d'accueillir des copies comme preuves est indiscutable. Mais la dénégation systématique d'une quelconque force probante à toutes les copies sans distinction apparaît souvent aujourd'hui comme devant être porté au passif du système de légalité des preuves (127-1).

Encore ne faut-il pas exagérer la rigueur de la règle de l'article 1334. Son application est exclue en matière commerciale où les juges sont libres d'apprécier tous les éléments de preuve (128). Surtout, il n'appartient pas au juge de prescrire d'office la production de l'original (129). Il est nécessaire que celui qui entend se prévaloir de l'article 1334 invoque expressément cette disposition, ce qui revient à dire que jusqu'à ce moment la production d'une copie est suffisante (130). La reconnaissance, même tacite, de la fidélité de la copie fait perdre le droit d'exiger la production du titre originaire (131). De la sorte, il est très fréquent que les copies soient, en pratique, retenues comme preuves (132). Naturellement, elles ne peuvent valoir comme actes sous seing privé, mais comme indices fondant des présomptions ou en tant que commencements de preuve par écrit (132-1).

(127-1) Surtout si l'on devait analyser les documents sur papier obtenus en sortie d'ordinateurs comme des copies (Pour la discussion de cette qualification : LARRIEU, *Les nouveaux moyens de preuve : pour ou contre l'identification des documents informatiques à des écrits sous seing privé ? Lamy, droit de l'informatique*, nov. 1988, fasc. H, n° 18).

(128) Cass. com., 15 juillet 1957, *Gaz. Pal.*, *Tables quinquenn. 1956-1960*, v° *Preuve littérale*, n° 14.

(129) Cass. civ. 2e, 20 janvier 1960, *Bull. civ.*, II, n° 52, p. 33. — Il en résulte que si un écrit produit en photocopie est argué de faux, le juge ne peut pas, pour l'écarter, se contenter d'énoncer qu'il peut s'agir d'un montage photographique : en présence d'une contestation d'écriture, il doit vérifier l'écrit contesté comme s'il s'agissait d'un original, puisque c'est sur ce point que porte la contestation (Cass. civ. 1re, 9 juillet 1985, *Bull. civ.*, I, n° 217, p. 195 ; *Gaz. Pal.*, 1986. 1, somm. annot., p. 90, observ. CROZE et MOREL).

(130) Cass. civ. 1re, 30 avril 1969, D. 1969. 412 ; J. C. P. 1969. II. 16057, note M. A.

(131) Cass. civ. 1re, 21 avril 1959, D. 1959. 521, note MALAURIE ; S. 1960. 34, note PRÉVAULT. — Cass. civ. 3e, 21 novembre 1969, *Bull. civ.*, III, n° 762, p. 578.

(132) Il n'est pas impossible qu'un nouvel assouplissement soit apporté à l'article 1334 en exigeant que la demande de représentation de l'original soit formulée au début du procès *(in limine litis)*, faute de quoi on présumerait que celui à qui on oppose la copie en reconnaît la fidélité. Actuellement, seul le moyen de cassation tiré du défaut de représentation de l'original, étant mélangé de fait et de droit, est nouveau, donc irrecevable (Cass. civ. 2e, 5 janvier 1972 *Bull. civ.*, II, n° 4, p. 3).

(132-1) Cass. civ. 1re, 27 mai 1986, *Bull. civ.*, I, n° 141, p. 141 ; J. C. P. 1987.II.20873, note URIBARRI ; *Gaz. Pal.*, 1987, 1, somm. annot., p. 54, observ. CROZE et MOREL ; *Rev. trim. dr. civ.*, 1987, 765, observ. MESTRE.

644. — Quelques exceptions sont prévues au profit des copies d'actes authentiques. L'article 1335 du Code civil prévoit le cas où le titre authentique original n'existe plus (133). Sans qu'il soit exigé la démonstration de la destruction par cas fortuit de cet acte (134), les copies peuvent acquérir une certaine force probante. Elles font pleine foi au même titre que l'original dans quatre hypothèses. Il s'agit : 1° des grosses ou premières expéditions, 2° des copies tirées sur décision de justice, les parties étant présentes ou dûment appelées, 3° de celles tirées en présence des parties et avec leur consentement, 4° des copies tirées par l'officier public dépositaire de la minute depuis la délivrance des grosses ou premières expéditions sans qu'une décision judiciaire l'ait ordonné et sans le consentement des parties, mais à la condition que la copie ait plus de trente ans.

Les copies de moins de trente ans tirées sans l'autorité du magistrat ou sans le consentement de toutes les parties peuvent servir de commencement de preuve par écrit (135).

Quant aux copies de copies, elles peuvent seulement, selon les circonstances, être considérées comme simples renseignements. Elles ne sauraient donc être prises en considération que si la preuve par présomption est admissible (136).

Ces règles doivent être complétées par certains textes spéciaux qui reconnaissent parfois pleine force probante à d'autres copies d'actes authentiques (137).

Sous-section 2. — Les témoignages et les présomptions.

645. — La loi limite la recevabilité de ces modes de preuve, mais laisse le juge libre d'apprécier leur force probante.

La preuve testimoniale et la preuve par présomptions sont soumises aux mêmes règles de recevabilité tenant à la matière en litige (1). Étroitement assujettis au principe de légalité en ce qui concerne leur administration, ces deux modes de preuve en sont au contraire affranchis quant à la détermination de leur force probante qui dépend, dans chaque cas, de l'appréciation du juge.

---

(133) On admet que le texte ne vise que l'acte authentique conservé en minute (MARTY et RAYNAUD, *Introduction générale*, n° 239).

(134) Il suffit que le titre original ne se retrouve pas au lieu où il a dû être déposé (AUBRY et RAU, t. 12, § 760, note 3).

(135) Les deux autres hypothèses où, d'après l'article 1335, les copies valent commencement de preuve par écrit sont dépourvues de portée pratique. V. GOUBEAUX et BIHR, *op. cit.*, n° 1071.

(136) Cass. civ. 1re, 29 mars 1965, D. 1965. 474 ; J. C. P. 1965. II. 14234.

(137) Ainsi, selon la loi du 2 août 1949 qui permet la reconstitution des actes et archives détruits par suite des événements de guerre, toutes les expéditions délivrées par l'officier public compétent font foi comme l'original lui-même. De même, lorsqu'en vertu de l'article 1439 du Nouveau Code de procédure civile le président du tribunal de grande instance autorise la délivrance d'une seconde copie éxécutoire, on admet que cette dernière fait foi au même titre que l'original.

(1) *Supra*, n° 595 et s.

Cette attitude législative est compréhensible. La preuve testimoniale se définit comme celle qui résulte des déclarations faites par des personnes qui relatent ce qu'elles ont vu ou entendu. Le témoignage présente une infériorité certaine par rapport à la preuve littérale. Il y a le risque de déclarations mensongères, soit que les témoins manquent d'impartialité de leur propre chef, soit qu'ils aient subi les pressions exercées par une des parties. Mais surtout, le défaut majeur de la preuve testimoniale tient à sa nature même. Elle présente, en effet, un caractère nécessairement subjectif (2). Les qualités personnelles du témoin influent sur sa perception des événements. Généralement un délai non négligeable sépare le moment de cette perception et celui de la déposition, ce qui implique un appel à la mémoire plus ou moins fidèle du témoin. Avec le temps, les souvenirs s'appauvrissent ou, ce qui est peut-être plus redoutable, s'enrichissent par un travail mental inconscient. Enfin, il est demandé au témoin de traduire ses souvenirs par des mots et un nouveau risque de déformation en résulte ; risque d'autant plus sérieux que les questions posées au témoin pour obtenir de lui les indications utiles orientent et influencent l'expression du témoignage. Il est dès lors illusoire de chercher la sécurité, comme l'Ancien Droit avait cru pouvoir le faire, dans une étroite réglementation de la matière. Le juge doit avoir la plus grande liberté à l'égard des témoignages ; liberté que le législateur a seulement bridée en marquant l'infériorité de ce mode de preuve en face de la preuve écrite.

Quant aux présomptions dites du fait de l'homme, dont il est ici question, elles correspondent à un raisonnement du juge qui, de la constatation ou de la démonstration de certains faits, conclut à l'existence d'autres faits. Sans doute, le législateur use-t-il lui-même parfois du procédé en créant des présomptions légales. Le passage du connu à l'inconnu étant alors prédéterminé par la loi, échappe à l'appréciation du juge. Mais l'infinie variété des situations de fait ne permet pas de développer les présomptions légales au-delà de quelques hypothèses précises. Partout ailleurs, le crédit à accorder à des indices qui n'établissent pas directement le fait à prouver ne peut que dépendre de l'expérience, du bon sens ou de l'intuition du juge. Le fruit de ce raisonnement peut être une conviction complète. Il reste néanmoins qu'il ne s'agit que d'une plus ou moins grande probabilité. La preuve étant indirecte, plus le détour s'allonge, plus le risque d'erreur s'accroît. C'est ce qui explique que le législateur n'autorise pas toujours ce déplacement de l'objet de la preuve et lui préfère, quand c'est possible, la preuve écrite préconstituée.

En dépit des incertitudes inhérentes à leur nature même, les témoignages et les présomptions constituent, étant donné le caractère assez exceptionnel de l'aveu et du serment, les procédés ordinaires de démonstration des faits à défaut de preuve préconstituée. Leur importance pratique est donc considérable. Si les témoins sont, selon la célèbre formule de Bentham, « les yeux et les oreilles de la justice », le rôle des présomptions a connu un prodigieux essor grâce aux conquêtes scientifiques permettant de tirer des conclusions assez sûres d'indices autrefois inutilisables.

Ces traits généraux constituent l'essentiel des caractéristiques de

---

(2) Lévy-Bruhl, *La preuve judiciaire*, p. 145. — Gorphe, *La critique du témoignage*, thèse Paris, 1924 ; *L'appréciation des preuves en justice*, 1947. — Le Roy, *Le contrôle de l'aptitude au témoignage*, D. 1969, Chron. 175.

(3) *Supra*, nos 595 et s.

ces deux modes de preuve. Il suffira donc de quelques indications complémentaires sur chacun d'eux.

§ 1. — LES TÉMOIGNAGES

646. — Les textes du Code civil n'envisagent la preuve testimoniale que sous l'angle de la recevabilité (3). Aux limites ainsi fixées, s'ajoute d'ailleurs un contrôle de la pertinence de l'offre de preuve opéré par le juge (4). Quant à la force probante des témoignages, elle est laissée à la libre appréciation des magistrats (5).

Outre ces solutions qui constituent des pièces importantes du système général probatoire du droit civil, seules les règles relatives à la forme du témoignage et à son objet appellent quelques remarques (6).

647. — **Forme du témoignage.**

Le Nouveau Code de procédure civile distingue deux formes de témoignages, selon qu'ils sont écrits et faits par attestations ou oraux et recueillis par voie d'enquête.

Antérieurement, l'absence de réglementation des attestations écrites conduisait à n'accueillir celles-ci qu'avec circonspection, en y voyant plutôt des indices que de véritables témoignages (7). La réforme de la procédure doit changer cet état de choses, car certaines garanties sont désormais prévues : les personnes délivrant des attestations doivent remplir les conditions requises pour être entendues comme témoins (8) et les formes des déclarations écrites sont précisées (9). Il reste néanmoins qu'un

(4) *Supra*, nos 576 et s. — Pour des applications jurisprudentielles en matière de témoignages, V. GOUBEAUX et BIHR, *op. cit.*, nos 1185 et s.

(5) Pour des applications jurisprudentielles, *ibid.*, nos 1195 et s.

(6) En ce qui concerne les personnes admises à témoigner, il suffit de signaler l'existence de quelques restrictions. Le principe est que toute personne, quel que soit son sexe ou sa nationalité peut être témoin (Nouv. C. proc. civ., art. 205). Toutefois sont exclues les personnes indignes de témoigner en justice par suite de certaines condamnations pénales (v. C. pén., art. 42). L'exclusion de ces personnes du témoignage signifie d'ailleurs seulement qu'elles ne peuvent pas être entendues sous serment. Mais il reste possible de tenir compte de leurs déclarations à titre de renseignements, ce qui, étant donné le principe de libre appréciation de la force probante des témoignages, retire beaucoup d'importance à l'exclusion.

(7) Cass. civ. 2e, 23 mai 1955, *Bull. civ.*, II, no 288, p. 176. — 23 mars 1955, *Bull. civ.*, II, no 290, p. 177. — Cass. com., 8 novembre 1955, *Bull. civ.*, III, no 309, p. 263. — Cass. civ. 2e, *Bull. civ.*, II, no 3, p. 3.

(8) Nouv. C. proc. civ., art. 201.

(9) *Ibid.*, art. 202. — Les dispositions de ce texte ne sont pas prescrites à peine de nullité, de sorte que des attestations non conformes peuvent être prises en considération : il appartient au juge du fond d'apprécier souverainement si une telle attestation présente ou non des garanties suffisantes pour entraîner sa conviction : Cass. civ. 2e, 23 avril 1980, *Bull. civ.*, II, no 81, p. 60. — Cass. soc., 24 avril 1980, D. 1981, 92, note LÉGIER. — Cass. civ. 1re, 21 octobre 1980, *Bull. civ.*, I, no 262.

témoignage est souvent plus difficile à apprécier à travers un écrit que lors d'une déposition orale. C'est pourquoi le juge peut toujours procéder par voie d'enquête à l'audition de l'auteur d'une attestation (10).

Les témoignages oraux sont recueillis, en matière civile, au cours d'une procédure spéciale : l'enquête. Le Nouveau Code de procédure civile distingue deux modalités. *L'enquête ordinaire* (11) est en principe sollicitée par une des parties qui indique les faits dont elle entend rapporter la preuve et précise l'identité des témoins dont elle demande l'audition. Le juge qui ordonne l'enquête détermine les faits pertinents à prouver et convoque les témoins. Lorsque l'enquête est ordonnée d'office, le juge indique dans sa décision le nom des témoins à entendre ou fixe un délai aux parties pour faire connaître l'identité des témoins dont elles souhaitent l'audition. La seconde modalité est *l'enquête sur le champ*. L'article 231 du Nouveau Code de procédure civile permet au juge, à l'audience ou en son cabinet, ainsi qu'en tout lieu à l'occasion de l'exécution d'une mesure d'instruction, d'entendre sur le champ toutes les personnes dont l'audition lui paraît utile à la manifestation de la vérité. Quelle que soit la formule adoptée, les personnes citées sont tenues de déposer (12). Le juge entend les témoins séparément, en présence des parties ou celles-ci appelées. Il peut toutefois déroger à cette application du principe du contradictoire s'il l'estime nécessaire (13). Les témoins prêtent serment, ce qui permet de sanctionner pénalement les déclarations altérant sciemment la vérité. Ils ne peuvent lire aucun projet. Le juge dispose d'assez larges initiatives pour obtenir des éclaircissements utiles : il peut interroger les témoins sur des faits non mentionnés dans la décision prescrivant l'enquête, il peut entendre à nouveau les témoins, les confronter entre eux ou avec les parties, il peut procéder à l'audition en présence d'un technicien qui l'aidera à comprendre la portée des déclarations, il peut convoquer ou entendre d'autres personnes que celles qu'il avait initialement appelées si leur audition paraît utile à la manifestation de la vérité (14)... Les dépositions sont consignées dans un procès-verbal, à moins qu'elles soient recueillies au cours des débats lorsque l'affaire doit être immédiatement jugée en dernier ressort, auquel cas il est seulement fait mention du nom des témoins et du résultat de leurs dépositions dans le jugement.

Il convient de signaler que pour la preuve de certains faits, on se contente d'une enquête très simplifiée qui ne respecte pas les formes

---

p. 269 ; *Gaz. Pal.*, 1981.2.475, note J. M. — 29 avril 1981, *Bull. civ.*, I, n° 143, p. 118, — 6 mai 1981, *Bull. civ.*, I, n° 153, p. 126. — Cass. soc., 12 juin 1981, *Bull. civ.*, V, n° 548, p. 412. — Cass. civ. 3ᵉ, 7 janvier 1982, *Bull. civ.*, III, n° 6, p. 4. — Cass. soc., 10 février 1982, *Bull. civ.*, V, n° 81, p. 59. — Cass. civ. 2ᵉ, 21 avril 1982, *Bull. civ.*, II, n° 59, p. 41. — 23 janvier 1985, *Bull. civ.*, II, n° 20, p. 13 ; *Gaz. Pal.*, 1985, 1, panor. p. 93, observ. GUINCHARD. — Cass. soc., 12 juin 1986, *Bull. civ.*, V, n° 303, p. 233. — Cass. civ. 2ᵉ, 30 novembre 1988, *Bull. civ,*, II, n° 238, p. 129 ; *Gaz. Pal.*, 9 novembre 1989, somm. annot. v° *Preuve*, observ. CROZE et MOREL. — Cass. com., 7 novembre 1989, *Bull. civ.*, IV, n° 282, p. 191. — Cass. soc., 8 novembre 1989, *Bull. civ.*, V, n° 656, p. 395.

(10) *Ibid.*, art. 203. — V. BÉRAUD, *Du témoignage - Charybde à l'attestation ecrite-Scylla*, *Gaz. Pal.*, 1975, 2, doctr. 567.

(11) Nouv. C. proc. civ., art. 222 et s.

(12) *Ibid.*, art. 206. — Peuvent cependant s'y refuser les personnes qui justifient d'un motif légitime. Il en est ainsi des parents ou alliés en ligne directe de l'une des parties ou son conjoint, même divorcé *(Ibid.)*.

(13) *Ibid.*, art. 208. — Cette souplesse a été critiquée : WIEDERKEHR, *Le principe du contradictoire, à propos du décret n° 63-1122 du 17 décembre 1973*, D. 1974, chron. 95.

(14) Nouv. C. proc. civ., art. 213, 215, 218.

normales et n'est même pas toujours menée par un juge. Plusieurs personnes viennent devant le juge d'instance ou devant un officier public déclarer ce qu'elles savent du fait à prouver. De la concordance de ces déclarations il résulte que ce fait peut être tenu pour notoire. D'où le nom d'*acte de notoriété* donné à l'acte dressé pour relater ces déclarations. C'est donc la méthode selon laquelle les témoignages sont recueillis qui fait l'originalité de l'acte de notoriété. Mais les témoins n'ont pas la qualité de témoins judiciaires ; en cas de déclaration mensongère ils n'encourent pas les peines du faux témoignage mais engagent seulement leur responsabilité civile (15). Les actes de notoriété sont utilisés pour établir certaines situations familiales (16), notamment en matière successorale (17).

648. — Objet du témoignage. Cas du témoignage indirect.

L'objet du témoignage est toujours ce que le témoin a personnellement vu ou entendu. Lorsque cette constatation personnelle porte sur le fait discuté lui-même, il y a témoignage direct, dont l'admissibilité ne soulève évidemment aucune difficulté particulière. Mais sont encore recevables les témoignages indirects dans lesquels ce que le témoin a personnellement entendu est la déclaration d'une autre personne relatant ce qu'elle a constaté elle-même (18). Cependant, il faut que les propos relayés par le témoin n'émanent pas d'une personne frappée d'incapacité de témoigner (19). En revanche, bien que nul ne puisse être témoin dans sa propre cause (20), le témoignage indirect rapportant les dires d'une partie n'est pas irrecevable et il appartient aux juges d'en apprécier la valeur (21). Naturellement, il résulte de la

---

(15) PLANIOL et RIPERT, t. 7, n° 1513, note 3. — Dressés par le juge, les actes de notoriété font l'objet d'une appréciation préalable de la force de conviction qui se dégage des témoignages produits : si le juge estime ces témoignages insuffisants, il peut faire recueillir d'office par toute personne de son choix des renseignements sur les faits qu'il y a lieu de constater (Nouv. C. proc. civ., art. 1157).

(16) V. C. civ., art. 71, 72, 311-3. — M. A. GUERRIERO, *Les actes de notoriété après la réforme de la loi du 3 janvier 1972 sur la filiation*, Annales de l'Université des sciences sociales de Toulouse, t. XXI, fasc. 1 et 2, p. 226. — BARRIÈRE, *Le juge d'instance témoin du concubinage*, Gaz. Pal., 19 décembre 1989. doctr.

(17) DAGOT, *La preuve de la qualité d'héritier*. — V. SUCCESSIONS-LIBÉRALITÉS.

(18) Cass. civ., 23 octobre 1950, Gaz. Pal., 1950, 2, 424. — Cass. civ. 2e, 17 mars 1964, *Bull. civ.*, II, n° 257, p. 194. — 8 mars 1972, *Bull. civ.*, II, n° 66, p. 51. — 25 mai 1972, *Bull. civ.*, II, n° 155, p. 127.

(19) Cass. civ. 2e, 4 juin 1958, D. 1958. 510. — 29 janvier 1969, D. 1969. 295. — 19 novembre 1970, *Bull. civ.*, II, n° 312, p. 237. — 20 mars 1972, *Bull. civ.*, II, n° 88, p. 68.

(20) Cass. civ. 1re, 12 octobre 1959, *Bull. civ.*, I, n° 401, p. 333.

(21) Cass. civ. 2e, 16 juillet 1962, *Bull. civ.*, II, n° 593, p. 430. — 12 mai 1971, J. C. P. 1972. II. 17069, note VIDAL. — Cela ne signifie pas qu'il soit suffisant pour une partie de faire rapporter ses propos par autrui pour que ses déclarations soient

structure même du témoignage indirect que sa critique porte sur deux plans : celui de la réalité et de la fidélité de l'audition par le témoin indirect des propos qu'il rapporte et celui de la véracité de ce qui est affirmé par la tierce personne dont les dires sont rapportés.

Le témoignage indirect se distingue de la *preuve par commune renommée*, qui consiste en des témoignages sur une opinion répandue dans le public au sujet des faits litigieux (22). Alors que la personne dont les propos sont rapportés par un témoin indirect est identifiée, l'origine des informations recueillies n'est pas connue de façon précise dans la preuve par commune renommée : le déclarant se fait seulement l'écho de bruits incontrôlables qui se colportent de bouche à oreille. Le danger de tels témoignages est évident. Le bien-fondé de l'opinion relatée est invérifiable ; le déplacement de l'objet de la preuve est tel que les informations obtenues n'ont qu'un rapport vague avec le fait à prouver. C'est pourquoi la preuve par commune renommée n'est recevable qu'à titre tout à fait exceptionnel. Son admission est en réalité une sanction frappant celui contre lequel les faits seront tenus comme prouvés par ce moyen (23).

§ 2. — LES PRÉSOMPTIONS (24)

649. — Les diverses sortes de présomptions.

Le mot « présomption » est ambigu. Il n'est pas inutile de rappeler ses différentes significations.

---

ainsi indirectement accueillies comme témoignage alors qu'elles n'auraient pu l'être directement. En fait, les juges ne se fondent jamais exclusivement sur une telle preuve. Mais en plaçant la question sur le terrain de l'appréciation de la force probante et non sur celui de la recevabilité, la solution jurisprudentielle permet notamment de prendre en considération globalement les déclarations d'un témoin contenant à la fois un témoignage direct sur certains faits et la relation des dires d'une partie qui éclairent ces faits (VIDAL, note précitée).

(22) PICARD, *De la preuve par commune renommée*, thèse Paris, 1911, préface BARTIN.

(23) Il en est ainsi en cas de défaut d'inventaire par le tuteur des biens du pupille : le mineur devenu majeur peut faire la preuve de la valeur et de la consistance de ses biens par tous moyens, même la commune renommée (C. civ., art. 451. — V. LES PERSONNES, n° 419). D'autres hypothèses étaient prévues en matière de régimes matrimoniaux antérieurement à la loi du 13 juillet 1965 (V. GOUBEAUX et BIHR, *op. cit.*, n° 1177).

(24) DECOTTIGNIES, *Les présomptions en droit privé*, thèse Lille, 1949. — BARRAINE, *Théorie générale des présomptions en droit privé*, thèse Paris, 1942. — DUPICHOT, *Encycl. Dalloz. Répert. dr. civ.*, 2e éd., v° *Présomptions*. — BATIFFOL, *Observations sur la preuve des faits*, in *La preuve en droit*, études publiées par PERELMAN et FORIERS ; *Travaux du C. N. R. L.*, Bruxelles, 1981, p. 303 et s. — En matière pénale, v. Philippe MERLE, *Les présomptions légales en droit pénal*, L. G. D. J. 1970.

Il faut d'abord mettre à part ces présomptions légales dites « présomptions antéjudiciaires », qui ont pour rôle d'attribuer la charge de la preuve à un plaideur (25). Lorsque, par exemple, l'article 2268 du Code civil énonce : « la bonne foi est toujours présumée et c'est à celui qui allègue la mauvaise foi à la prouver », il détermine en quel sens le litige doit être tranché en cas de doute sur la bonne ou mauvaise foi. Ces solutions législatives peuvent s'expliquer par la conformité du fait allégué à la situation la plus fréquente (il n'est sans doute pas exagérément optimiste de penser que la bonne foi est plus répandue que la mauvaise foi), par la difficulté particulière de la preuve du fait en question (il est plus facile de démontrer la mauvaise foi que de prouver la bonne foi), souvent par des considérations de politique juridique tenant au fond du droit. De telles présomptions, en tout cas, ne sont pas des modes de preuve. Elles constituent plutôt des dispenses de preuve, en ce sens qu'elles imposent d'emblée au juge de tenir certains faits pour établis à défaut d'une démonstration contraire suffisante.

Cette catégorie particulière de présomptions étant écartée, il reste le mécanisme de déplacement de l'objet de la preuve décrit par l'article 1349 du Code civil :

> « Les présomptions sont des conséquences que la loi ou le magistrat tire d'un fait connu à un fait inconnu ».

La loi ou le magistrat : de là deux nouvelles catégories, les présomptions légales et les présomptions de fait, encore appelées présomptions du fait de l'homme ou présomptions judiciaires. Toutes deux mettent en œuvre le même mécanisme : une fois que certains faits sont prouvés, il en est tiré par un raisonnement l'existence d'un autre fait. La différence est que dans un cas le raisonnement est fait une fois pour toutes par le législateur et s'impose au juge, tandis que dans l'autre c'est le magistrat qui, à propos de l'espèce concrète qui lui est soumise, effectue personnellement le raisonnement (25-1).

Les présomptions légales ainsi entendues se subdivisent en présomptions simples et présomptions irréfragables. A la différence des secondes, les premières peuvent être combattues par la preuve contraire. Mais il faut bien préciser sur quoi porte cette preuve. Par hypothèse, pour que le mécanisme se déclenche, certains faits doivent être établis. Il est toujours possible de discuter l'existence de ceux-ci. Les preuves apportées par une des parties pour l'établir peuvent être détruites par celles de son adversaire, que la présomption soit simple ou irréfragable : si le point de départ manque, la présomption ne joue pas. C'est lorsque

---

(25) *Supra*, n° 582.

(25-1) Devèze, *Contribution à l'étude de la charge de la preuve en matière civile*, thèse Toulouse, 1980, dactyl., n° 357.

les faits qui sont à la base du système sont établis que la différence apparaît. Le passage du connu à l'inconnu, prédéterminé par la loi, est en principe définitivement acquis si la présomption est irréfragable ; seuls l'aveu judiciaire et le serment décisoire peuvent remettre en cause le résultat (26). Au contraire, il reste possible de démontrer que le fait que la loi répute établi n'existe pas en l'espèce, si la présomption est simple (27). Encore faut-il, dans ce dernier cas, qu'une véritable preuve soit rapportée pour mettre en échec la présomption ; le juge ne peut pas se borner à déclarer que les conséquences que la loi tire des faits qui ont été démontrés ne le satisfont pas.

Il est assez délicat de déterminer le caractère simple ou irréfragable d'une présomption légale. En une formule généralement critiquée, l'article 1352 alinéa 2 du Code civil pose un critère :

> « Nulle preuve n'est admise contre la présomption de la loi lorsque, sur le fondement de cette présomption, elle annule certains actes ou dénie l'action en justice, à moins qu'elle n'ait réservé la preuve contraire... ».

Si l'hypothèse de l'annulation de certains actes paraît claire, la mise en œuvre de cette directive ne va pas sans difficultés (28). Quant à la dénégation de l'action en justice, la formule n'a pas de signification précise discernable (29). C'est en définitive en scrutant la jurisprudence que le caractère des présomptions légales peut être précisé (30). Le rôle de la jurisprudence en la matière ne se borne d'ailleurs pas là et on lui doit la création de présomptions que l'on peut qualifier de « quasi légales » dont le fonctionnement est automatique, bien qu'aucun texte ne le prévoie (31).

---

(26) C. civ., art.1352.

(27) D'ordinaire, la preuve contraire est libre. Mais la loi (ou la jurisprudence) limite parfois les preuves admissibles, créant ainsi une catégorie intermédiaire entre les présomptions irréfragables et les présomptions simples ordinaires. Il a été proposé de désigner ces présomptions qui ne tolèrent que certaines preuves contraires « présomptions relatives » (DECOTTIGNIES, thèse précitée, n°s 56 et s.).

(28) Les exemples classiques sont les présomptions d'interposition de personnes ou de déguisement en matière de libéralités (V. SUCCESSIONS, LIBÉRALITÉS). Pour d'autres exemples, V. DUPICHOT, op. cit., n° 89.

(29) GÉNY, Science et technique en Droit privé positif, t. 3, p. 307, 308. — BEUDANT et LEREBOURS-PIGEONNIÈRE, op. cit., t. 9, par PERROT, n° 1294.

(30) On citera, à titre d'exemple, la présomption de libération du débiteur prévue par l'article 1282 du Code civil : v. Cass. com., 30 juin 1980, Gaz. Pal., 1981. 2. 431, note DUPICHOT ; D. 1982. 53, note PARLEANI ; Rev. trim. dr. com., 1981, p. 107, observ. CABRILLAC et RIVES-LANGE. — Pour d'autres illustrations, v. DUPICHOT, Encycl. Dalloz, Répert. dr. civ., 2ᵉ éd., vᵒ Présomptions, n° 91.

(31) Tel est le cas, par exemple, de la présomption de connaissance du défaut pesant sur le vendeur professionnel pour la mise en œuvre de la garantie des vices cachés (Cass. civ. 1ʳᵉ, 19 janvier 1965, D. 1965. 389. — Cass. com., 17 février 1965, D. 1965. 353. — Cass. civ. 1ʳᵉ, 28 novembre 1966, D. 1967. 99. — Cass. com., 14 janvier 1969, J. C. P. 1970. II. 16167, note PRIEUR. — 4 juin 1969, D. 1970. 51. — 27 octobre 1970, J. C. P. 1971. II. 16655, note P. L. — 27 avril 1971 et Cass. civ. 1ʳᵉ, 28 avril 1971, J. C. P. 1972. II. 17280, note BOITARD et RABUT. — Cass. soc., 20 février 1974, J. C. P. 1974. II. 17888, note J. GHESTIN. — MALINVAUD, La responsabilité

Ce sont les présomptions du fait de l'homme qui sont visées lorsqu'on envisage « la preuve par présomption » assimilée à la preuve testimoniale quant à sa recevabilité et à sa force probante. Alors que dans les présomptions légales le passage du connu à l'inconnu n'est pas nécessairement fondé sur l'idée de probabilité et peut être justifié par des motifs de politique juridique, le raisonnement du juge doit demeurer exclusivement sur le terrain probatoire. Seule une probabilité telle qu'elle ne laisse aucun doute dans l'esprit du magistrat quant à l'existence du fait en cause justifie que la preuve par présomption judiciaire soit retenue. Naturellement, cette conviction n'est acquise qu'après la discussion faite par les parties de tous les éléments de la preuve, qu'il s'agisse de l'existence des indices servant d'appui au raisonnement ou de la rectitude du raisonnement lui-même.

650. — Les indices.
Les indices d'où le juge peut inférer l'existence du fait en cause par présomption du fait de l'homme sont innombrables. Les constatations matérielles, les déclarations de personnes qui ne peuvent être entendues en qualité de témoins, tous les documents quelle qu'en soit la nature ou l'origine, peuvent fournir des renseignements, à condition seulement que les parties aient été en mesure de les discuter (32) et qu'aucune règle particulière ne s'oppose à leur prise en considération (33). Le juge peut rechercher lui-même des indices matériels en procédant à des vérifications personnelles (34) ; il peut tirer des renseignements des déclarations et de l'attitude des parties au cours d'une comparution personnelle (35) ; il peut confier à un technicien le récolement d'indices en le chargeant de procéder à des constatations (36) ou à une expertise (37). Le recours à un technicien peut d'ailleurs aider le juge dans le raisonnement qu'il mène pour tirer des conclusions à partir des éléments recueillis : la consultation (38) et l'expertise sont précisément

---

civile du vendeur à raison des vices de la chose, J. C. P. 1968. I. 2153 ; *La responsabilité civile du fabricant en Droit français*, Gaz. Pal., 1973. 2, doctr. 463. — J. Ghestin, *L'application des règles spécifiques de la vente à la responsabilité des fabricants et distributeurs de produits en droit français*, in *La responsabilité des fabricants et distributeurs*, 1975, p. 3 et s., spécialement p. 47 et s., nos 60 et s.
(32) V. *supra*, no 591.
(33) V. *supra*, nos 592 et s.
(34) Nouv. C. proc. civ., art. 179 et s.
(35) *Ibid.*, art. 184 et s.
(36) *Ibid.*, art. 249 et s.
(37) *Ibid.*, art. 263 et s.
(38) *Ibid.*, art. 256 et s. — V. une variante, de création judiciaire : la désignation d'un « amicus curiae » chargé d'éclairer les magistrats dans leur recherche d'une solution du litige (Paris, 6 juillet 1988, Gaz. Pal., 1988.2.699, note Laurin ; D. 1989, 341, note Laurin ; *Rev. trim. dr. civ.*, 1989, 138, observ. Perrot).

des procédures destinées à éclairer le magistrat sur des lois scientifiques ou des règles techniques. Mais c'est toujours au juge qu'il appartient de décider en définitive en fonction de sa propre conviction (39).

651. — Libre appréciation par le juge de la force probante des présomptions du fait de l'homme.

La force probante des présomptions du fait de l'homme dépend entièrement de la conviction personnelle du juge. Sa liberté d'appréciation n'est même pas limitée par l'article 1353 du Code civil qui énonce pourtant que le magistrat « ne doit admettre que des présomptions graves, précises et concordantes ». Pris à la lettre, ce texte interdirait au juge de former sa religion à partir d'un indice unique (40). Mais selon l'opinion dominante en doctrine et en jurisprudence, la formule légale est un simple conseil de prudence adressé au magistrat, qui demeure entièrement libre de son appréciation et peut se contenter d'un seul indice s'il lui paraît déterminant (41).

Sous-section 3. — L'aveu et le serment.

652. — L'aveu et le serment occupent une place particulière parmi les procédés de preuve. Leur régime, au moins pour certaines de leurs modalités, est en effet original, de telle sorte qu'on en vient parfois à se demander s'il s'agit encore de véritables preuves.

§ 1. — L'AVEU

653. — Définition. Distinction de l'aveu judiciaire et de l'aveu extra-judiciaire.

Selon la définition classique d'Aubry et Rau « l'aveu est la déclaration par laquelle une personne reconnaît pour vrai et comme devant être tenu pour avéré à son égard, un fait de nature à produire contre elle des conséquences juridiques » (1). Il y a un élément d'aveu dans la preuve

---

(39) V. *supra*, n° 609.

(40) On cite parfois en faveur de cette solution un arrêt de la chambre commerciale du 9 mai 1951 (D. 1951. 472). Mais la portée de cette décision est discutable : V. AUBRY et RAU, t. 12, § 766, p. 308, note 8 et J. NORMAND, *Le juge et le litige*, n° 344.

(41) Cass. civ. 2e, 6 janvier 1957, *Bull. civ.*, II, n° 47, p. 29. — 24 janvier 1964, D. 1964. 589. — Cass. civ. 3e, 12 avril 1972, *Bull. civ.*, III, n° 218, p. 156. — BEUDANT et LEREBOURS-PIGEONNIÈRE, t. 9, n° 1302. — PLANIOL et RIPERT, t. 7, n° 1547. — DUPICHOT, *op. cit.*, n° 30.

(1) AUBRY et RAU, t. 12, § 751, p. 91. — Cass. soc., 4 décembre 1958, *Bull. civ.*, IV, n° 1281, p. 983.

littérale : en apposant sa signature, une partie reconnaît la vérité des énonciations de l'acte qui lui sont défavorables. Mais cet élément se trouve absorbé dans un ensemble soumis à un régime propre. Aussi réserve-t-on le terme d'aveu aux « déclarations accidentelles, faites après coup, par lesquelles une partie laisse échapper la reconnaissance du fait ou de l'acte qu'on lui oppose » (2).

Le Code civil, dans l'article 1354, distingue d'entrée deux sortes d'aveu : l'aveu judiciaire, qui est fait devant le juge au cours de l'instance, et l'aveu extrajudiciaire qui est une déclaration faite en dehors de l'instance. Cette distinction est essentielle. L'aveu extrajudiciaire est librement apprécié par le juge ; s'il n'est pas contenu dans un écrit, il ne peut être retenu que dans les cas où l'article 1341 laisse toute latitude pour rapporter la preuve par n'importe quel moyen. Au contraire, l'aveu judiciaire est toujours recevable, même dans les matières où la preuve écrite est en principe exigée ; il « fait pleine foi contre celui qui l'a fait » (3) et s'impose au juge comme aux parties.

654. — Aveu judiciaire et aveu extrajudiciaire sont-ils de même nature ?

Ces profondes différences conduisent à se demander si les deux sortes d'aveu sont de même nature. La majorité de la doctrine se prononce pour l'affirmative. Judiciaire ou extrajudiciaire, l'aveu tire sa force du fait qu'il est une déclaration favorable à l'adversaire de celui qui l'émet : la meilleure explication d'une telle déclaration est qu'elle est conforme à la vérité. La plus grande autorité de l'aveu judiciaire tient seulement aux circonstances dans lesquelles il est donné, qui l'entourent de meilleures garanties (4).

Mais précisément, ces garanties sont-elles suffisantes pour justifier que la présomption de vérité qui s'attacherait à l'aveu judiciaire soit dotée d'une telle force ? Une autre analyse offre une explication plus convaincante (5). Lorsqu'au cours de l'instance où la question est débattue, un plaideur reconnaît les faits allégués contre lui par son adversaire, une concordance dans les prétentions des parties s'établit, qui exclut ces faits du litige puisqu'ils ne sont plus contestés. L'auteur d'un tel aveu est lié par sa manifestation de volonté unilatérale comme il le serait en cas d'acquiescement ou de désistement. Le juge ne peut exercer un contrôle sans statuer *ultra petita*, car la délimitation de l'étendue du litige faite par les parties s'impose à lui (6). L'aveu judiciaire tire donc son efficacité, non d'une présomption légale de conformité à la vérité, mais essentiellement des règles relatives à l'office du juge en matière civile. Au contraire, l'aveu extrajudiciaire, parce qu'il se situe en dehors de l'instance, est sans effet sur la définition de la matière litigieuse. Il n'est qu'un moyen pouvant entraîner la conviction du magistrat quant à la réalité du fait avoué.

---

(2) Planiol et Ripert, t. 7, n° 1563.
(3) C. civ., art. 1356.
(4) Beudant et Lerebours-Pigeonnière, t. 9, n°s 1304 et 1313. — Planiol et Ripert, t. 7, n°s 1562 et 1563. — Aubry et Rau, t. 12, § 751, p. 91 et 99. — Marty et Raynaud, *Introduction générale*, n° 246. — Legeais, thèse précitée, p. 94 et s.
(5) Chevallier, *La charge de la preuve, Cours de Droit civil approfondi*, Paris, 1958-1959, p. 110 et s.
(6) V. *supra*, n° 537.

Sans doute, le vocabulaire de la loi et de la jurisprudence n'est-il pas conforme à cette théorie, sans doute peut-elle être prise en défaut sur quelques points quand il s'agit d'expliquer un régime juridique qui, de toute façon, n'est pas parfaitement cohérent. Mais elle rend compte, mieux que toute autre, des particularités essentielles de l'aveu judiciaire.

Ce sont d'ailleurs les règles applicables à celui-ci qui méritent le plus d'attention, en raison de la portée considérable qui lui est attachée.

I. — L'aveu judiciaire.

655. — Analyse de l'aveu.

La première condition d'existence de l'aveu judiciaire est une déclaration émanant d'une partie ou de son représentant spécialement mandaté à cet effet (7). Il ne semble pas exigé que l'auteur de l'aveu se soit rendu compte que sa déclaration jouerait contre lui (8). En revanche, l'aveu n'est efficace que si celui qui l'émet a la capacité de disposer du droit litigieux (9).

Quant à son objet, l'aveu ne peut porter que sur un fait (10).

La déclaration est le plus souvent expresse. Mais, en dépit des réticences de la doctrine, il est possible de retenir des aveux implicites (11).

---

(7) C. civ., art. 1356. — Les avocats exerçant la fonction de postulation tiennent de leur mission pouvoir de représenter leur client, de l'engager par leurs aveux, sous réserve de l'exercice par celui-ci de la procédure de désaveu de son représentant (Cass. civ., 19 juillet 1965, *Bull. civ.*, I, n° 484, p. 363. — Cass. com., 21 novembre 1966, *Bull. civ.*, III, n° 439, p. 388. — Cass. civ. 3e, 30 avril 1969, *Bull. civ.*, III, n° 339, p. 260). Mais la reconnaissance d'un fait par un avocat dans sa plaidoirie n'est pas un aveu judiciaire (Cass. civ. 1re, 14 janvier 1981, *Bull. civ.*, I, n° 13, p. 10).

(8) Cass. req., 18 avril 1899, S. 1899. 1. 321, note WAHL. — Cette solution se comprend si l'aveu judiciaire opère délimitation du litige. Au contraire, si l'on considère que la force de l'aveu repose sur une présomption de conformité à la vérité parce que telle est la meilleure explication d'une déclaration défavorable à son auteur, il faudrait exiger que celui-ci ait eu conscience des conséquences qui s'attacheraient à ses dires (BEUDANT et LEREBOURS-PIGEONNIÈRE, t. 9, n° 1304. — AUBRY et RAU, t. 12, § 751, p. 91). — Aussi, cette exigence paraît-elle normale en cas d'aveu extrajudiciaire (Cass. soc., 7 mai 1951, *Bull. civ.*, III, n° 358, p. 253. — Cass. civ. 2e, 4 décembre 1953, *Bull. civ.*, II, n° 338, p. 209. — Cass. civ. 1re, 25 octobre 1972, *Bull. civ.*, I, n° 216, p. 187).

(9) Solution qui s'accorde certainement mieux avec l'idée de délimitation du litige qu'avec celle d'une présomption de vérité.

(10) La solution s'impose quelle que soit la théorie à laquelle on adhère : la règle de droit n'est pas matière de preuve (*supra*, n° 571) ; c'est, en principe, seulement la détermination par les parties des faits constituant la matière du litige qui lie le juge (*supra*, n° 537).

(11) Cass. civ. 1re, 27 décembre 1963, *Bull. civ.*, I, n° 570, p. 478. — Cass. civ. 3e, 11 décembre 1969, *Bull. civ.*, III, n° 830, p. 628. — Cass. com., 23 juin 1970, *Bull. civ.*, IV, n° 217, p. 188. — 24 novembre 1970, *Bull. civ.*, IV, n° 316, p. 277. — Cass. soc., 2 décembre 1970, *Bull. civ.*, V, n° 680, p. 554.

Pour être judiciaire, l'aveu doit être fait devant le juge, au cours de l'instance dans laquelle le fait avoué était en cause. L'aveu n'aurait pas le caractère judiciaire si le juge était incompétent quant à la matière du litige (12).

Il est certain que ces exigences rigoureuses se justifient mal dans l'analyse traditionnelle : pourquoi la présomption de vérité aurait-elle moins de force lorsque l'aveu a été fait au cours d'une autre instance (13) ? Les garanties seraient-elles moindres ? La vérité, une fois révélée, pourrait-elle être ensuite ignorée ? Le système s'explique au contraire rationnellement si l'aveu judiciaire n'est pas un véritable mode de preuve mais une exclusion de certains faits du litige en cours.

656. — L'aveu judiciaire est doué d'une efficacité toute spéciale.

Il peut toujours être retenu, même lorsqu'une preuve écrite est, en principe, exigée (13-1); par exception cependant, il peut être exclu en certaines matières dans lesquelles les parties ne sont pas entièrement maîtresses de l'étendue du litige (14).

L'aveu judiciaire fait pleine foi contre son auteur. Aucune preuve ne peut le combattre (15). Mais le fait avoué n'est établi qu'à l'égard de l'auteur de l'aveu et de ses héritiers ; l'aveu est inopposable aux tiers. Le juge n'a aucun pouvoir d'appréciation. Il lui appartient cependant de contrôler la pertinence du fait au regard de l'objet du litige et, éventuellement, d'interpréter un aveu dont le sens serait obscur.

657. — L'indivisibilité de l'aveu.

Il reste à préciser ce qui, dans l'aveu, fait foi contre son auteur. A ce sujet, l'article 1356 alinéa 3 du Code civil précise que l'aveu judiciaire ne peut être divisé contre celui qui l'a fait. Il faut supposer que l'aveu d'un fait est assorti de précisions complémentaires qui commandent les conséquences que l'on peut en tirer. La déclaration forme alors

---

(12) On admet généralement que l'aveu fait devant un juge territorialement incompétent a néanmoins valeur d'aveu judiciaire (BEUDANT et LEREBOURS-PIGEONNIÈRE, t. 9, n° 1306, p. 403, note 1. — PLANIOL et RIPERT, t. 7, n° 1564. — MARTY et RAYNAUD, *Introduction générale*, n° 247. — V. cependant les réserves émises dans AUBRY et RAU, t. 12, § 751, notes 14 et 24).

(13) Ne peut valoir aveu judiciaire une déclaration faite lors d'une précédente instance, même entre les mêmes parties (Cass. civ. 3e, 18 mars 1981, *Bull. civ.*, III, n° 58, p. 44) ; l'aveu fait au cours d'une instance de référé ne peut être invoqué comme aveu judiciaire dans l'instance au principal (Cass. civ. 1re, 14 mars 1950, D. 1950. 396. — Cass. civ. 3e, 9 octobre 1969, *Bull. civ.*, III, n° 626, p. 472). A propos du divorce, l'article 236 du Code civil précise que « les déclarations faites par les époux ne peuvent être utilisées comme moyens de preuve dans aucune autre action en justice ».

(13-1) Cass. civ. 1re, 28 janvier 1981, *Bull. civ.*, I, n° 33, p. 27.

(14) Ainsi en était-il en matière de divorce avant la loi du 11 juillet 1975.

(15) Sous réserve de la démonstration d'une erreur de fait. V. *infra*, n° 658.

un tout qu'il faut prendre en bloc, sans choisir les seuls éléments favorables à la prétention du demandeur. La mise en œuvre de cette règle est assez délicate.

L'indivisibilité de l'aveu s'applique lorsque les déclarations d'une partie constituent un ensemble unique. Elle ne joue pas en cas d'aveux distincts successifs. Mais il est souvent difficile de distinguer un aveu compliqué de déclarations complémentaires et une pluralité d'aveux. Il appartient aux tribunaux d'en décider d'après les circonstances de la cause. Déjà, à ce stade, le domaine de la règle de l'indivisibilité manque de certitude.

Étant admis que la déclaration considérée est unique, il faut encore distinguer l'aveu qualifié de l'aveu complexe. L'aveu est dit qualifié lorsque la reconnaissance d'un fait n'a lieu que sous certaines modifications qui en altèrent les caractéristiques et, par conséquent, ses effets : par exemple, la reconnaissance d'un emprunt, mais sans intérêts ; la reconnaissance d'un contrat de vente, mais avec indication d'un prix différent de celui qu'allègue l'autre partie... L'aveu est complexe quand son auteur, tout en reconnaissant le fait allégué par son adversaire, « articule un nouveau fait dont le résultat serait de créer une exception à son profit » (16). Or, si l'aveu qualifié est toujours indivisible, il n'en est pas ainsi pour l'aveu complexe : pour que joue la règle de l'indivisibilité, il faut qu'existe entre le fait principal allégué par l'adversaire et l'autre fait qui lui est joint dans l'aveu un lien suffisant de connexité (17). Mais un tel lien est susceptible de degrés. Les frontières de l'indivisibilité sont donc imprécises.

Traditionnellement, il est admis qu'est indivisible l'aveu par lequel une partie reconnaît sa dette, mais prétend s'en être libérée. Le paiement est, en effet, le dénouement normal de l'opération et sa suite naturelle. En revanche, est considéré comme divisible l'aveu d'une dette assorti de l'allégation d'une compensation, car il s'agit de prétendre à l'existence d'une créance différente, ce qui est un fait distinct qui n'est pas une suite naturelle de la première opération reconnue. Mais ceci n'est vrai que si les deux dettes ne sont pas connexes. Les cas d'allégation de remise de dette, de novation ou de résiliation sont controversés (18).

Lorsque la règle de l'indivisibilité de l'aveu judiciaire s'applique, elle signifie uniquement que l'adversaire ne peut pas se saisir d'une partie seulement de la déclaration pour prétendre n'avoir pas à faire la preuve du fait ainsi reconnu, alors que les restrictions contenues dans l'aveu ruinent les conséquences juridiques qui pourraient être tirées du fait avoué. Il ne suffit donc pas de reconnaître un fait pour que, nécessairement, toutes les autres allégations favorables à l'auteur

---

(16) AUBRY et RAU, t. 12, § 751, p. 101.
(17) Cass. civ. 1re, 11 mai 1971, *Bull. civ.*, I, n° 156, p. 130.
(18) V. GOUBEAUX et BIHR, *op. cit.*, n° 1300.

de la déclaration soient nécessairement retenues. Ainsi, lorsque le fait principal est démontré par d'autres moyens, la partie qui reconnaît un tel fait ne peut se prévaloir de cet aveu pour prétendre que sa déclaration sur un autre point en est inséparable (19). L'indivisibilité de l'aveu n'interdit pas de prouver l'inexactitude des déclarations complémentaires (20) ; cette inexactitude peut d'ailleurs résulter de la contradiction entre les énonciations de l'aveu ou d'invraisemblances assimilables à une véritable impossibilité (21).

658. — Irrévocabilité de l'aveu.

L'aveu judiciaire est irrévocable (22). Selon le dernier alinéa de l'article 1356 du Code civil, en effet,

> « il ne peut être révoqué, à moins qu'on ne prouve qu'il a été la suite d'une erreur de fait. Il ne pourrait être révoqué sous prétexte d'une erreur de droit ».

Cette irrévocabilité est indépendante d'une acceptation de l'autre partie (23). Elle ne cède que devant la démonstration d'une erreur de fait (23-1).

---

(19) Par exemple : Cass. civ. 1re, 6 décembre 1954, D. 1955. 256. — Cass. civ. 2e, 21 décembre 1954, D. 1955. 271. — Cass. civ. 1re, 30 mai 1956, *Bull. civ.*, I, no 212, p. 171. — 8 juillet 1957, *Bull. civ.*, I, no 308, p. 246. — Cass. soc., 20 février 1958, *Bull. civ.*, IV, no 273, p. 200. — 10 décembre 1959, *Bull. civ.*, IV, no 1234, p. 980. — Cass. civ. 3e, 5 mars 1974, *Bull. civ.*, III, no 97, p. 75. — Cass. civ. 1re, 23 juillet 1974, *Bull. civ.*, I, no 240, p. 205. — Cass. com., 18 février 1980, *Bull. civ.*, IV, no 81, p. 62.

(20) Cass. civ. 1re, 5 mars 1956, *Bull. civ.*, I, no 110, p. 90. — Cass. soc., 28 février 1962, *Bull. civ.*, IV, no 230, p. 166. — Cass. civ. 1re, 4 février 1981, *Bull. civ.*, I, no 45, p. 37. — La question de savoir par quels moyens la preuve de l'inexactitude des déclarations accessoires peut être rapportée est controversée. V. GOUBEAUX et BIHR, *op. cit.*, nos 1313 et 1314.

(21) Par exemple : Cass. civ. 1re, 13 mars 1956, *Bull. civ.*, I, no 128, p. 103. — Cass. civ. 2e, 31 mai 1958, D. 1958. 585. — Cass. civ. 1re, 17 juin 1968, *Bull. civ.*, I, no 172, p. 130. — 23 novembre 1977, *Bull. civ.*, I, no 435, p. 344.

(22) Ce principe se justifie aisément dans la théorie qui tire de l'aveu une présomption légale de vérité : une fois la réalité connue il ne peut être question de l'oublier. Il se comprend encore si l'on explique l'efficacité de l'aveu judiciaire par une concordance des dires des parties écartant le fait avoué du litige. En effet, à la différence d'une simple dénégation, l'aveu est une affirmation par laquelle l'auteur de la déclaration se lie. On peut alors invoquer une certaine analogie avec l'acquiescement, le désistement ou même la transaction (Comp. AUBRY et RAU, t. 12, § 751, note 34).

(23) Cass. civ. 3e, 26 janvier 1972, *Bull. civ.*, III, no 57, p. 42. — La solution s'impose si l'aveu est censé révéler la vérité. Elle se justifie encore dans la théorie concurrente : la conformité des prétentions des parties se réalise objectivement dès que la déclaration de l'auteur de l'aveu rejoint une allégation de l'adversaire (CHEVALLIER, *op. cit.*, p. 135 et s.).

(23-1) La révocation proprement dite de l'aveu peut être tacite et la démonstration de l'erreur de fait est admissible même en cause d'appel (Cass. civ. 1re, 17 mai 1988, *Bull. civ.*, I, no 144, p. 99).

La solution est difficilement compréhensible si l'on admet que l'aveu est censé exprimer la vérité parce que c'est l'explication la plus vraisemblable d'une déclaration défavorable à son auteur : le raisonnement ne vaut plus dès lors qu'une erreur a été commise sur les conséquences juridiques de l'aveu. Au contraire, la règle est logique si l'aveu opère une délimitation des faits du litige. Quand il y a concordance entre l'affirmation de l'auteur de l'aveu et l'allégation de son adversaire, peu importe le motif qui a inspiré le déclarant. Mais cette concordance n'existe pas s'il y a erreur sur l'objet même de l'aveu ; or l'aveu ne peut avoir pour objet qu'un fait et non une règle de droit (24).

La démonstration de l'inexactitude du fait avoué ne suffirait donc pas à remettre en question l'autorité de l'aveu. Il faut prouver l'erreur commise par l'auteur de la déclaration, c'est-à-dire l'ignorance par celui-ci de la situation véritable au moment où il a reconnu le fait. Cette erreur doit avoir trait à la situation elle-même exposée devant le juge et non aux suites juridiques plus ou moins préjudiciables qui s'attachent au fait avoué (25).

II. — L'aveu extrajudiciaire.

659. — L'aveu extrajudiciaire se rattache aux présomptions.

Tout aveu qui n'est pas émis devant le juge compétent au cours de l'instance dans laquelle le fait est en cause est un aveu extrajudiciaire. Il peut être contenu dans un écrit ou être rapporté par un témoin. Son régime juridique appelle peu d'observations. En effet, l'aveu extrajudiciaire est un mode de preuve qui se rattache à la catégorie des présomptions du fait de l'homme (25-1). D'un fait établi, la déclaration de l'auteur de l'aveu, résulte une probabilité plus ou moins grande, qu'il appartient au juge d'apprécier, de la réalité du fait avoué. Dès lors, la force probante qui se dégage d'un tel aveu dépend entièrement de la conviction du juge. Il en résulte que l'aveu extrajudiciaire peut être divisé si le magistrat s'estime convaincu par une partie de la déclaration mais non par les affirmations complémentaires qui en modifient la portée. Quant à la rétraction de cet aveu, elle aura les suites que le juge décidera de lui donner, en appréciant quelle valeur ont, pour former sa conviction, respectivement l'aveu et sa rétraction (26). Enfin, comme l'aveu extra-

---

(24) CHEVALLIER, *op. cit.*, p. 139 et s.

(25) Pour des exemples d'erreur de fait, V. GOUBEAUX et BIHR, *op. cit.*, n° 1328.

(25-1) Comme toutes les preuves, l'aveu extrajudiciaire a pour objet un fait. Il n'est pas admissible s'il porte sur des points de droit (Cass. civ. 3e, 9 décembre 1987, D. 1989, I. R., 34, observ. ROBERT. — 27 avril 1988, D. 1989, 275, note BEIGNIER. — 22 mars 1989, *Bull. civ.*, III, n° 72, p. 40, arrêts faisant application du principe à la preuve d'une servitude de passage. Pour la discussion de cette solution, (V. BEIGNIER, note précitée ; ZÉNATI, observ. *Rev. trim. dr. civ.*, 1989, 589).

(26) AUBRY et RAU, t. 12, § 751, note 66.

judiciaire n'est, en lui-même, qu'une présomption, l'article 1355 du Code civil énonce :

« l'allégation d'un aveu extrajudiciaire purement verbal est inutile toutes les fois qu'il s'agit d'une demande dont la preuve testimoniale ne serait point admissible ».

Il ne bénéficie donc pas des règles privilégiées de recevabilité qui s'appliquent à l'aveu judiciaire. Dans les matières où la preuve littérale est exigée, l'aveu extrajudiciaire ne peut être retenu que s'il a pour support un écrit avec lequel son régime se confond alors.

§ 2. — LE SERMENT

660. — Définition.

Le serment est la déclaration par laquelle un plaideur affirme, d'une manière solennelle et devant le juge, la réalité d'un fait qui lui est favorable (27). Lui donner effet est une dérogation remarquable au principe interdisant de se constituer unilatéralement un titre à soimême (28). Une solution aussi exorbitante s'explique par l'origine religieuse du serment. Dans un système juridique laïcisé, il reste l'appel solennel à la conscience de l'individu (29) et la garantie que peut constituer la crainte des sanctions pénales édictées par le législateur contre l'auteur d'un faux serment (30).

De même qu'il existe deux sortes d'aveu aux effets très différents, il faut distinguer deux catégories de serment : le serment décisoire et le serment supplétoire.

I. — *Le serment décisoire.*

661. — Mécanisme.

Le serment décisoire est celui dont la prestation est demandée à une

---

(27) A côté de ce serment probatoire existe le serment promissoire qui est la déclaration par laquelle une personne s'engage à accomplir le mieux possible la mission ou l'acte qui lui est demandé ; c'est le serment que prêtent les jurés, les experts, les témoins... Sur le serment judiciaire en général, H. CAPITANT, *Le serment judiciaire*, *Bull. soc. études législ.*, 1920, 206. — H. LÉVY-BRUHL, *La preuve judiciaire*, p. 85 et s.

(28) Cass. com., 15 février 1965, *Bull. civ.*, III, n° 123, p. 105. — 16 juillet 1965, *Bull. civ.*, III, n° 442, p. 402. — Cass. civ. 3e, 12 janvier 1968, *Bull. civ.*, III, n° 21, p. 17. — Cass. soc., 23 novembre 1972, *Bull. civ.*, V, n° 651, p. 592.

(29) « La véritable garantie contre le parjure réside dans la conscience de l'homme, et non dans les solennités accessoires qui n'ajoutent aucune force réelle à l'acte solennel du serment » (Cass. civ., 3 mars 1846, D. P. 1846. 1. 103 ; S. 1846. 1. 193). En effet, la loi n'impose aucun rite ni aucune formule déterminée.

(30) C. pén., art. 366.

partie par son adversaire. Plus qu'un mode de preuve, c'est un moyen de clore la contestation. En effet, le mécanisme est le suivant.

Un des plaideurs allègue à l'appui de sa prétention un fait qu'il ne peut démontrer. Il choisit alors de s'en remettre à la conscience de son adversaire en mettant celui-ci au défi de jurer que le fait n'existe pas. Celui à qui le serment est ainsi déféré a le choix entre trois attitudes. Convaincu de la justesse de sa cause ou, dans le cas contraire, courant le risque d'un parjure, il prête serment et gagne du même coup le procès. Ou bien, reculant devant un parjure, il refuse de prêter serment et il succombe. Ou bien encore, il réfère le serment à celui qui le lui avait déféré, c'est-à-dire que, retournant le défi, il demande à la partie adverse de jurer que le fait allégué par elle est bien exact (31). Dans le cas où le serment a été référé, la situation ne comporte plus que deux issues : soit que la partie à qui le serment a été référé le prête et elle triomphe, soit qu'elle se récuse et elle perd.

662. — Nature juridique de la délation du serment.

La doctrine classique et la jurisprudence voient dans la délation du serment une sorte de transaction : une partie offre de renoncer à sa prétention si l'autre partie consent à affirmer sous serment que le fait allégué sur lequel est fondée cette prétention est inexact (32).

Cette analyse est fort artificielle. Curieuse convention dans laquelle il est bien difficile de voir un échange de consentements : la volonté de celui à qui le serment est déféré n'est pas libre puisqu'il ne peut se borner à ignorer « l'offre » qui lui est faite et qu'il doit entrer dans le jeu de son adversaire. Curieuse transaction dans laquelle il est impossible de caractériser des concessions réciproques : le plaideur qui défère le serment offre bien d'abandonner sa prétention, mais comme par hypothèse il n'était pas en mesure de faire la preuve qui lui incombe, sa demande aurait été rejetée. D'ailleurs, psychologiquement, la délation du serment est faite dans l'espoir de provoquer un refus (33), ce qui est pour le moins paradoxal lorsqu'on prétend voir dans l'institution une convention.

Il est sans doute plus exact de considérer que le serment décisoire constitue un correctif aux règles de la charge de la preuve (34). Lorsqu'entre l'allégation et la contestation d'un fait aucune preuve décisive ne permet de trancher, le demandeur, sur qui pesait la charge de la preuve, perd son procès. Cette solution est cependant largement arbitraire. On comprend qu'une dernière chance soit offerte à celui qui est ainsi victime de l'attribution du risque de la preuve : en appeler à la conscience de son adversaire.

Néanmoins, la jurisprudence reste fidèle à l'analyse traditionnelle et tire de l'assimilation du serment décisoire à la transaction de nombreuses conséquences qui, d'ailleurs, ne sont pas toujours très heureuses.

---

(31) Cette dernière possibilité toutefois est exclue lorsque le fait sur lequel doit porter le serment n'est pas commun aux deux parties, mais est purement personnel à celui auquel le serment est déféré (C. civ., art. 1362).

(32) Cass. civ., 28 février 1938, D. C. 1942. 99, 1re esp., note G. HOLLEAUX.

(33) CHEVALLIER, cours précité, p. 138 et s.

(34) *Ibid.*

663. — Domaine de la délation du serment.

Le serment décisoire ne peut être déféré que par l'une des parties à l'autre. La capacité requise pour déférer le serment est celle qui est exigée pour pouvoir transiger (35).

Quant à l'objet du serment réclamé, il ne peut être qu'un fait personnel au plaideur à qui le serment est déféré (36). Toutefois, le créancier dont le débiteur est décédé peut déférer le serment, alors appelé serment de crédulité, à la veuve et aux héritiers de celui-ci pour qu'ils aient à déclarer s'ils ne savent pas que la chose soit due (37). Par extension de cette règle, la jurisprudence admet que le serment peut être déféré à une personne morale, par l'intermédiaire de son représentant légal (38).

Il faut encore que le fait sur lequel porte le serment soit pertinent (39). En effet, selon l'article 1357 du Code civil, le serment est déféré par une des parties « pour en faire dépendre le jugement de la cause » ; sa délation n'est donc possible qu'autant qu'elle est de nature à terminer le litige, ce qui implique que de l'existence ou de l'inexistence du fait en cause résulte la solution du litige. Il appartient au juge d'apprécier la pertinence des faits sur lesquels une partie prétend déférer le serment ; s'il estime ces faits non pertinents, il refusera la délation du serment.

En principe, le serment peut être déféré devant toutes les juridictions du fond, qu'elles soient de droit commun ou d'exception (40) et dans

---

(35) Sur cette capacité, V. PERSONNES.

(36) C. civ., art. 1359.

(37) C. civ., art. 2275, al. 2. — Il est admis que ce serment peut intervenir non seulement pour combattre les courtes prescriptions fondées sur une présomption de paiement (sur celles-ci, V. OBLIGATIONS) mais à propos de toutes contestations. Mais si le serment est déféré au tuteur de l'héritier mineur il ne peut être déféré que pour combattre une courte prescription.

(38) Cass. soc., 28 juin 1957, D. 1957. 711. — 3 mars 1966, *Bull. civ.*, IV, n° 248, p. 214. — Paris, 12 mars 1966, J. C. P. 1966. II. 14747. — Cass. soc., 30 novembre 1966, *Bull. civ.*, IV, n° 903, p. 755. — Paris, 29 octobre 1968, J. C. P. 1968. II. 15677, note P. L. — Colmar, 10 octobre 1969, J. C. P. 1970. II. 16169, note J. A. — Cass. com., 22 novembre 1972, D. 1973. 256. — Cass. soc., 30 janvier 1974, *Bull. civ.*, V, n° 80, p. 71. — Le représentant de la personne morale, comme toute personne investie d'un mandat de représentation en justice, ne peut déférer ou référer le serment sans justifier d'un pouvoir spécial (Nouv. C. proc. civ., art. 322).

(39) Sur la pertinence, *supra*, n° 576.

(40) La question de savoir si le serment décisoire est admissible en référé est cependant discutée (V. SEIGNOLLE, *De l'évolution de la juridiction des référés*, J. C. P. 1954. I. 1205. — CÉZAR-BRU, HÉBRAUD et SEIGNOLLE, *Traité théorique et pratique des référés et ordonnances sur requêtes*, t. 1, p. 113. — RAYNAUD, observ. *Rev. trim. dr. civ.*, 1950. 554. — Toulouse, 28 juin 1950, *Gaz. Pal.*, 1950. 2. 184. — Aix, 7 mai 1951, J. C. P. 1951, éd. A. IV, 1679, observ. MADRAY. — Aix, 13 avril 1953, J. C. P. 1953, éd. A. IV. 2155, observ. MADRAY). On admet encore que devant les juridictions répressives la partie civile ne peut déférer le serment quant à la matérialité des faits (Crim., 17 décembre 1921, D. P. 1923. 1. 178, note A. H.).

tous les litiges, alors même que la contestation excéderait 5 000 F et qu'il n'existerait aucun commencement de preuve (41). Toutefois, malgré les termes très généraux de l'article 1358 du Code civil, il existe certaines restrictions à l'admissibilité du serment décisoire. Le procédé n'est pas utilisable à l'encontre des énonciations d'un acte authentique qui correspondent aux constatations personnelles que l'officier public a faites dans l'exercice de ses fonctions. De plus, il est impossible d'y recourir dans les causes qui ne peuvent faire l'objet d'une transaction.

664. — Suites de la délation du serment.

La délation du serment a pour conséquence d'ouvrir l'option précédemment décrite (42).

Si le serment est prêté, il fait pleine foi contre celui qui l'a déféré (ou référé). Comme il porte nécessairement sur un fait de nature à mettre fin au litige, il entraîne le gain du procès pour celui qui l'a prêté. Non seulement la force probante du serment décisoire s'impose au juge de façon telle qu'il n'a aucun pouvoir d'appréciation à cet égard, mais, selon l'article 1363 du Code civil, lorsque le serment a été fait, l'adversaire n'est pas recevable à en prouver la fausseté. En effet, en déférant ou référant le serment, un plaideur renonce à rechercher de nouvelles preuves et prend le risque du parjure de son adversaire. Cette règle n'empêche pas d'exercer des poursuites pénales contre l'auteur du faux serment. Mais ces poursuites ne peuvent être intentées que par le Ministère public : interprétant strictement l'article 1363, la jurisprudence interdit au plaideur condamné par suite de la prestation de serment de son adversaire de se constituer partie civile devant la juridiction répressive (43). Toutefois, à supposer que sur l'action exercée par le Ministère public le parjure soit condamné, le plaideur qui a succombé devant la juridiction civile peut remettre en cause cette décision par la voie du recours en révision (44). Il faut encore ajouter que le carac-

---

(41) Cass. civ. 2e, 4 mai 1957, J. C. P. 1957, éd. A. IV. 2995. — 18 juin 1958, *Bull. civ.*, II, no 435, p. 290.

(42) *Supra*, no 661.

(43) Cass. crim., 21 avril 1834, S. 1835. 1. 119. — 7 juillet 1843, S. 1844. 1. 36. — Dijon, 6 juillet 1928, D. H. 1928, 550. — Trib. corr. Bordeaux, 19 juin 1952, D. 1953. 50.

(44) Nouv. C. proc. civ., art. 595, 4o. Il s'agit d'une innovation de ce texte. Antérieurement, il était admis que la requête civile, à laquelle a été substitué le recours en révision, ne pouvait être utilisée pour revenir sur une décision rendue sur la foi d'un serment ultérieurement reconnu faux. La réforme opérée par le Nouveau Code de procédure civile conduit à mettre en doute une autre solution traditionnelle : l'adversaire du plaideur condamné pour faux serment ne pouvait pas réclamer (par la voie civile) des dommages-intérêts en réparation du préjudice que cette infraction lui avait causé.

tère définitif du serment a pour conséquence que l'appel contre le jugement intervenu est irrecevable (45).

En énonçant que le serment ne forme preuve que contre celui qui l'a déféré ou référé, et contre ses héritiers ou ayants cause, l'article 1365 du Code civil pose le principe de la relativité des effets du serment. Mais le même texte prévoit des aménagements particuliers en cas de solidarité et de cautionnement (46).

Les solutions symétriques sont applicables en cas de refus de prêter serment : c'est à l'adversaire, qui avait déféré ou référé le serment, qu'est adjugé le gain du procès (46-1).

II. — Le serment supplétoire.

665. — Moyen d'instruction à la disposition du juge, à condition qu'existe déjà un commencement de preuve.

Le serment supplétoire est déféré par le juge. C'est un moyen d'instruction réservé à son usage. Il se différencie donc profondément du serment décisoire. Sans doute permettent-ils l'un et l'autre d'obtenir d'un plaideur, sous la menace des peines du faux serment, qu'il participe à la manifestation de la vérité. Mais si le serment décisoire, qui a pour résultat de mettre un terme au litige, lie le tribunal, le serment supplétoire ne vise qu'à éclairer le juge sur les circonstances de la cause, ce qui laisse intact son pouvoir de décision.

Simple moyen destiné à compléter la conviction du juge, le serment supplétoire ne peut permettre d'éluder la réglementation des preuves, tant en ce qui concerne les modes de preuve admissibles et leur force probante que les principes gouvernant la charge de la preuve. C'est pourquoi l'article 1367 du Code civil n'autorise le juge à déférer le serment qu'à une double condition :

« ... 1° que la demande ou l'exception ne soit pas pleinement justifiée; 2° qu'elle ne soit pas totalement dénuée de preuve ».

Si la preuve est déjà faite, le juge ne peut, par un excès de scrupule, en appeler en outre à la conscience d'un plaideur ; il en est de même si aucun élément de conviction n'est fourni, la solution du procès dépen-

---

(45) Cass. civ. 1re, 14 mars 1966, D. 1966. 541 ; J. C. P. 1966. II. 14614, note J. A. ; *Rev. crim. dr. civ.*, 1966. 595, observ. RAYNAUD.

(46) Sur ces dispositions, V. GOUBEAUX et BIHR, *op. cit.*, nos 1425 et s.

(46-1) Sur l'hypothèse d'un refus implicite de prêter serment (le plaideur ne s'étant pas présenté à des audiences successives pour des motifs divers) : Cass. soc., 7 mai 1981, *Bull. civ.*, V, n° 408, p. 305 ; *Rev. trim. dr. civ.*, 1982, 205, observ. PERROT.

dant alors seulement de l'attribution de la charge de la preuve. Le serment supplétoire ne peut donc être déféré que s'il existe un commencement de preuve rendant la prétention vraisemblable. Lorsque le fait en cause peut être prouvé par tous moyens, peu importe la nature des éléments de preuve fournis, pourvu qu'il en existe. En revanche, dans les matières où la preuve littérale est exigée, il faut un commencement de preuve par écrit (47).

C'est au tribunal seul qu'il appartient d'apprécier l'opportunité de déférer le serment supplétoire à l'une ou l'autre partie (48). Il n'est pas nécessaire que les faits sur lesquels il est ainsi demandé à un plaideur de jurer lui soient personnels ; il suffit qu'il ait connaissance des faits en cause (49).

La force probante du serment supplétoire, que celui-ci ait été prêté ou refusé, est souverainement appréciée par les juges. Aucun obstacle particulier ne s'oppose à l'appel contre le jugement qui a statué après délation de ce serment. L'article 1363 du Code civil, enfin, qui interdit à l'adversaire de celui qui a prêté serment d'en prouver la fausseté, ne s'applique pas au serment supplétoire.

666. — Le serment estimatoire.

L'article 1369 du Code civil prévoit une variété particulière de serment supplétoire : le serment estimatoire ou *in litem*. Lorsque, le principe de la demande étant fondé, le montant de la condamnation reste à déterminer, le juge peut déférer le serment au demandeur sur la valeur de la chose réclamée s'il est impossible de constater autrement cette valeur. Le texte prévoit que le juge fixe la somme jusqu'à concurrence de laquelle le demandeur sera cru sur son serment.

(47) Le commencement de preuve par écrit doit répondre aux conditions de l'article 1347. Par exception, toutefois, les livres de commerce peuvent constituer au profit de celui qui les a tenus un commencement de preuve autorisant le juge à déférer le serment supplétoire (C. civ., art. 1329).

(48) Parfois la loi fixe elle-même à quelle partie le serment doit être déféré. Ainsi, lorsque le commerçant refuse de représenter ses livres, le juge peut déférer le serment à l'autre partie (C. com., art. 17).

(49) Cass. req., 14 février 1898, D. P. 1898. 1. 112.

CHAPITRE III

LES OBLIGATIONS NATURELLES

667. — Défaillances de la sanction des règles juridiques. Le cas des obligations naturelles ne donnant pas lieu à action en justice.
« La sanction émanée de l'autorité sociale constitue le caractère typique du système juridique » (1). Elle permet de distinguer la norme de droit d'autres règles de conduite, en particulier des directives d'ordre moral (2). L'observation est exacte *dans la plupart des cas,* mais elle ne peut être prise à la lettre d'une façon absolue (3).

Le droit public, constitutionnel ou international, fournit maints exemples de règles non sanctionnées, faute d'une autorité capable d'imposer des mesures coercitives (4). Une telle situation est plus rare en droit privé, car généralement les normes sont créatrices de droits subjectifs, lesquels seraient dépourvus d'efficacité s'ils ne bénéficiaient pas de la sanction de l'autorité publique.

Cependant, cette affirmation doit être nuancée. Si l'on se place d'un point de vue pratique, force est de constater que le respect d'un certain nombre de règles de droit privé n'est pas assuré. La mise en œuvre de la sanction étatique suppose l'exercice d'une action en justice (5). Or il est des cas où le recours aux tribunaux, théoriquement possible, n'a, en fait, jamais lieu. Les règles juridiques ne prennent vie qu'au prix d'un minimum d'accord du corps social et celui-ci fait parfois défaut. Quand l'écart avec l'état des mœurs ou les données économiques est trop grand, personne ne prend l'initiative qui serait nécessaire pour déclencher la sanction prévue par la loi. Il en est ainsi parfois lorsque l'objectif visé par la règle est tellement en avance sur l'évolution de

---

(1) Weill, *Introduction générale,* 3ᵉ éd., nᵒ 390.
(2) Roubier, *Théorie générale du droit,* 2ᵉ éd., nᵒ 5.
(3) Marty et Raynaud, *Introduction générale,* nᵒ 34. — Weill et Terré, *Introduction générale,* 4ᵉ éd., nᵒ 12.
(4) A l'inverse, d'ailleurs, une norme juridique peut établir des sanctions sans créer de droits correspondants. Il en est ainsi en matière pénale. V. Chambon, *Pour une saine interprétation du Code de la route,* J. C. P. 1973. I. 2526 ; notes sous Cass. crim., 10 octobre 1972, J. C. P. 1973. II. 17319 ; Cass. crim., 10 avril 1973, J. C. P. 1974. II. 17601 ; Colmar, 26 novembre 1974, D. 1975. 415.
(5) *Supra,* nᵒˢ 518, 519.

la société qu'il se révèle inaccessible (6) ou lorsqu'au contraire la règle est dépassée et fait figure de vestige de temps révolus. Surtout, il n'est pas rare que la sanction de certaines normes soit en fait paralysée par le manque de moyens matériels d'investigation ou de contrôle, de sorte que l'action en justice ne peut être efficacement exercée par ceux qui en sont investis (7).

Du moins, en de pareilles hypothèses, la règle juridique est-elle encore théoriquement assortie d'une sanction étatique et ce sont seulement des obstacles de fait qui s'opposent à sa mise en œuvre. Mais il est d'autres cas où l'action en justice est même refusée *en droit* : la sanction n'est pas seulement inefficace, elle n'existe pas. S'agit-il alors de véritables règles juridiques ? La question se pose avec acuité pour une catégorie particulière de situations que l'on désigne du nom d '« obligations naturelles » et dont les caractéristiques originales méritent l'attention.

En effet, plus que le *droit*, c'est le *devoir* qui apparaît en ce cas doté de caractères spécifiquement juridiques. Si celui envers qui un tel devoir est reconnu ne peut user d'aucun procédé de contrainte pour en obtenir l'exécution, le devoir n'en est pas moins pris en considération par le droit, pourvu qu'un acte volontaire du débiteur intervienne pour lui donner une véritable portée juridique.

C'est ce qu'illustre le seul texte du Code civil qui envisage expressément l'obligation naturelle, l'article 1235 alinéa 2 :

> « La répétition n'est pas admise à l'égard des obligations naturelles qui ont été volontairement acquittées ».

668. — L'originalité et la difficulté des obligations naturelles viennent de ce qu'elles se situent dans une zone intermédiaire entre le droit et la morale (8).

Des préceptes moraux, les obligations naturelles tirent leur justification première. Elles correspondent toutes à des devoirs de conscience plus ou moins impérieusement ressentis par le débiteur. Ce trait est d'ailleurs commun à bon nombre d'obligations juridiques au sens plein du terme. Mais, à la différence de ces obligations complètes ou « parfaites », que l'on désigne sous le nom d'*obligations civiles*, les obligations

---

(6) Cette hypothèse se vérifie surtout dans certains systèmes juridiques étrangers. Des pays en voie de développement se sont dotés de codes inspirés de modèles européens qui constituent un droit idéal, destiné à orienter l'évolution des mœurs, mais sans application concrète immédiate.

(7) V. par exemple, sur l'insuffisance des moyens dont dispose l'inspection du travail pour assurer l'application de la législation sociale, J. GHESTIN et Ph. LANGLOIS, *Droit du travail*.

(8) BEUDANT et LEREBOURS-PIGEONNIÈRE, t. 8, par G. LAGARDE, n° 676. — WEILL et TERRÉ, *op. cit.*, n° 457. — STARCK, *Obligations*, n° 2308. — H. L. et J. MAZEAUD, t. I, vol. 1, 8e éd. par CHABAS, n° 359.

naturelles ne sont pas sanctionnées par une action en justice. Tout comme les devoirs moraux qui ne pénètrent pas dans la vie juridique, elles ne peuvent être ramenées à exécution par la contrainte.

Sur d'autres points, cependant, les obligations naturelles se rapprochent des obligations civiles ; à celles-ci elles empruntent au moins certains de leurs effets lorsque le débiteur a librement décidé de les exécuter. Ainsi relève-t-on ces éléments incontestables :

1º Celui qui exécute volontairement une obligation naturelle n'est pas admis à se faire restituer sa prestation, comme ce serait le cas s'il ne devait rien (C. civ., art. 1235, al. 2) ;

2º le débiteur d'une obligation naturelle qui s'engage volontairement à l'exécuter est lié par cette promesse et le créancier pourrait en exiger en justice l'accomplissement ;

3º l'exécution ou la promesse d'exécution d'une obligation naturelle ne constitue pas, en principe (9), une donation : son auteur s'acquitte seulement de ce qu'il doit.

Ce caractère hybride de l'obligation naturelle, revendiquée par le droit et la morale, rend très délicate son insertion dans notre ordre juridique. Prendre parti sur sa nature est plus affaire de philosophie que de technique, car il faut s'engager au regard de la théorie générale du droit. C'est ce qui explique l'intérêt qu'a suscité en doctrine la notion d'obligation naturelle (10). L'affrontement des courants de pensée

---

(9) Sous réserve de la question de l'éventuelle existence d'une obligation naturelle de donner, v. *infra*, nᵒˢ 688 et 689.

(10) Outre les ouvrages généraux : J. BARRAUD, *Les obligations naturelles*, thèse Paris, 1908. — R. BARREAU, *Les obligations de conscience en droit civil*, thèse Caen, 1916. — BAUDET, *Essai d'une théorie générale des obligations naturelles*, thèse Lille, 1909. — BOUT, *Encycl. Dalloz. Répert. dr. civ.*, 2ᵉ éd., vᵒ *Obligation naturelle*. — CENDRIER, *Les effets de l'obligation naturelle à l'encontre des créanciers civils*, thèse Rennes, 1932. — J. J. DUPEYROUX, *Contribution à la théorie générale de l'acte à titre gratuit*, thèse Toulouse, 1955, éd. L. G. D. J., préf. MAURY ; *Les obligations naturelles, la jurisprudence et le droit*, Mélanges Maury, 1960, t. II, p. 321. — FLOUR, *La notion d'obligation naturelle et son rôle en droit civil*, Trav. Assoc. H. Capitant, 1952, t. VII, p. 813. — GOBERT, *Essai sur le rôle de l'obligation naturelle*, thèse Paris, 1956, éd. Sirey, 1957, préf. FLOUR. — JONESCO, *Les obligations naturelles*, thèse Paris, 1912. — MALAURIE, *J. cl. civil*, art. 1235. — MARTY, *L'obligation naturelle, étude de droit français*, Annales Fac. Dr. Toulouse, 1960, t. VIII, fasc. 1, p. 45. — DE NAUROIS, *Obligation juridique et obligation morale*, Mélanges Faletti, 1971, p. 433. — E. H. PERREAU, *Les obligations de conscience devant les tribunaux*, Rev. trim. dr. civ., 1913, p. 503. — PLANIOL, *L'assimilation progressive de l'obligation naturelle et du devoir moral*, Rev. crit. lég. et jur., 1913, p. 152. — RIPERT, *La règle morale dans les obligations civiles*, 4ᵉ éd., 1949 ; Encycl. Dalloz. Répert. dr. civ., 1ʳᵉ éd., vᵒ *Obligation naturelle*. — ROTONDI, *Quelques considérations sur le concept d'obligation naturelle et sur son évolution*, Rev. trim. dr. civ., 1979, p. 1. — R. SAVATIER, *Des effets de la sanction du devoir moral en droit positif français et devant la jurisprudence*, thèse Poitiers, 1916. — SIEFERT, *Des obligations naturelles en droit français et en droit allemand*, thèse Paris, 1915. — C. THOMAS, *Essai sur les obligations naturelles en droit privé français*, thèse

sur ce sujet a certainement fait progresser la science juridique, mais a contribué à conférer à cette matière sa réputation de difficulté et d'obscurité (11).

Néanmoins, la notion d'obligation naturelle est couramment utilisée. Encouragée par le laconisme du Code civil, la jurisprudence a développé des séries de solutions qui, pour ne pas être toujours absolument cohérentes, n'en constituent pas moins le droit positif.

SECTION 1

CONTROVERSES SUR LA NATURE DES OBLIGATIONS NATURELLES

669. — La tradition historique fournit deux modèles d'approches différents de la question, sinon deux théories complètement élaborées (1).

Le droit romain appelait obligations naturelles celles des esclaves, des fils de famille placés sous l'autorité de leur père ou des pupilles agissant seuls ; de même l'obligation du bénéficiaire d'une absolution injuste dans un procès ; peut-être, bien que le point soit discuté (2), considérait-on comme des obligations naturelles celles qui dérivaient de simples pactes, intervenus hors des formes nécessaires à la validité de véritables obligations civiles (3). Toujours est-il qu'au-delà d'une liste de cas pour la plupart sans application aujourd'hui, on peut retenir du droit romain l'idée d'une similitude profonde de nature entre l'obligation naturelle et l'obligation civile. Entre elles n'existerait finalement qu'une différence de degré. Elles ont, disait Julien, le même fondement (4).

Dans l'ancien droit, à cette conception dont Domat s'est fait l'écho, s'oppose, d'une façon d'ailleurs diffuse, une autre tendance, probablement d'origine canoniste. L'obligation naturelle ne serait autre qu'un devoir de conscience particulièrement impérieux. Ses effets seraient alors moins étendus, mais son domaine s'élargirait sensiblement. Par cette voie, le droit naturel et la morale viendraient s'insérer partiellement dans le droit positif sous une forme imparfaite (5). C'est à une telle opinion que s'est rangé Pothier, pour qui l'obligation naturelle est celle qui, *dans le for de l'honneur et de la conscience*, oblige celui qui l'a contractée à l'accomplissement de ce qui y est contenu (6).

A vrai dire, l'opposition entre ces deux tendances ne paraît pas avoir été très nettement aperçue, comme en témoignent les déclarations assez ambiguës émises

Montpellier, 1932. — Vabriesco, *Les obligations naturelles et les devoirs moraux comme notions indépendantes*, thèse Paris, 1921.

(11) Beudant et Lerebours-Pigeonnière, t. 8, n° 669. — Marty et Raynaud, *op. cit.*, n° 271.

(1) Bout, *op. cit.*, n°s 6 et s.

(2) Ripert, *La règle morale dans les obligations civiles*, n° 192.

(3) Beudant et Lerebours-Pigeonnière, t. 8, n° 677.

(4) Dig. XV, I, fr. 41.

(5) Marty et Raynaud, *Introduction générale*, n° 271.

(6) *Obligations*, n°s 173, 191. — Comp. la discussion sur la portée actuelle d'un engagement d'honneur : Oppetit, *L'engagement d'honneur*, D. 1979, chron. 107.

au cours des travaux préparatoires du Code civil (7). Du moins peut-on trouver là en germe les conceptions qui se heurtent à l'époque actuelle : celle qui admet une identité fondamentale entre l'obligation naturelle et l'obligation civile ; celle qui, au contraire, refuse toute assimilation de l'obligation naturelle à l'obligation civile. Nous exposerons brièvement ces théories, avant de proposer quelques éléments d'appréciation à leur sujet.

§ 1. — THÈSE DE L'IDENTITÉ DE NATURE
ENTRE LES OBLIGATIONS NATURELLES ET LES OBLIGATIONS CIVILES

I. — La théorie classique.

670. — Les obligations naturelles sont des obligations civiles avortées ou des obligations civiles dégénérées.

La plupart des commentateurs du Code civil, rencontrant l'obligation naturelle, se sont efforcés de maintenir une frontière précise entre le droit et la morale. Puisque les obligations naturelles produisent des effets juridiques, c'est le signe qu'elles sont, au fond, de même nature que les obligations civiles. La seule différence réside dans le caractère imparfait des obligations naturelles qui sont dépourvues de cet attribut important qu'est la sanction de l'action en justice. Sans doute, un acte volontaire du débiteur, exécution ou promesse d'exécution, est-il nécessaire pour faire produire des conséquences pratiques. Mais cet acte n'est que le révélateur d'un lien juridique préexistant. L'obligation naturelle, tant qu'elle n'est pas reconnue par le débiteur lui-même, est une véritable obligation juridique, seulement privée d'efficacité ; une fois reconnue, elle produit tous les effets de l'obligation civile, mais ne change nullement de nature.

De là dérive la détermination des cas d'obligation naturelle qui, selon l'avis général, trouve son expression la plus achevée dans l'ouvrage d'Aubry et Rau (8). En premier lieu, les obligations naturelles sont « les devoirs qui, fondés sur une cause juridique de nature à engendrer, au profit d'une personne contre une autre un droit à une prestation déterminée, seraient légitimement et rationnellement susceptibles de devenir l'objet d'une coercition extérieure, mais que le législateur n'a pas jugé convenable de reconnaître comme obligations civiles ». Il s'agit, a-t-on dit de façon imagée, d'obligations civiles avortées. Pour des motifs de politique juridique, le législateur n'a pas cru utile d'imposer l'exécution de telles obligations, mais cette infériorité n'est qu'accidentelle. Ainsi, par un passage du qualitatif au quantitatif (9), la loi présume le défaut de discernement des mineurs de dix-huit ans et rend leurs engagements annulables ou rescindables. Mais un individu peut parfaitement avoir avant l'âge de la majorité légale une maturité suffisante pour s'engager. S'il le reconnaît en exécutant cet engagement une fois devenu majeur, « le législateur ne peut qu'applaudir à cet aveu en y attachant la force obligatoire qu'il comporte » (10). De même, un engagement satisfaisant aux conditions substantielles de fond mais ne respectant pas les formes « extrinsèques » exigées par la loi

---

(7) V. notamment la déclaration de Bigot-Préameneu, Locré, Législ. civ., t. XII, p. 365.
(8) T. 4, § 297.
(9) Gény, Science et technique en droit privé positif, t. III, n° 197, p. 59 et s.
(10) Demolombe, Cours de Code Napoléon, t. XXVII, n° 36.

ne peut, pour des raisons de sécurité et de commodité générales, être ramené à exécution par la contrainte, mais il n'en existe pas moins et donne naissance à une obligation dont les conséquences apparaîtront en cas d'exécution volontaire.

En second lieu, les obligations naturelles sont les obligations « auxquelles le législateur a, par des motifs d'utilité sociale, retiré le droit à l'action ». On parlera alors d'*obligations civiles dégénérées*. Elles ont existé dans leur plénitude ; elles ont perdu ultérieurement la sanction de l'action en justice, mais n'en subsistent pas moins. L'exemple le plus net est celui de l'obligation atteinte par la prescription : son exécution volontaire constitue un véritable paiement.

Aubry et Rau ajoutent d'ailleurs un correctif à cette analyse. Ils admettent que, tout en ne constituant pas de véritables obligations naturelles en raison de l'impossibilité d'y trouver les caractéristiques d'obligations civiles imparfaites, certains devoirs moraux pénètrent dans la vie juridique par leur exécution. Tel est le cas pour « les engagements contractés ou les paiements effectués pour obéir à un simple sentiment d'équité, de conscience, de délicatesse ou d'honneur... Lorsque de pareils engagements ou paiements ont eu pour mobile de ne pas s'enrichir aux dépens d'autrui en conservant un bénéfice même légalement acquis ou de réparer un dommage qui ne serait pas imputable à faute et dont, par ce motif, on ne se trouverait ni civilement ni même naturellement responsable ».

II. — *La théorie néo-classique.*

671. — Des deux éléments habituellement réunis dans l'obligation, le devoir et la contrainte, l'obligation naturelle ne comporte que le premier.

La doctrine classique a suscité de vives critiques. La conception néo-classique a été développée afin d'y répondre et de donner à la construction une assise théorique plus solide.

Il s'agit d'échapper au reproche fait aux auteurs du xixᵉ siècle de n'admettre l'existence de l'obligation naturelle que d'une façon trop étroite (11). Une théorie néo-classique doit lever toute objection à cet égard et justifier un élargissement du domaine des obligations non sanctionnées.

Quant au fondement même de la théorie classique, il apparaît implicitement comme tiré de l'autonomie de la volonté. C'est parce qu'à l'origine de l'obligation « avortée » ou « dégénérée » on trouve un véritable consentement que l'on reconnaît l'élément essentiel créateur d'un lien de droit. Le postulat de la toute-puissance de la volonté humaine expliquerait l'effet limité des « accidents » empêchant celle-ci de développer toutes ses conséquences. Dès lors, la théorie classique encourrait la critique de cantonner l'obligation naturelle dans le domaine des actes juridiques (12) et verrait son crédit anéanti par suite du déclin actuel du « mythe » de l'autonomie de la volonté. Sans doute, l'objection part-elle d'une lecture assez tendancieuse des auteurs classiques, ceux-ci admettant à l'origine des obligations naturelles toutes les sources d'obligations civiles, aussi bien les délits ou quasi-délits que l'enrichissement sans cause. Mais il reste que la justification fondamentale de la conception classique reste bien vague.

M. J. J. Dupeyroux s'est efforcé de combler cette lacune, en proposant une ana-

---

(11) Ce reproche est d'ailleurs quelque peu injuste, adressé à la théorie d'Aubry et Rau qui laissait la voie ouverte à la reconnaissance juridique de certains devoirs moraux ; il est vrai que cette attitude recelait quelque ambiguïté, puisque ces auteurs n'osaient plus parler de véritables obligations naturelles.

(12) H. L. et J. Mazeaud, t. I, vol. 1, 8ᵉ éd. par Chabas, nᵒ 361.

lyse nouvelle qui conserve cependant l'idée maîtresse de l'identité de nature entre l'obligation naturelle et l'obligation civile (13).

L'auteur constate d'abord que le fonctionnement même des obligations naturelles implique l'existence d'éléments objectifs identiques à ceux que requiert l'obligation civile : existence d'un créancier et d'un objet déterminables. Il se livre ensuite à une analyse approfondie de l'obligation civile. Celle-ci le conduit à suivre les conclusions de doctrines étrangères qui, tirant les leçons de l'ancien droit romain et de l'ancien droit germanique, découvrent dans l'obligation un double rapport juridique : la « schuld » ou lien substantiel, c'est-à-dire le devoir du débiteur envers le créancier ; la « haftung », c'est-à-dire le pouvoir de contrainte dont bénéficie le créancier pour obtenir satisfaction lorsque le débiteur ne s'exécute pas spontanément. D'ordinaire, les deux éléments sont aujourd'hui liés, mais ils sont pourtant distincts, car ils n'ont pas le même objet : « le lien substantiel a pour objet une activité du débiteur dont la volonté est incoercible, tandis que la contrainte se résout obligatoirement en un pouvoir d'agression du créancier sur les biens de son débiteur ou d'un tiers » (14).

L'obligation naturelle correspond à une dissociation des deux éléments habituellement réunis ; l'élimination de la contrainte n'en laisse pas moins subsister le lien substantiel d'une véritable obligation juridique.

Il en est ainsi dans les hypothèses que les auteurs classiques rangent sous la rubrique des « obligations civiles dégénérées ». Mais il en va encore de même pour de nombreux devoirs moraux qui se trouvent absorbés par l'ordre juridique grâce à la règle de l'article 1235 alinéa 2 du Code civil, qui fait implicitement renvoi aux obligations morales, pourvu qu'elles présentent les caractères du lien substantiel : existence d'un débiteur, d'un créancier et d'un objet déterminés. Le domaine de l'obligation naturelle se trouve ainsi élargi, car il accueille sans peine les devoirs moraux qu'Aubry et Rau hésitaient à appeler obligations naturelles. Il n'y a pas lieu d'avoir scrupule à y voir des obligations civiles « avortées », puisque ces devoirs moraux sont objectivement déterminés et comportent en réalité toujours le lien substantiel de l'obligation.

Par conséquent, lorsque le débiteur exécute volontairement l'obligation naturelle ou promet de l'exécuter, il tire seulement les conséquences du lien substantiel ; l'obligation ne change pas de nature.

§ 2. — LE REFUS D'ASSIMILATION
DES OBLIGATIONS NATURELLES AUX OBLIGATIONS CIVILES

I. — *L'obligation naturelle,*
moyen de consacrer juridiquement un devoir moral.

672. — Faute d'action en justice, il n'y a pas d'obligation juridique, mais seulement devoir de conscience.

Le Doyen Ripert a attaché son nom à cette conception (15) qui retrouve l'inspiration canoniste et a entraîné l'adhésion d'une grande partie de la doctrine moderne (16).

---

(13) *Contribution à la théorie générale de l'acte à titre gratuit,* nos 333 et s. et *Les obligations naturelles, la jurisprudence et le droit, Mélanges Maury,* t. II, p. 321.

(14) *Contribution à la théorie générale de l'acte à titre gratuit,* no 353.

(15) *La règle morale dans les obligations civiles,* nos 186 et s.

(16) JOSSERAND, *Cours de droit civil positif français,* t. II, nos 717 et s. — PLANIOL et RIPERT, t. 7, par ESMEIN, RADOUANT et GABOLDE, no 982. — H. L. et J. MAZEAUD, par CHABAS, *op. cit.,* no 362.

La théorie classique reçoit une double critique. D'une part, « la distinction entre le droit et l'action est abusive, parce que l'action n'est que le droit en exercice » (17). Parler d'obligations civiles « avortées » n'est qu'une métaphore (18), comme si le législateur les avait primitivement envisagées en tant qu'obligations pures et simples et les avait ensuite « dégradées » en les privant de sanction ; quant aux prétendues obligations civiles « dégénérées », on ne s'explique pas qu'il en subsiste quelque chose, car « en supprimant l'action, le législateur supprime le droit » (19). D'autre part, si l'obligation naturelle était de même nature que l'obligation civile, elle devrait en produire tous les effets, hormis la mise en œuvre de la contrainte qui est mystérieusement refusée. Or ces effets, en droit positif, sont généralement beaucoup plus limités (20).

C'est le signe que la théorie classique est édifiée sur des bases erronées. L'obligation naturelle n'est pas une obligation civile imparfaite préexistant à la décision volontaire du débiteur de l'exécuter. Antérieurement à une telle décision, il n'y a aucune obligation juridique. Il n'y a qu'un devoir moral, un devoir de conscience. « L'obligation naturelle est un devoir moral qui monte à la vie civile » (21). L'acte de celui qui était tenu de ce devoir lui ouvre l'accès au monde juridique. Le juge doit rechercher les mobiles des actes et il tiendra compte du fait que la personne qui a agi était inspirée par le sentiment d'accomplir son devoir. Tout devoir moral ne peut être transformé en obligation civile (22). Mais lorsque le débiteur reconnaît lui-même l'existence du devoir qui pèse sur lui, « il ne s'agit plus alors que de l'aider dans l'accomplissement de ce devoir et aussi de le protéger contre un retour de mauvais désir en maintenant les effets du devoir accompli. L'obligation naturelle n'existe pas tant que le débiteur n'a pas affirmé cette existence par son exécution. Elle naît par la reconnaissance par le débiteur du devoir moral... » (23). Encore faut-il d'ailleurs, ajoutent certains auteurs, que ce devoir soit de ceux qui sont jugés par le législateur ou les tribunaux comme les plus impérieux et les plus conformes à l'intérêt général (24).

Par conséquent, « il n'y a pas de théorie générale de l'obligation naturelle, mais bien des obligations naturelles susceptibles de produire des effets différents » (25). Le mot obligation naturelle ne doit pas faire illusion. Il « n'a été admis et conservé que parce que l'on avait peur d'introduire la considération du devoir moral dans la vie civile » (26). En réalité, il n'y a que des devoirs de conscience, devoir de ne

---

(17) *La règle morale...*, n° 188.

(18) Planiol et Ripert, t. 7, n° 981.

(19) *La règle morale...*, n° 188.

(20) *Ibid.*, n° 191.

(21) *Ibid.*, n° 192.

(22) M. R. Savatier a soutenu l'opinion contraire (*Des effets et des sanctions du devoir moral*, thèse Poitiers, 1916). Toute obligation morale devrait être une obligation civile. Par hostilité envers certaines obligations, le législateur les prive de sanction ; telles sont les obligations naturelles. Ainsi, les obligations naturelles seraient-elles de même nature que les obligations civiles, les unes et les autres étant des devoirs moraux. L'auteur en vient de cette façon à assimiler l'obligation naturelle à l'obligation illicite. Une telle conclusion est paradoxale et a détourné la majorité de la doctrine des idées brillamment exposées par M. Savatier.

(23) *La règle morale...*, n° 193.

(24) Planiol et Ripert, t. 7, n° 982.

(25) *La règle morale...*, n° 193.

(26) *Ibid.*

pas nuire à autrui, devoir de ne pas s'enrichir aux dépens d'autrui, devoir de tenir la parole donnée, etc., qui peuvent justifier des obligations naturelles dont il serait vain de vouloir dresser une liste limitative.

II. — *L'obligation naturelle,* *moyen de faire produire effet à un engagement* *par déclaration unilatérale de volonté.*

673. — L'obligation naturelle ne prend effet que par la volonté unilatérale du débiteur.
Il s'agit, dans une large mesure, d'un prolongement de la théorie précédente. L'idée que l'obligation naturelle n'existe pas en tant qu'obligation juridique jusqu'à ce que le débiteur ait manifesté sa volonté de l'exécuter conduit à approfondir l'analyse de l'acte faisant naître l'obligation naturelle à la vie civile. Certains auteurs y voient un engagement par déclaration unilatérale de volonté, dont l'efficacité serait ainsi admise en droit français plus largement qu'on ne l'affirme tradition-nellement (27).

Ainsi, Mme Gobert remarque-t-elle que la jurisprudence, lorsqu'elle retient la promesse du débiteur d'exécuter une obligation naturelle, adopte à l'égard de celle-ci une attitude qui correspond très exactement aux conditions d'admission de la déclaration unilatérale de volonté, conformément aux directives des auteurs qui ont cherché à définir cette source d'obligation (28). Pour délimiter le contenu réel de la promesse, les juges s'en tiennent aux termes mêmes de la déclaration, sans s'autoriser à en rechercher la cause dans des éléments extrinsèques (29). La prise en considération de l'erreur (30), les méthodes d'interprétation (31) visent essen-tiellement à ne pas décevoir les espérances de celui qui a normalement compris la déclaration qui lui était destinée. De plus, l'engagement n'est retenu que s'il correspond à un intérêt social suffisant (32). Ce sont là des exigences que postule l'admission du système de la déclaration unilatérale de volonté, tel que le connaît en particulier le droit allemand. Une telle coïncidence révèle que c'est ce système que les tribunaux, inconsciemment peut-être, appliquent à la promesse d'exécuter une obligation naturelle.

A partir d'une telle analyse, se dégage la fonction de l'obligation naturelle. Elle n'est qu'une expression commode à l'abri de laquelle a pu être admis en droit français l'engagement par déclaration unilatérale de volonté, sans heurter de front

---

(27) HUGUENEY, note S. 1912. 2. 185. — THOMAS, *Essai sur les obligations naturelles en droit français*, thèse Montpellier, 1932. — PLANIOL et RIPERT, t. 7, n° 994. — Surtout : M. GOBERT, *Essai sur le rôle de l'obligation naturelle*, thèse Paris, 1956, éd. Sirey, 1957, préf. FLOUR.
(28) Thèse précitée, p. 151 et s. — Sur l'acte de volonté unilatérale : SALEILLES, *De la déclaration de volonté*, 1901. — MEYNIAL, *La déclaration de volonté*, Rev. trim. dr. civ., 1902, p. 545 et s. — GÉNY, *Méthode d'interprétation et sources en droit privé positif*, t. II, n° 172 bis. — MARTIN DE LA MOUTTE, *L'acte juridique unilatéral ; essai sur sa notion et sa technique en droit civil*, thèse Toulouse, 1949.
(29) M. GOBERT, thèse précitée, p. 156 et s.
(30) *Ibid.*, p. 163 et s.
(31) *Ibid.*, p. 168 et s.
(32) *Ibid.*, p. 177 et s.

nos traditions. Ripert écrivait : « obligés de faire une place aux devoirs de conscience, les jurisconsultes les ont baptisés obligations. Ainsi habillés décemment, ils ont pu paraître au prétoire » (33). Plus que les devoirs moraux imprécis, ce sont les engagements unilatéraux justifiés par l'intérêt social qui ont pénétré dans notre droit sous le « déguisement » d'obligations naturelles.

§ 3. — ÉLÉMENTS D'APPRÉCIATION

674. — Pour que l'obligation naturelle produise des effets de droit lorsque le débiteur reconnaît sa dette, il faut qu'elle ait, dès l'origine, quelque chose de juridique.

Refuser d'accorder à l'obligation naturelle la nature d'un rapport juridique repose sur le postulat que la règle de droit se caractérise par la sanction de l'autorité étatique (34). C'est là un moyen commode de différencier le droit de la morale ou d'autres normes de conduite sociale ; mais le principe, peut-être trop exclusivement inspiré par l'observation du seul droit privé, n'est sans doute pas incontestable (35). En admettant cependant ce point de départ, il faut expliquer pourquoi l'obligation naturelle peut accéder à une vie juridique. Si antérieurement à la décision d'exécuter prise par le débiteur il n'y avait qu'un devoir moral, on doit admettre que c'est la manifestation unilatérale de volonté qui fait naître une véritable obligation. Mais en droit français, la volonté unilatérale est impuissante à produire un tel effet, en dehors de quelques cas prévus par la loi. Pour justifier l'efficacité exceptionnellement attribuée à la décision du débiteur de l'obligation naturelle, on est conduit à invoquer l'intensité du devoir moral qui est ainsi satisfait ou l'intérêt social particulier qui s'attache à son exécution. Qu'est-ce à dire, si ce n'est que le devoir auquel le débiteur s'est reconnu assujetti avait, *dès l'origine*, « quelque chose » de juridique ? La vocation à produire des effets de droit était déjà incluse dans l'obligation naturelle antérieurement à l'engagement ou à l'exécution volontaire de l'intéressé.

On est donc amené à rallier la théorie classique ou la théorie néoclassique voyant dans l'obligation naturelle un véritable lien de droit

---

(33) *La règle morale...*, n° 193.

(34) Il ne saurait être question, aujourd'hui, d'assimiler le droit et l'action en justice (*supra*, n° 521). La formule de RIPERT selon laquelle « l'action n'est que le droit en exercice » ne résiste pas aux analyses actuelles du droit judiciaire privé. L'action peut exister sans que son titulaire soit investi d'un droit. Mais le problème est de savoir si le droit, pour mériter cette qualification, ne doit pas être nécessairement assorti de l'action en justice.

(35) « Prendre la sanction pour critère de la règle de droit, n'est-ce pas prendre l'effet pour la cause ? Une règle n'est pas juridique parce qu'elle est sanctionnée ; elle est sanctionnée parce qu'elle est juridique » (MARTY et RAYNAUD, *Introduction générale*, n° 34).

préexistant à la décision d'exécution. L'objection est que la distinction du droit et de la morale, qu'il faut alors rechercher dans le domaine ou le but des différentes règles (36) devient singulièrement floue et incertaine (37). Cette incertitude rend sans doute le plus honnêtement compte de la situation, tant il est vrai qu'aucune définition du droit n'est absolument incontestable (38). Mais elle laisse largement insatisfait.

675. — L'obligation naturelle pourrait correspondre à une règle de droit concernant seulement une « élite morale ».

Peut-être les réticences à admettre le caractère juridique des obligations naturelles dès avant la manifestation de volonté du débiteur seraient-elles moins vives si l'on adoptait une approche quelque peu différente de la question. L'accord doit, en effet, pouvoir se faire au moins sur un point. L'obligation naturelle n'a pas la même efficacité à l'égard de tous. Elle fonctionne comme une véritable obligation juridique pour une « élite » ayant une conscience assez aiguë de ses devoirs : ceux qui s'engagent à l'exécuter ou qui procèdent volontairement à son exécution sont traités comme s'ils étaient tenus d'une obligation civile ; pour les autres, l'obligation naturelle reste à jamais en dehors du droit.

Or, si la règle juridique présente, selon l'opinion commune (39), pour caractéristiques essentielles d'être générale et abstraite (40), la généralité n'exclut pas une restriction de son domaine à des catégories déterminées d'individus. Dès lors, n'est-il pas possible de soutenir que l'obligation naturelle correspond à une règle de droit concernant seulement la catégorie constituée par une « élite » se révélant elle-même par son comportement ? Selon cette analyse, on dira que la norme de droit existe indépendamment de la volonté des intéressés, mais que jusqu'à ce que cette volonté soit manifestée, on ignore qui est visé par la règle. Une fois connus les destinataires de l'impératif juridique, celui-ci peut développer ses conséquences. En effet, il n'est pas tout à fait exact

---

(36) *Ibid.*, nᵒˢ 31 *bis*, 36 et 37.

(37) Sans contester les études historiques faisant état d'une distinction entre l'aspect « devoir» (Schuld) et l'aspect « contrainte» (Haftung), à des époques où le droit se distinguait mal de la magie ou de la religion, il faut reconnaître qu'actuellement, ces deux éléments sont réunis dans l'obligation juridique. Si l'analyse peut les distinguer, il est douteux qu'en dehors de l'obligation naturelle ils puissent exister séparément. Les exemples invoqués en ce sens (J. J. DUPEYROUX, thèse précitée, nᵒ 354) ne semblent guère décisifs et pourraient faire l'objet d'autres explications. De sorte qu'il est assez facile pour les adversaires de la théorie néo-classique de dire qu'il y a une pétition de principe à qualifier de « juridique » le devoir qui n'est pas assorti de contrainte.

(38) MARTY et RAYNAUD, *Introduction générale*, nᵒˢ 30 et s.

(39) V. cependant, MARTY et RAYNAUD, *op. cit.*, nᵒ 33.

(40) *Supra*, nᵒ 30.

de dire que l'obligation naturelle n'est pas juridiquement sanctionnée. Elle l'est, mais seulement à l'égard de ceux qui ont exprimé leur conscience du devoir qui pèse sur eux. Cette expression prend nécessairement la forme d'un engagement unilatéral ou d'une exécution volontaire. De sorte que la contrainte ne peut intervenir qu'après une telle décision de la part de l'intéressé. Mais, à ce moment, la contrainte existe : l'engagement peut être ramené à exécution à peine de sanctions ; la restitution des prestations effectuées est interdite. Au contraire, aucune sanction n'est encourue par ceux qui restent indifférents à l'égard d'une norme juridique qui ne les concerne pas, puisque leur indifférence même les exclut du champ d'application de cette règle (41).

Faire ainsi de la volonté unilatérale du débiteur non pas l'élément créateur de l'obligation juridique, mais le critère du domaine de la règle de droit expliquerait qu'il y ait, dès à l'origine, plus qu'un devoir moral dans l'obligation naturelle ; ce serait aussi rendre compte de l'effet particulier attaché à l'engagement ou à l'exécution, que la théorie classique ne justifie guère.

Si l'on retient à titre d'hypothèse l'analyse que nous suggérons, l'obligation naturelle n'en reste pas moins originale. Sans doute, n'est-il pas aussi exceptionnel qu'on pourrait le croire de voir le champ d'application d'une règle de droit dépendre du bon vouloir des individus (41-1). Mais plus que cet aspect particulier, c'est la source des obligations naturelles qui les distingue des obligations civiles. Si l'on est en présence de règles juridiques, ce sont des règles non écrites qui, dans certains cas d'une façon constante et dans d'autres avec des variations dans le temps, apparaissent en conformité avec l'idéal de justice auquel tend l'organisation des rapports sociaux par le droit (42).

---

(41) Cette caractéristique de l'obligation naturelle empêche d'y assimiler l'engagement d'honneur. Celui qui déclare s'engager sur l'honneur affirme que son obligation ne se place pas dans la sphère des obligations civiles (OPPETIT, *L'engagement d'honneur*, D. 1979, chron. 107). Si sanction il y a, elle n'est pas dans l'application du droit étatique ; elle est d'une autre sorte : économique, mondaine, etc. Il n'y a donc pas, en ce cas, une norme juridique éventuellement applicable en fonction de l'attitude du sujet, puisque l'application du droit est, du début à la fin, exclue... à moins que soient réunis les éléments objectifs déclenchant, malgré la volonté contraire de l'intéressé, la mise en œuvre d'une règle de droit.

(41-1) On peut évoquer à cet égard une certaine analogie avec les règles supplétives (*supra*, n° 315). Si, par exemple, des époux décident d'adopter le régime matrimonial de participation aux acquêts, ils se placent volontairement sous l'empire des articles 1569 et suivants du Code civil ; il n'y a aucun moyen de contraindre quiconque à se soumettre à un tel régime, mais, une fois le choix opéré, les règles légales s'appliquent et sont sanctionnées. De même, celui qui s'engage à exécuter une obligation naturelle se place volontairement sous l'empire d'une règle à laquelle il sera désormais tenu de se soumettre.

(42) C'est pourquoi les partisans de la doctrine du droit naturel (v. *supra*, n° 9) y verront volontiers une consécration de leur système. Tirant de surcroît argument de la terminologie, ils diront que les obligations naturelles ont leur source dans le droit naturel : la quête de la justice par les seules voies de la raison ou de l'intuition

676. — Toutes les théories relatives à la nature de l'obligation naturelle s'efforcent de rendre compte du droit positif. Il ne faut donc pas s'attendre à trouver dans l'examen de celui-ci la confirmation ou la réfutation éclatante de l'une ou l'autre doctrine. Il est rare de voir la loi ou la jurisprudence prendre directement parti sur la nature d'une institution. Seules apparaissent des solutions pratiques dont l'inspiration profonde n'est pas toujours facile à interpréter. La difficulté est d'ailleurs particulièrement ardue lorsque, comme en matière d'obligations naturelles, l'essentiel du droit positif a une origine jurisprudentielle, car il n'est pas certain que toutes les décisions recensées se rattachent à un unique courant de pensée.

SECTION 2

LES OBLIGATIONS NATURELLES EN DROIT POSITIF

§ 1. — LES CAS D'OBLIGATIONS NATURELLES

677. — **Il n'est pas possible de dresser une liste complète et définitive des obligations naturelles. Les modes de classement sont controversés.**

Il est difficile d'énumérer les obligations naturelles. Les commentateurs du Code civil qui avaient tenté d'en établir *a priori* une liste limitative ont été démentis par la jurisprudence. Les tribunaux se réservent la faculté d'admettre des obligations naturelles en fonction de leur appréciation de la conscience collective et des intérêts sociaux en jeu. Les considérations d'équité et d'opportunité jouent un grand rôle dans leurs décisions. Sans doute serait-il excessif de penser qu'à la faveur de la liberté que leur a accordée le législateur, en se bornant à faire référence à une notion qu'il n'a pas définie, les juges se sont considérés comme affranchis de toute règle. Préciser celles-ci est d'ailleurs un des intérêts majeurs de la recherche de la nature juridique des obligations naturelles. Mais il reste, d'une part, qu'il serait vain de prétendre donner une liste exhaustive et définitive des obligations naturelles ayant reçu ou pouvant recevoir une consécration jurisprudentielle, d'autre part, que même en se limitant à la présentation des exemples les plus nets,

étant une tâche délicate, il ne serait pas étonnant que certaines règles de droit naturel ne soient perçues comme telles que par une élite préparant ainsi souvent, le terrain pour des progrès ultérieurs de la loi positive écrite imposée à tous.

toute tentative de classement est particulièrement délicate car elle implique une prise de position dans la controverse doctrinale sur la nature de l'obligation naturelle.

La préférence que nous avons marquée pour la reconnaissance d'un véritable rapport de droit dans l'obligation naturelle nous conduit à adopter une classification proche de celle des auteurs classiques. Mais il faut reconnaître que les solutions admises en droit positif peuvent également être présentées en établissant un classement des différents devoirs moraux qui seraient judiciairement reconnus à travers les obligations naturelles (1).

I. — *Une obligation civile a préexisté.*

a) Obligation civile éteinte.

678. — Parmi les causes d'extinction des obligations (C. civ., art. 1234), il en est qui laissent le créancier insatisfait : le débiteur est libéré sans avoir payé. En pareil cas, l'obligation civile éteinte découvre une obligation naturelle. D'aucuns diront que le droit du créancier n'a pas disparu et qu'il a seulement perdu la sanction de l'action en justice. D'autres feront observer que le devoir moral de ne pas s'enrichir aux dépens d'autrui et de tenir la parole donnée justifie l'efficacité juridique d'un engagement volontaire du débiteur de s'exécuter.

L'exemple le plus caractéristique, quoique discutable (2), est sans doute celui de la dette atteinte par la *prescription extinctive* (3) : son exécution constitue un paiement (4). La même solution est admise en cas de redressement judiciaire d'une entreprise, lorsque les créanciers acceptent des remises d'une partie de leurs créances (5) : le débiteur est partiellement libéré civilement, mais reste tenu d'une obligation naturelle de payer l'intégralité de ses dettes (5-1). Il en est encore ainsi

---

(1) Pour un classement des devoirs de conscience accueillis comme obligations naturelles : RIPERT, *La règle morale...*, nᵒˢ 194 et s. — PLANIOL et RIPERT, t. 7, nᵒˢ 985 et s. — H. L. et J. MAZEAUD, t. I, vol. 1, nᵒ 363.

(2) *Infra*, nᵒ 685.

(3) Sur la prescription extinctive, V. OBLIGATIONS.

(4) Cass. req., 17 janvier 1938, D. P. 1940. 1. 57, note CHEVALLIER. — 4 décembre 1944, S. 1947. 1. 29, note TIRLEMONT. — Cass. com., 8 juin 1948, D. 1948, 376. — 21 février 1949, D. 1949, 208. — Rappr. l'allusion à une obligation naturelle pour corriger les effets de la caducité d'une obligation de rembourser un prêt, à la suite de la défaillance d'une condition suspensive : Paris, 7 mars 1989, J. C. P. 1989.II. 21318, note PETIT.

(5) L., 25 janvier 1985, art. 24.

(5-1) Telle était la solution admise, avant la loi du 25 janvier 1985, en cas de remise concordataire (Cass. civ., 29 janvier 1900, D. P. 1900.1.200. — 30 décembre

en cas de liquidation judiciaire, après clôture pour insuffisance d'actif :
le passif est apuré sans avoir été payé et les créanciers ne recouvrent
pas l'exercice de leurs actions contre le débiteur (5-2), mais une obligation naturelle subsiste à la charge de celui-ci (5-3). Il est encore admis
qu'il en va de même lorsque le créancier a perdu la possibilité de faire
sanctionner son droit en justice par suite de l'effet de la délation du
serment ou de l'exception de *chose jugée*, lorsque les faits devenus ainsi
inattaquables ne sont pas conformes à la vérité (6).

b) Obligation civile annulée.

679. — L'annulation d'une obligation civile interdit au créancier
d'en réclamer en justice l'exécution, mais peut laisser subsister une
obligation naturelle à la charge du débiteur. Tel est le cas lorsque le
débiteur avait donné en connaissance de cause son consentement à l'obligation nulle. On retrouve, sous-jacente, l'idée que si la volonté existe,
l'élément essentiel de l'obligation est établi et les obstacles plus ou
moins artificiels opposés à son efficacité juridique n'ont qu'une portée
réduite. Rappel de la théorie de l'autonomie de la volonté ou prise en
considération du devoir moral de respecter la parole donnée, le résultat
est le même.

Ainsi, une obligation naturelle est-elle tirée d'un contrat nul pour
incapacité de l'une des parties, pourvu que le consentement de l'incapable ait été lucide (7). Il en est de même en cas de nullité d'un acte
pour *vice de forme*, tel un legs verbal (8).

En revanche, la nullité pour vice du consentement ne met pas en jeu
le mécanisme de l'obligation naturelle. L'exécution volontaire par le
débiteur s'analyse en une confirmation (9).

L'existence d'un consentement sain et lucide n'est d'ailleurs pas
suffisante pour qu'une obligation naturelle occupe la place de l'obli-

---

1908, D. P. 1909.1.208). Elle doit être transposée dans le régime du redressement
judiciaire (STARCK, *Droit civil, Les obligations*, t. 2, 3ᵉ éd., 1989, par ROLAND et
BOYER, nᵒ 1835).

(5-2) L., 25 janvier 1985, art. 169.

(5-3) RIPERT et ROBLOT, *Traité de droit commercial*, t. 2, 11ᵉ éd., 1988, nᵒ 3275.

(6) DEMOLOMBE, *op. cit.*, t. XXVII, nᵒ 39. — AUBRY et RAU, t. 4, 6ᵉ éd., § 297,
p. 12 et note 12.

(7) Cass. Req., 24 juin 1827, S. 1827. 1. 474. — Cass. civ., 9 mars 1896, D. P.
1896. 1. 397 ; S. 1897. 1. 225, note A. ESMEIN.

(8) Cass. civ. 1ʳᵉ, 27 décembre 1963, *Bull. civ.*, I, nᵒ 573, p. 481 ; *Gaz. Pal.*, 1964. 1.
340. — Trib. gr. inst. Millau, 26 février 1970, *Gaz. Pal.*, 1970. 1. 253. — V. *infra*,
nᵒ 689.

(9) STARCK, ROLAND et BOYER, *op. cit.*, nᵒ 1834. — BOUT, *Encycl. Dalloz, Répert.
dr. civ.*, 2ᵉ éd., vᵒ *Obligation naturelle*, nᵒ 36. — Sur la confirmation, V. LE CONTRAT,
FORMATION, nᵒˢ 714 et s.

gation civile annulée. Encore faut-il que la nullité ne soit pas encourue pour cause illicite ou immorale (10).

La solution paraît indiscutable en ce qui concerne les obligations contraires aux bonnes mœurs. En revanche, l'illicéité de la cause d'un engagement ne heurte pas toujours la morale et l'idée qu'une obligation naturelle puisse, en certaines hypothèses, dériver d'une obligation illicite n'est pas *a priori* écartée par tous.

Le point a été particulièrement discuté à propos des dettes de jeu. En effet, les articles 1965 et 1967 du Code civil sur le jeu et le pari refusent au créancier l'action en paiement, mais refusent également l'action en répétition au débiteur qui a payé. L'analogie avec les dispositions de l'article 1235 constitue un argument de poids pour les auteurs qui voient dans le règlement d'une dette de jeu l'exécution d'une obligation naturelle (11). Mais cette doctrine est vivement combattue. Le droit n'a pas à tenir compte d'une conception de l'honneur que la loi condamne. L'exclusion de l'action en répétition par l'article 1967 du Code civil s'explique sans avoir recours à la notion d'obligation naturelle : il s'agit plutôt d'une application de la maxime *nemo auditur propriam turpitudinem allegans* (12).

Un arrêt remarqué a décidé que l'annulation d'une clause contraire à l'ordre public monétaire laissait à la charge du débiteur l'obligation naturelle de tenir compte au créancier de la dépréciation du franc (13). C'est là une conception sans doute exagérément extensive de l'obligation naturelle. Admettre une telle obligation en de pareilles circonstances revient à entrer en lutte avec la politique suivie par le législateur, en énervant la prohibition qu'il établit (14). On peut estimer

---

(10) Ainsi, en cas de nullité de la contre-lettre dans une cession d'office ministériel : Cass. civ., 19 avril 1852, D. P. 1852. 1. 105. — 13 juillet 1885, D. P. 1895. 1. 346, sous-note. — Grenoble, 26 juin 1907, D. P. 1908. 2. 363 (Sur les contre-lettres, V. Le contrat, Effets).

(11) Aubry et Rau, t. 4, 6ᵉ éd., § 297, p. 11. — H. L. et J. Mazeaud, par Chabas, *op. cit.*, nᵒ 363.

(12) Ripert, *La règle morale...*, nᵒ 198. — Planiol et Ripert, t. 7, nᵒ 989. — Marty et Raynad;, *Introduction générale*, nᵒ 273. — Starck, Roland et Boyer, *op. cit.*,, nᵒ 1844. — Weill et Terré, *Introduction générale*, 4ᵉ éd., nᵒ 459. — Bout, *op. cit.* nᵒ 39. — V. *infra*, note 51.

(13) Paris, 30 avril 1958, D. 1958. 553, note Malaurie ; J. C. P. 1959. II. 11015, note Michelle Petot. — Comp. Paris, 10 décembre 1930, D. H. 1931, somm. p. 43, qui refuse la répétition des sommes versées pour un loyer stipulé en dollars, mais n'indique pas le fondement de la solution.

(14) Les restrictions à la liberté dans le domaine monétaire sont assez volontiers en butte à l'hostilité des tribunaux. Ainsi a-t-il été jugé, sans avoir recours à l'idée d'obligation naturelle, que l'exécution volontaire d'une clause monétaire illicite ne pouvait donner lieu à répétition, cette exécution valant renonciation à se prévaloir d'une nullité se rattachant non pas à « l'ordre public de direction, mais seulement à

que l'illicéité est incompatible avec l'obligation naturelle (15). C'est d'ailleurs à cette solution que s'est ralliée la Cour de cassation (16) en tranchant le débat par l'affirmation d'un principe :

« ... Attendu qu'il n'y a pas d'obligation naturelle à exécuter une promesse dont la cause est illicite... ».

II. — *Il n'y a pas eu d'obligation civile préexistante.*

680. — Il s'agit d'hypothèses que les tenants de la théorie classique rangeraient sous la rubrique d' « obligations civiles avortées ». Leur recensement est difficile et c'est pourquoi les adversaires de cette conception trouvent dans ces solutions jurisprudentielles un sérieux argument pour contester l'identité de nature entre obligations civiles et obligations naturelles. Les principales applications peuvent néanmoins être groupées autour de quelques thèmes, finalement peu nombreux.

a) Relations familiales ou para-familiales.

681. — L'obligation alimentaire en vertu de laquelle une personne qui est dans le besoin peut obtenir des subsides de la part d'un membre de sa famille disposant de ressources suffisantes n'est établie et sanctionnée par la loi que dans quelques cas précis (17). Mais les tribunaux voient dans le versement d'aliments par des personnes qui n'y sont pas légalement tenues l'exécution d'une obligation naturelle. Tel est le cas de la fourniture de subsides entre frères et sœurs (18), entre oncle ou tante et neveu ou nièce (19) ou entre beaux-frères (20). Le principe d'une obligation naturelle a été reconnu s'agissant du paiement d'aliments

---

l'ordre public de protection » : Trib. gr. inst. Albi, 13 juillet 1973, J. C. P. 1973. II. 17579, note J. PICARD ; D. 1974. 510, note MALAURIE, confirmé par Toulouse, 5 mars 1975, J. C. P. 1975. D. 18034, note J. PICARD ; D. 1975. 772, note MALAURIE. — Dans le même sens, Amiens, 9 décembre 1974, J. C. P., 1975. II. 18135, note J. Ph. LÉVY, D. 1975, 772, note MALAURIE. — La Cour de cassation a condamné ces solutions : Cass. com., 3 novembre 1988, D. 1989, 93, note MALAURIE ; D. 1989, somm. 237, observ. AUBERT. — Sur l'ordre public économique et social, V. LE CONTRAT, FORMATION, n°s 113 et s.

(15) V. cependant *contra* : R. SAVATIER, thèse précitée.
(16) Cass. civ. 2e, 8 mars 1963, *Gaz. Pal.*, 1963. 2. 147.
(17) C. Civ., art. 205 et s. — V. LA FAMILLE, vol. 1, n°s 1254 et s.
(18) Cass. Req., 7 mars 1911, D. P. 1913. 1. 404. — 20 avril 1912, S. 1913. 1. 214. — Paris, 25 avril 1932, D. H. 1933, somm. p. 26.
(19) Trib. civ. Le Havre, 27 juillet 1935, *Gaz. Pal.*, 1935. 2. 759.
(20) Cass. Req., 10 janvier 1905, D. P. 1905. 1. 47.

entre ex-époux divorcés, alors que les règles légales n'obligent pas à un tel versement (21) ou dans les relations entre concubins (22).

C'est surtout en matière de filiation que l'obligation naturelle a joué un rôle remarquable. La notion a été utilisée pour tirer des effets juridiques des engagements d'entretien pris par des parents à l'égard de leurs enfants lorsque le lien de filiation n'était pas légalement établi (23). Les réformes législatives successives ont supprimé la pluspart des obstacles à la démonstration juridique du lien de filiation et ont même accordé une action en réclamation d'aliments à des enfants dont la filiation ne peut être prouvée (24) ; elles ont par là même restreint sensiblement le domaine de l'obligation naturelle puisque de véritables obligations civiles sanctionnées ont été consacrées. Il reste cependant que le recours à la notion d'obligation naturelle demeure utile dans ce secteur, lorsque les conditions légales de mise en œuvre des obligations civiles ne sont pas réunies, en particulier lorsque les délais dans lesquels sont enfermées les actions en justice sont expirés (24-1).

Plus douteuse est l'admission à la charge des parents d'une obligation naturelle de doter leurs enfants, c'est-à-dire de leur transmettre des

---

(21) Cass. civ. 2ᵉ, 24 juin 1971, *Bull. civ.*, II, nᵒ 234, p. 166. — 25 janvier 1984, D. 1984, 442, note Philippe ; J. C. P. 1986.II.20540, note Batteur ; *Gaz. Pal.*, 1984, 2, panor. p. 248, observ. Grimaldi ; *Rev. trim. dr. civ.*, 1985, 148, observ. Rubellin-Devichi. — 9 mai 1988, D. 1989, 289, note Massip.

(22) Cass. civ. 1ʳᵉ, 16 octobre 1956, J. C. P. 1957. II. 9707 ; S. 1957, 43, note de Montera. — 6 octobre 1959, D. 1960, 515, note Malaurie ; J. C. P. 1959. II. 11305, note P. Esmein. — Paris, 19 novembre 1974, D. 1975, 614, concl. Cabannes : *Defrénois*, 1975, art. 31032, chron. jur. civ. gén., nᵒ 50, observ. J. F. Vouin ; J. C. P. 1976.II.18412, note Synvet.

(23) Ainsi, en allait-il avant la loi du 16 novembre 1912 élargissant le domaine de l'action en recherche de paternité, de l'engagement d'entretien souscrit par le père naturel au profit de son enfant non reconnu (Cass. civ., 27 mai 1862, D. P. 1862. 1. 208. — Cass. Req., 30 juillet 1900, D. P. 1901. 1. 502)... avant la loi du 15 juillet 1955 accordant une action en réclamation d'aliments aux enfants adultérins, de la promesse du père adultérin (Cass. Req., 2 novembre 1932, D. H. 1932, 572. — Cass. civ., 11 mars 1936, D. P. 1937. 1. 16. — 14 janvier 1952, D. 1952, 177, note Lenoan)... et encore après l'entrée en vigueur de ce texte, lorsque l'action de l'enfant adultérin n'avait pas été intentée ou n'avait pas abouti, même lorsque l'enfant, non désavoué, avait la qualité d'enfant légitime (Cass. civ. 1ʳᵉ, 8 décembre 1959, D. 1960, 241, note J. Savatier. — Paris, 3 juin 1966, J. C. P. 1967. II. 15124, note Malaurie)... avant la loi du 3 janvier 1972 établissant des rapports juridiques de parenté naturelle au-delà du premier degré, du paiement par des grands-parents naturels de l'entretien de leur petit-enfant (Trib. civ. Alençon, 28 janvier 1931. D. P. 1931. 2. 127)...

(24) Actuellement, action à fins de subsides (C. civ., art. 342 et s.). Sur cette évolution législative et les solutions du droit positif, V. La famille, vol. 1, nᵒˢ 431 et s.

(24-1) Il peut même arriver que soit consacré le cumul de l'obligation naturelle de celui qui se croit l'auteur de l'enfant et de l'obligation civile de celui qui est légalement le père : Cass. civ. 1ʳᵉ, 30 juin 1976, D. 1978, 489, note Guiho.

biens à l'occasion de leur mariage afin de leur permettre de faire face aux dépenses du ménage. L'article 204 du Code civil, qui refuse aux enfants une action en justice « pour un établissement par mariage ou autrement » a été interprété comme faisant référence à une obligation naturelle (25). Mais la jurisprudence et la doctrine sont divisées à ce sujet (26).

Ces applications de l'obligation naturelle dans les rapports familiaux ou les relations hors mariage traduisent la consécration de devoirs d'assistance ou de charité. Il en est d'autres qui, dans des domaines différents, se rattachent à l'exécution du devoir de justice. Tel est le cas de la réparation d'un dommage ou de la compensation d'un appauvrissement injuste.

b) Réparation d'un préjudice.

682. — Par hypothèse, les conditions de la responsabilité civile ne sont pas remplies (27). La victime ne peut donc agir en justice pour obtenir réparation. Cependant, si l'auteur du dommage l'indemnise volontairement, il exécute une obligation naturelle.

Ce raisonnement a été tenu notamment dans les rapports entre concubins, lorsqu'un amant s'estime tenu de réparer le préjudice souffert par sa maîtresse délaissée (28).

D'autres applications intéressantes de la même idée appartiennent désormais au passé, car la loi, profitant de la voie ouverte par l'appel à l'obligation naturelle, a établi de véritables obligations civiles. Tel est le cas de la réparation du dommage causé par un inconscient (29), aujourd'hui sanctionné par l'article 489-2 du Code civil (30) ou de

---

(25) H. L. et J. Mazeaud, par Chabas, *op. cit.*, n° 363.

(26) En faveur d'une obligation naturelle de doter : Cass. Req., 30 juillet 1900, D. P. 1901. 1. 502. — 5 mars 1902, D. P. 1902. 1. 220. — Poitiers, 26 avril 1923, D. P. 1923. 2. 121, note R. Savatier. — Aix, 29 novembre 1938, D. H. 1939, 157. — H. Capitant, note D. P. 1907. 2. 241. — Flour, *Trav. Assoc. H. Capitant*, 1952, t. VII, p. 813. — M. Gobert, thèse précitée, p. 87 et s.
Contra : Cass. civ., 7 février 1898, D. P. 1901. 1. 68. — Montpellier, 16 décembre 1901, D. P. 1907. 2. 241, note H. Capitant ; S. 1905. 2. 185, note Hémard. — Bastia, 13 décembre 1949, J. C. P. 1950. II. 5839, note J. Savatier. — Ripert, *La règle morale...*, n° 200. — Planiol et Ripert, t. 8, n°s 114 et s. — J. J. Dupeyroux, thèse précitée, n°s 379 et s. — Marty, *Annales Fac. Dr. Toulouse*, 1960, t. VIII, fasc. 1, p. 45. — V. aussi *infra*, n° 689.

(27) Sur ces conditions, V. La Responsabilité, Conditions.

(28) Cass. civ., 27 mai 1862, D. P. 1862. 1. 208. — 20 juillet 1936, D. H. 1936, 441. — Cass. Req., 12 janvier 1937, D. H. 1937, 145. — Paris, 14 février 1946, J. C. P. 1946. II. 3036, note J. R. — Paris, 19 janvier 1977, J. C. P. 1978, éd. N. II, p. 258.

(29) Rennes, 7 mars 1904, D. P. 1905. 2. 305, note Planiol. — Cass. Req., 7 mars 1911, D. P. 1913. 1. 404. — Trib. civ. Alençon, 29 juillet 1932, D. H. 1932. 564.

(30) Sur cette disposition, V. La Responsabilité, Conditions, n°s 578 et s.

l'indemnisation par un mari commun en biens du préjudice subi par sa femme en raison d'une mauvaise administration de la communauté (31), que prévoit maintenant l'article 1421 du Code civil.

c) Compensation d'un appauvrissement injuste ou d'un service rendu.

683. — L'enrichissement injuste d'un patrimoine au détriment d'un autre est sanctionné dans de nombreuses hypothèses spécialement prévues par la loi. La jurisprudence a d'ailleurs admis, d'une façon générale, à la charge de l'enrichi et au profit de l'appauvri, l'existence d'une obligation civile donnant lieu à l'action dite *de in rem verso*, chaque fois que l'enrichissement est sans cause juridique (32). Mais cette obligation ne comble pas toutes les lacunes des textes, car l'existence d'une cause justifiant le mouvement de valeur affectant le patrimoine des intéressés est assez largement retenue. Dans ces conditions, il subsiste des cas d'enrichissement injuste qui ne donnent à l'appauvri aucune action en justice. Une obligation naturelle de restituer son enrichissement pèse alors sur celui qui profite d'une telle situation.

Il en a été ainsi jugé à propos de la restitution faite aux anciens propriétaires par les acquéreurs de biens d'émigrés (33) et de la poursuite de l'exécution des rentes foncières supprimées depuis le Code civil (34). D'une façon générale, chaque fois qu'à la faveur du jeu des règles légales, comme par exemple l'étroite délimitation du domaine dans lequel la lésion est sanctionnée (35), une personne profite d'un avantage excessif, il y a obligation naturelle à sa charge de restituer cet excédent (36).

C'est à une idée voisine que se rattache la qualification de la rémunération de certains services, où l'on voit l'exécution d'une obligation naturelle. Il faut supposer qu'une personne a accompli des services au profit d'une autre, sans que les intéressés aient été liés à ce sujet par un contrat (37). Le bénéficiaire de cette activité s'enrichit au détri-

---

(31) Cass. civ., 5 avril 1892, D. P. 1893. 1. 234 ; S. 1895. 1. 129, note BALLEYDIER.

(32) V. LES OBLIGATIONS.

(33) Cass. Req., 21 novembre 1831, S. 1832. 1. 383. — 23 juillet 1833, S. 1834. 1. 535.

(34) Cass. Req., 19 juin 1832, S. 1832. 1. 859. — Cass. civ., 28 janvier 1840, S. 1840. 1. 229.

(35) V. LE CONTRAT, FORMATION, nos 540 et s.

(36) Cass. Req., 21 novembre 1831, S. 1832. 1. 383. — 10 décembre 1851, D. P. 1852. 1. 80. — 28 juin 1920, S. 1922. 1. 346.

(37) Si la prestation de services correspond exactement à l'exécution d'un contrat de deux choses l'une : ou la rémunération de l'auteur des services a été prévue, le contrat est à titre onéreux et la dette du bénéficiaire des services est une obligation civile, ou l'auteur des services s'est engagé à accomplir sa prestation sans rémuné-

ment de l'auteur de la prestation (38). Mais cet enrichissement n'est pas sans cause lorsque les services ont été rendus par souci d'humanité, par affection ou dévouement envers le bénéficiaire, bref dans une intention libérale (39). Si néanmoins une rémunération est versée, il peut s'agir, selon la jurisprudence, d'une donation ou de l'exécution d'une obligation naturelle : donation si les services rendus n'étaient pas appréciables en argent (40), exécution d'une obligation naturelle si les services étaient pécuniairement appréciables (41), dans la mesure toutefois où la rémunération correspond à l'enrichissement, c'est-à-dire au prix normal des services (42).

---

ration et il s'agit alors d'un contrat de services gratuits (C. civ., art. 1105. — J. J. DUPEYROUX, *Contribution à la théorie générale de l'acte à titre gratuit*, nos 294 et s.). Dans ce dernier cas, si, par gratitude, le bénéficiaire des services verse quelque chose au prestataire, il lui fait une donation. Ce raisonnement ne vaut que pour des services au sens strict. Dans le cas d'un prêt stipulé sans intérêts, aux fins de construction d'une maison, il a été jugé que l'avantage conféré à l'emprunteur avait fait naître à la charge de celui-ci une obligation naturelle d'héberger le prêteur (Cass. civ. 1re, 16 juillet 1987, *Bull. civ.*, I, no 224, p. 164 ; *Rev. trim. dr. civ.*, 1988, 133, observ. MESTRE).

(38) TIMBAL, *Les donations rémunératoires en droit romain et en droit civil français*, thèse Toulouse, 1924, p. 123 et s.

(39) J. J. DUPEYROUX, *op. cit.*, no 362.

(40) Cass. Req., 7 janvier 1862, D. P. 1862. 1. 188. — 3 décembre 1895, D. P. 1896. 1. 284. — 12 mars 1918, S. 1921. 1. 70. — Trib. civ. Lille, 22 octobre 1953, *Rev. trim. dr. civ.*, 1954, 338, observ. R. SAVATIER.

(41) Cass. Req., 10 décembre 1851, D. P. 1852. 1. 80. — Trib. civ. Sarlat, 4 décembre 1941, *Gaz. Pal.*, 1942. 1. 165. — Besançon, 18 décembre 1947, *Gaz. Pal.*, 1947. 1. 206. — Paris, 8 novembre 1968, D. 1969, somm. p. 17.

(42) Cass. civ., 21 avril 1913, D. P. 1913. 1. 421. — Lyon, 18 janvier 1945, *Gaz. Pal.*, 1945. 1. 193. — J. J. DUPEYROUX, *op. cit.*, no 363. — M. GOBERT, *Essai sur le rôle de l'obligation naturelle*, p. 66. Il serait possible de voir une application de ce raisonnement dans la jurisprudence qui fait échapper à toute restitution les acquisitions d'un époux séparé de biens, financées par son conjoint, dès lors que les sommes ainsi versées rémunèrent une activité excédant celle qui est due au titre de la contribution aux charges du mariage (Cass. civ. 1re, 24 octobre 1978, *Gaz. Pal.*, 1979. 2. 528, note D. DE LA MARNIERRE ; J. C. P. 1979. II. 19220, note PATARIN ; *Defrénois*, 1979, art. 32038, *Chron. jur. civ. gén.*, no 40, observ. CHAMPENOIS. — 10 juillet 1979, *Defrénois*, 1980, art. 32174, 3e esp., note PONSARD. — Versailles, 7 et 8 janvier 1980, *Defrénois*, 1981, art. 32552, note BRETON. — 17 mars 1980, *Defrénois*, 1981, art. 32512, note BRETON. — Cass. civ. 1re, 25 février 1981, *Bull. civ.*, I, no71, p. 58 ; J. C. P., éd. N., 1981.II.205, 1re esp., note RÉMY. — Paris, 23 avril 1981, *Gaz. Pal.*, 1981.2.587, note VERBYST. — Cass. civ. 1re, 20 mai 1981, *Bull. civ.*, I, no 175, p. 142 ; *Defrénois*, 1981, art. 32750, *Chron. jur. civ. gén.*, no 101, observ. CHAMPENOIS ; *Rev. trim. dr. dr. civ.*, 1982, 784, observ. PATARIN. — 16 juin 1981, *Bull. civ.*, I, no 217, p. 178. — 28 février 1984, *Defrénois*, 1985, art. 33501, 1re esp., note BRETON. — *Comp.*, dans un autre domaine : Cass. com., 8 avril 1976, J. C. P. 1977.II.18739, note BERNARD.

§ 2. — RÉGIME DES OBLIGATIONS NATURELLES

684. — La détermination des effets des obligations naturelles donne lieu à de nombreuses discussions. La seule disposition de l'article 1235, al. 2 du Code civil ne saurait évidemment suffire à définir un régime d'ensemble. Ce régime devrait se déduire de la nature reconnue à l'obligation naturelle. Or la controverse à ce sujet reste ouverte et la jurisprudence n'a pas clairement pris parti. Sans doute, un principe peut-il être posé en termes généraux sans rencontrer d'objections : si le créancier ne dispose pas de la sanction de l'action en justice, la décision d'exécution prise par le débiteur produit certains effets de droit. Mais les difficultés deviennent graves lorsqu'il s'agit de qualifier l'acte du débiteur au regard de la distinction du titre gratuit et du titre onéreux. L'incertitude confine à la confusion lorsqu'on cherche, enfin, si des conséquences peuvent être tirées d'une obligation naturelle sans que le débiteur ait manifesté sa volonté de s'y soumettre.

I. — *Efficacité de la décision*
prise par le débiteur d'exécuter une obligation naturelle.

a) Refus de l'action en répétition en cas d'exécution volontaire.

685. — Si le débiteur exécute volontairement l'obligation naturelle, puis, regrettant son accès d'honnêteté, réclame la restitution de sa prestation, sa demande sera rejetée. Le créancier a droit au paiement qu'il n'avait pas la possibilité d'exiger. L'article 1235 al. 2 du Code civil impose la solution.

Il est à remarquer que l'application de ce texte suppose, en principe, que l'obligation naturelle a été *volontairement* acquittée. Il en résulte que si le débiteur avait payé en se croyant à tort tenu d'une obligation civile, il serait admis à réclamer la restitution du paiement. On pourrait être tenté, à partir de l'exigence d'absence d'erreur de la part de celui qui a payé (le *solvens*), de nier le rôle spécifique de l'obligation naturelle dans le refus de l'action en restitution. En effet, la répétition de l'indu suppose, en principe, que le paiement a été fait par erreur (43). Si l'exécution d'une obligation naturelle effectuée par erreur donne lieu à restitution, la règle de l'article 1235 alinéa 2 n'est-elle pas une simple application des principes généraux gouvernant l'action en répétition de l'indu (44) ? Une telle conclusion serait excessive. L'erreur du *solvens* dans l'action en répétition de l'indu est une erreur

---

(43) V. LES OBLIGATIONS. — Sur les exceptions à la condition d'erreur : DEFRÉNOIS-SOULEAU, *La répétition de l'indu objectif ; pour une application sans erreur de l'article 1376 du Code civil, Rev. trim. dr. civ.*, 1989, 243.

(44) M. GOBERT, *op. cit.*, p. 40-41.

sur l'existence de la cause du paiement (45). Si un *solvens* n'ignore pas qu'il n'est aucunement tenu d'une obligation civile, il reste à savoir si son paiement n'est pas sans cause. Une obligation naturelle à éteindre constitue la cause du paiement (46). En revanche, le recours à l'idée d'obligation naturelle est sans doute inutile pour justifier le refus de l'action en répétition en cas d'exécution volontaire d'une dette prescrite (47), bien qu'il s'agisse là d'un cas traditionnellement considéré comme une des applications les plus caractéristiques de la notion. La prescription, en effet, n'opère pas automatiquement extinction de l'obligation. Elle doit être invoquée par le débiteur (48). Dès lors, si l'exception de prescription n'est invoquée que postérieurement à l'exécution de la prestation, à l'appui de la demande en répétition, il faut constater que, lors du paiement, l'obligation civile avait toute sa vigueur, ce qui interdit de considérer ce paiement comme indu. Ainsi s'explique que la jurisprudence ait pu refuser l'action en répétition du paiement d'une dette prescrite sans s'arrêter au fait que le *solvens* ait ignoré, au moment du versement, que la prescription était acquise (49). Quant à l'hypothèse dans laquelle l'exception de prescription aurait été invoquée antérieurement à l'exécution, le paiement aurait nécessairement eu lieu en connaissance de cause et vaudrait renonciation à la prescription acquise (50), justification suffisante de la solution sans qu'il soit utile de faire appel à la notion d'obligation naturelle.

b) Sanction de l'obligation en cas de promesse d'exécution.

686. — Si le débiteur de l'obligation naturelle promet de payer, il est lié par cette promesse et le bénéficiaire peut en exiger l'exécution. La sanction de l'action en justice peut désormais être invoquée. Dans la mesure de l'engagement volontairement pris par le débiteur, l'obligation naturelle est considérée comme une obligation civile « parfaite » (51).

Selon une terminologie traditionnelle, le débiteur de l'obligation naturelle, en promettant de l'exécuter, l'a « novée » en obligation

---

(45) J. GHESTIN, *L'erreur du* solvens, *condition de la répétition de l'indu,* D. 1972, chron. 277. — V. OBLIGATION.

(46) G. MARTY, *L'obligation naturelle, étude de droit français, Annales Fac. Dr. Toulouse,* 1960, t. VIII, fasc. 1, p. 54, 55.

(47) M. GOBERT, *op. cit.,* p. 24 et s. — HAGE CHAHINE, *Contribution à la théorie générale de la prescription en droit civil,* Les cours de droit, 1988.

(48) Art. 2223 C. civ. — Sur ce mécanisme, HAGE CHAHINE, *op. cit.,* nos 59 et s.

(49) Cass. com., 8 juin 1948, D. 1948, 376. — 21 février 1949, D. 1949, 208 ; J. C. P. 1949.II.4929. — HAGE CHAHINE, *op. cit.,* n° 33.

(50) Art. 2220 et 2221, C. civ.

(51) Il a été jugé que la promesse de payer une dette de jeu est dépourvue d'efficacité (Cass. civ., 27 avril 1870, D. P. 1870. 1. 258). C'est un argument invoqué pour refuser de voir dans une telle dette une obligation naturelle. La solution doit aujourd'hui être nuancée, car la jurisprudence tient compte désormais des cas dans lesquels la tenue de jeux de hasard dans certains casinos est autorisée par la loi et réglementée par les pouvoirs publics pour admettre une exception au refus de toute action en paiement d'une dette de jeu (Ch. mixte, 14 mars 1980, *Gaz. Pal.,* 1980. 1. 290, concl. ROBIN).

civile (52). L'expression ne peut cependant être prise dans un sens technique. La novation est un mécanisme par lequel une obligation civile est remplacée par une autre obligation civile, différente de la première soit par ses sujets, soit par son objet, soit par sa cause (53). Rien de tel en notre hypothèse : avant la promesse il n'y avait pas d'obligation civile et le changement intervenu a consisté à doter le créancier d'une action en justice dont il était dépourvu (54), ou, si l'on suit une autre analyse, l'obligation inchangée en elle-même voit seulement son domaine précisé.

La nature de l'acte du débiteur qui déclenche cette transformation est controversée. Engagement par déclaration unilatérale de volonté (55) ou contrat accepté tacitement par le bénéficiaire (56) ? Acte de confirmation (57) ou opération originale (58) ? La discussion reste ouverte.

En tout cas, la promesse d'exécution d'une obligation naturelle est rangée dans la catégorie des actes juridiques. A ce titre, son régime se trouve défini sur de nombreux points, qu'il s'agisse de ses conditions de validité (59), de son interprétation (60) ou de sa preuve (61).

---

(52) Cass. Req., 20 novembre 1876, D. P. 1878. 1. 376. — 2 novembre 1932, D. H. 1932, 572. — Cass. civ., 23 décembre 1935, D. H. 1936, 115. — 29 mai 1956, *Gaz. Pal.*, 1956. 2. 83. — 18 mai 1960, D. 1960, 681, 3e esp., note G. Holleaux. — Trib. gr. inst. Millau, 26 février 1970, *Gaz. Pal.*, 1970. 1. 253. — Cass. civ. 2e, 24 juin 1971, *Bull. civ.*, II, n° 234, p. 166. — Paris, 19 janvier 1977, J. C. P. 1978, éd. N. II, p. 258. — Cass. civ. 1re, 16 juillet 1987, *Bull. civ.*, I, n° 224, p. 164.

(53) V. Le rapport d'Obligation.

(54) Pour une critique de l'idée de novation, v. J. J. Dupeyroux, *Contribution à la théorie générale de l'acte à titre gratuit*, n° 371 ; M. Gobert, *Essai sur le rôle de l'obligation naturelle*, p. 123 et s.

(55) M. Gobert, *op. cit.*, p. 151 et s.

(56) J. J. Dupeyroux, *op. cit.*, n° 374. — Peut-être même pourrait-on admettre l'acceptation par le silence, si l'on suit la Cour de cassation lorsqu'elle retient ce mode de formation des contrats en cas d'offre faite dans l'intérêt exclusif du destinataire (Cass. req., 29 mars 1938, D. C. 1939. 1. 5, note Voirin. — Cass. civ. 1re, 1er décembre 1969, D. 1970, 422, note Puech ; J. C. P. 1970. II. 16445, note Aubert. — V. Le contrat, Formation, n° 298).

(57) Planiol et Ripert, t. 7, n° 993.

(58) M. J. J. Dupeyroux voit dans la promesse d'exécution d'une obligation naturelle l'application d'une catégorie juridique connue du droit italien sous le nom d'actes d' « accertamento ». dont la fonction est précisément de donner efficacité à des rapports de droit (*op. cit.*, n° 373). — Suivant l'analyse suggérée *supra*, n° 675, l'engagement de celui qui se reconnaît soumis à l'obligation s'apparenterait, dans son esprit sinon dans sa technique, à un aveu.

(59) En particulier, l'engagement d'exécuter une obligation naturelle est annulable pour vice du consentement (Cass. req., 7 juillet 1931, D. H. 1931, 445. — Paris, 3 février 1944, D. A. 1944, 71).

(60) V. par exemple : Cass. civ., 25 octobre 1950, D. 1951, 2. — 9 décembre 1952, D. 1953, 128. — Cass. civ. 1re, 18 décembre 1956, *Bull. civ.*, I, n° 466, p. 375. — 8 mai 1963, *Bull. civ.*, I, n° 250, p. 211.

(61) La preuve écrite est, en principe, exigée : Cass. civ. 2e, 24 juin 1971, *Bull. civ.*,

c) Limite à l'efficacité de l'acte volontaire du débiteur : l'obligation naturelle et les créanciers civils.

687. — Quelle que soit la conception que l'on se fasse de l'obligation naturelle, il est indiscutable que le législateur a jugé son exécution moins importante que celle de nombreuses obligations qu'il a assorties de sanctions. Il y a une hiérarchie évidente entre les obligations civiles et les obligations naturelles. Sans doute, l'acte volontaire du débiteur a-t-il pour effet d'abolir cette hiérarchie en haussant, en ce qui concerne le promettant, l'obligation naturelle au niveau de l'obligation civile. Mais l'assimilation n'est pas complète et ne peut faire oublier l'infirmité originelle de l'obligation démunie de sanction. « Il est normal d'admettre que le luxe que constitue le scrupule de conscience passe après la fidélité aux obligations civilement exigibles » (62). Que le débiteur d'une obligation naturelle exécute ou promette d'exécuter celle-ci est louable, mais il ne doit pas le faire au détriment des créanciers envers lesquels il est lié par des obligations civiles (63). Aussi est-il admis que les créanciers civils peuvent faire révoquer l'exécution ou la promesse d'exécution d'une obligation naturelle (64).

S'agit-il d'une application de l'action paulienne, mécanisme précisément destiné à protéger les créanciers contre les actes d'appauvrissement injustifiés de leur débiteur (65) ? Le point est discuté (66). En tout

---

II, n° 234, p. 166. — V. *supra,* n°ˢ 595 et s. On a pu remarquer, spécialement dans le cas des promesses d'entretien en faveur des enfants naturels, une tendance des juges à admettre très largement l'existence de commencements de preuve par écrit ou de l'impossibilité de se procurer un écrit (Marty, *op. cit., Annales Fac. Dr. Toulouse,* 1960, t. VIII, fasc. 1, p. 54). Une telle attitude a sans doute été inspirée par des considérations humanitaires. V. par exemple : Trib. civ. Seine, 20 juillet 1948, *Gaz. Pal.,* 1948. 2. 152. — Paris, 22 février 1952, D. 1952, 401, note G. H. — 18 juin 1953, *Gaz. Pal.,* 1953. 2. 134. — Trib. civ. Marseille, 19 octobre 1956, J. C. P, 1956. II. 9602, note Rouast. — Paris, 9 avril 1957, D. 1957, 455. — Cass. civ. 1ʳᵉ, 18 novembre 1959, *Bull. civ.,* I, n° 481, p. 399. — 2 décembre 1959, D. 1960, 681. 1ʳᵉ esp., note G. Holleaux.

(62) G. Marty, *op. cit.,* p. 57.

(63) Cendrier, *Des effets de l'obligation naturelle à l'encontre des créanciers civils,* thèse Rennes, 1932. — Dans la conception indiquée, *supra,* n° 675, il est possible de soutenir que la règle ne s'adresse qu'à une « élite » consciente de ses devoirs et placée en situation d'y satisfaire sans manquer à ses autres obligations ; l'existence d'autres dettes dont l'exécution serait compromise par celle de l'obligation naturelle constituerait une délimitation objective du domaine de cette dernière.

(64) Art. 2225, C. civ. : « les créanciers ou toute autre personne ayant intérêt à ce que la prescription soit acquise, peuvent l'opposer, encore que le propriétaire ou le débiteur y renonce ».

(65) V. Le rapport d'Obligation.

(66) Marty, *op. cit.,* p. 57.

cas, l'action des créanciers est admise sans que l'on se soit arrêté à la règle selon laquelle l'action paulienne n'est pas reçue contre les paiements (67) ; les créanciers civils n'ont pas à prouver la complicité de fraude du créancier naturel (68), mais leur action sera repoussée si le débiteur a agi de bonne foi (69). On peut voir dans ces solutions une certaine similitude avec le régime de l'action paulienne lorsque celle-ci est dirigée contre des actes à titre gratuit accomplis par le débiteur (70). L'argument n'a pas manqué d'être invoqué dans la difficile question de la qualification, gratuite ou onéreuse, de la décision d'exécution d'une obligation naturelle prise par le débiteur.

II. — Qualification de l'acte volontaire du débiteur au regard de la distinction du titre gratuit et du titre onéreux.

688. — Questions controversées.

Il est courant d'énoncer que l'exécution d'une obligation naturelle (ou la promesse de l'exécuter) n'est pas une libéralité, mais bien le paiement d'une dette. Une telle formule est commode, mais insuffisante. Le paiement est un acte d'exécution, en lui-même neutre au regard de la distinction du titre gratuit et du titre onéreux. L'auteur d'une libéralité paye lorsqu'il l'exécute, comme paye le débiteur qui s'acquitte d'une dette souscrite à titre onéreux (71). La question est de qualifier la cause du paiement, c'est-à-dire la décision préalable du débiteur de procéder à l'exécution de l'obligation naturelle (72).

A ce sujet, il est admis d'une façon générale en jurisprudence et en doctrine que le paiement d'une obligation naturelle n'est pas l'exécution d'une donation. D'ailleurs, s'il devait en être autrement, quelle serait

---

(67) COLOMBET, *De la règle que l'action paulienne n'est pas reçue contre les paiements*, *Rev. trim. dr. civ.*, 1965, p. 5 et s.

(68) Cass. civ., 21 mars 1843, S. 1843. 1. 681, concl. HELLO. — Comp. Cass. civ., 30 décembre 1908, D. P. 1909. 1. 208.

(69) Cass. civ., 21 décembre 1859, D. P. 1861. 1. 265. — 30 décembre 1908, précité.

(70) Peut-être s'agit-il plutôt d'un régime intermédiaire entre celui des actes à titres onéreux et celui des actes à titre gratuit : MALAURIE, *J. Cl. civil*, art. 1235, n° 112. — BOUT, *Encycl. Dalloz, Répert. Dr. civ.*, 2e éd., v° *Obligation naturelle*, n° 81. — On a d'ailleurs observé que l'action paulienne repose sur une balance d'intérêts qui n'est pas nécessairement enfermée dans les catégories classiques (MARTY, *op. cit.*, p. 57. — MARTY et RAYNAUD, *Introduction générale*, n° 277, p. 447, note 1).

(71) M. GOBERT, *Essai sur le rôle de l'obligation naturelle*, p. 99. — G. MARTY, *op. cit.*, p. 56.

(72) Celle-ci se distingue nettement du paiement lorsqu'elle se traduit par une promesse d'exécution ; elle n'en existe pas moins dans tous les cas : J. J. DUPEY-ROUX, *Contribution à la théorie générale de l'acte à titre gratuit*, n° 369.

l'utilité de l'article 1235 al. 2 du Code civil ? Affirmer qu'un paiement volontaire, fait sans erreur, ne peut être répété serait sans intérêt si, implicitement, le texte n'écartait pas les conditions de validité des donations (73). La donation est soumise à des règles de forme rigoureuse. Il faut supposer que ces formes n'ont pas été respectées pour que la question d'une répétition de la prestation puisse raisonnablement se poser.

A partir de là, les opinions divergent. Certains rangent l'acte du débiteur dans la catégorie des actes à titre onéreux (74), tandis que d'autres y voient un acte à titre gratuit différent de la donation, comme le sont les contrats de bienfaisance (75).

La question sans doute la plus délicate est de savoir si l'exclusion de la qualification de donation est générale et traduit une incompatibilité absolue entre les libéralités et les obligations naturelles ou si, au contraire, il n'y a pas place pour de véritables donations correspondant à l'exécution d'obligations naturelles. Cette dernière solution a notamment été proposée au sujet des constitutions de dot. Certains auteurs ont admis qu'il pouvait exister des obligations naturelles de donner (76). Ils en tirent la conséquence que l'acte du débiteur constitue alors une donation et, à ce titre, est soumis aux conditions de fond des libéralités, mais que le particularisme de la cause d'une telle donation justifie une dérogation aux règles de forme de cette catégorie d'actes. Le découpage du régime juridique des donations est cependant difficile. La tendance qui semble être actuellement dominante s'y refuse et considère que les constitutions de dot ne sont que des donations (77).

689. — Discussion.

Il faudrait, pour approfondir la discussion, avoir en vue l'ensemble du droit des libéralités. Aussi n'est-il possible, à cette place, que de donner de brèves indications à ce sujet.

a) Deux conceptions s'opposent fondamentalement. Selon une première théorie, de même que le paiement est un acte « neutre », l'obligation naturelle est elle-même « neutre ». Cette idée implique que l'on voie dans l'obligation naturelle un simple devoir de conscience. Dès lors, que l'auteur de la prestation ait le sentiment d'obéir à un tel devoir ne modifie pas les termes du problème de qualification : il faut recher-

---

(73) *Contra* : M. Gobert, *op. cit.*, p. 99 et s.

(74) Aubry et Rau, *op. cit.*, t. VII, § 297. — Starck, *Obligations*, n° 2313.

(75) J. J. Dupeyroux, *op. cit.*, n°s 375 et s. et in *Mélanges Maury*, t. II, p. 340. — Marty et Raynaud, *op. cit.*, n° 278.

(76) H. Capitant, note D. P. 1907. 2. 241. — Flour, *Trav. Assoc. H. Capitant*, 1952, t. VII, p. 826 et s.

(77) Ripert, *La règle morale...*, n° 200. — J. J. Dupeyroux, *Contribution à la théorie générale de l'acte à titre gratuit*, n°s 378 et s. et in *Mélanges Maury*, t. II, p. 333. — M. Gobert, *op. cit.*, p. 102 et s. — Marty et Raynaud, *op. cit.*, n° 278.

cher, dans chaque cas, si les caractéristiques de la libéralité sont réunies. S'il en était ainsi, il faudrait soumettre l'acte au régime correspondant à sa nature. La plupart du temps, on ne le fera pas. Mais ceci pour des raisons d'opportunité. Le recours à l'obligation naturelle permet aux tribunaux, sous le couvert de cette notion floue, de déformer, en fonction des besoins pratiques, les institutions du droit positif et singulièrement la notion et le régime des libéralités (78).

La théorie adverse considère, au contraire, que l'existence d'une obligation naturelle commande directement la qualification. Sous-jacente, se trouve l'idée d'un lien de droit préexistant. On peut alors soutenir que si le débiteur est déjà obligé indépendamment de sa volonté, son acte d'exécution, destiné à éteindre cette obligation n'a rien du titre gratuit. Cette explication paraît suffisante si l'on voit dans l'acte du débiteur un simple signe révélateur du domaine d'application de la règle juridique. Mais il faut aller plus loin si l'on préfère considérer, avec la théorie classique ou néo-classique, que l'engagement ou l'acte d'exécution ajoute quelque chose à l'obligation antérieurement imparfaite. Le raisonnement est alors le suivant. Le créancier n'avait pas le pouvoir d'exiger le paiement. En exécutant volontairement ou en conférant par sa promesse d'exécution le pouvoir de contrainte au créancier, le débiteur procure à celui-ci un avantage. Il aurait pu subordonner l'octroi de cet avantage à une contrepartie. Par hypothèse, il n'en a rien fait. Psychologiquement, d'ailleurs, le débiteur a en vue l'intérêt du créancier et non le sien propre : puisqu'il ne pouvait être contraint de payer, il a fallu qu'il ait la volonté de préférer autrui à lui-même. C'est l'intention libérale. L'acte est donc à titre gratuit (79). Mais il n'en est pas pour autant une donation. En effet, l'avantage gratuit que le débiteur confère au créancier n'est pas l'émolument qu'il lui transmet par son paiement : il était déjà obligé ; c'est seulement le pouvoir de contrainte qu'il lui accorde par sa promesse ou le caractère irrévocable de l'exécution. En d'autres termes, l'avantage accordé est le renforcement de l'obligation qui, ainsi, passe du domaine des obligations naturelles dans celui des obligations civiles. Or, n'est une donation que le transfert d'un droit principal (propriété, créance...). De même qu'une dation de crédit par un cautionnement personnel ou réel est un acte à titre gratuit sans être une donation (un contrat de bienfaisance), le renforcement d'une obligation naturelle par l'acte volontaire du débiteur est un acte gratuit non soumis au régime particulier des donations (80). Il en résulte une incompatibilité totale entre obligation naturelle et donation.

b) Pour alimenter le débat, sinon le trancher définitivement, il faudrait examiner les principales situations où, pratiquement, la qualification de donation pourrait être retenue à propos de l'engagement d'exécution d'une obligation naturelle.

La *constitution de dot* est l'hypothèse la plus discutée. La loi la soumet incontestablement au régime des donations pour le rapport à succession ou la réduction pour atteinte à la réserve héréditaire. A supposer qu'existe d'autre part à la charge des parents une obligation naturelle de doter leurs enfants, il y aurait compatibilité entre l'exécution de cette obligation naturelle et l'accomplissement d'une donation. Quelle conséquence tirer alors de cette obligation naturelle de donner ? La régle-

---

(78) M. Gobert, *op. cit.*, p. 87 et s.

(79) A quoi on peut ajouter que le régime de l'action paulienne exercée par les créanciers civils semble être celui de la critique des actes à titre gratuit du débiteur. Mais cet argument n'est sans doute pas décisif, car la souplesse de l'action paulienne permettrait son adaptation aux circonstances particulières résultant de l'exécution d'une obligation naturelle, même s'il s'agissait d'un acte à titre onéreux : Marty et Raynaud, *op. cit.*, n° 278.

(80) J. J. Dupeyroux, *Contribution à la théorie générale de l'acte à titre gratuit*, n°s 375 et s.

mentation des donations est inspirée par le souci de protection des héritiers du disposant (rapport, réduction) et par celui de la protection de la liberté du consentement du donateur lui-même (essentiellement les règles de forme). Or, l'existence d'une obligation naturelle de donner laisse subsister le besoin de protection des héritiers, mais rend inutile la protection spéciale du disposant : il n'y a pas à suspecter les manœuvres ayant pu le circonvenir, puisqu'il ne fait qu'accomplir son devoir. De là le partage dans le régime des donations, fondé sur l'existence de l'obligation naturelle (81). En faveur de cette analyse, on peut citer certaines décisions ayant dispensé les constitutions de dot des formes des donations (82). Mais la jurisprudence marque des hésitations (83). L'idée d'une obligation naturelle de doter est combattue. Aujourd'hui surtout, il apparaît que les parents ont le devoir de permettre à leurs enfants d'obtenir une qualification professionnelle, bien plus que de les doter ; la constitution de dot fait à tous égards figure de donation.

L'exécution d'un *legs nul en la forme* reste l'accomplissement d'une libéralité, mais il est admis que celle-ci émane du testateur et qu'il ne s'agit pas d'une donation faite au « légataire » par les héritiers qui s'acquittent d'une obligation naturelle (84). Il ne s'agirait donc pas d'une obligation naturelle de donner, mais d'une obligation naturelle de délivrance. Cependant, l'utilité du recours à la notion d'obligation naturelle peut être contestée. L'acte des héritiers peut, en effet, s'analyser simplement en une confirmation du testament irrégulier, comme l'article 1340 du Code civil le prévoit à propos des donations nulles en la forme (85). En revanche, c'est bien, semble-t-il, une obligation naturelle de donner qui justifierait la dispense des règles de forme des donations lorsqu'un héritier promet d'exécuter un simple vœu émis par le testateur (86).

La *donation rémunératoire* faite en récompense de services rendus non appréciables pécuniairement est soumise intégralement au régime des libéralités (sauf toutefois l'exception à certaines incapacités de donner et de recevoir : C. civ. art. 909), de sorte qu'invoquer en ce cas une obligation naturelle de donner paraît purement verbal. La rémunération de services appréciables en argent, au contraire, est considérée comme l'exécution d'une obligation naturelle et échappe pour le tout au régime des libéralités (87).

Des *libéralités entre concubins* ont parfois été qualifiées d'exécution d'une obligation naturelle (88). Il y aurait donc, en ce cas, obligation naturelle de donner (88-1).

---

(81) FLOUR, *op. cit.*, p. 829-830.

(82) Cass. req., 30 juillet 1900, D. P. 1901. 1. 502. — Poitiers, 26 avril 1923, D. P. 1923. 2. 121, note R. SAVATIER. — Aix, 29 novembre 1938, D. H. 1939, 157.

(83) V. *supra*, note 26.

(84) Cass. req., 19 décembre 1860, D. P. 1861. 1. 17 ; S. 1861. 1. 370. — Trib. civ. Cognac, 12 juillet 1934, S. 1934. 2. 138.

(85) RIPERT, *La règle morale...*, nº 201. — J. J. DUPEYROUX, *op. cit.*, nº 385. — M. GOBERT, *op. cit.*, p. 47 et s. — MARTY, *op. cit.*, p. 50.

(86) Paris, 12 octobre 1965, *Gaz. Pal.*, 1966. 1. 253.

(87) *Supra*, nº 683.

(88) Cass. civ. 1re, 6 octobre 1959, D. 1960, 515, note MALAURIE ; J. C. P. 1959. II. 11305, note P. ESMEIN. — Paris, 19 janvier 1977, J. C. P. 1978, éd. N. II, p. 258. Cass. civ. 1re, 14 juin 1978, J. C. P., éd. N., 1979, Prat. nº 7085, p. 138 ; *Rev. trim. dr. civ.*, 1982, 131, observ. NERSON et RUBELLIN-DEVICHI. — *Comp.* Cass. civ. 1re, 22 décembre 1965, *Bull. civ.*, I, nº 730, p. 559.

(88-1) V. cependant Cass. civ. 1re, 14 juin 1978, précité note 88, qui exclut la qualification de donation dès lors qu'il y a « dation en paiement » pour exécuter l'obligation naturelle.

Il semble cependant que l'appel à la notion d'obligation naturelle soit seulement une forme commode pour traduire un jugement sur la licéité de la cause de la donation (89). Il reste difficile, en tout cas, de proposer un critère permettant de distinguer, en ce domaine, les donations des actes qui échappent au régime des libéralités au titre de l'exécution d'une obligation naturelle. Peut-être d'ailleurs cette difficulté sera-t-elle résolue, si la promotion juridique du concubinage se poursuit, avec la création d'une véritable obligation civile d'assistance entre concubins...

Au total on s'aperçoit que la question de l'existence d'obligations naturelles de donner reste assez confuse et qu'aucune théorie ne trouve un appui décisif dans les solutions du droit positif.

III. — *Existe-t-il d'autres effets des obligations naturelles ?*

690. — Nouvelles incertitudes.

S'il était certain que des effets juridiques s'attachent aux obligations naturelles indépendamment de la volonté d'exécution manifestée par le débiteur, bien des controverses seraient closes. Ce serait, en effet, la démonstration de l'existence d'un véritable rapport de droit pré-existant à l'exécution, en dépit de l'absence de sanction accordée au créancier.

Telle était l'opinion des auteurs classiques. Pour eux, l'obligation naturelle doit produire toutes les conséquences d'une obligation civile, hormis celles qui dépendent du pouvoir de contrainte du créancier. Ainsi, un tiers pourrait-il se porter garant de l'exécution de l'obligation naturelle pesant sur autrui (cautionnement), l'obligation naturelle pourrait-elle être transmise activement et passivement aux héritiers du créancier et du débiteur. Peut-être même, l'obligation naturelle pourrait-elle être invoquée pour fonder un droit de rétention (90) ou la compensation (91), bien que le débiteur n'ait pas promis de l'exécuter (92).

Naturellement, les auteurs qui considèrent que l'obligation naturelle ne devient juridique que par l'engagement volontaire du débiteur repoussent ces solutions (93).

Il est bien difficile de dire quelle est l'attitude du droit positif à cet égard. L'article 2012 alinéa 2 du Code civil déclare valable le caution-

---

(89) PROTHAIS, *Le droit commun palliant l'imprévoyance des concubins dans leurs relations pécuniaires entre eux*, J. C. P. 1990.I.3449. — L'attitude actuelle de la jurisprudence tendant à faire de plus en plus du concubinage un état de droit conduit à penser que le détour par la notion d'obligation naturelle est devenu inutile (M. POULNAIS, *Réflexions sur l'état du droit positif en matière de concubinage*, J. C. P. 1973.I.2574, n° 15).

(90) V. SURETÉS.

(91) V. OBLIGATIONS.

(92) AUBRY et RAU refusent cependant de telles conséquences : *op. cit.*, t. 7, § 297.

(93) RIPERT, *La règle morale...*, n° 191.

nement d'une obligation annulable par une cause purement personnelle, comme en cas de minorité. C'est là une application, a-t-on dit, du principe selon lequel une obligation naturelle peut être cautionnée. Mais l'interprétation dominante de l'article 2012 alinéa 2 considère que l'engagement visé par ce texte n'est pas un véritable cautionnement (94), de sorte qu'il serait hasardeux de se fonder sur cette disposition pour admettre qu'une obligation naturelle non reconnue par le débiteur peut être garantie par une sûreté (95).

Quant à la jurisprudence, elle ne semble pas avoir eu à envisager la question, à l'exception toutefois de la transmissibilité de l'obligation naturelle, en faveur de laquelle certaines décisions peuvent être citées (96). C'est trop peu pour pouvoir en tirer des conclusions certaines.

691. — Il n'est pas étonnant que l'examen du droit positif révèle tant d'incertitudes. S'il en était autrement, les controverses sur la nature de l'obligation naturelle ne seraient pas aussi vives.

En dépit de leurs obscurités, à moins que ce ne soit grâce à elles, les obligations naturelles sont un facteur actif de l'évolution du droit (97). Leur admission en jurisprudence a plusieurs fois préparé le terrain à des réformes de la législation civile (98). En corrigeant certaines insuffisances du droit contraignant, à une époque donnée, les obligations naturelles sont souvent en avance d'une étape sur le chemin du progrès de l'ordre juridique.

L'obligation naturelle est donc une catégorie ouverte. Son contenu varie avec l'évolution de la conscience collective, dont l'attitude du

---

(94) Il est généralement admis que l'engagement de celui qui se porte garant de l'exécution de la dette souscrite par un mineur est une promesse de porte-fort plutôt qu'un cautionnement. La différence est que la promesse de porte-fort est un engagement autonome, alors que le cautionnement est un engagement accessoire qui suppose l'existence d'une dette à garantir. De sorte que si l'article 2012, alinéa 2, vise en réalité une promesse de porte-fort, il n'est pas possible d'en conclure que l'obligation naturelle de l'incapable a une existence juridique indépendante de la volonté d'exécution exprimée par le débiteur. Sur la promesse de porte-fort, V. OBLIGATIONS.

(95) On voit mal, en effet, comment pourrait être mise en œuvre une sûreté et spécialement un cautionnement, lorsque le débiteur principal ne peut être poursuivi : ni le bénéfice de discussion (C. civ., art. 2021), ni les recours de la caution (C. civ., art. 2028, 2029) ne pourraient fonctionner.

(96) Orléans, 5 juillet 1855, D. 1855. 2. 238. — Cons. d'État, 7 juin 1947, D. 1948, 425. — La situation est différente lorsqu'est envisagée la transmission de l'obligation *après* la « novation » de l'obligation naturelle en obligation civile (Cass. civ. 1re, 16 juillet 1987, *Bull. civ.*, I, no 224, p. 164 ; *Rev. trim. dr. civ.*, 1988, 133, observ. MESTRE. — V. aussi, J. J. DUPEYROUX, *La transmissibilité passive des obligations alimentaires*, D. 1959, chron. 71, spéc. p. 74).

(97) FLOUR, préface à la thèse de Mme GOBERT précitée. — MARTY et RAYNAUD, *Introduction générale*, no 278 *bis*.

(98) V. *supra*, nos 681, 682.

débiteur est d'ailleurs elle-même une manifestation. Est-ce à dire que toute tentative de définition est vaine, que les juges invoquent à leur guise la notion d'obligation naturelle quand ils éprouvent le besoin de fonder une solution qui leur paraît opportune ? Il est difficile de nier que les tribunaux, en bien des cas, partent du résultat qu'ils veulent obtenir et cherchent ensuite à le justifier. L'obligation naturelle leur offre alors une solution commode. Mais toute la question est de savoir si la notion est située hors de l'ordre juridique et leur permet toutes les initiatives. Or, on ne peut manquer d'être frappé de la prudence avec laquelle les juges ont retenu l'obligation naturelle. Les risques de subversion du droit que l'on aurait pu craindre ne se sont pas réalisés. N'est-ce pas le signe que l'obligation naturelle n'est pas totalement malléable et que les éléments objectifs d'une catégorie juridique, souple mais néanmoins définissable, s'imposent ?

TITRE II

LE RESPECT DES FINALITÉS DU SYSTÈME JURIDIQUE

692. — Les normes juridiques reçoivent application dès que la situation de fait qu'elles visent est réalisée. Les individus qui se voient ainsi attribuer des droits peuvent les mettre en œuvre, en tirer toutes les conséquences vis-à-vis d'autrui, sous la protection de l'État.

Tel est le principe. Cependant, le besoin s'est fait sentir de certains correctifs. Il est des cas, en effet, où la rigueur logique de la combinaison des règles de droit révèle les failles du système : la technique juridique risque parfois de se retourner contre les fins qu'elle prétend servir. Si les exigences d'ordre moral, les impératifs d'une harmonieuse organisation des rapports sociaux, le souci de la justice, viennent à être gravement menacés, de telles déviations doivent être redressées. Il faut donc que le droit crée les moyens de contrôler sa propre application.

Il n'est pas étonnant qu'une telle création soit principalement l'œuvre de la jurisprudence. Ce sont, en effet, les tribunaux qui se trouvent directement au contact des difficultés suscitées par la mise en œuvre des droits ; il appartient aux juges de trouver des solutions qui sauvegardent les finalités du système juridique et ils doivent le faire sur-le-champ, sans attendre un hypothétique secours du législateur qui serait, de toute façon, trop tardif.

Bien que la voie soit étroite entre le respect dû aux lois et cette défense d'un certain idéal, la jurisprudence a réussi à forger les instruments nécessaires. Certains d'entre eux seront envisagés avec l'étude des secteurs déterminés du droit civil auxquels ils se rattachent plus particulièrement. Nous ne retiendrons ici que ceux dont la portée est la plus générale : les théories de *l'abus de droit*, de *la fraude* et de *l'apparence*.

CHAPITRE I

L'ABUS DE DROIT

693. — L'avantage qu'un droit confère à son titulaire ne s'obtient qu'au prix d'une limitation de la liberté d'autrui ; parfois même, l'exercice d'un droit cause à d'autres personnes un préjudice important. Dire qu'un individu est propriétaire d'un terrain signifie qu'il pourra seul en jouir et, par là, interdit au public d'en profiter ; reconnaître aux salariés le droit de grève est empêcher l'employeur d'exiger l'exécution ponctuelle des contrats de travail, au risque de le placer dans une situation économique précaire ; admettre qu'un créancier a le droit de saisir les biens de son débiteur implique que celui-ci peut être privé de ce qu'il a acquis. De telles conséquences sont inéluctables. Mais la question se pose de savoir si elles ne peuvent pas être contenues dans certaines limites.

Summum jus, summa injuria (1) : l'application aveugle de la règle de droit risque d'aboutir à des conséquences iniques. L'exercice sans contrôle des droits privés serait une menace pour la Justice, qui reste la fin essentielle du système juridique. L'instrument majeur de ce contrôle est la théorie de l'abus des droits.

Cette théorie a connu un grand succès, tant en France qu'à l'étranger (2). L'exposé en est difficile, car les questions soulevées ne sont pas seulement d'ordre technique, mais mettent en jeu des choix philosophiques et politiques. La notion de droit subjectif, la morale et l'ordre social sont en cause. Les prises de position à cet égard sont donc périlleuses. De plus, le législateur français, s'il a fait à plusieurs reprises allusion au contrôle de l'exercice abusif des droits (3), n'en a nulle

---

(1) CICÉRON, *De officiis*, I, 10, 33.

(2) MARKOVITCH, *L'abus des droits en droit comparé*, thèse Lyon, 1936. — Congrès international de l'Association Henri Capitant (Québec, Canada), 1939. *Rapport sur l'abus de droit dans la responsabilité*, p. 611 et s. — MICHAÉLIDÈS-NOUAROS, *L'évolution récente de la notion de droit subjectif, Rev. trim. dr. civ.*, 1966, 216.

(3) Par exemple : C. civ., art. 348-6 (refus abusif de consentir à l'adoption), C. trav., art. L. 122-13, L. 122-14-5 (rupture abusive du contrat de travail), L. 1er septembre 1948, art. 21 (exercice abusif du droit de reprise du bailleur de locaux d'habitation ou à usage professionnel), L. 11 mars 1957, art. 20 (abus notoire dans l'usage du

part posé le principe d'une façon générale (4) et n'a rien tenté en faveur d'un système d'ensemble. De sorte que les applications positives de cette théorie sont, pour l'essentiel, l'œuvre de la jurisprudence. Il en résulte une difficulté certaine pour discerner avec sûreté, parmi de multiples solutions éparses, la cohérence d'un ensemble aux contours fuyants.

Peut-être rebutée par ces obstacles, la doctrine, que cette question avait passionnée depuis le début du siècle (5), marque depuis quelque temps moins d'intérêt pour le problème et s'en tient surtout à l'examen de cas particuliers d'application de la théorie (6). Cette relative discrétion ne signifie pas que les controverses soient closes. Le débat, même

---

droit de divulgation d'une œuvre de l'esprit), L. 10 janvier 1978 sur les clauses abusives (V. LE CONTRAT, FORMATION, n⁰ˢ 587 et s), Nouv. C. proc. civ., art. 32-1 (action en justice dilatoire ou abusive), art. 559 (appel dilatoire ou abusif)...

(4) V. le projet de Code franco-italien des obligations, art. 74, al. 2.

(5) SALEILLES, *La déclaration de volonté*, 1901, p. 251 ; *De l'abus des droits*, rapport présenté à la première sous-commission de la commission de révision du Code civil, *Bull. soc. études législ.*, 1905, p. 325. — CHARMONT, *L'abus de droit, Rev. trim. dr. civ.*, 1902, p. 113 ; *Le droit et l'esprit démocratique*, 1908, p. 88. — JOSSERAND, *De l'abus des droits*, 1905 ; *De l'esprit des droits et de leur relativité*, 1927, 2ᵉ éd., 1939. — RIPERT, *L'exercice des droits et la responsabilité civile, Rev. crit.*, 1905, p. 352 ; *La règle morale dans les obligations civiles*, 1925, 4ᵉ éd., 1949 ; *Abus ou relativité des droits, Rev. crit.*, 1929, p. 33. — DESSERTAUX, *Abus de droit et conflits de droits, Rev. trim. dr. civ.*, 1906, p. 119. — CROUZEL, *La lésion d'un droit dans le prétendu exercice d'un droit, Rec. Acad. législation de Toulouse 1914-1915*, p. 209. — PERROCHET, *Essai sur la théorie de l'abus des droits*, Lausanne, 1920. — CAMPION, *Théorie de l'abus des droits*, 1921. — ROTONDI, *L'abuso di diritto*, 1923. — MORIN, *L'abus des droits, Rev. de métaphysique et de morale*, 1929, p. 267 ; *Quelques observations critiques sur le concept d'abus du droit, Mélanges Lambert*, t. II, p. 467. — TARBAH, *Du heurt à l'harmonie des droits*, 1936. — Thèses : BOSC, *Essai sur les éléments constitutifs du délit civil*, Montpellier, 1901. — PORCHEROT, *De l'abus de droit*, Dijon, 1902. — BUTTIN, *L'usage abusif du droit, étude critique*, Grenoble, 1904. — L. REYNAUD, *L'abus du droit*, Paris, 1904. — JANNOT, *De la responsabilité civile par suite de l'abus de droit*, Dijon, 1906. — VALLET, *L'exercice fautif des droits*, Poitiers, 1907. — GOROI, *La théorie de l'abus du droit et « l'excès » du droit en droit français*, Genève, 1910. — DE MONTERA, *De l'abus des voies de droit*, Lyon, 1912. — BARDESCO, *L'abus du droit*, Paris, 1913. — ROUSSEL, *L'abus du droit*, Paris, 1913. — R. SAVATIER, *Des effets de la sanction du devoir moral*, Poitiers, 1916. — SULTAN, *Contribution à l'étude de l'abus des droits*, Alger, 1926. — MARSON, *L'abus de droit en matière de contrat*, Paris, 1935. — RADU-LESCO, *Abus de droit en matière contractuelle, contribution à l'étude synthétique de l'abus*, Paris, 1935. — TRIFU, *La notion de l'abus de droit dans le droit international*, Paris, 1940. — PRIEUR, *L'abus de droit dans la formation et dans la dissolution du contrat de travail*, Paris, 1942. — KISS, *L'abus de droit en droit international*, Paris, 1952. — DUBOUIS, *La théorie de l'abus de droit et la jurisprudence administrative*, Poitiers, 1960. — WOOG, *La résistance injustifiée à l'exercice d'un droit*, Paris, 1971. — V. aussi *infra*, note 114.

(6) V. cependant, PIROVANO, *La fonction sociale des droits : réflexions sur le destin des théories de Josserand*, D. 1972, chron. 67. — ROTONDI, *Le rôle de la notion de l'abus de droit, Rev. trim. dr. civ.*, 1980, p. 66.

s'il n'y est plus guère fait que d'assez brèves allusions, demeure engagé et la jurisprudence, qui poursuit son œuvre, lui fournit constamment des aliments.

Le point le plus discuté est celui de la fixation d'un seuil au-delà duquel l'exercice d'un droit serait abusif, donc répréhensible. Doit-on rechercher le critère de l'abus dans l'intention de nuire à autrui ou dans le détournement du droit de sa fonction sociale ? La discussion est célèbre ; elle n'est pas terminée aujourd'hui. Mais la question est plus vaste et commence par la détermination du domaine de l'abus de droit, qui met en cause la spécificité même de cette théorie ; elle appelle en outre quelques indications sur la façon dont sont sanctionnés les abus reconnus.

SECTION 1

DOMAINE DE L'ABUS DE DROIT

694. — Non seulement la détermination du domaine propre à la théorie de l'abus de droit fait difficulté, mais l'existence même d'un tel domaine est discutée. N'y a-t-il pas incompatibilité entre la reconnaissance des droits et l'idée d'un abus dans leur exercice ? A l'inverse, on peut se demander si le domaine de l'abus de droit n'est pas si vaste que la question en perdrait toute spécificité. De surcroît, l'usage de quelques droits échappe, en pratique, à tout contrôle.

§ 1. — DROIT ET ABUS

695. — La thèse de Planiol : un acte ne peut être à la fois conforme et contraire au droit.

Le droit romain avait une conception fort absolutiste des droits privés. De divers passages des jurisconsultes (1) ressort cette idée que celui qui agit sans dépasser les limites de son droit est irréprochable, même si les conséquences en sont dommageables pour autrui. « *Neminem laedit qui suo jure utitur* » a-t-on dit en une formule ramassée (2). L'expression est sans doute trop abrupte pour rendre compte de l'attitude du droit romain à cet égard (3) et d'autres maximes favorables à un certain

---

(1) Notamment Dig. 50-17, frag. 55 et 151.

(2) Celui qui use de son droit ne fait tort à personne. — Comp. Dig. L. XVII, *de diversis reg. juris*, 55.

(3) Josserand, *De l'esprit des droits et de leur relativité ; théorie dite de l'abus des droits*, 2ᵉ éd., 1939, nᵒ 2 et les références citées.

contrôle de l'exercice des droits pourraient lui être opposées : « *male enim nostro jure uti non debemus* » ou « *malitiis non est indulgendum* » (4). Il reste cependant qu'une tradition ancienne et forte tendait à admettre la souveraineté de l'individu à l'intérieur de la sphère d'autonomie définie par un droit subjectif. Cette conception a inspiré la doctrine du xixᵉ siècle dans son ensemble.

Lorsque sont apparues les premières tentatives modernes d'élaboration d'une théorie de l'abus de droit (5), elles ont provoqué de vives réactions de la part des tenants de l'individualisme classique. Le plus ardent des opposants à un contrôle de l'exercice des droits subjectifs a sûrement été Planiol (6). Son argumentation est restée parce qu'elle a une forme rigoureusement logique.

Selon cet auteur, la formule « usage abusif des droits » n'est qu'une « logomachie ». Il y a, en effet, contradiction dans les termes. Comment un acte pourrait-il être à la fois conforme et contraire au droit ? Que les droits soient limités, nul ne le conteste ; c'est au législateur de prendre ses responsabilités à cet égard. Mais lorsque la loi a défini les pouvoirs qu'elle reconnaît aux individus, ceux-ci ne sauraient être répréhensibles à agir dans ces limites. S'il y a abus, c'est qu'il n'y a pas de droit : « le droit cesse où l'abus commence ». Il est impossible de sortir de ce dilemme : ou l'on use d'un droit et l'acte est licite par définition, ou l'acte est illicite mais c'est alors que l'on a dépassé les bornes du droit.

La doctrine de Planiol n'a pas empêché le développement de la théorie de l'abus de droit. Elle n'en a pas moins suscité un malaise qui se traduit par un certain embarras dans sa réfutation.

696. — Première réponse (Josserand) : distinction du droit objectif et des droits subjectifs.

Pour répondre à l'objection de Planiol et « s'évader de l'étau qu'il a forgé » (7), Josserand y a dénoncé un sophisme procédant d'une confusion verbale (8). Dire qu'un acte ne peut être à la fois conforme

---

(4) Nous ne devons pas user de notre droit injustement ; il ne faut pas avoir d'indulgence pour les méchancetés.

(5) Saleilles, *Étude sur la théorie générale de l'obligation d'après le premier projet de Code civil allemand*, 1890, p. 370 ; *La déclaration de volonté*, 1901, p. 251 ; *De l'abus des droits, Bull. soc. études législ.*, 1905, 325. — Desjardins, concl. S. 1897. 1. 25. — Charmont, *L'abus des droits, Rev. trim. dr. civ.*, 1902, 113 ; *Le droit et l'esprit démocratique*, 1908, p. 88. — Josserand, *De l'abus des droits*, 1905.

(6) *Traité élémentaire de droit civil*, II, nº 871 ; *Études sur la responsabilité civile, Rev. crit.*, 1905, 277 et 1906, 80. — Comp. Duguit, *Les transformations générales du droit privé*, p. 198 et 199. — A. Esmein, note S. 1898. 1. 17. — E. Lévy, *La vision socialiste du droit*, 1926, p. 47.

(7) Beudant et Lerebours-Pigeonnière, t. IX *bis*, par Rodière, nº 1432.

(8) *De l'esprit des droits et de leur relativité*, nº 245.

au droit et contraire au droit est jouer sur les deux sens du mot « droit », qui désigne aussi bien le droit objectif que les droits subjectifs (9). Un acte peut être accompli dans les limites du droit subjectif dont est investi son auteur et, en même temps, se heurter aux principes du système juridique dans sa généralité. « Il y a droit et droit ; et l'acte abusif est tout simplement celui qui, accompli en vertu d'un droit subjectif dont les limites ont été respectées, est cependant contraire au droit envisagé dans son ensemble et en tant que juricité, c'est-à-dire en tant que corps de règles sociales obligatoires. On peut parfaitement avoir pour soi *tel droit* déterminé et cependant avoir contre soi *le droit* tout entier ». Dès lors, la contradiction s'évanouit et il y a place pour la théorie de l'abus de droit, distincte de l'étude du simple défaut de droit.

697. — Seconde réponse : distinction des limites externes des droits et de leurs limites internes.

Malgré son succès (10), l'argumentation de Josserand, tout au moins sous cette forme, ne convainc pas totalement. Elle implique, en effet, une indépendance entre le droit objectif et les droits subjectifs qui peut être éventuellement soutenue sur un plan théorique, mais ne correspond pas aux solutions positives. « Nos divers « droits subjectifs » n'existent qu'en vertu de règles de droit ou de normes qui en prévoient, expressément ou implicitement, l'existence. Il ne peut y avoir de « droit subjectif » dès lors que le « droit objectif » ne lui fournit pas une base, une justification » (11). De sorte que l'on est ramené inéluctablement à l'impasse signalée par Planiol. Le droit (objectif) ne peut à la fois permettre et interdire. Si la loi consacre une prérogative individuelle, elle ne saurait simultanément y mettre obstacle.

Mais il est possible d'accepter cette idée sans en tirer les conséquences que la doctrine du XIXᵉ siècle y aurait attachées. Le droit cesse où l'abus commence, soit, cela ne condamne pas pour autant la théorie de l'abus de droit. Toute la question est en réalité de déterminer les limites du droit et c'est là qu'intervient la notion d'abus.

La définition des prérogatives que la loi confère au titulaire d'un droit subjectif s'opère sur deux plans. Il y a d'abord ce que l'on pourrait

---

(9) *Supra*, nº 3.

(10) H. L. MAZEAUD et TUNC, *Traité théorique et pratique de la responsabilité civile délictuelle et contractuelle*, t. I, nº 551. — H. L. et J. MAZEAUD, *Leçons de droit civil*, t. 2, vol. 1, 7ᵉ éd. par CHABAS, nº 457. — BEUDANT et LEREBOURS-PIGEONNIÈRE, t. IX *bis*, nº 1432. — WEILL, *Les obligations*, 1ʳᵉ éd., nº 629, avec plus de nuances dans la 3ᵉ édition par TERRÉ, nº 642, 4ᵉ éd., nº 639.

(11) STARCK, *Obligations*, vol. 1, 3ᵉ éd., par ROLAND et BOYER, nº 313. — Dans le même sens, DABIN, *Le droit subjectif*, p. 294 : « Le droit tout entier » dont il est fait état ne peut pas être cette *juricité*, ce corps de règles sociales obligatoires qui consacre tel droit déterminé, car ce serait la contradiction entre le droit subjectif et le droit objectif qui le fonde ». — V. aussi *supra*, nº 175.

appeler les limites *externes* du droit. Certains pouvoirs, décrits objectivement d'après leur nature ou leur objet sont accordés et d'autres refusés. Un propriétaire peut construire sur son terrain, il ne peut empiéter sur celui de son voisin ; un usufruitier peut habiter l'immeuble soumis à son droit ou le donner en location, il ne peut le démolir ; des ouvriers peuvent se mettre en grève, ils n'ont pas le droit de séquestrer leur employeur... Mais il existe aussi des limites au droit que l'on peut qualifier d'*internes*. Les prérogatives accordées à une personne par la loi ne le sont pas de façon absolue. Il y a une mesure à respecter dans leur exercice. Dire qu'un propriétaire a le droit de construire sur son propre terrain ne signifie pas nécessairement qu'il peut construire n'importe quoi n'importe comment. S'il édifie un ouvrage à seule fin de gêner son voisin, il sort de son droit, bien qu'il n'en dépasse pas les limites externes. Le droit peut parfaitement à la fois accorder aux individus certains pouvoirs et restreindre leur mise en œuvre. L'acte abusif n'est pas à la fois conforme au droit subjectif et contraire au droit objectif. Il n'est pas du tout conforme au droit. Mais l'originalité de l'hypothèse est que le dépassement du droit subjectif se situe *à l'intérieur* du cadre délimitant le type de prérogatives reconnues à l'agent. Ce sont ces cas de défaut de droit qui sont envisagés lorsqu'il est question d'abus (12).

Ces limites « internes » des droits subjectifs sont assez rarement exprimées formellement par la loi lorsqu'elle énonce les prérogatives qu'elle accorde. De sorte que c'est dans les principes généraux, voire dans l'esprit du système juridique qu'il faut chercher de telles limites. En ce sens, l'analyse de Josserand traduit la réalité la plus courante. Mais il ne faut pas aller jusqu'à en tirer une opposition entre le droit objectif et les droits subjectifs. L'usage abusif d'un droit est un acte qui n'a jamais été permis par ce droit. Le mot « abus », qui, par sa puissance évocatrice, a largement contribué au succès de la théorie (13), désigne un type particulier de franchissement des limites des droits.

§ 2. — SPÉCIFICITÉ DE L'ABUS DE DROIT

698. — Si la théorie de l'abus de droit vise à déterminer les limites « internes des droits, elle trouve un champ d'application dans ces pré-

---

(12) « On peut reconnaître l'existence, à l'occasion de l'usage d'un droit en lui-même incontestable, d'un comportement illicite qui doit être sanctionné, sans pour autant que la sanction revienne à nier le droit lui-même. La sanction visera la manière dont le droit a été exercé et, à la rigueur, amoindrira certaines prérogatives (mais non toutes) qui paraissent découler de ce droit. La théorie de l'abus de droit est au fond un moyen de fixer la limite des droits » (PIROVANO, *Encycl. Dalloz, Répert. dr. civ.*, 2e éd., vo *Abus de droit*, no 9).

(13) H. L. et J. MAZEAUD, t. 2, vol. 1, 7e éd. par CHABAS, no 457.

rogatives dont il s'agit de contrôler l'exercice. Mais pour préciser ce domaine, il faut distinguer l'abus de droit, d'une part du mauvais usage d'une liberté et, d'autre part, de la violation d'une obligation ou d'un devoir déterminé.

I. — *Abus de droit et mauvais usage d'une liberté.*

699. — L'abus de droit se confond-il avec les principes de la responsabilité civile ?

Pour avoir refusé de distinguer l'exercice des droits de l'usage des libertés, certains auteurs ont nié la spécificité du domaine de l'abus de droit (14). Tous les actes dommageables engageant la responsabilité de leur auteur sont accomplis à l'occasion de l'exercice d'un droit. Le commerçant condamné pour concurrence déloyale a outrepassé son droit de faire négoce, l'automobiliste tenu d'indemniser le piéton qu'il a renversé à la suite d'une fausse manœuvre dans la conduite de son véhicule a mal usé de son droit de circuler sur la voie publique, etc. Ce que l'on nomme « abus de droit » n'est en somme que l'application de ce principe très général consacré par l'article 1382 du Code civil :

> « tout fait quelconque de l'homme qui cause à autrui un dommage oblige celui par la faute duquel il est arrivé à le réparer ».

A quoi bon, dès lors, discuter sur une théorie qui ne présente aucune originalité et se confond avec celle de la responsabilité civile ? La prétendue impunité de celui qui agit dans l'exercice d'un droit n'aurait jamais dû arrêter personne, car elle était condamnée par le seul fait de la consécration du principe de la responsabilité. Tous les droits sont contrôlés dans leur mise en œuvre : ce contrôle n'a rien de spécifique. On devrait donc, pour des raisons différentes de celles qui avaient inspiré Planiol, considérer la théorie de l'abus de droit comme logomachique.

700. — Cette thèse repose sur une conception exagérément extensive de la notion de droit.

La négation de la spécificité de l'abus de droit est la conséquence inéluctable de la conception selon laquelle toute activité de l'homme correspond à l'exercice d'un droit. Mais cette doctrine est inacceptable. Dira-t-on que le voleur use d'un droit en dérobant la chose d'autrui (15) ? Comment expliquer qu'un aliéné mental, frappé de l'incapacité d'exercer

---

(14) E. LÉVY, *La vision socialiste du droit*, p. 45 et s. — BARTIN sur AUBRY et RAU, *Droit civil français*, 5e éd., t. VI, p. 340, note 2 *bis*.

(15) JOSSERAND, *op. cit.*, n° 251.

ses droits, puisse être tenu de réparer les dommages qu'il cause (16) ? C'est, une fois encore, la relative imprécision du mot « droit » qu'il faut incriminer. L'idée de droit subjectif a connu une fortune extraordinaire. Se voir reconnaître un droit confère sécurité vis-à-vis de l'État et importance vis-à-vis du public. De là une véritable inflation des droits, maintes fois signalée (17). Mais en embrassant un domaine aussi vaste, la notion de droit couvre alors des réalités différentes, allant de prérogatives précises à des libertés d'ordre très général. Faute de distinction entre ces hypothèses, la théorie de l'abus de droit se dilue et perd toute spécificité. Or il existe un problème particulier de l'usage abusif des droits, qui ne se confond pas avec le mauvais usage d'une liberté (18).

701. — Le critère permettant de définir un domaine propre à la théorie de l'abus de droit : la précision des prérogatives.

L'affirmation de la nécessité de distinguer l'exercice des droits et la mise en œuvre des libertés peut inquiéter. N'implique-t-elle pas que seuls les droits subjectifs *stricto sensu* sont susceptibles d'abus (19) ? Ce serait s'engager dans de délicates discussions sur les notions de droit subjectif et de liberté (20). Mais il ne nous paraît pas indispensable d'entrer dans un tel débat pour résoudre la question posée.

Sans qu'il soit besoin de prendre parti sur l'existence d'un « droit de liberté » (21), ni sur l'éventuelle distinction entre les libertés et les facultés (22), il suffit d'observer que les actes (ou les abstentions)

---

(16) C. civ., art. 489-2, résultant de la loi du 3 janvier 1968. Sur cette disposition, V. LA RESPONSABILITÉ, CONDITIONS, n⁰ˢ 578 et s.

(17) ROUBIER, *Le rôle de la volonté dans la création des droits et des devoirs*, Archives de philosophie du droit, 1957, p. 1 et s. ; *Les prérogatives juridiques*, Archives de philosophie du droit, 1960, p. 65 et s. ; *Droits subjectifs et situations juridiques*, 1963, p. 47 et s. — VILLEY, *Leçons d'histoire de la philosophie du droit*, 1962, p. 161. — MICHAÉLIDÈS-NOUAROS, *L'évolution récente de la notion de droit subjectif*, Rev. trim. dr. civ., 1966, 216 et s. — Sur le cas particulier du prétendu droit de priorité de passage : CHAMBON, *Pour une saine interprétation du Code de la route*, J. C. P. 1973. I. 2526 ; notes J. C. P. 1973. II. 17319 ; J. C. P. 1974. II. 17601 et D. 1975. 415.

(18) Comp. ROUAST, *Les droits discrétionnaires et les droits contrôlés*, Rev. trim. dr. civ., 1944, p. 1 et s., n⁰ 6. — FLOUR et AUBERT, *Les obligations*, vol. 2, *Sources : le fait juridique*, 4ᵉ éd. par AUBERT, n⁰ 120.

(19) En ce sens, H. CAPITANT, *Sur l'abus des droits*, Rev. trim. dr. civ., 1928, p. 365. Cet auteur adopte d'ailleurs une conception très étroite des droits susceptibles d'abus, puisqu'il ne vise que les droits patrimoniaux et économiques.

(20) V. par exemple, ROUBIER, *op. cit.* (conception restrictive du droit subjectif) et DABIN, *Droit subjectif et prérogatives juridiques*, examen des thèses de M. Paul ROUBIER, coll. des mémoires de l'Académie royale de Belgique, t. LIV, fasc. 3, 1960. — V. nos propres suggestions, *supra*, n⁰ 189.

(21) DABIN, *op. cit.*, p. 34.

(22) ROUBIER, *Les prérogatives juridiques, op. cit.*, p. 96.

permis par la loi, dès lors qu'elle ne les interdit pas, sont très inégalement déterminés.

La liberté d'aller et venir, la liberté de faire le commerce, par exemple sont des notions générales aux contours imprécis. Parce que l'homme est doué d'initiative et de décision, ses libertés ont vocation à occuper tous les secteurs où les nécessités de la vie sociale n'imposent pas de restrictions. Mais on conçoit sans peine qu'un pouvoir d'agir aussi large et aussi vague n'établisse qu'une très faible présupposition de la licéité de l'acte accompli. Non seulement les droits précis conférés à autrui limitent de telles libertés, mais des devoirs eux-mêmes très généraux (comme celui de garder un comportement raisonnable et prudent) canalisent leur usage. Il n'y a pas véritablement de conflit entre les libertés et ces devoirs, les premières n'étant accordées que sous réserve de respecter les seconds. De sorte qu'il est pratiquement sans intérêt de relever un abus de liberté dans un acte engageant la responsabilité de son auteur.

Au contraire, lorsque des prérogatives nettement déterminées sont accordées à une personne, il en résulte un préjugé de la licéité de leur exercice. Dès lors que l'agent a mis en œuvre un pouvoir précis que lui confère la loi, son activité est *a priori* correcte. Les devoirs généraux d'où dérive la responsabilité civile n'interviennent pas, ou du moins pas de la même façon qu'en présence d'une activité quelconque entreprise grâce aux libertés dont jouissent les individus. Le problème de la licéité de l'action se pose en des termes particuliers, car il ne s'agit plus d'un vaste domaine où les initiatives possibles sont trop multiples pour pouvoir être toutes envisagées. La précision du droit ne laisse place, pour son exercice, qu'à un nombre d'actes relativement restreint ; le législateur a pu les prendre en considération et s'il a accordé le droit, c'est qu'il les a jugés licites. Il en résulte que la présupposition de rectitude des actes accomplis dans les limites « externes » d'un droit précis est d'une intensité toute spéciale (23). La question du contrôle de l'usage abusif de ces prérogatives déterminées revêt alors des traits spécifiques. Il s'agit, en effet, en dépit de la garantie de conformité à la loi que confère aux particuliers la définition nette de leurs droits, de vérifier la manière dont ils usent de leurs pouvoirs et de détruire en certains cas le préjugé de licéité très fort dont ils bénéficient.

Ainsi, « ce n'est pas tellement la nature des droits qui compte, que leur degré de précision » (24). Sans englober toute la responsabilité civile, dans laquelle elle se diluerait, la théorie de l'abus du droit trouve un domaine assez vaste dans toutes les prérogatives aux contours extérieurs

---

(23) Comp. RIPERT, *La règle morale dans les obligations civiles*, n° 92. — AUBRY et RAU, t. VI, 7ᵉ éd. par DEJEAN DE LA BATIE, § 444 *bis*, n° 366.

(24) PIROVANO, *op. cit.*, n° 14.

suffisamment déterminés pour que leur mise en œuvre paraisse *a priori* licite. Le mot « droit » peut donc être entendu ici dans un sens relativement large, qui n'implique pas nécessairement de prendre parti catégoriquement sur la notion de droit subjectif. Ce qui importe est surtout la façon dont se pose la question du contrôle des abus à l'intérieur des limites assignées par la loi aux prérogatives conférées aux particuliers.

702. — On rejoint de la sorte l'observation faite à propos des objections que Planiol opposait à la théorie de l'abus de droit (25) : en présence de prérogatives définies par la loi, « il ne faut pas confondre deux genres d'accusation : le reproche d'avoir commis un abus dans l'exercice du droit et le reproche d'avoir commis une faute à l'occasion ou en marge de l'exercice d'un droit » (26). Les actes de la seconde catégorie se situent en dehors des limites « externes » du droit. Ils ne correspondent qu'à un mauvais usage d'une liberté. Les règles ordinaires de la responsabilité civile s'appliquent. Seuls les actes du premier type relèvent du régime particulier de l'abus de droit (27). Lorsque, par exemple, des ouvriers vendent à leur profit les stocks de l'entreprise, ils n'exercent pas leur droit de grève, ils engagent leur responsabilité, car la grève est une cessation collective et concertée du travail et cette définition ne comprend pas l'atteinte au droit de propriété de l'employeur (28) ; en revanche, la question de savoir si une grève tournante ou une grève politique est licite relève de la théorie de l'abus de droit (29).

II. — *Abus de droit et violation d'une obligation ou d'un devoir.*

703. — **Des obligations distinctes peuvent indirectement restreindre les droits.**

Nous venons d'évoquer les devoirs généraux de mesure et de prudence qui contrebalancent les libertés. Ces devoirs ne prévalent pas contre des prérogatives précises correspondant à un droit déterminé. Il faut, pour trouver les limites « internes » d'un droit, avoir recours à un raisonnement spécial. Tel est l'objet de la théorie de l'abus de droit.

Toutefois, il arrive que le titulaire d'un droit soit en même temps tenu d'obligations précises, dont l'effet indirect est une limitation des

---

(25) *Supra*, n° 697.

(26) BEUDANT et LEREBOURS-PIGEONNIÈRE, t. IX *bis*, n° 1437.

(27) L'emploi du terme « abus » par la loi ou par la pratique est parfois trompeur. Ainsi de « l'abus de position dominante » (art. 86 du Traité de Rome instituant la C. E. E.) ou de la « rupture abusive des fiançailles ». Il n'y a pas plus de droit à avoir une position économique dominante que de droit de rompre des fiançailles qui n'établissent aucun lien. Il s'agit de libertés dont un usage défectueux peut entraîner des sanctions.

(28) CAMERLYNCK, *Traité de droit du travail, la grève*, par H. SINAY, n° 102, p. 230. — LATOURNERIE, *Le droit français de la grève*, p. 197 et s.

(29) V. *infra*, n° 734.

prérogatives du sujet (30). De telles limites ne relèvent pas de l'abus de droit.

Ainsi, un vendeur a le droit d'exiger de l'acheteur le paiement du prix convenu au contrat. Mais il est également obligé de livrer à son cocontractant la chose vendue. D'un point de vue économique, cette obligation restreint évidemment l'avantage que représente le droit. Juridiquement, il en va de même. De la corrélation étroite entre le droit et l'obligation il résulte que l'acheteur peut refuser de payer le prix tant que le vendeur n'exécute pas la livraison qu'il a promise (31). La prérogative du vendeur s'en trouve limitée. Or, nul ne soutient que l'obstacle opposé à la réclamation du vendeur procède ici d'un abus de son droit. Pourtant, sa prétention respecte bien les limites « externes » de ses prérogatives : il ne demande rien d'autre que ce qui lui est dû. Cependant, la restriction apportée à l'exercice du droit ne se justifie pas par une analyse du droit lui-même ni un examen de la façon dont il est exercé. Elle a une origine distincte, extérieure au droit : l'obligation parallèle et corrélative dont est tenu le sujet. Tout comme les libertés d'ordre général se heurtent à des devoirs eux-mêmes généraux, la prérogative précise conférée au titulaire du droit bute sur une obligation également précise mise à sa charge. L'aspect actif et l'aspect passif de la situation juridique se situent sur un même plan. Au contraire, l'originalité des hypothèses relevant de la théorie de l'abus du droit est qu'en face des pouvoirs déterminés dont se prévaut une personne, il n'existe aucune charge particulière. C'est donc dans le droit lui-même que réside sa propre limite.

En conséquence, il faut exclure du domaine de l'abus de droit les restrictions à l'exercice des prérogatives du titulaire ayant leur source dans les obligations qui pèsent sur lui.

704. — Application : la théorie des troubles de voisinage.

Cette distinction nous paraît s'appliquer à une série de cas discutés : *les troubles de voisinage* (32). L'hypothèse est la suivante. Le propriétaire d'un immeuble choisit, comme il en a le droit, un mode déterminé d'utilisation de son bien : il construit un bâtiment, il installe une usine et en fait fonctionner les machines, etc. Or, de ce fait, les voisins subissent une gêne plus ou moins considérable : ombre de l'édifice transformant une cour en « un fonds de puits » (33), émanations de fumées, de trépidations (34) ou de bruits (35)... La jurisprudence admet que l'auteur du trouble

---

(30) Comp. Roubier, *Droits subjectifs et situations juridiques*, n° 24.

(31) Sur l'*exceptio non adimpleti contractus*. V. Pillebout, *Recherches sur l'exception d'inexécution*, thèse Paris, 1969.

(32) V. La Responsabilité, Réparation et régimes spéciaux.

(33) Cass. civ. 3e, 18 juillet 1972, J. C. P. 1972. II. 17203, rapport Fabre.

(34) Trib. gr. inst. Pau, 12 novembre 1965, D. 1966, 301, note Azard. — Riom, 19 décembre 1967. D. 1968, 666. — Cass. civ. 1re, 20 février 1968, D. 1968, 350. — Cass. civ. 3e, 23 février 1982, *Gaz. Pal.*, 1982, 2, panor. p. 225.

(35) Cass. civ. 2e, 12 janvier 1966, D. 1966, 473. — Cass. civ. 1re, 31 janvier 1966, D. 1966, 375. — Cass. civ. 2e, 24 mars 1966, D. 1966, 435. — 11 mai 1966, D. 1966,

doit en réparer les conséquences lorsque celles-ci « excèdent les inconvénients normaux du voisinage » (36).

L'explication de cette solution soulève bien des difficultés. La Cour de cassation a nettement indiqué qu'il ne s'agissait pas de l'application du droit commun de la responsabilité civile (37). Pourrait-on y voir la mise en œuvre de la théorie de l'abus de droit ? Lorsque, du moins, les agissements reprochés sont imputés à un propriétaire (38), une certaine analogie existe entre la jurisprudence relative aux troubles

753, note Azard. — 3 janvier 1969, D. 1969, 323 ; J. C. P. 1969. II. 15 20, note Mourgeon. — 30 mai 1969, J. C. P. 1969.II.16069, note Mourgeon. — Lyon, 23 décembre 1980, D. 1983, 605, note Aubert ; Rev. dr. immob., 1984, 152, observ. Bergel. — Dijon, 2 avril 1987, Gaz. Pal., 1987.2.601, note Goguez.

(36) Décisions précitées. Adde : parmi de nombreux exemples, Cass. civ. 2e, 22 octobre 1964, D. 1965, 344, note Raymond ; J. C. P. 1965. II. 14288, note Esmein. — 3 décembre 1964, D. 1965, 321, note Esmein ; J. C. P. 1965. II. 14289, note Bulté. — Cass. civ. 1re, 13 octobre 1965, D. 1965, somm. 50. — 14 décembre 1966, D. 1967, 197. — Cass. civ. 3e, 4 février 1971, deux arrêts, J. C. P. 1971. II. 16781, note Lindon. — 8 février 1972, J. C. P. 1972. II. 17176. — 25 octobre 1972, J. C. P. 1973.II.17491, note Goubeaux ; D. 1973, 756, note Souleau ; Rev. trim. dr. civ., 1974, 609, observ. Durry. — 28 janvier 1975, Bull. civ., III, no 30, p. 23. — 1er décembre 1976, Bull. civ., III, no 440, p. 333. — 8 février 1977, Bull. civ., III, no 66, p. 51. — 3 novembre 1977, D. 1978, 434, note Caballero. — 13 mai 1987, J. C. P., éd. N., 1987.II.270, note Atias. — 15 février 1989, J. C. P., éd. N., prat., no 1098, p. 453. — La portée de la théorie des troubles de voisinage est aujourd'hui limitée par l'article L. 122-16 du Code de la construction et de l'habitation qui énonce : « les dommages causés aux occupants d'un bâtiment par des nuisances dues à des activités agricoles, industrielles, artisanales ou commerciales n'entraînent pas droit à réparation lorsque le permis de construire afférent au bâtiment exposé à ces nuisances a été demandé ou l'acte authentique constatant l'aliénation ou la prise à bail établi postérieurement à l'existence des activités les occasionnant, dès lors que ces activités s'exercent en conformité avec les dispositions législatives ou réglementaires en vigueur et qu'elles se sont poursuivies dans les mêmes conditions » (sur ce texte, Endreo, La théorie des troubles de voisinage après les lois du 31 décembre 1976 et du 4 juillet 1980, Rev. dr. imm., 1981, p. 460 et s.). Cette prise en considération de la « pré-occupation » laisse cependant un vaste domaine à l'obligation de ne pas causer des inconvénients anormaux de voisinage.

(37) Cass. civ. 3e, 4 février 1971, deux arrêts précités. — 1er décembre 1976, précité. — 16 novembre 1977, Bull. civ., III, no 395, p. 301. — Cass. civ. 2e, 18 juillet 1984, Bull. civ., II, no 136, p. 95 ; Rev. dr. immob., 1985, 227, observ. Bergel. — Sur la distinction entre la théorie des troubles de voisinage et la responsabilité du fait des choses inanimées fondée sur l'article 1384, alinéa 1er, du Code civil, v. Goubeaux, note précitée ; également dans le même sens, Souleau, note précitée ; Larroumet, note sous Cass. civ. 3e, 8 mars 1978, D. 1978, 641. — Sur les rapports avec la responsabilité du fait personnel, v. G. Viney, note sous Cass. civ. 1re, 27 mai 1975, D. 1976, 318. — Sur les rapports avec la responsabilité contractuelle, v. Larroumet note sous Cass. civ. 3e, 2 mars 1976, D. 1976, 545.

(38) D'autres personnes que le propriétaire du fonds peuvent répondre des troubles de voisinage ; par exemple : Cass. civ. 2e, 10 janvier 1968, Gaz. Pal., 1968. 1. 163 (responsabilité d'un entrepreneur), Cass. civ. 3e, 8 février 1972, précité (responsabilité d'un locataire). Mais il est assez fréquent que le propriétaire soit recherché en cette qualité ; par exemple, Cass. civ. 3e, 25 octobre 1972, précité. — 24 janvier 1973, J. C. P. 1973. II. 17440, rapport Fabre. — 8 février 1977, Bull. civ., III, no 66, p. 51. — Sur la détermination de la personne responsable en cas de dommage résultant de travaux de construction, v. Lambert-Pieri, La responsabilité envers les voisins du fait de la construction, Rev. dr. imm., 1980, p. 367, nos 26 et s.

de voisinage et celle qui a été développée à propos de l'abus du droit de propriété. Cependant, nous ne pensons pas qu'actuellement la première soit une application de la seconde.

Certes, la question se pose dès l'abord dans les mêmes termes. Par hypothèse, le propriétaire n'a fait qu'exercer les prérogatives qu'il tient de son droit. Il a respecté les lois et règlements. Il s'est même muni, au besoin, des autorisations administratives adéquates (39). Les agissements incriminés se situent bien dans les limites « externes » du droit. De sorte que la condamnation du propriétaire paraît correspondre à un reproche concernant la manière dont il a usé de ses pouvoirs, qui serait qualifiée d'abusive.

Il n'est pas douteux qu'un exercice abusif de la propriété peut provoquer des troubles de voisinage. Il est même probable qu'un lien de filiation unit l'actuelle jurisprudence réparant les désagréments « excédant les inconvénients normaux du voisinage » et la théorie de l'abus de droit, en ce sens que celle-ci a permis d'acclimater l'idée d'une responsabilité d'un propriétaire se bornant pourtant à user des prérogatives que la loi lui confère. Mais, aujourd'hui, la sanction des troubles de voisinage s'est détachée de celle de l'abus de droit.

En effet, pour condamner le propriétaire, la jurisprudence s'en tient à une considération unique : l'importance du préjudice souffert par les victimes. Or, on ne saurait voir là un critère de l'abus de droit. Sans qu'il soit besoin d'anticiper beaucoup sur l'examen de cette question (40), il apparaît immédiatement que le terme « abus », qui évoque une idée de blâme, convient mal à une attitude qui peut être en elle-même irréprochable. Bien plus, il serait tout à fait anormal de qualifier un comportement d'abusif sans l'examiner autrement qu'à travers ses conséquences. L'importance du préjudice résultant d'une activité accomplie dans les limites « externes » d'un droit peut sans doute être un élément d'appréciation de l'abus ; il ne saurait être le seul (41). Telle est, en tout cas, la solution admise dans tous les domaines autres que les troubles de voisinage.

Le particularisme de cette matière est le signe qu'il ne s'agit pas ou qu'il ne s'agit plus d'abus de droit. La solution s'explique, selon nous, par l'existence d'un devoir particulier, pesant sur le propriétaire ou l'occupant, de ne pas causer à ses voisins des troubles excessifs (42). Ce devoir, non exprimé par la loi en termes formels, a été progressivement dégagé par la jurisprudence. Sa nature exacte et la détermination des personnes qui en sont tenues font encore difficulté. Mais son principe paraît acquis. La terminologie employée par la Cour de cassation est d'ailleurs conforme à cette interprétation, puisque les arrêts visent « l'obligation » pesant sur le propriétaire de ne pas causer à son voisin des dommages excédant les inconvénients normaux du voisinage (43). Cette obligation limite sans doute les prérogatives du propriétaire. Cependant, la limitation est indirecte. Le droit lui-même, dans son

---

(39) Par exemple, Cass. civ. 2e, 22 octobre 1964, précité. — 20 octobre 1976, *Bull. civ.*, II, n° 280, p. 220.

(40) *Infra*, n°s 709 et s.

(41) *Infra*, n° 736.

(42) H. CAPITANT, *Des obligations de voisinage et spécialement de l'obligation qui pèse sur le propriétaire de ne causer aucun dommage au voisin*, Rev. crit., 1900, p. 156, 187, 228 et s. — FABRE, rapport sur Cass. civ. 3e, 18 juillet 1972, J. C. P. 1972. II. 17203. — GOUBEAUX, note J. C. P. 1973. II. 17491. — SOULEAU, notes Defrénois, 1973, art. 30442, n° 46 et D. 1973, 756. — Comp. J. B. BLAISE, *Responsabilité et obligations coutumières dans les rapports de voisinage*, Rev. trim. dr. civ., 1965, 261. — NICOLAS, *La protection du voisinage*, Rev. trim. dr. civ., 1976, p. 673.

(43) Cass. civ. 3e, 4 février 1971, 25 octobre 1972, 1er décembre 1976, 8 février 1977, 3 novembre 1977, précités.

aspect actif, reste intact. A côté de lui, ou en contrepartie, existe d'autre part une charge. Celle-ci a son régime propre. D'un côté, le propriétaire bénéficie d'un droit, d'un autre côté il est tenu d'un devoir. Les restrictions que subit le sujet du droit ayant pour source cette charge ne résultent pas des limites « internes » de ses prérogatives ; elles ont une origine distincte. C'est pourquoi il faut exclure les « troubles de voisinage » du domaine de la théorie de l'abus de droit.

§ 3. — DROITS SUSCEPTIBLES D'ABUS ET DROITS DISCRÉTIONNAIRES

705. — Exemples de droits échappant à tout contrôle.
A priori, la théorie de l'abus de droit a vocation à s'appliquer à toutes les prérogatives juridiques définies. L'exercice de tous les droits devrait pouvoir faire l'objet d'un contrôle. Pourtant, on constate qu'il est quelques cas où ce contrôle n'a pas lieu. Il y aurait donc des droits « absolus » ou « discrétionnaires » dont l'usage ne serait jamais abusif (44).

La liste en est incertaine et, d'ailleurs, toujours sujette à révision. Le contrôle de l'exercice des droits est devenu si familier que ces îlots d'absolutisme individuel constitués par les droits discrétionnaires tendent à être submergés les uns après les autres.

On cite, comme échappant au contrôle des abus, le droit de tester et d'exhéréder les héritiers naturels, dans la limite de la quotité disponible (45). Il en irait de même pour le droit d'un propriétaire d'acquérir la mitoyenneté d'un mur (46), de couper les racines des arbres de son voisin qui pénètrent sur son fonds (47) ou du droit d'ouvrir des jours et vues à distance réglementaire ; toutefois, la plantation à proximité du fonds voisin, considérée par certains comme discrétionnaire à la seule condition de respecter les distances légales (48), a pu être qualifiée d'abusive (49).

L'évolution législative condamnant la conception hiérarchique de la famille a réduit, en ce domaine, les cas de souveraineté individuelle. Même le droit de consentir à l'adoption, jadis considéré comme

---

(44) ROUAST, Les droits discrétionnaires et les droits contrôlés, Rev. trim. dr. civ., 1944, p. 1 et s.
(45) V. SUCCESSIONS, LIBÉRALITÉS. — Longtemps considéré comme discrétionnaire, le droit de demander le partage de biens indivis est soumis à un certain contrôle judiciaire (C. civ., art. 815, al. 2, rédact. L. 31 décembre 1976, modif. L. 10 juin 1978 et L. 4 juillet 1980 ; art. 815-1, art. 1873-3, al. 1er et al. 2).
(46) C. civ., art. 661. — V. BIENS.
(47) C. civ., art. 673.
(48) JOSSERAND, De l'esprit des droits et de leur relativité, no 306. — ROUAST, op. cit., no 18. — MARTY et RAYNAUD, Les obligations, 2e éd., t. 1, Les sources, no 480.
(49) Cass. civ. 1re, 20 janvier 1964, D. 1964, 518 ; J. C. P. 1965.II.14035, note OPPETIT. — Comp. Cass. civ. 1re, 6 avril 1965, J. C. P. 1965.II.14244.

absolu (50), est désormais soumis par la loi à contrôle (51). Demeurent cependant incontrôlés le droit pour les parents de donner ou de refuser leur consentement au mariage de leurs enfants mineurs et le droit de faire opposition contre un projet de mariage de leurs enfants, même majeurs (52).

D'autres droits seraient seulement pour partie discrétionnaires (53), ainsi le droit de réponse en matière de presse et le droit moral de l'auteur sur son œuvre (54). L'existence d'une telle catégorie ne laisserait pas, d'ailleurs, de soulever de sérieuses difficultés.

Échapperait encore à tout contrôle le droit de mettre fin à une tolérance (55). Quant au droit de refuser la conclusion d'un contrat, que d'aucuns considèrent il est vrai comme une liberté et non un droit défini (56), il peut, en certains cas, être considéré comme abusif (57).

La détermination des droits discrétionnaires est donc peu sûre. Il ne saurait en être autrement. Ce n'est pas parce qu'un abus allégué n'est pas retenu dans une affaire, ni *a fortiori* parce qu'aucune décision judiciaire sanctionnant un usage abusif de droit ne peut être citée, que l'on peut en conclure à l'existence d'un secteur échappant au contrôle. Il faudrait des décisions se fondant expressément sur le caractère absolu du droit, ce qui, étant donné la prudence des magistrats, est fort rare. Le mieux serait donc de chercher le fondement du caractère absolu de certains droits, afin de délimiter cette catégorie. Or sur ce point, l'embarras est grand.

706. — Recherche d'un critère.

Une première idée, proposée par Josserand (58), est la précision minutieuse du

---

(50) ROUAST, *op. cit.*, n° 28.

(51) C. civ., art. 348-6.

(52) V. LA FAMILLE, vol. 1., n° 119 et n°s 209 et s.

(53) V. les nuances exposées par M. DEJEAN DE LA BATIE (*in* AUBRY et RAU, t. VI, § 444 *bis*, n° 367), qui relève que des droits sont discrétionnaires dans des hypothèses particulières et que d'autres « qui ne sont pas discrétionnaires en eux-mêmes peuvent impliquer certaines prérogatives que l'on jugera insusceptibles d'abus ».

(54) ROUAST, *op. cit.*, n°s 16 et 17.

(55) Cass. req., 1er décembre 1936, D. P. 1937. 1. 47. — MARTY et RAYNAUD, *Les obligations*, t. 1, n° 480. — WEILL, *Les obligations*, 1re éd., n° 632.

(56) ROUAST, *op. cit.*, n° 6. — RIPERT, *La règle morale dans les obligations civiles*, n° 100.

(57) JOSSERAND, *De l'esprit des droits et de leur relativité*, n°s 91 et s. — MARTY et RAYNAUD, *Les obligations*, n° 418 et les références citées. — Pour le refus abusif de consentir un bail en raison du nombre des enfants du candidat locataire : L. 1er septembre 1948, art. 54. — Comp., à propos du refus de consentir à la résiliation d'un contrat à durée déterminée : Cass. civ. 3e, 22 février 1968, D. 1968, 607, note Ph. M. ; J. C. P. 1969. II. 15735, note R. D. ; *Rev. trim. dr. civ.*, 1968, 735, observ. CORNU. Sur cet arrêt : SIMLER, *L'article 1134 du Code civil et la résiliation unilatérale anticipée des contrats à durée déterminée*, J. C. P. 1971. I. 2413.

(58) *De l'esprit des droits et de leur relativité*, n° 306.

contour des droits. En fixant des frontières objectives très étroites à certaines prérogatives, « le législateur a fait la part du feu » et a ainsi admis que des pouvoirs
aussi rigoureusement définis pourraient être exercés souverainement. C'est ainsi,
par exemple, qu'en matière de propriété foncière, la détermination chiffrée des
distances à respecter pour ouvrir des vues sur le fonds voisin ne laisserait pas place
à un contrôle de l'usage abusif de cette prérogative.

Il est bien vrai que plus la réglementation d'un droit est détaillée, moindres sont
les risques d'abus de la part de celui qui s'y conforme, la variété des actes pouvant
être accomplis dans les limites « externes » du droit étant réduite. Mais l'explication
n'est certainement pas suffisante. D'une part, il est des droits dits discrétionnaires
dont l'exercice n'est pas précisé par une réglementation détaillée, tel le droit des
parents au consentement au mariage d'un enfant mineur. D'autre part, l'abus de
droit est souvent retenu à propos d'institutions étroitement réglementées, comme
l'action en justice dont les conditions sont minutieusement prévues par les textes
de procédure. De sorte que l'on ne voit pas comment le degré de précision de la réglementation pourrait constituer un critère des droits dont l'exercice échapperait
à tout contrôle.

Une autre justification, avancée par Ripert (59), est également discutable. Certains droits seraient « arbitraires » parce que leur mise en œuvre suppose, de la part
de leur titulaire, une appréciation personnelle qu'aucun juge ne serait en mesure
de contrôler. Tel est le cas, notamment, du droit des parents de consentir ou de
faire opposition au mariage de leurs enfants.

Ici encore, l'explication ne rend pas compte de tous les cas figurant sur la liste
des droits discrétionnaires. Quelle est la part d'appréciation ressortissant de façon
spéciale à l'intimité de la conscience dans le geste du propriétaire qui coupe des
racines pénétrant sur son fonds ? On peut d'ailleurs douter qu'un contrôle de la
façon dont sont exercés les droits soit impossible lorsque le sujet est inspiré par
des sentiments personnels. Si un testateur expose lui-même que l'exhérédation qu'il
prononce est inspirée par la haine ou la colère, il n'y a aucune difficulté à juger les
mobiles qui l'inspirent.

L'échec de ces tentatives d'explication ne vient-il pas de ce qu'elles s'efforcent
de donner un fondement unitaire du caractère discrétionnaire de certains droits,
alors que les justifications seraient en réalité multiples ? Rouast a suggéré une
distinction entre les droits qui confèrent à leur titulaire une prérogative individuelle
et ceux qui correspondent à une fonction dont le sujet est investi (60). Pour les
premiers, tels le droit de tester, le droit de réponse en matière de presse ou le droit
moral d'auteur, la raison majeure de l'absence de contrôle est que l'exercice de ces
prérogatives constitue une manifestation de la personnalité humaine ; d'autres
droits de la même catégorie sont discrétionnaires pour diverses raisons, soit une
tradition historique pour les vestiges de l'absolutisme de la propriété, soit l'intérêt
social résultant toujours de leur mise en œuvre comme en cas d'acquisition de la
mitoyenneté ou, sous l'empire du Code civil, dans la disparition d'une indivision à
la suite d'une demande de partage. Quant aux fonctions discrétionnaires comme
le droit d'opposition au mariage, elles s'expliquent mal, car s'agissant d'une mission
attribuée à une personne, il serait logique d'en contrôler l'exécution. Il faut alors
avoir recours à la tradition historique et au souci du législateur d'éviter une intrusion judiciaire dans l'intimité des familles, tout en marquant la confiance qu'il accorde
a priori à ceux qu'il présume être animés par une saine appréciation des intérêts
en cause.

Bien que l'on puisse sans doute discuter certains détails, ces diverses justifications

---

(59) *La règle morale dans les obligations civiles,* nos 99 et s.
(60) Étude précitée, *Rev. trim. dr. civ.,* 1944, p. 1 et s.

rendent compte des hypothèses envisagées. Mais on s'aperçoit qu'elles se ramènent, pour l'essentiel, à des considérations d'opportunité. Il est dès lors difficile d'en tirer la définition nette d'une catégorie.

707. — L'existence même de la catégorie des droits discrétionnaires est discutable.

Finalement, l'existence d'un domaine échappant à la théorie de l'abus de droit en raison du caractère discrétionnaire des prérogatives accordées aux particuliers se justifie assez mal. Aussi a-t-on pu mettre en doute qu'il y ait une catégorie de droits dont, *a priori*, l'exercice ne pourrait faire l'objet d'un contrôle (61). Ce qui n'est guère discutable est que, pour diverses raisons, telles que la grande précision du détail de la réglementation légale ou l'intérêt social de la mise en œuvre de certains droits quelles que soient les circonstances, il est des cas où les risques d'abus sont très rares. De même, il ne paraît pas douteux que, pour des motifs tenant aussi bien à la tradition historique qu'à des impératifs de politique juridique, l'intensité des prérogatives individuelles est variable, d'où il résulte qu'en certaines matières le contrôle de l'usage des droits n'est pas rigoureux. De là à dire que dans de tels secteurs l'abus n'est pas possible, il y a un pas que l'on peut hésiter à franchir. Au fond, la question des droits dits discrétionnaires paraît moins relever d'une délimitation plus ou moins arbitraire du domaine d'application de la théorie de l'abus de droit que d'une conception souple du critère de l'abus. Le contrôle est plus ou moins sévère selon les cas, cela ne signifie pas qu'il soit d'emblée à exclure en certaines matières.

708. — On se trouve donc ramené à la question essentielle du critère de l'abus de droit, qu'il va falloir maintenant examiner. Du moins, le problème est-il précisé. Il s'agit de rechercher des limites aux droits. Non pas celles qui tiennent à la nature des prérogatives ou à leur objet, que nous avons qualifiées de limites « externes » des droits, mais celles qui concernent la façon dont agit le titulaire à l'intérieur de ce cadre préétabli. Cette question ne présente des traits spécifiques et de véritables difficultés qu'en présence de prérogatives suffisamment déterminées par la loi pour qu'il en résulte une présomption assez forte de licéité de l'action. L'originalité de l'hypothèse n'apparaît que si aucune obligation juridique précise venant contrebalancer le droit ne peut être caractérisée à la charge du sujet. Enfin, on sait que pour certains droits, la résistance à un tel contrôle des actes du titulaire est, pour le moins, fort vive. Ces points étant considérés comme acquis, il convient de rechercher à quelles conditions un acte ou une abstention respectant les limites « externes » d'un droit peut être jugé abusif.

---

(61) CARBONNIER, *Les obligations*, 12e éd., n° 97. — PIROVANO, *Encycl. Dalloz, Répert. dr. civ.*, 2e éd., vo *Abus de droit*, n° 15.

SECTION 2

CRITÈRE DE L'ABUS DE DROIT

709. — Le cœur de la question est la détermination des éléments permettant de trouver où commence l'abus dans l'accomplissement d'actes correspondant à l'exercice d'un droit. Les recherches théoriques ont abouti à la proposition de plusieurs critères, sans que l'unanimité ait pu être faite à ce sujet. Si la controverse peut ainsi se prolonger, c'est sans doute parce que la jurisprudence est d'interprétation fort difficile. Soucieux de ne pas se laisser enfermer dans un système, les juges laissent le débat toujours ouvert.

Nous passerons en revue les principales opinions doctrinales, avant d'envisager à travers quelques exemples l'attitude jurisprudentielle à l'égard de la théorie de l'abus de droit.

§ 1. — PROPOSITIONS DOCTRINALES

710. — Parmi les opinions émises par les auteurs, la doctrine qui semble avoir à l'heure actuelle le plus de succès consiste à appliquer à l'abus de droit la méthode de la responsabilité civile. Elle n'a cependant pas éclipsé les deux théories les plus célèbres : celle qui recherche le critère de l'abus dans l'intention de nuire et celle qui le trouve dans un détournement des droits de leur fonction sociale.

I. — *La faute dans l'exercice des droits.*

711. — **Une conception actuellement fort répandue ramène le critère de l'abus de droit à celui de la faute génératrice de responsabilité civile (1).**

Nous ne pouvons, à cette place, exposer en détail la notion de faute et les discussions qu'elle suscite (2). Il suffit de retenir que, selon l'opi-

---

(1) COLIN et CAPITANT, *Traité de droit civil*, t. II, 8ᵉ éd., nᵒ 195. — H. L. MAZEAUD et TUNC, *Traité de la responsabilité civile*, t. I, nᵒˢ 564 et s. — H. L. et J. MAZEAUD, *Leçons de droit civil*, t. 2, vol. 1, 7ᵉ éd., par CHABAS, nᵒˢ 455 et 458. — MARTY et RAYNAUD, *Les obligations*, 2ᵉ éd., t. I, nᵒ 478. — CARBONNIER, *Les obligations* nᵒ 95. — WEILL, *Les obligations*, 1ʳᵉ éd., nᵒ 629. — Avec des nuances : BEUDANT et LEREBOURS-PIGEONNIÈRE, *op. cit.*, t. IX *bis* par RODIÈRE, nᵒ 1437. — WEILL et TERRÉ, *Les obligations*, 4ᵉ éd., nᵒ 641. — FLOUR et AUBERT, *Les obligations*, vol. 2, nᵒ 120.

(2) V. LA RESPONSABILITÉ, CONDITIONS, nᵒˢ 440 et s.

nion commune, la faute se caractérise par un comportement anormal, que n'aurait pas un homme raisonnable et prudent.

Tel serait précisément le critère de l'abus de droit. Celui qui, prétendant exercer les prérogatives que la loi lui confère, n'agit pas comme le ferait un individu normalement prudent et raisonnable, commet une faute que l'on qualifiera d'abus. Cette faute peut être intentionnelle ou non. Ce qui compte est la comparaison, faite dans l'abstrait, avec le comportement idéal d'un sujet qui exerce son droit d'une façon normale.

Cette idée se confirme d'ailleurs par l'examen de la jurisprudence. En la forme, les décisions sanctionnant les abus de droits évoquent, la plupart du temps, l'article 1382 du Code civil qui pose le principe de la responsabilité pour faute. Quant au fond, la souplesse de la notion de faute, « véritable caméléon du droit, variant selon les matières » (3), explique la diversité des solutions défiant le classement et la systématisation.

712. — Critique.

Un des mérites de cette théorie est dans une de ses conséquences, d'ailleurs rarement exprimée. Faire de l'abus de droit un cas de responsabilité civile conduit à insister sur le préjudice dont souffrent des victimes et qu'il s'agit de prévenir pour le futur, de réparer pour le passé. L'abus de droit n'existe que si l'acte incriminé entraîne des inconvénients pour autrui (4). Il n'y a responsabilité que si un dommage a été causé. Cet élément ne peut donc être négligé lorsqu'on retient la « faute dans l'exercice d'un droit ».

Mais fonder l'abus de droit dans la responsabilité du fait personnel se heurte à de sérieuses objections. La faute dans l'exercice des droits comme critère des abus est une théorie soit inexacte soit presque totalement inutile.

La doctrine est erronée si elle implique la négation de la spécificité du problème. Confondre l'usage abusif d'un droit et des actes qui se situent en dehors des contours de prérogatives déterminées serait méconnaître le préjugé de licéité qui s'attache à l'existence d'un droit subjectif. Nous avons montré que l'abus de droit n'était pas le mauvais usage d'une liberté (5). D'ailleurs, la jurisprudence fait bien la distinction. De droit commun, la faute légère, la faute de simple négligence

---

(3) STARCK, *Des contrats conclus en violation des droits contractuels d'autrui*, J. C. P. 1954, I, 1180.

(4) *Infra*, n° 736.

(5) *Supra*, n° 701.

ou d'imprudence suffit pour engager la responsabilité civile (6). Comment dès lors expliquer les formules telles que celle-ci :

> « attendu que l'exercice d'une action en justice, de même que la défense à une telle action, constitue, en principe, un droit et ne dégénère en abus pouvant donner naissance à une dette de dommages-intérêts que dans le cas de malice, de mauvaise foi ou d'erreur grossière équipollente au dol » (7) ?

Bien d'autres exemples pourraient être cités, montrant que la faute à établir présente ici des caractéristiques spéciales.

Mais, dira-t-on, l'appréciation de la faute doit se faire en tenant compte des circonstances dans lesquelles est placé l'agent. Celui qui agit en invoquant un droit dont il respecte les limites « externes » est dans une situation particulière. Un comportement qui serait fautif en l'absence de droit ne le sera pas quand le sujet bénéficie de certaines prérogatives. Ce qu'il faut examiner est l'attitude qu'aurait un homme prudent et raisonnable s'il était titulaire du même droit. Le préjugé de licéité de l'action résultant de l'existence de ce droit repousse donc le seuil du comportement anormal.

Le progrès est cependant fort mince. Il faudrait au moins avoir quelques directives sur les exigences de la prudence et de la raison en matière d'exercice des droits. Du moment que la question peut être isolée avec ses traits originaux, une réponse spécifique serait pour le moins utile. On ne résout pas grand-chose en disant qu'il s'agit de rechercher une faute. « En admettant que l'abus des droits soit une faute... il reste encore à savoir quel genre de faute est désigné par ce qualificatif » (8).

713. — La démonstration de l'abus est préalable à l'application de la responsabilité civile.

Le principe même consistant à appliquer d'emblée le mécanisme de la responsabilité civile est contestable. Il suppose, en effet, que l'on retienne l'idée qu'un acte peut être conforme à un droit subjectif tout en étant contraire au droit objectif. Nous avons dit pourquoi cet antagonisme entre les droits subjectifs et la loi qui les modèle nous paraissait critiquable (9).

Certes, la plupart des décisions sanctionnant l'abus de droit se réfèrent à l'article 1382 du Code civil. Il n'en résulte pas nécessairement que l'abus soit la faute dans l'exercice d'un droit. Si, comme nous

---

(6) C. civ., art. 1383. — V. LA RESPONSABILITÉ, CONDITIONS, n° 596.
(7) Cass. civ. 2e, 11 janvier 1973, *Gaz. Pal.*, 1973. 2. 710.
(8) STARCK, *Obligations*, 3e éd., vol. 1, par ROLAND et BOYER, n° 315.
(9) *Supra*, n° 697.

l'avons soutenu (10), on admet que le terme « abus de droit » désigne une limitation particulière du droit, il est clair que celui qui « abuse » ainsi de son droit agit en réalité sans droit et engage sa responsabilité. La sanction de l'acte abusif trouve bien un fondement dans l'article 1382 du Code civil. Mais il a fallu *préalablement* faire tomber la présomption de licéité de l'acte en démontrant l'abus, ce qui permet de faire apparaître la faute (11).

Il y a certes une part de vérité dans la théorie de la faute dans l'exercice des droits, mais la question n'est pas vraiment résolue de cette façon. La mise en œuvre du contrôle passe par le mécanisme de la responsabilité civile. Cependant, dire que l'abus résulte d'une faute « est répondre à la question par la question et voir une cause dans ce qui n'est qu'une conséquence » (12). En effet, « pour arriver à la question de responsabilité, il faut commencer par résoudre la question de l'abus du droit » (13). C'est pourquoi les recherches d'un critère autonome de l'abus de droit conservent tout leur intérêt.

II. — L'intention de nuire.

714. — Selon cette thèse, les droits sont en principe absolus. L'abus de droit est un tempérament d'ordre moral.

Le critère de l'intention malicieuse ou dolosive a été soutenu par plusieurs auteurs, mais c'est dans les écrits du doyen Ripert que l'on a coutume d'en rechercher l'expression (14). Le point de départ paraît proche des conceptions qui avaient conduit Planiol à nier la possibilité d'un contrôle de l'exercice des droits (15). « Le droit individuel doit assurer une certaine liberté dans l'action et, partant, une immunité au cas où cette action nuirait à autrui ; sans quoi il ne signifie rien. Le droit est une supériorité acquise ; cette supériorité n'est jamais acquise sans cause ; elle suppose un travail antérieur ou le sacrifice d'un autre droit.

---

(10) *Ibid.*

(11) *Infra*, n° 738.

(12) Woog, *La résistance injustifiée à l'exercice d'un droit*, thèse Paris, 1971, n° 1, p. 5.

(13) Ripert, *La règle morale dans les obligations civiles*, n° 94.

(14) *Abus ou relativité des droits*, Rev. crit., 1929, p. 33 ; *La règle morale dans les obligations civiles*, n°s 90 et s. ; *Le régime démocratique et le droit civil moderne*, n°s 117 et s. ; avec plus de nuances : *Encycl. Dalloz, Répert. dr. civ.*, 1re éd., v° Abus de droit. — V. également : Saleilles, *De l'abus de droit* ,rapport présenté à la première sous-commission de la commission de révision du Code civil, *Bull. soc. études législatives*, 1905, p. 339, 345, 348. — Dabin, *Le droit subjectif*, p. 293 et s., cet auteur n'appliquant cependant ce critère qu'à l'exercice des « droits égoïstes » et non aux « droits-fonction ».

(15) *Supra*, n° 695.

Mais quand elle est acquise, elle ne reste un droit que si elle permet un pouvoir égoïste » (16). Dès lors, les droits « constituent une prérogative définie et donnent puissance à un homme sur un autre homme ou sur les autres hommes » (17). La conséquence logique est donc le dilemme : « ou reconnaître l'absolutisme du droit individuel ou nier l'existence de ce droit » (18).

Cependant, on ne poussera pas cette conséquence à l'extrême. Une réserve s'impose. « Celui qui use de son droit peut réclamer une impunité plus grande que celui qui prétend simplement user de sa liberté » (19). Une impunité plus grande, mais pas totale. Lorsque, dans l'exercice d'un droit, un acte a été inspiré non pas seulement par une intention égoïste, mais par le dessein de causer préjudice à autrui, cette intention change le caractère de l'acte (20). En pareil cas, il y a abus ; l'acte n'est plus couvert par l'immunité procurée par le droit.

Cette restriction à l'absolutisme du droit, d'autre part affirmé avec tant de vigueur, s'explique par le conflit entre un droit positif et un devoir moral (21). La stricte application des règles juridiques ne peut se faire contre les exigences fondamentales de la moralité. Le droit ne doit pas être un instrument utilisé pour violer impunément les préceptes moraux. Le dessein malicieux est donc sanctionné parce qu'il heurte de front la morale (22). On comprend, dès lors, qu'une faute

---

(16) Ripert, *Le régime démocratique et le droit civil moderne*, n° 122.

(17) Ripert, *La règle morale dans les obligations civiles*, n° 92. — Également : *Le déclin du droit*, n° 61 ; *Le régime démocratique...*, n° 122.

(18) *Le régime démocratique...*, *ibid.*

(19) *La règle morale...*, n° 92.

(20) *Ibid.*, n° 93.

(21) *Ibid.*, n° 95. — R. Savatier, *Des effets et de la sanction du devoir moral*, thèse Poitiers, 1916, p. 23.

(22) Ce conflit a été magistralement exposé par Dabin (*Le droit subjectif*, p. 204, 295) : « où découvrir alors cet abus du droit qui, sans cesse, paraît se dérober ? De fait, il est intenable, inconcevable, si l'on ne quitte pas le plan de la *légalité*, même largement entendue. Sur ce plan là, aucune théorie juridique, ou para-juridique, ne livrera le critère d'un abus qui, juridiquement est exclu d'avance... [Mais] il existe une légitimité autre que la légitimité *juridique* (ou juricité) : la légitimité *morale*... on peut avoir pour soi tel droit *légal* (et par conséquent la légalité tout entière) et avoir contre soi la *moralité*. Ainsi l'antinomie est liquidée : l'usage d'un droit légal se change en abus de ce droit légal quand il en est fait un usage contraire à la moralité. Le *summum jus* du droit positif devient alors la *summa injuria* de la morale. C'est sur ce plan là seulement que l'abus peut tenir sans contradiction ; c'est sur ce plan là seulement qu'il peut trouver sa justification et son critère distinctif. En accueillant la notion d'abus, le droit légal ouvre sur la moralité, qui vient l'aérer, l'humaniser, l'individualiser aussi, dans ce qu'il a de trop abstrait et de trop technique. D'un mot, la théorie de l'abus représente le *correctif de moralité que postule la légalité* ».

quelconque ne soit pas suffisante pour qu'il y ait abus. L'acte dommageable, en tant que tel, est licite puisqu'accompli dans l'exercice d'un droit, mais se trouve vicié par l'intention de l'agent.

715. — Cette théorie est assurément séduisante. D'ailleurs, nul ne doute que si les droits permettent, au moins dans une certaine mesure, de nuire à autrui, ils ne sont pas accordés *pour* nuire. **Une jurisprudence abondante sanctionne comme abusif l'usage des droits inspiré par la seule malice.** Sous réserve de la question des droits dits discrétionnaires (23), on peut tenir pour certain que l'immunité du titulaire du droit cède lorsqu'est établie l'intention de nuire, « immorale et antisociale en soi » (24). Mais a-t-on ainsi épuisé la notion d'abus de droit ? C'est fort douteux.

716. — **La théorie faisant de l'intention de nuire le critère de l'abus de droit est trop restrictive.**

Les solutions positives ne s'accordent pas avec une conception aussi jalousement individualiste des droits. Lorsqu'un employeur met fin brutalement à un contrat de travail à durée indéterminée parce qu'il redoute l'activité syndicale de son salarié, il ne cherche pas spécialement à nuire à ce dernier et commet cependant un abus. Lorsque la loi permet de passer outre à un refus « abusif » de consentir à l'adoption, il est clair, aux termes mêmes de l'article 348-6 du Code civil, que l'abus s'apprécie eu égard à l'intérêt de l'enfant dont l'auteur du refus ne s'est pas préoccupé et non d'après l'intention de nuire à l'enfant, à l'autre parent ou aux candidats adoptants (25)...

Sans doute, un assouplissement de la théorie pourrait-il être apporté, au point de vue pratique, sur le terrain de la preuve. L'intention de nuire serait présumée dès lors qu'il serait établi que le titulaire du droit n'a pas agi pour satisfaire un intérêt sérieux et légitime (26). On pourrait, de cette façon, faire entrer dans le système certaines décisions qui font état de l'absence d'un tel intérêt chez l'auteur de l'abus (27).

---

(23) *Supra*, nos 705 et s.

(24) STARCK, ROLAND et BOYER, *op. cit.*, no 319.

(25) Pour un refus abusif émanant du conseil de famille : Trib. gr. inst. Amiens, 25 septembre 1970 et 30 octobre 1970, *Gaz. Pal.*, 1971. 1. 229.

(26) STARCK, ROLAND et BOYER, *op. cit.*, no 320.

(27) Par exemple : Trib. gr. inst. Marseille, 7 février 1968, J. C. P. 1968. II. 15600, note PIERRON. — Cass. civ. 3e, 22 février 1968. D. 1968, 607, note Ph. M. ; J. C. P. 1969. II. 15735, note R. D. — Cass. civ. 1re, 10 décembre 1968, D. 1969, 165. — Paris, 7 décembre 1971, *Gaz. Pal.*, 1972, 2, 670. — Pau, 15 février 1973, J. C. P. 1973.II.17584, note J. B. — Dijon, 16 novembre 1983, *Gaz. Pal.*, 1983.2.740, note A. P. S.

Mais, outre que cet élargissement du critère de l'abus de droit ne suffit sans doute pas à rendre compte de toutes les solutions positives, il faut reconnaître qu'on ne peut l'admettre sans affaiblir sensiblement le raisonnement.

Tout le système reposait sur le postulat de la quasi-souveraineté du titulaire du droit. La conséquence logique devrait être que l'on a un intérêt légitime à agir du seul fait que l'on exerce son droit. « L'exercice d'un droit est légitime, par définition, puisqu'il repose sur l'existence même de ce droit, et il ne deviendrait illégitime que s'il excédait les limites fixées par l'ordre juridique à ce droit » (28). D'ailleurs, dire qu'un intérêt n'est pas légitime suppose que l'on soit capable d'apprécier la légitimité de l'intention. Par rapport à quoi le ferait-on si les droits sont en principe absolus ? Seule l'intention de nuire directement démontrée pourrait constituer une limite à la légitimité de l'acte.

717. — Le rôle joué par la morale se justifie mal.

Sur le plan théorique, enfin, la combinaison entre l'absolutisme de principe des droits et le tempérament apporté par la morale sous forme de la sanction de l'intention de nuire laisse quelque peu insatisfait. A partir du moment où l'on admet qu'un conflit entre le droit et la morale se résout par le triomphe de la seconde, il est permis de se demander pourquoi cette solution serait limitée à la sanction des desseins malicieux (29). D'autres exigences morales ne devraient-elles pas également l'emporter sur les droits subjectifs ?

On ne peut pas dire que, d'une façon générale, l'ordre juridique est subordonné à la morale. Que celle-ci inspire de nombreuses règles est indiscutable. Mais, bien souvent, les normes de droit ont des exigences différentes et les impératifs moraux sont sans portée sur elles. Pour qu'une règle morale joue un rôle en matière juridique, il faut une *réception* de celle-ci par le droit. Dès lors, nous ne pensons pas que l'opposition entre une permission par le droit et une prohibition par la morale permette de résoudre la difficulté. Il est certain que l'existence d'une prérogative juridique ne confère pas à son titulaire le pouvoir de viser des buts malicieux. Mais c'est parce que la règle de droit accueille cette exigence morale. Pourquoi n'en accueillerait-elle pas d'autres ? « L'on peut, sans ruiner le principe des droits subjectifs, reconnaître que la poursuite, ordinairement licite, de desseins parfaitement égoïstes devient, en période de crise, contraire à la morale sociale et se trouve alors

---

(28) Oppetit, note sous Cass. civ. 1re, 20 janvier 1964, J. C. P. 1965. II. 14035.

(29) Beudant et Lerebours-Pigeonnière, t. IX *bis*, n° 1436.

répréhensible » (30). Pourquoi d'ailleurs les limites à l'exercice des droits seraient-elles exclusivement d'origine morale ? Une conception plus large du critère de l'abus de droit est parfaitement concevable.

III. — La méconnaissance de la fonction sociale des droits.

718. — Il y a abus à détourner un droit de sa finalité sociale.

La théorie « finaliste » ou « téléologique » de l'abus de droit, élaborée par le doyen Josserand (31), a eu un succès considérable en France et, plus encore peut-être, à l'étranger (32). Elle repose sur une idée maîtresse : tous les droits ont une finalité, un but d'ordre social. Dès lors, un droit ne peut être légitimement utilisé que conformément à cette finalité. Tout autre usage est abusif.

« Toute prérogative, tout pouvoir juridique, écrit Josserand, sont sociaux dans leur origine, dans leur essence et jusque dans la mission qu'ils sont destinés à remplir ; comment pourrait-il en être autrement, puisque le droit objectif pris dans son ensemble, « la juricité », n'est autre chose que la règle sociale obligatoire ? La partie ne saurait être d'une autre nature que le tout... » (33). Cette finalité sociale existe pour toutes les prérogatives, même celles qui paraissent les plus égoïstes, comme la propriété ou le droit pour un créancier de contraindre son débiteur au paiement. De telles prérogatives sont accordées aux individus moins dans leur intérêt personnel que dans celui, bien compris, du corps social. L'exercice de ces droits, en effet, concourt à la réalisation des buts de la collectivité. En leur procurant des avantages, la Société fait des titulaires de droits subjectifs des agents actifs de la défense de l'intérêt général ; « elle met les égoïsmes individuels au service de la communauté » (34). Dès lors, chaque droit subjectif doit tendre vers le but en vue duquel il est accordé. « Chacun d'eux a sa mission propre à remplir, ce qui revient à dire que chacun d'eux doit se réaliser conformément à l'esprit de l'institution » (35). Tous les droits ayant ainsi une fonction sociale, « ils doivent demeurer dans le plan de la fonction à laquelle ils correspondent, sinon leur titulaire commet un détournement,

---

(30) *Ibid.*
(31) *De l'esprit des droits et de leur relativité*, 1927, 2ᵉ éd., 1939. — *Évolution et actualités, Conférences de droit civil*, 1936.
(32) V. les références citées par M. MICHAÉLIDÈS-NOUAROS, *Rev. trim. dr. civ.*, 1966, p. 232, note 35.
(33) *De l'esprit des droits...*, nᵒ 292. — On remarquera que cette réflexion, à laquelle pour notre part nous souscrivons, contredit cette autre affirmation de JOSSERAND, que nous avons critiquée : « on peut parfaitement avoir pour soi *tel droit* déterminé et cependant avoir contre soi *le droit* tout entier » (*Ibid.*, nᵒ 245. — V. *supra*, nᵒ 697).
(34) *Ibid.*
(35) *Ibid.*

un abus de droit ; l'acte abusif est l'acte contraire au but de l'institution, à son esprit et à sa finalité » (36).

Ce critère « finaliste » de l'abus de droit peut paraître d'une mise en œuvre difficile, en raison de son caractère « abstrait et fugitif » (37). Mais il peut être « heureusement concrétisé grâce à l'utilisation du *motif légitime* qui en constitue l'expression sensible et comme la figuration... l'acte sera normal ou abusif selon qu'il s'expliquera ou non par un motif légitime qui constitue ainsi la véritable pierre angulaire de toute la théorie de l'abus des droits et comme son précipité visible » (38). L'absence de motif légitime se trouve d'ailleurs nécessairement démontrée lorsqu'il est établi, de façon positive, que l'agent a été inspiré par un motif illégitime, tel que l'intention de nuire (39). Mais si le critère « finaliste » ou « téléologique » de l'abus de droit absorbe ainsi le critère de l'intention malicieuse, il va bien au-delà (40).

Il ne faut donc pas se méprendre sur le rôle de l'absence d'intérêt ou de motif légitime. Si cette même notion a pu, parfois, être invoquée par certains partisans de la conception morale de l'abus de droit, c'est seulement comme une présomption rendant probable l'intention de nuire (41). Dans la théorie de Josserand, au contraire, il s'agit de l'application directe du contrôle de la conformité de l'usage des droits à leur destination sociale. C'est d'ailleurs uniquement dans ce cas que l'absence de motif légitime a véritablement un sens, car l'esprit ou la finalité des droits fournit l'élément de comparaison nécessaire pour porter un jugement sur la légitimité de l'intention de l'auteur.

719. — La souplesse de cette conception lui attire le reproche de faire naître l'incertitude.

Si les conceptions de Josserand ont séduit beaucoup d'auteurs, elles ont aussi provoqué de vives critiques. Sur le plan juridique, celles-ci ont été développées dans deux directions principales.

Le premier reproche est essentiellement d'ordre pratique. C'est celui d'arbitraire et d'incertitude. L'anarchie s'instaurerait si les limites des droits étaient abandonnées aux conceptions personnelles des juges chargés de définir, selon leurs propres convictions morales et sociales,

---

(36) *Ibid.*

(37) *Ibid.*, n° 296.

(38) *Ibid.*

(39) *Ibid.*, n° 300.

(40) « Soit que le titulaire ait fait usage d'une prérogative altruiste dans son intérêt personnel ou même, tout simplement, en perdant de vue les intérêts d'autrui, soit qu'il ait exercé une faculté égoïste sans profit pour lui-même et de façon préjudiciable à autrui, ou qu'il ait choisi, entre différents modes d'utilisation, celui qui était de nature à léser des intérêts légitimes, soit enfin qu'il ait commis une faute d'ordre technique dans la réalisation, dans la mise en œuvre de l'institution » *(Ibid.).*

(41) *Supra*, n° 716.

la finalité des droits. Ce serait retirer toute stabilité et toute sécurité aux rapports juridiques établis selon la législation positive (42). L'objection n'est pas décisive. Dans bien d'autres domaines, le juge est appelé à se prononcer en dehors d'une application littérale des textes de loi sans que le chaos en résulte. Le jeu des voies de recours et, en particulier, le contrôle de la Cour de cassation garantit la cohérence et une suffisante continuité des orientations judiciaires (43). On peut d'ailleurs ajouter qu'il est tout autant arbitraire, dans le principe sinon dans l'application, de contrôler l'exercice des droits en faisant intervenir une règle morale. Qui décide de sanctionner l'intention de nuire et au nom de quoi un principe moral particulier est-il ainsi « privilégié »? Pourquoi, un jour, les tribunaux ne pourraient-ils considérer comme également impérative une autre norme inspirée d'une éthique différente ?

720. — La seconde critique est beaucoup plus grave. La théorie « finaliste » ou « téléologique » de Josserand est accusée de ruiner la notion même de droit subjectif. L'analogie entre le détournement des droits de leur fonction sociale et la théorie du détournement de pouvoirs du droit public n'est sans doute pas étrangère à ce reproche. Avec l'influence « publiciste », on voit se profiler les critiques de Duguit à l'encontre des droits subjectifs (44). Plus précisément, on admettra sans trop de peine qu'il existe certains droits-fonction dont le but est fixé et doit être respecté. Ainsi, un tuteur ne peut exercer ses pouvoirs que dans l'intérêt du pupille. Mais s'agissant des droits subjectifs au sens étroit du terme, des droits « égoïstes », faire intervenir l'idée d'une finalité sociale est nier la liberté d'appréciation du titulaire de la prérogative ; or cette liberté est essentielle. Par définition, le droit subjectif est à la disposition de son titulaire (45). De plus, la théorie « finaliste » est incompatible avec l'idée même d'*abus* de droit : si les prérogatives ne sont accordées qu'en vue d'un but d'intérêt général, agir à une autre fin est en réalité agir sans droit (46).

---

(42) V. les motifs de l'arrêt de la Cour de Rennes du 20 juin 1932, *Gaz. Pal.*, 1932. 2. 516.

(43) « Croit-on sérieusement que le juge nourri de la lecture de Marx, de Proud'hon, de Mao, et son collègue dont la culture socio-économique aurait pour base Adam Smith, Keynes ou Burnham, jugeraient différemment le cas d'abus du droit... résultant... des procédures judiciaires vexatoires, des émancipations d'enfants mineurs faites, non pour servir leurs intérêts, mais pour entraver le « droit de garde » de l'autre époux ? Il est permis d'en douter » (STARCK, ROLAND et BOYER, *Obligations*, t. 1, nº 322.

(44) V. *supra*, nº 168.

(45) DABIN, *Le droit subjectif*, p. 291.

(46) « Du moment que le titulaire du droit ne pouvait faire usage de celui-ci que suivant un but plus ou moins déterminé, son droit en était diminué d'autant et, dès lors, il commettait une *illégalité* et non pas seulement un abus en l'utilisant au

Nous avons déjà répondu par avance à ce dernier aspect de l'objection. Nous pensons qu'effectivement l'abus de droit correspond à une forme d'illégalité (47). Si l'on admet, avec Josserand, que le contenu de tout droit subjectif est déterminé par sa fonction, « on peut parler des *limites internes* ou immanentes du droit qui résultent de son but et de sa fonction... Un exercice du droit qui serait étranger à son but ou contraire à sa fonction n'est pas couvert par le contenu du droit ; il constitue donc un acte illégal ou fautif, un acte exercé sans droit » (48). Cela ne signifie pas que la notion d'abus de droit soit inutile ou dépourvue d'originalité. L'illégalité dont il s'agit se découvre dans l'exercice de prérogatives accordées par la loi ; si elle s'apprécie par référence à la finalité du droit, comment soutenir qu'elle ne soulève pas un problème particulier ? Telle est la signification de la terminologie spéciale employée en la matière avec le vocable d'abus de droit. D'ailleurs, si l'on retient pour critère de l'abus l'intention de nuire, la spécificité de la notion est-elle plus grande ? Concrètement, il est illusoire de prétendre que le droit n'est en rien diminué lorsque son exercice malicieux est sanctionné. Il faut même aller plus loin. Si le contenu du droit est théoriquement intact, on doit admettre que l'abus procède de la méconnaissance d'un devoir distinct. Ce n'est pas un mécanisme original (49). Dès lors, la spécificité de l'abus de droit se réduirait à l'origine morale du devoir invoqué. Elle n'est pas plus grande que dans la recherche de l'illégalité au regard de la fonction des droits.

Reste donc l'aspect majeur de la critique. La définition d'une finalité sociale des droits est-elle contradictoire, au moins en certains cas, avec la notion de droit subjectif ? A cet égard, il ne suffit pas de répondre que la distinction entre « droits-fonction » et droits « égoïstes » est bien délicate (50). Le véritable débat se situe au plan philosophique. Il serait vain de vouloir l'esquiver.

rebours de sa destination légale... Quand donc M. Josserand définit l'abus par l'idée d'un détournement, il ruine, en même temps que le droit subjectif, la notion d'abus qui rentre dans le néant, tout détournement de pouvoir n'étant qu'une illégalité » (*Ibid.*, p. 292).

(47) *Supra*, n° 697.

(48) Michaélidès-Nouaros, *L'évolution récente de la notion de droit subjectif*, *Rev. trim. dr. civ.*, 1966, p. 216, spécialement p. 233.

(49) *Supra*, n° 703.

(50) La propriété, par exemple, paraît le type même du droit « égoïste » laissant toute initiative à son titulaire. Cependant la fonction sociale de la propriété n'est pas un vain mot. La loi l'exprime elle-même dans l'article L. 211-1 du Code forestier : « Tout propriétaire exerce sur ses bois, forêts et terrains à boiser, tous les droits résultant de la propriété dans les limites spécifiées par le présent code et par la loi *afin* d'assurer l'équilibre biologique du pays et la satisfaction des besoins en bois et autres produits forestiers. — Il *doit* en réaliser le boisement, l'aménagement et l'entretien, en vue d'en assurer la rentabilité, conformément aux règles d'une sage gestion économique ».

721. — La finalité des droits s'accorde avec l'analyse des droits subjectifs en des rapports sociaux.

A ce stade, la discussion technique s'épuise. Irrésistiblement, on se trouve conduit au cœur du problème qui est le choix d'une conception sur les rôles du droit, de l'homme et de la société. Poser la question sur ce plan est assurément redoutable. On peut légitimement craindre « les brumes des discussions métajuridiques » (51). Nous croyons cependant qu'il n'est pas bon de se dérober. La recherche de solutions neutres, sur un terrain « moins compromettant » (52), se traduit par des faux-fuyants qui laissent l'esprit insatisfait.

Les adversaires de Josserand dénoncent sa conception communautaire dans laquelle les individus sont broyés par la société. Réduits au rang de simples rouages d'un mécanisme complexe, les hommes ne vivent que par la collectivité et doivent vivre pour elle. « Dans la réalité, écrit Josserand, ce n'est pas en tant qu'individu que l'homme intéresse le législateur, les pouvoirs publics et le juriste, mais bien en tant qu'unité sociale » (53). Contre une telle vision, la dignité de l'homme se rebelle (54). Individu libre et responsable envers lui-même, il peut supporter certaines contraintes sociales. Mais lui refuser les sphères de complète autonomie que constituent les droits subjectifs ferait triompher un dirigisme annihilant toute liberté.

L'argumentation est impressionnante. L'histoire fournit maints exemples des résultats malheureux de l'application de doctrines assujettissant les individus, corps et âmes, aux intérêts de la société incarnée par l'État. Mais il serait excessif de développer, à partir de ces déviations, une attitude trop pessimiste à l'égard des rapports entre l'homme et la société dans un système assignant aux droits une finalité conforme à l'intérêt général. On peut, semble-t-il, garder confiance dans les progrès de la conscience collective. La conception « finaliste » du droit subjectif peut parfaitement se concilier avec un élément « personnaliste » respectueux de la dignité humaine. La recherche du progrès social à travers la libre action des individus procède d'un pari sur « le sentiment de responsabilité morale, inhérent à la personne humaine » et « sur l'inclination sociale de l'homme, qui le pousse à chercher son bonheur personnel dans celui de la société » (55). Il n'y a pas de contradiction à reconnaître l'existence de droits subjectifs et à contrôler leur exercice. Si les déviations doivent être corrigées, il n'en reste pas moins justifié de miser sur le rôle créateur de l'activité humaine. L'ordre juridique

---

(51) STARCK, ROLAND et BOYER, *op. cit.*, n° 323.
(52) MARTY et RAYNAUD, *Les obligations*, t. 1, n° 478.
(53) *De l'esprit des droits...*, n° 5.
(54) BEUDANT et LEREBOURS-PIGEONNIÈRE, t. IX *bis*, n° 1436.
(55) MICHAÉLIDÈS-NOUAROS, étude précitée, *Rev. trim. dr. civ.*, 1966, p. 234.

« assure au profit de chaque individu une sphère de libre action et d'initiative, parce qu'il s'attend à une collaboration active de celui-ci dans la poursuite du bien commun » (56).

Le bien commun, voilà le maître mot qui doit, selon nous, rattacher la théorie « finaliste » ou « téléologique » des droits et de leurs abus à la philosophie de Saint Thomas d'Aquin ou à la doctrine de l'Ordre naturel selon Aristote, plus qu'aux thèses collectivistes (57). Nous ne croyons pas qu'il soit périmé de soutenir que « le juste est en définitive cela qui sert le *bien* de l'homme... un bien « commun », qui n'est point donné à l'avance, que la mission même du juriste est de découvrir, de susciter » (58). Or tel est, pensons-nous, le sens profond de la limitation « interne » des droits tirée de la conformité de leur exercice à leur fonction sociale. Le droit manquerait à sa mission s'il se bornait à enregistrer les rapports de force ou à consolider indéfiniment les positions acquises. Il doit, au contraire, orienter l'activité humaine en fonction d'une éthique inspirée par la recherche de la Justice. Les droits subjectifs comptent parmi les moyens tendant à atteindre le bien commun ; leur exercice cesse d'être justifié lorsqu'il a lieu à l'encontre de ce but. Cette fonction sociale des droits n'est d'ailleurs pas immuable. Elle se transforme avec l'évolution de la civilisation et de la conscience collective. Elle est normalement perçue par les individus eux-mêmes qui infléchissent spontanément leur action en ce sens ; mais, à défaut, ils abusent de leurs prérogatives.

La thèse adverse se situe dans le prolongement de l'école des droits naturels de Locke, Grotius ou Pufendorf, des idées des encyclopédistes du xviiie siècle et des conceptions mises en application par la Révolution de 1789. La source des droits se trouve dans l'homme lui-même. La conséquence logique est la souveraineté de l'individu dans l'exercice de ses prérogatives. Aucun contrôle ne devrait être admis ; et c'est pourquoi le tempérament d'ordre moral introduit en sanctionnant l'intention de nuire s'intègre si mal dans la construction. L'homme exerçant ses droits ne devrait être responsable que devant lui-même. Cependant, le contrôle judiciaire existe et l'expérience a révélé qu'il était nécessaire. N'est-ce pas le signe qu'il est présomptueux de voir

---

(56) *Ibid.*

(57) « Suis-je ridicule, écrit M. Villey, si je prends encore cette philosophie au sérieux ? Chez Saint Thomas elle reçoit la confirmation de la croyance théologique en la bonté du créateur ; Dieu n'a pas fait un monde « absurde » ; pour les chrétiens, cet argument semble devoir être décisif. Mais nous pouvons y parvenir, avec Aristote, par des moyens purement profanes, rien que par la spéculation et la pleine ouverture au monde, qui nous découvre une nature admirablement ordonnée » (*Leçons d'histoire de la philosophie du droit*, p. 134-135).

(58) M. Villey, *op. cit.*, p. 134, note 2.

dans l'individu la source et le principe de tout l'ordre juridique, de faire de l'homme l'égal de Dieu ?

Même si l'on n'épouse pas sur tous les points les thèses de Josserand (59), la conception « finaliste » ou « téléologique » des droits nous paraît, en définitive, être la plus satisfaisante. Orienter l'activité humaine dans un sens conforme au bien commun est un objectif qui n'a rien d'inquiétant. C'est le rôle du droit en général. C'est à quoi doit contribuer techniquement la théorie de l'abus des droits.

§ 2. — SOLUTIONS JURISPRUDENTIELLES

722. — L'idée d'une fonction sociale des droits apparaît dans plusieurs dispositions législatives, parfois en liaison avec la notion d'abus ou avec celle de fraude. Comme d'autre part de nombreux textes n'explicitent aucunement une telle destination et pourraient accréditer une conception absolutiste des droits individuels, les arguments *a fortiori* que l'on voudrait tirer de la loi peuvent se retourner en raisonnant *a contrario*. C'est donc l'examen de la jurisprudence qui est le plus révélateur de l'état de la théorie de l'abus en droit positif.

Pour les tenants de la conception « finaliste » ou « téléologique » le bilan peut paraître décevant (60). Bon nombre de solutions sont néanmoins incompatibles avec la thèse adverse. Est-ce à dire que la controverse théorique divise les juges eux-mêmes ? Ce n'est pas impossible, mais plus probablement c'est la façon dont la question se pose aux tribunaux qui explique que certaines décisions soient en retrait par rapport à d'autres. En tout cas, la réalité du contrôle des abus est indiscutable et la prudence des juges n'exclut pas de leur part la poursuite d'une politique juridique condamnant les excès d'individualisme.

Avant de tenter une analyse de l'attitude généralement adoptée par les tribunaux à propos de l'abus de droit, il convient de signaler quelques exemples caractéristiques de l'application concrète de cette théorie.

---

(59) Ainsi, par exemple, lorsque JOSSERAND considère que pour certains droits « à esprit égoïste », « le désintéressement est pernicieux parce que contraire à l'esprit du droit, parce qu'antifonctionnel » (*De l'esprit des droits...*, n° 308), il est possible de répondre, avec DABIN, que « l'esprit de ces droits n'est pas tant l'*utilisation égoïste* que la *liberté du sujet* dans le choix du mode d'exercice de son droit » (*Le droit subjectif*, p. 291), ce qui d'ailleurs, selon nous, ne supprime pas toute finalité sociale de ces droits.

(60) PIROVANO, *La fonction sociale des droits : réflexions sur le destin des théories de Josserand*, D. 1972, chron. 67.

I. — *Exemples d'application de la théorie de l'abus de droit.*

723. — La jurisprudence relative à l'abus de droit est trop abondante pour pouvoir faire l'objet, à cette place, d'un compte rendu complet (61). Il suffira de quelques illustrations choisies dans des domaines où la question se pose fréquemment.

A. — Abus de droit en matière de propriété immobilière et de ses démembrements.

a) Propriété immobilière.

724. — Parce qu'elle constitue le modèle du droit subjectif, la propriété est l'exemple favori des théoriciens débattant de l'abus des droits. L'observation de la jurisprudence à ce sujet est rendue difficile par les interférences qui se produisent entre la théorie de l'abus du droit et celle des troubles de voisinage. Si, comme nous le pensons, la sanction des actes faisant supporter à autrui des inconvénients anormaux de voisinage procède d'une obligation particulière entre voisins (62), les deux hypothèses doivent être distinguées. Il en résulte que les cas d'abus proprement dit sanctionnés en jurisprudence sont relativement peu nombreux.

Il en est cependant de très célèbres. Ainsi l'affaire *Doerr* dans laquelle un propriétaire a été condamné à démolir une fausse cheminée qu'il avait érigée, sans aucune utilité pour lui, afin de nuire à son voisin en mettant obstacle à l'entrée de la lumière par une fenêtre (63) ; de même, l'affaire *Savart* dans laquelle un propriétaire a été contraint de démolir une cloison pleine en planches peintes en noir‚ d'une hauteur de 10,15 m sur 15,80 m de long, élevée « dans un but de taquinerie « pour donner à la maison voisine « l'aspect d'une prison » (64). Plusieurs exemples comparables peuvent être cités (65). L'arrêt *Clément-Bayard* est sans doute le plus connu de tous : le propriétaire d'un terrain voisin d'un hangar pour ballons dirigeables avait édifié une carcasse en bois surmontée de piquets de fer, afin de rendre difficiles les évolutions des dirigeables et se faire ainsi acheter son terrain au prix fort ; il a été condamné à réparer les dommages causés à un des ballons et à supprimer son dispositif dangereux (66). Plus récemment, l'arrêt *Lassus* a imposé l'enlèvement d'un rideau de fougères planté afin d'empêcher le jour de pénétrer par une fenêtre de l'immeuble voisin (67).

---

(61) V. les nombreux cas cités par M. Pirovano, *Encycl. Dalloz, Répert. dr. civ.*, 2ᵉ éd., vᵒ *Abus de droit*.

(62) *Supra*, nᵒ 704.

(63) Colmar, 2 mai 1855, D. 1856. 2. 9.

(64) Trib. civ. Sedan, 17 décembre 1901, S. 1904. 2. 217, note Appert.

(65) Cass. req., 28 janvier 1903, D. 1903. 1. 64 (maintien pendant plusieurs mois d'un échafaudage inutile, après avoir enlevé l'enduit d'un mur). — Chambéry, 21 juillet 1914, *Gaz. Trib.*, 19 janvier 1916 (installation en face des fenêtres du voisin d'un mannequin représentant un pendu « d'aspect répugnant »). — Cass. req., 16 juin 1913, D. 1914. 5. 23 (fouilles destinées à couper la veine d'eau alimentant la source jaillissant sur le fonds voisin, sans utiliser l'eau ainsi captée).

(66) Cass. req., 3 août 1915, D. 1917. 1. 79.

(67) Cass. civ. 1ʳᵉ, 20 janvier 1964, D. 1964, 518 ; J. C. P. 1965. II. 14035, note Oppetit ; *Rev. trim. dr. civ.*, 1965, p. 117, observ. R. Rodière. — Rappr. Cass. civ. 3ᵉ,

L'intention de nuire était chaque fois démontrée. Cependant, les décisions ajoutent généralement que « l'exercice du droit de propriété a pour limite la satisfaction d'un intérêt sérieux et légitime ». Cette considération paraît étrange si l'on pense que les droits sont absolus, sous la seule réserve du tempérament résultant de la sanction de l'intention malicieuse (68). Elle s'accorde certainement mieux avec le critère du « motif légitime » de la conception finaliste. Mais il est bien difficile de déterminer la portée que les juges ont entendu donner à une telle formule. De même, le défaut total d'utilité ou le défaut d'utilité appréciable des initiatives du propriétaire, ensuite qualifiées d'abusives, est-il parfois relevé. Apparemment il s'agit là d'un élément invoqué à titre de présomption de l'intention de nuire (69). Cependant, une telle méthode s'accorde mal avec la défense rigoureuse de la liberté du titulaire d'un droit (70), les réactions suscitées par de tels motifs le prouvent (71).

Il faut d'ailleurs remarquer qu'il est peu probable de voir l'application jurisprudentielle de la théorie de l'abus de droit se développer considérablement dans ces litiges entre voisins. La conquête de son autonomie par la théorie des troubles de voisinage incitera les victimes à se placer sur ce terrain. Il est beaucoup plus simple d'établir l'importance anormale du préjudice, seule condition de la mise en œuvre de la sanction des obligations de voisinage, que de s'engager dans la démonstration d'un abus du droit de propriété, relativement incertaine en dehors du cas de l'intention de nuire que personne ne conteste (72).

725. — La question de l'abus du droit de propriété se pose également lorsqu'il s'agit non pas d'initiatives prises par le propriétaire, mais de la défense de son droit

---

17 juin 1973, *Bull. civ.*, III, n⁰ 58, p. 43 (élévation d'un mur de clôture de grande hauteur, dans l'intention malveillante de nuire à la vue panoramique dont profitait le voisin).

(68) OPPETIT, note précitée.

(69) On remarquera toutefois que dans l'affaire *Clément-Bayard*, la Cour de cassation considère que les ouvrages édifiés par le propriétaire ne présentaient « aucune utilité », alors que celui-ci prétendait pouvoir obtenir par ce moyen un prix plus élevé de son terrain. Au regard du but visé, l'appareillage était « utile ». Si cette utilité n'a pas été prise en considération n'est-ce pas parce que le but n'était pas conforme à la destination normale du droit de propriété ?

(70) *Supra*, n⁰ 716. — Comp. la formule employée plus récemment par la Cour de cassation : « Attendu que si, selon l'article 544 du Code civil, tout propriétaire a le droit de jouir et de disposer de sa chose de la manière la plus absolue, ce ne peut être qu'à la condition de n'en pas faire un usage prohibé par les lois ou les règlements ou de nature à nuire aux droits des tiers » (Cass. civ. 3ᵉ, 20 mars 1978, *Bull. civ.*, III, n⁰ 128, p. 101).

(71) Notamment, RODIÈRE, observations précitées.

(72) Plusieurs cas « classiques » d'abus du droit de propriété sont relatifs à des initiatives ayant pour résultat de plonger le voisin dans les ténèbres. Or, la privation d'air et de lumière est un trouble excédant les inconvénients normaux du voisinage (Cass. civ. 3ᵉ, 18 juillet 1972, J. C. P. 1972. II. 17203, rapport FABRE ; D. 1973, 27 ; D. 1974, 73, note E. S. DE LA MARNIERRE. — Trib. gr. inst. Nanterre, 27 avril 1978, *Rev. dr. imm.*, 1979, p. 74, observ. MALINVAUD et BOUBLI. — En revanche, la théorie de l'abus de droit est volontiers invoquée à propos des droits intellectuels, parfois qualifiés de « propriétés incorporelles » (*supra*, n⁰ 215), notamment dans les prérogatives conférées par une marque de fabrique : Grenoble, 15 décembre 1977, J. C. P. 1978. II. 18939, note CHAVANNE. — Cass. com., 21 février 1978, D. 1978, 407, note J. FOULON-PIGANIOL.

par celui-ci contre des initiatives de son voisin. A cet égard, une distinction doit être faite : le refus de laisser un tiers pénétrer temporairement sur un fonds peut être quelquefois jugé abusif, tandis que la réaction du propriétaire qui exige la démolition d'une construction empiétant sur son terrain n'est pas constitutive d'abus aux yeux des juges français.

La première hypothèse suppose que celui qui demande à entrer sur le terrain d'autrui invoque un intérêt particulièrement sérieux, telle la nécessité de procéder à des réparations sur son propre immeuble, impossibles à effectuer sans passer sur le fonds voisin. La Cour de cassation admet, en pareil cas, la possibilité d'imposer au propriétaire récalcitrant le passage des ouvriers de son voisin, sans complètement expliciter le fondement de la solution (73). La justification tirée de l'abus de droit a été avancée, principalement en doctrine (74). Il ne semble pas que la démonstration de l'intention de nuire soit alors spécialement exigée (75). Mais il est difficile de tirer des conclusions nettes de cette situation, car d'autres fondements que l'abus de droit ont pu être proposés (76).

Dans le second cas, en revanche, aucune hésitation n'est possible. Contrairement à la Cour de cassation belge qui admet que la demande de démolition est abusive lorsque l'empiétement est léger (77), en France, la Cour de cassation décide que la demande du propriétaire victime de l'empiétement doit toujours être accueillie (78),

---

(73) Cass. req., 8 juillet 1901, S. 1904. 1. 518. — Cass. civ. 1re, 14 décembre 1955, D. 1956, 283, note BLANC ; Rev. trim. dr. civ., 1956, 373, observ. SOLUS et 393, observ. HÉBRAUD. — Cass. civ. 3e, 15 avril 1982, Bull. civ., III, no 93, p. 65. — Rappr. Cass. civ. 3e, 20 mars 1978, précité note 70, qui sanctionne comme abusif le refus par le propriétaire d'un édifice vétuste de prendre toute disposition utile pour permettre à ses voisins de démolir un bâtiment contigu qui leur appartenait.

(74) SOLUS, observ. précitées et Rev. trim. dr. civ., 1957, 711. — BREDIN, observ. Rev. trim. dr. civ., 1971, 676. — Cette justification a été admise par le Trib. gr. inst. Fontainebleau, le 21 janvier 1970 (Gaz. Pal., 1970, 2, somm. 16) et par la Cour d'appel d'Aix-en-Provence, le 27 janvier 1981 (Rev. dr. imm., 1981, 194, observ. BERGEL).

(75) Rappr. pour le refus opposé à des marchands ambulants de pénétrer sur les voies privées d'un grand ensemble immobilier, déclaré justifié après constatation que l'interdiction « n'est intervenue que sous l'empire d'intérêts sérieux et légitimes, pour mettre fin au trouble causé... par l'activité ambulante reprochée » : Paris, 31 octobre 1963, D. 1964, 286, note JULLIOT DE LA MORANDIÈRE.

(76) Pour la théorie des troubles de voisinage : Nancy, 18 janvier 1966, Gaz. Pal., 1966. 1. 249, note ROCHE. — Pour l'état de nécessité, GOUBEAUX, note J. C. P. 1971. II. 16797 ; comp. PALLARD, L'exception de nécessité en droit civil, L. G. D. J. 1948 ; JESTAZ, L'urgence et les principes classiques du droit civil, L. G. D. J. 1968. En tout cas, il ne peut être question d'invoquer une survivance de l'ancienne servitude « de tour d'échelle » connue dans l'Ancien droit : Cass. civ. 3e, 30 octobre 1978, D. 1979, 654, note PRÉVAULT ; Rev. dr. imm., 1980, 36, observ. BERGEL.

(77) Cass. belg., 13 novembre 1952, Pasicr. 1953. 1. 159.

(78) Cass. civ. 1re, 10 juillet 1962, Bull. civ., I, no 359, p. 313. — 10 février 1965, Gaz. Pal., 1965. 1. 236. — 1er juillet 1965, D. 1965, 650. — 22 décembre 1965, J. C. P, 1966. II. 14838, note BÉCHADE. — Cass. civ. 3e, 20 février 1970, Bull. civ., III. no 140, p. 103. — 14 mars 1973, Bull. civ., III, no 206, p. 149. — 23 janvier 1975, Bull. civ., III, no 29, p. 22. — 26 novembre 1975, Bull. civ., III, no 350, p. 265. — 7 novembre 1978, Bull. civ., III, no 336, p. 258. — 8 novembre 1978, Bull. civ., III, no 340, p. 261 ; Rev. dr. imm., 1979, p. 174, observ. BERGEL. — 3 novembre 1983, Gaz. Pal., 1984, 1, panor. p. 77, observ. PIÉDELIÈVRE. — 19 décembre 1983, Bull. civ., III, no 269, p. 205. — 18 avril 1985, Gaz. Pal., 1985, 2, panor., p. 268, observ.

généralement sans distinguer selon que le constructeur était ou non de bonne foi (79). Selon nous, l'explication tient à la façon dont, à la suite du Code civil, la haute juridiction envisage la question. Elle ne prend pas en considération les intérêts personnels des parties, ni même, globalement, les intérêts des fonds voisins. Elle s'attache uniquement à la situation du fonds sur lequel il a été empiété et constate que la construction diminue l'utilité de ce fonds ; en conséquence, elle ordonne la démolition. L'intérêt ainsi protégé dépasse la personne du titulaire actuel du droit ; c'est l'intérêt de l'immeuble objet de propriété, qui doit pouvoir être pleinement utilisé. C'est une vision peut-être un peu abstraite, mais qui ne contredit pas l'idée de destination sociale des droits : la pleine utilisation de chaque fonds n'a pas pour seul rôle de satisfaire les propriétaires ; elle est conforme à l'intérêt général (80).

b) Démembrements de la propriété.

726. — En cas d'*usufruit*, l'abus est expressément envisagé par le Code civil (art. 599 et 618). L'hypothèse est sans doute particulière étant donné l'originalité résultant de la coexistence de deux droits distincts et parallèles portant sur la même chose. On remarquera d'ailleurs que l'abus se caractérise par un résultat (le nu-propriétaire ne peut pas nuire aux droits de l'usufruitier, l'usufruitier fait abus de sa jouissance en commettant des dégradations sur le fonds ou en le laissant dépérir faute d'entretien) et non par l'intention de l'agent. Ce système évoque davantage l'existence d'obligations pesant sur les intéressés qu'une application de la théorie de l'abus de droit.

En revanche, c'est bien cette théorie qui est invoquée en matière de *servitudes* lorsque le propriétaire du fonds servant a élevé une construction en violation de la servitude et cherche à échapper à la démolition réclamée par le propriétaire du fonds dominant. Jamais la demande de destruction de l'ouvrage n'est considérée comme abusive (81). L'analogie avec le cas de l'empiétement est

PIÉDELIÈVRE. — V. aussi, RAYNAL, *L'empiétement matériel sur le terrain d'autrui en droit privé*, J. C. P. 1976.I.2800. — HENNION-MOREAU, *L'empiétement, Rev. dr. imm.*, 1983, 303.

(79) Cass. civ. 1ʳᵉ, 21 novembre 1967, *Bull. civ.*, I, n° 339, p. 255. — Cass. civ. 3ᵉ, 15 mars 1968, *Bull. civ.*, III, n° 120, p. 94. — 4 juillet 1968, *Bull. civ.*, III, n° 322, p. 248. — 11 juillet 1969, D. 1969, 654 ; J. C. P. 1971. II. 16658, note PLANCQUEEL. — 21 novembre 1969, D. 1970, 426, note LINDON. — 5 mars 1970, *Bull. civ.*, III, n° 176, p. 131. — 12 juillet 1977, *Bull. civ.*, III, n° 313, p. 238. — 26 juin 1979, *Bull. civ.*, III, n° 142, p. 109. — 8 juillet 1980, *Defrénois*, 1981, art. 32608, *Chron. jur. civ. gén.*, n° 18, observ. SOULEAU. — 3 mars 1981, *Gaz. Pal.*, 1981, 2, *Panorama*, p. 270, note A. P. — *Contra :* Cass. civ. 3ᵉ, 8 octobre 1974, *Defrénois*, 1975, art. 30913, note GOUBEAUX ; J. C. P. 1975. II. 17930, note THUILLIER ; D. 1975, 431, note FABRE.

(80) Cette attitude nous paraît expliquer la différence de régime entre l'empiétement, toujours sanctionné par la démolition, et la construction *entièrement* édifiée sur le terrain d'autrui, qui est soumise au système prévu par l'article 555 du Code civil. Dans le premier cas, la construction est sûrement inutile pour le fonds sur lequel elle empiète alors que, dans le second cas, l'ouvrage peut présenter une certaine utilité pour ce fonds. Sur cette question, GOUBEAUX, note précitée. — V. LES BIENS.

(81) Par exemple : Cass. civ. 1ʳᵉ, 16 mars 1964, *Gaz. Pal.*, 1964. 2. 307. — 30 juin 1964, D. 1964, 589. — 30 novembre 1965, J. C. P. 1966.II.14481. — Cass. civ. 3ᵉ, 6 novembre 1969, J. C. P. 1970.II.16286, note G. G. — 23 mai et 21 juin 1978. *Rev. dr. imm.*, 1979, 35, observ. BERGEL. — Aix, 6 février 1980, *Rev. dr. imm.*, 1981, 193, observ. BERGEL et, sur pourvoi, Cass. civ. 3ᵉ, 21 juillet 1981, *Gaz. Pal.*, 1982, 1, panor. p. 72, observ. A. P. ; *Rev. dr. imm.*, 1982, 200, observ. BERGEL. —

certaine (82). La servitude est considérée comme un supplément au droit de propriété du fonds dominant et bénéficie de la même protection. La solution devrait sans doute être plus nuancée. Les droits réels sur le fonds d'autrui ont, en effet, un caractère exceptionnel qui pourrait justifier un examen attentif de leur utilité. Un arrêt a d'ailleurs admis qu'il y avait abus à exiger l'exécution d'une servitude de passage devenue certaine (82). inutile pour le fonds dominant (83). Cette décision ne peut sans exagération être considérée comme caractérisant l'attitude générale de la jurisprudence en la matière. Elle constitue néanmoins une application intéressante de la thèse finaliste de l'abus de droit (84).

En matière *hypothécaire*, le créancier qui bénéficie de l'affectation de plusieurs immeubles du débiteur à la garantie de la même créance abuse de son droit si, invoquant l'indivisibilité de la sûreté, il choisit de saisir un des immeubles afin de se faire colloquer pour la totalité de sa créance, dans le dessein de frustrer les créanciers inscrits en second rang sur cet immeuble (85). Ici encore, l'absence d'intérêt légitime est mis sur le même plan que l'intention malicieuse (86). On retrouve donc la discussion évoquée à propos de l'usage abusif du droit de propriété (87).

B. — Abus de droit en matière contractuelle.

727. — Nous ne nous engagerons pas dans la discussion concernant un éventuel abus du droit de ne pas contracter (88). La loi sanctionne parfois un tel « abus » en posant alors une véritable obligation de conclure le contrat (89). Hormis ces situations, il est douteux que le droit de contracter, dont on a d'ailleurs dit qu'il s'agissait d'une liberté et non d'un droit (90), soit, pour la jurisprudence, susceptible d'abus.

Lyon, 30 mars 1988, J. C. P. 1989.II.21163, note PRÉVAULT. — Cass. civ. 3e, 18 mai 1989, *Bull. civ.*, III, no 116, p. 64 ; *Rev. dr. imm.*, 1990, 67, observ. BERGEL. — 4 octobre 1989, *Bull. civ.*, III, no 183, p. 100. — A propos de « servitudes » d'urbanisme, Cass. civ. 3e, 7 juin 1979, J. C. P. 1980.II.19415, note GHESTIN.

(82) *Supra*, no 725.

(83) Pau, 17 décembre 1968, J. C. P. 1969. II. 15878, note M. B. — Rappr. Paris, 28 octobre 1941, *Gaz. Pal.*, 1941. 2. 490.

(84) PIROVANO, étude précitée, D. 1972, chron. 67.

(85) Cass. civ. 3e, 15 février 1972, D. 1972, 463, note E. F.

(86) Cass. civ., 9 mai 1905, D. 1909, 1, 225, note DE LOYNES ; S. 1906, 1, 489, note BERNARD. — Paris, 21 janvier 1941, D. C. 1941, 47, note LALOU. — Sur un éventuel abus du droit de refuser de donner mainlevée d'une inscription hypothécaire : Trib. gr. inst. Bayonne (réf.), 24 novembre 1976, J. C. P. 1977. II. 18747, note BONNAIS. — GOUBEAUX, note sous Cass. civ. 1re, 9 mars 1977, J. C. P. 1978. II. 18977.

(87) *Supra*, no 724.

(88) JUSTAFRÉ, *De l'abus du droit de ne pas contracter*, thèse Montpellier, 1950. — SERNA, *Le refus de contracter*, thèse Paris, 1965, éd. L. G. D. J. 1967, préf. CARBONNIER.

(89) Notamment, le refus de vendre, pénalement sanctionné lorsqu'il est opposé à un consommateur (ord. 1er décembre 1986, art. 30. — V. LE CONTRAT, FORMATION, no 145) ; le refus de louer un local vacant en raison du nombre des enfants du candidat locataire, réprimé par la loi du 1er septembre 1948, art. 54 ; le refus d'embauchage en raison de l'appartenance syndicale du candidat, interdit par le Code du travail, art. L. 412-2. — Pour d'autres exemples, V. MARTY et RAYNAUD, *Les obligations*, t. I, no 80.

(90) RIPERT, *La règle morale dans les obligations civiles*, no 100. — ROUAST, *Les droits discrétionnaires et les droits contrôlés*, Rev. trim. dr. civ., 1944, I, no 6.

Il n'est pas possible d'envisager ici toutes les applications de la théorie de l'abus de droit en matière contractuelle (91). En particulier, l'importante réglementation relative aux *clauses abusives* mérite d'être examinée avec précision lors de l'étude de l'objet du contrat (91-1). Nous nous bornerons présentement, pour illustrer les applications de la théorie générale de l'abus de droit, à en signaler deux exemples typiques : l'abus dans la résiliation unilatérale d'un contrat à durée indéterminée et l'exigence abusive de la ponctuelle exécution d'un contrat.

a) Résiliation unilatérale d'un contrat à durée indéterminée.

728. — On songe immédiatement à la très abondante jurisprudence relative à la résiliation abusive du contrat de travail. C'est toute la question du licenciement des salariés qu'il faudrait examiner à cette occasion. La matière mérite une étude détaillée dont la place est dans les ouvrages consacrés au Droit du Travail. Il faut cependant signaler brièvement que pour caractériser l'abus auquel faisait allusion l'article 23 du livre premier du Code du travail, la jurisprudence a retenu non seulement l'intention de nuire, mais la légèreté blâmable. A ainsi été jugé abusif, par exemple, le licenciement pour activité syndicale, pour action revendicatrice auprès de l'inspecteur du travail, pour des considérations tenant à la vie privée du salarié sans incidence sur le fonctionnement de l'entreprise, en raison de l'âge de l'employé, ou le refus de donner la moindre explication à une brusque rupture du contrat (92) Ce régime, jugé insuffisamment protecteur des salariés (93), a été modifié par la loi du 13 juillet 1973 (94), ultérieurement corrigée par la loi du 30 décembre 1986 (95), puis par la loi du 2 août 1989 (96). Une procédure préalable, comportant un entretien avec le salarié, est organisée. Obligation est faite à l'employeur de faire connaître les motifs réels et sérieux de la résiliation du contrat. Faute de respecter ces exigences, le licenciement est irrégulier. Il est sanctionné comme injustifié si les causes invoquées ne sont pas considérées comme réelles et sérieuses (97). Avec ces textes, une nouvelle impulsion a été donnée dans le sens « finaliste ».

---

(91) MARSON, *L'abus de droit en matière contractuelle*, thèse Paris, 1935. — RADULESCO, *Abus de droit en matière contractuelle, contribution à l'étude synthétique de l'abus*, thèse Paris, 1935. — GHESTIN, *L'abus dans les contrats*, Gaz. Pal., 1981. 2, doctr. 379. — Rappr. SCHAEFFER, *L'abus dans le droit de la concurrence*, Gaz. Pal., 1981. 2, doctr. 401.

(91-1) V. LE CONTRAT, FORMATION, nᵒˢ 587 et s.

(92) V. par exemple, Cass. soc., 20 octobre 1971, D. 1972, 73, note B. R. — 28 octobre 1971, D. 1972, 58, note B. R. — 8 février 1972, D. 1972, somm. 64. — 17 février 1972, D. 1972, somm. 65. — 9 mai 1972, D. 1972, somm. 164.

(93) V. notamment H. SINAY, *Les tendances actuelles de la jurisprudence en matière de licenciement individuel*, D. 1972, chron. 241.

(94) PÉLISSIER, *La réforme du licenciement*, D. 1973, chron. 251 ; *La réforme du licenciement*, éd. Sirey, 1974. — AUDINET, *Une réforme imparfaite : la loi du 13 juillet 1973 sur le licenciement*, J. C. P. 1974. I. 2601 et les références à d'autres études. — *Addé* : BONNEAU, *La réforme du droit de licenciement*, Gaz. Pal., 1973, 2, doctr. 642. — THIANT, *Nouvelle loi sur le licenciement*, Gaz. Pal., 1974, 1, doctr. 39.

(95) HERVIEU, *Nouveau visage du licenciement individuel*, Gaz. Pal., 1988, 1, doctr. 7.

(96) C. PETTITI, *La réforme du licenciement du 2 août 1989*, Gaz. Pal., 19 octobre 1989, doctr. — CŒMRET, chron. législ. Rev. trim. dr. civ., 1989, 825.

(97) Par exemple : Trib. inst. Gonesse, 23 avril 1974, J. C. P. 1974. II. 17788 ; Gaz. Pal., 1974. 2. 793, note LAURENT. — Paris, 2 février 1976, Gaz. Pal., 1976. 1. 300. — Cass. soc., 26 octobre 1976, Gaz. Pal., 1977. 1. 137, note RAYROUX. — Amiens,

Le droit de résiliation doit être exercé dans l'intérêt de l'entreprise. L'efficacité du contrôle est sans doute imparfaite, mais le principe ne paraît guère douteux.

729. — Le contrat de travail, dans lequel aux relations contractuelles se superposent les fonctions dans l'entreprise, constitue un cas particulier. Il est donc intéressant d'examiner l'appréciation du caractère abusif du droit de résiliation unilatérale dans d'autres contrats.

Il faut mettre à part la construction jurisprudentielle qui, en dépit des termes de l'article 2004 du Code civil, impose au mandant de rapporter la preuve de justes motifs de rupture d'un *mandat d'intérêt commun*. En effet, il s'agit moins d'un abus du droit de révocation unilatérale que de la négation de ce droit.

En revanche, en cas de *concession commerciale* (98), la jurisprudence, qui écarte la qualification de mandat d'intérêt commun (99), sanctionne les résiliations abusives. Il est rarement fait allusion à l'intention de nuire. Les décisions insistent sur l'importance du préjudice subi par le concessionnaire dont l'entreprise était intégrée dans le réseau de distribution du concédant et qui se trouve surpris par une rupture brutale du contrat (100). C'est bien, semble-t-il, la conception « finaliste » qui l'emporte lorsque l'on caractérise la légitimité de la résiliation par les nécessités de la réorganisation de l'entreprise du concédant (101) ou par l'inefficacité du concessionnaire (102).

b) Exigence d'une ponctuelle exécution du contrat.

730. — Une certaine confusion semble régner en ce domaine. On relève, par exemple, un arrêt de la Cour de cassation censurant la décision des juges du fond qui avait accueilli la demande d'un bailleur en paiement des loyers dus jusqu'à la date prévue pour l'extinction du bail, alors que le locataire, muté dans une autre

---

6 décembre 1977, *Gaz. Pal.*, 1978.1.271, note J. P. — Cass. soc., 10 et 12 décembre 1985 (3 arrêts), D. 1986, 120, note BORÉ. — Paris, 4 juin 1987, D. 1987, 610, note MOULY. — Reims, 3 mai 1989, J. C. P. 1989.II.21334, note M. G. — Cass. soc., 21 juin 1989 et 12 juillet 1989. D. 1990, 132, note PRALUS-DUPUY. — V. BONNETETE, *De la notion de faute à la notion de cause*, D. 1974, chron. 191. — CHIREZ, *La perte de confiance par l'employeur constitue-t-elle une cause réelle et sérieuse de licenciement ?*, D. 1981, chron. 193. — Sur l'inobservation des formalités légales lorsque la cause du licenciement est réelle et sérieuse : Aix-en-Provence, 22 novembre 1979, J. C. P. 1981.II.19634, note AUDINET. — V. aussi, Cass. soc., 29 juin 1978, J. C. P. 1979.II. 19136, note TEYSSIÉ. — RAMEAU, *La situation juridique du salarié licencié irrégulièrement mais pour causes réelles et sérieuses*, D. 1974, chron. 79. — Sur la question de la charge de la preuve, V. *supra*, n° 581.

(98) V. CHAMPAUD, *La concession commerciale*, Rev. trim. dr. com., 1963, 478. — GUYÉNOT, *L'immixtion des règles du droit du travail dans les rapports entre concédants et concessionnaires*, Gaz. Pal., 1976, 2, doctr. 457.

(99) Cass. com., 16 octobre 1967, D. 1968, 193, note PLAISANT. — 13 mai 1970, D. 1970, 701, note GUYÉNOT ; J. C. P. 1971. II. 16891, note SAYAG. — 27 octobre 1970, J. C. P. 1971. II. 16689, note P. L. — V. cependant, Amiens, 13 décembre 1973, D. 1975. 452, note ROLLAND ; Gaz. Pal., 1974. 1. 190, note GUYÉNOT ; sur pourvoi : Cass. com., 9 mars 1976, D. 1976, 388.

(100) Cass. com., 8 janvier 1968, D. 1968, 495. — Amiens, 13 décembre 1973 précité. — Paris, 27 septembre 1977, *Gaz. Pal.*, 1978. 1. 110, note GUYÉNOT ; D. 1978, 690, note SOULEAU. — Cass. com., 20 octobre 1982, Gaz. Pal., 1983, 1, panor. p. 124, observ. Ph. Le T.

(101) Paris, 22 décembre 1966, J. C. P. 1967. II. 15085, note P. L.

(102) Paris, 13 octobre 1967, Gaz. Pal., 1968. 1. 36.

ville, avait proposé de libérer les lieux avant l'expiration du contrat (103). La cassation est prononcée au motif que la Cour d'appel a omis de rechercher si l'exercice de son droit par le bailleur « reposait sur des motifs légitimes ou si son refus de mettre fin au bail lui avait été, au contraire, dicté par le désir de nuire à son cocontractant ». La référence à l'intention malicieuse évoque la conception étroite de l'abus de droit, mais elle est tempérée par l'allusion à l'intérêt légitime. D'autant plus que l'arrêt reprend la constatation des juges du fond selon laquelle la conséquence « la plus concrète » de l'attitude du bailleur avait été de « laisser vacant pendant dix mois un appartement ». Peut-on y trouver une « concession en demi-teinte » au critère « social » de l'abus (104), d'autant plus remarquable que l'initiative provenait ici de la « victime » ? La cour de renvoi, après une allusion à l'absence de toute « utilité appréciable » de l'acte, s'en est tenue à la recherche de l'intention de nuire (105).

Assez comparable à l'arrêt de la Cour de cassation qui vient d'être évoqué est une décision de la Cour d'appel de Pau qui a considéré comme abusive l'exigence d'une compagnie pétrolière concernant la restitution en nature de cuves ayant fait l'objet d'un prêt à usage, alors que le cocontractant, pour éviter les frais de défonçage et de remise en état du sol qui auraient été nécessaires pour extraire ces cuves, offrait en nature ou en argent des cuves neuves semblables à celles qui avaient été prêtées (106). La Cour énonce que la mise en œuvre littérale d'un contrat n'est admissible que si elle « n'est pas contraire à l'esprit du droit positif et à la finalité supérieure de l'équité que traduit le rejet de tout abus de droit », puis elle ajoute que si l'exécution du droit apparaît tout à la fois inutile pour le titulaire et préjudiciable au défendeur, cette « conjonction » révèle l'intention de nuire.

On ne peut, enfin, manquer de signaler un arrêt qui a provoqué une certaine émotion (107). Un boulanger exploitant son fonds dans un immeuble loué devait, aux termes de son bail, obtenir l'autorisation de la bailleresse pour toute transformation. S'étant vu opposer un refus à sa demande d'installation d'un nouveau four, le boulanger réclama réparation pour le préjudice que lui causait ce qu'il estimait être un abus. Les juges du fond ont accueilli cette prétention en relevant que la transformation envisagée était avantageuse pour tous et que l'opposition de la bailleresse, fondée sur la seule raison qu'elle avait le droit de s'opposer, était « inspirée par l'égoïsme et maintenue par entêtement ». Cette décision est cassée au motif que l'intention de nuire n'a pas été démontrée, ni la mauvaise foi ou la légèreté blâmable. Une telle solution marque une conception pour le moins très restrictive de l'abus de droit en ce domaine.

---

(103) Cass. civ. 3ᵉ, 22 février 1968, D. 1968, 607, note Ph. M.; J. C. P. 1969. II. 15735, note R. D. ; *Rev. trim. dr. civ.*, 1968, 735, observ. CORNU. — Sur cet arrêt v. aussi SIMLER, *L'article 1134 du Code civil et la résiliation unilatérale anticipée des contrats à durée déterminée*, J. C. P. 1971. I. 2413.

(104) CORNU, observ. précitées.

(105) Besançon, 4 juin 1969, cité en note dans l'étude SIMLER précitée. En l'espèce, la Cour a jugé que l'intention de nuire n'était pas établie, le locataire n'ayant pas prouvé avoir proposé au bailleur un autre cocontractant.

(106) Pau, 15 février 1973, J. C. P. 1973.II.17584, note J. B. — Dans le même sens, Paris 28 février 1985, *Gaz. Pal.*, 1985.2.441. — *Rappr.* Paris, 5 mai 1988, *Gaz. Pal.*, 1988.2.578, note DOUVRELEUR et MARCHI. — *Contra*, Paris, 29 mars 1985, *Gaz. Pal.*, 1985.2.544.

(107) Cass. civ. 3ᵉ, 12 octobre 1971, D. 1972, 210 ; J. C. P. 1972. II. 16966 ; *Rev. trim. dr. civ.*, 1972, 395, observ. DURRY. — A propos de cet arrêt : PIROVANO, *La fonction sociale des droits : réflexions sur le destin des théories de Josserand*, D. 1972, chron. 67.

C. — Abus de droit en matière familiale.

731. — Le jeu de la théorie de l'abus dans le droit de la famille apparaît quelque peu paradoxal. C'est un domaine où l'on admet sans peine l'existence de droits-fonction, les pouvoirs n'étant pas conférés au titulaire dans son intérêt mais pour remplir une mission qui lui est assignée, et, en même temps, c'est surtout dans ce secteur que l'on rencontre des droits « discrétionnaires », dont l'exercice n'est pas contrôlé. On a déjà signalé des exemples de la seconde tendance (108). Quant à la première, en voici quelques illustrations.

Les textes eux-mêmes sont révélateurs. Le droit, aujourd'hui supprimé, qu'avait le mari, en vertu de l'article 223 ancien du Code civil, de s'opposer à l'exercice par sa femme d'une profession séparée devait être « justifié par l'intérêt de la famille ». Le choix de la résidence familiale fait par le mari en cas de désaccord des époux à ce sujet était privé d'effets à l'égard de la femme lorsque ce choix était objectivement malheureux (C. civ. art. 215 ancien). Les pouvoirs des époux sur leurs biens sont abusivement exercés si l'intérêt de la famille en est compromis (109). Le refus abusif de consentir à l'adoption est le fait de parents qui se désintéressent de l'enfant (C. civ., art. 348-6)...

En jurisprudence, l'émancipation a été jugée abusive, antérieurement à la loi du 5 juillet 1974 (110), non seulement lorsqu'elle visait à nuire à la personne investie du droit de garde ou d'un droit de visite (111), mais chaque fois qu'elle était détournée de sa finalité qui est de servir les intérêts de l'enfant (112). A la limite de la théorie de l'abus de droit, la responsabilité pour avoir fait une reconnaissance de paternité mensongère (113) procède d'un esprit voisin : le mécanisme est détourné de son but lorsqu'il ne sert pas à révéler la vérité. Après avoir hésité, la Cour de cassation

---

(108) V. *supra*, nº 705. — Sur la question de savoir si l'interruption volontaire de grossesse peut donner prise à la théorie de l'abus de droit, v. Dekeuwer-Défossez, note sous Cons. État, 31 octobre 1980, J. C. P. 1982. II. 19732.

(109) V. C. civ., art. 217, 220-1, 1403, 1426, 1429.

(110) En retirant aux parents la décision d'émancipation, pour la confier au juge des tutelles qui la prononce « s'il y a de justes motifs », la loi du 5 juillet 1974 a mis fin aux possibilités d'abus en ce domaine : le droit lui-même est supprimé (C. civ., art. 477).

(111) Paris, 15 février 1957, J. C. P. 1957. II. 9988. — Trib. gr. inst. Seine, 30 avril 1964, J. C. P. 1964. II. 13971, note H. G. — Cass. civ. 1re, 20 mai 1968, D. 1968, 696 ; J. C. P. 1968. II. 15686, note R. L.

(112) Ainsi l'émancipation faite pour devancer la déchéance de la puissance paternelle (aujourd'hui autorité parentale) : Paris, 4 mai 1965, D. 1965, 653, note Désiry ; J. C. P. 1966. II. 14724, note Huet-Weiller, pourvoi rejeté par Cass. civ. 1re, 14 novembre 1967, D. 1967, 752. — Il en aurait été de même d'une émancipation faite pour échapper à la présomption de responsabilité pesant sur les parents du fait de leur enfant mineur habitant avec eux. — Rappr. L'émancipation jugée frauduleuse parce que faite pour tenir un débit de boissons que l'auteur de l'émancipation ne pouvait exploiter en raison des condamnations pénales dont il avait été frappé : Trib. gr. inst. Châlons-sur-Marne, 16 février 1962, *Gaz. Pal.*, 1972. 2. 477, note Decheix.

(113) Cass. civ. 2e, 12 février 1960, J. C. P. 1960. II. 11689, note J. Savatier, *Rev. trim. dr. civ.*, 1960, 634, observ. Desbois. — Paris, 18 mai 1961, J. C. P. 1962. II. 12460, note Boulbès ; *Rev. trim. dr. civ.*, 1962, 481, observ. Desbois. — 13 février 1975, *Gaz. Pal.*, 1975.1.320, note Viatte. — Cass. civ. 1re, 21 juillet 1987, D. 1988, 225, note Massip. — 6 décembre 1988, D. 1989, 317, note Massip.

n'exige plus l'intention de nuire pour caractériser un abus dans le refus par un époux de confession israélite de délivrer, après divorce, à son ex-épouse une lettre de répudiation *(gueth)* permettant un remariage religieux (113-1).

D. — Abus de droit dans les rapports collectifs.

732. — Ce n'est pas le lieu d'étudier de façon précise des questions qui, pour la plupart, se posent en dehors du droit civil. Il faut néanmoins évoquer sommairement, en raison de leur importance théorique et pratique, l'abus de majorité, principalement dans les sociétés commerciales, et l'abus du droit de grève.

a) Abus de majorité.

733. — Une abondante jurisprudence sanctionne les décisions abusives prises par la majorité dans les assemblées générales d'actionnaires (114). L'abus est caractérisé, selon la Cour de cassation, lorsqu'une résolution a « été prise contrairement à l'intérêt général de la société et dans l'unique dessein de favoriser les membres de la majorité au détriment des membres de la minorité » (115). La formule évoque

---

(113-1) Cass. civ. 2e, 21 avril 1982, *Gaz. Pal.*, 1983.2.590, note CHABAS ; *Rev. trim. dr. civ.*, 1984, 114, note DURRY. — 5 juin 1985, *Gaz. Pal.*, 1986.1.9, note CHABAS ; J. C. P. 1987.II.20728, note AGOSTINI. — 15 juin 1988, J. C. P. 1989.II.21223, note MORANÇAIS-DEMEESTER ; *Rev. trim. dr. civ.*, 1988. 770, observ. JOURDAIN. — BARBIER, *Le problème du « gueth »*, *Gaz. Pal.*, 1987, 2, doctr. 485.

(114) NEUBERGER, *Le détournement de pouvoir dans les sociétés anonymes*, thèse Paris, 1936. — DAVID, *Protection des minorités dans les sociétés par actions*, thèse Paris, 1929. — BERGIER, *L'abus de majorité dans les sociétés anonymes*, thèse Lausanne, 1933. — MOLIÉRAC, *De l'abus de droit dans les sociétés*, Rev. soc., 1937, 65. — COPPENS, *L'abus de majorité dans les sociétés anonymes*, thèse Paris, 1945. — PEYTEL et HEYMANN, *De l'abus du droit dans les sociétés commerciales*, Gaz. Pal., 1951, 1, doctr. 50. — LESOURD, *L'annulation pour abus de droit des délibérations d'assemblées générales*, Rev. trim. dr. com., 1962, 1. — CARTERON, *L'abus du droit et le détournement de pouvoir dans les assemblées générales*, Rev. soc., 1964, 161. — Dominique SCHMIDT, *Les droits de la minorité dans la société anonyme*, thèse Strasbourg, 1968, L. G. D.J., 1969. — DALSACE, *Encycl. Dalloz, Répert. sociétés*, vo *Assemblées générales d'actionnaires*, nos 6 et s. — PIROVANO, *Encycl. Dalloz, Répert. dr. civ.*, 2e éd., vo *Abus de droit*, no 170 et s. — HEYMANN, *La sanction de l'abus du droit après la réforme du droit des sociétés*, Gaz. Pal., 1971, 1, doctr. 76. — TROUILLAT, *L'abus de droit de majorité dans les sociétés commerciales*, Journ. Agréés, 1977, 1, 1. — GERMAIN, *L'abus du droit de majorité ; à propos de l'arrêt du 22 avril 1976 de la Cour de cassation*, Gaz. Pal., 1977, 1, doctr. 157 (arrêt intervenu en matière de Société à responsabilité limitée). — V. les références citées par ces auteurs. *Adde :* Ph. MERLE, *L'application jurisprudentielle de la loi du 24 juillet 1966 sur les sociétés commerciales*, nos 235, 236, 268.

(115) Cass. com., 18 avril 1961, D. 1961, 661 ; J. C. P. 1961. II. 12164, note D. B. ; S. 1961, 257, note DALSACE ; *Rev. trim. du com.*, 1961, 634, observ. HOUIN. — Comp. les formules voisines employées par d'autres arrêts : Cass. com., 29 mai 1972, J. C. P. 1973. II. 17337, note GUYON. — 22 avril 1976, D. 1977, 4, note BOUSQUET ; *Rev. soc.*, 1976, p. 479, note D. SCHMIDT ; *Journ. Agréés*, 1977, 93, note Ph. MERLE ; GERMAIN ; étude précitée. — Pour une société civile : Cass. civ. 1re, 13 avril 1983, *Gaz. Pal.*, 1983, 2, panor. p. 239, observ. J. D. — Pour un syndicat de copropriétaires : Paris, 20 janvier 1988, D. 1988, 493, note ATIAS.

sinon l'intention de nuire, du moins celle de rechercher un avantage excessif. Cependant, en combinant ce critère intentionnel avec la défense de l'intérêt social, elle paraît indiquer que « la protection de la minorité n'est pas une fin en soi, mais seulement un moyen de permettre un meilleur fonctionnement de la société » (116). Le comportement de la minorité peut d'ailleurs être lui-même abusif (117).

La question cruciale en cette matière est de définir l'intérêt social qui constitue au moins un des éléments en fonction desquels s'apprécie l'abus. Des décisions retentissantes y ont vu l'intérêt de l'*entreprise* (118), comme dans la très célèbre affaire *Fruehauf* où la Cour d'appel de Paris a pris en considération, outre les risques financiers, la perte du crédit moral de la société et le licenciement des salariés qui aurait résulté de la résiliation d'un marché décidée par la majorité (119). La Cour de cassation a une conception plus étroite de l'intérêt social qui, pour elle, semble se confondre avec celui des apporteurs de capitaux. Le critère de l'abus est donc, pour l'essentiel, la rupture de l'égalité entre les associés (120). En cassant un arrêt de la Cour de Rennes qui, dans la fameuse affaire *Saupiquet-Cassegrain*, avait tenté d'assurer la défense de l'entreprise dans une opération de cession de contrôle (121), la Chambre commerciale « a donné un coup d'arrêt à la jurisprudence *Fruehauf* » (122) : une décision n'est pas abusive si elle n'a pas été prise uniquement en vue de favoriser certains actionnaires au détriment des autres (123). Mais il reste que les pouvoirs des assemblées doivent être exercés dans l'intérêt de tous les associés et qu'il y a abus à les détourner de cette finalité.

Ces attitudes peuvent être diversement appréciées. Il reste cependant que, même dans la conception plus étroite de la Cour de cassation, un certain aspect fonctionnel du droit de la majorité subsiste. Il y a des désaccords sur la définition du but en vue duquel doivent être exercés les pouvoirs ; que le droit soit contrôlé selon la finalité qui lui est reconnue ne paraît cependant guère douteux.

---

(116) Pirovano, *op. cit.*, n° 171.

(117) Besançon, 5 juin 1957, D. 1957, 605, note Dalsace, pourvoi rejeté par Cass. com., 17 novembre 1959, *Dr. sociétés*, 4 février 1960. — L'attribution légale de droits propres à la minorité accroît d'ailleurs les risques d'abus. — Le Cannu, *L'abus de minorité*, Bull. inf. sociétés, 1986, 429. — Boizard, *L'abus de minorité*, Rev. soc., 1988, 365. — Ph. Merle, *Droit commercial, Sociétés commerciales*, n° 581. — Ripert et Roblot, *Traité de droit commercial*, t. 1, 13e éd., n° 1194 et la jurisprudence citée.

(118) Comp. Paillusseau, *La société anonyme, technique d'organisation de l'entreprise*, 1967. — Pour une critique de cette idée « bourgeoise », L. Boy, *Réflexions sur le sort de l'expertise de minorité*, D. 1980, chron. 79.

(119) Paris, 22 mai 1965, *Gaz. Pal.*, 1965, 2, 86, concl. Nepveu ; J. C. P. 1965. II. 14274 bis ; D. 1968, 147, note Contin ; *Rev. trim. dr. com.*, 1965, 619, observ. Rodière et 631 observ. Houin. — Contin, *L'arrêt Fruehauf et l'évolution du droit des sociétés*, D. 1968, chron. 45. — V. aussi Paris, 15 mars 1968, J. C. P. 1969. II. 15814, note Bernard. — Rennes, 23 février 1968, J. C. P. 1969. II. 16122, note Paillusseau et Contin. Sur cet arrêt : Paillusseau et Contin, *La cession de contrôle d'une société*, J. C. P. 1969. I. 2287. — Rouen, 26 mai 1972, D. 1973, 197, note Dominique Schmidt.

(120) Cass. com., 18 avril 1961, précité. — Dominique Schmidt, thèse précitée.

(121) Rennes, 23 février 1968, précité.

(122) Pirovano, *La fonction sociale des droits : réflexions sur le destin des théories de Josserand*, D. 1972, chron. 67.

(123) Cass. com., 21 janvier 1970, J. C. P. 1970. II. 16541, note Oppetit ; du même auteur : *La prise de contrôle d'une société au moyen d'une cession d'actions*, J. C. P. 1970. I. 2361. — Adde : Dominique Schmidt, *Quelques remarques sur des droits de la minorité dans les cessions de contrôle*, D. 1972, chron. 223.

b) Abus du droit de grève.

734. — Le droit de grève, sans doute conçu comme une liberté constitutionnelle, est néanmoins suffisamment déterminé pour donner lieu à application de la théorie de l'abus. La jurisprudence a d'ailleurs fait et fait encore un large usage de cette notion (124).

La question est évidemment fort délicate, car la grève est un instrument de lutte qui implique la volonté de causer un préjudice. « La nocivité est précisément de l'essence de la grève. Destinée à faire fléchir un chef d'entreprise dont le pouvoir de décision demeure souverain, la grève doit nécessairement lui porter préjudice et non pas un faible préjudice » (125). Pourtant, il est des grèves que la jurisprudence considère abusives. L'abus peut provenir des *méthodes* employées : grèves à répétition, grèves « tournantes », lorsqu'elles tendent à une désorganisation concertée de la production (126). Il peut tenir aux *objectifs* visés et l'exemple le plus caractéristique est celui de la condamnation de la grève dite politique (127). Si la participation à une grève en elle-même abusive est considérée par une jurisprudence discutée (128) comme constitutive d'une faute, le comportement individuel d'un gréviste peut aussi être abusif. En décidant que la grève ne rompt pas le contrat de travail, sauf faute lourde du salarié, la loi du 11 février 1950 a confirmé et canalisé le mécanisme de la sanction de l'abus de droit. Encore convient-il d'observer que la plupart des faits pouvant être reprochés à ce titre (violences, atteinte au droit de propriété de l'employeur...), bien que commis à l'occasion de la grève, se situent en dehors des limites « externes » du droit : le droit de grève est un droit de rétention du travail (129), c'est seulement dans l'exercice de ce droit précis que la technique de l'abus peut intervenir (130).

---

(124) LATOURNERIE, *Le droit français de la grève*, 1972, p. 417 et s. et les références citées. — GHESTIN et LANGLOIS, *Droit du travail*. — SINAY, *Heurs et malheurs du droit de grève*, D. 1989, chron. 297.

(125) CAMERLYNCK, *Traité de droit du travail, la grève*, par H. SINAY, n° 76, p. 163.

(126) V. les nombreuses références citées par les auteurs précités : LATOURNERIE, p. 420 et s. ; H. SINAY, nᵒˢ 76, 79. — Trib. gr. inst. Le Mans, 6 mars 1979, *Gaz. Pal.*, 1979. 1. 155 et, sur appel, Angers, 22 octobre 1980, D. 1981, 153, 1ʳᵉ esp., note LYON-CAEN. — Quant à la grève « perlée », elle n'est pas considérée juridiquement comme l'exercice du droit de grève, mais comme une mauvaise exécution des contrats de travail. — Cass. soc., 8 octobre 1987, D. 1988, 189, note WAGNER. — 16 mai 1989, *Gaz. Pal.*, 3 février 1990, somm. annot.

(127) Notamment : Cass. soc., 23 mars 1953, J. C. P. 1953. II. 7709, note DELPECH ; D. 1954, 89, note LEVASSEUR. — LATOURNERIE, *op. cit.*, p. 339 et les références citées, note 37. — *Rappr.* Versailles, 6 juin 1984, J. C. P. 1985.II.20327, note TEYSSIÉ, et, sur pourvoi, Ass. Plén., 4 juillet 1986, D. 1986, 477, concl. BOUYSSIC, note RAY ; J. C. P. 1986.II.20694, note TEYSSIÉ. — Paris, 27 janvier 1988, deux arrêts, D. 1988, 351, note JAVILLIER ; J. C. P. 1988.II.20978, 2ᵉ et 4ᵉ esp., note TEYSSIÉ ; *Gaz. Pal.*, 1988.1.131, concl. LUPI. — D'autres cas font discussion, telles les grèves de solidarité et les grèves relatives à des « conflits juridiques » destinées à obtenir non une modification mais une application des règles existantes, sans avoir recours à la voie judiciaire. Sur ces questions, V. H. SINAY, *op. cit.*, nᵒˢ 80 et 81.

(128) H. SINAY, *op. cit.*, nᵒˢ 2, 86, 88, 97. — Comp. LYON-CAEN, *La recherche des responsabilités dans les conflits du travail*, D. 1979, chron. 255.

(129) H. SINAY, *op. cit.*, n° 2.

(130) Encore faut-il observer que les contours de ce droit peuvent évoluer. Ainsi, un mouvement se dessine tendant à englober dans le droit de grève le droit accessoire d'occuper, au moins sous certaines conditions, les lieux de travail. V. SAINT-JOURS,

Il est assez manifeste que le contrôle de l'exercice du droit de grève correspond à une conception finaliste ou fonctionnelle de ce droit. La grève est un moyen de pression visant à une amélioration de la situation des travailleurs et c'est pourquoi elle présente un « double visage », négatif en tant que rétention de travail, positif « par son objectif de mieux-être » (131) ; elle constitue pour la collectivité ouvrière un droit « de se faire justice soi-même » (132). Dès lors, c'est bien un détournement de sa finalité qui est relevé lorsque les arrêts condamnent la grève qui vise moins à obtenir une amélioration de la situation des travailleurs qu'une modification de l'attitude gouvernementale. C'est encore une idée voisine qui se retrouve dans l'appréciation de l'abus au niveau des méthodes : la lutte collective devrait être empreinte d'une certaine loyauté ; le préjudice excessif (désorganisation de la production) obtenu par des moyens très limités (grèves sectorielles soigneusement organisées) ne correspond plus aux règles du combat et à l'administration de la justice, fût-elle privée.

Sans doute est-il possible de discuter la conception de la jurisprudence dominante en ce qui concerne la fonction du droit de grève et les applications qui en sont faites. Là n'est pas notre propos. Il suffit de constater l'utilisation d'un critère large de l'abus de droit en ce domaine.

E. — Abus de procédure.

735. — C'est peut-être à propos de l'exercice de l'action en justice, tant en demande qu'en défense, de la mise en œuvre des voies de recours ou des procédures d'exécution que la théorie de l'abus de droit est le plus souvent invoquée par les plaideurs. On ne saurait s'en étonner. Alléguer que la procédure soutenue par l'adversaire est abusive n'est-il pas une façon d'affirmer l'évidence du bien-fondé de sa propre prétention ? Il faut aussi remarquer que de très nombreuses demandes de dommages-intérêts pour procédure abusive ont été faites en vue de couvrir des frais (honoraires d'avocats notamment) non compris dans les dépens que le plaideur qui succombe

---

L'occupation des lieux de travail accessoirement à la grève, D. 1974, chron. 135. — KARAQUILLO, *A propos des occupations d'usines*, Gaz. Pal., 1974. 2. doctr., 887. — Comp. Rép. minist. à quest. écr. de M. BIGNON, 22 février 1975, *J. O.*, Déb. Ass. Nat., 10 avril 1975, 17149. — En jurisprudence, la question paraît avoir été abordée surtout indirectement par la détermination des moyens procéduraux (qui assigner ?) permettant à l'employeur de faire ordonner l'expulsion des occupants. V. Cass. soc., 17 mai 1977, D. 1977, 645, note JEAMMAUD ; J. C. P. 1978. II. 18992, note DESDEVISES ; *Dr. social*, 1978, p. 119, note J. SAVATIER ; *Rev. trim. dr. civ.*, 1977, p. 602, observ. NORMAND. — Trib. gr. inst. Bordeaux (réf.), 19 décembre 1977, D. 1978, 637, note SINAY et WIEDERKEHR. — Lyon, 14 mars 1978, D. 1978, 495, note JEAMMAUD. — Poitiers, 6 septembre 1979, J. C. P. 1980. II. 19446, note CHEVALLIER-DUMAS (v. du même auteur, *Occupations d'usines et expulsion des grévistes*, chron. J. C. P. 1980, éd. C. I., II, 13140). — Rennes, 11 février 1982, *Gaz. Pal.*, 1982.2.410, note E. R. — Cass. soc., 9 novembre 1982, deux arrêts, D. 1983, 531, note SINAY. — Trib. gr. inst. St-Étienne, réf., 18 février 1983, *Gaz. Pal.*, 1983.1.306, note M. S. — Cass. soc., 30 avril 1987, *Gaz. Pal.*, 1987, 2, somm. annot., p. 445, observ. B. B. — G. LYON-CAEN, *La recherche des responsabilités dans les conflits du travail*, D. 1979, chron. 255.

(131) H. SINAY, *op. cit.*, nos 2, 46. — Sur les objectifs professionnels de la grève, v. Cass. soc., 23 novembre 1978, D. 1978, 304, note JAVILLIER ; J. C. P. 1980. II. 19278, note KARAQUILLO. — 29 mai 1979, *Gaz. Pal.*, 1979. 2. 669.

(132) H. SINAY, *op. cit.*, n° 1.

doit payer à celui qui gagne son procès. Aujourd'hui, l'article 700 du Nouveau Code de procédure civile donne au juge « un instrument plus efficace pour faire payer le mauvais plaideur » (133). Ce texte énonce : « Lorsqu'il paraît inéquitable de laisser à la charge d'une partie les sommes exposées par elle et non comprises dans les dépens, le juge peut condamner l'autre partie à lui payer le montant qu'il détermine » (133-1). Cette disposition, fondée sur l'équité, « doit déclasser quelque peu » (133-2) la jurisprudence sur l'abus du droit d'action en justice.

Il faut donc faire preuve d'une très grande prudence dans l'appréciation de la portée de cette jurisprudence, dont l'interprétation a toujours été difficile. On a pu faire état de certaines divergences entre les chambres de la Cour de cassation (133-3) et les classements qu'il faudrait faire en tenant compte des circonstances de fait de chaque espèce sont particulièrement ardus (134).

La plupart du temps, les demandes abusives sont caractérisées par l'intention de nuire. Le plaideur, sans aucune illusion sur ses chances de succès, engage la procédure et la poursuit avec acharnement (135) à seule fin de causer des désagréments à son adversaire. En défense et dans l'exercice des voies de recours, l'intention malicieuse est peut-être plus rare à l'état pur : le plaideur abusif recherche généralement un avantage personnel en multipliant les moyens dilatoires afin de repousser le plus loin possible le moment où il devra exécuter ses obligations (136). De tels comportements correspondent à un détournement des voies de droit de leur fonction. L'action en justice est destinée à faire triompher le droit et la vérité. L'utiliser à d'autres fins est un abus.

Les juridictions paraissent, le plus souvent, s'inspirer de telles considérations (137).

------

(133) R. MARTIN, *De l'abus du droit d'action à l'article 700 du Nouveau Code de procédure civile*, J. 1976.IV.6630, p. 287. — F. J. et J. M. PANSIER, *Abus de procédure, article 700 du Code de procédure civile et référé*, J. C. P. 1983.I.3105. — La Cour de cassation doit encore censurer la confusion entre les deux techniques : Cass. civ. 3e, 6 janvier 1981, *Bull. civ.*, III, no 4, p. 3. — V. aussi, Cass. soc., 14 mai 1987, *Gaz. Pal.*, 1988, 1, somm. annot., p. 33, observ. H. C. et Ch. M.

(133-1) Rédaction Décr. no 76-714 du 29 juillet 1976. — Sur l'article 700 du Nouveau Code de procédure civile, v. BOCCARA, *La condamnation aux honoraires*, J. C. P. 1976. I. 2828. — LOYER-LARHER, *L'article 700 du Nouveau Code de procédure civile et le remboursement des frais non compris dans les dépens*, D. 1977, chron. 205.

(133-2) R. MARTIN, chronique précitée.

(133-3) Sur ce point, V. MEYER-JACK, note J. C. P. 1967. II. 15205. — PIROVANO, *Encycl. Dalloz, Répert. dr. civ.*, 2e éd., vo *Abus de droit*, no 86.

(134) V. les classifications faites par M. PIROVANO, *op. cit.*, nos 90 et s.

(135) Cass. civ. 1re, 5 juillet 1965, J. C. P. 1965. II. 14402.

(136) WOOG, *La résistance injustifiée à l'exercice d'un droit*, thèse Paris, 1971, nos 32 et s. : v. la liste des procédés caractérisant l '«utilisation chicanière ou dilatoire d'une voie de droit », *ibid.*, nos 5 et s. — Le Nouveau Code de procédure civile lui-même prend en considération l'intention dilatoire d'un plaideur pour permettre de condamner à des dommages-intérêts celui qui a introduit tardivement une exception de nullité pour vice de fond (art. 118) ou une fin de non recevoir (art. 123). L'abus est seulement dans le caractère délibérément tardif de l'incident, car l'exception ou la fin de non recevoir peut être pertinente et, par suite, accueillie (DESDEVISES, *L'abus du droit d'agir en justice avec succès*, D. 1979, chron. 21. — Sur l'appréciation de l'intention dilatoire : Cass. civ. 2e, 1er juillet 1981, *Gaz. Pal.*, 10 décembre 1981, note VIATTE).

(137) Par exemple : « Attendu que le tribunal ne saurait admettre que les règles de compétence territoriale... soient ainsi détournées de leur but » (Trib. gr. inst. Paris, 16 février 1972, *Gaz. Pal.*, 1972. 1. 352).

Une formule maintes fois reproduite dans des arrêts énonce que l'exercice d'une voie de droit dégénère en abus en cas « de malice, de mauvaise foi ou d'erreur grossière équipollente au dol » (138). Déjà, cette prise en considération de « l'erreur grossière » ne s'accorde pas avec la conception restrictive de l'abus de droit (139). Mais l'idée de détournement de la fonction des procédures judiciaires se traduit surtout par les décisions de plus en plus nombreuses voyant un abus dans la simple faute résultant de la témérité ou de la légèreté blâmable (140). Parfois quelque peu hésitante dans ses formules, la jurisprudence ne laisse guère de doute sur son objectif : en exigeant des plaideurs un minimum d'attention et de loyauté, elle vise à maintenir l'exercice des voies de droit dans les limites raisonnables eu égard à leur but, sans le rendre périlleux au point de décourager les recours à la justice.

II. — Attitude générale des tribunaux à l'égard de l'abus de droit.

736. — Souplesse ; considérations d'équité et de politique juridique.
Les indications sommaires qui viennent d'être données sur quelques exemples d'application de la théorie de l'abus de droit en jurisprudence suffisent à montrer une grande diversité dans les solutions. Aussi peut-il paraître présomptueux de chercher à reconnaître dans une telle gamme une inspiration unique. « Moins que jamais, il ne paraît possible d'établir une théorie unitaire de l'abus de droit... Les tribunaux refusent en cette matière de se laisser enfermer dans aucun système » (141). Néanmoins, il n'est pas inutile de tenter de préciser certaines lignes directrices qui se dégagent de l'ensemble des décisons.

La question se pose toujours, c'est un point à ne pas perdre de vue, comme un conflit entre une personne qui se plaint de souffrir un préjudice et l'auteur de ce dommage qui se retranche derrière la permission qu'il prétend tirer de son droit. L'appel à la théorie de l'abus permet

---

(138) PIROVANO, *op. cit.*, n° 92. — *Adde :* Cass. crim., 13 novembre 1969, D. 1970, 208. — Cass. civ. 2e, 18 février 1970, D. 1970, 429. — 19 janvier 1972, *Bull. civ.*, II, n° 22, p. 18. — 11 janvier 1973, *Gaz. Pal.*, 1973. 2. 710.
(139) COUCHEZ, note J. C. P. 1974. II. 17624.
(140) PIROVANO, *op. cit.*, n°s 94, 95. — *Adde :* Cass. civ. 3e, 16 novembre 1971, *Bull. civ.*, III, n° 556, p. 397. — Cass. civ. 1re, 4 janvier 1973, *Bull. civ.*, I, n° 4, p. 4. — Lyon, 23 avril 1974, J. C. P. 1974. IV. 6453, p. 343, note J. A. ; pourvoi rejeté par Cass. civ. 2e, 29 avril 1976, J. C. P. 1977. II. 18738, note GERBAY. — Cass. civ. 2e, 27 avril 1974, *Bull. civ.*, II, n° 139, p. 116. — 3 juin 1977, *Bull. civ.*, II, n° 144, p. 102. — Cass. civ. 1re, 10 mai 1978, *Bull. civ.*, I, n° 189, p. 151. — Cass. civ. 3e, 21 novembre 1978, *Bull. civ.*, III, n° 354, p. 271 (selon cet arrêt, la partie qui a vu sa prétention reconnue fondée en première instance peut néanmoins avoir fait preuve d'une témérité s'analysant en un abus du droit d'ester en justice). — Cass. civ. 2e, 7 février 1979 *Bull. civ.*, II, n° 36, p. 28. — Cass. com., 29 mai 1980, *Bull. civ.*, IV, n° 215, p. 173, — 20 octobre 1980, *Bull. civ.*, IV, n° 338, p. 273. — Cass. civ. 2e, 10 janvier 1985, *Gaz. Pal.*, 1985, 1, panor. p. 113, observ. GUINCHARD.
(141) DURRY, observ. *Rev. trim. dr. civ.*, 1972, p. 398.

de trancher le conflit en faisant intervenir des considérations d'équité et de politique juridique.

L'équité joue un rôle dans la comparaison des intérêts en présence. C'est ainsi que lorsque le titulaire du droit n'escompte de son acte aucun autre avantage que la satisfaction de nuire à sa victime, la balance penchera naturellement en faveur de celle-ci. La gravité du préjudice subi est également un élément dont le rôle n'est pas négligeable. La perte de son emploi par un salarié, par exemple, est un dommage trop important pour qu'il soit admissible de le causer à la légère.

Il convient d'ailleurs d'observer que cette pesée des intérêts est inhérente à l'application jurisprudentielle de la théorie de l'abus de droit. Lorsque l'importance du préjudice est seule prise en considération, sans se préoccuper de la situation de l'auteur du dommage, il n'est plus question d'exercice abusif de son droit par celui-ci. Tel est le cas en matière de troubles de voisinage. Une autre technique a pris le relais : la nécessité de garantir à chacun des conditions de vie supportables a fait naître une obligation précise. Une évolution comparable, quoique traduite par une solution plus radicale, peut être observée à propos du droit qu'avait le mari de faire opposition à l'exercice par sa femme d'une profession séparée. La liberté du travail est devenue si essentielle que le préjudice résultant d'une telle opposition a été ressenti comme inadmissible : à tel point que le droit d'opposition a été purement et simplement supprimé. Peut-être est-ce dans une direction voisine qu'évoluera le droit de résiliation unilatérale du contrat de travail à durée indéterminée. Le besoin de sécurité de l'emploi peut devenir assez fort pour faire perdre à l'employeur son droit et lui imposer de faire prononcer judiciairement la cessation du contrat (141-1). Dans de telles hypothèses, l'intérêt de la victime est seul pris en considération. La matière sort du domaine de l'abus de droit.

A l'équité s'ajoutent des considérations de *politique juridique*. Le souci de moraliser l'exercice des droits, de l'orienter parfois en fonction de certains objectifs économiques et sociaux tient une place importante dans le raisonnement des juges. L'intérêt général, celui de la société tout entière, interfère avec celui des parties. Cette donnée est présente dans presque tous les cas d'application de la théorie de l'abus de droit. Lorsqu'il s'agit de savoir dans quel cas la mise en œuvre d'une voie

---

(141-1) Cette technique a pu être utilisée, s'agissant de la résiliation du contrat de travail de salariés non investis de fonctions de représentation du personnel, en application de l'article 1184 du Code civil (Cass. soc., 31 janvier 1979 et 3 avril 1979, J. C. P. 1980.II.19292, note MOULY. — JEAMMAUD, *La résiliation judiciaire du contrat de travail face au droit du licenciement*, D. 1980, chron. 47), mais, actuellement, ce contrôle judiciaire préalable n'est pas la seule voie permettant de mettre fin aux fonctions du salarié.

de droit est abusive, il est clair que les tribunaux tentent à la fois de maintenir largement ouvert le recours à la justice et de décourager les chicanes qui encombrent inutilement leurs rôles. A tort ou à raison, il est jugé inopportun d'intervenir lorsque les parents forment opposition au mariage de leurs enfants et l'on a une prérogative « discrétionnaire ». Dans d'autres cas, au contraire, on l'a vu, la tendance dirigiste l'emporte...

On observera que la sauvegarde de sphères d'autonomie individuelle, le maintien de secteurs peu ou pas contrôlés, entre dans cette politique des juridictions. L'intérêt général est alors, pense-t-on, mieux satisfait en laissant aux particuliers une large liberté d'action. La défense du droit pour lui-même devient en pareil cas un élément dans la pesée des intérêts en jeu, rarement, suffisant (142), mais important. Refuser systématiquement de déclarer abusive la demande de démolition d'ouvrage empiétant sur le terrain du demandeur (143), n'admettre qu'à des conditions extrêmement étroites l'abus dans l'exigence d'une rigoureuse exécution d'un contrat (144) est faire céder l'équité dans quelques litiges déterminés au nom d'une certaine conception de l'intérêt général : couper court aux excès des constructeurs pratiquant la méthode du fait accompli (145), maintenir le respect de la force obligatoire du contrat, déjà si souvent malmené par le législateur lui-même.

737. — L'utilisation du correctif constitué par la théorie de l'abus de droit est nécessairement limitée.

L'équité, la politique juridique, ce sont là des notions bien vagues, qui donnent à la théorie de l'abus de droit des traits incertains. C'est à la fois sa force et sa faiblesse. Les juges disposent là d'un moyen d'introduire un « jeu » nécessaire dans le fonctionnement des rouages des mécanismes juridiques. Mais la souplesse est génératrice d'incertitude.

C'est bien le reproche qui est adressé à la conception « finaliste » ou « téléologique » de l'abus de droit. Le fait que cette critique puisse être dirigée contre la jurisprudence est un signe que les analyses de Josserand ne sont pas étrangères à l'inspiration des tribunaux. Comment les juges pourraient-ils suivre une politique en la matière s'ils n'admettaient pas que les droits ont leur fonction ? Les limites « internes »

---

(142) Ainsi, soulever les moyens exacts en droit, mais dénués de conséquences en fait, est abusif : Cass. civ. 1re, 10 décembre 1968, D. 1969, 165.

(143) *Supra*, no 725.

(144) *Supra*, no 730.

(145) PIROVANO, *La fonction sociale des droits : réflexions sur le destin des théories de Josserand*, D. 1972, chron. 67. — Comp. FRANK, rapport sur Cass. civ. 3e, 10 décembre 1969, D. 1970, 323.

des droits sont dépassées si leur exercice lèse l'équité sans que l'intérêt général y trouve son compte. Telle nous paraît être la conception dominante de la jurisprudence.

Sans doute, si l'on juge les résultats, peut-on estimer ceux-ci insuffisants au regard d'une conception élevée du bien commun (146). La prudence des magistrats est cependant compréhensible : ils s'exposent facilement au reproche inverse d'un interventionnisme excessif (147). Il ne faut pas trop attendre de l'application de la théorie de l'abus de droit. Elle n'est qu'un *correctif* apporté à la mise en œuvre des droits. Il est difficile, sous peine d'accroître dangereusement les incertitudes, de lui faire jouer un rôle beaucoup plus important. C'est au législateur qu'il appartient, en définissant les limites « externes » des droits et en créant des obligations précises, de donner les orientations décisives (148).

SECTION 3

SANCTION DE L'ABUS DE DROIT

738. — Mise en œuvre de la responsabilité civile.

Les développements qui précèdent nous dispenseront de longues explications au sujet de la sanction de l'abus de droit. Si l'acte abusif excède les limites « internes » du droit, il est en réalité accompli sans droit et ne bénéficie pas de la protection légale. S'agissant d'une action ou d'une abstention que ne commettrait pas un homme raisonnable et prudent, l'abus constitue une faute. Son auteur est donc tenu de réparer le dommage qui en résulte, conformément aux règles de la responsabilité civile. Aussi bien est-ce généralement l'article 1382 du Code civil qui est visé par les décisions relevant un abus de droit (1). Cela ne signifie pas, selon nous, que la théorie de l'abus de droit soit une application pure et simple de la responsabilité civile (2), mais qu'une fois l'abus établi selon ses critères propres, la responsabilité entre en jeu. Le visa de l'article 1382 du Code civil indique seulement que ce texte fonde la

---

(146) PIROVANO, *loc. cit.*
(147) RODIÈRE, observ. *Rev. trim. dr. civ.*, 1965, 117.
(148) PIROVANO, étude précitée, p. 70.
(1) « Attendu que l'abus de droit, qu'il ait été commis dans le domaine contractuel ou extracontractuel, engendre, dans tous les cas, la responsabilité délictuelle ou quasi délictuelle de son auteur, qui est tenu à la réparation intégrale du préjudice qu'il a causé par sa faute » (Cass. soc., 11 juin 1953, *Bull. civ.*, IV, n° 443, p. 322).
(2) *Supra*, n°s 711 et s.

condamnation. Si l'abus de droit est une faute, il n'en reste pas moins que cette faute est d'une nature particulière.

Nous ajouterons encore que la solution jurisprudentielle en ce qui concerne la sanction de l'abus n'est guère compatible avec une conception purement morale de celui-ci. Par quel mystère le manquement à un devoir moral deviendrait-il une faute civile alors qu'en même temps est affirmée la licéité de l'action accomplie dans l'exercice d'un droit que l'on déclare absolu ?

739. — Modes de réparation.

Le principe étant posé il suffit, pour son application, de faire renvoi à l'étude du droit de la responsabilité (3). Indiquons seulement, à cette place, que le dommage doit être intégralement réparé. Cette réparation se fait parfois en argent ; il est assez fréquent, en cas d'abus de droit, qu'elle soit ordonnée en nature (4). Les juges choisissent la solution la plus adéquate pour effacer les effets passés de l'abus et prévenir ses conséquences dommageables à venir (5).

Sans pouvoir approfondir une question qui dépasse le cadre de cet ouvrage, on signalera la difficulté particulière soulevée par la réparation en nature de l'abus du droit de résiliation unilatérale d'un contrat de travail à durée indéterminée. La réparation en nature serait la réintégration du salarié dans son emploi. On lui a opposé l'article 1142 du Code civil selon lequel l'inexécution fautive d'une obligation de faire (ici, continuer l'exécution du contrat de travail) se résout en dommages-intérêts (6). La jurisprudence est passée outre s'agissant du licenciement de représentants du personnel intervenu au mépris de la procédure

---

(3) V. La Responsabilité, Réparation et Régimes spéciaux.

(4) Par exemple, la démolition des ouvrages abusivement édifiés par un propriétaire sur son propre terrain, v. *supra*, n° 724. — Le refus de l'exercice du droit de reprise lorsque le propriétaire l'invoque non pour satisfaire un intérêt légitime mais dans l'intention de nuire au locataire ou à l'occupant (L. 1er septembre 1948, art. 21). — Sur l'irrecevabilité de demandes en justice abusives, V. Woog, thèse précitée, n°s 87 et s. — Sur l'insertion du jugement dans la presse, en cas d'atteinte au crédit par une action en justice téméraire : Gerbay, note précitée, J. C. P. 1977. II. 18738.

(5) Ainsi l'abus de majorité commis par des actionnaires peut entraîner l'annulation de la délibération de l'assemblée ou la nomination d'un administrateur judiciaire. V. Ripert et Roblot, *Traité de droit commercial*, t. 1, 13e éd., n°s 978, 1221, 1230, 1265, 1295.

(6) Sur cette question, V. Pélissier, *La réintégration des représentants du personnel et des délégués syndicaux, conquête ou revendication ?* D. 1969, chron. 197. — H. Sinay et G. Lyon-Caen, *La réintégration des représentants du personnel irrégulièrement licenciés*, D. 1970. I. 2335. — Saint-Jours, *Réflexions sur le problème de la réintégration des représentants du personnel et des délégués syndicaux irrégulièrement licenciés*, D. 1970, chron. 41. — Couturier, *Les techniques civilistes et le droit du travail, chronique d'humeur*, D. 1975, chron. 151. — Jeandidier, *L'exécution forcée des obligations contractuelles de faire*, Rev. trim. dr. civ., 1976, p. 700.

légale (7), sanctionnant ainsi non l'abus de droit mais la voie de fait consistant à se faire justice à soi-même en violant les formes imposées par la loi. Pour les autres salariés, la loi prévoit que, en cas de licenciement injustifié, le tribunal peut *proposer* la réintégration ; en cas de refus par l'une ou l'autre partie, le tribunal octroie au salarié une indemnité (C. Trav., art. L. 122-14-4). Mais le même texte prévoit qu'en cas d'inobservation de la procédure exigée (entretien avec le salarié, indication des causes du licenciement), si la rupture du contrat est justifiée par des causes sérieuses, le tribunal doit néanmoins imposer à l'employeur d'accomplir la procédure prévue. Il a parfois été jugé qu'en ce cas la réintégration provisoire du salarié s'imposait (8). La même solution pourrait-elle être admise lorsque le licenciement est tout à la fois abusif et irrégulier pour inobservation des formes légales (9) ? Incontestablement, une pression très forte s'exerce pour faire sanctionner par la réintégration du salarié le licenciement abusif et une évolution du droit en ce sens ne serait pas surprenante (9-1).

On observera encore, avant de clore cette parenthèse ouverte sur le droit du travail, que l'opportunité qui se manifeste en jurisprudence quand il s'agit du critère de l'abus de droit exerce parfois son influence au stade des sanctions. Ainsi a-t-il été jugé que la participation à une grève abusive parce que déclenchée à des fins politiques pouvait justi-

---

(7) Cass. soc., 14 juin 1972, J. C. P. 1972. II. 17275, note LYON-CAEN ; D. 1973. 114, note N. CATALA ; *Dr. soc.*, 1972, 465, note J. SAVATIER.

(8) Trib. gr. inst. Laval, 2 novembre 1973 et Trib. gr. inst. Paris, 4 décembre 1973, *Gaz. Pal.*, 1974.1.195. — *Contra*, Cass. soc., 4 juin 1987, D. 1988, 193, note A. MAZEAUD.

(9) BONNEAU, *Vers la reconnaissance du droit à la réintégration ? Gaz Pal.*, 1974. 1, doctr. 226.

(9-1) En ce sens, semble devoir être citée la loi du 25 juillet 1985 (C. Trav., art. L. 521-1, al. 3) qui déclare nul le licenciement pour faits de grève (sauf faute lourde) : la nullité du licenciement devrait logiquement avoir pour conséquence la réintégration du salarié (SINAY, *Un nouveau recul de l'article 1142 du Code civil en droit du travail : la nullité du licenciement post-grève*, D. 1986, chron. 79. — RAY, *Vers la réintégration du gréviste illégalement licencié ? Gaz. Pal.*, 1986. 1, doctr. 170). Cependant, il est encore opposé à ce raisonnement le caractère personnel des relations entre employeur et salarié, qui interdirait d'imposer une réintégration (Paris, 5 mai 1988, D. 1988, I. R. 157). — *Comp.* l'article 14-II de la loi n° 81-736 du 4 août 1981 portant amnistie, prévoyant la réintégration des salariés licenciés (régulièrement ou irrégulièrement) à raison de faits en relation avec leurs fonctions de représentants élus du personnel (sur cette disposition : RAYROUX, *L'amnistie en droit du travail*, *Gaz. Pal.*, 1981, 2, doctr. 416. — AUDINET, *La loi d'amnistie et le droit du travail*, J. C. P. 1982.I.3059. — TUBIANA, *Réflexions sur l'article 14-II de la loi du 4 août 1981 portant amnistie*, *Gaz. Pal.*, 1982, 1, doctr. 107).

fier la rupture du contrat de travail sans pour autant priver le salarié de l'indemnité de préavis (10).

740. — Enfin, le législateur renforce parfois la sanction de l'abus de droit en prévoyant des amendes civiles (11) ou des sanctions pénales (12). Il n'est pas discutable, en pareil cas, que la société tout entière est intéressée à un exercice des droits conforme à leur fonction (13).

---

(10) Cass. soc., 13 janvier 1960, *Dr. soc.*, 1960, p. 492.

(11) Ainsi, le Nouveau Code de procédure civile prévoit-il que celui qui agit en justice de manière dilatoire ou abusive peut être condamné à une amende civile, sans préjudice des dommages-intérêts qui seraient réclamés (art. 32-1, résultant du décret n° 78-82 du 20 janvier 1978). Des dispositions analogues sanctionnent les recours abusifs (Nouv. C. proc. civ., art 559, 581, 628) — NORMAND, *L'indemnité pour abus de procédure devant le juge des référés*, chron. jurispr., *Rev. trim. dr. civ.*, 1989, 806.

(12) Par exemple, la peine d'emprisonnement d'un mois à deux ans et l'amende de 300 F à 20 000 F prévue à l'encontre du propriétaire convaincu d'avoir refusé de louer à un locataire éventuel en raison du nombre de ses enfants (L. 1er septembre 1948, art. 54).

(13) Dans l'exemple cité à la note précédente, il s'agit moins de la fonction du droit de ne pas contracter (que l'on peut considérer comme l'exercice d'une simple liberté) que de celle du droit de propriété ayant pour objet certaines catégories de locaux : le propriétaire détourne son droit de sa fonction sociale en refusant d'en user sous forme de dation à bail, motif pris du nombre des enfants du candidat locataire

CHAPITRE II

LA FRAUDE

741. — Le droit n'est pas une mécanique aveugle. Il se contrôle lui-même, en ce sens que si la mise en œuvre des règles juridiques aboutit à des résultats trop choquants, des instruments sont forgés afin de corriger les excès. La théorie de l'abus de droit est un de ces instruments ; le contrôle de l'exercice des droits permet d'assigner aux prérogatives individuelles reconnues par la loi des limites raisonnables (1). Un autre correctif est fourni par la théorie de la fraude. Il s'agit alors de sanctionner les manœuvres des individus qui, par ruse, tentent de tirer parti des règles juridiques afin de bénéficier d'un droit ou, plus généralement d'un avantage dont ils ne devraient pas profiter. Telle est du moins l'idée encore un peu vague qui se dégage des multiples applications de cette théorie et qu'il faudra tenter de préciser à la lumière des études doctrinales qui ont été consacrées à celle-ci (2).

---

(1) *Supra*, n° 693 et s.

(2) L'ouvrage fondamental est la thèse de M. J. Vidal, *Essai d'une théorie générale de la fraude en droit français*, éd. Dalloz, 1957, préface G. Marty. V. aussi : Bédar-ride, *Traité du dol et de la fraude*, 4 vol., 1872. — Vigneron, *La fraude dans les transferts de droits*, thèse Paris, 1923. — Desbois, *La notion de fraude à la loi et la jurisprudence*, thèse Paris, 1927. — Josserand, *Les mobiles dans les actes juridiques du droit privé*, 1928, n°s 171 et s. — Ligeropoulo, *Le problème de la fraude à la loi*, thèse Aix, 1928. — Bastian, *Essai d'une théorie générale de l'inopposabilité*, thèse Paris, 1929. — P. Esmein, *La fraude dans les actes juridiques*, *Rép. gén. prat. not.*, 1933, art. 23398 et 23409. — Prat-Rousseau, *La notion de fraude à la loi, domaine d'application en droit civil français*, thèse Bordeaux, 1937. — Lerouge, *Théorie de la fraude en droit fiscal*, 1944. — Ripert, *La règle morale dans les obligations civiles*, 4e éd,, 1949, n°s 157 et s. — Navatte, *La fraude et l'habileté en droit fiscal*, D. 1951, chron. 87. — Calbairac, *Considérations sur la règle* fraus omnia corrumpit, D. 1961, chron. 169. — J. Mazeaud, *L'adage* fraus omnia corrumpit *et son application dans le domaine de la publicité foncière*, *Rép. gén. prat. not.*, 1962, art. 28265. — Ginossar, *Liberté contractuelle et droits des tiers, émergence du délit civil de fraude*, 1962 ; *La fraude aux droits d'autrui est-elle licite !* in *Mélanges Dabin*, 1963, t. II, p. 615 et s. — De Pontavice, *Fraude dans les transferts immobiliers et sécurité des tiers. Rev. trim. dr. civ.*, 1963, p. 649 et s. — Taddei, *La fraude fiscale*, 1974. — Chevallier-Dumas, *La fraude dans les régimes matrimoniaux*, *Rev. trim. dr. civ.*, 1979, p. 40. — Lafour-cade, *Les dissimulations en matière de taxes sur le chiffre d'affaires*, *Gaz. Pal.*, 1980, 1, doctr. 181 ; *Considérations sur la fraude en matière de taxe sur la valeur ajoutée*, *Gaz. Pal.*, 1985, 1, doctr. 256. — Neuer, *La fraude fiscale internationale et les groupes de sociétés*, *Gaz. Pal.*, 1987, 1, doctr. 153. — Henry, *Une pratique critiquable : la*

A maintes reprises, la loi a recours à la notion de fraude, en lui attachant des effets variés (3). Parmi ces textes, le plus important est sans doute l'article 1167 du Code civil permettant aux créanciers d '« attaquer les actes faits par leur débiteur en fraude de leurs droits », au moyen de l'action connue de la pratique sous le nom d'*action paulienne* (4). Mais ce ne sont que des dispositions éparses et nulle part le législateur n'a posé les bases d'une théorie générale de la fraude. Néanmoins, cette théorie existe. La jurisprudence n'hésite pas à y faire appel dans le silence de la loi en énonçant que « la fraude fait exception à toutes les règles ». Ce principe a été coulé dans un adage : « *fraus omnia corrumpit* ».

Malgré sa forme latine, la maxime est probablement assez récente. Elle paraît, en tout cas, n'avoir jamais eu cours en droit romain. Si de nombreux cas de prise en considération de la fraude peuvent en effet être cités (5), la synthèse n'a été faite par aucun jurisconsulte. A l'origine, même, la notion était mal dégagée, le mot « *fraus* » étant employé au sens de « dommage ». Progressivement, cependant, les expressions se sont précisées, de sorte que dans le dernier état du droit romain les éléments qui auraient permis de construire une théorie étaient en place. Mais en dépit de multiples solutions concordantes aucun principe général n'a été énoncé.

---

clause d'accroissement en fraude du régime matrimonial, J. C. P. 1987.I.3281. — Croze, *L'apport du droit pénal à la théorie générale du droit de l'informatique, à propos de la loi n⁰ 88-19 du 5 janvier 1988 relative à la fraude informatique*, J. C. P. 1988.I. 3333. — Alterman et Bloch, *La fraude informatique*, Gaz. Pal, 1988, 2, doctr. 530. — Camoz, *Le rôle du juge et la notion de fraude à l'occasion d'un changement de régime matrimonial*, J. C. P., éd. N, 1989, I, p. 283. — En droit international privé : Audit, *La fraude à la loi*, Biblioth. de dr. international privé, Dalloz, 1974, et la bibliographie citée. — Pour une bibliographie relative à l'action paulienne, v. Le rapport d'obligation.

(3) A titre d'exemple on peut citer quelques textes. L'article 316 du Code civil retarde le point de départ du délai de l'action en désaveu de paternité au jour de « la découverte de la fraude », si la naissance a été cachée. L'article 350 du Code civil déclare recevable la tierce-opposition contre le jugement déclarant un enfant abandonné, seulement « en cas de dol, de fraude ou d'erreur sur l'identité de l'enfant ». L'article 353-1 du Code civil déclare recevable la tierce-opposition contre le jugement d'adoption aux seuls cas de « dol ou de fraude imputable aux adoptants ». L'article 882 du Code civil permet aux créanciers d'un copartageant, « pour éviter que le partage ne soit fait en fraude de leurs droits », de s'opposer à ce qu'il y soit procédé hors de leur présence. L'article 1353 du Code civil décide que la preuve par présomption ne peut être admise contre un écrit « à moins que l'acte ne soit attaqué pour cause de fraude ou de dol ». L'article 1421 du Code civil déclare opposable au conjoint les actes accomplis « sans fraude » par un époux commun en biens. L'article 1432 du Code civil rend un époux commun en biens comptable des fruits qu'il aurait « consommés frauduleusement ». L'article 19 du décret du 30 septembre 1953 sur les baux commerciaux prévoit la réparation du préjudice subi par le locataire lorsque le bailleur a exercé le droit de reprise « en vue de faire échec frauduleusement aux droits du locataire », etc.

(4) V. Le rapport d'obligation.

(5) Vidal, *op. cit.*, p. 11 et s.

Ce sont les glossateurs et notamment Bartole et son école qui, procédant par voie de classification, ont pu formuler les traits spécifiques de la fraude et de sa sanction. Cette doctrine n'a pénétré que tardivement notre ancien droit. Longtemps encore, la pratique n'a connu que des cas isolés de fraude, sans les rattacher à l'idée commune qui inspirait ses solutions. Au xvi⁰ siècle cependant, Cujas employait une formule de portée générale : « *fraus semper excepta videtur* ». Le succès du principe s'est alors affirmé et, au xviiⁱᵉ siècle, on pouvait le considérer comme acquis. Les rédacteurs du Code civil auraient pu consacrer une théorie synthétique de la fraude comme ils l'ont fait pour la responsabilité civile. Ils se sont contentés d'en prévoir quelques applications. Mais cette attitude n'a pas été considérée comme une condamnation du principe général. Très tôt, la Cour de cassation a reproduit la formule : « la fraude fait exception à toutes les règles » (6). Ce n'est, semble-t-il, qu'à partir de la seconde moitié du xix⁰ siècle que la même solution a été également désignée par le brocard « *fraus omnia corrumpit* » (7).

Appuyé sur une longue tradition, fréquemment appliqué par les tribunaux, le principe d'un correctif apporté au fonctionnement ordinaire des règles juridiques en cas de fraude est indiscutable. Mais une idée générale et une maxime ne suffisent pas à construire une théorie. Il faut en découvrir les éléments à travers ses applications. On ne saurait cependant nier la difficulté de l'entreprise. Précisément parce qu'il s'agit d'un moyen de déroger au jeu normal des règles de droit, l'adage « *fraus omnia corrumpit* » s'intègre malaisément dans l'ensemble du système juridique. Instrument de souplesse, il s'accommode mal d'une grande rigueur des concepts et des raisonnements. De sorte qu'il n'est pas étonnant que toutes les solutions ne soient pas totalement cohérentes et d'une logique parfaite.

Sous le bénéfice de cet avertissement préliminaire, nous tenterons d'analyser la notion de fraude, de préciser la sanction des agissements frauduleux et, enfin, de situer la règle « *fraus omnia corrumpit* » parmi d'autres méthodes juridiques de contrôle des agissements blâmables.

SECTION 1

ANALYSE DE LA FRAUDE

742. — La première question est de savoir si le mot fraude désigne une notion unique ou recouvre des réalités différentes. Il faudra ensuite examiner à quelles conditions peut être reconnue une fraude permettant de mettre en œuvre l'adage « *fraus omnia corrumpit* ». Un critère devra enfin être recherché pour distinguer la fraude coupable de l'habileté licite.

---

(6) Par exemple, Cass. req., 3 juillet 1817, S. 1818. 1. 338. — 6 février 1821, S. 1821 1. 420.

(7) VIDAL, *op. cit.*, p. 55, note 8.

§ 1. — LA NOTION DE FRAUDE, MULTIPLICITÉ OU UNITÉ ?

743. — La fraude dont il est ici question est celle qui justifie une « exception à toutes les règles ». Il est clair que la notion ne correspond pas alors à toutes les hypothèses que, dans le langage courant et même parfois dans la langue juridique, on couvre du terme de fraude. Il faut en outre examiner si la notion, strictement entendue, doit ëtre dédoublée en distinguant la fraude à la loi et la fraude aux droits des tiers.

I. — *La fraude au sens large et au sens strict.*

744. — **Au sens large, le mot fraude est tenu pour synonyme de manœuvre déloyale, ruse, tromperie.**

Il est évident que le droit ne peut rester indifférent à de telles attitudes et nombreuses sont les dispositions qui les sanctionnent.

Lorsque la tromperie vise à gruger un cocontractant, la notion de fraude, limitée à ce seul élément, rejoint celle de *dol* dans la formation des contrats (1), avec généralement une nuance marquant un degré de plus dans la gravité du comportement blâmable. C'est ainsi, par exemple, que la loi du 1er août 1905 réprimant pénalement les fraudes dans les ventes de marchandises ne couvre pas toutes les hypothèses où le contrat de vente serait annulable pour dol commis par le vendeur.

Quand on parle de fraude fiscale, il s'agit, la plupart du temps, de tentatives faites par un contribuable afin de dissimuler certains éléments déterminant les impôts dont il est redevable (2). La dissimulation étant découverte, le fraudeur voit naturellement rétablir les bases véritables de son imposition et encourt des pénalités sanctionnant spécialement sa manœuvre.

La fraude est plus élaborée lorsqu'une personne cherche à réaliser une opération illicite en montant une opération fictive destinée à cacher ses desseins. La *simulation* (3) résultant de cette apparence trompeuse est frauduleuse parce qu'elle constitue une ruse visant à violer la loi. L'acte ostensible qui n'est qu'une façade n'est naturellement pas pris en considération dès que la situation réelle est révélée, de sorte que ne subsiste qu'un acte illicite, sanctionné comme tel. Parfois, d'ailleurs,

---

(1) Sur le dol, v. LE CONTRAT, FORMATION, nos 416 et s.

(2) NAVATTE, étude précitée, D. 1951, chron. 87. — TADDEI, *op. cit.*, p. 55. — LAFOURCADE, *Les dissimulations en matière de taxes sur le chiffre d'affaires*, *Gaz. Pal.*, 1980, 1, doctr. 181 ; *Considérations sur la fraude en matière de taxe sur la valeur ajoutée*, *Gaz. Pal.*, 1985, 1, doctr. 256. — La fraude informatique, réprimée par la loi du 3 juillet 1985, est du même type, car la manipulation illicite n'est pas directement visible et comporte ainsi un élément de dissimulation.

(3) Sur la simulation, V. LE CONTRAT, EFFETS.

cette sanction est aggravée en raison de la manœuvre utilisée, afin de dissuader les individus de recourir à de tels procédés qui rendent plus difficile le contrôle du respect de la loi (4).

Dans des cas semblables, la fraude correspond, en somme, à un mensonge renforcé par une certaine mise en scène. Qu'il s'agisse de persuader faussement de l'existence des qualités d'une marchandise ou d'abriter la situation réelle derrière l'écran d'une apparence trompeuse, c'est toujours une dissimulation de la vérité. Il est parfaitement normal que le droit s'attache seulement à la réalité et ne tire pas d'autres conséquences du mensonge qu'une sanction lorsque la tromperie risque d'être dangereuse pour l'ordre social. En pareils cas, la fraude ne suscite pas de difficulté particulière et la maxime « *fraus omnia corrumpit* », si on l'emploie, n'est qu'une façon de *décrire* le jeu sans heurt des règles juridiques. Mais il en va différemment dans un certain nombre d'autres situations dans lesquelles l'adage exprime un principe actif exerçant son rôle propre. La notion de fraude est alors entendue dans un sens plus étroit.

745. — Au sens strict, la fraude consiste à faire jouer une règle de droit pour tourner une autre règle de droit.

Pour saisir la notion de fraude strictement entendue, le plus simple est sans doute d'évoquer quelques exemples. Des jeunes gens ne remplissant pas les conditions d'âge requises par la loi française pour pouvoir se marier vont faire célébrer leur union en Écosse et reviennent en France en prétendant jouir de l'état d'époux (5). Un employeur passe avec son salarié un contrat à durée déterminée très brève et renouvelle l'opération tant qu'il entend bénéficier de ses services ; lorsqu'il veut licencier l'employé, il laisse venir à échéance le dernier des contrats successivement conclus sans le renouveler et prétend ainsi n'être pas soumis aux règles protectrices des travailleurs prévues, on le suppose, au seul cas de rupture d'un contrat à durée indéterminée (6). Un producteur bénéficiant

---

(4) A titre d'exemple, on citera les donations déguisées ou faites par personnes interposées afin de tourner les incapacités de recevoir à titre gratuit (C. civ., art. 911). Voulant gratifier un incapable, le donateur simule un acte à titre onéreux ou fait une donation à un tiers qui en remettra en sous-main l'émolument à l'incapable. L'acte à titre onéreux ou la donation à la personne interposée sont fictifs. La supercherie étant découverte (d'autant plus facilement que la loi établit des présomptions d'interposition de personnes), la donation tombe naturellement dans la mesure de l'incapacité du véritable donataire. Mais la fraude entraîne une sanction propre : si l'incapacité n'était que partielle, la donation est néanmoins annulée pour le tout.

(5) Trib. gr. inst. Troyes, 9 novembre 1966, *Gaz. Pal.*, 1967. 1. 81 ; *Rev. crit. dr. internat. privé*, 1967, 530, note MALAURIE ; *Clunet*, 1968, 705, note AUDIT. — Comp. Paris, 2 décembre 1966, J. C. P. 1967. II. 15278, note BOULBÈS ; *Rev. crit. dr. internat. privé*, 1967. 530, note MALAURIE ; *Clunet*, 1968. 705, note AUDIT.

(6) Cass. Soc., 3 mars 1965, J. C. P. 1965. II. 14448, note B. A. — 23 novembre 1966, *Bull. civ.*, IV, n° 881, p. 735. — Paris, 23 novembre 1972, J. C. P. 1973. II.

d'une marque de fabrique passe un accord avec un distributeur l'autorisant à déposer cette marque dans son pays et cherche ainsi à faire profiter ce distributeur d'une exclusivité dans la diffusion du matériel qu'il importe, la protection nationale de la marque étant invoquée pour mettre obstacle à la liberté de la concurrence entre États membres de la Communauté économique européenne (7). Un médecin, frappé de l'incapacité de recevoir des libéralités de la part de son patient en vertu de l'article 909 du Code civil, épouse la personne traitée afin de profiter de l'exception apportée à l'incapacité en cas de parenté entre le disposant et le gratifié, que la jurisprudence applique à des époux (8). Un débiteur, pressentant que ses créanciers vont saisir ses biens, aliène les éléments d'actif de son patrimoine de sorte que les créanciers se heurteront à son insolvabilité (9), etc.

Dans de telles hypothèses, on remarque sans doute une ruse, une manœuvre. Le sujet cherche à obtenir un avantage dont il aurait dû être normalement privé ou à échapper à une obligation à laquelle il était tenu. Mais il ne crée nullement une apparence trompeuse. Tout est bien réel. La ruse est beaucoup plus habile. Elle consiste à créer les conditions d'application d'une règle de droit dont les effets neutralisent les conséquences juridiques défavorables de la situation initiale de l'individu. Il s'agit, en somme, de faire jouer les lois les unes contre les autres et ceci non pas fictivement mais en déclenchant véritablement un mécanisme apte à produire le résultat escompté ; de sorte que si on laissait fonctionner normalement les règles de droit, la ruse serait couronnée de succès. Or, en pareil cas, par une sorte de sursaut de défense ultime de l'ordre juridique, on refuse de tirer une telle conséquence des règles existantes. En dénonçant la fraude, il est fait échec à la norme invoquée par l'auteur trop habile de la manœuvre.

17424, note LYON-CAEN. — Rappr. Angers, 3 juillet 1973, *Gaz. Pal.*, 1973. 2. 955, note BONNEAU. — Cass. soc., 23 octobre 1974, J. C. P. 1975. II. 18082, note POULAIN.

La loi n° 79-11 du 3 janvier 1979 (commentaire GODÉ, *Rev. trim. dr. civ.*, 1979, p. 683), puis l'ordonnance n° 82-130 du 5 février 1982 ont établi un régime du contrat de travail à durée déterminée visant notamment à mettre obstacle à cette fraude (C. trav., art. L. 121-5 et L. 122-1 et s.), sans que, de ce point de vue, le succès soit complet : Cons. Prud'hommes, Paris, 19 février 1987, *Gaz. Pal.*, 1988.1.22. — Paris, 3 novembre 1986 et Paris, 17 décembre 1987, *Gaz. Pal.*, 1988.1.366, note VINCENT ; du même auteur : *Emploi à caractère artistique et durée déterminée des contrats de travail*, *Gaz. Pal.*, 1988, 1, doctr., 13.

(7) Commission de la C. E. E. 23 septembre 1964, *Gaz. Pal.*, 1964. 2. 342. — Sur cette affaire : JEANTET, *Première décision de la commission de la C. E. E. appliquant l'article 85 du Traité de Rome à un accord de distribution exclusive*, J. C. P. 1964. I. 1871 ; *Esquisse de la jurisprudence de la Cour de justice des communautés sur les accords restreignant la concurrence*, J. C. P. 1966. I. 2029. — CHAMPAUD, *Rev. trim. dr. europ.*, 1965, 67.

(8) Cass. Req., 11 janvier 1820, *Jur. gén. Dalloz*, v° *Disposition entre vifs*, n° 318.

(9) V. LE RAPPORT D'OBLIGATION : l'action paulienne.

En d'autres termes, l'adage « *fraus omnia corrumpit* » est utilisé pour justifier un refus d'application d'une loi dont les conditions étaient cependant réunies. La théorie de la fraude apparaît alors comme un moyen de garder le contrôle de l'application des normes juridiques en permettant d'y déroger au nom de la sauvegarde du droit tout entier.

On conçoit dès lors que la théorie de la fraude ait connu son plus grand développement en droit international privé, « car la loi française, n'ayant pas les moyens de se prémunir contre les possibilités qu'ouvrent les lois étrangères, peut sembler avoir besoin contre elles d'une particulière protection, tandis que, contre les possibilités qu'elle a ouvertes elle-même, il lui appartient de pourvoir à sa propre sûreté » (10). Néanmoins, le correctif est nécessaire même en droit interne. Il est peut-être appelé à jouer moins souvent, il est peut-être conçu avec plus de rigueur, mais son utilisation est certaine.

Si la ruse ou l'excès d'habileté constitue un dénominateur commun à toutes les fraudes, la notion se resserre lorsqu'on l'envisage dans le principe correcteur exprimé par la formule « la fraude fait exception à toutes les règles ». Elle suppose une situation préexistante dont le fraudeur cherche à éluder les conséquences défavorables qui s'imposent à lui, en posant les conditions de mise en œuvre d'une règle de droit qui devrait lui permettre d'atteindre licitement le résultat qu'il recherche. Encore faut-il se demander s'il n'y a pas lieu d'apporter une plus grande précision en distinguant deux sortes de fraude : la fraude à la loi et la fraude aux droits des tiers.

II. — *La fraude à la loi et la fraude aux droits des tiers.*

746. — La distinction.

Il est fréquent d'opposer la fraude à la loi *(fraus legis)* et la fraude dirigée contre une personne *(fraus alterius)*, mais cette classification est contestée (11).

« Frauder la loi », dit-on, « c'est éluder l'application de la loi qui serait normalement applicable, parce que cette loi vient gêner les intérêts ou les volontés » (12), ou encore : « la fraude à la loi est l'utilisation de règles légales pour échapper à la loi et accomplir un acte que cependant elle interdit » (13). La *fraus alterius* se caractérise par « la volonté de porter préjudice à une personne déterminée » (14) ou du moins la conscience de causer un dommage à cette personne ; l'auteur

---

(10) Carbonnier, *Les obligations*, 12e éd., 1985, n° 35.
(11) Vidal, *op. cit.*, p. 65 et s.
(12) Ripert, *La règle morale dans les obligations civiles*, n° 173.
(13) J. Mazeaud, *L'adage* fraus omnia corrumpit *et son application dans le domaine de la publicité foncière*, Rép. gén. prat. not., 1962, art. 28265, n° 2.
(14) Ripert, *op. cit.*, n° 173.

de la fraude tente de « l'emporter dans un conflit d'intérêts privés en agissant de mauvaise foi » (15).

Le domaine d'élection de la fraude à la loi est le droit international privé. La manipulation des éléments déterminant soit l'application de la loi française soit celle d'une loi étrangère permet d'invoquer la règle internationale pour combattre la règle interne. La « victime » de la manœuvre n'est pas une personne déterminée, mais l'ordre juridique. Ainsi, lorsque le divorce n'était pas admis en France, des époux qui se faisaient naturaliser suisses afin de profiter d'une législation permettant de divorcer cherchaient à acquérir une liberté que leur refusait le droit français et non à frustrer des tiers de leurs droits (16). Quant à la *fraus alterius* c'est surtout à propos des rapports d'obligations qu'on la rencontre, l'exemple-type étant la manœuvre sanctionnée par l'action paulienne (17).

Mais il est douteux que l'on puisse pousser bien loin la distinction et en tirer des conséquences certaines.

747. — Cette opposition est imprécise et de peu de portée.

La distinction de la fraude à la loi et de la fraude aux droits des tiers encourt le grave reproche d'une extrême imprécision. Il suffit de reprendre quelques exemples cités précédemment pour que naissent les hésitations. Lorsqu'un employeur passait des contrats de travail successifs à durée déterminée très brève, il tentait d'échapper aux règles lui imposant de respecter un délai de préavis et de verser une indemnité en cas de licenciement, mais il savait parfaitement que, par là, il privait le salarié de garanties auxquelles il avait droit. Le producteur et le distributeur qui déposent une marque pour assurer une exclusivité dans la diffusion d'un produit cherchent à paralyser le libre jeu de la concurrence dans le Marché commun et, en même temps, empêchent d'autres détaillants qui voudraient distribuer ce produit d'exercer leur activité. Le médecin qui épouse la personne qu'il soigne, afin de recevoir d'elle une libéralité, tente d'éluder une incapacité de recevoir qui le gêne, mais prive ainsi les héritiers du disposant d'une partie des biens qui leur seraient échus par succession. S'agit-il dans tous ces cas de fraude à la loi ou de fraude aux droits des tiers (17-1) ?

---

(15) *Ibid.*

(16) Paris, 30 juin 1877, D. 1878. 2. 6 ; S. 1879. 2. 205. — Pourtant, dans cette hypothèse, on a parfois relevé la fraude aux droits acquis du conjoint : Cass. civ., 19 juillet 1875, D. 1876. 1. 5 ; S. 1876. 1. 289, note LABBÉ.

(17) *Supra*, nᵒˢ 741 et 745. V. LE RAPPORT D'OBLIGATION.

(17-1) *Rappr.* la loi du 8 juillet 1983 (C. pén., art. L. 404-1) qui punissant tout débiteur qui, même avant la décision judiciaire, aura organisé ou aggravé son insolvabilité en vue de se soustraire à une condamnation pécuniaire prononcée par une juridiction répressive ou, en matière délictuelle, quasi-délictuelle ou d'aliments, par une

Il a été proposé de chercher le critère dans une analyse psychologique. Le but principal de l'agent, le premier objectif de la fraude serait la pierre de touche. A-t-on voulu éluder une règle impérative, sans se préoccuper spécialement des effets de la manœuvre sur les droits des tiers, il s'agirait de fraude à la loi, même si, en fait, certains individus en pâtissent. A-t-on eu en vue l'atteinte aux droits de personnes déterminées, ce serait une fraude aux droits des tiers, même si le moyen employé consiste à écarter une loi impérative (18). Mais une telle recherche paraît bien difficile et elle ne semble pas être faite par les tribunaux. On voit mal d'ailleurs comment des conséquences importantes pourraient être tirées d'une distinction fondée sur un critère aussi délicat à mettre en œuvre.

On conçoit sans peine que l'existence de victimes directes de la fraude soit prise en considération pour déterminer qui peut provoquer l'application du principe « *fraus omnia corrumpit* », mais il serait excessif de faire de la distinction fuyante de la fraude à la loi et de la fraude aux droits des tiers une *summa divisio* correspondant à deux notions distinctes.

En définitive, il semble que la distinction terminologique corresponde essentiellement à un usage, l'expression « fraude à la loi » étant traditionnellement employée en droit international privé, où elle est d'ailleurs comprise dans un sens large englobant la simulation (19), tandis qu'en droit privé interne on parle plus volontiers de « fraude aux droits des tiers ». Mais on s'aperçoit que, s'agissant de la mise en œuvre de la maxime « *fraus omnia corrumpit* », les mêmes éléments se retrouvent.

§ 2. — ÉLÉMENTS CONSTITUTIFS DE LA FRAUDE « STRICTO SENSU »

748. — La fraude consiste à tirer parti des règles de droit pour les faire jouer les unes contre les autres. C'est ce qu'a exprimé M. Vidal en donnant de la notion une définition précise :

> « Il y a fraude chaque fois que le sujet de droit parvient à se soustraire à l'exécution d'une règle obligatoire par l'emploi à dessein d'un moyen efficace, qui rend ce résultat inattaquable sur le terrain du droit positif » (20).

---

juridiction civile : la fraude est également sanctionnée qu'elle porte atteinte à l'intérêt public ou à l'intérêt privé des victimes ou des créanciers d'aliments (sur ce texte, BERTIN, *L'insolvabilité organisée et sa répression pénale*, Gaz. Pal , 1985, 1, doctr., 332. — PRADEL, *Un nouveau stade dans la protection des victimes d'infractions*, D. 1983, chron. 243. — BARRET, *L'appauvrissement injuste aux dépens d'autrui en droit privé*, thèse Paris I, 1985, n⁰ˢ 46, 304, 305).

(18) DESBOIS, thèse précitée, p. 49 et s. — LIGEROPOULO, thèse précitée, p. 38 et s. — PRAT-ROUSSEAU, thèse précitée, p. 151 et s.

(19) AUDIT, thèse précitée.

(20) VIDAL, *op. cit.*, p. 208. — Comp. la définition donnée par M. CALBAIRAC (D. 1961, chron. 169) : « Tout acte juridique ou activité judiciaire irrégulier ou techni-

Il en résulte que trois éléments doivent être réunis : une règle obligatoire, l'intention de l'éluder, l'emploi à cette fin d'un moyen adéquat. De la conjonction de ces éléments il apparaît que l'application normale des règles juridiques, en donnant satisfaction à l'auteur de la manœuvre, aboutirait à un résultat inadmissible, causant un véritable trouble social et, le plus souvent, contraire à la morale (21).

749. — 1° La fraude est dirigée contre une règle obligatoire (22). Le sujet est placé dans une situation dont les conséquences juridiques s'imposent à lui : français vivant en France, il ne peut se marier avant l'âge légal de la puberté ; médecin soignant un malade, il ne peut recevoir de ce patient une libéralité, etc. C'est pour échapper à ces contraintes que la fraude est mise en œuvre : il s'agit de tourner la loi.

Il ne faut d'ailleurs pas avoir une conception trop étroite de la règle faisant l'objet de la fraude, ni quant à son origine ni quant à son contenu.

La source de la règle obligatoire peut être aussi bien la loi que le contrat. Le débiteur qui se met dans l'impossibilité d'exécuter ses engagements tente d'échapper à une obligation contractuelle qui s'imposait à lui comme une loi (C. civ., art. 1134). On pourrait sans doute songer à fonder sur l'origine de la règle attaquée par la fraude la distinction entre *fraus legis* et *fraus alterius* : dirigée contre une norme objective, la manœuvre serait une fraude à la loi, tandis que si elle visait à éluder les obligations individuelles nées d'un contrat, il s'agirait de la fraude aux droits d'une personne (23). Mais le mécanisme reste le même dans les deux cas. « La fraude n'est autre chose, en fin de compte, que la fraude à la loi, en prenant ce dernier mot dans son sens le plus compréhensif » (24).

En ce qui concerne le contenu de la règle, ce peut être un fait positif ou une abstention dont est tenu le sujet. Respecter les droits des tiers, supporter les conséquences des avantages reconnus à autrui sont des limitations à la liberté qui peuvent être tournées par fraude. Ainsi, lorsqu'un époux demandeur en divorce manœuvre pour empêcher son conjoint de former appel dans le délai légal, il tente d'échapper à la règle imposant à un plaideur de subir un nouvel examen de sa cause si son adversaire le requiert (25). Il s'agit toujours pour le frau-

---

quement correct, réalisé dans une intention de tromperie et qui tend à éluder une obligation conventionnelle ou légale ».

(21) RIPERT, *op. cit.*, nos 160 et s.
(22) VIDAL, *op. cit.*, p. 63 et s.
(23) J. MAZEAUD, étude précitée, n° 2.
(24) JOSSERAND, *Les mobiles dans les actes juridiques du droit privé*, n° 176.
(25) Cass. Req., 16 février 1921, D. P. 1921. 1. 364. — 11 juillet 1932, D. H. 1932. 457. — 7 février 1933, D. H. 1933. 145. — Cass. civ., 19 novembre 1945, D. 1946. 152. — Caen, 9 novembre 1973, *Gaz. Pal.*, 31 janvier 1974.

deur d'écarter les conséquences de la situation dans laquelle il se trouve (26).

750. — 2º **L'intention frauduleuse est la volonté d'éluder la règle obligatoire** (27). Cet élément suscite de sérieuses difficultés.

En premier lieu, est-il véritablement de l'essence de la fraude ? La question est d'importance, car elle commande la spécificité même de la théorie.

Une conception objective de la fraude ramène celle-ci à la violation de la loi (28). Dès lors que la loi est tournée, que l'effet qu'elle entendait prohiber est atteint, elle est méconnue. Sans doute, n'est-elle pas heurtée de front, mais le résultat est le même. Ce qu'il est interdit d'avoir directement ne peut être obtenu indirectement (29). « Là où la loi n'est pas

---

(26) Cette observation vaut même pour le cas où la fraude paraît dirigée contre une *règle future*. En effet, il faut distinguer deux situations. Parfois, le principe d'obligation existe préalablement à la fraude, seule la liquidation ou la fixation des modalités de la dette restant à préciser à l'avenir. Tel est le cas, par exemple, de l'auteur d'un dommage gui organise son insolvabilité avant d'avoir encouru la condamnation à réparer (ainsi, l'article L. 404-1 du Code pénal, résultant de la loi du 8 juillet 1983, vise le débiteur qui se rend insolvable avant la décision judiciaire pour échapper aux conséquences d'une condamnation future. — V. *supra*, note 17-1). La règle obligatoire est alors bien actuelle quand la fraude est commise. D'autres fois, la règle n'existe pas encore mais le fraudeur en prévoit la naissance lorsqu'il agit. Ainsi en est-il de l'individu qui dilapide ses biens en devançant une dation de conseil judiciaire ou, aujourd'hui une curatelle (Trib. gr. inst. Paris, 2 juillet 1971, D. 1972, 252, note FERGANI) ou de celui qui passe des actes devant enlever d'avance les garanties attachées aux créances résultant de contrats qu'il se propose de conclure. En pareil cas, la fraude n'apparaît que lorsque l'obligation devient actuelle. « Le moyen frauduleux peut précéder dans le temps la règle obligatoire contre laquelle il est dirigé » (VIDAL, *op. cit.*, p. 75). « Il y a simplement fraude par avance à une règle obligatoire » (*Ibid.*, p. 78). En soi, le moyen n'est pas illicite puisqu'il ne pouvait violer une règle qui n'était pas encore obligatoire. Mais la licéité du procédé employé pour éluder une règle n'empêche pas de retenir la fraude (*infra*, nº 752).

(27) VIDAL, *op. cit.*, p. 110 et s.

(28) LIGEROPOULO, thèse précitée. — AUDIT, thèse précitée. — CARBONNIER, *Les obligations*, nº 35.

(29) Le législateur le prévoit parfois lui-même expressément. Ainsi, par exemple, l'article 911 du Code civil interdit de faire des libéralités aux père et mère, enfants, descendants ou époux d'une personne incapable de recevoir à titre gratuit. L'intention du disposant importe peu. La jurisprudence considère que les présomptions d'interposition de personnes de l'article 911, alinéa 2, sont irréfragables (Sur cette question, V. SUCCESSIONS, LIBÉRALITÉS). Il n'est pas douteux que la loi prévient ainsi l'emploi d'un moyen détourné (qui serait d'ailleurs une simulation et non une fraude au sens strict) mettant en échec la règle obligatoire. Cependant, on ne peut guère tirer de conclusions d'une telle disposition au regard de la nécessité d'une intention frauduleuse pour mettre en jeu le principe *fraus omnia corrumpit*. Il est certain que le législateur peut prendre toutes les mesures propres à empêcher un résultat qu'il veut éviter. Plus la loi est rigoureuse, plus la marge

d'interprétation littérale, sa violation indirecte (la violation de son esprit) doit tout naturellement être assimilée à la violation de sa lettre » (30). Le problème de la fraude tient donc dans une comparaison entre le but de la loi et le résultat que prétend atteindre le sujet. L'intention de celui-ci peut être prise en considération, pour éclairer le raisonnement et le renforcer, mais elle n'est pas essentielle ; ce n'est pas le « centre de gravité » (31) de la théorie de la fraude.

Cette doctrine peut être suivie tant que l'on envisage la fraude dans un sens très large, comme c'est généralement le cas en droit international privé. Il est vrai que, la loi n'étant pas toujours d'interprétation stricte, elle peut être violée sans que sa lettre soit contredite. Lorsque le détour suivi n'est pas de nature à mettre sérieusement en doute l'illicéité du résultat (32), il est certain que la recherche d'intention n'est pas fondamentale.

Mais lorsqu'il s'agit de la fraude au sens strict, de celle qui est relevée pour mettre en jeu le principe « *fraus omnia corrumpit* », il en va différemment. *Par hypothèse*, le raisonnement tenu par l'agent est considéré comme correct. La loi gênante est effectivement éludée par le jeu d'une autre disposition. Il ne suffit pas alors de constater que le but visé par le législateur n'est pas atteint pour en conclure à une violation de la loi (33). Il faut, pour sanctionner la manœuvre, quelque chose de plus, qui ne peut être que l'intention frauduleuse. Ce que le droit ne peut tolérer est le triomphe de la ruse, le mépris pour la règle. Là est le risque de subversion de l'ordre juridique. En soi, le fait qu'un médecin, après avoir épousé la personne qu'il a soignée au cours de sa dernière maladie, profite d'une libéralité de ce patient n'est pas spécialement

---

de manœuvre des particuliers se restreint. Les actes jugés dangereux par le législateur constituent des violations directes de la loi. Au-delà, les raisonnements par analogie peuvent être retournés en arguments *a contrario*.

(30) Carbonnier, *loc. cit.*

(31) *Ibid.*

(32) Ce qui est le cas lorsque le juge ne suit pas le plaideur dans son raisonnement, notamment à propos des règles de conflits de lois dans l'espace. Si le juge n'adopte pas le système donnant compétence à la loi étrangère qu'invoque l'intéressé, il ne subsiste naturellement qu'une violation de la loi déclarée applicable. Il n'est même plus besoin de parler de fraude, sinon dans un sens large, pour mieux asseoir la solution. — Sur cette question, Audit, thèse précitée, nos 189 et s.

(33) *Contra* : H. L. et J. Mazeaud, *Leçons de droit civil*, t. I, vol. 1, 8e éd. par Chabas, no 67. Ces auteurs semblent admettre qu'il y a fraude chaque fois qu'un individu se soustrait à une loi impérative ou prohibitive. Mais cela ne se vérifie que si la loi vise le résultat en lui-même, quelles que soient les circonstances. Une telle hypothèse est exceptionnelle. Le caractère impératif d'une disposition ne suffit pas à rendre frauduleux tout acte permettant d'en écarter l'application. Ainsi, un médecin qui épouse son patient ne commet pas de faute s'il n'agit pas *en vue* d'échapper à l'incapacité de recevoir à titre gratuit (Cf. Vidal, *op. cit.*, p. 178-179).

choquant. Mais il est inadmissible de consacrer ce résultat si c'est en vue d'écarter l'incapacité de recevoir à titre gratuit que le mariage a été conclu.

L'aspect subjectif de la fraude n'est pas secondaire. La « culpabilité civile » (34) est un élément nécessaire à la mise en œuvre du principe « *fraus omnia corrumpit* ». Il faut, pour encourir la sanction de la fraude, « qu'on se rende coupable... d'un manquement à la morale juridique... la fraude est située au confluent de la morale et du droit » (35).

751. — Le critère de l'intention frauduleuse.

Une fois admis ce premier point, surgit aussitôt une seconde question : comment caractériser l'intention frauduleuse ? La notion elle-même ne paraît pas devoir faire difficulté : c'est la volonté d'échapper à l'application de la règle obligatoire. Il en résulte que l'existence d'un motif légitime à l'opération entreprise par le sujet exclut la fraude.

Reste à savoir à quelles conditions l'intention frauduleuse sera considérée comme établie. La jurisprudence relève parfois que le seul but de l'agent a été d'éluder la loi (36). En d'autres occasions, est relevée l'intention de nuire à autrui (37). Est-ce à dire que, sur ce plan, se manifeste l'opposition entre fraude à la loi et fraude aux droits des tiers ? Il est évident que la volonté de nuire ne peut être retenue si la manœuvre ne cause aucun préjudice à une personne déterminée. Mais lorsque, comme c'est le cas le plus fréquent, des particuliers sont victimes de la fraude, relever l'intention de nuire n'est qu'une façon d'établir la

---

(34) RIPERT, *La règle morale...*, nos 160 et s.

(35) JOSSERAND, *Les mobiles...*, n° 189. — V. aussi BARRET, thèse précitée, n° 37.

(36) Cass. civ., 18 mars 1878, D. 1878. 1. 205 ; S. 1878. 1. 193, note LABBÉ. On peut remarquer qu'il y a quelque excès à dire que l'intention d'éluder une règle est le motif exclusif d'un acte. Parce que la fraude est un moyen et non une fin, le motif déterminant est plutôt la recherche d'un certain avantage par le sujet. Mais on ne peut guère dissocier ce but de la prise en considération du moyen à utiliser pour l'atteindre. De sorte que la volonté d'échapper aux conséquences de la situation préexistante s'intègre au motif déterminant. Exceptionnellement, l'opération frauduleuse se décompose, comme par exemple l'acquisition d'une nationalité étrangère afin d'exclure la compétence de la loi française, suivie d'un acte permis par la loi étrangère ainsi rendue applicable. Il est alors plus facile de considérer que l'intention d'éluder la règle obligatoire est le seul motif déterminant de la première phase de l'opération (Comp. VIDAL, *op. cit.*, p. 132).

(37) Ce fut longtemps le cas pour l'action paulienne, avant que la jurisprudence n'évolue vers un système moins exigeant (V. LE RAPPORT D'OBLIGATION). On remarquera d'ailleurs que l'intention de nuire est assez rarement le motif inspirant l'auteur de la fraude. L'agent recherche son propre intérêt. L'employeur veut garder les mains libres pour licencier son salarié sans bourse délier, le médecin veut profiter d'une libéralité, etc. Certes, la perspective des inconvénients que son acte fera subir à d'autres personnes n'arrête-t-elle pas le sujet. Mais l'intention de nuire peut difficilement être caractérisée.

volonté d'échapper à une règle qui s'imposait : la volonté de porter atteinte aux droits d'autrui implique celle de ne pas respecter ses propres obligations, donc d'éluder la règle de droit obligatoire.

La difficulté majeure est de déterminer si la seule connaissance du préjudice que l'acte causera à des tiers est suffisante pour établir l'intention frauduleuse. La discussion est classique en matière d'action paulienne (38) et l'on peut se demander si elle a une portée générale ou ne vaut que dans ce secteur particulier qui, peut-être, « constitue comme un îlot dans la vaste construction juridique » (39) de la fraude.

752. — 3º **Le moyen employé pour tourner la règle doit être efficace** (40). La fraude, en effet, ne pose un problème spécifique que si elle réussit : le jeu normal des dispositions légales ne permet pas de sanctionner la manœuvre et il faut faire appel à un principe correctif : « *fraus omnia corrumpit* ».

Cela signifie que le moyen utilisé est *réel*. Ce n'est pas une fiction destinée à créer une apparence trompeuse (41). S'il est parfois possible de parler de fraude au sens large à propos de machinations de cet ordre (42), l'hypothèse ne présente pas d'originalité, car la règle obligatoire n'est pas juridiquement éludée.

Étant supposé que le moyen frauduleux n'est pas fictif, peu importe sa nature. Ce peut être un fait matériel, tel un changement de domicile pour échapper aux règles de compétence territoriale, ou un acte juridique, comme le mariage ou un contrat. Une abstention peut être retenue (43). Il arrive même qu'un jugement serve à réaliser la fraude (44). Souvent, il s'agit d'un appareil compliqué, d'une machination complexe manifestant une ruse très élaborée. Mais l'acte frauduleux peut aussi être fort simple. Il suffit, par exemple, d'une donation déterminant

---

(38) V. LE RAPPORT D'OBLIGATION.

(39) JOSSERAND, *Les mobiles...*, nº 191.

(40) VIDAL, *op. cit.*, p. 148 et s.

(41) Sur la distinction de la fraude et de la simulation, DAGOT, *La simulation en droit privé*, thèse Toulouse, 1965, éd. L. G. D. J. 1967, préf. HÉBRAUD, nᵒˢ 56 et s.

(42) *Supra*, nº 744.

(43) Ainsi, lorqu'une action en rescision pour lésion est intentée par des covendeurs et que, par suite d'une collusion avec l'acheteur, l'un des vendeurs ne s'associe pas à l'action, provoquant ainsi le rejet de la demande en vertu de l'article 1670 du Code civil.

(44) Par exemple, un donateur et un donataire s'entendent pour provoquer une décision de résolution d'une donation immobilière pour inexécution des charges qui l'assortissaient, afin de frustrer les créanciers ayant acquis des hypothèques sur l'immeuble du chef du gratifié : DAGOT, note J. C. P. 1974.II.17667. — V. pour un autre exemple, Cass. civ., 3ᵉ, 9 octobre 1984, J. C. P. 1985.II.20454.

l'insolvabilité du disposant. Il n'y a alors « aucun luxe de mise en scène, aucun raffinement de duplicité » (45).

La variété des moyens de fraude est presque infinie. Encore faut-il que le procédé soit *efficace* (46). Il doit déclencher des conséquences juridiques neutralisant les effets de la règle obligatoire contre laquelle est dirigée la manœuvre. C'est là que se manifeste le détour caractéristique de la fraude : l'agent ne contrevient pas à la règle qui le gêne, il crée les conditions lui permettant d'obtenir, par une autre voie, le résultat qu'il recherche ou, du moins, un résultat équivalent. La plupart du temps, le moyen frauduleux est donc, en lui-même, licite ; c'est un contrat satisfaisant à toutes les exigences requises pour sa validité, c'est un fait matériel que rien n'interdit... Mais il n'est pas exclu que le moyen soit illicite, si cette irrégularité ne l'empêche pas de produire ses effets. Ainsi, lorsqu'un époux use de manœuvres destinées à laisser son conjoint dans l'ignorance d'une procédure de divorce dirigée contre lui, ces agissements sont pénalement sanctionnés (47) ; le moyen est cependant efficace, car le divorce sera prononcé sans que le défendeur se fasse entendre ou les délais de voies de recours seront expirés sans que l'époux victime de la fraude se soit manifesté. L'hypothèse est cependant assez rare, car d'ordinaire l'illicéité du moyen prive celui-ci de ses effets et la fraude est manquée. Il n'est alors nul besoin de recourir à la maxime « *fraus omnia corrumpit* ».

753. — Une règle obligatoire, l'intention de l'éluder, l'emploi pour ce faire d'un moyen efficace, tels sont les éléments caractéristiques de la fraude qui appelle, pour y mettre obstacle, un principe permettant de contraindre le jeu normal des règles juridiques. Un effort de précision supplémentaire est cependant nécessaire pour distinguer la fraude coupable de ce qui n'est qu'habileté permise.

---

(45) JOSSERAND, *op. cit.*, nᵒ 173.

(46) En droit international privé, M. AUDIT le conteste : « un moyen n'est jamais efficace que parce que le juge le veut bien, et il lui appartient d'interpréter la loi (le moyen) de manière que celui-ci ne soit d'aucun secours au fraudeur » (thèse précitée, nᵒ 375 ; nᵒ 3, note 2 ; nᵒ 204). Cette position s'explique sans doute par la souplesse des règles de conflits de lois dans l'espace, qui offre aux juges la possibilité de refuser de se laisser enfermer dans l'argumentation du plaideur en suivant un raisonnement différent. En droit interne, il est fort douteux que l'interprétation de la loi offre les mêmes ressources. D'ailleurs, si le moyen employé n'était pas efficace, il n'y aurait pas lieu de recourir à la maxime *fraus omnia corrumpit*. Si l'on parle alors de fraude, c'est dans un sens large et seulement pour renforcer moralement une solution qui n'a pas techniquement besoin de ce soutien.

(47) Loi du 13 avril 1932.

§ 3. — LA FRAUDE ET L'HABILETÉ

754. — Il y aurait fraude à éluder une règle dont les conditions d'application sont réunies, mais habileté à se placer en dehors de ces conditions. Il serait dangereux pour la liberté d'adopter une conception trop compréhensive de la fraude. « On ne saurait poser comme une règle générale que nul ne peut par un acte volontaire échapper à l'application d'une disposition légale impérative. Le sujet de droit est en effet libre de se placer par un acte régulier dans telle ou telle situation légale, d'employer telle ou telle forme juridique. Il n'a pas à rendre compte des motifs qui lui font préférer une situation ou un acte déterminé » (48). Ainsi est-il admis que « nous ne commettons pas une fraude à la loi fiscale en transformant notre fortune, en aménageant notre patrimoine de façon à alléger autant que possible le poids des impôts » (49). Si une même opération économique peut être réalisée par plusieurs procédés juridiques donnant lieu à perception de taxes différentes, les particuliers restent libres de diminuer leur dette envers le fisc en choisissant l'acte le moins imposé (50). Pourtant, la règle défavorable a bien été éludée. Comment dès lors distinguer la fraude de l'exercice d'un libre choix par l'individu, la manœuvre répréhensible de la simple habileté ?

Si l'on examine les éléments constitutifs de la fraude, on trouve bien des points communs avec l'habileté permise.

La volonté délibérée d'écarter une règle gênante existe dans les deux cas.

Quant au moyen employé, il est souvent de même nature. Ni la simplicité du mécanisme, ni le fait que celui qui se prétend victime a participé à l'opération qui lui cause désagrément (51) ne permettent *a priori* d'exclure la fraude. Sans doute, ne peut-il y avoir simple habileté à user d'une manœuvre en elle-même illicite, alors qu'un tel procédé peut être frauduleux (52). Mais la fraude se réalise fréquemment par des moyens licites. Ce qui compte est l'efficacité de la méthode utilisée. Or il n'y a d'habileté que si l'avantage escompté est obtenu ; il faut donc aussi que le moyen soit efficace.

Reste le caractère obligatoire de la règle éludée, qui pourrait fournir un critère. « Sans doute, toutes les règles juridiques sont-elles obliga-

---

(48) RIPERT, *La règle morale...*, n° 173.
(49) JOSSERAND, *Les mobiles...*, n° 187.
(50) E. H. PERREAU, *Des atténuations par actes juridiques aux lois impératives et prohibitives*, Rev. trim. dr. civ., 1923, p. 291.
(51) V. cependant Colmar, 16 mars 1962, D. 1963. 149, note VIDAL.
(52) *Supra,* n° 752.

toires par essence, mais les individus n'ont l'obligation de les respecter
oue *lorsque se trouvent réunies les conditions de leur application*. La fraude
consiste à manœuvrer pour éluder l'exécution d'une règle à laquelle
qn est soumis, dont les conditions d'application sont réunies. En
revanche, il est permis de se soustraire à l'application d'une règle en
évitant de se placer dans les conditions de fait qui déclenchent son
application. C'est là le domaine de l'habileté licite » (53). On s'explique
alors qu'il n'y ait pas fraude à choisir, pour réaliser une opération
déterminée, la voie fiscalement la plus avantageuse. La loi fiscale est
évidemment obligatoire, mais en ce sens que le contribuable est tenu
d'acquitter les impôts auxquels donne lieu la situation dans laquelle
il se trouve. La loi n'oblige pas à créer la matière imposable (54).

755. — Critique.

Le critère ainsi proposé est séduisant. Il permet de rendre compte de
bon nombre d'hypothèses. Mais il n'est pas suffisant, du moins si on le
suit à la lettre. Il se révèle en effet tantôt trop large et tantôt trop
étroit.

Le domaine de l'habileté licite est trop large si l'on considère que la
fraude est exclue chaque fois que le sujet aménage sa situation de façon
à ne pas donner prise à une règle qui le gêne. Lorsqu'un employeur
passait avec son salarié une série de contrats successifs à brève durée
déterminée, il évitait de remplir les conditions d'application de la règle
imposant le respect d'un préavis et le versement d'indemnités en cas
de licenciement. Il ne s'était jamais trouvé dans une situation correspondant aux prévisions de la loi ou de la convention collective. Dira-t-on
qu'il avait seulement fait montre d'habileté ? Avec raison, la jurisprudence ne l'admettait pas : il y avait fraude (55).

D'un autre côté, distinguer la loi actuellement applicable, que l'on
ne saurait éluder sans fraude, et la loi sous l'empire de laquelle on évite
de se placer conduit à faire à l'habileté licite une place trop étroite.
Sans doute, lorsque les conditions d'application d'une règle sont réunies,
est-on tenu de respecter celle-ci. La violation d'un texte fait encourir
des sanctions, sans qu'il soit d'ailleurs question de fraude au sens strict
du terme. Mais il serait excessif de considérer qu'il est toujours interdit
de modifier sa situation et de se placer, *pour l'avenir*, hors du champ
d'application de la loi. C'est précisément en de telles hypothèses qu'il
est nécessaire de différencier la fraude de l'habileté. Lorsqu'un médecin
traite une personne, il est sous le coup de l'incapacité de recevoir à titre

---

(53) VIDAL, note précitée, III.
(54) VIDAL, thèse précitée, p. 96.
(55) *Supra*, note 6.

gratuit prévue par l'article 909 du Code civil ; s'il épouse cette personne afin d'échapper à cette incapacité, il tente de se placer hors d'atteinte de la règle en créant les conditions de l'exception aménagée par le même texte ; il commet une fraude. Mais il n'est pas douteux qu'un contribuable qui modifie sa situation de façon à diminuer les bases de son imposition en remplissant désormais les conditions d'un texte plus favorable, se montre seulement habile.

Une illustration de l'impossibilité de faire une application mécanique du critère examiné est fournie par le changement volontaire de régime matrimonial prévu par l'article 1397 du Code civil. Ce texte, issu de la loi du 13 juillet 1965, permet aux époux, après deux années d'application de leur régime, de convenir d'en changer, dans l'intérêt de la famille, moyennant une homologation du tribunal de leur domicile (56). Or, par hypothèse, si les époux veulent changer de régime matrimonial c'est bien pour se soustraire aux diverses règles fiscales, successorales, etc. dont l'application est commandée par leur statut matrimonial actuel et se placer sous l'empire d'autres règles qu'ils jugent plus favorables. Le changement de régime serait donc le moyen efficace utilisé à dessein afin d'éluder des règles obligatoires *dont les conditions d'application étaient réunies*. De sorte que les juges chargés de décider de l'homologation de la convention n'auraient le choix qu'entre deux attitudes : ou refuser systématiquement toute homologation en faisant application de la théorie de la fraude, ou accorder sans examen toutes les homologations demandées, en considérant que la loi a expressément validé une fraude. Cette position a été soutenue (57). Une telle argumentation ne peut que viser à démontrer par l'absurde l'imperfection de la loi. Mais elle établit bien davantage l'insuffisance du critère utilisé pour la distinction de la fraude et de l'habileté. La jurisprudence, d'ailleurs, est loin de suivre une telle suggestion. Les tribunaux exercent un contrôle cas par cas et s'il leur arrive parfois de relever une fraude (58), ils ne considèrent certainement pas que, par nature, toute convention de changement de régime matrimonial est un acte frauduleux.

756. — Critère proposé : le mépris de la loi en cas de modification artificielle de la situation de fait.

La distinction de la fraude et de l'habileté ne peut s'expliquer sans

---

(56) V. Régimes matrimoniaux.

(57) M. Gobert, *Mutabilité ou immutabilité des régimes matrimoniaux*, J. C. P. 1969. I. 2281.

(58) Colmar, 9 février 1972 et 8 mars 1972, D. 1973. 157, note E. Poisson. — Cass. civ. 1re, 23 février 1972, J. C. P. 1972. II. 17175, note Patarin ; D. 1973. 157, note E. Poisson. — Cass. civ. 1re, 7 novembre 1978, *Defrénois*, 1979, art. 31936, *Chron. jur. civ. gén.*, n° 17, observ. Champenois. — Colmar, 8 octobre et 29 avril 1981, D. 1982, 43, note D'ambra et Boucon. — Cass. civ. 1re, 17 février 1987, *Gaz. Pal.*, 1987.1.295 ; *Defrénois*, 1987, art. 34016, chron. jur. civ. gén., n° 57, observ. Champenois ; *Rev. trim. dr. civ.*, 1987, 604, observ. Perrot. — *Comp.* Cass. civ. 1re, 6 novembre 1978, D. 1980, 295, note Poisson-Drocourt ; *Defrénois*, 1980, art. 32448, chron. jur. civ. gén., n° 85, observ. Champenois. — Pratiquement, la fraude se matérialise lors de la liquidation du précédent régime. V. Camoz, *Le rôle du juge et la notion de fraude à l'occasion d'un changement de régime matrimonial*, J. C. P., éd. N., 1989, I, p. 283. — Sur le contrôle des tribunaux en cas de changement de régime matrimonial, v. Les Régimes matrimoniaux.

remonter au fondement de la réaction du droit en présence d'agissements frauduleux. Ce qui justifie qu'il soit apporté « exception à toutes les règles » est le trouble social que causerait le succès de la manœuvre. « C'est de la moralité de l'acte qu'il faut s'occuper » (59) ou, du moins, de son caractère inadmissible pour l'ordre juridique tout entier.

La fraude implique quelque chose de plus que l'exclusion volontaire d'une règle de droit. Elle marque un véritable mépris pour cette règle qui se trouve bafouée. Lorsque cet élément fait défaut, il s'agit seulement d'habileté.

Ce n'est pas par hasard que les exemples d'habileté licite le plus souvent cités sont tirés de l'attitude des particuliers en matière fiscale. Les lois créatrices d'impôts sont d'interprétation stricte. Le législateur ne se fait pas faute d'énumérer minutieusement les faits et les actes donnant lieu à perception. Mais il n'est pas admis que, par analogie, une situation non visée par les textes soit génératrice de dette envers le fisc. Cela signifie que le législateur laisse toute possibilité d'action aux particuliers pour profiter des imprécisions ou des lacunes de la loi afin de bénéficier d'une situation plus favorable. Dès lors, celui qui réussit à profiter d'une faille du système ne tourne pas la loi : il applique seulement à son avantage les « règles du jeu » établies par l'ordre juridique lui-même. C'est ce qui explique qu'en cette matière on ne rencontre pratiquement pas de fraude *stricto sensu* (60). Ce que l'on désigne sous le nom de « fraude fiscale » est constitué par des dissimulations, non par des opérations réelles (61). Tout acte non fictif est simple habileté. La même observation peut être faite à propos des ruses ayant pour objet d'éluder d'autres lois sujettes à interprétation restrictive, comme celles qui établissent des incriminations pénales.

En bien d'autres domaines, au contraire, les termes de la loi ne sont pas reçus avec tant de rigueur. Le législateur vise une certaine situation de fait et en tire des conséquences. Celles-ci s'imposent à tout individu se trouvant dans cette situation. Certes, la loi n'interdit pas de modifier les données de fait, de façon à obtenir un avantage dont on était privé. Ce n'est qu'exceptionnellement qu'un résultat est prohibé quelles que soient les circonstances et il n'est alors pas besoin d'avoir recours à la théorie de la fraude pour sanctionner un acte visant à atteindre ce résultat. En principe, il n'est pas interdit de modifier sa situation afin de sortir du champ d'application de la loi ou de déclencher une autre règle dont les effets neutralisent les aspects gênants de la première. Ce n'est qu'habileté. Mais il faut que la modification ait une portée

---

(59) RIPERT, *La règle morale*, n° 173.
(60) VIDAL, thèse précitée, p. 97.
(61) *Supra*, n° 744.

concrète. La situation nouvelle doit être véritablement différente de la précédente. Sinon, l'agent ne « joue plus le jeu » : il reste en réalité dans la même situation de fait et s'affranchit de ses conséquences juridiques. L'autorité de la loi est bafouée ; il y a fraude.

Ce n'est pas revenir sur la constatation précédemment faite que la fraude suppose l'emploi d'un moyen réel (62). Mais entre l'acte simulé et l'acte qui modifie véritablement les données de fait, il y a place pour l'acte réel qui cependant ne change rien aux éléments essentiels de la situation concrète qu'avait envisagée le législateur. Un tel acte n'est sans doute pas mensonger, il n'en est pas moins un artifice. Ainsi, antérieurement aux interventions législatives limitant spécialement la liberté contractuelle en ce domaine (62-1), l'employeur qui cherchait à éluder les règles de préavis et d'indemnités prévues en cas de rupture d'un contrat de travail à durée indéterminée pouvait choisir de conclure un contrat à durée déterminée en fixant une échéance raisonnable : il se plaçait hors du champ d'application de la règle, mais il perdait la possibilité de mettre fin unilatéralement aux fonctions du salarié. En revanche, s'il passait de multiples contrats successifs de durée très brève, il demeurait dans une situation de fait lui permettant de faire cesser à sa guise la relation de travail. Le moyen utilisé était réel : les contrats étaient effectivement à durée déterminée ; mais les circonstances de fait demeuraient celles qui avaient été visées par le législateur lorsqu'il avait établi les garanties dues au salarié. Le procédé était exclusif de la simple habileté ; il traduisait le mépris de l'individu envers la loi ; il était frauduleux.

757. — Applications.

Cette analyse s'applique dans bien d'autres cas où se pose la question de la distinction de la fraude et de l'habileté. Lorsque des individus interviennent sur un élément déterminant la compétence de la loi française ou de la loi étrangère, la fraude apparaît si la situation de fait n'est pas sérieusement modifiée (62-2). Ainsi, pour relever la fraude des époux qui obtenaient une naturalisation afin de bénéficier d'un divorce alors prohibé par la loi française, les tribunaux constataient-ils que les intéressés continuaient à vivre en France. D'une façon générale, en droit international privé, « la fraude consiste pour un particulier à se soustraire à l'application d'une loi compétente, en faisant intervenir une loi étrangère, *et tout en continuant de relever*

---

(62) *Supra*, n° 752.

(62-1) *Supra*, n° 745, note 6.

(62-2) V. sur le cas d'époux qui divorcent pour se remarier entre eux ensuite, afin de faire acquérir au mari la nationalité française qu'il avait antérieurement perdue : Cass. civ. 1re, 17 novembre 1981, J. C. P. 1982.II.19842, note Gobert ; D. 1982, 573, note Guiho ; Gaz. Pal., 1982.2.567, note Massip, prononçant cassation partielle de Lyon, 16 janvier 1980, Gaz. Pal., 1980.2.428, note Viatte ; D. 1981, 577, note Guiho.

matériellement de la loi évincée » (63). Un distributeur qui dépose une marque pour couvrir une marchandise importée ne différencie pas ce produit par rapport à celui que pourraient diffuser d'autres importateurs s'approvisionnant chez le même producteur : les données de fait demeurent celles qui donnent lieu aux mesures assurant le libre jeu de la concurrence. Le médecin qui épouse la personne qu'il soigne, afin de recevoir de celle-ci une libéralité, ne fait pas disparaître les risques de suggestion ou de captation justifiant l'incapacité légale (63-1)...

On retrouve peut-être même l'idée dans la fraude paulienne. Le débiteur, lié envers des créanciers chirographaires, reste libre d'administrer son patrimoine. En faisant crédit, les créanciers courent le risque d'une gestion malheureuse de ses biens par le débiteur ou de coups du sort anéantissant leur gage. Lorsque de tels événements se produisent, l'obligation ne peut être exécutée ; en fait sinon en droit elle disparaît. C'est là un effet des circonstances qui ont déterminé l'insolvabilité du débiteur. Mais si, les données de fait étant demeurées identiques, c'est seulement par suite d'opérations menées par le débiteur spécialement afin de se rendre insolvable que les droits des créanciers porteront désormais dans le vide, la dette doit subsister. L'insolvabilité qui existe alors en droit n'a pas la même consistance en fait. Le débiteur a aliéné des biens et en a dissimulé le prix, il a disposé à titre gratuit et peut compter sur la reconnaissance du gratifié... Le débiteur n'a pas réellement perdu tous les avantages de sa situation antérieure et il prétend cependant échapper aux inconvénients qu'elle comportait. C'est le signe de la fraude.

758. — La nécessaire appréciation des tribunaux.

La distinction de la fraude et de l'habileté dépend donc d'une corrélation entre la règle éludée et le moyen utilisé. Par hypothèse, dans les deux cas le moyen est juridiquement efficace. Mais tantôt il modifie substantiellement la situation de fait, de sorte qu'il n'est pas choquant que la loi soit écartée, tantôt le changement qu'il réalise est presque exclusivement juridique, si bien que les raisons d'appliquer la règle demeurent. Hormis les cas où la loi est d'interprétation stricte et où le système laisse lui-même le champ libre à toutes les astuces, il y a fraude à opposer à la règle un obstacle artificiel parce que purement juridique et sans incidence réelle sur les données de fait. « Frauder la loi n'est pas en écarter l'application par un moyen légal, c'est en éluder l'observation dans les cas où on avait le devoir de la respecter », écrivait Ripert (64) et M. Vidal insiste à plusieurs reprises sur l'idée que la fraude consiste à éluder une règle « à laquelle on avait l'obligation de se conformer » (65). Ce devoir de respecter la règle, cette obligation de s'y

---

(63) Audit, thèse précitée, n° 282. Ainsi s'explique que l'on soit en présence de ce que cet auteur qualifie de « faux conflit » : « ... c'est un *faux conflit* lorsqu'une des lois a un intérêt à s'appliquer, tandis que l'application de l'autre ne servirait que peu, ou pas, les objectifs qu'elle se propose » (*Ibid.*, n° 28).

(63-1) V. une application du critère proposé à des « montages juridiques » visant à faire bénéficier le banquier, à titre de garantie, de la clause de réserve de propriété : Ghestin, *Réflexions d'un civiliste sur la clause de réserve de propriété*, D. 1981, chron. 1, n° 43.

(64) *La règle morale...*, n° 176.

(65) Thèse précitée, *passim*, notamment p. 94 ; note précitée, D. 1963. 149.

conformer *en dépit d'un obstacle juridique artificiellement créé* vient de ce que la situation de fait qui donnait ouverture à la loi subsiste au fond.

Cependant, comme le moyen utilisé n'est pas simulé mais bien réel, il exerce une certaine influence sur les faits. Il n'y a plus identité absolue entre l'hypothèse posée par le législateur et la situation où s'est placé le sujet. Mais la différence n'est pas suffisante pour que l'éviction de la règle soit tolérable. Or il n'est pas possible de fixer abstraitement *a priori* une mesure uniforme permettant de décider, dans tous les cas, si les conditions de fait imposant le devoir de respecter la loi sont encore réunies ou cessent de l'être. A défaut d'indications de la loi elle-même précisant le critère de distinction de la fraude et de l'habileté, une appréciation des tribunaux est nécessaire. De là une certaine souplesse de la notion de fraude, grâce à laquelle les individus conservent leur liberté d'action, sans que l'exercice de celle-ci leur permette de ruser au point de bafouer la loi.

En effet, dès lors que la fraude est établie, le principe « *fraus omnia corrumpit* » peut être invoqué pour assurer le respect du droit en levant l'obstacle à l'application de la règle que le fraudeur avait cherché à éluder. Ainsi, la sanction de la fraude empêche un véritable trouble social.

SECTION 2

LA SANCTION DE LA FRAUDE

759. — Le refus d'appliquer la règle dont les conditions ont été réunies par fraude : l'inopposabilité.

Pour quelques fraudes particulières, le législateur a lui-même prévu une sanction. Ainsi, l'article 262-2 du Code civil annule les actes frauduleux accomplis par les époux au cours de l'instance en divorce ; d'autres fois, le résultat obtenu en déclenchant frauduleusement l'application d'une règle de droit peut être remis en cause devant la justice (C. civ., art. 316, 350, 353-1, 882) ou, lorsqu'il est irréversible, donne lieu à indemnité (C. civ., art. 1432). Quand c'est par fraude qu'un contractant est en mesure d'invoquer l'interdiction de prouver par témoins ou présomptions contre et outre les énonciations d'un écrit, tous les moyens de preuve deviennent recevables (C. civ., art. 1353). Bien que la loi soit peu explicite à cet égard, il est généralement admis que l'effet du succès de l'action paulienne est l'inopposabilité au créancier agissant de l'acte frauduleux du débiteur : le créancier est en droit de considérer que le bien dont s'est dépouillé le débiteur fait toujours partie du patrimoine de celui-ci (1).

----

(1) V. Le rapport d'obligation.

Est-il possible de tirer de ces exemples un principe général ? Une idée commune inspire ces solutions et rejoint d'ailleurs les conclusions que l'on peut tirer rationnellement de l'analyse : « la fraude doit avoir pour effet sa propre inefficacité » (2). En d'autres termes, la règle juridique rendue applicable par ruse pour évincer une autre règle à laquelle le sujet était soumis ne produira pas ce résultat. Le moyen employé afin d'éluder une règle obligatoire qui devrait être efficace si on laissait librement jouer les mécanismes légaux sera privée de cette efficacité en vertu du principe « *fraus omnia corrumpit* ». La défense de l'ordre juridique passe par la méconnaissance par le juge d'une règle de droit théoriquement applicable. Telle est l'originalité de la sanction de la fraude : elle « fait exception à toutes les règles » et restaure l'application de la loi à laquelle l'agent a tenté d'échapper (3).

De la sorte, les dispositions plus favorables de la loi étrangère sous l'empire de laquelle l'intéressé a voulu se placer ne seront pas prises en considération, la protection territoriale de la marque déposée par un importateur ne pourra être invoquée, le médecin qui a épousé la personne soignée par lui n'accédera pas à la capacité de recevoir de celle-ci une libéralité, l'appel contre le jugement de divorce interjeté hors délai par un époux dont le conjoint a réussi à endormir la vigilance sera déclaré recevable, etc.

Cela ne signifie pas que le moyen utilisé par le fraudeur soit totalement privé d'effets. « L'acte frauduleux n'est frappé d'inefficacité que dans la mesure seulement où il aboutit à un résultat jugé contraire au droit : l'éviction par la ruse d'une règle obligatoire » (4). Ainsi, le mariage du médecin avec la personne qu'il soigne est valable, si du moins le consentement donné est sérieux, seulement il n'affranchit pas le médecin de l'incapacité de recevoir à titre gratuit... Cette inefficacité limitée est une *inopposabilité* aux victimes des conséquences de la fraude. « Il est en effet parfaitement inutile de frapper un acte plus qu'il n'est nécessaire pour que soit atteint le but visé par le législateur. La volonté de l'auteur de l'acte doit être respectée jusque et dans la mesure où cet acte ne contrevient pas à la règle juridique. L'inopposabilité parvient à ce résultat. Elle modèle la sanction à l'exacte gravité du vice » (5).

Sans doute, s'agissant d'un acte juridique frauduleux, est-il parfois question non d'une simple inopposabilité mais d'une nullité qui l'anéantit

---

(2) VIDAL, thèse précitée, p. 372, 390, 440, 446.

(3) Sur d'autres façons de sanctionner la fraude — largement entendue — en droit international privé, V. AUDIT, thèse précitée, nᵒˢ 145 et s.

(4) VIDAL, thèse précitée, p. 391.

(5) *Ibid.* Comp. CALBAIRAC, étude précitée, D. 1961, chron. 169. — MARTY et RAYNAUD, *Les obligations*, t. 1, nᵒ 471.

complètement. Une telle solution s'explique, hormis les cas où un texte l'impose, si l'acte considéré n'a pas d'autre effet que de produire le résultat prohibé par la règle frauduleusement éludée : rien ne peut alors être sauvé (5-1). Mais en général l'inopposabilité est une sanction suffisante et adéquate (6).

760. — Régime de l'inopposabilité.

L'inopposabilité est mise en œuvre par les victimes directes ou indirectes de la fraude, par voie d'action ou d'exception (7). Le ministère public peut agir si l'ordre public est intéressé (8).

La définition du régime et des effets de l'action en inopposabilité seront, dans une très large mesure, calqués sur le mécanisme le plus connu : l'action paulienne (9). Ce modèle se révèle précieux notamment pour déterminer l'incidence de la sanction de la fraude sur les droits que des tiers ont pu acquérir du fraudeur. Le principe de l'inopposabilité est l'inefficacité de l'acte considéré au regard des seuls intéressés qui le critiquent en démontrant la fraude. Mais un conflit peut en résulter entre la victime de la fraude, pour laquelle l'acte est sans effet, et un tiers qui a bénéficié des conséquences de cet acte et qui entend s'en prévaloir. S'agissant de l'action paulienne mise en œuvre par un créancier victime des aliénations par lesquelles son débiteur s'est rendu insolvable, on distingue selon que le tiers a acquis à titre gratuit ou à titre onéreux. Dans le premier cas, il ne peut opposer son droit au créancier victime de la fraude, car il n'en subit aucune perte et manque seulement un gain. Dans le second cas, il conserve son acquisition, sauf s'il s'est rendu complice de la fraude du débiteur. Ces solutions peuvent être généralisées

---

(5-1) A titre d'exemple : annulation de la subdivision d'un lot de copropriété, et des ventes distinctes des éléments, destinées à faire échec au droit de préemption du locataire : Paris, 28 janvier 1988, *Gaz. Pal.*, 1988.1.127.

(6) La commission de réforme du Code civil a proposé un texte en ce sens : « L'acte fait en fraude des droits d'un tiers ne peut lui être opposé par les auteurs ou complices de la fraude. La nullité de l'acte peut même être prononcée si elle apparaît comme le seul moyen d'éviter ou de réparer le préjudice résultant de l'acte frauduleux. Toutefois, s'il s'agit d'un acte à titre onéreux, la nullité ne peut être prononcée que si toutes les parties ont eu connaissance de la fraude » : art. 25 de l'Avant-Projet relatif aux conditions de fond des actes juridiques, Trav. com. réf. C. civ. 1945-1946, p. 165.

(7) Du point de vue terminologique, il faut préciser que le principe *fraus omnia corrumpit* est parfois qualifié d'« exception de fraude » (AUDIT, thèse précitée, n°s 181 et s.). On désigne par là le raisonnement selon lequel la fraude « fait exception à toutes les règles », sans prendre parti sur la voie procédurale, demande ou défense, par laquelle il est mis en jeu.

(8) Pour une étude plus détaillée de l'action en inopposabilité pour fraude, V. VIDAL, *op. cit.*, p. 393 et s.

(9) V. LE RAPPORT D'OBLIGATION.

et doivent s'appliquer chaque fois que la question se pose en des termes analogues (10).

L'application en d'autres domaines des principes de l'action paulienne transporte naturellement les difficultés de mise en œuvre que l'on rencontre à ce sujet. En particulier, la notion de complicité de fraude imputable au tiers peut susciter des controverses. Exigera-t-on un véritable concert frauduleux, le tiers ayant activement participé à la manœuvre de l'auteur de la fraude, ou se contentera-t-on de la simple connaissance de la fraude par le tiers ? (11).

D'un autre côté, la transposition n'implique pas toujours identité de solutions. Dans l'action paulienne, la victime de la fraude est un créancier qui agit pour sauvegarder un droit personnel. Le débiteur était titulaire du droit qu'il a transmis. Il n'y a pas, de la part du tiers, acquisition *a non domino*. De sorte que si l'acquéreur a aliéné à son tour, les rapports du sous-acquéreur et du créancier victime de la fraude se présentent de façon identique : le droit a été transmis et il s'agit de savoir si la sanction de la fraude justifie une exception à cette règle, au profit du créancier. Il faut donc rechercher si le sous-acquéreur a acquis à titre gratuit ou à titre onéreux et, dans ce dernier cas, s'il était ou non de bonne foi. Mais la situation est différente lorsque la victime de la fraude est titulaire d'un droit réel. *A priori*, la question de la fraude ne paraît même pas se poser en pareil cas : le précédent titulaire du droit n'a pu transmettre à un tiers un droit qu'il n'avait plus ; le droit réel étant opposable à tous, il suffit au véritable titulaire d'agir en revendication. Cependant, en matière immobilière, le mécanisme de la publicité foncière intervient : un acte translatif de droit réel est inopposable aux tiers s'il n'est pas publié (12). Par conséquent, un acquéreur qui a publié son titre l'emporte sur un précédent acquéreur du même immeuble qui n'a pas satisfait à la formalité. Cette règle peut être déclenchée frauduleusement. Si l'on applique le principe « *fraus omnia corrumpit* », les effets de la publication sont inopposables au premier acquéreur victime de la fraude. Il est donc fait retour au droit commun : le second acquéreur n'a aucun droit, pour avoir acquis *a non domino*. Dès lors, il ne peut rien transmettre à son tour. Un sous-acquéreur, serait-il de bonne foi, devrait alors s'effacer devant la victime de la fraude. Telle a, du moins, été la solution de la jurisprudence (13), aujourd'hui abandonnée en même temps que l'application de la théorie de la fraude en cette matière (14).

De même pourrait se poser de façon originale le conflit entre un tiers acquéreur à titre gratuit et celui qui se plaint de la fraude lorsqu'il est lui-même bénéficiaire de droits acquis à titre gratuit. Doit-on alors sacrifier le tiers, même s'il est de bonne foi (15) ? Le modèle de l'action paulienne ne fournit pas la réponse et le point peut sans doute être discuté.

761. — La maxime « *fraus omnia corrumpit* » est un précieux instrument de défense de l'ordre juridique. Parce que la fraude « fait exception

---

(10) V. *supra*, note 6.

(11) Sur cette discussion en matière d'action paulienne, V. LE RAPPORT D'OBLIGATION.

(12) V. LES BIENS.

(13) Cass. civ., 10 mai 1949, D. 1949. 1. 277, note LENOAN ; J. C. P. 1949. II. 4972, note E. BECQUÉ ; S. 1949. 1. 189, note BULTÉ ; *Rev. trim. dr. civ.*, 1950, 76, observ. SOLUS.

(14) *Infra*, n° 766.

(15) En ce sens, VIDAL, *op. cit.*, p. 291.

à toutes les règles », la ruse immorale, qui trouble l'organisation sociale, est déjouée. Le fraudeur est pris à son propre piège car il reste largement prisonnier du mécanisme qu'il a déclenché, sans pour autant atteindre le résultat prohibé qu'il visait.

Mais il existe bien d'autres procédés de lutte contre les agissements coupables. La question se pose donc d'une définition des rapports de ceux-ci avec la théorie de la fraude.

SECTION 3

PLACE DE LA THÉORIE DE LA FRAUDE PARMI D'AUTRES MOYENS DE CONTROLE DES AGISSEMENTS BLAMABLES

762. — Il existe de nombreuses techniques juridiques destinées à assurer le respect des normes d'organisation sociale. Parmi celles-ci, il en est qui offrent avec la théorie de la fraude certains points de contact. L'examen de ces rapports permet de mieux situer le rôle de la maxime « *fraus omnia corrumpit* ». Il doit ainsi fournir des éléments de réponse à la question de savoir si l'application de la théorie de la fraude doit avoir un caractère subsidiaire, en tant que recours ultime, lorsque toutes les défenses de l'ordre juridique ont échoué.

§ 1. — RAPPORTS ENTRE LA THÉORIE DE LA FRAUDE ET D'AUTRES MÉCANISMES VOISINS

763. — Sans nier l'originalité du problème posé par la fraude et de sa solution, il faut reconnaître certains chevauchements du principe « *fraus omnia corrumpit* » avec d'autres théories dont le dynamisme se révèle conquérant. C'est notamment le cas lorsqu'on rapproche ce principe de la nullité des actes juridiques pour cause illicite, de l'abus de droit et de la responsabilité civile (1).

764. — **Rapports avec la théorie de la cause.**

En matière d'actes juridiques, la *théorie de la cause* est un puissant moyen de contrôle au service de la légalité (2). Sa souplesse explique

---

(1) Sur les rapports avec la théorie de l'ordre public en droit international. V. VIDAL, *op. cit.*, p. 270 et s.

(2) LE CONTRAT, FORMATION, nos 629 et s.

qu'il en soit largement fait usage. Pour s'en tenir à l'essentiel, on peut dire que la cause exprime le but visé par l'auteur ou les auteurs de l'acte juridique. Si ce but est contraire à la loi ou à la morale, l'acte est frappé de nullité (C. civ., art. 1131). Or l'individu qui cherche à éluder une règle qui s'impose à lui n'est-il pas animé par un dessein illicite ? L'intention frauduleuse ne révèle-t-elle pas l'illicéité ou l'immoralité de la cause de l'acte ?

Sans doute, les actes juridiques ne sont pas les seuls moyens de réaliser des fraudes (3). Mais il subsiste un large secteur où l'on peut hésiter entre l'application de l'adage « *fraus omnia corrumpit* » et la nullité pour cause illicite.

L'assimilation générale de l'intention frauduleuse à la cause illicite peut être discutée. Aux termes de l'article 1131 du Code civil, « la cause est illicite quand elle est prohibée par la loi, quand elle est contraire aux bonnes mœurs ou à l'ordre public ». Or il est exceptionnel que la loi elle-même prohibe l'emploi de procédés ayant pour effet de l'éluder et, d'ailleurs, il n'est pas fait appel à la théorie de la fraude pour sanctionner en ce cas le comportement interdit. Il est donc douteux que l'intention d'échapper à une règle soit, au sens strict, contraire à la loi. « On peut, il est vrai, considérer cette cause comme contraire *au droit* sinon à la loi, disposition particulière ; mais il semble difficile d'accorder un sens aussi général à l'expression de l'article 1131 du Code civil » (4). Reste donc la contrariété aux bonnes mœurs et à l'ordre public. Mais il faut alors se demander si la déloyauté, le mépris pour les règles juridiques que révèle la fraude est un élément suffisant ou s'il faut encore rechercher le contenu de la règle éludée et ne retenir l'atteinte à la morale ou à l'ordre public que si la loi écartée visait spécialement à les protéger (5).

Quoi qu'il en soit, la jurisprudence n'adopte pas une conception très stricte de la cause illicite ou immorale. La plupart du temps, l'intention frauduleuse peut donner lieu à l'application de l'article 1131 du Code civil tel que l'interprètent les tribunaux. De là une possibilité de faire jouer dans bon nombre de cas soit la théorie de la fraude, soit celle de la cause (5-1).

765. — Rapports avec la théorie de l'abus de droit.

La parenté est encore plus étroite entre la sanction de la fraude et celle de *l'abus de droit*. Déjà un point de rencontre apparaît si l'on voit

---

(3) *Supra*, n° 752.
(4) Vidal, *op. cit.*, p. 337.
(5) Desbois, thèse précitée, p. 35-36. — Comp. Ginossar, étude précitée, *Mélanges Dabin*, t. II, p. 615 et s.
(5-1) Le Contrat, Formation, n° 697.

dans l'intention de nuire le critère de l'exercice abusif d'un droit : il arrive, en effet, que la fraude soit inspirée par un dessein malicieux. Du moins, dans cette conception, de nombreux actes frauduleux seraient-ils hors d'atteinte de la théorie de l'abus de droit parce que l'intention de nuire ne peut être suffisamment caractérisée (6). Mais si, comme nous le croyons (7), il y a abus lorsqu'un droit n'est pas exercé conformément à sa fonction sociale, la coïncidence s'accentue. L'idée fondamentale est la même : le droit ne peut tolérer que des institutions juridiques soient détournées de leur finalité. Tel est bien le cas de la fraude. La règle de droit mise en œuvre par le sujet n'a pas pour fonction d'éluder une autre règle obligatoire. La manipulation ainsi subie par la loi est abusive (8). La sanction de la fraude et celle de l'abus de droit procèdent du même esprit ; « il s'agit là de deux procédés de la technique juridique entre lesquels il serait vain de rechercher des différences profondes. Ce sont deux moyens de parvenir à une même fin » (9).

Toutefois, si une analogie très grande existe et si la justification de la réaction du droit est identique dans les deux cas, il est assez rare que les domaines d'application des deux théories puissent se recouvrir. En effet, l'abus de droit suppose l'exercice de prérogatives *déterminées*, dont les contours extérieurs peuvent être définis avec assez de précision (10). Or la plupart des fraudes ne se réalisent pas en exerçant un droit ainsi conçu. Il s'agit généralement de faits ou d'actes accomplis au titre de la liberté : liberté de conclure un contrat, liberté d'aller et venir, etc. Le plus souvent, la fraude n'est pas le mauvais exercice d'un droit détournant celui-ci de sa fonction, mais le détournement d'une règle juridique afin d'acquérir un droit dont on était privé. De la sorte, l'application pure et simple de la théorie de l'abus de droit n'est pas

---

(6) *Supra*, n° 751, note 37.

(7) *Supra*, n⁰ˢ 718 et s.

(8) Aussi, a-t-on dit, la même idée s'exprime par des vocables différents selon les disciplines : fraude à la loi en droit international, détournement de pouvoir en droit administratif, abus de droit en droit privé interne : JEANTET, étude précitée, J. C. P. 1966. I. 2029. — La jurisprudence elle-même assimile parfois fraude et abus de droit. Ainsi, dans la célèbre affaire *de Beauffremont* (changement de nationalité en vue d'un divorce), le jugement du Tribunal civil de la Seine (10 mars 1876, S. 1876. 2. 249) considère-t-il comme abusif le changement de nationalité. Un exemple plus récent est fourni par un arrêt de la Cour de Paris du 23 novembre 1972 (J. C. P. 1973. II. 17424, note LYON-CAEN) qui énonce : « Considérant que la fraude à la loi *et, partant, l'abus de droit* apparaissent bien de ce fait que tous les avantages du système aient été pour l'employeur et tous les inconvénients en droit pour le salarié... ». V. un autre exemple : Trib. gr. inst. Limoges, 3 novembre 1988, J. C. P. 1989.II.21346, note PRÉVAULT.

(9) AUDIT, thèse précitée, n° 199. — Sur les rapports entre la fraude paulienne et l'abus de droit : GHESTIN, note sous Cass. civ. 1ʳᵉ, 17 octobre 1979, J. C. P. 1981. II. 19627.

(10) *Supra*, n° 701.

techniquement adaptée. Mais il reste que la maxime « *fraus omnia corrumpit* » est certainement très proche de la sanction de l'exercice abusif des droits (10-1).

766. — Rapports avec la théorie de la responsabilité civile

Au point de vue pratique, ce sont sans doute les contacts entre la théorie de la fraude et celle de la *responsabilité civile* qui présentent la plus grande importance. Ils sont nombreux. En effet, si la fraude ne cause pas toujours de préjudice à des particuliers, cette hypothèse est cependant de très loin la plus fréquente. L'acte ou le fait accompli pour réaliser la fraude consiste généralement dans le simple exercice d'une liberté d'une façon telle que le comportement de l'agent s'écarte de celui d'un homme raisonnable et prudent, attentif à respecter les intérêts d'autrui (10-2). Dès lors, les agissements frauduleux sont fautifs. Ils sont la cause du dommage dont se plaint la victime et peuvent donner ouverture à l'action en responsabilité.

Le rapprochement se prolonge jusque dans les effets de l'utilisation de l'une ou l'autre des théories. Si l'on invoque l'adage « *fraus omnia corrumpit* » la fraude manque son but, la règle de droit frauduleusement déclenchée ne produit pas le résultat escompté. Si l'on met en jeu la responsabilité civile de l'agent, le dommage sera réparé par la condamnation la plus adéquate. Or, souvent, la meilleure façon de réparer le dommage consiste à interdire à l'auteur de la faute de se prévaloir de la règle qu'il invoque. Pratiquement, on rejoint l'inopposabilité sanctionnant la fraude.

Certes, il ne saurait être question de prétendre que la théorie de la fraude s'absorbe entièrement dans celle de la responsabilité civile. L'existence d'un préjudice, la précision du lien de causalité entre le dommage et l'acte incriminé ne sont pas nécessaires à l'application du principe « *fraus omnia corrumpit* ». Mais il existe un vaste terrain où l'une et l'autre théorie ont vocation à s'appliquer.

On peut d'ailleurs constater à ce propos que la sanction de la fraude dans un domaine déterminé précède souvent et, en quelque sorte, ouvre la voie à la mise en œuvre de la responsabilité civile. Il n'y a là rien

---

(10-1) V., par exemple, la discussion sur le principe permettant de mettre en échec l'autonomie de la garantie à première demande et d'autoriser le garant à faire valoir les exceptions tirées du contrat de base : abus manifeste ou fraude manifeste ? (Cass. com. 11 décembre 1985, J. C. P. 1986.II.20593, note STOUFFLET ; D. 1986, 213, 2e esp., note VASSEUR ; Gaz. Pal., 1986.1.281, note A. PIÉDELIÈVRE. — 10 juin 1986, D. 1987, 17, 2e esp., note VASSEUR ; Gaz. Pal., 1987.1.75, note S. PIÉDELIÈVRE. — 20 janvier 1987, J. C. P. 1987.II.20764, note STOUFFLET).

(10-2) Sur la définition de la faute civile, v. LA RESPONSABILITÉ, CONDITIONS, nos 440 et s.

d'étonnant. Tout comme en matière d'abus de droit la difficulté réside dans le présupposé de légitimité de l'action *a priori* couverte par un droit, en matière de fraude le résultat dommageable provient des effets d'une règle de droit mise en œuvre par l'agent. Il est naturel que les tribunaux hésitent à condamner une personne à réparer un préjudice qui paraît causé, au premier chef, par la loi. Mais lorsque la fraude a été sanctionnée, le caractère artificiel de l'obstacle a été démontré. Les esprits s'habituent à cette situation et, le dynamisme de la responsabilité civile aidant, on ne relève plus la fraude mais la faute justifiant la condamnation à réparer le dommage. « Au lieu de considérer la règle et le sujet de droit, l'objet de la fraude et son auteur, on envisage ici sa conséquence : le préjudice subi par le créancier. Le préjudice, conséquence de la fraude, éclipse celle-ci » (11).

L'exemple le plus net d'une telle évolution est fourni par l'hypothèse, déjà évoquée (12) de deux ventes successives d'un même immeuble par une même personne. En raison du système de publicité foncière, le second acquéreur, bien qu'il ait acquis *a non domino*, l'emporte s'il a publié son titre le premier. Cependant, la jurisprudence a toujours réservé l'hypothèse du concert frauduleux entre le vendeur et le second acquéreur. Lorsque, pour dépouiller le premier acheteur, ils manœuvraient de telle façon que le second acquéreur publie son acte d'acquisition en priorité, le mécanisme de la publicité frauduleusement déclenché était privé d'effets : le second acquéreur ne pouvait se prévaloir de l'inopposabilité à son égard de la première vente non publiée ; il ne pouvait opposer sa propre acquisition bien qu'elle fût publiée (13). La fraude a été ensuite admise avec une certaine souplesse. Ainsi le terrain a été préparé pour l'application en ce domaine de la responsabilité civile. Actuellement, la Cour de cassation n'invoque plus la théorie de la fraude. Elle considère qu'il y a faute à acheter un immeuble que l'on sait avoir été déjà vendu à un tiers. Le préjudice causé au premier acquéreur est réparé en nature en interdisant au second acquéreur de se prévaloir de la priorité de sa publication (14). La responsabilité civile a supplanté la théorie de la fraude (15).

(11) Vidal, *op. cit.*, p. 70.

(12) *Supra*, n° 760.

(13) Cass. Req., 8 décembre 1858, D. P. 1859. 1. 184. — 27 novembre 1893, D. P. 1894. 1. 343. — 29 février 1904, D. P. 1905. 1. 8. — 15 juin 1922, D. P. 1922. 1. 180. — 6 avril 1925, D. P. 1926. 1. 185, note R. Savatier. — 24 juin 1929, *Gaz. Pal.*, 1929. 2. 567.

(14) Cass. civ. 3ᵉ, 22 mars 1968, D. 1968, 412, note J. Mazeaud ; J. C. P. 1968. II. 15587, note Plancqueel ; *Rev. trim. dr. civ.*, 1968. 564, observ. Bredin. — 30 janvier 1974, *Defrénois*, 1974, art. 30631, note Goubeaux ; J. C. P. 1975. II. 18001, note Dagot ; D. 1975. 427, note Penneau. — 3 octobre 1974, J. C. P. 1975. II. 18001, note Dagot. — 20 mars 1979, *Bull. civ.*, III, n° 71, p. 52. — 28 mai 1979, *Bull. civ.*, III, n° 116, p. 88. — M. Gobert, *La publicité foncière, cette mal aimée, Études offertes à J. Flour*, 1979, p. 207 et s. — Fournier, *Le malaise actuel dans le droit de la publicité foncière, Defrénois*, 1980, art. 32401.

(15) La solution s'harmonise ainsi avec celle qui est admise en jurisprudence d'une façon générale à propos des contrats conclus en violation des droits contractuels d'autrui (V. sous ce titre, l'étude de Starck, J. C. P. 1954. I. 1180). En effet, les contrats non soumis à des règles spéciales de publicité sont opposables aux tiers

On s'aperçoit d'ailleurs que les résultats ne sont pas rigoureusement identiques. Lorsque la jurisprudence faisait application du principe « *fraus omnia corrumpit* », elle décidait que la fraude initiale retentissait sur la situation d'un sous-acquéreur, même de bonne foi (16). Au contraire, lorsque la responsabilité est mise en œuvre, ce n'est pas la publication elle-même qui est frappée d'inefficacité, c'est le comportement personnel de l'acquéreur de mauvaise foi qui est sanctionné ; de sorte qu'un sous-acquéreur de bonne foi, échappant à toute responsabilité personnelle, reste en mesure d'invoquer la priorité de la publication du titre de son auteur.

767. — Sans qu'il y ait coïncidence totale, le domaine de la théorie de la fraude rencontre souvent celui d'autres mécanismes également destinés à assurer la conformité à la morale et aux normes d'organisation sociale du comportement des individus. La question se pose alors de déterminer, lorsqu'ainsi plusieurs techniques ont vocation à s'appliquer, laquelle doit être mise en œuvre.

§ 2. — LA QUESTION DE LA SUBSIDIARITÉ DU PRINCIPE « FRAUS OMNIA CORRUMPIT »

768. — **La thèse de la subsidiarité doit être nuancée.**

La théorie de la fraude est-elle l'ultime recours, le moyen auquel on fait appel lorsqu'*aucun* mécanisme de droit n'est en mesure de mettre en échec la manœuvre menaçante pour l'ordre juridique ? Il n'y aurait alors jamais de concurrence entre le principe « *fraus omnia corrumpit* » et une autre règle. Le domaine de la théorie de la fraude serait limité aux lacunes du système juridique (17).

Une telle affirmation ne paraît pas rendre compte exactement du droit positif qui est plus nuancé.

Certes, on ne saurait mettre en doute que le principe général « *fraus omnia corrumpit* » doive s'effacer devant des dispositions de la loi prévoyant spécialement l'hypothèse. Que les textes visent ou non

---

qui en ont connaissance, comme des simples faits (sur la portée du principe de l'effet relatif des contrats, V. LE CONTRAT, EFFETS). Dès lors, celui qui contracte avec une personne qu'il sait déjà engagée envers autrui viole directement la règle qui s'impose à lui (l'opposabilité). Il commet donc une faute qui l'oblige à réparation (DUCLOS, *L'opposabilité, essai d'une théorie générale*, L. G. D. J., 1984, préf. D. MARTIN, nos 47-1, 438 et s.). La question de la fraude ne nous semble pas se poser en pareil cas (*contra* : GINOSSAR, étude précitée, *Mélanges Dabin*, t. II, p. 615). En effet, le procédé employé n'est pas efficace, il ne masque pas la violation de la règle, il la révèle. Il en va autrement en matière de vente immobilière, car le système de publicité foncière, en commandant en principe le régime de l'opposabilité, fournit un moyen efficace d'échapper à une situation défavorable. C'est pourquoi il peut y avoir concurrence entre la théorie de la fraude et celle de la responsabilité civile.

(16) *Supra*, no 760.

(17) J. MAZEAUD, étude précitée, *Rép. gén. prat. not.*, 1962, art. 28265, no 5.

expressément la fraude, lorsqu'ils énoncent eux-mêmes une solution adaptée à une situation particulière, il n'y a pas lieu de rechercher ailleurs la défense de l'ordre juridique.

La question se pose en revanche d'une éventuelle concurrence de la théorie de la fraude avec d'autres principes tout aussi généraux, comme la responsabilité civile ou la nullité des actes pour cause illicite.

769. — Le choix de la technique utilisée est largement affaire d'opportunité.

La raison invoquée pour placer la maxime « *fraus omnia corrumpit* » en retrait par rapport à d'autres principes généraux et lui réserver un rôle subsidiaire est son caractère non écrit. La théorie de la cause, celle de la responsabilité, trouvent un appui dans le Code civil. Il n'y a dans la loi que des sanctions de fraudes particulières ; le principe lui-même n'a pas été consacré par les textes.

L'argument ne semble pas décisif. Le temps n'est plus où l'on vénérait la lettre de la loi (18). Bien que non exprimé formellement par le Code, le principe « *fraus omnia corrumpit* » n'en fait pas moins partie du droit positif. La discrétion des textes à son sujet n'implique pas nécessairement une position hiérarchiquement inférieure.

Dès lors, si l'on écarte cette idée, ne faut-il pas rechercher la coordination des principes sur un plan rationnel ? On aboutit alors à des schémas trop rigides, démentis par la jurisprudence. En effet, en concours avec la théorie de la cause illicite, l'adage « *fraus omnia corrumpit* » devrait toujours s'effacer : si la fraude est tentée au moyen d'un acte juridique dont la cause est illicite ou immorale, ce moyen est inefficace parce que frappé de nullité. En revanche, lorsqu'on hésite entre l'application de la théorie de la fraude et celle de la responsabilité civile, la seconde ne devrait pas entrer en jeu : la sanction de la fraude consiste à mettre en échec la manœuvre, de sorte qu'elle prévient la réalisation du préjudice ; la question de la réparation du dommage ne se pose pas si l'on a les moyens de l'empêcher de naître. Or l'examen de la jurisprudence révèle qu'une telle systématisation n'est pas suivie. Les contrats de travail à brève durée déterminée conclus par un employeur n'étaient pas annulés pour cause illicite, mais, par application de la théorie de la fraude, le salarié bénéficiait des garanties dont son cocontractant avait tenté de le frustrer. A l'inverse, dans les transferts de droits immobiliers, la mise en œuvre de la responsabilité civile a supplanté celle de l'adage « *fraus omnia corrumpit* »...

En réalité, le choix de la technique utilisée est essentiellement affaire d'opportunité. La sanction mesurée de la fraude est, en certaines matières, préférable à l'annulation totale d'un acte pour cause illicite.

---

(18) CALBAIRAC, étude précitée, D. 1961, chron. 169.

Ailleurs, la souplesse de la responsabilité civile donne de meilleurs résultats que l'appel à la théorie de la fraude. Des traditions s'établissent selon les secteurs (19) ; elles évoluent. De sorte qu'il paraît très difficile et, en définitive assez vain, de tenter de fonder un principe de subsidiarité entre théories de portée également générale. Dans la mesure où leurs domaines d'application se recouvrent, un choix s'ouvre pour retenir la solution la plus adéquate eu égard aux circonstances.

Il ne faudrait pas en conclure que la maxime « *fraus omnia corrumpit* » joue un rôle perturbateur mettant en péril la sécurité des relations juridiques. La prudence des tribunaux les conduit a en faire un usage modéré, limité aux nécessités de l' « assainissement des rapports de droit » (20).

---

(19) Voici un exemple caractéristique. Dans une instance en divorce, un époux manœuvre pour endormir la vigilance de son conjoint, de telle sorte que le délai d'appel soit expiré : par application de la théorie de la fraude, l'appel interjeté hors délai est néanmoins déclaré recevable (Caen, 9 novembre 1973, *Gaz. Pal.*, 1974.1. 75). Un homme ayant eu des relations sexuelles avec une femme qui a donné naissance à un enfant entretient avec celle-ci une correspondance et feint de s'intéresser à l'enfant, si bien que la mère laisse expirer les délais d'action en recherche de paternité naturelle : la responsabilité de l'amant est retenue et il est condamné à payer des dommages-intérêts (Cass. civ. 1re, 24 octobre 1973, *Gaz. Pal.*, 1974. 1. 295, note Plancqueel). La similitude des deux hypothèses est flagrante. Sans doute, la façon dont les parties ont engagé chaque affaire est-elle déterminante. Mais il reste qu'une certaine tradition existe en faveur du recours aux règles de la responsabilité civile pour tempérer les rigueurs du système légal d'établissement de la paternité naturelle, alors que l'application de la théorie de la fraude est plus familière en matière de procédure de divorce.

(20) Calbairac, *loc. cit.*

CHAPITRE III

L'APPARENCE

770. — Les relations entre le droit et les faits procèdent d'un double mouvement. D'une part, les règles juridiques orientent le comportement des individus et, par là, modèlent les situations de fait (1). D'autre part, la réalité qui se développe parfois en dehors du droit, voire contre lui, exerce une très forte pression pour recevoir une consécration juridique ; le droit enregistre aussi l'état des mœurs et constate des phénomènes sociaux de création plus ou moins spontanée. Quoi que l'on puisse penser de la facilité avec laquelle cette seconde tendance assure le triomphe d'un « réalisme » qui fait souvent bon marché de l'idéal de justice et de la cohérence de l'ordre juridique (2), il s'agit là d'un des aspects de l'évolution du droit. Lorsqu'une situation de fait suffisamment caractérisée s'est établie en marge des normes juridiques existantes et surtout si elle correspond aux intérêts d'un groupe social assez puissant, elle ne tarde guère à être prise en considération par la loi ou la jurisprudence (3). Du moins, en pareil cas, si la réalité vécue précède le droit, ne fait-elle naître des droits subjectifs au profit des individus que dans la mesure où des catégories nouvelles sont retenues par le législateur ou par les tribunaux.

Mais à côté de cette voie ouverte à l'évolution, une certaine primauté des faits sur le droit se manifeste d'une façon permanente. Il en est ainsi de ce que l'on peut appeler « *l'irréversibilité du fait accompli* ». La réalité n'est pas toujours malléable. En particulier, l'écoulement inexorable du temps interdit souvent la mise en conformité *a posteriori* des faits avec ce qu'exige la règle juridique, conduisant à chercher des

---

(1) V. *supra*, nº 33.

(2) R. Savatier, *Réalisme et idéalisme en droit civil d'aujourd'hui ; structures matérielles et structures juridiques*, in *Le droit privé au milieu du XXᵉ siècle, études offertes à G. Ripert*, t. I, p. 75 et s. — Noirel, *Le droit civil contemporain et les situations de fait*, Rev. trim. dr. civ., 1959, p. 456 et s. — Leveneur, *Situations de fait et droit privé*, L. G. D. J. 1990, préf. Gobert.

(3) Ainsi, parmi de très nombreux exemples, la « relation de travail » (Paul Durand, *Aux frontières du contrat et de l'institution : la relation de travail*, J. C. P. 1944. I. 387), le concubinage, la séparation de fait des époux, l'occupation des locaux (Noirel, *op. cit.*), la société de fait, etc. V. les cas étudiés dans l'ouvrage précité de M. Leveneur.

substituts assurant une équivalence approximative (4). En d'autres cas, cette résistance du fait accompli se manifeste plus vigoureusement : elle contraint parfois la règle juridique elle-même en paralysant son jeu normal, dans des conditions d'ailleurs encore quelque peu obscures (5).

C'est également une certaine soumission du droit aux faits que traduit le développement de la *théorie de l'apparence* (6). Des solutions

---

(4) Par exemple, en cas d'annulation ou de résolution d'un contrat de travail, bien que la nullité ou la résolution soit rétroactive (V. LE CONTRAT, FORMATION, nos 918 et s. et LE CONTRAT, EFFETS), il est impossible de restituer les services déjà accomplis (par exemple : Cass. soc., 3 octobre 1980, D. 1982, 68, note AGOSTINI. — V. aussi, GHESTIN, *L'effet rétroactif de la résolution des contrats à exécution successive*, *Mélanges Raynaud*, 1985, p. 203. — GOUBEAUX, note sous Cass. civ. 1re, 13 janvier 1987, J. C. P. 1987.II.20860) ; le droit de la responsabilité est impuissant à effacer le dommage subi dans le passé et même parfois pour l'avenir (v. LA RESPONSABILITÉ, RÉPARATION et RÉGIMES SPÉCIAUX).

(5) Tel est le cas de la jurisprudence érigeant en *fin de non-recevoir* à l'action en nullité d'un contrat l'impossibilité de restituer la prestation reçue (Cass. civ., 2 juin 1886, D. P. 1886. 1. 460. — Cass. req., 3 juillet 1895, D. P. 1896. 1. 293. — Cass. civ., 17 décembre 1928, D. H. 1929, 52. — Douai, 30 mai 1949, D. 1949, 592, note H. L. — *Adde* : Dominique SCHMIDT, note sous Trib. gr. inst. Strasbourg, 13 janvier 1971 et Colmar, 17 novembre 1970, D. 1971, 175. — V. LE CONTRAT, FORMATION, n° 925). — De même a-t-il été jugé que l'acquéreur d'un appartement n'ayant pas reçu la cave correspondante, mais une autre partie du sous-sol, ne pouvait plus réclamer la délivrance de la cave prévue au contrat, dès lors que son inaction s'était prolongée un certain temps et que le vendeur avait disposé de cette cave, *une situation nouvelle irréversible* s'étant ainsi constituée (Cass. civ. 3e, 4 décembre 1968, J. C. P. 1969.II.16016, note BÉCHADE)... De ces solutions on peut rapprocher la très forte pression, à laquelle la Cour de cassation a presque toujours résisté jusqu'à présent, tendant à refuser d'ordonner la démolition de constructions élevées irrégulièrement, par une sorte de transposition de la règle de droit public : «ouvrage public mal planté ne se détruit pas».

(6) VALABRÈGUES, *De la maxime* error communis facit jus, *Rev. crit.*, 1890, 30 et s. — MILLIET, *Des effets de la propriété apparente en droit civil*, thèse Paris, 1901. — Gaston MORIN, *La sécurité des acquéreurs de bonne foi et les droits du véritable propriétaire dans les transactions immobilières*, thèse Paris, 1902 ; *La sécurité des tiers dans les transactions immobilières et la maxime* error communis facit jus, *Ann. Fac. Droit Aix*, 1906, 1 et s. — LONIEWSKY, *Rôle actuel de la maxime* error communis facit jus, thèse Aix, 1905. — WAHL, *La maxime* error communis facit jus, *exposé critique de la jurisprudence*, *Rev. trim. dr. civ.*, 1908, 125 et s. — CRÉMIEU, *De la validité des actes accomplis par l'héritier apparent*, *Rev. trim. dr. civ.*, 1910, 39 et s. — FONTANIE, *La propriété apparente et le crédit réel*, thèse Lille, 1910. — DEMOGUE, *Les notions fondamentales du droit privé, essai critique*, 1911. — SANATESCO, *De la validité des actes faits par l'héritier apparent*, thèse Paris, 1912. — RENAULT, *Des actes accomplis par le titulaire apparent d'un droit*, thèse Bordeaux, 1917. — H. MAZEAUD, *La maxime* error communis facit jus, *Rev. trim. dr. civ.*, 1924, 929 et s. — JONESCO, *Les effets juridiques de l'apparence en droit privé*, thèse Univers. Strasbourg, 1927. — GORPHE, *Le principe de la bonne foi*, thèse Paris, 1928. — J. Ch. LAURENT, *L'apparence dans le problème des qualifications juridiques*, thèse Caen, 1931. — GIRAULT, *L'apparence source de responsabilité*, thèse Paris, 1937. — R. VOUIN, *La bonne foi, notion et rôle actuel en droit privé*, thèse Bordeaux, 1939. — BARBIER, *L'apparence en droit civil et en droit fiscal*, thèse Paris, 1945. — LÉAUTÉ, *Le mandat apparent dans ses rapports*

conformes à la logique juridique sont refoulées au profit de la situation de fait. L'état de choses contraire au droit peut devenir directement la source de droits subjectifs. Cette théorie, de portée générale, joue donc le rôle d'un correctif au fonctionnement mécanique des règles juridiques. Sa consécration jurisprudentielle est aujourd'hui acquise. Elle constitue un des éléments importants de l'ensemble des procédés gardant le droit de ses propres excès. A ce titre, elle mérite un examen particulier. La notion d'apparence doit être précisée, ainsi que sa mise en œuvre.

SECTION 1

NOTION D'APPARENCE

771. — Dans le langage courant, le mot « apparence » a deux sens (1) : est apparent, d'une part, ce « qui apparaît, se montre clairement aux yeux », qui est « manifeste, visible » (2) et, d'autre part, ce « qui n'est pas tel qu'il paraît être », donc est « illusoire, trompeur » (3).

Au point de vue juridique, le terme « apparent » est également ambigu. Appliqué à une situation de fait, il indique le caractère ostensible, aisément perceptible de la réalité. Accolé au mot « droit », il désigne une situation juridique imaginaire, démentie par l'analyse approfondie de l'hypothèse. Cette seconde signification est celle qui est retenue dans la « théorie de l'apparence », lorsqu'on admet que des « droits apparents » produisent

---

avec la théorie générale de l'apparence, Rev. trim. dr. civ., 1947, 298 et s. — CALAIS-AULOY, Essai sur la notion d'apparence en droit commercial, thèse Montpellier, 1959. — LESCOT, Le mandat apparent, J. C. P. 1964. I. 1826 ; Les tribunaux face à la carence du législateur, J. C. P. 1966. 1. 2007. — DEJEAN DE LA BATIE, Appréciation in abstracto et appréciation in concreto en droit civil français, 1965, nos 216 et s. — PÉTÉTIN, La nature juridique de l'apparence, thèse Paris 1966. — ROUILLER, Rapports entre les maximes error communis facit jus et nemo plus juris dans la jurisprudence moderne, Rec. gén. lois et jur., 1967, 165 et s. — DERRIDA, Encycl. Dalloz, Répert. dr. civ., 2e éd., vo Apparence, 1970, refonte par MESTRE, 1986. — ARRIGHI, Apparence et réalité en droit privé, thèse Nice, 1974, dactyl. — LEROUX, Recherche sur l'évolution de la théorie de la propriété apparente dans la jurisprudence depuis 1945, Rev. trim. dr. civ., 1974, 509 et s. — J. MONÉGER, Le mandat apparent d'un époux de vendre un immeuble dépendant de la communauté, J. C. P. 1979, éd. N., I, p. 137. — SOURIOUX, La croyance légitime, J. C. P. 1982.I.3058. — LEVENEUR, op. cit., nos 99 et s.

(1) VOIRIN, note sous Bordeaux, 10 décembre 1928, D. P. 1929. 2. 81.

(2) ROBERT, Dictionnaire alphabétique et analogique de la langue française, vo Apparent.

(3) Ibid. — Ainsi, dire d'un auteur qu'il se fait l'avocat « apparemment bénévole » d'une certaine cause, laisse entendre que ce bénévolat n'est pas réel et qu'il a reçu une rémunération pour défendre les opinions qu'il soutient (Trib. gr. inst. Troyes, 11 décembre 1974, Gaz. Pal., 1975. 1. 260).

des conséquences juridiques en dépit de l'inefficacité totale à laquelle il faudrait logiquement conclure en vertu des règles applicables. Mais un rapport étroit existe entre les deux sens du mot « apparence ». C'est parce qu'une situation de fait ostensible provoque l'imagination que l'on est conduit à croire en des droits qui n'existent pas. De la sorte, attacher des effets à des droits « apparents » (imaginaires) est, dans une certaine mesure, faire prévaloir l'état de choses « apparent » (visible) sur la vérité juridique. Il convient de préciser ces deux aspects de la notion.

§ 1. — LES SITUATIONS DE FAITS APPARENTES

772. — Le caractère visible, manifeste, évident, d'un état de fait est une donnée dont il est normal de tenir compte sur le plan juridique. Cette prise en considération de l'apparence, au sens matériel du terme, peut intervenir à des titres différents. Tantôt l'aspect apparent des choses produit des conséquences par lui-même, tantôt il est retenu en tant que signe extérieur manifestant l'existence d'un droit.

I. — *La situation apparente prise en considération en elle-même.*

Le droit attache parfois des conséquences directement à ce qui est visible, précisément parce qu'il s'agit de faits apparents. Il suffira d'évoquer brièvement quelques exemples de cette attitude.

773. — Les vices apparents de la chose vendue.

Le vendeur doit garantir l'acheteur à raison des vices de la chose vendue. Mais l'article 1642 du Code civil l'exempte de cette obligation lorsque les vices étaient aisément discernables :

> « Le vendeur n'est pas tenu des vices apparents et dont l'acheteur a pu se convaincre lui-même ».

La plus ou moins grande facilité avec laquelle les défauts de la chose vendue peuvent être vus est la caractéristique retenue par la loi pour délimiter le domaine de l'obligation de garantie (4). Le caractère apparent de la situation de fait est une donnée dont le législateur a tenu compte. C'est l'aspect le plus simple des rapports entre le droit et l'apparence (5).

---

(4) Sur l'appréciation du caractère apparent du vice, v. notamment J. GHESTIN, note sous Cass. civ. 3e, 7 février 1973, J. C. P. 1975. II. 17918.

(5) Encore convient-il d'observer que l'ambiguïté du mot « apparence » se retrouve en matière de garantie des vices : on peut dire que la chose comportant des vices cachés est « apparemment » normale (VOIRIN, note précitée). En retournant ainsi l'hypothèse, l '« apparence » désigne une situation trompeuse, imaginaire.

774. — La possession.

Comme tous les droits, la propriété est une abstraction. Mais l'exercice de ce droit se manifeste par des actes visibles : le propriétaire d'un appartement l'habite, le propriétaire d'un champ cultive celui-ci, etc. A partir de la situation de fait correspondant normalement à l'exercice du droit de propriété a été élaborée la notion de possession : est possesseur celui qui se comporte extérieurement en propriétaire, avec l'intention de l'être (6). Or, la possession produit des effets juridiques par elle-même, indépendamment du droit de propriété qu'elle est censée représenter. Après un certain délai, le possesseur qui n'était pas véritablement propriétaire acquiert la propriété par prescription ; en matière immobilière, le possesseur peut défendre sa situation contre les entreprises de tiers au moyen d'actions en justice spéciales, sans qu'il soit examiné s'il est ou non propriétaire ; en matière mobilière, même, à condition d'être de bonne foi, le possesseur acquiert immédiatement la propriété du seul fait de son appréhension de la chose. Certes, la possession réalise une image de la propriété et il ne fait pas de doute que c'est en raison de la fréquente coïncidence entre ces faits et le droit que la loi y attache de telles conséquences. Mais il reste que dans la théorie de la possession, au moins sous certains de ses aspects (7), l'état de choses apparent est pris en considération pour lui-même, indépendamment de la situation juridique sous-jacente.

775. — Les effets de commerce.

Les relations d'affaires exigent une simplicité et une rapidité peu compatibles avec des recherches minutieuses sur l'état des droits résultant d'opérations juridiques qui peuvent être nombreuses, complexes et souvent occultes. Aussi, le droit commercial attache-t-il volontiers des conséquences à la situation concrète, apparente. L'exemple le plus achevé est sans doute fourni par la réglementation des effets de commerce. Il s'agit de titres, tels que la lettre de change ou le billet à ordre, qui constatent des créances et servent à leur paiement (8). Des règles de forme très précises sont imposées pour la confection et la circulation de ces titres et les droits naissent de la forme elle-même. Le seul fait qu'une signature soit apposée à une place déterminée oblige le signataire dans des conditions définies par la loi. Les relations juridiques fondées sur le titre (appelées rapports cambiaires) reposent entièrement sur l'aspect formel de celui-ci. De la sorte, on peut dire que la forme

---

(6) V. Les Biens.

(7) V. *infra*, n° 776.

(8) Roblot, *Les effets de commerce*, n° 4. — Ripert et Roblot, *Traité de Droit commercial*, t. 2, 11ᵉ éd., n° 1911. — Roblot, *Encycl. Dalloz. Répert. dr. com.*, 2ᵉ éd., v° *Effets de commerce*, n° 2.

visible, l'apparence *est* le droit. C'est là, poussée au point extrême, une efficacité juridique directe de l'état de choses ostensible.

Ces quelques exemples suffisent à montrer qu'en maintes occasions la loi n'hésite pas à faire produire immédiatement des conséquences juridiques à la réalité visible. Cet aspect des relations entre l'apparence, au sens matériel, et le droit n'est pas le seul. Souvent, en effet, les situations de fait ostensibles sont retenues comme révélatrices de la situation de droit.

II. — *La situation apparente prise en considération en tant que révélatrice de droits.*

776. — Les droits se manifestent par leur exercice.

Les droits sont des créations intellectuelles, des abstractions ; ils ne se voient pas. Mais leur exercice se manifeste concrètement par des actes matériels, par une modification de l'état de choses préexistant. La correspondance entre l'exercice des droits et les situations de fait visibles permet donc de considérer l'apparence comme révélatrice de l'existence de droits.

C'est ainsi que la présence de certains « ouvrages extérieurs tels qu'une porte, une fenêtre, un aqueduc » annoncent l'existence de servitudes (C. civ., art. 689). L'aménagement visible des fonds traduit matériellement leurs rapports sur le plan juridique (9).

De même, la situation de fait apparente est parfois utilisée pour faire la preuve de droits (10). Dans le conflit entre deux personnes prétendant à la propriété du même bien, la possession peut démontrer le droit d'un des adversaires (11). En matière d'état civil, l'attitude des principaux intéressés et du public attribuant à un individu une certaine position familiale joue un rôle essentiel lorsqu'il s'agit d'établir en justice l'exis-

---

(9) Le Code civil qualifie de « servitudes apparentes » celles qui se manifestent ainsi par des ouvrages extérieurs. Les servitudes sont des droits (V. LES BIENS), mais il ne s'agit pas ici de « droits apparents », au sens où l'on entend habituellement cette expression (v. *infra*, nos 778 et s.). La terminologie légale signifie seulement que la situation de fait apparente révèle l'existence du droit. En parlant de servitudes apparentes, « on s'exprime par ellipse » (VOIRIN, note précitée, D. P. 1929. 2. 81).

(10) Une fois encore, on s'exprime ici par ellipse. Ce ne sont pas les droits eux-mêmes qui se prouvent, mais les faits donnant lieu à l'application de la règle juridique de laquelle procèdent les droits subjectifs (v. *supra*, nos 571 et s.). Ce que l'on veut dire en employant ce raccourci est qu'il s'opère un déplacement de l'objet de la preuve. Faute de pouvoir établir directement les faits visés par la règle, on démontre des faits différents, correspondant à l'exercice du droit litigieux ; de là, par induction, on présume que les conditions d'existence de ce droit ont été réunies.

(11) V. LES BIENS.

tence d'un rapport juridique de parenté (12). Ainsi, la réalité perceptible est retenue à titre d'élément révélateur de la situation de droit (12-1).

777. — Parfois, la situation de fait paraît traduire l'exercice de droits qui, en réalité, n'existent pas.
La plupart du temps, l'état de fait apparent est la manifestation visible de droits qui existent véritablement. Mais il en va parfois différemment. Les événements auxquels les règles juridiques attachent la naissance, la transmission ou l'extinction des droits sont nombreux, quelquefois enchevêtrés, souvent occultes. La vérité peut n'être connue qu'au terme d'analyses minutieuses, voire à l'issue d'un ou plusieurs procès. Il n'est donc pas impossible que la situation de droit exacte ne se soit pas traduite dans les faits ; au contraire, l'état de choses visible semblait correspondre à l'exercice d'un droit déterminé qui n'existait pas (12-1).

En pareil cas, la notion d'apparence se dédouble. Comme dans toutes les hypothèses précédemment envisagées, elle s'applique à la situation de fait qui est visible, ostensible. Cette situation apparente ne produisait pas de conséquences propres, mais elle pouvait être retenue comme révélatrice de droits. Or, après vérification, on s'aperçoit que la conclusion à laquelle on avait abouti est erronée. Le pseudo-droit dont on avait cru voir la manifestation concrète n'est qu'un mirage ; il n'existait qu' « en apparence ». Ainsi passe-t-on à la seconde signification du mot : l'apparence du droit n'est qu'une illusion, provoquée par l'observation des faits qui incite à accoupler une certaine situation juridique à un état de choses donné (13).

(12) La situation de fait apparente révélant un rapport de parenté est appelée « possession d'état ». L'article 311-1 du Code civil précise la notion en ces termes : « la possession d'état s'établit par une réunion suffisante de faits qui indiquent le rapport de filiation et de parenté entre un individu et la famille à laquelle il est dit appartenir... » et l'article 311-2 énumère les principaux de ces faits (V. LA FAMILLE, vol. 1, n°s 479 et s.). Il est à remarquer que si la possession d'état est souvent retenue comme révélatrice de la situation de droit, on passe facilement de cet aspect de l'efficacité de l'apparence à la prise en considération directe de la situation de fait envisagée en elle-même. Il en est ainsi lorsque la loi interdit de démontrer l'existence d'une relation juridique qui contredirait la possession d'état, afin d'éviter un bouleversement dans la vie de l'intéressé (C. civ., art. 322, art. 334-9, art. 339). La même observation peut être faite à propos de la possession des choses : ainsi qu'il est signalé au texte, tantôt les faits apparents sont envisagés comme révélateurs du droit de propriété quand ils interviennent au titre de la preuve, tantôt la loi leur attache des effets propres (*supra*, n° 774).

(12-1) Sur les « marques reconnues significatives de vérité », SOURIOUX, *La croyance légitime*, étude précitée, J. C. P. 1982. I. 3058, n°s 6 et s. — V. aussi GRIDEL, *Le signe et le droit*, thèse Paris II, 1976, éd. L. G. D. J. 1979, préf. CARBONNIER.

(13) « Ce qui est alors imaginaire, ce n'est pas la matière qui crée l'illusion, mais la représentation que cette matière très réelle provoque dans l'esprit des spectateurs » (VOIRIN, note précitée, D. P. 1929. 2. 81).

Faut-il alors tirer toutes les conséquences logiques de la vérité juridique finalement découverte ou convient-il d'attacher certains effets au droit imaginaire qui correspondait à la réalité visible ? Telle est la question à laquelle répond la « théorie de l'apparence ». On élimine donc l'hypothèse des situations de fait apparentes dotées d'effets propres indépendants de l'état de droit sous-jacent ; l'apparence matérielle n'est envisagée que dans sa fonction de révélation de la situation juridique, lorsque cette fonction est mal remplie et fait naître l'illusion de « droits apparents ».

§ 2. — LES DROITS APPARENTS

778. — Trompé par l'examen des faits, l'observateur conclut à l'existence d'un droit. Mais ce droit n'est qu'apparent : il n'existe que dans l'esprit de l'auteur du raisonnement. Au sens intellectuel du terme, l'apparence désigne donc une croyance erronée (13-1). Une telle croyance est une donnée dont le droit tient compte. Il est d'ailleurs possible de la concevoir de différentes façons et les idées ont évolué à ce sujet.

I. — *La croyance erronée, source de droits.*

779. — **Exemples de solutions législatives.**
Plusieurs textes attachent des conséquences juridiques à des droits apparents. Le Code civil, par exemple, déclare valable le paiement fait à celui qui est « en possession de la créance », c'est-à-dire à celui qui détient l'écrit constatant la créance et se comporte aux yeux de tous comme le créancier, même si, ultérieurement, on s'aperçoit qu'une autre personne était véritable titulaire du droit (art. 1240) (14). Lorsque les parties à un contrat dissimulent le véritable contenu de leur accord en établissant un acte ostensible, démenti par un acte secret, ou contre-

---

(13-1) Cette approche de la question est critiquée par M. Sourioux (*La croyance légitime*, étude précitée, J. C. P. 1982. I. 3058). Pour parler d'erreur, il faut se placer au moment où la vérité a été découverte. Or, « plutôt que de se référer à ce qui est postérieur à l'acte de croire, ne convient-il pas de se placer *au moment de l'acte de croire ?* » (*op. cit.*, n° 5) d'où l'accent mis sur les éléments caractérisant la légitimité de la croyance (vraisemblance, dispense de vérification) permettant d'y attacher des effets de droit, en évitant de qualifier cette croyance d' « erreur ». Cependant, comme l'expose l'auteur (*Ibid.*, n° 4), la difficulté n'apparaît sérieuse que si la vérité ultérieurement découverte ne coïncide pas avec la représentation qu'on s'en était faite, car c'est là seulement que l'on a la certitude que les conséquences juridiques observées sont attachées à la croyance elle-même et non à un autre facteur.

(14) Sur cette disposition, V. LE RAPPORT D'OBLIGATION.

lettre, relatant exactement la convention, les tiers peuvent tirer toutes
les conséquences de l'acte ostensible que ne vivifie pourtant pas la
volonté interne : les contre-lettres n'ont pas d'effet contre eux
(art. 1321) (15). La révocation ou l'extinction du mandat par lequel
une personne était chargée d'agir pour autrui laisse subsister l'efficacité
des actes du mandataire à l'égard des tiers qui ont ignoré la disparition de ses pouvoirs (art. 2005, 2008, 2009). Des solutions analogues
sont consacrées par la loi du 24 juillet 1966 sur les sociétés commerciales ; ainsi, notamment, les tiers de bonne foi ne peuvent se voir opposer
la nullité d'une société (art. 369). De même, l'article 26 du Code de la
nationalité (loi du 9 janvier 1973) décide que l'établissement de la
qualité de Français postérieurement à la naissance, en dépit de son
caractère rétroactif, « ne porte pas atteinte à la validité des actes antérieurement passés par l'intéressé ni aux droits antérieurement acquis
à des tiers sur le fondement de la nationalité apparente de l'enfant »...
Parfois, le législateur intervient encore plus activement. Il organise
des mesures de publicité destinées à informer les tiers sur la situation
de droit. Ainsi est créée par la loi elle-même une réalité visible propre
à entraîner la croyance des tiers. Lorsqu'il se révèle que la publication
ne correspondait pas à la vérité juridique, les textes protègent, par des
mécanismes particuliers, les tiers qui se sont fiés aux droits apparents
manifestés par les formalités de publicité (16).

Des dispositions aussi diverses ont un point commun : des conséquences juridiques sont attachées à la croyance de ceux qui ont tiré les
conclusions normales de l'observation de la situation de fait visible (17).

---

(15) Sur cette disposition, V. Le contrat, effets. — L'hypothèse envisagée
est connue sous le nom de simulation (V. Bartin, *Théorie des contre-lettres*, thèse
Paris, 1885. — Dagot, *La simulation en Droit privé*, L. G. D. J. 1965, préf. Hébraud.
— J. Ghestin, *Encycl. Dalloz, Rep. dr. civ.*, 2e éd., vo *Simulation*). Elle présente
une importance considérable, à tel point qu'un auteur y a vu le principe général
d'ou procéderait la théorie de l'apparence tout entière (Jonesco, thèse précitée).
(16) Il en est ainsi, notamment, du mécanisme de la publicité foncière.
Le droit de propriété se transmet par de simples accords de volonté dont il est difficile pour les tiers de connaître l'existence. La seule réalité visible est la possession.
Or, en matière immobilière, celle-ci ne consolide juridiquement la situation de façon
définitive qu'au bout d'un assez long délai. Un acquéreur risquerait donc de se tromper sur la qualité de propriétaire de son vendeur, dans l'ignorance d'un acte antérieur
par lequel celui-ci aurait transmis son droit à autrui. Aussi la loi a-t-elle organisé une
publicité des actes de mutation de propriété immobilière. Elle crée ainsi une situation
de fait ostensible qui provoque la croyance des tiers, et elle en tire les conséquences :
l'acquéreur qui constate qu'aucune transmission de la propriété du vendeur n'a été
antérieurement publiée peut se prévaloir de ce droit apparent ; à condition d'avoir
lui-même publié son titre d'acquisition, il l'emporte sur un acquéreur antérieur qui
n'aurait pas révélé son achat par la publication.
(17) Il est à noter que la remarque vaut même pour la publicité foncière. Alors
que les textes peuvent laisser penser que le mécanisme attachant des effets à la

Les tiers de bonne foi échappent aux conséquences de la découverte de la vraie situation juridique. A leur égard, tout se passe *comme si* le droit apparent était fondé : leur croyance supplée l'existence du droit. Le résultat est d'autant plus remarquable qu'il n'est pas possible tout à la fois d'attacher de tels effets au droit apparent et de tirer l'ensemble des conséquences du droit véritable. Si, par exemple, le paiement fait au « possesseur de la créance » libère le débiteur, le vrai créancier ne peut plus réclamer à celui-ci l'exécution de l'obligation... Consacrer l'efficacité de l'apparence revient donc à refouler l'application logique des règles juridiques.

780. — Le recours à la théorie de la responsabilité civile.

C'est une généralisation du système retenu çà et là par la loi que propose la « théorie de l'apparence ». Il s'agit, en effet, de maintenir, même en l'absence de texte exprès, des actes correspondant à l'exercice de droits qui ne sont qu'apparents et de les déclarer éventuellement opposables aux véritables titulaires.

On conçoit que des réticences aient pu se manifester au moment de poser en règle que la croyance erronée, fondée sur la réalité visible, pouvait l'emporter sur la vérité juridique. Que le législateur, pour des raisons de politique, adopte parfois cette solution ne soulève pas de difficulté particulière : un texte peut toujours prévoir des exceptions à des principes juridiques. Mais il semble singulièrement audacieux de l'admettre encore dans le silence de la loi. N'est-ce pas ruiner l'autorité de la règle de droit elle-même ?

Aussi a-t-on naturellement cherché un point d'appui dans une disposition législative. Ce principe général et suffisamment souple est celui de la responsabilité civile en cas de faute, établie par l'article 1382 du Code civil. Le raisonnement est alors le suivant. Ceux qui ont agi sur la foi de l'apparence subiraient un préjudice si les droits qu'ils ont

---

priorité de la publication est automatique, la Cour de cassation ne le fait pas jouer lorsque l'acquéreur qui se prévaut des règles de la publicité connaissait la transmission antérieure du droit, bien qu'elle ne fût pas publiée (Cass. civ. 3ᵉ, 22 mars 1968, D. 1968, 412, note J. MAZEAUD ; J. C. P. 1968. II. 15587, note PLANCQUEEL ; *Rev. trim. dr. civ.*, 1968, 564, observ. BREDIN. — 30 janvier 1974, *Defrénois*, 1974, art. 30631, note GOUBEAUX ; J. C. P. 1975. II. 18001 (1ʳᵉ esp.), note DAGOT; D. 1975, 427, note PENNEAU. — Un peu moins net : Cass. civ. 3ᵉ, 3 octobre 1974, *Defrénois*, 1975, art. 30881 ; J. C. P. 1975. II. 18001 (2ᵉ esp.), note DAGOT. — V. aussi : Cass. civ. 3ᵉ, 20 mars 1979, *Bull. civ.*, III, n° 71, p. 52. — 28 mars 1979, *Bull. civ.*, III, n° 116, p. 88. — GOBERT, *La publicité foncière, cette mal aimée, Études offertes à J. Flour*, 1979, p. 207 et s. — FOURNIER, *Le malaise actuel dans le droit de la publicité foncière, Defrénois*, 1980, art. 32401). C'est dire que la croyance en l'existence du droit apparent, fondée sur la situation de fait visible que constitue la publication est nécessaire pour justifier la priorité accordée à l'acquéreur diligent.

cru acquérir étaient mis à néant lorsque l'illusion se dissipe. Or, pour qu'une situation de fait génératrice d'une telle illusion ait pu se développer, il a fallu que le véritable titulaire du droit ait négligé d'exercer ses prérogatives, voire qu'il ait lui-même contribué activement à créer l'apparence trompeuse. La négligence, l'imprudence et, *a fortiori*, la volonté délibérée d'induire les tiers en erreur sont des fautes qui engagent la responsabilité de leurs auteurs. La réparation la plus adéquate consiste à empêcher le préjudice de naître en refusant de déduire toutes les conséquences logiques de la situation juridique et en maintenant au profit des tiers les droits en lesquels ils ont cru (18).

Ainsi, un élément nouveau pénètre dans l'analyse : le comportement du véritable titulaire du droit. Cet élément devient même le plus important. L'apparence n'est plus qu'une pièce intervenant dans la démonstration de la faute. Les « droits apparents » ne sont pas pris en considération en eux-mêmes ; ce sont seulement les modalités de la réparation, librement déterminées par les juges, qui expliquent le résultat.

781. — L'autonomie de la théorie de l'apparence. Sa justification. La jurisprudence a eu largement recours aux règles de la responsabilité civile pour protéger les tiers de bonne foi qui se sont laissés prendre au mirage d'une apparence trompeuse (19). Mais il n'est pas toujours possible de caractériser une faute sans artifice. Depuis longtemps a existé, parallèlement à l'application de l'article 1382 du Code civil, un courant attachant des effets à l'apparence même lorsque l'attitude du véritable titulaire du droit était irréprochable (20). Cette solution a finalement été consacrée solennellement par la Cour de cassation, à propos du mandat apparent :

> « attendu que le mandant peut être engagé sur le fondement d'un mandat apparent, même en l'absence d'une faute susceptible de lui être reprochée, si la croyance du tiers à l'étendue des pouvoirs du mandataire est légitime... » (21).

---

(18) R. SAVATIER, note sous Cass. Req., 20 février 1922, D. P. 1922. 1. 201. — NAST, note sous Paris, 23 novembre 1932 ; D. P. 1934. 2. 97. — GIRAUT, *L'apparence source de responsabilité*, thèse Paris, 1937.

(19) DERRIDA et MESTRE, *Encycl. Dalloz, Répert. dr. civ.*, 2e éd., v° *Apparence*, n° 25 et les décisions citées. — *Adde* : Cass. crim., 15 février 1972 (motifs), D. 1972, 368 ; J. C. P. 1972.II.17159. — Angers, 3 avril 1973, J. C. P. 1973.II.17478, note RODIÈRE.

(20) Par exemple : Cass. civ., 26 janvier 1897, D. P. 1900. 1. 33, note SARRUT. — Cass. req., 21 mars 1910, D. P. 1912. 1. 285, concl. FEUILLOLEY. — 14 décembre 1931, *Gaz. Pal.*, 1932. 1. 391. — 4 et 11 mai 1936, J. C. P. 1936. II. 777.

(21) Ass. plén. civ., 13 décembre 1962, D. 1963, 277, note CALAIS-AULOY ; J. C. P. 1963. II. 13105, note ESMEIN ; *Rev. trim. dr. civ.*, 1963, 572, observ. CORNU ; *Rev. trim. dr. com.*, 1963, 333, n° 5, observ. HOUIN.

Ainsi l'apparence n'a pas besoin du canal de la responsabilité civile pour produire des effets juridiques. Le comportement de celui qui est investi du droit n'est pas l'élément essentiel, mais bien la croyance de celui qui s'est fié à l'examen des faits. La notion d'apparence peut être retenue sans interférence avec celle de faute. D'où proviennent alors les conséquences juridiques qui lui sont attachées ? La Cour de cassation a répondu à l'occasion d'un litige relatif à un droit de propriété apparent :

« ... attendu que les tiers de bonne foi qui agissent sous l'empire de l'erreur commune ne tiennent leur droit ni du propriétaire apparent, ni du propriétaire véritable ; qu'ils sont investis par l'effet de la loi... » (22).

Il faut donc comprendre qu'il existe dans notre système juridique (la «loi» au sens large) un principe non écrit (22-1), dont les textes ne font que des applications éparses, en vertu duquel la croyance erronée des tiers de bonne foi est génératrice d'effets de droit. Là où le véritable titulaire n'a rien voulu transmettre et où le titulaire apparent n'a rien pu transmettre, des droits sont *créés* sur la seule base de la croyance de ceux qui se sont fiés à l'apparence (23).

Un tel principe répond à un besoin de sécurité des relations juridiques. Si l'on a la certitude de ne pas voir remettre en cause les droits que l'on acquiert en fonction de la situation juridique à laquelle on peut croire raisonnablement en examinant les faits, on n'hésitera pas à agir. « La sécurité ainsi obtenue est donc un levier d'activité, une prime faite aux individus agissants » (24). C'est une sécurité « dynamique » (25). Sans doute, menace-t-elle le véritable titulaire du droit qui n'est alors plus assuré de conserver intactes toutes ses prérogatives. Mais la sécurité à laquelle celui-ci aspire est « statique » (26), c'est celle « de la fortune assise » (27). Elle risque d'engendrer l'immobilisme et peut paraître à certains égards socialement moins utile (28).

---

(22) Cass. civ. 1re, 3 avril 1963, D. 1964, 306, note CALAIS-AULOY ; J. C. P. 1964. II. 13502, note J. MAZEAUD ; S. 1964, 1, note PLANCQUEEL ; *Rev. trim. dr. civ.*, 1964, 346, observ. BREDIN. — Cass. civ. 1re, 22 juillet 1986, *Bull. civ.*, I, n° 214, p. 205 ; *Gaz. Pal.*, 1987, 1, somm. p. 60, observ. PIÉDELIÈVRE.
(22-1) Sur la croyance légitime comme principe du droit, SOURIOUX étude précitée, J. C. P. 1982.I.3058, n°s 114 et s. — *Comp.* l'idée d'un *principe de validité* fondé sur une prise en considération des représentations juridiques, mêmes fausses, des individus, dès lors que celles-ci apparaissent légitimes : JOBARD-BACHELLIER. *L'apparence en droit international privé*, L. G. D. J. 1984, préf. P. LAGARDE.
(23) « L'ombre d'une proie à saisir se transforme, par une heureuse métamorphose, en un droit véritable » (DEMOGUE, *Les notions fondamentales du droit privé*, p. 71).
(24) DEMOGUE, *op. cit.*, p. 71.
(25) *Ibid.*, p. 72.
(26) *Ibid.*
(27) CALAIS-AULOY, *Essai sur la notion d'apparence en droit commercial*, thèse Montpellier, 1959, n° 12.
(28) C'est précisément le refus d'une telle sécurité statique qu'expriment certains auteurs qui considèrent qu'au contraire *le risque* est associé au droit (CRÉMIEU,

L'application de la responsabilité civile se situait au plan des intérêts individuels, le sacrifice imposé au titulaire du droit étant un mode de réparation du préjudice causé par sa faute. L'autonomie de la théorie de l'apparence place au contraire le débat sur un plan général : le conflit entre deux conceptions de la sécurité juridique « qui sont au fond deux conceptions de la vie » (29).

La simplicité et la commodité pratique sont des impératifs puissants qui s'opposent aux arcanes d'un droit parfois trop subtil. Respecter en toute hypothèse la logique juridique paralyserait l'action lorsque la vérité est trop difficile à saisir. Encore faut-il éviter le désordre et ne pas bafouer la loi à la légère. Si une croyance erronée est source de droits, le danger est de passer d'une protection de l'initiative à une prime à l'imprudence. Aussi, l'erreur suscitée par l'apparence doit-elle répondre à certaines caractéristiques.

II. — *Les caractères de l'erreur.*

782. — L'erreur, provoquée par l'observation de la situation de fait visible qui correspondait à l'exercice de droits en réalité inexistants, est un élément de la notion d'apparence. Mais il ne s'agit pas de n'importe quelle erreur. Une tradition ancienne l'a qualifiée d'erreur commune. Une tendance plus récente se contente d'une erreur légitime. La jurisprudence semble hésiter encore entre ces deux conceptions.

783. — « **L'erreur commune** ».

Le droit romain, en quelques hypothèses, validait les actes accomplis sous l'empire d'une erreur commune. Les glossateurs ont élaboré une formule synthétique, longtemps considérée comme l'expression de la théorie de l'apparence : l'erreur commune est source de droit, elle fait le droit, « *error communis facit jus* » (30).

Exiger ainsi que l'erreur soit partagée, commune, se comprend par référence au souci de protéger, dans l'intérêt général, la sécurité des

---

De la validité des actes accomplis par l'héritier apparent, Rev. trim. dr. civ., 1910, p. 39. — CALAIS-AULOY, thèse précitée, n° 11). Malgré cette formulation, on ne saurait cependant voir dans la théorie de l'apparence un mécanisme de responsabilité, fondé cette fois non plus sur la faute mais sur le risque (sur ces différents fondements possibles, V. LA RESPONSABILITÉ, CONDITIONS, n°s 48 et s.). C'est en effet moins la charge pesant éventuellement sur le véritable titulaire du droit qui est mise au premier plan que la protection de la croyance de celui qui a été trompé par l'apparence. Le risque est plus *une conséquence* de cette protection qu'un élément moteur. Techniquement, en tout cas, la théorie de l'apparence ne semble pas pouvoir se ramener à un système de responsabilité quel qu'il soit.

(29) DEMOGUE, *op. cit.*, p. 74.

(30) H. MAZEAUD, *La maxime* error communis facit jus, Rev. trim. dr. civ., 1924, 929. V. aussi *supra*, n° 770, note 6.

relations juridiques. « C'est l'intérêt public qui est en jeu, et l'intérêt public ne saurait s'absorber dans la contemplation d'un seul individu. Cet intérêt n'est menacé que si, non pas un individu, mais un très grand nombre est tombé ou aurait pu tomber dans l'erreur ; car il s'est alors créé une situation apparente à laquelle chacun a pu légitimement se fier » (31).

L'erreur commune n'est sans doute pas l'erreur universelle. La vérité peut être connue de quelques-uns. Mais c'est l'erreur commise par la masse (32). Ainsi conçue, la notion est objective (33). Il faut qu'un nombre suffisant de personnes ait été trompé par l'apparence. Mais si un tel critère est relativement simple, il n'est guère satisfaisant : une erreur grossière, fût-elle partagée par beaucoup, ne mérite aucune protection. Un élément subjectif doit donc intervenir. Il faut que celui qui prétend bénéficier du secours de la théorie de l'apparence se soit personnellement trompé et que son attitude soit non seulement excusable, mais parfaitement raisonnable. C'est seulement lorsqu'il est humainement impossible d'éviter le piège de l'apparence que l'impératif de « sécurité dynamique » justifie le refoulement des règles de droit. L'erreur commune est une erreur *invincible*, à laquelle nul ne peut normalement échapper. L'aspect objectif constitué par le nombre des personnes ayant cru au droit apparent n'est que le signe du caractère inéluctable de la fausse représentation suggérée par la situation de fait : c'est parce qu'elle est invincible que l'erreur est commune (34).

Une jurisprudence abondante a adopté ce point de vue (35). Si des

---

(31) *Ibid.*, p. 936.

(32) *Ibid.*

(33) Le caractère collectif de l'erreur est tiré des éléments de la situation ostensible tels que sa durée, sa notoriété, etc., c'est-à-dire d'indices faisant présumer la communauté de la croyance. « Mais, au juste, que prouve-t-on ainsi, sinon la matérialité de l'apparence ? » (Arrighi, *Apparence et réalité en droit privé*, thèse Nice, 1974, dactyl., n° 208).

(34) « ... quand l'erreur a été presque universellement commise, on peut supposer qu'elle était inévitable. Le fait que l'erreur était communément partagée crée donc une présomption d'invincibilité » (H. Mazeaud, *loc. cit.*, p. 938). — « L'erreur commune ne sert qu'à faire présumer l'invincibilité de l'erreur invoquée » (Gorphe, *Le principe de la bonne foi*, thèse Paris, 1928, p. 188).

(35) Cass. req., 4 février 1850, S. 1850. 1. 180. — 3 juillet 1877, D. P. 1877. 1. 429. — Cass. civ., 13 mai 1879, D. P. 1879. 1. 417. — Cass. req., 4 août 1885, D. P. 1886. 1. 310. — Cass. civ., 26 janvier 1897 (2 arrêts), D. P. 1900. 1. 33. — 6 janvier 1930, D. P. 1931. 1. 43, note J. Ch. Laurent. — 20 mai 1935, D. P. 1935. 1. 97, rapp. Pilon, note H. Capitant. — 14 octobre 1940, D. H. 1940, 164. — Cass. req., 19 mars 1946, J. C. P. 1946. II. 3125, note E. Becqué. — Trib. civ. Seine, 22 février 1951, J. C. P. 1951. II. 6194, concl. Mazet, note G. M. ; S. 1951. 2. 205, note Cosnard. — Cass. civ., 21 mars 1955, *Bull. civ.*, I, n° 130, p. 111. — Cass. soc., 21 octobre 1955, *Bull. civ.*, IV, n° 754, p. 564. — Cass. civ. 1re, 17 juillet 1957, *Bull. civ.*, I, n° 345, p. 274. — 2 novembre 1959, J. C. P. 1960. II. 11456, note Esmein ; S. 1960, 65, note

nuances peuvent parfois être relevées dans l'appréciation de l'erreur commune dont l'invincibilité est tantôt évoquée expressément, tantôt passée sous silence, il n'est guère douteux que le raisonnement est toujours le même.

784. — « L'erreur légitime ».

La maxime « *error communis facit jus* » impose une conception assez stricte de l'apparence source de droits. Cette rigueur a été parfois ressentie comme excessive et peu propice à la sécurité des relations d'affaires. Aussi a-t-il été fait appel à une autre notion, moins exigeante, l'erreur légitime (36).

Par rapport à la formule précédente, l'assouplissement se marque de deux façons. En premier lieu, il s'agit d'une erreur individuelle. Peu importe qu'aucune autre personne n'ait été trompée. Ainsi s'opère un glissement d'une appréciation très abstraite de l'erreur (tous les individus raisonnables se sont nécessairement trompés de la même manière, ce que traduit l'idée d'erreur commune) vers une appréciation plus concrète de celle-ci (le sujet considéré avait de bonnes raisons de se tromper : son erreur est légitime) (37). En second lieu, il n'est pas

---

HUBRECHT. — Trib. gr. inst. Seine, 29 mars 1960, J. C. P. 1961. II. 12119. — Cass. civ. 1re, 16 octobre 1961, *Bull. civ.*, I, n° 462, p. 366. — 3 avril 1963, D. 1964, 306, note CALAIS-AULOY ; J. C. P. 1964. II. 13502, note J. MAZEAUD ; S. 1964, 1, note PLANCQUEEL. — Paris, 18 avril 1964, J. C. P. 1964. IV, p. 104. — Montpellier, 16 juin 1964, D. 1965, 101, note CALAIS-AULOY. — Cass. civ. 2e, 15 octobre 1964, *Gaz. Pal.*, 1964. 2. 433. — Cass. civ. 1re, 30 novembre 1965, D. 1966, 449, note CALAIS-AULOY ; J. C. P. 1966. II. 14361, note R. L. — Trib. gr. inst. Nice, 30 juin 1966, *Gaz. Pal.*, 1967. 1. 141. — Cass. civ. 3e, 19 février 1974 (motifs faisant état de l'erreur invincible), *Bull. civ.*, III, n° 83, p. 63. — 11 juin 1980, *Bull. civ.*, III, n° 115, p. 85. — 21 janvier 1981, *Bull. civ.*, III, n° 17, p. 12. — Cass. civ. 1re, 22 juillet 1986, *Bull. civ.*, I, n° 214, p. 205 ; *Gaz. Pal.*, 1987, 1, somm. p. 60, obs. PIÉDELIÈVRE. — 12 janvier 1988, *Bull. civ.*, I, n° 7, p. 6 ; J. C. P., éd. N., 1988, II, p. 333, note SALVAGE. — 29 novembre 1988, J. C. P. 1989.II.21339, note SIMLER, *Defrénois*, 1989, art. 34570, chron. jur. civ. gén., n° 78, observ. CHAMPENOIS.

(36) V. notamment CALAIS-AULOY, thèse précitée, n°s 19 et s. et notes précitées, D. 1964, 306, D. 1966, 449. — Comp., dans une perspective différente : SOURIOUX, *La croyance légitime*, étude précitée, J. C. P. 1982. I. 3058.

(37) Sans doute n'est-il pas nécessaire de pousser cette différence jusqu'à son point ultime : l'erreur légitime peut encore faire l'objet d'une appréciation *in abstracto* si on la caractérise par rapport à l'état d'esprit d'un individu raisonnable et prudent placé dans les mêmes circonstances que le sujet considéré (v. *infra*, note 39). Mais ces circonstances extérieures dont on entoure le modèle abstrait de l'homme raisonnable serrent au plus près la situation d'un individu déterminé, dans tous ses détails et ses nuances. Cette précision, cette finesse dans le détail concret sont exclues lorsqu'il s'agit d'erreur commune : les circonstances envisagées sont schématisées, simplifiées, puisqu'elles correspondent à la situation d'un nombre suffisamment important de personnes. — En faveur d'une appréciation *in concreto* de l'erreur légitime, ARRIGHI, thèse précitée, n° 218.

exigé que l'erreur ait été impossible à dissiper. L'intéressé aurait peut-être pu, au prix de certaines recherches, découvrir la vérité. Mais ces investigations dépassaient la diligence normale en pareil cas ; il était légitime de ne pas s'y livrer.

De tels assouplissements ne traduisent pas un abandon de la justification profonde des effets attachés à l'apparence. C'est toujours le conflit entre la « sécurité dynamique » et la « sécurité statique » qui est en jeu. Mais le triomphe de la première sur la seconde est plus large. En donnant aux individus l'assurance que leur croyance légitime suffit à garantir leurs droits, on les incite encore davantage à agir et on leur permet de le faire vite, en renonçant à certaines précautions possibles mais compliquées. La jurisprudence a été sensible à ces avantages pratiques et s'est à maintes reprises contentée de l'erreur légitime pour faire produire effet à l'apparence (38).

785. — Selon les cas, la jurisprudence exige l'erreur commune ou retient l'erreur légitime.

Il ne semble pas que le succès de la notion d'erreur légitime ait sup-

---

(38) Cass. com., 13 octobre 1958, *Bull. civ.*, III, n° 341, p. 287. — Ass. plén. civ., 13 décembre 1962, D. 1963, 277, note CALAIS-AULOY ; J. C. P. 1963. II. 13105, note ESMEIN. — Lyon, 9 octobre 1963 (motifs), D. 1964, 402, note CALAIS-AULOY. — Paris, 19 novembre 1964, J. C. P. 1965. IV, p. 8. — Cass. civ. 1re, 4 janvier 1965, J. C. P. 1965. II. 14106. — 30 mars 1965, D. 1965, 559. — 16 juillet 1965, *Bull. civ.*, I, n° 474, p. 354. — Cass. com., 28 février 1966, *Bull. civ.*, III, n° 124, p. 105. — Poitiers, 2 novembre 1966, J. C. P. 1968. II. 15597, note PATARIN. — Cass. civ. 1re, 13 juin 1967, J. C. P. 1967. II. 15217, note R. L. — 6 décembre 1967, *Bull. civ.*, I, n° 359, p. 270. — Cass. com., 21 février 1968, *Bull. civ.*, IV, n° 81, p. 68. — 21 mai 1968, *Bull. civ.*, IV, n° 165, p. 147. — Cass. civ. 3e, 22 mai 1968, *Bull. civ.*, III, n° 234, p. 179. — 8 novembre 1968, *Bull. civ.*, III, n° 455, p. 347. — Paris, 24 avril 1969 (motifs), *Gaz. Pal.*, 1969. 2. 48. — Cass. civ. 1re, 29 avril 1969 (2 arrêts), D. 1970, 23, note CALAIS-AULOY ; J. C. P. 1969. II. 15972, note LINDON ; *Defrénois*, 1969, art. 29424, note ROUILLER ; *Rev. trim. dr. civ.*, 1969, 766, observ. LOUSSOUARN, 804, observ. CORNU. — 5 janvier 1970 (motifs), D. 1970, 130 ; J. C. P. 1970. II. 16183 ; *Rev. trim. dr. civ.*, 1970, 348, observ. LOUSSOUARN. — Cass. civ., 29 avril 1970 (2 arrêts), J. C. P. 1971. II. 16694, note MEYER-JACK. — Cass. civ. 1re, 5 juillet 1972, J. C. P. 1974. II. 17614, note PAUFFIN DE SAINT-MOREL. — Cass. com., 15 janvier 1973, *Bull. civ.*, IV, n° 22, p. 17. — 19 février 1973 (motifs), *Bull. civ.*, IV, n° 83, p. 73. — Cass. civ. 1re, 2 octobre 1974 (motifs), J. C. P. 1975. II. 17960. — Cass. civ. 3e, 2 octobre 1974, J. C. P. 1976. II. 18247, note THUILLIER. — 23 novembre 1977, *Gaz. Pal.*, 1978. 2. 612. — Paris, 14 février 1979, J. C. P. 1981. II. 19509, note R. D. — Cass. civ. 1re, 31 mai 1983, *Bull. civ.*, I, n° 161, p. 140 ; *Defrénois*, 1984, art. 33267, chron. jur. civ. gén., n° 35, observ. VERMELLE. — Lyon, 8 janvier 1986, *Gaz. Pal.*, 1986.1.285. — Caen, 23 juin 1988, *Gaz. Pal.*, 1988.2.714. — Cass. civ. 3e, 20 avril 1988, J. C. P. 1989.II.21229, note MONÉGER. — 23 novembre 1988, J. C. P., éd. N., 1990.II, p. 73, n° 1, 2e esp., observ. MOREAU. — Versailles, 3 mars 1989, J. C. P., éd. N., 1990.II, p. 72. — Cass. com., 6 juin 1989, *Bull. civ.*, IV, n° 179, p. 119. — *Rappr.* Cass. civ. 1re, 13 novembre 1980, D. 1981, 541, note CALAIS-AULOY.

primé toute référence à celle d'erreur commune ou invincible, des décisions contemporaines se rattachant à l'un et à l'autre système. Cette coexistence pose alors la question de la délimitation du domaine de chacune de ces conceptions. A l'heure actuelle, il est assez difficile d'y répondre.

Il est incontestable que la grande masse des décisions évoquant l'erreur légitime est intervenue en matière de mandat apparent, lorsqu'un contrat est passé dans des circonstances telles qu'une des parties a cru que son partenaire agissait au nom et pour le compte d'une tierce personne (39). L'erreur commune a le plus souvent été relevée à propos de propriété apparente, quand un individu croit acheter un immeuble ou acquérir un droit sur ce bien, en traitant avec celui qui passe aux yeux de tous pour être le propriétaire. Cette attitude est d'ailleurs fort compréhensible. Les opérations immobilières ne se font pas à la hâte et sont traditionnellement entourées de sérieuses précautions. De plus, la propriété apparente se traduit par une situation de fait visible par tous, généralement par la possession. Enfin, la preuve de la propriété des immeubles est très difficile à faire (40), ce qui peut rendre pratiquement impossible la découverte de la véritable situation juridique. Dans ces conditions, il peut y avoir erreur commune (40-1) et c'est

---

(39) C'est à propos du mandat apparent qu'a été rendu notamment l'arrêt de l'Assemblée plénière civile du 13 décembre 1962 précité, dont l'autorité a été certainement déterminante pour l'assouplissement de la théorie de l'apparence. La Cour de cassation a, il est vrai, exigé l'erreur commune dans un arrêt postérieur relatif à un mandat apparent de vendre un immeuble (Cass. civ. 1re, 30 novembre 1965, précité note 35). On a pu alors se demander s'il s'agissait d'un revirement de jurisprudence ou si le fait qu'une vente immobilière était en jeu ne justifiait pas cette plus grande rigueur (CALAIS-AULOY, note précitée, D. 1966, 449). La véritable explication était plus probablement la volonté de la Cour de cassation d'exercer son contrôle sur les conditions d'application de la théorie de l'apparence (R. L. note précitée, J. C. P. 1966. II. 14631), alors que l'erreur légitime envisagée in concreto aurait été souverainement appréciée par les juges du fond (Cass. civ. 1re, 30 mars 1965, précité note 38). Cette interprétation s'est trouvée confirmée lorsque, dans de nouveaux arrêts, la Première chambre civile de la Cour de cassation est revenue à la notion d'erreur légitime en matière de mandat apparent, tout en exerçant son contrôle sur cette qualification de l'erreur (Cass. civ. 1re, 29 avril 1969, arrêts précités, note 38). On peut donc considérer qu'en ce domaine l'erreur commune n'est plus exigée, mais que l'erreur légitime doit s'appécier in abstracto, d'après l'attitude qu'aurait un individu raisonnable et prudent placé dans des circonstances de fait analogues. — Comp. DEJEAN DE LA BATIE, Appréciation in abstracto et appréciation in concreto en droit civil français, L. G. D. J. 1965, nos 234 et s.

(40) V. LES BIENS.

(40-1) Faut-il en outre établir le caractère invincible de l'erreur commune ? La Cour de cassation semble ne pas maintenir cette exigence. Elle vise désormais une « erreur commune et légitime » (Cass. civ. 1re, 12 janvier 1988, Bull. civ., I, no 7, p. 6 ; J. C. P., éd. N., 1988, II, p. 333, note SALVAGE), ce qui est plus que la croyance légitime, mais moins que l'erreur commune et invincible de la théorie classique.

alors seulement que la force de conviction de l'apparence rend inefficaces les précautions normalement prises. En revanche, en cas de mandat apparent, il s'agit d'ordinaire de relations d'affaires qui requièrent une certaine célérité peu compatible avec des recherches approfondies. Comme ces relations n'intéressent que les parties au contrat, elles peuvent être ignorées des tiers. Mais il est rarement impossible d'obtenir, au prix de quelques démarches, une information exacte : interrogé sur ce point, le mandant doit pouvoir confirmer l'existence du mandat. Dès lors, exiger l'erreur commune et invincible exclurait presque totalement l'application de la théorie de l'apparence en ce domaine. Pour assurer la sécurité de rapports d'affaires courants, il faut donc se contenter de l'erreur légitime.

A partir de cette constatation, doit-on considérer que la solution de principe est l'exigence de l'erreur commune, la notion d'erreur légitime étant admise par exception dans le seul cas de mandat apparent (41) ou, au contraire, doit-on regarder le système le plus souple comme étant la règle, un îlot de résistance demeurant exclusivement en matière de propriété apparente (42) ? La solution n'est sans doute pas dans une répartition aussi nette des deux notions. Il est probable que, pour la jurisprudence, il n'y a pas de principe et d'exception, mais des réponses adaptées aux besoins de chaque cas particulier. Deux ordres de considérations paraissent devoir jouer à cet égard un rôle important. En premier lieu, il est tenu le plus grand compte des impératifs de rapidité des relations juridiques. Plus le rythme imposé par la vie pratique s'accélère et plus il est difficile de se mettre à l'abri des surprises. La méfiance est source de lenteurs ; elle ferait manquer les occasions qu'une situation de concurrence contraint à saisir vite. Aussi comprend-t-on que la théorie de l'apparence, qui justifie la confiance dans la situation de fait immédiatement perceptible, accueille plus volontiers la conception souple de l'erreur légitime dans les relations d'affaires commerciales que dans certains secteurs du droit civil organisés en vue de la protection des patrimoines familiaux (43). En second lieu, la façon dont a pu

---

(41) DERRIDA et MESTRE, *Encycl. Dalloz, Répert. dr. civ.*, 2ᵉ éd., vᵒ *Apparence*, nᵒˢ 65 et s.

(42) CALAIS-AULOY, note précitée, D. 1966, 449.

(43) La distinction du droit commercial et du droit civil fournirait un critère assez net de répartition du domaine de l'erreur légitime et de celui de l'erreur commune (CALAIS-AULOY, thèse précitée ; note précitée, D. 1964, 306). Mais la jurisprudence ne se soumet pas à une distinction rigide de cette sorte (aussi, M. CALAIS-AULOY a-t-il renoncé à ce critère : note D. 1966, 449). L'arbitrage entre la « sécurité statique » et la « sécurité dynamique » ne se fait pas globalement, par discipline. Il est vrai cependant que les besoins de rapidité sont généralement plus grands en matière commerciale, de sorte que c'est à partir de ses applications en ce domaine que la théorie de l'apparence s'est assouplie.

se constituer la situation de fait trompeuse joue un rôle, sans doute moins important mais non négligeable. Lorsque le véritable titulaire du droit est totalement étranger à la création de cette situation, il est plus difficile de lui faire supporter les conséquences de l'apparence que s'il a lui-même contribué par son fait (sinon par sa faute) à faire naître la croyance erronée. Sans pour autant se replacer dans l'orbite de la responsabilité civile, il faut bien admettre que celui qui crée lui-même ou tolère l'apparence court de son propre chef un risque qui atténue la résistance de l'impératif de « sécurité statique » en face des besoins de « sécurité dynamique » (44).

786. — A défaut d'un critère précis, une part d'incertitude demeure sur les caractères de l'erreur commise qui constitue un des éléments de l'apparence (45). Sous cette réserve, la notion utilisée dans la théorie qui porte ce nom se dégage avec assez de netteté. Il s'agit de la croyance commune ou au moins légitime à la révélation par la situation de fait visible d'une situation de droit en réalité inexacte. L'apparence au sens matériel (l'état de fait visible) se combine donc avec l'apparence au sens intellectuel (la croyance erronée). De la sorte, attacher des conséquences de droit à l'erreur commune ou légitime revient à faire prévaloir la vérité des faits sur celle de la logique juridique. Telle est la signification de la théorie de l'apparence dont il convient maintenant d'examiner la mise en œuvre d'un point de vue plus technique.

SECTION 2

MISE EN ŒUVRE DE LA THÉORIE DE L'APPARENCE

787. — Si l'on trouve dans la loi quelques solutions s'inspirant du même principe (1), la théorie de l'apparence est une création de la jurisprudence. C'est donc l'examen des décisions judiciaires qui per-

---

(44) *Comp.* Derrida et Mestre, *op. cit.*, n° 66. — Cornu, observ. *Rev. trim. dr. civ.*, 1963, 572 et s. — Arrighi, thèse précitée, n° 217. — V. par exemple, Cass. civ. 1re, 31 mai 1983, *Bull. civ.*, I, n° 161, p. 140 ; *Defrénois*, 1984, art. 33267, chron. jur. civ. gén., n° 35, observ. Vermelle. — Cass. com., 5 décembre 1989, *Bull. civ.*, IV, n° 309, p. 208.

(45) Aussi a-t-il été proposé d'abandonner la notion d'erreur commune, au profit de la seule croyance légitime, sauf à admettre la « substance variable » de celle-ci (Arrighi, thèse précitée, n°s 219, 227 et s.). Peut-être cette anticipation sur l'évolution de la jurisprudence se vérifiera-t-elle. — Comp. Sourioux, *La croyance légitime,* étude précitée.

(1) *Supra,* n° 779.

met de donner quelques précisions sur le domaine, les conditions et les effets de ce correctif au jeu normal des règles juridiques.

§ 1. — DOMAINE DE LA THÉORIE DE L'APPARENCE

788. — La théorie a un domaine en principe illimité, mais un caractère subsidiaire.

Le champ d'application de la théorie de l'apparence est très vaste. Il n'y a pas de secteur du droit privé d'où elle soit *a priori* exclue (2), mais les circonstances se révèlent en certains cas plus propices à sa mise en œuvre.

Encore convient-il d'observer que, selon l'opinion générale, l'application de la théorie de l'apparence présente un *caractère subsidiaire* (3). C'est là un trait commun de la plupart des constructions jurisprudentielles. Les juridictions ne doivent y avoir recours que si elles ne trouvent pas dans les textes un moyen adéquat de justifier la solution qui leur paraît nécessaire. De plus, comme les autres mécanismes correctifs apportant une certaine souplesse dans le fonctionnement des règles de droit, la prise en considération de l'apparence comporte un risque de subversion de l'ordre juridique. Elle ne saurait donc prévaloir sur des solutions précises de la loi exactement adaptées à la situation.

En dépit de cette réserve, les applications de la théorie de l'apparence sont innombrables. Il ne peut être question d'en dresser un tableau complet. On se contentera de signaler les hypothèses les plus courantes et les plus caractéristiques.

789. — Propriété apparente.

C'est sans doute en cette matière que se rencontrent les applications jurisprudentielles les plus anciennes de la théorie de l'apparence (4). La question se trouve d'ailleurs limitée à la propriété immobilière, en raison des règles propres à l'acquisition des meubles (5). Elle soulève des difficultés spécifiques qui rendent la création

---

(2) On peut d'ailleurs trouver en dehors du droit privé interne des solutions de même inspiration. V. JOUVE, *Recherche sur la notion d'apparence en droit administratif français*, Rev. dr. public, 1968, 283. — CONTE, *L'apparence en matière pénale*, thèse Grenoble, 1984. — JOBARD BACHELLIER. *L'apparence en droit international privé*, L. G. D. J., 1984, préf. P. LAGARDE.

(3) DERRIDA et MESTRE, *op. cit.*, n° 19. — R. VOUIN, *La bonne foi*, thèse Bordeaux, 1939, p. 365. — Avec des réserves, ARRIGHI, thèse précitée, n°s 258 et s. — Comp. CHAPUISAT, *La participation de l'agent général d'assurance à la déclaration du risque imposé à l'assuré*, J. C. P. 1975. I. 2719, n° 20.

(4) Cass. req., 3 août 1815, *Jur. gén. Dalloz*, v° *Succession*, n° 548.

(5) En vertu de l'article 2279 du Code civil, le possesseur de bonne foi devient immédiatement propriétaire (V. LES BIENS). La règle n'est d'ailleurs pas étrangère à l'idée d'apparence. Pour être de bonne foi, le possesseur a dû croire que celui de qui

de la jurisprudence d'autant plus remarquable. En effet, avec les règles relatives à la possession et, plus tard, avec l'instauration de la publicité foncière, la loi semblait avoir fixé les limites des conséquences juridiques attachées à l'apparence (6). Aussi est-ce dans une hypothèse très particulière, où l'on pouvait considérer qu'il y avait une lacune dans la loi, que les arrêts sont d'abord intervenus : le cas de l'héritier apparent. Ce n'est que plus tardivement que d'autres applications de la théorie ont été admises à propos de propriété immobilière.

a) L'héritier apparent (7). — Une personne que son lien de parenté avec le défunt qualifie pour recevoir sa succession à défaut de parents plus proches se met en possession de l'hérédité ; ultérieurement, un successeur de degré préférable, dont l'existence était ignorée de tous, se révèle. La situation est comparable lorsqu'une personne est entrée en possession des biens successoraux en qualité d'héritier désigné par la loi à raison du rapport de famille qui l'unissait au défunt et que, par la découverte postérieure d'un testament laissé par le *de cujus*, on s'aperçoit que les biens avaient été légués à une autre personne. Dans l'intervalle entre la prise de possession et la réclamation du véritable successeur des actes juridiques ont été accomplis par l'héritier apparent sur les biens héréditaires. Une jurisprudence bien fournie a maintenu l'efficacité de ces actes en refusant de tirer les conséquences du défaut de droit de leur auteur (8).

---

il tient le meuble était en mesure de lui transmettre la propriété ; il a donc cru acquérir du propriétaire. L'hypothèse suppose par conséquent que l'aliénateur détenait le bien. C'est sur la foi de cette apparence de propriété que l'acquéreur a traité. En le mettant à l'abri d'une revendication du véritable propriétaire, la loi protège une victime de l'apparence (BEUDANT et LEREBOURS-PIGEONNIÈRE, t. IV, par VOIRIN, n° 733).

(6) Trib. civ. Seine, 22 février 1951, J. C. P. 1951. II. 6194, concl. MAZET, note J. M. ; S. 1951. 2. 205, note COSNARD. — Sur la possession, v. *supra*, n° 774. — La possession est sans doute une situation de fait qui constitue à certains égards une apparence de propriété. Mais la loi ne se préoccupe pas de la croyance qu'elle fait naître dans le public quant à l'existence du droit qu'elle représente. C'est dans l'intérêt du possesseur que des règles sont établies et si l'idée que la possession révèle le plus souvent le droit de propriété inspire certainement la législation, il n'y a pas à vérifier si les tiers s'y sont ou non trompés. La notion d'apparence entendue plus strictement comme la croyance erronée en l'existence d'un droit, fondée sur un état de fait ostensible, joue cependant un certain rôle : le possesseur qui a cru acquérir valablement la propriété d'un immeuble par un acte apparemment régulier bénéficie d'un délai de prescription abrégé (C. civ., art. 2265). — V. LES BIENS.

(7) CRÉMIEU, *De la validité des actes accomplis par l'héritier apparent, Rev. trim. dr. civ.*, 1910, 39 et s. — J. Ch. LAURENT, *L'apparence dans le problème des qualifications juridiques*, thèse Caen, 1931, n°s 12, 88 et s. ; note sous Cass. req., 6 janvier 1930, D. P. 1931. 1. 43. — BEUDANT et LEREBOURS-PIGEONNIÈRE, t. V *bis*, par LE BALLE, n°s 615 et s. — PLANIOL et RIPERT, t. III, par PICARD, n° 246. — AUBRY et RAU, t. X, 6e éd., par ESMEIN, § 616, p. 19 et s. — BRETON, *Encycl. Dalloz, Répert. dr. civ.*, 2e éd., v° *Pétition d'hérédité*, n°s 23 et s. — H. L. et J. MAZEAUD, *Leçons de droit civil*, t. IV, vol. 2, *Successions, libéralités*, 4e éd. par BRETON, n°s 1259 et s. — TERRÉ et LEQUETTE, *Droit civil, Les successions, les libéralités*, 2e éd., n° 695. — MALAURIE, *Droit civil, Les successions, les libéralités*, n° 288. — LEVENEUR, *Situations de fait et droit privé*, L. G. D. J. 1990, préf. GOBERT, n°s 85 et s.

(8) V. les références indiquées par les auteurs précités. *Adde :* Cass. soc., 10 février 1977, *Bull. civ.*, V, n° 103, p. 80.

b) Extension de la prise en considération de la propriété apparente (9). — La difficulté de certaines recherches généalogiques comme le caractère occulte de certains testaments rendent particulièrement délicate la vérification de la qualité d'un héritier apparent (10). Les mêmes obstacles ne se rencontrent pas en d'autres hypothèses. Aussi la jurisprudence, semble-t-il, a longtemps limité l'effet salvateur de la théorie de l'apparence en matière de propriété immobilière aux seuls actes de l'héritier apparent. Mais la tendance favorable à la protection des tiers de bonne foi a fini par l'emporter et d'autres cas de propriété apparente ont été admis. Ainsi ont été validés des actes accomplis par une personne dont le titre d'acquisition (vente ou donation) a été annulé (11), par une société ultérieurement annulée (12), par une personne s'étant méprise sur les parcelles lui appartenant (13), par un père ayant géré longtemps les immeubles de ses enfants (14), par un mari mentionné sur divers titres comme seul propriétaire des biens alors que sa femme en était copropriétaire (15)... Un tel développement de la théorie de l'apparence peut faire douter du caractère subsidiaire de celle-ci en matière de propriété immobilière. Concurrençant les règles légales, elle semble ne devoir être écartée que si ses conditions propres d'application ne sont pas réunies.

790. — Mandat apparent (16).

Le mandataire exerçant les pouvoirs qui lui sont conférés oblige son mandant par ses actes (17). Logiquement, cette conséquence ne peut se produire si celui qui prétend agir pour autrui n'en a pas reçu le pouvoir. Il incombe à celui qui traite avec une personne se présentant en qualité de mandataire de vérifier l'existence et l'éten-

---

(9) ROUILLER, *Rapports entre les maximes* error communis facit jus *et* nemo plus juris... *dans la jurisprudence moderne*, Rec. gén. lois et jur., 1967, doctr. 165 et s. — LEROUX, *Recherche sur l'évolution de la théorie de la propriété apparente dans la jurisprudence depuis 1945*, Rev. trim. dr. civ., 1974, 509 et s., nos 38 et s. — LEVENEUR, op. cit., nos 92 et s.

(10) BEUDANT et LEREBOURS-PIGEONNIÈRE, t. V *bis*, par LE BALLE, n° 620.

(11) Cass. req., 12 février 1941, S. 1941. 1. 68. — Cass. civ. 1re, 3 avril 1963, D. 1964, 306, note CALAIS-AULOY ; J. C. P. 1964. II. 13502, note J. MAZEAUD. — Trib. gr. inst. Nice, 30 juin 1966, Gaz. Pal., 1967, 1, 141. — Cass. civ. 1re, 12 janvier 1988, Bull. civ., I, n° 7, p. 6 ; J. C. P., éd. N., 1988, II, p. 333, note SALVAGE. — Rappr. Cass. civ. 3e, 11 juin 1980, Bull. civ., III, n° 115, p. 85.

(12) Cass. req., 19 mars 1946, J. C. P. 1946. II. 3125, note E. BECQUÉ.

(13) Cass. civ. 1re, 2 novembre 1959, J. C. P. 1960. II. 11456, note ESMEIN ; S. 1960, 65, note HUBRECHT ; Rev. trim. dr. civ., 1960, 327, observ. CARBONNIER. — 22 juillet 1986, Bull. civ., I, n° 214, p. 205 (appartement vendu après agrandissement par empiétement).

(14) Montpellier, 16 juin 1964, D. 1965, 101, note CALAIS-AULOY.

(15) Paris, 23 novembre 1966, Gaz. Pal., 1966, 1 somm., p. 15.

(16) LÉAUTÉ, *Le mandat apparent dans ses rapports avec la théorie générale de l'apparence*, Rev. trim. dr. civ., 1947, 288 et s. — CALAIS-AULOY, thèse précitée, nos 54 et s. — LESCOT, *Le mandat apparent*, J. C. P. 1964. I. 1826. — RODIÈRE, Encycl. Dalloz, Répert. dr. civ., 2e éd., v° Mandat, nos 349 et s. — STARCK, Obligations, nos 1207 et s. — ARRIGHI, thèse précitée, n° 168. — J. MONÉGER, *Le mandat apparent d'un époux de vendre un immeuble dépendant de la communauté*, J. C. P. 1979, éd. N., I, p. 137. — LEVENEUR, op. cit., nos 114 et s.

(17) STORCK, *Essai sur le mécanisme de la représentation dans les actes juridiques*, L. G. D. J. 1982, préf. HUET-WEILLER.

due du mandat. Mais les circonstances peuvent suffire à faire légitimement croire à des pouvoirs qui, en réalité, n'appartiennent pas ou n'appartiennent plus au pseudo-mandataire. Le Code civil lui-même l'admet en cas de révocation ou d'extinction du mandat (art. 2005, 2008 et 2009). La jurisprudence a également fait jouer la théorie de l'apparence en cas d'absence totale de mandat, de dépassement ou de détournement de ses pouvoirs par le mandataire (18).

Au point de vue pratique, un des intérêts majeurs de cette jurisprudence a été la validation d'actes accomplis par les organes de sociétés agissant hors des limites fixées par les statuts à leurs pouvoirs (19). A cet égard, la loi du 24 juillet 1966 a rendu inutile le recours à la théorie de l'apparence en déclarant inopposables aux tiers les clauses statutaires limitant les pouvoirs des organes sociaux par rapport à leur définition légale (art. 14, al. 3, 49 al. 6, 98 al. 3, 124 al. 3). Mais les solutions relatives au mandat apparent conservent toute leur importance dans les autres domaines et notamment pour les opérations immobilières conclues par l'intermédiaire d'un notaire ou d'un agent d'affaires (20).

(18) Par exemple : Cass. req., 8 mai 1940, J. C. P. 1941. II. 1610, note BASTIAN. — Paris, 5 décembre 1953, D. 1954, 315. — Cass. com., 27 novembre 1956, Gaz. Pal., 1957. 1. 212. — 25 mai 1959, Bull. civ., III, n° 215, p. 191. — Ass. plén. civ., 13 décembre 1962, D. 1963, 277, note CALAIS-AULOY ; J. C. P. 1963. II. 13105, note ESMEIN. — Cass. civ. 1re, 4 janvier 1965, J. C. P. 1965. II. 14016. — 30 mars 1965, D. 1965, 559. — 13 juin 1967, J. C. P. 1967. II. 15217, note R. L. — Cass. civ. 3e, 3 janvier 1969, J. C. P. 1969. II. 15901, note R. D. — Cass. civ. 1re, 29 avril 1969, D. 1970, 23 (1re esp.), note CALAIS-AULOY ; J. C. P. 1969. II. 15972 (1re esp.), note LINDON ; Defrénois, 1969, art. 29424 (2e esp.), note ROUILLER. — Cass. com., 29 avril 1970 (2 arrêts), J. C. P. 1971. II. 16694, note MEYER-JACK. — 27 janvier 1971, Bull. civ., IV, n° 28, p. 30. — Cass. civ. 1re, 5 juillet 1972, J. C. P. 1974. II. 17614, note PAUFFIN DE SAINT-MOREL. — Cass. com., 15 janvier 1973, Bull. civ., IV, n° 22, p. 17. — LESCOT, article précité, nos 4 et s. — Cass. civ. 3e, 23 novembre 1977, Gaz. Pal., 1978.2.612. — 21 janvier 1981, Bull. civ., III, n° 19, p. 13. — Cass. civ. 1re, 31 mars 1983, Bull. civ., I, n° 161, p. 140 ; Defrénois, 1984, art. 33267, chron. jur. civ. gén., n° 35, observ. VERMELLE. — Lyon, 8 janvier 1986, Gaz. Pal., 1986.1.285. — Caen, 23 juin 1988, Gaz. Pal., 1988.2.714. — Cass. civ. 3e, 23 novembre 1988, J. C. P., éd. N., 1990.II. 73, n° 1, 2e esp., observ. MOREAU. — Cass. com., 5 décembre 1989, Bull. civ., IV, n° 309, p. 208. — Sur le mandat apparent invoqué pour valider un acte passé par un époux outrepassant les pouvoirs qu'il tient de son régime matrimonial, un arrêt a surpris par son laxisme : Cass. civ. 1er, 14 décembre 1976, J. C. P. 1978.II.18864, note J. MONÉGER ; Defrénois, 1977, art. 31467, Chron. jur. civ. gén., n° 66, observ. CHAMPENOIS ; Rev. trim. dr. civ. 1977, p. 571, observ. CORNU ; 1978, p. 137, observ. NERSON et RUBELLIN-DEVICHI ; J. MONÉGER, article précité, supra, note 16. Mais la Cour de cassation est revenue à une plus grande rigueur : Cass. civ. 1re, 24 mars 1981, J. C. P. 1982.II.19746, note LE GUIDEC (v. aussi ; Cass. civ. 1re, 6 juillet 1976. J. C. P. 1978.II.18845, note LE GUIDEC. — 15 juin 1977, J. C. P. 1978.II.18865, note J. MONÉGER, sans pour autant que le mandat apparent soit totalement banni en ce domaine : Cass. civ. 1re, 11 mars 1986, Bull. civ., I, n° 67, p. 63 ; Defrénois, 1987, art. 33913, chron. jur. civ. gén., n° 14, observ. AUBERT.

(19) CALAIS-AULOY, thèse précitée, nos 99 et s. — LESCOT, article précité, n° 19.

(20) V. par exemple, Cass. civ. 3e, 2 octobre 1974, J. C. P. 1976. II. 18247, note THUILLIER. — 21 janvier 1981, Bull. civ., III, n° 19, p. 13 ; Defrénois, 1981, art. 32733, chron. jur. civ. gén., n° 87, observ. AUBERT.

791. — Apparence et droit des personnes.
Les effets attachés à la possession d'état ne constituent pas à proprement parler une application de la théorie de l'apparence strictement entendue (21). En revanche, cette théorie est mise en œuvre par la loi en matière de nationalité (22) et on en signale certaines utilisations par les tribunaux dans le droit des personnes (23). Il en est ainsi, notamment, de la *capacité apparente*. Mais il faut reconnaître que la validation des actes accomplis par un incapable que les tiers ont cru capable est peu révélatrice de l'autonomie de la théorie de l'apparence : le refus de l'annulation se rattache à l'application de la responsabilité civile sanctionnant les manœuvres auxquelles s'est livré l'incapable pour persuader ses cocontractants de sa capacité (24). Il en est de même du *mariage apparent :* lorsque des concubins se présentent aux tiers comme un couple marié, ils sont engagés comme le seraient des époux (C. civ. art. 220) (24-1). La solution est généralement justifiée par la responsabilité encourue à raison de la faute consistant à faire croire au crédit que procurent les règles applicables aux conjoints (25). On peut cependant signaler en matière de mariage un

---

(21) *Supra*, n° 776.

(22) C. Nat., art. 26 ; v. *supra*, n° 779.

(23) JONESCO, thèse précitée, p. 67 et s. — J. Ch. LAURENT, thèse précitée, n°s 29 et s.

(24) Cass. req., 21 mars 1899, D. P. 1899. 1. 192 ; S. 1899. 1. 25, note WAHL. — 8 novembre 1905, D. P. 1906. 1. 14 ; S. 1907. 1. 145, note Joseph HÉMARD. — AUBRY et RAU, *op. cit.*, t. IV, 6e éd., par BARTIN, § 335, p. 381.

(24-1) Cette solution n'est pas contredite par un arrêt de la Cour de cassation qui a pourtant refusé d'appliquer la solidarité de l'article 220 du Code civil à l'obligation de rembourser un prêt dans lequel, était-il allégué, les emprunteurs s'étaient engagés en qualité d'époux alors qu'il n'étaient pas mariés ; dans cette affaire, en effet, il n'y avait pas apparence de mariage, car si l'emprunt était bien situé dans le cadre d'un crédit « jeune ménage », le contrat mentionnait que le mariage des emprunteurs *était prévu*, ce qui ne pouvait laisser croire à leur état d'époux au moment de l'emprunt (Cass. civ. 1re, 11 janvier 1984, *Bull. civ.*, I, n° 12, p. 11 ; D. 1984, I. R. 275, observ. D. MARTIN ; *Gaz. Pal.*, 1985.1.133, note J. M. ; *Défrénois*, 1984, art. 35354, chron. jur. civ. gén., n° 69, 2e esp., observ. CHAMPENOIS et art. 33368, chron. jur. civ. gén., n° 73, observ. MASSIP ; *Rev. trim. dr. civ.*, 1985, 171, observ. MESTRE).

(25) Trib. civ., Nice, 27 novembre 1909, D. P. 1912. 2. 216. — Paris, 21 novembre 1923, *Gaz. Pal.*, 1924. 1. 187. — 23 juillet 1932, *Gaz. Pal.*, 1932. 2. 423. — AUBRY et RAU, *op. cit.*, t. VII, 7e éd., par ESMEIN et PONSARD, § 491, n° 269. — WEILL et TERRÉ, *Les personnes, la famille, les incapacités*, 4e éd., n° 597. — HUET-WEILLER, *L'union libre (la cohabitation sans mariage)*, The American Journal of Comparative Law, vol. XXIX, 1981, p. 247 et s., spéc. p. 251. — Comp. pour une hypothèse différente : Paris, 5 juillet 1960, J. C. P. 1960. II. 11887 (2e esp.), note R. B. (dans cette espèce, un homme s'était prétendu marié pour dissuader sa maîtresse d'intenter une action en recherche de paternité naturelle, l'établissement d'une filiation adultérine étant prohibé sous l'empire de la législation alors en vigueur ; une action ayant ultérieurement été introduite contre lui afin de le faire condamner à verser des aliments à l'enfant adultérin de fait en vertu de l'article 342 ancien du Code civil, il faisait valoir qu'il n'était pas marié et que l'enfant n'étant pas adultérin ne pouvait invoquer ce texte dont la jurisprudence refusait, à l'époque, le bénéfice aux enfants naturels simples ; la Cour de Paris accueillit la demande d'aliments en invoquant le mariage apparent du défendeur, mais surtout la fraude commise par celui-ci : pour être conforme à la théorie de l'apparence, la solution n'en est pas moins justifiée au premier chef par l'application de la maxime *fraus omnia corrumpit*. — Sur cette dernière règle, v. *supra*, n° 741 et s.).

exemple bien connu d'efficacité de l'apparence indépendante de la responsabilité civile : l'affaire dite des mariages de Montrouge, dans laquelle la Cour de cassation a admis la validité d'unions célébrées par un conseiller municipal irrégulièrement délégué dans les fonctions d'officier de l'état civil (26). Quant à la notion de *domicile apparent*, elle permet de tenir pour régulières certaines procédures (27) avec parfois, il est vrai, recours à d'autres idées telles que la responsabilité civile ou l'élection tacite de domicile (28).

·792. — **Autres exemples d'application de la théorie de l'apparence.**

Pour donner un aperçu de l'ampleur du domaine ouvert à la théorie de l'apparence, on énumérera encore quelques exemples arbitrairement choisis. Ainsi, la qualité de commerçant apparent peut justifier la compétence du tribunal de commerce (29), celle d'associé apparent ou de gérant libre apparent d'un fonds de commerce peut fonder l'obligation aux dettes commerciales (30). L'existence apparente d'une société peut être invoquée par les tiers (31). Un rapport de préposition apparent peut fonder la responsabilité civile du pseudo-commettant (32). La nationalité

---

(26) Cass. civ., 7 août 1883, D. P. 1884. 1. 5, concl. BARBIER, note DUCROCQ ; S. 1884. 1. 5, rapp. MONOD, note LABBÉ.

(27) Cass. req., 4 août 1896, D. P. 1897. 1. 605. — Cass. civ., 9 mai 1904 (motifs), D. P. 1909. 1. 258. — Cass. req., 15 mars 1909, D. P. 1909. 1. 395. — 26 avril 1921, S. 1921. 1. 313 (2e esp.), note ESMEIN. — 5 mai 1925, S. 1925. 1. 316. — Cass. soc., 23 octobre 1947, D. 1948. 43. — 24 mars 1949, D. 1949, 303 ; J. C. P. 1949. II. 4957, note G. B. — Paris, 30 novembre 1966, 242 (siège social d'une société). — V. LEVENEUR, *op. cit.*, no 130, 131.

(28) PERROT et RÉGLADE, Encycl. Dalloz, Répert. dr. civ., 2e éd., vo *Domicile*, no 183. — Sur l'élection de domicile, V. LES PERSONNES, nos 194 et s.

(29) Rouen, 16 janvier 1959, D. 1960, 177, note CALAIS-AULOY.

(30) Cass. com., 4 janvier 1962, Bull. civ., III, no 3, p. 2. — 2 juillet 1969, Bull. civ., IV, no 259, p. 246. — 26 juin 1973, Bull. civ., IV, no 222, p. 200. — 24 avril 1981, J. C. P. 1982.II.19760, note VIANDIER.

(31) Cass. com., 17 mai 1961, Bull. civ., III, no 221, p. 194. — 16 décembre 1964, Bull. civ., III, no 562, p. 498. — Cass. civ. 1re, 13 novembre 1980, D. 1981, 541, note CALAIS-AULOY. — Cass. com., 9 mai 1983, Bull. civ., IV, no 133, p. 117 ; Defrénois, 1984, art. 33298, chron. jur. com., no 4, observ. J. HONORAT. — 3 novembre 1988, Bull. civ., IV, no 289, p. 197 ; Defrénois, 1989, art. 34519, chron. jur. com., no 1, observ. J. HONORAT. — Sur les rapports entre la théorie de l'apparence et celle des sociétés de fait, v. Cass. com., 4 octobre 1966, J. C. P. 1967.II.15208, note TOUJAS. — 24 octobre 1966, J. C. P. 1966. II. 15099 (1re esp.), concl. GÉGOUT, note R. D. M. — Paris, 25 février 1972, D. 1972, 525, note CALAIS-AULOY. — Cass. civ. 1re, 13 novembre 1980, précité. — TEMPLE, *Les sociétés de fait*, L. G. D. J. 1975, préf. CALAIS-AULOY. — ARRIGHI, thèse précitée, no 183. — LEVENEUR, *op. cit.*, nos 194 et s.

(32) Cass. civ., 24 avril 1914, D. P. 1916. 1. 68 ; Rev. trim. dr. civ., 1914, 650, observ. DEMOGUE. — Trib. gr. inst. Seine, 16 octobre 1965 (motifs), D. 1966, somm. 46. — Mais une demande tendant à obtenir réparation du commettant apparent ne peut être portée devant les juridictions répressives : Cass. crim., 15 février 1972, D. 1972, 368 ; J. C. P. 1972. II. 17159, note MAYER. — *Contra* : Cass. crim., 3 mars 1923, D. P. 1923. 1. 50. — Il convient de remarquer que le rapport de préposition apparent ne doit être pris en considération que s'il a déterminé la conduite de la victime ; c'est donc seulement lorsque la faute du pseudo-préposé est d'origine contractuelle que la théorie de l'apparence doit pourvoir jouer (MAYER, note précitée). On observera encore que pratiquement une faute est toujours relevée à l'encontre du commettant apparent qui a lui-même créé les circonstances incitant les tiers à

française apparente d'un témoin instrumentaire suffit à la régularité d'un testament authentique (33). Les ordonnances délivrées par un individu exerçant la médecine d'une façon apparemment régulière permettent au malade d'obtenir les prestations de la sécurité sociale (34). On peut même évoquer une certaine analogie avec la théorie de l'apparence lorsqu'on décide que la signalisation routière (ou son défaut) l'emporte sur la véritable situation juridique (35), etc.

Il n'est guère de secteur du droit où la théorie de l'apparence n'ait pas été invoquée (36). Il n'y en a sans doute aucun dont elle soit d'emblée exclue.

§ 2. — CONDITIONS D'APPLICATION DE LA THÉORIE DE L'APPARENCE

793. — La notion d'apparence est invoquée dans des domaines si variés qu'il n'est pas étonnant qu'elle tende à devenir « protéiforme » (37). Sans doute, les mêmes éléments essentiels doivent-ils toujours se retrouver : une situation de fait visible, provoquant une croyance erronée. Mais ces éléments sont délicats à préciser, car la grande diversité des applications pratiques de la théorie pose en permanence la question du degré de particularisme de la matière considérée.

I. — *Élément matériel de l'apparence.*

794. — **Pour que s'applique la théorie de l'apparence, il faut une réalité visible que l'observateur considérera comme révélatrice de la situation de droit.**

La valeur indicative des faits doit être telle qu'elle s'impose en quelque sorte spontanément à l'esprit, sans le détour de raisonnements

---

croire à l'existence du rapport de préposition, de sorte que sa responsabilité personnelle est engagée sur le fondement de l'article 1382 du Code civil ; il n'est pas certain que la jurisprudence admettrait que la responsabilité d'un commettant apparent fût encore engagée lorsqu'aucune faute ne peut lui être reprochée.

(33) Cass. req., 6 mai 1874, D. P. 1874. 1. 412. — 1er juillet 1874, D. P. 1875. 1. 157. — Cass. civ. 1re, 20 octobre 1970, J. C. P. 1971. II. 16657, note R. L.

(34) Cass. civ. 2e, 15 octobre 1964, *Gaz. Pal.*, 1964. 2. 433. — 18 juillet 1966, *Bull. civ.*, II, n° 803, p. 561.

(35) Trib. pol. Lyon, 9 décembre 1963, D. 1964, 155, note PRÉVAULT. — Comp. Cass. civ. 2e, 20 juillet 1966, *Gaz. Pal.*, 1967. 1. 38, note VASSAS.

(36) Plusieurs domaines où la théorie de l'apparence paraissait sans application (ARRIGHI, thèse précitée, nos 173 et s.) ont été « investis » : ainsi, lorsqu'un bail rural est conclu par un usufruitier agissant seul, sans l'accord du nu propriétaire (Cass. civ. 3e, 21 janvier 1981, *Bull. civ.*, III, n° 17, p. 12 ; D. 1983, 36, note DIENER. — Cass. civ. 3e, 27 novembre 1987, *Defrénois*, 1988, art. 34223, chron. jur. civ. gén., n° 28, observ. VERMELLE. — 23 novembre 1988, J. C. P., éd. N., 1990, II, p. 73, n° 1, 2e esp., observ. MOREAU), et dans le cas d'un dépassement par un époux des pouvoirs résultant de son régime matrimonial (v. *supra*, note 18, *in fine*).

(37) LOUSSOUARN, observ., *Rev. trim. dr. civ.*, 1969, 766.

compliqués (38). C'est pourquoi l'élément matériel de l'apparence est rarement constitué par un fait unique, mais résulte généralement d'un faisceau de circonstances. Les faits accumulés se renforcent et s'éclairent les uns les autres de telle façon qu'aucun doute n'effleure le spectateur sur leur signification (39). Parmi les facteurs constitutifs de l'apparence, il faut remarquer que la durée de l'état de fait est un point important (40) : plus la situation persiste et moins on a de raisons d'hésiter sur sa conformité au droit. En revanche, si certains aspects des choses sont contradictoires, si la réalité est confuse, il ne saurait être question d'apparence.

795. — Exemples.

Quant aux faits qui, parfois isolés, plus souvent combinés, sont retenus au titre d'élément matériel de l'apparence, leur variété est presque infinie. Il est seulement possible d'en donner un aperçu en signalant, une fois encore, quelques exemples.

Lorsque la loi organise des formalités de publicité, leur accomplissement ou leur non accomplissement est souvent un facteur décisif de la situation apparente. En règle générale, la publicité n'est pas, dans notre système juridique, constitutive de droit, mais offre seulement aux tiers une information qu'il leur appartient d'apprécier. Cependant, la plupart du temps, ceux-ci n'ont aucun moyen de découvrir le vice qui pourrait affecter l'acte publié. La publication se présente comme une manifestation visible de la situation de droit ; elle contribue puissamment à créer l'apparence (41). A l'inverse, d'ailleurs, le défaut de publication est lui-même un élément de la situation de fait apparente : les tiers sont fondés à croire que l'acte

---

(38) Ainsi se marque une différence entre l'apparence et les indices utilisés dans la preuve par présomption. La présomption procède d'un raisonnement par induction, qui requiert le plus souvent une réflexion prolongée (v. *supra*, n° 649). « L'apparence, au contraire, engendre spontanément, en dehors de toute contestation, une croyance qui, loin d'être provoquée par un raisonnement laborieux, ne pourrait être détruite que par une critique très serrée, en l'absence de laquelle elle s'impose avec la force de l'évidence, de telle sorte qu'une apparence mensongère produit souvent un mirage collectif *(error communis)* » (VOIRIN, note précitée, D. P. 1929. 2. 81).

(39) Comp. la définition légale de la possession d'état (C. civ., art. 311-1 et 311-2). De même, en cas de propriété apparente, relève-t-on volontiers, outre la possession, la mention de la qualité de propriétaire dans des actes notariés, voire dans des décisions judiciaires... (BEUDANT et LEREBOURS-PIGEONNIÈRE, t. IV, n° 360).

(40) *Ibid.* — DERRIDA et MESTRE, article précité, *Encycl. Dalloz, Répert. dr. civ.*, 2e éd., v° *Apparence*, n° 57.

(41) Ce rôle de la publicité est parfois éclipsé par les conséquences particulières que la loi attache directement à la publication. Il apparaît au contraire en pleine lumière lorsqu'aucun effet propre n'est prévu. C'est ainsi, par exemple, que la publication de certaines mutations de propriété immobilière à cause de mort pour laquelle le régime spécial d'opposabilité aux tiers sanctionnant la publicité foncière est sans application serait un élément important pour établir la qualité d'héritier apparent. Comp. (à propos de location-gérance de fonds de commerce) : Cass. com., 26 juin 1973, *Bull. civ.*, III, n° 222, p. 200.

assujetti à la formalité n'a pas eu lieu (42). Toutefois, il faut observer que d'autres circonstances peuvent être assez fortes pour combattre le fait que constitue le défaut de publicité et faire naître la croyance en l'existence de la situation qui aurait dû être publiée (43).

L'existence d'un titre, c'est-à-dire d'un écrit constatant une opération juridique est une pièce importante de la constitution d'une situation apparente (44). Le comportement d'une personne, caractéristique notamment de la possession, compte parmi les faits visibles générateurs d'apparence. Bien d'autres circonstances particulières sont encore relevées. Ainsi, l'existence de relations d'affaires antérieures, l'utilisation d'imprimés et de papier à en-tête appartenant à autrui (45) ou indiquant une fausse qualité (46), le fait pour un employé de continuer à porter le brassard et la casquette signalant ses fonctions (47), l'apposition d'une plaque professionnelle à la porte d'un local (48), la qualité vraie d'une personne incitant à la croire investie de pouvoirs dont elle est démunie (49), la présence de notaires lors de la conclusion d'un acte (50), etc.

---

(42) La solution a été admise même dans des cas où la loi n'exigeait pas l'accomplissement d'une publicité, sur le fondement, il est vrai, de la responsabilité civile, une faute d'omission étant relevée à la charge de celui qui, en négligeant de prendre des mesures permettant aux tiers de s'informer, avait créé une apparence trompeuse : Cass. civ., 26 juin 1944, D. C. 1945, 141 (1re esp.), note G. R. (mise en gérance d'un fonds de commerce antérieurement à la loi du 20 mars 1956 imposant des formalités de publicité).

(43) Il en est ainsi du mariage apparent : la célébration du mariage donne lieu à publicité sur les registres de l'état civil (V. LES PERSONNES, no 225, LA FAMILLE, vol. 1, nos 290 et s.). L'absence d'acte de mariage n'empêche cependant pas des concubins de passer aux yeux des tiers pour des gens mariés. Une telle solution est un constat d'échec des mesures de publicité prévues par le législateur : la communication des actes de l'état civil n'est pas entrée dans les mœurs, au moins pour les opérations peu importantes (DERRIDA et MESTRE, article précité, nos 42 et 92).

(44) Ibid., no 52. — Ainsi, un titre peut correspondre à un consentement apparent, par exemple en cas de simulation ou lorsque l'opération juridique est entachée d'une cause de nullité que ne révèle pas l'écrit (J. Ch. LAURENT, thèse précitée, nos 64 et s. — DERRIDA et MESTRE, article précité, nos 49 et s.) ou encore quand l'écrit porte une signature fausse (J. Ch. LAURENT, op. cit., nos 57 et s. — DERRIDA et MESTRE, loc. cit., no 51 et la jurisprudence citée).

(45) Cass. civ. 3e, 8 novembre 1968, Bull. civ., III, no 455, p. 347. — Cass. com., 29 avril 1970 (2 arrêts), J. C. P. 1971. II. 16694, note MEYER-JACK. — 27 janvier 1971, Bull. civ., IV, no 28, p. 30. — 9 mai 1983, Defrénois, 1984, art. 33298, chron. jur. com. no 4, observ. J. HONORAT. — SOURIOUX, La croyance légitime, J. C. P. 1982.I.3058, no 13.

(46) Cass. civ. 2e, 15 octobre 1964, Gaz. Pal., 1964. 2. 433.

(47) Trib. com. Reims, 27 décembre 1912, Gaz. Pal., 1913. 1. 199.

(48) Cass. civ. 1re, 10 juin 1960, Bull. civ., I, no 314, p. 259.

(49) CALAIS-AULOY, thèse précitée, nos 82 et s. — Adde : Cass. com., 15 janvier 1973, Bull. civ., IV, no 22, p. 17 (administrateur de société ayant promis le remplacement d'un appareil défectueux). — Cass. civ. 3e, 2 octobre 1974, J. C. P. 1976. II.18247, note THUILLIER (notaire). — 21 janvier 1981, Bull. civ., III, no 19, p. 13 ; Defrénois, 1981, art. 32733, chron. jur. civ. gén., no 87, observ. AUBERT (notaire). — Lyon, 8 janvier 1986, Gaz. Pal., 1986.1.285 (avocat). — Caen, 23 juin 1988, Gaz. Pal., 1988.2.714 (avocat). — Cass. civ. 3e, 20 avril 1988, J. C. P. 1989.II.21229, note MONÉGER (évêque).

(50) Cass. civ. 3e, 22 mai 1968, Bull. civ., III, no 234, p. 179. — Cass. civ. 1re, 12 juillet 1986, Bull. civ., I, no 214, p. 205.

Le juge doit apprécier, dans chaque cas, si la signification des circonstances invoquées est assez nette. Lorsque l'apparence est retenue, c'est parce que « les faits parlent d'eux-mêmes » (51)... mais ils ne disent pas la vérité. En effet, souvent ils sont incomplets, le facteur permettant d'interpréter correctement la situation étant demeuré occulte ; parfois, à l'inverse, un élément supplémentaire artificiellement ajouté, comme une fausse signature, trompe le spectateur. De la sorte, la croyance qui s'établit en observant cette situation de fait est erronée. C'est l'aspect intellectuel ou psychologique de l'apparence.

II. — Élément psychologique de l'apparence.

796. — La croyance erronée.

La théorie de l'apparence vise à protéger les tiers qui, de bonne foi, se sont fiés à ce qu'ils ont pu voir. L'expression « bonne foi » peut être comprise avec plus ou moins de rigueur (52). Elle signifie au minimum que celui qui connaît la vérité ne peut pas invoquer l'apparence d'une situation différente plus avantageuse pour lui (53). Lorsqu'on sait où est le droit et quel est le droit, on doit agir en conséquence et il n'y a nul besoin de refouler l'application normale des règles juridiques. L'ignorance de la situation véritable ne suffit pas à justifier la dérogation aux conséquences logiques de l'application des règles de droit. Il faut que l'erreur commise présente certains caractères qui dépassent la bonne foi strictement entendue.

On sait qu'à ce sujet la jurisprudence exige au moins une erreur légitime, parfois une erreur commune (54). Il en résulte avec certitude que la protection de la théorie de l'apparence doit être refusée à celui dont l'ignorance est imputable à sa propre négligence (55). Ainsi, une formule, devenue classique, est reproduite dans la plupart des décisions relatives au mandat apparent : il faut que les circonstances aient autorisé le tiers invoquant l'apparence à ne pas vérifier les limites exactes des pouvoirs du mandataire (56). Lorsqu'il suffisait de quelques

---

(51) *Res ipsa loquitur.*

(52) V. LE CONTRAT, EFFETS.

(53) Cass. req., 26 janvier 1903, D. P. 1904. 1. 391. — Cass. civ. 1re, 9 avril 1964, *Bull. civ.*, I, n° 170, p. 131. — 4 janvier 1965, D. 1965, 218. — Cass. com., 20 avril 1970, *Bull. civ.*, IV, n° 124, p. 115. — 27 juin 1973, *Bull. civ.*, IV, n° 227, p. 204. — Comp. *supra*, n° 779, note 17. — V. DUCLOS, *L'opposabilité, essai d'une théorie générale*, L. G. D. J. 1984, préf. D. MARTIN, n°s 368 et s.

(54) *Supra*, n°s 782 et s.

(55) « La théorie de l'apparence n'est pas une planche de salut à l'usage des négligents et des étourdis, mais une protection réservée aux victimes d'une croyance légitime » (VOIRIN, note précitée, D. P. 1929. 2. 81).

(56) Ass. plén. civ., 13 décembre 1962, D. 1963, 277, note CALAIS-AULOY ; J. C. P. 1963. II. 13105, note ESMEIN. — Paris, 19 novembre 1964, J. C. P. 1965. IV, p. 8. —

précautions élémentaires pour dissiper l'erreur (57), quand la situation présentait certaines anomalies devant éveiller la suspicion des tiers (58), la croyance n'est pas légitime. C'est donc là que s'articulent l'élément matériel et l'élément psychologique de l'apparence. Les juges doivent vérifier, sous le contrôle de la Cour de cassation, si les faits excluent toute imprudence ou négligence de celui qui entend se prévaloir de la théorie de l'apparence (59). A cet égard, les usages jouent un rôle considérable : s'abstenir de prendre certaines précautions, même faciles, n'empêche pas la croyance erronée d'être légitime si ces mesures de prudence ne sont pas passées dans les habitudes du public (60) ; au contraire, une situation non conforme aux usages doit susciter la méfiance et révèle l'imprudence (61). L'activité professionnelle du tiers

---

Cass. civ. 1re, 4 janvier 1965, J. C. P. 1965. II. 14016. — 16 juillet 1965, *Bull. civ.*, I, no 474, p. 355. — 29 avril 1969, D. 1970, 23 (1re esp.), note Calais-Auloy ; J. C. P. 1969. II. 15972 (1re et 3e esp.), note Lindon ; *Defrénois*, 1969, art. 29424 (1re et 2e esp.), note Rouiller. — 5 janvier 1970, D. 1970, 130 ; J. C. P. 1970. II. 16183. — Cass. com., 29 avril 1970 (2 arrêts), J. C. P. 1971. II. 16694, note Meyer-Jack. — Paris, 13 février 1976, *Gaz. Pal.*, 1976. 2. 507, note Peisse. — 12 mai 1976, *Gaz. Pal.*, 1976. 2. 748, note A. P. S. — Cass. civ. 3e, 23 novembre 1977, *Gaz. Pal.*, 2. 612. Cass. com., 6 juin 1989, *Bull. civ.*, IV, no 179, p. 119.

(57) Lyon, 9 octobre 1963, D. 1964, 402, note Calais-Auloy. — Cass. civ. 3e, 19 février 1974, *Bull. civ.*, III, no 83, p. 63. — Cass. civ. 1re, 15 juin 1977, J. C. P. 1978. II. 18865, note J. Monéger.

(58) Cass. civ. 1re, 12 octobre 1953, *Bull. civ.*, I, no 271, p. 223 (légataire non envoyé en possession). — Cass. com., 16 novembre 1964, *Gaz. Pal.*, 1965. 1. 284 (opération conclue selon des modalités inhabituelles). — 27 octobre 1966, *Bull. civ.*, III, no 410, p. 360 (factures portant interdiction de payer à des représentants). — Cass. civ. 1re, 6 juillet 1976, J. C. P. 1978. II. 18845, note Le Guidec ; *Defrénois*, 1977, art. 31350, *Chron. jur. civ. gén.*, no 46, observ. Champenois (mari prétendument mandataire de sa femme, alors que les époux sont en instance de divorce)...

(59) Cass. civ. 1re, 30 novembre 1965, D. 1966, 449, note Calais-Auloy ; J. C. P. 1966. II. 14631, note R. L. — 13 juin 1967, J. C. P. 1967. II. 15217, note R. L. — Cass. com., 5 juin 1972, *Bull. civ.*, IV, no 173, p. 169. — C'est ainsi que, selon la jurisprudence actuelle, l'acquéreur d'un immeuble qui sait que son vendeur est marié n'est pas excusable de négliger de s'assurer préalablement des pouvoirs de son cocontractant : Cass. civ. 1re, 24 mars 1981, J. C. P. 1982. II. 19746, note Le Guidec.

(60) Ainsi jugé du défaut de vérification par un locataire de la publication du titre de propriété du bailleur : Montpellier, 16 juin 1964, D. 1965, 101, note Calais-Auloy. — C'est parce que l'usage ne s'est pas répandu de demander un extrait des actes de l'état civil, au moins pour les opérations courantes, que le mariage apparent de certains concubins a pu être retenu (v. *supra*, notes 25 et 43).

(61) Faire figurer l'origine de propriété dans un bail, qui n'est pas une pratique courante, doit attirer l'attention du locataire et l'inciter à vérifier le droit du bailleur : Cass. civ. 1re, 8 juin 1966, *Bull. civ.*, I, no 354, p. 271 ; *Rev. trim. dr. civ.*, 1967, 385, observ. Chevallier. — Verser une indemnité d'assurance à un avocat représentant son client est conforme aux usages, mais le recouvrement par l'intermédiaire d'un cabinet de contentieux est assez inhabituel pour justifier la vérification des pouvoirs de cette officine : Paris, 24 avril 1969, *Gaz. Pal.*, 1969. 2. 48. — L'usage n'étant pas de confier à un gérant d'immeuble ou à un agent d'affaires le mandat de conclure

victime de l'apparence est également prise en considération : un spécialiste averti ne doit pas se laisser prendre aux pièges qu'un simple particulier ne peut éviter (62). Les contraintes de célérité propres à certaines matières peuvent encore légitimer une confiance en l'apparence que le temps de réflexion préservé en d'autres domaines ne justifierait pas (63). Naturellement, les solutions sont plus sévères lorsque l'erreur commune est requise : c'est alors moins le fait que d'autres se soient également trompés qui compte que le caractère invincible de l'erreur impossible à déceler par quiconque, quelles que soient les précautions prises (64).

Quant à l'objet de la croyance, il s'agit la plupart du temps d'un élément de fait : l'existence d'un accord de volonté, l'âge d'une personne, le défaut de proches parents d'un défunt, l'absence de testament, etc. Il n'est pas impossible, cependant de retenir une erreur de droit (65). Mais on conçoit qu'une telle erreur soit rarement excusable, tout au

---

la vente du fonds, un contrôle des pouvoirs s'impose avant de traiter avec un tel intermédiaire : Paris, 2 octobre 1965, D. 1966, 545. — Cass. civ. 1re, 6 décembre 1967, *Bull. civ.*, I, n° 359, p. 270. — 29 avril 1969, D. 1970, 23 (1re esp.), note CALAIS-AULOY ; J. C. P. 1969. II. 15972 (1re esp.), note LINDON ; *Defrénois*, 1969, art. 29424 (2e esp.), note ROUILLER. — 2 octobre 1974, J. C. P. 1975. II. 17960. — Il en est de même pour le mandat de mettre fin à un procès par une transaction : Cass. civ. 1re, 29 avril 1969, J. C. P. 1969. II. 15972 (3e esp.), note LINDON ; *Defrénois*, 1969, art. 29424 (1re esp.) note ROUILLER, ou pour un prêt effectué dans des conditions contraires aux usages du commerce : Cass. civ. 1re, 29 avril 1969, D. 1970, 23 (2e esp.), note CALAIS-AULOY ; J. C. P. 1969. II. 15972 (2e esp.), note LINDON ; *Defrénois*, 1969, art. 29424 (3e esp.), note ROUILLER.

(62) Cass. civ. 1re, 29 avril 1969, arrêts précités (mandat de vendre et prêt). — C'est sans doute en raison de la vulnérabilité de personnes âgées en milieu rural que, dans une affaire, la Cour de cassation a admis avec une facilité déconcertante un mandat apparent entre époux : Cass. civ. 1re, 14 décembre 1976, J. C. P. 1978. II. 18864, note J. MONÉGER.

(63) C'est naturellement en droit commercial que l'erreur est le plus facilement considérée comme légitime : CALAIS-AULOY, thèse précitée, *passim*. — DERRIDA et MESTRE, article précité, n°s 94 et s. et les références citées.

(64) *Supra*, n° 783. — Par exemple, on relèvera « que la cause de la nullité est demeurée et devait nécessairement être ignorée de tous » : Cass. civ. 1re, 3 avril 1963, D. 1964, 306, note CALAIS-AULOY ; J. C. P. 1964. II. 13502, note J. MAZEAUD. — Trib. gr. inst. Nice, 30 juin 1966, *Gaz. Pal.*, 1967.1.141. — Cass. civ. 1re, 12 janvier 1988, *Bull. civ.*, I, n° 7, p. 6 ; J. C. P., éd. N., 1988, II, p. 333, note SALVAGE.

(65) Tel a été le cas dans l'affaire des mariages de Montrouge (ignorance des règles de compétence des officiers de l'état civil) : Cass. civ., 7 août 1883, D. P. 1884. 1. 5, concl. BARBIER, note DUCROCQ ; S. 1884. 1. 5, rapp. MONOD, note LABBÉ. — La méprise sur la vocation successorale de personnes dont l'existence était connue a été admise : Cass. req., 6 janvier 1930, D. P. 1931.1.43, note J. Ch. LAURENT. Sur la prise en considération de l'erreur de droit : JOBARD-BACHELLIER, *L'apparence en droit international privé*, L. G. D. J. 1984, préf. P. LAGARDE, n° 13 et, sur la spécificité de la question en droit international privé, *Ibid.*, n°s 47 et s.

moins lorsque l'interprétation de la règle juridique en cause n'est pas gravement controversée (66).

797. — Souplesse de la jurisprudence en cette matière.
En dépit du contrôle exercé par la Cour de cassation, les solutions de la jurisprudence relatives à l'élément psychologique de l'apparence sont d'une extraordinaire diversité. De l'erreur commune et invincible à la simple erreur excusable, en passant par l'erreur légitime, il n'y a que des différences de degrés, avec des possibilités de nuances infinies. La qualification adoptée ne peut guère correspondre à des critères rigoureux. Il en résulte une relative incertitude. Celle-ci ne saurait surprendre. La souplesse de la théorie de l'apparence est une nécessité : mécanisme correcteur du jeu normal des règles de droit, son application doit être admise où le besoin s'en fait sentir, tout en préservant l'ordre juridique des risques de subversion. La Cour de cassation a pris soin d'y veiller, dût-elle se comporter parfois comme un véritable juge du fait. De la sorte, les importantes conséquences attachées à la prise en considération de l'apparence peuvent être acceptées par le droit sans dommage.

§ 3. — EFFETS DE L'APPLICATION DE LA THÉORIE DE L'APPARENCE

798. — La théorie de l'apparence est née du besoin de protection de ceux qui ont légitimement cru pouvoir se fier à ce qu'ils voyaient. Cela ne signifie pas pourtant que la situation juridique apparente l'emporte systématiquement et à tous égards sur la vérité : si les droits que les tiers ont cru acquérir du fait du titulaire apparent d'une prérogative ou d'un pouvoir sont maintenus, ce dernier ne peut, en principe, invoquer lui-même l'apparence à son profit.

I. — *Les droits des tiers.*

799. — La théorie de l'apparence crée au profit des tiers les droits qu'ils n'ont pu acquérir par le jeu normal des règles juridiques.
Par hypothèse, on suppose qu'existe une situation de fait telle qu'une personne passe aux yeux d'autrui pour être régulièrement investie d'un droit ou d'un pouvoir. Cette personne exerce ses prérogatives apparentes en accomplissant des actes qui retentissent sur la situation des tiers, elle dispose du droit au profit d'un autre individu, elle use de ses prétendus pouvoirs d'engager celui qu'elle est censée représenter.

---

(66) J. Ch. LAURENT, note précitée. — DERRIDA et MESTRE, article précité, n° 72. — Sur le problème de l'interprétation donnée aux textes par l'autorité administrative, SOURIOUX, *La croyance légitime*, J. C. P. 1982.I.3058, n°s 52 et s.

Lorsque la lumière est faite sur la véritable situation juridique, on s'aperçoit que les actes accomplis, les accords conclus sont sans portée : leur auteur n'était pas titulaire du droit ou n'avait pas le pouvoir nécessaire. La conséquence logique serait la nullité de ces actes, car du néant rien ne peut sortir (67). Les tiers qui avaient cru acquérir des droits par l'effet des actes matériels ou juridiques du titulaire apparent n'auraient rien acquis : d'un mirage ne peut naître qu'une illusion. C'est ce résultat que la théorie de l'apparence permet d'éviter. Les conséquences juridiques que les actes passés étaient destinés à produire au profit des tiers sont validées en prenant appui sur la croyance erronée des victimes de l'apparence. Les droits que les actes nuls du titulaire apparent étaient impuissants à faire acquérir sont acquis directement « par effet de la loi » (68). L'apparence a donc « un rôle créateur » (69) ; elle est la source des droits reconnus au profit des tiers. De la sorte, tout se passe *comme si* l'acte passé par le titulaire apparent du droit échappait à la nullité. C'est pourquoi il est permis de dire en une formule contractée : « L'effet essentiel de l'apparence est donc la validation d'un acte irrégulier ; l'apparence permet de sauver un acte de la nullité » (70). Mais il faut bien voir qu'une telle formule ne peut être prise à la lettre. L'acte accompli sans droit demeure nul. Ce sont les conséquences qui en étaient attendues, c'est-à-dire les droits que le tiers croyait acquérir, qui trouvent un fondement dans l'apparence. Ces droits sont directement créés sur la tête du bénéficiaire et ne tirent pas leur origine de l'acte juridique illusoire dont le rôle se borne à celui d'un *élément de fait* permettant au tiers d'invoquer l'apparence.

Ainsi, l'apparence fait acquérir la qualité d'époux aux personnes dont l'union a été célébrée par un conseiller municipal irrégulièrement

---

(67) S'agissant spécialement de la transmission du droit, un adage exprime la règle de logique et de bon sens selon laquelle nul ne peut transmettre à autrui plus de droits qu'il n'en a lui-même : *nemo plus juris ad alium transferre potest quam ipse habet.*

(68) Cass. civ. 1re, 3 avril 1963, D. 1964, 306, note CALAIS-AULOY ; J. C. P. 1964. II.13502, note J. MAZEAUD. — 22 juillet 1986, *Bull. civ.*, I, n° 214, p. 205 ; *Gaz. Pal.*, 1987, 1, somm. p. 60, observ. PIÉDELIÈVRE.

(69) DERRIDA et MESTRE, article précité, n° 116. — « Cette faculté créatrice de l'apparence n'intéresse que le passé et non l'avenir. Autrement dit, elle peut agir seulement sur des situations de faits existantes pour les métamorphoser en situations de droit, et elle le fait de manière rétroactive. La théorie de l'apparence n'abroge donc pas la loi, elle y déroge seulement dans un souci de protection des tiers et de sécurité du commerce juridique. C'est dire, en termes plus précis, qu'elle ne crée pas le droit objectif mais seulement des droits subjectifs » (ARRIGHI, thèse précitée. n° 190). — Pour les incidences des effets de l'apparence sur le droit objectif, V. JOBARD-BACHELLIER, *op. cit.*, n° 29.

(70) DERRIDA et MESTRE, *loc. cit.* — Comp. Cass. com., 11 mai 1960, *Bull. civ.*, III, n° 175, p. 162.

délégué dans les fonctions d'officier de l'état civil, elle crée immédiatement le droit de propriété de celui qui a acheté un immeuble au propriétaire apparent (71), elle ouvre au créancier qui a traité avec une concubine
le droit de poursuivre l'époux apparent de celle-ci, elle fonde la régularité de la procédure diligentée devant un tribunal dont la compétence
est déterminée par une qualité ou un domicile apparents, elle valide
les droits acquis d'une personne apparemment capable, elle rend créancier
du pseudo-mandant celui qui a traité avec un mandataire apparent,
elle fait bénéficier des prestations de sécurité sociale le malade qui
a été soigné par une personne ayant apparemment la qualité de médecin, etc. (72).

**800. — Les conséquences de la théorie de l'apparence sont opposables
au véritable titulaire du droit.**

Les effets de la théorie de l'apparence sont toujours remarquables
en ce qu'ils évincent les conséquences normales des règles de droit.
Du moins, tant qu'il s'agit du conflit entre la norme juridique abstraite
et le besoin de sécurité des tiers, peut-on admettre sans trop de difficulté
une entorse à la logique qui ne lèse personne. Mais, très souvent, le droit
apparent masque le droit véritable d'autrui. Faire naître directement
des droits au profit de tiers sur le fondement de l'apparence revient alors
à priver le vrai titulaire de tout ou partie de ses prérogatives. Or tel
est bien le prix de l'efficacité du système : les droits acquis par les
tiers grâce au jeu de la théorie de l'apparence sont *opposables* au véritable titulaire du droit. Ainsi, le propriétaire se heurte au droit de propriété dont est définitivement investi le tiers qui a cru acheter le bien
en traitant avec le propriétaire apparent et se trouve réduit à exercer
un recours contre ce dernier afin de tenter de récupérer le prix qu'il
a perçu... Mieux encore, en conséquence des droits acquis par les tiers,
des obligations naissent à la charge de celui qui, logiquement, ne devait

---

(71) On comprend qu'en pareille hypothèse la jurisprudence se montre assez
rigoureuse quant aux conditions d'application de la théorie de l'apparence en exigeant
la démonstration de l'erreur commune. En effet, la création du droit de propriété
par l'apparence est immédiate. Or le Code civil prévoit l'acquisition de la propriété
par un possesseur de bonne foi ayant un juste titre (c'est-à-dire un acte destiné à
transférer la propriété) seulement au bout d'un délai de dix à vingt ans (C. civ.,
art. 2265 et s. — V. LES BIENS). Les conditions particulières de cette prescription
abrégée (juste titre et bonne foi) impliquent une situation fort proche de celle qui
engendre l'erreur légitime. Si bien que le mécanisme légal serait ruiné par une application trop aisée de la théorie de l'apparence, à laquelle on ne reconnaît qu'un
rôle subsidiaire (*supra*, nº 788). Admettre en cette hypothèse la simple erreur légitime aurait pour conséquence logique la substitution de la théorie de l'apparence
au régime de la prescription (en faveur de cette solution, ARRIGHI, thèse précitée,
nº 267).

(72) Sur tous ces points, v. les références citées *supra*, nᵒˢ 789 et s.

rien : le pseudo-mandant est engagé par suite des actes du mandataire apparent, le concubin est tenu à raison des dettes souscrites par son épouse apparente, la Sécurité sociale doit payer les prestations auxquelles donnent droit au malade les actes du médecin apparent, etc. Même si un recours est alors ouvert au débiteur contre celui qui l'a engagé par sa qualité apparente, ses intérêts sont largement sacrifiés.

On comprend dès lors que la jurisprudence ait longtemps cherché refuge dans l'appel aux règles de la responsabilité civile. Si une faute peut être reprochée au titulaire véritable du droit qui a contribué à faire naître ou à entretenir la situation de fait trompeuse, il est assez facile de trancher le conflit en faveur du tiers victime de l'apparence (73). Mais la solution demeure, même lorsqu'aucune faute n'a été commise par le vrai titulaire du droit (74). C'est donc un choix délibéré qui est fait entre le maintien des situations antérieures et la consolidation des acquisitions nouvelles, entre la « sécurité statique » et la « sécurité dynamique ». Les tiers sont protégés parce qu'ils ont agi, au détriment de celui qui est demeuré passif à l'abri fragile de son droit.

Une limite doit cependant être apportée à cette efficacité redoutable de l'apparence. Dans le conflit qui oppose le tiers au véritable titulaire du droit, le premier ne l'emporte que si l'acte qu'il a passé avec le titulaire apparent est à titre onéreux (75). Éviter une déception à celui qui a cru bénéficier d'un avantage gratuit ne justifie pas le sacrifice de la personne qui en subirait involontairement un dommage (76). La sécurité des relations juridiques n'exige pas plus que la protection des tiers qui luttent pour conserver ce dont ils ont acquitté le prix. C'est d'ailleurs pourquoi, si l'apparence profite aux tiers, elle ne bénéficie pas, en principe, au titulaire apparent du droit ou du pouvoir lui-même.

---

(73) *Supra*, n° 780.

(74) Ass. plén. civ., 13 décembre 1962, D. 1963, 277, note CALAIS-AULOY ; J. C. P. 1963. II. 13105, note ESMEIN. — Cass. civ. 3e, 11 juin 1980, *Bull. civ.*, III, n° 115, p. 85. — 21 janvier 1981, *Bull. civ.*, III, n° 17, p. 12.

(75) DERRIDA et MESTRE, article précité, n°s 106 et s. — LEVENEUR, *op. cit.*, n°s 110 et 136. — Comp. la formule de la Cour de cassation : « les actes à titre onéreux consentis par le titulaire apparent d'un droit doivent être maintenus lorsque ce titulaire apparent a traité avec un tiers de bonne foi qui fut trompé par les apparences » (Cass. com., 11 mai 1960, *Bull. civ.*, III, n° 175, p. 162). Certains auteurs se prononcent cependant en faveur de l'application de la théorie de l'apparence aux actes à titre gratuit (WEILL, *Le principe de la relativité des conventions en droit privé français*, thèse Strasbourg, 1938, n° 306. — SOURIOUX, étude précitée, n° 94). Sur la discussion : DUCLOS, *L'opposabilité...*, *op. cit.*, n° 370, note 17. — LEVENEUR, *op. cit.*, n°s 110 et 136.

(76) La même idée est mise en œuvre dans la sanction de la fraude (v. *supra*, n° 760). Elle n'est cependant pas retenue dans le mécanisme de la publicité foncière qui, bien qu'en rapport avec la théorie de l'apparence, comporte des règles propres.

II. — Les droits et obligations du titulaire apparent.

801. — La théorie de l'apparence ne fait pas acquérir de droits au titulaire apparent.

Le titulaire apparent d'un droit ne peut se prévaloir de la théorie de l'apparence pour conserver sa situation en face du véritable titulaire. C'est ainsi, notamment, que le propriétaire apparent n'échappe pas aux conséquences de l'action en revendication du vrai propriétaire et doit lui restituer le bien (77). Des concubins peuvent avoir des droits l'un contre l'autre en conséquence du concubinage, mais ne sauraient bénéficier des règles du mariage sur le fondement de l'apparence (78)...

La solution s'explique aisément lorsque le titulaire apparent connaissait la situation véritable : sa mauvaise foi suffit en effet à l'écarter des bénéficiaires de la théorie de l'apparence (79). Mais il est fort possible qu'il se soit lui-même mépris sur la signification des faits. L'hypothèse n'est pas rare, s'agissant particulièrement de l'héritier apparent, qui peut ignorer l'existence d'un testament ou d'autres parents du défunt. Pourquoi donc en pareil cas refuser au titulaire apparent, lui-même victime de l'erreur, la protection qui serait accordée à un tiers qui aurait traité avec lui ?

On pourrait sans doute faire observer que cette limitation des effets de la théorie de l'apparence est nécessaire pour éviter un développement excessif des dérogations apportées aux conséquences logiques des règles juridiques. L'explication n'est cependant pas suffisante, car le critère choisi semblerait alors arbitraire.

En réalité, la justification de la solution doit être cherchée dans le fondement même de la théorie de l'apparence : l'impératif de « sécurité dynamique » favorisant les *relations* juridiques. Ceux qui sont protégés

---

(77) S'il peut, quand il était de bonne foi, conserver les fruits perçus, c'est là un effet propre de sa possession et nom de l'apparence (C. civ., art. 549. — V. Les biens).

(78) Voirin, note sous Trib. gr. inst. Seine, 23 mai 1967, D. 1968. 354.

(79) V. *supra*, n° 796.

(80) On observera donc, une nouvelle fois, que la formule traditionnelle selon laquelle la théorie de l'apparence valide les actes accomplis par le titulaire apparent fausse les perspectives. Il a déjà été remarqué que ce n'est pas l'acte lui-même qui échappe à la nullité, mais que ses conséquences sont directement obtenues par l'effet de l'apparence (*supra*, n° 799). Utiliserait-on cependant l'image de la validation de l'acte, mieux vaudrait sans doute se placer du côté du tiers cocontractant plutôt que de celui du titulaire apparent et dire : « l'acte de celui qui a traité avec le titulaire apparent est validé ». En effet, c'est l'initiative de celui-ci qui est protégée, c'est sa croyance erronée qui fonde son droit, alors que la bonne ou mauvaise foi de son partenaire, le titulaire apparent, est indifférente (Cass. civ. 3e, 11 juin 1980, *Bull. civ.* III, n° 115, p. 85. — Cass. civ. 1re, 22 juillet 1986, *Bull. civ.*, I, n° 214, p. 205 ; *Gaz. Pal.*, 1987, 1, somm., p. 60, observ. Piédelièvre.

sont ceux qui *agissent pour acquérir des droits*, non ceux qui prétendent tirer profit de la situation existante sans effort personnel. Ne pas décourager les initiatives, inciter à l'action, tels sont les buts du système. Il faut donc avoir accompli un acte en vue de faire naître un droit pour opposer l'apparence au véritable titulaire. Il en est ainsi du tiers qui a traité avec le titulaire apparent, non du titulaire apparent lui-même (80). C'est pourquoi « l'apparence fournit aux tiers une sauvegarde ; eux seuls peuvent s'en prévaloir » (81).

802. — L'apparence peut faire naître des obligations à la charge du titulaire apparent.

Si le titulaire apparent ne peut opposer cette qualité au véritable titulaire du droit, il n'est pas exclu qu'en revanche il soit tenu à ce titre à l'égard des tiers.

Les tiers peuvent opposer à une personne la situation apparente qu'elle a elle-même créée. C'est ainsi, par exemple, qu'un commerçant apparent peut être attrait devant le tribunal de commerce (82) ou que la compétence territoriale d'une juridiction peut être déterminée par le domicile apparent du défendeur (83).

Lorsqu'une personne avait apparemment qualité pour s'engager personnellement, les droits que les tiers ont cru acquérir à son encontre sont maintenus. De la sorte, la capacité apparente fonde les obligations contractées par l'incapable (84).

Faut-il aller plus loin et admettre que le titulaire apparent, en présence du titulaire véritable, est obligé à l'égard des tiers en plus ou à la place de celui-ci ? La question peut surprendre, car si les conditions de la théorie de l'apparence sont remplies, l'opposabilité des droits acquis par les tiers au vrai titulaire suffit à assurer la sécurité des relations juridiques (85) et l'on voit mal à quel titre le titulaire apparent pourrait être tenu d'une obligation supplémentaire. Sans doute, peut-il avoir commis une faute en créant l'apparence trompeuse. Mais sa responsabilité serait alors engagée à l'égard du titulaire véritable, contraint de subir l'amputation de son droit au profit de tiers, et non à l'égard des victimes de l'apparence qui ne subissent pas de préjudice (86). Certains juges ont cependant décidé que le titulaire apparent du droit était obligé comme s'il était le titulaire véritable, sans que l'on sache très bien si cette obligation doublait ou remplaçait celle de ce dernier à l'égard des tiers (87). De surcroît, l'engagement du titulaire apparent semble, dans ces

---

(81) Voirin, note précitée, D. 1968, 354.
(82) V. *supra*, note 29.
(83) V. *supra*, note 27.
(84) V. *supra*, note 24.
(85) Derrida et Mestre, article précité, n°s 118, 133.
(86) A l'exception toutefois du *retard* apporté au règlement de la situation (Patarin, note sous Poitiers, 2 novembre 1966, J. C. P. 1968. II. 15597).
(87) Ainsi jugé à propos d'un propriétaire apparent tenu pour responsable du dommage subi par des voisins du fait d'une construction irrégulière (Poitiers, 2 novembre 1966, précité) et à propos d'un héritier apparent engagé à l'égard du dépositaire

décisions, être indépendant d'une faute qui pourrait lui être reprochée. Il est probable que l'idée qui inspire ces solutions est que le titulaire apparent doit être traité, à tous points de vue, comme s'il avait vraiment le droit. Par conséquent, là où un propriétaire est engagé en cette qualité à l'égard des tiers, le propriétaire apparent est tenu, sans qu'il y ait à se préoccuper de l'obligation qui peut peser sur le vrai maître du bien. C'est là une déviation de la théorie de l'apparence (88). Celle-ci n'a pas pour effet de substituer purement et simplement la situation apparente à la situation véritable. Elle protège seulement les tiers en fondant leurs propres droits. Or lorsque ces droits ne risquent pas d'être anéantis par la révélation de la vérité, il n'y a aucune raison de faire prévaloir l'illusion sur l'exactitude juridique. Si des tiers ont acquis des droits contre un propriétaire et si le véritable titulaire de la propriété est obligé, il n'est pas justifié de remplacer cette obligation par celle du titulaire apparent (88-1).

Il faut donc prendre garde au pouvoir évocateur excessif de certaines expressions. Dire que les droits apparents sont dotés d'effets juridiques est une formule couramment employée. Mais ce n'est qu'une image qui se révèle dangereuse lorsqu'elle laisse entendre que l'apparence supplante le droit d'une façon générale. Ce serait là dépasser les besoins de la « sécurité dynamique ». L'apparence ne devient pas elle-même l'état de droit ; elle crée certains droits au profit des tiers ; c'est dans cette mesure et dans cette mesure seulement qu'il est dérogé au jeu normal des règles juridiques (89).

---

chez qui il avait fait entreposer les meubles de la succession (Trib. gr. inst. Paris, 22 mars 1969, D. 1970, somm. 16 ; Rev. trim. dr. civ., 1970, 382, observ. R. SAVATIER) ou à l'égard d'une garde-malade ayant été employée par le défunt (Cass. soc., 10 février 1977, Bull. civ., V, n° 103, p. 80). — Comp. Bordeaux, 28 mars 1963 : J. C. P. 1963. II. 13342, note CHAUVEAU ; Rev. trim. dr. com., 1965, 677, observ. DU PONTAVICE : responsabilité du transporteur dont le nom figurait par erreur sur les connaissements ; depuis lors, la loi du 18 juin 1966 sur les contrats d'affrètement et de transport maritime a établi l'inopposabilité des inexactitudes du connaissement aux tiers porteurs de bonne foi, le transporteur ne pouvant se prévaloir de ces irrégularités qu'à l'égard du chargeur.

(88) PATARIN, note précitée, R. SAVATIER, observ. précitées. — Il semble d'ailleurs que dans ces affaires les motifs des décisions soient plus critiquables que les solutions qui auraient pu être autrement justifiées : dans le premier cas, il aurait pu être relevé que le propriétaire apparent avait lui-même participé à la construction litigieuse et avait ainsi engagé sa responsabilité par une faute ayant directement causé le préjudice ; dans le second, il suffisait d'observer que l'héritier apparent avait personnellement conclu le contrat et se trouvait obligé par cet engagement volontaire indépendant de la propriété des biens déposés en garde-meuble (LEROUX, Recherche sur l'évolution de la théorie de la propriété apparente dans la jurisprudence depuis 1945, Rev. trim. dr. civ., 1974, 509, nos 159 et s. et 175) ; de même, en promettant de régler les salaires de la garde-malade, l'héritier apparent avait souscrit un engagement personnel.

(88-1) Contra, LEVENEUR, op. cit., nos 152 et s.

(89) « Dans une situation complexe où se trouvent en conflit deux catégories de victimes des agissements du titulaire apparent du droit ou du pouvoir, la préférence est donnée à celle qui s'est fiée aux apparences. Il n'est nullement question de traiter le propriétaire apparent comme s'il avait véritablement droit et pouvoir, mais simplement de départager les intérêts opposés des tiers en protégeant par priorité le tiers de bonne foi qui a fait fond sur la situation apparente » (PATARIN, note précitée).

TABLE ALPHABÉTIQUE

N. B. — Les nombres renvoient aux numéros et non aux pages.

A

Abus de droit, 693 et s.
— contrats, 727 et s.
— critère, 709 et s.
— domaine, 694 et s.
— famille, 731.
— grève, 734.
— procédure, 735.
— sanction, 738 et s.
— sociétés, 733.
Abus de majorité, 733.
Accords de Grenelle, 488.
ACOLLAS, 145.
Acte.
— authentique, 614 et s.
— juridictionnel, 551 et s.
— juridique, 175, 230.
— preuve, 598.
— de notoriété, 647.
— récognitif, 638.
— sous seing privé, 620 et s.
Action.
— civile.
— groupements, 531.
— nature, 521.
— en justice, 520 et s.
— conditions, 526 et s.
— nature, 521 et s.
— paulienne, 687, 741, 760.
Adages, 450.
— *actori incumbit probatio*, 580.
— *audiatur et altera pars*, 540.
— *da mihi factum dabo tibi jus*, 537.
— *cessante ratione legis, cessat ejus dispositio*, 144.
— *contra non valentem agere non currit praescriptio*, 446, 507.
— *error communis facit jus*, 783.
— *fraus omnia corrumpit*, 741 et s.
— *idem est non esse et non probari*, 564.
— *in pari causa turpitudinis cessat repetitio*, 507.
— *jura novit curia*, 538.
— *lata sentencia judex desinit esse judex*, 556.
— *legi speciali per generalem non derogatur*, 257.
— *nemo auditur...*, 528.
— *nemo legem ignorare censetur*, 246 et s.
— *nemo plus juris...*, 799.
— *nemo tenetur edere contra se*, 587.
— pas d'intérêt pas d'action, 527.
— pas de nullité sans grief, 545.
— pas de nullité sans texte, 545.
— *pater is est quem nuptiae demonstrant*, 507.
— *quae temporalia sunt ad agendum, perpetua sunt ad excipiendum*, 446.
— *quod nullum est, nullum producit effectum*, 507.
— *reus in excipiendo fit actor*, 580.
— *specialia generalibus derogant*, 56.
— *summun jus summa injuria*, 693.
— *ubi lex non distinguit, nec nos distinguere debemus*, 144.
— voies de nullité n'ont lieu contre les jugements, 557.
A. D. I. J., 77.
Allégation, 537, 574.
Alsace-Lorraine, 305 et s.
Ancien droit, 103, 114 et s.
Antinomies, 427.
Apparence, 770 et s.
— capacité apparente, 789.
— droits des tiers, 799 et s.
— effets, 798 et s.
— erreur commune, 783.
— erreur légitime, 784.
— héritier apparent, 789.
— mandat apparent, 781, 785, 790.
— mariage apparent, 789.
— matérielle, 772 et s., 794 et s.
— propriété apparente, 781, 785, 789.
— et responsabilité, 780.

Appel, 400 et s.
Arbitrage, 385.
Argentré (d'), 120.
Aristote, 10, 166.
Arrêté, 273 et s.
— publication, 276.
Arrêtistes, 152.
Arrêts de règlement, 434.
Associations.
— action civile, 531.
Aubry et Rau, 145.
— théorie du patrimoine, 198.
— théorie de l'obligation naturelle, 670.
Automatisation documentaire, 68 et s., 419.
Autorité de la chose jugée, 557 et s.
Aveu, 652 et s.
— extrajudiciaire, 659.
— indivisibilité, 657.
— irrévocabilité, 658.
— judiciaire, 655 et s.
Axiomatique (présentation), 38.

B

Bacon, 42.
Bartin, 145, 152, 583.
Baudry-Lacantinerie, 149.
Bentham, 24, 563.
Bernard (Claude), 42.
Bien commun, 12, 721.
Bigot du Préameneu, 132.
Bodin, 22.
Bon pour, 626 et s.
Bossuet, 22.
Boulanger (Jean), 152.
Bulletin.
— des arrêts de la Cour de cassation, 419.
— des lois, 247.

C

Cambacérès, 130.
Canonistes, 121.
Capitant (Henri), 18, 152.
Cassation.
— histoire, 408 et s.
— contrôle de la Cour de —, 353, 403, 515.

— Cour de —, 402 et s., 444.
— interprétation des arrêts de la —, 465 et s.
— recours en —, 402, 414 et s.
— renvoi après —, 404.
Catégories juridiques, 43.
Cause.
— demande en justice, 537, 561.
— illicite et fraude, 764, 769.
C. E. D. I. J., 77.
Chambre des requêtes, 414.
Chose jugée, V. Autorité de la chose jugée.
Cicéron, 10.
Circulaires administratives, 323 et s.
Clause de style, 497.
Clientèle, 215.
Code civil.
— élaboration, 131 et s.
— révision, 153, 160.
Codes.
— allemand, 138.
— de commerce, 131.
— des douanes, 297.
— franco-italien des obligations, 153.
— d'instruction criminelle, 131.
— pénal, 131.
— de procédure civile, 131.
— de procédure pénale, 131.
— suisses, 138.
— théodosien, 115.
Codification, 24, 130, 153.
Colbert, 122.
Colmet de Santerre, 145.
Comité constitutionnel, 264.
Commencement de preuve par écrit, 604 et s.
Communautés européennes, 287 et s.
Commune renommée, 648.
Comte, 24.
Concepts, 40 et s.
Concubinage.
— action en réparation contre un tiers responsable du décès d'un concubin, 528.
— mariage apparent, 791.
— obligation naturelle entre concubins, 689.
Conflits de lois.
— V. droit transitoire, droit international privé, Alsace-Lorraine.
Conseil.
— constitutionnel, 264 et s.

— d'État, 387.
— des prud'hommes, 395.
Constructions juridiques, 40 et s.
Contentieux.
— jugements —, 552.
— objectif, 521.
Contradictoire (principe du —), 540 et s., 591.
Contrat-type, 230, 497.
Convention collective, 231.
Copies, 605, 643 et s.
Coquille (Guy), 120.
Corporation, 124, 127.
Cour d'appel, 399 et s.
Coutume, 485 et s.
— *contra legem*, 503 et s.
— pays de —, 115.
— *praeter legem*, 502.
— rédaction des —, 117.
Créance.
— V. Droits de créance.
C. R. I. D. O. N., 77.
Cujas, 120.

D

Dabin, 181.
Daguesseau, 122.
Dalloz, 66.
Date certaine, 635 et s.
David (René), 105.
Décision.
— article 16 de la Constitution, 236.
— communautaire, 289, 299.
Déclaration des droits de l'homme, 126, 239.
Décret, 273 et s.
— publication, 275.
Décrets-lois, 271.
Delvincourt, 145.
Demande en justice.
— cause, 537.
— classifications, 524.
— objet, 537.
Demante, 145.
Demogue, 152, 781.
Demolombe, 144, 145.
Dénaturation.
— preuves, 610.
Départements d'outre-mer, **311.**
Désuétude, 504.
Directive.
— communautaire, 289 **300.**

Dispositif (principe —), 537 et s.
Doctrine, 120, 145, 152, 227.
Documentation, 66 et s., 419.
Domat, 120, 136.
Double (formalité du —), 623 et s.
Droit.
— administratif, 96.
— aérien, 99.
— canonique, 121.
— civil, 99.
— comparé, 105 et s.
— commercial, 99.
— constitutionnel, 96.
— dépérissement du —, 24.
— fiscal, 99.
— intermédiaire, 125 et s.
— international privé, 304, 100.
— international public, 97.
— judiciaire privé, 99.
— « libre », 33.
— maritime, 99.
— moral (droit de l'auteur), 206, 215.
— naturel, 8 et s.
— objectif, 4 et s.
— pénal, 99.
— de préférence, 213, 214.
— public, 93.
— privé, 93 et s.
— romain, 103, 119.
— de la sécurité sociale, 99.
— socialiste, 25.
— de suite, 213, 214.
— transitoire, 330 et s.
— du travail, 99.
Droits.
— acquis, 333 et s.
— de créance, 191 et s., 214.
— discrétionnaires, 705 et s.
— extrapatrimoniaux, 204 et s.
— intellectuels, 215.
— patrimoniaux, 204 et s.
— de la personnalité, 190, 216.
— potestatifs, 212.
— réels, 213.
— subjectifs, 15, 162 et s.
— classifications, 194 et s.
— existence, 164 et s.
— notion, 163 et s.
— rapports avec le droit objectif, 172 et s.
— sources, 175.
Duguit, 24, 168.
Dumoulin, 120.

Dupeyroux (Jean-Jacques), 671.
Duranton, 145.
Durkheim, 24, 149.

E

École.
— historique, 24.
— sociologique, 24.
Engels, 25.
Équité, 229.
Enquête, 647.
Erreur.
— commune, 783.
— de droit, 246.
— légitime, 784.
Esmein (Paul), 145, 152.
Exégèse (École de —), 142 et s., 149, 160.
Existentialisme, 29.
Expertise, 609, 650.

F

Fait juridique, 175.
Famille.
— ancien droit, 124.
— droit intermédiaire, 127.
— Code civil, 137.
— évolution, 158, 160 et s.
Faux, 633 ; V. Inscription de faux ; Serment.
Fichier (des arrêts de la Cour de cassation), 77, 419.
Fins de non-recevoir, 526, 456.
Formalisation, 38 et s.
Formalisme
— de la procédure, 544 et s.
Fraude, 741 et s.
— changement de régime matrimonial, 755.
— aux droits des tiers, 746.
— fiscale, 744, 756.
— et habileté, 754 et s.
— interposition de personnes, 744, 750.
— à la loi, 746.
— publicité foncière, 760, 766.
— sanction, 759 et s.

G

Gazette du Palais, 66.
Gény, 18, 35, 150.

Ginossar, 220 et s.
Gobert (Mme), 673.
Grotius, 13.

H

Habileté, 754 et s.
Hage-Chahine, 222-1.
Hegel, 22.
Héritier apparent, 789.
Histoire du droit, 102 et s., 112 et s.
Hobbes, 22.
Hypothèque.
— et abus de droit, 726.

I

Ihering, 22, 180.
Indices, 650.
Informatique juridique, 65 et s.
Inscription de faux, 617.
Instance, 533 et s.
Intention
— frauduleuse, 750, 751.
— de nuire, 714 et s.
Intérêt.
— à agir en justice, 527 et s.
— juridiquement protégé, 180, 527 et s.
I. R. E. T. I. J., 77.

J

Josserand, 152, 696, 718 et s.
Jourdan (Athanase), 145.
Journal Officiel, 245 et s.
— errata, 248, 275.
Juge de paix, 393.
Jugement, 549 et s.
— classification, 553.
— contentieux, 552.
— effets, 554.
— notion, 550 et s.
Juridiction gracieuse, 552.
Juris-classeur, 66.
Jurisprudence, 145, 151, 161, 383 et s., 506.
— des parlements, 116.
— interprétation de la —, 465.
— motivation, 435, 474.
— règlement des contrariétés, 420.
— rétroactivité, 460.

— revirement, 461.
— unification, 406 et s.
Jus.
— *civile*, 11.
— *gentium*, 11.
— *naturale*, 11.
Justice, 10, 31 et s.
— commutative, 10, 192.
— distributive, 10, 190.
Justinien, 115.

K

Kant, 22.
Kelsen, 23, 169.

L

Labbé, 152.
Lacunes, 425.
Lambert (Édouard), 105.
Lamoignon (de), 122.
Langage juridique, 40.
Laurent, 145.
Lettre missive, 639.
Liberté.
— abus, 699 et s.
— contractuelle, 127, 155.
— et droit subjectif, 189.
Libre recherche scientifique, 150.
Livres de commerce, 640.
Locke, 14.
Logique, 35 et s.
— de l'argumentation, 45 et s.
— déontique, 44.
— formelle, 36 et s.
— mathématique, 37 et s.
Loi.
— abrogation, 253 et s., 504.
— annulation, 256.
— application, 110, 252, 303 et s.
— caractères généraux, 232.
— constitutionnalité, 240, 262 et s.
— constitutionnelle, 238 et s.
— date, 249 et s.
— définition, 232.
— dérogation, 317.
— désignation, 244.
— dispense, 317.
— domaine, 259 et s., 265 et s.
— domaine d'application dans l'espace, 304 et s.
— élaboration, 83, 110.
— *errata*, 248.

— étrangère (preuve), 572.
— force obligatoire, 313 et s.
— générale, 257.
— ignorance, 246 et s.
— impérative, 316.
— interprétation, 32, 53, 142 et s., 149 et s., 319 et s., 422, 459.
— interprétative, 315, 320, 349.
— naturelle, 13 et s.
— non-rétroactivité de la —, 339 et s.
— organique, 240.
— promulgation, 244.
— publication, 245.
— référendaire, 241.
— rétroactive, 343 et s.
— supplétive, 315.
— spéciale, 257.
— temporaire, 253.
Loysel, 120.

M

Machiavel, 22.
Magnétophone, 604.
Maleville, 132.
Marcadé, 145.
Marilhac (Chancelier Michel de), 122
Marx, 25.
Marxisme, 25.
Maximes. V. Adages.
Mentions libératoires, 642.
Merlin, 145.
Méthode.
— déductive, 35 et s.
— expérimentale, 42.
Ministère public, 392, 399, 402.
Mise en état des causes, 536, 546.
Morale, 30.
Motulsky, 47, 519 et s., 574.

N

Napoléon, 131, 133.
Neutralité du juge, 566, 591.
Normativisme, 23.
Notions-cadres, 425.

O

Objet.
— de la demande en justice, 537, 561.

— des droits, 211 et s.
— de la preuve, 570 et s.
Obligation.
— naturelle, 667 et s.
— cas, 677 et s.
— cautionnement, 690.
— constitution de dot, 688, 689.
— nature, 669 et s.
— promesse d'exécution, 686.
— régime, 684 et s.
— passive universelle, 218 et s.
— réelle, 220, 222.
Office du juge, 537.
Opposabilité des droits, 219.
Ordonnances, 270 et s., 235 et s.
— de l'article 16, 236.
— de l'article 38, 272.
— de l'article 92, 235.
— royales, 122.
Ordre public, 317, 378.
Organisation judiciaire, 385 et s.

P

Parères, 514.
Parlements, 116.
Parquet, 392, 399, 402.
Patrimoine, 196 et s.
— d'affectation, 202 et s.
Pensée chrétienne. V. Saint Augustin, Saint Thomas d'Aquin, 12 et s., 101.
PERELMAN, 45.
Personnalité.
— droits de la —, 216.
— des lois, 114.
Pertinence, 576 et s.
Phénoménologie, 29.
Philosophie du droit, 7 et s.
PLANIOL, 18, 152, 218, 695.
PLATON, 10.
PORTALIS, 132.
Positivisme, 20 et s., 31.
Possession.
— et apparence, 774.
— d'état et apparence, 776.
POTHIER, 120, 136.
Pratique, 228.
Préambule de la Constitution, 239.
Précédent judiciaire, 56, 432 et s.
Présomptions, 429, 649 et s.
— attribution de la charge de la preuve, 582.

— déplacement de l'objet de la preuve, 573.
— du fait de l'homme, 649.
— irréfragables, 649.
— légales, 649.
— recevabilité, 595 et s.
— simples, 649.
Preuve, 563 et s.
— charge de la —, 579 et s.
— contre et outre un écrit, 600 et s.
— directe, 573.
— d'un fait négatif, 573.
— indirecte, 573.
— légale, 565.
— littérale, 613 et s.
— domaine, 595 et s.
— impossibilité, 606 et s.
— morale, 565.
— objet, 570 et s.
— pouvoirs du juge.
— appréciation, 609 et s.
— recherche, 586 et s.
— production forcée, 587 et s.
— recevabilité, 594 et s.
— testimoniale. V. Témoignage.
Principes fondamentaux, 267.
Principes généraux du droit, 229, 278, 446.
Privilèges, 124, 128.
Procédure, 99, 543 et s.
— d'urgence à jour fixe, 547.
Procès, 519 et s.
Propriété.
— apparente, 781, 785, 790.
— ancien droit, 124.
— évolution, 157.
Psychologie.
— du juge, 63.
— juridique, 101.
Publicité des débats, 541.
PUFENDORF, 13.

Q

Qualification, 52, 537.
Qualité (pour agir en justice), 529 et s.

R

Raisonnement.
— a contrario, 144.
— a fortiori, 144.

— *a pari*, 144.
— inductif, 42.
— par induction-déduction, 144.
Rapport annuel de la Cour de cassation, 466, 478, 483.
Référé législatif, 320, 408.
Registres et papiers domestiques, 641.
Règlement, 273 et s.
— d'application, 252.
— autonome, 273, 278.
— communautaire, 289, 297.
— légalité, 277 et s.
— publication, 274 et s.
Règles.
— juridiques, 30 et s.
— jurisprudentielles, 421 et s.
Réponses ministérielles, 329.
Responsabilité.
— et abus de droit, 699 et s., 711 et s., 738 et s.
— et apparence, 780.
— et fraude, 766.
RIPERT (Georges), 152, 672, 714 et s.
ROUBIER, 183, 334.
ROUSSEAU, 14.

S

SAINT AUGUSTIN, 12.
SAINT THOMAS D'AQUIN, 12, 19, 166.
SALEILLES, 18, 149.
SAVIGNY, 24.
Sciences économiques, 101.
Secret professionnel, 592.
Semaine juridique, 66.
Serment, 660 et s.
— de crédulité, 663.
— décisoire, 661 et s.
— estimatoire, 666.
— faux, 664.
— supplétoire, 665.
Signature, 622.
Simulation.
— apparence, 779.
— fraude, 744, 750.
— preuve, 601.
Sirey, 66.
Situations juridiques.
— conception de Duguit, 168.
— conception de Roubier, 183, 358.
Sociologie juridique, 109.
Sources du droit, 225 et s.
— évolution historique, 112 et s.
STAMMLER, 18.

Statuts (théorie des), 123.
Stoïciens, 11.
Syllogisme judiciaire, 46 et s.
Symbolisation, 30 et s.

T

Tailles, 613.
Témoignage, 645 et s.
— forme, 647.
— indirect, 648.
— recevabilité, 595 et s.
Territoires d'outre-mer, 312.
Territorialité des lois, 114.
Thésaurus, 73.
THIBAUT, 24.
TOULLIER, 145.
Traités internationaux, 283 et s.
— ratification, 241, 284.
Travaux préparatoires, 144, 151, 160.
Tribunal.
— de cassation, 408.
— de commerce, 394.
— des conflits, 387.
— correctionnel, 388.
— de grande instance, 392.
— d'instance, 393.
— militaire, 388.
— paritaire des baux ruraux, 396.
— de simple police, 388.
TROLONG, 145.
TONCHET, 132.
Troubles de voisinage, 704.

U

Unification du droit, 108.
Universalité, 197.
Usages, 485 et s.
— conventionnels, 496 et s.
— locaux, 494.
— preuve, 509 et s.

V

Vérification d'écriture, 631.
Vichy (Gouvernement de), 235, 256.
VIDAL (José), 741 et s.
Vocabulaire juridique, V. Langage.

W

WINDSCHEID, 179.

TABLE ANALYTIQUE

PREMIÈRE PARTIE

LE DROIT ET LES DROITS

TITRE I

LE DROIT OBJECTIF

CHAPITRE I. — LE DROIT EN GÉNÉRAL (5 à 89) 5

SECTION 1. — LA PHILOSOPHIE DU DROIT (7 à 34) 5

§ 1. — *Les doctrines idéalistes ou du droit naturel* (8 à 19) 7

I. — L'exposé des doctrines du droit naturel (9 à 15) . . 7

A. — Le droit naturel dans l'antiquité grecque et selon Saint Thomas d'Aquin (10 à 12) 8

B. — L'école du droit naturel et la philosophie du xviiie siècle (13 à 15) 10

II. — La critique des doctrines idéalistes (16 à 19) 12

A. — Les doctrines idéalistes seraient inexactes (17-18) 12

B. — Les doctrines idéalistes seraient inutiles (19) . . 13

§ 2. — *Les doctrines positivistes* (20 à 28) 14

I. — L'exposé des doctrines positivistes (21 à 25) 14

A. — Le positivisme juridique ou étatique (22-23) . . 15

B. — Le positivisme scientifique (24-25) 17

II. — La critique du positivisme (26 à 29) 20

A. — Le positivisme serait insuffisant (27) 21

B. — Le positivisme serait dangereux (28) 21

§ 3. — *L'influence des doctrines philosophiques sur les définitions du droit généralement admises* (30 à 34) 24

SECTION 2. — LA LOGIQUE JURIDIQUE (35 à 64) 28

§ 1. — *Le droit et la logique formelle* (36 à 44) 29

I. — La logique formelle mathématique (37 à 41) . . . 29

II. — La logique des sciences naturelles ou expérimentales (42-43) 33

III. — La logique déontique (44) 34

§ 2. — *La logique de l'argumentation* (45 à 64) 35

    I. — Le syllogisme judiciaire (46 à 57). 36

        A. — Les manifestations du syllogisme judiciaire
        (47 à 49) 36

        B. — La relativité du syllogisme judiciaire (50 à 57) . 37

            1) Le choix des prémisses (51 à 54) 37

                a) La mineure (52) 37

                b) La majeure (53-54) 39

            2) L'inversion du raisonnement (55 à 57) . . 41

    II. — Le rôle de la logique dans la décision judiciaire (58 à 64). 42

        A. — Les facteurs rationnels (59 à 62) 43

        B. — L'influence de facteurs irrationnels (63-64) . . 46

Section 3. — L'informatique juridique (65 à 89) 47

    § 1. — *L'automatisation documentaire* (66 à 81) 48

        I. — Les moyens et les méthodes de l'informatique docu-
        mentaire (69 à 76) 50

            A. — L'entrée des documents (70) 51

            B. — La sélection des documents (71 à 75). . . . 52

            C. — La sortie des documents (76) 55

        II. — Les principales réalisations (77) 55

        III. — Les avantages et les inconvénients de l'automatisation
        documentaire (78 à 81) 58

    § 2. — *L'informatique, facteur d'évolution du droit* (82 à 89) 61

        I. — L'élaboration de la règle de droit (83 à 84) 62

        II. — L'application de la règle de droit (85 à 88) 63

            A. — Sur le plan juridique (86) 63

            B. — Sur le plan judiciaire (87-88) 64

        III. — Les craintes suscitées par l'informatique (89) . . . 66

CHAPITRE II. — LE DROIT CIVIL (90 à 161) 68

Section 1. — La place du droit civil dans les disciplines juridiques
(91 à 111). 68

    § 1. — *Les disciplines juridiques* (92 à 100) 68

        I. — Le droit public et le droit privé (93) 68

        II. — Les diverses branches du droit (94 à 100) 70

            A. — Les disciplines rattachées au droit public
            (95 à 97) 71

                1) Le droit public interne (96). 71

                2) Le droit public international (97) . . . 71

            B. — Les disciplines rattachées au droit privé (98 à
            100) 71

                1) Le droit privé interne (99) 71

                2) Le droit international privé (100) 74

    § 2. — *Les disciplines auxiliaires du droit* (101 à 111) 75

        I. — L'histoire du droit (102 à 104) 76

A. — La genèse de notre droit positif (103). 76
B. — La comparaison dans le temps (104) 77
II. — Le droit comparé (105 à 108) 77
A. — Une meilleure compréhension du droit (106). . 78
B. — Une meilleure connaissance et un perfectionne-
ment du droit national (107) 78
C. — Une meilleure coopération internationale (108) . 79
III. — La sociologie juridique (109 à 111) 80
A. — Les fonctions de la sociologie juridique (110) . 81
B. — Les moyens de la sociologie juridique (111) . . 82

SECTION 2. — L'ÉVOLUTION DU DROIT CIVIL (112 à 161) 84

§ 1. — *L'évolution du droit civil jusqu'au Code civil* (113 à 139) . . . 84
I. — L'ancien droit (114 à 124). 84
A. — Les sources de l'ancien droit (115 à 123). . . 85
1) Les facteurs d'unification régionale (116-117). 85
a) La jurisprudence des parlements (116). . 85
b) La rédaction des coutumes (117) . . . 86
2) Les facteurs d'unification nationale (118
à 123) 87
a) Les facteurs intellectuels (119-120). . . 87
b) Les facteurs autoritaires (121-123) . . . 88
B. — Le contenu de l'ancien droit (124) 90
1) L'inégalité 90
2) La contrainte. 91
a) L'individu est enfermé dans des communautés fortement organisées 91
b) L'individu n'est pas maître absolu des
biens dont il a la propriété . . . 91
II. — Le droit intermédiaire (125 à 130) 91
A. — La primauté de l'individu (126 à 129) . . . 92
1) Liberté (127) 92
2) Égalité (128) 93
3) Laïcité (129) 93
B. — La primauté de la loi (130). 93
III. — Le Code civil (131 à 139) 94
A. — L'élaboration du Code civil (132 à 134) . . . 95
1) L'avant-projet de l'an VIII (132) 95
2) L'élaboration du projet par le Conseil d'État
(133) 96
3) Le vote par le Corps législatif (134) . . . 97
B. — Les caractères du Code civil (135). . . . 97
1) La technique du Code civil (136) . . . 97
2) L'esprit du Code civil (137-139) 99

§ 2. — *L'évolution du droit civil après le Code civil* (140 à 161) . . . 101
I. — De 1804 à 1880 (141 à 146) 101
II. — De 1880 à 1958 (147 à 158) 107
A. — L'évolution des sources du droit (148 à 153). . 108
B. — L'évolution du contenu du droit civil (154 à 158). 113

1) Les obligations (155-156) 113
2) La propriété (157) 115
3) La famille (158) 115
III. — De 1958 à nos jours (159 à 161) 116

TITRE II

LES DROITS SUBJECTIFS

CHAPITRE I. — LA NOTION DE DROIT SUBJECTIF (163 à 193) . . . 122

Section 1. — Existence des droits subjectifs (164 à 176). 122

§ 1. — *Critique de la notion de droit subjectif* (165 à 171) 123

I. — Le droit naturel classique et la critique des droits subjectifs (166-167) 123

II. — Critiques positivistes de la notion de droit subjectif (168-169) 125

III. — Résistance de la notion de droit subjectif (170-171) . . 127

§ 2. — *Rapports entre le droit objectif et les droits subjectifs* (172 à 176) . 130

I. — Thèse de la suprématie des droits subjectifs (173-174) . 130

II. — Thèse de la primauté du droit objectif (175-176). . . 132

Section 2. — Définition des droits subjectifs (177 à 193) 136

§ 1. — *Principales opinions doctrinales* (178 à 185) 136

I. — La doctrine allemande du xixᵉ siècle (179-180) . . . 136

II. — La doctrine de Dabin (181-182). 138

III. — La doctrine du doyen Roubier (183 à 185) 140

§ 2. — *Éléments de solution proposés* (186 à 193). 143

I. — Les droits subjectifs, expressions de relations sociales (187-188). 144

II. — Élément de base des droits subjectifs : l'inégalité légitime (189-190) 146

III. — Modalité particulière du droit subjectif : le pouvoir légitime contre une personne (191 à 193) 150

CHAPITRE II. — CLASSIFICATIONS DES DROITS SUBJECTIFS (194 à 224) 154

Section 1. — Classification des droits subjectifs en fonction du patrimoine (195 à 208) 154

§ 1. — *La notion de patrimoine* (196 à 203) 154

I. — Le patrimoine, universalité de droit (197) 155

II. — Caractères du patrimoine dans la théorie classique (198 à 200) 156

III. — Critique de la théorie classique du patrimoine (201 à 203) 159

§ 2. — *La distinction des droits patrimoniaux et extra-patrimoniaux* (204 à 216) 166

    I. — Principe de classement (205-206). 167

    II. — Tempéraments (207-208) 169

SECTION 2. — CLASSIFICATION DES DROITS SUBJECTIFS EN FONCTION DE LEUR OBJET (209 à 222) 171

§ 1. — *La classification traditionnelle* (210 à 216) 171

    I. — L'objet du droit subjectif (211-212) 171

    II. — La distinction des droits réels, des droits de créance, des droits intellectuels et des droits de la personnalité (213 à 216). 173

§ 2. — *Controverses relatives à la distinction des droits réels et des droits de créance* (217 à 222) 179

    I. — La thèse personnaliste (218-219) 180

    II. — La thèse de M. Ginossar (220 à 222) 182

SECTION 3. — ÉNUMÉRATION DE QUELQUES AUTRES CLASSIFICATIONS DES DROITS SUBJECTIFS (222-1-224) 186

DEUXIÈME PARTIE

LES SOURCES DU DROIT

TITRE I

LA LOI

CHAPITRE I. — LES SOURCES LÉGISLATIVES (233 à 302) 201

SECTION 1. — LES SOURCES NATIONALES (234 à 281) 201

Sous-section 1. — LES RÈGLES A VALEUR CONSTITUTIONNELLE (238 à 240). 203

Sous-section 2. — LES RÈGLES A VALEUR LÉGISLATIVE (241 à 268) . . . 205

§ 1. — *L'entrée en vigueur et l'abrogation de la loi* (242 à 258) 206

    I. — L'entrée en vigueur de la loi (242 à 252). 206

        A. — Les conditions d'entrée en vigueur de la loi (243 à 248). 206

        1) La promulgation (244) 206

        2) La publication (245 à 248) 207

        a) « Nul n'est censé ignorer la loi » (246-247). 208

        b) Les errata au *Journal Officiel* (248). . . 212

B. — La date d'entrée en vigueur de la loi (249 à 252) .   213
   1) La date normale d'entrée en vigueur (250) .   . 213
   2) L'entrée en vigueur retardée (251-252) .   . . 214

II. — L'abrogation de la loi (253 à 258). 216
   A. — L'autorité compétente (254) 217
   B. — Les modalités d'abrogation (255 à 258) . . . 217
     1) L'abrogation expresse (256). 217
     2) L'abrogation tacite (257) 218
     3) L'abrogation par désuétude (258) 220

§ 2. — *Le domaine de la loi* (259 à 261) 220

I. — Le régime antérieur à la Constitution de 1958 (260) . 221

II. — La Constitution de 1958 a posé des principes inverses
(261) 222

§ 3. — *La constitutionnalité des lois* (262 à 268) 223

I. — Les juridictions administratives et judiciaires (263). . 223

II. — Le Conseil constitutionnel (264 à 268) 225

Sous-section 3. — LES RÈGLES A VALEUR RÉGLEMENTAIRE (269 à 281). . 232

§ 1. — *Les ordonnances* (270 à 272) 232

I. — La pratique des décrets-lois (271). 232

II. — Les ordonnances de l'article 38 (272). 233

§ 2. — *Les règlements* (273 à 281) 234

I. — La publication des règlements (274 à 276) 235
   A. — La publication des décrets (275) 235
   B. — La publication des arrêtés (276) 236

II. — La légalité des règlements (277 à 281) 237
   A. — Le recours pour excès de pouvoir (278) . . . 237
   B. — L'exception d'illégalité (279 à 281) 238
     1) Les juridictions répressives (280) 239
     2) Les juridictions civiles (281) 239

SECTION 2. — LES SOURCES INTERNATIONALES (282 à 302). 242

§ 1. — *Les traités internationaux* (283 à 286) 242

§ 2. — *Le droit des Communautés européennes* (287 à 302) 248

I. — L'application directe du droit communautaire dans
l'ordre juridique interne (292 à 300) 254
   A. — L'application directe des traités (295) . . . 255
   B. — L'application directe des textes dérivés (296
à 300) 256
     1) Les règlements (297-298) 256
     2) Les décisions (299) 258
     3) Les directives (300) 258

II. — La primauté du droit communautaire sur les droits
nationaux des États membres (301-302) 261

CHAPITRE II. — L'APPLICATION DE LA LOI (303 à 329) 266

SECTION 1. — L'APPLICATION DE LA LOI DANS L'ESPACE (304 à 312) . . . 266

§ 1. — *Les départements d'Alsace-Lorraine* (305 à 309) 267

    I. — L'application des lois françaises (306 à 308) 267

        A. — Les lois antérieures à la réintégration (307) . . 267

        B. — Les lois postérieures à la réintégration (308) . . 268

    II. — Les lois locales (309) 268

§ 2. — *Les départements et territoires d'Outre-Mer* (310 à 312). . . . 269

    I. — Les départements d'outre-mer (D. O. M.) (311) . . . 269

    II. — Les territoires d'outre-mer (312) 270

SECTION 2. — LA FORCE OBLIGATOIRE DE LA LOI (313 à 318) 272

    1) Les lois interprétatives, supplétives ou dispositives (315) 274

    2) Les lois impératives ou prohibitives (316 à 318) 274

SECTION 3. — L'INTERPRÉTATION DE LA LOI (319 à 329) 277

§ 1. — *L'interprétation législative* (320). 277

§ 2. — *L'interprétation judiciaire* (321). 278

§ 3. — *L'interprétation administrative* (322 à 324) 279

    I. — Les circulaires administratives (323 à 328) 279

    II. — Les réponses ministérielles aux questions écrites des parlementaires (329). 291

CHAPITRE III. — LE DROIT TRANSITOIRE (330 à 382). 293

SECTION 1. — LES PRINCIPES DE SOLUTION (337 à 357) 299

Sous-section 1. — LE CHOIX ENTRE LA RÉTROACTIVITÉ ET L'EFFET IMMÉDIAT DE LA LOI NOUVELLE (338 à 353). 299

§ 1. — *Le principe de non-rétroactivité* (339 à 342) 299

§ 2. — *Les lois rétroactives* (343 à 353). 301

    I. — Les lois rétroactives proprement dites (344 à 348) . . 302

    II. — Les lois interprétatives (349 à 353) 306

Sous-section 2. — LE CHOIX ENTRE L'EFFET IMMÉDIAT DE LA LOI NOUVELLE ET LA SURVIE DE LA LOI ANCIENNE (354 à 357) 310

SECTION 2. — LA MISE EN ŒUVRE DES PRINCIPES (358 à 382) 312

Sous-section 1. — LA CONSTITUTION OU L'EXTINCTION D'UNE SITUATION JURIDIQUE (360 à 367) 315

§ 1. — *Les situations juridiques entièrement constituées ou éteintes* (361 à 366). 316

    I. — La constitution d'une situation juridique (362 à 365) . 316

          A. — La loi nouvelle ne peut sans rétroactivité rendre
              inefficace un fait qui avait constitué valable-
              ment une situation juridique sous l'empire de
              la loi ancienne (363-364)   317
          B. — La loi nouvelle ne peut sans rétroactivité rendre
              efficace un fait ou un acte juridique qui
              n'avait pu constituer valablement une situa-
              tion juridique sous l'empire de la loi ancienne
              (365)   320
    II. — L'extinction d'une situation juridique (366)   323

§ 2. — *Les situations juridiques en cours de constitution ou d'extinction*
    (367)   324

Sous-section 2. — LES EFFETS DES SITUATIONS JURIDIQUES (368 à 382) .   327

    § 1. — *Les effets futurs des situations extracontractuelles* (369 à 371) . .   328

        I. — Le principe de l'effet immédiat de la loi nouvelle (370) .   329

        II. — La survie exceptionnelle de la loi ancienne (371). . .   331

    § 2. — *Les effets futurs des situations contractuelles* (372 à 382) . . .   332

        I. — Le principe de survie de la loi ancienne (373 à 375) . .   332

        II. — L'application exceptionnelle de la loi nouvelle (376
           à 382)   336
          A. — La notion d'ordre public (378-379)   338
          B. — La notion de statut légal (380)   340
          C. — La recherche des situations concrètes dans les-
              quelles l'uniformité doit l'emporter sur les pré-
              visions contractuelles (381-382)   341

TITRE II

LA JURISPRUDENCE

CHAPITRE I. — L'ORGANISATION JUDICIAIRE (385 à 420). . . .   346

SECTION 1. — LA HIÉRARCHIE DES JURIDICTIONS (389 à 405)   348

    § 1. — *Les juges du fond* (390 à 401)   349

        I. — Les juridictions du premier degré (391 à 398) . . .   349
          A. — Les juridictions de droit commun (392) . . .   349
          B. — Les juridictions d'exception (393 à 398) . . .   350
              a) Les tribunaux d'instance (393)   350
              b) Les tribunaux de commerce (394) . . .   350
              c) Les conseils de prud'hommes (395). . .   350
              d) Les tribunaux paritaires de baux **ruraux**
                 (396).   350
              e) Les juridictions de sécurité sociale (397). .   351
              f) Les juges de l'expropriation **pour cause**
                 d'utilité publique (398).   351

II. — Les Cours d'appel (399 à 401). 351

§ 2. — *La Cour de cassation* (402 à 405) 354
 I. — Les fonctions de la Cour de cassation (402-1) . . . 356
  A. — La fonction juridique : le contrôle de l'interprétation (402-2) 356
  B. — La fonction disciplinaire : le contrôle de la motivation (402-3) 357
 II. — La distinction du fait et du droit (403) 358
 III. — Le mécanisme du renvoi (404-405) 360

SECTION 2. — L'UNIFICATION DE LA JURISPRUDENCE (406 à 420) 362

§ 1. — *L'unification de la jurisprudence par la Cour de cassation* (407 à 410) 362
 I. — Les solutions antérieures à 1837 (408-409) 363
 II. — Le mécanisme actuel (410) 364

§ 2. — *L'unité interne de la jurisprudence de la Cour de cassation* (411 à 420). 367
 I. — La nécessaire pluralité des formations de jugement à l'intérieur de la Cour de cassation (412 à 416). . . 367
 II. — Les techniques tendant à éviter les conflits de jurisprudence (417 à 419). 374
  A. — La spécialisation des formations de jugement (418) 374
  B. — L'information des magistrats (419) 375
 III. — Le règlement des contrariétés de jurisprudence (420) . 377

CHAPITRE II. — LES RÈGLES JURISPRUDENTIELLES (421 à 484). . 379

SECTION 1. — LE POUVOIR CRÉATEUR DU JUGE (422 à 430). 380

§ 1. — *Le juge précise et complète la loi* (425 à 426). 383

§ 2. — *Le juge élimine les antinomies* (427) 384

§ 3. — *Le juge adapte le droit à l'évolution des faits* (428 à 430) . . . 386

SECTION 2. — LE POUVOIR DU JUGE DE CRÉER DES RÈGLES GÉNÉRALES (431 à 452). 389

§ 1. — *L'autorité des précédents judiciaires* (432 à 437) 389
 I. — L'interdiction des arrêts de règlement (433-434). . . 389
 II. — La généralisation de fait des précédents (435 à 437) . . 394

§ 2. — *La jurisprudence, source de droit* (438 à 452) 396
 I. — La « réception » de la jurisprudence (440 à 443) . . . 397
  A. — La réception implicite du législateur (441). . . 397
  B. — La réception par les justiciables (442-443). . . 397
 II. — L'assimilation de l'interprétation judiciaire à la loi interprétée (444-445). 399
 III. — Les principes généraux du droit (446 à 452) 401

Section 3. — Les limites du pouvoir créateur du juge (453 à 484) . .   409

§ 1. — *Les limites du pouvoir créateur du juge résultant du procès* (454
à 476)   409

   I. — L'influence du procès sur l'élaboration des règles jurisprudentielles (455 à 463)   409

      A. — La création lente des règles jurisprudentielles
(456 à 459)   409

         1) La nécessité d'un procès (457 à 458) . . .   409

         2) Les propositions de réforme (459)   412

      B. — L'effet rétroactif des règles jurisprudentielles
(460 à 463)   413

  II. — L'influence du procès sur l'expression des règles jurisprudentielles (464 à 476)   417

      A. — L'interprétation des arrêts de la Cour de cassa-
tion (465 à 473)   417

         1) Les arrêts ayant valeur de précédent (466 à
469)   418

           a) Les arrêts de cassation (467 à 468) . . .   418

           b) Les arrêts de rejet (469)   420

         2) Les arrêts de la Cour de cassation n'ayant pas
valeur de précédents (470 à 473)   421

      B. — La motivation des arrêts de la Cour de cassation
(474 à 476)   423

§ 2. — *Les limites du pouvoir créateur du juge au regard de la loi* (477
à 464)   426

   I. — La création jurisprudentielle est imparfaite (478-479) .   426

  II. — La création jurisprudentielle est subordonnée à la loi
(480 à 484)   428

      A. — La consécration de la jurisprudence par le légis-
lateur (481)   428

      B. — La modification de la jurisprudence par le législa-
teur (482 à 484)   429

TITRE III

LA COUTUME

      A. — L'élément matériel (488)   436

      B. — L'élément psychologique (489-490)   437

CHAPITRE I. — LA PLACE ACTUELLE DE LA COUTUME (491 à 507) .   439

Section 1. — Les usages, règles de droit par délégation de la loi
(492 à 499)   440

§ 1. — *Délégation directe de la loi* (493 à 496)   440

      A. — Délégation expresse (494)   440

      B. — Délégation implicite (495)   441

§ 2. — *Délégation indirecte de la loi* (496 à 499) 442

SECTION 2. — LES USAGES, RÈGLES DE DROIT AUTONOMES (500 à 507) . . 446

§ 1. — *L'existence de règles coutumières* (501 à 505) 446

I. — Coutume *praeter legem* (502) 447

II. — Coutume *contra legem* (503 à 505). 447

A. — L'abrogation par désuétude (504). 448
B. — Création de règles coutumières contraires à la loi (505) 448

§ 2. — *Le rôle de la jurisprudence* (506-507) 450

CHAPITRE II. — L'APPLICATION DE LA COUTUME PAR LES TRI-
BUNAUX (508 à 516). 453

SECTION 1. — LA PREUVE DES USAGES ET COUTUMES (509 à 514) 453

§ 1. — *La charge de la preuve* (510 à 513). 453

§ 2. — *Les modes de preuve* (514) 456

SECTION 2. — LE CONTRÔLE DE LA COUR DE CASSATION (515-516) . . . 457

TROISIÈME PARTIE

LA MISE EN ŒUVRE DES DROITS

TITRE I

LA SANCTION JUDICIAIRE

CHAPITRE I. — LE PROCÈS (519 à 562) 463

SECTION 1. — L'ACTION EN JUSTICE (520 à 532) 466

§ 1. — *Nature de l'action en justice* (521 à 525) 466

I. — Distinction de l'action et de notions voisines (522 à 524). 468

II. — L'action, droit processuel (525) 470

§ 2. — *Conditions d'existence de l'action en justice* (526 à 532) . . . 472

I. — L'intérêt (527-528) 473

II. — La qualité (529 à 532) 475

SECTION 2. — L'INSTANCE (533 à 548) 481

§ 1. — *Principes directeurs de l'instance* (534 à 542) 482

I. — Les rôles respectifs du juge et des parties (535 à 538). . 482

II. — Le principe de loyauté (539 à 542) 491

§ 2. — *La procédure* (543 à 548) 499

    I. — Le formalisme des actes processuels (544 à 545) . . 499

    II. — Schéma du déroulement de l'instance (546 à 548) . . 502

SECTION 3. — LA DÉCISION JUDICIAIRE (549 à 562) 505

  § 1. — *Notion de jugement* (550 à 553). 506

    I. — L'acte juridictionnel (551-552) 506

    II. — Classification des jugements (553) 510

  § 2. — *Effets des jugements* (554 à 562) 511

    I. — Force exécutoire des jugements et dessaisissement du juge (555-556) 511

    II. — L'autorité de la chose jugée (557 à 562). 513

CHAPITRE II. — LA PREUVE (563 à 666) 522

SECTION 1. — LE DROIT DE LA PREUVE (RÈGLES GÉNÉRALES DU SYSTÈME PROBATOIRE EN DROIT CIVIL) (569 à 611). 528

Sous-section 1. — L'OBJET DE LA PREUVE (570 à 577) 528

  § 1. — *Seuls des faits sont matière de preuve* (571 à 573) 528

  § 2. — *Seuls des faits contestés sont matière de preuve* (574-575). . . 531

  § 3. — *Seul un fait pertinent est matière de preuve* (576-577) . . . 533

Sous-section 2. — RECHERCHE ET PRODUCTION DES PREUVES (578 à 593). 535

  § 1. — *Rôle des parties dans la recherche et la production des preuves* (579 à 585) 535

    I. — Position du problème de la charge de la preuve (580-581) 536

    II. — Attribution de la charge de la preuve (582 à 585). . . 539

  § 2. — *Rôle du juge dans la recherche et la production des preuves* (586 à 589) 543

    I. — La mise en œuvre du « droit à la preuve » (587-588) . . 544

    II. — Mesures d'instruction ordonnées d'office (589) . . . 548

  § 3. — *Restrictions à la libre recherche des preuves* (590 à 593). . . . 550

    I. — Le respect du principe du contradictoire (591) . . . 550

    II. — Respect de principes étrangers au système probatoire (592-593) 553

Sous-section 3. — L'EFFICACITÉ DES PREUVES ; CONSÉQUENCE DU PRINCIPE DE LÉGALITÉ (594 à 611) 556

  § 1. — *Recevabilité des différents procédés de preuve en fonction du litige* (595 à 608). 557

    I. — Domaine propre à chacune des règles de l'article 1341 du Code civil (596 à 601) 560

A. — L'obligation de passer acte de toutes choses excédant la somme ou la valeur fixée par décret (597 à 599) 560

B. — L'interdiction de prouver par témoignages ou présomptions contre et outre le contenu aux actes (600-601) 565

II. — Exceptions aux exigences de l'article 1341 du Code civil (602) 568

A. — La liberté des preuves en matière commerciale (603) 569

B. — L'existence d'un écrit « imparfait » : commencement de preuve par écrit, copie durable et fidèle (604 à 605-1) 570

1) Le commencement de preuve par écrit (604-604-1) 570

2) La reproduction fidèle et durable d'un écrit qui n'a pas été conservé (605-605-1) . . 573

C. — L'impossibilité de prouver par écrit (606 à 608) . 576

§ 2. — Appréciation des preuves (609 à 611) 578

SECTION 2. — LE DROIT DES PREUVES (RÈGLES PROPRES AUX DIFFÉRENTS PROCÉDÉS DE PREUVE) (612 à 666) 581

Sous-section 1. — LA PREUVE ÉCRITE (613 à 644) 582

§ 1. — Les actes authentiques (614 à 620) 582

I. — Règles relatives à l'établissement des actes authentiques (615-616) 583

II. — Force probante des actes authentiques (617 à 619) . . 585

§ 2. — Les actes sous seing privé (620 à 636) 589

I. — Conditions de validité des actes sous seing privé (621 à 629) 589

A. — La condition de portée générale : la signature des parties (622) 589

B. — L'exigence propre aux actes constatant des conventions synallagmatiques : la formalité du « double » (623 à 625) 592

C. — L'exigence propre aux actes constatant un engagement unilatéral de payer une somme d'argent ou de livrer un bien fongible : la mention manuscrite de la somme ou de la quantité en lettres et en chiffres (626 à 629) 596

II. — Force probante des actes sous seing privé (630 à 636) . 603

A. — Force probante de l'acte sous seing privé entre les parties (631 à 634) 603

B. — Force probante de l'acte sous seing privé à l'égard des tiers ; la date certaine (635-636) . . 606

§ 3. — Les autres écrits (637 à 644) 610

Sous-section 2. — LES TÉMOIGNAGES ET LES PRÉSOMPTIONS (645 à 651) . 619

§ 1. — Les témoignages (646 à 648) 621

§ 2. — *Les présomptions* (649 à 651)   624

Sous-section 3. — L'AVEU ET LE SERMENT (652 à 666)   628

§ 1. — *L'aveu* (653 à 659)   628

   I. — L'aveu judiciaire (655 à 658)   630

   II. — L'aveu extrajudiciaire (659)   634

§ 2. — *Le serment* (660 à 666)   635

   I. — Le serment décisoire (661 à 664)   635

   II. — Le serment supplétoire (665-666)   639

CHAPITRE III. — LES OBLIGATIONS NATURELLES (667 à 691) . .   641

SECTION 1. — CONTROVERSES SUR LA NATURE DES OBLIGATIONS NATU-
RELLES (669 à 676)   644

§ 1. — *Thèse de l'identité de nature entre les obligations naturelles et les
obligations civiles* (670-671)   645

   I. — La théorie classique (670)   645

   II. — La théorie néo-classique (671)   646

§ 2. — *Le refus d'assimilation des obligations naturelles aux obligations
civiles* (672-673)   647

   I. — L'obligation naturelle, moyen de consacrer juridiquement un devoir moral (672)   647

   II. — L'obligation naturelle, moyen de faire produire effet à
un engagement par déclaration unilatérale de volonté
(673)   649

§ 3. — *Éléments d'appréciation* (674 à 676)   650

SECTION 2. — LES OBLIGATIONS NATURELLES EN DROIT POSITIF (677 à 691) .   653

§ 1. — *Les cas d'obligations naturelles* (677 à 683)   653

   I. — Une obligation civile a préexisté (678-679)   654
      a) Obligation civile éteinte (678)   654
      b) Obligation civile annulée (679)   655

   II. — Il n'y a pas eu d'obligation civile préexistante (680 à
683)   657
      a) Relations familiales ou para-familiales
(681)   657
      b) Réparation d'un préjudice (682) . . .   659
      c) Compensation d'un appauvrissement
injuste ou d'un service rendu (683) . .   660

§ 2. — *Régime des obligations naturelles* (684 à 691)   662

   I. — Efficacité de la décision prise par le débiteur d'exécuter
une obligation naturelle (685 à 687)   662
      a) Refus de l'action en répétition en cas
d'exécution volontaire (685)   662

b) Sanction de l'obligation en cas de promesse d'exécution (686) 663
c) Limite à l'efficacité de l'acte volontaire du débiteur : l'obligation naturelle et les créanciers civils (687) 665

II. — Qualification de l'acte volontaire du débiteur au regard de la distinction du titre gratuit et du titre onéreux (688-689) 666

III. — Existe-t-il d'autres effets des obligations naturelles ? (690-691) 670

TITRE II

LE RESPECT DES FINALITÉS DU SYSTÈME JURIDIQUE

CHAPITRE I. — L'ABUS DE DROIT (693 à 740) 674

SECTION 1. — DOMAINE DE L'ABUS DE DROIT (694 à 708) 676

§ 1. — *Droit et abus* (695 à 697) 676

§ 2. — *Spécificité de l'abus de droit* (698 à 704) 679

I. — Abus de droit et mauvais usage d'une liberté (699 à 702) 680

II. — Abus de droit et violation d'une obligation ou d'un devoir (703-704) 683

§ 3. — *Droits susceptibles d'abus et droits discrétionnaires* (705 à 708) . 687

SECTION 2. — CRITÈRE DE L'ABUS DE DROIT (709 à 737) 691

§ 1. — *Propositions doctrinales* (710 à 721) 691

I. — La faute dans l'exercice des droits (711 à 713) . . . 691

II. — L'intention de nuire (714 à 717) 694

III. — La méconnaissance de la fonction sociale des droits (718 à 721) 698

§ 2. — *Solutions jurisprudentielles* (722 à 737) 704

I. — Exemples d'application de la théorie de l'abus de droit (723 à 735) 705
A. — Abus de droit en matière de propriété immobilière et de ses démembrements (724 à 726) . . 705
a) Propriété immobilière (724-725) . . . 705
b) Démembrements de la propriété (726) . . 708
B. — Abus de droit en matière contractuelle (727 à 730) 709
a) Résiliation unilatérale d'un contrat à durée indéterminée (728-729) 710

b) Exigence d'une ponctuelle exécution du
contrat (730) 711

C. — Abus de droit en matière familiale (731). . . 713

D. — Abus de droit dans les rapports collectifs (732 à
734). 714
   a) Abus de majorité (733) 714
   b) Abus du droit de grève (734) 716

E. — Abus de procédure (735) 717

II. — Attitude générale des tribunaux à l'égard de l'abus de
droit (736-737) 719

SECTION 3. — SANCTION DE L'ABUS DE DROIT (738 à 740) 722

CHAPITRE II. — LA FRAUDE (741 à 769) 726

SECTION 1. — ANALYSE DE LA FRAUDE (742 à 758) 728

§ 1. — *La notion de fraude, multiplicité ou unité ?* (743 à 747). . . . 728

I. — La fraude au sens large et au sens strict (744-745) . . 729

II. — La fraude à la loi et la fraude aux droits des tiers (746-
747) 732

§ 2. — *Éléments constitutifs de la fraude* stricto sensu (748 à 754) . . 734

§ 3. — *La fraude et l'habileté* (754 à 758) 741

SECTION 2. — LA SANCTION DE LA FRAUDE (759 à 761) 747

SECTION 3. — PLACE DE LA THÉORIE DE LA FRAUDE PARMI D'AUTRES
MOYENS DE CONTRÔLE DES AGISSEMENTS BLAMABLES (762 à 769) . . . 751

§ 1. — *Rapports entre la théorie de la fraude et d'autres mécanismes voisins* (763 à 767) 751

§ 2. — *La question de la subsidiarité du principe* fraus omnia corrumpit (768-769) 756

CHAPITRE III. — L'APPARENCE (770 à 802). 759

SECTION 1. — NOTION D'APPARENCE (771 à 786) 761

§ 1. — *Les situations de faits apparentes* (772 à 777) 762

I. — La situation apparente prise en considération en elle-
même (772 à 775) 762

II. — La situation apparente prise en considération en tant
que révélatrice de droits (776-777) 764

§ 2. — *Les droits apparents* (778 à 786). 766

I. — La croyance erronée, source de droits (779 à 781) . . 766

II. — Les caractères de l'erreur (782 à 786) 771

Section 2. — Mise en œuvre de la théorie de l'apparence (787 à 802).   777

§ 1. — *Domaine de la théorie de l'apparence* (788 à 792).   778

§ 2. — *Conditions d'application de la théorie de l'apparence* (793 à 797) .   784

I. — Élément matériel de l'apparence (794-795)   784

II. — Élément psychologique de l'apparence (796-797)   .   .   787

§ 3. — *Effets de l'application de la théorie de l'apparence* (798 à 802) .   .   790

I. — Les droits des tiers (799-800)   790

II. — Les droits et obligations du titulaire apparent (801-802)   794

TABLE ALPHABÉTIQUE.   797

TABLE ANALYTIQUE.   805

LIBRAIRIE GÉNÉRALE
DE DROIT ET DE JURISPRUDENCE
PARIS — E. J. A., Nº 2310.
Dépôt légal : 4ᵉ trim. 1990

Imprimé en France

IMPRIMERIE BARNÉOUD
LAVAL (Mayenne)
Nº 9638. — 9-1990